손실보상법 해설

신경직 저

진 원 사

머 리 말

그동안 우리나라는 경제성장기에 부응하여 발전, 지역균형 발전 및 사회복지 국가 실현이라는 명분하에 수 많은 택지개발, 행정중심복합도시, 각 지역의 혁신도시 및 기업도시 등 대규모의 공익사업이 전 국토에 걸쳐 시행되고 있다. 이러한 대규모의 공익사업 시행은 종전 피수용자의 재산권에 대한 다양한 형태의 공용침해가 이루어져 직접적인 보상만으로는 종전과 같은 삶을 유지하는데 한계에 이르렀다. 따라서 공익사업 현장에서는 많은 크고 작은 민원이 발생하고 있고, 심지어 용산참사와 같은 대형사건이 발생하는 등 손실보상과 관련한 갈등이 사회의 중요한 이슈가 되고 있는 실정이다.

본 손실보상법 이해는 저자가 1990년 한국토지주택공사에 입사하여 그동안 분당 등 신도시 건설, 행정중심복합도시 건설, 4대강 사업 등 주요 국책사업의 보상현장에서 발로 뛰면서 고민하였고, 이후 대학원에서 동 분야에 대한 연구 및 강의를 하면서 만들어진 결실이라 할 수 있다.

토지 등의 손실보상업무는 토지보상법 등 관련 법령 등이 제정되어 있지만 그 구체적인 보상기준과 방법 등이 명확치 않아, 법령만으로는 손실보상업무를 이해하는데 어려움이 있으며, 이에 대한 체계적이고 실무적인 연구 또한 미미한 실정이다.

따라서 이 책은 이러한 점을 감안하여 다음과 같은 사항에 많은 역점을 두고 저술하였다.

먼저 손실보상 업무담당자 또는 이를 연구하는 학생들이 보다 알기 쉽게 손실보상 이론이나 실무를 이해하는 데 도움이 되고자 하였다. 그동안 보상현장에서 고민하거나 토론하였던 내용을 중심으로 법령내용, 판례, 지침, 질의회신, 중앙토지수용위원회 수용편람, 법제처 등 유권해석 등을 망라하여 구성하였다. 기존 출판된 어느 책보다도 최근의 판례, 지침, 질의회신 등을 본문 뿐만 아니라 각주로 충실하게 소개하고 있다는 점이 큰 특징이라 하겠다.

둘째, 실무자의 입장에서 충분한 자료를 제공하고자 하였다. 본문의 박스나 각주로 소개하는 내용들은 현장에서 고민하였고 질문 받았던 판례, 유권해석, 감사사례 등으로 실무자들이 실무에 곧바로 적용할 수 있으리라 본다.

셋째, 한국토지주택공사에서 보상실무를 담당하면서 많은 사례나 감사 사례를 경험한 부분을 소개하고자 하였다. 손실보상은 많은 법령을 숙지하여야 처리할 수 있는데, 민법, 부동산공법, 각종 사업시행자의 보상지침 등을 최대한 소개하고자 하였다. 지면 관계상 자세하게는 실지 못했지만 대체보상, 협의양도인 및 생활대책용지 등 현대 보상제도를 소개하여 학문적으로 공부하고자 하는 분들에게도 도움이 되고자 하였다.

넷째, 대학에서 손실보상을 강의하면서 학생들의 입장에서 손실보상을 접근하는데 도움이 되고자 하였다. 따라서 일반 학생들도 접근하기 용이하도록 행정법의 영역도 다소나마 소개하여 손실보상을 손쉽게 접근하고자 하였다.

다만, 책을 마무리하고 보니 많은 부분이 아쉽기도 하고 좀 더 많은 근거를 제시하고자 하였으나 지면 관계로 부족한 부분도 있고, 아직 학문적 소양이 부족하여 문제점만 단순히 소개한 경우도 있다. 그러나 이 책이 손실보상의 이론과 실무지침서로서 역할을 할 수 있을 것이라는 믿는다. 향후 독자들의 많은 지적과 질책으로 손실보상의 이론과 실무에 발전이 되는 계기가 되길 기대한다. 아무쪼록 이 책이 손실보상의 이론이나 실무를 접하는 보상업무 담당자, 학계, 학생 등에게 어떤 귀감이 되었으면 하는 바람이다.

끝으로 바쁜 직장생활 속에서도 이렇게 손실보상을 연구할 수 있도록 늘 지켜봐준 가족과 그리고 직장 동료 여러분께 지면이나마 감사의 마음을 전하고 싶다.

2020. 3.

신 경 직 씀

목 차

제1장 손실보상 제도의 이해

제2장 토지 등의 취득보상 제도

제3장 토지 보상평가

제4장 지장물 손실보상제도

제5장 공익사업지구 밖의 손실보상

제6장 기타 손실보상 제도

제1장

손실보상 제도의 이해

제1절 재산권보장의 일반적 이론

Ⅰ. 서 론

1. 근거조항

▣ 헌법

第23条 ① 모든 국민의 재산권은 보장된다. 그 내용과 한계는 법률로 정한다.
② 재산권의 행사는 공공복리에 적합하도록 하여야 한다.
③ 공공필요에 의한 재산권의 수용·사용 또는 제한 및 그에 대한 보상은 법률로써 하되, 정당한 보상을 지급하여야 한다.

2. 헌법 제23조

우리 헌법 제23조는 재산권에 관한 일반조항이다. 이 조항에서는 자본주의 시장경제를 근간으로 하여 재산권에 대한 보장을 먼저 밝히고 있다(동조 제1항 1문). 다만 보호해야 할 재산권의 내용에 대해서는 법률에 유보하고 있다(동조 제1항 2문). 즉, 1항에서는 재산권의 보호범위를 법률로 정하고 그 정해진 재산권을 보장하는 것을 천명하고 있는 일반적 조항이다.

그러나 이하 제23조 2항 및 3항에서는 1항에서 정한 재산권에 대해서 공공복리 내지 공공필요의 경우 재산권의 행사에 일정한 사회적 구속이 가능하도록 하여, 제2항에서는 재산권에 대하여 일정한 침해를 허용하지만 보상까지는 요구되지 않는 사회적 제약을 밝히고 있고, 제3항에서는 침해의 정도가 수인할 단계를 넘어서 결국 보상이 요구되는 공용침해까지 가능하도록 규정하고 있어, 우리 헌법 제23조는 공용침해의 정도를 1항에서 2항 및 3항으로 점차 강화하여 결국은 제3항에서는 보상을 하도록 하는 구조로 이루어져 있다.

헌법의 조문에 맞추어 재산권의 보장(제23조 제1항 1문), 재산권의 내용과 한계 및 사회적 제약(제23조 제1항 2문, 제2항), 공용침해(제23조 제3항)에 대하여 살펴보고자 한다.

Ⅱ. 재산권 보장이론

1. 재산권보장의 의의

우리 헌법은 재산권보장에 관한 규정으로 헌법 제23조 규정을 두고 있다. 우리 헌법에서 개인의 재산권을 보장하는 근본취지는 재산권이 개인의 자주적이고 책임 있는 생활을 영위하기 위한 전제조건이라는 점에 있다.[1)]

우리 헌법 제23조 제1항에서는 '모든 국민의 재산권은 보장된다'고 규정하고 있다. 여기서 의미하는 '재산권'과 '보장'이 구체적으로 무엇을 의미하는지가 중요한 문제로 이에 대한 검토가 필요하다.

1) 재산권의 개념

(1) 의 의

재산권이라 함은 경제적 가치가 있는 모든 공법상·사법상 권리를 말하며,[2)] 민법상의 소유권 기타 물권·채권 및 특별법상의 여러 권리, 예컨대 광업권·어업권·특허권·저작권·공법적 성격을 가진 수리권·하천점용권 등을 모두 포함한다.[3)] 이 재산권은 헌법 제23조에서 재산형성적 법률유보에 의하여 법률에 의해 형성된 권리를 말한다. 또한 헌법상의 재산권은 민법상의 소유권보다 넓은 개념으로, 경제적 가치가 있는 모든 공법상의 권리와 사법상의 권리를 뜻한다.[4)] 또한 명확한 규정은 없지만 상속권도 당연히 재산권에 포함된다[5)]고 할 수 있다.

그러나 이 재산권은 사적 유용성 및 그에 대한 원칙적인 처분권을 포함하는 모든 재산가치 있는 구체적 권리[6)]이기 때문에, 단순한 기대이익,[7)] 이윤추구의 기회,[8)] 경제적

1) 백승주, 토지재산권보장법론, 동방문화사, 2008, 9면.
2) 권영성, 헌법학원론, 법문사, 2006, 543면. 同旨 허영, 한국헌법학, 박영사, 2005, 471면.
3) 김철수, 헌법학개론, 박영사, 2007, 743면.
4) 헌법재판소 1999. 4. 29. 선고 94헌바37 결정.
5) 헌법재판소 2001. 7. 19. 선고 99헌바9 결정.
6) 헌법재판소 1996. 8. 29. 선고 95헌바36 결정.
7) 헌법재판소 2005. 2. 3. 선고 544 등 : 법 개정으로 증감이 예상되는 기업의 영업이익은 장래의 불확실한 기대이익에 불과하여 헌법 제23조의 재산권의 범위에 속하지 않는다.
8) 헌법재판소 2004. 12. 16. 선고 2002헌마579 결정 : 개인이나 기업의 단순한 이윤추구의 기회나 유리한 법적 상황이 지속되리라는 기대나 희망은 재산권의 보호범위에 포함하지 않는다.

기회,[9] 사실적 이익[10] 등은 헌법에서 보호하는 재산권에 속한다고 볼 수 없다.

또한 재산권은 경제적 가치를 가지는 모든 권리를 의미하지만, 그 재산의 성격에 따라 법적 권리의 범위와 내용에 있어서는 차이가 있다. 예를 들면 토지재산권의 경우 경제적, 사회적 활동에 필수불가결하다는 점과, 원칙적으로 생산이 불가능하며, 토지 인근의 사람들에게 많은 영향을 미치고 필요한 경우 특정 토지의 사용을 회피할 방법이 없다는 점에서 다른 재산에 비해 사회성, 공공성을 강하게 요구하고 있다.[11]

(2) 토지보상법상 손실보상 대상의 재산권

토지보상법상의 손실보상청구권을 발생시키는 침해는 재산권에 대한 것이어야 함은 물론이다. 이에 대하여 토지보상법은 손실보상의 대상이 되는 재산권으로 ① 토지소유권은 물론이고 이에 관한 소유권외의 권리 ② 토지와 함께 공익사업을 위하여 필요로 하는 입목, 건물 기타 토지에 정착한 물건 및 이에 관한 소유권외의 권리 ③ 광업권·어업권 또는 물의 사용에 관한 권리 ④ 토지에 속한 흙·돌·모래 또는 자갈에 관한 권리가 있으며(동법 제3조), 이외에 동법 제77조에서 영업을 폐지하거나 휴업함에 따른 영업손실, 농업의 손실, 휴직 또는 실직하는 근로자에 대한 휴직 또는 실직보상 등이 있으며, 또한 동법 제78조에서의 공익사업의 시행으로 인하여 주거용 건축물을 제공함에 따라 생활의 근거를 상실하게 되는 자를 위한 이주대책 및 이주정착금 보상이 있고, 그 외에도 동법 제79조의 공익사업의 시행으로 인하여 취득 또는 사용하는 토지외의 토지에 통로·도랑·담장 등의 신설 그 밖의 공사가 필요한 때에는 그 비용의 전부 또는 일부를 보상하도록 하는 등 여러 손실보상제도가 있다.

또한, 토지보상법도 재산적 가치가 있는 모든 공권과 사권이 침해의 대상이 되는데, 여기서 '가치 있는'이라는 의미는 현재 가치가 있는 것을 의미하며, 단순한 영업기회나 이득가능성은 이에 포함되지 아니한다.[12] 이에 대하여 토지보상법은 토지에 대한 보상액 산

---

9) 헌법재판소 2000. 12. 14. 선고 99헌마112 결정 : 교원의 정년단축으로 기존 교원이 입는 경제적 불이익은 계속 재직하면서 재화를 획득할 수 있는 기회를 박탈당한다는 것인데 이러한 경제적 기회는 재산권보장의 대상이 아니다.

10) ① 헌법재판소 2006. 12. 28. 선고 2006헌마312 결정 : 혁신도시 선정으로 주민들은 보다 양질의 주거, 교육, 문화 등의 누릴 수 있는 이익이 주어지나 이는 사실적, 경제적 이익일뿐 법적 이익에 해당하지 아니한다.

② 헌법재판소 2002. 12. 18. 선고 2001헌바55 결정 : 시혜적 입법의 시혜대상이 될 경우 얻을 수 있는 재산상 이익의 기대가 성취되지 않았다 하여도 그러한 단순한 재산상 이익의 기대는 헌법이 보호하는 재산권 영역이 아니다.

11) 헌법재판소 1989. 12. 22. 선고 88헌가13 : 헌법재판소 1998. 12. 24. 선고 89헌마214 등.

12) 홍정선, 행정법특강(제4판), 박영사, 2005, 543면.

정 시 가격시점에 있어서의 현실적인 이용상황과 일반적인 이용방법에 의한 객관적 상황을 고려하여 산정하되, '일시적인 이용상황'과 토지소유자 또는 관계인이 갖는 '주관적 가치' 및 '특별한 용도'에 사용할 것을 전제로 한 경우 등은 이를 고려하지 아니한다(동법 제70조②항)고 규정하고 있어 보호가치 있는 재산권만을 손실보상의 대상으로 하고 있다.

또한 우리 판례에서는 자연·문화적인 학술적 가치는 특별한 사정이 없는 한 손실보상의 대상이 되지 않는다고 판시[13]하고 있다.

한편, 손실보상의 대상이 논쟁이 되고 있는 정신적 보상에 대하여는 손실보상의 대상이 되지 않는다. 이는 손실보상의 대상은 본래 재산적 손실을 대상으로 하기 때문에 피수용자가 받는 경제적 손실 이외의 것에 대하여 보상에 대하여는 그 근거가 없어 당연하고 다수의 견해이다. 다만 이에 대하여 댐 등의 건설에 의하여 촌락공동체가 파괴되는 경우에는 당해 토지에 대한 주관적 가치나 감정 등에 대한 침해의 범위를 넘어서, 기존의 생활기반을 상실한 것과 같은 현저한 정신적 고통은 생활보상에 포함하여 고려할 여지가 있다는 견해[14]가 있다. 이외에 손실보상의 대상 여부에 대하여 특산물 보상[15] 등에 대해서도 논의가 되고 있다.

2. 보장의 의미

1) 재산권보장의 의의

'재산권은 보장된다'라고 함은 재산권이 사유재산제도로서 보장된다는 것을 말하며, 일단 사유재산제도가 헌법과 법률로써 보장된 이상 그 사유재산제에 의해 인정된 재산권은 불가침이라는 뜻이다.[16] 개인이 현재 보유하고 있는 재산권은 불가침이라 할 수

---

13) 대법원 1989. 9. 12. 선고 88누11216 판결 : 문화적, 학술적 가치는 특별한 사정이 없는 한 그 토지의 부동산으로서의 경제적, 재산적 가치를 높여 주는 것이 아니므로 토지수용법 제51조 소정의 손실보상의 대상이 될 수 없으니, 이 사건 토지가 철새 도래지로서 자연 문화적인 학술가치를 지녔다 하더라도 손실보상의 대상이 될 수 없다.

14) 장태주, 행정법개론, 현암사, 2005, 635면 ; 박윤흔, 최신행정법강의(상), 박영사, 2002, 786면. "민사소송에서 당연히 인정되는 위자료가 공공용지의 취득과 관련하여 인정되지 아니할 이유가 없다고 할 것이며, 댐 건설의 경우 수혜자는 하류주민이며, 이주자들은 별다른 이익을 받지 못한다는 점에서 더욱 그러하다. 이러한 경우 위자료를 인정하는 방향에서 보상이론을 구성하는 것이 과제"라고 하고 있다. 한편, 토지보상법 시행규칙 제58조의 재편입 주거용건축물의 가산금 특례는 정신적 피해의 보상의 구현이라고 보는 견해도 있다(손진상, "댐건설과 정신적 손실보상", 토지공법연구 제7집).

15) 박윤흔, 최신행정법강의(상), 박영사, 2002, 786면.

16) 김철수, 헌법학개론, 박영사, 2007, 746면.

있다. 이는 개인이 소유하는 재산권은 국가권력이라 하더라도 재산권을 침해할 수 없다는 것이며, 다만 법률에 의해서는 그 제한이 가능하다. 물론 입법권에 의한 구체적 제한도 절대적인 것은 아니고 그 제한에 있어서 본질적 부분을 침해하지 않는 범위 내에서 상당한 제약을 받고 있다.

2) 사유재산제의 제도보장

헌법에서 재산권이 보장된다는 것은 개인의 재산권이 사유재산제도로서 보장되고, 재산권의 불가침이 부정되는 현대에 있어서는 재산권 보장의 주요한 의미는 재산을 취득하고 보존하는 권리를 법제도로서 보장하는 것이라 할 수 있다.[17] 이는 개개 재산권 주체에 대한 구체적 권리에 대한 보호를 의미할 뿐만 아니라 사유재산제도가 법제도로서 유지되는 것에 대한 헌법적 보장을 의미한다.[18]

3) 재산권보장의 한계

헌법 제23조가 보장하는 재산권은 절대적인 것이 아니라 헌법 제37조 제2항에 따라 제한할 수 있으며,[19] 헌법 제119조 제2항에 따라 국민경제의 성장 및 안정 등 경제에 관한 공익을 위하여 법률상 제한될 수 있는 것이다.[20]

▣ **헌법**

제37조 ① 국민의 자유와 권리는 헌법에 열거되지 아니한 이유로 경시되지 아니한다.
② 국민의 모든 자유와 권리는 국가안전보장·질서유지 또는 공공복리를 위하여 필요한 경우에 한하여 법률로써 제한할 수 있으며, 제한하는 경우에도 자유와 권리의 본질적인 내용을 침해할 수 없다.

제119조 ② 국가는 균형있는 국민경제의 성장 및 안정과 적정한 소득의 분배를 유지하고, 시장의 지배와 경제력의 남용을 방지하며, 경제주체간의 조화를 통한 경제의 민주화를 위하여 경제에 관한 규제와 조정을 할 수 있다.

---

17) *芦部信喜*, *憲法* 제4판, *岩波書店*, 2007, 219면.
18) 헌법재판소 1989. 12. 22. 선고 88헌가13; 헌법재판소 1994. 6. 30. 선고 92헌가9 결정.
19) 헌법재판소 1998. 12. 24. 선고 89헌마214, 90헌바16, 97헌바78(병합) : 헌법상의 재산권은 토지소유자가 이용가능한 모든 용도로 토지를 자유로이 최대한 사용할 권리나 가장 경제적 또는 효율적으로 사용할 수 있는 권리를 보장하는 것을 의미하지는 않는다. 입법자는 중요한 공익상의 이유로 토지를 일정 용도로 사용하는 권리를 제한할 수 있다.
20) 헌법재판소 2006. 7. 27. 선고 2005헌마19 결정.

3. 재산권보장의 법적 성격 및 유형

1) 재산권보장의 법적 성격

국민의 재산권은 보장된다(헌법 제23조 제1항 1문)는 헌법규정의 법적 성격에 대하여는 여러 가지 견해가 대립되고 있다.

(1) 자유권설

재산권은 원칙적으로 자유권적 기본권이나, 다만 그 내용과 한계가 법률로 정해지고 그 행사는 공공복리에 적합하여야 한다는 고도의 사회성·의무성을 수반하는 것이라고 보는 견해이다.

(2) 제도적 보장설

재산권보장은 헌법규정에 의해서 비로소 보장된다는 견해로 재산권은 자유권에서 주장하는 바와 같이 천부인권이 아니고, 헌법에 의해서 인정되는 기본권이라는 것이다. 헌법상 재산권의 보장은 개인이 재산을 사유할 수 있다는 법제도, 즉 사유재산제의 보장을 의미한다고 한다.

이 견해는 우리나라에서 비록 소수설이기는 하나 헌법조항에 충실한 해석이며, 사유재산에 대한 제한 등을 사회적 필요 등에 의해 가능하다고 볼 수 있게 하는 이론이라는 점에서 사회적 시장경제의 원칙에 비추어 합리성을 가질 수 있는 이론이라 하겠으나, 일단 보장된 재산권행사의 자유를 무시한다는 단점이 있다.[21)]

(3) 권리·제도 동시보장설

이 견해는 헌법상 재산권의 보장은 국가에 의한 자의적 침해가 금지되는 대국가적 방어권으로서 개개인의 재산상의 권리와 더불어 개개인이 재산을 사유할 수 있는 법제도, 즉 사유재산제를 보장하는 것이라 한다.

우리 헌법재판소는 "재산권보장은 개인이 현재 누리고 있는 재산권을 보장한다는 의미와 개인이 재산권을 향유할 수 있는 법제도로서의 사유재산제도를 보장한다는 이중적 의미를 지니고 있다"고 판시[22)]하고 있어 절충설의 입장을 보이고 있다. 이 권리·제

21) 김철수, 앞의 책, 742면.
22) 대법원 1993. 7. 29. 선고 92헌바20 판결.

도동시보장설이 지배적인 견해이다.

헌법에서의 재산권보장은 전국가적 자연권으로서의 재산권만을 보장하는 것도 아니고, 칼 슈미트적인 사유재산제의 제도적 보장만을 의미하는 것도 아니다. 법제도로서의 사유재산제가 보장되지 않는 곳에 개인의 재산권만이 보장될 수 없는 것이며, 개인의 구체적인 재산권이 전면적으로 부인되는 곳에 사유재산제만이 법제도로서 존재할 수는 없으며,[23] 재산권이 갖는 경제적인 개성신장 내지 자유보장기능은 재산의 사적 유용성과 임의처분권을 떠나서 생각할 수 없고, 재산의 사적 유용성과 임의처분권은 사유재산제도를 전제로 해서만 가능하기 때문에, 사유재산제도의 보장과 이를 바탕으로 하는 구체적인 권리의 보장이 재산권보장에 함께 내포되어 있다고 보는 것이 타당할 것이다[24]는 설명이 이 견해의 주장이라고 할 수 있다.

Ⅲ. 재산권의 공용침해와 손실보상

1. 재산권에 대한 공용침해

우리헌법 제23조 제3항의 '공공필요에 의한 재산권의 수용·사용 또는 제한 및 그에 보상은 법률로써 하되'라고 규정하고 있는데, 여기서의 재산권의 수용은 재산권의 박탈을 의미하고, 재산권의 사용이란 재산권의 박탈에 이르지 아니한 일시적 사용을, 재산권의 제한이란 소유자 기타 권리자에 의한 재산권의 사용과 그로부터 얻는 수익을 제한하는 것을 말하는데, 이를 포괄하여 공용침해라고 하고 있다.

1) 공용수용

공용수용이란 공익사업 기타 복리목적을 위하여 타인의 특정한 재산권을 법률에 근거하여 공권적, 강제적으로 취득하는 것을 말한다. 토지소유권뿐만 아니라 토지에 관한 소유권 이외의 권리, 즉 광업권, 어업권, 입목·건물 등에 관한 권리, 무체재산권 등도

23) 권영성, 헌법학원론, 법문사, 2003, 509면.
24) 허영, 앞의 책, 460면.

그 대상이 된다. 공용수용은 국민의 재산권을 그 의사에 반하여 강제적으로라도 취득해야 할 공익적 필요성이 있을 것, 수용과 그에 대한 보상은 모두 법률에 의거할 것, 정당한 보상을 지급한 요건을 갖추어야 한다.[25)]

2) 공용사용

공용사용이란 공익사업 기타 공공목적을 위하여 국가·지방자치단체 등의 사업주체가 타인의 토지 기타 재산권에 대한 공법상의 사용권을 취득하고, 상대방은 이를 수인해야 할 의무를 부담함을 일컫는다.

이 공용사용에 대하여 토지보상법에서는 천재·지변 그 밖의 사변으로 인하여 공공의 안전을 유지하기 위한 공익사업을 긴급히 시행할 필요가 있는 때에는 사업시행자는 대통령령이 정하는 바에 따라 특별자치도지사, 시장·군수 또는 구청장의 허가를 받아 즉시 타인의 토지를 사용할 수 있다고 규정하고 있고(동법 제38조①), 이 경우에는 즉시 토지의 소유자 및 점유자에게 통지하여야 하고(동법 제38조 ②), 타인의 토지를 사용함으로써 발생하는 손실을 보상하여야 한다고(동법 제38조 ④) 규정하고 있다.

한편, 공용사용의 손실보상에 대하여는, 협의 또는 재결에 의하여 사용하는 토지에 대하여는 그 토지와 인근 유사토지의 지료(지료)·임대료·사용방법·사용기간 및 그 토지의 가격 등을 참작하여 평가한 적정가격으로 보상하여야 하고(법 제71조 ①), 사용하는 토지와 그 지하 및 지상의 공간의 사용에 대한 구체적인 보상액 산정 및 평가방법은 투자비용·예상수익 및 거래가격 등을 고려하여(법 제71조 ②) 손실보상액을 산정하여야 한다고 규정하고 있다. 또한 동법 제72조서는 사업인정고시가 있은 후 다음 각호의 1에 해당하는 때에는 당해 토지소유자는 사업시행자에게 그 토지의 매수를 청구하거나 관할 토지수용위원회에 그 토지의 수용을 청구할 수 있도록 하여 매수청구권 제도를 도입하고 있다. 이 경우 관계인은 사업시행자 또는 관할 토지수용위원회에 그 권리의 존속을 청구할 수 있다.

1. 토지를 사용하는 기간이 3년 이상인 때
2. 토지의 사용으로 인하여 토지의 형질이 변경되는 때
3. 사용하고자 하는 토지에 그 토지소유자의 건축물이 있는 때

---

25) 헌법재판소 2006. 7. 27. 선고 2003헌바18 결정.

3) 공용제한

공용제한은 일반적으로 특정한 공익사업 기타 복리행정의 수행을 위하여 또는 일정한 물건의 효용을 확보하기 위하여 개인의 재산에 가해지는 공법상의 제한을 말한다.[26] 공용제한의 종류는 학자마다 다양하게 구분하고 있는데, 당해 제한을 필요로 하는 공익상의 수요의 종류에 따라 계획제한·사업제한·공물제한·사용제한·보전제한으로 나누고 있다.[27]

4) 국공유화 조치 등

이외에도 국가 등에 의하여 국방상 또는 국민경제상의 긴절한 필요가 있는 경우 법률로써 사영기업을 국유 또는 공유로 이전할 수 있고(헌법 제126조), 국토의 효율적이고 균형있는 이용·개발과 보전을 위하여 법률로 그에 필요한 제한과 의무를 과할 수 있다.[28]

5) 입법수용

법률로써 공공시설을 무상으로 국가에 귀속시키는 행위를 입법수용이라 할 수 있는바, 이의 합헌성에 대해서는 의견이 대립되어 있으나, 헌법재판소는 법률에 근거하여 일련의 절차를 거쳐 별도의 행정처분에 의하여 이루어지는 소위 "행정적" 수용과 달리 법률에 의하여 직접 수용이 이루어지는 것이므로 "법률"에 의하여 수용하라는 헌법적 요청을 충족한다[29]고 하여 입법수용을 인정하고 있다.

한편 구 도시계획법 제83조 2항 전단부분의 무상귀속 위헌제청에서 행정청이 아닌 시행자가 도시계획사업을 시행하여 새로이 설치한 공공시설은 그 시설을 관리할 국가 또는 지방자치단체에 무상으로 귀속되도록 한 구 도시계획법 제83조 제2항 전단 부분을 준용하는 구 주택건설촉진법 제33조 제6항이 재산권을 보장한 헌법 제23조에 위배되는지 여부에서, 비록 합헌판결로 결정이 있었지만 다수의 견해는 이 사건 조항이 이 경우는 소유권의 박탈이어서 전형적인 수용에 해당한다고 보아야 하며, 수용 중에서는

26) 임호정 정년기념논문집 간행위원회, 공시지가 및 보상의 주요문제, 부연사, 2001, 489면.
27) 김동희, 행정법Ⅱ, 박영사, 2003, 348면; 박윤흔, 행정법강의(하), 박영사, 1998, 632면; 한편, 홍정선 교수는 공용제한을 ㉠ 내용을 기준으로 작위의 공용제한과 부작위의 공용제한으로 구분하고, ㉡ 행태를 기준으로 하여 공물제한·부담제한·사용제한으로 나누고 있다(행정법원론(하), 박영사, 2004, 496-497면).
28) 김철수, 헌법학개론, 박영사, 2007, 761면.
29) 헌법재판소 1998. 3. 26. 선고 93헌바12 전원재판부 결정.

행정청의 처분에 의하여 수용의 효과가 발생하는 소위 행정수용은 아니고 법률에 의하여 수용의 효과가 발생하는 소위 입법수용에 해당하여 위헌이라는 견해와, 본 조항이 헌법 제23조 제1항 및 제2항에 의하여 재산권의 내용과 한계를 정하는 규정이자 재산권에 대한 사회적 제약을 구체화한 규정이라고 보는 합헌의견에는 동의하지만 그런 경우에도 이 사건 조항은 비례의 원칙에서 요구되는 피해의 최소성 및 법익의 균형성원칙에 위배되므로 위헌이라는 견해[30)]가 있었다.

또한 舊 하천법 제3조[31)]의 '하천은 이를 국유로 한다'는 조항이 입법적 수용에 해당하는 것으로, 헌법재판소는 이러한 국유화 조치는 입법적 수용으로서 이는 국민의 재산권을 직접 법률에 의하여 강제적으로 국가가 취득하므로 헌법 제23조 제3항에 의한 재산권의 수용에 해당한다고 판시[32)]하였다.

6) 매도청구

최근의 재건축 주택 사업 등에서 활용되고 있는 매도청구 제도도 넓게 보아 재산권 침해의 한 유형으로 보아야 할 것이다. 그 근거로 헌법재판소는 舊 중소기업의구조개선과 재래시장활성화를 위한 특별조치법[33)]에 의하여 준용되는 집합건물의 소유 및 관리에 관한 법률 제48조 제4항에 따른 매도청구권을 헌법 제23조 제1항·제2항의 재산권의 제한으로 볼 것인지, 아니면 헌법 제23조 제3항의 공용수용으로 볼 것인지 문제되나, 위 매도청구권의 행사로 재건축불참자는 그 의사에 반하여 재산권이 박탈당하는 결과에 이른다는 점에서 실질적으로 헌법 제23조 제3항의 공용수용과 같은 것으로 볼 수 있다고 판시[34)]하고 있으며, 이러한 매도청구 제도는 '도시및주거환경정비법'와 '주택법'에서 이용되고 있다.

---

30) 헌법재판소 2003. 8. 21. 선고 2000헌가11, 2001헌가29(병합). 이 판결에서 본 조항이 입법수용으로 보아 위헌이라는 의견이 2인, 사실상 재산권 박탈이라고 보아 위헌이라는 의견이 3인, 사회적 제약의 법률이므로 합헌이라는 의견이 4인이었다.

31) 현행 하천법은 이 조항을 삭제하고, 제4조(하천관리의 원칙)을 신설하여 ① 하천 및 하천수는 공적 자원으로서 국가는 공공이익의 증진에 적합한 방향으로 적절히 관리하여야 한다.
② 하천을 구성하는 토지와 그 밖의 하천시설에 대하여는 사권(사권)을 행사할 수 없다. 다만, 다음 각 호의 어느 하나에 해당하는 경우에는 그러하지 아니하다.
1. 소유권을 이전하는 경우 2. 저당권을 설정하는 경우
3. 제33조에 따른 하천점용허가(소유권자 외의 자는 소유권자의 동의를 얻은 경우에 한한다)를 받아 그 허가받은 목적대로 사용하는 경우

32) 헌법재판소 1998. 3. 26. 선고 93헌바12 결정

33) '재래시장 및 상점가 육성을 위한 특별법'으로 개정되었다.

34) 헌법재판소 2006. 7. 27. 선고 2004헌바18(전원재판부)

Ⅳ. 재산권보장의 존속보장과 가치보장

1. 의 의

헌법은 제23조는 재산권 보호와 관련된 조항으로 3개의 조항으로 이루어져 있다. 이중 동조 제1항에서 모든 국민의 재산은 보장된다고 하는 재산권보장에 대한 일반적인 원칙을 천명하고 있고, 제23조 제3항에서는 공공필요의 경우 정당한 보상을 하도록 규정하고 있어, 제23조 제1항의 존속보장과 제23조 3항의 가치보장으로 재산권을 보호하고 있는데, 이중 제23조의 중점이 어느 조항에 주어져 있는가에 대해서 검토하는 것도 재산권보장에 있어서 중요한 의미가 있을 것으로 보인다.

2. 존속보장과 가치보장

1) 존속보장

존속보장은 개별 재산권자의 현재 보유하고 있는 재산적 가치가 있는 구체적 권리의 존속을 보장하는 데 일차적 의의를 두는 것을 말한다. 이 존속보장의 핵심은 재산권 영역에 대한 개인의 자유영역을 보호하려는 점에 있으므로 개인은 재산을 소유, 사용, 수익, 처분할 권리를 보장하는데 있다.

이는 자유권적 기본권으로서의 재산권에 대한 주관적 법적 보장으로서 본질적으로 침해에 대한 방해배제 성질을 가지며,[35] 무엇보다도 재산권자의 손안에서 재산의 존속(Bestands des Eigentums)을 확실히 하는 것[36]을 말한다.

우리 헌법재판소도 '현실적으로 재산권은 기본권의 주체로서의 국민이 각자의 인간다운 생활을 자기 책임하에 자주적으로 형성하는 데 필요한 경제적 조건을 보장해 주는 기능을 한다. 그러므로 재산권의 보장은 곧 국민 개개인의 자유실현의 물질적 바탕을 의미한다고 할 수 있고, 따라서 자유와 재산권은 상호보완관계이자 불가분의 관계에 있다고 하겠다. 재산권의 이러한 자유보장적 기능은 재산권을 어느 정도로 제한할 수 있는가 하는 사회적 의무성의 정도를 결정하는 중요한 기준이 된다'[37]고 판시하고 있다.

---

35) 김해룡, 헌법상 재산권보장과 행정상 손실보상의 근거법리들에 관한 고찰, 고시계, 2003, 16면
36) 송희성, 재산권의 존속보장과 가치보장에 관한 연구, 경희대학교 박사논문, 1991, 45면.

2) 가치보장

가치보장은 역사적으로 산업혁명 등의 과정에서 철도건설 등을 위한 공용수용이 이루어졌으나 그 당시에는 공용수용권이 군주의 통치권의 행사로 간주되어 재판적 통제가 이루어지기 않고 배제되어 있었던데 기인한다고 볼 수 있다.[38] 이는 '수인하고 후에 보장을 받아라'는 원칙에 초점을 두는 것으로 불법적인 재산권침해에 대해서도 정당한 보상만 해준다면 합헌이 될 수 있다는 것을 말한다.

이 가치보장은 재산의 변화내지 재산권의 기능변화를 강요하는 것인바 그것은 재산보유자의 생활형태를 여러 면에서 바꾸어 놓게 하고, 결국 현존재산과 관련한 기능의 다양한 내면을 공허하게 만들 수 있다. 이리하여 종전의 재산과 결합되어 누리던 삶의 형태와 질이 손상될 수도 있다.

3) 최근의 동향

종래에는 재산권에 대한 공용침해와 손실보상에 있어서 공용침해에 대한 적법요건에 대한 공용필요 내지 공익성 문제에 대한 연구를 경시한 채 손실보상에 관해서만 논의가 집중되어 왔는바, 이것은 바로 재산권에 대한 존속보장보다 가치보장 내지 보상보장을 중시했던 것이라 볼 수 있다.[39]

최근 개발관련 입법을 보면, 지역균형 개발이나 경제개발이라는 명분하에 많은 개발법령이 제·개정하여 공익사업을 당연히 인정하고 있어, 정당한 보상만 주어진다면 재산권의 존속보장은 문제가 되지 않는다는 것을 나타내고 있다.

4) 소 결

우리 헌법 제23조와 관련하여 동조 제1항 1문의 존속보장에 중점을 두고 있는지 아니면 동조 제3항의 가치보장에 중점을 주어져 있는지에 대하여는 논란이 되고 있다. 이에 대하여 진정한 재산권의 보장은 가치보장에 대한 존속보장의 우월에 있는 것이며,[40] 재산권 보장의 핵심이 인간의 자유보장에 있다는 것은 가치보장보다는 존속보장

37) 헌법재판소 1998. 12. 24. 선고 89헌바214.
38) 송희성, 위의 논문, 42면.
39) 송희성, 위의 논문, 41면.
40) 송희성, 앞의 논문, 46면.

이 우선한다는 의미를 갖는다[41]고 볼 수 있다.

이와 관련해서 주목할 점은, 최근 공익사업 수행과정에서 주요한 민원의 하나로 대두되고 있는 것은 바로 생활근거지를 상실할 경우 종전과 같은 생활을 유지할 수 없다는 두려움에서 사업의 저항이 극심하다는 것이다. 피수용자 입장에서는 토지 등의 정당한 보상을 받는다 하더라도 종전에 유지하였던 경제적 기반의 상실로 인하여 종전과 같은 생활 유지가 곤란하고 생활의 터전을 떠나 새로운 터전을 마련해야 하는 두려움 때문이다. 따라서 사업시행자는 종전의 생활을 유지하게 하기 위하여 일반 생계대책에 대한 마련을 해주고 있으나 대부분 농민으로 새로운 직업을 가져야 한다는 점에서 사업지구의 반대를 주장하고 있는 것이다.

이러한 면을 볼 때, 가치보장은 종전의 재산과 결합되어 누리던 삶의 형태와 질이 공용침해로 손상될 때는 극단의 저항까지 생긴다. 이러한 사유로 가치보장보다 존속보장이 우월시되어야 한다는 결론에 이르게 된다.[42] 따라서 헌법 제23조의 근본 취지는 존속보장이 대원칙으로 다만 반드시 공공필요의 경우에는 예외적으로 공용수용이 가능하다는 점이다. 이 점에서 공익사업에서의 공공필요성에 대하여 신중한 접근이 필요하다.

41) 조홍석, 재산권 제한의 체계적 구조, 법과 정책연구 제3집, 2003. 4면.
42) 송희성, 앞의 논문, 44면.

제2절 손실보상의 일반적 이론

I. 손실보상의 근거

1. 이론적 근거

1) 기득권설(旣得權說)

이는 손실보상의 이론적 근거에 관한 가장 오래된 학설로서 자연법적인 旣得權 不可侵原則에 입각하여 기득권은 원칙적으로 이를 침해할 수 없는 것이나, 예외적으로 緊急權에 의한 경우에는 그 침해도 허용된다고 보나, 그 경우에는 그 경제적 가치에 의한 보상을 하여야 한다고 보는 것이다. 이 설에는 내용적으로는 기득권의 범위 자체가 불확실하다는 점과 이 설은 기득권 이외의 재산권침해에 대한 보상의 근거는 제시하지 못한다는 문제점이 있다. 또한 이 설은 근대의 기득권불가침원칙 자체가 타파됨에 따라, 이 견해는 그 타당성의 기초 자체를 상실하였다고 볼 수 있다.[43)]

2) 은혜설(恩惠說)

은혜설은 근대적 주권관념의 형성과 더불어 대두한 것으로 극단적인 공익우선사상 및 국가권력의 절대사상에서 출발하여 법률의 만능성을 인정하고 국민이 그에 대항할 수 없다는 전제하에서,[44)] 국가가 공익을 위하여 적법한 공권력행사에 의하여 국민의 재산권을 침해한 경우에 당연히 보상이 주어져야 하는 것은 아니며, 재산권의 침해에 대하여 공권력을 가진 자의 일방적인 은혜로서 보상하는 것에 불과하다고 보는 견해이다.

이 설에 의하면 보상은 의무적인 것이 아니고 보상을 하지 않을 수도 있다는 결과가 되어 재산권 보장과 공평부담원칙을 존재이유로 하는 근대법상 손실보상의 제도적 의의를 부정하는 것이고, 또 법치주의사상에도 적합하지 않다.[45)]

---

43) 박윤흔, 행정상 손실보상의 주요문제, 박영사, 1999. 2~3면
44) 박윤흔, 위의 책, 3면.
45) 이선영, 新土地收用과補償法論, 리북스, 2005. 427~228면.

3) 평등부담설(平等負擔說)

평등부담설이란, 1789년 프랑스 혁명기의 『인간과 시민의 권리선언』 제13조의 내용으로서 정당한 사전보상 하에서만 재산권이 박탈될 수 있다는 데에 근거를 둔 "공적 부담 앞의 평등"을 드는 견해이다.[46]

4) 특별희생설(特別犧牲說)

특별희생설에 의하면, 사유재산제를 인정하고 있는 경우에도, 공공필요를 위하여 재산권 그 자체에 내재하는 사회적·자연적 제약을 넘어서 사유재산에 대하여 특별한 희생을 가하지 않으면 안되는 경우가 있다. 그러나 사유재산제를 전제로 하는 이상, 그와 같은 특별한 희생에 대하여 전체국민의 부담으로 전가하여 전체적인 공평부담의 견지에서 조절적 보상(調節的 補償)을 행함은 당연하다[47]는 견해이다. 여기서 특별한 희생이란 일반인에게 균일하게 주어지는 것이 아니라 공공사업을 위하여 어느 특정인에게만 주어진 희생으로, 이는 사회정의와 공평의 원칙상 묵인될 수 없는 것으로 그 희생을 공평하게 배분하고 특정인이 받는 희생을 전체의 부담으로 조절할 필요가 있다는 것이다.[48] 즉 손실을 사유재산권이 보장되는 제도하에서 공공사업을 위하여 사유재산권을 수용함으로써 사유재산에 대하여 가해진 '특별한 희생'에 대하여는 그것이 적법하다고 하더라도 정의·공평의 원칙에 따라 그에 대한 조절적 보상을 하여야 한다는 견해이다. 이 사상은 바이마르헌법 제153조, 독일 기본법 제14조 등을 근거로 하며, 우리나라의 통설이다.

2. 실정법적 근거

1) 헌법적 근거

헌법 제23조 제3항은 "공공필요에 의한 재산권의 수용, 사용 또는 제한 및 그에 대한 보상은 법률로써 하되, 정당한 보상을 지급하여야 한다."고 규정하고 있는 바, 공용수용

46) 박윤흔, 行政法講義(上), 박영사, 2002. 753면.
47) 박윤흔, 위의 책, 753면.
48) 이선영, 앞의 책, 428면.

(공용침해)과 손실보상을 개별법에 법률 유보하여 반드시 법적 근거를 마련하도록 하고 있다. 즉, 동 헌법규정은 공용침해와 손실보상에 관한 최상위 근거법으로써 자리하고 있으며, 이에 개별법인 토지보상법은 공용침해와 손실보상에 관한 구체적 규정을 마련하고 있다. 따라서, 공공필요에 의한 재산권의 수용, 사용, 제한을 규정하는 법률이 그에 관한 보상규정을 두고 있는 경우에는 그에 근거하여 보상청구하면 되나, 문제는 공용제한의 경우처럼 법률에서 침해규정만을 두고 보상규정을 두고있지 않은 경우에, 헌법 규정 제23조 제3항의 효력이 어떠한가, 즉 헌법의 규정만으로 손실보상청구권을 행사할 수 있다고 볼 것인가, 그렇지 아니하면 반드시 법률의 근거가 있어야 할 것인가에 대하여 견해 대립이 있다. 한편, 공용수용의 실정법적 근거로는 헌법 제23조3항외에도 토지보상법, 도로법, 하천법, 택지개발촉진법 등 각 개발보상법이 있다. 헌법 제23조3항에서 공용수용의 요건으로 공공의 필요, 법률의 형식, 정당한 보상을 규정하고 있어 공용수용에 대한 법률유보를 요구하고 있다. 각 개발관련 법령은 공익사업에 대하여 사업인정에 대하여, 목적물에 대하여, 수용절차 및 수용기간에 대한 특례를 규정하고 있으며, 이러한 특례를 제외하고는 공용수용의 일반법적 지위의 토지보상법을 준용하도록 하고 있다.

2) 법률상의 근거

손실보상에 관한 법률로 토지보상법이 있다. 그밖에 개발 목적의 법률에서 공공필요에 의한 재산권의 침해규정을 두고 있다.

Ⅱ. 공용침해의 손실보상의 요건

손실보상청구를 위해서는 법적 근거 외에도 여러 요건이 필요하다. 이러한 손실보상은 공용침해의 효과로서 발생하는 것으로, 최근에는 재산권에 대한 존속보장이 중요시되면서 관련 제 요건이 모두 강조된다. 특히, 특별한 희생의 요건 검토가 중요하다. 보상요건은 그 근거 규정이기도 한 헌법 23조 3항에서 찾아볼 수 있는바, 이하에서 고찰한다.

1. 공공의 필요

1) 의 의

공용침해로 인한 손실보상을 위해서는 개인의 재산권이 공공필요를 위하여 적법한 공권적 침해로 인하여 특별한 희생이 발생하여야 한다.

재산권에 대한 공권적 침해는 '공공필요'에 의해서만 행해질 수 있는바, 공공필요는 공용침해의 실질적 허용요건이자 본질적 제약요소가 된다. 그런데 공공필요는 대표적인 불확정개념으로서, 시대적 상황과 국가 정책적 목표에 따라 가변적이기 때문에 획일적인 개념정립이 불가능하며, 특히 최근에는 그 범위가 확대되는 추세이다.

2) 형량의 대상으로서 공익과 사익

헌법은 공익을 위하여 재산권의 침해를 인정(제23조 3항)하면서, 또한 사익으로서 재산권을 기본권으로 보장(제23조 1항)하며, 침해하는 경우에도 기본권의 본질적인 부분을 침해하지 못하도록 하고 있다(제37조 2항). 따라서 공공필요를 위한 공용침해는 공익과 함께 사익도 고려되어야 한다. 공익과 사익은 대립관계에 있으므로 공공필요의 유무는 개별·구체적으로 공·사익간의 비례의 원칙을 통한 비교형량을 통하여 판단된다.

3) 비례의 원칙(과잉금지의 원칙)

비례의 원칙이란, 행정작용에 의한 국민의 자유와 권리의 침해는, 공익목적 달성에 적합한 수단을 선택해야 하며, 그 중에서도 최소침해를 가져오는 수단을 선택하여야 하며, 침해로 인해 달성되는 공익과 침해되는 사익간에는 상당한 비례관계가 유지되어야 한다는 원칙이다. 우리 헌법재판소는 과잉금지의 원칙에 대하여 "국가가 국민의 기본권을 제한하는 내용의 입법활동을 함에 있어서 준수하여야 할 기본원칙 내지 입법활동의 한계를 의미하는 것으로서 국민의 기본권을 제한하려는 입법의 목적이 헌법 및 법률의 채제상 그 정당성이 인정되어야 하고(목적의 정당성), 그 목적달성을 위하여 그 방법이 효과적이고 절적하여야 하며(방법의 적절성), 입법권자가 선택한 기본권 제한의 조치가 입법목적 달성을 위하여 설사 적절하다 할지라도 보다 완화된 형태나 방법을 모색함으로써 기본권의 제한이 필요 최소한에 그치도록 하여야 하며(피해의 최소성), 그 입법에 의하여 보호하려는 공익과 침해되는 사익을 비교·형량하여 보호되는 공익이 보다 큰 것이어야 한다(법익의 균형성)"고 판시[49]하고 있고 이것이 헌법상의 원리라고 하고 있다.

2. 재산권에 대한 공권적 침해

1) 개 념

재산권이란 토지소유권은 물론이고 토지소유권 이외의 재산적 가치가 있는 권리, 즉 법으로 보호되고 있는 일체의 재산적 가치있는 권리를 의미한다. 이는 법에 의해 보호되는 일체의 재산적 가치 있는 권리를 말하며 현존하는 재산가치여야 한다. 따라서 단순한 기대이익이나 반사적 이익 또는 '경제적인 기회', 우연히 생긴 법적 지위 등은 재산권에 속하지 않는다.[50]

2) 공권적 침해

공공필요에 의한 행정작용에 의해 사인의 재산권에 대하여 공권적 침해가 있어야 하는 바, 공권적 침해란 행정청에 의한 공권력 행사로 인한 재산권의 박탈, 이용제한, 양도금지 등을 포함한 재산권에 대한 일체의 감손행위를 말한다.[51]

3) 침해의 직접성

공권적 침해와 재산상 손실은 직접적 인과관계가 있어야 한다. 따라서 공권력 주체에 의한 의도적이고 직접적인 침해에 대하여만 손실보상을 하여야 하는 것으로 해석함이 일반적일 것이나, 최근 비의욕적, 부수적 침해에 대해서도 직접성 완화로 보상해 주어야 한다는 수용적 침해를 도입하자는 견해도 있다.[52]

---

49) 헌법재판소 1990. 9. 3. 선고 89헌가95 결정.
50) 허영, 한국헌법론, 박영사, 2003. 457면
51) 박평준, 앞의 책, 303면
52) 김남진·김연태, 행정법Ⅰ, 법문사, 2004. 569면

3. 보상규정의 존재

헌법 23조 제3항은 손실보상은 법률로써 하도록 규정하고 있어, 개별법에 보상규정이 있어야 한다. 공용제한의 경우는 학설이 대립하는데 직접효력설과 유추적용설은 보상규정을 필수 요건으로 하지 않는 반면, 위헌무효설은 보상규정을 요건으로 한다(불가분조항원칙). 최근 헌법재판소는 도시계획법 21조에 의거한 개발제한구역 지정과 관련하여 보상규정을 두지 않은 것에 대하여 헌법불합치결정을 내린바 있다.

"도시계획법 21조에 규정된 개발제한구역제도 그 자체는 원칙적으로 합헌적 규정인데 다만 개발제한구역의 지정으로 말미암아 일부 토지소유자에게 사회적 부담이 넘는 가혹한 부담이 발생하는 예외적인 경우에도 보상규정을 두지 않은 것에 위헌성이 있는 것이고, 보상의 구체적인 기준과 방법은 헌법재판소가 결정할 것이 아니라 광범위한 입법형성권을 가진 입법자가 입법 정책적으로 정할 사안이므로, 입법자가 보상입법을 마련함으로써 위헌적인 상태를 제거할 때까지 위 조항을 형식적으로 존속케 하기 위하여 헌법불합치결정을 하는 것인바, 입법자는 되도록 빠른 시일내에 보상입법을 하여 위헌적 상태를 제거할 의무가 있고, 행정청은 보상입법이 마련되기 전에는 새로 개발제한구역을 지정하여서는 안 되며, 토지소유자는 보상입법을 기다려 그에 따른 권리 행사를 할 수 있을 뿐 개발제한구역의 지정이나 그에 따른 토지재산권의 제한 그 자체의 효력을 다투거나 위 조항에 위반하여 행한 자신들의 행위의 정당성을 주장할 수 없다"[53]고 판시한바 있다.

1) 의 의

헌법 23조 3항은 법률유보원칙을 취하고 있는바, 재산권침해는 형식적 의미의 법률에 적합해야한다. 반면 보상규정이 없어 위법한 경우 수용유사침해이론을 도입하자는 견해도 있다.[54]

---

53) 헌법재판소 1998. 12. 24. 선고 89헌마214 등.

54) 김남진, 행정법의 기본문제, 법문사, 1989. 405면; 서원우, '손실보상 개념의 확장 논의 - 수용유사의 침해이론의 문제점을 중심으로-' 고시연구, 1989. 4월호. 78면.

2) 사법적 통제와의 관계

적법한 공권력 행사는 법률에 근거해야 할 뿐만 아니라 그 절차에 있어서도 적법해야 하며 이에 위반하는 경우, 하자있는 행정작용으로서 실질적 법치주의 실현을 위해 사법적 통제를 받게 된다.

4. 특별한 희생

1) 개 요

공용침해로 인한 손실이 보상을 요하는 보상원인이 되는 것인지 여부는 재산권의 침해가 헌법 23조 2항에서 규정한 사회적 제약에 해당되어 보상을 요하지 않는 경우인지, 23조 3항에 해당되어 보상을 요하는 '특별한 희생'인지의 구별이 중요하다. 특별한 희생인지 사회적 제약인지의 구별은 특히 공용제한의 경우에 문제된다.

2) 구별기준

(1) 형식적 기준설

형식설은 평등의 원칙을 형식적으로 해석하여 재산권침해의 인적 범위가 특정되어 있는가의 여부로 사회적 제약과 특별한 희생을 구별하는 견해이다. 형식설에는 개별행위설(독일제국법원)과 이를 발전시킨 특별희생설(독일연방통상법원)이 있다.

형식적 기준설은 재산권에 대한 침해행위가 특정인 또는 특정집단에 가해짐으로써 일반인에게는 예기치 않은 희생을 가하였을 경우 그것은 곧 평등의 원칙에 위배되며, 따라서 그러한 불평등한 침해행위는 특별한 희생에 해당되므로 손실보상이 되어야 한다[55]는 견해이다.

(2) 실 질 설

실질설은 재산권 침해의 본질성과 강도라고 하는 실질적 표준에 의하여 구별하려는 견해로서, 그 침해가 재산권의 본질인 배타적 지배권을 침해하지 아니하는 범위 안의

---

55) 석종현, 앞의 책, 111면.

것일 때에는 재산권에 내재한 사회적 제약이고, 일반적 부담 이상으로 재산권의 본질을 침해하는 것일 때에는 재산권의 내재적 제약의 범위를 넘은 것이므로 손실보상을 요하는 '특별한 희생'에 해당된다는 것이다.[56] 실질설에 입각한 견해도 그 구체적인 주장은 다음과 같이 다르다. ① 보호가치성설은 사회의 역사, 가치관, 법률의 취지등에 의해 보호가치 있는 재산권에 대한 침해는 특별희생으로 보며, ② 수인기대가능성설은 공공필요에 의한 재산권의 침해가 수인을 기대할 수 있는지 여부에 따라 특별희생을 판단하며. ③ 목적위배설은 공용침해가 재산권의 객관적인 종래 목적을 침해하는 경우에는 특별한 희생으로 본다. ④ 사적효용설은 공용침해가 개인이 갖는 주관적 효용을 침해하는 경우에는 특별희생에 해당한다는 견해이고, ⑤ 사회적제약설은 공용침해가 사회적 제약을 넘는 것인 때에는 특별희생에 해당된다는 견해이며, ⑥ 상황구속성설 공용침해 당시 토지의 이용형태 및 사회적 상황 등 구체적 상황에 따라 특별희생을 판단한다. ⑦ 사회적비용설은 손실보상을 실시하기 위해 소요되는 비용(조사비용, 담당공무원의 보수등)이 개인의 재산권침해를 상회하는 시점을 보상이 필요한 시점으로 보는 견해이다.

(3) 절 충 설(통설)

특별희생과 사회적 제약을 구별하는 기준으로서 형식설과 실질설은 일면 타당성을 지니는 반면 어느 하나만으로는 완전한 구별기준이 될 수 없으므로 양 설을 종합적으로 고려하여 개별적, 구체적으로 판단하여야 한다.

3) 판 례

(1) 대법원입장

과거 대법원은 개발제한구역을 정하고 있는 도시계획법 제21조의 위헌심판제청사건에서 도시계획법 제21조 제1항에 의한 제한은 공공복리에 적합한 합리적인 제한으로서, 그 제한으로 인한 토지소유자의 불이익은 공공복리를 위하여 감수하지 아니하면 안 될 정도의 것이라며 특별한 희생은 아니라고 판시하였다.

---

56) 박평준, 앞의 책, 308면.

판 례

□ 대법원 1990. 5. 8. 자 89부2 결정 【위헌심판제청】

도시계획법 제21조 제1항, 제2항의 규정에 의하여 개발제한구역 안에 있는 토지의 소유자는 재산상의 권리행사에 많은 제한을 받게 되고 그 한도내에서 일반 토지소유자에 비하여 불이익을 받게 되었음은 명백하지만 "도시의 무질서한 확산을 방지하고 도시주변의 자연환경을 보전하여 건전한 생활환경을 확보하기 위하여, 또는 국방부장관의 요청이 있어 보안상 도시의 개발을 제한할 필요가 있다고 인정되는 때"에 한하여 가하여지는 위와 같은 제한은 공공복리에 적합한 합리적인 제한이라고 볼 것이고, 그 제한으로 인한 토지소유자의 불이익은 공공의 복리를 위하여 감수하지 아니하면 안될 정도의 것이라고 인정되므로 이에 대하여 손실보상의 규정을 하지 아니하였다 하여 도시계획법 제21조 제1항, 제2항의 규정을 헌법 제23조 제3항이나 제37조 제2항에 위배되는 것이라고 할 수 없다.

(2) 헌법재판소의 입장

헌법재판소는 도시계획법 제21조에 대한 위헌소원사건에서 개발제한구역지정으로 발생되는 재산권의 제약을 두 가지로 나누어 판단하고 있는바, 토지를 종래 목적으로도 사용할 수 없거나(목적위배설), 실질적으로 토지의 사용, 수익의 길이 없는 경우(사적 효용설)에는 수인한계를 넘는 것(수인한도설)이므로 특별희생에 해당되고, 지가의 하락이나 개발가능성의 소멸로 인한 재산권의 제약은 사회적 제약이라고 한다.[57]

57) 헌법재판소 1998. 12. 24. 89헌마214, 90헌바16, 97헌바78 병합 전원재판부

제3절 토지보상법의 제정 및 변천

Ⅰ. 보상법제의 연혁

1. 의 의

현행 토지보상법의 시행 이전 손실보상 법제는 크게는 일제 강점기인 1911년 제정된 『조선토지수용령』, 1962년 제정된 『토지수용법』, 그리고 1975년 제정된 『공공용지의 취득 및 손실보상에 관한 특례법』(이하 "공특법"이라 함)을 들 수 있는 바, 이하에서는 이들 각 법률의 제정 배경 및 개정을 통한 보상법제의 변화를 살펴보고자 한다.

2. 조선토지수용령

조선토지수용령은 우리나라 최초의 토지 등의 수용 및 보상에 관한 법제로서 일제 강점기인 1911년 4월 제령 제3호로 제정되었다.[58] 이 영은 당연히 일제가 대륙정복을 위한 철도, 항만 등 군사시설과 공공시설 등을 설치하기 위하여 제정되었다. 따라서 이 영은 군용시설을 위하여 강제적으로 토지 등을 신속하게 수용하는데 목적이 있었음으로 국민의 재산권 보호가 미흡하였다는 평가를 받고 있다.

한편 1945. 8. 15 해방 후에도 舊 헌법 제100조의 규정에 의하여 법률을 제정·시행하기 전까지는 "일정시대의 법령과 군정시의 법령"을 준용하도록 규정하고 있어,[59] 일제의 토지수용령이 1991년 토지수용법이 제정되기 까지 그대로 시행되었다. 이 영은 9차례의 개정을 거쳐 1962년 토지수용법이 제정될 때까지 토지 등의 수용 및 보상에 있어 일반적으로 적용되었다.

---

58) 자본력이 부족한 일제가 한국을 강점한 뒤 한국인의 토지를 가능한 싸게 점령하려고 토지수용령을 공포했다. 따라서 일제가 필요한 토지가 있으면 조선총독의 인정을 받아 해당 토지에 대한 제반 권리를 수용·사용할 수 있도록 되었다(daum 백과사전).

59) 제정 헌법 제100조; 현행 법령은 이 헌법에 저촉되지 아니하는 한 효력을 가진다.

Ⅱ. 토지수용법

1. 의 의

토지수용법은 1962년 1월 15일 제정되었다. 제정 당시의 토지수용법은 일본의 토지수용법을 번역, 발췌하여 제정되었고, 당시의 입법기관인 국가재건최고회의에서 의결·공표되었다. 이 토지수용법의 목적은 공익사업에 필요한 토지의 수용과 사용에 관한 사항을 규정하여 공공복리의 증진과 사유재산권의 보장과 조절을 도모함을 위함이었으며, 제정 당시 주요 내용으로는 토지를 수용 및 사용할 수 있는 공익사업의 범위를 정하고, 이 공익사업의 준비를 위한 타인토지의 출입, 장해물 제거 등이 가능하도록 하였으며, 사업시행자가 타인의 토지를 수용 및 사용하기 위하여는 국토건설청장의 사업인정을 받도록 하였으며, 토지수용 및 사용에 관한 재결을 위하여 당시 경제기획원에 중앙토지수용위원회를, 서울특별시 및 각 도에 지방토지수용위원회를 두었고 이에 대한 이의신청의 절차를 규정하고 있는 등 대체적으로 현행 법률의 골격을 이루는 기초가 되었다고 할 수 있다.

이 토지수용법은 일제시대의 조선토지수용령을 크게 벗어나지 못했다는 비판도 있으나, 그래도 우리나라 최초의 토지수용 및 재산권 보장규정을 제도화하였다는데 큰 의미가 있다.

한편 이 토지수용법은 크게 9차에 걸쳐 개정이 되었다. 주요내용을 살펴보면 다음과 같다.

2. 주요개정 내용

1) 1차 개정(1963. 4. 2. 법률 제1312호)

기업자가 수용하거나 사용하고자 할 토지의 소유자 또는 관계인과의 권리의 취득 또는 소멸에 관한 협의가 성립된 때에는 관할토지수용위원회에 그 확인을 신청할 수 있고, 협의성립확인 시에는 그 내용을 당사가 다툴 수 없게 하였다. 또한 토지의 수용 또는 사용에 관한 재결의 위산·오기와 같이 명백한 오류가 있을 경우 경정재결을 할 수 있도록 하였으며, 이의신청에 불복하는 경우 행정소송을 제기할 수 있는 규정을 신설하였다.

2) 제2차 개정(1971. 1. 19. 법률 제2293호)

사업인정 고시와 토지세목 고시를 동시에 하도록 개정하였고, 지가고시제도를 신설하였으며, 재결신청기간을 3년에서 1년으로 단축하면서[60] 동시에 피수용자에 대하여 재결신청촉구 청구권을 부여하였다.

3) 3차 개정(1981. 12. 31. 법률 제3534호)

토지수용법에 의한 지가고시제도를 폐지하고 국토이용관리법에 의한 기준지가고시제도로 일원화하면서, 협의성립제도를 다소 보완하여 공증인의 공증을 받아 관할 토지수용위원회에 제출하고 이를 토지수용위원회가 수리함으로써 협의가 성립된 것으로 보는 제도를 신설하였다.

또한 협의가 성립되지 않은 경우 피수용자에게 재결신청 청구권을 인정하면서, 기업자가 재결청구를 받은 날로부터 2월 이내에 재결신청을 하지 아니한 경우 2월을 경과한 날로부터 소송촉진 등에 관한 특례법 제3조의 규정에 의한 금리의 이자를 가산하도록 하였다.

4) 제4차 개정(1984. 4. 1. 법률 제4120호)

지가공시 및 토지 등의 평가에 관한 법률이 제정됨에 따라 국토이용관리법의 기준지가에서 공시지가로 변경되었고 그 외 토지수용법의 관련 조문을 정리하였다.

60) 1971. 1. 19. 토지수용법 개정시에 종전에는 재결신청을 기업자의 사정에 의하여 3년까지 지체할 수 있었으나, 피수용자의 권리보호를 위하여 1년으로 단축하였다. 개정사유는 "토지수용위원회에 대한 재결신청은 사업인정후 최장 3년까지 이를 지체할 수 있는바, 이는 기업자의 사정에 따라 피수용자의 지위가 장기간 불안정한 상태에 방치되어 불측의 손해를 입게 될 우려가 있으므로, 재결신청 기간을 1년으로 단축하여 수용절차를 가능한 한 짧은 기간내에 종결시키기" 위함이었다.

5) 제5차 개정(1990. 4. 7. 법률 제4231호)

중앙토지수용위원회의 위원 중 일부를 상임위원으로 하면서, 점담사무기구를 설치하였고, 토지수용위원회가 기간 내에 재결을 하지 아니한 경우 위원장이 당해 토지수용위원회의 재결에 갈음하여 대재결을 할 수 있도록 하였으나,[61] 이를 삭제하였다. 또한 보상금의 증감 소송에서 피고를 중앙토지수용위원회 외에 기업자를 상대로 소송을 제기하도록 하고, 법원이 직접 보상금을 결정하도록 하여 당사자 소송제도를 도입하였다.

6) 제6차 개정(1991. 12. 31. 법률 제4483호)

기업자가 국가 및 공공단체인 경우 토지소유자 및 관계인이 원하거나, 또는 대통령령이 정하는 부재부동산 소유자의 토지 또는 비업무용토지인 경우 일정금액을 초과하는 경우 이를 채권으로 보상할 수 있도록 하였으며, 토지보상에 있어 개발이익을 배제하기 위하여 사업인정고시일 당시의 공시지가를 기준으로 산정하도록 하면서 지가변동율은 당해 사업과 관계없는 지역의 지가변동율 등을 참작하도록 하였다.

7) 제9차 개정(1999. 2. 8. 법률 제5909호)

종래에는 사업시행자가 공익사업의 준비를 위하여 타인이 점유하는 토지에 출입하고자 할 경우 시·도지사의 허가를 받도록 하였으나, 업무의 지방이양 추세에 맞추어 시장·군수 또는 구청장의 허가를 받도록 개정하였으며, 사업인정 고시 이후 공작물의 신축·개축 등을 하고자 하는 경우 시·도지사의 허가를 얻도록 하였으나 이 역시 시장·군수 또는 구청장의 허가를 얻도록 하였다.

또한 잔여지수용청구 기간을 당초 열람기간 내에 할 수 있도록 하였으나, 이를 토지수용위원회 재결이 있기 전까지 하도록 하였다.

---

61) 대재결(代裁決)제도는 토지수용위원회가 재결기간내에 재결하지 아니하거나 위원장의 2회 이상의 소집에도 불구하고 회의가 성립하지 아니하는 경우 당해 수용위원회의 의결에 의한 재결에 갈음하여 토지수용위원회의 위원장이 단독으로 재결하는 것을 말하였다. 이 대재결은 정식의 재결과 같은 법적 효과를 발생하게 됨으로써 시급을 요하는 공익사업이 재결의 지연으로 인하여 지장을 받는 것을 방지하기 위한 것이었으나, 1990년 토지수용법 개정에서 이 대재결이 국민의 재산권을 소홀히 취급할 우려가 있기 때문에 이를 폐지하였다.

Ⅲ. 공공용지의 취득 및 손실보상에 관한 특례법

1. 의 의

1970년대까지는 토지수용법 또는 민사법에 의한 협의매수에 의하여 공익사업에 필요한 토지를 취득하였다. 이러한 협의매수를 하는 경우 일반적인 법적 기준이 없었고 사업의 종류나 사업시행자 별로 그 보상대상 및 기준도 상이하여 적정보상 및 형평성 결여로 민원의 대상이 되어왔다. 또한 보상청구 절차가 복잡하여 때로는 보상비보다 보상금청구에 필요한 서류의 작성비용이 더 많이 소요되는 경우가 발생하는 등의 불합리한 점들이 발생하게 되었다.[62]

이와 같은 문제점들을 해결하기 위하여 1975년 12월 31일 공공용지 취득 및 손실보상에 관한 특례법(이하 "공특법"이라 함)을 제정하기에 이르렀다.

이 공특법은 1975년 제정 이후 6차에 걸쳐 개정되었고, 그 중 내용상의 개정은 제2차 및 제5차의 개정이었다.

2. 주요개정 내용

1) 제2차 개정(1991. 12. 31. 법률 제4484호)

가격시점에 대한 정의를 규정하였으며, 토지수용법과 같이 채권보상의 근거, 기한 등을 신설하였고, 토지보상과 관련하여 종전에는 인근유사토지의 토지가격을 고려한 적정가격을 보상액으로 정하도록 하였으나, 앞으로는 취득할 토지의 보상액으로 개발이익이 포함되지 아니한 공시지가를 기준으로 하되, 공시기준일부터 평가시점까지의 당해 사업과 관련 없는 지역의 지가변동율을 참작하여 평가한 적정가격으로 정하도록 하였다.

62) 공공용지의 취득 및 손실보상에 관한 특례법안 심사보고서(1975. 12. 1) 제94회 국회 제17차 건설위원회 회의록

2) 제5차 개정(1996. 12. 30. 법률 제5237호)

본 개정은 헌법재판소가 1995. 11. 30 소유권불명으로 협의할 수 없을 때 공시송달로써 협의에 갈음하여 토지 등을 취득할 수 있게 한 규정(공특법 제6조)이 공특법의 입법목적과 부합하지 않고 헌법상 비례원칙을 위반하여 위헌이라고 선고함에 따라 이를 삭제하기 위한 제정이었다.

결 정

□ 헌법재판소 1995. 11. 30. 선고 94헌가2 전원재판부 결정

공특법 제6조는 협의대상자를 파악하기 어렵다는 이유만으로 소유권자의 명시 또는 묵시의 의사 없이도 타인의 재산을 처분 또는 사용할 수 있게 하였는데 이는 공특법이 토지수용법으로서의 실체를 갖기 전에는 도저히 가능할 수 없는 내용이다. 아무리 공특법 제6조의 적용절차가 엄격하다고 하더라도 재산의 처분권, 사용권이 소유권자의 의사에 관계없이 박탈된다고 하는 결과는 동일하다. 이는 결국 협의취득이라는 사법상의 법률행위에 대하여 일방당사자에 불과한 사업시행자에게 타방에 비해 우월적인 지위를 부여하여 일방적으로 협의대상인 토지를 강제취득할 수 있는 길을 열어주고 있는 것이 된다.

따라서 공특법 제6조는 협의에 의한 취득 등을 목적으로 하는 공특법 자체의 입법목적체제에 부합하지 않으며, 그러므로 공특법 제6조가 초래하게 되는 기본권의 제한을 정당화시켜 줄만한 입법목적상의 정당성을 갖고 있지 못하다.

3) 제6차 개정(1999. 2. 8. 법률 제5906호)

종래에는 토지 등의 소유자가 작성해야 할 이전등기에 필요한 서류를 지방자치단체가 발급하는 경우 그 수수료를 면제하여 왔으나, 보상업무의 효율적 수행과 공공사업의 원활한 추진을 위하여 국가에서 발급하는 서류에 대하여도 그 수수료를 면제하였다.

Ⅳ. 공익사업을 위한 토지 등의 취득 및 보상에 관한 특례법

1. 제정의 필요성

1) 토지취득절차의 공통성 및 중복의 문제

종전 토지수용법과 공특법은 그 입법연혁이나 성립배경 등에서 서로 차이가 있지만, 공특법이 성립배경에서 나타나듯이 임시적인 행정수요를 충족시키기 위하여 제정된 것이라는 사정을 고려한다면, 토지취득법제의 이원화체계를 정당화하는 논거는 되지 못하는 면이 있다. 따라서 공공목적의 토지취득절차라는 공통적인 특성에 따라 통합될 필요성이 제기되어왔고, 또한 공특법의 협의가 성립되지 아니하는 경우에는 사업시행자는 다시 토지수용법의 관계규정에 의한 토지수용절차를 거쳐야 한다. 이때 조서작성, 협의 등의 토지취득절차의 중복은 절차지연의 원인이 되며, 공익사업의 조기착공을 곤란하게 하고 그 결과 보상예산의 증가를 초래하는 문제를 발생시키게 된다. 따라서 이러한 절차의 중복을 막고, 토지취득절차를 간소화하기 위한 새로운 절차의 마련이 필요하게 된다.

2) 법절차의 명확성의 필요성

토지수용법과 공특법 양 법은 그 수범대상자가 공익사업주체와 토지 등의 소유자 등이며, 이들 당사자들은 그동안 이원화된 수용 및 보상체계로 인하여 각 법에 따른 차이 또는 모순되는 내용들로 인한 많은 불만이 누적되어 왔다. 이에 따라서 당사자들에게 단일화된 법적 기초를 제공함으로써, 수용절차 및 보상의 법적 예측성을 보장할 필요가 인정된다. 특히 토지 등의 소유권자의 입장에서 볼 때에는 그 취득절차가 협의취득이든 강제취득이든 공익목적상 취득되는 절차라는 점에서는 공통점을 갖게 되는 것이므로, 통일적인 규정하에서 규율될 필요성을 갖게 된다.

3) 단일화의 입법추세반영

오늘날 수용 및 보상에 관한 외국의 입법례는 토지취득절차 및 보상절차에 대해 통일화된 체계를 유지하고 있다. 이는 토지행정법에서만 국한된 현상은 아니며, 다른 행정법영역에서도 발견되는 입법추세이다. 유사한 절차를 통합하여 하나의 단일법 체계에서 규율하는 것은 개별법사이의 모순 또는 저촉을 방지할 수 있어 법체계의 통일성을 확보할 수 있을 뿐만 아니라, 행정목적을 능률적으로 수행할 수 있는 장점을 갖게 된다. 양 법은 그 규율내용면에서 볼 때에 많은 유사점을 가지므로, 이러한 단일화의 대상이 될 수 있다고 볼 수 있다.

2. 토지보상법 법률의 구조

1) 특 색

토지보상법은 종전 토지수용법과 공특법의 내용을 하나의 법률로 통합하는 것이 그 취지이기 때문에 기존 양법상의 토지취득절차 및 손실보상절차를 하나의 법률에서 전체적으로 규율하고 있다. 따라서 토지보상법은 공특법 협의취득절차와 토지수용법의 강제취득절차가 하나의 통합된 체계로 규정되는 특색을 갖고 있다. 또한 종전 양법에서 규정되어 있던 손실보상에 관한 주요 내용들도 통일적인 체계하에 규율되고 있다.

2) 입법구조

(1) 취득절차의 통합

토지보상법의 입법구조는 종전 협의취득절차와 강제취득절차에 공통되는 절차규정들, 협의취득절차에 특유한 규정들, 강제취득절차에 특유한 규정들, 양 취득절차의 중복을 피하기 위한 규정들로 구성되고 있다.

(2) 보상절차의 통합

토지보상법은 종전 양법에 규정되어 있던 손실보상에 관한 규정을 모두 포함하고 있다. 특히 공특법은 손실보상에 관한 주요 내용을 시행규칙에서 규정하고 있어서 그 규범적인 체계에 있어서 많은 문제점이 지적되어 왔다. 토지보상법은 이러한 문제점을 해결하여 법률 및 시행령차원에서 손실보상의 주요내용을 해결하고 있다.

3) 토지보상법의 주요 내용

(1) 공익사업의 범위조정

종전 토지수용법은 공익사업의 범위를 과거의 행정수요에 따라 규정하고 있으므로, 그동안 변화한 행정수요에 맞추어 새로운 범위의 조정이 필요하게 된다. 이에 따라 토지보상법은 종전 토지수용법 제3조 제6호에서 규정하고 있었던 제철, 비료 등 중화학공업을 공익사업의 범주에서 제외하고 있다. 이는 이러한 사업의 분야가 더 이상 공익사업으로 보기가 어려우며, 오히려 사인 간 토지매수로도 가능하기 때문이라고 한다. 반면, 새로운 공익성을 취득하게 된 공영차고지, 화물터미널, 하수종말처리장, 폐수처리시설 등을 새로이 추가하였다.

(2) 관계서류발급의 신청에 관한 내용규정

사업시행자는 사업의 준비, 분할측량 등 당해 공익사업의 수행을 위하여 필요한 서류의 발급을 국가 또는 지방자치단체에 신청할 수 있으며, 국가 또는 지방자치단체는 이에 응하도록 하고 있다.

(3) 입회공무원 서명날인제도 폐지(법 제14조)

종전 토지수용법 제23조 제3항 및 제4항은 토지·물건조서 작성 후 토지소유자 등이 서명날인을 거부하는 경우에는 시·군·구 또는 시·도 공무원이 입회하여 서명날인하게 하고 있었으나,[63] 실무상은 여러 가지 사정상 이러한 입회날인제도가 제대로 시행되고 있지 못하여 공익사업의 진행에 상당한 장애가 되어왔다. 이에 현행 토지보상법은 유명무실한 입회공무원 날인제도를 삭제하고, 대신 이 제도의 보완책으로 토지·물건조서의 내용을 공고하여 토지소유자 등이 열람할 수 있게 하고, 그에 대해 이의제기가 가능하도록 절차를 보완하였다.[64]

63) 중토위 414-1067(1984. 10. 27) : 시·군·구의 장니나 공무원은 그 조서가 측량 기타의 자료등에 의해 작성된 것임을 확인하면 서명할 수 있는 것으로 해석되고 입회공무원은 기업자와 피수용자 간의 매 협의마다 입회하는 것이 아니라, 성실한 협의를 거쳤는가를 확인하는데 그치는 것이고 협의경위의 실질적인 성실성 여부는 토지수용위원회에서 판단할 사항이다.

64) 건설교통부, 공공용지취득 및 손실보상제도 개선방안 연구(Ⅰ), 2000.6, 312~313면 ; 입회공무원이 기업자와 소유자 간의 토지, 물건조서의 실질내용을 확인하기는 사실상 불가능하므로 입회공무원의 서명날인은 형식에 불과함에도 불구하고 소유자 등이 서명날인을 거부하면, 입회공무원이 민원 등을 우려하여 날인을 거부하는 사례가 있어 공익사업을 지연하는 문제가 있었다. 따라서 공공사업의 효율적 시행의 확보라는 공익적 견지에서는 입회공무원 서명날인도 폐지의 타당성이 인정되지만, 그 제도의 취지는

(4) 토지보존의무의 강화(법 제25조 제3항)

토지수용법 제18조의2 및 제52에서는 사업인정 고시 후에는 토지를 보전하여야 하고, 이를 위반하여 공작물의 신축 등을 한 경우에는 손실보상의 청구를 할 수 없도록 규정하고 있다. 이번 토지보상법에서는 토지보전의무 위반행위에 대해 토지소유자 및 관계인의 원상회복의 의무를 명문으로 규정하였다. 이는 그동안 이러한 의무위반행위에 대한 원상회복의무를 부과할 수 있는가에 대해 제기되었던 논의를 입법적으로 해결한 것으로 평가된다.

(5) 절차의 중복방지(법 제26조 제2항)

공특법상의 협의취득절차를 거쳤으나 협의가 성립되지 않은 경우에는 다시 토지수용법상의 사업인정절차를 거치게 되는 바, 이때에는 이미 협의취득절차 당시에 거쳤던 절차를 다시 반복하여야 하는 절차중복의 문제가 발생하고 있다. 따라서 이러한 경우에는 이미 거친 절차는 다시 거치지 않도록 하여야만 절차의 중복을 방지할 수 있을 것이다. 이러한 취지에서 사업인정 이전에 작성된 토지·물건조서의 내용에 변동이 없는 때에는 토지·물건조서의 작성, 보상계획의 열람, 보상협의회에 관한 절차규정들을 생략할 수 있으며, 다만, 토지·물건조서의 내용변동 등 여러 가지 사유로 사업시행자, 토지소유자 또는 관계인이 협의를 요구하는 때에는 협의절차를 거치도록 한다.

(6) 보상협의회 설치(법 제82조)

공특법은 일정규모 이상의 사업을 시행하는 경우에는 시·군·구에 '보상심의위원회'를 반드시 설치하여야 하며 보상심의위원회는 보상업무에 관하여 중요한 기능을 수행하여 왔다. 그러나 지방자치단체의 장이 그 위원장이 되어 있어 지방자치제하에서 주민들과 마찰을 기피하는 현상으로 인하여 보상심의위원회가 개최되지 못하거나 지연되는 사례가 적지 않았다. 토지보상법은 이를 개선하기 위해 보상심의위원회를 보상협의회로 개칭하고 공익사업이 시행되는 해당 지방자치단체의 장이 필요한 경우에 임의적으로 보상협의회를 둘 수 있도록 하는 등 그 지위를 낮추어 자문기관화하고 협의사항도 잔여지범위, 이주대책 등으로 한정하는 등 그 업무범위를 조정하였다.

소유자 등의 권익보호에 있었기 때문에 제도폐지의 보완책이 필요하며, 이를 위해 토지, 물건조서의 내용을 공고하여 토지소유자 등이 열람할 수 있게 하고, 그에 대해 이의제기가 가능하도록 하는 절차보완이 필요하다.

(7) 보상전문기관 지정제도 도입(제81조)

이번 토지보상법이 담고 있는 가장 새로운 제도로서 평가할 수 있는 것은 보상전문기관제도의 도입이다. 종전에는 사업시행자가 보상업무에 대한 전문성을 결여하고 있거나 전문인력이 부족한 경우에도 그에 대처하기 위한 적절한 장치가 존재하지 않았다. 이를 해결하기 위해 사업시행자는 지방자치단체 또는 보상실적이 있거나 보상업무에 관한 전문성이 있는 정부투자기관 또는 정부출자기관으로서 대통령령이 정하는 기관에게 보상업무를 위탁할 수 있도록 하였다.

(8) 행정심판 및 행정소송의 명확화(법 제85조)

종전 토지수용법은 행정소송의 제기시 반드시 이의신청을 거쳐야 하며, 행정소송의 대상은 수용재결이 아니고 이의재결이라고 규정하고 있다고 보는 것이 판례와 다수의 입장이었다. 근번 토지보상법은 피보상자의 신속한 권리구제 및 행정쟁송을 통한 조속한 분쟁해결을 위하여 수용재결이후 이의신청을 거치지 아니하고도 행정소송이 가능하도록 하여 행정소송법상의 행정심판임의주의의 입법취지를 반영하였다(제85조 제1항). 또한 행정소송의 대상과 관련하여서도 행정소송법의 원칙인 '원처분주의'입장을 재확인하였다. 그리고 종전 토지수용법은 보상금증감청구소송의 당사자에서 기업자 또는 피수용자 외에 '재결청'을 피고에 포함하였다. 이는 소송유형에 관한 불필요한 논쟁을 야기 시켰는바 토지보상법은 피고에서 '재결청'을 제외하여 실질적인 소송당사자가 분쟁의 해결을 하도록 하였다(제85조 제2항).

(9) 행정대집행 절차 간소화(법 제89조 제2항)

종전에는 사업시행자가 국가 또는 지방자치단체인 경우에도 행정대집행을 하고자 할 경우에는 시·도지사나 시장·군수·구청장에게 의뢰하도록 하였으나 토지보상법에서는 사업시행자가 직접 대집행을 할 수 있도록 하였다.

(10) 환매권제도의 개선(법 제91조)

토지수용법과 공특법에서 이원적인 환매권제도를 두고 있었으나 근번 토지보상법에서는 환매금액에 대하여 다툼이 있을 경우 그 금액의 증감을 '법원'에 청구하도록 하는 등 통일적 규정을 두었다(법 제91조 제4항).

3. 주요개정

1) 법률 제7475호(2005. 3. 31) 개정

도시민들에게 편안한 휴식공간을 제공하고, 자라나는 청소년들에게는 자연을 느끼고 체험할 수 있는 다양한 공간을 제공하기 위해서 뿐만 아니라, 수목유전자원의 체계적이고 원활한 보전기능을 수행하기 위해서도 수목원 조성의 필요성이 증대대고 있는바, 수목원 조성부지가 대부분 사유지인 경우 주민들과의 협의매수가 제대로 이루어지지 않아 사업추진에 많은 어려움이 발생하고 있으므로, 이러한 문제해결을 위하여 '수목원'을 공익사업 중의 하나로 포함하여 개별사업으로 토지수용이 가능하도록 하도록 법 제4조 제3호를 개정하였다.

2) 법률 제8665호(2007. 10. 17) 개정

(1) 소유사실확인서 발급제도 폐지(법 제18조 삭제)

소유권 보존등기 또는 실제의 소유자에게 이전등기가 되어 있지 아니한 토지 등이 있는 때에는 시장·구청장 또는 읍·면장이 발급한 확인서에 의하여 정당한 권리자로 인정되는 자에게 보상금을 지급하고 있으나, 확인서에 의한 등기는 실체적 권리관계에 부합하는 등기로 추정할 수 없어, 소유사실확인서 발급제도를 폐지함.

(2) 대토보상제도 도입(법 제63조 제1항 단서·제2항 내지 제5항 신설)

손실보상은 현금보상을 원칙으로 하되, 토지소유자가 원하는 경우에는 해당 공익사업의 토지이용계획 및 사업계획 등을 고려하여 공익사업의 시행으로 조성된 토지로 보상할 수 있도록 함으로써, 토지소유자의 손실보상 관련 불만을 상당부분 해소할 수 있고, 토지구입 수요를 줄임으로써 인근지역 부동산 가격의 상승을 억제할 수 있을 것으로 기대됨.

(3) 잔여 건축물 감가보상 및 배수청구 제도도입(법 제75조의2 신설)

건축물의 일부가 공익사업에 편입됨으로 인하여 잔여 건축물의 가격이 감소되거나 그 밖의 손실이 있는 때에는 그 손실을 보상하도록 하고, 잔여 건축물을 종래의 목적대로 사용하는 것이 현저히 곤란한 때에는 그 건축물 소유자는 사업시행자에게 잔여 건축물을 매수하여 줄 것을 청구할 수 있도록 함.

(4) 공장에 대한 이주대책의 수립(법 제4조 및 제78조의2)

대통령령으로 정하는 공익사업의 시행으로 공장을 이전하는 경우 인근지역에 지정·개발된 산업단지에 입주를 알선하는 등 공장에 대한 이주대책을 수립함.

(5) 보상협의회 설치 의무화(법 제82조 제1항 및 제2항)

대통령령이 정하는 규모 이상의 공익사업을 시행하는 경우에는 지방자치단체 또는 사업시행자는 보상협의회를 의무적으로 설치하도록 하고, 그 밖의 사업의 경우에는 필요한 때에 설치할 수 있도록 함으로써, 주민참여를 확대하여 자발적인 협조를 유도함으로써 토지소유자 등의 불만을 상당부분 해소하고 공익사업의 효율적인 추진에 기여할 것으로 기대됨.

3) 법률 제10239호(2010. 4. 5) 개정

(1) 대토보상 활성화

사업시행자가 토지소유자에 대하여 손실보상을 하는 경우 토지로 보상할 수 있는 주택용지 상한면적을 330제곱미터에서 990제곱미터로 확대하고(법 제63조 제2항), 토지로 보상받기로 결정된 권리에 대해 개발전문 부동산투자회사에 현물출자를 하는 경우는 허용하며(법 제63조 제3항), 채권의 장기보유를 위하여 5년 만기채권 발행 시 5년 만기 국고채 금리를 적용하도록 함(법 제63조 제9항).

(2) 공익사업 전환 완화

공익사업으로 취득한 토지가 다시 택지개발사업지구에 편입되는 경우 환매권 행사를 유보하도록 함(법 제91조 제6항).

4) 법률 제11468호(2012. 6. 1) 개정

현재 공익사업을 위한 토지 등의 보상액을 산정할 때 사업시행자는 2인 이상의 감정평가업자에게 평가를 의뢰하도록 하고, 토지소유자가 요청하는 경우에는 2인 이상의 감정평가업자 외에 토지소유자가 추천하는 1인의 감정평가업자를 선정할 수 있도록 하고 있으나, 보상액과 관련하여 주민들의 이의제기와 불만이 지속적으로 나오고 있고, 토지가 소재한 지방자치단체도 민원으로 행정업무에 지장을 받는 실정임을 고려하여, 사업시행자 외에 토지소유자 및 해당 토지를 관할하는 시·도지사도 감정평가업자를 추천하도록 개선하는 한편, 현재 지방토지수용위원회의 위원수가 9인으로 한정되어 있어 정족수 미달로 위원회 개최가 무산되는 등 수용재결 기간 장기화로 공익사업 추진이 지연되는 사례가 발생하고 있는바, 위원수를 20인 이내로 확대함으로써 공익사업이 원활하게 추진될 수 있도록 하려는 것임.

5) 법률 제13677호(2015. 12. 29) 개정

토지보상법에 규정되어 있는 사업인정 제도가 각 개별 법률의 사업인정 의제특례제도로 인하여 피수용자의 재산권을 침해한다는 견해에 따라, 이 법 별표에 따르지 아니하고는 개별 법률에 따라 토지 등을 수용·사용하는 사업을 규정할 수 없도록 하고, 다른 법률에 따라 사업인정이 의제되는 경우에도 이해관계인 등의 의견청취를 의무화하도록 하여 국민의 재산권을 보호하고자 함.

6) 법률 제14711호(2017. 3. 2) 제25차 개정

형법과 그 밖의 법률에 따른 법칙을 적용함에 있어 토지수용위원회의 위원 중 공무원이 아닌 위원을 공무원으로 의제함으로써 해당 직무수행의 공정성과 책임성을 확보(법 제57조의2 신설)하는 한편, 토지등의 수용과 사용에 관한 재결업무의 효율적인 수행과 관련 정보의 체계적인 관리를 위하여 재결정보체계를 구축·운영 및 외부 전문기관 위탁 근거조항을 마련함으로써 토지 등 수용·사용에 관한 재결업무의 전산화를 촉진하여 효율성을 기하고자 하였다(법 제60조의2 신설).

7) 법률 제16138호(2018. 12. 31) 제28차 개정

중앙토지수용위원회가 공익사업의 신설, 변경 및 폐지 등에 관하여 개선요구 등을 할 수 있도록 하고, 중앙토지수용위원회의 개선요구 등에 대한 관계 행정기관의 반영의무를 규정하며, 중앙토지수용위원회는 개선요구 등을 위하여 관계 기관 소속 직원 또는 관계 전문가 등에게 의견진술이나 자료제출을 요구할 수 있도록 하고(법 제4조의3 신설), 사업시행자의 고의 또는 과실로 토지소유자 및 관계인에게 보상계획을 통지하지 아니한 경우 열람기간이 지난 후 협의가 완료되기 전까지 토지조서 및 물건조서의 내용에 대한 이의제기가 가능하도록 하였다(제15조 제3항).

국토교통부장관이나 허가·인가·승인권자가 사업인정 또는 사업인정이 의제되는 지구지정·사업계획 승인 등에 있어 중앙토지수용위원회와 사전에 협의절차를 이행할 것을 규정하고(법 제21조 제1항 및 제2항), 사업인정 등에 대한 협의 시, 대상사업에 대한 검토기준으로 사업인정에 이해관계가 있는 자에 대한 의견 수렴절차, 허가·인가·승인대상 사업의 공공성, 수용의 필요성, 그 밖에 대통령령으로 정하는 사항을 명시(법 제21조 제3항)하여 중앙토지수용위원회의 기능을 강화하였다.

또한 사업인정 고시 후 사업시행자나 감정평가업자가 토지나 물건을 측량하거나 조사할 경우 사업시행자가 출입에 관한 사항을 토지점유자에게 직접 통지토록 명확하게 규정하여 행정절차를 간소화하고(법 제27조 제1항 및 제2항), 토지수용위원회에서 위원장이 필요하다고 인정하는 경우 회의 구성을 위한 위원정수를 20명 이내에서 확대할 수 있도록 하여 위원회 운영에 탄력성을 부여하였다(법 제52조 제6항 단서 및 제53조 제4항 단서 신설).

토지수용위원회의 재결에 불복하는 경우 행정소송 제소기간을 60일에서 90일로, 이의신청을 거쳤을 때는 이의 신청에 대한 재결서를 받은 날로부터 30일에서 60일로 늘려 국민의 재판청구권을 폭넓게 보장하였다(법 제85조 제1항).

제4절 현대 토지보상 제도의 발전

Ⅰ. 정당보상의 논의

우리 헌법 제23조 제3항은 공공필요에 기하여 재산권을 수용·사용 또는 제한함에 따라 특정인에게 부과된 특별한 손실에 대하여는 정당한 보상을 지급하도록 규정하여 우리 헌법은 정당한 보상의 원칙을 선언하고 있으나, 여기서 '정당한 보상'이라는 개념 자체가 시대적, 사회적, 경제적 여건에 따라 그 해석이 달리될 수 있는 불확정 개념이다. 따라서 이 정당한 보상의 개념 정의 및 그 범위 설정에 대한 정립이 무엇보다 요구된다 할 것이다.

1. 학 설

1) 완전보상설

완전보상설은 침해된 재산권의 완전한 보상을 말하는 것으로,[65] 수용 전후를 통하여 피수용자의 재산적 가치를 동일하게 유지하기 위하여 완전한 보상을 하여야 한다는 견해이다.

이 완전보상설에는 다시 ① 손실보상의 목적은 평등원칙의 실현에 있으므로 발생한 손실 전부를 보상하여야 한다는 견해와 ② 손실보상은 재산권의 보장에 대한 것이므로, 피침해 재산의 객관적 가치를 보상하여야 한다는 견해로 나누어져 있다. 전자에 의하면 부대적 손실의 보상도 완전보상의 의미에 포함되나 후자에는 포함되지 않다는 차이점이 있다.[66]

이러한 완전보상의 관념은 미국헌법 수정 제5조의 정당한 보상(just compensation) 조항의 해석을 중심으로 주로 미국에서 발전되어 왔는데, 초기에는 피침해재산의 객관적 가치(시장가치)를 보상하면 된다고 보았으나, 오늘날에는 이외에도 부대적 손실도 보상

---

65) 김동희, 행정법 Ⅰ, 박영사, 2002, 530면; 박균성, 행정법론(상), 박영사, 2007, 734면; 박윤흔, 최신행정법강의(상), 박영사, 2002, 766면 등 다수설이다.

66) 今村成和, 損失補償制度と 研究, 有斐閣, 2004, 37~38면; 김동희, 행정법Ⅰ, 박영사, 2002, 530면

하여야 하는 것으로 해석되고 있다.[67]

우리 학설도 대체적으로 완전보상설을 지지하고 있으며, 이 완전보상은 피침해재산의 객관적 가치 외에도 부대적 손실도 포함된다고 하는 것이 다수설의 입장이다.

2) 상당보상설

상당보상설은 침해된 재산권에 대하여 사회통념에 비추어 타당성 내지 합리적인 보상이면 된다는 견해이다. 이는 다시 당시의 사회통념에 비추어 객관적으로 공정·타당한 것이면 된다는 견해와, 완전한 보상이 원칙이지만 예외적으로 그를 하회하는 보상도 허용된다는 견해로 나뉜다.[68] 즉 정당한 보상은 합리적 이유가 있을 경우 완전보상을 상회하거나 화회할 수 있다는 것이다.

이러한 상당보상의 관념은 재산권의 의무성을 선언한 바이마르 헌법 제153조에서 그 대표적 예를 볼 수 있으며, 독일 헌법 제14조도 공익과 관계 제 이익의 정당한 형량이라는 규정을 두어 이를 계승하고 있다.[69]

3) 절 충 설

절충설은 완전한 보상을 요하는 경우와 상당한 보상으로써 충분한 경우로 나누어 보는 견해이다. 이에 속하는 경우도 여러 견해로 나누어져 있다. 이 견해의 대표적인 예로는 적은 재산의 침해에 대해서는 완전한 보상이 행하여져야 할 것이나, 많은 재산의 침해에 대해서는 상당한 보상이 가능하다는 견해이다. 또 다른 견해는 일정 재산권에 대한 사회적 평가가 변화되어, 그 권리관계의 변혁을 목적으로 하는 재산권의 침해에 대해서는 상당보상으로 충분하다는 견해이다.

2. 판례의 태도

정당한 보상에 대한 개념을 정의한 입법은 찾아보기 힘들며, 다만 우리 법원은 정당보상에 대하여 다음과 같이 정의하고 있다.

---

67) 박균성, 행정구제법 제2판, 박영사, 2004, 135면
68) 今村成和, 앞의 책, 38면.
69) 김동희, 앞의 책, 530면.

1) 헌법재판소

헌법재판소는 헌법 제23조 제3항에서 규정하고 있는 정당한 보상의 의미에 대하여 "피수용재산의 객관적 가치를 완전하게 보상하는 것"을 완전한 보상이라고 보고 있으며,[70] 재산권의 객관적 가치란 그 물건의 성질에 정통한 사람들 간에 성립할 수 있는 합리적 매매가능가격이라고 정의하고 있다.

결 정

□ 헌법재판소 2002. 12. 18. 선고 2002헌가4

헌법 제23조 제3항은 "공공필요에 의한 재산권의 수용·사용 또는 제한 및 그에 대한 보상은 법률로써 하되, 정당한 보상을 지급하여야 한다"고 규정하고 있다. 여기서 '정당한 보상'이란 '원칙적으로' 피수용재산의 객관적인 재산가치를 완전하게 보상하는 것이어야 한다는 완전보상을 뜻하는 것으로서, 재산권의 객체가 갖는 객관적 가치란 그 물건의 성질에 정통한 사람들의 자유로운 거래에 의하여 도달할 수 있는 합리적인 매매가능가격, 즉 시가에 의하여 산정되는 것이 '보통이다'

2) 대 법 원

대법원에서는 정당보상에 대한 정의에서 객관적 가치를 완전하게 보상하여야 한다고 하여 헌법재판소와 동일한 입장이며, 더나가 그 보상의 시기·방법 등에 있어 어떠한 제한도 받지 않는 것을 의미한다고 밝히고 있다.

판 례

□ 대법원 1967. 11. 2. 선고 67다1334 전원합의체 판결

구 헌법(62.12.26. 개정헌법) 제20조 제3항에서 말하는 정당한 보상이라는 취지는 그 손실보상액의 결정에 있어서 객관적인 가치를 충분하게 보상하여야 된다는 취지이고 나아가 그 보상의 시기, 방법 등에 있어서 어떠한 제한을 받아서는 아니된다는 것을 의미한다고 풀이할 것이므로 징발물보상에 관하여 그 보상의 시기와 방법에 관하여 여러모로 제한을 두고 있는 징발법 부칙 제3항에 의한 징발재산의 보상에 관한 규정(대통령령 제1914호) 제2조는 위 헌법 제20조 제3항에 저촉되는 규정이다.

70) 헌법재판소 1990. 6. 25. 선고 89헌마107(정당보상의 원칙) : 헌법이 규정한 '정당한 보상'이란 손실보상의 원인이 되는 재산권의 침해가 기존의 법질서 안에서 개인의 재산권에 대한 개별적인 침해인 경우에는 그 손실 보상은 원칙적으로 피수용재산의 객관적인 재산가치를 완전하게 보상하는 것이어야 한다는 완전보상을 뜻하는 것으로서 보상금액 뿐만 아니라 보상의 시기나 방법 등에 있어서도 어떠한 제한을 두어서는 아니된다는 것을 의미한다고 할 것이다.

이와 같이 정당보상에 대하여 헌법재판소나 대법원에서는 다같이 완전보상을 하여야 한다는 이견이 없으나, “완전보상” 또는 “피수용재산의 객관적 재산가치”가 어느 수준의 보상을 의미하는지에 대해서는 침묵을 지키고 있다.

3. 정당보상의 범위에 대한 논의

1) 의 의

종래에는 공공사업이 점·선적 개발사업으로 수용되는 재산권도 대부분 소규모 토지 소유권이었고 토지를 수용 당한 자가 당해 지역에서 생활을 계속 영위할 수 있어 생활권 자체는 침해당하지 아니하였고 침해되는 경제적 손실도 경미하였다. 그러나 현대의 복리행정국가에서는 대규모 면적 개발사업으로 인한 생활기반이 상실되는 경우가 많아지게 되었다. 이에 우리헌법 제23조 제3항은 대물보상을 천명하고 있으나 개별 법률에서는 생활보상을 규정하고 있는바, 이는 우리 실정법이 대물보상의 한계를 극복하고 사회복리 국가이념 도입에 따라 생활보상을 지향하고 있다고 할 수 있다.

2) 보상대상의 변천

보상의 대상은 대인보상 → 대물보상 → 생활보상으로 변천하여 보상의 대상은 당해 재산에 대한 객관적 가치로 인식되었으나, 손실보상이론에 “사회복지국가 관념”이 도입됨에 따라 보상은 부대적 손실까지 포함하는 재산권보상은 물론 피수용자의 생활안정까지 확대하여 생활권보상도 포함해야한다는 주장이 타당하다고 본다. 한편, 손실보상의 추가분류는 아래와 같이 분류는 다양하게 논의될 수 있다.

표 1. 손실보상 내용[71]

<table>
<tr><th>구분</th><th colspan="3">보상내용</th></tr>
<tr><td>손실의 객체 기준</td><td colspan="3">토지, 건물, 수목, 공작물, 권리, 잔여지 등 보상</td></tr>
<tr><td>원인행위 기준</td><td colspan="3">수용, 사용, 측량·조사, 사업폐지·변경, 재결실효 등</td></tr>
<tr><td rowspan="5">구체적 내용기준</td><td rowspan="4">재산권보상</td><td rowspan="2">객관적 가치보상</td><td>토지재산권</td></tr>
<tr><td>토지이외의 재산권</td></tr>
<tr><td rowspan="2">부대적 손실보상</td><td>실비변상적 보상</td></tr>
<tr><td>일실손실 보장</td></tr>
<tr><td colspan="3">생활권보상</td></tr>
</table>

71) 김은유/임승택, 실무 토지보상, 채움, 2014, 69면, 재편집

3) 손실보상의 종류

재산권 보상은 개별적·구체적으로 특정이 가능한 유형·무형의 재산상 손실보상이며 ① 재산의 객관적 가치보상에 ② 부대적 손실보상이 포함된다.

(1) 토지보상

취득하는 토지는 공시지가를 기준으로 하되, 시점수정, 요인비교 등을 하여 적정가격으로 보상한다. 사용하여야 할 토지에 대하여는 그 토지 및 인근토지의 지료·임대료 등을 참작한 적정가격으로 보상액을 정한다.

(2) 토지 이외의 재산권보상

토지 이외의 재산권보상으로는 ① 지상 물건보상(건물, 공작물, 입목 등), ② 농업보상(일반농업, 축산업, 잠업), ③ 권리 등 보상, ④ 잔여지 보상이 있다.

(3) 부대적 손실의 보상

생활보상의 범위를 협의 관점에서 이해할 때, 부대적 손실은 재산권보상에 해당하는 바, 실비변상적 보상과 일실손실보상이 이에 해당된다. 부대적 손실이란, 수용·사용의 직접적인 목적물은 되지 않으나 공익사업의 시행을 위하여 목적물의 취득에 따른 피수용자에게 미치는 손실을 말한다.

① 실비변상적 보상

실비변상적 보상이란 재산권의 상실, 이전 등에 부대 하여 지출을 요하는 비용으로, 실비의 전보적 성격의 보상에는 ① 건물의 이전비, ② 과수 등의 이식비, ③ 가축의 운반비, ④ 잔여지공사비, ⑤ 분묘이장비 및 분묘이장보조비, ⑥ 이사비 등이 이에 해당한다.

② 일실손실보상

일실손실 보상이란 토지 등 재산권 수용에 부대 하여 사업을 폐지 휴업하는 경우 발생하는 기대이익의 상실에 대한 보상으로 영업손실, 실농보상, 어업보상, 휴직·실직보상 등이 있다.

Ⅱ. 공공성 개념의 확대

1. 개 설

공용수용제도는 특정한 공익사업을 위하여 보상을 전제로 개인의 특정한 재산권을 강제적으로 취득할 수 있는 재산권보장에 대한 예외적인 조치로서 자유주의적 법치국가가 성립되면서 확립된 제도이다. 그러나 공용수용제도는 자유주의적 법치국가를 성립시킨 경제적 기초로서 헌법상 보장된 재산권에 중대한 침해이기 때문에, 근대법치국가의 초기에 있어서는 공용수용에 대하여 엄격한 제약이 가하여졌다.[72] 그러나 급격한 산업화와 도시화에 따른 사회수요의 변화, 토지개발 기술의 발달은 새로운 공용수용의 법리를 요구하고 있다. 한정된 국토자원의 효율적 이용과 사회국가로서의 국가역할의 증대는 종래의 공용수용의 법리를 새로운 방향으로 모색하여 왔고, 이에 공공필요에 대한 개념도 변화하고 있다.

1) 전통적 의미의 공공성

공공필요의 개념에 대하여 전통적으로는 도로, 하천, 댐과 같은 공공용시설이 이에 해당한다고 보았고, 공공성에 대한 명확한 기준설정보다는 소극적으로 정의하여 ① 당해 사업이 순수한 수익목적 내지 영리목적 사업인 경우 ② 사업이 매우 한정된 특정한 소수인을 위한 사업 ③ 사회, 경제, 문화생활을 영위하는 데 있어서 직접 필요하지 않은 사업 ④ 사업주체가 수용 목적물을 직접 사용하지 않는 사업 등에는 공공성이 존재하지 않는다[73]고 보았다.

2) 공공성 개념의 확대

그러나 현대 사회복지국가의 개념이 등장하면서, 종래에는 공공성이 인정되지 않았던 사업에도 공·사익의 형량을 통하여 사업자체가 가지는 목적과 효과에 의해 공공성을 인정하게 되었다. 이에 공공성의 개념이 확장되면서, 종래의 견해와는 달리 아래의 부분에 대하여도 공공필요를 인정하고 있다.

72) 임호정/김원보, 공익사업용지보상법론, 부연사, 2003, 62면
73) 박윤흔, 최신행정법강의(하), 박영사, 1998, 648면.

2. 공공필요의 확대 문제점

1) 공익사업의 확대(사업인정 의제)

(1) 공익사업 의제제도

토지보상법에서는 여러 단계의 절차를 거쳐 공익사업에 해당하는 지 여부를 결정하고 있다. 이 절차가 사업인정이다. 해당 사업이 공익성이 있는지 여부는 사업인정에 의하여 결정된다. 그러나 현행 각 개별 법률에서는 토지보상법에서 정한 상세한 절차를 거치지 않고도 각 개별법에 의한 일정한 행정절차를 거친 경우에 이를 공익성이 있는 사업으로 의제하여 강제수용이 가능하도록 하는 사업인정 의제 특례제도를 두고 있다.

물론 사업의 원활한 추진을 위하여 각종 개발관련 특별법을 제정·개정하여 지역균형발전이나 경제발전을 도모하려는 입장은 이해가 되나, 이러한 사유가 헌법에서 보장하고 있는 재산권 보장 및 적법절차의 제원칙을 무시하고 침해해도 될만한 사유가 될 수는 없다고 본다.

(2) 공익사업 의제제도의 문제점

최근 지방균형 발전이라는 명분하에 각종 개발사업에 공익사업 의제제도가 도입됨에 따라, 공공성이 모호한 공장, 체육시설 등에 대한 수용권한 부여 등 여러 특례가 주어지면서, 피수용자들이 강제수용에 대한 불만이 대두되고 관련 법률의 개정까지 요구하기에 이르렀다. 특히 문제가 되었던 골프장 건설[74]과 각종 리조트 등은 그동안 공익성이 없을 뿐만 아니라 오히려 환경파괴까지 야기한다는 피수용자들의 지속적인 반대에도 불구하고 개별사업법상의 수용가능 규정에 의해 사업시행자에 의한 대규모의 토지수용이 이루어지고 있다.

물론 공익사업을 정부 및 지자체, 공공기관에서만 담당하기에는 현대사회가 많은 발전을 하여 그 한계에 달하였는바, 일반 사인(사기업)에 공익성 있다고 판단되는 사업에 수용권을 부여하는 것이 문제가 되지는 않는다는 것이 일반적인 견해이다. 그러나 이는 그 대상사업이 공공성을 띄고 있고, 그 이용도 공공이 사용한다면 모르지만, 골프장이나 휴

74) 한겨레 신문 2008. 10. 28 : "골프장 부지 강제수용은 위헌"이라는 기사에서 경기 안성시가 골프장 사업자에게 토지 강제 수용권을 준 일(2008년 9월 1일자)과 관련해 안성시 동평리 주민들과 녹색연합이 "공익성이 없는 골프장 사업자에게 토지 강제 수용권을 준 것은 위헌"이라며 헌법재판소에 헌법소원 심판청구서를 냈다.

양시설 등과 같이 개인기업의 이익을 위한 것으로 추정될 수 밖에 없는 사업에 과연 토지 등의 강제 수용이 가능한 것인지에 대하여는 검토할 필요가 있다고 할 것이다.

① 과잉금지의 원칙

헌법재판소는 재산권의 제한 법률에 대하여 엄격한 심사를 비례의 원칙의 입자에서 합헌 또는 위헌의 결정들을 내리고 있다. 즉 공공수용의 요건인 "공공의 필요성"이 있는지의 심사는 과잉금지원칙에 따라 이루어져야 한다[75]고 한다. 이 결정에 따르면 공공필요 즉 공익성이 결여되어 있다면 이는 위헌이라는 것이다. 또한 대법원도 공공성 결정에 있어 아래 판례에서와 같이 비례의 원칙을 밝히고 있다.

판 례

□ **대법원 1997. 9. 26. 선고 96누10096**

헌법 제23조 제3항에서 공용수용 등은 공공필요가 있는 경우 가능한 것으로 택지개발 예정지구 지정처분과 같은 행정계획을 입안, 결정하는 데에는 비록 광범위한 계획재량을 갖고 있지만 행정계획과 관련된 자들의 이익을 공익과 사익 사이에서는 물론, 공익 상호간과 사익 상호간에도 정당하게 비교·형량하여야 하고, 그 비교·형량은 비례의 원칙에 적합하도록 하여야 하는 것이므로, 만약 이익형량을 전혀 하지 않았거나 이익형량의 고려대상에 포함시켜야 할 중요한 사항을 누락한 경우 또는 비례의 원칙에 어긋나게 된 경우 그 행정계획은 일탈·남용한 위법한 처분이다.

이러한 원칙에도 불구하고 개별법률에 사업인정이 의제되는 경우 대부분 사업인정을 득하도록 하고 있는 현행 사업인정 의제제도는 당연 문제가 있다고 보고 있다. 현행 개발관련 법률 등은 지역의 균형개발이라는 미명하에 공용수용이 가능하도록 되어 있으나, 이러한 시설 등이 지역경제의 기여도가 크다는 입증이 없으며, 과연 이러한 사업을 위해서도 강제수용이 가능하여야 할지에 대하여는 심도있는 검토가 필요할 것으로 보인다.

② 적법절차의 침해여부

우리 헌법은 적법절차의 원리를 보장하고 있다. 적법절차는 입법, 행정, 사법등 모든 국가작용은 정당한 법률을 근거로 하고 정당한 절차에 따라 발동되어야 한다는 헌법원리를 말하고, 모든 공권력의 행사는 절차상의 적법성을 갖추어야 할 뿐만 아니라, 공권력의 행사의 근거가 되는 법률의 실체적 내용도 합리성과 정당성을 갖추어야 한다는 법리를 말한다.

---

75) 헌법재판소 2006. 7. 27. 선고 2003헌바18.

이러한 사업인정 의제조항에 대하여 '재산권의 임의처분권이 박탈'당함에도, 토지 등의 소유자에게 미리 알려 의견제출의 기회도 주지 아니하고, 또한 토지 등의 소유자에게 이의신청이나 행정소송을 제기할 수 있다고 알려주는 규정도 두고 있지 아니하면서, 사업시행자가 임의적으로 일방적으로 사유재산을 수용대상토지로 스스로 결정한 것이 되므로, 이러한 의제조항은 적법절차원리를 침해한 것이 된다고 보는 견해도 있으나,[76] 판례는 이러한 공익사업 의제법률이 적법절차 위반이 아니라고 판시하고 있다.[77]

결 정

□ 헌법재판소 2009. 6. 25. 선고 2007헌바104

도시계획시설사업 자체에 있어서도 공공필요성 요건은 충족되고, 국토계획법상 이해관계인의 의견청취, 관계행정기관과의 협의 등 공공필요에 대한 판단을 할 수 있는 적절한 절차가 규정되어 있으므로 도시계획시설 실시인가를 사업인정으로 의제하는 구 국토계획법 제96조 제2항 본문은 적법절차원칙 및 헌법 제23조 제3항에 위반되지 않는다

또한 사업인정 권한은 원칙적으로 국토교통부장관의 권한이나 각 개별법에서실시계획인가, 고시에 대한 권한을 위임하여 결국은 자기가 시행하는 사업에 대하여 공익성이 있다는 판단을 스스로 하게 되는 경우가 발생하게 된다. 이는 '누구나 자기사건의 심판관이 될 수 없다는 자연적 정의에 반하는 것이고 절차적 정의를 확보할 수 없게 된다.

이러한 문제점을 반영하여 현행 토지보상법은 사업인정 의제시에 토지 등 소유자의 의견청취나 중토위의 협의등을 거치도록 개정하여 절차적 정당성을 다소나마 확보하였다. 이에 대하여는 후술하도록 하겠다.

---

76) 류하백, 토지수용과 기본권 침해, 부연사, 2005, 84면.

77) ① 헌법재판소 2010. 3. 25. 선고 2008헌바102 : 경제자유구역법 제13조 제1항, 제2항이 실시계획 승인의 고시를 사업인정 및 사업인정 고시로 의제하여 사업시행자로 하여금 토지 등의 수용을 할 수 있도록 규정한 것은, 경제자유구역법에서도 경제자유구역개발사업 실시계획의 승인을 위해 필요한 제반 절차를 마련하고 있어서 헌법상 적법절차원칙에 위배되지 아니하고, 경제자유구역 개발사업 자체의 공공필요성이 존재하므로 헌법 제23조 제3항에 위배되지 아니한다.

② 헌법재판소 2010. 12. 28. 선고 2008헌바57 : 도시개발법은 실질적으로 공익사업법이 요구하는 사업인정절차를 거치도록 하는 규정들을 두고 있고, 공공필요에 대한 판단을 할 수 있는 적절한 절차를 마련하고 있으므로, 이 사건 사업인정의제조항이 적법절차원칙에 위배된다고 할 수 없다.

Ⅲ. 사인수용의 확대

1. 의 의

1) 사인수용의 의의

사인수용이란 특정한 공익사업 기타 복리목적을 위하여 사적 주체가 타인의 특정 재산권을 법률의 힘에 의해 보상을 조건으로 강제적으로 취득하는 것으로 정의할 수 있다.[78] 공익사업을 위하여 사적 주체가 특정한 개인의 재산을 강제로 취득하는 것이 과연 헌법상 가능한지에 대하여 그동안 논의가 있어 왔다.

이러한 사적 주체에 의한 사인수용은 최근 공행정의 민간화 내지 민간활역의 도입을 계기로 공용수용에도 사적 개념이 도입되고 있다. 현대 복리국가의 대두로 인하여 국가기능이 확대·강화됨에 따라 수용의 목적도 "특정한 공익사업"에서 광범한 목적개념인 "공공복리·공공필요"로 확대되었다. 현대 복리행정을 추구하는 국가에서는 국토의 균형개발·국민생활의 편익증진을 도모하여 국민의 공공복리에 이바지하는 사업이라면 사업의 시행자가 비록 사인일지라도 이러한 공적 과제 실현을 위하여 국민의 일정한 재산권 침해가 불가피하다면, 이러한 공익사업의 수행자로서의 사인을 위한 공용침해는 헌법상 허용될 수 있는 것이다.[79]

우리 토지보상법은 토지보상법 제4조 제5호부터 제7호의 규정에 의거 국가나 지방자치단체가 지정하는 자가 양도나 임대의 목적으로 시설하는 주택의 건설사업, 택지조성사업 등에서 공공성을 인정하고 있으며, 판례도 사인수용에 대하여 긍정적으로 인정하고 있다.[80]

---

78) 류해웅, 신용보상법론, 부연사, 2005, 97면.

79) 헌법재판소 2009. 9. 24. 선고 2007헌바114 : 헌법 제23조 제3항은 정당한 보상을 전제로 하여 재산권의 수용 등에 관한 가능성을 규정하고 있지만, 재산권 수용의 주체를 한정하지 않고 있다. 위 헌법조항의 핵심은 당해 수용이 공공필요에 부합하는가, 정당한 보상이 지급되고 있는가 여부 등에 있는 것이지, 그 수용의 주체가 국가인지 민간기업인지 여부에 달려 있다고 볼 수 없다. 또한 국가 등의 공적 기관이 직접 수용의 주체가 되는 것이든 그러한 공적 기관의 최종적인 허부판단과 승인결정하에 민간기업이 수용의 주체가 되는 것이든, 양자 사이에 공공필요에 대한 판단과 수용의 범위에 있어서 본질적인 차이를 가져올 것으로 보이지 않는다. 따라서 위 수용 등의 주체를 국가 등의 공적 기관에 한정하여 해석할 이유가 없다.

80) 대법원 1970. 9. 22. 선고 70누81판결 : "어떤 사업이 공익사업인가의 여부는 그 사업자체의 성질에 의하여 정할 것이고 사업주체의 여하에 의하여 정할 것이 아니다"고 판시하고 있어 사인수용을 인정하고 있다.

2) 사인수용의 학계견해

우리학계는 사인수용에 대하여 사경제적 이윤을 추구함에도 불구하고 동시에 공적 과제를 수행한다는 점에서 이를 허용한다고 보고 있으며, 특히 교통, 전기, 가스 등 급부행정과 관련된 생존배려형의 공익사업을 추진하기 위해 불가피한 경우는 공용침해가 허용된다는 견해이다. 다만 사적 영리를 추구하는 순수 사경제기업의 경우는 엄격한 요건 하에서만 공용수용이 허용된다고 보고 있다.

또한 이러한 사기업이 자신의 기업활동의 결과 간접적으로 그 어떤 공공복리를 실현시킨다면, 그리고 그 공공복리의 실현을 목적으로 하는 사업수행을 위해 일정한 재산권에 대한 공용침해가 불가피하다면 이 일반사기업을 위한 공용침해 또한 허용할 수 있다고 보고 있으며,[81] 그 지역의 고용수준의 현저한 증가, 지역별·분야별 경제구조의 개선이라는 경제·사회적 공익의 증진은 헌법상 공용침해의 요건인 공공필요의 개념에 해당하며[82] 공공필요와 사적 이윤추구는 서로 배제되는 것은 아니며 오히려 사기업의 본래 목적인 사적 이윤추구가 공공복리의 실현이라는 공익과 병존하는 것이 공공복리의 실현의 항구적인 전제조건이 될 수 있다[83]고 하여 국내학자들은 대부분 사인에 의한 공용수용을 인정하고 있다.

다만, 이러한 사인수용이 인정되기 위하여는 이러한 사기업을 위한 공용침해의 경우에 있어서 그 기업으로 하여금 해당 공익사업을 항구적으로 추진하도록 통제하는 법적·제도적 장치가 마련되어야 하고,[84] 계속적 공익사업의 수행을 보장하는 법적 장치가 반드시 요구되며 이러한 공공성 보장을 위한 수단을 통하여 사인을 위한 공용침해와 헌법적인 조화가 이루어진다[85]고 하고 있어 일정한 제한을 요구하고 있다.

3) 사인수용 확대의 문제점

현행 개발사업 법률상에서의 사인이나 만간개발업자에게 공용수용권을 부여하는 것에 대하여 부정하는 견해는 극히 소수이다. 다만 이러한 사인을 위한 공용수용도 비례의 원칙에 위배되어서는 아니되며, 즉 공익목적의 달성을 위해 수용행위가 적합하고,

---

81) 정연주 "사인을 위한 공용침해", 석정허영민박사회갑기념논문집, 1993, 160면.
82) 김성수, 일반행정법 제2판, 법문사, 2004, 651면.
83) 김연태, "공공수용의 요건으로서의 '공공필요', 고려법학, Vol.48, 2007, 101면.
84) 정연주, "사인을 위한 공용침해", 석정허영민박사회갑기념논문집, 1993, 162-163면.
85) 김성수, 일반행정법 제2판, 법문사, 2004, 650면.

여러 가지 수단 중에서 가장 피해를 적게 주는 수단을 통해 이루어져야 하며, 또한 작성하려는 공익목적과 수용사이에 적절한 비례관계가 있어야 한다.[86)]

(1) 정당성 미비

우리 헌법 제23조에서 사인이라 하여 공익사업을 수행하지 못한다는 근거는 존재하지 않는다. 오히려 토지보상법에서는 주택 또는 택지의 건설 등을 위하여 수용이 가능하며 이를 수용하는 사업시행자는 대부분 민간이므로 우리 토지보상법은 사인수용을 인정하고 있다. 다만, 순수하게 사인의 수익성 사업을 위한 개발사업이 가능한 지에 대하여는 다소의 이견이 존재하고 있다.[87)]

(2) 공적 통제장치 미비

지금 입법된 개발사업 법률 가운데 산업용지, 관광휴게시설 등의 경우 당해 지역의 고용창출이나 지역경제 발전 등의 명분하에 공용수용이 이루어지고 있는데, 과연 이러한 시설 등이 당해 지역에 기여하는 바가 공용수용을 정당화할 만큼 큰 지에 대하여는 검증이 요구된다. 오히려 어떤 경우에는 경제적 이익보다는 환경의 파괴 등의 사례만 유발할 가능성도 있어 이에 대한 심도있는 검토 후 사업인정이 이루어져야 할 것으로 보인다.

따라서 당초 기대하였던 경제적 이익이나 고용창출 등은 미미한데도 불구하고 공용수용이 이루어진다면 이는 위헌의 요소가 있다고 판단할 수 밖에 없다. 이는 특히 사인수용인 경우 더욱 그러하다. 이에 사인수용에 대하여는 토지보상법에 규정되어 있는 공익사업으로 한정하여 공용수용을 허용하여야 하고, 이러한 공익사업 외에 불가피하게 허용하더라도 가능한 한 수용조건을 엄격하게 적용하고 또한 사후관리도 공적 참여가 가능한 경우 공용수용을 인정하는 것이 타당할 것으로 보인다.[88)] 특히 사기업을 지

86) 허영, 한국헌법론, 박영사, 2003, 470면.

87) 2011. 6. 30. 선고 2008헌바166, 2011헌바35(병합)에서 비록 소수의견이지만 헌법재판관 김종대의 의견은 사인수용에 대하여 아래의견을 밝히고 있다.
"사인은 어디까지나 자신의 영리 추구를 1차적 목표로 하므로 사인이 수용의 주체가 되는 경우에는 국가가 수용의 주체가 되는 경우에 비하여 수용의 이익이 공동체 전체의 이익으로 귀속될 것이라는 보장이 어렵다. 따라서 당해 수용의 공공필요성을 지속적으로 보장하고 수용을 통한 이익을 공공적으로 귀속시킬 수 있는 심화된 제도적 규율 장치를 갖춘 경우에만 사인에 의한 수용이 헌법적으로 정당화될 수 있다. 그러나 이 사건 수용조항의 경우에는 그와 같은 제도적 규율이 부족하므로 이는 평등의 원칙에 위반되고 청구인들의 재산권을 침해한다"

88) 헌법재판소 2009. 9. 24. 선고 2007헌바114 결정에서 비록 소수의견이었지만 재판관 김종대의 반대의견은

방에 유치하는 경우 고용증대 등 지역발전에 도움이 된다고 판단하여 사기업에 대해 수용권을 부여하는 것이 공공필요의 요건을 충족한다고 볼 수 있는지에 대하여 논의가 되고 있다. 이 경우 수용권이 인정하더라도 당해 기업이 계속 공적 목적을 수행하는 것에 대한 제도적 장치가 마련될 필요가 있다고 하겠다.[89)]

2. 공공성의 확대에 대한 대안검토

공용수용은 헌법 제23조 3항에 의하면 "공공필요"가 있는 경우에 한하여 인정되며, 토지보상법 제4조 및 그 밖의 개별법률에서 공익사업의 종류에 관해 규정을 두고 있다. 그러나 구체적인 공공성 여부는 사업인정단계에서 개별적·구체적으로 심사되며 이 경우에 적합성, 필요성, 상당성을 내용으로 하는 광의의 비례원칙이 심사의 척도가 된다. 공용침해의 경우 그로 인해 얻어지는 공익과 재산권자의 재산보유이익으로서의 얻어지는 사익간의 이익형량을 통해서 결정되는바, 공익이 우선되는 경우에 공용수용이 허용된다. 이는 당해 사업의 공공필요를 비교형량(比較衡量)하고 충분히 공공성을 갖는다고 판단될 때 입법하여야 할 것이다. 법률에 근거를 갖지 않는 재산권의 침해는 위헌임은 말할 나위 없다[90)]고 할 수 있으며 과잉금지의 원칙에 위배된다고 볼 수 있다.[91)]

이에 참고할 만하다.

☞ 민간기업이 수용의 주체가 되는 경우는 국가가 수용의 주체가 되어 그 수용의 이익을 공동체 전체의 것으로 확산시키는 역할을 자임하는 경우와 비교하여 수용의 이익이 공적으로 귀속될 것이라는 보장이 힘들다는 점에서, 그와 같은 수용이 정당화되기 위해서는 당해 수용의 공공필요성을 보장하고 수용을 통한 이익을 공공적으로 귀속시킬 수 있는 더욱 심화된 입법적 조치가 수반되어야만 한다. 이를테면, 해당 사업의 수용으로 인한 개발이익에 대하여 지속적인 환수조치를 보장한다거나 그 기업의 수용으로 인한 영업상 수익에 대한 공적 사용의 방도를 마련하고 해당 지역민들에 대한 의무적인 고용할당제를 실시한다거나 하는 조치 등을 부가함으로써 수용을 통해 맺게 된 풍성한 과실을 수용자와 피수용자를 포함한 공동체가 함께 향유하도록 제도적으로 규율하여야 하는 것이다. 이러한 법적·제도적 보완이 행하여 지지 않는 한, 이 사건 조항들에 따른 민간기업에 의한 수용은 우리 헌법상 재산권 보장의 가치와 부합되기 어렵다. 또한, 부득이 이 사건 조항들에 따라 민간기업에게 수용권한을 부여할 경우라도, 수용재결에 이르기 전까지 사업시행자에게 미리 일정한 비율의 토지를 매수할 것을 법적 요건으로 규정하는 등과 같이, 사업시행자의 일방적인 의사에 의해 토지소유자의 재산권이 상실되는 것을 완화할 수 있는 여러 방도를 모색하는 일도 충분히 가능하다 할 것이나 이러한 입법적 고려가 부재한 점은 헌법상 과잉금지원칙의 정신에 부합하지 않는다.

89) 김남진, 행정법 Ⅰ, 법문사, 2002, 549면.

90) 류해웅, 신수용보상법론, 부연사, 2005. 85면.

91) 2011. 6. 30. 2008헌바166, 2011헌바35(병합) : 재산권 수용에 있어 요구되는 공공필요성과 관련하여 살펴본다면 체육시설은 시민들이 손쉽게 이용할 수 있는 시설에서부터 그 시설 이용에 일정한 경제적 제한이 존재하는 시설, 시설이용비용의 다과와는 관계없이 그 자체 공익목적을 위하여 설치된 시설 등에 이르기까지 상당히 넓은 범위에 걸쳐 있다. 따라서 그 자체로 공공필요성이 인정되는 교통시설이나 수도·전기·

1) 공익사업 의제제도의 대안검토

먼저 대안으로 제시될 수 있는 방안으로는 공익사업에 대한 정확한 정의 개념설정이 필요하다. 현재 공익사업을 위하여 요구되는 '공공필요'에 대한 정의는 시대적, 상황적 여건에 따라 유동적이기 때문에 일률적으로 명확한 개념 설정은 불가능하다. 그러나 법치주의 국가에서 공용수용을 당하는 피수용자 입장에서는 수용당할 수 있다는 예측이 가능하여야 할 것으로 보인다. 현재로서는 토지보상법 제4조에 열거되어 있는 공익사업의 종류가 공용수용이 가능한 공공필요를 위한 사업으로 설정하는 것이 요구된다. 비록 동법에서 규정하고 있는 공익사업의 종류가 현대적 흐름의 공익사업을 모두 망라하였다고 볼 수는 없지만, 어찌되었든 동 법에서는 전통적인 입장에서의 공익사업 뿐만 아니라 현대적 의미의 공익사업도 규정하고 있다. 따라서 헌법에서 말하고 있는 공용수용을 위한 전제조건인 공공필요에 대한 기준으로서 충분하다 판단된다.

따라서 공익사업을 위한 공공필요의 조건으로서 토지보상법 제4조의 공익사업을 기준으로 설정할 필요가 있다. 다만 시대적 흐름에 의거 국가정책적으로 국민의 의사가 반영되어 신속하게 추진할 필요가 있다고 판단되는 사업을 제외하고는, 토지보상법에 열거되는 공익사업에 한하여 공용수용이 가능하도록 운용할 필요가 있다. 이것이 개발목적의 사업지구에 편입된 피수용자의 예측가능성 제고하고 재산권의 침해를 최소화하는 것이다.

또한 대안으로 고려될 수 있는 방안으로, 개별 법률상에 입법화되어 있는 사업인정 의제에 대한 폐지이다. 이는 공익성 부분은 입법부에 위임하되, 그 구체적인 공익성 여부는 현행 토지보상법상의 사업인정을 거쳐 구체적으로 공용수용 여부를 결정하는 방안이다. 이 제도는 당해 사업이 공익성이 있다는 것은 입법자가 결정하지만, 당해 사업이 구체적으로 그 필요성이나 공익사업의 범위의 결정 등에 대하여는 별도로 사업인정을 거쳐 당해 사업의 공익성을 구체화하는 방안이다.

물론 국가정책으로 중요하고 경제에 미치는 영향이 큰 경우나 현행 토지보상법상으로 명백하게 공익성을 인정받은 사업에 대하여는 현행처럼 공익성과 사업인정 부분을

가스공급설비 등 국토계획법상의 다른 기반시설과는 달리, 기반시설로서의 체육시설의 종류와 범위를 대통령령에 위임하기 위해서는, 체육시설 중 공공필요성이 인정되는 범위로 한정해 두어야 한다. 그러나 이 사건 정의조항은 체육시설의 구체적인 내용을 아무런 제한 없이 대통령령에 위임하고 있으므로, 기반시설로서의 체육시설의 구체적인 범위를 결정하는 일을 전적으로 행정부에게 일임한 결과가 되어 버렸다. 그렇다면, 이 사건 정의조항은 개별 체육시설의 성격과 공익성을 고려하지 않은 채 구체적으로 범위를 한정하지 않고 포괄적으로 대통령령에 입법을 위임하고 있으므로 헌법상 위임입법의 한계를 일탈하여 포괄위임금지원칙에 위배된다.

모두 의제하는 방향으로 입법화하고, 그 공익성이 애매모호하거나 크지 않다고 판단되는 개발 사업에 대하여는 공익성 여부는 입법부에서 결정하고, 그 실체적인 사실관계에 의한 공익성 여부는 행정부가 판단하도록 하여 그 조화를 이루도록 하는 것이 재산권 보장에 기여하는 바가 될 것이다.

이는 그 사업 자체로는 공익성이 애매모호한 사업의 경우 시대나 지역 또는 기타 경제적 여건 등에 따라 당해 사업이 공익사업이 될 수도 있고, 그렇지 않을 수도 있는 공익성의 모호성을 반영하여, 이 부분에 대하여는 사업인정의 절차를 통하여 소유자와 사업시행자 및 중앙토지수용위원회 등의 수용 관계자의 의견을 충분히 수렴한 후 공용수용을 결정하자는 것으로 현재 개발관련 법률에 산재되어 있는 사업인정 의제는 모두 폐지하자는 의견과 동일시 된다.

다만, 이럴 경우 당해 사업의 추진이 원활하지 않을 경우도 있을 수 있으나, 이는 일단 공익성이 명확하지 않은 사업에 한하여 시행하고, 또 사업인정의 절차를 통하여 피수용자의 의견이 충실히 반영된다는 점에서 사업의 정당성을 확보하는 방안으로 고려될 수 있다고 본다.

2) 사인수용에 대한 대안

사인수용이 인정되기 위하여는 사기업을 위한 공용침해의 경우에 있어서 그 기업으로 하여금 해당 공익사업을 항구적으로 추진하도록 통제하는 법적·제도적 장치가 마련되어야 하고,[92] 계속적 공익사업의 수행을 보장하는 법적 장치가 반드시 요구되며 이러한 공공성 보장을 위한 수단을 통하여 사인을 위한 공용침해와 헌법적인 조화가 이루어진다[93]고 하고 있어 일정한 제한을 요구하고 있다.

또한 이러한 사인을 위한 공용수용도 비례의 원칙에 위배되어서는 아니 된다. 즉 공익목적의 달성을 위해 수용행위가 적합하고, 여러 가지 수단 중에서 가장 피해를 적게 주는 수단을 통해 이루어져야 하며, 또한 작성하려는 공익목적과 수용사이에 적절한 비례관계가 있어야 한다.[94]

92) 정연주, 같은 글, 162-163면.
93) 김성수, 같은 글, 650면.
94) 허영, 한국헌법론, 박영사, 2003, 470면.

(1) 사인수용의 최소화

현재와 같이 사인수용이 허용되는 법률 하에서는 자칫 헌법상의 공공필요 요건을 충족하지 못하여 위헌의 여지가 있다. 따라서 사인수용을 허용하되 당해 사업이 지향하는 목표가 검증된 경우 사인 수용을 허용하여야 할 것이다. 현재는 지역균형개발 내지 국가경제를 위해서 공장, 체육시설, 관광시설 등의 설치를 위한 공용수용이 과연 공익성이 있는지 여부에 대하여 충분한 검증을 거쳐야 할 것이다. 예를 들어 공익성이 있다고 판단되어 공용수용을 허용했으나 추후 당해 시설을 설치하지 않고 다른 제3자에게 매각하거나, 부도가 나서 당해 시설을 설치하지 않고 방치하는 경우 등이 있을 수 있다. 따라서 사인수용의 법률 제정에 있어 충분한 검토 후 입법하여야 할 것이다.

(2) 공적통제의 제도적 마련

기업을 지방에 유치하는 경우 고용증대 등 지역발전에 도움이 된다고 판단하는 사기업에 대해 수용권을 부여하는 것이 공공필요의 요건을 충족한다고 볼 수 있는지에 대하여 논의가 되고 있다. 이 경우 수용권이 인정하더라도 당해 기업이 계속 공적 목적을 수행하는 것에 대한 제도적 장치가 마련될 필요가 있다고 하겠다.95)

첫째, 공익사업의 범위를 토지보상법에 한정하여 이외의 경우에는 공적 접근이 가능한 경우 공용수용을 허용하여야 할 것이다. 예를 들면 골프장의 경우 원칙적으로 골프장 개인기업의 사익을 위한 것일 뿐만 아니라 사업 완료 후에도 환경문제 등의 영향으로 공익에도 문제가 있음으로, 이와 같은 사업에 공용수용을 허용하는 것은 상당한 문제가 있다 하겠다. 다만 이럴 경우 공용수용이 허용되지 않는다면 체육시설의 입지가 상당히 곤란해 질 수 있음을 감안하여, 이런 경우에도 법률에서 공용수용을 허용한다면 공용수용을 허용하되, 사업완료 후에도 해당 지역 주민들의 접근이 용이하게 한다든지, 행정관청 등의 운영에의 공적 개입이 가능하도록 조례나 행정협약 등으로 이것이 가능하다면 이에 대하여도 공용수용을 허용하는 것이 타당할 것이다.

둘째, 사인수용의 경우 보장담보책이 강화되어야 할 것이다. 이러한 보장책이 직접 법률에 명시하여 그 자체에 의해 부과될 수도 있고, 법률에 위임의 의한 법규명령이나 행정규칙 또는 지자체의 조례, 공법상 계약 등을 통해서도 부과할 수 있을 것이다.

---

95) 김남진, 행정법Ⅰ, 법문사, 2002, 549면.

Ⅳ. 생활보상의 확대

1. 의 의

생활보상의 개념은 아직 명확하게 정립되어 있지 않으며 그 근거에 관하여도 학자들 간의 의견이 일치하지 않고 있다. 그 용어에 있어서도 생활보상, 생활권보상,[96] 생활재건보상, 생업보상, 생활대책 등 다양하게 사용되고 있는 가운데 이들 용어들이 같은 개념을 의미하는 것인지 조차도 명확치 않다.

우리나라에서 생활보상 개념의 도입은 당초 댐 수몰지구 주민에 대하여 시행되었던 이주대책에 한하여 시행되었으나, 이후 공특법이 제정되면서 생활보상이 적극적으로 논의하게 되었다.

한편 이러한 생활보상 논의의 핵심은 생활보상의 인정근거를 어디에 둘 것인가, 생활보상청구권은 헌법적 권리인가 아니면 법률적 권리인가, 생활보상의 취지·종류와 보상액에 관하여 입법자는 입법의무를 지는가 아니면 입법재량에 속하는 가, 생활근거지의 상실이나 이주·이향 또는 전업에 따른 정신적 고통에 대하여도 생활보상 범위로 삼을 수 있는가 하는 점이다.

1) 성 격

생활권보상은 복리국가이념에 따른 개인의 인간다운 생활보장적 성격을 지니며 또한 생활상태의 재건을 위한 보상이라는 점에서 원상회복적·생활안정적 성격도 갖는다. 또한 생활기반상실에 대한 보상으로 협조를 유도하여 사업 원활화성격도 가진다.

2) 특 색

① 대인적 보상은 주관적인데 비해 생활보상은 보상기준이 정하여져 있으므로 객관적이라는 점, ② 대물적 보상은 수용의 대상과 보상의 대상이 일치하지만 생활보상은

---

96) 박균성, 행정법론(상), 박영사, 2004, 619면; 생활권보상과 생활보상이란 용어가 혼용된다고 지적하면서 생활보상은 보상의 내용 내지 방법에 관한 것이고, 생활권 보상은 보상의 범위 내지 대상에 관한 것이라면서 용어를 구분하는 것이 타당하다고 주장하고 있다. 본 서에서는 실무적으로 생활보상이라고 쓰고 있어 생활보상으로 통하여 사용하고자 한다.

보상의 대상이 확대된다는 점, ③ 피수용자의 생활안정에 중점이 있으므로 대인적 보상과 유사하나 보상대상에 관한 연혁적 측면에서 보상의 종국적 모습이라 할 수 있다.

2. 생활보상의 근거

1) 생활보상의 배경

(1) 이론적 근거

재산권의 존속보장에 따른 생활상태유지 및 회복과 공평부담의 견지에서 대물적 보상의 한계를 극복하고 현대복리국가주의 요청에 따라 대규모 개발사업이 일반화됨으로써 공용침해로 생활의 근거를 상실하는 피수용자에게 침해 이전의 생활상태를 유지하도록 하는 것이다.

(2) 헌법적 근거

① 헌법 제34조 설

생활보상의 근거를 헌법 34조 1항의 사회권적 기본권조항에서 찾는 견해이다. 이 견해에 의하면, 생활보상은 헌법 23조 3항의 정당보상 범위에 포함되지 않고 국가의 정책적 배려에 의해 인정(개별법의 규정이 필요)되는 것으로 본다. 손실보상을 이원적 체계(재산권보상(23조3항), 생활보상(34조))로 보는 견해이다.

이 학설의 논거는 헌법 23조 3항은 재산권의 객관적 가치의 보상을 지향하고 있으며, 만약 생활보상이 정당보상에 포함된다면 경제적 약자가 아닌 자에게도 생활보상을 부여해야 함으로 생활보상의 취지에 반한다[97]는 것이다.

② 헌법 제34조 및 제23조 통일설

이 견해는 생활보상은 정당보상 범위내에 포함되며 이러한 입장에서는 헌법적 근거로 생활보상을 청구할 수 있다고 본다. 즉 헌법 제34조 제1항은 인간다운 생활을 보장하여 생활권적 기본권의 이념적 바탕을 제시한 것이고, 헌법 제23조 제3항의 정당한 보상이라는 말은 손실보상은 복리국가적 관점에서의 생활권 보상을 지향하는 것이라고 파악한다. 따라서 헌법 제34조 및 제23조 제3항의 지향점이 같다고 한다. 논거는 우리나라 보상이 대물보상을 주축으로 하되, 생활보상을 지향하고 있다는데 근거한다.

---

97) 박윤흔, 최신행정법강의(상), 박영사, 2002, 782면.

③ 判 例

한편 우리 법원은 토지보상법의 이주대책 조항에 대하여 생활보상의 일환으로 인정하면서도, 이러한 이주대책은 정당보상에 포함되기 보다는 정당보상에 부가하여 국가가 정책적 배려로 마련한 제도라고 판시[98]하고 있어 헌법 제34조설을 취하고 있는 것으로 보인다. 따라서 판례에 의할 경우 헌법규정만을 가지고는 생활보상을 청구할 수 없다고 보는 것이 타당하다.

2) 법률적 근거

종래의 토지수용법을 비롯한 보상 관계법률이 종래 재산권 보상을 중심으로 정하여 졌기 때문에 생활보상에 대한 체계적이고 구체적인 정비가 미흡한 실정이었으나 토지보상법의 제정으로 어느 정도 정비가 이루어진 것으로 평가되나 구체적인 사안에 있어서는 아직도 정비가 필요하다고 본다. 현행 토지보상법에 생활보상에 관한 일반적·직접적 규정은 없으며, 다만 토지보상법 제78조의 이주대책에 대해서 판례는 생활대책으로 보고 있으며, 동법 제79조 제4항에서 기타 공익사업으로 발생하는 손실에 대하여 보상하도록 한 포괄적 규정이 생활권보상의 근거규정이라고 보고 있다.[99]

▣ **토지보상법**

제78조(이주대책의 수립 등) ① 사업시행자는 공익사업의 시행으로 인하여 주거용 건축물을 제공함에 따라 생활의 근거를 상실하게 되는 자(이하 "이주대책대상자"라 한다)를 위하여 대통령령이 정하는 바에 따라 이주대책을 수립·실시하거나 이주정착금을 지급하여야 한다.

제79조(기타 토지에 관한 비용보상 등) ① 사업시행자는 공익사업의 시행으로 인하여 취득 또는 사용하는 토지(을 포함한다)외의 토지에 통로·도랑·담장 등의 신설 그 밖의 공사가 필요한 때에는 그 비용의 전부 또는 일부를 보상하여야 한다. 다만, 해당 토지에 대한 공사의 비용이 그 토지의 가격보다 큰 경우에는 사업시행자는 그 토지를 매수할 수 있다.

---

98) ① 헌법재판소 2006. 2. 23. 2004헌마19. 이주대책은 정당한 보상에 포함되는 것이라기보다는 정당한 보상에 부가하여, 이주자들에게 종전의 생활상태를 회복시키기 위한 생활보상의 일환으로서 국가의 정책적인 배려에 의하여 마련된 제도이다(대법원 2003. 7. 25. 선고 2001다57778 판결 참조). 그러므로 이주대책의 실시 여부는 입법자의 입법정책적 재량의 영역에 속한다고 볼 것이다.
② 대법원 1994. 5. 24. 92다35783 공공용지의취득및손실보상에관한특례법상의 이주대책은…종전의 생활상태를 원상으로 회복시키면서 동시에 인간다운 생활을 보장하여 주기 위한 이른바 생활보상의 일환으로 국가의 적극적이고 정책적인 배려에 의하여 마련된 제도이다.

99) 박윤흔, 최신행정법강의(상), 박영사, 2002, 783면.

② 공익사업이 시행되는 지역 밖에 있는 토지등이 공익사업의 시행으로 인하여 본래의 기능을 다할 수 없게 되는 경우에는 국토해양부령으로 정하는 바에 따라 그 손실을 보상하여야 한다.
③ 사업시행자는 제2항에 따른 보상이 필요하다고 인정하는 경우에는 제15조에 따라 보상계획을 공고하는 때에 보상을 청구할 수 있다는 내용을 포함하여 공고하거나 대통령령으로 정하는 바에 따라 제2항에 따른 보상에 관한 계획을 공고하여야 한다.
④ 그 밖에 공익사업의 시행으로 인하여 발생하는 손실의 보상등에 대하여는 국토해양부령이 정하는 기준에 의한다. 〈개정 2007. 10. 17., 2008. 2. 29.〉

3. 생활보상의 이론적 견해

아래에서 보든 바와 같이 학자들의 생활권보상에 대한 견해는 다양하며 그 구분도 명확치 않은 실정이다.

1) 박윤흔 교수

생활권보상의 근거로 헌법 제23조 및 제34조 통일설로 보면서, 소수잔존자보상, 이직자보상 및 사업손실보상은, 우리 실정법을 전제로 하는 한 모두 개별적으로 구체화할 수 있는 유형·무형의 재산 또는 재산상의 이익의 침해에 대한 보상이므로 재산권보상에 포함하는 것이 타당할 것이며, 생활재건조치는 사업시행자가 피보상자에게 지급하는 보상금을 말하는 것이 아니고 보상금이 피보상자의 생활재건을 위하여 가장 유효하게 쓰여지도록 유도하는 각종의 조치를 말하는 것인 바, 그것은 재산권보상도 생활권보상도 아닌 제3의 영역에 속하는 것이라 할 것이다. 다만 굳이 포함시킨다면 피보상자의 생활재건을 위한 조치라는 점에서 생활권보상에 포함시켜도 무방하겠다.[100]

2) 박균성 교수

손실보상이 생활보상으로 나아가기 위해서는 재산권 뿐만 아니라 생활권도 보상에 대상에 포함되어야 하며, 재산권이나 생활권에 대한 금전적 보상에서 나아가 다른 지역에서 종전과 같은 생활을 유지할 수 있도록 이주대책 등 실질적인 생활재건조치를 손실보상의 내용으로 하여야 한다. 광의의 생활보상은 생활권보상과 생활재건조치를 내용

---

100) 박윤흔, 최신행정법(上), 박영사, 2002, 784면.

으로 하며 협의의 생활보상은 생활재건조치를 내용으로 한다. 생활재건조치의 예로는 이주대책, 국민주택자금의 지원, 가산금, 생계비 또는 주거비 지급 등을 들 수 있다.[101)]

3) 류해웅 박사

생활권보상은 피수용자나 관계인이 현재 당해 장소에서 현실적으로 누리고 있는 생활이익의 상실로 인하여 재산권보상으로 채워지지 아니하는 손실에 대한 보상을 내용으로 한다고 하면서, 생활권보상의 내용으로 협의의 생활보상으로 ① 생활비 보상(이농비, 이어비) ② 주거대책비 보상 및 주거용건물 최저보상특례 ③ 특산물보상 등이 있으며, 광의의 생활보상에는 ① 이주대책 ② 간접보상 ③ 휴직 및 실직보상을 들고 있다.[102)]

4) 이선영 박사

실정법상 생활보상의 내용은 그 입법취지가 명확하지 아니한 보상액의 기준에 따라 보면 생활유지보상과 생활권보상으로 구분하고 있다. 생활유지보상에는 ① 이주대책 ② 이주정착금 ③주거용건물 소유자에 대한 3개월 주거이전비 ④ 공익사업지구 밖의 보상 ⑤ 농업손실보상 ⑥ 주거용건물 세입자에 대한 4개월 주거이전비 ⑦ 휴직 및 실직보상이 있으며, 생활권보상에는 ① 주거용건축물의 최저보상액 보상 ② 재편입가산금 제도 ③ 최저 폐업보상제도 ④ 이농비, 이어비 등을 들 수 있다.[103)]

4. 현행법상 생활보상의 내용

1) 생활보상의 내용

(1) 협의의 생활권 보상

① 생활비 보상으로 이향하는 농어민에 대한 이농비 및 이어비 보상

② 주거총체가치보상

이에 해당하는 것으로는 ㉠ 주거용 건물 최저보상특례 ㉡ 20년내 재취득시 가산금

---

101) 박균성, 행정법론(상), 박영사, 2004, 622면.
102) 류해웅, 신수용보상법론, 부연사, 2005, 202~207면.
103) 이선영, 신토지수용과 보상법론, 2005, 456~457면.

지금 ㉢ 주거용 건물 비준가격 보상 ㉣ 세입자에 대한 4월분의 주거대책비 ㉤ 주거용 건물 소유자에 대한 3월분의 주거비 보상 ㉥ 무허가 영업자의 영업폐지시 주거대책비 등이 있다.

③ 생활재건조치

보상금이 피보상자의 생활재건을 위해 가장 유효하게 쓰일 수 있도록 유도하는 각종 조치로 이주대책을 중심으로 개간비 보조, 국민주택자금 융자, 대체지 알선, 공용주택 알선, 고용알선, 직업훈련, 보상금에 대한 조세감면조치 등이 있다. 이러한 생활재건조치에 대해서는 생활권 보상과 직접적인 관련이 없다고 보는 견해도 있으나 생활권보상이 종전의 생활상태 회복에 있는 것이라면 이주지에서의 정착과 생활을 위한 여러가지 배려도 포함된다고 보는 것이 타당하다.

판 례

□ 대법원 2002. 3. 15. 선고 2001다67126 판결

위 특례법상의 이주대책은 그 본래의 취지에 있어 이주자들에 대하여 종전의 생활상태를 원상으로 회복시키면서 동시에 인간다운 생활을 보장하여 주기 위한 이른바 생활보상의 일환으로 국가의 적극적이고 정책적인 배려에 의하여 마련된 제도라 할 것이다.

④ 법외보상(특산물 보상, 사례금)

특산물 보상(자연산 송이버섯, 해산물 등)은 법외보상으로 실정법화되어 있지 않고 단지 사업시행자가 사업의 원활한 실시와 피해자의 생활보상적 차원에서 이루어지며, 사례금은 국가나 지방자치단체 이외의 사업시행자가 사례금명목으로 지급하는 것으로 생활재건이 어려운 경우 이를 보완해 주는 생활권보상의 한 방법이다.

(2) 사업손실보상

간접침해 보상은 대물보상의 한계를 극복하고 생활보상을 지향하는 현대보상이념에 합치하는바, 사업손실보상이란 공공사업 시행 또는 완성 후 시설이 기업지밖에 미치는 손실을 말한다. 간접침해 보상에는 ① 물리적 기술적 손실보상으로 어업의 간접보상이 있으며, ② 지역사회변동으로 인한 개인의 간접침해에 대한 사회적·경제적 손실보상으로 농경지등 간접보상, 건물 등 간접보상, 소수잔존자 보상, 영업간접보상, 공작물 등 간접보상, 건물잔여부분 간접보상, 실농보상에 대한 간접보상, 간접보상이 있다.

5. 생활대책 보상의 등장

1) 생활대책의 의의

생활대책이란 공익사업의 시행으로 인하여 생활근거를 상실하게 되는 이주자 등에게 종전과 같은 경제수준을 유지할 수 있도록 상업용지 등을 일정한 요건을 갖춘 자에게 우선 공급하는 제도를 말한다. 이러한 생활대책은 토지보상법에 근거한 것이 아니고 사업시행자가 사업추진의 원활을 기하기 위하여 각각의 별도의 기준에 의거 시행되고 있다. 이러한 생활대책은 법률에 근거하지 않고 조성용지 등의 우선적 분양을 통한 피수용자의 생활안정을 도모하기 위해 시행해온 제도로서, 택지개발촉진법, 기업도시개발특별법 등에 시행근거를 마련하였다.

한편 주거대책의 내용인 이주대책 등이 법률에 규정되어 있는 것과는 달리 생활대책은 실무에서 공익사업의 원활한 진행을 위하여 수립되어 온 경향이 강하다.

2) 생활대책의 근거 및 성격

(1) 생활대책의 근거

① 법률상 근거

▣ 택지개발촉진법 시행령

제13조의 2 (택지의 공급방법 등) ③ 제2항의 규정에 의하여 택지를 공급함에 있어서 당해 택지가 학교시설용지·의료시설용지등 국토교통부령이 정하는 특정시설용지인 경우에는 택지공급대상자의 자격을 제한할 수 있다.

▣ 택지개발촉진법 시행규칙

제10조 (택지의 공급방법 등) 2의2. 「공익사업을 위한 토지 등의 취득 및 보상에 관한 법률」에 따라 해당 택지개발사업과 관련하여 토지·물건 및 권리(「공익사업을 위한 토지 등의 취득 및 보상에 관한 법률」 제3조에 따른 토지·물건 및 권리를 말하며, 이하 "토지등"이라 한다)에 대한 보상을 받은 자에게 생활안정을 지원하기 위하여 공급하는 시설용지

▣ 기업도시개발특별법

제14조 (토지 등의 수용·사용) ⑦ 제6항의 규정에 의하여 수립하는 이주대책에는 이주대상 주민과 협의하여 당초 토지등의 소유상황과 생업 등을 감안하여 생활대책에 필요한 용지를 대체하여 공급하는 등 대통령령이 정하는 사항을 포함하여야 한다.

▣ 기업도시개발특별법 시행령

제19조 (이주대책의 수립 등) ① 법 제14조 제7항에서 "대통령령이 정하는 사항"이라 함은 다음 각호의 사항을 말한다. 〈개정 2008. 2. 29.〉

1. 「공익사업을 위한 토지 등의 취득 및 보상에 관한 법률」 제78조의 규정에 의한 이주대책의 시행방법 및 대상자 선정기준
2. 개발구역에 거주하는 주민의 당초 토지 등의 소유상황과 생업 등을 고려한 생활대책에 필요한 용지 등의 공급·시기·방법·대상·절차 및 조건
3. 개발구역에 거주하는 주민의 입주기업에의 고용 및 취업알선에 관한 계획
4. 그 밖에 주민의 재정착을 위하여 국토교통부장관이 필요하다고 인정하는 사항

② 사업시행자 내부규정

한국토지주택공사 등의 경우는 내부규정에 의거 생활대책을 시행하고 있다. 이에 한국토지주택공사는 『이주 및 생활대책 수립지침』을 제정하여 이주대책과 생활대책의 세부 사항을 규정하여 시행하고 있다.

(2) 생활대책의 법적 성격

① 사업시행자의 시혜적 배려로 보는 견해

이 입장은 헌법재판소의 견해로서, 이 견해에 의하면 공익사업시행과 관련하여 철거이주민에 대한 생활대책의 일환으로 이루어진 상업용지 공급공고행위는 법적근거 없이 시혜적으로 내부규정을 정하여 청구인들에게 상가부지를 일정한 공급조건하에 수의계약으로 공급한다는 것을 통보하는 것이므로 이러한 사실관계는 사법상의 권리이전에 대한 반대급부의 조건 내지 내용에 관련된 사항에 불과하다[104]는 입장이다.

② 손실보상의 일환으로 보는 견해

생활대책의 수립·시행은 특별한 법적 근거에 의하여 사업시행자의 의무사항으로 되어 있는 것도 아니고 이러한 생활대책이 반드시 공익사업을 위한 토지 등의 취득 및 보상에 관한 법률상 이주대책의 일환으로 이루어져야 한다는 명문의 규정이 있는 것도 아니지만, 사업시행자가 그 내부규정 등에 따라 사업시행을 위해 이주자들 중 일정 요건을 갖춘 자들에게 상업용지 등을 공급하는 내용의 생활대책을 수립하여 시행하는 경우, 이는 법령에 의하여 공공목적의 수행을 위한 사업시행자가 위임받은 행정권한의 범위 내에서 이주자들을 종전의 생활상태로 원상회복시켜 주기 위하여 마련한 제도로서

104) 헌법재판소 1996. 10. 4. 선고 95헌마34 결정

헌법 제23조 제3항이 규정하는 손실보상의 한 형태라고 보아야 한다[105]는 견해이다.

이 견해에 의할 경우 생활대책의 대상자에 해당하는지 여부는 사법상의 권리이전(협의양도)에 대한 반대급부의 조건 내지 이행에 관련된 사항이 아니라 손실보상으로서의 생활대책을 받을 정당한 대상자로서 상업용지 등의 특별공급신청권이 있는지 여부를 확정하는 공법상의 법률관계에 속하는 것이므로, 사업시행자가 생활대책의 대상자임을 부정하는 경우 공법상 당사자소송으로 생활대책대상자의 지위의 확인을 구할 수 있다는 것이다. 다만 대법원은 생활대책보상을 손실보상의 일환으로 보면서 사업시행자의 생활대책 대상자의 거부 및 제외에 대하여 이를 처분으로 보고 이를 항고소송에 의하여야 한다는 입장이다(아래 판례 참고).

판 례

□ 대법원 2011. 10. 13. 선고 2008두17905 판결

[1] 생활대책용지의 공급과 같이 공익사업 시행 이전과 같은 경제수준을 유지할 수 있도록 하는 내용의 생활대책에 관한 분명한 근거 규정을 두고 있지는 않으나, 사업시행자 스스로 공익사업의 원활한 시행을 위하여 필요하다고 인정함으로써 생활대책을 수립·실시할 수 있도록 하는 내부규정을 두고 있고 내부규정에 따라 생활대책대상자 선정기준을 마련하여 생활대책을 수립·실시하는 경우에는, 이러한 생활대책 역시 "공공필요에 의한 재산권의 수용·사용 또는 제한 및 그에 대한 보상은 법률로써 하되, 정당한 보상을 지급하여야 한다."고 규정하고 있는 헌법 제23조 제3항에 따른 정당한 보상에 포함되는 것으로 보아야 한다. 따라서 이러한 생활대책대상자 선정기준에 해당하는 자는 사업시행자에게 생활대책대상자 선정 여부의 확인·결정을 신청할 수 있는 권리를 가지는 것이어서, 만일 사업시행자가 그러한 자를 생활대책대상자에서 제외하거나 선정을 거부하면, 이러한 생활대책대상자 선정기준에 해당하는 자는 사업시행자를 상대로 항고소송을 제기할 수 있다고 보는 것이 타당하다.

[2] 뉴타운개발 사업시행자가 사업시행으로 생활근거 등을 상실하는 주민들을 위한 주거대책 및 생활대책을 공고함에 따라 화훼도매업을 하던 갑이 사업시행자에게 생활대책신청을 하였으나, 사업시행자가 갑은 위 주거대책 및 생활대책에서 정한 '이주대책 기준일 3개월 이전부터 사업자등록을 하고 영업을 계속한 화훼영업자'에 해당하지 않는다는 이유로 화훼용지 공급대상자에서 제외한 사안에서, 사업시행자의 거부행위가 행정처분에 해당한다고 본 원심판단을 정당하다.

(3) 생활대책 사례

생활대책에 대한 구체적 사례는 6장의 생활대책용지 수분양권 부분에서 다루고자 한다.

105) 광주지법 2007. 1. 25. 선고 2006구합1159 판결 : 상고【생활대책대상자부적격처분취소】

3) 생활대책의 법률간 형평성 문제

생활대책 수립의무를 명시하지 않아 각각의 공익사업마다 생활대책 수립여부가 다르게 된다 하더라도 이는 사업의 구체적인 내용, 사업구역 내의 영업형태, 수용의 필요성 등 각 사업장이 처한 사정에 따라 사업시행자가 생활대책 수립여부 및 내용을 결정함으로써 발생하는 차이일 뿐, 이 사건 법률조항이 청구인들을 차별취급하고 있는 것은 아니다[106]고 하여 생활대책을 무조건 수립하는 것은 아니다. 일부 혐오시설 사업을 위한 법률에서는 토지보상법에서 정하고 있는 이주자에 대한 일반적인 보상외에도 이주정착지원금 및 생활안정지원금의 명목으로 최대 세대당 2,500만원까지 추가 지원하고 있다.

표 2. 추가지원 법령 및 내역

관계법령	보상특례	비 고
댐건설및주변지역지원등에 관한법률	이주정착지 미이주자에 대한 지원 - 이주정착지원금 : 1,500만원 - 생활안정지원금 : 세대원당 250만원 (1천만원 한도)	무허가 및 세입자는 기본계획고시 3년전 거주
주한미군기지 이전에 따른 평택시등의 지원 등에 관한 특별법	공여지역 거주자 - 이주정착특별지원금 : 1,500만원 - 생활안정특별지원금 : 세대원당 250만원 (1천만원 한도)	소유자 및 세입자
전원개발촉진법	이주정착지 미이주자에 대한 지원 -이주정착지원금 : 1,200만원 - 생활안정지원금 : 세대원당 200만원 (800만원 한도)	5년미만거주: 50% 5~10년미만거주자 : 70% 지급
폐기물처리시설 설치촉진 및 주변지역지원 등에 관한 법률	폐기물처리시설부지내 거주자 - 이주정착지원금 : 1,000만원 - 생활안정지원금 : 세대원당 200만원 (800만원 한도)	무허가 및 세입자는 설치 계획 공고일 3년전 거주

4) 문 제 점

토지수용을 당하는 피수용자 입자에서는 수용당하여 생활근거지를 상실하기는 마찬가지이나 어느 법률에 의하여 수용되는가에 따라 보상금의 지급이 달라는 지는 것은 형평성에 어긋나지 않는가 하는 문제가 있을 수 있다. 물론 혐오시설의 경우 주변의 좋지 않은 여건이 조성된다는 점에서 추가의 손실보상금을 지급하는 것이나, 이는 주변의 거주자들에게 지원된다면 모르지만 수용되어 떠나는 수용자들에게 지급하는 것은 그렇지 않은 피수용자와 비교와 경우 형평성에 문제가 있다고 보인다.

---

106) 헌법재판소 2013. 7. 25. 자 2012헌바71 결정

Ⅴ. 대체보상제도

1. 대토보상의 도입

1) 근거 및 의의

▣ 토지보상법

제63조 (현금보상 등) ① 손실보상은 다른 법률에 특별한 규정이 있는 경우를 제외하고는 현금으로 지급하여야 한다. 다만, 토지소유자가 원하는 경우로서 사업시행자가 해당 공익사업의 합리적인 토지이용계획과 사업계획 등을 고려하여 토지로 보상이 가능한 경우에는 토지소유자가 받을 보상금 중 본문에 따른 현금 또는 제7항 및 제8항에 따른 채권으로 보상받는 금액을 제외한 부분에 대하여 다음 각 호에서 정하는 기준과 절차에 따라 그 공익사업의 시행으로 조성한 토지로 보상할 수 있다. 〈개정 2007. 10. 17., 2010. 4. 5.〉

1. 토지로 보상받을 수 있는 자 : 「건축법」 제49조 제1항에 따른 대지의 분할제한 면적 이상의 토지를 사업시행자에게 양도한 자가 된다. 이 경우 대상자가 경합(競合)하는 때에는 제7항 제2호에 따른 부재부동산소유자가 아닌 자로서 제7항에 따라 채권으로 보상을 받는 자에게 우선하여 토지로 보상하며, 그 밖의 우선순위 및 대상자 결정방법 등에 관하여는 사업시행자가 정하여 공고한다.
2. 보상하는 토지가격의 산정 기준금액 : 다른 법률에 특별한 규정이 있는 경우를 제외하고는 일반 분양가격으로 한다.
3. 보상기준 등의 공고 : 제15조에 따라 보상계획을 공고하는 때에 토지로 보상하는 기준을 포함하여 공고하거나 토지로 보상하는 기준을 따로 일간신문에 공고할 것이라는 내용을 포함하여 공고한다.

② 제1항 단서에 따라 토지소유자에 대하여 토지로 보상하는 면적은 사업시행자가 그 공익사업의 토지이용계획과 사업계획 등을 고려하여 정한다. 이 경우 그 보상면적은 주택용지는 990제곱미터, 상업용지는 1천100제곱미터를 초과할 수 없다. 〈신설 2007. 10. 17., 2010. 4. 5.〉

손실보상은 다른 법률에 특별한 규정이 있는 경우를 제외하고는 현금으로 지급하는 것이 원칙이다. 그러나 최근 대규모 공익사업의 시행으로 인하여 공익사업 주변의 막대한 현금이 대토수요 자금으로 전환되어 전국적인 지가상승 초래 및 부동산 시장의 불안요인으로 대두되면서, 대규모 공익사업의 시행에 따른 과잉 유동성을 일정부분 흡수할 수 있도록 하고, 아울러 공익사업에 편입되는 지역주민이 당해 지역에 재정착하여 개발혜택을 공유할 수 있는 기회도 제공[107)]할 수 있다는 등의 이유로 2007. 10. 17.

107) 보상금에는 당해 공익사업으로 인한 개발이익이 배제되므로 현금보상제도에서는 개발혜택을 토지소유자가 공유할 수 없다는 문제점이 있음. 공익사업으로 확보하는 공익에 대응하는 사익의 침해는 손실보

법 개정을 통해 대토보상제도가 도입되었다.[108]

토지소유자가 원하는 경우로서 사업시행자가 해당 공익사업의 합리적인 토지이용계획과 사업계획 등을 고려하여 토지로 보상이 가능한 경우에는 해당 조성용지로 보상할 수 있도록 하는 것이 대토보상이다. 이는 현금보상에 갈음하여 피수용토지와 같거나 유사한 용도의 다른 토지로 보상하는 것을 말한다.

2) 적용대상 사업지구

토지보상법에서는 대토보상제도 적용 대상사업을 명시하고 있지 아니하나, "해당 공익사업의 합리적인 토지이용계획과 사업계획 등을 고려하여" 조성한 토지로 보상하도록 하고 있어, 일반적인 택지 및 산업단지, 혁신도시 등 주택 및 상업용지 등의 개발이 수반되는 사업은 규모에 관계없이 대상에 포함된다. 다만, 토지이용계획상 일반인에게 공급하는 토지가 없는 경우에는 제외한다.

이와 같이 대체지를 당해 공익사업의 시행으로 조성한 토지로 제한하는 것에 대한 문제점을 제기하는 견해도 있다.[109] 즉, 당해 공익사업으로 조성된 택지 뿐만 아니라 다른 공익사업으로 조성된 택지를 활용하거나 사업시행자가 이미 보유하고 있는 토지를 활용[110]할 수 있음에도 불구하고 당해 공익사업의 시행으로 조성한 택지에 한정하는 것은 결국 대체지를 조성할 수 없는 도로, 하천 등의 선적(線的) 사업은 대체지 보상에서 제외된다는 문제점이 있다.

상을 통하여 조정되며, 손실보상의 수단으로는 현금보상, 현물보상, 개발권양도, 매수청구권제도 등 구체화의 유형에 제한을 둘 필요가 없음에도 현행법에서는 현금보상만을 규정하고 있어 공익사업으로 인한 개발혜택의 적절하고 합리적인 배분을 불가능하게 한다는 지적도 있었다.

108) 2011. 4. 8 국토교통부 보도자료
현재 공익사업에 편입되는 토지소유자는 보상금을 활용하여 인근지역에서 유사한 토지를 구입하게 되므로 인근지역 지가상승 및 부동산시장의 불안요인이 되고 있으나,
◦ 대토보상 제도가 도입되면, 토지소유자가 다른 지역으로 이동하지 않고 현지에 재정착할 수 있게 되므로
- 인근지역 대토수요 감소로 부동산시장의 안정에 기여할 수 있고,
◦ 토지소유자가 개발혜택을 일부 공유할 수 있어 자발적인 협조유도로 사업추진에도 긍정적인 효과가 있음
※ 대토보상은 토지보상금을 현금으로 지급하지 않고 보상의 방법으로 대토를 제공하게 되므로 보상금의 유동자금화를 원천적으로 차단 ⇒ 보상자금을 효율적으로 관리하고, 토지소유자의 재정착이 가능

109) 김원보, "대체지보상제도의 문제점과 개선방안", 토지보상법연구 제7집, 2007. 2. 64면.

110) 일본의 대체지보상제도는 사업시행자가 소유하는 특정의 토지를 지정하여 대체지에 의한 손실보상의 재결을 인정하고 있다(일본 토지수용법 제82조 제2항).

3) 대상자 및 공급기준

(1) 대 상 자

토지소유자 등이 원하는 경우로서 건축법상 대지분할제한 면적[111] 이상을 사업시행자에게 양도한 자를 대상으로 한다. 토지보상법에서 협의양도한 경우에만 한정하고 있지 않고 있어 수용재결 대상자도 후순위로 대토보상이 가능할 수 있다. 또한 금액 등에 의한 제한을 두지 않고 있어 소액보상자는 지분으로 참여 가능하다.

그러나 부재지주의 경우는 의무적 채권보상자로 1억원 이하만 현금으로 보상을 받기 때문에 부재지주의 경우는 1억원 이하의 현금부분만 대체지 보상이 가능[112]하여 대토보상 기회가 제한적으로 차단된다고 보아야 할 것이다.

표 3. 대토공급 대상자 선정 사례

▣ **LH 대토보상지침**

제12조 (대토보상 대상자의 선정) ① 대토보상 대상자는 제4조 제3항에 따른 용지별로 각각 선정하되, 제10조에 따라 대토보상 신청을 접수한 결과 경쟁이 있는 경우 대토보상 대상자 선정순위는 다음 각 호와 같다.

1. 1순위: 현지인 중 공람공고일(이주대책 수립대상자 선정기준일) 1년 이전부터 해당사업지구 거주자. 이 경우 1순위자가 경합하면 토지보상금 총액 중 보상채권 및 대토보상으로 보상받는 금액의 비율(이하 "보상채권 등의 금액비율"이라 한다)이 높은 자를 우선 선정한다.
2. 2순위: 현지인 중 1순위자가 아닌자. 이 경우 2순위자가 경합하면 보상채권 등의 금액비율이 높은 자를 우선 선정한다.
3. 3순위: 부재부동산소유자. 이 경우 3순위자가 경합하면 보상채권 등의 금액비율이 높은 자를 우선 선정한다. 〈개정 2019. 11. 1.〉

(2) 공급대상토지

토지보상법에서는 합리적인 토지이용계획과 사업계획 등을 고려하여 대토보상이 가능하도록 규정하고 있어 대토 공급대상토지에 대한 제한을 두지 않고 있다. 다만 사업시행자의 내부 지침으로 대토 공급대상토지를 정하고 있다.

---

111) 주거지역 60㎡, 상업·공업지역 150㎡, 녹지지역 200㎡, 기타 60㎡

112) 토지정책과-1844 (2008. 7. 4) : 현물(토지)보상은 토지소유자가 받을 보상금 중 현금 또는 토지보상법 제63조 제6항, 제7항에 따른 채권으로 보상 받는 금액을 제외한 부분에 대하여 토지로 보상을 받을 수 있습니다(보상법 제63조 제1항 단서). 따라서 부재부동산소유자의 의무 채권보상분(1억원 초과분)에 대하여는 현물(토지)보상을 할 수 없습니다.

표 4. 대토 공급대상토지 (사례 : LH 대토보상지침)

구 분	세 부 대 상 토 지
단독주택용지	- 주거전용 단독주택용지 - 블록형 단독주택용지 - 점포겸용 단독주택용지
공동주택용지	- 분양주택용지 - 임대주택용지[113]
상 업 용 지	- 준주거용지 - 근린생활시설용지 - 근린상업용지 - 일반상업용지 - 중심상업용지
그 밖의 용지	- 업무시설용지 - 종교용지 - 유치원용지 - 기타 주택용지 및 상업용지를 제외한 용지

(3) 공급면적

토지소유자에 대하여 토지로 보상하는 면적은 사업시행자가 그 공익사업의 토지이용계획과 사업계획 등을 고려하여 정한다. 이 경우 그 보상면적은 주택용지는 990제곱미터, 상업용지는 1천100제곱미터를 초과할 수 없다. 이와 같이 대토보상 시 1인당 지급 받을 수 있는 토지 면적의 한도를 설정하는 이유는 특정인에게 과다한 면적이 대토보상으로 지급될 경우 개발이익이 소수에게 돌아가 토지이용의 효율성을 떨어뜨릴 수 있다는 것을 방지하기 위한 것이다.

한편 대토보상으로 공급할 수 있는 토지와 관련하여 법에서는 '주택용지'와 '상업용지'로 한정하여 규정하고 있어, '주택용지'를 단독주택지에 한정하는 것인지 분명하지 않았으나, 블록형 단독주택용지·공동주택용지 등 모두 대토가 가능하다고 할 것이다. 또한 당초 개정전 토지보상법에서는 주택용지의 대토 공급면적을 1인당 330㎡로 제한[114]하고 있었으므로, 공동주택용지로 이용을 위한 대토가 어려운 것이 사실이었으므

113) LH 대토보상지침 제4조 개정〈개정 2019. 11. 15.〉 : 대토보상 활성화 및 대토공급용도의 다양화를 위하여 대토보상 대상토지의 범위 확대하였는데, 임대주택용지는 「민간임대주택에 관한 특별법」 제22조에 의해 지정된 '공공지원민간임대주택 공급촉진지구'에서 공급하는 민간임대주택용지에 한한다.

114) 대토보상제도 도입당시 1인당 지급한도로 주택용지의 경우 330㎡, 상업용지는 1,100㎡로 설정한 것은 1세대 1필지 원칙으로 볼 때 통상적인 택지개발지구에서 조성되는 단독주택용지와 상업용지의 분양면적을 기초로 설정된 것이었다.

로 이를 990㎡로 면적을 상향조정하여 공동주택용지로의 대토가 가능하게 되어 토지소유자에게 더 많은 수익창출의 기회를 부여하게 되었다.[115]

4) 공급절차

(1) 대토보상 절차

① 대토보상계획 사전 안내

대토보상 시행계획을 주민설명회 및 보상계획공고 시 피보상자에게 사전 안내하여야 한다. 또한 보상계획을 공고하는 때에 토지로 보상하는 기준을 포함하여 공고하거나, 따로 일간신문에 공고할 것이라는 내용을 포함하여 공고한다.

② 대토보상 세부시행기준 안내

대토보상은 현금보상의 예외이므로 손실보상협의 요청 시 대토보상 세부시행기준을 포함하여 안내한다. 대토보상 세부시행기준 안내 시 대토보상에 따른 유의사항을 충분히 공지하여 분쟁 발생을 사전에 방지하는데 역점을 둔다.

③ 대토보상신청서 접수

사업시행자는 대토보상의 선정에 있어 순위를 정하여 접수할 수 있다(아래 LH 사례 참조). 신청서 접수 마감일과 대토보상용 토지의 한도(공급예정 금액)를 미리 정하여 손실보상협의요청 시 공지하여 대토보상신청서 접수한다. 대토보상신청서에는 대토보상에 따른 유의사항 등을 포함하되 대토로 받고자 하는 조성토지 용도 및 규모 등을 기재한다.

▣ LH 대토보상지침

제12조 (대토보상 대상자의 선정) ① 대토보상 대상자는 제4조 제3항에 따른 용지별로 각각 선정하되, 제10조에 따라 대토보상 신청을 접수한 결과 경쟁이 있는 경우 대토보상 대상자 선정순위는 다음 각 호와 같다.

1. 1순위: 현지인 중 공람공고일(이주대책 수립대상자 선정기준일) 1년 이전부터 해당사업지구 거주자. 이 경우 1순위자가 경합하면 토지보상금 총액 중 보상채권 및 대토보상으로 보상받

115) 국회 국토해양위원회 "공익사업을 위한 토지 등의 취득 및 보상에 관한 법률 일부개정법률안 심사보고서" 참조

는 금액의 비율(이하 "보상채권 등의 금액비율"이라 한다)이 높은 자를 우선 선정한다.
2. 2순위: 현지인 중 1순위자가 아닌자. 이 경우 2순위자가 경합하면 보상채권 등의 금액비율이 높은 자를 우선 선정한다.
3. 3순위: 부재부동산소유자. 이 경우 3순위자가 경합하면 보상채권 등의 금액비율이 높은 자를 우선 선정한다. 〈개정 2019. 11. 1.〉

② 제1항 제1호에도 불구하고 보상채권 및 대토보상을 받는 금액이 30억원 이상인 경우 및 20조 1항 단서에 따라 대토 대상 필지의 확정을 대토보상계약 전에 한 경우로서 제10조에 따른 대토보상 신청 금액이 대토보상에 따라 공급할 수 있는 제9조에 따른 용도별 추정가격과 동일하거나 초과하는 경우에는 보상채권 등의 금액비율이 100퍼센트인 것으로 보며, 보상채권 등의 금액비율이 동일하고 경합이 있는 경우에는 추첨으로 대상자를 선정한다. 〈개정 2019. 11. 1.〉

③ 제1항에도 불구하고 사업인정고시일 이후 소유권 변동이 있을 경우 종전 소유자와 대토보상 신청시 소유자의 순위를 고려하여 종전소유자의 순위로 결정한다. 다만, 기준일 이후에 상속 또는 판결(사업인정고시일전에 소송이 제기된 경우에 한한다)을 원인으로 취득한 경우 상속은 종전토지 소유자를 기준으로 하고 판결은 현재 토지소유자를 기준으로 결정한다. 〈개정 2019. 11. 1.〉

④ 제1항에도 불구하고 각 호의 어느 하나의 경우에 지역본부장은 현지인 중 우선순위를 부여할 만한 특별한 사유가 있는 토지소유자에게는 사업지구 여건 등을 고려하여 우선순위를 부여할 수 있다. 이 경우 경합이 발생할 경우 보상채권 등의 금액비율이 높은자를 우선 선정한다.
1. 사업지구 내 취락지구에 토지를 소유하면서 거주하는 토지소유자가 블록형 단독주택용지를 신청하는 경우
2. 건축법 시행령 별표1 근린생활시설의 토지 및 건축물 소유자가 전부 협의에 응하고 근린생활시설용지를 신청하는 경우
3. 협의양도인택지 대상자가 주거전용 단독주택용지를 신청하는 경우
4. 각 호와 동일하게 우선순위를 부여할 특별한 사유가 있는 경우 〈개정 2019. 11. 1.〉

④ 대토보상(협의취득)계약 체결

대토신청접수결과 대토보상용 조성토지의 금액 한도 내에서 대상자를 선정 및 통보한 후 협의취득계약 체결한다. 대토보상신청토지에 대해 별도로 협의취득계약을 체결하되 1필의 보상금 중 일부에 대해서만 대토보상을 신청하더라도 1필의 전부를 1개 계약서로 작성한다.

또한 보상금 지급을 유예하고 조성토지 공급 시 보상금을 당해 조성토지의 공급대금의 일시납입금으로 상계처리한다는 내용의 특약을 체결한다. 대토보상신청토지에 대한 향후 소유권 분쟁 등을 미연에 방지하기 위해 토지보상법 제29조에 따라 관할 토지수용위원회에 협의성립확인 신청을 검토한다(아래 LH사례 참조).

▣ LH 대토보상지침

제14조 (대토보상계약 등) ① 지역본부장은 제12조 제1항 및 제13조 전단에 따라 대토보상 대상자가 결정된 때에는 그 결과를 대토보상을 신청한 자에게 통지하여야 하며, 별지 제3호 서식 및 별지 제4호 서식에 따라 토지매매계약(대토보상계약)을 체결하고 대토보상 대상자가 소유하던 종전 토지의 소유권을 공사 명의로 이전하여야 한다.
② 지역본부장은 제1항에 따라 대토보상 대상자가 소유하던 종전 토지의 소유권을 공사 명의로 이전등기하는 경우 취득원인을 "공공용지 협의취득"으로 기재한다. 다만, 수용재결 이후 대토보상시에는 공탁전에 대토보상계약을 체결하여야 하며, 종전 토지에 대한 소유권 이전은 "수용"을 취득원인으로 하여 이전등기한다. 〈개정 2018. 10. 5.〉
③ 지역본부장은 제1항에 따라 대토보상계약을 체결한 경우에는 토지보상법 제29조에 따라 관할 토지수용위원회에 협의성립확인을 신청하여야 한다.

제15조 (대토보상계약 체결에 따른 안내사항 등) ① 공사가 대토보상계약을 체결할 때에는 대토보상계약 상대방에게 「조세특례제한법」 제77조의2에 따른 양도소득세 과세이연 또는 양도소득세 감면이 가능함을 안내하여야 한다. 〈개정 2019. 11. 1.〉
② 공사는 제14조에 따른 대토보상계약에 따라 대토로 갈음하는 손실보상금(이하 "대토보상금액"이라 한다)에 대한 이자는 해당 토지의 소유권이전 등기접수일(이하 "이자기산일"이라 한다)부터 대토공급계약을 체결한 날 또는 현금보상으로 전환한 날 전일까지 복리로 계산하여 지급한다. 다만, 대토보상계약을 체결할 때에 대토보상계약 상대방이 원하는 경우 대토보상계약서에 특약사항을 추가하여 이자를 매년 정산(단리를 적용하여 매년 12월 15일을 기준으로 정산한다)하여 지급할 수 있음을 안내하여야 한다. 〈개정 2019. 11. 1.〉

(2) 대토공급 가격

① 일반 분양가격 원칙

대토공급 대상토지의 가격은 사업시행자가 관계법률 등에 의거 당해 조성토지를 일반인에게 분양하는 일반적 가격에 의하여 분양한다.

② 공급용지별 일반분양가격의 기준

주택용지는 감정가격으로, 상업용지는 당해 토지의 예정가격에 사업지구내 위치 등을 감안한 공급용도별 평균낙찰율을 적용한 가격으로 공급하는 것을 원칙으로 한다. 다만, 당해 공익사업의 지역 및 토지이용계획 등을 고려하여 사업시행자가 달리 정할 수 있다(아래 LH사례 참조).

■ **LH 대토보상지침**

제21조(대토의 공급가격) ① 대토의 공급가격은 토지보상법 외의 법률에 특별한 규정이 있는 경우를 제외하고는 일반 분양가격으로 한다.

② 「택지개발촉진법」 등 개별 법률에서 일반경쟁입찰 방식으로 공급하도록 하고 있는 용지의 공급가격은 해당 필지 감정가격에 공급용도별 평균낙찰률(낙찰가격/감정가격*100)을 곱한 가격으로 결정한다. 〈개정 2018. 10. 5.〉

③ 제2항에 따른 공급용도별 평균낙찰률은 공급용도별 대상 토지를 면적 기준으로 2분의 1 이상 공고하고 공급회차별로 최초로 매각공고한 후 낙찰된 토지의 낙찰가격과 유찰된 토지의 감정가격 총 합계액을 매각공고한 토지의 감정가격 총 합계액으로 나눈 값의 백분율을 말한다. 〈개정 2018. 10. 5.〉

④ 지역본부장은 제3항에도 불구하고 대토의 조기 공급 등을 위해서 필요한 경우 사업지구를 위치·형상·면적·주변 환경 등 가격형성요인이 유사한 권역으로 구분한 후 해당 권역의 공급용도별 일반경쟁입찰 대상 토지를 대상으로 제3항의 방법에 따라 공급용도별 평균낙찰률을 산정할 수 있다.

⑤ 지역본부장은 제2항에도 불구하고 대토보상 활성화를 위해 필요한 경우 근린생활시설용지·준주거용지에 대해서 공급용도별 평균낙찰률이 120퍼센트를 초과하더라도 공급용도별 평균낙찰률을 120퍼센트로 적용할 수 있다. 중심상업용지를 제외한 근린상업용지·일반상업용지·업무시설용지에 대해서는 공급용도별 평균낙찰률이 120%를 초과하는 경우 평균낙찰률 133%까지는 120%를 적용하고, 평균낙찰률이 133%를 초과하는 경우 평균낙찰률의 90%를 곱한 낙찰률(소수점 이하 반올림)을 적용할 수 있다. 〈개정 2019. 11. 1.〉

표 5. 대토보상 절차도

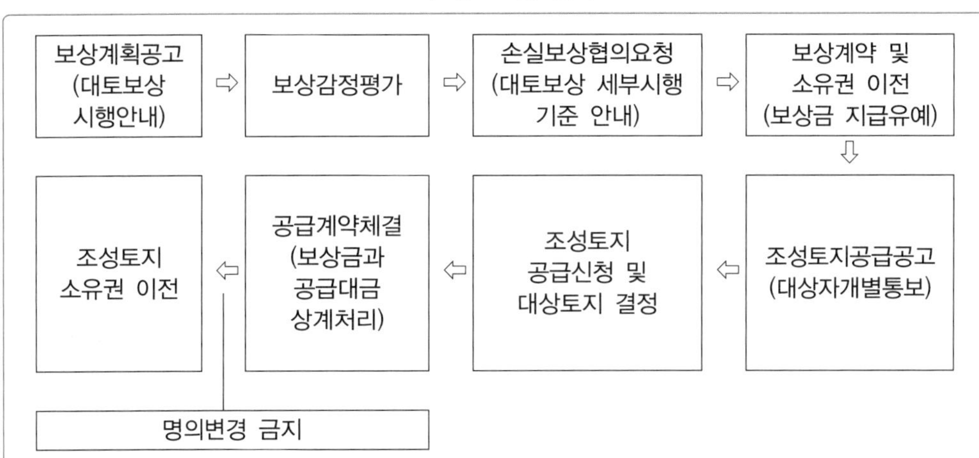

2. 대체지 전매제한 및 현금전환 청구권

1) 법적 근거

▣ **토지보상법**

제63조 (현금보상 등) ③ 제1항 단서에 따라 토지로 보상받기로 결정된 권리는 그 보상계약의 체결일부터 소유권이전등기를 마칠 때까지 전매(매매, 증여, 그 밖에 권리의 변동을 수반하는 모든 행위를 포함하되, 상속 및 「부동산투자회사법」에 따른 개발전문 부동산투자회사에 현물출자를 하는 경우는 제외한다)할 수 없으며, 이를 위반할 때에는 사업시행자는 토지로 보상하기로 한 보상금을 현금으로 보상할 수 있다. 이 경우 현금보상액에 대한 이자율은 제9항제1호가목에 따른 이자율의 2분의 1로 한다.

④ 제1항 단서에 따라 토지소유자가 토지로 보상받기로 한 경우 그 보상계약 체결일부터 1년이 지나면 이를 현금으로 전환하여 보상하여 줄 것을 요청할 수 있다. 이 경우 현금보상액에 대한 이자율은 제9항제2호가목에 따른 이자율로 한다.

⑤ 사업시행자는 해당 사업계획의 변경 등 국토교통부령으로 정하는 사유로 보상하기로 한 토지의 전부 또는 일부를 토지로 보상할 수 없는 경우에는 현금으로 보상할 수 있다. 이 경우 현금보상액에 대한 이자율은 제9항제2호가목에 따른 이자율로 한다. 〈개정 2013. 3. 23.〉

⑥ 사업시행자는 토지소유자가 다음 각 호의 어느 하나에 해당하여 토지로 보상받기로 한 보상금에 대하여 현금보상을 요청한 경우에는 현금으로 보상하여야 한다. 이 경우 현금보상액에 대한 이자율은 제9항제2호가목에 따른 이자율로 한다. 〈개정 2013. 3. 23.〉

1. 국세 및 지방세의 체납처분 또는 강제집행을 받는 경우
2. 세대원 전원이 해외로 이주하거나 2년 이상 해외에 체류하려는 경우
3. 그 밖에 제1호·제2호와 유사한 경우로서 국토교통부령으로 정하는 경우

2) 전매제한

토지로 보상받기로 결정된 권리는 그 보상계약 체결일로부터 소유권이전등기를 완료할 때까지는 상속을 제외하고는 매매, 증여, 그 밖의 권리의 변동을 수반하는 일체의 행위를 할 수 없다. 이를 위반한 경우 사업시행자는 토지로 보상하기로 한 보상금을 현금으로 보상할 수 있는데, 이 경우 현금보상액에 대한 이자율은 3년 만기 국공채 금리의 2분의 1로 하고 있다. 이와 같이 토지보상법은 대토의 전매를 인정하지 않고 있다. 그러나 대토보상자들에게 안정적 투자기회를 제공하기 위하여 2010년 4월 토지로 보상을 받을 권리를 현물출자하여 개발전문 부동산투자회사(리츠)를 설립할 수 있도록 개정하였다.

3) 현금보상 전환 신청권

(1) 토지소유자의 현금보상으로의 전환

① 1년이 경과한 경우

통상적으로 보상계약 체결일부터 소유권이전등기일까지는 상당기간이 소요됨에도 불구하고 그 기간동안 전매할 수 없도록 하는 것은 대체지 보상의 유용성을 떨어뜨리게 되므로, 최근 이를 개정하여 보상계약 체결일 이후 1년이 경과할 경우 이를 현금으로 전환할 수 있도록 개정하였다. 또한 토지보상법에서는 토지소유자가 대토보상을 받기로 한 경우 대토보상 계약체결일로부터 1년이 경과하면 기존의 계약을 지속하여 대토보상을 받을 것인지, 아니면 현금보상으로 전환할 것인지를 선택할 수 있는 기회를 부여하고 있다.

이와 같이 현금보상 전환 신청권을 인정한 취지는 토지소유자가 대토보상에 따른 부동산투자의 불확실성으로 인하여 대토보상을 꺼리고 현금보상을 받게 되어 단기간에 막대한 토지 보상금이 부동산 시장으로 유입되어 부동산 시장에 불안요인으로 작용하는 문제를 해결하기 위하여 부동산투자의 불확실성을 완화하는 수단으로서 토지소유자에게 현금보상 전환 신청권을 인정하여 대토보상 제도의 이용을 활성화시키기 위한 것이다.[116)]

또한 이 현금보상 전환신청권은 토지소유자에게 인정되는 권리이다. 따라서 대토보상권을 토지보상법 제63조 3항에 의거 개발전문 부동산 투자회사에 출자한 경우 현금보상 전환신청권을 인정할 수 없으며, 또한 현물출자를 받은 부동산투자회사도 설립목적에 위배되어 현금보상 전환신청권을 인정하기 곤란할 것으로 보인다(아래 유권해석 참조).

유권해석

□ 법제처 10 - 0454 (회신일자 2011. 1. 20)

현금보상 전환 신청권은 기본적으로 대토보상을 받은 토지소유자에게 있다고 보아야 할 것이고, 공익사업보상법 제63조 제3항에 따른 대토보상권의 전매가 예외적으로 허용되는 경우로서 토지소유자가 대토보상권을 대토개발전문 부동산투자회사에 현물출자한 경우에는 토지소유자가 더 이상 대토보상권을 보유하지 아니하고 있을 뿐만 아니라 그 보유한 대토보상권의 현물출자를 통하여 주식을 인수하고 배당수익을 받게 되는 점을 감안할 때, 공익사업보상법 제63조 제4항에 따른 현금보상 전환 신청권이 계속 유지된다고 보기는 어렵다고 할 것입니다.

116) 2010. 3. 국회 국토해양위원회, 의안번호 1807029 공익사업을 위한 토지 등의 취득 및 보상에 관한 법률 일부개정법률안 심사보고서 참조

대토보상권을 가진 토지소유자가 그 권리를 대토개발전문 부동산투자회사에 현물출자를 한 경우, 대토개발전문 부동산투자회사가 토지소유자로부터 대토보상권의 현물출자를 받은 경우까지 공익사업보상법 제63조 제4항에 따른 현금보상 전환 신청권을 인정한다면 대토개발전문 부동산투자회사는 토지소유자가 사업시행자와 체결한 대토보상계약의 체결일부터 1년이 경과하기만 하면 공익사업에 따른 손실보상을 목적으로 제공받는 토지의 개발사업에 투자하지 아니하고 현금보상으로 전환할 수 있게 되므로, 대토보상권의 현금보상 전환 신청권이 대토개발전문 부동산투자회사에 있다고 볼 수는 없습니다

② 불가피한 사유가 있는 경우

다만 (1)의 경우에 해당하지 않더라도 토지소유자의 불가피한 사유 즉 ① 국세 및 지방세의 체납처분 또는 강제집행을 받는 경우 ② 세대원 전원이 해외로 이주하거나 2년 이상 해외에 체류하려는 경우 ③ 토지소유자의 채무변제를 위하여 현금보상이 부득이한 경우 ④ 그 밖에 부상이나 질병의 치료 등을 위하여 현금보상이 부득이하다고 명백히 인정되는 경우 등에 해당하여 토지로 보상받기로 한 보상금에 대하여 현금보상을 요청한 경우에는 이를 현금으로 보상하도록 하고 있으며, 이 경우 현금보상액에 대한 이자율은 3년 만기 국공채 금리로 하고 있다.

표 6. 대토보상 관련 적용 이자율

구분	이자율 적용
3년 만기 정기예금 이자율 전부 적용	■ 공급대상토지의 부족, 토지이용계획 변경 등 사업계획 변경 등으로 불가피하게 조성토지를 공급할 수 없는 경우 ■ 토지소유자가 다음 어느 하나에 해당되어 현금보상을 요청하는 경우(법 제63조 제5항, 령 제15조의3) ① 국세 및 지방세의 체납처분 또는 강제집행을 받는 경우 ② 세대원 전원이 해외로 이주하거나 2년 이상의 기간 해외에 체류 하는 경우 ③ 토지소유자의 채무변제를 위하여 현금보상이 부득이한 경우 ④ 그 밖에 부상이나 질병의 치료 등을 위하여 현금보상이 부득이하다고 명백히 인정되는 경우 ■ 조성토지 공급 추첨 또는 입찰결과 조성토지 공급대상자로 결정되지 못하여 토지소유자가 현금보상을 요청하는 경우
3년 만기 정기예금 이자율의 1/2 적용	조성 토지로 보상받기로 결정된 권리는 그 보상계약의 체결일부터 소유권 이전등기 완료일까지 전매(매매, 증여, 그 밖의 권리의 변동을 수반하는 일체의 행위를 포함하되, 상속의 경우를 제외한다)할 수 없으나 이를 위반하는 경우(법 제63조 제3항)

(2) 사업시행자의 현금보상으로의 전환

이와 같이 일정한 경우 토지소유자의 현금보상 전환권이 있는데 반해, 사업시행자는 해당 사업계획의 변경 등의 사유로 인하여 보상하기로 한 토지의 전부 또는 일부를 토지로 보상할 수 없는 경우에는 이를 현금으로 보상할 수 있다.

3. 대토보상 활성화 노력

1) 문제점

그 동안 각종 개발사업이 현금위주로 보상됨에 따라, 시중 유동성이 확대되어 공익사업 인근의 지가상승을 초래하였던 것을 완화하기 위해 대토보상관련 제도를 도입하였으나, 이러한 취지와는 달리 대토보상에 대한 관심부족과 대토개발사업에 대한 개발기대에 대한 확신이 부족하여 대토보상이 활성화되지 못하였다.

2) 대토보상 활성화 개정내용

대토보상은 입법 취지와는 달리 당초 의도한 대로 활성화되지 않아 정부는 대토보상의 활성화를 위하여 그 세부내용을 지속적으로 개정하고 있다.

표 7. 대토보상 활성화를 위한 노력

구분	주요내용	비고
2007.10.17	■ 대토보상 제도 도입	
2010.04.05	■ 대토 공급면적 상향(단독주택지 면적 330㎡ ⇒ 990㎡) ■ 부동산투자회사에 현물출자 가능 ■ 현금보상전환 신청권 인정	■ 공동주택지 대토 가능 ■ 안정적 투자 확보 ■ 선택기회 보장
2011.04.11	■ 택지개발촉진법 시행령 및 시행규칙 개정(안) - 대토보상자와 대토보상권이 현물출자된 부동산투자회사에 수의 계약으로 택지공급가능 규정 신설 - 대토보상권이 현물출자된 부동산투자회사에 수의계약으로 공급할 수 있는 택지의 범위를 대토보상가액의 130%에 해당하는 면적	■ 대토개발 활성화 방안으로 현물출자된 대토개발리츠에 택지를 수의계약으로 공급 가능

이외에도 대토보상의 활성화를 위해 양도소득세 확대 등이 추진되고 있다.

3) 대토개발리츠 도입

'10년 4월에 「부동산투자회사법」을 개정하여 대토개발리츠를 도입하고, 대토개발리츠에게 대토보상권의 현물출자가 가능하도록 '10년 4월 「공익사업을 위한 토지 등의 취득 및 보상에 관한 법률」도 개정하였다.

대토개발리츠는 다수의 대토보상자들이 모여 토지보상금을 현금으로 받는 대신 사업성이 양호한 택지 등을 사업시행자로부터 공급받아 부동한 전문개발회사에 개발사업을 위탁하여 시행하고 이에 따른 수익을 배당받는 부동산투자 방식의 하나로써, 부동산개발 전문지식이 없는 대토보상자들에게는 안정적인 투자수익이 확보될 수 있고, 리츠회사에게는 개발사업에 필요한 토지를 별도의 비용부담없이 확보하여 사업을 추진할 수 있어 사업성을 높일 수 있는 투자방식이다.

또한 2011년 4월 국토해양부는 공공택지를 대토개발리츠에게 수의계약이 가능하도록 제도를 정비하여, 대토개발리츠가 실질적으로 택지를 분양받아 사업이 가능하도록 하였다. 그 주요 내용을 보면, 택지개발사업 시행자가 대토개발리츠에게 수의계약으로 대토보상권가액의 130% 범위에서 택지를 공급할 수 있도록 함으로써, 대토개발리츠가 모집한 대토보상권가액에 해당하는 면적과 대토용으로 공급하는 필지면적 간의 불일치를 조정할 수 있도록 하였다. 이와 같이 「택지개발촉진법 시행령 및 시행규칙」 개정으로 보상대상자들이 굳이 현금보상을 받지 않아도 토지로 보상받아 대토개발리츠에 투자하여 수익을 얻을 수 있는 길이 확대될 것으로 기대된다.[117)]

117) 국토해양부 보도자료 2011. 04. 08 참조

참 고 **대토개발리츠 설립구조 및 절차**(국토교통부 보도자료 참조)

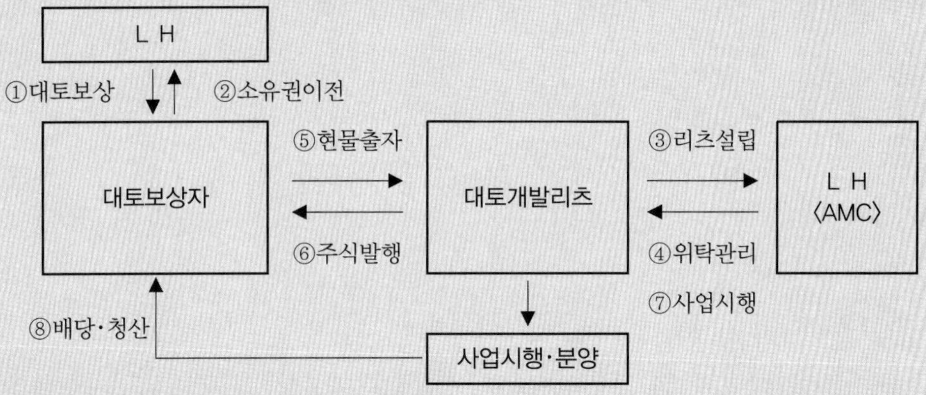

* 대토개발리츠는 대토보상권을 현물출자받아 사업시행을 통해 수익을 배당하는 목적으로 설립되는 부동산투자회사법 상의 개발전문 부동산투자회사

① **(대토보상)** 택지개발사업 시행자가 사업지구내 토지소유자에게 현금이나 채권 대신 택지(조성토지)로 보상하는 방법

② **(소유권이전)** 대토보상자는 토지소유권을 사업시행자에게 이전

③ **(리츠설립)** 사업시행자가 리츠설립 최소자본금인 10억원을 현금 출자하여 부동산투자회사(대토개발리츠) 설립

④ **(위탁관리)** 대토개발리츠는 자산의 투자·운용·관리를 사업시행자(AMC)에게 위탁 * LH는 자산관리회사 인가 기취득

⑤ **(현물출자)** 대토보상자는 대토보상권을 대토개발리츠에 현물출자

⑥ **(주식발행)** 대토개발리츠는 주식을 발행하여 대토보상자에게 지급

⑦ **(사업시행)** 대토개발리츠가 개발사업을 시행하고 분양

⑧ **(배당·청산)** 수익을 대토보상자에게 배분하고 대토개발리츠 청산

제2장

토지 등의 취득보상 제도

제1절 손실보상의 일반원칙

Ⅰ. 사업시행자 보상 원칙

공익사업에 필요한 토지 등의 취득 또는 사용으로 인하여 토지소유자 또는 관계인이 입은 손실은 사업시행자가 이를 보상하도록 하고 있다(법 제61조).

이와 같이 손실보상을 하여야 할 의무자가 누구이냐에 관하여 학자들 간의 견해가 대립되어 있으나, 사업시행자수용권설이 다수의 견해임을 감안할 때 사업시행자는 수용권의 주체로, 당연히 토지소유자 또는 관계인이 입은 손실에 대하여 손실보상을 하여야 할 것이다. 따라서 보상업무를 위탁하여 시행하는 경우라 하더라도 보상책임은 궁극적으로 사업시행자에게 있다.

Ⅱ. 사전보상의 원칙

1. 의 의

토지보상법에서는 사전보상 원칙을 규정하여, 사업시행자는 당해 공익사업을 위한 공사에 착수하기 이전에 토지소유자 및 관계인에 대하여 보상액의 전액을 지급하여야 하며, 다만 천재·지변시의 토지의 사용(법 제38조)과 시급을 요하는 토지의 사용(법 제39조) 또는 토지소유자 및 관계인의 승낙이 있은 때에는 그러하지 아니하다고 하여 사전보상의 예외 규정을 두고 있다(법 제62조 단서). 이러한 사전보상의 원칙은 프랑스 인권선언 제17조에서 "재산권은 정당하고도 사전의 보상을 조건으로 하는 경우를 제외하고는 박탈할 수 없다"는 조항에서 유래한 것으로 만약 토지보상금을 협의성립이나 공사착공 승낙 없이 공사에 착수하게 되면 이는 행정상의 손실보상의 문제가 아니라 불법행위를 구성하게 되어 민사상의 손해배상의 영역[118]이 된다할 것이다.

판 례

□ **대법원 2013. 11. 14. 선고 2011다27103 판결**

공익사업을 위한 공사는 손실보상금을 지급하거나 토지소유자 및 관계인의 승낙을 받지 않고는 미리 착공해서는 아니 되는 것으로, 이는 그 보상권리자가 수용대상에 대하여 가지는 법적 이익과 기존의 생활관계 등을 보호하고자 하는 것이고, 수용대상인 농지의 경작자 등에 대한 2년분의 영농손실보상은 그 농지의 수용으로 인하여 장래에 영농을 계속하지 못하게 되어 생기는 이익 상실 등에 대한 보상을 하기 위한 것이다. 따라서 사업시행자가 토지소유자 및 관계인에게 보상금을 지급하지 아니하고 그 승낙도 받지 아니한 채 미리 공사에 착수하여 영농을 계속할 수 없게 하였다면 이는 공익사업법상 사전보상의 원칙을 위반한 것으로서 위법하다 할 것이므로, 이 경우 사업시행자는 2년분의 영농손실보상금을 지급하는 것과 별도로, 공사의 사전 착공으로 인하여 토지소유자나 관계인이 영농을 할 수 없게 된 때부터 수용개시일까지 입은 손해에 대하여 이를 배상할 책임이 있다.

2. 사전보상의 예외

이와 같은 사전보상의 원칙에도 불구하고 토지보상법에서는 일부 불가피한 경우에 대하여는 사후보상을 규정하고 있다. 토지보상법에서의 사후보상은 사업지구 밖에서의 어업피해보상이 대표적인 예이다. 즉 사업지구 밖의 어업피해 보상에 대하여는 "실제 피해액을 확인할 수 있을 때"로 사후보상하도록 개정하였다.[119]

한편, 토지보상법에서 사후보상인지 여부에 대하여 논란이 있는 부분이 휴직보상이다. 이 휴직보상에 대하여 대부분 실무적으로는 사후보상하고 있다. 즉 실제로 휴직하였는지 여부를 확인하고 휴직보상금을 지급하고 있다. 따라서 이 휴직보상은 실무적으로는 사후보상이라 하겠다. 그러나 이 휴직보상이 다른 보상과 달리 사후보상을 명시한 것인지는 의문이 있다. 왜냐하면 영업보상에 대하여는 사전보상을 하면서 휴직보상에 대하여는 사후보상을 한다는 것은 형평성에 어긋난다는 의견도 있다.

우리 판례는 사전보상을 엄격하게 해석하여 "사업시행자가 협의 및 계약체결의 절차

118) 대법원 2005. 7. 29. 선고 2003두2311 판결 : 피고 공사가 수용재결에 의한 수용의 효력이 발생하기 전에 공사에 착수하고 진입도로를 차단하는 등 사업을 시행함으로 인하여 원고가 영업상의 피해를 입은 사실이 있다고 하더라도, 원고는 이를 이유로 하여 피고 공사에 대하여 민사상의 손해배상이나 부당이득의 반환을 구함은 별론으로 하고 그에 대한 손실보상을 구할 수는 없다고 할 것이다.

119) 종전 "공특법"에서는 사업지구 내와 밖의 보상에 대하여 모두 사전보상을 시행하도록 규정하고 있었다, 이를 2003년 현행 토지보상법에서는 공익사업지구 내의 경우는 사전보상하도록 규정하였고, 공익사업지구 밖의 경우는 "실제 피해액을 확인할 수 있을 때"로 사후보상을 하도록 개정하였다.

를 거치지 아니한 채 소유자 등으로부터 착공에 관한 승낙만을 얻어 공사에 착수하는 것은 위 특례법이나 같은 법 시행규칙이 예정하고 있는 바가 아니다"고 판시[120]하고 있어 공사현장에서 있는 손실보상금 협의 이전의 착공(기공)승낙서에 의한 공사착공을 위법하다고 보고 있다.

한편 실무에서 이주정착금, 주거이전비, 분묘이장비, 농업손실보상금 등의 보상은 이주(이장)가 완료된 이후 보상금을 지급하고 있으나 이는 법적으로는 사전보상의 원칙에는 위배된다 하겠다. 그러나 사업시행자의 입장에서는 이주(이장)를 담보하거나 실제 상황을 확인하기 위하여 불가피한 면이 있어 사후보상을 하고 있는 실정이다.

Ⅲ. 현금보상의 원칙

1. 의 의

손실보상은 특별한 규정이 없는 한 현금으로 지급하여야 한다. 다만 토지보상법은 이러한 현금보상을 원칙으로 하면서도 예외적인 경우에는 사업시행자가 발행하는 채권 또는 대토보상으로 지급할 수 있도록 하고 있다(법 제63조 제1항).

토지보상법에서는 국가, 지방자치단체 그 밖의 공공기관 및 공공단체인 경우로서 토지소유자 및 관계인이 원하는 경우와 사업인정을 받은 사업의 경우 부재부동산소유자의 토지에 대하여는 보상금액이 1억원을 넘는 금액에 대하여는 사업시행자 발행의 채권으로 보상할 수 있다고 규정하고 있다(법 제63조 제7항). 또한 토지투기가 우려되는 일정지역에서 부재부동산소유자에게는 1억을 넘는 금액에 대하여는 채권으로 보상하여야 한다[121]고 규정하여 부동산 투기억제를 위하여 채권보상을 기존 임의규정에서 강제

---

120) 대법원 1993. 9. 28. 선고 92다54777 판결 : 공공용지의취득및손실보상에관한특례법에 따라 토지 등을 협의취득하여 공공사업을 시행하기 위하여는 일단 협의가 성립되어 계약이 체결되어야 함은 물론 계약이 체결되었더라도 사업시행자는 원칙적으로 그 계약에서 정하여진 보상액 전액을 소유자 등에게 지급하기 전에는 공사에 착수할 수 없으며, 다만 소유자 등으로부터 그 보상액 전액을 지급하기 이전에 착공하는 데 대한 승낙을 얻은 경우에 한하여 보상액 지급 전에 공사에 착수하는 것이 예외적으로 허용될 뿐이고, 사업시행자가 협의 및 계약체결의 절차를 거치지 아니한 채 소유자 등으로부터 착공에 관한 승낙만을 얻어 공사에 착수하는 것은 위 특례법이나 같은법시행규칙이 예정하고 있는 바가 아니라고 해석되고 같은법시행규칙 제5조의11 제2항 단서의 규정을 이와 달리 해석할 근거로 삼을 수는 없다.

규정으로 개정하였다.

또한 현물보상은 피수용자에게 수용된 재산과 등가의 가치를 보상하여 종전과 같은 생활을 유지할 수 있게 하여 가장 이상적인 보상이 될 수 있으나 현재와 같이 산업화, 다양화된 사회에서 등가의 가치를 가진 또 다른 토지 등을 취득하는 것이 곤란하기 때문에 현실적으로는 채택하기 어렵다. 다만 현행 도시및주거환경정비법 사업에서 환지교부를 하는 것이 그 예라 할 수 있을 것이다.

2. 채권보상

1) 채권보상의 의의

토지보상법은 현금보상을 원칙으로 하되, 보충적으로 채권보상을 도입하여 그 요건으로서 1) 토지소유자 또는 관계인이 원하는 경우, 2) 사업인정을 받은 사업에 있어서 대통령령이 정하는 부재부동산소유자)의 토지에 대한 보상금이 대통령령이 정하는 일정금액을 초과하는 경우로서 그 초과 금액을 보상하는 경우에 채권보상을 할 수 있도록 규정하고,[122] 같은법 시행령에서는 1억원을 기준금액으로 정하고 있다.[123]

채권보상 위헌론의 논거는 채권 자체는 물가나 기타 사정에 따라 수익률이 영향을 받으므로 정당한 보상이라 볼 수 없고, 부재지주에게만 강제적으로 시행하는 것은 평등권 위반으로 위헌이며,[124] 부재지주에 대한 차별은 헌법상 거주이전의 자유를 부정하며, 사유재산제도도 부분적으로 부정하며,[125] 이미 비업무용토지에 대한 세법상 제재가 행해지는데도 보상에서도 차별하는 것은 이중부담 내지 비례의 원칙위반이라고 보거나 국가재정의 이해관계 때문에 실시하거나 강제적으로 피수용자의 의사와 상관없이

121) 토지보상법 제63조 ⑧ 토지투기가 우려되는 지역으로서 대통령령으로 정하는 지역에서 다음 각 호의 어느 하나에 해당하는 공익사업을 시행하는 자 중 대통령령으로 정하는 「공공기관의 운영에 관한 법률」에 따라 지정·고시된 공공기관 및 공공단체는 제7항에도 불구하고 제7항 제2호에 따른 부재부동산 소유자의 토지에 대한 보상금 중 대통령령으로 정하는 1억원 이상의 일정 금액을 초과하는 부분에 대하여는 해당 사업시행자가 발행하는 채권으로 지급하여야 한다.
1. 「택지개발촉진법」에 따른 택지개발사업
2. 「산업입지 및 개발에 관한 법률」에 따른 산업단지개발사업
3. 그 밖에 대규모 개발사업으로서 대통령령으로 정하는 사업

122) 토지보상법 제63조 제6항.

123) 토지보상법 시행령 제27조 제1항.

124) 이상규, "개정토지수용의 문제점", 『판례월보』, 1992. 3, 12면

125) 박평준, "공용수용에 대한 손실보상", 『감정평가사』, 2005. 1, 65면.

강제하는 것은 재산권자의 이익과 정당보상에 위반된다는 것이다.[126]

한편 채권보상의 합헌을 주장하는 입장에서는 「헌법」 제23조 제3항의 "보상은 법률로서 하되"라고 규정하고 있으므로 법률로 보상방법을 후불제로 하는 것은 합헌이고,[127] 실질가액이 보장되므로 정당한 보상에 해당되어 위헌은 아니며,[128] 아울러 부재지주에 대한 규정은 공용수용은 생활보상이 아닌 투자수단이므로 일정 수익만 보장해 주면 합리적인 차별사유가 될 수 있고, 채권보상은 지가폭등에 대한 사회문제 해결이 1차적인 목적이지, 국가재정목적은 부차적인 목적에 불과하다고 본다. 아울러 채권보상은 우리 헌법상 사회적 경제질서에 따라 재산권에 대한 사회적 제한을 할 수 있다는 것이다.[129]

아울러 절충적인 입장에서는 제도 자체의 위헌론 보다는 채권보상의 한도를 기준으로 하자고 보는 견해[130]와 채권보상의 한계를 법률에 두고 있는 경우 합헌으로 본 판례[131]가 있다. 그러나 판례에서 그 기준과 논거가 확실하지 않다는 비판도 있다.[132]

이러한 점에서 채권보상의 활성화 방법으로 구법상의 임의규정을 토지보상법에서 강행규정화하였으나, 문제는 부재지주에 한정되어 있어 입법목적을 달성하는데 한계가 있다고 보아, 채권보상의 대상을 분류기준을 마련하여 확대하고, 실효성확보를 위하여 채권보상 수익률을 강화하고, 채권보상의 입법목적을 살리기 위하여 보상채권의 양도를 금지하며, 채권보상방법을 다양화하자는 등의 개선방안을 제시하고 있다.[133]

---

126) 정연주, "공익사업을위한토지등의취득및보상에관한법률에 대한 헌법적 검토", 『토지공법연구』 제16집 제2호, 2002.12, 21면 이하.

127) 김남진·김연태, 『행정법 Ⅰ』 제9판, 2005, 544면

128) 홍정선, 『행정법원론(상)』, 제13판, 2005, 628면.

129) 이헌석, 위의 책, 133면.

130) 신봉기, "현행 토지보상제도의 문제점", 『토지공법연구』 제27집, 2005. 9, 182면 이하.

131) 대법원 1996. 4. 26, 95누16974 판결 : 시행자가 한국토지개발공사인 경우에는 "보상비 중 일부를 토지개발채권으로 지급할 경우의 그 비율 기타 필요한 사항은 대통령령으로 정한다. 다만, 토지개발채권으로 지급할 금액은 지급금액의 2분의 1을 초과할 수 없다"고 규정하고 있으므로, 위 규정들에 의하여 택지개발촉진법의 적용을 받는 택지개발사업의 시행을 위한 토지수용의 경우 사업 시행자인 한국토지개발공사는 수용한 토지의 보상비를 지급함에 있어서 토지개발채권으로 지급총액의 2분의 1을 초과하여 지급하여서는 아니되는 것이고(중략), 이와 같은 취지에서 원심이 한국토지개발공사가 보상비 지급총액의 2분의 1을 초과하여 토지개발채권으로 공탁한 것은 적법한 공탁이라 할 수 없으므로 이 사건 수용재결은 토지수용법 제65조에 의하여 그 효력을 상실하였다고 판단한 것은 정당하다.

132) 이헌석, 상게 논문, 132면

133) 이헌석, 상게 논문, 134면 이하.

2) 채권보상의 발행요건

채권보상이란 일정한 요건에 해당하는 피수용자에게 현금대신에 채권으로 보상하는 것을 말한다. 이와같이 채권보상을 인정하는 것은 토지의 가격이 상당히 높기 때문에 보상을 위한 재정의 부족으로 인하여 공익사업을 수행하는데 어려움이 있기 때문에 일정한 요건 하에서 채권으로 보상할 수 있도록 함으로써 공익사업의 원활한 수행을 도모하기 위함[134]이나 국가 등의 재정사정이 채권보상을 하는 사유가 되어서는 아니 된다는 주장[135]도 있다.

현행 토지보상법에서는 채권보상에 대한 요건을 아래와 같이 규정하고 있다.

(1) 채권보상을 할 수 있는 사업시행자

사업시행자가 국가·지방자치단체 그 밖에 대통령령으로 정하는 「공공기관의 운영에 관한 법률」에 따라 지정·고시된 공공기관 및 공공단체인 경우 해당 사업시행자가 발행하는 채권으로 지급할 수 있다(법 제63조 제7항, 령 제25조).

① 「한국토지주택공사법」에 따른 한국토지주택공사
② 「한국전력공사법」에 따른 한국전력공사
③ 「한국농어촌공사 및 농지관리기금법」에 따른 한국농어촌공사
④ 「한국수자원공사법」에 따른 한국수자원공사
⑤ 「한국도로공사법」에 따른 한국도로공사
⑥ 「한국관광공사법」에 따른 한국관광공사
⑦ 「공기업의 경영구조 개선 및 민영화에 관한 법률」에 따른 한국전기통신공사
⑧ 「한국가스공사법」에 따른 한국가스공사
⑨ 「한국철도시설공단법」에 따른 한국철도시설공단
⑩ 「인천국제공항공사법」에 따른 인천국제공항공사
⑪ 「한국환경공단법」에 따른 한국환경공단
⑫ 「지방공기업법」에 따른 지방공사
⑬ 「항만공사법」에 따른 항만공사[136]

---

134) 박균성, 행정법론(상), 박영사, 2004, 629면
135) 김남진·김연태, 행정법Ⅰ, 법문사, 2004, 562면
136) 항만시설의 개발 및 관리·운영에 관한 업무의 전문성과 효율성을 확보하여 항만의 생산성 및 경쟁력을

⑭ 「한국철도공사법」에 따른 한국철도공사[137]

⑮ 「산업집적활성화 및 공장설립에 관한 법률」에 따른 한국산업단지공단[138]

(2) 채권보상의 요건

① 임의지급 요건(임의적 채권보상)

사업시행자가 당해 사업시행자가 발행한 채권으로 보상하기 위하여는 ① 토지소유자 또는 관계인이 원하는 경우 ② 사업인정을 받은 사업에 있어서 대통령령이 정하는 부재부동산소유자(不在不動産所有者)의 토지에 대한 보상금이 대통령령이 정하는 일정금액[139]을 초과하는 경우로서 그 초과하는 금액에 대하여 보상하는 경우에 가능하다(법 제63조 제7항).

② 필수지급 요건(강제적 채권보상)

(가) 도입취지

토지보상법은 현금보상이 원칙이나 일정한 요건 해당 시에는 의무적으로 부재부동산에 대하여 채권을 보상하도록 2005. 12. 1. 자로 개정하였다. 이는 2005년『8. 31 부동산종합대책』의 일환으로 막대한 토지보상금이 다시 부동산시장에 유입되어 인근지역의 지가가 상승되는 부작용을 완화하기 위하여 부재지주에 대한 채권보상을 의무화하기 위하여 2006. 3. 24 시행령을 개정하여 강제적 채권보상 제도를 도입되었다.

(나) 대상지역과 대상사업

이 강제적 채권보상은 투기가 우려되는 지역에서 일정한 공익사업을 하는 경우 시행된다.[140] 토지투기가 우려되는 지역이라 함은「국토의 계획 및 이용에 관한 법률」제117조

높이고자 항만공사법이 제정(2003. 5. 29, 법률 제6918호)됨에 따라 동법에서 위임된 사항과 그 시행에 관하여 필요한 사항을 정하고, 대통령령 18147호(2003. 11. 29)로 개정되면서 추가되었다.

137) 철도산업구조개혁의 일환으로 철도운영의 전문성과 효율성을 높이기 위하여 한국철도공사를 설립하도록 하는 한국철도공사법이 제정(법률 제7052호, 2003. 12. 31. 공포, 2005. 1. 1. 시행)됨에 따라 대통령령 18580호(2004. 11. 3)로 개정되면서 추가되었다.

138) 대통령령 제19409호(2006. 3. 24)로 추가하였다.

139) 토지보상법 시행령 제27조(채권보상의 기준이 되는 보상금액 등) ① 법 제63조 제7항 제2호에서 "대통령령으로 정하는 일정 금액" 및 법 제63조 제8항 각 호 외의 부분에서 "대통령령으로 정하는 1억원 이상의 일정 금액"이란 1억원을 말한다.

140) 토지보상법 제63조 ⑧ 토지투기가 우려되는 지역으로서 대통령령으로 정하는 지역에서 다음 각 호의 어느 하나에 해당하는 공익사업을 시행하는 자 중 대통령령으로 정하는「공공기관의 운영에 관한 법률」에 따라 지정·고시된 공공기관 및 공공단체는 제7항에도 불구하고 제7항 제2호에 따른 부재부동산 소유자의 토지에 대한 보상금 중 대통령령으로 정하는 1억원 이상의 일정 금액을 초과하는 부분에 대하여는 해당 사업시행자가 발행하는 채권으로 지급하여야 한다.

제1항에 따른 토지거래계약에 관한 허가구역이 속한 시(행정시를 포함한다)·군 또는 구(자치구인 구를 말한다)와 이 지역과 연접한 시·군 또는 구를 말한다(동법 시행령 제27조2 ①).

또한 대상사업은 토지보상법에서 ①「택지개발촉진법」에 따른 택지개발사업 ②「산업입지 및 개발에 관한 법률」에 따른 산업단지개발사업(법 제63조 제8항)을 규정하고 있으며, 동법 시행령에서는 ③「물류시설의 개발 및 운영에 관한 법률」에 따른 물류단지개발사업 ④「관광진흥법」에 따른 관광단지조성사업 ⑤「도시개발법」에 따른 도시개발사업 ⑥「공공주택 특별법」에 따른 공공주택사업 ⑦「신행정수도 후속대책을 위한 연기·공주지역 행정중심복합도시 건설을 위한 특별법」에 따른 행정중심복합도시건설사업이 있다(동법 시행령 제27조2 ③).

(다) 사업시행자

의무적으로 채권보상을 하여야 하는 사업시행자는 대통령령으로 정하는「공공기관의 운영에 관한 법률」에 따라 지정·고시된 공공기관 및 공공단체로서 ①「한국토지주택공사법」에 따른 한국토지주택공사 ②「한국관광공사법」에 따른 한국관광공사 ③「산업집적활성화 및 공장설립에 관한 법률」에 따른 한국산업단지공단 ④「지방공기업법」 제49조에 따른 지방공사가 있다(동법 시행령 제27조 2의 ②호).

법령해석

□ **법제처 11-0526(2011. 9. 29)**

【질의요지】「철도건설법」에 따른 철도건설사업으로 인한 토지수용 시 손실보상과 관련하여,「공익사업을 위한 토지 등의 취득 및 보상에 관한 법률」 제63조 제8항에는 해당하지 아니하나 같은 조 제7항 제1호 및 제2호에 해당하는 경우 사업시행자가 채권으로 보상해야 하는지?

【회답】 법 제63조 제8항(강제적 채권보상)이 투기가 우려되는 지역 내에서 택지개발사업, 산업단지개발사업 등을 시행하는 정부투자기관 및 공공단체가 토지를 수용하는 경우 부재부동산소유자에 대한 보상금 중 일정금액을 초과하는 부분은 해당 사업시행자가 발행하는 채권으로 지급하도록 의무화함으로써 채권보상을 활성화하고 부동산시장의 안정을 도모하고자 하는 취지로 제정된 것임에 반해, 같은 조 제7항(임의적 채권보상)은 공공사업에 필요한 용지보상비가 사업비에서 차지하는 비율이 증가되고 있으므로 일정한 요건을 갖춘 경우 보상금을 채권으로 지급할 수 있도록 하여 사업시행자의 자금확보를 용이하게 하기 위해 제정된 점에 비추어 보면, 같은 조 제8항에는 해당하지 않고 같은 조 제7항에만 해당할 경우에는 사업시행자에게 채권발행 의무가 발생한다고 할 수는 없으므로, 사업시행자는 손실보상을 원칙에 따라 현금으로 할 수도 있고 채권으로 할 수도 있는 것으로 해석됩니다.

(라) 채권보상 대상금액

부재부동산소유자의 토지에 대한 보상금 중 1억원을 초과하는 부분에 대해서는 당해 사업시행자가 발행하는 채권으로 지급하여야 하며, 다만 세무서의 확인을 받아 요청하는 때에는 양도소득세 등의 상당금액을 현금으로 추가지급 하여야 한다.

▣ **토지보상법 시행령**

제27조 (채권보상의 기준이 되는 보상금액 등) ① 법 제63조 제7항 제2호에서 "대통령령으로 정하는 일정 금액" 및 법 제63조 제8항 각 호 외의 부분에서 "대통령령으로 정하는 1억원 이상의 일정 금액"이란 1억원을 말한다.
② 사업시행자는 부재부동산 소유자가 사업시행자에게 토지를 양도함으로써 또는 토지가 수용됨으로써 발생하는 소득에 대하여 납부하여야 하는 양도소득세(양도소득세에 부가하여 납부하여야 하는 주민세와 양도소득세를 감면받는 경우 납부하여야 하는 농어촌특별세를 포함한다. 이하 이 항에서 같다) 상당 금액을 세무사의 확인을 받아 현금으로 지급하여 줄 것을 요청할 때에는 양도소득세 상당 금액을 제1항의 금액에 더하여 현금으로 지급하여야 한다.

③ 부재부동산 판단기준

▣ **토지보상법 시행령**

제26조 (부재부동산소유자의 토지) ① 법 제63조 제7항 제2호에 따른 부재부동산 소유자의 토지는 사업인정고시일 1년 전부터 다음 각 호의 어느 하나의 지역에 계속하여 주민등록을 하지 아니한 사람이 소유하는 토지로 한다. 〈개정 2013. 12. 24.〉
1. 해당 토지의 소재지와 동일한 시(행정시를 포함한다. 이하 이 조에서 같다)·구(자치구를 말한다. 이하 이 조에서 같다)·읍·면(도농복합형태인 시의 읍·면을 포함한다. 이하 이 조에서 같다)
2. 제1호의 지역과 연접한 시·구·읍·면
3. 제1호 및 제2호 외의 지역으로서 해당 토지의 경계로부터 직선거리로 30킬로미터 이내의 지역
② 제1항 각 호의 어느 하나의 지역에 주민등록을 하였으나 해당 지역에 사실상 거주하고 있지 아니한 사람이 소유하는 토지는 제1항에 따른 부재부동산 소유자의 토지로 본다. 다만, 다음 각 호의 어느 하나에 해당하는 사유로 거주하고 있지 아니한 경우에는 그러하지 아니하다.
1. 질병으로 인한 요양
2. 징집으로 인한 입영
3. 공무(公務)
4. 취학(就學)
5. 그 밖에 제1호부터 제4호까지에 준하는 부득이한 사유
③ 제1항에도 불구하고 다음 각 호의 어느 하나에 해당하는 토지는 부재부동산 소유자의 토지로 보지 아니한다.
1. 상속에 의하여 취득한 경우로서 상속받은 날부터 1년이 지나지 아니한 토지
2. 사업인정고시일 1년 전부터 계속하여 제1항 각 호의 어느 하나의 지역에 사실상 거주하고 있음을 국토교통부령으로 정하는 바에 따라 증명하는 사람이 소유하는 토지

> 3. 사업인정고시일 1년 전부터 계속하여 제1항 각 호의 어느 하나의 지역에서 사실상 영업하고 있음을 국토교통부령으로 정하는 바에 따라 증명하는 사람이 해당 영업을 하기 위하여 소유하는 토지

(가) 부재부동산 범위의 변천

당초 부재부동산 소유자의 범위는 사업인정 고시일부터 ① 당해 토지의 소재지와 동일한 시·구(자치구) 또는 읍·면(도농복합형태인 시의 읍·면)과 ② 이 지역과 연접한 시·구 또는 읍·면 지역 그리고 ③ 제1호 및 제2호의 지역외의 지역으로서 당해 토지가 소재하는 지역으로부터 직선거리 20킬로미터 이내 지역 등 이 세 가지 거주요건에 해당하지 않는 경우 부재부동산소유자로 인정하였다.

이후 2006. 3. 24 시행령 개정으로 공익사업 주변의 부동산 가격 상승을 억제하기 위하여 그 요건을 더욱 강화하여 ③호에 해당하는 자를 부재부동산 소유자에서 제외하였으며(령 제26조 제1항 제3호 삭제), 2008. 4. 18 시행령을 개정하여 부재지주의 거주기간 요건을 당초 "사업인정 고시일부터"를 "사업인정 고시일 1년 전부터"로 그 요건을 한층 강화하였다. 다만, 2009. 11. 10 시행령 개정에서는 해당지역에서 영업을 하는 개인사업자의 자금부담을 완화하기 위하여 "사업인정고시일 1년 전부터 계속하여 제1항 각 호의 어느 하나의 지역에서 사실상 영업하고 있음을 국토교통부령으로 정하는 바에 따라 입증하는 사람이 해당 영업을 하기 위하여 소유하는 토지"를 부재부동산 제외요건에 추가하였다. 2013. 12. 24 시행령 개정에서는 거리규정(토지경계로부터 30km)을 추가하여 시행하고 있다.

④ 부재부동산 대상요건

(가) 부재부동산 범위

부재부동산소유자의 토지란 사업인정고시일 1년 전부터[141] 해당 토지의 소재지와 동일한 시(행정시 포함)·구(자치구) 또는 읍·면(도농복합형태인 시의 읍·면을 포함)과 이에 연접한 시·구 또는 읍·면에 계속하여 주민등록을 하지 아니한 자가 소유한 토지를 말한다.

여기서 부재부동산 범위의 설정과 관련하여 시행령 제26조에 의한 '시·구 또는 읍·면'의 해석과 관련하여, '시·구'와 '읍·면' 중 어느 하나를 선택적으로 적용하는 것이 아

141) 부재부동산 요건에 대하여 종전 토지보상법 시행령 제26조 제1항은 거주기간을 "사업인정 고시일부터"로 규정하고 있었으나, 이를 "사업인정 고시일 1년 이전"으로 그 요건을 강화하였다.

니라, 해당 토지 소재지가 '읍·면'지역인 경우에는 '읍·면'을 기준으로, '읍·면'지역이 아닌 경우 '시·구'를 기준으로 동일지역 및 연접지역을 정하여야 할 것으로 보인다(아래 질의회신 참조).

질의회신

□ **토지정책과-5749 (2009. 12. 3)**

시·구 또는 읍·면 중 어느 하나를 선택적으로 연접지역을 적용하는 것은 아니며, 해당 토지의 소재지가 읍·면인 경우 읍·면을 기준으로 정하여야 하고, 읍·면지역이 아닌 경우 시·구를 기준으로 정하여야 할 것으로 보며 동(동(洞)지역이 접한 경우는 동 지역 전체를 하나의 시·구로 봄) 해당 토지가 읍·면내에 소재하는 경우 연접지역인 읍·면 지역을 우선 적용하고, 연접지역이 읍·면지역이 아닌 경우에는 연접한 시·구로 정해야 할 것으로 보며, 개별적인 사례는 사업시행자가 관련규정 및 행정구역경계 등을 검토하여 판단하시기 바랍니다.

(나) 거주요건

또한 이러한 지역범위 요건 외에도 부재부동산소유자가 되지 않기 위해서는 사업인정 1년 이전부터 **보상협의 시까지 거주**하여야 한다.[142]

(다) 예외사항

한편, 토지보상법에서는 아래 토지에 대하여는 부재부동산에서 제외하고 있다.

㉠ 상속에 의하여 취득한 경우로서 상속받은 날부터 1년이 경과되지 아니한 토지

상속에 의해서 취득한 경우의 기준일에 대해서 그동안 상속일부터 1년이 경과되는 날의 기준일을 사업인정고시일과 보상계약 체결일 중 어떤 날로 결정할 것인지에 대하여 자의적 해석이 가능하여 보상현장에서 다소 혼선이 있었다. 이에 대하여 최근 국토부에서는 "상속에 의하여 취득한 경우 상속받은 날부터 1년이 경과하는 날의 기준일은 사업인정고시일로 보아야 한다"고 회신[143]하고 있어 결국 사업인정을 기준으로 1년 이

---

142) 토지정책과-1652(2008. 6. 24) : 현금 보상대상 현지인이 되기 위해서는 사업인정고시일부터 보상협의시까지 계속해서 실제 거주하고 있어야 한다고 보며(단, 같은 영 제26조 제2항의 단서조항 및 제3항의 경우예외), 개별적인 사례에 대하여는 사업시행자가 관련법령의 검토와 사실관계의 조사를 통하여 판단·결정할 사항이라고 봅니다. ※ 본 질의에서 사업인정고시일부터라고 회신하고 있으나 이는 시행령 제26조 제1항의 개정전 규정에 의한 경우이므로 현 규정상으로는 사업인정 1년 이전부터가 타당하다.

143) 토지정책과-3830(2010. 7. 26) : 토지보상법 시행령 제26조 제3항 제1호에 의하면 제1항에 불구하고 상속에 의하여 취득한 경우로서 상속받은 날부터 1년이 경과되지 아니한 토지는 부재부동산소유자의 토지로 보지 아니하도록 규정하고 있습니다. 상속에 의하여 취득한 경우 상속받은 날부터 1년이 경과하는 날의 기준일은 사업인정고시일로 보아야 한다고 보며, 개별적인 사례는 사업시행자가 사실관계 등을

내에 상속이 개시된 경우와 사업인정 이후의 상속에 대하여는 부재부동산에서 제외하도록 하고 있다.[144)]

㉡ 사업인정 고시일 1년 이전부터 사실상 거주하는 토지

사업인정고시일 1년 전부터 계속하여 상기한 지역에 사실상 거주하고 있음을 국토교통부령으로 정하는 바에 따라 입증하는 자가 소유하는 토지에 대해서 부재부동산에서 제외하고 있다. 국토교통부령이 정하는 입증방법에 대하여는 ⓐ 「주민등록법」 제2조에 따라 해당 지역의 주민등록에 관한 사무를 관장하는 특별자치도지사·시장·군수·구청장 또는 그 권한을 위임받은 읍·면·동장 또는 출장소장의 확인을 받아 입증하는 방법 ⓑ 공공요금영수증 등 객관성이 있는 자료에 의하여 입증하는 방법에 의하고 있다(시행규칙 제15조 ①).

㉢ 사업인정 고시일 1년 이전부터 사실상 영업에 제공된 토지

사업인정고시일 1년 전부터 계속하여 상기한 지역에서 사실상 영업[145)]하고 있음을 국토교통부령으로 정하는 바에 따라 입증하는 사람이 해당 영업을 하기 위하여 소유하는 토지는 부재부동산에서 제외하고 있다(시행령 제26조 제3항). 본 조항은 공익사업지구에 편입된 개인사업자가 해당 지역에 주민등록을 하지 않았더라도 사실상 영업을 하면서 필요한 토지를 소유한 경우에는 부재부동산 소유자에서 제외하여 채권보상이 아닌 현금보상을 받을 수 있도록 함으로써 개인사업자의 자금부담을 완화하여 기업이전비용이나 투자비로 즉시 활용할 수 있도록 하기 위하여 2009. 11. 13 추가 신설되었다. 또한 본 조항에서 '영업을 하기 위하여 소유하는 토지'에 대한 해석에 대하여 현재의 영업과는 무관하나 향후 영업확장을 위해 소유하고 있는 토지의 경우가 포함되는지 여부가 논란이 되었으나 이에 대하여 국토부에서는 "영업을 하기 위하여 소유하는 토지"라 함

검토하여 판단하시기 바랍니다.

144) 토지정책과-4055(2012. 8. 17) : 토지보상법 시행령 제26조 제3항 제1호에 의하면 제1항에도 불구하고 상속에 의하여 취득한 경우로서 상속받은 날부터 1년이 경과되지 아니한 토지는 부재부동산소유자의 토지로 보지 아니하도록 규정하고 있습니다. 이 경우 1년이 경과하는 날의 기준일은 사업인정고시일로 보는 것이 타당하다고 보며, 질의하신 사업인정고시일 이후 상속된 경우에는 사업인정고시일 이전에 상속된 경우와의 형평성 및 사업인정에 따른 행위제한 등을 종합적으로 고려할 때, 부재부동산소유자의 토지로 보지 않은 것이 바람직할 것으로 사료되며, 개별적인 사례에 대하여는 사업시행자가 관계법령 및 사실관계 등을 검토하여 판단할 사항으로 봅니다. 끝.

145) 토지정책과-3519(2012. 7. 16) : 부동산소유자가 부동산을 임대함에 따른 부동산 임대소득과 같은 부동산 원물에 대한 소득(과실)을 얻는 것은 위 규정에 의한 사실상 영업에 해당하지 않는다

은 해당 영업에 직접 이용하고 있는 토지로서, 향후 영업을 위해 소유하고 있는 토지는 해당되지 아니한다고 회신[146]하고 있다.

또한 국토교통부령이 정하는 입증방법은 ⓐ 「부가가치세법 시행령」 제7조에 따른 사업자등록증 및 관계법령에 따라 허가·면허·신고 등을 필요로 하는 경우에는 허가등을 받았음을 입증하는 서류 ⓑ 해당 영업에 따른 납세증명서 또는 공공요금영수증 등 객관성이 있는 자료를 말한다(규칙 제15조 ②).

3) 보상채권 발행

(1) 채권의 발행절차

▣ 토지보상법

제69조 (보상채권의 발행) ① 국가는 「도로법」에 따른 도로공사, 「산업입지 및 개발에 관한 법률」에 따른 산업단지개발사업, 「철도의 건설 및 철도시설 유지관리에 관한 법률」에 따른 철도의 건설사업, 「항만법」에 따른 항만개발사업, 그 밖에 대통령령으로 정하는 공익사업[a]을 위한 토지 등의 취득 또는 사용으로 인하여 토지소유자 및 관계인이 입은 손실을 보상하기 위하여 제63조 제7항에 따라 채권으로 지급하는 경우에는 다음 각 호의 회계의 부담으로 보상채권을 발행할 수 있다.

1. 일반회계
2. 교통시설특별회계

② 보상채권은 제1항 각 호의 회계를 관리하는 관계 중앙행정기관의 장의 요청으로 기획재정부장관이 발행한다.

③ 기획재정부장관은 보상채권을 발행하려는 경우에는 회계별로 국회의 의결을 받아야 한다.

④ 보상채권은 토지소유자 및 관계인에게 지급함으로써 발행한다.

⑤ 보상채권은 양도하거나 담보로 제공할 수 있다.

⑥ 보상채권의 발행방법, 이자율의 결정방법, 상환방법, 그 밖에 보상채권 발행에 필요한 사항은 대통령령으로 정한다.

⑦ 보상채권의 발행에 관하여 이 법에 특별한 규정이 있는 경우를 제외하고는 「국채법」에서 정하는 바에 따른다.

a) 1. 「댐건설 및 주변지역지원 등에 관한 법률」에 의한 댐건설사업 2. 「수도법」에 의한 수도사업
3. 「인천국제공항공사법」에 의한 공항건설사업 4. 「항공법」에 의한 공항개발사업

146) 토지정책과-3829(2010. 7. 26) : 위 규정에 의한 "해당 영업"이라 함은 토지보상법 시행령 제26조 제3항 제3호에 따라 토지보상법 시행규칙 제15조 제2항에서 규정한 방법으로 입증하는 영업을 말하며, "해당 영업을 하기 위하여 소유하는 토지"라 함은 해당 영업에 직접 이용하고 있는 토지로서, 향후 영업을 위해 소유하고 있는 토지는 해당되지 아니한다.

▣ **토지보상법 시행령**

제30조 (보상채권의 발행절차) ① 법 제69조 제1항 각 호의 회계를 관리하는 관계 중앙행정기관의 장은 보상채권의 발행이 필요한 경우에는 보상채권에 관한 다음 각 호의 사항을 명시하여 그 발행을 기획재정부장관에게 요청하여야 한다.
1. 발행한도액 2. 발행요청액 3. 액면금액의 종류 4. 이자율
5. 원리금 상환의 방법 및 시기 6. 그 밖에 필요한 사항
② 기획재정부장관은 법 제69조 제2항에 따라 보상채권을 발행하는 경우에는 이에 관한 사항을 관계 중앙행정기관의 장 및 한국은행 총재에게 각각 통보하여야 한다.

보상채권은 일반회계, 교통시설특별회계를 관리하는 관계 중앙행정기관의 장의 요청에 따라 재정경제부장관이 이를 발행한다.

(2) 채권의 발행방법

보상채권은 무기명증권으로 발행하며, 액면금액으로 발행하되, 최소액면금액은 10만원으로 하며, 보상금중 10만원 미만인 단수의 금액은 사업시행자가 보상금을 지급하는 때에 이를 현금으로 지급한다. 보상채권의 발행일은 보상채권지급결정통지서를 발급한 날이 속하는 달의 말일로 하고, 보상채권은 이를 멸실 또는 도난 등의 사유로 분실한 경우에도 재발행하지 아니한다(영 제31조 제3항 및 제4항).

(3) 보상채권의 이율 및 상환

보상채권의 상환 기한은 5년을 넘지 아니하는 범위에서 정하여야 하며, 그 이자율은 다음과 같다.

표 8. 보상채권의 이율

구분	상환기간	상환이율
부재부동산 소유자	3년 이하	3년 만기 정기예금 이자율(채권발행일 전달의 이자율로서, 「은행법」에 따라 설립된 은행 중 전국을 영업구역으로 하는 은행이 적용하는 이자율을 평균한 이자율로 한다)
	3년 초과 5년 이하	5년 만기 국고채 금리(채권발행일 전달의 국고채 평균 유통금리로 한다)
부재부동산 소유자 이외의 자	3년 이하	3년 만기 국고채 금리(채권발행일 전달의 국고채 평균 유통금리로 한다)로 하되, 3년 만기 정기예금 이자율이 3년 만기 국고채 금리보다 높은 경우에는 3년 만기 정기예금 이자율을 적용한다.
	3년 초과 5년 이하	5년 만기 국고채 금리(채권발행일 전달의 국고채 평균 유통금리로 한다)

보상채권의 원리금은 상환일에 일시 상환하며, 이 경우 보상채권의 발행일부터 상환일 전일까지의 이자는 1년 단위의 복리로 계산한다. 또한 보상채권지급결정통지서의 발급일부터 보상채권발행일 전일까지의 보상채권으로 지급할 보상금에 대한 이자는 제1항의 규정에 의한 보상채권의 이율과 같은 이율로 산정한 금액을 사업시행자가 보상금을 지급하는 때에 이를 지급한다.

(4) 보상채권의 기재사항

보상채권에는 다음사항을 기재하여야 한다.

1. 명칭 2. 번호 3. 액면금액의 종류 4. 이율 5. 원리금상환의 방법 및 시기

(5) 보상채권의 취급기관 등

보상채권의 교부 및 상환에 관한 업무는 한국은행의 주된 사무소·지사무소 및 대리점이 이를 취급한다. 사업시행자는 한국은행의 주된 사무소·지사무소 및 대리점중 당해 보상채권의 교부 및 상환업무를 취급할 기관(이하 "보상채권취급기관")을 미리 지정하고, 보상채권취급기관에 사업시행자의 인감조서를 송부하여야 한다.

보상채권취급기관은 보상채권을 교부하는 때에는 그 보상채권에 다음 각호의 사항을 기재하고 당해 업무의 책임자가 이에 기명날인하여야 한다.

1. 발행일 및 상환일
2. 교부일
3. 보상채권취급기관의 명칭

또한, 한국은행총재는 매월 20일까지 국토교통부령이 정하는 보상채권의 교부 및 상환현황통지서를 기획재정부장관 및 관계 중앙행정기관의 장에게 각각 송부하여야 한다.

▣ **토지보상법 시행령**

제35조 (보상채권의 사무취급절차 등) ① 사업시행자는 보상채권으로 보상하려는 경우에는 토지소유자 및 관계인에게 국토교통부령으로 정하는 보상채권지급결정통지서를 발급하고, 보상채권취급기관에 이에 관한 사항을 통지하여야 한다.

② 보상채권취급기관은 제1항에 따라 보상채권지급결정통지서를 발급받은 토지소유자 및 관계인이 해당 보상채권취급결정통지서를 제출하면 보상채권을 교부하여야 한다.

(6) 채권등록제도

① 의 의

채권은 발행 및 보관 과정에서의 분실 등 사고위험을 예방하기 위하여 채권실물을 발행하지 않고 채권등록기관(한국예탁결제원 등) 등록부에 일괄 등재하여 등록필증을 발행하고 예탁자계좌부에 해당내역을 기재하는 방식으로 채권을 발행한다.

채권은 무기명식으로 발행되므로 금융시장에서 유통이 자유롭고 금융기관의 담보취득이나 질권 설정이 가능하여 현금대용으로 사용할 수 있다.

② 채권보상발행 실무

1. 피보상자가 증권회사의 계좌 개설
2. 보상계약체결시 피보상자로부터 채권계좌입고의뢰서 징구
3. 보상담당부서에서 본사 채권담당부서에 채권발행 의뢰
4. 본사에서 채권발행 총액을 집계하여 한국예탁결제원 및 한국거래소에 "채권발행내역 및 일괄등록 청구내역" 통보
5. 한국예탁결제원에서 발행채권을 일괄 등록하고 해당 증권사에 통보하여 피보상자 계좌에 입고조치

Ⅳ. 개인별 보상 원칙

▣ **토지보상법**

제64조 (개인별 보상) 손실보상은 토지소유자나 관계인에게 개인별로 하여야 한다. 다만, 개인별로 보상액을 산정할 수 없을 때에는 그러하지 아니하다. [전문개정 2011. 8. 4.]

손실보상금은 토지소유자 또는 관계인에게 개인별로 지급하는 것이 원칙이다. 다만, 개인별로 보상액을 산정할 수 없는 때에는 그러하지 아니하다(법 제64조)고 규정하고 있는 데 이를 개인별 보상원칙이라 한다. 이에 대해서 개인별 지급 이외 다른 지급방법이 허용되거나 강조될 때 이를 대위주의(代位主義)라고 한다.

이 보상액을 개인별로 산정한다 함은 수용·사용의 목적물 또는 보상대상 목적물에

소유권 이외의 지상권·지역권·저당권 등 기타 권리가 있는 경우 그 소유자 및 권리자별로 보상액을 산정한다는 뜻이다. 이는 권리자별로 각각 보상액을 산정하여 지급하는 것이 보다 합리적이며, 소유자에게 일괄지급 후 다른 기타 권리자에게 분배되도록 한다면 자칫 관계인의 권리보호에 소홀할 우려 때문이다. 다만 실무적으로는 소유권 외의 권리를 선 말소 후 보상금을 지급하고 있다.[147)]

이 개인별 보상의 원칙에 대한 예외로서는 수산업법을 들 수 있는데, 수산업법상으로도 보상금 지급은 보상을 신청한 개인별로 지급하여야 한다는 원칙이나 다만, 개인별로 보상액을 산정할 수 없는 경우에는 그러하지 아니하다(수산업법시행령 제57조 3항)고 하여 개인별 보상원칙 및 예외조항을 두고 있다.

이는 수산업법의 특성상 개인별 지급의 여러 예외가 인정될 수 있다. 왜냐하면 어업권의 취득주체를 일정부분 제한하고 있기 때문이다. 그 예로 수산업법에 의하면 마을어업권은 어촌계와 지구별조합에 한하여 면허할 수 있으며(수산업법 제9조 제1항), 협동양식어업은 어촌계, 지구별조합, 영어조합법인에 한하여 면허할 수 있어(수산업법 제9조 제2항), 이러한 어업조합의 경우나 어촌계의 경우 일괄적으로 조합 및 어촌계에서 보상금을 일괄 수령 후 개인별로 지급하고 있다.

한편, 재평가나 수용재결 평가 시 토지 및 물건의 가격이 불이익하게 변경되는 경우, 이 변경내역을 소유자별로 일체로 비교할 것인지 또는 토지 및 물건별로 각각 비교할 것인지 여부에 대한 논란이 있다. 이에 대하여 판례는 소유자별로 보상대상 물건별로 과대액과 과소액을 서로 합산하여 보상액의 증감여부를 비교하여 결정하여야 한다는 입장이다(아래 판례 참조).

판 례

□ 대법원 1998. 1. 20. 선고 96누12597 판결

토지수용법 제45조 제2항의 규정에 의하면 토지를 수용함으로 인한 보상은 수용의 대상이 되는 물건별로 하는 것이 아니라 피보상자의 개인별로 행하여지는 것이므로, 피보상자는 수용대상 물건 중 일부에 대하여만 불복이 있는 경우에는 그 부분에 대하여만 불복의 사유를 주장하여 행정소송을 제기할 수 있다고 할 것이나, 행정소송의 대상이 된 물건 중 일부 항목에 관한 보상액이 과소하고 다른 항목의 보상액은 과다한 경우에는 그 항목 상호간의 유용을 허용하여 과다 부분과 과소 부분을 합산하여 보상금의 합계액을 결정하여야 할 것이다.

---

147) 중앙토지수용위원회, 2019 토지수용 업무편람, 164면 : 소유권 외의 권리에 대하여는 소유자에게 소유권 외의 권리를 말소하게 한 후 보상금을 지급할 수 있음

원심은 이 사건 수용대상 물건 중 수용 건물 부분에 대하여는 그 취득가액과 잔존 건물 부분에 대한 보강수리비 등을 일체로 파악하여 그 합계금액을 기준으로 하여 볼 때 이의재결에서의 합계금액인 금 16,756,200원보다 더 많은 금 17,652,327원을 그 보상액으로 정한 다음, 이 사건 행정소송의 대상이 된 이 사건 토지와 이 사건 건물의 수용 부분 중에서 토지항목에 관한 보상액은 원심의 인정액이 이의재결의 그것보다 과소하나 건물 부분 항목에 관한 보상액은 원심의 인정액이 이의재결의 그것보다 과다하므로 그 유용을 허용하여, 이의재결에서의 보상금 합계액인 금 39,233,700원 보다 금 175,070원이 더 증액된 금39,408,770원을 원심의 보상금 합계액으로 인정하고 있는바, 이는 위 법리에 따른 것으로 정당하고, 법리오해 등의 위법이 있다고 할 수 없다.

Ⅴ. 일괄보상의 원칙

▣ **토지보상법**

제64조 (개인별 보상) 손실보상은 토지소유자나 관계인에게 개인별로 하여야 한다. 다만, 개인별로 보상액을 산정할 수 없을 때에는 그러하지 아니하다. [전문개정 2011. 8. 4.]

사업시행자는 동일한 사업지구 안에 보상시기를 달리 하는 동일인 소유의 토지 등이 여러 건이 있는 경우 토지소유자 등이 요구할 경우 일괄하여 보상금을 지급하여야 한다. 이는 보상시기를 달리할 경우 대토(代土) 구입 등 이주에 지장이 생기게 되고 결국 정당보상에 이르지 못하는 경우가 있을 수 있어 채택된 원칙이다. 이 원칙은 사업인정을 받은 동일한 공익사업지구 내에서 적용된다고 본다.[148)]

다만, 현실적으로는 사업시행자의 자금난 등을 사유로 토지에 대한 보상을 선 보상하고 지장물에 대하여는 추후 보상하는 사례도 있어 이에 대한 민원이 대두되고 있다. 이에 중토위에서도 일괄보상 원칙이 준수될 수 있도록 지침을 시달한 바 있다(아래 지침 참조).

따라서 토지와 지장물을 구분하여 별도의 시기에 보상이 불가피하다면, 이러한 분할지급으로 인하여 통상 발생하는 손실에 대하여 보상하지 않으면 아니 된다는 견해[149)]

148) 토지정책과-1973(2013. 07. 05) : 도시계획시설사업의 경우 실시계획인가를 받아 그 보상시기를 달리하는 경우에는 일괄보상이 가능할 것으로 보나, 해당 토지가 실시계획인가 고시에 포함되지 않아 보상시기나 그 여부 등이 확정되지 않은 경우에는 일괄보상 요구가 어려울 것으로 보입니다.

도 있기 때문에 사전에 주민의 동의(특약)를 구한다든지 보상협의회를 통하여 승인이나 협의를 구하는 절차가 요구된다.

업무지침

□ **중토위 사무국 [일괄보상 원칙준수]**(토지수용업무편람, 2009, 452면)

동일 소유자의 토지 및 지장물이 있음에도 사업시행자가 토지 또는 지장물에 대해서만 수용 재결신청을 하고, 소유자가 일괄보상을 요구하는 경우

⇒ 당해 수용재결신청서를 반려하고, 추후 사업시행자가 누락된 토지 또는 지장물 등에 대한 협의절차를 이행한 후 일괄하여 수용재결신청하는 때에 재결절차를 진행하도록 함

Ⅵ. 사업시행이익 상계금지 원칙

▣ **토지보상법**

제66조 (사업시행 이익과의 상계금지) 사업시행자는 동일한 소유자에게 속하는 일단(一團)의 토지의 일부를 취득하거나 사용하는 경우 해당 공익사업의 시행으로 인하여 잔여지(殘餘地)의 가격이 증가하거나 그 밖의 이익이 발생한 경우에도 그 이익을 그 취득 또는 사용으로 인한 손실과 상계(相計)할 수 없다. [전문개정 2011. 8. 4.]

사업시행자는 토지소유자에 속하는 일단의 토지의 일부를 취득 또는 사용하는 경우 당해 공익사업의 시행으로 인하여 토지등의 가격이 증가하거나 기타의 이익이 발생한 때에도 그 이익을 취득 또는 사용으로 인한 손실과 상계할 수 없다(법 제66조). 이는 공익사업의 시행으로 인하여 잔여토지의 가격이 상승하였을 때 개발이익을 차감하고 보상할 수 없도록 하여 피수용자를 보호하기 위한 제도적 장치이다.

이는 수용의 대상이 되지 않는 토지(잔여지의 가격상승)의 이익과 수용으로 인하여 발생하는 손실(잔여지 감가액)은 직접 관련이 없으므로 서로 상계할 수 없는 것이며, 잔여지의 개발이익은 국가가 개발이익을 환수할 수 있어도 사업시행자가 취득한 목적물에 대한 보상과는 상계할 것이 아니며,[150] 우리 판례도 이를 지지하고 있다(아래 판례참조).

149) 박평준, 공익사업용지취득보상법, 고시연구사, 2003, 352면.

그러나 사업시행으로 인하여 공익사업지구 내의 개발이익은 철저히 배제하면서,151) 공익사업지구 밖의 잔여지에 대해서는 개발이익을 환수하지 않는 것이 평형성에 문제가 있다는 지적도 있으며, 다른 나라의 사례에 비추어 볼 때152) 과연 사업시행이익 상계금지 원칙이 타당한 지에 대한 논의가 있는 것도 사실이다. 이에 공익사업 주변의 개발이익을 환수하는 방안을 마련하는 것이 공평부담의 원리에서 타당할 것으로 보인다.

판 례

□ 대법원 2000. 2. 25. 선고 99두6439 판결

이 사건 잔여지가 이 사건 수용의 목적사업인 도시계획사업에 의하여 설치되는 너비 10m의 도로에 접하게 되는 이익을 누리게 되었더라도 그 이익을 수용 자체의 법률효과에 의한 가격감소의 손실(이른바 수용손실)과 상계할 수는 없는 것이므로(대법원 1998. 9. 18. 선고 97누13375 판결 참조) 그와 같은 이익을 참작하여 잔여지 손실보상액을 산정할 것은 아니다

Ⅶ. 시가 보상의 원칙

▣ 토지보상법

제67조 (보상액의 가격시점 등) ① 보상액의 산정은 협의에 의한 경우에는 협의 성립 당시의 가격을, 재결에 의한 경우에는 수용 또는 사용의 재결 당시의 가격을 기준으로 한다.

시가보상의 원칙은 적정보상의 원칙이라 하는데, 토지보상법에서는 보상액의 산정은 협의에 의한 경우에는 협의성립 당시의 가격을, 재결에 의한 경우에는 수용 또는 사용의 재결 당시의 가격을 기준으로 한다고 하여 적정보상의 원칙을 규정하고 있다(법 제67

150) 류해웅, 신수용보상법론, 부연사, 2005, 559면

151) 토지보상법 제 67조(보상액의 가격시점 등) ② 보상액의 산정에 있어서 당해 공익사업으로 인하여 토지 등의 가격에 변동이 있는 때에는 이를 고려하지 아니한다.

152) ① 미국에서는 보상액 산정에 있어 개발이익을 차감하는 상계를 인정하는 특징을 보이고 있다. 주(州)에 따라 차이가 있지만 연방의 규정은 토지, 건물 및 이전비용 등을 포함한 보상총액에서 토지자산액의 증가분을 차감할 수 있도록 하고 있다(류해웅, 신수용보상법론, 부연사, 2005, 559면).

조). 따라서 토지보상법은 시가보상의 원칙에서 '시가'라 함은 '때'를 가리키는 것으로 일반적으로 말하는 '시세'를 가리키는 것은 아니라 할 수 있다. 이는 헌법에서의 정당보상에 합치한다고 할 수 있다.

토지보상법상 협의취득시 가격시점은 원칙적으로 협의성립 당시의 가격이지만, 현실적으로 각 개별 토지 등의 협의성립 날짜가 동일할 수 없는 바, 협의취득을 위한 보상액의 산정기준일은 '가격조사를 완료한 일자'가 아니라 '보상계약이 체결될 것으로 예상되는 시점'을 가격시점으로 보고 있다.[153] 다만 협의가격에 불복하여 제기하게 되는 수용재결과 이의재결, 행정소송의 가격시점은 수용재결일이 가격시점이 된다.[154]

한편 수산업법상에서 시가보상의 원칙이 반영되어 평균연간판매단가 산정시 보상액 산정을 위한 평가시점 현재를 기준으로 소급하여 1년간의 수산물별 평균판매단가로 보상하게 하는 것도 시가보상의 원칙을 따르는 것이라 할 수 있다.

Ⅷ. 개발이익 배제의 원칙

> ▣ **토지보상법**
>
> **제67조 (보상액의 가격시점 등)** ② 보상액을 산정할 경우에 해당 공익사업으로 인하여 토지등의 가격이 변동되었을 때에는 이를 고려하지 아니한다. [전문개정 2011. 8. 4.]

종전 공특법, 토지수용법에서는 개발이익 배제를 명시하지 않았으나, 그동안 대법원에서 개발이익 배제를 명확히 하고 있었다.[155] 이에 현행 토지보상법에서는 명문으로 개발이익을 배제하도록 규정하고 있다. 따라서 보상액의 산정 시 당해 공익사업으로

153) 토지정책과-4699(2011. 10. 4) : 협의취득을 위한 보상평가의 기준시점은 '가격조사를 완료한 때'가 아니라 '보상계약이 체결될 것으로 예상되는 시점'으로 보는 것이 타당하다.

154) 대법원 1998. 7. 10. 선고 98두6067 판결 : 수용대상토지를 평가함에 있어서는 수용재결에서 정한 수용시기가 아니라 수용재결일을 기준으로 평가하여야 한다.

155) 대법원 1993. 7. 13. 선고 93누227 판결 : 수용사업 시행으로 인한 개발이익은 당해 사업 시행에 의하여 비로소 발생하는 것이어서 수용대상토지가 수용 당시 갖는 객관적 가치에 포함될 수는 없는 것이므로, 구 토지수용법(1991.12.31. 법률 제4483호로 개정되기 전의 것) 제46조 제2항에 의하여 손실보상액 산정의 기준으로 되는 표준지의 공시지가 자체에 당해 수용사업 시행으로 인한 개발이익이 포함되어 있을 경우에는 이를 배제하고 손실보상액을 평가하는 것이 정당보상의 원리에 합당하다.

인한 토지 등의 가격에 변동이 있는 때에는 이를 고려하지 아니하도록 하고 있다. '해당 공익사업'의 개발이익을 배제하는 것이므로 다른 공익사업으로 인한 개발이익은 포함되어 보상액을 산정하여야 한다.[156)]

토지보상을 산정할 경우 개발이익 배제를 위하여 사업인정 고시일 전의 공시지가를 기준으로 토지보상을 산정하는 것이 정당보상에 합치하는 가에 대하여 많은 논의가 있으나, 우리 판례는 이와 같이 일정시점의 공시지가를 기준으로 보상금을 산정하는 것이 정당하다고 판시하고 있다.

결 정

□ 헌법재판소 2013. 12. 26. 2011헌바162

개발이익은 사업시행자의 사업시행으로 의하여 비로소 발생하는 것이므로 토지소유자에게 당연히 귀속되어야 할 것은 아니고 오히려 사업시행자 또는 궁극적으로 국민에게 귀속되어야 할 성질의 것이고, 그것이 피수용토지가 갖는 객관적 가치에 포함된다고 볼 수도 없으며, 한편, 위 법률의 규정에 의한 공시지가가 공시기준일 당시의 표준지의 객관적 가치를 정당하게 반영하는 것이고, 지가산정 대상 토지와 표준지 사이에 가격의 유사성을 인정할 수 있도록 표준지의 선정이 적정하며, 공시기준일 이후 가격시점까지의 시가변동을 산출하는 시점보정의 방법도 적정한 것으로 보이므로 공시지가를 기준으로 한 보상금액의 산정은 수용당시의 피수용토지의 객관적 가치를 반영한 것이 된다.

156) 대법원 2014. 2. 27. 선고 2013두21182 판결 : 수용 대상 토지의 보상액을 산정함에 있어 해당 공익사업의 시행을 직접 목적으로 하는 계획의 승인, 고시로 인한 가격변동은 이를 고려함이 없이 재결 당시의 가격을 기준으로 하여 적정가격을 정하여야 하나, 해당 공익사업과는 관계없는 다른 사업의 시행으로 인한 개발이익은 이를 포함한 가격으로 평가하여야 하고, 개발이익이 해당 공익사업의 사업인정고시일 후에 발생한 경우에도 마찬가지이다.

제2절 손실보상의 법률관계

Ⅰ. 토지취득의 당사자

토지보상법에서는 공익사업의 시행에 필요한 토지 등의 취득·사용 또는 수용에 따른 권리의무의 주체를 규정하고 있는데, 이에는 사업시행자, 토지소유자, 관계인이 있다.

1. 사업시행자

"사업시행자"라 함은 공익사업을 수행하는 자를 말하는 것으로(법 제2조 제3호), 공익사업에 필요한 토지 등을 취득·사용 또는 수용할 수 있는 법률상 권능을 부여받아 이에 근거하여 자기의 책임으로 사업을 수행하는 자를 말한다.

따라서 사업시행자는 권리·의무의 귀속주체가 되는 법인격을 가진 자이어야 한다. 왜냐하면 사업시행자는 보상금 등을 지급하고 토지소유권 등을 취득하는 등 자신에게 재산상의 권리·의무가 귀속되어야 하기 때문이다. 공익사업의 수탁자 또는 재수탁자나, 보상업무만을 대행하는 경우 등은 사업시행자가 아니다.

한편 사업시행자가 국가인 경우에는 의문이 없으나 국가 이외의 공공단체 또는 사인인 경우 수용권의 주체에 관한 학설에 대하여 의견의 대립이 있다.

1) 국가수용권설

국가수용권설은 공용수용의 본질을 국가에 의한 재산권의 박탈이라고 보고, 공용수용권이 국가적 공권이라는 것을 이유로 사업시행자가 공공단체나 사인인 경우에도 수용권의 주체는 언제나 국가이며, 사업시행자는 스스로 수용권을 갖지 못하고, 다만 국가에 대하여 자기의 사업을 위하여 필요한 토지 등을 수용하여 줄 것을 청구할 수 있는 권리를 가지는데 불과하다는 견해이다.[157)]

157) 박평준, 공익사업용지취득보상법론, 고시연구사, 2004, 91면.

2) 사업시행자수용권설

사업시행자수용권설은 공용수용의 본질을 특정한 공익사업을 위한 재산권의 강제적 취득이라고 보며, 공공단체 또는 사인인 사업시행자도 자기의 이익을 위하여 토지 등을 수용하고, 그 수용의 효과도 공익사업의 주체인 사업시행자에게 귀속하게 되므로 사업시행자가 수용권의 주체가 된다는 견해[158]로 다수설이다.

3) 국가위탁권설

국가위탁권설은 수용권은 국가에 귀속하는 국가적 공권이며, 국가는 사업인정을 통하여 이를 사업시행자에게 위탁한 것이라는 입장이다. 이 견해에 의하면 사업시행자는 수용권의 주체가 되지 못하며, 단지 국가에 대하여 수용권의 행사를 청구할 수 있는 지위에 있게 되는 수용청구권자가 되는 것으로 본다.[159]

2. 토지소유자

"토지소유자"라 함은 공익사업에 필요한 토지의 소유자를 말하는 것으로(법 제2조 제4호), 공익사업에 필요한 토지 등을 취득·사용 또는 수용으로 인하여 손실을 받을 수 있는 자 중에서 관계인을 제외한 자를 말한다.

3. 관 계 인

1) 관계인의 범위논의

"관계인"이라 함은 사업시행자가 취득 또는 사용할 토지에 관하여 지상권·지역권·전세권·저당권·사용대차 또는 임대차에 의한 권리 기타 토지에 관한 소유권외의 권리를 가진 자 또는 그 토지에 있는 물건에 관하여 소유권 그 밖의 권리를 가진 자를 말한다.[160] 다만, 사업인정의 고시가 있은 후에 권리를 취득한 자는 기존의 권리를 승계한

158) 김남진, 행정법Ⅱ, 법문사, 2002, 520-521면. ; 김동희, 행정법Ⅱ, 박영사, 2002, 353면.
159) 석종현, 손실보상법론, 삼영사, 2003, 333면.
160) 부산고법 2009. 8. 28. 선고 2009누454 판결 : 이 사건 분묘는 토지에 정착한 물건으로서 공익사업법 제2조 제1호 및 제3조에서 정한 '토지 등'에 해당하고, 원고가 이 사건 분묘의 수호·관리권자임을 내세우

자를 제외하고는 관계인에 포함되지 아니한다(법 제2조 제5호).

대법원은 토지에 대한 수용재결절차개시 이전에 당해 토지를 매수하여 대금을 완급하고 그 토지를 인도받아 사용권을 취득하였으나 그 소유권이전등기만을 마치지 아니한 자는 토지수용으로 말미암아 그 소유권을 취득할 수 없게 되는 결과를 초래하는 점에 비추어 관계인으로 해석함이 상당하므로 토지수용위원회의 수용재결에 대하여 이의를 신청할 수 있다고 판시[161]하고 있어, 등기여부 등을 떠나 실질적인 처분권을 가진 자도 관계인에 포함하고 있다(아래 판례 참조).

판 례

□ 대법원 2002. 3. 15. 선고 2001다67126 판결

이 사건 시설물은 이 사건 토지의 종전 임차인이 임대인인 피고의 승낙을 얻어 이 사건 토지에 부합 또는 부속시킨 물건으로서 당해 토지와 일체를 이루는 토지의 구성부분이 되었다고 보기 어렵고 거래관념상 토지와 별도로 취득 또는 사용의 대상이 되는 정착물이라고 할 것이고, 종전 임차인이나 원고가 피고와 사이에 임대차종료시 이 사건 시설물의 설치비용청구권이나 유익비상환청구권을 포기하기로 약정하였다고 하여도 임대차기간 중에는 이 사건 시설물을 사용·수익하다가 임대차종료시 이를 철거할 권리가 있으므로 원고 등은 이 사건 시설물에 대한 소유권 그 밖의 권리를 가진 자로서 공익사업법상 관계인에 해당한다고 할 것이며, 따라서 이 사건 시설물에 대한 수용보상금은 원고 등에게 귀속된다고 봄이 상당하다.

관계인 가운데 '기타 토지에 관한 소유권외의 권리'에 대하여 논의가 되고 있는 권리는 아래와 같다.

(1) 가등기권자

가등기권자는 조건의 성취 등으로 실체적인 물건 등을 취득하거나 회복한 시점부터 당해 물건의 권리자가 될 수 있다. 그런데 이러한 권리자가 되기 이전에 공익사업에 편입된 경우 과연 토지보상법상 관계인에 해당되는 지가 문제가 될 수 있다.

토지보상법은 이에 대하여 별도의 명문규정을 두고 있지 아니하여 관계인에 포함되는 지에 대하여 이견이 있을 수 있으나, 가등기의 경우는 당사자 간의 합의에 의하여

는 것은 토지에 있는 물건에 관하여 소유권 그 밖의 권리를 가진 자를 의미하여 같은 법 제2조 제5호 소정의 '관계인'에 해당하므로, 이 사건 임야가 사업구역에 편입됨으로써 그 지상에 있는 이 사건 분묘의 이장에 관하여 원고가 사업시행자인 피고를 상대로 이 사건 보상금의 지급을 구하기 위해서도 같은 법에 의한 재결절차를 거쳐야만 한다.

161) 대법원 1982. 9. 14. 선고 81누130 판결.

본등기의 순위보전을 위하여 설정하는 것으로 관계인에 포함된다고 보는 것이 타당하다고 본다.

(2) 가처분권자

가처분은 피담보채권이 금전채권 이외의 경우에 행하는 보전처분으로서, ①현상이 바뀌면 당사자가 권리를 실행하지 못하거나 이를 실행하는 것이 매우 곤란할 염려가 있을 경우나 ② 다툼이 있는 권리관계에 대하여 임시의 지위를 정하기 위하여도 할 수 있으며, 이 경우 가처분은 특히 계속하는 권리관계에 끼칠 현저한 손해를 피하거나 급박한 위험을 막기 위하여, 또는 그 밖의 필요한 이유가 있을 경우에 가처분을 설정할 수 있다(민사집행법 제300조 제1항, 제2항).

이 가처분권자가 관계인에 포함되는 지에 대하여 판례는 '가처분 등기는 토지소유자에 대하여 임의처분을 금지하는데 그치고, 소유권 취득의 효력까지 주장할 수 있는 성질의 것이 아니어서 관계인으로 볼 수 없다고 판시[162]하고 있어 법적 절차에 있어서는 관계인에서 제외하고 있다. 그러나 이 판례의 견해에 반하는 의견도 있고,[163] 사업시행자 입장에서는 수용재결이 결정되면 가처분이 말소되기 때문에 추후 민원의 소지가 될 수 있어 실무에 있어서는 관계인으로 다루고 있는 경우가 대부분이다.

(3) 압류 및 가압류권자

압류는 특정의 물건 또는 권리에 대하여 법률상 또는 사실상 처분을 금지하기 위하여 행하는 국가기관의 행위를 말하는 것으로 대부분 법률에 근거하여 등기설정이 가능하다. 또한 가압류는 금전채권이나 금전으로 환산할 수 채권에 대하여 동산 또는 부동산에 대한 강제집행을 보전하기 위하여 행하는 처분이다.

이러한 압류 및 가압류의 경우는 일시적 효과를 발생시키는 경우이기는 하지만 등기된 경우에는 관계인에 포함된다고 보아야 할 것이다.

---

162) 대법원 1973. 2. 26. 선고 72다2401 판결 : "수용절차 개시 이전에 종전 소유자로부터 동 부동산을 매수하여 그 주장과 같은 가처분 등기를 경료하였다 하더라도, 가처분등기는 토지소유자에 대하여 임의처분을 금지함에 그치고 그로써 소유권 취득의 효력까지 주장할 수 없을 뿐만 아니라, 이러한 가처분 권리자는 토지수용법 제4조 제3항에서 말하는 관계인으로도 해석할 수 없다"

163) 차태환, 토지보상법론, 부연사, 2010, 47면. "가처분권자는 토지소유권 또는 기타 권리의 귀속·존부를 다투는 자이고 이러한 점에서 일응 토지소유자 또는 관계인에 해당하는 것으로 보아야 할 것이다."

2) 관계인의 제한

토지보상법 제2조 제5호에서 사업시행자가 취득 또는 사용할 토지의 소유권 이외의 일정한 권리를 가진 자를 관계인으로 보면서, 다만 사업인정 고시가 있은 후에 권리를 취득한 자는 기존의 권리를 승계한 자를 제외하고는 관계인에 포함시키지 않고 있다(법 제2조 제5호 단서).

이와 같이 사업인정 이전의 관계인으로 한정하는 사유는 수용절차 중에 새로운 권리를 취득한 자에 대해서 관계인으로 인정한다면 새로이 수용의 절차를 되풀이 하여야 하므로 수용절차의 확정성을 기할 수 없으며, 당해 사업인정 이후에 수용 또는 사용을 인지하고 새로이 권리 등을 취득한 자를 보호할 필요가 없기 때문으로 보인다.

질의회신

□ 토관 58342-1563 (2002. 11. 1)

사업인정의 고시가 있은 후 새로운 권리를 취득한 자는 기존권리를 승계한 자를 제외하고는 관계인에 포함되지 아니한다고 되어 있으므로 동법 제16조의 규정에 의한 사업인정의 고시(개별법률에서 사업인정을 의제하는 규정을 둔 경우에는 그 법률에 의한 사업인정의 고시 포함)가 있은 날을 기준으로 관계인에 해당되는지 여부를 판단할 사항이라고 봅니다.

Ⅱ. 공용수용의 목적물

공용수용의 목적물이란 공익사업에 필요한 특정의 토지 및 물건이 수용의 객체가 된 경우에 그 토지 및 물건에 관한 소유권 및 기타 권리를 말한다.

1. 목적물의 종류

토지보상법은 수용의 목적물에 대하여 제3조에서 "사업시행자가 다음 각 호에 해당하는 토지·물건 및 권리를 취득하거나 사용하는 경우에는 이 법을 적용한다."고 규정하고 있다.

① 토지 및 이에 관한 소유권 외의 권리
② 토지와 함께 공익사업을 위하여 필요한 입목(立木), 건물, 그 밖에 토지에 정착된 물건 및 이에 관한 소유권 외의 권리
③ 광업권·어업권 또는 물의 사용에 관한 권리
④ 토지에 속한 흙·돌·모래 또는 자갈에 관한 권리

이 가운데 제③항의 '물의 사용에 관한 권리'는 단순한 수영, 취수 등 일반적 사용을 말하는 것이 아니라 행정청으로부터의 특허 또는 관행으로 배타적으로 이용하는 권리를 말한다. 판례 또한 이러한 입장을 취하고 있다.164) 이 입장을 반영하여 최근의 판례에서 대법원은 하천수 사용권에 대하여는 이 '물의 사용에 관한 권리'를 인정하고 있고, 그 평가는 어업권 평가를 준용하도록 판시하고 있다(아래 판례 참조).

판 례

□ 대법원 2018. 12. 27. 선고 2014두11601 판결

[1] 댐건설 및 주변지역지원 등에 관한 법률(이하 '댐건설법'이라 한다) 제11조 제1항, 제3항, 공익사업을 위한 토지 등의 취득 및 보상에 관한 법률(이하 '토지보상법'이라 한다) 제1조, 제61조, 제76조 제1항, 제77조 제1항의 내용을 종합해 볼 때, 물을 사용하여 사업을 영위하는 지위가 독립하여 재산권, 즉 처분권을 내포하는 재산적 가치 있는 구체적인 권리로 평가될 수 있는 경우에는 댐건설법 제11조 제1항, 제3항 및 토지보상법 제76조 제1항에 따라 손실보상의 대상이 되는 '물의 사용에 관한 권리'에 해당한다고 볼 수 있다.

[2] 하천법 제5조, 제33조 제1항, 제50조, 부칙(2007. 4. 6) 제9조의 규정 내용과 구 하천법(1999. 2. 8. 법률 제5893호로 전부 개정되기 전의 것) 제25조 제1항 제1호, 구 하천법(2007. 4. 6. 법률 제8338호로 전부 개정되기 전의 것) 제33조 제1항 제1호의 개정 경위 등에 비추어 볼 때, 하천법 제50조에 의한 하천수 사용권(2007. 4. 6. 하천법 개정 이전에 종전의 규정에 따라 유수의 점용·사용을 위한 관리청의 허가를 받음으로써 2007. 4. 6. 개정 하천법 부칙 제9조에 따라 현행 하천법 제50조에 의한 하천수 사용허가를 받은 것으로 보는 경우를 포함한다. 이하

164) 대법원 2005. 7. 29. 선고 2003두2311 판결 : 원고 회사 소유의 이 사건 지하수 관정을 포함한 먹는샘물 제조공장시설(피고 공사가 협의에 의하여 취득한 위 공장건물 제외) 등에 관하여도 이 사건 수용재결이 이루어짐으로써 더 이상 이 사건 토지의 지표면 아래에 있는 지하수를 이용할 수 없게 되었는바, 위와 같이 먹는샘물의 제조에 사용되던 이 사건 지하수에 대한 이용권이 관계 법령상 물권에 준하는 권리로 인정되어 보호되고 있다거나 토지소유권 등으로부터 분리된 관습상의 물권이라고 할 수 없고, 구 먹는물관리법(1997. 8. 28. 법률 제5394호로 개정되어 1997. 11. 29. 시행되기 전의 것, 이하 '구 먹는물관리법'이라고 한다) 제9조에 의한 수원개발허가를 받은 것만으로는 그 토지의 지면 하에 있는 지하수를 계속적, 배타적으로 이용할 수 있는 권리가 생긴다고 볼 수도 없으므로, 구 토지수용법(2002. 2. 4. 법률 제6656호로 폐지되기 전의 것, 이하 '구 토지수용법'이라고 한다) 제2조 제2항 제3호에서 수용대상으로 규정한 '물의 사용에 관한 권리'에 해당한다고 볼 수 없다.

> 같다)은 하천법 제33조에 의한 하천의 점용허가에 따라 해당 하천을 점용할 수 있는 권리와 마찬가지로 특허에 의한 공물사용권의 일종으로서, 양도가 가능하고 이에 대한 민사집행법상의 집행 역시 가능한 독립된 재산적 가치가 있는 구체적인 권리라고 보아야 한다. 따라서 하천법 제50조에 의한 하천수 사용권은 공익사업을 위한 토지 등의 취득 및 보상에 관한 법률 제76조 제1항이 손실보상의 대상으로 규정하고 있는 '물의 사용에 관한 권리'에 해당한다.
>
> [3] 물건 또는 권리 등에 대한 손실보상액 산정의 기준이나 방법에 관하여 구체적으로 정하고 있는 법령의 규정이 없는 경우에는, 그 성질상 유사한 물건 또는 권리 등에 대한 관련 법령상의 손실보상액 산정의 기준이나 방법에 관한 규정을 유추적용할 수 있다.
>
> [4] 갑 주식회사가 한탄강 일대 토지에 수력발전용 댐을 건설하고 한탄강 하천수에 대한 사용허가를 받아 하천수를 이용하여 소수력발전사업을 영위하였는데, 한탄강 홍수조절지댐 건설사업 등의 시행자인 한국수자원공사가 댐 건설에 필요한 위 토지 등을 수용하면서 지장물과 영업손실에 대하여는 보상을 하고 갑 회사의 하천수 사용권에 대하여는 별도로 보상금을 지급하지 않자 갑 회사가 재결을 거쳐 하천수 사용권에 대한 별도의 보상금을 산정하여 지급해 달라는 취지로 보상금증액 소송을 제기한 사안에서, 공익사업을 위한 토지 등의 취득 및 보상에 관한 법률(이하 '토지보상법'이라 한다) 및 그 시행령, 시행규칙에 '물의 사용에 관한 권리'의 평가에 관한 규정이 없고, 하천법 제50조에 의한 하천수 사용권과 면허어업의 성질상 유사성, 면허어업의 손실액 산정 방법과 환원율 등에 비추어 볼 때, 갑 회사의 하천수 사용권에 대한 '물의 사용에 관한 권리'로서의 정당한 보상금액은 토지보상법 시행규칙 제44조(어업권의 평가 등) 제1항이 준용하는 수산업법 시행령 제69조 [별표 4](어업보상에 대한 손실액의 산출방법·산출기준 등) 중 어업권이 취소되거나 어업면허의 유효기간 연장이 허가되지 않은 경우의 손실보상액 산정 방법과 기준을 유추적용하여 산정하는 것이 타당하다고 본 원심판단을 수긍한 사례.

또한 제④항의 '토지에 속한 흙·돌·모래 또는 자갈에 관한 권리'는 그 자체를 적법하게 채석, 채취할 수 있는 적법한 행정적 조치[165]와 별도의 경제적 가치가 있는 경우에 한하여 토지와 별개의 보상대상이 된다고 볼 수 있다(아래 판례 및 법 제75조 제3항 참조).[166]

---

165) 대법원 2003. 4. 8. 선고 2002두4518 판결 : 이 사건 토지에 대한 수용재결 당시 원고가 이 사건 토지에 관하여 구체적인 이용계획을 가지고 그 계획에 터잡아 토석채취허가를 받거나 나아가 토석채취에 필요한 어떠한 준비나 실행행위를 하였음을 인정할 아무런 증거가 없는 이상 오로지 이 사건 토지가 피고 한국도로공사에 의하여 수용됨으로써 우연한 기회에 그 도로개설에 필요한 골재를 일시적으로 이 사건 토지에서 채취할 수 있게 되어 피고 한국도로공사가 공사비를 일부 절감하였다는 사정만으로는 이 사건 토지의 보상액을 산정함에 있어서 이 사건 토지에 토석 또는 사력이 매장되어 있다는 사실을 특별히 참작할 사유로 삼을 수 없다고 판단한 조치는 정당하고, 거기에 상고이유의 주장과 같은 심리미진이나 토지수용법상 토지보상의 기준에 관한 법리오해 등의 위법이 있다고 볼 수 없다. 상고이유의 주장은 모두 받아들일 수 없다.

166) 중토위 2017. 3. 23 재결 : 이건 사업의 경우 사업시행자는 이의신청인의 토지가 필요하여 수용을 통하여 취득하려는 것으로 토지와 별개로 토지에 속한 토량을 수용목적물로 하는 것이 아니며, 아울러 이의신청인이 수용되는 토지에 속한 토량에 대한 채취허가를 득하고 토사채취납품실적 등에 의하여 객관적으로 경제적 가치를 입증하는 경우로도 볼 수 없어 토지와 함께 일체로 보상하는 것이 적정하므로 이의신청인의 주장은 받아들일 수 없다.

판 례

ㅁ 대법원 2014. 4. 24. 선고 2012두16534 판결

구 공익사업을 위한 토지 등의 취득 및 보상에 관한 법률(2011. 8. 4. 법률 제11017호로 개정되기 전의 것) 제75조 제3항은 "토지에 속한 흙·돌·모래 또는 자갈(흙·돌·모래 또는 자갈이 당해 토지와 별도로 취득 또는 사용의 대상이 되는 경우에 한한다)에 대하여는 거래가격 등을 참작하여 평가한 적정가격으로 보상하여야 한다."라고 규정하고 있다. 위 규정에서 '흙·돌·모래 또는 자갈이 당해 토지와 별도로 취득 또는 사용의 대상이 되는 경우'란 흙·돌·모래 또는 자갈이 속한 수용대상 토지에 관하여 토지의 형질변경 또는 채석·채취를 적법하게 할 수 있는 행정적 조치가 있거나 그것이 가능하고 구체적으로 토지의 가격에 영향을 미치고 있음이 객관적으로 인정되어 토지와는 별도의 경제적 가치가 있다고 평가되는 경우 등을 의미한다.

2. 목적물의 제한

1) 취 지

토지이외의 재산권으로 목적물이 확대되어 가는 경향에 비추어 수용목적물의 엄격한 제한은 헌법상 기본권인 재산권보장원칙을 실현하기 위해 매우 중요한 전제가 된다. 판례도 공용수용의 목적물은 공익사업을 위하여 필요한 최소한도에 그쳐야 함을 밝히고 있다.[167]

2) 제도의 본질상 제한

수용제도는 공익상 부득이한 필요로 개인의 의사와는 무관하게 강제적으로 취득하는 것이므로 필요 최소한도에 그쳐야 한다는 본질적 제한원리가 있게 된다. 따라서 개인의 재산권을 필요 최소한도를 넘어서 수용하는 경우에는 헌법상 재산권보장의 원칙(헌법 제23조 제1·2항), 평등원칙(헌법 제11조), 광의의 비례원칙(헌법 제37조 제2항)에 어긋나게 된다.[168] 또한 다른 대체재를 이용하여 공익사업을 수행할 수 있는 경우에는 수용은

167) 대법원 1994. 1. 11. 93누8108 판결 : "필요한도를 넘는 수용은 위법하며, 초과수용된 부분이 적법수용대상과 불가분적 관계가 있는 경우 그에 대한 이의재결 전부를 취소할 수밖에 없다."

168) 대법원 1994. 8. 12. 선고 93다50550 판결 : 원래 국민의 재산권을 제한하는 토지수용권 등의 발동은 공공복리의 증진을 위하여 긴요하고도 불가피한 특정의 공익사업의 시행에 필요한 최소한도에 그쳐야 하는 것이므로...

인정될 수 없다. 토지는 가장 대표적인 '비대체재'이기 때문에 다른 지역의 토지를 대신 사용하여 공익사업을 수행할 수 없고 부득이 수용할 수밖에 없는 것이다.

한편 현 토지보상법에서는 1조 목적으로 공익사업의 효율적인 수행을 통한 공공복리의 증진과 더불어 재산권의 적정한 보호를 도모함을 목적으로 하며 동법 제19조 제1항에 필요한 때로 한정한다고 명문화하였다.

> ▣ **토지보상법**
>
> 제19조 (토지등의 수용 또는 사용) ① 사업시행자는 공익사업의 수행을 위하여 필요하면 이 법에서 정하는 바에 따라 토지등을 수용하거나 사용할 수 있다.
>
> ② 공익사업에 수용되거나 사용되고 있는 토지등은 특별히 필요한 경우가 아니면 다른 공익사업을 위하여 수용하거나 사용할 수 없다.

3) 목적물 자체의 성질상 제한

공용수용의 목적물은 그 자체의 성질상 일정한 제한이 있다.

첫째, 치외법권을 가진 외국대사관의 부지·건물 등은 외교관계에 관한 비엔나 협약에 의해 우리나라 행정법규의 효력이 제한되므로 수용 또는 사용할 수 없다. 둘째, 국유재산 중 행정재산과 보존재산은 원칙적으로 수용 또는 타 용도로의 사용의 대상이 될 수 없다는 것이 원칙으로써, 공용폐지가 선행되지 않는다면 수용이 불가하다는 것이다.[169] 그러나 더 큰 공익성이 인정된다면 공용폐지 없이도 수용이 가능하다는 것이 많은 판례의 입장이다.[170]

---

169) 대법원 1992. 7. 14. 선고 92다12971 판결 : 세무서장이 공공용 행정재산으로서 용도폐지도 되지 않은 국유재산을 잡종재산으로 오인하여 매각하였다면 그 매도행위는 무효라고 할 것이고, 이를 국세청이 관리청을 국세청으로 등기한 후 매수인에게 소유권이전등기를 경료해 주었다고 하여 무효인 매도행위를 추인한 것으로 볼 수 없으며, 소론판례(당원 1977.9.28.선고 76다2763 판결)는 무효의 매도행위가 있은 후 용도폐지가 된 경우에 관한 것이어서 이 사건과 사안을 달리하여 적절한 선례가 되지 못한다.

170) ① 대법원 1981. 6. 9. 선고 80다316 판결 : 토지수용법에 의하여 수용의 대상이 되는 토지에 대하여는 토지를 수용 또는 사용할 수 있는 사업에 이용되고 있는 토지에 관한 토지수용법 제5조의 규정에 의한 제한 외에는 아무런 제한이 없으므로, 국가소유의 토지도 기업자인 공공단체가 공익사업을 위하여 필요한 경우에는 이를 수용할 수 있다고 봄이 상당하다. 토지수용법 제1조의 규정이 국유의 토지를 수용의 대상에서 제외하는 취지의 규정이라고는 보기 어렵다.

② 대법원 1996. 4. 26. 선고 95누13241 판결 : 토지수용법은 제5조의 규정에 의한 제한 이외에는 수용의 대상이 되는 토지에 관하여 아무런 제한을 하지 아니하고 있을 뿐만 아니라, 토지수용법 제5조, 문화재보호법 제20조 제4호, 제58조 제1항, 부칙 제3조 제2항 등의 규정을 종합하면 구 문화재보호법 제54조의 2 제1항에 의하여 지방문화재로 지정된 토지가 수용의 대상이 될 수 없다고 볼 수는 없다.

셋째, 공익사업에 수용 또는 사용되고 있는 토지 등은 특별히 필요한 경우가 아니면 이를 다른 공익사업을 위하여 수용 또는 사용할 수 없다(법 제19조 2항). 이를 공익의 충돌 또는 수용권의 충돌이라 하는데 역시 공물의 수용가능성 여부와 관련하여 논의된다.

넷째, 사업시행자 자신이 소유한 토지는 강제취득(수용) 또는 강제사용(공용사용)절차를 거치지 않고 그대로 공용될 뿐이다.

다섯째, 사업인정시 토지세목에 없는 토지는 원칙적으로 강제취득 또는 강제사용의 대상이 되지 않는다. 다만, 잔여지수용의 경우는 예외가 인정된다.

3. 공물의 수용여부

토지보상법 제19조 제2항은 공익사업에 수용 또는 사용되고 있는 토지 등은 특별히 필요한 경우가 아니면 이를 다른 공익사업을 위하여 수용 또는 사용할 수 없도록 규정하고 있는데, 이 규정은 공익사업의 전후 공익사업의 실시로 인한 수용권의 충돌을 조정하고 및 사업시행자 간의 다툼을 방지하기 위한 것이다.[171] 즉, 현재 공익사업에 이용되고 있는 토지는 가능하면 그 용도를 유지하도록 하기 위하여 수용의 목적물이 될 수 없도록 하는 것이 그 공익사업의 목적을 달성하기 위하여 합리적이라는 이유로, 보다 더 중요한 공익사업을 위하여 특별한 필요가 있는 경우에 한하여 예외적으로 수용의 목적물이 될 수 있다고 규정한 것이고, 동 법률조항의 '특별한 필요가 있는 경우'는 현재 토지를 이용하고 있는 수용가능사업의 공익성과 새로이 당해 토지를 이용하고자 하는 수용가능사업의 공익성의 비교형량에 의하여 후자가 전자보다 큰 경우 등을 말하

---

③ 대법원 2000. 10. 13. 선고 99두653 판결 : 전통사찰 재산의 소유권이 변동되는 모든 경우에 언제나 문화체육부장관의 허가를 받도록 하겠다는 데에 있는 것이 아니라 전통사찰의 주지가 함부로 경내지 등의 사찰재산을 처분하는 행위에 의하여 사찰재산이 산일(산일)되는 것을 방지하겠다는 데에 있다 할 것인바, 공용수용은 국가 또는 지방자치단체 등이 공공사업의 시행을 위하여 관련 법령에 의하여 사인의 재산권을 강제로 취득하고 그에 대하여 손실보상을 하는 것이므로 공용수용으로 인한 경내지 등 사찰재산의 소유권 변동은 전통사찰 주지의 처분행위에 의한 것이 아님이 명백하다.

171) 토지정책과-5719 (2009. 12. 2) : 제19조 제2항에 의하면 공익사업에 수용 또는 사용되고 있는 토지 등은 특별히 필요한 경우가 아니면 이를 다른 공익사업을 위하여 수용 또는 사용할 수 없도록 규정하고 있습니다. 이는 공익사업의 시행에 필요한 토지를 확보하기 위하여 강제취득할 수 있는 근거와 선후 공익사업간 수용 또는 사용의 제한을 규정하여 사업시행자간 다툼을 방지하기 위함이며, 특별히 필요한 경우란 법령의 구체적인 규정은 없으나, 현재의 공익사업보다 새로운 공익사업의 공익성이 더 큰 경우 등으로 보며, 개별적인 사례는 해당 공익사업의 내용을 종합적으로 검토하여 판단할 사항으로 봅니다.

는 것이며,[172] 이는 원칙적으로 공물에 대하여는 공용수용이 허용되지 않는다는 것을 밝히는 한편, 다만 더 큰 공익을 위한 경우에만 한정하여 기존의 공물을 수용할 수 있다는 것이다.[173]

한편, 공물이 공용수용의 대상이 될 수 있는지에 대하여는 긍정설과 부정설의 입장이 대립하고 있다. 이는 또한 수용 및 사용 전에 용도폐지가 있어야 하는지 여부와도 관련이 있다.

1) 긍 정 설

이 견해는 공물이라도 토지보상법 제19조 제2항의 규정취지에 비추어 볼 때, "특별히 필요한 경우"에 한하여 공익사업을 위하여 수용이 가능하다고 보는 입장이다. 이는 결국 수용 또는 사용 전에 공물의 용도폐지가 없어도 수용이 가능하다는 것으로, 종전의 판례는 본 견해의 입장에 있는 듯하다.[174]

또한 이 입장은 공물이 수용되는 경우에도 수용 후 실제적인 현상변경의 시점에서 묵시적인 공용폐지가 있는 것으로 볼 여지가 있으므로 반드시 공용폐지된 공물만이 수용의 대상이 될 수 있다고 볼 필요는 없다[175]는 입장이다.

---

172) 헌법재판소 2000. 10. 25. 선고 2000헌바32 전원재판부 토지수용법 제5조(현 토지보상법 제19조)는 이른바 공익 또는 수용권의 충돌 문제를 해결하기 위한 것으로서, 수용적격사업이 경합하여 충돌하는 공익의 조정을 목적으로 한 규정이다. 즉, 현재 공익사업에 이용되고 있는 토지는 가능하면 그 용도를 유지하도록 하기 위하여 수용의 목적물이 될 수 없도록 하는 것이 그 공익사업의 목적을 달성하기 위하여 합리적이라는 이유로, 보다 더 중요한 공익사업을 위하여 특별한 필요가 있는 경우에 한하여 예외적으로 수용의 목적물이 될 수 있다고 규정한 것이고, 토지 등을 수용할 수 있는 요건 또는 그 한계를 정한 것이 아니다.

173) 토관 58342-1109 (2002. 7. 26) : 공익사업에 이미 이용되고 있는 토지는 수용할 수 없다고 보나, 위 법에 의한 사업인정을 받은 사업이나 개별법에 의하여 사업인정을 의제받은 사업에 편입되는 토지로서 당해 사업에 특별한 필요가 있는 경우에는 이를 수용할 수 있다고 보며, 이때의 특별한 필요에 대하여는 종전의 공익사업과 현재의 공익사업의 공익성을 구체적으로 비교하여 현재 공익사업의 공익성이 큰 것인지를 판단하여야 한다고 봅니다.

174) 각주 170번의 판례가 이 입장으로 볼 수 있다. ① 대법원 1981. 6. 9. 선고 80다316 판결 : ② 대법원 1996. 4. 26. 선고 95누13241 판결 : ③ 대법원 2000. 10. 13. 선고 99두653 판결 / 다만 이 판례들은 공적 보존물의 수용을 인정한 것이며, 공익사업에 수용 또는 사용되고 있는 토지의 수용에 관한 판례는 아니고, 공적 보존물은 공물이라기 보다는 공용제한의 일정으로 보아야 하므로, 위 대법원 판결이 공물의 수용을 인정한 것으로 해석할 수 없다는 견해도 있다(박균성, 행정법강의 제15판, 2018, 박영사, 1126면).

175) 손태호, "공물의 수용가능 여부", '대법원판례해설(제25호)' 381`-384면.

2) 부 정 설

공물이 공적 목적을 위하여 공용되고 있는 한 공물의 성질상 공물의 수용은 허용될 수 없는 것이며, 공물에 대한 공용수용은 원칙적으로 인정될 수 없다는 것이다. 따라서 보다 더 큰 공익을 도모하기 위하여 특정한 공물의 필요를 위하여 특정한 공물의 수용이 필요한 경우에는 우선 당해 공물에 대한 공용폐지를 하여야 한다는 것으로,[176] 대부분의 학자들이 이 견해를 보이고 있고, 최근 대법원도 이 입장을 밝힌 바 있다. 결국 공물의 경우 근거 법령에 의한 용도폐지 등의 절차가 선행되어야 취득이 가능하다.

판 례

□ 대법원 2018. 11. 29. 선고 2018두51904 판결

가. 요존국유림에 대하여

1) 국유재산법 제7조 제1항은, 누구든지 이 법 또는 다른 법률에서 정하는 절차와 방법에 따르지 아니하고는 국유재산을 사용하거나 수익하지 못하도록 규정하고 있다. 그런데 국유림법상 요존국유림은 국유재산에 관한 일반법인 국유재산법상 행정재산으로서 법령이나 그 밖의 필요에 따라 국가가 보존하는 '보존용 재산'에 해당한다(국유재산법 제6조 제2항 제4호). 이에 따라 요존국유림은 국유림법에서 정하는 절차와 방법에 따라서만 관리·사용되어야 한다. 나아가 국유림을 보존하여야 할 공익상 필요가 소멸하지 않는 한 이를 처분하거나 불요존국유림으로 재구분(용도폐지)할 수 없다.

2) 나아가 철도사업 등 토지보상법에 의한 공익사업에 요존국유림을 사용할 필요가 있는 경우에도, 그러한 사용이 요존국유림의 보존목적의 수행에 필요하거나 장애가 되지 않는 범위에서는 요존국유림에 대한 '사용허가'를 받아야 하고, 그러한 사용이 요존국유림의 보존목적에 장애를 초래하는 경우에는 요존국유림을 철도사업 등 토지보상법에 의한 공익사업에 사용하여야 할 필요가 그 요존국유림을 보존할 필요보다 우월한 경우에 한하여 해당 요존국유림을 불요존국유림으로 재구분한 다음 이를 매각 또는 교환하는 절차를 밟아야 한다.

3) 국유재산법 역시, 공유(공유) 또는 사유재산과 교환하여 그 교환받은 재산을 행정재산으로 관리하려는 경우이거나 대통령령으로 정하는 행정재산을 직접 공용이나 공공용으로 사용하기 위하여 필요로 하는 지방자치단체에 양여하는 경우 외에는 행정재산을 처분하지 못하도록 규정하고 있다(제27조 제1항). 나아가 국유재산법은 행정재산 중 보존용 재산은 보존목적의 수행에 필요한 범위에서만 관리청이 행정재산의 사용허가를 할 수 있고(제30조 제1항), 행정 목적으로 사용되지 않게 된 경우에는 지체 없이 그 용도를 폐지하도록 규정하고 있을 뿐이다(제40조 제1항 제1호).

4) 한편 토지보상법은 공익사업에 토지 등이 필요한 경우 사업시행자가 먼저 토지 등에 대한 보상에 관하여 토지소유자 등과 협의 절차를 진행하여야 하고(제16조, 제26조), 협의가 성립되지 아니하거나 협의를 할 수 없을 때에 한하여 사업시행자가 관할 토지수용위원회에 재결을 신청할 수 있다고 규정하고 있다(제28조 제1항). 이는 토지소유자 등에게 해당 토지 등을 임의로 처분할 수 있는 권한이 있음을 전제로 하는 것이다. 그러나 국유림법상 요존국유림은

176) 홍정선, 행정법원론(하), 박영사, 2004, 430면.

국유림법에서 정하는 절차와 방법에 따라서만 관리·사용할 수 있을 뿐이고, 불요존국유림으로 재구분되지 않는 이상 관리청이 임의로 처분하지 못하는 것이기 때문에, 토지보상법상 협의 또는 재결의 대상이 될 수 없다.

5) 따라서 공익사업의 시행자가 요존국유림을 그 사업에 사용할 필요가 있는 경우에 국유림법에서 정하는 절차와 방법에 따르지 않고, 이와 별개로 토지보상법에 의한 재결로써 요존국유림의 소유권 또는 사용권을 취득할 수는 없다고 봄이 타당하다.

나. 불요존국유림에 대하여

나아가 공익사업의 시행자가 불요존국유림을 철도사업 등 토지보상법에 의한 공익사업에 사용할 필요가 있는 경우에도, 국유림법에서 정하는 절차와 방법에 따라 소유권이나 사용권을 취득하려는 조치를 우선적으로 취하지 아니한 채 토지보상법에 의한 재결을 통해 불요존국유림의 소유권이나 사용권을 취득할 수 없다고 보아야 한다. 그 이유는 다음과 같다.

1) 불요존국유림은 국유림으로 보존하여야 할 필요가 크지 않고 국유재산법상 '일반재산'에 해당하므로, 산림청장은 토지보상법에 의한 공익사업 등에 사용하게 되는 경우에는 대통령령에서 정한 기준에 따라 매각·교환·대부할 수 있다(국유재산법 제7조 제1항, 국유림법 제20조 제1항 제1호, 제2항, 제21조 제1항).

2) 국유의 일반재산을 매각·교환·대부하는 계약은 국가가 사경제 주체의 지위에서 하는 '사법상 계약'에 해당한다(대법원 2000. 2. 11. 선고 99다61675 판결 등 참조). 따라서 사업시행자가 불요존국유림에 관하여 산림청장에게 국유림법에 따른 매각·교환·대부계약의 체결을 신청하는 것은 토지보상법상 재결신청의 전제가 되는 '협의 절차'의 실질을 갖는다. 따라서 사업시행자가 위와 같은 매각·교환·대부계약 체결을 신청함 없이 곧바로 재결을 신청하였다면, 사업시행자의 재결신청은 위법하고 그에 따른 재결도 위법하다고 보아야 한다(대법원 1993. 8. 13. 선고 93누2148 판결 등 참조).

3) 따라서 공익사업의 시행자가 불요존국유림을 그 사업에 사용할 필요가 있는 경우에는 우선 국유림법에서 정하는 요건을 갖추어 매각·교환·대부계약의 체결을 적법하게 신청하여야 하고, 그럼에도 산림청장이 위법하게 그 계약체결을 거부하는 경우에 한하여 예외적으로 토지보상법에 따른 재결신청을 할 수 있을 따름이다.

제3절 토지 취득의 사업준비

Ⅰ. 타인의 토지출입

1. 의 의

토지보상법에서는 제2장에서 제9조에서 13조에 걸쳐 사업준비에 관한 규정을 두고 있다. 공익사업의 준비란 공익사업을 위하여 행하는 사전준비 절차로써 타인 토지에 출입하여 측량·조사하는 행위와 측량·조사를 함에 있어서 장해물의 제거 등을 하는 행위를 말한다.

사업시행자는 공익사업의 준비를 위하여 타인이 점유하는 토지에 출입하여 측량 또는 조사를 하고자 할 경우에는 사업의 종류와 출입할 토지의 구역 및 기간을 정하여 시장·군수 또는 구청장(자치구청장을 말함)의 허가를 받아야 한다. 다만, 사업시행자가 국가인 때에는 그 사업을 시행할 관계 중앙행정기관의 장이 특별자치도지사, 시장·군수 또는 구청장에게, 사업시행자가 특별시·광역시 또는 도인 때에는 특별시장·광역시장 또는 도지사가 시장·군수 또는 구청장에게 각각 통지하여야 한다(법 제9조 제1항).

다만 사업인정 이후에 타인의 토지에 출입하고자 하는 때에는 출입허가를 득할 필요는 없으나 일부 절차는 따라야 한다.[177] 또한 사업인정 이후에는 사업시행자는 물론이고 감정평가업자도 토지의 출입·조사권이 가능하도록 2007. 10. 27 개정되었으므로, 감정평가업자도 타인토지의 주체가 될 수 있다.

▣ 토지보상법

제9조 (사업 준비를 위한 출입의 허가 등) ② 사업시행자(특별자치도, 시·군 또는 자치구가 사업시행자인 경우는 제외한다)는 제1항에 따라 측량이나 조사를 하려면 사업의 종류와 출입할 토지의 구역 및 기간을 정하여 특별자치도지사, 시장·군수 또는 구청장(자치구의 구청장을 말한다. 이하 같다)의 허가를 받아야 한다.

177) 토관 2198 (2004. 5. 12) : 사업인정고시가 있은 후에는 사업시행자는 제9조의 규정에 불구하고 사업의 준비나 토지조서 및 물건조서를 작성하기 위하여 필요한 경우 해당 토지 또는 물건에 출입하여 이를 측량하거나 조사할 수 있고, 이 경우 제10조·제11조 및 제13조의 규정을 준용하도록 되어 있으므로, 사업인정고시 후 타인토지에 출입하고자 하는 경우에는 같은 법 제10조(출입의 통지), 제11조(토지점유자의 인용의무) 및 제13조(증표 등의 휴대)의 규정에서 정하는 절차에 따라야 한다고 봅니다.

2. 법적 성격

1) 출입허가 성질

출입에 대한 허가의 성질은 일반적인 상대적 금지를 일정한 요건을 갖춘 경우에 해제하여 일정한 행위를 적법하게 할 수 있는 행정행위를 말한다. 따라서 출입할 수 있는 권리를 설정하여 주는 특허로 보는 것이 타당하다고 보여진다. 다만 이를 예외적 승인으로 보는 견해도 있다.

2) 출입·측량조사의 법적성질

출입·측량조사의 법적성질에 대해서는 공용사용의 일시적 사용으로 볼 수 있으며, 사업시행자가 타인토지에 출입하여 측량·조사하는 행위는 일정한 법적 효과의 발생을 목적으로 하는 것이 아니라, 행정작용을 적정하게 실행함에 필요로 하는 자료·정보 등을 수집하기 위한 행정상 권력적 사실행위로서 행정조사로 보아야 할 것이다.

3. 타인토지 출입의 절차

1) 출입의 절차

타인이 점유하는 토지에 출입하고자 하는 자는 출입하고자 하는 날의 5일전까지 그 일시 및 장소를 특별자치도지사, 시장·군수 또는 구청장에게 통지하여야 한다. 특별자치도지사, 시장·군수 또는 구청장은 이 통지를 받은 때 또는 특별자치도, 시·군 또는 구가 사업시행자인 경우에 특별자치도지사, 시장·군수 또는 구청장이 타인이 점유하는 토지에 출입하려는 때에는 지체 없이 이를 공고하고 그 토지점유자에게 통지하여야 한다(법 제10조 2항).

2) 출입의 제한

타인이 점유하는 토지에 출입하고자 하는 자는 출입함에 있어 일정한 제한이 있다. 즉, 일출 전이나 일몰 후에는 토지점유자의 승낙없이 출입할 수 없으며(법 제10조 3항),

또한 출입의 허가 등을 받고 출입하는 자는 증표 또는 허가증을 지녀야 하고 토지점유자 그 밖의 이해관계인에게 제시하도록 하고 있다(법 제13조).

한편 출입의 허가를 받지 아니하고 타인이 점유하는 토지에 출입하거나 출입하게 한 사업시행자는 200만원 이하의 벌금에 처해진다(법 제97조 제1호).

3) 수인의무

토지보상법은 공익사업의 원활한 시행을 위하여 토지점유자에게 토지출입 등에 따른 일정한 용인의무(수인의무)를 부과하고 있다. 즉 토지점유자는 정당한 사유없이 허가를 받아 출입·측량 및 조사하는 행위를 방해하지 못하도록 명문으로 규정하고 있으며(법 제11조), 이를 위반하여 사업시행자 등의 행위를 방해한 토지점유자는 200만원 이하의 벌금에 처해지게 된다(법 제97조 제2호).

4. 출입에 따른 손실보상

사업시행자 또는 감정평가업자는 타인이 점유하는 토지에 출입하여 측량·조사함으로써 발생하는 손실을 보상하여야 한다. 이 손실보상은 손실이 있은 것을 안날로부터 1년이 지나거나 손실이 발생한 날부터 3년이 지난 후에는 이를 청구할 수 없다(법 제9조 3항 및 4항).

손실보상은 사업시행자와 손실을 입은 자가 협의하여 결정하며 협의가 성립되지 아니한 때에는 사업시행자 또는 손실을 입은 자는 관할 토지수용위원회에 재결을 신청할 수 있다. 손실을 입은 자에게도 재결신청권을 인정하는 것은 일반적인 수용재결 신청권이 사업시행자에게만 있는 것과 비교할 경우 특색이라 할 수 있다.

5. 출입거부에 대한 강제적 행사가능 검토

1) 문 제 점

한편 최근 사업지구내의 거주 주민들로부터 사업지구의 출입거부 및 기본조사 등을 거부하는 사례가 늘면서, 이러한 토지점유자 등이 수인의무를 위반한 경우 사업시행자 등이 직접 실력을 행사하여 강제조사를 할 수 있는 지에 대하여 논의가 대두되고 있다.

2) 학설 및 유권해석의 입장

(1) 부 정 설

토지보상법에서는 이러한 수인의무 위반의 경우 벌금규정만 마련하고 강제적 수단을 규정하지 않고 있는 것은 조사의 실효성을 간접적으로 확보하려는 것으로 직접적인 실력행사는 부정된다는 견해이다. 이는 국토교통부의 입장이기도하다.

질의회신

□ **택지 58540-147(1994. 03. 05)**

수용재결을 위한 감정평가시 소유자의 거절로 건물출입이 불가하여 감정평가가 불가능할 경우에는 물건조사 및 건축물관리대장 등 공부상 기재내용에 따라 감정평가할 수 있으며, 감정평가를 위하여 출입의 강제나 행정대집행 등은 할 수 없다고 사료됨

(2) 긍 정 설

토지보상법에서 토지소유자가 수인의무를 위반한 경우에 위반의 효과로 제재규정을 두고 있다는 것은 토지소유자가 조사를 방해하는 위법행위를 하는 경우에 강제적 실력행사를 할 수 있다는 견해이다.

(3) 절 충 설

원칙적으로 실력행사는 허용되지 않는다고 보나, 다만 행정조사의 필요성이 긴박하고 조사를 강행하지 않을 경우 공공의 이익을 해할 위험이 큰 경우 다른 수단이 없는 경우 예외적으로 강제조사가 허용된다는 입장이다.

Ⅱ. 장해물 제거 등의 행위

1. 의 의

사업시행자가 타인이 점유하는 토지에 출입하여 측량 또는 조사를 함에 있어서 장해

물의 제거 또는 토지의 시굴(이하 "장해물의 제거등"이라 함)을 하여야 할 부득이한 사유가 있는 경우에는 그 소유자 및 점유자의 동의를 얻어야 한다. 다만, 그 소유자 및 점유자의 동의를 얻지 못한 때에는 사업시행자(특별자치도, 시·군 또는 구가 사업시행자인 경우를 제외한다)는 특별자치도지사, 시장·군수 또는 구청장의 허가를 받아 장애물의 제거등을 할 수 있으며, 특별자치도, 시·군 또는 구가 사업시행자인 경우에 특별자치도지사, 시장·군수 또는 구청장은 허가 없이 장해물의 제거 등을 할 수 있다(법 제 12조 제1항).

특별자치도지사, 시장·군수 또는 구청장은 허가를 하려는 때 또는 특별자치도지사, 시장·군수·구청장이 장해물의 제거등을 하려는 때에는 미리 그 소유자 및 점유자의 의견을 들어야 한다.

2. 법적 성격

장해물 제거 등은 공용제한 중 사업제한으로 볼 수 있을 것이다. 사업제한이란 공익사업의 원활한 수행을 위하여 사업지·사업인접지·사업예정지에서 재산권에 가하는 제한을 말한다.

3. 장해물 제거 등의 절차

장해물의 제거 등을 하고자 하는 자는 장해물의 제거 등을 하고자 하는 날의 3일전까지 그 소유자 및 점유자에게 통지하여야 한다.

사업시행자는 제1항의 규정에 따라 장해물의 제거 등을 함으로써 발생하는 손실을 보상하여야 한다.

한편 사업시행자가 장해물의 제거 등을 하고자 하는 경우에는 그러한 행위를 하고자 하는 날의 3일 전까지 그 소유자 또는 점유자에게 통지하여야 한다(법 제12조 제3항). 다만 이 경우 통지방법은 원칙적으로는 서류로 하여야 하겠지만 구술로써도 가능하다(령 제3조 단서).

4. 효　과

타인토지출입 허가와 같이 토지점유자의 인용의무(법11조), 손실보상청구권(법12조4항,

80조), 사용기간 만료시 반환 및 원상회복의무(법48조), 기타 행정쟁송권이 발생한다. 또 실효성확보 수단으로 법 12조 1항에 위반하여 장해물을 제거한자는 200만 이하의 벌금에 처한다(법 97조 제3호).

Ⅲ. 행위제한 및 토지보전

1. 행위제한의 의의

한편, 택지개발 및 산업단지 조성 사업 등 공익사업시행을 위한 개별 법률에서는 예정지구가 지정(고시) 이후에는 건축물 및 공작물, 수목식재 행위 등이 금지되고, 이러한 제한행위를 하는 경우 시장·군수 등의 행위허가를 받아야 한다. 이러한 행위를 허가 없이 한 경우에는 원상회복 의무가 부여됨은 물론 행정대집행법에 의거 행정대집행이 가능하다.

이는 사업지구내에서 건축물 등의 설치를 제한 없이 허용한다면 조만간 철거되어야 할 건축물 등에 대한 보상으로 불필요한 예산집행이 이루어질 수 있고, 또한 최근과 같이 공익사업의 현장에서 보상의 투기가 이루지고 있으므로, 이를 막기 위하여 미리 공익사업 시행을 알리고 일정한 행위를 규제함으로써 공익사업의 효율성을 기하고 사회경제적인 손실을 사전에 방지하기 위한 제도이다. 다만, 예정지구의 지정 및 고시 당시 이미 관계 법령에 따라 행위허가를 받았거나 허가를 받을 필요가 없는 행위에 관하여 그 공사 또는 사업에 착수한 자는 대통령령으로 정하는 바에 따라 특별자치도지사·시장·군수 또는 자치구의 구청장에게 신고한 후 이를 계속 시행할 수 있다.

▣ **택지개발촉진법**

제6조 (행위제한 등) ① 제3조의3에 따라 택지개발지구의 지정에 관한 주민 등의 의견청취를 위한 공고가 있는 지역 및 택지개발지구에서 건축물의 건축, 공작물의 설치, 토지의 형질변경, 토석(土石)의 채취, 토지분할, 물건을 쌓아놓는 행위 등 대통령령으로 정하는 행위를 하려는 자는 특별자치도지사·시장·군수 또는 자치구의 구청장의 허가를 받아야 한다. 허가받은 사항을 변경하려는 경우에도 또한 같다.

② 다음 각 호의 어느 하나에 해당하는 행위는 제1항에도 불구하고 허가를 받지 아니하고 할

수 있다.
1. 재해 복구 또는 재난 수습에 필요한 응급조치를 위하여 하는 행위
2. 그 밖에 대통령령으로 정하는 행위
③ 제1항에 따라 허가를 받아야 하는 행위로서 택지개발지구의 지정 및 고시 당시 이미 관계 법령에 따라 행위허가를 받았거나 허가를 받을 필요가 없는 행위에 관하여 공사 또는 사업에 착수한 자는 대통령령으로 정하는 바에 따라 특별자치도지사·시장·군수 또는 자치구의 구청장에게 신고한 후 이를 계속 시행할 수 있다.
④ 특별자치도지사·시장·군수 또는 자치구의 구청장은 제1항을 위반한 자에게 원상회복을 명할 수 있다. 이 경우 명령을 받은 자가 그 의무를 이행하지 아니하면 특별자치도지사·시장·군수 또는 자치구의 구청장은 「행정대집행법」에 따라 이를 대집행(代執行)할 수 있다.

2. 토지보전 의무와의 비교

이와 같이 대부분의 공익사업예정 고시지역에서는 사업의 지장을 주는 행위에 대하여 각종 행위에 대한 제한을 두고 있는데, 이러한 행위제한과 유사한 제도가 토지보상법 제25조의 토지 등의 보전의무이다.

토지보상법에서 사업인정 고시 후에는 누구든지 고시된 토지에 대하여 사업에 지장을 초래할 행위를 금지하고 있으며, 이를 위반 시에는 1년 이하 징역 또는 500만원 이하 벌금에 처하도록 규정하고 있으며, 이외에도 이러한 위반행위에 대하여는 손실보상을 청구하지 못하도록 규정하고 있다.

▣ 토지보상법

제25조 (토지등의 보전) ① 사업인정고시가 된 후에는 누구든지 고시된 토지에 대하여 사업에 지장을 줄 우려가 있는 형질의 변경이나 제3조 제2호 또는 제4호에 규정된 물건을 손괴하거나 수거하는 행위를 하지 못한다.
② 사업인정고시가 된 후에 고시된 토지에 건축물의 건축·대수선, 공작물(工作物)의 설치 또는 물건의 부가(附加)·증치(增置)를 하려는 자는 특별자치도지사, 시장·군수 또는 구청장의 허가를 받아야 한다. 이 경우 특별자치도지사, 시장·군수 또는 구청장은 미리 사업시행자의 의견을 들어야 한다.
③ 제2항을 위반하여 건축물의 건축·대수선, 공작물의 설치 또는 물건의 부가·증치를 한 토지소유자 또는 관계인은 해당 건축물·공작물 또는 물건을 원상으로 회복하여야 하며 이에 관한 손실의 보상을 청구할 수 없다.

따라서 공익사업 시행을 위한 개별 법률에서의 "행위제한"과 토지보상법에 의한 "토지 등의 보전의무"는 모두 원활한 공익사업을 시행을 위하여 사업에 지장을 초래하는 행위를 금지한다는데 동일한 목적이 있으나, 토지보상법에 의한 토지 등의 의무를 위반한 경우에는 손실보상을 배제한다는 점이 공익사업시행 법률과 차이가 있다 할 것이다.

표 9. 토지보전 의무 및 행위제한 비교

구 분	토지보상법	각 개발법률
명칭	토지보전 의무(법 제25조)	행위제한
허가대상 행위	건축물의 건축·대수선, 공작물의 설치 또는 물건의 부가·증치	건축물의 건축, 공작물의 설치, 토지의 형질변경, 토석의 채취, 토지분할
시점	사업인정 이후	공람공고
허가권자	특별자치도지사, 시장·군수 또는 구청장	특별자치도지사·시장·군수 또는 자치구의 구청장
위반시 제재	원상회복의무, 보상청구 금지	원상회복의무, 행정대집행
행정벌	위반한 자는 1년 이하의 징역 또는 500만원 이하의 벌금	1년 이하의 징역 또는 2천만원 이하의 벌금

판 례

□ 대법원 2014. 11. 13. 선고 2013두19738 판결

구 「공익사업을 위한 토지 등의 취득 및 보상에 관한 법률」(2011. 8. 4. 법률 제11017호로 개정되기 전의 것. 이하 '토지보상법'이라 한다) 제25조 제2항은 "사업인정고시가 있은 후에는 고시된 토지에 건축물의 건축·대수선, 공작물의 설치 또는 물건의 부가·증치를 하고자 하는 자는 특별자치도지사, 시장·군수 또는 구청장의 허가를 받아야 한다. 이 경우 특별자치도지사, 시장·군수 또는 구청장은 미리 사업시행자의 의견을 들어야 한다."고 규정하고, 같은 조 제3항은 "제2항의 규정에 위반하여 건축물의 건축·대수선, 공작물의 설치 또는 물건의 부가·증치를 한 토지소유자 또는 관계인은 당해 건축물·공작물 또는 물건을 원상으로 회복하여야 하며 이에 관한 손실의 보상을 청구할 수 없다."고 규정하고 있다. 이러한 규정의 취지에 비추어 보면, 건축법상 건축허가를 받았더라도 허가받은 건축행위에 착수하지 아니하고 있는 사이에 토지보상법상 사업인정고시가 된 경우 고시된 토지에 건축물을 건축하려는 자는 토지보상법 제25조에 정한 허가를 따로 받아야 하고, 그 허가 없이 건축된 건축물에 관하여는 토지보상법상 손실보상을 청구할 수 없다고 할 것이다.

3. 행위제한 위반에 대한 보상논의

이러한 행위제한을 위반한 불법 건축물 등이 토지 등의 보전의무를 위반하지 않은 경우 이에 대하여 보상여부가 논의되고 있다.

1) 보상불가설

각 개별법이 사업시행예정지역 지정제도를 두고 이를 고시하여 당해 지역에서 조만간 사업시행이 예정되어 있음을 알리고 사업시행에 지장을 주는 일정한 행위를 금지하고 이의 위반시에는 벌금 등으로 처벌을 규정하고 있는데도 불구하고 이러한 행위에 대하여 정당한 보상을 한다는 것은 문제가 있다는 견해이다.

2) 보상가능설

행위규제 위반행위가 벌금 등의 처벌대상이라 하더라도 그 재산권을 부인하거나 사용, 수익 등이 부정되는 것은 아니다. 더구나 토지보상법에서는 사업인정 이후의 토지 보전의무 위반행위에 대해서만 보상을 배제하고 있어 단순히 행위제한 위반행위를 하였다 하여 보상을 배제하는 것은 보상법정주의에 위반한다는 견해이다.

따라서 위법의 정도가 중대하여 합법화될 가능성이 전혀 없거나 사회통념상 거래 객체가 되지 못하는 등의 경우가 아니라면[178] 이를 손실보상에서 제외된다고 할 수 없다는 견해이다.

3) 판례의 입장

판례는 원칙적으로 사업인정 이전의 행위에 대해서는 불법 여부를 떠나 원칙적으로 보상이 된다는 입장이다. 하급심 판례에서 택지개발예정지구 고시 후 건축된 무허가건축물에 대하여 손실보상 대상으로 인정한 판례가 있다.[179]

---

178) 대법원 2001. 4. 13. 선고 2000두6411 판결 : 주거용 건물이 아닌 위법 건축물의 경우에는 관계 법령의 입법 취지와 그 법령에 위반된 행위에 대한 비난가능성과 위법성의 정도, 합법화될 가능성, 사회통념상 거래 객체가 되는지 여부 등을 종합하여 구체적·개별적으로 판단한 결과 그 위법의 정도가 관계 법령의 규정이나 사회통념상 용인할 수 없을 정도로 크고 객관적으로도 합법화될 가능성이 거의 없어 거래의 객체도 되지 아니하는 경우에는 예외적으로 수용보상 대상이 되지 아니한다.

179) 서울행정법원 2003. 4. 11. 2002구합13406 판결 : 건축법 등 관계 법령에 위반하여 건축된 건물도 ①

또한 무엇보다도 사업인정 이전에 행하여진 행위에 대하여 대법원은 손실보상이 명백하다고 판시[180]하고 있어, 행위제한 위반행위에 대하여 사업인정 이전의 행위라면 보상이 불가피할 것으로 보인다.

다만, 대법원은 사업인정 이전의 행위라도 위법의 정도가 사회통념상 용인할 수 없는 경우[181]나 손실보상만을 목적으로 설치한 경우[182]는 보상의 대상이 되지 않는다고 한다.

4) 사 견

현행 각 개별 법률에서 행위제한을 위반하는 경우 대부분 행정벌이나 행정대집행이 가능하도록 규정하고 있으나, 관할 지방자치단체의 행정대집행 기피 등으로 현실적으로 강제철거가 곤란하여 불가피하게 보상을 하는 경우도 많이 있다.

앞서 살펴본 바와 같이 불법의 정도가 크거나 보상만을 위한 행위를 제외하고, 행위

현행법상 소유권 기타 재산권의 객체로서 거래되고 있는 점, ② 당해 부지의 수용에 의하여 발생하는 지장물의 보상범위에 관하여 토지수용법 및 관계 법령은 건축허가 여부에 따라 구별하고 있지 아니하며 지장물인 건물의 손실보상금 산정에 있어서도 ③ 무허가건물을 제외한다는 명문의 규정이 없는 점, ④ 건축허가는 그 허가 자체가 재산권적 요소를 띤 것이 아닌 점 등을 종합하여 보면, 지장물인 건물은 그 건물이 적법한 건축허가를 받아 건축된 것인지 여부에 관계없이 토지수용법상의 사업인정 고시 이전에 건축된 건물이기만 하면 손실보상의 대상이 된다고 할 것이고(대법원 2000. 3. 10. 선고 99두10896 판결 참조), 택지법에 의한 개발계획의 승인, 고시가 있은 때에는 토지수용법상의 사업인정 및 고시가 있은 것으로 보므로, 이 사건 건물이 위 개발계획 승인, 고시일인 2000. 1. 10. 이전에 건축된 것이라면 손실보상의 대상에 해당된다고 할 것이다.

180) 대법원 2000. 3. 10. 선고 99두10896 판결 : 지장물인 건물은 그 건물이 적법한 건축허가를 받아 건축된 것인지 여부에 관계없이 토지수용법상의 사업인정의 고시 이전에 건축된 건물이기만 하면 손실보상의 대상이 됨이 명백하다.

181) 대법원 2001. 4. 13. 선고 2000두6411 판결 : 건축허가와 공원사업시행승인이 차례로 취소되어 이 사건 건물은 물론 형질변경된 토지 부분에 대하여 철거 등 원상복구명령을 받았으나 이행하지 아니한 점, 그 후 행정대집행의 계고서가 발부되기까지 하였으나, (중략) 그 수용과 상관없이 주위 환경과 어울리지 아니하는 등 철거될 수밖에 없어 사회통념상 거래의 대상이 될 여지도 없는 점, 원고로서는 이 사건 수용으로 오히려 이 사건 건물의 철거비용을 부담하지 않게 된 점 등을 인정할 수 있는바, 사실관계가 이와 같다면, 이 사건 건물은 그 위법의 정도가 관계 법령의 규정이나 사회통념상 용인할 수 없을 정도로 크고 객관적으로도 합법화될 가능성이 거의 없어 거래의 객체가 될 수도 없는 경우에 해당하여 수용보상의 대상에서 제외된다고 봄이 마땅하다.

182) 대법원 2013. 2. 15. 선고 2012두22096 판결 : 사업시행자의 보상계획공고 등으로 공익사업의 시행과 보상 대상 토지의 범위 등이 객관적으로 확정된 후 해당 토지에 지장물을 설치하는 경우에 그 공익사업의 내용, 해당 토지의 성질, 규모 및 보상계획공고 등 이전의 이용실태, 설치되는 지장물의 종류, 용도, 규모 및 그 설치시기 등에 비추어 그 지장물이 해당 토지의 통상의 이용과 관계없거나 이용 범위를 벗어나는 것으로 손실보상만을 목적으로 설치되었음이 명백하다면, 그 지장물은 예외적으로 손실보상의 대상에 해당하지 아니한다고 보아야 한다.

제한 위반의 불법행위라 할지라도 사업인정 이전의 행위이면 현실적으로 보상이 이루어지고 있다. 그러나 이것은 다소 문제가 있다고 본다. 왜냐하면 각 공익사업 시행 법률에서 지구지정 또는 의견청취나 공람공고 등이 있는 경우 일정한 행위제한을 규정하고 있는 것은 당해 지역에서 공익사업을 조만간 시행할 것을 알리고 사업의 시행에 지장을 주는 행위를 금지하여 사회적 낭비요인을 사전에 제거하기 위함이다. 만일 이러한 위반행위에 대하여 보상을 한다면 행위제한의 본질적 취지를 퇴색시킬 뿐만 아니라 행위제한의 실효성 확보가 어려울 것으로 보인다.

손실보상은 특별한 희생의 경우 요구되나 이와 같이 행위제한을 위반한 경우까지 특별한 희생에 해당하는 지는 여러모로 수긍하기 어렵다고 본다. 따라서 행위제한의 근본 취지를 살리기 위해서는 토지보상법을 개정하여 현행 사업인정 이후의 보상청구 금지 규정(법 제25조)을 관계법령 등에 의한 고시 등 이후 행위제한 위반행위에 대하여 보상청구를 금지하도록 개정하여야 할 것으로 보인다.

제4절 공용사용의 보상법리

Ⅰ. 공용사용의 의의

공용사용이라 함은 특정한 공익사업을 위하여 그 사업시행자가 타인의 소유에 속하는 토지, 기타의 재산권에 대하여 공법상의 사용권을 취득하고, 상대방인 소유자 및 기타의 권리자는 공익사업을 위한 사용을 수인하여야 할 공법상의 의무를 부담하는 경우를 말한다.183)

이러한 공용사용은 강학상 공용제한의 일종으로 볼 수 있으나, 특정한 재산권을 사업시행자가 사용하는 것을 수인해야 한다는 점에서는 공용제한과는 그 차이가 있으며, 학자에 따라서는 공용사용의 하나인 사용제한이라고 한다.

공용수용은 그 내용으로 보아 일시적 사용과 계속적 사용으로 나누어진다. 일시적 사용은 공익사업의 주체가 타인의 토지·건물 기타 재산을 일시적으로 사용하는 것인 반면에, 계속적 사용은 타인의 재산권을 계속적으로 사용하는 것을 말하는 것으로, 이는 개인의 재산권에 대한 중대한 제한임으로 공용수용과 동일한 신중한 절차와 보상방법에 따라 그 사용권이 설정되는 것이 원칙이다.

Ⅱ. 공용사용의 법적 근거

공용사용은 공용수용과 같이 토지보상법이 일반법이며, 그 외에 국토계획법 , 하천법 등 각 개발관련 법령에서 공용사용에 대하여 규정하고 있다.

▣ 토지보상법

제19조 (토지등의 수용 또는 사용) ① 사업시행자는 공익사업의 수행을 위하여 필요한 때에는 이 법이 정하는 바에 따라 토지등을 수용 또는 사용할 수 있다.
② 공익사업에 수용 또는 사용되고 있는 토지등은 특별히 필요한 경우가 아니면 이를 다른 공익사업을 위하여 수용 또는 사용할 수 없다.

183) 김남진, 행정법Ⅱ, 법문사, 2002, 519면

Ⅲ. 공용사용의 유형

공용사용은 그 내용에 따라 일시적 사용과 계속적 사용으로 구분될 수 있다.

1. 일시적 사용

공익사업의 시행자가 타인의 토지 및 건축물 등 기타 재산을 일시적으로 사용하는 것을 말한다. 앞서 살펴본 공익사업을 위한 사전준비를 위하여 타인의 토지에 출입하는 경우가 이에 해당한다.

이러한 일시적 사용으로 인한 손실에 대해서는 토지보상법에 보상규정을 두고 있다.

▣ **토지보상법 시행규칙**

제30조 (토지의 사용에 대한 평가) 토지의 사용료는 임대사례비교법으로 평가한다. 다만, 적정한 임대사례가 없거나 대상토지의 특성으로 보아 임대사례비교법으로 평가하는 것이 적정하지 아니한 경우에는 적산법으로 평가할 수 있다.

2. 계속적 사용 및 수용청구권

그러나 계속적 사용에 대하여는 개인의 재산에 중대한 제한이므로 공용수용과 같은 신중한 절차에 의하여 그 사용권이 설정되는 것이 원칙이다.

판 례

□ **대법원 1990. 4. 13. 선고 88누11247 판결**

일시적인 사용이 아니라 지하철도의 선로를 부설하여 지하철도용지로 사용되는 토지에 대하여는 토지수용법이 규정한 수용 또는 사용절차에 따라 그 토지의 소유권을 취득하거나 그 토지의 지상 또는 지하에 대하여 사용권을 설정하여야만 이를 사용할 수 있다고 보는 것이 타당하다.

한편, 사업인정고시가 된 후 다음 각 호의 어느 하나에 해당할 때에는 해당 토지소유자는 사업시행자에게 해당 토지의 매수를 청구하거나 관할 토지수용위원회에 그 토지의 수용을 청구할 수 있다. 이 경우 관계인은 사업시행자나 관할 토지수용위원회에 그 권리의 존속(存續)을 청구할 수 있다(법 제72조).

1. 토지를 사용하는 기간이 3년 이상인 경우[184]
2. 토지의 사용으로 인하여 토지의 형질이 변경되는 경우
3. 사용하려는 토지에 그 토지소유자의 건축물이 있는 경우

이 매수청구권은 사업인정 고시가 있은 후 공공목적을 위한 사유지의 사용이 장기화될 때 토지소유자의 손실이 커지는 것을 막기 위하여 손실보상의 일환으로 토지소유자에게 부여되는 권리로써,[185] 당해 토지가 수용될 수 있게 하여 완전한 손실보상을 받을 수 있는 길을 열어 주기 위한 목적을 지닌다.

또한 이 매수청구권은 '적법한 공용사용'의 경우에 한정하여 수용청구권을 인정한 것으로 이는 공용제한에 대한 손실보상을 전제한 것이며, 위법한 공용제한의 경우는 원칙상 손해배상법의 법리가 적용된다. 따라서 공공사업의 시행자나 국가 혹은 지방자치단체가 사유지를 불법적으로 점유하여 공익용도로 사용하고 있다면 이는 불법행위에 해당되므로, 통상 토지의 소유자는 소유권에 기한 방해배제청구를 하여 앞으로의 무단사용을 막는 한편 손해배상 또는 부당이득반환을 구하여 그 동안의 손해를 보상받을 수 있고, 이로써 자기의 소유권을 보장받을 수 있으므로 그 소유권을 상실하게 되는 수용청구권을 반드시 부여할 필요는 없는 것이다.

---

184) 헌법재판소 2005. 7. 21. 2004헌바57 : 사업인정고시가 있은 후 3년 이상 사유지가 사용된 경우라면 토지소유자의 선택에 따라 수용청구권을 인정하는 것은 합리적인 조치인 것이다. 이러한 입법은 입법목적을 달성하기 위한 적절한 수단에 해당된다.

185) 대법원 2015. 4. 9. 선고 2014두46669 판결 : 사업인정고시가 된 후 '토지를 사용하는 기간이 3년 이상인 때(제1호)' 등의 경우 당해 토지소유자는 사업시행자에게 그 토지의 매수를 청구하거나 관할 토지수용위원회에 그 토지의 수용을 청구할 수 있도록 정하고 있다. 위 규정의 문언, 연혁 및 취지 등에 비추어 보면, 위 규정이 정한 수용청구권은 토지보상법 제74조 제1항이 정한 잔여지 수용청구권과 같이 손실보상의 일환으로 토지소유자에게 부여되는 권리로서 그 청구에 의하여 수용효과가 생기는 형성권의 성질을 지니므로, 토지소유자의 토지수용청구를 받아들이지 아니한 토지수용위원회의 재결에 대하여 토지소유자가 불복하여 제기하는 소송은 토지보상법 제85조 제2항에 규정되어 있는 '보상금의 증감에 관한 소송'에 해당하고, 그 피고는 토지수용위원회가 아니라 사업시행자로 하여야 한다.
원고는 피고에게 이 사건 도시계획사업의 사업시행자인 서울특별시 강서구청장이 사업인정고시가 된 후 3년 이상 이 사건 토지를 사용하였다고 주장하면서 토지보상법 제72조 제1호를 근거로 이 사건 토지의 수용을 청구한 사실, ② 피고는 토지보상법 제72조 제1호의 요건에 해당하지 않음을 이유로 원고의 수용청구를 각하하는 재결을 한 사실, ③ 원고는 피고를 상대로 위 각하재결의 취소를 구하는 이 사건 소를 제기한 사실을 알 수 있다. 이러한 사실관계를 위 법리에 비추어 보면, 이 사건 소는 사업시행자인 서울특별시 강서구청장을 피고로 하여야 한다. 따라서 토지수용위원회를 피고로 한 이 사건 소는 부적법하다고 할 것이다.

▣ **토지보상법 시행규칙**

제31조 (토지의 지하·지상공간의 사용에 대한 평가) ① 토지의 지하 또는 지상공간을 사실상 영구적으로 사용하는 경우 당해 공간에 대한 사용료는 제22조의 규정에 의하여 산정한 당해 토지의 가격에 당해 공간을 사용함으로 인하여 토지의 이용이 저해되는 정도에 따른 적정한 비율(이하 이 조에서 "입체이용저해율"이라 한다)을 곱하여 산정한 금액으로 평가한다.
② 토지의 지하 또는 지상공간을 일정한 기간동안 사용하는 경우 당해 공간에 대한 사용료는 제30조의 규정에 의하여 산정한 당해 토지의 사용료에 입체이용저해율을 곱하여 산정한 금액으로 평가한다.

Ⅳ. 공용사용의 절차

1. 공용사용의 일반적 절차

공용사용의 절차도 공용수용의 절차가 그대로 적용된다. 따라서 협의에 의한 사용절차를 거친 후 협의가 성립되지 않을 경우 공용수용의 절차에 의거 사용재결에 의하여 사용대상 토지 등을 사용할 수 있다.

□ **대법원 1990. 4. 13. 선고 88누11247 판결**

일시적인 사용이 아니라 지하철도의 선로를 부설하여 지하철도용지로 사용되는 토지에 대하여는 토지수용법이 규정한 수용 또는 사용절차에 따라 그 토지의 소유권을 취득하거나 그 토지의 지상 또는 지하에 대하여 사용권을 설정하여야만 이를 사용할 수 있다고 보는 것이 타당하다.

2. 공용사용의 약식절차

공용사용도 공용수용의 절차에 의하여 강제적으로 사용할 수 있으나, 토지보상법은 공용사용의 경우 특별한 경우에 한하여 약식절차가 인정되고 있다. 이에 대하여는 "제6절 V. 공용사용 및 사용재결" 부분에서 자세하게 다루도록 하겠다.

Ⅴ. 공용사용의 효과

공용사용의 효과는 공용수용의 효과와 동일하다 하겠다. 다만 공용사용의 효과 가운데 가장 기본이 되는 효과는 사업시행자가 사용재결을 거친 경우, 사용의 개시일에 사용대상 토지나 물건의 사용권을 취득하며, 그 토지나 물건에 관한 다른 권리는 사용의 기간 중에는 행사하지 못한다.

▣ **토지보상법**

제45조 (권리의 취득·소멸 및 제한) ② 사업시행자는 사용의 개시일에 토지나 물건의 사용권을 취득하며, 그 토지나 물건에 관한 다른 권리는 사용의 기간중에는 이를 행사하지 못한다.
③ 토지수용위원회의 재결로 인정된 권리는 제1항 및 제2항의 규정에 불구하고 소멸되거나 그 행사가 정지되지 아니한다.

따라서 사업시행자는 사용의 개시일에 토지 등의 사용권을 획득하는 반면에, 토지 등의 소유자는 소유권이 아닌 사용권에 대해서 사업시행자가 사용할 수 있도록 수인의무가 수반된다 할 것이다.

제5절 협의에 의한 취득 또는 사용

Ⅰ. 협의취득의 개설

협의제도는 공익사업에 제공될 토지 등을 간편하게 취득하여 사업을 원활하게 수행하는 것을 목적으로 한다. 이를 위해 사업시행자는 공익사업지구내의 토지 등의 소유자 등에게 당해 공익사업의 취지를 이해시켜 임의의 협력을 구할 필요가 있다.

종전 토지수용법은 사업인정을 받은 사업시행자는 공익사업 내의 토지 및 물건에 대한 조서를 작성 후 반드시 협의를 거치고 재결절차를 거쳐야만 대상 토지의 소유권을 취득할 수 있었다. 따라서 사업인정 이후의 협의를 필수적 절차로 규정하였던데 반해, 현행 토지보상법은 공익사업의 원활한 수행과 피수용자의 지위를 조속히 안정화시키기 위해 본 절차를 임의화 하였다.

종전의 용지취득은 공특법에 의한 협의절차를 거치고도 협의가 성립되지 않은 경우 토지수용법에 의한 사업인정을 받아 일련의 수용절차를 다시 거쳐 수용하도록 하여 절차의 중복을 초래하였다. 그러나 현행 토지보상법은 사업인정 전 협의절차를 거친 경우 토지 및 물건조서에 변동사항이 없을 경우 사업시행자, 토지소유자 및 관계인 중 어느 일방이 요구하는 경우에만 임의협의를 하도록 하고 기타 절차는 생략할 수 있도록 개선하였다.[186]

Ⅱ. 토지조서 및 물건조서 작성

1. 조서의 의의

토지 및 물건조서라 함은 공익사업을 위하여 수용 또는 사용하기 위한 토지 및 물건의 내용을 사업시행자가 일정한 절차를 거쳐 작성한 문서라고 할 수 있다.

186) 한국감정원, 토지보상법, 2003, 394~395면.

이 토지 및 물건조서작성은 사업시행자로 하여금 미리 재결하여야 할 토지 등에 대하여 필요한 사항을 확인시키고 또한 이를 토지소유자 및 관계인에게도 확인시켜, 토지 및 물건에 대한 상황을 명백히 파악하게 하고, 그 내용에 대하여 일응 진실성의 확정력을 부여하여[187] 토지수용위원회에 있어서의 심리의 신속과 원활을 기하려는 데 있다.

> **□ 대법원 1993. 9. 10. 선고 93누5543 판결**
>
> 토지조서는 재결절차의 개시 전에 사업시행자로 하여금 미리 토지에 대하여 필요한 사항을 확인하게 하고, 또한 토지소유자와 관계인에게도 이를 확인하게 하여 토지의 상황을 명백히 함으로써 조서에 기재된 사항에 대하여 일응 진실성의 추정을 인정하여, 토지의 상황에 관한 당사자 사이의 차후 분쟁을 예방하며 토지수용위원회의 심리와 재결 등의 절차를 용이하게 하고 신속·원활을 기하려는데 그 작성의 목적이 있다.

2. 조서작성의 방법

토지 및 물건조서의 작성을 위하여는 먼저 토지대장 및 건축물관리대장대장 등의 공부의 확인 및 기본조사를 거쳐 그 결과를 토대로 토지 및 물건조서를 작성하게 된다.

1) 토지조서

토지조서에는 다음 각호의 사항을 기재하여야 한다.

① 토지의 소재지·지번·지목·전체면적 및 편입면적과 현실적인 이용상황
② 소유자의 성명 및 주소
③ 소유권외의 권리를 가진 자의 성명 및 주소와 그 권리의 종류 및 내용
④ 작성일과 그 밖에 토지에 관한 보상금 산정에 필요한 사항

2) 물건조서

물건조서에는 다음 각호의 사항을 기재하여야 한다.

187) 박윤흔, 행정법강의(下), 박영사, 1998, 662면.

① 물건(광업권·어업권 또는 물의 사용권 포함)이 있는 토지의 소재지 및 지번
② 물건의 종류·구조·규격 및 수량
③ 소유자의 성명 및 주소
④ 소유권외의 권리를 가진 자의 성명 및 주소와 그 권리의 종류 및 내용
⑤ 작성일과 그 밖에 물건에 관한 보상금 산정에 필요한 사항

또한 건축물인 경우에는 그 실측평면도를 첨부하여야 한다. 다만, 실측한 편입면적이 건축물대장에 첨부된 건축물현황도에 의한 편입면적과 일치하는 경우에는 건축물현황도로 실측평면도를 갈음할 수 있다.

3) 소유자등의 서명날인

사업시행자는 기본조사를 통하여 토지조서 및 물건조서를 작성한 후에 그 조서에 소유자등의 서명 또는 날인을 받아야 한다. 다만, 정당한 사유 없이 이를 거부하거나 그 주소·거소를 알 수 없는 경우에는 그러하지 아니하되, 사업시행자는 해당 토지조서 및 물건조서에 그 사유를 기재하여야 한다.

토지보상법에서는 사업시행자가 사업인정 전에 협의에 의하여 토지등을 취득 또는 사용할 때에는 이들 조서에 서명 또는 날인을 받아야 한다.

한편, 이러한 사업시행자, 토지소유자 및 관계인의 조서상 서명 또는 날인은 단순히 작성된 조서의 내용이 사실과 부합하는지 여부를 확인하는 조서작성의 절차상 의미일 뿐 수용목적물이나 보상목적물의 동의를 의미한다고 볼 수 없다. 즉 이 서명·날인은 작성된 조서의 내용에 대하여 누락·위산·오기 등이 있는 지를 확인하여 시정의 기회를 가지게 하고 또한 조서의 수정·변경을 함부로 할 수 없도록 하여 조서의 사실관계를 명확히 하고자 하는 것으로 수용이나 보상에 따른 법률관계의 확정이 아닌 것이다.[188) 따라서 토지수용위원회가 재결을 함에 있어 반드시 조서의 기재내용대로 재결하여야 하는 것은 아니며,[189) 설사 토지조서의 작성에 하자가 있다 하여 그것이 곧 수용재결이

188) 이선영, 신토지수용과 보상법론, 리북스, 2005, 196면.
189) 대법원 2002. 9. 6. 선고 2001두11236 판결 : 협의취득의 전제로서 사업시행자가 공공용지의취득및손실보상에관한특례법시행규칙에 의하여 토지의 이용상황을 조사한 토지조서를 보상계획과 함께 공고하고 대상물건의 소유자등에게 개별통지하였다 하더라도, 중앙토지수용위원회가 정당한 손실보상금을 결정함에 있어서 반드시 그 토지조서에 표시된 대로의 이용상황을 기준으로 하여야 하는 것은 아니다.

나 그에 대한 이의재결의 효력을 미치는 것도 아니다.[190]

4) 작성시점

토지조서 및 물건조서의 작성시점에 대하여 「토지보상법 시행령」 제7조 제1항에서는 '공익사업이 확정되었을 때'가 아니라 '공익사업의 계획이 확정되었을 때'로 규정하고 있으며, '공익사업의 계획이 확정되었을 때'는 관련 법령에 따라 계획의 고시 등의 절차를 거쳐야 하는 경우는 이러한 절차를 거친 때로 보고, 그러한 규정이 없는 경우는 행정적인 의사결정 절차가 완료된 때로 본다.[191]

3. 조서의 공고 및 통지, 열람 및 이의신청

1) 보상계획의 공고 및 통지

사업시행자는 토지 및 물건조서를 작성한 때에는 공익사업의 개요, 토지조서 및 물건조서의 내용과 보상의 시기, 방법 및 절차 등을 기재한 보상계획을 전국 일간신문에 공고하고, 소유자등에게 각각 통지하여야 한다. 다만, 소유자 등이 20인 이하인 경우에는 공고를 생략할 수 있다. 그러나 이 경우에도 대상물건의 소유자 또는 권리자에게 보상계획을 개별통지하고, 그 내용을 14일 이상 일반에게 열람시켜야 한다.[192]

---

190) 대법원 1993. 9. 10. 선고 93누5543 판결 : 토지소유자 등에게 입회를 요구하지 아니하고 작성한 조서는 절차상의 하자를 지니게 되어 조서의 기재에 대한 증명력에 관한 추정력이 인정되지 아니하는 것일 뿐 토지조서의 작성에 하자가 있다 하여 그것이 곧 수용재결이나 그에 대한 이의재결의 효력을 미치는 것은 아니라 할 것으로, 토지조서에 실제 현황에 관한 기재가 되어 있지 아니하다거나 실측평면도가 첨부되어 있지 아니하다거나 토지소유자의 입회나 서명날인이 없다든지 하는 사유만으로는 이의재결이 위법하다 하여 그 취소를 구할 사유로 삼을 수 없다.

191) 중앙토지수용위원회, 토지수용편람, 2018, 36면 : 실무적으로는 기본조사 완료 후 작성하게 된다.

192) ① 토정 58342-492(1999. 3. 23) : 특례법상의 "대상물건의 소유자 또는 권리자"란 토지 및 그 토지위에 있는 물건의 소유자와 토지 및 물건에 대한 소유권이외의 지상권·지역권·전세권·저당권 등 보상받을 수 있는 모든 권리자를 의미하므로 분묘의 소유자 또는 연고자도 이에 해당되며, 종중의 재산귀속은 총유이므로 대상물건의 소유자 또는 권리자가 종중인 경우에는 이를 1인으로 보면 될 것입니다. 특례법 시행규칙 제5조의3 제1항의 단서 규정에 의거 보상계획 공고를 생략하는 경우에도 대상물건의 소유자 또는 권리자에게 보상계획을 개별통지하고, 동조 제2항의 규정에 의거 그 내용을 14일 이상 일반에게 열람시켜야 합니다.

② 토지정책과-2991(2010. 6. 4) : 토지보상법 제20조에 의한 사업인정 전 협의에 의한 보상절차를 이행함에 있어 동 법 제15조 제1항에 의한 토지소유자 및 관계인이 20인 이하인 경우에 해당되어 보상계획을 전국을 보급지역으로 하는 일간신문에 공고를 생략하더라도 통지와 열람 등의 일정한 절차를 거친 경우

한편 이 보상계획 공고는 통상적으로 토지 및 물건조서를 열람하도록 하고 있어, 이 조서 열람공고가 주된 내용이 된다. 따라서 보상계획 공고 시에 토지 및 물건의 조서가 공고되어야 하고, 토지소유자 등에게 통지되어야 한다.[193]

그러나 보상계획 공고 시 보상대상물이 방대하여 토지 및 물건조서의 내용을 그대로 공고하기 곤란한 경우가 대부분이므로 일반적으로는 보상계획 공고시 토지의 경우는 지번만 공고하고, 물건조서는 "위 지번에 소재하는 지장물 일체"라는 문구를 이용하여 포괄공고가 이루어지고 있는 실정이다. 이러한 포괄공고가 토지보상법상 보상공고의 적법성 위반 내지 보상절차의 하자 등으로 인하여 수용재결 등의 효력에 문제가 제기될 수 있는지에 대한 검토가 있으나,[194] 개별통지 및 열람 등으로 소유자등을 확인할 수 있는 방법이 제시된다면 보상대상물 전체를 공고하지 아니하여도 될 것으로 보고 있다. 다만 보상계획 공고에서 누락된 토지 등에 대해서는 추후 수용재결의 효력에 있어 위법하다는 입장이 다수의 견해임으로 보상계획 공고 시 토지의 지번이 누락되지 않도록 하여야 할 것이다.[195]

2) 토지조서 등의 열람

사업시행자는 보상계획을 공고 또는 통지한 때에는 그 내용을 14일 이상 일반인이 열람할 수 있도록 하여야 한다. 다만, 사업지역이 2 이상의 시·군·자치구에 걸쳐 있거

협의보상이 가능하다고 보며, 개별적인 사례에 대하여는 사실관계 등을 검토하여 판단하시기 바랍니다.

193) 토지정책과-1398(2011. 3. 24) : 토지조서 및 물건조서의 내용은 보상대상 토지 및 물건의 범위를 말한다고 보며, 토지소유자 및 관계인 등의 인적사항이 포함된 토지조서 및 물건조서의 구체적인 내용은 각각 개별 통지하여야 합니다.

194) ① 전체의 공고가 사실상 어려운 경우에는 전체를 공고하지 않더라도 위법하지 않은 것으로 해석되고 있다. 류해웅, "신수용보상법론", 부연사, 2005, 361면.
② 토행 7811-8241(1981. 4. 20) : 보상대상물이 방대하여 토지조서 및 물건조서의 내용을 그대로 공고하기 곤란한 경우 개별통지 및 열람 등으로 소유자 등을 확인할 수 있는 방법이 제시된다면 전체를 공고하지 않아도 된다.
③ LH(한국토지주택공사) 보상계획공고관련 법률자문결과 검토의견서 : "토지보상법 제15조 제1항은 강행규정으로 포괄공고방식은 일응 위법하며 이에 기반한 수용재결 역시 위법하다 할 것이나, 소유자 등의 권익이 본질적으로 침해되었다고는 단정할 수 없으므로 구체적인 소송에서는 소유자 등의 권익과 조서내용 전부공고의 현실적 어려움을 비교교량하는 "이익교량의 원칙"이 적용되어 반드시 재결취소가 되지는 않을 것임(오용호 변호사).

195) LH(한국토지주택공사) 보상계획공고관련 법률자문결과 검토의견서 참조 "보상공고에서 누락된 토지 등에 대한 수용재결의 효력은 위법하다 점에 있어서 변호사들의 의견이 일치하나, 그 위법 정도가 무효사유인지 취소사유인지에 대하여는 견해가 다름" 이에 대해서 중앙토지수용위원회에서는 토지내역의 공고를 요구하고 있는 실정임

나 사업시행자가 행정청이 아닌 경우에는 해당 시·군 또는 자치구청장에게도 그 사본을 송부하여 열람을 의뢰하여야 한다.

▣ **토지보상법**

제15조 (보상계획의 열람 등) ① 사업시행자는 제14조에 따라 토지조서와 물건조서를 작성하였을 때에는 공익사업의 개요, 토지조서 및 물건조서의 내용과 보상의 시기·방법 및 절차 등이 포함된 보상계획을 전국을 보급지역으로 하는 일간신문에 공고하고, 토지소유자 및 관계인에게 각각 통지하여야 하며, 제2항 단서에 따라 열람을 의뢰하는 사업시행자를 제외하고는 특별자치도지사, 시장·군수 또는 구청장에게도 통지하여야 한다. 다만, 토지소유자와 관계인이 20인 이하인 경우에는 공고를 생략할 수 있다.

② 사업시행자는 제1항에 따른 공고나 통지를 하였을 때에는 그 내용을 14일 이상 일반인이 열람할 수 있도록 하여야 한다. 다만, 사업지역이 둘 이상의 시·군 또는 구에 걸쳐 있거나 사업시행자가 행정청이 아닌 경우에는 해당 특별자치도지사, 시장·군수 또는 구청장에게도 그 사본을 송부하여 열람을 의뢰하여야 한다.

3) 이의신청

공고 또는 통지된 토지조서 및 물건조서의 내용에 대하여 이의가 있는 토지소유자 또는 관계인은 열람기간 이내에 사업시행자에게 서면으로 이의를 제기할 수 있다(법 제15조 제3항). 사업시행자는 해당 토지조서 및 물건조서에 제기된 이의를 부기하고 이의가 이유 있다고 인정하는 때에는 적절한 조치를 하여야 한다(법 제15조 제4항). 열람기간 이내에 이의를 제기하는 경우를 제외하고는 토지조서 및 물건조서의 내용에 대하여 이의를 제기할 수 없다. 다만, 토지조서 및 물건조서의 내용이 진실에 반하는 것을 입증하는 때에는 그러하지 아니하다. 따라서 열람기간에 이의신청이 없어 추정력이 부여된 토지 및 물건에 대한 보상액 산정에 있어 토지수용위원회나 법원이 이 토지조서나 물건조서에 구속되는 것은 아니다.[196]

---

196) 대법원 2002. 9. 6. 선고 2001두11236 판결 협의취득의 전제로서 사업시행자가 공특법시행규칙에 의하여 토지의 이용상황을 조사한 토지조서를 보상계획과 함께 공고하고 대상물건의 소유자등에게 개별통지하였다 하더라도, 중앙토지수용위원회가 정당한 손실보상금을 결정함에 있어서 반드시 그 토지조서에 표시된 대로의 이용상황을 기준으로 하여야 하는 것은 아니다. 원심은, 피고 안양시가 공특법시행규칙에 의하여 그 판시 제1토지의 이용상황을 조사하여 토지조서를 작성하고 원고들에게 제1토지의 실제 이용상황이 임야 26,208㎡, 전 2,551㎡, 대지 970㎡, 잡종지 484㎡라고 통지하였다 하더라도, 피고 중앙토지수용위원회가 제1토지에 대한 정당한 손실보상금을 결정함에 있어서 반드시 위 토지조서에 기재된 이용상황을 기준으로 하여야 한다거나 이에 구속되는 것은 아니라고 판단하였는바, 기록과 관계 법령 및 위에서 설시한 법리에 비추어 살펴보면, 위와 같은 원심의 인정과 판단은 정당한 것으로 수긍이

한편, 2018. 12. 31 개정에서는 사업시행자가 고의 또는 과실로 토지소유자 등에게 보상계획을 통지하지 아니한 경우에는 당사자에 대한 적절한 고지, 당사자의 의견 및 자료 제출의 기회 부여 등의 적법절차의 원칙을 강화하여 협의가 완료될 때까지 이의를 제기할 수 있도록 개정하였다.

▣ **토지보상법**

제15조 (보상계획의 열람 등) ③ 제1항에 따라 공고되거나 통지된 토지조서 및 물건조서의 내용에 대하여 이의(異議)가 있는 토지소유자 또는 관계인은 제2항에 따른 열람기간 이내에 사업시행자에게 서면으로 이의를 제기할 수 있다. 다만, 사업시행자가 고의 또는 과실로 토지소유자 또는 관계인에게 보상계획을 통지하지 아니한 경우 해당 토지소유자 또는 관계인은 제16조에 따른 협의가 완료되기 전까지 서면으로 이의를 제기할 수 있다. 〈개정 2018. 12. 31.〉

④ 사업시행자는 해당 토지조서 및 물건조서에 제3항에 따라 제기된 이의를 부기(附記)하고 그 이의가 이유 있다고 인정할 때에는 적절한 조치를 하여야 한다.

4) 서류의 송달방법과 공시송달

(1) 서류 송달의 원칙

▣ **토지보상법 시행령**

제4조 (송달) ① 법 제6조에 따른 서류의 송달은 해당 서류를 송달받을 자에게 교부하거나 국토교통부령으로 정하는 방법으로 한다.

② 제1항에 따른 송달에 관하여는 「민사소송법」 제178조부터 제183조까지, 제186조, 제191조 및 제192조를 준용한다.[197]

③ 제1항에 따라 서류를 송달할 때 다음 각 호의 어느 하나에 해당하는 경우에는 공시송달을 할 수 있다.

1. 송달받을 자를 알 수 없는 경우
2. 송달받을 자의 주소·거소 또는 그 밖에 송달할 장소를 알 수 없는 경우
3. 「민사소송법」 제191조에 따를 수 없는 경우

④ 제3항에 따라 공시송달을 하려는 자는 토지등의 소재지를 관할하는 시장[「제주특별자치도 설치 및 국제자유도시 조성을 위한 특별법」 제10조 제2항에 따른 행정시(이하 "행정시"라 한다)의 시장을 포함한다. 이하 이 조에서 같다]·군수 또는 구청장(자치구가 아닌 구의 구청장을 포함한다. 이하 이 조에서 같다)에게 해당 서류를 송부하여야 한다. 〈개정 2016. 1. 22.〉

⑤ 시장·군수 또는 구청장은 제4항에 따라 송부된 서류를 받았을 때에는 그 서류의 사본을 해당 시(행정시를 포함한다)·군 또는 구(자치구가 아닌 구를 포함한다)의 게시판에 게시하여야

가고, 거기에 공특법시행규칙상의 토지조서나 보상계획에 관한 법리오해 등의 위법이 없다.

197) 대법원 1998. 2. 13. 선고 97누8977 판결 : 우편물이 등기취급의 방법으로 발송된 경우, 특별한 사정이

한다.
⑥ 제5항에 따라 서류의 사본을 게시한 경우 그 게시일부터 14일이 지난 날에 해당 서류가 송달받을 자에게 송달된 것으로 본다.[전문개정 2013.5.28.]

토지보상 서류의 송달은 송달 받을 자에게 교부하거나 특별송달(우편법시행규칙 제25조 제1항 제6호)의 방법[198]에 의하여 이를 할 수 있다.[199]

(2) 공시송달을 할 수 없는 경우

송달을 받을 자를 알 수 없거나 송달을 받을 자의 주소·거소 그 밖에 송달할 장소를 알 수 없는 때,[200] 또는 민사소송법 제191조(외국에서 해야 하는 송달은 재판장이 그 나라에 주재하는 대사·공사·영사 또는 그 나라의 관할 공공기관에 촉탁한다)의 규정에 의할 수 없는 때에는 공시송달을 할 수 있다.

(3) 공시송달의 방법

사업시행자는 토지소유자 및 관계인을 알 수 없거나 그 주소·거소 또는 그 밖에 통지할 장소를 알 수 없을 때에는 토지 등의 소재지 관할 시·군·구(행정구 포함)의 장에게 송달할 서류를 송부한다. 시·군·구의 장은 송부된 서류의 사본을 시·군·구의 게시판 및 홈페이지와 사업시행자의 홈페이지에 게시한다(시행령 제8조 제2항). 게시된 서류는 게시일 부터 14일이 경과한 날에 그 송달을 받을 자에게 송달된 것으로 본다.[201]

없는 한, 그 무렵 수취인에게 배달되었다고 보아도 좋을 것이다.

198) 대법원 2009. 12. 10. 선고 2007두20140 판결 : 내용증명우편이나 등기우편과는 달리, 보통우편의 방법으로 발송되었다는 사실만으로는 그 우편물이 상당한 기간 내에 도달하였다고 추정할 수 없고, 송달의 효력을 주장하는 측에서 증거에 의하여 이를 입증하여야 한다.

199) 대법원 1994. 4. 26. 선고 93누13360 판결 : 사망자를 송달받을 자로 하여 행하여진 수용재결서의 송달은 그 상속인들에 대한 송달로서의 효력을 인정할 수 없으므로 수용재결에 대한 이의신청기간은 사망자에 대한 수용재결서정본 송달일로부터 진행된다고 할 수 없고, 그 상속인들을 송달받을 자로 하여 그들에 대하여 별도의 송달이 있은 날로부터 비로소 진행된다.

200) 대법원 1987. 12. 22. 선고 87누600 판결 : 주소, 거소 기타 송달할 장소를 알 수 없을 때라 함은 주민등록표에 의하여 이를 조사 하는 등 통상의 조사방법에 의하여 그 송달장소를 탐색하여도 이를 확인 할 수 없을 때를 말한다.

201) 대법원 1995. 6. 30. 선고 95다 13159 판결 : 이 사건 부동산은 성남시 분당구에 위치하고 있었음이 분명하므로, 위 재결서 정본을 공시송달함에 있어서는 이를 분당구청장에게 송부하여 분당구의 게시판에 게시하게 하였어야 옳았다.

Ⅲ. 보상협의회

1. 개 설

토지보상법에서는 공익사업의 원활한 추진 및 성실한 협의를 유도하기 위하여 보상협의회를 둘 수 있도록 규정하고 있어, 공익사업이 시행되는 해당 지방자체단체의 장은 보상 또는 이주대책 등에 관한 사항을 협의하기 위하여 보상협의회를 둘 수 있도록 규정하고 있다.

이 보상협의회는 임의적 보상협의회와 일정한 규모 이상의 경우(공익사업지구 면적 10만㎡이상, 토지등의 소유자 50인 이상)에는 그 설치가 강제되는 의무적 보상협의회가 있다(법 제82조, 령 제44조 2 제2항).

2. 보상협의회의 성격

종전 보상협의회의 전신의 보상심의위원회에 대해서는 그 성격이 자문기관인지 또는 심의기관인지에 대하여 논의가 있어 왔다. 더구나 이 보상심의위원회는 심의기능 가운데 '보상액 사정' 기능도 포함하고 있는 등[202] 그 성격에 대해서 논란의 여지가 있었다.

그러나 현행 토지보상법은 종래의 "보상심의위원회"에서 "보상협의회"로 그 명칭을 변경하였고, 협의회 기능에서 '보상액 산정' 기능을 삭제를 함으로써 그 논란을 불식하였다. 결국 보상협의회는 일종의 보상문제에 대한 협의·자문기관이며, 또한 그 협의의견이 구속력을 갖는 것도 아니다.[203]

국토교통부 유권해석에서도 보상협의회에 대하여 "공공용지의 보상은 개인의 재산권과 직접 관련되고 이해관계가 대립되는 사항으로 주민의 의견수렴과 민원해소를 그 목적으로 한다"[204]고 보고 있어 협의·자문기관으로 보고 있다.

202) 구 공공용지취득및손실보상에관한특례법시행령 제9조 ③ 위원회는 다음 각호의 사항을 심의한다
2. 토지등의 취득 또는 사용에 관련된 보상액의 사정에 관한 사항

203) 박윤흔, 행정법강의(하), 박영사, 2002, 632면.

204) 토정 30240-11149 (1991. 4. 20)

3. 보상협의회의 설치

1) 임의적 보상협의회

(1) 설 치

보상협의회는 해당 사업지역을 관할하는 특별자치도, 시·군 또는 구(자치구)에 설치한다. 다만, 2 이상의 시·군 또는 구에 걸쳐 있는 경우에는 해당 시장·군수 또는 구청장이 상호 협의하여 보상협의회를 설치할 시·군 또는 구를 결정하여야 한다.

한편 종전 공특법에서는 공익사업을 시행하는 지역이 2이상의 시·군 또는 구에 걸쳐 있는 경우에는 당해 시장·군수 또는 구청장이 상호 협의가 성립되지 아니할 때에는 당해 지역을 관할하는 시·도에 설치하도록 하여, 시·도에도 보상협의회를 구성할 수 있었으나 현행 법률은 이러한 시·도지사의 권한을 삭제하고 모두가 시장·군수 또는 구청장의 권한으로 개정하였다.

(2) 설치절차

특별자치도지사·시장·군수 또는 구청장은 보상협의회를 설치할 필요가 있다고 인정하는 경우에는 특별한 사유가 있는 경우를 제외하고는 보상계획의 열람기간 만료 후 30일 이내에 보상협의회를 설치하고 사업시행자에게 이를 통지하여야 한다.

(3) 구 성

① 위 원

보상협의회는 위원장 1인을 포함한 위원 8인 이상 16인 이내로 구성하되, 사업시행자를 위원에 포함시키고, 위원 중 3분의 1 이상은 토지소유자 또는 관계인으로 구성하여야 한다. 또한 보상협의회의 위원장은 해당 특별자치도·시·군 또는 구의 부지사·부시장·부군수 또는 부구청장이 되며, 위원장이 부득이한 사유로 직무를 수행할 수 없는 때에는 위원장이 지명하는 위원이 그 직무를 대행한다.

보상협의회 위원은 다음 각 호의 자중에서 당해 지방자치단체의 장이 임명 또는 위촉한다.

1. 토지소유자 및 관계인[205]
2. 법관, 변호사, 공증인 또는 감정평가나 보상업무에 5년 이상 종사한 경험이 있는 자
3. 해당 지방자치단체의 공무원
4. 사업시행자

② 위원장의 직무 및 개의

보상협의회의 위원장은 보상협의회를 대표하며, 보상협의회의 업무를 통할한다. 보상협의회의 회의는 재적위원 과반수의 출석으로 개의한다.[206] 보상협의회의 위원장은 회의에서 협의된 사항을 해당 사업시행자에게 통보하여야 하며, 사업시행자는 정당하다고 인정되는 사항에 대하여는 이를 반영하여 사업을 수행하여야 한다.

2) 의무적 보상협의회

(1) 설 치

해당 공익사업지구 면적이 10만 제곱미터 이상이고, 토지 등의 소유자가 50인 이상인 공익사업의 경우[207] 해당 사업지역을 관할하는 특별자치도, 시·군 또는 구(자치구를 말함)에 설치한다. 이 경우 공익사업이 2이상의 시·군 또는 구에 걸쳐 있는 경우에는 해당 시장·군수 또는 구청장이 상호 협의하여 보상협의회를 설치할 시·군·구를 결정하여야 한다.[208] 다만, ① 해당 사업지역을 관할하는 특별자치도, 시·군 또는 구의 부득

205) 토지정책과-3575 (2010. 7. 9) : 보상협의회 위원 위촉대상은 위 규정에서 정한 사항에 해당하는 자이어야 하고, 주민대책위원회의 추천이나 토지소유자의 위임을 받은 자는 이에 해당되지 않는다.

206) 또한 이 보상협의회는 그 성격이 자문기관이므로, 종전 공특법에서의 출석위원 의결정족수 규정은 삭제되었다.

207) ① 토지정책과-3268 (2008. 10. 9) : 보상대상 면적기준이 아닌 해당 공익사업지구 면적이 10만제곱미터 이상이고 토지등의 소유자가 50인 이상인 공익사업인 경우에는 보상협의회를 두어야 한다고 봅니다.
② 토지정책과-4890 (2010. 10. 11) : 해당 공익사업지구 면적이 10만 제곱미터 이상이고, 토지 등의 소유자가 50인 이상인 공익사업을 말한다고 규정되어 있습니다. 따라서, 공익사업지구 면적이 10만 제곱미터 미만인 경우에는 위 규정에 의한 의무적 보상협의회 설치대상에 해당되지 아니한다고 봅니다.
③ 토지정책과-1477 (2008. 6. 17) : 송전선로사업에 편입되는 선하지가 위 규정(영 제44조의2)에 해당하는 경우에는 의무적 보상협의회를 두어야 한다고 봅니다.

208) 토지정책과-3163 (2008. 10. 2) : 의무적 보상협의회 설치대상사업은 해당 공익사업지구면적이 10만 제곱미터 이상이고, 토지등의 소유자가 50인 이상인 공익사업을 말하며, 토지보상법 제82조 제1항 단서조항은 시행일('08. 4. 18) 이후 토지보상법 제15조에 따라 보상계획을 공고하는 사업분부터 적용됩니다. 따라서 '08. 4. 18 이후 토지보상법 제15조에 따라 보상계획을 공고하는 해당 공익사업지구 면적이 10만 제곱미터 이상이고, 토지등의 소유자가 50인 이상인 경우라면 의무적 보상협의회 설치대상 사업이라고 봅니다.

이한 사정으로 인하여 보상협의회 설치가 곤란한 경우나 ② 해당 시장·군수 또는 구청장 간의 협의가 보상계획의 열람기간 만료 후 30일 이내에 이루어지지 아니하는 경우에는 사업시행자가 설치하도록 하고 있어 해당 지자체가 보상협의회 설치에 부정적일 경우 사업시행자가 설치하도록 규정하고 있다.[209] 따라서 의무적 보상협의회 대상지구임에도 불구하고 이를 설치하지 않는 것은 위법사유가 된다.

(2) 구 성

① 위 원

보상협의회는 위원장 1인을 포함한 위원 8인 이상 16인 이내로 구성하되, 사업시행자를 위원에 포함시키고, 위원 중 3분의 1 이상은 토지소유자 또는 관계인으로 구성하여야 한다.

보상협의회 위원은 다음의 자[210] 중에서 해당 지방자치단체의 장이 임명 또는 위촉하며, 다만 사업시행자가 보상협의회를 설치한 경우에는 사업시행자가 임명 또는 위촉한다.

1. 토지소유자 및 관계인
2. 법관, 변호사, 공증인 또는 감정평가나 보상업무에 5년 이상 종사한 경험이 있는 자
3. 해당 지방자치단체의 공무원
4. 사업시행자

② 위원장 선임 및 직무

보상협의회의 위원장은 해당 특별자치도·시·군 또는 구의 부지사·부시장·부군수 또는 부구청장이 되며, 위원장이 부득이한 사유로 직무를 수행할 수 없는 때에는 위원장

---

209) 성남 금광1 재개발사업에서 의무적 보상협의회 대상임에도 불구하고 구성하지 않고 수용재결을 신청하여 중토위에서 이를 위법사유로 보아 각하재결을 한 바 있으며(2017.04.13), 이후 성남시의 보상협의회 구성지연으로 조속한 사업추진을 위하여 부득이 사업시행(LH)자가 보상협의회 설치한 사례가 있다. 그러나 공용수용 방식이 아닌 관리처분 방식의 도시정비법의 경우 토지보상법의 협의절차를 준용하여야 하는지에 대해서는 의문이다. 대법원도 이에 대해서는 준용되지 않는다고 보고 있다(대법원 2015. 11. 27. 선고 2015두48877 판결 : 토지보상법상 협의 및 그 사전절차를 정한 위 각 규정은 도시정비법 제40조 제1항 본문에서 말하는 '이 법에 특별한 규정이 있는 경우'에 해당하므로 도시정비법상 현금청산 대상자인 토지등소유자에 대하여는 준용될 여지가 없다고 보아야 한다).

210) 토지정책과-5692 (2012. 11. 13) : 토지소유자의 배우자, 세무사, 감정평가사 및 법무사가 토지보상법 제82조 제2항에서 정한 요건에 해당하는 경우에 한하여 보상협의회 위원으로 위촉이 가능하다고 보며, 개별적인 사례에 대하여는 관련법령 및 사실관계 등을 검토하여 판단할 사항으로 봅니다.

이 지명하는 위원이 그 직무를 대행한다.

다만, 사업시행자가 보상협의회를 설치한 경우에는 위원장은 위원 중에서 호선한다. 의무적 보상협의회 위원장은 보상협의회를 대표하며, 보상협의회의 업무를 통할한다. 보상협의회의 회의는 재적위원 과반수의 출석으로 개의한다.

보상협의회의 위원장은 회의에서 협의된 사항을 해당 사업시행자에게 통보하여야 하며, 사업시행자는 정당하다고 인정되는 사항에 대하여는 이를 반영하여 사업을 수행하여야 한다.

3) 설치기간

보상협의회 설치기한에 대하여 토지보상법에서는 보상계획의 열람기간 만료 후 30일 이내에 설치해야 한다는 설치기한에 대하여 논의가 있었으나, 판례에서는 열람기간 만료일부터 30일까지 설치하여야 한다는 것은 보상협의회의 설치 시한의 종기를 규정한 것일 뿐 보상계획의 열람기간이 도래하기 전에는 보상협의회를 설치할 수 없다는 취지로 해석할 수 없다고 판시[211)]하고 있어 열람기간 이전부터 보상협의회를 설치·운영하는 것에 대하여 정당성을 부여하고 있다.

4) 보상협의회의 권한

보상협의회는 보상관련사항에 대하여 협의하게 된다(법 제82조 제1항).

① 보상액 평가를 위한 사전 의견수렴에 관한 사항

② 잔여지의 범위 및 이주대책의 수립에 관한 사항

③ 당해 사업지역내 공공시설의 이전 등에 관한 사항

④ 토지소유자 또는 관계인 등이 요구하는 사항 중 지방자치단체의 장이 필요하다고 인정하는 사항

⑤ 그 밖에 지방자치단체의 장이 부의하는 사항

---

211) ① 수원지방법원 2008카합54 직무집행정지가처분
② 토지정책팀-640(2008. 2. 19) : 공익사업에 편입된 지역 주민들이 조속히 보상협의회 구성을 요청하고, 당해 지자체에서도 설치가 시급한 실정으로 판단하는 경우 보상계획 공고이전이라도 보상협의회를 설치할 수 있다고 봅니다.

Ⅳ. 감정평가 의뢰

1. 감정평가 의뢰의 원칙

토지보상법 제68조 제1항 및 시행규칙 제16조 제6항에 의거 사업시행자가 토지 등의 보상액 산정에 있어서는 감정평가업자 2인 이상에게 평가를 의뢰하여야 하고 보상액의 산정은 각 감정평가업자가 평가액 금액의 산술평균금액을 보상액으로 정하도록 하고 있다. 이와 같이 토지보상법은 토지 등의 보상액 산정은 반드시 감정평가사에게 맡기고 있는데, 이를 감정평가강제주의라 한다.

이러한 감정평가강제주의는 보상물건을 평가함에 있어서 감정평가이론이나 그 기준·방법의 적용을 강제하는 것이 아니라 보상관계 당사자가 아닌 감정평가사에게 보상물건의 평가를 하도록 강제하는 것이다. 따라서 보상물건의 평가기준·방법 및 절차에 대하여도 토지보상법이 적용되며, 감정평가사는 보상관계 법령이 정하는 법에 따라 보상대상을 평가하지 않으면 안 되며,[212] 또한 이와 같이 2인 이상의 복수 평가제로 하는 것은 단독평가의 독선을 지양하고 각 평가자의 상호 견제·보완을 통하여 보상액의 개관성과 공정성을 기하고자 하는데 의의가 있다.[213]

2. 감정평가 의뢰

감정평가업자에게 평가의뢰 시 기재사항은 아래와 같다(규칙 제16조).

① 대상물건의 표시(소재지, 지번, 지목, 종류, 면적 등)
② 대상물건의 가격시점과 평가서 제출기한
③ 지장물이 있는 때에는 이전 또는 취득의 구분
④ 영업보상하는 경우에는 그 폐지 또는 휴업의 구분
⑤ 보상협의회에서 보상평가를 위한 의견이 제시된 경우에 그 내용
⑥ 기타 평가에 유의 또는 참고할 사항(예 : 도로의 미불용지 평가여부 등)

212) 차태환, 토지보상법론, 부연사, 2010, 334면.
213) 이선영, 신토지수용과 보상법론, 리북스, 2005, 200~201면.

3. 감정평가 일반

1) 감정평가 주체

토지등의 감정평가는 지가공시법에 의한 감정평가업자가 행한다. 감정평가란 토지등의 경제적 가치를 판정하여 그 결과를 가액으로 표시하는 것이며, 감정평가업이란 타인의 의뢰에 의하여 일정한 보수를 받고 토지 등의 감정평가를 업으로 하는 것을 말하는 것으로, 결국 토지 등의 보상은 지가공시법에 의하여 등록한 감정평가사와 인가를 받은 감정평가법인만이 감정평가를 할 수 있다.

2) 대상물건의 현지조사

감정평가업자는 사업시행자로 부터 감정평가를 의뢰받은 때에는 대상물건 및 그 주변의 상황을 현지조사하고 평가를 하여야 한다. 이 경우 고도의 기술을 필요로 하는 등의 사유로 인하여 자기가 직접 평가할 수 없는 대상물건에 대하여는 사업시행자의 승낙을 얻어 전문기관의 자문 또는 용역을 거쳐 평가할 수 있다(시행규칙 제16조 제3항).

3) 감정평가 방법

대상물건의 평가는 토지보상법 시행규칙에서 정하는 방법에 의하되, 그 방법으로 구한 가격 또는 사용료를 다른 방법으로 구한 가격등과 비교하여 그 합리성을 검토하여야 한다(시행규칙 제18조 제1항). 그러나 시행규칙에서 정하는 방법으로 평가하는 경우 평가가 크게 부적정하게 될 요인이 있는 경우에는 적정하다고 판단되는 다른 방법으로 평가할 수 있다. 이 경우 보상평가서에 그 사유를 기재하여야 한다(시행규칙 제18조 제2항). 또한 시행규칙에서 정하지 아니한 대상물건에 대하여는 이 규칙의 취지와 감정평가의 일반이론에 의하여 객관적으로 판단·평가하여야 한다(시행규칙 제18조 제3항).

4) 감정평가서의 작성

감정평가업자는 평가를 한 후 보상평가서를 작성하여 심사자(감정평가업에 종사하는 감정평가사를 말한다) 1인 이상의 심사를 받고 보상평가서에 당해 심사자의 서명날인을 받은 후 제출기한 이내에 사업시행자에게 이를 제출하여야 한다. 평가서 제출기한은 30

일 이내로 하며, 다만 대상물건이나 평가내용이 특수한 경우에는 예외이다.

5) 감정평가 심사

(1) 보상평가심사의 목적

① 감정평가심사로 평가자의 충실한 평가서 작성 및 적정평가 유도
② 감정평가의 객관성 확보를 통한 민원해소
③ 적정보상실현으로 보상비 낭비요인 사전 제거

(2) 보상평가 심사내역

한편 심사자는 다음 각호의 사항을 성실하게 심사하여야 한다.
① 보상평가서의 위산·오기 여부
② 대상물건이 관계법령이 정하는 바에 의하여 적정하게 평가되었는지의 여부
③ 대상물건에 대한 평가액의 타당성

(3) 보상평가심사제도

① 사업시행자 자체심사

사업시행자는 제출된 보상평가서의 타당성 여부를 검증하여야 하며, 그 평가가 위법 또는 부당한 경우 당해 감정평가업자에게 재평가를 요구할 수 있다.

▣ 토지보상법 시행규칙

제17조 (재평가 등) ① 사업시행자는 제16조 제4항의 규정에 의하여 제출된 보상평가서를 검토한 결과 그 평가가 관계법령에 위반하여 평가되었거나 합리적 근거 없이 비교 대상이 되는 표준지의 공시지가와 현저하게 차이가 나는 등 부당하게 평가되었다고 인정하는 경우에는 당해 감정평가업자에게 그 사유를 명시하여 다시 평가할 것을 요구하여야 한다. 이 경우 사업시행자는 필요하면 국토교통부장관이 보상평가에 관한 전문성이 있는 것으로 인정하여 고시하는 기관에 해당 평가가 위법 또는 부당하게 이루어졌는지에 대한 검토를 의뢰할 수 있다.

② 제3의 감정평가사에 의한 심사

보상평가에 대해서는 토지보상법에 의거 감정평가사 1인 이상의 심사를 받고 심사자의 서명 날인 후 제출토록 하도록 규정하고 있다.

▣ **토지보상법 시행규칙**

제16조 (보상평가의 의뢰 및 평가 등) ④ 감정평가업자는 평가를 한 후 별지 제16호서식의 보상평가서(이하 "보상평가서"라 한다)를 작성하여 심사자(감정평가업에 종사하는 감정평가사를 말한다) 1인 이상의 심사를 받고 보상평가서에 당해 심사자의 서명날인을 받은 후 제1항 제3호의 규정에 의한 제출기한내에 사업시행자에게 이를 제출하여야 한다.

⑤ 제4항의 규정에 의한 심사자는 다음 각호의 사항을 성실하게 심사하여야 한다.

1. 보상평가서의 위산·오기 여부
2. 법 제70조 제1항 및 제76조 제1항 등 관계 법령에서 정하는 바에 따라 대상물건이 적정하게 평가되었는지 여부
3. 비교 대상이 되는 표준지의 적정성 등 대상물건에 대한 평가액의 타당성

③ 한국감정평가협회 사전평가심사제도

최근 보상단가의 급등으로 인해 부실과다평가를 방지하고 적정보상 실현을 위한 대내외적 요구 증대함에 따라 한국감정평가협회 내에 「감정평가심사위원회」를 구성하고 다음의 평가에 대해서는 사전심사를 거치도록 하고 있다.

1. 토지보상법에 의해서 시행하는 공익사업에 대하여 협의를 위한 평가금액(해당 공익사업 전체의 평가금액을 말한다. 이하 같다.)이 **150억원 이상인 사업**을 대상으로 한다. 다만, 평가대상물건이 국·공유지 등으로 사전심사가 필요하지 않다고 위원회에서 인정하는 경우에는 심사대상에서 제외할 수 있으며, 또한 평가금액이 500억 미만인 도로·철도·하천 등의 개설을 위한 사업은 심사대상에서 제외한다.
2. 「주택법」및 「공동주택 분양가격의 산정 등에 관한 규칙」에 의하여 사업주체가 공공택지 외의 택지에 주택을 공급하는 경우의 택지가격에 대하여 감정평가한 물건. 다만, 수도권(서울, 경기, 인천지역), 5대광역시, 도청소재지 및 주택투기과열지구 외에 소재하는 물건의 평가금액이 100억원 미만인 경우는 제외한다.
3. 기업회계기준서에 따라 기업의 공정가치를 산정하기 위한 자산재평가물건
4. 「국유재산법」및 「공유재산 및 물품관리법」에 의하여 매각 및 교환하는 국·공유지의 평가금액이 100억원 이상인 경우
5. 「사립학교법」에 의하여 기본재산의 처분을 위한 평가금액이 100억원 이상인 경우
6. 「감정평가기관의 선정·추천에 관한 지침」에 의한 평가의뢰자가 협회에 감정평가기관의 선정·추천을 의뢰한 물건
7. 기타 감정평가의뢰기관이 심사를 요청하는 경우로서 위원장이 심사가 필요하다고 인정하는 사업

4. 토지소유자의 감정평가업자 추천

1) 의 의

손실보상액 산정을 위한 감정평가업자를 선정함에 있어 종전에는 사업시행자가 2인 이상의 감정평가업자를 선정하고 토지소유자가 추천하는 감정평가업자 1인[214]을 추가로 선정하도록 규정하고 있었다(舊 법 제68조 제2항). 이러한 주민추천제도는 사업시행자 일방의 자체적인 감정평가업자 선정에 대한 토지소유자의 불신을 해소하고, 피보상자인 토지소유자의 의견도 사전에 반영함으로써, 감정평가업자의 평가를 더욱 객관화하여 보상액 산정의 공정성 확보와 타당성을 확보하여 토지소유자의 재산권 강화를 강화할 목적으로 2003년 도입되었다.

그러나 이러한 토지소유자 추천제도에도 불구하고 보상액과 관련된 토지 등의 소유자들의 이의제기와 불만이 지속적으로 이어져, 결국 2012. 6. 1. 토지보상법 개정에서는 사업시행자 1인, 토지소유자 1인, 해당 토지를 관할하는 시·도지사 1인이 추천하여 모두 3인의 감정평가업자가 손실액을 산정하도록 개정하였다.

2) 사업시행자 공고 및 통지의무

사업시행자는 법 제15조 제1항에 따른 보상계획을 공고할 때에는 시·도지사와 토지소유자가 감정평가업자를 추천할 수 있다는 내용을 포함하여 공고하고, 보상 대상 토지가 소재하는 시·도의 시·도지사와 토지소유자에게 이를 통지하여야 한다.

3) 토지소유자 추천요건

이와 같이 감정평가업자를 선정하고자 하는 토지소유자는 보상계획 공고 또는 통지한 보상대상 토지면적의 1/2 이상에 해당하는 토지소유자와 토지소유자 총수의 과반수의 동의를 얻는 사실을 증명하는 서류[215]를 첨부하여 보상계획의 열람 만료일로부터

214) 토지정책과-1428 (2010. 3. 12) : 〈질의〉 토지소유자가 추천하는 감정평가업자 2인에게 감정평가의뢰를 할 수 있는지
〈회신〉 같은 조 제2항의 규정에 의하면 감정평가업자를 선정함에 있어 대통령령이 정하는 바에 따라 토지소유자가 요청하는 경우 제1항의 규정에 의한 감정평가업자 외에 토지소유자가 추천하는 감정평가업자 1인을 선정할 수 있도록 되어 있으므로 위 규정에 의하여 평가의뢰하여야 한다.

215) 토관 58342-1668 (2003. 12. 18) : 토지보상법시행령 제28조의 요건에 충족된 사실을 증명하는 서류에는

30일 내에 사업시행자에게 요청하여야 한다.[216] 이 경우 토지소유자는 감정평가업자 추천에 대한 동의를 2회 이상할 수 없다(영 제28조).[217] 이 소유자 추천제도는 보상평가와 관련한 민원을 해소하기 위하여 일정한 요건에 해당하는 경우에만 허용되는 제도로서, 토지수용위원회의 재결 평가 등에서는 이를 적용할 필요는 없어 보인다.[218]

표 10. 감정평가사 선정권자

구 분	감정평가 선정	비고
협의평가	시·도지사 1개 기관, 사업시행자 1개 기관 토지소유자 1개 기관(3개 기관)	면적 및 소유자 수 1/2 이상
수용재결 평가	관할토지수용위원회 선정 2개 기관	토관-1015 (2004. 3. 6)
이의재결 평가	중앙토지수용위원회 선정 2개 기관	
행정소송 평가	법원 선정 1개 기관	대법원 판례[219]

이 경우 만일 동일한 사업지구에서 평가구역을 나누어 평가할 경우 전체 면적과 소유자를 기준으로 감정평가업자를 추천해야 하는 지, 각 구역별로 추천권을 부여해도 되는 지 논의되고 있다. 이에 대하여는 2012. 11. 27. 토지보상법시행령 제28조 일부개

자필서명이나 날인된 서면 등이 이에 해당된다고 봅니다.

216) ① 토지정책과-2888 (2010. 5. 31) : 종전의 평가가 영 제28조에 따라 토지소유자가 추천한 감정평가업자를 선정하여 행하여졌으나 재평가를 하여야 하는 경우로서 위 규정에 의하여 보상계약을 체결하지 아니한 토지소유자 총수의 과반수에 미달하여 추천한 경우 추천이 없는 것으로 보아야 한다고 보며, 개별적인 사례에 대하여는 사업시행자가 사실관계 등을 검토하여 판단하시기 바랍니다.
② 토지 소유자가 보상계획 열람기간 만료일로부터 30일 이내에 사업시행자에게 감정평가업자를 추천하지 않는 경우에는 추천이 없는 것으로 보아야 한다(임호정/김원보, 공익사업용지보상법론, 부연사, 2003, 292면). 그러나 실제 보상현장 실무에서는 30일을 도과하더라도 피수용자의 재산권 보호 차원에서 이를 탄력적으로 운영하고 있다.

217) 토지정책과-2225 (2008. 7. 29) : 귀 기관의 질의와 같이 토지소유자가 감정평가업자 추천에 대한 동의를 2회 이상 할 수 없음에도 불구하고 한 경우에는 귀 기관의 견해와 같이 사업시행자가 복수로 동의한 소유자의 진정한 의사를 재확인하거나 동의서에 대한 철회의사 확인 등을 통해 동의서의 유효여부를 판단하는 것이 토지소유자 감정평가업자 추천권을 부여한 법 제도의 취지에 부합한다고 봅니다.

218) 토관 1015 (2004. 3. 6) : 공익사업을위한토지등의취득및보상에관한법률 제68조 제2항의 규정에 의하여 토지소유자가 추천하는 감정평가업자 선정제도는 보상계획에서 공고 또는 통지한 보상대상자에 대하여 보상평가와 관련한 민원을 해소하기 위하여 일정한 요건에 해당하는 경우에만 허용되는 제도입니다. 그러나 토지수용위원회에서는 이를 적용할 수 없을 것으로 봅니다.

219) 대법원 1993. 4. 27. 선고 92누19507 판결 : 법원이 공공용지의 취득을 위한 보상액에 관한 소송사건을 심리함에 있어서 보상액의 평가를 명할 경우에도 구 공공용지의취득및손실보상에관한특례법시행령(1992.5.22. 대통령령 제13649호로 개정되기 전의 것) 제2조 제8항의 규정에 의하여 2인 이상의 토지평가사나 공인감정사 또는 감정회사에게 감정을 의뢰하여 그 평가액의 산술평균치를 기준으로 하여야 하는 구속을 받는 것은 아니다.

정에서 종전 "보상계획에서 동일한 시기에 보상하기로 공고 또는 통지한 보상대상 토지면적"이라는 조항을 삭제함에 따라 이제는 각 구역별로 감정평가업자를 나누어 추천하여도 무방할 것으로 보인다.[220]

또한, 감정평가업자 추천은 토지소유자에 한함으로 토지소유자 이외에 건축물 등 지장물 소유자,[221] 어업권자, 영업권자, 지상권자[222] 등은 감정평가업자를 추천하지 못하며,[223] 이 경우에 토지소유자에 국·공유지의 경우도 소유자에 포함되어야 하는지 여부에 대하여 국토교통부 유권해석은 사업시행자의 토지는 해당하지 아니하나 국·공유지인 경우에는 소유자에 포함된다[224]고 보고 있으나, 이에 대하여 감정평가업자의 추천제도의 입법취지를 고려하여 반대의 견해도 있다.[225]

한편 이러한 토지 소유자의 감정평가업자의 추천제도는 사업시행자 선정 평가업자보다 토지소유자 추천 평가업자가 상대적으로 높은 보상액을 산정함으로써 보상평가의 신뢰성 문제를 초래하였다.[226] 이는 일부 토지소유자 추천 감정평가법인이 감정평가업

220) 실무 토지보상, 김은유 외1, 도서출판 채움, 2014, 294면

221) ① 토지정책팀-1305 (2005. 11. 22) 토지보상법 제68조의 규정에 의하면, 사업시행자는 토지 등에 대한 보상액을 산정하고자 하는 경우에는 「부동산가격공시 및 감정평가에 관한 법률」에 의한 감정평가업자 2인 이상에게 토지 등의 평가를 의뢰하도록 되어 있고, 토지소유자가 요청하는 경우에는 추가로 감정평가업자 1인을 선정할 수 있도록 되어 있으므로, 귀 질의의 경우와 같이 토지가 아닌 건축물 소유자는 위 규정에 의한 감정평가업자를 추가로 추천할 수는 없다고 할 것입니다.
② 토지정책과-3978(2006. 10. 25) : 토지소유자는 없고 건물소유자만 있는 경우, 토지보상법 제68조 제2항 및 동법 시행령 제28조에 따라 건물소유자 등은 감정평가업자를 선정할 수 없습니다.

222) 토지정책과-5577 (2009. 11. 25) : 보상대상에 해당되는 국·공유지는 위 규정에 의한 동의율 산정에 포함되며, 지상권자는 토지소유자가 아닌 관계인에 해당된다고 보며, 개별적인 사례는 사업시행자가 사실관계 등을 검토하여 판단하시기 바랍니다.

223) 토관 58342-1442 (2003. 10. 31) : 토지보상법 제68조 제2항 및 동법 시행령 제28조에 의해 감정평가업자를 추천하고자 하는 토지소유자는 보상계획에서 동일한 시기에 보상하기로 공고 또는 통지한 보상대상 토지면적의 2분의 1 이상에 해당하는 토지소유자와 당해 토지소유자 총수의 과반수의 동의를 얻은 사실을 증명하는 서류를 첨부하여 사업시행자에게 요청하도록 되어 있으므로 토지소유자외의 어업권자, 영업권자 등은 감정평가업자를 추천할 수 없다.

224) ① 토관 58342-290 (2003. 2. 25) : 토지보상법시행령 제28조의 규정에 의하여 감정평가업자를 추천하고자 하는 토지소유자는 법 제15조 제1항의 규정에 의한 보상계획에서 동일한 시기에 보상하기로 공고 또는 통지한 보상대상 토지면적의 2분의 1 이상에 해당하는 토지소유자와 당해 토지소유자 총수의 과반수의 동의를 얻은 사실을 증명하는 서류를 첨부하도록 되어 있으며, 이 경우 토지소유자에는 공유자가 포함되고, 면적에는 보상대상에 해당되는 국·공유지가 포함된다고 봅니다.
② 토지정책과-2307 (2010. 4. 22) : 토지보상법에 따라 감정평가하여 보상하는 국·공유지는 토지소유자가 감정평가업자를 추천하는 기준에 포함하여야 한다고 봅니다.

225) 김은유, 실무 토지수용(신토지보상해설 개정판), 한국토지신문(주), 2006, 247면.

226) 국토부 발간 부동산가격공시법 개정(안) 규제영향 분석서에 의하면 총 26개 공익사업을 분석한 결과 사업시행자 측 2개 업체의 간의 평균 격차율은 3.22%에 불과하나, 사업시행자와 주민추천업체간의 격차율은 10%에 근접한 바 있다(공익사업손실보상제도 개선방안 공청회, 한국토지공법학회(2011. 3, 29면).

체로 선정받기 위해 감정평가업체간 과다경쟁에 기인한 것으로 추정하고 있으며, 이로 인하여 보상평가의 객관성과 공정성을 결여하는 결과를 초래하는 부작용이 발생하고 있다.

이에 토지소유자 추천 제도를 삭제하고, 사업시행자와 토지소유자 어느 측에도 구속받지 않고 중립적이고 객관적으로 보상평가 업무에 임할 수 있는 방향으로 개선되어야 할 것으로 논의되고 있는데,[227] 토지소유자 추천이나 사업시행자 선정제도를 없애고, 아예 관할 지자체 추천만으로 2곳 이상을 선정하자는 견해가 그 것이다.[228]

4) 시·도지사 추천절차

시·도지사는 법 제15조 제2항에 따른 보상계획의 열람기간 만료일부터 30일 이내에 사업시행자에게 감정평가업자를 추천할 수 있으며(령 제28조 제2항), 시·도지사가 감정평가업자를 추천하는 경우에는 다음 각 호의 사항을 지켜야 한다.

① 감정평가 수행능력, 소속 감정평가사의 수, 감정평가 실적, 징계 여부 등을 고려하여 추천대상 집단을 선정할 것
② 추천대상 집단 중에서 추첨 등 객관적이고 투명한 절차에 따라 감정평가업자를 선정할 것
③ 제1호의 추천대상 집단 및 추천 과정을 이해당사자에게 공개할 것
④ 보상 대상 토지가 둘 이상의 시·도에 걸쳐 있는 경우에는 관계 시·도지사가 협의하여 감정평가업자를 추천할 것

또한 국토교통부장관은 시·도지사의 감정평가업자 추천에 관한 사항에 관하여 표준지침을 작성하여 보급할 수 있다(령 제28조 제6항).

5. 전문기관의 용역의뢰

감정평가에 있어 필요한 경우 감정평가업자가 직접 평가할 수 없는 고도의 경험과

227) 공익사업손실보상제도 개선방안 공청회, 한국토지공법학회(2011. 3), 32-33면
228) 도시 및 주거환경정비법상 '주거환경개선사업 또는 재개발사업'에서는 시장·군수 등이 선정·계약한 2인 이상의 감정평가업자를 선정하고 있다(동법 제74조 제2항 제1호 가항).

지식 및 기술을 요하는 특수물건(예 : 어업권, 광업권, 공장 등)의 평가에 대하여 사업시행자의 승낙을 얻어 전문기관의 용역을 거쳐서 감정평가업자가 평가할 수 있다.229)

① 고도의 기술을 요하는 등의 사유로 감정평가업자가 직접 평가할 수 없는 대상물건에 대하여는 사업시행자의 승인을 얻어 전문기관의 용역 또는 자문을 받아 감정평가업자가 평가할 수 있다.230)

② 어업권에 대한 평가는 해양수산부 장관이 지정하는 수산에 관한 전문조사기관 또는 교육기관의 용역조사결과를 토대로 감정평가업자가 평가한다.

③ 감정평가업자는 특별한 사정이 없는 경우 전문용역 결과를 수용하여야 할 것이나, 반드시 용역결과를 그대로 적용하여 평가하는 것은 아니며, 전문가의 의견을 참작하여 감정평가의 일반원리에 따라 자기 책임 하에 적정한 가격을 평가하여야 한다.

6. 사업시행자가 직접 보상액을 산정할 수 있는 경우

보상액 산정은 각 감정평가업자가 산정한 평가액의 산술평균치를 기준으로 하지만, 다음의 경우는 토지보상법 시행규칙에서 정액 또는 정률로 지급할 수 있도록 하고 있어 그 기준에 따라 사업시행자가 직접 산정할 수 있는 경우에는 사업시행자가 그 금액을 직접 산정할 수 있다(법 제68조 제1항 단서). 다만 사업시행자가 직접 산정하기 어려운 경우에는 감정평가업자에게 평가를 의뢰할 수 있다.

① 통계자료에 의해 농업손실보상, (폐업보상) 연간 영업이익 최소기준, (휴업보상) 휴업기간 영업 최소기준, 주거이전비, 무허가 영업보상 특례기준, 이농비·이어비 산정

② 이주정착금, 재편입가산금 산정

③ 사업시행자가 가격조사하여 분묘이장비, 이사비(차량운임 및 포장비) 산정

---

229) 토관 58342-1117 (1998. 5. 21) : 전문용역기관 수에는 제한이 없다. 2개의 감정평가기관이 공동 또는 각각 다른 기관에 의뢰할 수 있다.

230) 토지정책과-4903 (2009. 10. 21) : 영업장소를 이전하는 경우 영업의 특성, 시설의 규모, 기타 시설이전에 고도의 정밀성을 요하는 등 고유한 특수성으로 인하여 3월이내에 다른 장소로 이전이 어렵다는 사실이 전문기관의 용역 등에 의하여 객관적으로 인정되는 경우 실제 휴업기간(2년을 초과할 수 없음)으로 할 수 있다

한편 사업시행자통계자료에 따라 손실보상금을 산정하여 협의하는 경우 문제가 되고 있는 것은 협의요청 시점과 실제 계약체결 시점간의 통계자료에 의한 보상금액이 변경되었을 경우 어느 자료를 기준으로 보상금을 지급하여야 하는지 문제가 되고 있다. 이에 대하여 당초 국토교통부는 계약체결 시점의 통계자료에 의한 보상액을 산정하여야 한다고 하였으나, 최근 이에 대하여 협의요청한 지 1년 내에 산정기준(통계)이 낮게 변경된 경우에는 당초 협의통지금액으로 보상하도록 변경하였다.[231]

보상지침

□ 토지정책과-4593 (2011. 09. 25)

① 산정기준(통계) 변경으로 가격이 하락한 경우
사업시행자가 보상금을 확정하여 협의통지한 경우 통지일부터 1년 안에 산정기준(통계)이 낮게 변경된 경우에는 당초 통지 금액으로 보상

② 산정기준(통계) 변경으로 가격이 상승한 경우
사업시행자가 보상금을 확정하여 협의통지한 이후 산정기준(통계)이 높게 변경된 경우에는 변경된 기준을 적용하여 산정한 금액으로 보상

③ 적용대상 : 2011. 10. 1. 부터 협의계약을 체결하는 분부터 적용

---

231) 토지정책과-4593 (2011. 9. 25) : 영농손실보상 등 통계자료에 따라 손실보상금을 산정하여 협의통지를 한 이후, 새로운 통계자료가 발표되어 보상금액이 당초보다 낮아진 경우에는, 적극적으로 협의에 응한 자는 낮아진 금액으로 보상을 받고 협의에 응하지 않은 자는 수용재결에 의해 높은 금액(당초 협의통지 금액)으로 보상받는 불합리한 문제가 발생하고 있습니다. 이러한 문제를 해소하기 위해, 통계에 따라 보상금액을 산정·확정하여 협의통지를 한 경우 통지일로부터 1년(토지 등 감정평가로 산정하는 보상금은 1년 경과 시 재평가하고 있는 사례를 고려) 안에 산정기준(통계)이 낮게 변경되어 보상금액이 낮아진 경우에는 당초 협의통지금액으로 보상하도록 하는 내용의 "통계에 의한 손실보상금 산정기준 적용지침"을 붙임과 같이 마련하여 알려드리니, 이행에 철저를 기하여 주시기 바랍니다.

Ⅴ. 보상협의 요청 및 성실한 협의

1. 보상협의요청

1) 통 지

사업시행자는 보상협의를 하고자 하는 때에는 보상협의요청서에 ① 30일 이상의 협의기간·협의장소 및 협의방법 ② 보상의 시기·방법·절차 및 금액 ③ 계약체결에 필요한 구비서류 등에 관한 사항을 기재하여 토지소유자 및 관계인에게 통지하여야 한다. 여기서 보상협의 요청시 "통지"이기 때문에 반드시 등기우편으로 협의하여야 하는 것은 아니지만,[232] 피수용자와의 성실한 협의를 입증하기 위하여 등기우편에 의하여야 할 것으로 보인다.[233]

또한 보상액 내역은 공익사업에 편입된 토지 및 물건 등에 대한 보상액을 말하며, 공익사업으로 인하여 발생한 잔여지의 매수 또는 수용청구를 할 수 있다는 알려야 한다.

> ▣ 토지보상법 시행령
>
> 제8조 (협의의 절차 및 방법 등) ② 제1항 각 호 외의 부분 단서에 따른 공고는 사업시행자가 공고할 서류를 토지등의 소재지를 관할하는 시장(행정시의 시장을 포함한다)·군수 또는 구청장(자치구가 아닌 구의 구청장을 포함한다)에게 송부하여 해당 시(행정시를 포함한다)·군 또는 구(자치구가 아닌 구를 포함한다)의 게시판 및 홈페이지와 사업시행자의 홈페이지에 14일 이상 게시하는 방법으로 한다. 〈개정 2016. 1. 6.〉
>
> ③ 제1항 제1호에 따른 협의기간은 특별한 사유가 없으면 30일 이상으로 하여야 한다.
>
> ④ 법 제17조에 따라 체결되는 계약의 내용에는 계약의 해지 또는 변경에 관한 사항과 이에 따르는 보상액의 환수 및 원상복구 등에 관한 사항이 포함되어야 한다.

232) 대법원 1994. 4. 15. 선고 93누18594 판결 : 토지수용법시행령 제6조 제1항, 제5조는 송달방법과 통지방법을 다르게 규정하는 한편 토지수용법은 수용재결서 및 이의재결서에 관해서만 송달이라는 용어를 사용하고 기타 서류에 관해서는 통지라는 용어를 사용하고 있으므로, 보상협의에 관한 통지는 반드시 등기우편으로 하여야 하는 것은 아니다.

233) 중토위에서는 손실보상협의시 최초 협의요청시에는 통상우편으로 하되, 이에 대한 응답이 없을 경우 그 이후의 통지(제2차 및 제3차)는 반드시 등기우편으로 할 것을 요구하고 있다. 또한 토지소유자 등이 협의가 없었다고 주장할 경우 토지수용위원회에서는 확인결과 보상협의통지서를 보낸 사실만 있고, 상대방에게 배달되었음을 확인할 수 있는 방법이 없을 경우 사업시행자에게 다시 협의할 것으로 요구하고 있다(토지수용 업무편람, 중앙토지수용위원회, 2009, 17~18면).

■ 공익사업을 위한 토지 등의 취득 및 보상에 관한 법률 시행규칙[별지 제6호서식] 〈개정 2016. 6. 14.〉

사업시행자의 명칭

수신자
(경 유)
제 목 **보상에 관한 협의 요청**

1. 「공익사업을 위한 토지 등의 취득 및 보상에 관한 법률」 제16조 및 같은 법 시행령 제8조제1항에 따라 ○○○○사업에 편입된 토지 및 물건의 보상에 관하여 협의를 요청하오니 협의기간 내에 협의하여 주시기 바랍니다.

2. 귀하의 토지 중 일부가 공익사업 시행구역에 편입됨에 따라 잔여지를 종래의 목적으로 사용하는 것이 현저히 곤란한 경우에는 「공익사업을 위한 토지 등의 취득 및 보상에 관한 법률 시행령」 제39조에 따라 잔여지를 매수하여 줄 것을 청구할 수 있으며, 사업인정 이후에는 그 사업의 공사완료일까지 관할 토지수용위원회에 수용을 청구할 수 있습니다.

협의 기간	
협의 장소	
협의 방법	
보상하는 시기, 방법 및 절차	
계약체결에 필요한 구비서류	

보상액 명세

일련번호	소재지	지번(원래 지번)	지목 또는 물건의 종류	구조 및 규격	면적(원래 면적) 또는 수량	보상액	비고

사 업 시 행 자 [인]

기안자 직위(직급) (서명 또는 인) 검토자 직위(직급) (서명 또는 인) 결재권자 직위(직급) (서명 또는 인)
협조자
시행 처리기관–일련번호(시행일자) 접수 처리기관–일련번호(접수일자)
우 주소 / 홈페이지 주소
전화번호( ) 팩스번호( ) / 전자우편주소 /

작성방법

1. 해당 공익사업으로 인하여 토지가 분할되는 경우에는 분할 전의 지번은 면적은 "지번(원래 지번)" 및 "면적(원래 면적) 또는 수량"란에 ( )로 적습니다.
2. 검토항목의 내용은 별지로 작성할 수 있습니다.

210mm×297mm[백상지 80g/㎡]

2) 공 고

소유자 및 관계인을 알 수 없거나 그 주소·거소 그 밖에 통지할 장소를 알 수 없는 때에는 앞서 설명한(보상계획 공고 및 통지) 공시송달로 통지에 갈음할 수 있다. 즉 토지 등의 소재지 관할 시·군·구(행정구 포함)의 장에게 송달할 서류를 송부하고, 시·군·구의 장은 송부된 서류의 사본을 시·군·구의 게시판에 게시하는 방법에 의한다. 다만, 택지개발촉진법 등 개별사업법에도 공시송달의 규정이 있지만[234] 개별사업법에 의한 공시송달은 토지보상법에 의한 공시송달로 의제되지 않으므로 토지보상법에 의한 공시송달을 하지 않은 경우에는 성실한 협의를 누락시킨 절차 하자에 해당된다.

2. 협의의 성격

이 협의요청은 권고적 내지는 예고적 조치로서 행정처분이 아니기 때문에 행정소송의 대상이 되지 않는다. 또한 청약에 대한 진정·이의신청 등은 사업시행자에 대한 불만의 표시·희망의 진술·보상의 절차 및 내용의 재검토를 촉구하는 사실행위에 불과하다. 따라서 이에 대한 처리 역시 행정처분의 성격을 갖지 않는다.[235] 이 협의에 대한 법적 성질에 대하여 사법상 계약으로 보는 견해와 공법상 계약으로 보는 견해가 대립하고 있다.

사법상 계약으로 보는 견해는 토지보상법의 협의에 의한 취득 및 사용은 공특법에 의한 협의행위와 동일하게 공익사업에 필요한 토지 등을 사업인정을 통한 공용수용 또는 공용사용의 절차에 의하지 아니하고 협의에 의하여 사업시행자가 취득 및 사용하는

---

234) 토지보상법은 시·군·구의 게시판에 게시하는 방법이나, 택지개발촉진법은 일간신문에 공고하는 방법으로 공시송달을 규정하고 있다.

▣ 택지개발촉진법 제21조(서류의 열람 및 송달) ② 시행자는 이해관계인의 주소 또는 거소(居所)가 불분명하거나 서류를 송달할 수 없는 부득이한 사유가 있는 경우에는 대통령령으로 정하는 바에 따라 그 서류의 송달을 갈음하여 이를 공시할 수 있다

▣ 택지개발촉진법시행령 제14조(서류의 공시송달) ① 시행자가 법 제21조 제2항의 규정에 의하여 공시송달을할 경우에는 송달할 서류의 내용을 중앙 및 당해 지방의 일간신문 각1개 이상에 1회 이상 공고하여야 한다.
② 제1항의 규정에 의하여 공시송달을 하는 경우 그 서류는 일간신문에 공고된 날로부터 14일이 경과한 때에 상대방에게 도달된 것으로 본다.

235) 이선영, 신토지수용과 보상법론, 리북스, 2005, 266~267면.

것으로서, 그 취득의 법적 성질은 사법상의 매매계약 또는 사법상 사용계약과 다를 것이 없다고 본다.[236)]

이에 대하여 공법상 계약으로 보는 견해[237)]는 동 법의 협의행위가 비록 사업인정을 거치기 전이어서 사업인정 이후의 협의와는 성질상 차이가 있다 하더라도 차후에 수용 등의 강제절차가 배경을 이루고, 취득재산권, 공익사업, 손실보상, 환매권 등에 있어 거의 동일하므로 실질적 기능면에서 동질의 제도라고 보아서 완전한 사법상 자치는 인정되기 어렵고 공법상 계약의 성질을 갖는다고 한다.[238)]

사업시행자는 사업인정을 통해 행정주체(수용권자)로서의 지위를 갖는 것이므로 사업시행자가 사업인정을 받기 전에 행한 협의행위를 통해 행정상 법률관계를 형성하였다고는 보아지지 않으며 사법상 계약관계를 형성하였다고 보아진다. 즉 사업시행자는 협의의 내용에 따라 매매대금 또는 사용대금을 지급하면 당해 목적물의 명도 등을 구할 채권자가 되는 것이고 토지소유자 및 관계인은 당해 목적물의 소유권 또는 사용권을 넘겨주어야 하는 채무자가 되는 것이다. 또한 당사자 사이의 합의로 토지보상법 소정의 손실보상의 기준에 의하지 아니한 약정을 하였다고 하더라도[239)] 그 합의가 착오 등

---

236) 종전 공특법상 협의를 사법상 계약으로 본 판례는 다음과 같다.
① 대법원 1998. 5. 22. 선고 98다2242 판결 : 공공용지의취득및손실보상에관한특례법에 의한 협의취득 또는 보상합의는 공공기관이 사경제주체로서 행하는 사법상 매매 내지 사법상 계약의 실질을 가지는 것으로서, 당사자간의 합의로 같은 법 소정의 손실보상의 기준에 의하지 아니한 매매대금을 정할 수도 있으며, 또한 같은 법이 정하는 기준에 따르지 아니하고 손실보상액에 관한 합의를 하였다고 하더라도 그 합의가 착오 등을 이유로 취소되지 않는 한 유효하다.
② 헌법재판소 1995. 11. 30. 선고 94헌가2. : 공특법에 의한 토지 등의 '협의취득'은 "공공사업에 필요한 토지 등을 공용수용의 절차에 의하지 아니하고 협의에 의하여 사업수행자가 취득하는 것으로서, 그 법적 성질은 사법상의 매매계약과 다를 것이 없다. 따라서 그러한 기준과 방법을 규율하는 한 공특법은 공법적 성격을 지닌 것이라고 할 수도 있으나, 이 경우의 '취득'자체는 어디까지나 사업시행자와 소유권자 사이의 사적 자치 영역에 놓여져 있는 사법적인 성격의 것이라 할 것이다.

237) 강구철 교수는 공특법상 협의를 공법적 성격으로 볼 수 있는 논거로 ① 계약의 목적이 공익사업에 한정되고, ② 당사자 일방(사업시행자)이 사실상 우월적 지위에 있으며, ③ 의무 불응시 수용권이 발동될 가능성이 있어 심리적으로 협의에 응할 것이 강제되며, ④ 계약내용의 결정 및 방식에 있어서 제한을 든다.

238) 종전 공특법상 협의를 공법상계약으로 본 듯한 헌법재판소 결정(헌법재판소 1994. 2. 24, 92헌가15병합) : 위 특례법상의 협의취득의 과정에는 동법 제5조, 제6조 등 여러 가지 공법적 규제가 있는 점 등을 고려하면, 위 특례법의 배후에는 토지수용법에 의한 강제취득방법이 사실상의 후속조치로 남아 있어 토지 등의 소유자로서는 협의에 불응하면 바로 수용을 당하게 된다는 심리적 강박감으로 인하여 실제로는 그 의사에 반하여 협의에 응하는 경우가 많기 때문에, 위 특례법은 실질적으로는 토지수용법과 비슷한 공법적 기능을 수행하고 있다 할 것이다.

239) 대법원 1999. 3. 23. 선고 98다48866 판결 : 공공용지의취득및손실보상에관한특례법에 의한 협의취득 또는 보상합의는 공공기관이 사경제주체로서 행하는 사법상 매매 내지 사법상 계약의 실질을 가지는 것으로서, 당사자 간의 합의로 같은 법 소정의 손실보상의 요건을 완화하는 약정을 할 수 있고, 그와

을 이유로 취소되지 않는 한 유효하다고 할 것이다.[240] 따라서 사업인정 이전의 협의행위는 사법상 계약으로 봄이 타당하다고 본다.

3. 사업시행자의 성실의무

사업시행자는 토지 등에 대한 보상에 관하여 토지소유자 및 관계인과 성실하게 협의하여야 한다(법 제16조). 성실한 협의란 사업시행자가 사업의 목적 및 계획, 보상방법 등에 대하여 성의 있고 진실하게 설명하여 토지 등의 소유자를 이해할 수 있도록 하는 것을 말한다.

토지보상법은 재결 신청 전에 반드시 협의를 거치도록 규정(협의전치주의)를 하고 있어, 만일 협의절차를 거치지 아니한 재결 신청은 위법하다.

> **▣ 토지보상법**
>
> 제16조 (협의) 사업시행자는 토지등에 대한 보상에 관하여 토지소유자 및 관계인과 성실하게 협의하여야 하며, 협의의 절차 및 방법 등 협의에 필요한 사항은 대통령령으로 정한다.

4. 협의절차 및 방법 등

사업시행자는 협의를 하고자 하는 경우 ① 협의기간·협의장소 및 협의방법 ② 보상의 시기·방법·절차 및 금액 ③ 계약체결에 필요한 구비서류의 사항을 기재하여 토지소유자 및 관계인에게 통지하여야 한다(령 제8조 제1항).

협의기간은 특별한 사유가 없으면 30일 이상으로 하여야 하며, 계약의 내용에는 계약의 해지 또는 변경에 관한 사항과 이에 따르는 보상액의 환수 및 원상복구 등에 관한 사항이 포함되어야 한다(령 제8조 제3항, 4항).

같은 당사자 간의 합의로 같은 법 소정의 손실보상의 기준에 의하지 아니한 매매대금을 정할 수 있다.

240) 대법원 2013. 8. 22. 선고 2012다3517 판결 : 공익사업법에 의한 보상을 하면서 손실보상금에 관한 당사자 간의 합의가 성립하면 그 합의 내용대로 구속력이 있고, 손실보상금에 관한 합의 내용이 공익사업법에서 정하는 손실보상 기준에 맞지 않는다고 하더라도 합의가 적법하게 취소되는 등의 특별한 사정이 없는 한 추가로 공익사업법상 기준에 따른 손실보상금 청구를 할 수는 없다.

Ⅵ. 계약체결

■ **토지보상법**

제17조 (계약의 체결) 사업시행자는 제16조에 따른 협의가 성립되었을 때에는 토지소유자 및 관계인과 계약을 체결하여야 한다. [전문개정 2011. 8. 4.]

사업시행자는 협의가 성립된 때에는 토지소유자 및 관계인 등과 계약을 체결하면 협의 보상절차는 완료된다.[241] 계약이 체결되면 그 내용대로 구속력이 발생하며, 설사 협의 내용이 토지보상법에 정한 기준에 맞지 않거나 변경되었다 하더라도 계약이 적법하게 취소되지 않는 한 보상금을 추가로 청구할 수 없다.

토지의 경우는 부동산등기부에 사업시행자를 소유자로 이전등기하고 사업시행자는 보상액을 지급함으로써 협의취득 절차가 종료된다.[242]

지장물은 통상 사업시행자가 소유권을 이전하는 것이 아니라 이전비를 보상하는 것이므로 등기부가 있는 지장물은 철거 후에 등기 목적물의 부존재를 사유로 하여 등기부를 폐쇄하면 된다.

소유권 이외의 권리는 통상적으로 소멸 대상이며, 권리자가 요구하는 경우에 보상 대상물건이 되는 경우도 있지만 일반적으로 협의보상 시에는 소유자가 이들 권리를 사전에 소멸토록 유도하며, 수용재결 시에는 지급할 보상금에 대하여 그 권리를 행사하면 된다.

241) 대법원 2013. 8. 22. 선고 2012다3517 판결 : 당사자 간의 합의로 같은 법 소정의 손실보상의 기준에 의하지 아니한 손실보상금을 정할 수 있으며, 이와 같이 같은 법이 정하는 기준에 따르지 아니하고 손실보상액에 관한 합의를 하였다고 하더라도 그 합의가 착오 등을 이유로 적법하게 취소되지 않는 한 유효하다. 따라서 공익사업법에 의한 보상을 하면서 손실보상금에 관한 당사자 간의 합의가 성립하면 그 합의 내용대로 구속력이 있고, 손실보상금에 관한 합의 내용이 공익사업법에서 정하는 손실보상 기준에 맞지 않는다고 하더라도 합의가 적법하게 취소되는 등의 특별한 사정이 없는 한 추가로 공익사업법상 기준에 따른 손실보상금 청구를 할 수는 없다.

242) 대법원 2011. 2. 24. 선고 2010다83755 판결 : 매매계약서에 '소유권이전등기를 필한 후 매매대금을 지급한다'고 정한 사안에서, 위 매매계약서상 매매대금 지급기일은 사업시행자 명의의 소유권이전등기가 경료된 때, 즉 등기에 필요한 서류가 등기소에 접수되고 등기관에 의해 해당 등기가 마쳐진 때에 도래하는 것으로 보아야 하고, 이는 불확정기한이므로 매매대금 지급의무의 이행을 지체하였다고 하기 위해서는 소유권이전등기가 경료된 것만으로는 부족하고 채무자인 사업시행자가 그 사실을 알아야 하며, 이에 관한 증명책임은 채권자인 토지소유자에게 있음에도, 소유권이전등기신청 접수일에 매매대금 지급의무의 이행기가 도래하였다고 보아 이를 기준으로 대금 지급을 위하여 발행한 보상채권의 이율을 산정한 원심판단에는 법리오해 등 위법이 있다.

협의가 성립됨에 따라 계약이 체결되면 그 내용대로 구속력이 발생하고, 특별한 사정이 없는 한 보상금을 추가로 청구할 수 없다. 다만, 보상협의 또는 계약체결에 착오가 있으면 이를 취소할 수 있으며, 이 경우 법률행위 내용의 착오는 보통 일반인이 표의자의 입장에 섰더라면 그와 같은 의사표시를 하지 아니하였으리라고 여겨질 정도로 그 착오가 중요한 부분에 관한 것이어야 한다. 따라서 판례는 용도지역의 착오 등과 같이 매매대금에 중대한 영향을 미치는 경우 협의계약의 취소를 인정하였다(아래 판례 참조).

□ 대법원 1998. 2. 10. 선고 97다44737 판결

이 사건 토지들에 대한 최초 평가시 용도지역 인정에 착오가 있어 자연녹지 개발제한구역을 생산녹지로 잘못 알고 평가하였음을 발견하였고.....매매대금액 결정에 있어서 착오로 인하여 다소간의 차이가 나더라도 보통은 중요 부분의 착오로 되지 않는다. 그러나 이 사건은 정당한 평가액을 기준으로 무려 85%나 과다하게 평가된 경우로서 그 가격 차이의 정도가 현저할 뿐만 아니라,... 원고 시로서는 위와 같은 동기의 착오가 없었더라면 그처럼 과다하게 잘못 평가된 금액을 기준으로 협의매수계약을 체결하지 않았으리라는 점은 명백하다. 따라서 원고의 매수대금액 결정의 동기는 이 사건 협의매수계약 내용의 중요한 부분을 이루고 있다고 봄이 상당하다.

다만 판례는 협의취득 시 당사자 사이의 자유로운 의사로 채무불이행이나 매매대금 과부족에 대한 지급의무의 특약을 약정할 수 있다고 보고 있다(아래 판례 참조).

□ 대법원 2012. 2. 23. 선고 2010다91206 판결

공익사업을 위한 토지 등의 취득 및 보상에 관한 법령에 의한 협의취득은 사법상의 법률행위이므로 당사자 사이의 자유로운 의사에 따라 채무불이행책임이나 매매대금 과부족금에 대한 지급의무를 약정할 수 있다.

여수지구 내 집단취락에 대하여 우선해제에 관한 공고가 있기 이전에 국민임대주택예정지 지정이 이루어짐으로써 외형적으로는 집단취락이 아닌 국민임대주택예정지임을 이유로 개발제한구역에서 해제되기는 하였으나, 국민임대주택예정지로 지정되지 않았다면 조만간 개발제한구역이 해제되었을 것이 확실시된다는 사정에다가 판시와 같은 우선해제의 당위성, 성남시의 우선해제절차 지연 이유와 그 이후의 추진 경위, 여수지구에 대한 국민임대주택예정지 지정 시기의 부적절성, 정부가 밝힌 국민임대주택단지 예정지에 대한 보상원칙, 피고 측의 감정평가의뢰 과정에서의 미비점 등의 제반 사정을 종합적으로 고려하면, 이 사건 집단취락 우선해제예정지가 해제를 위한 공람공고 등의 절차를 거치지 않았다고 하더라도 공람공고를 거친 경우에 준하여 취급함이 타당하므로 개발제한구역이 해제된 것으로 보고 감정평가를 함이 상당함에도 불구하고 매매대금 책정의 기초가 된 감정평가는 개발제한구역이 해제되지 아니한 상태를 기준으로 이루어졌으므로, 위와 같은 평가원칙을 그르친 중대한 하자가 있고, 이는 피고 또는 그 의뢰를 받은 감정평가업자의 고의, 과실, 착오평가에 기인한 것이라고 판단하였다. 앞서 본 법리와 원심이 인정한 사실관계에 비추어 보면, 원심의 위와 같은 판단은 정당한 것으로 수긍할 수 있고, 거기에 공익사업법령의 보상액 산정에 관한 법리오해나 이 사건 특약의 해석에 관한 법리오해 등의 위법이 없다.

ㅁ 대법원 2012. 3. 29. 선고 2011다104253 판결

한국토지주택공사가 국민임대주택단지를 조성하기 위하여 갑 등에게서 토지를 협의취득하면서 '매매대금이 고의·과실 내지 착오평가 등으로 과다 또는 과소하게 책정되어 지급되었을 때에는 과부족금액을 상대방에게 청구할 수 있다'고 약정하였는데, 공사가 협의취득을 위한 보상액을 산정하면서 한국감정평가업협회의 구 토지보상평가지침(2003. 2. 14.자로 개정된 것, 이하 '구 토지보상평가지침'이라 한다)에 따라 토지를 지상에 설치된 철탑 및 고압송전선의 제한을 받는 상태로 평가한 사안에서, 위 약정은 단순히 협의취득 대상토지 현황이나 면적을 잘못 평가하거나 계산상 오류 등으로 감정평가금액을 잘못 산정한 경우뿐만 아니라 공익사업을 위한 토지 등의 취득 및 보상에 관한 법률(이하 '공익사업법'이라 한다)상 보상액 산정 기준에 적합하지 아니한 감정평가기준을 적용함으로써 감정평가금액을 잘못 산정하여 이를 기준으로 협의매수금액을 산정한 경우에도 적용되고, 한편 공사가 협의취득을 위한 보상액을 산정하면서 대외적 구속력을 갖는 공익사업을 위한 토지 등의 취득 및 보상에 관한 법률 시행규칙 제22조에 따라 토지에 건축물 등이 있는 때에는 건축물 등이 없는 상태를 상정하여 토지를 평가하여야 함에도, 대외적 구속력이 없는 구 토지보상평가지침에 따라 토지를 건축물 등에 해당하는 철탑 및 고압송전선의 제한을 받는 상태로 평가한 것은 정당한 토지 평가라고 할 수 없는 점 등에 비추어 위 협의매수금액 산정은 공사가 고의·과실 내지 착오평가 등으로 과소하게 책정하여 지급한 경우에 해당한다고 본 원심판결에 판단누락이나 이유불비 등의 잘못이 없다.

ㅁ 대법원 2004. 7. 22. 선고 2002다51586 판결

[1] 구 공공용지의취득및손실보상에관한특례법(2002. 2. 4. 법률 제6656호공익사업을위한토지등의취득및보상에관한법률 부칙 제2조로 폐지)에 의한 협의취득을 하기 위하여는 매수인은 공공사업을 시행하는 자여야 하는바, 행정청이 아니면서 도시계획사업을 시행하는 자는 도시계획사업에 관한 허가와 고시가 있은 때 위 특례법상 공공사업시행자로서 협의취득을 할 수 있다.

[2] 토지 매도인이 성토작업을 기화로 다량의 폐기물을 은밀히 매립하고 그 위에 토사를 덮은 다음 도시계획사업을 시행하는 공공사업시행자와 사이에서 정상적인 토지임을 전제로 협의취득절차를 진행하여 이를 매도함으로써 매수자로 하여금 그 토지의 폐기물처리비용 상당의 손해를 입게 하였다면 매도인은 이른바 불완전이행으로서 채무불이행으로 인한 손해배상책임을 부담하고, 이는 하자 있는 토지의 매매로 인한 민법 제580조 소정의 하자담보책임과 경합적으로 인정된다

아울러 수용재결이 있더라도 이후 재결효력 상실 후 토지소유자와 사업시행자가 다시 협의하여 계약체결이 가능하다고 본다.[243]

243) 대법원 2017. 4. 13. 선고 2016두64241 판결 : 수용재결이 있은 후에 사법상 계약의 실질을 가지는 협의취득 절차를 금지해야 할 별다른 필요성을 찾기 어려운 점 등을 종합해 보면, 토지수용 위원회의 수용재결이 있은 후라고 하더라도 토지소유자 등과 사업시행자가 다시 협의하여 토지 등의 취득이나 사용 및 그에 대한 보상에 관하여 임의로 계약을 체결할 수 있다.

제6절 공용수용에 의한 취득 또는 사용

Ⅰ. 사업인정

1. 사업인정의 의의

1) 의 의

토지보상법에서는 사업인정이라 함은 **공익사업을 토지 등을 수용 또는 사용할 사업으로 결정하는 것**이라고 정의하고 있다(법 제2조 7호). 즉, 사업시행자가 공익사업에 해당하는 토지 등을 수용 또는 사용할 수 있는 사업은 토지보상법의 공익사업에 해당함과 동시에 별도의 사업인정을 거쳐야 한다.

통설 및 판례[244]에 의하면 사업인정행위는 국토교통부장관이 사업시행자에게 법정된 일정한 절차를 거칠 것을 조건으로 수용권을 설정하여 주는 형성행위라고 본다. 여기서 '법정된 절차를 거칠 것의 조건'의 의미는 토지보상법(제23조 1항)이 사업인정고시 후 1년 이내에 재결신청을 하지 않으면 사업인정의 효력이 상실되도록 규정하고 있는 바, 이는 법의 규정이므로 **법정부관**을 뜻한다.

사업인정권자는 원칙적으로 국토교통부장관이다(법 제20조 1항). 다만 개별법에서 사업인정의제 제도를 별도로 정한 경우 일정한 행정행위를 통하여 시장·군수 및 도지사 등이 사업인정권자가 되는 경우도 있다.

한편 사업인정의 제도적 취지는 공익성은 대표적인 불확정 개념으로 역사적 가변성을 지니는바 행정청이 이를 개별적 구체적으로 판단하는 절차를 법정화 함으로써 **피수용자의 권리를 보호**하고 **수용행정의 적정화**를 기함에 있다.[245] 이는 공용수용의 본격적

244) 대법원 1987. 9. 8. 선고 87누395 판결 : 토지수용법 제14조에 따른 사업인정은 그 후 일정한 절차를 거칠 것을 조건으로 하여 일정한 내용의 수용권을 설정해 주는 행정처분의 성격을 띠는 것이다.

245) 대법원 2005. 4. 29. 선고 2004두14670 판결 : 당해 사업이 외형상 토지 등을 수용 또는 사용할 수 있는 사업에 해당된다 하더라도 행정주체로서는 그 사업이 공용수용을 할 만한 공익성이 있는지의 여부와 공익성이 있는 경우에도 그 사업의 내용과 방법에 대하여 사업인정처분에 관련된 자들의 이익을 공익과 사익 간에서는 물론, 공익 상호간 및 사익 상호간에도 정당하게 비교·교량하여야 하고, 그 비교·교량은 비례의 원칙에 적합하도록 하여야 한다.

인 절차 전에 재산권자의 사전적인 권리구제 장치의 역할을 한다. 또한 재산권의 가치보장을 전제로 하는 공용수용에서 침해 자체의 적법 타당성에 대한 엄격한 판단을 중시함으로써 존속보장의 이념을 실현하는 제도적인 장치로서의 의미를 갖는다고 할 수 있다.

2) 공익사업의 유형

공공필요에 대한 개념은 사회, 경제적 여건 변화에 따라 공공복리의 증진을 위해 점차 확대되어 가는 경향이 있다. 따라서 공공필요에 대한 법적 근거가 되는 토지보상법에서 공익사업을 위한 공익사업의 변천에 대해 살펴보는 것은 공공필요의 기준이 될 수 있다.

토지보상법은 헌법상 재산권을 수용 또는 사용할 수 있는 공공필요의 범위를 공익사업이라 하여 그 종류를 열거하고 있다. 즉 토지보상법상으로 토지 등을 강제 수용할 수 있는 사업은 동 법 제4조 제1항에서 8항까지 구체적으로 열거된 공익사업에 해당하는 사업이어야 한다.

어떤 사업이 수용적격을 인정할 수 있는 공익사업에 해당되는 지는 공익성의 정도, 시대의 상황 등에 의해서 변화된다고 할 것이다. 이에 우리 토지보상법 제4조에서는 "이법에 의하여 토지 등을 취득 또는 사용할 수 있는 사업은 다음 각 호의 1에 해당하는 사업이어야 한다"고 규정하고 있어 공익사업 법정주의를 취하고 있다. 이와 관련하여 수용적격사업을 정하는 입법방식에는 개별입법주의, 제한열거주의 그리고 포괄주의가 있다.

개별입법주의는 행정청에게 판단의 여지를 부여함이 없이 개개의 사업이 토지를 수용하고 또는 사용할 가치가 있을 만큼 공공성을 가지고 있는가를 개별적으로 심사하여 입법하는 것이다. 이에 반하여 제한열거주의는 법률상 수용대상사업의 범위를 한정하고, 그 범위 내에서 사업의 수용적격성의 유무를 행정청에게 판단하게 하는 것이고, 포괄주의는 수용대상사업에 대해 법률로 그 범위를 한정하지 않고 이를 포괄적으로 행정청에 맡겨 구체적인 사업에 대해 수용여부를 판단하게 하는 것이다. 이에 의할 경우 우리의 토지보상법은 제한열거주의를 채택하면서 그 실질에 있어서는 포괄주의를 채택하고 있다 해도 과언이 아니다.[246)]

246) 유해웅, 신수용보상법론, 부연사, 2005, 304면. 이하 참조

종전 우리 토지보상법은 제4조 제8항에서 “그밖에 다른 법률에 의하여 토지 등을 수용 또는 사용할 수 있는 사업”에 대해서도 공익사업의 종류에 포함함에 따라, 공익사업을 구체적으로 한정하지 않고 포괄적으로 규정하고 있었다. 이에 따라 각 개별 법들이 법 목적에 따른 공익사업을 별도로 정하고 있는 경우가 많아 손실보상의 일반법인 토지보상법을 형해화(刑骸化)시킬 수 있다는 주장[247]이 있었다. 이러한 문제점으로 인하여 2015. 12. 29. 토지보상법을 개정하여[248] 개별 법률에 의한 사업인정 특례를 적용받을 수 있는 사업의 종류를 토지보상법상의 별표 사업으로만 한정하고, 개별 법률상의 사업인정 특례제도는 토지보상법 별표의 개정에 의하지 않고는 인정하지 않도록 하였다.

> ▣ **토지보상법**
>
> 제4조의2 (토지등의 수용·사용에 관한 특례의 제한) ① 이 법에 따라 토지 등을 수용하거나 사용할 수 있는 사업은 제4조 또는 별표에 규정된 법률에 따르지 아니하고는 정할 수 없다.
> ② 별표는 이 법 외의 다른 법률로 개정할 수 없다. [본조신설 2015.12.29.]

3) 공익사업의 변천

(1) 종전 토지수용법에서의 공익사업

종전 토지수용법은 제3조에서 국방·군사에 관한 사업 및 도로, 철도, 항만 등 사회간접자본시설, 국가 등이 설치하는 공공용시설, 기타 다른 법률에 의하여 수용·사용할 수 있는 사업 등을 공익사업으로 규정하고 있었으며, 공특법에서는 토지수용법상 공익사업과 토지구획정리사업, 재개발사업 및 농지개량사업 등으로 공익사업을 정의하고 있었다.

한편, 종전 토지수용법상 공익사업에서 문제가 되었던 것은 70년대 정부가 중화학공업 육성정책을 추진하면서 제철, 비료 및 석유정제·저장 및 송유에 관한 사업, 석유화학, 전자 및 조선에 관한사업, 종합기계 및 계기·방직기 및 가공기 등 민간의 공장시설을 위한 사업을 공익사업에 포함하였다는 점이었다.

---

247) 임일도, “공익사업용지취득보상법에 관한 소고” 부동산법학 9집, 2005, 165면.

248) 토지보상법 제4조 제8항. “그밖에 다른 법률에 의하여 토지 등을 수용 또는 사용할 수 있는 사업” ⇒ “그 밖에 별표에 규정된 법률에 따라 토지등을 수용하거나 사용할 수 있는 사업”으로 개정하였다.

이와 같은 사업을 공익사업에 포함할 경우 궁극적으로 사업시행자가 토지를 수용할 수 있다는 점에서 공익사업의 무분별한 확대는 곧바로 국민의 재산권을 침해하는 것이 되므로 범위확대는 신중을 기해야 하며, 이러한 관점에서 70년대 중화학공업 육성을 위한 이들 산업을 공익사업에 포함하는 것이 합리적인가에 대하여 의문이 제기되었다.[249)]

(2) 현행 토지보상법에서의 공익사업

종전 토지수용법의 공익사업이 국민의 재산권을 제약한다는 의견에 따라, 종전의 공익사업 중 "법률의 위임에 의하여 발하는 명령에 의한 사업"의 경우 수용권의 발동으로 개인의 재산권이 침해될 수 있어 이를 "법률에 의하여"라고 개정하여 법률에 의해서만 공익사업이 가능하도록 하였으며,[250)] 제철, 비료 등 대통령령으로 정하는 사업은 70년대 중화학 육성을 위한 목적으로 수용권을 부여하였으나 이는 더 이상 공익사업으로 보기 어려우며, 오히려 사인 간 토지매수로 가능하기 때문에[251)] 이를 삭제하고 "유류저장 및 송유관 시설"만 공익사업에 포함하였으며, 수용에 따른 재산권 침해를 한정하기 위하여 정부 또는 지방공공단체의 공공용시설을 정부 또는 지방자치단체의 공공용시설로 변경하였고, 사회교육, 학예에 관한 사업은 공익을 목적으로 하는 학교, 도서관, 박물관, 미술관으로 한정하였다.

▣ **토지보상법**

제4조 (공익사업) 이 법에 따라 토지등을 취득하거나 사용할 수 있는 사업은 다음 각 호의 어느 하나에 해당하는 사업이어야 한다. 〈개정 2014. 3. 18., 2015. 12. 29.〉

1. 국방·군사에 관한 사업
2. 관계 법률에 따라 허가·인가·승인·지정 등을 받아 공익을 목적으로 시행하는[252)] 철도·도로·공항·항만·주차장·공영차고지·화물터미널·궤도(軌道)·하천·제방·댐·운하·수도·하수도·하수종말처리·폐수처리·사방(砂防)·방풍(防風)·방화(防火)·방조(防潮)·방수(防水)·저수지·용수로·배수로·석유비축·송유·폐기물처리·전기·전기통신·방송·가스 및 기상 관측에 관한 사업
3. 국가나 지방자치단체가 설치하는 청사·공장·연구소·시험소·보건시설·문화시설·공원·수목원·광장·운동장·시장·묘지·화장장·도축장 또는 그 밖의 공공용 시설에 관한 사업
4. 관계 법률에 따라 허가·인가·승인·지정 등을 받아 공익을 목적으로 시행하는 학교·도서관·박물관 및 미술관 건립에 관한 사업

---

249) 박평준, 공익사업용지취득보상법, 고시연구사, 2004. 42-43면.
250) 한국감정원, 해설 토지보상법, 2003. 63면.
251) 박평준, 앞의 책, 51면.

> 5. 국가, 지방자치단체, 「공공기관의 운영에 관한 법률」 제4조에 따른 공공기관, 「지방공기업법」에 따른 지방공기업 또는 국가나 지방자치단체가 지정한 자가 임대나 양도의 목적으로 시행하는 주택 건설 또는 택지 및 산업단지 조성에 관한 사업
> 6. 제1호부터 제5호까지의 사업을 시행하기 위하여 필요한 통로, 교량, 전선로, 재료 적치장 또는 그 밖의 부속시설에 관한 사업
> 7. 제1호부터 제5호까지의 사업을 시행하기 위하여 필요한 주택, 공장 등의 이주단지 조성에 관한 사업
> 8. 그 밖에 별표에 규정된 법률에 따라 토지등을 수용하거나 사용할 수 있는 사업

① 국방·군사에 관한 사업

전형적인 공익사업으로 국가안보와 관련되어 공익성이 매우 강하여, 공익성 여부에 별론이 없다.

② 교통 및 환경시설사업

제2호에서는 관계 법률에 의하여 허가·인가·승인·지정 등을 받아 공익을 목적으로 시행하는 철도·도로·공항·항만·주차장·공영차고지·화물터미널·삭도·궤도·하천·제방·댐·운하·수도·하수도·하수종말처리·폐수처리·사방·방풍·방화·방조(防潮)·방수·저수지·용배수로·석유비축 및 송유·폐기물처리·전기[253]·전기통신·방송·가스[254] 및 기상관측에 관한 사업을 규정하고 있다. 이러한 사업들은 오늘날의 복잡한 교통문제와 환경의 오염문제를 인식하여 새로이 공익성을 부여한 사업이다.

---

252) 중토위, 2019 토지수용편람, 4면.
- 토지보상법은 제4조 제2호 및 제4호 사업은 "관계 법률에 따라 허가·승인·지정 등을 받아 공익을 목적으로 시행하는 사업"으로 규정하고 있으므로 제2호 및 제4호에 규정되어 있는 사업은 관계 법률에 따라 허가 등을 받은 시점부터 공익사업으로 되어 이 이후부터 토지보상법이 적용된다.
- 토지보상법 제4조 제1호, 제3호 및 제5호 사업은 공익사업으로 인정되는 시점이 명확하지 않으나 토지보상법 시행령 제7조 제1항에서는 '공익사업의 계획이 확정되었을 때' 토지 및 물건조서를 작성하도록 규정하고 있으므로 이 이후 토지보상법이 적용되는 것으로 봄.
- '공익사업의 계획이 확정되었을 때'는 관련 법령에 따라 계획의 고시 등의 절차를 거쳐야 하는 경우는 이러한 절차를 거친 때, 그러한 규정이 없는 경우는 행정적인 의사결정 절차가 완료된 때로 봄

253) 토지정책과-1247 (2014. 2. 25) : 개인사업자가 전기사업법에 따라 허가를 받아 실시하는 전기사업일 경우 토지보상법 제4조 제2호에 따른 공익사업에 해당한다고 볼 것이다.

254) 토지정책과-680 (2012. 12. 28) : 일반도시가스사업자가 수요자에게 도시가스 공급을 목적으로 설치하는 도시가스 배관사업은 일부 공익적 측면도 있을 수 있으나, 이를 통한 사업이익이 민간사업자에게 귀속되는 점, 토지수용 이외에 다른 대체수단(우회설치 등)의 강구가 가능한 점 및 사업시행을 통하여 달성하려는 공익과 재산권 보장을 통한 사익간의 관계 등을 감안하면, 사유재산권 제한을 정당화할 불가피성 등을 인정하여 사업인정을 통한 수용권 부여는 어렵다고 보며, 개별적인 사례에 대하여는 관련법령과 사업현황 등 사실관계 등을 검토하여 판단할 사항으로 봅니다.

③ 공공시설용 사업

국가 또는 지방자치단체가 설치하는 청사·공장·연구소·시험소·보건 또는 문화시설·공원·수목원[255]·광장·운동장[256]·시장·묘지·화장장·도축장 그 밖의 공공용 시설에 관한 사업을 규정하고 있다. 본 3호에서는 공익사업의 주체를 원칙적으로 국가 및 지방자치단체로 한정하고 있다.

종전 토지수용법에서는 국가 또는 지방공공단체가 실시한 공공용시설이었으나 이를 공공단체를 제외하고 지방자체단체로 강화하였다. 따라서 국토교통부 질의회신에 의하면 국가나 지방자체단체가 설치하는 동사무소, 경로당, 도지사 공관,[257] 복숭아시험장,[258] 학교운동장,[259] 농업기술센터,[260] 국유 자연휴양림[261] 등은 공익사업에 해당하나, 근로복지공단이 시행하는 진폐환자보호시설사업에 대해서는 정부출연기관은 국가 등에 해당하지 않는다[262] 하여 공익사업임을 부정한 바 있다.

---

255) 법률 제7475호(2005. 3. 31) 법률개정 ; 산업화와 도시화에 따른 비환경적 시설설의 팽창으로 인해 도시민들의 생활환경이 갈수록 악화되어 가고 있고, 또 주5일 근무제의 본격 시행으로 도시내 시민들의 정서순화와 삶의 만족도 제고를 위한 환경친화적인 시설물의 확충은 시대적 요구사항이라고 할 수 있음. 비단 도시민들에게 편안한 휴식공간을 제공하고, 자라나는 청소년들에게는 자연을 느끼고 체험할 수 있는 다양한 공간을 제공하기 위해서 뿐만 아니라, 생명공학의 발전으로 수목유전자원의 보전 및 이용의 중요성이 증대됨에 따라 수목유전자원의 체계적이고 원활한 보전기능을 수행하기 위해서는 수목원 조성을 확충해 나갈 필요가 있음. 그러나 수목원 조성부지가 대부분 사유지인 경우 주민들과의 협의매수가 제대로 이루어지지 않아 사업추진에 많은 어려움이 발생하고 있는 바, 이러한 문제해결을 위해 '수목원'을 공익사업 중의 하나로 포함하여 개별사업으로 토지수용이 가능토록 하고자 함.

256) 토관 2218 (2004. 5. 18) : 공익사업을위한토지등의취득및보상에관한법률 제4조 제3호의 규정에 의하면 지방자치단체가 설치하는 운동장 그 밖의 공공용 시설에 관한 사업은 공익사업으로 볼 수 있을 것으로 보나, 귀 질의의 경우가 공익사업에 해당되는지에 대하여 같은 법 제20조의 규정에 의한 사업인정절차(관계부처 협의, 중앙토지수용위원회의 의견청취 등)를 거쳐야 최종적으로 판단될 수 있을 것임을 알려드립니다.

257) 토행 4147-17382 (1979. 7. 21)

258) 토정 58307-1004 (1994. 7. 2)

259) 토관 2052 (2004. 5. 3) : 공익사업을위한토지등의취득및보상에관한법률 제4조의 규정에서 '이 법에 의하여 토지 등을 취득 또는 사용할 수 있는 사업은 다음 각 호에 해당하는 사업'이어야 하고, 같은 조 제4호의 규정에서 '관계 법률에 의하여 허가·인가·승인·지정 등을 받아 공익을 목적으로 시행하는 학교 등의 건립에 관한 사항'에는 관계법령에 의하여 설립된 학교가 포함되어 있으므로, 학교가 설치하는 운동장조성사업도 당연히 공익사업에 포함된다.

260) 토지정책과-154 (2011. 4. 1) : 지방자치단체가 사업시행자로서 농업기술센터 건립 일환으로 토지를 취득하는 경우 공익사업에 해당된다고 보며, 영농보상 등 손실보상에 관하여는 위 법령을 적용할 수 있다고 보입니다.

261) 토지정책과-3049 (2010. 6. 8) : 국가(국립자연휴양림관리사무소)에서 전액 국고로 시행하여 국가에서 운용하는 국유자연 휴양림조성사업은 토지보상법 제4조 제3호의 공공용시설에 포함된다.

262) 토관 58342-1739 (2002. 12. 4)

④ 교육 및 문화시설

제4호에서는 관계 법률에 의하여 허가·인가·승인·지정 등을 받아 공익을 목적으로 시행하는 학교[263)]·도서관·박물관 및 미술관의 건립에 관한 사업을 규정하고 있다.

⑤ 주택 또는 택지 및 산단조성 사업

국가, 지방자치단체, 「공공기관의 운영에 관한 법률」 제4조에 따른 공공기관, 「지방공기업법」에 따른 지방공기업 또는 국가나 지방자치단체가 지정한 자가 임대나 양도의 목적으로 시행하는 주택 건설 또는 택지 및 산업단지 조성[264)]에 관한 사업. 이 조항은 국가나 지방자치단체가 지정한 '사인'이 공익사업을 수행할 수 있는 사업시행자가 될 수 있으므로 사인수용의 법적 근거가 되고 있다.

⑥ 부속시설의 사업

제6호에서는 제1호 내지 제5호의 사업을 시행하기 위하여 필요한 통로·교량·전선로·재료적치장 그 밖의 부속시설에 관한 사업을 규정하고 있다.

⑦ 대체보상을 위한 사업

제7호에서는 제1호부터 제5호까지의 사업을 시행하기 위하여 필요한 주택, 공장 등의 이주단지 조성에 관한 사업을 규정하고 있다. 이 조항에 의거 2007. 10. 17 개정에서 공익사업 시행을 위하여 수용된 이주민 및 공장 등의 이주단지 등의 시설을 위하여 필요한 사업을 위해서도 공익성을 인정하고 있다.

⑧ 다른 법률에 의한 사업

제8호에서는 "그 밖에 별표에 규정된 법률에 따라 토지등을 수용하거나 사용할 수 있는 사업"으로 규정하고 있어[265)] 사업인정이 의제되는 사업을 별표로 정하고, 이 별표

---

263) 토관 2052 (2004. 5. 3) : 공익사업을위한토지등의취득및보상에관한법률 제4조의 규정에서 '이 법에 의하여 토지 등을 취득 또는 사용할 수 있는 사업은 다음 각호에 해당하는 사업'이어야 하고, 같은 조제4호의 규정에서 '관계법률에 의하여 허가·인가·승인·지정 등을 받아 공익을 목적으로 시행하는 학교 등의 건립에 관한 사항'에는 관계법령에 의하여 설립된 학교가 포함되어 있으므로, 학교가 설치하는 운동장조성사업도 당연히 공익사업에 포함(해당)될 것으로 봅니다.

264) 공익사업 간의 전환 등을 원활히 추진하고자 산업단지도 공익사업에 포함하고자 2014. 3. 18. 추가되었다.

265) 대법원 2019. 7. 25. 선고 2017다278668 판결 : 도시계획시설사업 실시계획의 인가에 따른 고시가 있으면 도시계획시설사업의 시행자는 사업에 필요한 토지 등을 수용 및 사용할 수 있게 된다(구 국토계획법 제95조, 제96조). 원고 1, 원고 2가 각 아파트 호실을 제공한 계기가 된 '○○근린공원 조성사업' 역시

에는 국토계획법 등 110개 사업지구를 규정하고 있다.

법령해석

□ **법제처 17-0157 (2017. 6. 26)**

【질의배경】 전통시장법 제2조 제6호에 따른 시장정비사업의 시행자는 해당 사업을 시행하기 위해 필요한 경우 시장정비구역 내 토지를 수용할 수 있는지?

【회 답】 전통시장법 제2조 제6호에 따른 시장정비사업의 시행자는 해당 사업을 시행하기 위해 필요한 경우 시장정비구역 내 토지를 수용할 수 있습니다.[266]
다만, 전통시장법 제4조 제1항에서는 "다른 법률과의 관계"라는 조 제목으로 시장정비사업과 관련하여 전통시장법에서 정하지 않은 사항은 도시정비법 중 도시환경정비사업에 관한 규정을 "준용"하고, 그 밖의 사항에 관하여는 같은 법 및 「집합건물의 소유 및 관리에 관한 법률」의 관련 규정을 각각 "준용"한다고 규정하고 있는바, 이는 시장정비사업과 관련하여 전통시장법이 도시정비법(도시환경정비사업에 관한 규정으로 한정함) 등의 특별법적 지위를 가진다는 것을 의미하고 있는 것으로 보이는데, 전통시장법 제4조 제1항에서는 도시정비법 등의 규정을 포괄적으로 준용하도록 하는 규정 형식을 취하고 있기 때문에, 그 준용의 범위에 침익적 규정인 재산권의 수용에 관한 규정도 포함되는지, 아니면 단순한 절차적 규정만 포함되는지에 관하여 해석상 논란이 있습니다.
따라서, 전통시장법 제4조 제1항의 규정 형식을 「기업활동 규제완화에 관한 특별조치법」 제3조 또는 「유통산업발전법」 제12조 제4항 등의 입법례를 참고하여 수정하거나 전통시장법 제4조 제1항에 따라 준용되는 도시정비법 규정을 구체적으로 명시하는 한편, 전통시장법 제39조에 따른 사업시행인가가 있는 경우 토지보상법에 따른 사업인정 고시가 있는 것으로 의제하는 규정을 추가하는 등 법령을 정비할 필요가 있습니다.

2. 공익성 인정 기준의 문제점

어떠한 사업이 공익성이 있는 지에 대해서는 시대나 상황에 따라 변화될 수 있는 것이며, 질의회신이나 판례도 명확한 기준이 없는 실정이다. 이하에서는 국토교통부와 사법부의 공익사업 인정에 대한 기준에 대하여 살펴보고자 한다.

구 국토계획법에 따라 사업시행자에게 수용권한이 부여된 도시계획시설사업으로 추진되었으므로, 이는 적어도 구 토지보상법 제4조 제7호의 공익사업, 즉 '그 밖에 다른 법률에 의하여 토지 등을 수용 또는 사용할 수 있는 사업'에 포함된다고 볼 여지가 많다.

266) 그러나 이에 대한 반대의견도 있다. 이에 법제처는 법령을 정비할 필요가 있다고 해석하고 있다. 전통시장법 제4조 제1항에 따른 전통시장법은 토지보상법 제4조 제8호에 따른 별표에서 규정한 110개 법률에 포함되지 않으므로 전통시장법 제2조제6호에 따른 시장정비사업의 시행자는 해당 사업을시행하기 위해 시장정비구역 내 토지를 수용할 수 없다고 보아야 할 것입니다(중토위, 2019년 토지수용편람, 7면).

1) 국토교통부 유권해석

공용수용의 담당부서인 국토교통부의 공익성에 대한 질의회신을 살펴보면 대체로 공익성 여부보다는 법령의 기준을 따르고 있다.

민간사업자의 골프장 건설사업이 공익사업인지 여부에 대하여 국토의 계획 및 이용에 관한 법률에 의거 실시계획 인가·고시되어 민간인이 개인영리 목적으로 골프장을 하는 경우 공익성이 인정되는지 여부에 대하여 국토교통부는 혼선을 보이고 있다. 당초에는 우리 헌법에는 공공의 필요에 의할 경우에만 수용 또는 사용을 허용하고 있어, 비록 골프장을 도시계획시설로 결정하도록 규정하고 있다고 하더라도, 민간인이 개인영리사업으로 시행하는 골프장사업을 공공의 필요에 의한 사업에 해당된다고 보기는 어렵다는 입장[267]이었으나, 이를 변경하여, 국토의 계획 및 이용에 관한 법률에서 사업인정의제 규정이 있다는 사유를 들어 공익성이 있다고 변경하여 회신[268]하고 있어 일관성이 결여되어 있다.

국토교통부는 공익성 여부를 판단함에 있어 법적 근거보다는 토지보상법 제4조 3항에서의 국가 또는 지자체가 설치하는 "공공용시설"에 대하여 상당히 넓게 해석하여 해당 사업 자체의 공익성보다는 국가나 지자체가 시행한다는 사유만으로 공익성을 넓게 인정하고 있다. 당초 헌법 제11조 평등의 원칙과 헌법 제23조 재산권보호 규정을 들어 민간개발업자의 골프장 부지에 대하여 공익성을 인정하지 않았던 골프장 건설사업에 대하여, 별다른 논거 없이 공익성을 인정한 것은 일관성을 결하고 있는 것으로 보인다.[269]

---

267) 토관 4175 (2004. 9. 13) : 우리 헌법은 모든 국민은 법 앞에 평등하고(제11조), 또한 재산권을 보장하고 있으며, 공공의 필요에 의한 경우에만 수용 또는 사용을 허용하고 있습니다(제23조). 도시계획시설의결정·구조및설치기준에관한규칙 제99조 제2호에서 골프장(9홀 이상인 것에 한한다)을 도시계획시설로 결정하도록 규정하고 있다고 하더라도, 민간인이 개인영리사업으로 시행하는 골프장사업을 공공의 필요에 의한 사업에 해당된다고 보기는 어려울 것으로 봅니다.

268) 토지정책팀-2548(2008. 8. 22) : 민간사업자가 국토계획법에 의거 체육시설(골프장)에 대한 실시계획인가 및 고시한 골프장 사업이 수용이 가능한지에 여부?
(회신) 국토계획법에 의거 실시계획승인 고시가 있는 경우 토지보상법에 의한 사업인정 및 그 고시가 있는 것으로 보아 수용재결이 가능하다고 봅니다.

269) 한편, 헌법재판소 조대현 재판관은 이에 대하여 위헌이라고 소수의견을 밝히고 있다.
재판관 조대현의 반대의견 ; 회원제 골프장은 소수의 회원들에게만 이용기회가 주어지고 비회원은 회원과 동반하는 경우에만 이용할 수 있을 뿐이므로, 회원제 골프장의 건설은 공공필요성이 크다고 볼 수 없다. 따라서 개인사업자가 건설하는 회원제 골프장 건설사업을 위하여 토지수용권을 부여한 이 사건 수용조항은 헌법 제23조 제3항에 위반된다(헌법재판소 2011. 6. 30. 선고 2008헌바166 결정).

2) 공공필요에 대한 판례논의

어느 사업이 공공필요 즉 공익성이 있는 지에 대하여 엄밀한 기준 설정은 사실상 불가하며 결국 어디까지가 공익성이 있는 지 여부는 법원의 최종적인 판단에 의할 수밖에 없다고 보인다. 공공필요에 대한 우리 판례는 많지 않으나 이에 대한 구체적 검토는 공익성 판단에 중요한 역할을 할 것으로 보인다.

(1) 워커힐 관광서비스 제공사업

워커힐 관광서비스 제공사업은 한국전쟁에서 전사한 고 워커장군을 추모하고 외국인을 대상으로 하여 교통부 소관사업으로 행하기로 하는 정부방침 아래 교통부장관이 토지수용법 제3조 소정의 문화시설에 해당하는 공익사업이라고 판시[270]하고 있다.

그러나 이 판례에 대하여는 많은 비판이 있다. 즉 외국인 상대의 호텔을 과연 문화시설이라고 할 수 있는지,[271] 외화획득 등 자산증식이나 세수증대 등 재정적 목적을 위해 수용권을 발동할 수 있는지, 특정인의 이익을 위해 공권력을 행사할 수 있는지 등의 경우는 공공필요(공익)을 위한 것으로 볼 수 없다는 비판이 그것이다.[272]

(2) 집합건물의 소유 및 관리에 관한 법률

집합건물의 소유 및 관리에 관한 법률 제47조 제1항 등 위헌소원에서, 재건축 제도는 공공복리를 위해 그 필요성이 인정된다고 할 수 있고, 재건축불참자의 구분소유권에 대한 재건축참가자의 매도청구권은 재건축을 가능하게 하기 위한 최소한의 필요조건이라 할 것이므로 이를 인정한 것을 가지고 재건축불참자의 기본권을 과도하게 침해한다고 할 수 없다[273]고 하여 재건축 사업에 대하여 공익사업임을 인정하였다.

(3) 체신보험사업을 위한 문화시설

서울체신청이 운영하는 체신보험사업은 국민의 저축의욕 고취 등 공익적 목적으로 국가가 경영하는 사업이기는 하나 본질적으로는 보험계약자들로 하여금 재해의 위험에 공동으로 대처하게 하려는 일종의 보험사업이고, 이 사건 토지는 그러한 사업의 원활한

270) 대법원 1971. 10. 22 선고 71다1716판결
271) 김남진, "행정의 적법판단기준으로서의 공익", 고시연구, 2003, 176-177면.
272) 김남진, 상게 논문, 176-177면.
273) 헌법재판소 1999. 9. 16 선고 97헌바73, 98헌바62, 98헌바60(병합) 전원재판부

수행을 목적으로 하여 건립하는 노후생활의 집 부지로 제공하기 위하여 매도된 것인데, 체신보험사업의 앞서 본 바와 같은 취지, 목적, 기금조달의 방법 등에 비추어볼 때 위 노후생활의 집 건립사업이 그 사업을 위하여 타인의 토지를 수용할 수 있을 정도로 고도의 공익성이 있는 국가 또는 지방공공단체가 설치하는 문화시설, 기타 공공용 시설에 관한 사업이라고 볼 수는 없다 할 것이고, 달리 위 체신보험 사업의 수행을 위하여 토지를 수용 또는 사용할 수 있음을 규정한 그 어떠한 법률의 규정도 이를 찾아 볼 수 없다[274]는 사유로 공익성을 부정하고 있다.

(4) 원자력 발전소 건설

행정청이 원자력발전소 건설을 위하여 육상종묘생산어업신고의 불수리를 통보한 경우, 위 처분 당시 이미 원자력발전소 건설을 위해 인근 토지에 88.4%의 보상협의가 이루어진 점 등 제반사정을 감안하면 위 원자력발전소 건설이 구 수산업법상 신고한 어업을 제한·정지할 수 있는 "토지수용법 제3조의 공익사업상 필요한 때"에 해당한다고 판시[275]하고 있다.

이 판례에서 공익상 필요한 때의 중요 요건으로 설시한 것은 토지취득 비율이 상당부분 진행되었다는 점을 근거로 하고 있다는 점이다. 그러나 해당 사업의 협의 취득비율이 상당히 진행되었다 해서 그것이 공익성을 인정해야 하는 근거가 되기에는 논리가 약하다고 생각된다.

(5) 카지노 관광사업

'관광진흥'을 목적으로 설립된 한국관광공사로 하여금 관광사업의 하나로 신규카지노업을 운영함으로써 관광진흥에 이바지하고, 그 이익금을 다른 공익재원으로 활용할 수 있다면 그로 인한 공익실현의 효과는 보다 극대화된다고 할 수 있다. 이러한 점에서 직업의 자유의 제한에 대한 과잉금지원칙에 위배되지 않는다. 카지노업은 '관광진흥'의 공익실현을 위하여 '관광사업'으로 예외적으로 허용된다고 판시[276]하여 카지노 사업에

---

274) 서울고법 1993. 7. 15. 선고 92구34508 제2특별부 판결 : 상고기각

275) 대법원 2002. 4. 12. 선고 2001두9288 판결

276) 헌법재판소 2006. 7. 27. 2004헌마924 전원재판부 본 판결에서 영리 추구의 사익실현을 목적으로 하는 사기업에게 허가가 이루어질 경우 ① 예외의 적용으로 특혜시비가 따를 수밖에 없고, ② 형법이 금지한 시장에 진입하기 위하여 경쟁을 하는 것이 바람직하다고 볼 수만은 없으며, ③ 공익재원을 마련하는 것은 정부지분에 이익배당이 가능한 공기업이 보다 용이하므로, 공기업으로서 '관광진흥'을 사업목적으로 하고 있는 한국관광공사를 허가대상기관으로 한정한 것은 신청·허가 과정의 투명성을 확보하고,

대하여도 공익성을 인정하고 있다.

(6) 재래시장 재건축사업

청구인은 시장재건축에 있어서 다소 완화된 요건 하에서 부여되는 매도청구권 자체의 위헌성을 묻고 있으므로 이는 헌법 제23조 제3항 공용수용의 요건 중 '공공의 필요성'을 갖추었는지에 대한 의문이라 볼 수 있고, 이에 대한 심사는 실질적으로 헌법 제37조 제2항의 과잉침해원칙에 따라 이루어져야 할 것으로, 시장건축제도는 기본적으로 낙후된 재래시장의 재건축을 통하여 재래시장을 현대화하고, 활성화함으로써 재래시장 상인들의 생계도 보호하려는데 그 목적이 있으며, 과잉금지의 원칙에 위배된다고 볼 수 없다고 판시[277]하고 있어 시장재건축을 위한 공공의 필요성을 인정하고 있다

(7) 골프장건설사업

민간건설사가 건설하는 골프장건설에 대하여 헌법재판소는 명확하게 공익성에 대하여 판단하지는 않았으나, 국토계획법의 체육시설은 수도, 공원 등과 같은 공익시설과는 달리 공익성이 인정되지 않는 체육시설도 있다고 인정하고 있어 포괄적으로 체육시설로 범위를 정하는 것은 위임입법의 한계를 벗어났다고 판시하고 있어 실질적으로는 골프장 건설사업에 대해서는 그 공익성을 부정하였다.

결 정

■ 헌법재판소 2011. 6. 30. 2008헌바166, 2011헌바35(병합)

기반시설의 종류로서 체육시설을 규정한 이 사건 정의조항은 이 사건 수용조항과 결합한 전반적인 규범체계 속에서 도시계획시설사업의 시행을 위해 수용권이 행사될 수 있는 대상의 범위를 확정하는 역할을 하므로 재산권 제한과 밀접하게 관련된 조항이라 할 것이다. 그런데 특히 재산권 수용에 있어 요구되는 공공필요성과 관련하여 살펴본다면 체육시설은 시민들이 손쉽게 이용할 수 있는 시설에서부터 그 시설 이용에 일정한 경제적 제한이 존재하는 시설, 시설이용비용의 다과와는 관계없이 그 자체 공익목적을 위하여 설치된 시설 등에 이르기까지 상당히 넓은 범위에 걸쳐 있다. 따라서 그 자체로 공공필요성이 인정되는 교통시설이나 수도·전기·가스공급설비 등 국토계획법상의 다른 기반시설과는 달리, 기반시설로서의 체육시설의 종류와 범위를 대통령령에 위임하기 위해서는, 체육시설 중 공공필요성이 인정되는 범위로 한정해 두어야 한다. 그러나 이 사건 정의조

특혜시비와 국민일반에게 미치는 충격을 완화하는 한편 신규 카지노업에서 발행하는 이익금은 다른 공익재원으로 마련하기 위한 것이라는 목적의 정당성이 인정된다고 하고 있다.

277) 헌법재판소 2006. 7. 27. 2003헌바18 결정

항은 체육시설의 구체적인 내용을 아무런 제한 없이 대통령령에 위임하고 있으므로, 기반시설로서의 체육시설의 구체적인 범위를 결정하는 일을 전적으로 행정부에게 일임한 결과가 되어 버렸다. 그렇다면, 이 사건 정의조항은 개별 체육시설의 성격과 공익성을 고려하지 않은 채 구체적으로 범위를 한정하지 않고 포괄적으로 대통령령에 입법을 위임하고 있으므로 헌법상 위임입법의 한계를 일탈하여 포괄위임금지원칙에 위배된다.

3) 소 결

재산권의 사용·수용 등을 정당화하게 하는 공공필요는 불확정개념으로 이의 개념을 적극적으로 정의하기 어렵다고 많은 학자들이 지적하고 있다. 따라서 공공필요가 어디까지를 경계로 인정할 것인가의 적극적인 정의보다는 소극적으로 비례의 원칙 등에 상치하지 않는다면 공익성을 인정하고 있는 것으로 보인다.

이에 최근의 도시화, 산업화로 인하여 이 개념은 더욱 확장되어 대부분의 개별 사업법에서 공익성을 인정하여 토지 등을 강제수용할 수 있는 근거가 되고 있고, 우리 판례도 이러한 변화를 수용하여 카지노 사업과 재래시장 같은 재정적 사유 또는 사인의 사익을 위한 경우까지 공공필요를 인정하고 있다.

3. 사업인정의 법적 성질

사업인정행위는 행정기관인 국토교통부장관의 일방적인 공권력의 행사로써 사업시행자와 피수용자에게 일정한 법적효과를 발생시키므로 강학상 '행정행위'이며 행정쟁송법상 '처분'에 해당한다.[278]

1) 확인행위인지 설권적 형성행위인지 여부

(1) 확인행위로 보는 견해

사업인정은 당해 공익사업이 수용 또는 사용할 수 있는 사업인지를 국토교통부장관이 확인하는 행위에 불과하며, 수용목적물의 권리변동은 사업인정이 아닌 수용재결에서 정한 수용개시일에 발생하는 것이므로 사업인정시 사업시행자에게 수용권은 설정되

---

278) 김동희, 「행정법」(Ⅱ), 325면 ; 류지태, 앞의 책, 824면 ; 박윤흔, 「최신행정법강의」(하), 659면.

지 않는다고 본다. 이 견해는 국가수용권설의 대표적 입장이다.

(2) 설권적 형성행위(특허)로 보는 견해

사업인정은 국토교통부장관이 사업시행자에게 법정된 일정한 절차를 거칠 것을 조건으로 수용권을 설정하여주는 형성행위라고 본다. 이 견해는 사업시행자수용권설을 취하는 학자들의 입장이며, 대법원의 입장이기도 하다.[279]

(3) 소 결

사업인정은 단순히 국토교통부장관의 확인행위에 그치는 것이 아니라 적극적으로 국토교통부장관이 사업시행자에게 일정한 범위의 공적업무를 위탁하는 행위이며 이를 통해 일정한 범위의 수용권이 설정된다고 봄이 타당하다. 따라서 특허로 보아야 할 것이다.

2) 기속행위인지 재량행위인지 여부

(1) 기속행위로 보는 견해

사업인정은 국토교통부장관이 당해 사업이 수용 또는 사용할 수 있는 사업인지를 결정하는 과정에서 토지보상법이 정한 요건을 기계적으로 집행하는 경우의 행정행위이므로 기속행위라고 본다. 사업인정을 확인행위로 보는 견해는 이 입장을 취한다.[280] 소수설에 해당한다.

(2) 재량행위로 보는 견해

사업인정은 당해 사업이 수용 또는 사용할 수 있는 사업인지를 판단함에 있어 국토교통부장관에게 독자적인 판단권이 인정되는 행정행위이므로 재량행위라고 본다.[281] 사업인정을 특허로 보는 견해는 이 입장을 취한다. 판례 및 다수설이다.

---

279) 대법원 2019. 2. 28. 선고 2017두71031 판결 : 사업인정이란 공익사업을 토지 등을 수용 또는 사용할 사업으로 결정하는 것으로서 공익사업의 시행자에게 그 후 일정한 절차를 거칠 것을 조건으로 일정한 내용의 수용권을 설정하여 주는 형성행위이다.

280) 김남진, 행정법Ⅱ, 법문사, 2000, 525면 : 사업인정이 일정한 요건을 갖추고 있는 공익사업에 해당하는 한 수용을 허용하여야 하고, 사업인정을 거부하면 위법한 처분이 된다.

281) 대법원 1988. 12. 27. 선고 87누1141 판결 : 토지수용법 제14조의 토지수용을 위한 사업인정은 단순한 확인행위가 아니라 형성행위이고 당해 사업이 비록 토지를 수용할 수 있는 사업에 해당된다 하더라도 행정청으로서는 그 사업이 공용수용을 할 만한 공익성이 있는지의 여부를 모든 사정을 참작하여 구체적으로 판단하여야 하는 것이므로 사업인정의 여부는 행정청의 재량에 속한다.

■ **대법원 2011. 1. 27. 선고 2009두1051 판결**

사업인정이란 공익사업을 토지 등을 수용 또는 사용할 사업으로 결정하는 것으로서 공익사업의 시행자에게 그 후 일정한 절차를 거칠 것을 조건으로 일정한 내용의 수용권을 설정하여 주는 형성행위이므로, 해당 사업이 외형상 토지 등을 수용 또는 사용할 수 있는 사업에 해당한다고 하더라도 사업인정기관으로서는 그 사업이 공용수용을 할 만한 공익성이 있는지의 여부와 공익성이 있는 경우에도 그 사업의 내용과 방법에 관하여 사업인정에 관련된 자들의 이익을 공익과 사익 사이에서는 물론, 공익 상호간 및 사익 상호간에도 정당하게 비교·교량하여야 하고, 그 비교·교량은 비례의 원칙에 적합하도록 하여야 한다. 그뿐만 아니라 해당 공익사업을 수행하여 공익을 실현할 의사나 능력이 없는 자에게 타인의 재산권을 공권력적·강제적으로 박탈할 수 있는 수용권을 설정하여 줄 수는 없으므로, 사업시행자에게 해당 공익사업을 수행할 의사와 능력이 있어야 한다는 것도 사업인정의 한 요건이라고 보아야 한다.

(3) 소 결

사업인정이 기속행위인지 재량행위인지 법규정의 표현방식으로는 판단하기 어렵지만 사업인정은 새로운 권리를 설정하는 행정행위이므로 국토교통부장관에게 사업인정 여부에 관한 독자적인 판단권이 부여되는 재량행위로 봄이 타당하다. 이와 관련하여 우리 토지보상법 제4조 공익사업은 예시적 규정이며 사업인정이라는 국토교통부장관의 별도의 독자적 판단행위를 통해서만 실질적인 공익성을 인정받고 수용 또는 사용할 수 있는 사업이 되는 것이다. 또한 재량행위를 기속재량행위와 자유재량행위로 나누는 견해에 의하면 사업인정은 공익의 판단이며 사업시행자에게 수익적 행위인 면에서 자유재량행위에 해당한다.[282] 재량행위를 결정재량행위와 선택재량행위로 나누는 견해에 의하면 사업인정은 사업인정을 할 것인지 거부할 것인지의 재량 즉 수단의 결정행위이므로 결정재량행위에 해당한다.

3) 수익적 행정행위인지 복효적 행정행위인지 여부

(1) 수익적 행정행위로 보는 견해

사업인정은 국토교통부장관이 행하며 그 상대방인 사업시행자에게 일정한 범위에서 수용권이 설정되는 등 수익적 효과가 발생하는 행정행위이다.

---

282) 대법원 2012. 2. 9. 선고 2009두16305 판결 : 이 사건 처분은 처분 상대방인 피고보조참가인에게 권리나 이익을 부여하는 효과를 수반하는 이른바 수익적 행정처분으로서 그 처분의 여부 및 내용의 결정은 원칙적으로 행정청인 피고의 재량에 속한다고 할 것인바

(2) 복효적 행정행위로 보는 견해

사업인정행위의 상대방인 사업시행자에게 수익적 효과가 발생함은 물론 피수용자에게 수인의무 등의 불이익 효과가 동시에 발생하므로 복효적 행정행위로 본다.

(3) 소 결

사업인정은 당해 사업이 수용 또는 사용할 수 있는 사업임을 결정하는 행위로서 차후에 수용재결을 통해서 피수용자의 토지 등의 권리를 사업시행자에게 넘겨주는 효과를 발생시키기 위한 첫 단계행위이다. 따라서 사업인정의 객체인 사업시행자에게 수익적 효과의 발생과 더불어 공용수용 법률관계의 타방인 피수용자에게 침익적 효과가 동시에 발생함으로 복효적 행정행위로 봄이 타당하다.

4. 사업인정의 절차

1) 사업인정의 주체

토지보상법은 사업인정의 주체(사업인정권자)로 국토교통부장관을 규정하고 있으며, 이는 사업인정이 수용절차의 기본이 되는 중요한 절차이므로 중앙 행정기관의 권한으로 한 것이다. 그러나 수용의 효율을 고려하여 마련한 각 개별법상의 사업인정 특례조항으로 인하여 사실상 토지보상법상 사업인정제도의 취지가 퇴색하는 경향이 있다.

2) 내 용

행정행위는 그 내용에 있어 적법(토지보상법 제4조), 타당(이익형량을 통한 공익우월성)하여야 하며, 실현가능하고 객관적으로 명확하여야 한다. 따라서 토지보상법 및 기타 개별법상 규정된 공익사업이어야 하고, 기타 행정법의 일반원칙(비례원칙 등)에 합당하고 재량의 한계내의 행위이어야 한다.[283)]

---

283) 대법원 2011.1.27. 선고 2009두1051 판결 : 공용수용은 헌법상의 재산권 보장의 요청상 불가피한 최소한에 그쳐야 한다는 헌법 제23조의 근본취지에 비추어 볼 때, 사업시행자가 사업인정을 받은 후 그 사업이 공용수용을 할 만한 공익성을 상실하거나 사업인정에 관련된 자들의 이익이 현저히 비례의 원칙에 어긋나게 된 경우 또는 사업시행자가 해당 공익사업을 수행할 의사나 능력을 상실하였음에도 여전히 그 사업인정에 기하여 수용권을 행사하는 것은 수용권의 공익 목적에 반하는 수용권의 남용에 해당하여 허용되지 않는다고 할 것이다.

3) 절 차

사업인정의 절차는 그 공공성 판단의 적정성 확보를 위해 사업인정 시 국토교통부장관은 관계부처의 장관 및 도지사와 협의 및 미리 중앙토지수용위원회의 의견을 들어 공익사업의 적정화를 기하고 이해관계인의 의견제출 등을 통하여 사전적 권리보장의 기능을 한다.

(1) 사업시행자의 신청

사업인정의 신청은 사업시행자가 스스로 신청하는 것을 원칙으로 하나, 대리인에 의한 신청도 예외적으로 허용될 수 있다고 본다.

▣ **토지보상법**

제20조 (사업인정) ① 사업시행자는 제19조에 따라 토지등을 수용하거나 사용하려면 대통령령으로 정하는 바에 따라 국토교통부장관의 사업인정을 받아야 한다. 〈개정 2013. 3. 23.〉
② 제1항에 따른 사업인정을 신청하려는 자는 국토교통부령으로 정하는 수수료를 내야 한다.

▣ **토지보상법** 시행령

제10조 (사업인정의 신청) ① 법 제20조 제1항에 따른 사업인정을 받으려는 자는 국토교통부령이 정하는 사업인정신청서에 다음 각 호의 사항을 기재하여 특별시장·광역시장·도지사 또는 특별자치도지사(이하 "시·도지사"라 한다)를 거쳐 국토교통부장관에게 제출하여야 한다. 다만, 사업시행자가 국가인 경우에는 해당 사업을 시행할 관계 중앙행정기관의 장이 직접 이를 국토교통부장관에게 제출할 수 있다.

1. 사업시행자의 성명 또는 명칭 및 주소
2. 사업의 종류 및 명칭
3. 사업예정지
4. 사업인정을 신청하는 사유

(2) 협의 및 의견청취 등

① 협의 및 의견청취

국토교통부장관이 사업인정을 하고자 할 때에는 관계중앙행정기관의 장 및 특별시장·광역시장·도지사·특별자치시장 및 중앙토지수용위원회 협의를 거쳐야 하며, 이해관계인의 의견을 들어야 한다.

■ **토지보상법**

제21조 (협의 및 의견청취 등) ① 국토교통부장관은 사업인정을 하려면 관계 중앙행정기관의 장 및 특별시장·광역시장·도지사·특별자치도지사(이하 "시·도지사"라 한다) 및 제49조에 따른 중앙토지수용위원회와 협의하여야 하며, 대통령령으로 정하는 바에 따라 미리 사업인정에 이해관계가 있는 자의 의견을 들어야 한다. 〈개정 2013. 3. 23., 2015. 12. 29., 2018. 12. 31.〉

② 별표에 규정된 법률에 따라 사업인정이 있는 것으로 의제되는 공익사업의 허가·인가·승인권자 등은 사업인정이 의제되는 지구지정·사업계획승인 등을 하려는 경우 제1항에 따라 제49조에 따른 중앙토지수용위원회와 협의하여야 하며, 대통령령으로 정하는 바에 따라 사업인정에 이해관계가 있는 자의 의견을 들어야 한다. 〈신설 2015. 12. 29., 2018. 12. 31.〉

③ 제49조에 따른 중앙토지수용위원회는 제1항 또는 제2항에 따라 협의를 요청받은 경우 사업인정에 이해관계가 있는 자에 대한 의견 수렴 절차 이행 여부, 허가·인가·승인대상 사업의 공공성, 수용의 필요성, 그 밖에 대통령령으로 정하는 사항을 검토하여야 한다. 〈신설 2015. 12. 29., 2018. 12. 31.〉

④ 제49조에 따른 중앙토지수용위원회는 제3항의 검토를 위하여 필요한 경우 관계 전문기관이나 전문가에게 현지조사를 의뢰하거나 그 의견을 들을 수 있고, 관계 행정기관의 장에게 관련 자료의 제출을 요청할 수 있다. 〈신설 2018. 12. 31.〉

⑤ 제49조에 따른 중앙토지수용위원회는 제1항 또는 제2항에 따라 협의를 요청받은 날부터 30일 이내에 의견을 제시하여야 한다. 다만, 그 기간 내에 의견을 제시하기 어려운 경우에는 한 차례만 30일의 범위에서 그 기간을 연장할 수 있다. 〈신설 2018. 12. 31.〉

⑥ 제49조에 따른 중앙토지수용위원회는 제3항의 사항을 검토한 결과 자료 등을 보완할 필요가 있는 경우에는 해당 허가·인가·승인권자에게 14일 이내의 기간을 정하여 보완을 요청할 수 있다. 이 경우 그 기간은 제5항의 기간에 산입하지 아니한다. 〈신설 2018. 12. 31.〉

⑦ 제49조에 따른 중앙토지수용위원회가 제5항에서 정한 기간 내에 의견을 제시하지 아니하는 경우에는 협의가 완료된 것으로 본다. 〈신설 2018. 12. 31.〉

⑧ 그 밖에 제1항 또는 제2항의 협의에 관하여 필요한 사항은 국토교통부령으로 정한다. 〈신설 2018. 12. 31.〉

② 자료송부 및 열람

국토부장관은 사업인정에 관하여 이해관계가 있는 자의 의견을 듣고자 하는 때에는 사업인정신청서 및 관계서류의 사본을 토지 등의 소재지를 관할하는 시장·군수 또는 구청장에게 송부하여야 한다. 시장·군수 또는 구청장은 송부된 서류를 받은 때에는 지체 없이 다음 각 호의 사항을 시(행정시를 포함)·군 또는 구(자치구가 아닌 구를 포함)의 게시판에 공고하고 공고한 날부터 14일간 그 서류를 일반이 열람하고, 의견을 제출할 수 있다는 통지를 하여야 한다.

1. 사업시행자의 성명 또는 명칭 및 주소
2. 사업의 종류 및 명칭

5. 사업인정 통지

1) 사업인정의 고시

국토교통부장관이 사업인정을 한 때에는 지체 없이 그 뜻을 사업시행자, 토지소유자 및 관계인, 관계 시·도지사에게 통지하고, 토지소유자 및 관계인, 관계 시·도지사에게 통지하고 사업시행자의 성명 또는 명칭·사업의 종류·사업지역 및 수용 또는 사용할 토지의 세목을 관보에 고시하여야 한다.[284][285] 따라서 적법하게 사업인정권자가 사업인정을 하였다 하더라도 이를 관보에 고시하지 아니하면[286] 그 효력이 발생하지 아니하거나 절차상의 하자가 발생하여 사업인정이 취소될 수 있으나, 판례는 이러한 세목고시 누락의 경우 사업인정 자체를 무효로 할 만큼 중대하고 명백하다고 보고 있지 아니하여 세목고시를 누락한 경우 재결처분의 취소나 무효를 구할 수 없다는 입장이다.[287]

---

284) 대법원 1988. 12. 27. 선고 87누1141 판결 : 토지수용법 제14조 및 제16조에 따른 사업인정은 그후 일정한 절차를 거칠 것을 조건으로 하여 일정한 내용의 수용권을 설정해 주는 행정처분의 성격을 띠는 것이라 할 것이고 그 사업인정을 받음으로써 수용할 목적물의 범위가 확정되고 수용권으로 하여금 목적물에 관한 현재 및 장래의 권리자에게 대항할 수 있는 일종의 공법상의 권리로서의 효력을 발생시키는 것이며, 토지의 세목의 공고는 사업인정에 의하여 지정된 범위내에서 구체적으로 수용할 수 있는 목적물을 임시로 결정하는 행위이며, 이로써 목적물에 대하여 막연한 효력밖에 없었던 사업인정이 현실화하고 구체화되는 것이다(즉 이로써 피수용자가 특정되고 수용, 사용의 대상이 되는 토지 등이 일응 특정되게 되는 것이나 종국적으로는 재결에 의하여 그 특정이 확정된다).

285) ① 토관 2051 (2004. 5. 3) : 토지보상법시행령 제10조 제2항 제7호의 규정에서 '수용 또는 사용할 토지의 세목(토지외의 물건 또는 권리를 수용 또는 사용할 경우에는 당해 물건 또는 권리가 소재하는 있는 토지의 세목을 말한다)을 기재한 서류'를 제출하도록 규정하고 있는 바, 그 지상의 물건 등이 수용 또는 사용할 물건이 아닌 지장물인 경우에는 토지세목조서와 별도로 고시할 필요가 없을 것으로 봅니다.

② 토관 1391 (2004. 3. 26) : 공익사업을위한토지등의취득및보상에관한법률 제40조제3항의 규정에 의하면 사업인정의 고시가 있은 후 권리의 변동이 있는 때에는 그 권리를 승계한 자가 같은 조 제1항의 규정에 의한 보상금 또는 제2항의 규정에 의한 공탁금을 수령할 수 있으므로, 토지소유자가 변경되었다 하더라도 변경고시를 할 필요는 없다고 봅니다. 또한 토지등기부등본은 토지대장에 의하여 정리됩니다. 토지대장상의 전체면적이 편입될 경우에는 그 면적으로 하되, 일부만 편입될 경우에는 그 일부면적만을 고시할 수 있을 것으로 보며, 공부지목이 현황지목과 상이할 때에는 현황지목과 공부지목을 동시에 고시할 수 있으며, 공부상의 토지소유자의 성명을 잘못 고시하였을 경우에는 변경고시를 하여야 할 것입니다.

286) 중토위 사무국-8355 (2004. 4. 26) : 한편 토지 등의 세목고시를 관보가 아닌 국토교통부 홈페이지의 인터넷 고시하는 방법이 적법한 사업인정 고시인지에 대하여 중토위는 "인터넷 고시는 토지보상법이 정하는 고시방법이 아니며, 사업인정은 수용권을 설정하는 행정행위로서 국민의 재산권을 직접 침해하는 중대한 것이므로 이를 엄격하게 적용할 필요가 있어 인터넷 고시는 수용재결업무 수행시 그 효력을 인정하지 않는 것으로 심의·결정"한 바 있다.

287) 대법원 2009. 11. 26. 선고 2009두11607 판결 : 도시계획사업허가의 공고시에 토지세목의 고시를 누락하거나 사업인정을 함에 있어 수용 또는 사용할 토지의 세목을 공시하는 절차를 누락한 경우, 이는 절차상

▣ **토지보상법**

제22조 (사업인정의 고시) ① 국토교통부장관은 제20조에 따른 사업인정을 하였을 때에는 지체 없이 그 뜻을 사업시행자, 토지소유자 및 관계인, 관계 시·도지사에게 통지하고 사업시행자의 성명이나 명칭, 사업의 종류, 사업지역 및 수용하거나 사용할 토지의 세목을 관보에 고시하여야 한다.
② 제1항에 따라 사업인정의 사실을 통지받은 시·도지사(특별자치도지사는 제외한다)는 관계 시장·군수 및 구청장에게 이를 통지하여야 한다.
③ 사업인정은 제1항에 따라 고시한 날부터 그 효력이 발생한다.

2) 형 식

일반적으로 행정처분은 서면으로 하도록 하고 있으나, 사업인정에 대하여는 토지보상법상 명문규정이 없는바, 행정절차법 24조[288]에 따라 서면으로 할 것이다.

6. 사업인정의 효과

1) 사업인정의 일반적 효과

국토교통부장관의 사업인정을 한 때에는 지체 없이 관보에 고시하여야 하며(법 제22조 제1항), 고시한 날로부터 사업인정의 효과와 수용목적물 확정의 효과가 발생한다. 따라서 사업인정이 있더라도 그 고시가 없다면 효력이 발생하지 아니한다. 이와 같이 사업인정의 법적효과는 수용 법률관계의 당사자인 사업시행자와 토지소유자 및 관계인에게 권리·의무를 발생시키는 한편, 사업인정의 대물적 효과는 토지세목고시를 통하여 수용목적물의 범위가 확정되는 것이다.

(1) 사업시행자에게 공용수용권의 설정

사업인정은 국토교통부장관이 사업시행자에게 일정한 절차를 거칠 것을 조건으로 수용권을 설정하여 주는 형성행위이다. 따라서 사업인정고시가 있게 되면 사업시행자

의 위법으로서 수용재결 단계 전의 사업인정 단계에서 다툴 수 있는 취소사유에 해당하기는 하나 더 나아가 그 사업인정 자체를 무효로 할 중대하고 명백한 하자라고 보기는 어렵고, 따라서 이러한 위법을 들어 수용재결처분의 취소를 구하거나 무효확인을 구할 수는 없다

288) 행정절차법 제24조 ① 행정청이 처분을 하는 때에는 다른 법령 등에 특별한 규정이 있는 경우를 제외하고는 문서로 하여야 한다

는 토지세목고시에서 정한 일정한 범위의 수용목적물을 취득할 수 있는 수용권을 취득하게 된다. 따라서 사업인정은 수용절차를 들어가기 위해 가장 먼저 취하여야 하는 절차이며, 토지수용절차를 개시하는 제1차적 단계이다.[289] 그러나 수용권의 내용이 완성되는 시기(즉, 수용목적물을 취득하는 시기)는 사업인정이 아니고 이후에 협의내용에서 정한 날 또는 수용재결에서 정한 수용의 개시일이다. 따라서 사업시행자는 수용목적물을 완전하게 취득할 때까지 토지소유자 및 관계인에게 수용목적물의 보존을 요구할 수 있는 공법상 권리를 수용권의 한 내용으로서 갖게 된다. 이외에도 사업인정이후에는 별도의 시장 등의 허가 없이도 타인토지에 출입하여 측량·조사를 할 수 있는 토지 및 물건에 관한 조사권을 취득하게 되며(법 제27조), 협의가 결렬되는 경우에는 사업시행자에게 수용재결신청권이 인정된다(법제28조1항).

(2) 수용할 목적물의 범위확정

사업인정의 토지세목고시의 효과로서 수용할 목적물의 범위가 확정된다. 수용목적물이 사업인정고시를 통해서 확정되면 고시되지 않은 토지는 수용할 수 없다. 따라서 토지세목고시에 없는 토지를 수용재결함은 무효이다. 잔여지수용의 경우에도 '사업인정고시 이후에 잔여지를 취득하는 경우에는 그 잔여지에 대하여는 사업인정고시가 있는 것으로 본다(법 제74조 3항)'라고 하여 토지세목고시가 있어야만 수용할 수 있다는 원칙을 지키고 있다. 다만, 사업인정의 토지세목고시에 포함된 토지를 사업시행자가 수용재결을 신청하지 않을 수도 있는가에 대해서는 의문일 수 있는데 사업의 폐지·변경을 통해 수용목적물의 범위를 변경한 경우에는 수용재결을 신청할 필요가 없어지게 될 것이다. 그러나 사업인정고시 후 1년 이내에 수용재결을 신청하지 않으면 사업인정은 실효되는 바 일부 누락하여 재결신청을 하지 않는 경우에는 누락된 수용목적물에 관한 사업인정의 효력은 상실되는 것으로 볼 것이다.

(3) 피수용자의 범위 확정과 토지 등의 보전의무 등

사업인정으로 인하여 수용할 목적물의 범위가 확정되면 그 권리자인 토지소유자 및

---

289) 대법원 1991. 1. 29. 선고 90다카25017 판결 : 토지수용법 제14조의 규정에 의한 사업인정은 토지수용절차를 개시하는 제1차적 단계이며, 사업인정에 의하여 기업자에게 기업지내 토지에 대한 공용징수권이 설정되고, 기업자는 협의수용 또는 재결수용의 절차를 거쳐 그 토지 소유권을 취득하게 되는 것이므로, 사업인정으로 보는 구 산업기지개발촉진법 제8조 소정의 사업실시계획승인이 토지세목고시에 의하여 그 효력을 발생하기 전에는 협의수용이 있을 수 없다.

관계인의 범위는 확정된다. 따라서 사업인정의 고시가 있은 후에 권리를 취득한 자는 기존의 권리를 승계한 자를 제외하고는 관계인에 포함되지 아니한다(법 제2조 5호 단서규정). 또한 사업인정 이후에는 피수용자는 사업에 지장을 초래하는 형질변경이나 물건의 손괴 등의 행위를 하지 못하며(법 제25조 제1항), 건축물 등의 부가, 증치의 경우는 시장 등의 허가를 득하여야 하며(법 제25조 제2항), 이를 위반 시에는 원상회복 의무가 부여됨은 물론이고, 이에 대한 손실보상을 청구할 수 없으며, 이에 대한 행정대집행이 가능하다는 것이 유권해석의 입장이다(유권해석 참조).[290]

▣ **토지보상법**

제25조 (토지등의 보전) ①사업인정고시가 있은 후에는 누구든지 고시된 토지에 대하여 사업에 지장을 초래할 우려가 있는 형질의 변경이나 제3조 제2호 또는 동조 제4호에 규정된 물건을 손괴 또는 수거하지 못한다.
②사업인정고시가 있은 후에는 고시된 토지에 건축물의 건축·대수선, 공작물의 설치 또는 물건의 부가(附加)·증치(增置)를 하고자 하는 자는 시장·군수 또는 구청장의 허가를 받아야 한다. 이 경우 시장·군수 또는 구청장은 미리 사업시행자의 의견을 들어야 한다.
③ 제2항의 규정에 위반하여 건축물의 건축·대수선, 공작물의 설치 또는 물건의 부가·증치를 한 토지소유자 또는 관계인은 당해 건축물·공작물 또는 물건을 원상으로 회복하여야 하며 이에 관한 손실의 보상을 청구할 수 없다.

제96조 (벌칙) 제25조 제1항 또는 제2항 전단의 규정에 위반한 자는 1년 이하의 징역 또는 500만원 이하의 벌금에 처한다.

290) 대법원 2000. 5. 12. 선고 99다18909 판결 : 구 토지수용법(1999. 2. 8. 법률 제5909호로 개정되기 전의 것) 제18조의2 제2항에 의하면 사업인정의 고시가 있은 후에는 고시된 토지에 공작물의 신축, 개축, 증축 또는 대수선을 하거나 물건을 부가 또는 증치하고자 하는 자는 미리 도지사의 허가를 받도록 되어 있고, 한편 구 도로법(1999. 2. 8. 법률 제5894호로 개정되기 전의 것) 제74조 제1항 제1호에 의하면 관리청은 같은 법 또는 이에 의한 명령 또는 처분에 위반한 자에 대하여는 공작물의 개축, 물건의 이전 기타 필요한 처분이나 조치를 명할 수 있다고 되어 있으므로 토지에 관한 도로구역 결정이 고시된 후 구 토지수용법(1999. 2. 8. 법률 제5909호로 개정되기 전의 것) 제18조의2 제2항에 위반하여 공작물을 축조하고 물건을 부가한 자에 대하여 관리청은 이러한 위반행위에 의하여 생긴 유형적 결과의 시정을 명하는 행정처분을 하여 이에 따르지 않는 경우에는 행정대집행의 방법으로 그 의무내용을 실현할 수 있는 것이고, 이러한 행정대집행의 절차가 인정되는 경우에는 따로 민사소송의 방법으로 공작물의 철거, 수거 등을 구할 수는 없다.

질의회신

□ **토정 2536 (2009. 5. 29)**

☞ 질의

1) 사업인정고시가 있은 후 비닐하우스, 주거용 가건물, 컨테이너 및 벌통 설치 등의 행위를 시장·군수 또는 구청장의 허가 없이 한 경우 동법 동조 제2항 및 제3항에서 규정한 공작물의 설치 또는 물건의 부가·증치에 해당하는지 여부
2) 위에 해당하는 경우 동법 제89조에 따른 행정대집행이 가능여부

☞ 회신

1) 비닐하우스, 주거용 가건물, 컨테이너 및 벌통 설치는 토지보상 제25조 제2항 및 제3항에 규정한 공작물의 설치 또는 물건의 부가·증치에 해당
2) 동법 제89조에 따른 행정대집행이 가능한 것으로 판단됨

(4) 보상액 산정시기의 고정

공용수용으로 인한 손실보상액 산정은 사업인정고시일전의 시점을 공시기준일로 하는 공시지가를 기준으로 하여 그 때부터 재결 시까지의 통상적인 지가상승율을 더하여 산정하게 되므로 사업인정고시일은 손실보상액을 고정하는 효과를 가진다.

이러한 사업인정고시일의 공시지가를 기준으로 하는 것은 개발이익을 배제하고 동시에 보상액의 공평화와 수용절차의 지연을 방지하기 위한 것이다.[291] 만일, 재결시 기준가격주의를 채택하게 되면 개발이익은 모두 토지소유자 및 관계인에게 귀속하게 되며, 재결이 지연되면 보상액은 증가하게 되므로 토지소유자 및 관계인은 협의에 응하지 않고 재결시기를 가능한 한 늦추려 할 것이고, 먼저 매수협의한 자보다 협의에 불응하여 지연시킨 자가 이익을 보게 되어 피수용자 간의 보상액에 대한 불균형이 생기게 된다. 이와 같이 사업인정 시 기준가격주의는 종전의 재결 시 기준가격주의의 폐해를 막기 위하여 채택된 제도이다.[292]

(5) 토지 및 물건의 조사권

사업인정 고시가 있은 후에는 사업시행자가 시장·군수 또는 구청장의 허가를 얻지 않고 해당토지에 출입하여 측량하거나 조사할 수 있다.[293] 토지 점유자는 이와 같은 사업

291) 임호정·김원보, 공익사업용지보상법론, 부연사, 2003, 117면.
292) 박윤흔, 최신행정법강의(하), 박영사, 2004, 605면
293) 토관 2198 (2004. 5. 12) : 공익사업을위한토지등의취득및보상에관한법률 제27조의 규정에 의하면 사업

시행자의 토지에의 출입이나 물건의 측량이나 조사를 방해하지 못하고 수인하여야 하는 의무를 지게 된다.

사업시행자는 타인이 점유하는 토지에 출입하고자 하는 자는 출입하고자 하는 날의 5일전까지 그 일시 및 장소를 특별자치도지사, 시장·군수 또는 구청장에게 통지하여야 하여야 하고, 일출 전이나 일몰 후에는 토지점유자의 승낙없이 그 주거(住居)나 경계표·담 등으로 둘러싸인 토지에 출입할 수 없다(법 제10조 출입의 통지). 또한 토지점유자는 정당한 사유 없이 사업시행자가 출입·측량 또는 조사하는 행위를 방해하지 못하며(법 제11조 토지점유자의 인용의무) 타인 토지 출입 시 출입 시 신분을 표시하는 증표를 휴대하여야 하며 토지 또는 장해물의 소유자 및 점유자 그 밖의 이해관계인에게 이를 내보여야 한다(법 제13조 증표 등의 휴대).

▣ **토지보상법**

제27조 (토지 및 물건에 관한 조사권 등) ① 사업인정고시가 있은 후에는 사업시행자는 제9조의 규정에 불구하고 사업의 준비나 토지조서 및 물건조서를 작성하기 위하여 필요한 경우 해당 토지 또는 물건에 출입하여 이를 측량하거나 조사할 수 있다. 이 경우 제10조·제11조 및 제13조의 규정을 준용한다.

2) 개별 법률상 사업인정 특례제도

(1) 공익사업에 관한 특례

토지 등을 수용할 수 있는 공익사업은 토지보상법 제3조에서 직접 열거하고 사업과 개별 법률에서 수용할 수 있는 의제 공익사업이 있다.[294] 이들 특례는 그 성격상 토지보상법에서 열거하고 있는 사업의 대상과 일치한다고 볼 수 있다. 다만 사업인정을 토지보상법에서와 같이 별도의 제도를 거쳐 인정할 것인지 아니면 개별법률에서와 같이 어떠한 행정행위, 예를 들면 도로법이나 택지개발촉진법상 예정지구 지정(또는 실시계획)

인정고시가 있은 후에는 사업시행자는 제9조의 규정에 불구하고 사업의 준비나 토지조서 및 물건조서를 작성하기 위하여 필요한 경우 해당 토지 또는 물건에 출입하여 이를 측량하거나 조사할 수 있고, 이 경우 제10조·제11조 및 제13조의 규정을 준용하도록 되어 있으므로, 사업인정고시 후 타인토지에 출입하고자 하는 경우에는 같은 법 제10조(출입의 통지), 제11조(토지점유자의 인용의무) 및 제13조(증표 등의 휴대)의 규정에서 정하는 절차에 따라야 한다고 봅니다.

294) 이에 대한 분류를 토지보상법에 있는 공익사업은 법정공익사업, 개별법률에서 의제에 의한 의제공익사업으로 분류하고자 한다.

등을 득할 경우 동 법에 의하여 사업인정이 자동 의제되는가의 차이가 있을 뿐이다. 이는 개별 법률에 의할 경우 자동적으로 공익사업이 되어버려 사업시행자에게는 별도의 사업인정이라는 절차를 거치지 않고 사업의 원활을 기할 수 있는 반면, 재산권을 수용되는 피수용자에게는 적법 절차의 원칙이 무시될 수도 있다는 문제가 있었다.

이러한 문제점을 보완하기 위하여 2015. 12. 29 토지보상법을 개정하여 사업의제의 대상사업을 토지보상법의 별표[295]에 열거하고 있는 공익사업으로만 특정하고(동법 제4조의2), 그 외의 사업은 토지보상법의 개정을 하지 않고는 토지 등을 수용하거나 사용할 수 있는 사업을 신설할 수 없도록 개정하여 국민의 재산권을 보호하고자 하였다.

▣ **토지보상법**

제4조 (공익사업) 이 법에 따라 토지등을 취득하거나 사용할 수 있는 사업은 다음 각 호의 어느 하나에 해당하는 사업이어야 한다. 〈개정 2015. 12. 29.〉

8. 그 밖에 별표에 규정된 법률에 따라 토지등을 수용하거나 사용할 수 있는 사업

제4조의 2 (토지등의 수용·사용에 관한 특례의 제한) ① 이 법에 따라 토지등을 수용하거나 사용할 수 있는 사업은 제4조 또는 별표에 규정된 법률에 따르지 아니하고는 정할 수 없다.

② 별표는 이 법 외의 다른 법률로 개정할 수 없다. [본조신설 2015. 12. 29.]

▣ **그 밖에 별표에 규정된 법률에 따라 토지등을 수용하거나 사용할 수 있는 사업(제4조 제8호 관련)**

1. 「2011대구세계육상선수권대회, 2013충주세계조정선수권대회, 2014인천아시아경기대회, 2014인천장애인아시아경기대회 및 2015광주하계유니버시아드대회 지원법」 제22조에 따른 대회관련시설의 설치·이용 등에 관한 계획에 따른 사업
2. 「2015경북문경세계군인체육대회 지원법」에 따른 대회관련시설의 설치·이용 등에 관한 사업
3. 「2018 평창 동계올림픽대회 및 장애인동계올림픽대회 지원 등에 관한 특별법」에 따른 대회관련시설의 설치·이용 등에 관한 사업 및 특구개발사업
4. 「간선급행버스체계의 건설 및 운영에 관한 특별법」에 따른 체계건설사업
5. 「간척지의 농어업적 이용 및 관리에 관한 법률」에 따른 간척지활용사업
6. 「건설기계관리법」에 따른 공영주기장의 설치
7. 「경제자유구역의 지정 및 운영에 관한 특별법」에 따른 경제자유구역에서 실시되는 개발사업
8. 「고도 보존 및 육성에 관한 특별법」에 따른 고도보존육성사업 및 주민지원사업
9. 「공간정보의 구축 및 관리 등에 관한 법률」에 따른 기본측량의 실시
10. 「혁신도시 조성 및 발전에 관한 특별법」에 따른 혁신도시개발사업
11. 「공공주택 특별법」에 따른 공공주택지구의 조성
12. 「공공토지의 비축에 관한 법률」에 따라 한국토지주택공사가 공공개발용 토지의 비축사업계획을 승인받은 공공개발용 토지의 취득

295) 동 별표에는 "공공주택특별법" 등 사업인정 의제가 허용되는 110개의 법률을 규정하고 있다.

13. 「공사중단 장기방치 건축물의 정비 등에 관한 특별조치법」에 따른 정비사업
14. 「관광진흥법」 제55조에 따른 조성계획을 시행하기 위한 사업
15. 「광산피해의 방지 및 복구에 관한 법률」에 따른 광해방지사업
16. 「광업법」 제70조 각 호와 제71조 각 호의 목적을 위하여 광업권자나 조광권자가 산업통상자원부장관의 인정을 받은 행위
17. 「국가통합교통체계효율화법」에 따른 복합환승센터 개발사업
18. 「국립대학법인 서울대학교 설립·운영에 관한 법률」에 따른 국립대학법인 서울대학교의 학교용지 확보
19. 「국립대학법인 인천대학교 설립·운영에 관한 법률」에 따른 국립대학법인 인천대학교의 학교용지 확보
20. 「국방·군사시설 사업에 관한 법률」에 따른 국방·군사시설
21. 「국제경기대회 지원법」에 따른 대회관련시설의 설치·이용 등에 관한 사업
22. 「국토의 계획 및 이용에 관한 법률」에 따른 도시·군계획시설사업
23. 「군 공항 이전 및 지원에 관한 특별법」에 따른 이전주변지역 지원사업
24. 「금강수계 물관리 및 주민지원 등에 관한 법률」 제4조의3에 따른 수변생태벨트 조성사업 또는 제24조에 따른 수질개선사업
25. 「급경사지 재해예방에 관한 법률」에 따른 붕괴위험지역의 정비사업
26. 「기업도시개발 특별법」에 따른 기업도시개발사업
27. 「낙동강수계 물관리 및 주민지원 등에 관한 법률」 제4조의3에 따른 수변생태벨트 조성사업 또는 제26조에 따른 수질개선사업
28. 「농어업재해대책법」에 따른 응급조치
29. 「농어촌도로 정비법」에 따른 농어촌도로 정비공사
30. 「농어촌마을 주거환경 개선 및 리모델링 촉진을 위한 특별법」에 따른 정비사업
31. 「농어촌정비법」에 따른 농어촌정비사업
32. 「농업생산기반시설 및 주변지역 활용에 관한 특별법」에 따른 농업생산기반시설등활용사업
33. 「대기환경보전법」 제4조에 따라 고시된 측정망설치계획에 따른 환경부장관 또는 시·도지사의 측정망 설치
34. 「댐건설 및 주변지역지원 등에 관한 법률」에 따른 댐건설사업
35. 「도로법」에 따른 도로공사
36. 「도시 및 주거환경정비법」 제38조에 따라 토지등을 수용하거나 사용할 수 있는 사업[296)]
37. 「도시개발법」에 따른 도시개발사업
38. 「도시교통정비 촉진법」에 따른 중기계획의 단계적 시행에 필요한 연차별 시행계획
39. 「도시철도법」에 따른 도시철도건설사업
40. 「도청이전을 위한 도시건설 및 지원에 관한 특별법」에 따른 도청이전신도시 개발사업
41. 「동·서·남해안 및 내륙권 발전 특별법」에 따른 해안권 또는 내륙권 개발사업
42. 「마리나항만의 조성 및 관리 등에 관한 법률」에 따른 마리나항만의 개발사업
43. 「문화재보호법」에 따른 문화재의 보존·관리
44. 「물류시설의 개발 및 운영에 관한 법률」에 따른 물류터미널사업 및 물류단지개발사업
45. 「민간임대주택에 관한 특별법」 제20조에 따라 토지등을 수용하거나 사용할 수 있는 사업
46. 「사방사업법」에 따른 사방사업
47. 「사회기반시설에 대한 민간투자법」에 따른 민간투자사업
48. 「산림복지 진흥에 관한 법률」에 따른 산림복지단지의 조성

49. 「산업입지 및 개발에 관한 법률」에 따른 산업단지개발사업 및 제39조에 따른 특수지역개발사업
50. 「새만금사업 추진 및 지원에 관한 특별법」에 따른 새만금사업
51. 「석면안전관리법」 제7조에 따른 실태조사, 제8조제2항에 따른 조사, 제13조에 따른 자연발생석면영향조사, 제25조에 따른 슬레이트 시설물 등에 대한 석면조사(환경부장관, 관계 중앙행정기관의 장, 시·도지사 또는 시장·군수·구청장이 실시하는 경우에 한정한다)
52. 「석탄산업법」 제23조제1항에 따른 연료단지 조성(특별시장·광역시장·도지사 또는 특별자치도지사가 실시하는 경우에 한정)
53. 「소규모 공공시설 안전관리 등에 관한 법률」에 따른 소규모 위험시설 정비사업
54. 「소하천정비법」에 따른 소하천의 정비
55. 「수도권신공항건설 촉진법」에 따른 신공항건설사업
56. 「수도법」에 따른 수도사업
57. 「수목원·정원의 조성 및 진흥에 관한 법률」에 따른 국가 또는 지방자치단체의 수목원 조성
58. 「수질 및 수생태계 보전에 관한 법률」에 따른 폐수종말처리시설 설치
59. 「신항만건설 촉진법」에 따른 신항만건설사업
60. 「신행정수도 후속대책을 위한 연기·공주지역 행정중심복합도시 건설을 위한 특별법」에 따른 행정중심복합도시건설사업
61. 「어촌·어항법」에 따른 어항의 육역에 관한 개발사업
62. 「어촌특화발전 지원 특별법」에 따른 어촌특화사업
63. 「역세권의 개발 및 이용에 관한 법률」에 따른 역세권개발사업
64. 「연구개발특구의 육성에 관한 특별법」에 따른 특구개발사업
65. 「연안관리법」에 따른 연안정비사업
66. 「영산강·섬진강수계 물관리 및 주민지원 등에 관한 법률」 제4조의3에 따른 수변생태벨트 조성사업 또는 제24조에 따른 수질개선사업
67. 「온천법」에 따라 개발계획을 수립하거나 그 승인을 받은 시장·군수가 시행하는 개발계획에 따른 사업
68. 「용산공원 조성 특별법」에 따른 공원조성사업
69. 「자동차관리법」에 따른 자동차서비스복합단지 개발사업
70. 「자연공원법」에 따른 공원사업
71. 「자연재해대책법」에 따른 자연재해위험개선지구 정비사업
72. 「자연환경보전법」 제38조에 따른 자연환경보전·이용시설(국가 또는 지방자치단체가 설치하는 경우에 한정한다)
73. 「재해위험 개선사업 및 이주대책에 관한 특별법」에 따른 재해위험 개선사업
74. 「저수지·댐의 안전관리 및 재해예방에 관한 법률」에 따른 저수지·댐의 안전점검, 정밀안전진단, 정비계획의 수립, 정비사업
75. 「전기사업법」에 따른 전기사업용전기설비의 설치나 이를 위한 실지조사·측량 및 시공 또는 전기사업용전기설비의 유지·보수
76. 「전기통신사업법」에 따른 전기통신업무에 제공되는 선로등의 설치
77. 「전원개발촉진법」에 따른 전원개발사업
78. 「접경지역 지원 특별법」 제13조제6항 및 제9항에 따라 고시된 사업시행계획에 포함되어 있는 사업
79. 「제주특별자치도 설치 및 국제자유도시 조성을 위한 특별법」에 따른 개발사업
80. 「주택법」에 따른 국가·지방자치단체·한국토지주택공사 및 지방공사인 사업주체가 국민주택

을 건설하거나 국민주택을 건설하기 위한 대지 조성
81. 「주한미군 공여구역주변지역 등 지원 특별법」 제9조에 따른 사업계획에 따른 사업
82. 「주한미군기지 이전에 따른 평택시 등의 지원 등에 관한 특별법」에 따른 평택시개발사업과 국제화계획지구 개발사업
83. 「중소기업진흥에 관한 법률」 제31조에 따라 중소기업진흥공단이 시행하는 단지조성사업
84. 「지능형 로봇 개발 및 보급 촉진법」 제34조에 따른 공익시설의 조성사업
85. 「지방소도읍 육성 지원법」 제4조에 따라 수립하는 종합육성계획에 따른 사업
86. 「지역 개발 및 지원에 관한 법률」에 따른 지역개발사업
87. 「지역특화발전특구에 대한 규제특례법」에 따른 특화사업
88. 「지하수법」 제17조 및 제18조에 따른 지하수관측시설 및 수질측정망(국토교통부장관, 환경부장관 또는 시장·군수·구청장이 설치하는 경우에 한정한다) 설치
89. 「집단에너지사업법」에 따른 공급시설의 설치나 이를 위한 실지조사·측량 및 시공 또는 공급시설의 유지·보수
90. 「철도건설법」에 따른 철도건설사업
91. 「청소년활동 진흥법」 제11조제1항에 따른 수련시설의 설치
92. 「친수구역 활용에 관한 특별법」에 따른 친수구역조성사업
93. 「태권도 진흥 및 태권도공원 조성 등에 관한 법률」에 따른 공원조성사업
94. 「택지개발촉진법」에 따른 택지개발사업
95. 「토양환경보전법」 제7조제1항 각 호의 어느 하나에 해당하는 측정, 조사, 설치 및 토양정화(환경부장관, 시·도지사 또는 시장·군수·구청장이 실시하는 경우에 한정한다)
96. 「폐기물처리시설 설치촉진 및 주변지역지원 등에 관한 법률」에 따른 폐기물처리시설의 설치 및 이주대책의 시행
97. 「하수도법」에 따른 공공하수도 설치
98. 「하천법」에 따른 하천공사 또는 수문조사시설공사
99. 「학교시설사업 촉진법」에 따른 학교시설사업
100. 「한강수계 상수원수질개선 및 주민지원 등에 관한 법률」 제4조의3에 따른 수변생태벨트 조성사업 또는 제13조에 따른 수질개선사업
101. 「한국가스공사법」 제11조에 따른 사업 중 한국가스공사가 천연가스의 인수·저장·생산·공급 설비 및 그 부대시설을 설치하는 공사
102. 「한국석유공사법」에 따라 한국석유공사가 시행하는 석유의 탐사·개발·비축 및 수송사업
103. 「한국수자원공사법」 제9조제1호·제2호·제4호·제5호·제5호의2·제7호부터 제11호까지의 사업
104. 「한국환경공단법」 제17조제1항제1호부터 제19호까지 및 제22호의 사업
105. 「항공법」에 따른 공항개발사업
106. 「항만공사법」 제8조제1항제1호, 제2호, 제2호의2, 제2호의3, 제3호부터 제8호까지에 따른 사업
107. 「항만법」에 따른 항만공사, 항만배후단지개발사업 또는 항만재개발사업
108. 「해수욕장의 이용 및 관리에 관한 법률」에 따른 해수욕장시설사업
109. 「해저광물자원 개발법」에 따라 해저조광권자가 실시하는 해저광물 탐사 또는 채취
110. 「화물자동차 운수사업법」에 따른 공영차고지의 설치 및 화물자동차 휴게소의 건설

296) 현행 "도시 및 주거환경정비법" 제63조로 개정되었음. 따라서 도시정비법에서 재개발사업 및 주거환경

(2) 사업인정에 관한 특례

① 종전의 문제점

사업시행자가 토지 등을 수용할 때에는 토지보상법에 의한 사업인정을 받도록 되어 있다. 그러나 많은 개발관련 개별 법률에서는 사업의 인·허가를 득한 경우(이하 "인가처분"이라 함) 토지보상법상 사업인정으로 의제하는 특례를 두고 있다. 현행 많은 개발관련 법률은 토지보상법상의 사업인정이라는 절차를 거치지 않고 일정한 인가처분을 득한 경우 사업인정으로 보도록 특례조항을 마련하고 있다.[297]

그러나 이러한 사업인정 의제조항은 사업시행자나 인·허가 승인권자의 내부적 협의만으로 확정되어 고시 등을 거침으로써 사업인정 효과가 발생하는 것으로, 피수용자 입장에서는 의견 개진은 물론이고 사업인정 자체에 대한 인식도 없이 결정되는 경우가 많아, 이와 같이 사업시행자 등에 의한 인가처분만으로 사업인정이 있는 것으로 보는 의제제도는 재산권보장과 적법절차 보장에 대한 본질적 침해가 된다는 견해도 있었다.[298]

판례도 이러한 점을 감안하여 사업인정 의제 처분(인가처분)이 법률의 취지와 명백히 상이한 경우 당해 인가처분은 당연무효이며 이에 기초한 수용재결도 무효로 판단하고 있다(아래 판례 참조).[299]

정비사업은 수용 또는 사용이 가능하나, 재건축사업은 수용 또는 사용이 불가하다.

☞ 제63조 (토지 등의 수용 또는 사용) 사업시행자는 정비구역에서 정비사업(재건축사업의 경우에는 제26조 제1항 제1호 및 제27조 제1항 제1호에 해당하는 사업으로 한정한다)을 시행하기 위하여 「공익사업을 위한 토지 등의 취득 및 보상에 관한 법률」 제3조에 따른 토지·물건 또는 그 밖의 권리를 취득하거나 사용할 수 있다.

297) 예시) 택지개발촉진법 제12조(토지수용) ② 제3조에 따른 택지개발지구의 지정·고시가 있은 때에는 「공익사업을 위한 토지 등의 취득 및 보상에 관한 법률」 제20조 제1항 및 제22조에 따른 사업인정 및 사업인정의 고시가 있은 것으로 보며, 재결(裁決)의 신청은 같은 법 제23조 제1항 및 제28조 제1항에도 불구하고 실시계획에서 정하는 사업시행기간에 하여야 한다.

298) 류하백, 토지수용과 기본권 침해, 부연사, 2005, 269면.

299) 이 판결은 국토계획법상 "유원지"는 주로 주민복지 향상을 위하여 설치하는 휴양시설 공공적 성격이 요구되는 도시계획시설임에도 동 휴양형 주거단지는 특정계층의 고소득 노인을 대상으로 한 영리추구가 그 목적임을 감안할 때, 유원지 개념과 목적에 부합하지 않으므로 그와 같은 시설을 설치할 내용의 도시계획시설에 관한 실시계획인가처분(사업인정 의제처분)은 당연무효이고 이에 기초한 수용재결까지 무효라고 본 사안이다.

판 례

▣ 대법원 2015. 3. 20. 선고 2011두3746 판결

서귀포시장은 국토계획법령 규정의 문언상 유원지의 의미가 분명함에도 합리적 근거 없이 처분요건이 충족되지 아니한 상태에서 이 사건 인가처분을 하였다고 볼 수 있고, 이러한 하자는 객관적으로 명백하다고 할 것이다. 그리고 피고 개발센터가 도시계획시설사업으로 설치하려는 시설이 국토계획법령에 정한 유원지에 해당된다고 볼 수 없는 이상 이와 달리 보기 어렵다. 원심이 같은 취지에서 이 사건 인가처분은 그 하자가 중대·명백하여 당연무효이고, 당연무효인 이 사건 인가처분에 기초한 이 사건 수용재결도 무효라고 판단한 것은 정당하다.

② 법률 개정내용

이러한 문제점으로 인하여 2015. 12. 29 토지보상법을 개정하여 사업의제의 대상사업을 토지보상법의 '별표' 사업으로만 특정하고(동법 제4조의2), 그 외의 사업은 법률개정으로만 한정하여 더 이상의 사업의제가 불가하도록 명시하였다.

▣ 토지보상법

제4조의2 (토지등의 수용·사용에 관한 특례의 제한) ① 이 법에 따라 토지등을 수용하거나 사용할 수 있는 사업은 제4조 또는 별표에 규정된 법률에 따르지 아니하고는 정할 수 없다.
② 별표는 이 법 외의 다른 법률로 개정할 수 없다. [본조신설 2015. 12. 29.]

또한 사업인정 의제되는 경우도 의제되는 처분을 할 경우 반드시 중앙토지수용위원회 등의 의견을 듣도록 하였으며, 중앙토지수용위원회는 심의를 거쳐 사업의 신설, 변경 및 폐지에 대하여 개선요구 및 의견 제출할 수 있도록 하고 있으며, 개선요구나 의견제출을 받은 중앙행정기관은 정당한 사유가 없으면 이를 반영하도록 하는 등 수용내용의 적법성도 통제하도록 개정하였다.

이는 사업인정이 의제되는 사업을 시행하려는 사업시행자가 미리 중토위와 해당 사업의 공익성에 관하여 협의를 하도록 하여, 사업 시행 각 단계에서 토지수용사업의 공익성 검증을 강화해 무분별한 토지수용을 막겠다는 취지로 볼 수 있다.

> **▣ 토지보상법**
>
> 제4조의 3 (공익사업 신설 등에 대한 개선요구 등) ① 제49조에 따른 중앙토지수용위원회는 제4조제8호에 따른 사업의 신설, 변경 및 폐지, 그 밖에 필요한 사항에 관하여 심의를 거쳐 관계 중앙행정기관의 장에게 개선을 요구하거나 의견을 제출할 수 있다.
>
> ② 제1항에 따라 개선요구나 의견제출을 받은 관계 중앙행정기관의 장은 정당한 사유가 없으면 이를 반영하여야 한다.
>
> ③ 제49조에 따른 중앙토지수용위원회는 제1항에 따른 개선요구·의견제출을 위하여 필요한 경우 관계 기관 소속 직원 또는 관계 전문기관이나 전문가로 하여금 위원회에 출석하여 그 의견을 진술하게 하거나 필요한 자료를 제출하게 할 수 있다. [본조신설 2018. 12. 31.]

따라서 중토위는 공익성이 부족하다고 판단될 경우 사업시행자에게 공익성을 보완·강화하는 조치계획도 요구할 수 있으며, 제출받은 조치계획을 심사해 공익성 여부를 판단하게 된다. 이를 위하여 중토위는 별도의 전담조직[300]을 마련하여 사업인정 의제 대상사업의 신설, 변경 및 폐지 등의 사항에 대하여 개선 및 의견 제출 등 공익성 검증을 강화하였다.

한편, 중토위는 사업인정 의제 대상사업지구의 공익성 판단 기준을 판단하기 위하여 자체 기준(표 11. 중토위 공익성 판단기준)을 마련하여 시행하고 있다.

표 11. 중토위 공익성 판단기준[301]

사업인정 요건	공익성 판단기준
법령상 전제	토지보상법 제4조 각호 및 별표에 규정된 사업에 해당하는가? 개별법에서 정한 수용재결의 신청요건을 갖추었는가?
시행자 의사와 능력	사업을 수행할 정당하고 적극적인 의사를 보유하였는가? 사업을 수행할 충분한 능력을 구비하였는가?
입법목적 부합성	법령목적, 상위계획·지침, 절차 등에 부합하였는가? 영업이 수반되는 사업의 경우 대중성·개방성이 있는가?
공익 우월성	사업으로 얻게 되는 공익이 사업으로 잃게 되는 이익보다 우월하다고 볼 수 있는가?
사업계획의 합리성	구체적이고 합리적인 계획이라 볼 수 있는가?
수용 필요성	수용방식으로 사업을 수행할 필요가 있는가? 수용 대상 및 범위가 적정한가?
공익 지속성	사업의 정상 시행 및 완공 후 지속적 공익 관리가 가능한가?

300) 중토위 내에 재결2과에서 공익심사1계, 공익심사2계에서 공익성 협의전담 위원 8명으로 구성하여 운영하고, 공익성 여부를 판단하고 있다. 중토위 홈페이지 참조

301) 중앙토지수용위원회 홈페이지 참조

이러한 기준에 따라 중토위는 공익성 판단을 위하여 표 12(중토위 공익성 검토업무 매뉴얼 참조)[302]와 같이 자체적으로 매뉴얼을 제정하여 운영하고 있다.[303]

표 12. 중토위 공익성 검토업무 매뉴얼

3. 공익성 검토항목

공익성 검토항목은, ① 수용적격성, ② 사업시행자의 의사와 능력, ③ 입법목적의 부합성, ④ 공익우월성, ⑤ 사업계획의 합리성, ⑥ 수용의 필요성, ⑦ 공익의 지속성으로 한다.

3-1. 수용적격성

3-1-1. (수용적격 판단) 토지보상법 제4조 각 호의 사업에 해당하는지 검토한다.

3-1-2. (주된 사업과 부수적 사업) 법령 또는 성질상 특정사업을 지원·연계·수반하여 이루어지는 경우, 그 특정사업을 '주된 사업'이라 하고, 지원·연계·수반사업을 '부수적 사업'이라고 한다. 외형상 독립된 사업이라고 하더라도, 실질적으로 주된 사업의 목적 달성을 위한 사업은 부수적 사업으로 본다.

* (예) 아파트단지 건설을 위해 시행되는 도로, 공원, 공연장 등의 무상귀속·기부채납시설 등

3-1-3. (부수적 사업에 대한 검토에 있어 주된 사업의 공익성 고려) 부수적 사업의 공익성을 검토할 때에는 주된 사업의 공익성도 함께 고려한다.

3-2. 사업시행자의 의사와 능력

3-2-1. (사업시행자의 의사) 사업인정 또는 사업인정이 의제되는 인허가(이하 '사업 인정등'이라 한다) 신청 전에 필요한 절차를 이행하였는지를 검토한다. 사업인정 등 신청 전에 필요한 절차라 함은 법령에 근거한 각종 협의절차, 주민의견수렴 절차 등을 말한다.

3-2-2. (사업시행자의 능력) ① 대상사업을 시행할 수 있는 법적 권한이 확보되어 있는지를 확인한다. 법상 요건을 갖추었으나 사업시행자로 지정되지 아니한 사업 시행예정자의 경우에는 해당 사업시행예정자가 사업시행자가 된다는 가정적 조건 하에 검토를 수행할 수 있다.

② 사업시행자의 재무상태와 사업시행에 필요한 구체적인 자본조달계획이 수립 되어 있는지 확인한다.

3-2-3. 국가, 지방자치단체, 공기업, 공공기관의 경우에는 3-2-1 및 3-2-2에 대한 검토를 생략할 수 있다.

3-3. 입법목적의 부합성

3-3-1. (법령목적·상위계획지침·절차 등에 부합) 기본계획 등 상위법령이나 계획에 부합하는지 검토한다.

3-3-2. (부수적 사업 시행 시 해당사업의 목적 관련성) 부수적 사업을 시행하는 경우에는 주된 사업이 추구하는 공익과 연관성이 있는지 검토한다.

3-3-3. (시설의 대중성·개방성 여부) 특정 계층이 아닌 불특정 다수가 자유롭게 접근·이용 가능한지 검토한다. 다만 회원제로 운영하더라도 회원자격이 엄격하지 않고 이용료도 저렴하다면 대중성·개방성이 있는 것으로 볼 수 있다.

* (예) 회원제로 운하고 있거나, 입장료가 고액인 경우. 대중성과 개방성이 약하다고 볼 수 있음

302) 공익성 검토업무 매뉴얼 (중토위. 2018. 9. 20 제정) : 1-1. 이 매뉴얼의 목적은 '공익사업을 위한 토지 등의 취득 및 보상에 관한 법률' 제21조제1항과 제2항에 따른 중앙토지수용위원회의 의견을 작성·검토할 때 활용할 수 있는 공익성 검토의 절차와 검토항목을 설정하고 검토항목별 평가기준을 제시하며 그 밖에 공익성 검토에 필요한 내용을 정하는데 있다.

303) 중앙토지수용위원회, 2019 토지수용 편람 참조

3-4. 공익우월성

3-4-1. (사업·시설의 비영리성) 해당사업과 시설의 성격으로 보아 영리성이 없다면 공익이 우월한 것으로 본다.

3-4-2. (영리사업·시설인 경우에는 수익의 공공부분 귀속 등 필요) 사업·시설이 영리적인 성격을 가지고 있는 경우에는 발생한 수익을 공공부문에 귀속시키는 장치가 있는지 검토하여야 하고 사업시행자가 민간인 경우에는 이익조정 필요성을 검토한다.

* (이익조정의 예) 수익의 일정부분을 공적목적을 위해 기부, 지역주민들에 대한 요금할인, 공공시설물 기부채납, 취약계층 배려 등

3-4-3. (정책·환경적 이익 등에 관한 의견조회) 영농 등 정책·경제적 이익, 쾌적한 거주환경 보호 등 환경적 이익 등이 있다고 평가되는 경우에는 환경영향평가를 거쳤는지, 주민들의 반대의견 유무를 확인하였는지, 관계기관의 협의를 거쳤는지를 검토한다.

3-5. 사업계획의 합리성

3-5-1. (사업계획의 구체성) 사업내용이 구체적으로 수립되어 있는지 검토한다. 사업 계획성의 내용에 기초하여 검토하여야 하고, 부수사업의 경우에는 주된 사업의 내용이 어느 정도 구체화되어야 한다.

3-5-2. (사업계획의 적정성) 대상사업이 추구하는 목적과 그 수단(강제수용을 수반한 사업계획)이 적정한 관련을 맺고 있어야 한다. 즉 강제수용권을 얻기 위한 편법적 요소가 있는지 여부가 검토대상이다. 예를 들어 공동주택건설이 목적인데, 강제수용권을 얻기 위한 수단으로 산업단지조성을 채택하였다면 사업계획의 적정성이 없다고 할 수 있다(이른바 제도남용). 다만 전반적인 사업계획의 효율성·타당성은 인허가권자의 판단영역이므로 검토대상에서 제외한다.

3-6. 수용의 필요성

3-6-1. (사업의 시급성) 시급하게 진행해야 할 필요가 있는 사업으로 충분한 협의를 기대할 수 없는지를 검토한다. 시급을 요하는 사업이 아닌 경우에는 토지소유자들과 사전 협의를 충분히 거쳤는지 확인한다. 확인결과, 토지소유자별로 협의를 전혀 진행하지 아니하였거나 토지취득률이 낮거나 사업시행자 지정요건 또는 수용재결 신청 요건을 충족하지 못한 경우라면 수용의 필요성이 낮다고 평가할 수 있다. 적정한 토지확보률(동의 포함)은 75%로 제시할 수 있으나, 사정에 따라 개별법 에서 규정한 사전 토지취득 요건을 참고하여 그 범위를 조정할 수 있다[별지2]. 주된 사업이 아직 구체화되지 않았거나 실시계획인가 등을 받기 전이라면, 부수적 사업의 시급성도 높다고 볼 수 없다.

3-6-2. (수용대상의 적정성) 사업이나 토지수용을 반대하는 소유자가 있는 경우에 검토한다. 예를 들어 사망자, 주소불명자, 종중 소유토지, 터무니 없는 보상가 요구(일명 '알박기' 등 포함) 등의 사유가 있는 경우라면 수용대상의 적정성이 있다고 본다. 해당 지역이 외곽에 위치하거나 사업에 필수적인 토지가 아니라고 판단되는 경우에는 수용의 필요성에 대하여 사업시행자나 인허가권자에게 소명하도록 하여야 한다.

3-7. 공익의 지속성

3-7-1. (관리주체의 변경가능성) 특수목적법인을 설립하여 사업을 추진할 경우에는 사업 준공 후 사후관리계획이 마련되어 있는지를 확인한다.

3-7-2. (시설·토지의 목적 외 처분가능성) 사업 준공 후에 기부채납 대상이 되는지 를 확인한다. 민간이 소유권을 계속하여 보유할 경우에는 특별한 사정이 없는 한 사익성이 강하다고 본다.

3-8. 주된 사업과 관련성

3-8-1. (주된 사업과 관계) 검토대상 사업이 부수적 사업일 경우에는 주된 사업과의 인과관계를

검토한다. 즉 주된 사업이 원인이 되어 부수적 사업이 시행된다는 관계가 확인되어야 한다. 이와 같은 인과관계가 부정되면 검토대상 사업은 부수적 사업이 아니라 독립된 사업으로 검토한다.
3-8-2. (주된 사업의 공익성) 주된 사업 자체의 공익성(공공성)을 검토한다. 검토방식 은 1차적으로 수용적격성이 있는지를 확인하고, 수용적격성이 없는 경우에도 사 업내용에 공공성을 인정할 요소가 있는지 확인한다.
3-8-3. (대중성·개방성) 부수적 사업이 영업을 수반할 경우, 대중성 또는 개방성이 있는지를 확인한다. 자세한 내용은 '3-3-3'과 같다.

4. 의견의 제출 및 사후관리
4-1. 의견의 종류
4-1-1. ('부적정' 의견) 강제수용을 인정할 수 없다는 취지로서 부적정 의견을 제시 할 수 있는 경우는 다음과 같다. 다만 아래①에 해당하는 경우 '절차위반에 따른 부적정'이라고 기재한다.
① 사업인정이 의제되는 인허가 후에 의견청취를 요청한 경우
② 제출된 자료가 누락되거나 미흡하여 공익성을 판단할 수 없는 경우
③ 공익성 검토항목 중 어느 하나가 미흡하여 공익성이 없다고 판정한 경우
4-1-2. ('조건부 적정' 의견) 공익성 미비사항을 보완하는 조건으로 강제수용을 인정 하는 취지로서 조건부 적정을 제시할 수 있는 경우는 다음과 같다.
① 공익성 보완이 사후적으로 가능하다고 판단되는 사업 ② '부적정' 판정을 받지 아니한 사업
4-1-3. ('기타' 의견) '부적정'(4-1-1), '조건부 적정'(4-1-2), '적정'(4-1-4) 의견 외에 다음의 사항에 관하여 의견을 제시할 수 있다.
① '4-1-1.①'에도 불구하고, (i) 국가·지자체가 시행하는 고도의 공익성이 있거나, (ii) 주택재개발 사업 등과 같이 다수의 이해관계자들이 존재하여 조속한 권리관계의 확정이 필요하거나, (iii) 사업승인 등을 취소하는 경우에 경제적 손실 등의 발생우려가 크다고 판단되는 경우)
② 그 밖에 인허가권자에게 주의·권고·당부를 할 필요가 있을 경우
4-1-4. ('적정' 의견) 위 각 의견에 해당하지 않는 경우에 제시하는 의견을 말한다.

(3) 재결신청기간에 관한 특례

토지보상법은 사업인정의 고시가 있은 후 1년 이내에 재결신청을 하도록 규정하고 있고 이 기간 내에 재결을 신청하지 않을 경우 재결신청이 실효되도록 하고 있다(법 제23조 제1항). 그러나 개별법에서는 이에 대한 특례규정을 두고 있다. 즉 개별법에서는 토지보상법의 규정과는 달리 사업시행 기간 내에 재결을 신청하도록 하고 있다. 따라서 사업기간이 장기간 소요되는 경우 언제든지 수용재결 신청이 가능하게 된다. 이는 토지보상금 산정에 있어 기준이 되는 공시지가를 재결 당시의 공시지가를 기준으로 하는 것이 아니고 사업인정 의제시점까지 소급한 공시지가를 사용하도록 되어 결과적으로 보상금 산정에 있어 정당한 보상을 제한하는 결과를 초래한다는 지적이 제기되고 있다.

또한 기간에 대한 특례사항의 변경으로써 재결신청기간을 변경시킬 수 있으나 그 변

경은 반드시 당초 특례기간 내에 하여야 하며, 그렇지 않을 경우 사업인정은 종전의 재결신청 특례기간 다음날 실효되는 것이 타당하다.[304] 다만 판례는 다소 기간이 지연되어 연장된 경우 이를 무효가 아닌 취소사유로 보고 있다.[305]

(4) 관할에 관한 특례

토지보상법에서는 재결사항에 대한 관할을 중앙토지수용위원회와 지방토지수용위원회로 분리하고 있다. 중앙토지수용위원회는 서울특별시, 광역시나 도가 사업시행자인 사업과 2이상의 시, 도에 걸치는 사업을 관장하는 경우 중앙토지수용위원회가 관할이 된다. 이는 지방토지수용위원회를 거치지 않고 곧바로 중앙토지수용위원회를 거치게 되어 권리구제에서 한계를 가질 수 있다는 문제가 있다.

7. 사업인정의 효력상실

1) 사업인정의 실효

(1) 관련규정

▣ **토지보상법**

제23조 (사업인정의 실효) ① 사업시행자가 제22조 제1항에 따른 사업인정의 고시(이하 "사업인정고시"라 한다)가 된 날부터 1년 이내에 제28조 제1항에 따른 재결신청을 하지 아니한 경우에는 사업인정고시가 된 날부터 1년이 되는 날의 다음 날에 사업인정은 그 효력을 상실한다.
② 사업시행자는 제1항에 따라 사업인정이 실효됨으로 인하여 토지소유자나 관계인이 입은 손실을 보상하여야 한다.
③ 제2항에 따른 손실보상에 관하여는 제9조제5항부터 제7항까지의 규정을 준용한다.
[전문개정 2011. 8. 4.]

---

304) 대법원 1991. 11. 26. 선고 90누9971 판결 : 도시계획사업의 시행자는 늦어도 고시된 도시계획사업의 실시계획인가에서 정한 사업시행기간 내에 수용재결의 신청을 하여야 하고, 그 사업시행기간 내에 이와 같은 취득절차가 선행되지 아니하면 그 도시계획사업의 실시계획인가는 실효되고, 그 후에 실효된 실시계획인가를 변경인가하여 그 시행기간을 연장하였다고 하여 실효된 실시계획의 인가가 효력을 회복하여 소급적으로 유효하게 될 수는 없다.

305) 대법원 1991. 11. 26. 선고 90누9971 판결 : 사업시행기간을 제외한 나머지 사항 중 일부는 종전 고시 내용과 같이하고, 일부는 그 기재를 생략한 경우, 생략한 사항은 종전의 것과 같다는 취지에서 생략한 것임을 알 수 있는 경우, 위와 같은 정도의 절차상의 하자는 변경인가에 의한 새로운 사업실시계획인가 자체가 무효라고 보아야 할 정도로 중대하고 명백한 것이라고 볼 수 없어 이는 취소사유에 지나지 아니한다.

(2) 실효제도 취지

사업시행자가 사업인정 고시 후 1년 이내 수용재결신청을 하지 않은 때에는 사업인정고시가 있은 날부터 1년이 되는 다음날에 사업인정 효력이 상실된다. 이 사업인정 실효제도의 취지는 토지수용상 법률관계를 조속히 확정하여 토지소유자 및 관계인의 이익을 보호하고,[306] 공익성의 계속성을 담보하기 위함이다.

또한 사업인정 실효제도는 사업인정의 성립 당시에는 하자가 없었으나 법정부관의 성취에 의해 행정청의 의사와는 무관하게 당연히 사업인정의 효력이 소멸하는 것이므로 강학상 철회와는 구별되는 실효이다.

(3) 사업인정 실효로 인한 손실보상

① 손실보상의 절차

사업시행자는 사업인정이 실효됨으로 인하여 토지소유자 또는 관계인이 입은 손실을 보상하여야 한다. 이 경우의 손실의 보상청구권의 제척기간과 손실보상의 절차에 관하여는 토지보상법 제9조 제5항부터 제7항을 준용하고 있다(법 제23조 제3항). 즉 손실보상은 손실이 있은 것을 안 날부터 1년이 지나거나 손실이 발생한 날부터 3년이 지난 후에는 이를 청구할 수 없다(법 제9조 제5항). 손실보상의 절차는 사업시행자와 손실을 입은 자가 협의하여 결정하고(법 제80조 제1항) 협의가 성립되지 아니한 때에는 사업시행자 또는 손실을 입은 자는 관할 토지수용위원회에 재결을 신청할 수 있다(법 제80조 제2항).

② 손실보상의 법적 성격

토지보상법 제23조 제1항의 수용재결신청 해태로 인한 사업인정의 실효는 사업시행자가 1년 이내 수용재결을 신청하지 않음으로 인하여 발생한 손해에 대한 보상이므로 제23조 제2항의 손실보상은 그 성질상 손해배상의 실질을 갖는다고 보이며, 토지보상법 제28조 제1항의 수용재결과는 별개의 제도이다.[307] 다만 피수용자가 손해를 보전받기 위해서는 국가배상 요건의 충족을 입증하여야 하는 어려움이 있으므로 이러한 현실적인 문제를 입법적으로 손실보상의 문제로 해결한 것이라 하겠다.

---

306) 이선영, 신토지수용과 보상법론, 리북스, 2005, 158면.

307) 토지정책과-3135 (2010. 6. 14) : 토지보상법 제23조에 의한 재결의 효력이 상실됨으로 인하여 토지소유자 등이 입은 손실에 대한 재결과 토지보상법 제28조 제1항에 의한 수용재결은 별개의 사안이므로 각각 재결 절차의 진행이 가능할 것으로 보여진다.

2) 사업의 폐지 및 변경으로 인한 실효

(1) 관련조항

■ **토지보상법**

제24조 (사업의 폐지 및 변경) ① 사업인정고시가 된 후 사업의 전부 또는 일부를 폐지하거나 변경함으로 인하여 토지등의 전부 또는 일부를 수용하거나 사용할 필요가 없게 되었을 때에는 사업시행자는 지체 없이 사업지역을 관할하는 시·도지사에게 신고하고, 토지소유자 및 관계인에게 이를 통지하여야 한다.

② 시·도지사는 제1항에 따른 신고를 받으면 사업의 전부 또는 일부가 폐지되거나 변경된 내용을 관보에 고시하여야 한다.

③ 시·도지사는 제1항에 따른 신고가 없는 경우에도 사업시행자가 사업의 전부 또는 일부를 폐지하거나 변경함으로 인하여 토지를 수용하거나 사용할 필요가 없게 된 것을 알았을 때에는 미리 사업시행자의 의견을 듣고 제2항에 따른 고시를 하여야 한다.

(2) 폐지·변경으로 인한 실효 의의

사업인정 고시 후 사업의 전부 또는 일부를 폐지하거나 변경할 필요가 있는 경우 일정한 절차를 거쳐 사업인정의 전부 또는 일부의 효력을 상실시키는 행정행위를 말한다. 이는 앞서 살펴본 수용재결해태로 인한 사업인정의 실효는 사업인정 고시 후 1년이 되는 날의 다음날에 그 효력을 당연히 상실하게 되는 반면에, 사업의 폐지·변경으로 인한 실효는 시·도지사의 고시 또는 소유자 등의 통지 등의 절차가 필요하다. 이러한 고시가 있는 날부터 그 고시된 내용에 따라 실효의 효력이 발생한다.

(3) 손실보상

사업의 폐지 및 변경으로 인한 손실보상은 토지 등에 대하여 보상 이전이라면 **손실보상청구권**이 있으며, 보상 이후라면 후술하게 되는 **환매권**이 성립한다.

사업시행자는 사업의 폐지 및 변경으로 인하여 토지소유자 또는 관계인이 입은 손실을 보상하여야 한다. 이 경우의 손실의 보상청구권의 제척기간과 손실보상의 절차에 관하여는 토지보상법 제9조 제5항부터 제7항을 준용하고 있다(법 제24조 7항). 즉 손실보상은 손실이 있은 것을 안 날부터 1년이 지나거나 손실이 발생한 날부터 3년이 지난 후에는 이를 청구할 수 없다(법 제9조 5항). 손실보상의 절차는 사업시행자와 손실을 입은 자가 협의하여 결정하고(법 제80조 1항), 협의가 성립되지 아니한 때에는 사업시행자 또는 손실을 입은 자는 관할 토지수용위원회에 재결을 신청할 수 있으며(법 제80조 2항), 재결에 대하여 불복이 있는 경우 행정소송을 제기할 수 있다.

판 례

□ **대법원 2012. 10. 11. 선고 2010다23210 판결**

사업폐지 등에 대한 보상청구권은 공익사업의 시행 등 적법한 공권력의 행사에 의한 재산상 특별한 희생에 대하여 전체적인 공평부담의 견지에서 공익사업의 주체가 손해를 보상하여 주는 손실보상의 일종으로 공법상 권리임이 분명하므로 그에 관한 쟁송은 민사소송이 아닌 행정소송절차에 의하여야 한다. 또한 위 규정들과 구 공익사업법 제26조, 제28조, 제30조, 제34조, 제50조, 제61조, 제83조 내지 제85조의 규정 내용·체계 및 입법 취지 등을 종합하여 보면, 공익사업으로 인한 사업폐지 등으로 손실을 입게 된 자는 구 공익사업법 제34조, 제50조 등에 규정된 재결절차를 거친 다음 재결에 대하여 불복이 있는 때에 비로소 구 공익사업법 제83조 내지 제85조에 따라 권리구제를 받을 수 있다고 보아야 한다.

원고는 도시개발법에 따라 천안시 일대에서 도시개발사업을 추진하다가 위 사업구역과 상당 부분 중첩되는 구역이 이 사건 공익사업인 천안신월 국민임대주택단지 예정지구로 지정·고시됨으로써 위 도시개발사업을 폐지할 수밖에 없게 되었고, 그에 따라 원고가 도시개발사업을 추진하기 위하여 지출한 비용에 대한 보상을 공익사업법 시행규칙 제57조에 기하여 이 사건 소로써 구하고 있음을 알 수 있으므로, 앞서 본 바와 같이 이 사건 소는 행정소송에 해당한다.

Ⅱ. 토지조서 및 물건조서 작성

1. 토지 및 물건조서의 의의

토지및 물건조서의 작성은 사업인정에 이은 다음 절차에 해당한다. 이는 수용 또는 사용할 토지 및 물건의 내용을 확정하는 절차로써, 이 토지 및 물건조서에 의하여 토지수용위원회의 심리 및 재결 등의 절차를 용이하게 하고, 당사자 간의 분쟁을 사전에 방지하기 위한 절차이다.

따라서 토지조서 및 물건조서의 작성은 보상대상 물건을 확정하여 보상의 범위를 결정하는 단계로서 보상에서 가장 중요한 단계의 하나이므로 사업시행자는 토지보상법에서 정한 절차를 완전하게 이행하여 한다.

2. 토지조서 및 물건조서의 이의제기

사업인정 이전에 작성된 토지조서 및 물건조서의 내용에 변동이 없는 때에는 토지조서 및 물건조서의 작성을 하지 않을 수 있다. 작성된 토지 및 물건조서의 이의제기는 보상계획 공고의 열람기간 내에 이의제기를 하여야 한다. 이 기간 내에 이의제기가 없는 경우에는 일응 타당한 것으로 추정하고 있다.

▣ **토지보상법**

제15조 (보상계획의 열람 등) ③ 제1항에 따라 공고되거나 통지된 토지조서 및 물건조서의 내용에 대하여 이의(異議)가 있는 토지소유자 또는 관계인은 제2항에 따른 열람기간 이내에 사업시행자에게 서면으로 이의를 제기할 수 있다. 다만, 사업시행자가 고의 또는 과실로 토지소유자 또는 관계인에게 보상계획을 통지하지 아니한 경우 해당 토지소유자 또는 관계인은 제16조에 따른 협의가 완료되기 전까지 서면으로 이의를 제기할 수 있다. 〈개정 2018. 12. 31.〉

④ 사업시행자는 해당 토지조서 및 물건조서에 제3항에 따라 제기된 이의를 부기(附記)하고 그 이의가 이유 있다고 인정할 때에는 적절한 조치를 하여야 한다. [전문개정 2011. 8. 4.]

3. 조서의 효력

1) 조서의 추정력

토지보상법은 사업인정고시가 있은 후에는 토지소유자 또는 관계인이 토지조서 및 물건조서의 내용에 대하여 열람기간 이내에 이의를 제기하지 않는 경우 이외에는 토지조서 및 물건조서의 내용에 대하여 이의를 제기할 수 없도록 하고 있다. 물론 토지조서 및 물건조서의 내용이 진실에 반하는 것을 입증하는 경우에는 그러하지 아니하다(법 제27조 제2항). 따라서 사업시행자가 작성하고 토지소유자 및 관계인이 서명 또는 날인하거나 열람기간 이내에 이의가 부기되지 아니한 토지조서 및 물건조서는 일단 진정한 것으로 추정되어 그 효력은 토지 등의 소유자 및 관계인에게 미치게 된다. 조서에 이의부기가 없더라도 조서의 기재사항이 진실에 반하는 경우에는 그 뜻을 주장할 수 있으며, 이때 입증책임은 이를 주장하려고 하는 자 즉 토지소유자 및 관계인이 지게 된다. 또한 수용재결 기관은 조서의 추정력을 전제하여 심리 및 재결하게 되나, 그 기재사항이 사실과 다른 내용을 확인 가능한 경우에는 토지수용위원회가 이에 구속되는 것은 아니다.[308]

2) 절차상 하자있는 조서의 효력

종래 토지수용법에서는 조서의 추정력 부여는 토지 등의 소유자 서명날인이나, 또는 소유자 등의 거부 시에는 입회공무원 서명날인으로 가능했었다. 그러나 이에 대하여 입회공무원이 그 조서내용의 진위여부 확인이 불가함에도 불구하고 이를 입회공무원 날인으로 조서의 추정력을 부여하는 문제점이 있어, 이러한 **형식적인 입회공무원 날인제도를 폐지**하고 이에 대한 보장책으로 토지·물건조서의 내용을 공고하여 토지소유자 등이 열람하게 함으로써 토지·물건조서의 추정력을 부여하는 것은 종전에 비해 진일보한 방법이라 하겠다.

이러한 토지·물건조서의 작성에 있어 토지소유자 및 관계인의 입회를 요구하지 않고 작성한 절차상 하자가 있는 조서가 적법한 조서로서의 효력이 있는 지에 대해서는 그 견해가 대립되고 있으나, 학설[309]과 판례(아래 판례 참조)는 이러한 **하자있는 조서라 하더라도** 재결 등의 효력에는 영향을 미치지 않는다는 입장이다.

판 례

□ 대법원 1993. 9. 10. 선고 93누5543 판결

토지조서의 작성에 하자가 있다 하여 그것이 곧 수용재결이나 그에 대한 이의재결의 효력에 영향을 미치는 것은 아니라 할 것이므로 토지조서에 실제 현황에 관한 기재가 되어 있지 아니하다거나 실측평면도가 첨부되어 있지 아니하다거나 토지소유자의 입회나 서명날인이 없었다든지 하는 사유만으로는 이의재결이 위법하다 하여 그 취소를 구할 사유로 삼을 수 없다.

---

308) 대법원 2002. 9. 6. 선고 2001두11236 판결 : 사업시행자가 공공용지의취득및손실보상에관한특례법시행규칙에 의하여 토지의 이용상황을 조사한 토지조서를 보상계획과 함께 공고하고 대상물건의 소유자등에게 개별통지하였다 하더라도, 중앙토지수용위원회가 정당한 손실보상금을 결정함에 있어서 반드시 그 토지조서에 표시된 대로의 이용상황을 기준으로 하여야 하는 것은 아니다.

309) 이러한 토지, 물건조서 하자에 대하여, ① 유효설은 토지, 물건조서의 효력이 수용위원회의 심리를 위한 가장 중요한 방법이기는 하나, 유일한 증거방법이 아니며, 그 기재내용에 수용위원회가 구속받는 것도 아니기 때문이라는 논거를 들고 있으며(김남진, 이선영), ② 무효설은 절차상 하자있는 무효의 조서를 근거로 재결한다면 그 재결은 위법한 것이 되고, 그 조서의 기재가 진실에 반한다는 토지소유자의 의견이 있음에도 불구하고 사실의 심사를 하지 않았기 때문에 위법이라는 논거를 들고 있다.(김철용)

Ⅲ. 협의 및 계약체결

1. 수용절차상의 협의

1) 관련규정

▣ **토지보상법**

제16조 (협의) 사업시행자는 토지등에 대한 보상에 관하여 토지소유자 및 관계인과 성실하게 협의하여야 하며, 협의의 절차 및 방법 등 협의에 필요한 사항은 대통령령으로 정한다

제26조(협의 등 절차의 준용) ① 제20조에 따른 사업인정을 받은 사업시행자는 토지조서 및 물건조서의 작성, 보상계획의 공고·통지 및 열람, 보상액의 산정과 토지소유자 및 관계인과의 협의 절차를 거쳐야 한다. 이 경우 제14조부터 제16조까지 및 제68조를 준용한다.
② 사업인정 이전에 제14조부터 제16조까지 및 제68조에 따른 절차를 거쳤으나 협의가 성립되지 아니하고 제20조에 따른 사업인정을 받은 사업으로서 토지조서 및 물건조서의 내용에 변동이 없을 때에는 제1항에도 불구하고 제14조부터 제16조까지의 절차를 거치지 아니할 수 있다. 다만, 사업시행자나 토지소유자 및 관계인이 제16조에 따른 협의를 요구할 때에는 협의하여야 한다. [전문개정 2011. 8. 4.]

2) 협의의 개념

수용절차상의 협의는 사업시행자가 사업인정 고시 이후에 공익사업에 편입된 토지 등에 관하여 권리를 취득하거나 소멸시키기 위하여 토지소유자 및 관계인과 가지는 협의를 말한다. 따라서 협의는 사업시행자와 토지 등의 소유자 쌍방의 합의에 의하여 이루어지며, 어느 한쪽의 일방적 행위에 의하여 성립될 수는 없다. 이러한 협의의 취지는 국민의 의사에 반하여 강제적으로 토지를 수용하는 권력적 취득수단에 의하지 아니하고, 임의 대등한 입장에서 당사자 간에 권리득실 및 손실보상에 대해 합의하게 함으로써 토지수용이 가지는 강제성을 완화하고, 피수용자의 협조를 유도함으로써 피수용자의 의사를 존중하고 행정의 민주화를 기하기 위함이다.

이 협의는 현행 통합 토지보상법 이전에는, 종전의 공특법에 의한 협의가 성립되지 않은 경우 토지수용법에 의한 사업인정 이후에 다시 협의절차를 반복하여야 했기 때문에 행정적, 시간적 낭비요인이 존재하고 있었다. 따라서 현행 토지보상법에서는 이러한 문제점을 해소하여 보상절차를 「토지·물건 조서작성 → 보상계획 공고·열람 → 보상

액 산정 → 협의 → 사업인정 → 수용재결」로 일원화하여 사업인정 후에 토지·물건조서내용에 변동이 없을 경우에는 재협의 절차를 생략할 수 있도록 하였다.[310] 물론 조서의 내용에 변동이 없을 때에도 토지소유자와 사업시행자중 일방이 재협의를 요구할 경우에는 재협의를 하도록 하여(법 제26조 제2항), 피보상자의 권익보호와 원활한 공익사업 추진에 만전을 기하도록 하였다.

2. 협의의 법적성질

종전 공특법(公特法)상 '협의취득'은 사업시행자와 소유권자 사이의 사적 자치영역에 놓여져 있는 사법적(私法的) 성격의 것이라는데 의견이 일치하였다.[311] 그러나 여기서의 협의는 사업인정 이후 협의성립확인을 받지 않은 협의를 말한다. 만약 협의성립확인을 받았다면 토지보상법은 재결로 간주하고 있기 때문이다. 이러한 협의에 대한 법적 성질에 대하여 사법상 계약으로 보는 견해와 공법상 계약으로 보는 견해가 있다.

결 정

□ 헌법재판소 2006. 12. 28. 2004헌마38 전원재판부

공특법상 협의취득의 법적 성질에 관하여 보건대, 헌법재판소와 대법원은 공히 공특법에 의한 협의취득은 공공사업에 필요한 토지 등을 공용수용의 절차에 의하지 아니하고 협의에 의하여 사업시행자가 취득하는 것으로서, 그 법적 성질은 사법상의 매매계약과 다를 것이 없다고 판시한 바 있다. 나아가 대법원은 당사자 간의 합의로 공특법 소정의 손실보상의 요건을 완화하는 약정을 할 수 있고, 그와 같은 당사자 간의 합의로 공특법 소정의 손실보상의 기준에 의하지 아니한 매매대금을 정할 수 있다고 판시하였다.

1) 사법상 계약설

현행 토지보상법의 사업인정 이후 협의는 사업시행자와 피수용자 사이에 대등한 지위에서 행하는 임의적 합의이므로 수용권의 행사가 아닌 사법상 매매계약과 동일한 성질을 갖는다고 본다. 판례의 입장이다.[312] 또한 토지보상법이 사업인정 전 협의를 거친

310) 헌법재판소 2007. 11. 29. 2006헌바79 ; 공익사업법 제26조 제2항은 공익사업을 신속하게 추진하기 위하여 이미 거쳤던 절차를 반복하지 않도록 한 것으로서 토지조서 등에 변동이 있는 경우에는 다시 협의 등의 절차를 거쳐야 하므로 재산권을 침해하지 않는다.

311) 헌법재판소 1995. 11. 30. 94헌가2.

경우에는 사업인정 이후 협의를 생략할 수 있는 법적 근거를 마련하고 있으므로 양자의 협의를 달리 볼 이유가 없다고 하면서 사업인정 전 협의를 사법상 계약으로 보는 한 사업인정 이후 협의도 사법상 계약으로 볼 수 있다고 한다. 이 학설은 국가수용권설의 대표적인 주장내용이다. 이설은 협의에 관한 분쟁은 민사소송으로 해결하게 된다.

2) 공법상 계약설

사업시행자가 공용수용권의 주체로서 수용권을 실행하는 방법의 하나이며 협의가 성립되지 아니하면 수용재결에 의하게 된다는 점에서 사업인정 이후의 협의는 수용계약 즉 공법상 계약이라고 한다. 사업인정 이전의 협의를 거친 경우에는 사업인정 이후의 협의를 생략할 수 있다고 하더라도 양자의 협의는 공용수용의 첫단계인 사업인정절차를 거쳤는가 여부에 따라 성질이 달라진다고 본다. 즉 사업인정전 협의가 사법영역(사법상 계약)인 반면에 사업인정 이후의 협의는 공법영역(공법상 계약)이라고 본다. 이 학설은 사업시행자 수용권설의 입장에서 주장되고 있으며 우리나라의 통설이다.[313] 이 의견에 의하면 협의에 관한 분쟁은 행정소송(공법상 당사자소송)으로 해결하게 된다.

3) 소 결

협의는 기업자가 이미 취득한 수용권을 실행하는 것이며, 협의가 성립하면 확인의 절차를 거쳐 수용의 효과가 발생하게 되므로 공법상 계약으로 보는 것이 타당시 된다. 수용권의 주체를 사업시행자로 보는 한 사업시행자가 하는 협의는 수용권의 행사이며, 협의의 성립으로 수용의 효과가 발생하는 점을 고려할 때 공법상계약설이 타당하다. 이처럼, 공법상 계약으로 볼 때 협의에 대하여 적용되는 법리는 공법의 규율을 받으며, 소송의 형태는 '공법상 당사자소송'에 의하게 될 것이다.

---

312) 대법원 1996. 2. 13. 선고 95다3510 판결 : 공공사업의 시행자가 토지수용법에 의하여 그 사업에 필요한 토지를 취득하는 경우 그것이 협의에 의한 취득이고, 토지수용법 제25조의2의 규정에 의한 협의 성립의 확인이 없는 이상, 그 취득행위는 어디까지나 사경제 주체로서 행하는 사법상의 취득으로서 승계취득한 것으로 보아야 할 것이고, 재결에 의한 취득과 같이 원시취득한 것으로 볼 수는 없다.

313) 박윤흔, 최신행정법강의(상), 박영사, 2004, 605면.

3. 협의·계약체결의 절차

사업시행자는 토지 등에 대한 보상에 관하여 토지소유자 및 관계인과 성실하게 협의하여야 하며(법 제16조), 사업시행자는 협의가 성립된 때에는 토지소유자 및 관계인과 계약을 체결하여야 한다(법 제17조).

1) 협의의 요청

사업시행자는 협의를 위하여 다음의 사항(① 협의기간·협의장소 및 방법 ② 보상액·보상의 시기·방법 및 절차 ③ 계약체결에 필요한 구비서류)을 기재한 보상협의요청서를 토지소유자 및 관계인에게 통지하고 협의를 요청하여야 한다. 다만, 토지소유자 및 관계인을 알 수 없거나 주소 또는 거소의 불명으로 통지를 할 수 없을 때에는 사업시행자의 요청에 의하여 토지 등의 소재지를 관할하는 시장·군수 또는 구청장이 시·군 또는 구의 게시판에 14일간 공고함으로써 통지에 갈음한다(령 제8조 제1항, 제2항). 협의기간은 특별한 사유가 없는 한 30일 이상으로 정하여야 한다(령 제8조 제3항).

2) 협의성립의 경우 계약체결

사업시행자는 협의가 성립하여 계약을 체결하는 경우에는 계약 일반조건 외에 계약의 해지 또는 변경에 관한 사항과 이에 따르는 보상액의 환수 및 원상복구 등에 관한 사항을 약정하여야 한다(령 제8조4항).

3) 협의 불성립의 경우 협의경위서 작성

사업시행자는 협의기간 이내에 협의가 성립되지 아니한 경우에는 다음의 사항(① 협의의 일시·장소 및 방법 ② 대상토지의 소재지·지번·지목 및 면적과 토지에 있는 물건의 종류 및 수량 ③ 토지소유자 및 관계인의 성명 또는 명칭 및 주소 ④ 토지소유자 및 관계인이 주장하는 구체적인 내용과 이에 대한 사업시행자의 의견 ⑤ 그밖에 협의와 관련된 사항)을 기재한 협의경위서를 작성하여 토지소유자 및 관계인의 서명 또는 날인을 받아야 한다. 다만, 토지소유자 및 관계인이 정당한 사유 없이 서명 또는 날인을 거부하거나 또는 토지소유자 및 관계인을 알 수 없거나 그 주소·거소를 알 수 없는 등의 사유로 인하여 서명 또는 날인을 할 수 없는 경우에는 그러하지 아니하며, 사업시행자는 협의경위서에 그 사유를 기재하여야 한다(령 제8조 제5항).

한편, 협의가 성립되지 아니한 때에는 통상의 보상가격에 대한 불만으로 협의가 성립되지 않은 경우 뿐만 아니라, 사업시행자가 보상대상이 아니라고 판단하여 보상에서 배제된 경우까지 포함한다. 따라서 피수용자가 보상을 요구했으나 사업시행자가 보상을 거부한 경우까지 수용재결 청구가 가능하다 할 것이다.

판 례

□ 대법원 2011. 7. 14. 선고 2011두2309 판결

손실보상대상에 관한 이견으로 손실보상협의가 성립하지 아니한 경우에도 재결을 통해 손실보상에 관한 법률관계를 조속히 확정할 필요가 있는 점 등에 비추어 볼 때, '협의가 성립되지 아니한 때'에는 사업시행자가 토지소유자 등과 공익사업법 제26조에서 정한 협의절차를 거쳤으나 보상액 등에 관하여 협의가 성립하지 아니한 경우는 물론 토지소유자 등이 손실보상대상에 해당한다고 주장하며 보상을 요구하는데도 사업시행자가 손실보상대상에 해당하지 아니한다며 보상대상에서 이를 제외한 채 협의를 하지 않아 결국 협의가 성립하지 않은 경우도 포함된다고 보아야 한다. 피고가 위와 같이 이 사건 지장물에 대한 수용재결 신청을 거부하거나 보상협의를 하지 않으면서도 아무런 조치를 취하지 않은 것은 공익사업법상 재결신청청구 제도의 취지에 반하는 것으로서 위법하다.

▣ 토지보상법 시행규칙

제8조 (협의의 절차 및 방법 등) ⑤ 사업시행자는 제1항 제1호에 따른 협의기간에 협의가 성립되지 아니한 경우에는 국토교통부령으로 정하는 협의경위서에 다음 각 호의 사항을 적어 토지소유자 및 관계인의 서명 또는 날인을 받아야 한다. 다만, 사업시행자는 토지소유자 및 관계인이 정당한 사유 없이 서명 또는 날인을 거부하거나 토지소유자 및 관계인을 알 수 없거나 그 주소·거소, 그 밖에 통지할 장소를 알 수 없는 등의 사유로 서명 또는 날인을 받을 수 없는 경우에는 서명 또는 날인을 받지 아니하되, 해당 협의경위서에 그 사유를 기재하여야 한다.

1. 협의의 일시·장소 및 방법
2. 대상 토지의 소재지·지번·지목 및 면적과 토지에 있는 물건의 종류·구조 및 수량
3. 토지소유자 및 관계인의 성명 또는 명칭 및 주소
4. 토지소유자 및 관계인의 구체적인 주장내용과 이에 대한 사업시행자의 의견
5. 그 밖에 협의와 관련된 사항

표 13. 성실한 협의 기준[314)]

구분	세부항목	관련 근거
토지조서 및 물건조서 작성	1. 토지조서 및 물건조서에 소유자 및 관계인의 서명 또는 날인 ※ 미서명, 미날인시 사유 기재	법 제14조, 시행령 제7조
보상계획의 열람 등	2. 공익사업의 개요, 토지조서 및 물건조서의 내용, 보상의 시기, 보상방법, 보상절차 등이 포함된 보상계획 작성 여부 3. 위 보상계획의 일간신문 공고 실시 여부(공고문 첨부) ※ 전국을 보급지역으로 하는 일간신문 4. 위 보상계획의 소유자, 관계인 및 시·군·구에 통지 실시 여부(통지대상은 보상계획공고전 1개월이내에 발급된 등기부등본에 의함) ※ 통지 확인을 위한 우편송달증명서(등기우편내역서 포함) 첨부 5. 보상계획의 14일이상의 일반인에게 열람 실시 여부 ※ 사업지역이 2이상의 시·군·구에 걸치는 경우, 비행정청인 경우는 시·군·구에 의뢰 하여 열람 실시	법 제15조
협의	6. 보상요청서 기재사항 적정 여부 - 협의기간(30일이상), 장소, 방법 - 보상의 시기, 방법, 절차, 금액 - 계약체결구비서류 7. 소유자 및 관계인에 대한 통지 실시 여부(통지대상은 보상 협의실시전 1개월이내에 발급된 등기부 등본에 의함) ※ 통지 확인을 위한 우편송달증명서(등기우편 내역서 포함) 첨부 ※ 반송우편물에 대하여는 해당 소유자 및 관계인에 대하여 주민등록표 발급 등을 거쳐 재통지 실시하였는지에 대한 증빙(주민등록표 발급의뢰 공문) 첨부 8. 통지불능자(토지소유자 및 관계인을 알 수 없거나 그 주소·거소 또는 그 밖의 통지할 장소를 알수 없는 때)들에 대한 공시송달 실시 여부 ※ 시·군·구 게시판의 게시결과 첨부 9. 협의경위서 기재사항 적정 여부(시행령 제18조 제5항 소정사항)	법 제16조, 시행령 제8조
보상협의회의 개최	10. 해당 공익사업지구 면적이 10만 제곱미터 이상이고, 토지 등의 소유자가 50인 이상인 공익사업을 시행하는 경우에는 보상협의회 개최여부 ※ 통보된 협의사항의 반영 여부	법 제82조
보상평가	11. 보상계획의 공고시 '시·도지사와 토지소유자가 감정평가 업자를 추천할 수 있다'는 내용을 포함하여 공고하였는지 여부 12. 위 내용을 시·도지사와 토지소유자에게 통지하였는지 여부 ※ 통지 확인을 위한 우편송달증명서(등기우편 내역서 포 함) 첨부 13. 추천결과를 반영하여 보상금을 산정하였는지 여부	법 제68조, 시행령 제28조

※ '16. 1. 1.부터 상기 '적법한 협의'의 토지보상법상 의무적 규정을 준수하지 않은 재결신청에 대하여는 재결신청 요건을 갖추지 않은 것으로 보아 '각하'되는 경우가 있을 수 있음

314) 중토위, 2019 수용재결 편람, 552면.

표 14. 재결신청 시 사업시행자 검토사항

① 사업인정 관련
- 사업인정고시가 법령에 일치되게 고시되었는지 여부(사업시행자, 사업인정 결정·고시의 법적 근거, 법령 요구 항목 여부 등)
- 재결신청자가 사업인정시의 사업시행자인지의 여부·재결신청기한 도과 여부(사업인정 후 1년 이내, 다만 사업인정이 의제되는 사업의 경우에는 특례로 정한 기간 내)
- 지형도면 고시여부(「토지이용규제법」 제8조)

② 토지조서 및 물건조서
- 토지조서에 기재된 토지가 사업인정된 토지인지 여부 및 면적이 고시된 면적 범위인지의 여부
- 토지소유자 등의 서명 또는 날인이 없을 때 그 사유가 명확히 기재되었는지 여부

③ 신청내역 일치 여부
- 토지조서·물건조서·협의경위서·사업시행자제시액조서의 일치 여부

④ 보상평가
- 협의평가 기준시점이 재결신청서 접수일 기준으로 1년 이내인지 여부
- 감정평가업자를 「토지보상법」 제68조에 따라 적법하게 선정하였는지 여부

⑤ 보상계획
- 보상계획을 전국을 보급지역으로 하는 일간신문에 공고하였는지 여부
- 보상계획을 토지소유자 및 관계인에게 통지하였는지 여부
- 보상계획을 14일(초일을 산입할 경우 15일) 이상 열람할 수 있도록 하였는지 여부

⑥ 협 의
- 소유자 및 관계인의 주소(특히 송달주소)가 정확히 파악되었는지 여부
- 협의요청문서를 통지하였는지 여부(이에 대해 소유자 등의 이의가 있을 경우 송달 증명 필요)
- 30일(초일을 산입할 경우 31일) 이상 성실하게 협의하였는지 여부
- 공익사업지구 면적이 10만 제곱미터 이상이고, 토지 등의 소유자가 50인 이상인 공익 사업의 경우 의무적 보상협의회를 구성·운영하였는지 여부

⑦ 수입인지 및 재결정보시스템에 자료 입력
- 법정수수료를 수입인지로 신청서에 첨부하였는지 여부
- 사업시행자조서를 재결정보시스템에 입력하고, 출력한 내용이 사업시행자조서와 일치하는지 여부

Ⅳ. 수용재결

1. 의의 및 취지

수용재결은 토지수용위원회가 사업시행자의 신청이 있는 경우에 행하는 수용목적물의 강제취득에 관한 최종적인 결정행위이다. 통설 및 판례에 의하면 수용재결이란 사업시행자에게 부여된 수용권의 구체적인 내용을 결정하고 그 실행을 완성시키는 형성적 행정행위라고 한다. 수용재결이 있게 되면 공용수용절차는 종료하게 되고 수용의 효과를 발생하게 된다.

2. 법적성질

1) 형성적 행정행위

수용재결의 형성행위성 여부와 관련하여서는 수용권 주체에 관한 학설에 따라 주장의 내용이 다르다.

(1) 사업시행자 수용권설 입장

수용권의 주체는 사업시행자이므로 국가는 사업인정을 통해 사업시행자에게 수용권을 부여하는 것으로, 사업시행자의 재결신청은 이미 가지고 있는 수용권에 의거 그 내용의 확정을 구하는 행위이고, 관할토지수용위원회의 재결은 제3자의 입장에서 수용권의 내용을 확정하고 사업시행자와 피수용자간에 권리의 득실을 결정하는 형성적 처분이다. 즉, 재결은 수용권 자체의 행사가 아니라 사업시행자에게 부여된 수용권의 구체적인 내용을 결정하고 그 실행을 완성시키는 형성적 처분이며, 민사소송에 있어서의 형성판결과 같은 성질을 가진다.[315)]

---

315) ① 석종현, 손실보상법론, 삼영사, 2003, 370면.
② 대법원 1993. 1. 19. 선고 91누8050 전원합의체 판결 : 토지수용에 관한 중앙 또는 지방토지수용위원회의 수용재결이 그 성질에 있어 구체적으로 일정한 법률효과의 발생을 목적으로 하는 점에서 일반의 행정처분과 전혀 다를 바 없으므로 수용재결처분이 무효인 경우에는 그 재결 자체에 대한 무효확인을 소구할 수 있다.

(2) 국가수용권설 입장

수용권의 주체는 국가이므로, 사업시행자의 재결신청은 사업인정을 통해 부여받은 수용청구권의 행사이며, 관할토지수용위원회의 재결은 국가가 가지고 있는 수용권의 행사로서, 피수용자의 권리를 박탈하여 사업시행자에게 설정하여주는 행위이다.[316]

(3) 소 결

권리는 일정한 이익을 향유하기 위하여 법이 인정한 힘이므로 수용권은 수용의 효과를 향유할 사업시행자에게 있다고 본다. 따라서 수용재결의 본질은 수용권 자체의 행사가 아니라 사업시행자에게 부여된 수용권의 내용을 확정하고 그 실행을 완성시키는 형성적인 행정처분이라 할 것이다.

2) 기속행위

사업시행자가 사업인정을 받고 법정된 절차에 의해 협의절차를 거쳤으나 협의가 결렬된 경우 공익사업을 수행하기 위하여 수용목적물의 취득에 관하여 관할토지수용위원회에 수용재결의 신청을 하게 된다. 이때 관할토지수용위원회는 서류의 미비 등 형식적 요건의 불충분이 없는 이상 반드시 수용재결을 해야 할 기속성이 인정된다고 본다.[317] 이는 공익사업을 위하여 수용목적물의 강제적 취득의 필요성은 이미 사업인정단계에서 1차적으로 판단한 것이므로 수용재결단계에서 관할토지수용위원회가 수용재결을 할 것인지 안할 것인지의 재량을 행사하여 수용재결의 기각(수용목적물의 수용은 불가하다는 본안심리에 따른 결정)을 하고 공익사업의 시행이 어렵게 하는 것은 인정될 수 없다는 것을 의미한다. 비록 토지보상법에서 수용재결이 기속행위인지 여부에 대하여 명문규정을 둔 것은 아니지만 권리의 설정행위도 아니므로 입법자는 수용재결행위에 대하여 재량성을 인정하였다고 보기도 어렵다. 판례도 동일한 입장이다.[318]

---

316) 석종현, 손실보상법론, 삼영사, 2003, 370면

317) 김은유 외2, 실무토지수용보상, 파워에셋, 2019, 222면

318) 대법원 1994. 11. 11. 선고 93누19375 판결 : 토지수용법은 수용·사용의 일차 단계인 사업인정에 속하는 부분은 사업의 공익성 판단으로 사업인정기관에 일임하고, 그 이후의 구체적인 수용·사용의 결정은 토지수용위원회에 맡기고 있는바, 이와 같은 토지수용절차의 2분화 및 사업인정의 성격과 토지수용위원회의 재결사항을 열거하고 있는 같은 법 제29조 제2항의 규정 내용에 비추어 볼 때, 토지수용위원회는 행정쟁송에 의하여 사업인정이 취소되지 않는 한 그 기능상 사업인정 자체를 무의미하게 하는, 즉 사업의 시행이 불가능하게 되는 것과 같은 재결을 행할 수는 없다.

다만 손실보상금에 관하여는 사업시행자가 토지소유자 및 관계인에게 제시한 금액에 구애됨이 없이 자체적으로 감정평가를 통하여 증액재결을 할 수 있다.

3) 준사법작용

수용재결행위가 준사법작용의 성격이 있는가에 대하여 논란이 존재한다. 수용재결 이후의 불복절차로서 이의재결이 준사법작용의 성질을 갖고 있음을 부인하는 견해는 없으나 수용재결이 준사법작용의 성질을 가짐에 대하여는 의견이 나누어져 있다. 즉 수용재결은 1차적인 처분이므로 준사법작용이 아니라고 보는 견해[319]와 양당사자의 법률관계의 문제를 제3의 행정기관인 토지수용위원회가 판단하여주는 것이므로 준사법작용의 성질을 갖는다고 보는 견해[320]가 있다.

이에 대하여 수용재결은 비록 수용법률관계에 있어서 일차적인 행정처분임에는 분명하지만, 일반 행정기관에 의한 행정처분과는 달리 독립성과 전문성이 보장된 토지수용위원회에 의하여 사법절차에 준하는 절차에 의하여 행하여지고, 제3의 기관으로서 판단을 하는 점을 감안하면 준사법적 작용이라고 할 수 있다.[321]

3. 재결기관

1) 토지수용위원회의 설치

사업시행자가 목적물을 협의취득할 수 없는 경우 재결로써 사업시행자가 강제적인 토지 등의 소유권을 취득하게 되는바, 이와 같은 재결을 하기 위하여 토지수용위원회를 둔다.[322]

---

319) 노병철, 감정평가 및 보상법규, 회경사, 2008, 174면. ; 수용재결이 비록 재결이라는 표현을 사용하여 행정심판의 재결과 혼동을 초래하고 있지만, 수용법률관계에 있어서 수용재결은 일차적인 행정처분에 불과하여 행정심판의 재결과 같이 준사법작용을 인정하기는 어렵다.

320) 류해웅, 신수용보상법론, 부연사, 2005, 443면.

321) 박균성, 행정법론(하), 박영사, 2005, 350면 ; 김은유 외2, 실무토지수용보상, 파워에셋, 2019, 223면. "수용재결은 제3의 기관으로서 판단하는 것은 부인할 수 없으므로 준사법적 성격을 가지고 있다고 보아야 할 것이다"

322) 토지보상법 제49조(설치) 토지등의 수용과 사용에 관한 재결을 하기 위하여 국토교통부에 중앙토지수용위원회를 두고, 특별시·광역시·도·특별자치도(이하 "시·도"라 한다)에 지방토지수용위원회를 둔다.

2) 토지수용위원회의 성격

토지수용위원회는 준입법적이며, 준사법적인 권한을 갖는 합의제행정관청이다. 즉, 합의에 의하여 공용수용에 관한 국가의사를 결정하고 토지수용위원회 명의로 외부에 표시하는데, 그 주된 기능은 집행적인 것이지만 준입법적인 기능과 준사법적인 기능을 갖는다. 그리고 직무상 독립되어 있는 행정위원회의 일종이다.

3) 토지수용위원회의 종류

토지수용위원회는 국토교통부에 ① 중앙토지수용위원회와 서울특별시·광역시 및 도에 ② 지방토지수용위원회를 둔다. 여기서 국토교통부, 서울특별시·광역시 또는 도에 둔다는 것은 그 소속이나 기관장의 자문에 응한다는 뜻이 아니라 위원회의 회무를 취급하는 곳을 일컫는 것이다.

4) 토지수용위원회의 조직

(1) 중앙토지수용위원회

① 구 성

중앙토지수용위원회는 위원장 1인을 포함 20인 이내의 위원으로 구성하고, 위원 중 대통령령으로 정하는 수[323]의 위원은 상임(常任)으로 한다.

② 위원장 및 그 직무

위원장은 국토교통부장관이 되고, 위원장이 부득이한 사유로 직무를 수행할 수 없을 때에는 위원장이 지명한 위원이 그 직무를 대행하며, 위원장은 위원회를 대표하고, 위원회의 업무를 통할한다.

③ 상임위원의 자격 및 임명

중앙토지수용위원회의 상임위원은 다음에 해당하는 자 중에서 국토교통부장관의 제청으로 대통령이 임명한다.

1. 판사·검사 또는 변호사로 15년 이상 재직하였던 사람

---

323) 대통령령에는 위임한 규정이 없다. 다만, 중앙토지수용위원회운영규정에는 상임위원을 1명 둘 수 있다.

2. 대학에서 법률학 또는 행정학을 가르치는 부교수 이상으로 5년 이상 재직하였던 사람
3. 행정기관의 3급 공무원 또는 고위공무원단에 속하는 일반직공무원으로 2년 이상 재직하였던 사람

④ 비상임위원의 자격 및 위촉

중앙토지수용위원회의 비상임위원은 토지수용에 관한 학식과 경험이 풍부한 자 중에서 국토교통부장관이 위촉한다.

(2) 지방토지수용위원회

① 구 성

지방토지수용위원회는 위원장 1인을 포함 20인 이내의 위원으로 구성한다. 과거에는 위원장 포함하여 위원 9명으로 구성하였으나, 신속한 재결업무 처리를 위하여 2012. 6. 1. 확대하였다.

② 위원장 및 그 직무

지방토지수용위원회의 위원장은 서울특별시장·광역시장 또는 도지사가 되고, 위원장이 부득이한 사유로 직무를 수행할 수 없을 때에는 위원장이 지명한 위원이 그 직무를 대행하며, 위원장은 위원회를 대표하고, 위원회의 업무를 통할한다.

③ 위원구성

지방토지수용위원회의 위원은 시·도지사가 소속 공무원 중에서 임명하는 사람 1명을 포함하여 토지 수용에 관한 학식과 경험이 풍부한 사람 중에서 위촉한다.

5) 토지수용위원회의 운영

(1) 중앙토지수용위원회의 운영[324)]

중앙토지수용위원회의 회의는 위원장이 소집하며, 위원장 및 상임위원 1인과 위원장

---

324) 중앙토지수용위원회의 운영, 심의 등을 위하여 중앙토지수용위원회 운영규정을 제정·운영하고 있다.
☞ 제1조(목적) 이 규정은「공익사업을 위한 토지 등의 취득 및 보상에 관한 법률 시행령」제24조 제4항에 따라 중앙토지수용위원회의 운영·문서처리·심의방법 및 기준 등에 관하여 필요한 사항을 정함을 목적으로 한다.

이 회의마다 지정하는 위원 7인으로 구성하고, 구성원 과반수의 출석과 출석위원 과반수의 찬성으로 의결한다.[325]

(2) 지방토지수용위원회의 운영

지방토지수용위원회의 회의는 위원장이 소집하며, 위원장과 위원장이 회의마다 지정하는 위원 8명으로 구성하며, 구성원 과반수의 출석과 출석위원 과반수의 찬성으로 의결한다. 다만, 위원장이 필요하다고 인정하는 경우에는 위원장을 포함하여 10명 이상 20명 이내로 구성할 수 있다.[326]

(3) 위원 등에 대한 수당 등의 지급

토지수용위원회는 위원에게 수당 및 여비를 지급하여야 한다. 그러나 공무원인 위원이 그 직무와 직접 관련하여 출석한 경우에는 그 위원에게 수당 및 여비를 지급하지 아니한다.

(4) 간사 등의 임명

토지수용위원회의 서무를 담당하게 하기 위하여 토지수용위원회에 간사 1인 및 서기 약간 인을 두되, 간사 및 서기는 중앙토지수용위원회의 경우에는 국토교통부 소속 공무원 중에서, 지방토지수용위원회의 경우에는 서울특별시·광역시 또는 도의 소속 공무원 중에서 당해 토지수용위원회의 위원장이 임명한다.[327]

---

325) 중앙토지수용위원회운영규정 제3조(회의의 소집) ① 위원회의 회의는 매월 1회 이상 소집함을 원칙으로 하고, 위원장 및 상임위원 1인과 위원장이 회의마다 지정하는 위원 7인으로 구성한다. 〈개정 2003. 1. 22.〉
② 위원장이 제1항에 따라 회의를 소집하고자 하는 때에는 회의개최 5일전까지 회의참석 위원에게 회의의 일시 및 장소를 통지하고 심리안건을 배부하여야 한다. 〈개정 2003. 1. 22., 2008. 9. 25., 2010. 5. 31.〉
제4조(의결정족수) 위원회의 회의는 제3조 제1항에 따른 구성원 과반수의 출석과 출석위원 과반수의 찬성으로 의결한다.

326) 토지수용위원회에서 위원장이 필요하다고 인정하는 경우 회의 구성을 위한 위원정수를 20명 이내에서 확대할 수 있도록 하여 위원회 운영에 탄력성을 부여하고자(제52조 제6항 단서 및 제53조 제4항 단서 신설) 법률 제16138호(2018. 12. 31)로 개정하였다.

327) 중앙토지수용위원회 운영규정 제9조(간사 및 서기)
① 위원장은 사무국장을 위원회의 간사로, 사무국 소속 공무원 중 4급 또는 5급 공무원을 서기로 임명한다.
② 위원회의 간사는 다음의 각 호의 사항을 관장한다.
1. 위원회의 개최·회의진행 등 위원회의 운영과 관련된 업무
2. 작성한 회의록의 다음 회차 위원회에 보고
③ 위원회의 서기는 다음 각 호의 사항을 관장한다.

6) 토지수용위원회 위원의 신분

(1) 위원의 임기

토지수용위원회의 위원 중에서 공무원인 위원은 해임되기 전까지는 위원으로서의 신분을 가지나, 공무원이 아닌 위원은 그 임기가 3년으로, 연임이 가능하다. 그러나 연임이 되지 않는 한 그 임기의 종료로서 위원으로서의 신분을 잃게 된다.

(2) 위원의 결격사유

다음에 해당하는 자는 토지수용위원회의 위원이 될 수 없고, 위원인 자가 그에 해당하게 된 때에는 당연히 퇴직하게 된다.

① 피성년후견인, 피한정후견인 또는 파산선고를 받고 복권되지 아니한 사람
② 금고 이상의 실형을 선고받고 그 집행이 끝나거나(집행이 끝난 것으로 보는 경우를 포함한다) 집행이 면제된 날부터 2년이 지나지 아니한 사람
③ 금고 이상의 형의 집행유예를 선고받고 그 유예기간 중에 있는 사람
④ 벌금형을 선고받고 2년이 지나지 아니한 사람

(3) 위원의 신분보장

토지수용위원회의 위원이 법과 양심에 따라 공정하게 재결을 하게 하기 위하여 공무원이 아닌 위원은 다음에 해당하는 사유가 있다고 당해 토지수용위원회의 의결로서 인정하는 경우를 제외하고는 재임 중 그 의사에 반하여 해임되지 아니한다.

① 신체 또는 정신상의 장해로 인하여 그 직무를 수행할 수 없을 때
② 직무상의 의무에 위반한 때

이와 같이 위원의 임기를 보장한 것은 토지수용위원의 임기와 신분을 보장하여 중립적인 심의·재결이 가능하도록 하기 위함이다.

(4) 위원의 공무원 의제

토지수용위원회의 위원 중 공무원이 아닌 사람은 「형법」이나 그 밖의 법률에 따른

---

1. 위원회의 회의록 작성·관리
2. 그 밖에 위원회의 일반서무 업무

벌칙을 적용할 때에는 공무원으로 본다.[328]

7) 토지수용위원회의 관할

토지수용위원회를 지방토지수용위원회와 중앙토지수용위원회로 나누어, 전자는 시심적 재결기관으로서, 후자는 복심적 재결기관(이의신청에 대하여 재결하는 기관)으로서의 기능을 하는 것이 원칙이다.

(1) 중앙토지수용위원회의 관장사항

다음 사업의 재결에 대하여서는 중앙토지수용위원회에서 관장한다.

① 국가 또는 서울특별시·광역시나 도가 사업시행자인 사업

② 수용 또는 사용할 토지가 2이상의 도 또는 서울특별시·광역시와 도에 걸치는 사업

③ 공용수용에 관한 특별법에서 중앙토지수용위원회의 관장으로 규정된 사업

④ 이의신청에 대한 재결

(2) 지방토지수용위원회의 관장사항

중앙토지수용위원회의 재결사항을 제외하고는 전부 지방토지수용위원회의 관장사항이다. 즉, 복심적 재결인 이의신청에 대한 재결을 제외한 시심적 재결은 지방토지수용위원회의 관장사항이나, 그 중에서도 중앙토지수용위원회의 관장사항이 있으므로 그 사항을 제외한 시심적 재결만이 지방토지수용위원회의 관장사항이다.

8) 재결을 위한 심의

(1) 심의의 개시

사업시행자가 제출한 재결신청에 대하여 토지소유자 또는 관계인의 의견진술의 기회를 주기 위한 열람시간(공고일로부터 14일)이 경과되면 토지수용위원회가 지체 없이 필요한 사항을 조사하여 심리를 하여야 하는바, 토지수용위원회는 심리를 함에 있어서 필요하다고 인정하는 때에는 사업시행자, 토지소유자 및 관계인을 출석시켜 그 의견을 진술할 수 있으며, 출석시키는 경우 사업시행자·토지소유자 및 관계인에게 미리 그 심

328) 위원들의 해당 직무수행의 공정성과 책임성을 확보하고자 2017. 3. 21. 시행되었다.

리의 기일 및 장소를 통지하여야 한다(법 제32조 제3항).[329)]

심리는 비공개로 하기 때문에 그 심리에 참석하고자 하는 사업시행자, 토지소유자 또는 관계인이 있어도 토지수용위원회에서 인정하는 경우를 제외하고는 그 심리과정에 참여할 수 없다.

결 정

> **□ 헌법재판소 2007. 11. 29. 2006헌바79 전원재판부**
>
> 토지수용위원회로 하여금 재결에 관한 사항을 관장하도록 한 것은 법률관계를 신속하게 확정하여 시간과 비용을 절약하도록 한 것이고, 심리에 있어서 토지수용위원회가 필요하다고 인정하는 경우에만 토지소유자 등이 출석하여 의견을 진술하도록 하였다고 해도 이해관계인은 열람기간 중에 관계서류를 열람하여 재결에 있어서 의견을 제시할 수 있으며, 수용재결에 대하여 행정소송을 제기할 수 있으므로, 토지수용위원회의 관할 등에 관한 공익사업법상의 제 규정 및 공익사업법 제32조 제2항이 적법절차에 위배된다거나 재판청구권을 침해하였다고 볼 수 없다.

(2) 심의의 기간

토지수용위원회는 심리를 개시한 날[330)]로부터 14일 안에 재결을 하여야 하되, 특별한 사유가 있을 때에는 1차에 한하여 14일을 연장할 수 있다(법 제35조). 이와 같이 심리하여야 할 기간을 법으로 규정하여 놓은 것은 재결을 조속히 하도록 하기 위한 것이나, 동 규정은 훈시적인 규정에 지나지 않기 때문에, 이 규정으로 재결을 조속히 하도록 강제하는 것은 의미가 없다고 할 수 있다.

(3) 심의조사상의 권한

토지수용위원회는 수용재결의 신속·공정성을 도모하고자 심리에 필요하다고 인정할

---

329) 대법원 1990. 3. 13. 선고 88누8296 판결 : 토지수용위원회가 필요하다고 인정할 때에 한하여 기업자, 토지소유자, 관계인 또는 참고인을 출석하게 하거나 의견서 또는 자료를 제출하게 하고 있을 뿐이고, 당사자에게 심의기일에 출석하여 의견을 진술하고 자료를 제출할 수 있는 권한을 부여한 청문절차를 채용하고 있지 않으므로, 같은법 제37조 제2항이 규정하고 있는 심의기일 및 장소의 통지는 당사자를 청문하기 위한 출석통지가 아니라 단순히 심의기일 및 장소를 당사자에게 알리는 고지행위에 불과하다고 해석되고, 따라서 위와 같은 심의기일 및 장소에 관한 적법한 통지를 결여하였다고 하여도 이는 심의의 효력에 영향을 미치는 하자라고 보기 어렵다.

330) 토지정책과-4218 (2010. 8. 23) : 토지수용위원회는 열람기간이 경과한 때에는 지체 없이 심리에 필요한 조사 등을 실시하여야 하고, 이후 토지수용위원회가 회의를 소집하여 사실상 심리에 착수한 날을 위 법 제35조에 의한 "심리를 개시한 날"로 보아야 할 것이다.

때에는 다음의 행위를 할 수 있는 권한이 있다(법 제58조 제1항).

① 사업시행자, 토지소유자, 관계인 또는 참고인에 대하여 토지수용위원회에 출석하게 하거나 그 의견서 또는 자료의 제출을 요구하는 것[331]

② 감정평가업자 그밖의 감정인에게 감정평가를 의뢰하거나 토지수용위원회에 출석하여 진술하게 요구하는 것

③ 토지수용위원회의 위원 또는 중앙토지수용위원회 사무기구의 직원이나 지방토지수용위원회의 업무를 담당하는 직원으로 하여금 실지조사를 시키는 것. 여기서 실지조사를 하는 경우 그 신분을 표시하는 증표를 휴대하고 그 조사대상 토지 또는 물건의 소유자, 점유자 그 밖의 이해관계인에게 제시하여야 한다.

이와 같이 토지수용위원회의 심리·조사를 위하여 출석한 참고인, 감정평가사 그 밖의 감정인에 대하여서는 당해 토지수용위원회가 정하는 일당·여비 및 감정 평가수수료를 지급하여, 감정평가업자에 대한 감정수수료는 부동산가격공시법의 규정에 의하여 국토교통부장관이 결정·공고한 수수료와 실비의 합계액으로 지급할 수 있다. 이 경우 그 비용은 사업시행자의 부담으로 한다.

(4) 예비심사의 실시

토지수용위원회의 위원장은 특히 필요하다고 인정하는 심의안건에 대하여 당해 위원회의 위원 중에서 전담위원을 지정하여 예비심의를 할 수 있도록 함으로써 심의의 합리화를 기할 수 있도록 하고 있다.

(5) 위원의 제척·기피·회피

① 위원의 제척

공정한 심리·의결을 위하여 토지수용위원회의 위원으로서 다음에 해당하는 자는 당해 토지수용위원회의 회의에 참석할 수 없다.

ⓐ 사업시행자·토지소유자 또는 관계인

ⓑ 사업시행자·토지소유자 또는 관계인의 배우자·친족 또는 대리인

---

331) 이 경우 정당한 사유없이 출석요구에 불응하거나 진술을 거부하거나 또는 허위의 진술을 하였을 때, 그리고 자료제출의 명을 받은 자가 정당한 사유없이 자료를 제출하지 아니하거나 허위로 자료를 제출하였을 경우에는 200만원 이하의 과태료가 부과된다(법 제99조).

ⓒ 사업시행자·토지소유자 및 관계인이 법인인 경우에는 당해 법인의 임원 또는 그 직무를 행하는 자

토지수용위원회의 위원이 구체적인 사건에 대하여 위에서 열거한 특수한 관계가 있는 때에는 당연히 그 사건에 관한 심의에 참여할 수 없게 된다. 이는 심의에 있어 공정성에 대한 의혹을 사지 않게 하기 위하여 인정된 제도로, 당사자가 알든 모르든, 주장하든 하지 않든 불문하고 당연히 그 회의에 참석하지 못하게 된다.

② 위원의 기피

사업시행자·토지소유자 및 관계인은 토지수용위원회의 위원에게 심리·의결의 공정을 기대하기 어려운 사정이 있는 경우에는 그 사유를 적어 기피신청을 할 수 있다. 이 경우 토지수용위원회의 위원장은 기피신청에 대하여 토지수용위원회의 의결을 거치지 아니하고 기피 여부를 결정한다.

여기에서 심리·의결의 공정을 기대하기 어려운 사정이 무엇인지에 대하여서는 명확하기 않기 때문에 건전한 상식에 따라 결정할 것이나, 당사자에 따라 견해를 달리할 수 있으므로 심리·의결과정에서 제외시킬 것인지의 여부는 토지수용위원회의 위원장이 최종적으로 결정할 사항이다.

③ 위원의 회피

토지수용위원회의 위원이 위의 제척 또는 기피의 사유에 해당하는 때에는 스스로 그 사건의 심리·의결에서 회피할 수 있다.

여기에서 회피라 함은 구체적인 사건에 관하여 토지수용위원회의 위원이 스스로 기피의 원인이 있다고 판단하여 자발적으로 심리·의결의 과정에서 벗어나는 것을 말한다.

(6) 심리의 원칙

토지수용위원회의 심리는 서면주의, 비공개주의와 직권주의가 원칙적으로 적용된다.

① 서면주의

토지수용위원회의 심리에 있어 변론 및 증거조사는 사업시행자의 재결신청, 이에 관한 공고·열람에 대하여 토지소유자 및 관계인의 의견진술로서 의견서의 제출 등 서면으로 심리하는 것이 원칙이다.[332] 그러나 토지수용위원회에서 필요하다고 인정할 때에

는 사업시행자, 토지소유자, 관계인 또는 참고인을 출석시켜 구두변론하게 할 수 있다.

② 비공개주의

토지수용위원회의 심리과정은 일반인에게 공개하지 아니하는 것이 원칙이다.[333)]

③ 직권주의

토지수용위원회의 심리를 위하여 실시하는 증거조사는 공용수용의 당사자가 하는 것이 아니라 토지수용위원회가 그 주체이며, 이를 위하여 필요하다고 인정되는 경우 현장조사를 실시할 수 있으며, 보상평가의 적정성 검증을 위하여 평가자문회의를 운영하고 있다.[334)]

④ 불고불리의 원칙

토지수용위원회에서의 재결은 사업시행자, 토지소유자 또는 관계인이 신청하거나 진술한 의견의 범위 안에서만 할 수 있도록 하고 있는 불고불리의 원칙을 규정하고 있다. 그러나 손실의 보상에 있어서 증액재결은 토지소유자나 관계인이 주장하지 아니하거나 주장한 범위를 넘어서까지도 가능하다.

판 례

□ 대법원 1993. 10. 8. 선고 93누8610 판결

중앙토지수용위원회가 이의재결에서 기업자의 협의제시 가액을 초과한 금원을 토지에 대한 손실보상액으로 정하였다 하더라도 이의재결에 당사자주의나 불고불리의 원칙에 위배된 위법이 있다고 할 수 없다.

---

332) 서면심리의 경우 위원들이 이를 통해 의문점을 명확히 할 수 없고, 구술심리를 통해 밝혀질 수 있는 진실이 간과될 수도 있다는 문제점이 있어, 구술심리를 원칙적으로 하고, 예외적으로 서면심리를 하도록 함으로써 심리과정에서 당사사의 의견진술 기회를 확대하고자 하는 입법이 제기되어 있다(법률 의안번호 4839(2016. 12. 30) 이명수 의원외 9인).

333) 중앙토지수용위원회운영규정 제7조(회의의 비공개) : 위원회의 회의는 공개하지 않는다.

334) 중앙토지수용위원회 운영규정 제11조(현지조사) ① 위원회는 재결이 있기 전에 필요하다고 인정하는 때에는 위원, 간사, 평가자문회의 위원, 전문자문단의 자문위원 또는 사무국 소속 공무원이 현지조사를 하게 할 수 있다
② 제1항의 현지조사 결과는 위원회에 보고하여야 한다.
☞ 제13조의2(평가자문회의 운영) ① 위원회는 수용재결 및 이의신청재결, 법 제21조에 따른 의견청취, 개발이익환수법 및 재건축이익환수법에 따른 각 부담금 부과처분 에 대한 행정심판의 적정한 심리를 위하여 전문자문단을 둘 수 있다. 〈신설 2009. 11. 1., 개정 2018. 8. 6.〉

4. 수용재결의 성립

1) 주 체

수용재결의 기관(수용재결권자)은 당해 수용을 관할하는 토지수용위원회이다. 토지수용위원회는 관할범위에 따라 중앙토지수용위원회와 지방토지수용위원회가 있다(법 제49조). 토지수용위원회는 사업시행자와 피수용자 사이에서 수용이나 손실보상에 관한 다툼을 공정하고 중립적인 입장에서 심리하고, 이를 최종적으로 결정하는 합의제 행정청이다.

2) 수용(사용)재결의 내용

(1) 관련조항

▣ **토지보상법**

제50조 (재결사항) ① 토지수용위원회의 재결사항은 다음 각 호와 같다.
1. 수용하거나 사용할 토지의 구역 및 사용방법
2. 손실보상
3. 수용 또는 사용의 개시일과 기간
4. 그 밖에 이 법 및 다른 법률에서 규정한 사항

② 토지수용위원회는 사업시행자, 토지소유자 또는 관계인이 신청한 범위에서 재결하여야 한다. 다만, 제1항제2호의 손실보상의 경우에는 증액재결(增額裁決)을 할 수 있다.

(2) 의 의

토지수용위원회의 재결사항은 수용할 토지의 구역, 손실 보상, 수용의 개시일, 그 밖에 이 법 및 다른 법률에서 규정한 사항이다(법 제50조 1항). 토지보상법 제50조 제2항에서는 "수용위원회는 사업시행자·토지소유자 또는 관계인이 **신청한 범위안**에서 재결하여야 한다"는 이 조항에 의하여 재결의 범위에 관하여 불고불리원칙이 적용되며,[335] 동조 제50조 제2항의 "손실의 보상에 있어서는 증액재결을 할 수 있다"는 단서조항에 의거 수용재결시 불이익변경금지원칙이 적용된다.[336] 이 단서조항은 토지소유자 및 관계

335) 대법원 1993. 10. 8. 선고 93누8610 판결 : 중앙토지수용위원회가 이의재결에서 기업자의 협의제시 가액을 초과한 금원을 토지에 대한 손실보상액으로 정하였다 하더라도 이의재결에 당사자주의나 불고불리의 원칙에 위배된 위법이 있다고 할 수 없다.

인이 보상금의 증액을 신청한 경우에는 불이익변경금지 원칙이 적용되나, 사업시행자가 보상액의 감액을 신청한 경우에는 동 원칙이 적용되지 않는다.[337] 중토위 또한 토지소유자 및 관계인의 권익보호를 위하여 사업시행자가 제시한 금액보다 적은 감액재결은 인정하지 않고 있다.[338]

아울러, 수용위원회에서의 수용재결에서는 재결사항 외의 주장 즉, 사업지구 해제[339]나 소유권 분쟁사항 등에 대해서는 재결사항이 아니라고 재결하고 있다.

판 례

□ 대법원 1994. 11. 11. 선고 93누19375 판결

토지수용법은 수용, 사용의 일차단계인 사업인정에 속하는 부분은 사업의 공익성의 판단으로 사업인정기관에 일임하고, 그 이후의 구체적인 수용, 사용의 결정은 토지수용위원회에 맡기고 있는바, 이와 같은 토지수용절차의 이분화 및 사업인정의 성격과 토지수용위원회의 재결사항을 열거하고 있는 같은 법 제29조 제2항의 규정에 비추어 볼 때 토지수용위원회는 행정쟁송에 의하여 사업인정이 취소되지 않는 한 그 기능상 사업인정 자체를 무의미하게 하는, 즉 사업의 시행이 불가능하게 되는 것과 같은 재결을 행할 수 없다"

다만, 상기 판례에 의하면, 수용 또는 사용할 토지의 범위에 대해서는 사업인정 단계에서 다루고 수용재결에서는 다룰 수 없다고 판시하고 있는데, 그렇다면 토지수용위원회의 재결사항 중 하나인 법 제50조 제1항 제1호의 "수용 또는 사용할 토지의 구역"에 대한 재결은 실제적으로는 의미가 없는 조항이 될 것으로 보인다. 따라서 동 조항의 취지를 살리기 위해서는 재결 단계에서도 수용 또는 사용할 범위에 대한 판단이 가능하도록 하는 것이 법리적으로 타당하지 않을까 한다.

---

336) 토지정책과-4104 (2010. 8. 12) : 토지수용위원회는 재결을 함에 있어 손실보상금을 증액재결하는 경우를 제외하고는 사업시행자·토지소유자 또는 관계인이 신청하거나 진술한 의견의 범위 내에서만 가능하므로, 이에 반한 감액재결은 어려울 것으로 봅니다.

337) 박창수외 1, "손실보상과 불이익변경금지의 원칙", 감정평가연구 제17집 제1호, 2007, 147면

338) 토지수용 업무편람, 중앙토지수용위원회, 2009, 409면 ; 수용평가액이 협의평가액보다 적은 경우 ⇒ 협의평가액(사업시행자 제시액)으로 재결

339) 중토위 사무국-4445(2010. 2. 26) : 사업인정에 속하는 부분은 사업의 공익성 판단으로, 사업인정기관에 일임하고 그 이후의 구체적인 수용, 사용의 결정은 토지수용위원회에 맡기고 있는 바, 사업지구 해제는 법 제50조 1항에서의 재결사항이 아니므로 우리 위원회에서 다루지 아니하기로 한다.

3) 재결의 절차

(1) 재결의 신청

① 재결의 신청권자

사업인정 이후 협의가 성립되지 아니하거나 협의를 할 수 없는 때에는 사업시행자는 사업인정고시가 있은 날부터 1년 이내에 관할 토지수용위원회에 재결을 신청할 수 있다(법 제28조 1항). 토지보상법은 재결신청권을 사업시행자에게만 인정하고 있고 피수용자에게는 인정하지 않고 있다. 따라서 토지소유자나 관계인은 사업시행자에게 조속히 재결을 신청할 것을 요구하는 청구는 할 수 있지만, 토지수용위원회에 직접 재결 신청을 할 수는 없다. 다만 타인토지에 출입하여 발생한 손실이나(법 제9조 제3항 참조), 수용대상토지 이외의 공사로 인한 비용손실(법 제79조 제1항 참조) 등의 경우에 한하여 토지소유자 및 관계인에게도 재결신청권이 인정되고 있다.

이와 같이 토지보상법이 사업시행자에게만 수용재결 신청권을 부여한 이유는 사업시행자가 수용권의 주체이며 수용재결을 신청하여 수용할 것인지, 수용의 개시일을 언제로 할 것인지를 선택할 수 있는 재량을 인정하기 위해 입법적으로 사업시행자에게만 재결신청권을 부여한 것이라고 보아야 할 것이다.[340]

② 재결신청 기간

재결신청은 원칙적으로 사업인정고시가 있은 날부터 1년 이내에 관할 토지수용위원회에 재결을 신청하여야 한다. 그러나 대부분의 공익사업 시행 법률에서는 사업시행기간 내에 수용재결을 신청할 수 있도록 특례를 부여하고 있어 이 원칙에 대한 예외가 적용되고 있다.

또한 사업시행자가 수용재결을 신청할 수 있는 기간 내(사업인정고시 있는 날부터 1년 또는 사업시행기간)에 수용재결을 신청하였다면, 그 신청은 사업시행기간이 경과하였다 하더라도 여전히 유효하므로, 토지수용위원회는 사업시행기간이 경과한 이후에도 위 신

---

340) 김경렬, 토지공법, 경영문화원, 1993, 111-112면 ; 재결의 신청권을 사업시행자에게만 부여한 사유에 대하여 ① 토지보상법의 전체적인 구조상으로 볼 때 피수용자에게 직접 재결신청권을 인정할 수 없고, 이론상으로도 곤란하며 ② 당해 공익사업의 계획상 지장이 우려되고 ③ 사업인정 고시 후 사정변경 등으로 토지 등의 취득이 필요 없게 되는 경우가 있으며, ④ 재결의 효과로서 발생하는 목적물취득권과 보상의무가 사업시행자에게 있는데, 피수용자에게 재결신청권을 인정하게 되면 권리의 행사 또는 의무의 이행을 강요하게 되는 결과가 되기 때문이다.

청에 따른 수용재결을 할 수 있다.[341)]

③ 관할 토지수용위원회 신청

재결신청은 관할 토지수용위원회에 하여야 한다. 이에 위반한 재결의 신청은 수리되지 않을 뿐만 아니라, 만일 수리되었다 하더라도 관할 위반이 되어 무효이다.[342)] 통상적으로는 지방토지수용위원회를 관할 토지수용위원회로 하고, 이후 이의신청으로 중앙토지수용위원회를 이의재결을 거치도록 하고 있으나, 이에 대한 예외로 각 개별 법률에서 수용재결의 관할로 중앙토지수용위원회를 관할 수용위원회로 하고 있다.

(2) 공고 및 열람

① 공고 및 열람

토지수용위원회는 재결신청서를 접수한 때에는 지체 없이 이를 공고하고 공고한 날부터 14일 이상 관계서류의 사본을 일반이 열람할 수 있도록 하여야 한다(법 제31조 제1항). 토지수용위원회는 재결신청서를 접수한 때에는 그 신청서 및 관계서류의 사본을 토지 등의 소재지를 관할하는 시장·군수 또는 구청장에게 송부하여 열람 및 공고를 의뢰하여야 하며(령 제15조 제1항), 시장·군수 또는 구청장은 송부된 서류를 지체없이 시·군 또는 구청의 게시판에 공고하고[343)] 공고한 날로부터 14일 이상 그 서류를 일반이

---

341) ① 대법원 2007.1.11. 선고 2004두8538 판결 : 도시계획시설사업의 시행자는 늦어도 인가·고시된 도시계획시설사업 실시계획에서 정한 사업시행기간 내에 사법상의 계약에 의하여 도시계획시설사업에 필요한 타인 소유의 토지를 양수하거나 수용재결의 신청을 하여야 하고, 도시계획시설사업의 시행자가 그 사업시행기간 내에 토지에 대한 수용재결 신청을 하였다면 그 신청은 사업시행기간이 경과하였다 하더라도 여전히 유효하므로, 토지수용위원회는 사업시행기간이 경과한 이후에도 위 신청에 따른 수용재결을 할 수 있다고 봄이 상당하다.
② 대법원 1992. 10. 27. 선고 91누11100 판결 : 수용재결신청을 기각한 재결의 효력에 관하여는 확정된 이의재결의 효력에 관한 토지수용법 제75조의 2 제3항이 적용되거나 준용된다고 볼 수 없고, 기업자의 수용재결신청을 기각하는 재결이 확정되었다 하더라도 기업자는 수용재결신청기간의 제한규정 등에 저촉되지 아니하는 한 다시 수용재결신청을 할 수 있고 토지수용위원회도 이에 근거하여 다시 수용재결을 할 수 있다.

342) 이선영, 토지수용과 보상법론, 법원사, 1995, 120면 ; 토지수용위원회가 관할을 위반하여 행한 재결은 무효가 된다.

343) 토지정책과-4560 (2009. 9. 29) : 토지보상법 시행령 제15조에 의거 재결신청서를 접수한 토지수용위원회에서 재결신청서 및 관계서류의 사본을 토지등의 소재지를 관할하는 시장·군수·구청장(이하 "시장 등"이라 한다)에게 송부하여 공고 및 열람을 의뢰하였다면, 시장 등은 공고 및 열람 의무가 발생한다고 봅니다. 따라서, 성실한 협의를 거치지 아니하였다는 사유로 시장 등이 재결신청서 및 관계서류의 사본에 대한 열람 및 공고를 거부할 수 없는 것으로 보며, 이러한 의무이행 거부행위는 해당 지방자치단체가 토지보상법에서 정한 국가위임사무의 관리와 집행을 명백히 게을리하고 있는 행위로 판단됩니다

열람할 수 있도록 한다(령 제15조 제2항).

만일 열람 및 공고를 의뢰 받은 시장·군수 또는 구청장이 14일 이내에 공고하지 아니하거나 일반인이 열람할 수 있도록 하지 않는 경우 관할토지수용위원회는 직접 재결신청 내용을 공고(중앙토지수용위원회 관할은 관보에, 지방토지수용위원회는 공보에 게재)하고 재결신청서와 관계서류의 사본을 일반인이 14일 이상 열람할 수 있고(령 제15조 제2항 단서) 이 경우는 소유자 등의 의견서는 관할 토지수용위원회에 제출하도록 하고 있다(령 제15조 제4항). 이는 해당 지자체에서 당해 사업에 반대하거나 주민들의 민원이 있는 경우 공고 및 열람을 거부하는 사례가 있어 이에 대비하여 2013. 12. 24일 개정하였다.[344)]

② 의견제출

토지소유자 및 관계인은 관계서류의 열람기간 중에 토지소유자 또는 관계인은 의견을 제시할 수 있다(법 제31조 2항). 의견서는 특별한 형식과 내용이 없으며, 경우에 따라서는 이 의견서에 의해 토지수용위원회 심리에 영향을 주기 때문에 단순한 보상금증감 이외의 주요 다툼에 대해서는 의견서를 제출하는 것이 요구된다.

(3) 토지수용위원회의 심리

토지수용위원회는 열람기간이 경과한 때에는 지체 없이 당해 신청에 대한 조사 및 심리를 하여야 한다(법 제32조 제1항). 토지수용위원회의 심리범위는 토지보상법 제50조의 규정에 의한 재결사항인 ① 수용하거나 사용할 토지의 구역 및 사용방법, ②손실 보상, ③ 수용 또는 사용의 개시일과 기간, ④ 그 밖에 다른 법률에서 규정한 사항이고(법 제50조 제1항), 사업시행자·토지소유자 또는 관계인이 신청한 범위 안에서 재결하여야 하므로(법 제50조 제2항) 그 이외의 사항은 재결의 범위가 아니라고 보아야 할 것이다.[345)]

---

344) 2009년 초고압선 건설을 추진하던 한전의 수용재결 사안에서 해당 지자체인 밀양시에서 송전탑 건설반대를 위한 주민들의 거센 압력으로 주민들의 재산권 보호 차원에서 수용재결서 열람 및 공고를 거부하여 상당기간 수용재결이 지연된 사례가 있어 이를 개정하였다.

345) 토지정책과-666 (2008. 4. 24) : 당해 사업에 대한 적법성여부는 사업인정(실시계획승인등)전에 검토할 사항으로서 토지수용위원회가 사업비 조달계획의 적법성 여부까지를 검토하여 반려할 수는 없다고 보여지나 개별적인 사례에 대해서는 위 규정과 관계법령등에 따라 당해 토지수용위원회가 판단·결정할 사항입니다.

판 례

□ **대법원 1990. 3. 13. 선고 88누8296 판결**

토지수용법상 토지수용위원회의 심의는 직권주의에 의한 서면심리절차로 진행되도록 되어 있고 토지소유자 또는 관계인은 심의개시전의 관계서류 열람기간 중에 한하여 의견진술의 기회를 부여받으며 심의 중에는 토지수용위원회가 필요하다고 인정할 때에 한하여 기업자, 토지소유자, 관계인 또는 참고인을 출석하게 하거나 의견서 또는 자료를 제출하게 하고 있을 뿐이고, 당사자에게 심의기일에 출석하여 의견을 진술하고 자료를 제출할 수 있는 권한을 부여한 청문절차를 채용하고 있지 않으므로, 같은 법 제37조 제2항이 규정하고 있는 심의기일 및 장소의 통지는 당사자를 청문하기 위한 출석통지가 아니라 단순히 심의기일 및 장소를 당사자에게 알리는 고지행위에 불과하다고 해석되고, 따라서 위와 같은 심의기일 및 장소에 관한 적법한 통지를 결여하였다고 하여도 이는 심의의 효력에 영향을 미치는 하자라고 보기 어렵다.

(4) 재결기간

토지수용위원회는 심리를 개시한 날부터 14일 이내에 재결을 하여야 한다. 다만, 특별한 사유가 있는 때에는 1차에 한하여 14일의 범위 안에서 이를 연장할 수 있다(법 제35조). 이와 같이 재결기간을 정해 놓은 것은 재결을 지연함으로 인하여 차질을 가져오거나, 피수용자에게 예상하지 못한 손실을 방지하기 위해서이다.[346)]

4) 재결의 형식과 송달

토지수용위원회의 재결은 서면으로 한다(법 제34조 1항). 재결서에는 주문 및 그 이유와 재결의 일자를 기재하고, 위원장 및 회의에 참석한 위원이 이에 기명날인[347)]한 후 그 정본을 사업시행자·토지소유자 및 관계인에게 송달하여야 한다(법 제34조 2항).[348)] 이 때 적법하게 송달되지 않았을 경우의 효력에 대하여, 행정절차법(법 제15조 1항)에서는 '송달은 다른 법령 등에 특별한 규정이 있는 경우를 제외하고는 송달 받을 자에게 도달됨으로써 그 효력이 발생한다.'라고 하여 '도달주의'를 명시하고 있다. 토지보상법의 수

---

346) 류해웅, 신수용보상법론, 부연사, 2005, 459면 : 그러나 본 규정은 훈시규정으로 지켜지는 경우는 거의 없다.

347) 날인의 방식은 '서명 또는 날인'이나 '서명날인'이 아니고 '기명날인'으로 한다. 종전 토지수용법에서는 서명하고 날인하는 '서명날인'의 방식을 취하였으나 근번 토지보상법에서는 자신의 이름이 인쇄된 부분에 도장을 찍는 방식인 '기명날인'으로 바뀌었다.

348) 중앙토지수용위원회운영규정 제14조(문서처리) ② 재결서정본 및 등본의 송달 또는 발급시 간사인의 간인은 "중토위"라는 인영을 천공압날함으로써 간인에 갈음할 수 있다. 〈신설 1998. 3. 1., 개정 2008. 9. 25.〉

용재결도 사업시행자·토지소유자 및 관계인에게 재결서가 도달함으로써 효력을 발생한다고 볼 것이나, 판례(아래 판례)는 피수용자에게 재결서가 적법하게 송달되지 아니하였다 하여 수용절차가 무효는 아니며, 다만 이의신청 기간이 진행되지 않을 뿐이라고 보고 있다.

판 례

□ 대법원 1995. 6. 13. 선고 94누9085 판결

수용재결서가 수용시기 이전에 피수용자에게 적법하게 송달되지 아니하였다고 하여 수용절차가 당연 무효가 된다고 할 수는 없고, 다만 그 수용재결서의 정본이 적법하게 송달된 날로부터 수용재결에 대한 이의신청기간이 진행된다.

5) 재결의 경정과 유탈

(1) 재결의 경정

재결은 확정력을 갖는 행정행위이므로 행정쟁송에 의해 취소 및 변경되지 않는 한 토지수용위원회도 임의로 당해 재결을 취소 또는 변경할 수 없다. 그러나 재결에 계산상 또는 기재상의 잘못 그밖에 이와 유사한 잘못이 있는 것이 명백한 때에는 토지수용위원회는 직권 또는 당사자의 신청에 의하여 경정재결을 할 수 있다(법 제36조 1항). 경정재결은 원재결서의 원본과 정본에 부기하여야 한다.[349] 다만, 정본에 부기할 수 없는 때에는 경정재결의 정본을 작성하여 당사자에게 송달하여야 한다(법 제36조 2항). 경정재결은 원재결의 일부를 취소(경정)하는 새로운 재결의 효력이 있으며, 경정된 재결은 원재결시로 소급하여 효력이 발생한다.[350]

한편 사업인정 고시 후 수용재결 전·후에 걸쳐 토지 등의 소유권변동이 있는 경우 경정재결을 허용할 것인지가 쟁점이 되고 있는데, 이에 대하여 중토위 재결기준으로는 사업인정 고시 후 수용재결 전에 소유권변동 사실이 확인된 경우 사업시행자에 의하여 경정재결을 하며, 수용재결 이후 수용의 개시일 전에 소유권 변동이 있는 경우에는 소유권이전등기가 가능하므로 경정재결의 대상이 아니다.[351]

---

349) 재결서 원본은 토지수용위원회가 보관하는 재결서이며, 재결서 정본은 사업시행자·토지소유자 및 관계인에게 송달하는 재결서를 말한다.

350) 경정재결도 독립된 처분이므로 경정재결의 위법은 항고쟁송의 대상이다. 김은유/임승택, 실무 토지보상, 채움. 2014, 216면.

유권해석

> **□ 대법원 등기예규 제1067호 (2003. 3. 6)**
>
> 사업인정 고시 후 재결 전에 소유권의 변동이 있었음에도 사업인정 당시의 소유자를 피수용자로 하여 재결하고 그에게 보상금을 지급(공탁)한 후 소유권이전등기를 신청한 경우에는 등기신청을 수리하여서는 아니된다. ⇒ 따라서 경정재결 대상이다.
>
> **□ 법원행정처 부등 3042-419 (2004. 8. 23)**
>
> 등기부상 소유명의인인 갑을 피수용자로 하여 수용재결 후 사업시행자가 피수용자인 갑에게 보상금을 지급하였으나 수용의 시기 이전에 갑이 을에게 소유권이전등기를 경료한 경우, 사업시행자는 을을 등기의무자로 하여 재결서 등본 및 갑이 보상금을 수령하였음을 증명하는 서면을 첨부하여 단독으로 수용을 원인으로 한 소유권이전등기를 신청할 수 있다. ⇒ 따라서 경정재결 대상이 아니다.

(2) 재결의 유탈

토지수용위원회가 신청의 일부에 대한 재결을 빠뜨린 때에는 그 빠뜨린 부분의 신청은 계속하여 당해 토지수용위원회에 계속된다(법 제37조). 이 경우 토지수용위원회는 다시 그 유탈된 부분에 대하여 재결하여야 하며, 이 재결을 추가 재결이라 한다. 먼저 행한 재결과 추가재결은 각각 별개의 재결이며, 이의신청 기간도 개별적으로 진행된다.

5. 수용재결의 효력

수용재결이 소정의 기간 내에 이의신청 등을 하지 않아 그 재결이 확정되면 일반적인 행정행위의 효력인 내용적 구속력, 공정력, 불가쟁력, 불가변력 등의 효력이 발생하게 된다. 이 경우 민사소송법상 확정판결과 같은 효력은 없다 하더라도[352] 피수용자가

---

351) 토지수용업무편람, 중앙토지수용위원회, 2009, 253면

352) 일반적으로 행정처분이나 행정심판 재결이 불복기간의 경과로 확정될 경우 그 확정력은, 처분으로 법률상 이익을 침해받은 자가 당해 처분이나 재결의 효력을 더 이상 다툴 수 없다는 의미일 뿐, 더 나아가 판결과 같은 기판력이 인정되는 것은 아니어서 그 처분의 기초가 된 사실관계나 법률적 판단이 확정되고 당사자들이나 법원이 이에 기속되어 모순되는 주장이나 판단을 할 수 없게 되는 것은 아니다(대법원 2008. 7. 24. 선고 2006두20808 판결) 그러나 후술하게 되는 이의재결에 있어서는 민사소송법상 확정판결의 효력이 있다.
☞ 법 86조(이의신청에 대한 재결의 효력) ① 제85조 제1항의 규정에 의한 기간 이내에 소송이 제기되지 아니하거나 그 밖의 사유로 이의신청에 대한 재결이 확정된 때에는 「민사소송법」상의 확정판결이 있은 것으로 보며, 재결서 정본은 집행력있는 판결의 정본과 동일한 효력을 가진다.

쟁송수단에 의하여 그 효력을 다툴 수 없는 힘, 즉 행정처분의 불가쟁력 또는 절차법상의 형식적 확정력이 발생하게 되는데, 이를 재결의 형식적 확정력이라고 한다. 이는 재결의 효력을 신속하게 확정시킴으로써 법적 안정성을 확보할 수 있게 하기 위함이다.[353]

6. 수용재결의 효과

수용재결은 공용수용의 최종단계 행위이므로 수용재결이 있게 되면 공용수용절차는 종결되고 다음과 같은 공용수용의 효과가 발생한다.

1) 사업시행자의 권리취득

▣ 토지보상법

제45조 (권리의 취득·소멸 및 제한) ① 사업시행자는 수용의 개시일에 토지나 물건의 소유권을 취득하며, 그 토지나 물건에 관한 다른 권리는 이와 동시에 소멸한다.
② 사업시행자는 사용의 개시일에 토지나 물건의 사용권을 취득하며, 그 토지나 물건에 관한 다른 권리는 사용 기간 중에는 행사하지 못한다.
③ 토지수용위원회의 재결로 인정된 권리는 제1항 및 제2항에도 불구하고 소멸되거나 그 행사가 정지되지 아니한다.

사업시행자는 재결에서 정한 보상금을 권리자에게 지급하거나 공탁할 것을 조건으로 하여 수용의 개시일에 토지·물건의 소유권 또는 사용권 기타의 권리를 원시취득하게 된다. 이는 공용수용의 효과 가운데 가장 핵심적인 사항으로, 수용개시일에 수용 목적물에 대한 종래의 모든 권리는 소멸함과 동시에 사업시행자는 토지 등의 소유권을 법률에 의하여 당연히 취득하게 된다.[354] 이와 같이 사업시행자가 취득하는 소유권이 담보물권 기타 모든 법적인 제한이 소멸된 완전한 소유권이어야 하는 것은 공익목적을 달성하기 위하여 불가피한 것이며,[355] 사업시행자는 수용의 개시일에 토지 및 물건의

353) 서정욱 외1, 감정평가 및 보상법규, 도서출판 홍, 2003, 169면.

354) 강교식 외 2, 토지보상법론, 부연사, 2005, 413면 ; 공용수용의 효과로 사업시행자가 권리를 취득하거나 소멸시키는 것은 종전 권리자와 의무이행의 결과로 발생하는 것이 아니라, 그 의무자의 의무이행을 기다릴 필요 없이 법률에 의하여 모든 권리자에 대하여 당연히 발생하는 효과이다. 따라서 이와 같은 효과가 대인적인 것이 아니라 대물적이라는 의미에서 이를 대물적 효과라 한다.

소유권 또는 사용권을 아무런 부담이나 흠이 없는 완전한 소유권을 얻게 되며, 민법상의 하자담보의 문제는 발생할 여지가 없게 된다.[356)][357)] 따라서 형식상 등기명의인을 피수용자로 확정하고 수용의 절차를 마쳤다면, 그 수용의 효과를 부인할 수 없을 뿐만 아니라 수용목적물의 소유자가 누구인지 여부를 묻지 않고 이미 가지고 있던 소유권은 소멸함과 동시에 사업시행자는 완전하고 확실하게 그 권리를 취득하게 된다.[358)]

판 례

□ 대법원 2009. 9. 10. 선고 2006다61536, 61543 판결

토지 수용의 경우 사업시행자는 수용의 개시일에 토지의 소유권을 취득하고 그 토지에 관한 다른 권리는 소멸하는 것인바, 수용되는 토지에 대하여 가압류가 집행되어 있더라도 토지 수용으로 사업시행자가 그 소유권을 원시취득하게 됨에 따라 그 토지 가압류의 효력은 절대적으로 소멸하는 것이고, 이 경우 법률에 특별한 규정이 없는 이상 토지에 대한 가압류가 그 수용보상금채권에 당연히 전이되어 효력이 미치게 된다거나 수용보상금채권에 대하여도 토지 가압류의 처분금지적 효력이 미친다고 볼 수는 없으며, 또 가압류는 담보물권과는 달리 목적물의 교환가치를 지배하는 권리가 아니고, 담보물권의 경우에 인정되는 물상대위의 법리가 여기에 적용되지 않는다.

---

355) 대법원 2000. 7. 4. 선고 98다62961 판결 : 공공필요에 의한 토지수용에 있어서 수용자가 취득하는 소유권이 담보물권 기타 모든 법적인 제한이 소멸된 완전한 소유권이어야 하는 것은 공익목적을 달성하기 위하여 불가피한 것으로 합리적인 조치라고 할 것이고, 토지수용법 제67조 제1항에 의하면, 기업자는 토지를 수용한 날에 그 소유권을 취득하며 그 토지에 관한 다른 권리는 소멸하는 것인바, 수용되는 토지에 대하여 가압류가 집행되어 있어도 토지의 수용으로 기업자가 그 소유권을 원시취득함으로써 가압류의 효력은 소멸되는 것이고, 토지에 대한 가압류가 그 수용 보상금 청구권에 당연히 전이되어 그 효력이 미치게 된다고는 볼 수 없다(舊 토지수용법 제67조 제1항 ⇒ 현행 토지보상법 제45조).

356) 대법원 2001. 1. 16. 선고 98다58511 판결 : 토지수용법에 의한 수용재결의 효과로서 수용에 의한 기업자의 토지소유권취득은 토지소유자와 수용자와의 법률행위에 의하여 승계취득하는 것이 아니라, 법률의 규정에 의하여 원시취득하는 것이므로, 토지소유자가 토지수용법 제63조의 규정에 의하여 부담하는 토지의 인도의무에는 수용목적물에 숨은 하자가 있는 경우에도 하자담보책임이 포함되지 아니하여 토지소유자는 수용시기까지 수용 대상 토지를 현존 상태 그대로 기업자에게 인도할 의무가 있을 뿐이다.

357) 따라서 수용재결에 의한 취득이 아닌 협의취득하는 경우는 사법상의 법률행위이므로 그 일방 당사자의 채무불이행에 대하여 민법에 따른 손해배상 또는 하자담보책임을 물을 수 있다.

☞ 대법원 2004. 7. 22. 선고 2002다51586 판결 : 토지 매도인이 성토작업을 기화로 다량의 폐기물을 은밀히 매립하고 그 위에 토사를 덮은 다음 도시계획사업을 시행하는 공공사업시행자와 사이에서 정상적인 토지임을 전제로 협의취득절차를 진행하여 이를 매도함으로써 매수자로 하여금 그 토지의 폐기물처리비용 상당의 손해를 입게 하였다면 매도인은 이른바 불완전이행으로서 채무불이행으로 인한 손해배상책임을 부담하고, 이는 하자 있는 토지의 매매로 인한 민법 제580조 소정의 하자담보책임과 경합적으로 인정된다.

358) 대법원 1995. 12. 22. 선고 94다40765 판결 : 기업자가 과실 없이 진정한 토지소유자를 알지 못하여 형식상의 권리자인 등기부상 소유명의자를 그 피수용자로 확정하더라도 적법하고, 그 수용의 효과로서 수용 목적물의 소유자가 누구임을 막론하고 이미 가졌던 소유권이 소멸함과 동시에 기업자는 완전하고 확실하게 그 권리를 원시취득한다.

그러나 토지수용위원회가 재결로써 인정한 권리는 소멸되거나 제한되지 않고, 그 권리가 존속된 상태에서 사업시행자가 취득하게 된다(법 제45조 제3항).

재 결

□ 중토위 재결 (2013. 6. 20)

법 제45조 제1항에 따르면 사업시행자는 수용의 개시일에 토지나 물건의 소유권을 취득하며 그 토지나 물건에 관한 다른 권리는 이와 동시에 소멸하도록 되어 있으나, 같은 법 같은 조 제3항에 따르면 토지수용위원회 재결로 인정된 권리는 위 규정에 불구하고 소멸되거나 정지되지 아니하도록 되어 있다. 관련자료(사업시행자 의견, 한국전력공사의 의견 등)를 검토한 결과, 이 건 토지(○○리 808-20외 3필)에 구분지상권(송전선)이 설정되어 있으나 이 건 공익사업에 지장을 초래하지 아니한 바, 이 건 구분지상권을 소멸시키는 것은 또 다른 공익을 희생시키는 결과를 초래하므로 구분지상권을 존속시키도록 한다.

2) 인도이전 의무발생

▣ 토지보상법

제43조 (토지 또는 물건의 인도 등) 토지소유자 및 관계인 그 밖에 토지소유자나 관계인에 포함되지 않는 자로서 수용 또는 사용할 토지나 그 토지에 있는 물건에 관하여 권리를 가진 자는 수용 또는 사용의 개시일까지 당해 토지나 물건을 사업시행자에게 인도하거나 이전하여야 한다.

토지소유자 또는 관계인은 수용의 개시일까지 수용 또는 사용할 토지에 있는 물건[359]을 사업시행자에게 인도하여야 하며, 그 외 토지소유자 및 관계인에 포함되지 않는 자도 그 물건을 이전하여야 하는 자는 공익사업의 시행에 지장이 없도록 다른 장소로 물건을 이전시켜야 한다. 이 의무는 수용법률 관계의 당사자 외에도 제3자도 포함하는 의무이며,[360] 수용대상 물건에만 한정하는 것은 아니다. 따라서 사업인정이나 수용개시일 당시의 전후에 불구하고 또는 사업의 시행에 지장을 초래할 것인지 의도와는 관계없이 성립하는 의무이다.[361]

359) 사업시행자에게 이전할 의무를 부담하는 물건은 토지보상법 제75조 제1항에 의하여 이전료를 보상하고 이전시켜야 할 물건을 말한다(대법원 2001. 1. 16. 선고 98다58511 판결). 따라서 보상이 완료되지 않았다면 적용되지 않는다.

360) 임호정/김원보, 공익사업용지 용지보상법론, 부연사, 2003, 227면. ; 공익사업의 원활한 시행을 위하여 요구되는 공용수용의 효과로서 토지소유자, 관계인 또는 토지소유자나 관계인에 포함되지 아니하는 제3자에게 지워지는 별도의 의무인 것이다.

이와 같은 인도 및 이전의무가 있는 자[362]가 그 의무를 이행하지 않을 경우 사업시행자의 청구 또는 신청에 의하며 그 의무를 대행하거나 행정대집행이 가능하다.[363]

3) 위험부담 등

(1) 위험부담

▣ **토지보상법**

제46조 (위험부담) 토지수용위원회의 재결이 있은 후 수용 또는 사용할 토지나 물건이 토지소유자 또는 관계인의 고의나 과실 없이 멸실 또는 훼손된 경우 그로 인한 손실은 사업시행자의 부담으로 한다.

사법상 계약에 있어서는 위험부담은 일반적으로 매도인이 부담하는 것이 원칙이나,[364] 토지수용위원회 재결 이후 수용목적물이 토지소유자 또는 관계인의 고의나 과실 없이 멸실 또는 훼손된 경우 그 손실은 사업시행자의 부담으로 하며, 사업시행자는 멸실 또는 훼손을 이유로 손실보상의 감액이나 면제를 주장할 수 없다.

따라서 재결 이후에 토지나 물건이 토지소유자나 관계인의 고의나 과실 없이 멸실 및 훼손된 경우에 사업시행자는 재결보상금을 지급하여야 한다.[365] 이와 같이 재결이

---

361) 임호정/김원보, 공익사업용지 용지보상법론, 부연사, 2003, 227면. ; 물건의 이전 또는 인도의무는 사업인정이나 수용의 개시일 당시의 전후에 불구하고 또한 사업의 시행에 지장을 초래할 것을 알았느냐 여부에 관계없이 성립되기 때문에 보상의 대상이 된 물건은 물론이려니와 그렇지 않고 재결 후 지나가던 차량이 우연히 고장이 나서 우연히 물건을 공익사업시행지구에 적치하여 놓은 제3자에게도 따르는 의무이다.

362) '인도'란 토지·물건 등의 점유, 즉 사실상의 지배를 사업시행자에게 양도하는 것을 말하고, '이전'이란 대상물건의 유용성을 유지하면서 당해 사업지구 외의 지역으로 옮기는 것을 말한다. 여기서 의무자는 수용재결 후 물건을 양수한 자, 사업인정 고시 후 시장·군수의 허가받아 물건을 설치하여 이전료보상을 받지 못한 자, 불법점거자도 해당한다(차태환, 토지보상법론, 부연사, 2012, 200-201면).

363) 차태환, 토지보상법론, 부연사, 2012, 202면.

364) 쌍무계약에 기하여 당사자 일방이 부담하는 급부가 후발적으로 불능으로 되어 양 당사자가 모두 이 불능에 대하여 책임이 없는 경우에 채무자는 그의 급부의무를 면하지만 그의 반대급부청구권도 상실하게 된다. 이를 채무자 위험부담이라고 한다. 예를 들면 매매목적물인 승용차가 계약체결 후 인도 전에 우연한 화재로 소실되었다면, 매도인의 승용차의 소유권이전의무는 소멸하고 아울러 그의 매매대금청구권도 소멸한다(지원림, 민법강의, 홍문사,2006, 1140면)이는 우리 민법의 입장이다.
☞ 민법 제537조 (채무자위험부담주의) 쌍무계약의 당사자일방의 채무가 당사자쌍방의 책임없는 사유로 이행할 수 없게 된 때에는 채무자는 상대방의 이행을 청구하지 못한다.

365) 따라서 만일 토지수용위원회 재결이 있기 전에 토지나 물건이 멸실 또는 훼손되었을 때 또는 재결이 있은 후에 토지소유자 등의 고의나 과실에 의해 토지나 물건이 멸실 또는 훼손되었을 때에는 보상대상

있은 후의 위험부담을 사업시행자에게 지게 하는 것은 토지소유자나 관계인의 손실이나 부담을 최소화하여 완전보상의 원칙을 실현하기 위한 것이다.

(2) 담보물권자의 물상대위

> ▣ **토지보상법**
>
> 제47조 (담보물권과 보상금) 담보물권의 목적물이 수용 또는 사용된 경우 당해 담보물권은 그 목적물의 수용 또는 사용으로 인하여 채무자가 받을 보상금에 대하여 행사할 수 있다. 다만, 그 지급 전에 이를 압류하여야 한다.

담보물권의 목적물이 수용 또는 사용된 경우 당해 담보물권은 그 목적물의 수용 또는 사용으로 인하여 채무자가 받을 보상금에 대하여 행사할 수 있다. 다만, 그 지급전에 이를 압류하여야 한다. 따라서 담보물권자는 보상금 지급전에 물상대위권을 행사하여 토지 등의 소유자의 보상금(또는 공탁금) 등을 압류함으로써 우선변제를 받을 수 있다.[366)]

이는 사업인정 이전의 담보물권자는 관계인으로서 협의과정에 참여하여 보상금을 받을 수 있지만, 사업인정 이후의 담보물권자는 관계인에 포함되지 않으므로[367)] 이를 보호하기 위한 규정이다. 또한 이 물상대위 인정제도는 담보권자에게만 인정되는 것으로 기타 가압류권자 등에게는 인정되지 않는다.[368)]

에서 제외하거나 감액하여야 한다(조장형/장인태, 토지보상법 이해, 법률출판사, 2019, 203면).

366) 대법원 2003. 4. 25. 선고 2001다78553 판결 : 기업자와 토지소유자 사이에 협의가 이루어지지 아니하여 토지가 수용되고 나아가 그 수용보상금이 공탁되기에 이른 경우에 있어서는 그 토지의 저당권자는 공탁금이 출급되어 토지소유자의 일반재산에 혼입되기 전까지 구 토지수용법 제69조의 규정에 따른 물상대위권을 행사하여 토지소유자의 위 수용보상공탁금 출급청구권 등을 압류함으로써 우선변제를 받을 수 있으므로 수용 토지의 저당권자가 어떠한 경위로든지 수용보상공탁금이 토지소유자에 의하여 출급되어 그 일반재산에 혼입되기 전에 물상대위권을 행사할 수 있는 충분한 시간적 간격을 두고 토지가 수용된 사실을 알게 되었음에도 불구하고 물상대위권을 행사하여 토지소유자의 공탁금출급청구권을 압류하지 아니함으로써 우선변제받을 수 없게 된 경우에는, 저당권자가 토지수용보상금으로부터 우선변제를 받지 못한 것이 기업자가 저당권자에게 토지수용과 관련하여 위에서 본 협의나 통지를 하지 아니한 데에 그 원인이 있는 것이라고는 할 수 없다고 할 것이다.

367) 대법원 2003. 4. 25. 선고 2001다78553 : 사업인정이 고시된 후에 근저당권을 취득한 자는 구 토지수용법 제4조 제3항 단서에 의하여 같은 항 본문의 '관계인'에 포함되지 아니하므로 피고가 위 1997. 3. 17.자 근저당권자인 원고와 협의를 하지 아니하였거나 원고에게 협의를 위한 통지를 하지 아니하였더라도 법령상의 의무를 위반한 것이 아니라고 판단한 것은 정당한 것으로 수긍이 간다.

368) 서울고등법원 2006. 8. 11. 선고 2006나13102(본소), 2006나13119(반소) 판결 : 물상대위제도는 담보물권자에게 인정되는 제도인 반면에, 가압류채권자는 담보물권자가 아닌 채권자의 지위에 있는 것에 불과하다는 점을 고려하면, 부동산가압류에 대하여는 물상대위에 관한 규정을 유추 적용할 수는 없다.

판 례

□ 대법원 2014. 12. 11. 선고 2014다200237 판결

중앙토지수용위원회(이하 '중토위'라 한다)가 원고 주소의 보정을 명하는 등 원고의 실제 주소를 파악하기 위한 아무런 기본적인 조치도 취하지 아니하고 곧바로 공시송달의 방법으로 재결서 정본을 송달한 잘못이 있고, 이러한 중토위의 잘못으로 인하여 원고가 수용대상 토지인 원심판시 이 사건 각 임야의 수용보상금 중 일부에 대하여 물상대위권을 행사할 수 있는 기회를 잃게 됨으로써 피담보채권을 우선변제받지 못하는 손해를 입었다고 판단하면서, 다만 원고에게도 주소지를 옮긴 후 등기부상 주소를 그에 맞게 변경하지 아니하여 재결서 정본을 수령하지 못한 잘못이 있고, 위와 같은 원고의 잘못도 이 사건 손해 발생에 기여하였으므로 피고의 책임을 60%로 제한함이 상당하다고 판단하였다.

판 례

□ 대법원 2001. 1. 16. 선고 98다58511 판결

[1] 토지수용법에 의한 수용재결의 효과로서 수용에 의한 기업자의 토지소유권취득은 토지소유자와 수용자와의 법률행위에 의하여 승계취득하는 것이 아니라, 법률의 규정에 의하여 원시취득하는 것이므로, 토지소유자가 토지수용법 제63조의 규정에 의하여 부담하는 토지의 인도의무에는 수용목적물에 숨은 하자가 있는 경우에도 하자담보책임이 포함되지 아니하여 토지소유자는 수용시기까지 수용 대상 토지를 현존 상태 그대로 기업자에게 인도할 의무가 있을 뿐이다.

[2] 토지수용법 제63조의 규정에 의하여 수용 대상 토지에 있는 물건에 관하여 권리를 가진 자가 기업자에게 이전할 의무를 부담하는 물건은 같은 법 제49조 제1항에 의하여 이전료를 보상하고 이전시켜야 할 물건을 말한다.

[3] 제3자가 무단으로 폐기물을 매립하여 놓은 상태의 토지를 수용한 경우, 위 폐기물은 토지의 토사와 물리적으로 분리할 수 없을 정도로 혼합되어 있어 독립된 물건이 아니며 토지수용법 제49조 제1항의 이전료를 지급하고 이전시켜야 되는 물건도 아니어서 토지소유자는 폐기물의 이전의무가 있다고 볼 수 없다고 한 원심의 판단을 수긍한 사례.

[4] 수용재결이 있은 후에 수용 대상 토지에 숨은 하자가 발견되는 때에는 불복기간이 경과되지 아니한 경우라면 공평의 견지에서 기업자는 그 하자를 이유로 재결에 대한 이의를 거쳐 손실보상금의 감액을 내세워 행정소송을 제기할 수 있다고 보는 것이 상당하나, 이러한 불복절차를 취하지 않음으로써 그 재결에 대하여 더 이상 다툴 수 없게 된 경우에는 기업자는 그 재결이 당연무효이거나 취소되지 않는 한 재결에서 정한 손실보상금의 산정에 있어서 위 하자가 반영되지 않았다는 이유로 민사소송절차로 토지소유자에게 부당이득의 반환을 구할 수는 없다.

재 결

ㅁ 중토위 재결 (2017. 6. 8)

관련자료(사업시행자 의견 등)를 검토한 결과, 소유자는 사업인정고시일 이전인 2012.12.01.부터 창고를 임차하여 가구판매업을 하던 중 수용재결과 무관하게 2016.10.04. 원인불명으로 확인된 화재로 인하여 영업장소 전부가 전소되었다. 따라서 이는 영업보상 대상이 아니므로 소유자의 주장을 받아들일 수 없다.

7. 수용재결의 실효

1) 근거 및 의의

▣ 토지보상법

제42조(재결의 실효) ① 사업시행자가 수용 또는 사용의 개시일까지 관할 토지수용위원회가 재결한 보상금을 지급하거나 공탁하지 아니하였을 때에는 해당 토지수용위원회의 재결은 효력을 상실한다.

② 사업시행자는 제1항에 따라 재결의 효력이 상실됨으로 인하여 토지소유자 또는 관계인이 입은 손실을 보상하여야 한다.

③ 제2항에 따른 손실보상에 관하여는 제9조 제5항부터 제7항까지의 규정을 준용한다.

재결의 실효란, 유효하게 성립한 재결에 대해 행정청의 의사행위에 의하지 않고, 객관적 사실의 발생에 의해 당연히 재결의 효력이 상실하는 것을 말한다. 피수용자의 의무해태 시 사업시행자에게 행정행위의 실효성확보수단으로 토지보상법에 대행, 대집행 청구권을 둔 것에 대하여, 형평을 기하기 위해, 즉 **피수용자의 권리구제 방안**의 하나로 인정된다.

2) 실효의 사유

사업시행자가 수용 또는 사용의 시기까지 관할토지수용위원회가 재결한 보상금을 지급하지 아니하거나 공탁하지 아니하였을 때 당해 재결을 효력을 상실한다. 따라서 수용 또는 사용의 시기 이후에 사업시행자가 보상금을 지급하더라도 당연히 재결은 실효되며,[369] 또한 실효 이후 이의재결 신청을 하더라도 이 이의신청은 의미가 없게 된다.[370] 이때의 효력상실의 법적성질은 성립당시의 하자가 없는 수용재결이 법정부관을 통한 실효사유의 발생으로 인하여 효력이 소멸되는 것으로 강학상 실효라 할 것이다.

판 례

> **□ 대법원 1989. 11. 14. 선고 89누3526 판결**
>
> 토지수용법상의 이의재결절차는 원재결에 대한 불복절차이면서 원재결과는 확정의 효력 등을 달리하는 별개의 절차이므로 기업자가 이의재결에서 증액된 보상금을 일정한 기한 내에 지급 또는 공탁하지 아니하였더라도 그 때문에 이의재결 자체가 당연히 실효된다고 할 수는 없을 것이다(대법원 1989. 6. 13. 선고 88누3963 판결참조).

3) 손실보상

사업시행자는 재결의 효력이 상실됨으로 인하여 토지소유자 또는 관계인이 입은 손실을 보상하여야 한다. 이 손실보상은 사업시행자와 손실을 입은 자가 협의하여 결정하되, 협의불성립시에는 사업시행자 또는 손실을 입은 자 모두 관할 토지수용위원회에 재결을 신청할 수 있다(법 제80조). 다만, 손실이 있은 것을 안 날로부터 1년이 지나거나 손실이 발생한 날부터 3년이 지난 후에는 손실보상을 청구할 수 없다(법 제9조 제4항).

4) 수용재결 실효의 논의

(1) 재결의 실효와 재결신청 및 사업인정의 효력과의 관계

관할 토지수용위원회의 수용재결이 실효되면 사업시행자의 수용재결의 신청의 효력도 상실된다.[371] 재결이 실효되면 재결신청 자체도 실효되지만, 재결의 무효와는 달리

---

369) 대법원 1990. 6. 12. 선고 89다카24346 판결 : 토지수용법 제65조의 규정에 의하면 기업자가 수용시기까지 관할 토지수용위원회가 재결한 보상금을 지불 또는 공탁하지 아니하였을 때에는 그 재결은 효력을 상실하는 것이므로, 기업자가 수용시기 후에 보상금을 지급하더라도 그 토지의 소유권을 취득하는 것이 아니다.

370) 토지정책과-4957 (2010. 10. 17) : 수용재결에 대한 이의신청은 수용재결의 효력이 유효함을 전제로 하는 것이나, 수용재결이 실효되었다면 이의신청 자체가 무의미하므로 지방토지수용위원회에서 반려 등 필요한 조치를 하여야 할 사항이라고 봅니다.

371) 대법원 1987. 3. 10. 84누158 판결 : 토지수용의 내용이 공익사업을 위해서 기업자에게 타인의 재산권을 강제적으로 취득시키는 효과를 나타내는 데 있다고 하더라도 이는 보상금의 지급을 조건으로 하고 있는 만큼 토지수용법 제65조의 규정내용 역시 기업자가 그 재결된 보상금을 그 수용시기까지 지급 또는 공탁하지 않은 이상 위 수용위원회의 재결은 물론 재결의 전제가 되는 재결신청도 아울러 그 효력을 상실하는 것이라고 해석함이 상당하다.

장래를 향한 효력상실이므로 사업인정에는 영향이 없다. 따라서 재결신청기간 내이면 재차의 재결신청이 가능하다.[372] 그러나 수용재결이 실효가 되어서 수용재결신청의 효력이 상실되고 그로 인하여 사업인정고시일로부터 1년 이내에 재결신청을 하지 않은 것으로 되었다면 사업인정의 효력도 상실하게 될 것이다.

(2) 이의재결과의 관계

수용재결이 실효되면 이를 기초한 이의재결은 위법하지만 절대적 무효는 아니므로 이의재결의 취소, 무효등 확인을 구할 이익이 있다는 것이 판례의 입장이다.[373] 또한 이의재결이 확정된 경우 민사소송법상 확정판결과 동일한 효력을 가지므로 보상금을 지급하지 않더라도 실효되지 않고 오히려 재결정본이 집행력 있는 판결정본과 동일한 효력을 가지므로 보상금에 대해 강제집행할 수 있다.

8. 재결신청청구권

1) 의 의

토지보상법은 협의가 성립되지 않는 경우[374] 소유자 및 관계인에게 수용재결신청의

372) 그러나 중앙토지수용위원회는 사업시행자가 예산상의 사유 등으로 수용재결을 유보하거나, 특별한 사유없이 보상금을 지급 및 공탁하지 않아 재결을 실효시키는 상황이 종종 발생하고 있는바, 중토위에서는 이와 같이 무분별한 수용재결 신청을 방지하기 위하여 재결 유보신청이나 재결실효 후 동일한 사안에 대하여 다시 재결신청하는 것을 불허하기로 시달한 바 있어(중토위, 수용재결업무 개선방안, 2006), 수용재결 신청 전에 충분한 검토가 필요하다.

373) 대법원 1982. 7. 27. 82누75 판결 : 지방토지수용위원회의 재결이 보상금을 지급, 공탁하지 아니하여 실효 되었음에도 불구하고 중앙토지수용위원회가 이를 실효 되지 아니하였음을 전제로 보상금액만을 변경한 그 재결은 위법이지만 절대적 무효는 아니므로 그 무효나 취소를 구할 이익이 있다

374) 대법원 2011. 7. 14. 선고 2011두2309 판결 : 공익사업을 위한 토지 등의 취득 및 보상에 관한 법률 제30조 제1항은 재결신청을 청구할 수 있는 경우를 사업시행자와 토지소유자 및 관계인 사이에 '협의가 성립하지 아니한 때'로 정하고 있을 뿐 손실보상대상에 관한 이견으로 협의가 성립하지 아니한 경우를 제외하는 등 그 사유를 제한하고 있지 않은 점, 위 조항이 토지소유자 등에게 재결신청청구권을 부여한 취지는 공익사업에 필요한 토지 등을 수용에 의하여 취득하거나 사용할 때 손실보상에 관한 법률관계를 조속히 확정함으로써 공익사업을 효율적으로 수행하고 토지소유자 등의 재산권을 적정하게 보호하기 위한 것인데, 손실보상대상에 관한 이견으로 손실보상협의가 성립하지 아니한 경우에도 재결을 통해 손실보상에 관한 법률관계를 조속히 확정할 필요가 있는 점 등에 비추어 볼 때, '협의가 성립되지 아니한 때'에는 사업시행자가 토지소유자 등과 공익사업법 제26조에서 정한 협의절차를 거쳤으나 보상액 등에 관하여 협의가 성립하지 아니한 경우는 물론 토지소유자 등이 손실보상대상에 해당한다고 주장하며 보상을 요구하는데도 사업시행자가 손실보상대상에 해당하지 아니한다며 보상대상에서 이를 제외한 채 협의를 하지 않아 결국 협의가 성립하지 않은 경우도 포함된다고 보아야 한다

청구권을 부여하고 있는데(법 제30조 제1항), 이와 같이 토지 등의 소유자에게 수용재결신청의 청구권을 부여한 사유는 협의가 성립되지 아니한 경우 사업시행자는 사업인정 고시 후 1년 이내에는 언제든지 재결을 신청할 수 있는 반면 토지 등의 소유자는 재결신청권이 없으므로, 수용을 둘러싼 법률관계의 조속한 확정을 바라는 토지소유자 등의 이익을 보호함과 동시에 수용 당사자 간의 공평을 기하기 위한 것이라고 해석된다.[375] 또한 토지보상법은 이 청구권의 실효성 확보를 위하여 가산금제도를 두어 간접적으로 이를 강제하고 있으며(법 제30조 제2항), 사업시행자가 위 신청기간 내에 수용재결 신청을 하지 아니하면 사업인정은 그 기간의 만료일에 당연히 그 효력이 상실되며, 사업시행자는 사업인정이 실효됨으로 인하여 토지 소유자 등이 입은 손실은 보상하도록 규정하여(법 제23조 제1항, 제2항) 수용재결신청의 청구권을 인정하고 있다.

2) 재결신청청구권의 성질

재결신청청구권의 법적성질에 대한 논의는 법적분쟁이 발생한 경우, 이를 해결할 법리적용에 있다. 즉, 사법을 적용할 것인지, 공법을 적용할 것인지의 문제가 된다. 생각건대 토지소유자 등의 재결신청의 청구가 있으면 사업시행자는 재결신청의무가 부과되고, 토지소유자 등에게는 사익보호의 필요성이 인정되므로 개인적 공권의 성립요건인 ① 강행법규성 ② 사익보호성의 요건이 충족되므로 재결신청청구권은 개인적 공권이라 할 수 있다. 즉, 토지보상법 제30조 제2항에 사업시행자는 제1항의 규정에 의한 청구를 받은 때에는 그 청구가 있은 날부터 60일 이내에 대통령령이 정하는 바에 따라 관할 토지수용위원회에 재결을 신청하여야 한다 고 규정하여 사업시행자에게 행위의무를 부과하는 강행규정이 존재하며, 동법 제1조의 목적은 이 법은 공익사업에 필요한 토지등을 협의 또는 수용에 의하여 취득하거나 사용함에 따른 손실의 보상에 관한 사항을 규정함으로써 공익사업의 효율적인 수행을 통하여 공공복리의 증진과 재산권의

375) 대법원 1993. 8. 27. 93누9064판결 : 토지수용법이 토지소유자 등에게 재결신청의 청구권을 부여한 이유는, 협의가 성립되지 아니한 경우 시행자는 사업인정의 고시 후 1년 이내(도시계획사업은 그 사업의 시행기간 내)에는 언제든지 재결을 신청할 수 있는 반면 토지소유자는 재결신청권이 없으므로, 수용을 둘러싼 법률관계의 조속한 확정을 바라는 토지소유자 등의 이익을 보호함과 동시에 수용당사자간의 공평을 기하기 위한 것이라고 해석되는 점, 같은 법 제25조의3 제3항의 가산금 제도의 취지는 위 청구권의 실효를 확보하자는 것이라고 해석되는 점을 참작하여 볼 때, 도시계획사업 시행자가 사업실시계획인가의 고시 후 상당한 기간이 경과하도록 협의대상 토지소유자에게 협의기간을 통지하지 아니하였다면 토지소유자로서는 토지수용법 제25조의3 제1항에 따라 재결신청의 청구를 할 수 있다

적정한 보호를 도모함을 목적으로 하고 있어 사익보호의 요건도 충족하기 때문이다.

3) 재결신청의 요건

(1) 당 사 자

청구권자는 피수용자로서 토지소유자 및 관계인이 되며, 피청구인은 사업시행자가 원칙이나, 판례는 사업시행자 외에 업무대행자에게도 가능하다고 보고 있다.

판 례

□ 대법원 1993. 7. 13. 선고 93누2902 판결

기업자를 대신하여 협의절차의 업무를 대행하고 있는 자가 따로 있는 경우에는 특별한 사정이 없는 이상 재결신청의 청구서를 그 업무대행자에게도 제출할 수 있는 것으로 보아야 하고, 수용에 관한 협의의 기간이 정하여져 있다고 하더라도 당사자 사이에 협의를 진행해 본 결과 협의의 성립 가능성 없음이 명백해졌을 때와 같은 경우에는 굳이 협의기간이 종료될 때까지 기다리게 하여야 할 필요성도 없는 것이므로 협의기간이 종료되기 전이라도 기업자나 그 업무대행자에 대하여 재결신청의 청구를 할 수 있는 것으로 보아야 한다.

(2) 청구의 형식

재결신청의 청구는 특별한 형식을 요하는 것은 아니며 재결신청의 청구의사를 표시한 서면이면 족하다. 토지보상법에서는 재결의 신청은 일정한 사항(①사업시행자의 성명 및 명칭 ② 공익사업의 종류 및 명칭, ③ 토지소유자 및 관계인의 성명 또는 명칭 및 주소 ④ 대상토지의 소재지·지번·지목 및 면적과 토지에 있는 물건의 종류·구조 및 수량, ⑤ 협의가 성립되지 아니한 사유)을 기재한 재결신청청구서를 사업시행자에게 직접 제출하거나 배달증명취급우편물로 우송하여 신청하도록 하고 있다(법 제30조 제1항, 령 제14조 제1항, 시행규칙 제14조). 이와 같이 토지보상법은 토지 등의 소유자의 의사를 명백히 하기 위하여 서면주의를 채택하고 있으나 엄격한 형식을 요하는 서면주의는 아니며, 물론 재결신청 사항 중 일부를 누락하였다 하더라도 재결청구의 효력이 부인되는 것도 아니다.[376)]

376) 대법원 1995. 10. 13. 선고 94누7232 판결 : 재결신청청구서에 토지수용법시행령 제16조의2 제1항 각호 소정의 사유들이 명확히 항목별로 나뉘어 기재되어 있지는 아니하나, 그 내용을 자세히 검토하여 보면 위 청구서에 위 사항이 모두 포함되어 있다고 보여질 뿐 아니라, 법이 위와 같은 형식을 요구하는 취지는 토지소유자 등의 의사를 명확히 하려는 데 있고, 재결신청의 청구는 엄격한 형식을 요하지 아니하는 서면행위이고, 따라서 토지소유자 등이 서면에 의하여 재결청구의 의사를 명백히 표시한 이상 같은법 시행령 제16조의2 제1항 각호의 사항 중 일부를 누락하였다고 하더라도 위 청구의 효력을 부인

(3) 청구기간

청구기간은 원칙적으로 협의기간 만료일부터 재결신청기간인 사업인정고시일로부터 1년 이내이다. 물론 사업인정 의제를 받는 개별 법률들은 재결신청가능기간이 대부분 사업시행기간 내이므로 실시계획 등에서 정한 사업시행 기간 내에 재결청구가 가능하다.[377] 다만, ① 사업인정 후 상당한 기간이 지나도록 사업시행자의 협의통지가 없을 때[378]와 ② 협의기간 종료 전이라도 협의의 가능성이 없음이 명백한 경우에는 재결신청을 청구할 수 있다.[379]

4) 재결신청의 효과

(1) 조속 재결신청 의무

사업시행자는 청구가 있은 날로부터 60일 이내에 관할토지수용위원회에 재결을 신청해야 한다. 따라서 원칙적으로 60일의 기산일은 청구가 있은 날로부터 기산 된다. 다만, 협의기간 종료 전에 재결신청의 청구를 한 경우에도 60일의 기간은 협의기간만료일로부터 기산하여야 한다. 이때 사업시행자가 협의기간을 임의로 연장하였다 하더

할 것은 아니고, 또한 기업자를 대신하여 협의절차의 업무를 대행하고 있는 자가 따로 있는 경우에는 특별한 사정이 없는 한 재결신청의 청구서를 그 업무대행자에게도 제출할 수 있다.

377) 대법원 1996. 4. 23. 선고 95누1555 판결 : "도시계획사업의 시행자가 도시계획구역 안에서 도시계획사업에 필요한 토지 등을 수용할 경우 재결신청은 도시계획사업 실시계획 인가처분에서 정한 사업시행기간 내에 하여야 하고, 사업시행기간 내에 재결신청이 없으면 그 기간만료일의 익일부터 효력을 상실하므로, 토지소유자가 토지수용법 제25조의3 제1항에 의하여 도시계획의 시행자에 대하여 하는 재결신청의 청구도 위 사업시행기간 내에 하여야 한다"

378) 대법원 1993. 8. 27. 선고 93누9064 판결 : 토지수용법이 토지소유자 등에게 재결신청의 청구권을 부여한 이유는, 협의가 성립되지 아니한 경우 시행자는 사업인정의 고시 후 1년 이내(도시계획사업은 그 사업의 시행기간 내)에는 언제든지 재결을 신청할 수 있는 반면 토지소유자는 재결신청권이 없으므로, 수용을 둘러싼 법률관계의 조속한 확정을 바라는 토지소유자 등의 이익을 보호함과 동시에 수용당사자간의 공평을 기하기 위한 것이라고 해석되는 점, 같은 법 제25조의3 제3항의 가산금 제도의 취지는 위 청구권의 실효를 확보하자는 것이라고 해석되는 점을 참작하여 볼 때, 도시계획사업 시행자가 사업실시계획인가의 고시 후 상당한 기간이 경과하도록 협의대상 토지소유자에게 협의기간을 통지하지 아니하였다면 토지소유자로서는 토지수용법 제25조의3 제1항에 따라 재결신청의 청구를 할 수 있다.

379) 대법원 1993. 7. 13. 선고 93누2902 판결 : "수용에 관한 협의의 기간이 정하여져 있다고 하더라도 당사자 사이에 협의를 진행해 본 결과 협의의 성립가능성 없음이 명백해졌을 때와 같은 경우에는 굳이 협의기간이 종료될 때까지 기다리게 하여야 할 필요성도 없는 것이므로 협의기간이 종료되기 전이라도 기업자나 그 업무대행자에 대하여 재결신청의 청구를 할 수 있는 것으로 보아야 하며, 다만 그와 같은 경우 토지수용법 제25조의3 제2항에 의한 2월의 기간은 협의기간 만료일로부터 기산하여야 한다고 봄이 상당하다 할 것이다."

라도 당초의 협의기간 종료일을 기준으로 기산하여야 한다.[380]

(2) 지연시 가산금지급의무

사업시행자가 재결신청의 청구를 받은 날로부터 60일을 경과하여 재결을 신청한 때에는 그 경과한 기간에 대하여 「소송촉진 등에 관한 특례법」 제3조의 규정에 의한 법정이율을 적용하여[381] 산정한 금액을 관할 토지수용위원회에서 재결한 보상금에 가산하여 지급하여야 한다(법 제30조 3항).

가산하여 지급할 금액은 관할 토지수용위원회가 재결서에 기재하여야 하며, 이 지연가산금은 그 경과한 기간에 대하여 「소송촉진 등에 관한 특례법」에 의한 법정이율을 적용하여 산정한 금액을 토지수용위원회가 수용보상금과 함께 수용재결로 정하여야 한다. 다만, 수용재결에서 가산금 주장이 기각된 경우 이에 대한 이의신청(이의재결)은 가능하며(아래 재결사례), 또한 지연가산금에 대한 불복은 수용보상금 증액에 관한 소로 다투어야 한다.[382]

재결사례

□ 중토위 이의재결

○○시장이 시행하는 도로사업에 편입되는 토지에 대한 2008. 2. 25. □□지방토지수용위원회 수용재결에 대한 이의신청에 대하여, 재결지연에 따른 가산금을 지급하여 달라는 주장에 대하여, 사업시행자는 2007. 10. 1. □□지방토지수용위원회에 수용재결신청서를 제출하였음이 확인된다. 따라서 사업시행자는 수용재결신청 청구일(2007. 8. 1)부터 60일에 도달하는 2007. 9. 30까지 수용

---

380) 서울고등법원 2010. 4. 22. 선고 2009누31801 판결 : 사업인정고시가 있은 뒤 협의가 성립되지 아니하여 피고들에게 재결신청을 청구한 이상, 설령 피고들이 협의기간을 임의로 연장하였더라도, 피고들로서는 재결신청 청구일 이후로서 당초의 협의기간 만료일인 2007. 9. 7.부터 60일 이내에 재결을 신청하여야 하고, 그렇지 못한 경우 위 60일이 경과한 날부터의 지연가산금을 지급할 의무가 있다(피고들의 주장에 따르면, 사업시행자는 협의기간을 수회 연장하는 방법으로 재결신청을 계속 미룰 수 있게 되어 공익사업법 제30조 제2, 3항의 규정 취지가 몰각되게 된다).

381) 소송촉진 등에 관한 특례법 제3조제1항 본문의 법정이율에 관한 규정 [대통령령 제29768호, 2019. 5. 21., 일부개정]
「소송촉진 등에 관한 특례법」 제3조제1항 본문에서 "대통령령으로 정하는 이율"이란 연 100분의 12를 말한다.

382) 대법원 1997. 10. 24. 선고 97다31175 판결 : "토지수용법 제25조의3 제3항이 정한 지연가산금은 수용보상금에 대한 법정 지연손해금의 성격을 갖는 것이므로 이에 대한 불복은 수용보상금에 대한 불복절차에 의함이 상당할 뿐 아니라, 토지수용법시행령 제16조의3은 법 제25조의3 제3항의 규정에 의하여 가산하여 지급할 금액은 관할 토지수용위원회가 재결서에 기재하여야 하며, 기업자는 수용 시기까지 보상금과 함께 이를 지급하여야 한다" 라고 하여 지연가산금은 수용보상금과 함께 수용재결로 정하도록 규정하고 있으므로, 지연가산금에 대한 불복은 수용보상금의 증액에 관한 소에 의하여야 한다.

재결을 신청했어야 하나, 2007. 9. 30일이 공휴일(일요일)인 관계로 2007. 10. 1일 수용재결신청을 하였으므로 사업시행자는 수용재결신청 청구일부터 60일 이내에 적법하게 수용재결 신청한 것으로 이유 없다.

한편, 실무적으로 수용재결(1차)이 실효되어 다시 수용재결(2차)을 신청하는 경우가 있다. 이때 2차 수용재결에서 지연가산금을 지급하여야 하는 지, 지급한다면 가산금 지급 시점을 언제로 보아야 하는 지가 문제가 되고 있다.

법제처 유권해석은 이 경우 지연가산금 대상은 아니라는 입장이나,[383] 국토교통부 질의회신과 판례는 모두 2차 수용재결에서 지연가산금을 지급하여야 한다고 보고 있으며, 다만 지연가산금 기산일 시점에 대해서는 다소 차이를 보이고 있다.

서울행정법원은 사업시행자가 제1차 수용재결에서 정한 보상금을 공탁하지 않아 실효된 경우 사업시행자의 제1차 수용재결신청은 함께 실효한다고 봄이 상당하나, 그 이전의 보상협의를 위한 감정평가와 협의절차, 토지소유자의 재결신청청구까지 모두 효력이 상실된다고 해석할 근거가 없기 때문에,[384] 제1차 수용재결이 실효한 경우에는 사업시행자가 토지소유자의 종전 재결신청 청구에 따라 제1차 수용재결이 실효한 다음 날을 기산점으로 하여 60일 이내에 관할 토지수용위원회에 재결을 다시 신청할 의무가 있고, 그 기간을 경과하여 재결을 신청한 때에는 토지보상법 제30조 제3항에 의한 지연가산금을 지급하여야 한다[385]고 판시한 바 있다.

반면에 국토교통부는 재결이 실효된 후 다시 수용재결을 신청하는 경우에 법 제15조에 의한 보상계획의 열람 등의 절차를 거치는 것이 아니고, 법 제 28조에 의한 수용재결 신청절차부터 다시 거치는 것이라고[386] 보면서, 지연가산금에 대해서는 재결실효

383) 법제처 안건번호 10-0285(2010. 10. 08) : 공익사업법 제42조에서 사업시행자에게 재결의 효력이 상실됨으로 인하여 토지소유자 또는 관계인이 입은 손실을 보상하도록 하면서 해당 손실보상에 관하여 같은 법 제9조제5항부터 제7항까지의 규정을 준용하도록 하고 있을 뿐 같은 법 제30조제3항(지연가산금)을 적용하거나 준용하도록 하고 있지 않은바, 공익사업법 제42조(재결의 실효)에 규정된 손실보상에 있어서 같은 법 제30조제3항을 적용(유추적용)할 수 없습니다.

384) 서울행정법원 2012. 1. 13. 선고 2011구합18823 판결 : 보상협의는 사업인정을 단위로 하여야 하는 것이지 수용재결의 신청을 단위로 할 것은 아니며, 수용재결이 실효된 후에 다시 수용재결을 신청할 때는 사업시행계획의 내용이 변경인가를 통하여 본질적으로 변경된 경우나 수용재결 실효 이후 장기간이 경과하여 부동산 가격에 실질적 변동이 생기는 등의 특별한 사정이 없는 한 다시 보상을 위한 협의를 거칠 필요는 없다고 봄이 상당하다.

385) 서울고등법원 2011. 9. 19. 선고 2011누31019 판결

386) 토지정책과-3723 (2010. 7. 16).

후 다시 재결을 신청하는 경우 재결청구 이후 60일이 경과한 날부터 기산하여 다시 재결신청하는 날까지의 기간에 대하여 지연가산금을 지급하는 것이라고 해석하고 있다.

표 15. 지연가산금 산정기준

구 분	지연가산금 산정기준	근거
판례의 입장	제1차 수용재결이 실효한 다음날을 기산점으로 하여 60일 이내에 관할 토지수용위원회에 재결을 다시 신청할 의무가 있고, 그 기간을 경과하여 재결을 신청한 때에는 공익사업법 제30조 제3항에 의한 지연가산금을 지급하여야 한다.	서울행정법원 2013.12.19. 선고 2013구합51312 판결.
국토교통부 견해	재결실효 후 다시 재결을 신청하는 경우 재결청구 이후 60일이 경과한 날부터 기산하여 다시 재결신청하는 날까지 기간에 대하여 지연가산금 지급	토지정책과-151 (2012.01.10)
법제처 견해	재결의 효력이 상실됨으로 인하여 동 법 제9조 제5항부터 제7항까지의 규정을 준용하도록 하고 있을 뿐 동 법 제30조 제3항(지연가산금)을 적용하거나 준용하는 근거가 없어 지연가산금 대상이 아니다.	법제처 10-0285 (2010.10. 8)

사견으로는 피수용자의 입장에서는 국토교통부의 질의회신이 재산권 보호에 있어 유리할 수 있지만, 토지보상법에는 재결실효에 대하여 별도의 보상규정을 마련하고 있어(법 제42조) 이 절차에 따라 보상하여야 함에도 불구하고,[387] 상기한 판례와 질의회신과 같이 지연가산금을 지급하는 것은 법적 근거가 없다고 보이므로 법제처의 의견이 타당하다고 생각된다.

> 제42조 (재결의 실효) ① 사업시행자가 수용 또는 사용의 개시일까지 관할 토지수용위원회가 재결한 보상금을 지급하거나 공탁하지 아니하였을 때에는 해당 토지수용위원회의 재결은 효력을 상실한다.
> ② 사업시행자는 제1항에 따라 재결의 효력이 상실됨으로 인하여 토지소유자 또는 관계인이 입은 손실을 보상하여야 한다.
> ③ 제2항에 따른 손실보상에 관하여는 제9조 제5항부터 제7항까지의 규정을 준용한다.

387) 대전고등법원 2012. 8. 16. 선고 2012누599판결 : 토지보상법 제42조의 수용재결 실효에 따른 손실보상 규정은 토지소유자가 제1차 수용재결을 신뢰하여 그것이 실효되기 전에 지장물을 철거하였거나 영업을 이전하는 등의 조치를 취하였으나 제1차 수용재결이 실효하였고 그 후로 사업시행자가 당해 공익사업을 포기하거나 중단하여 제2차 수용재결이 이루어지지 못한 채 토지소유자가 재결보상금을 지급받지 못하게 된 때 제1차 수용재결을 신뢰한 토지소유자의 손실을 전보하기 위하여 마련된 것이라 봄이 타당하다.

5) 재결신청 거부에 대한 권리구제 검토

피수용자가 재결신청 청구가 있음에도 불구하고 사업시행자가 재결신청을 하지 않는 경우에는 피수용자는 어떠한 권리구제가 있는 지 논의되고 있다. 이에 대해서는 사업시행자의 재결신청 거부나 부작위에 대해서 민사소송의 방법으로는 그 절차를 이행할 수 없으나,[388] 토지보상법은 사업시행자에게 재결신청 의무를 부과하고 있으므로 장기간 지연하고 있는 경우 거부나 부작위에 대한 취소 및 위법확인 소송 제기가 가능하다고 본다.[389] 다만, 이는 피수용자에게 소송을 강요하는 결과가 되어, 조속재결청구권을 사업시행자 또는 직접 관할 토지수용위원회에 재결신청 하도록 개정하자는 견해도 제기되고 있다.

Ⅴ. 공용사용 및 사용재결

1. 공용사용의 의의

공용사용이란 사업시행자가 공익사업을 위하여 토지 등을 일정한 기간동안 계속적인 사용을 하는 것을 말하며, 일정기간 사용을 한다는 점에서 토지 등의 소유권을 박탈하는 공용수용과는 그 차이가 있다.

---

388) 대법원 1997. 11. 14. 선고 97다13016 판결 : "토지수용법이 토지소유자 등에게 재결신청의 청구권을 부여한 이유는 협의가 성립되지 아니하는 경우 기업자는 사업인정의 고시가 있은 날로부터 1년 이내(전원개발사업은 그 사업의 시행기간 내)에는 언제든지 재결신청을 할 수 있는 반면에, 토지소유자는 재결신청권이 없으므로, 수용을 둘러싼 법률관계의 조속한 확정을 바라는 토지소유자 등의 이익을 보호함과 동시에 수용 당사자 사이의 공평을 기하기 위한 것이라고 해석되는 점, 위 청구권의 실효를 확보하기 위하여 가산금 제도를 두어 간접적으로 이를 강제하고 있는 점, 기업자가 위 신청기간 내에 재결신청을 하지 아니한 때에는 사업인정은 그 기간만료일의 익일부터 당연히 효력을 상실하고, 그로 인하여 토지소유자 등이 입은 손실을 보상하여야 하는 점 등을 종합해 보면, 기업자가 토지소유자 등의 재결신청의 청구를 거부한다고 하여 이를 이유로 민사소송의 방법으로 그 절차 이행을 구할 수는 없다."

389) 대법원 2011. 7. 14. 선고 2011두2309 판결 : 아산~천안 간 도로건설 사업구역에 포함된 토지의 소유자가 토지상의 지장물에 대하여 재결신청을 청구하였으나, 그 중 일부에 대해서는 사업시행자가 손실보상대상에 해당하지 않아 재결신청대상이 아니라는 이유로 수용재결 신청을 거부하면서 보상협의를 하지 않은 사안에서, 사업시행자가 수용재결 신청을 거부하거나 보상협의를 하지 않으면서도 아무런 조치를 취하지 않은 것은 공익사업을 위한 토지 등의 취득 및 보상에 관한 법률에서 정한 재결신청청구 제도의 취지에 반하여 위법하다.

이 공용사용도 공용수용과 마찬가지로 공익사업에 대한 준비절차를 거치고 난 후 협의에 관한 협의를 하고 협의가 결렬될 경우 사업시행자의 신청을 거쳐 관할 토지수용위원회에서 사용재결을 받아 강제로 일시적 사용이 가능하다. 따라서 공용사용은 일시적인 사용을 한다는 점 외에는 공용수용과 절차 면에서는 차이가 없어 공용수용의 절차가 그대로 적용된다 할 것이다.

다만 이러한 보통절차에 의한 공용사용 외에, 토지보상법에서는 일정한 요건을 갖춘 경우 약식절차에 의한 토지사용을 규정하고 있는데, 천재·지변시의 토지의 사용과 시급을 요하는 토지사용이 그것이다.

2. 천재·지변시 토지의 사용

1) 관련조항

▣ **토지보상법**

제38조 (천재지변 시의 토지의 사용) ① 천재지변이나 그 밖의 사변(事變)으로 인하여 공공의 안전을 유지하기 위한 공익사업을 긴급히 시행할 필요가 있을 때에는 사업시행자는 대통령령으로 정하는 바에 따라 특별자치도지사, 시장·군수 또는 구청장의 허가를 받아 즉시 타인의 토지를 사용할 수 있다. 다만, 사업시행자가 국가일 때에는 그 사업을 시행할 관계 중앙행정기관의 장이 특별자치도지사, 시장·군수 또는 구청장에게, 사업시행자가 특별시·광역시 또는 도일 때에는 특별시장·광역시장 또는 도지사가 시장·군수 또는 구청장에게 각각 통지하고 사용할 수 있으며, 사업시행자가 특별자치도, 시·군 또는 구일 때에는 특별자치도지사, 시장·군수 또는 구청장이 허가나 통지 없이 사용할 수 있다.

② 특별자치도지사, 시장·군수 또는 구청장은 제1항에 따라 허가를 하거나 통지를 받은 경우 또는 특별자치도지사, 시장·군수·구청장이 제1항 단서에 따라 타인의 토지를 사용하려는 경우에는 대통령령으로 정하는 사항을 즉시 토지소유자 및 토지점유자에게 통지하여야 한다.

③ 제1항에 따른 토지의 사용기간은 6개월을 넘지 못한다.

④사업시행자는 제1항에 따라 타인의 토지를 사용함으로써 발생하는 손실을 보상하여야 한다.

⑤ 제4항에 따른 손실보상에 관하여는 제9조 제5항부터 제7항까지의 규정을 준용한다.

2) 천재·지변 사용의 요건

토지보상법은 천재나 지변 시 공공의 안전을 유지하기 위하여 공익사업을 긴급히 시행할 필요가 있는 경우에는 사업인정 등 토지수용의 일반적 절차를 거치지 않고 토지를 신속히 사용할 수 있도록 규정하고 있다. 다만 이 경우는 비상재해라는 특수성에 의해 인정되는 만큼 아래의 요건을 갖추어야 한다.

(1) 천재·지변 그 밖의 사변으로 인한 것

천재란 자연재해란 태풍·홍수·호우·풍란·해일 등 자연현상에 의하여 발생하는 재해를 말하며, 사변이란 전쟁에 이르지 않은 반란·폭등 등을 말한다.

(2) 시행목적이 공공의 안전유지를 위한 공익사업일 것

시행할 사업이 토지보상법 제4조에서 정하고 있는 공익사업이어야 한다.

(3) 공익사업을 긴급히 시행할 필요가 있을 것

천재·지변 기타 사변으로 인하여 공공의 안전을 심히 해치고 있거나 해칠 우려가 있어 공공의 안전을 유지하기 위한 공익사업의 긴급한 필요가 있어야 한다. 여기서 긴급사용할 원인이 되는 천재, 지변 등이라 함은 태풍, 해일, 호우, 대지진 등과 같은 공공의 안전이 지극히 위험한 상태를 말하며, 공공복리의 증진이라는 적극적 목적을 위해서는 허용되지 않는다.[390)]

(4) 허가 및 통지

사업시행자는 공익사업을 긴급히 시행하기 위하여 타인의 토지를 사용하고자 할 때에는 특별자치도지사, 시장·군수 또는 구청장의 허가를 받아야 한다.

사업시행자가 국가인 때에는 당해 사업을 시행할 관계 중앙행정기관의 장이 특별자치도지사, 시장·군수 또는 구청장에게, 사업시행자가 특별시·광역시 또는 도인 때에는 특별시장·광역시장 또는 도지사가 시장·군수 또는 구청장에게 각각 통지하고 사용할 수 있으며, 사업시행자가 특별자치도, 시·군 또는 구인 때에는 특별자치도지사, 시장·군수 또는 구청장이 허가나 통지 없이 사용할 수 있다.

다만, 특별자치도지사, 시장·군수·구청장은 타인의 토지를 사용하려는 때에는 공익사업의 종류 및 명칭, 사용하고자 하는 토지의 구역과 사용의 방법 및 기간 등의 사항을 즉시 토지의 소유자 및 점유자에게 통지하여야 한다(영 제18조).

390) 박평준, 공익사업용지취득보상법, 고시연구사, 2005, 204면.

▣ 토지보상법

제19조 (담보의 제공) ① 법 제39조 제1항에 따른 담보의 제공은 관할 토지수용위원회가 상당하다고 인정하는 금전 또는 유가증권을 공탁(供託)하는 방법으로 한다.

② 사업시행자는 제1항에 따라 금전 또는 유가증권을 공탁하였을 때에는 공탁서를 관할 토지수용위원회에 제출하여야 한다.

(5) 사용기간은 6월 이내일 것

토지의 사용기간은 6월을 초과하지 못한다. 이 기간은 약식절차에 의하여 연장할 수 없으며, 만약 6월을 초과하여 사용하고자 할 경우에는 이 약식절차가 아닌 보통의 공용수용의 절차를 밟아야 할 것으로 보인다.

3) 효 과

(1) 사업시행자의 사용권 취득

사업시행자는 허가 등에 의하여 공법상의 사용권을 취득한다. 이 때 그 사용기간은 6월을 넘지 못한다. 또한 토지소유자 및 점유자는 사업시행자에게 토지를 즉시 인도·이전하여야 한다. 이 경우 토지의 소유자 또는 점유자가 사용을 거부하거나 방해하는 때에는 사업시행자는 실력으로써 직접 당해 토지의 사용을 개시할 수 있다. 이 경우에는 대집행절차를 요하지 아니한다. 이러한 점에서 볼 때, 허가에 근거한 사용권의 행사는 '행정상 즉시강제'에 해당한다[391]는 주장도 있다.

(2) 토지사용 만료시 원상회복 의무

사업시행자는 공법상의 사용권을 취득하는 반면에 토지사용기간이 만료한 때에는 토지소유자에게 토지를 원상으로 회복하여야 한다. 원상으로 회복하기 어려울 경우 그에 대한 별도의 손실보상을 하여야 한다.

(3) 손실보상

타인의 토지를 사용함으로써 발생하는 손실을 보상하여야 한다. 손실보상에 관하여

---

391) 차태환, 토지보상법론, 부연사, 2011, 121면.

는 법 제9조 제5항부터 제7항까지의 규정[392]을 준용한다.

3. 시급한 토지의 사용재결

1) 근 거

▣ **토지보상법**

제39조 (시급한 토지 사용에 대한 허가) ① 제28조에 따른 재결신청을 받은 토지수용위원회는 그 재결을 기다려서는 재해를 방지하기 곤란하거나 그 밖에 공공의 이익에 현저한 지장을 줄 우려가 있다고 인정할 때에는 사업시행자의 신청을 받아 대통령령으로 정하는 바에 따라 담보를 제공하게 한 후 즉시 해당 토지의 사용을 허가할 수 있다. 다만, 국가나 지방자치단체가 사업시행자인 경우에는 담보를 제공하지 아니할 수 있다.

② 제1항에 따른 토지의 사용기간은 6개월을 넘지 못한다.

③ 토지수용위원회가 제1항에 따른 허가를 하였을 때에는 제38조제2항을 준용한다

▣ **토지보상법 시행령**

제19조 (담보의 제공) ① 법 제39조 제1항에 따른 담보의 제공은 관할 토지수용위원회가 상당하다고 인정하는 금전 또는 유가증권을 공탁(供託)하는 방법으로 한다.

② 사업시행자는 제1항에 따라 금전 또는 유가증권을 공탁하였을 때에는 공탁서를 관할 토지수용위원회에 제출하여야 한다.

2) 시급을 요하는 사용의 요건

시급을 요하는 사용의 경우 다음의 요건을 갖추어야 한다.

(1) 재결신청 후 재결지연이 되고 있는 경우

재결신청 후 그 재결이 지연되고 있는 경우이며, 그 지연되는 사유는 이유 여하에 상관없이 지연되고 있으면 족할 것으로 본다.

---

392) 토지보상법 제9조 ⑤ 제4항에 따른 손실의 보상은 손실이 있음을 안 날부터 1년이 지났거나 손실이 발생한 날부터 3년이 지난 후에는 청구할 수 없다.
⑥ 제4항에 따른 손실의 보상은 사업시행자와 손실을 입은 자가 협의하여 결정한다.
⑦ 제6항에 따른 협의가 성립되지 아니하면 사업시행자나 손실을 입은 자는 대통령령으로 정하는 바에 따라 제51조에 따른 관할 토지수용위원회(이하 "관할 토지수용위원회"라 한다)에 재결을 신청할 수 있다.

(2) 재해방지나 공공의 이익에 현저한 지장이 초래될 경우

재결 신청 후 재결의 지연으로 인하여 공익사업 시행을 하지 못하게 된 결과 재해방지 곤란이나 공공이익의 현저한 침해 우려가 있어야 한다.

(3) 관할토지수용위원회 허가

관할 토지수용위원회는 재해방지나 공공의 이익에 현저한 지장이 있는 지에 대하여 판단 후 허가여부를 결정한다. 이 허가는 처분이므로 이에 대한 불복은 항고쟁송의 대상이 된다.

(4) 사업시행자의 담보제공

관할 토지수용위원회가 담보제공을 조건으로 토지사용을 허가하는 것으로 담보제공은 토지수용위원회가 상당하다고 인정하는 금전 또는 유가증권을 공탁함으로써 행하고, 이 경우 그 공탁서를 토지수용위원회에 제출하여야 한다. 다만 국가나 지방자치단체는 담보를 제공하지 아니할 수 있다.

(5) 토지소유자 및 점유자 통지

관할 토지수용위원회가 토지의 사용을 허가한 경우에는 토지를 사용하는 사업의 종류, 사용하고자 하는 토지의 구역, 사용의 방법 및 기간을 토지소유자 및 점유자에게 통지하여야 한다.

(6) 사용기간은 6월 이내일 것

3) 보 상

▣ **토지보상법**

제41조 (시급한 토지 사용에 대한 보상) 제39조에 따라 토지를 사용하는 경우 토지수용위원회의 재결이 있기 전에 토지소유자나 관계인이 청구할 때에는 사업시행자는 자기가 산정한 보상금을 토지소유자나 관계인에게 지급하여야 한다.

② 토지소유자나 관계인은 사업시행자가 토지수용위원회의 재결에 따른 보상금의 지급시기까지 보상금을 지급하지 아니하면 제39조에 따라 제공된 담보의 전부 또는 일부를 취득한다.

■ **토지보상법 시행령**

제22조 (담보의 취득과 반환) ① 법 제41조 제2항에 따라 토지소유자 또는 관계인이 담보를 취득하려는 경우에는 미리 관할 토지수용위원회의 확인을 받아야 한다.
② 관할 토지수용위원회는 제1항에 따른 확인을 한 경우에는 확인서를 토지소유자 또는 관계인에게 발급하여야 한다.
③ 제2항에 따른 확인서에는 다음 각 호의 사항을 적고, 관할 토지수용위원회의 위원장이 기명날인하여야 한다.
1. 토지소유자 또는 관계인 및 사업시행자의 성명 또는 명칭 및 주소
2. 기일 내에 손실을 보상하지 아니한 사실
3. 취득할 담보의 금액
4. 제19조 제2항에 따른 공탁서의 공탁번호 및 공탁일
④ 사업시행자가 토지소유자 또는 관계인에게 손실을 보상한 후 법 제39조 제1항에 따라 제공한 담보를 반환받으려는 경우에 관하여는 제1항부터 제3항까지의 규정을 준용한다.

4) 효 과

천재·지변시 사용의 효과와 동일하다.

Ⅵ. 이의재결

1. 의 의

■ **토지보상법**

제83조 (이의의 신청) ① 중앙토지수용위원회의 제34조에 따른 재결에 이의가 있는 자는 중앙토지수용위원회에 이의를 신청할 수 있다.
② 지방토지수용위원회의 제34조에 따른 재결에 이의가 있는 자는 해당 지방토지수용위원회를 거쳐 중앙토지수용위원회에 이의를 신청할 수 있다.
③ 제1항 및 제2항에 따른 이의의 신청은 재결서의 정본을 받은 날부터 30일 이내에 하여야 한다.

제84조 (이의신청에 대한 재결) ① 중앙토지수용위원회는 제83조에 따른 이의신청을 받은 경우 제34조에 따른 재결이 위법하거나 부당하다고 인정할 때에는 그 재결의 전부 또는 일부를 취소하거나 보상액을 변경할 수 있다.
② 제1항에 따라 보상금이 늘어난 경우 사업시행자는 재결의 취소 또는 변경의 재결서 정본을 받은 날부터 30일 이내에 보상금을 받을 자에게 그 늘어난 보상금을 지급하여야 한다. 다만, 제40조 제2항 제1호·제2호 또는 제4호에 해당할 때에는 그 금액을 공탁할 수 있다.

이의신청이란 토지수용위원회의 위법 또는 부당한 재결처분으로 인해 권리 또는 이익을 침해당한 자가 복심적 재결기관인 중앙토지수용위원회에 그 처분의 취소 또는 변경을 구하는 행정심판절차이다. 이의신청은 재결의 관할에 따라 중앙토지수용위원회의 재결에 대한 것과 지방토지수용위원회에 대한 것으로 구분된다.

이의신청은 권리보호의 기능과 행정의 자기통제기능이 있어 위법뿐만 아니라 부당도 심사할 수 있고, 주관적 쟁송으로서 항고쟁송, 복심적 쟁송의 성격을 지닌다. 한편 이의신청은 구 토지수용법의 경우는 필요적 전심절차로 보는 것이 통설 판례였으나 개정법은 임의절차로 규정하였다. 따라서 이의재결과 행정소송의 제기는 별개사항으로, 이 절차는 각각 진행될 수 있다.

2. 요 건

이의신청의 요건은 다음과 같다.

1) 재결에 대하여 이의가 있는 자가 신청할 것

수용재결이 사업시행자만 신청할 수 있는데 반하여, 이의신청은 재결에 불복하는 사업시행자나 토지소유자 또는 관계인 모두가 신청할 수 있으며, 수용재결 실효 등의 사유로 이의재결 대상이 존재하지 않을 경우 쟁송의 실익이 없게 된다.[393] 이 이의신청은 이의를 서면으로 제출하여야 하며, 이러한 서면제출이나 일정한 의사표시 없이 보상금을 수령한 경우 당해 이의신청은 부적합한 것이 될 수 있다.

판 례

□ 대법원 1991. 8. 27. 선고 90누7081 판결 (묵시적 이의유보 부정판례)

토지소유자가 수용재결에서 정한 보상금을 수령할 당시 이의유보의 의사표시를 하였다 하여도 이의재결에서 증액된 보상금을 수령하면서 일부 수령이라는 등 유보의 의사표시를 하지 않은 경우에는 중앙토지수용위원회가 이의재결에서 정한 결과에 승복하여 그 공탁의 취지에 따라 수령한 것이라고 봄이 상당하며, 공탁금 수령 당시 이의재결을 다투는 행정소송이 계속 중이라는 사실만으로 공탁금수령에 관한 이의유보의 의사표시가 있는 것과 같이 볼 수는 없다.

393) 대법원 1997. 4. 8. 선고 96누4121 판결 : 중앙 또는 지방토지수용위원회의 수용재결은 그 성질에 있어 구체적으로 일정한 법률효과의 발생을 목적으로 하는 점에서 일반의 행정처분과 전혀 다를 바가 없으므로, 이의신청의 대상이 된 중앙 또는 지방토지수용위원회의 수용재결이 실효되는 등의 사유로 인하여 이미 존재하지 아니하는 경우에는 그에 대한 이의신청은 쟁송의 이익이 없어 부적법하다.

□ 대법원 2009. 11. 12. 선고 2006두15462 판결 (묵시적 이의유보 인정판례)

토지수용절차에서 보상금 수령시 사업시행자에 대한 이의유보의 의사표시는 반드시 명시적으로 하여야 하는 것은 아니므로 이의재결에 따라 증액된 보상금을 수령할 당시 수용보상금의 액수를 다투어 행정소송을 제기하고 상당한 감정비용을 예납하여 시가감정을 신청한 점, 원고가 수령한 이의재결의 증액 보상금은 원고가 이 사건 소장에 시가감정을 전제로 잠정적으로 기재한 최초 청구금액의 1/4에도 미치지 못하는 금액인 점, 이미 상당한 금액의 소송비용을 지출한 원고가 이 사건 소장에 기재한 최초 청구금액에도 훨씬 못 미치는 이의재결의 증액분을 수령한 것이 이로써 이 사건 수용보상금에 관한 다툼을 일체 종결하려는 의사는 아니라는 점은 피고도 충분히 인식하였거나 인식할 수 있었다고 봄이 상당하고, 따라서 원고는 위와 같은 소송 진행 과정과 시가감정의 비용지출 등을 통하여 이의재결의 증액 보상금에 대하여는 이 사건 소송을 통하여 확정될 정당한 수용보상금의 일부로 수령한다는 묵시적인 의사표시의 유보가 있었다고 볼 수 있다.

한편, 특히 논의가 되고 있는 부분은 이의유보를 명시적으로 하여야 하는지에 대한 부분이다. 판례는 수용재결 보상금 수령시 아무런 이의를 유보하지 않고 보상금을 수령하였거나[394] 단순히 공탁의 취지에 반하는 소송이나 이의신청을 하였다는 사실만으로는 이의를 유보하였다고 볼 수는 없다[395]는 입장이다. 다만 이의를 유보하였는지 여부에 대하여 법원의 판단이 다소 유동적으로 변화하고는 있으나(아래 판례 참조), 불필요한 논란을 불식하기 위해서는 재결보상금 수령시 "이의를 유보하고 보상금의 일부를 수령한다" 라고 영수증(사업시행자 출급의 경우)이나 공탁서(공탁금 출급의 경우)에 기재하는 것이 타당하다.[396]

---

394) ① 대법원 2001. 11. 13. 선고 2000두1003 판결 : 토지소유자가 수용재결에서 정한 손실보상금을 수령할 당시 이의유보의 뜻을 표시하였다 하더라도, 이의재결에서 증액된 손실보상금을 수령하면서 이의유보의 뜻을 표시하지 않은 이상 특별한 사정이 없는 한 이는 이의재결의 결과에 승복하여 수령한 것으로 보아야 하고, 위 증액된 손실보상금을 수령할 당시 이의재결을 다투는 행정소송이 계속중이라는 사실만으로는 추가보상금의 수령에 관하여 이의유보의 의사표시가 있는 것과 같이 볼 수는 없다 할 것인바, 이러한 법리는 휴업보상을 인정한 수용재결에 대하여 폐업보상을 하여 줄 것을 요청하면서 이의를 신청하였으나 이의재결에서 이를 받아들이지 않으면서 증액하여 인정한 휴업보상금을 이의유보의 뜻을 표시하지 않고 수령한 경우에도 마찬가지로 적용된다.
② 대법원 1983. 2. 22. 선고 81누311 판결 : 토지수용을 하는 사업시행자가 관할 토지수용위원회가 재결한 보상금을 토지소유자에게 제공하고 토지소유자가 이를 아무런 이의를 유보함이 없이 수령하였다면 그 토지의 소유자는 그 재결에 승복한 것이라고 보아야 할 것이므로 그 재결에 대한 이의는 부적합하다.

395) 대법원 1990. 10. 23. 선고 90누6125 판결 : 사업시행자가 재결한 토지수용보상금을 공탁한 경우에 토지소유자가 그 공탁에 대하여 아무런 이의를 유보하지 아니한 채 이를 수령한 때에는 종전의 수령거절의사를 철회하고 재결에 승복하여 공탁의 취지에 따라 보상금전액을 수령한 것으로 볼 것이고 공탁금 수령 당시 단순히 그 공탁의 취지에 반하는 소송이나 이의신청을 하고 있다는 사실만으로는 그 공탁물 수령에 관한 이의를 유보한 것으로 볼 수 없다.

396) 중토위 사무국-10462(2012. 5. 8) : 이의유보에 대한 확인은 중요한 것이므로 이에 대한 각별한 주의가 요망되는 상황에서 소유자가 공탁금을 수령시 이의가 있다고 적었음에도 법원에서 단지 '이의유보'라고

그리고 이의는 재결에 불복하는 자가 개별적으로 신청하는 것이므로 이의신청의 대상물이 같더라도 토지소유자 또는 관계인의 일부가 이의신청을 한 경우, 그 이의신청은 다른 소유자 또는 관계인에게 영향이 없다. 이의신청이 공유물의 보존행위에 해당하지 않으므로 그 효력이 이의신청을 하지 아니한 다른 공유자에게까지 미치지 않는다.[397)]

2) 재결서의 정본이 송달된 날로부터 30일 이내 신청할 것

이 기간은 제소기간이다. 따라서 재결서 정본이 송달받은 날을 기준으로 30일 이내 신청하여야 하며 동 기간 경과 시 중토위는 각하재결을 하게 된다. 한편, 대법원은 토지수용위원회에서 수용재결서 송달시 심판청구기간을 알리지 아니한 경우에는 이의신청도 행정심판법 제27조 제3항 및 제6항의 규정이 적용될 수 있어 수용재결일로부터 180일내에 제기할 수 있다.[398)]

표기를 안했다는 이유로 이의가 없다고 표시하여 서류를 발급하는 사례가 종종 발견되고 있다고 합니다. 최근 행정소송의 흐름을 보면 소유자가 공탁금 수령시 '이의유보' 표시가 아닌 이의가 있었다고 기재되어 있는 경우는 이를 '이의유보'가 있는 것으로 인정하고 있습니다. 따라서 향후에는 공탁금 출급 신청서를 제출시 이의가 있다고 확인되는 경우에는 '이의유보'라는 표현이 없더라도 이는 이의유보가 있음을 의미하는 것임을 알려드리니 이의신청에 대한 의견 제출시 유념하시기 바랍니다.

397) 대법원 1982. 7. 13. 선고 80누405, 406 판결 : 이 사건에서와 같은 수용재결에 대한 이의신청은 공유물의 보존행위에 해당된다고 볼 수 없으므로 원고 ㅇㅇㅇ가 자기 명의로만 이의신청을 하였음이 기록상 분명한 이 사건에 있어 그 이의신청의 효력은 원고에게만 미치는 것이라고 할 것인즉, 원심이 이와 같은 견해에서 이 사건 임야에 대한 수용재결중 공유자의 한 사람인 소외 ㅇㅇㅇ에 관한 부분은 같은 소외인이 이에 대하여 이의 신청을 하지 아니함으로써 확정되었다고 판단한 조처는 정당하다.

398) 대법원 1992. 6. 9. 선고 92누565 판결 : 토지수용위원회의 수용재결에 대한 이의절차는 실질적으로 행정심판의 성질을 갖는 것이므로 토지수용법에 특별한 규정이 있는 것을 제외하고는 행정심판법의 규정이 적용된다고 할 것이고, 행정심판법 제43조 제2항도 행정심판에 관하여 다른 법률에서 특례를 정한 경우에도 그 법률에서 규정하지 아니한 사항에 관하여는 이 법이 정하는 바에 의한다고 규정하고 있는바 , 행정심판법 제42조 제1항은 행정청이 처분을 서면으로 하는 경우에는 그 상대방에게 처분에 관하여 행정심판을 제기할 수 있는 지의 여부, 제기하는 경우의 재결청 경유절차 및 청구기간을 알려야 한다고 규정하고 있으므로 행정청이 처분을 서면으로 하는 경우에는 다른 법률에서 달리 수정한바 없는 이상 반드시 상대방에게 행정심판의 가부, 재결청, 경유절차 및 심판청구기간을 알려야 할 의무가 있으며, 특히 심판청구기간을 알리지 아니한 경우에는 다른 법률에서 달리 규정한바 없는 한 행정심판법 제18조 제6항의 규정에 의하여 같은 조 제3항의 기간 즉 처분이 있은 날로부터 180일 이내에 그 처분에 대한이의 또는 재결신청 등 심판청구를 할 수 있다고 보아야 한다.

▣ **행정심판법**

제27조 (심판청구의 기간) ③ 행정심판은 처분이 있었던 날부터 180일이 지나면 청구하지 못한다. 다만, 정당한 사유가 있는 경우에는 그러하지 아니하다.
⑥ 행정청이 심판청구 기간을 알리지 아니한 경우에는 제3항에 규정된 기간에 심판청구를 할 수 있다.

3) 중앙토지수용위원회 제기

중앙토지수용위원회의 재결에 대한 이의는 중앙토지수용위원회에, 지방토지수용위원회의 재결에 대한 이의는 지방토지수용위원회를 경유하여 중앙토지수용위원회에 제기하여야 한다.

질의회신

□ **중토위 사무국 2003. 7. 19.**

【질의회신】 수용재결 이후 중앙토지수용위원회에 이의신청하고자 할 때에 지켜야 할 사항
【회신내용】 첫째, 중앙토지수용위원회의 재결에 대하여 이의가 있는 자는 중앙토지수용위원회에, 지방토지수용위원회의 재결에 대하여 이의가 있는 자는 당해 지방토지수용위원회를 거쳐 중앙토지수용위원회에 직접 또는 우편(일반·등기)으로 수용재결서를 받은 날부터 30일 이내에 도착될 수 있도록 하여야 함.
둘째, 이의신청은 보상금을 수령하거나 공탁금을 수령한 후에도 제기할 수 있지만 이 경우에는 반드시 수용보상금 청구서나 공탁금 출급청구서에 '이의를 유보하고 보상금의 일부를 수령한다'라는 조건을 달고 보상금을 수령하여야 하며, 만약 조건 없이 보상금을 수령하고 이의신청을 하게 되면 그 이의신청은 각하됨.

3. 효 과

이의신청이 제기되면 재결기관인 중앙토지수용위원회는 이의신청에 대하여 심리·재결해야할 의무를 진다. 한편 이의신청이 있다 하더라도 사업의 진행 및 토지의 수용 또는 사용은 정지되지 않는다(법 제88조). 재결에 대한 행정쟁송은 어디까지나 재결에 대한 불복수단에 지나지 않으며, 그것이 제기되더라도 사업의 진행 및 토지의 수용·사용은 정지되지 아니하는 집행효력 부정지의 원칙이 적용되는 것이다.

4. 심 리

이의신청에 대한 심리의 형식은 요건심리와 본안심리로 구분된다. 이의신청에 대한 심리는 서면심리주의, 직권심리주의 그리고 비공개주의를 원칙으로 한다.

1) 요건심리

요건심리는 이의신청제기의 요건을 갖추고 있는지 여부를 심리하는 것을 말하는 것으로 이를 형식적 요건심사라 한다. 이는 특히 이의신청인이 이의신청권이 있는지, 이의신청인이 수용재결보상금을 수령했는지 여부 및 수령했을 경우 이의유보를 하였는지 여부 등을 심사하게 된다. 이 이의신청 제기요건을 갖추지 못한 경우 이의신청은 각하하게 된다.

2) 본안심리

요건심리 결과 이의신청이 적법하다 판단하게 되면 본안심리를 하게 되며, 이를 실질적 심사라고 한다. 이의재결은 수용재결의 전부 또는 일부 취소 및 변경이 가능하며, 또한 심히 공익을 해한다고 인정되는 경우에는 사정재결이 인정된다.

한편, 이의재결에서도 수용재결의 경우와 같이 불고불리의 원칙이 적용되지만, 증액재결은 가능하다. 그러나 수용재결에서 인정되었던 출석 및 의견진술의 기회부여나 출석을 위한 심리의 기일 및 장소의 통지는 이의재결의 절차는 아니므로 이 절차를 거치지 아니하였다 하더라도 위법이라 볼 수는 없다(아래 판례 참조).

판 례

□ 대법원 1991. 10. 22. 선고 90누6323 판결

구 토지수용법(1989.4.1. 법률 제4120호로 개정되기 전의 것) 제36조, 제37조에 규정된 의견진술의 기회부여나 심의기일 등의 통지에 관한 규정은 수용재결절차에 관한 규정이고 이의재결절차에도 적용 또는 준용되는 것은 아니므로 피고가 이의재결을 함에 있어 원고에게 의견진술기회를 주지 아니하고 심의기일을 통지하지 아니하였다고 하여 위법이라고 할 수 없다.

5. 재 결

1) 재결의 내용

중앙토지수용위원회는 이의신청이 있는 경우 원재결이 위법 또는 부당하다고 인정할 때에는 그 원재결의 전부 또는 일부를 취소하거나 **손실보상액을 변경**할 수 있다.

한편, 손실보상액 변경과 관련하여 수용재결 금액보다 이의재결 금액이 낮게 평가되었을 경우 불이익변경금지 원칙이 적용되는지에 대하여, 명문의 규정은 없으나 행정심판법 제36조[399]에 의한 불이익변경금지의 원칙은 토지수용에 대한 이의신청 재결에 있어서도 그대로 적용되며, 중앙토지수용위원회도 수용재결금액을 감액하는 이의재결은 불가하다고 밝히고 있다.[400] 다만 사업시행자가 이의신청하는 경우는 예외적으로 감액재결이 가능하다.

또한 법원은 심리범위에 대하여 이의신청이 있는 경우에 중앙토지수용위원회가 수용재결의 위법 또는 부당여부를 심리하도록 규정하고 있을 뿐 이의신청서에 기재된 이의사유에 한하여 심리하도록 제한하고 있지 아니하므로 특별한 사정이 없는 한 이의신청에서 수용재결 전체의 내용을 다툴 수 있다고 판시[401]하고 있어, 재결의 범위 내에서 처음부터 주장하지 못한 새로운 사실의 주장도 가능하다.

2) 재결의 종류

이의신청에 대한 재결은 각하재결, 기각재결 그리고 인용재결로 구별할 수 있다.

---

399) 행정심판법 제36조(재결의 범위) ② 위원회는 심판청구의 대상이 되는 처분보다 청구인에게 불이익한 재결을 하지 못한다.

400) 토지수용업무편람, 중앙토지수용위원회, 2009, 410면 ; 수용재결액을 감액하는 이의재결은 불가함. 사업시행자가 이의신청시에는 감액재결도 가능(극히 이례적임).

401) 대법원 1995. 12. 8. 선고 95누5561 판결 : 토지수용법 제75조는 이의신청이 있는 경우에 중앙토지수용위원회가 수용재결의 위법 또는 부당 여부를 심리하도록 규정하고 있을 뿐 이의신청서에 기재된 이의사유에 한하여 심리하도록 제한하고 있지 아니하므로 특별한 사정이 없는 한 이의신청의 효력은 수용재결 전체에 미친다고 할 것인바(대법원 1991. 2. 12. 선고 90누288 판결, 1995. 9. 15. 선고 93누20627 판결 등 참조), 기록에 의하면 원고는 이 사건 수용재결에 대한 이의신청을 하면서 위 사업손실보상청구 부분에 관하여 이의사유로 주장하였을 뿐만 아니라 가사 그 주장이 없었다고 하더라도 원고는 이 사건 수용재결 전체의 내용에 포함되는 위 사업손실보상청구 부분에 관하여 이 사건 이의재결의 취소 및 손실보상금의 증액을 구하는 소송을 제기하거나 소송 진행 도중에 이를 공격방어방법의 하나로 주장할 수 있다고 할 것이다.

(1) 각하재결

각하재결은 이의신청의 제기요건이 결여된 경우에 본안에 대한 심리를 거절하는 재결이다. 따라서 각하재결은 요건심리만으로 행하는 재결로서, 이의신청 기간(수용재결서 정본 송달일로부터 30일 이내)을 넘어 이의신청을 하였거나 이의를 유보하지 않고 보상금을 수령한 경우 등 신청의 요건을 구비 하지 못하였거나 이의신청의 이익이 없을 경우 등 아래의 경우 본안에 대한 심의가 필요 없으므로 이의신청을 각하하는 재결을 내리게 된다.

표 16. 중토위 각하사유

① 이의를 유보하지 않고 공탁금을 수령한 경우
② 법 제83조제3항에서 정한 이의신청기간(30일)을 경과하여 이의신청한 경우
③ 해당 토지, 물건, 손실보상 등에 대한 수용재결이 없는 경우
④ 보상금을 공탁하지 아니하여 재결이 실효된 경우
⑤ 수용재결 후 별도의 계약을 통하여 사업시행자가 소유권 등을 취득한 경우
⑥ 이의신청인이 아닌 자가 이의신청을 한 경우

(2) 기각재결

기각재결은 이의신청에 대한 본안심리의 결과 그 주장이 이유 없다고 인정하여 청구의 취지를 배척하고 수용재결을 지지하는 재결이다. 기각은 재결의 실체적 내용에 대한 재결이므로 형식적 요건에 관한 재결인 각하와 구별된다. 이는 토지 등의보상에 있어 재평가한 금액이 수용재결액과 같거나 적은 경우 또는 이의신청에서 주장한 내용이 이유가 없는 경우에 이의신청을 기각하게 되는 재결이다.

이의재결에서 심의 대상은 수용재결의 위법 또는 부당성이고, 이것이 이의재결의 판단범위를 정한다. 따라서 수용재결이 없었던 부분은 이의재결 판단범위가 아니므로 각하한다.

이처럼 이의재결은 수용재결의 위법 또는 부당성을 판단하기 위하여 이의 신청인의 주장의 정당성을 심의하는 절차이므로, 수용재결의 판단이 정당하다고 인정되면 이의신청을 기각한다. 보상금 증액을 요구하는 경우, 감정평가 결과 수용재결금액보다 낮게 산정 되었다면 불이익변경 금지의 원칙상 이를 감액하지 못하므로 수용재결금액이 적정한 것으로 보고 이의신청을 기각한다.[402)]

(3) 인용재결

인용재결은 본안심리의 결과 이의가 이유 있고 수용재결이 위법 또는 부당하다고 인정하여 수용재결을 취소 또는 변경하는 재결이다. 수용재결이 위법하거나 부당한 경우 중앙토지수용위원회는 전부취소, 일부취소, 보상금액 변경으로 재결할 수 있다.[403]

① 수용재결 전부취소는 이의신청된 수용재결 전체를 소급하여 무효로 하는 것이다. 전부 취소되면 수용재결을 한 토지수용위원회는 재결의 취지에 따라 다시 수용재결하여야 한다.[404]

② 이의재결 중 일부를 취소하는 경우, 가령 이의신청인들 중 일부 혹은 일부 토지 등에 대한 수용이 위법하거나 부당한 경우 해당 부분만 취소하는 형태이다. 여기서 인용하지 않는 나머지 이의신청 부분의 기각을 누락해서는 안 된다. 나머지 이의신청 기각주문을 누락하면 판단 유탈이 되어 절차가 종결되지 않고 중토위에 계류한다.[405]

③ 보상금액 변경재결의 경우, 수용재결금액과 이의재결 보상 평가액을 비교하여 후자가 더 많으면 후자로 변경하는 재결을 한다.

④ 또한 심판청구가 이유 있는 경우에도 당해 청구를 인용하는 것이 현저히 공공복리를 해한다고 인정되는 경우에는 사정재결도 가능하다.

---

402) 중토위, 2019 토지수용 편람, 547면.

403) 중토위, 2019 토지수용 편람, 545-546면.

404) 행정심판법 49조(재결의 기속력 등) ① 심판청구를 인용하는 재결은 피청구인과 그 밖의 관계 행정청을 기속(羈束)한다.
② 재결에 의하여 취소되거나 무효 또는 부존재로 확인되는 처분이 당사자의 신청을 거부하는 것을 내용으로 하는 경우에는 그 처분을 한 행정청은 재결의 취지에 따라 다시 이전의 신청에 대한 처분을 하여야 한다.
④ 신청에 따른 처분이 절차의 위법 또는 부당을 이유로 재결로써 취소된 경우에는 제2항을 준용한다.

405) 토지보상법 제37조(재결의 유탈) 토지수용위원회가 신청의 일부에 대한 재결을 빠뜨린 경우에 그 빠뜨린 부분의 신청은 계속하여 그 토지수용위원회에 계속(係屬)된다.

6. 이의재결의 효력

1) 근거규정

▣ **토지보상법**

제86조 (이의신청에 대한 재결의 효력) ① 제85조 제1항의 규정에 의한 기간 이내에 소송이 제기되지 아니하거나 그 밖의 사유로 이의신청에 대한 재결이 확정된 때에는 「민사소송법」상의 확정판결이 있은 것으로 보며, 재결서 정본은 집행력있는 판결의 정본과 동일한 효력을 가진다. 〈개정 2007. 10. 17.〉

② 사업시행자·토지소유자 또는 관계인은 이의신청에 대한 재결이 확정된 때에는 관할 토지수용위원회에 대통령령이 정하는 바에 따라 재결확정증명서의 교부를 청구할 수 있다.

2) 효 력

이의재결은 행정행위의 성질과 준사법적 성질을 동시에 갖는다고 보아야 할 것이다. 이는 토지보상법이 이의신청에 대한 재결이 확정된 때에는 민사소송법상 확정판결이 있은 것으로 보며, 재결서 정본은 집행력있는 판결 정본과 동일시하기 때문이다. 이와 같이 행정기관의 행정행위인 이의재결에 대하여 확정판결의 효력을 인정한 것은 법률이 법적 안정성 차원에서 특별히 부여한 효력[406]으로 행정행위의 성질상 인정되는 불가변력과는 차이가 있다.[407]

한편 이 이의재결에 대하여는 수용재결의 경우와 같이 일정기간(수용개시일)까지 사업시행자가 보상금을 지급하거나 공탁하지 않은 경우에는 그 재결 자체가 실효되는 실효제도를 규정하고 있지 않아, 이의재결에서는 수용재결의 경우와 같이 실효제도는 적용되지 않는다.[408] 대신에 이의재결이 확정되면 집행력이 있는 확정판결의 효력이 인정

---

406) 이병철, 행정법강의, 유스티니아누스, 2003, 243면.

407) 불가변력은 일정한 행정행위에 대하여 이를 발한 행정청 자신도 임의로 그 행정행위를 취소·변경·철회할 수 없는 구속을 받게 되는 것을 말하는 것으로, 주로 토지수용 재결 등과 같이 준사법적 행정행위에 적용된다.

408) ① 대법원 1992. 3. 10. 선고 91누8081 판결 : 토지수용법상의 이의재결절차는 수용재결에 대한 불복절차이면서 수용재결과는 확정의 효력 등을 달리하는 별개의 절차이므로 기업자가 이의재결에서 증액된 보상금을 일정한 기한 내에 지급 또는 공탁하지 아니하였다 하더라도 그 때문에 이의재결 자체가 당연히 실효된다고는 할 수 없다.

② 대법원 2008. 2. 15. 선고 2006두9832 판결 : 원칙적으로 행정소송 제기 전에 이의재결에서 증액된 보상금을 공탁하여야 하지만, 제소 당시 그와 같은 요건을 구비하지 못하였다 하여도 사실심 변론종결

되므로 피수용자는 민사소송법에 의한 강제집행을 통하여 확정된 보상금액을 받을 수 있게 된다.

이와 같이 행정기관의 행위(중토위의 이의재결)에 판결을 효력을 부여한 것에 대해서 비판의 견해도 있으나, 이의재결에서 결정된 보상금의 지급을 확보할 수 있는 제도적 장치가 필요하다는 점에서 정당성이 있다고 본다.[409)]

Ⅶ. 화 해

1. 화해의 의의

1) 관련조항

▣ **토지보상법**

제33조 (화해의 권고) ① 토지수용위원회는 그 재결이 있기 전에는 그 위원 3명으로 구성되는 소위원회로 하여금 사업시행자, 토지소유자 및 관계인에게 화해를 권고하게 할 수 있다. 이 경우 소위원회는 위원장이 지명하거나 위원회에서 선임한 위원으로 구성하며, 그 밖에 그 구성에 필요한 사항은 대통령령으로 정한다.
② 제1항에 따른 화해가 성립되었을 때에는 해당 토지수용위원회는 화해조서를 작성하여 화해에 참여한 위원, 사업시행자, 토지소유자 및 관계인이 서명 또는 날인을 하도록 하여야 한다.
③ 제2항에 따라 화해조서에 서명 또는 날인이 된 경우에는 당사자 간에 화해조서와 동일한 내용의 합의가 성립된 것으로 본다.

2) 화해의 의의

토지보상법상 화해라 함은 토지수용위원회가 재결 전 심리과정에 있어 수용·사용에 관한 사업시행자·토지소유자 및 관계인의 주장을 서로 양보하도록 하여 분쟁을 원만하게 해결하고자 하는 공법상 행위를 말하며, 이는 반드시 수용위원회에 재결신청이 있은

당시까지 그 요건을 갖추었다면 그 흠결의 하자는 치유되었다고 본다.

409) 확정된 재결에 대하여 민사소송법상의 확정판결과 동일한 효력을 부여함으로써 사업시행자가 보상금의 지급 재결내용의 이행을 게을리 하였을 때에는 집행관에 의한 강제집행이 가능하도록 하여 피수용자의 보호에 획기적인 조치를 마련한 것이다. 김경렬, 토지공법, 사법행정연구원, 1997, 144-145면.

후 재결 전에 행하게 된다.[410)]

이와 같이 토지보상법이 화해제도를 제도화하고 있는 것은 ① 가급적 당사자간의 원만한 합의에 의하여 토지를 취득하는 것이 바람직하고 ② 화해에 확정력을 부여하여 화해의 성립과 내용이 나중에 다투어짐으로써 공익사업의 시행에 지장을 줄 위험성을 미리 예방하기 위해서[411)] 이다.

토지보상법에서는 사법상의 화해를 전제로 하고 있으나, 판례는 토지수용위원회의 재량에 따른 임의적 절차로 보고 있다.[412)] 또한 화해 자체만으로는 효과가 발생하지 않으며 반드시 화해에 참여한 위원·사업시행자·토지소유자 및 관계인이 화해조서에 서명 또는 날인을 하여야 토지보상법상의 효과가 발생한다(법 제33조 제3항).

2. 법적 효과

화해조서에 서명 또는 날인한 경우에는 당사자 간의 화해조서와 동일한 내용의 합의가 성립된 것으로 보며, 그 효력은 종전 토지수용법에서는 화해조서에 당사자가 서명 또는 날인한 경우 "화해의 성립이나 그 내용을 다툴 수 없다"고 규정하였으나[413)] 현행 토지보상법은 화해의 효력에 대한 규정이 없어 이 화해조서의 효력에 대하여 재결의 효력을 인정할 수 있는지 논의가 될 수 있다.

이에 대하여 토지보상법상 화해제도도 결국은 수용재결 전에 당사자 간의 화해를 통하여 분쟁을 해결하기 위한 제도로 이는 민사소송법상 화해제도와 매우 유사하며 민사소송법상 화해조서가 작성되면 판결의 효력이 발생하는 것과 같이[414)] 토지보상법상 화

410) 박평준, 공익사업용지취득보상법, 고시연구사, 2004, 201면.

411) 김철용, 행정법Ⅱ, 박영사, 2005, 548면.

412) 대법원 1986. 6. 24. 선고 84누554 판결 : 토지수용법 제40조 소정의 토지수용위원회의 기업자, 토지소유자 또는 관계인에 대한 화해의권고는 반드시 거쳐야 하는 필요적인 절차가 아니라 토지수용위원회의 재량에 따른 임의적인 절차인 것은 위 법조문 자체에 의하여 명백하다.

413) 종전 토지수용법에서는 화해조서에 대하여 불가쟁력을 명문으로 규정하였으나, 현행 토지보상법은 이 조항을 삭제하였다.
☞ 舊 토지수용법 제40조 (화해의 권고) ③ 화해조서에 서명날인한 기업자, 토지소유자 및 관계인은 화해조서의 성립이나 그 내용을 다툴 수 없다. ⇒ 현행 토지보상법 제33조 ③ 제2항의 규정에 따라 화해조서에 서명 또는 날인이 된 경우에는 당사자 간에 화해조서와 동일한 내용의 합의가 성립된 것으로 본다.

414) 재판상 화해는 소송절차진행중에 하는 소송상 화해이든 소 제기전에 지방법원 단독판사에게 화해신청을 내어 하는 제소전 화해이든 화해가 성립되어 이를 조서에 기재한 때에는 그 조서가 확정판결과 같은 효력을 갖는다. 따라서 강제집행의 근거가 되는 집행권원이 되다(이시윤, 신민사집행법, 박영사, 2006,

해에 대해서도 재결의 효력이 있다고 보는 것이 타당하며,[415] 또한 재결의 효과를 부여하지 않는다면 당사자가 굳이 화해권고에 응할 실익이 없는 점 등을 감안할 경우 이 화해가 성립한 경우, 협의의 성립이나 재결과 같은 효력을 부여한다[416]고 보아야 할 것이다.

3. 화해의 절차

1) 화해의 권고

토지수용위원회는 재결이 있기 전에 소위원회(3인)로 하여금 사업시행자 및 토지소유자 등에게 화해를 권고할 수 있다. 이 경우 소위원회는 위원장이 지명하거나 위원회에서 선임한 위원으로 구성하며, 그 위원 중에는 중앙토지수용위원회의 경우에는 국토교통부, 지방토지수용위원회의 경우에는 특별시·광역시·도 또는 특별자치도 소속 공무원인 위원 각 1인이 포함되어야 한다.[417]

2) 화해조서의 작성

화해가 성립되면 화해조서를 작성하고 화해에 참여한 위원·사업시행자·토지소유자 및 관계인이 이에 서명 또는 날인을 하도록 하여야 하며, 화해조서 정본을 사업시행자·토지소유자 및 관계인에게 송달하여야 한다.

133면).

☞ 민사소송법 제220조(화해, 청구의 포기·인낙조서의 효력) 화해, 청구의 포기·인낙을 변론조서·변론준비기일조서에 적은 때에는 그 조서는 확정판결과 같은 효력을 가진다

415) 노병철, 감정평가 및 보상법규, 회경사, 2008, 187면. 저자는 화해조서의 재결효력 인정사유에 대하여 ① 민사소송법상 화해제[도와 유사하다는 점, ② 협의성립확인제도와 균형을 맞추기 위해서라도 재결효력을 인정하여야 한다는 점, ③ 화해의 성립과 화해조서 작성이 재결로 행한다는 점을 들고 있다.

416) 석종현, 손실보상법론, 삼영사, 2003, 379 ; 화해의 효력은 협의의 성립이나 재결이 있는 것과 같은 것으로 보아야 할 것이다.

417) 중앙토지수용위원회 운영규정 제13조(소위원회) ① 법 제33조 제1항의 규정에 의한 소위원회는 상임위원과 위원회에서 선임된 위원 2인으로 구성한다.

사 례

화해조서 (예시)

1. 사업명 : 재해위험지구 정비에 따른 하천정비사업
2. 당사자
   가. 이의신청인 : ㈜ ○○○
   나. 사업시행자 : △△ 시장
3. 일시 및 장소 : 2014. 6. 27(금) 중앙토지수용위원회 회의실
4. 화해신청 및 경위
   가. 이의신청인 하천정비사업에 편입, 철거되는 철도교량과 관련하여 이전비를 보상토록 한 지방토지수용위원회 재결은 부당하므로 새로운 교량설치를 위한 대체시설비를 보상하여 달라는 이의 선청을 제기하였으며
   나. 이에 사업시행자 △△ 시장은 대체시설비용 부담의사를 표시하여
   다. 양 당사자 간 화해를 추진하게 되었다.
5. 화해사항
   중앙토지수용위원회 소위원회가 권고한 사항과 당사자 간의 의사를 반영하여 아래와 같이 이의 신청인과 사업시행자가 이의 없이 합의함에 따라 화해가 성립되었다.
   가. 본 대체시설 설치사업은 시설 소유 및 운영자인 ㈜ ○○○가 시행한다.
   나. △△ 시장는 대체시설공사를 기한내 완료할 수 있도록 신속한 인허가 및 안전조치 협조한다.
   다. 대체시설 설치비용은 설계비, 공사비, 감리비 등을 포함하여 금×××억원으로 확정한다.
   라. 대체시설 분담은 ㈜ ○○○ 48%, △△ 시장 52%로 한다.

중토위 사무국-19805 (2014.08.22) 화해조서 편집

4. 화해의 효력

1) 화해조서의 효력

(1) 차단효 성립여부

화해가 성립되면 재결과 같은 효력이 부여되어 그 내용을 다툴 수 없다고 보아야 할 것이며(차단효), 따라서 사업시행자는 화해에서 정하여진 시기까지 보상금을 지급하거나 공탁하여야 하고, 피수용자는 그 시기까지 목적물을 인도 또는 이전하여야 한다.

종전 토지수용법에서는 "화해조서에 서명·날인한 기업자, 토지소유자 또는 관계인은 화해조서의 성립이나 그 내용을 다툴 수 없다"라고 명시적 규정이 있었으나, 현행 토지보상법에서는 이러한 내용이 삭제되었다. 그러나 화해조서에 협의성립확인과 같은 효력을 인정할 수 있다고 본다면[418] 이러한 차단효는 여전히 있다고 보는 것이 타당할

것 같다.[419]

(2) 재결효력의 여부

화해조서에 재결의 효력을 인정할 수 있는지 문제가 될 수 있다. 토지보상법은 화해조서에 서명 또는 날인이 된 경우에는 당사자 간에 화해조서와 동일한 내용의 합의가 성립된 것으로 본다고 보고 있어 민사소송상의 화해제도와 유사한 점, 화해성립과 화해조서 작성은 토지수용위원회 재결로써 행하여진다는 점에서 재결의 효력이 있다고 볼 수 있다.[420]

2) 화해조서의 실효

작성된 화해조서가 일단 유효하게 성립된 이상 그 기초가 된 의사표시의 취소, 무효를 이유로 화해조서작성의 취소 또는 무효를 구하는 이의신청 또는 행정소송을 제기할 수 없다고 할 것이다.[421] 다만 사업시행자가 화해에서 정하여진 시기까지 보상금의 지급을 이행하지 않는 경우에는 그 화해의 효력이 상실되어 재결신청이 없었던 상태대로 되돌아가는 것이고,[422] 어느 당사자 한쪽의 강박 등에 의한 작성이나 조서 작성 자체의 흠이 있는 경우에는 이를 다툴 수 있을 것으로 본다. 이 경우 화해의 성질을 재결과 동일하다고 보는 입장에서는 화해조서 역시 재결서와 동일하다고 볼 수 있어, 화해에 대한 다툼은 재결에 대한 다툼으로 보아 이의신청(법 제83조) 및 행정소송(법 제85조)이 가능하다고 본다.[423]

---

418) 후술하게 되는 협의성립확인제도와 이 화해의 효력은 양 제도 모두 재결과 같은 공법상 효과가 발생한다는 점에서는 공통점이 있으나, 화해는 재결을 신청 후 토지수용위원회의 심리 과정에서 적용되는 제도이나, 협의성립확인 제도는 사업인정 고시 후 재결신청기간 사이에 적용되며 별도의 토지수용위원회의 심리를 요하지 않는다는 차이점이 있다.

419) 김은유 외2인, 실무토지수용보상, 파워에셋, 2019, 253면.

420) 박균성/도승하, 토지보상행정법, 박영사, 2014, 910면. ; 화해의 효력은 명문상의 규정은 없으나, 협의성립확인 또는 재결과 같은 효력이 있다.

421) 차태환, 토지보상법론, 부연사, 2011, 118면.

422) 토정 414-14349 (1977. 7. 12) : 화해기간 내에 일방은 화해조서 내용대로 이행하였으나, 타방의 불이행으로 화해기간이 도과하여 화해조서의 효력이 상실되었을 경우 그 일방이 입은 손실에 대하여는 토지수용법 제55조(사업의 폐지·변경으로 인한 손실보상)의 규정에 의한 손실보상을 받을 수 있으며, 사업인정이 실효된 때에는 당사자간의 민사상의 문제로 처리할 수 밖에 없다. 화해기간의 도과로 효력이 상실되면 당해 사업에 관한 사업인정 고시의 효력기간 내인 경우에는 재결신청이 가능하나 그 기간마저 경과된 경우에는 관계법규에 의한 사업인정을 득한 후 토지수용법이 정하는 절차에 의하여 재결신청하여야 한다.

Ⅷ. 협의성립 확인제도

1. 법적 근거 및 의의

1) 근거조항

제29조 (협의성립의 확인) ① 사업시행자와 토지소유자 및 관계인 간에 제26조에 따른 절차를 거쳐 협의가 성립되었을 때에는 사업시행자는 제28조 제1항에 따른 재결 신청기간 이내에 해당 토지소유자 및 관계인의 동의를 받아 대통령령으로 정하는 바에 따라 관할 토지수용위원회에 협의 성립의 확인을 신청할 수 있다.
② 제1항에 따른 협의 성립의 확인에 관하여는 제28조 제2항, 제31조, 제32조, 제34조, 제35조, 제52조 제7항, 제53조 제4항, 제57조 및 제58조를 준용한다.
③ 사업시행자가 협의가 성립된 토지의 소재지·지번·지목 및 면적 등 대통령령으로 정하는 사항에 대하여 「공증인법」에 따른 공증을 받아 제1항에 따른 협의 성립의 확인을 신청하였을 때에는 관할 토지수용위원회가 이를 수리함으로써 협의 성립이 확인된 것으로 본다.
④ 제1항 및 제3항에 따른 확인은 이 법에 따른 재결로 보며, 사업시행자, 토지소유자 및 관계인은 그 확인된 협의의 성립이나 내용을 다툴 수 없다.

2) 협의성립의 의의

협의성립 확인제도는 토지보상법 제29조 및 같은 법 시행령 제13조의 규정에 의거 사업인정 후 토지 등의 취득에 관하여 사업시행자와 토지소유자 및 관계인과의 사이에 성립된 협의에 대하여 관할 토지수용위원회가 확인을 함으로써[424] 수용 또는 사용의 재결이 있은 경우와 동일한 효과를 주는 제도이다. 따라서 이 협의성립 확인이 있으면 재결에 의하여 취득하는 것과 같은 동일한 효과를 갖게 되고, 사업시행자·토지소유자 및 관계인은 그 확인된 협의의 성립이나 내용을 다툴 수 없게 된다. 즉 이 경우는 승계취득이 아니라 **원시취득**이 되는 것이다.[425]

---

423) 박균성/도승하, 토지보상행정법, 박영사, 2014, 910면.

424) 따라서 기업자가 사업인정을 받은 후 토지소유자와 토지에 관하여 권리의 취득을 위한 협의가 성립되었다고 하더라도 관할 토지수용위원회의 협의성립의 확인을 받지 아니하였다면 이는 토지수용법에 의한 권리취득이라고는 볼 수 없으며(대법원 1992. 9. 14. 선고 92다21319 판결), 결국 관할토지수용위원회의 협의성립의 확인절차를 밟지 않은 경우에는 기업자는 당해 토지를 원시취득할 수 없고, 단지 사법상의 매매에 의하여 이를 승계취득 하는데 불과하다(서울민사지법 1984. 12. 28. 선고 84가합918 제11부 판결)고 보고 있다.

425) 수용관계의 법률당사자가 이러한 확인절차를 거치게 되면 그 확인의 성립이나 내용을 다툴 수 없는

이러한 협의성립의 확인신청은 임의적 사항으로서 수용절차로 볼 수 없으나, 협의성립확인을 받게 되면 그 확인은 재결의 효력이 있게 되어 공신력이 인정되지 않는 등기의 불완전성을 보충할 수 있다는데 의의가 있다[426]고 본다.

2. 협의성립 확인신청

1) 확인신청의 요건

(1) 사업인정 고시 이후 협의

협의성립확인 신청이 사업인정 이전에 성립된 협의에도 적용될 수 있는가에 대해서 논의가 있을 수 있다. 이는 토지보상법 제26조에서 사업인정 이전의 협의를 사업인정 이후에 일정부분 준용하도록 규정하고 있기 때문이다. 그러나 이 협의성립의 확인신청은 재결의 신청기간 내에 신청하도록 규정하고 있고 토지보상법 제26조의 규정[427]에 의한 절차를 거친 때에 가능하도록 하고 있어, 즉 사업인정을 전제로 하고 있으므로 사업인정의 고시가 있은 이후에 협의가 성립된 토지에 대하여만 신청할 수 있고, 사업인정의 고시가 있기 이전에 협의가 성립된 토지는 협의성립의 확인을 신청할 수 있는 대상 토지가 될 수는 없다.[428]

효력이 발생하게 되어 장차 분쟁의 예방 및 사업의 원활한 수행을 도모할 수 있게 된다(박균성/도승하, 『토지보상행정법』, 박영사, 2014, 899면).

426) 이선영, 『신토지수용과 보상법론』, 리북스, 2005, 211면.

427) 토지보상법 26조(협의 등 절차의 준용) ① 제20조의 규정에 의한 사업인정을 받은 사업시행자는 토지조서 및 물건조서의 작성, 보상계획의 공고·통지 및 열람, 보상액의 산정과 토지소유자 및 관계인과의 협의의 절차를 거쳐야 한다. 이 경우 제14조 내지 제16조 및 제68조의 규정을 준용한다.
② 사업인정 이전에 제14조 내지 제16조 및 제68조의 규정에 의한 절차를 거쳤으나 협의가 성립되지 아니하여 제20조의 규정에 의한 사업인정을 받은 사업으로서 토지조서 및 물건조서의 내용에 변동이 없는 때에는 제1항의 규정에 불구하고 제14조 내지 제16조의 규정에 의한 절차를 거치지 아니할 수 있다. 다만, 사업시행자 또는 토지소유자 및 관계인이 제16조의 규정에 의한 협의를 요구하는 때에는 협의하여야 한다.

428) 토관 521(2004. 2. 9) : 협의성립의 확인신청은 공익사업을위한토지등의취득및보상에관한법률 제26조 규정에 의한 절차를 거쳐 협의가 성립된 때에 토지소유자 등의 동의를 얻어 재결의 신청기간이내에 신청하여야 하므로 제26조의 규정에 의한 절차를 거친 때, 즉 사업인정의 고시가 있은 이후에 협의가 성립된 토지에 대하여만 신청할 수 있고, 사업인정의 고시가 있기 이전에 협의가 성립된 토지는 협의성립의 확인을 신청할 수 있는 대상 토지가 될 수 없을 것입니다.

(2) 재결의 신청기간 이내일 것

협의성립은 재결의 신청기간 내에 신청하도록 규정하고 있어, 토지보상법에 의한 경우에는 사업인정 이후 1년 이내이며, 각 개별법에 의한 경우에는 실시계획 등에 의하여 정해진 사업기간 이내에 언제든지 신청이 가능하다. 따라서 각 개별법률에서 사업기간이 장기인 경우 상당기간이 경과한 경우라도 사업기간 이내라면 협의성립 신청이 가능하다.[429)]

(3) 토지소유자 및 관계인의 동의

토지소유자 및 관계인에게 보상계약이 체결되고 보상금이 지급되는 등 성실한 협의가 성립되고, 이러한 사실에 대하여 협의성립 확인 신청에 동의를 얻어야 한다. 따라서 토지 등의 소유자가 사망하여 추후 상속인들의 협의 성립확인을 할 경우 협의확인 서류 증빙이 불가하여 협의성립 신청은 어려울 것으로 보인다.[430)]

2) 협의경위서 작성

사업시행자는 협의기간 내에 협의가 성립되지 아니한 경우 협의경위서(규칙 제6조 제1항, 별지 제6호 서식)에 다음 각 호의 사항을 기재하여 토지소유자 및 관계인의 서명 또는 날인을 받아야 한다. 다만, 사업시행자는 토지소유자 및 관계인이 정당한 사유 없이 서명 또는 날인을 거부하거나 토지소유자 및 관계인을 알 수 없거나 그 주소·거소, 그 밖에 통지할 장소를 알 수 없는 등의 사유로 서명 또는 날인을 받을 수 없는 경우에는 서명 또는 날인을 받지 아니하되, 해당 협의경위서에 그 사유를 기재하여야 한다(령 제8조 제5항).

1. 협의의 일시·장소 및 방법
2. 대상 토지의 소재지·지번·지목 및 면적과 토지에 있는 물건의 종류·구조 및 수량

429) 이에 대한 사례로, 2006. 6. 23 손실보상 협의된 사안에 대하여 2009. 2. 12 협의성립이 수리된 경우가 있다(중토위 사무국-3944〈2009. 2. 19.〉).

430) 토지정책과-2869 (2010. 5. 28) : 토지보상법 시행령 제13조에 의하면 사업시행자는 법 제29조 제1항의 규정에 의하여 협의성립의 확인을 신청하고자 하는 경우에는 토지소유자의 동의서 및 인감증명서 등을 첨부하도록 되어 있습니다. 따라서, 토지소유자의 사망으로 동의서 및 인감증명서 등을 첨부할 수 없는 경우 협의 성립의 확인이 어려울 것으로 보나, 귀 질의의 협의성립의 확인 신청의 수리여부는 관할 토지수용위원회에서 사실관계 등을 검토하여 판단할 사항이라고 봅니다.

3. 토지소유자 및 관계인의 성명 또는 명칭 및 주소
4. 토지소유자 및 관계인의 구체적인 주장내용과 이에 대한 사업시행자의 의견
5. 그 밖에 협의와 관련된 사항

3) 확인신청 서류

사업시행자가 관할 토지수용위원회에 아래의 서류를 첨부하여 신청하여야 한다.

1. 토지소유자 및 관계인의 동의서[431]
2. 계약서
3. 토지조서 및 물건조서
4. 사업계획서

여기서 신청서 작성시 주의하여야 할 점은 협의성립 확인신청서에 협의에 의하여 취득하거나 소멸되는 권리의 취득 및 소멸의 시기, 보상액 및 그 지급일자를 기재하여야 한다는 점이다. 만약 이 사항을 기재하지 않을 경우 협의성립 신청이 위법이라는 판례가 있으며(아래 판례참조), 이 판례의 결과를 반영하여 중앙토지수용위원회도 "『공익사업을 위한 토지 등의 취득 및 보상에 관한 법률 시행령』제13조 제1항 제5호(협의에 의하여 취득하거나 소멸되는 권리의 내용과 그 권리의 취득 또는 소멸의 시기)의 기재사항 누락으로 패소하였음을 알리고 향후 재발하지 않도록 문서시달[432] 한 바 있다.

판 례

□ 수원지방법원 2010구합635 협의성립확인 재결취소

협의성립 확인 신청서에 협의에 의하여 취득하거나 소멸되는 권리의 취득 및 소멸의 시기, 보상액 및 그 지급일자가 기재되어 있지 아니한 사실은 당사자 사이에 다툼이 없고......협의성립 확인 신청 수리일(재결일) 이후의 날을 협의에 의하여 취득하거나 소멸되는 권리의 취득 및 소멸의 시기로 기재하지 아니하고 보상액 및 그 지급일자를 기재하지 아니한 상태에서 아무런 보정절차 없이 이 사건 신청을 수리한 위법이 있다.

431) 종전에는 토지소유자 및 관계인의 동의서 및 인감증명서을 요구하였으나, 2012.11.27 개정에서 인감제도 운영의 불편을 해소하기 위하여 인감증명서 제출은 삭제하였다.
432) 중토위 사무국-24552(2010. 11. 15).

4) 확인신청의 절차

사업인정 고시 후 토지 등의 취득 등에 관해서 사업시행자와 토지소유자 및 관계인 사이에 협의가 성립한 경우에 사업시행자가 재결신청기간 이내에 당해 토지소유자 및 관계인의 동의를 얻어 관할 토지수용위원회에 협의성립 확인신청서를 제출하여 처리한다.

(1) 일반적 절차(법 제29조 제1항 및 제2항)

협의성립 확인 절차는 일반적인 재결 절차에 의거하여 토지보상법 제29조 제2항의 규정에 의거 수용절차가 준용되므로 시·군·구의 게시판에 14일 이상 공고 및 열람, 심리, 재결 등의 절차를 거쳐야 한다.

토지수용위원회는 재결신청서를 접수한 때에는 대통령령이 정하는 바에 따라 지체 없이 공고하고 공고한 날로부터 14일 이상 관계서류의 사본을 일반이 열람할 수 있도록 하여야 한다.[433] 만일 열람기간 중 소유자나 관계인이 이미 협의된 사항에 대하여 추후 심경의 변화 등으로 이의를 제기하게 되면 사실 확인 등 그 절차가 번잡하게 될 수 있으므로 보통 토지수용위원회의 경우 일반적 절차보다는 다음의 공증에 의한 절차를 선호하고 있다.

(2) 공증에 의한 절차(법 제29조 제3항)

협의성립된 사항에 대하여 「공증인법」에 의한 공증을 받아 관할토지수용위원회에 협의성립의 확인을 신청한 때에는 관할 토지수용위원회가 이를 수리함으로써 협의성립이 확인된 것으로 본다. 여기서 '수리'는 관할 토지수용위원회가 타인의 행위를 유효한 것으로 수령하는 인식표시이므로 수리가 있게 되면 협의성립확인의 효과가 있게 된다.

이 공증에 의한 절차는 일반적인 절차에 비하여 열람, 심리 등의 절차를 필요로 하지 않기 때문에 토지 등의 소유자로서는 의견진술의 기회가 없어 불리할 수는 있으나,[434]

---

433) 법 시행령 제15조(재결신청서의 열람 등) ② 시장·군수 또는 구청장은 제1항에 따라 송부된 서류를 받았을 때에는 지체 없이 재결신청 내용을 시(행정시를 포함한다)·군 또는 구(자치구가 아닌 구를 포함한다)의 게시판에 공고하고, 공고한 날부터 14일 이상 그 서류를 일반인이 열람할 수 있도록 하여야 한다. 다만, 시장·군수 또는 구청장이 공고 및 열람 의뢰를 받은 날부터 14일 이내에 공고하지 아니하거나 일반인이 열람할 수 있도록 하지 아니하는 경우 관할 토지수용위원회는 직접 재결신청 내용을 공고(중앙토지수용위원회는 관보에, 지방토지수용위원회는 공보에 게재하는 방법으로 한다)하고, 재결신청서와 관계 서류의 사본을 일반인이 14일 이상 열람할 수 있도록 할 수 있다.

그 절차가 대폭 간소화되므로 관할 토지수용위원회에서는 이 방법에 의한 신청을 선호하고 있다.

3. 협의성립확인의 효과

협의성립확인이 있으면 이를 재결로 보며,[435] 사업시행자, 토지소유자 및 관계인은 그 확인된 협의의 성립이나 내용을 다툴 수 없게 된다.[436]

따라서 사업시행자와 토지소유자 간에 협의가 성립되고 관할 토지수용위원회의 협의성립을 받게 되면 이로써 토지보상법에 의한 재결이 있는 것으로 보게 되므로 그 수용의 효과에 의하여 수용목적물의 실제 소유자가 누구임을 막론하고 이미 가지고 있던 소유권은 소멸함과 동시에 사업시행자가 완전하고 확실하게 그 소유권을 원시취득하게 되는 것이다.[437]

만일 사업시행자가 협의 당시에는 정당하게 토지를 취득하였으나 추후 협의취득된 토지가 소유권분쟁 등으로 협의소유자가 무권한의 소유자로 판명되어 협의취득 자체가 무효로 되는 경우 사업시행자는 무권한의 당초 협의자로부터 기지급된 보상금을 환수하고 새로이 소유권을 취득한 자와 다시 보상협의를 하여야 하는데, 사업시행자가 협의

434) 헌법재판소 2013. 7. 25. 2011헌바274 : 토지수용위원회의 신청서 공고 및 열람, 토지소유자 등에 대한 의견 제시의 기회 부여 등의 절차가 생략되는 것은, 공증에 의하여 협의의 진정 성립이 객관적으로 인정되는 경우에 한한다. 따라서 공익사업법 제29조 제3항 준용 부분은 적법절차원칙에 위반되지 않는다.

435) 토지보상법 제29조(협의 성립의 확인) ④ 제1항 및 제3항에 따른 확인은 이 법에 따른 재결로 보며, 사업시행자, 토지소유자 및 관계인은 그 확인된 협의의 성립이나 내용을 다툴 수 없다.

436) 헌법재판소 2013. 7. 25. 2011헌바274 : 공익사업법 제29조 제4항 준용 부분은 수용과 손실 보상을 신속하게 실현하는 것을 목적으로 하는바, 확인된 협의의 성립이나 내용을 다툴 수 없도록 하는 것은 이러한 목적을 달성하기 위한 적절한 수단이다. 협의성립의 확인을 받을지 여부는 협의 당사자가 선택할 수 있고, 협의성립의 확인은 당사자의 자발적 합의를 전제로 하여 불복을 허용할 필요성이 크지 않다는 점을 고려하면 재판청구권을 과도하게 제한한다고 할 수 없다. 또한, 협의성립 사실의 유무 또는 협의 내용의 불일치에 대하여 다툴 수 없을 뿐, 공증의 무효 등과 같은 그 외의 협의성립 확인 절차상의 하자에 대하여 다투는 것까지 불허하는 취지는 아니므로 제한되는 사익이 이로 인하여 달성되는 공익보다 크다고 할 수 없다. 따라서 공익사업법 제29조 제4항 준용 부분은 재판청구권을 침해하지 않는다.

437) ① 토지수용위원회의 협의성립확인을 받게 되면, 그것은 행정처분적 효력이 있게 되므로 여러 가지 법률상의 효과가 발생하게 되고 또한 그 처분을 쉽게 취소 또는 변경할 수 없는 불가변력, 즉 실질적 확정력이 생긴다(이선영, 『신토지수용과 보상법론』, 리북스, 2005, 214면).

② 대법원 1991. 5. 10. 선고 91다8654 판결 : 토지수용법 등에 의한 토지수용의 경우 기업자가 과실 없이 진정한 토지소유자를 알지 못하여 등기부상 소유명의자를 토지소유자로 보고 그를 피수용자로 하여 수용절차를 마쳤다면 그 수용의 효과를 부인할 수 없으며 수용목적물의 소유자가 누구임을 막론하고 이미 가지고 있던 소유권은 소멸함과 동시에 기업자가 그 권리를 원시취득한다.

매수한 토지에 대하여 협의성립확인을 받게 되면 그 협의자체의 효력은 다툴 수 없게 되므로 추후 소유권의 분쟁이 있어 다른 소유자로 소유권이 변경되더라도 이는 분쟁당사자간의 민사상의 문제에 그치고 사업시행자에게는 아무런 영향을 미치지 아니한다.

한편, 이와 같이 당초 사법상 매매를 원인으로 취득한 토지에 대하여 이후 소유권말소등기 청구소송이 제기되어 이러한 하자를 치유하기 위하여 뒤늦게 사업시행자가 협의성립 확인신청을 한 것이 신의칙에 반하여 위법하지 않는가 하는 논의가 있으나, 이에 대하여 법원은 신의칙에 반하지 않는다고 판시하고 있어,[438] 매매계약 체결 및 잔금지급 시 미처 말소하지 않은 제3자 권리가 남아 있는 경우 협의성립확인을 신청하여 제3자 권리를 말소하는 것도 가능하다.[439]

판 례

□ 대법원 1993. 11. 12. 선고 93다34756 판결

피고가 기업자로서 이 사건 임야를 토지수용절차에 의하여 협의취득함에 있어, 수용대상 토지인 위 임야가 원래 원고의 소유인데도 그에 대하여 소관 지적 담당공무원의 착오에 의하여 판시와 같은 경위로 등록전환이 잘못 이루어진 탓으로 과실 없이 원고가 진정한 토지소유자임을 알지 못하고, 그 등기부상 소유자로 등재된 다른 자들을 토지소유자로 보아 그들과의 사이에 매수협의를 거쳐 위 임야에 관하여 피고 명의로 소유권이전등기까지 마친 후에, 원고가 피고를 상대로 위 등기가 원인무효임을 주장하는 취지의 이 사건 소송을 제기하자 그 소의 계속도중에 뒤늦게 위 협의성립에 따른 확인신청절차를 밟기는 하였지만, 이러한 사정만을 들어 피고의 신청에 따른 이 사건 임야에 대한 협의성립확인이 신의칙에 반한다거나 불공정 또는 반사회질서적인 행위로서 당연무효에 해당한다고 볼 수 없다고 판단한 원심의 조치를 수긍할 수 있고, 거기에 소론과 같은 법리오해 등의 위법이 있다고 할 수 없다.

---

438) 수원지방법원 2010. 10. 14. 선고 2010구합635판결 : 위 소송의 계속 중 보조참가인은 뒤늦게 위 협의성립에 따른 확인신청의 절차를 밟은 사실은 인정할 수 있으나, 위 인정사실만으로는 보조참가인의 신청에 따른 이 사건 신청이 신의칙에 반하여 위법하다고 볼 수는 없다.

439) 등기선례 7-217(2002. 12. 5. 등기 3402-693 질의회답) 토지수용법 제25조의2 규정의 협의성립확인시 원시취득의 시점 등

1. 사업인정고시 후 협의가 성립된 경우에는 기업자는 토지소유자 및 관계인의 동의를 얻어 관할 토지수용위원회에 협의성립의 확인을 신청할 수 있는데 관할 토지수용위원회로부터 협의성립의 확인을 받게 되면 재결이 있은 것으로 간주되는바, 협의성립 확인에 기한 원시취득의 시점은 수용의 시기이다.
2. 토지수용으로 인한 소유권이전의 등기신청 또는 촉탁이 있는 경우에 그 등기용지 중 소유권(소유권이전등기는 수용의 시기 이후의 등기에 한함) 또는 소유권 이외의 권리에 관한 등기가 있는 때에는 그 등기를 말소하여야 하는바, 제한물권의 등기가 있는 경우에는 소유권이전의 등기를 함과 동시에 등기관이 그 등기를 직권으로 말소하게 된다.
3. 토지수용법 규정의 협의취득에 따른 보상금을 지급하고 공공용지협의취득을 원인으로 하여 기업자 명의로 소유권이전등기를 경료한 다음 그 후에 토지수용위원회의 협의성립확인을 받은 경우에는 그 소유권이전등기의 등기원인을 토지수용으로 하는 변경등기를 신청할 수 없다.

그리고 위와 같이 피고가 과실 없이 진정한 토지소유자를 알지 못하여 등기부상 소유명의자를 토지소유자로 보고 그를 피수용자로 하여 매수협의에 따른 수용절차를 마쳤다면, 그 수용의 효과를 부인할 수 없게 되어 수용목적물의 소유자가 누구임을 막론하고 이미 가지고 있던 소유권은 소멸함과 동시에 기업자인 피고가 완전하고 확실하게 그 권리를 취득하게 됨은 물론이며(당원 1991. 11. 12. 선고 91다27617 판결 참조), 또한 소론과 같이 피고가 원고로부터 위 임야에 관한 원인무효소송을 제기 당하자 서둘러 위 협의성립에 대한 확인절차를 마친 것이라 하더라도 그 사유만으로 이미 이루어진 위 매수협의가 당연무효라고 할 수는 없는 것이다.

다만, 최근의 판례에서는 '진정한 토지 등 소유자'와 협의성립확인 동의가 없었다면 사업시행자의 과실여부와 상관없이 원시취득의 효과를 배제하고 있다(아래 판례 참조). 동 판례에서 등기부상 소유자를 대상으로 계약체결하고 협의성립확인을 신청·수리한 경우였으나 추후 진정한 소유자가 아니라는 이유로 재결효과(원시취득)를 부정한 것이다. 따라서 사업시행자 입장에서는 계약체결 시 진정한 소유자인지 여부에 대하여 상당한 주의를 기울여야 할 것으로 보인다. 그러나 이처럼 사업시행자의 과실이 없는 경우까지도 협의성립확인의 원시취득 효과를 부정한다면 토지보상법 제29조 제4항의 조문을 직접적으로 위배할 뿐만 아니라 협의성립확인제도의 실질적인 실익이 없다는 점에서 문제가 있는 판결이라 생각된다.

판 례

□ 대법원 2018. 12. 13. 선고 2016두51719 판결

이처럼 간이한 절차만을 거치는 협의 성립의 확인에, 원시취득의 강력한 효력을 부여함과 동시에 사법상 매매계약과 달리 협의 당사자들이 사후적으로 그 성립과 내용을 다툴 수 없게 한 법적 정당성의 원천은 사업시행자와 토지소유자 등이 진정한 합의를 하였다는 데에 있다. 여기에 공증에 의한 협의 성립 확인 제도의 체계와 입법 취지, 그 요건 및 효과까지 보태어 보면, 토지보상법 제29조 제3항에 따른 협의 성립의 확인 신청에 필요한 동의의 주체인 토지소유자는 협의 대상이 되는 '토지의 진정한 소유자'를 의미한다고 보아야 한다. 따라서 사업시행자가 진정한 토지소유자의 동의를 받지 못한 채 단순히 등기부상 소유명의자의 동의만을 얻은 후 관련 사항에 대한 공증을 받아 토지보상법 제29조 제3항에 따라 협의 성립의 확인을 신청하였음에도 토지수용위원회가 그 신청을 수리하였다면, 그 수리 행위는 다른 특별한 사정이 없는 한 토지보상법이 정한 소유자의 동의 요건을 갖추지 못한 것으로서 위법하다. 진정한 토지소유자의 동의가 없었던 이상, 진정한 토지소유자를 확정하는 데 사업시행자의 과실이 있었는지 여부와 무관하게 그 동의의 흠결은 위 수리 행위의 위법사유가 된다. 이에 따라 진정한 토지소유자는 그 수리 행위가 위법함을 주장하여 항고소송으로 취소를 구할 수 있다. 원심이 확정한 위와 같은 사실관계를 앞서 본 법리에 비추어 보면, 한국토지주택공사는 이 사건 토지의 진정한 소유자인 원고의 동의를 받지 아니한 채 협의 성립의 확인을 신청하였으므로, 이 사건 처분은 한국토지주택공사의 과실 유무를 불문하고 협의 성립 확인의 요건을 갖추지 못한 하자가 있어 위법하다.

4. 협의성립확인에 대한 불복

확인행위는 재결과 같이 행정행위이므로 항고쟁송의 대상이 된다. 또한 수리행위에 대하여는 재결에 대한 불복절차를 유추 적용하여 재결의 불복절차와 동일한 절차를 거치면 될 것으로 보인다.[440)]

440) 김은유/임승택, 실무 토지보상, 채움, 2014, 192면.

[별지 제14호 서식] (앞쪽)

<table>
<tr><td colspan="11">협의성립확인신청서</td></tr>
<tr><td colspan="2" rowspan="2">신청인
(사업시행자)</td><td colspan="2">성명 또는 명칭</td><td colspan="7">한국토지주택공사 사장</td></tr>
<tr><td colspan="2">주소</td><td colspan="7">경기도 성남시 분당구 정자동 217</td></tr>
<tr><td colspan="11">협의가 성립된 토지등의 내역</td></tr>
<tr><td rowspan="2">소재지</td><td rowspan="2">지번</td><td rowspan="2">지목
(물건의 종류 및 구조)</td><td rowspan="2">면적
(수량)</td><td rowspan="2">보상액</td><td rowspan="2">지급
일자</td><td colspan="2">토지 또는 물건의 소유자</td><td colspan="3">관계인</td></tr>
<tr><td>성명 또는 명칭</td><td>주소</td><td>성명 또는 명칭</td><td>주소</td><td>권리의 종류</td></tr>
<tr><td colspan="6">별첨</td><td></td><td></td><td colspan="3">해당 없음</td></tr>
<tr><td colspan="3" rowspan="2">토지 또는 물건의 사용의 경우</td><td colspan="2">사용의 방법</td><td colspan="6"></td></tr>
<tr><td colspan="2">사용의 기간</td><td colspan="6"></td></tr>
<tr><td colspan="3" rowspan="2">협의에 의하여 취득하거나 소멸되는 권리</td><td colspan="4">취득하는 권리 및 취득시기</td><td colspan="4">소유권 : 등기접수일(일자 세부내역 별첨)</td></tr>
<tr><td colspan="4">소멸되는 권리 및 소멸시기</td><td colspan="4">소유권 : 등기접수일(일자 세부내역 별첨)</td></tr>
<tr><td colspan="3">비고</td><td colspan="8">협의성립확인으로 인한 효력발생일은 중앙토지수용위원회의 협의성립확인 재결일(수리일)로 함</td></tr>
<tr><td colspan="11">2007년 3월 19일 사업인정의 고시가 있었던 충북 혁신도시 개발사업에 관하여 위와 같이 협의가 성립되었으므로 공익사업을위한토지등의취득및보상에관한법률 제29조 제1항·제3항 및 동법 시행령 제13조 제1항의 규정에 의하여 위와 같이 협의성립의 확인을 신청합니다.

2017년 8월 일

신청인(사업시행자) 한국토지주택공사 사장 (인)
위 대리인

중앙토지수용위원회 위원장 귀하</td></tr>
<tr><td colspan="2" rowspan="3">구비서류</td><td colspan="7" rowspan="2">1. 토지소유자 및 관계인의 동의서 1부
2. 토지소유자 및 관계인의 인감증명서 1부
3. 계약서 1부
4. 토지조서 및 물건조서 각 1부</td><td colspan="2">수수료</td></tr>
<tr><td colspan="2">동법시행규칙 별표1에서 정하는 금액</td></tr>
<tr><td colspan="9">5. 사업계획서 1부
6. 공증을 받은 서류 1부(동법 제29조 제3항의 규정에 의하여 공증을 받은 경우에 한한다)</td></tr>
</table>

210mm×297mm(일반용지 60g/㎡(재활용품))

Ⅸ. 재결에 대한 행정소송

1. 근거 및 의의

▣ **토지보상법**

제85조 (행정소송의 제기) ① 사업시행자, 토지소유자 또는 관계인은 제34조에 따른 재결에 불복할 때에는 재결서를 받은 날부터 90일 이내에, 이의신청을 거쳤을 때에는 이의신청에 대한 재결서를 받은 날부터 60일 이내에 각각 행정소송을 제기할 수 있다. 이 경우 사업시행자는 행정소송을 제기하기 전에 제84조에 따라 늘어난 보상금을 공탁하여야 하며, 보상금을 받을 자는 공탁된 보상금을 소송이 종결될 때까지 수령할 수 없다. 〈개정 2018. 12. 31.〉

② 제1항에 따라 제기하려는 행정소송이 보상금의 증감(增減)에 관한 소송인 경우 그 소송을 제기하는 자가 토지소유자 또는 관계인일 때에는 사업시행자를, 사업시행자일 때에는 토지소유자 또는 관계인을 각각 피고로 한다.

토지보상법상 재결에 대하여 인정될 수 있는 행정소송은 수용부분과 보상부분으로 이루어져 있다. 이에 재결에 대한 행정소송은 결국 ① 수용부분에 대한 행정소송(수용의 범위, 수용의 시기 등)과 ② 보상부분에 대한 행정소송(보상금의 증감, 보상방법 등)으로 나누어진다.

이 재결에 대한 수용부분(법 제85조 제1항)과 보상부분(법 제85조 제2항)에 대한 행정소송은 원칙적으로는 재결에 대한 처분을 다투는 것으로 원칙적으로는 모두 항고소송으로 다루어질 수는 있을 것으로 본다. 다만, 보상부분에 대한 다툼은 피수용자가 보상금액이 정당보상에 미달하다는 사유로, 법원에 위법을 주장하여 인용되게 되면 당해 수용재결은 관할 토지수용위원회의 별도 처분 없이 취소가 된다. 이후 관할 토지수용위원회는 취소된 손실보상금액을 다시 산정하여 재결하게 된다. 만약 이때에도 손실보상금액이 정당보상에 미달하게 되면 다시 법원에 의하여 취소가 되고 관할 토지수용위원회는 또 다시 감정평가를 하여야 하는 순환을 겪게 된다. 즉 정당보상에 이를 때까지 이러한 순환이 계속될 것으로 보인다. 따라서 이러한 폐단을 막기 위하여 토지보상법은 명문규정을 통하여 형식적 당사자 소송인 보상금증감소송을 인정하고 있다.

2. 재결에 대한 소송의 종류

1) 취소소송

(1) 의 의

재결에 대한 취소소송이란 관할 토지수용위원회의 위법한 재결 또는 중앙토지수용위원회의 위법한 이의재결의 취소나 변경을 구하는 소송을 말한다. 토지보상법에 있어서는 관할 토지수용위원회의 재결 또는 중앙토지수용위원회의 이의신청에 대한 재결이 위법함을 전제로 그 재결의 취소나 변경을 청구하는 소송으로 동 법이 정하는 특례사항 이외는 행정소송법이 적용된다(행정소송법 제4조 1항).

2) 소의 제기

사업시행자·토지소유자 또는 관계인은 재결에 대하여 불복이 있는 때에는 재결서를 받은 날부터 90일 이내에, 이의신청을 거친 때에는 이의신청에 대한 재결서를 받은 날부터 60일 이내에 각각 행정소송을 제기할 수 있다(법 제85조 1항 1문).[441]

(1) 당 사 자

토지보상법에서 원고적격에 관하여 별도의 명문규정을 두고 있지 않으므로 취소소송의 원고적격인 '취소나 변경을 구할 법률상 이익이 있는 자'는 사업시행자와 토지소유자 및 관계인이 된다. 피고는 당해 **수용재결 처분을 행한 지방토지수용위원회 또는 중앙토지수용위원회가** 된다(아래 판례 참조).

그리고 사업시행자가 재결에 대한 불복으로 취소소송을 제기하고자 하는 경우에는, 소송을 제기하기 전에 증액된 보상금을 공탁하여야 한다(법 제85조 제1항 후단)고 규정하고 있는바, 이는 사업시행자가 취소소송을 제기할 수 있는 요건을 피수용자의 경우보다 엄격히 정함으로써 사업시행자의 남소를 방지함과 아울러 피수용자를 더욱 두텁게 보호하기 위한 것이다.[442]

441) 개정사유 : 토지수용위원회의 재결에 불복하는 경우 행정소송 제소기간을 60일에서 90일로, 이의신청을 거쳤을 때는 이의 신청에 대한 재결서를 받은 날로부터 30일에서 60일로 늘려 국민의 재판청구권을 폭넓게 보장하고자 개정함

442) 김경렬, 토지공법, 사법행정문화원, 1997, 143면

판 례

□ 대법원 2010. 1. 28. 선고 2008두1504 판결

공익사업을 위한 토지 등의 취득 및 보상에 관한 법률 제85조 제1항 전문의 문언 내용과 같은 법 제83조, 제85조가 중앙토지수용위원회에 대한 이의신청을 임의적 절차로 규정하고 있는 점, 행정소송법 제19조 단서가 행정심판에 대한 재결은 재결 자체에 고유한 위법이 있음을 이유로 하는 경우에 한하여 취소소송의 대상으로 삼을 수 있도록 규정하고 있는 점 등을 종합하여 보면, 수용재결에 불복하여 취소소송을 제기하는 때에는 이의신청을 거친 경우에도 수용재결을 한 중앙토지수용위원회 또는 지방토지수용위원회를 피고로 하여 수용재결의 취소를 구하여야 하고, 다만 이의신청에 대한 재결 자체에 고유한 위법이 있음을 이유로 하는 경우에는 그 이의재결을 한 중앙토지수용위원회를 피고로 하여 이의재결의 취소를 구할 수 있다고 보아야 한다.

(2) 소송대상

취소소송의 대상은 원처분(수용재결)을 그 대상으로 하고, 아주 예외적으로 재결(이의재결)에 고유한 위법이 있는 경우에 한하여 재결(이의재결)을 대상으로 하여 취소소송을 제기할 수 있다. 따라서 관할 토지수용위원회의 재결에 대하여 불복하여 취소소송을 제기하는 경우 관할 토지수용위원회의 재결을 취소소송의 대상으로 하기 때문에 별 문제가 되지 않으나, 이의신청에 대한 재결에 불복하여 취소송을 제기하는 경우에는 관할 토지수용위원회의 재결을 대상으로 할 것인지(이하 "원처분주의"라 함), 아니면 이의신청에 대한 재결을 대상으로 할 것인지(이하 "재결주의"라 함)에 관하여 논의가 있었으나,[443] 현행 토지보상법 및 행정소송법[444]은 원처분주의를 취하고 있어 수용재결을 그 소송대상

443) 구 토지수용법 제75조의2 제1항에 의한 소송에서 소 대상이 관할 토지수용위원회가 내린 수용재결인지, 중앙토지수용위원회가 내린 이의재결인지에 하여 판례에서는 재결주의를 취한 것으로 해석하였다(아래판례 참조).

☞ 대법원 1991. 2. 12. 90누288 ; 토지수용법 제73조 내지 제75조의2의 규정을 종합하면 토지수용에 관한 행정소송에 있어서는 중앙토지수용위원회의 이의신청에 대한 재결에 대하여 불복이 있을 때에 제기할 수 있고 수용재결은 행정소송의 대상으로 삼을 수 없다 할 것이므로 그 행정소송에서는 이의 재결 자체의 고유한 위법 사유뿐 아니라 이의신청사유로 삼지 않은 수용재결의 하자도 주장할 수 있다

그러나 이러한 판례의 입장에도 불구하고 학설은 원처분주의라는 견해(김동희 교수)와 재결주의라는 견해(류지태 교수)로 나뉘어져 많은 논의가 있었다. 그러나 현행 토지보상법은 이의재결은 임의전치주의로 변경하면서 현행 제도는 재결주의를 논할 실익이 없어졌으며, 이의재결에 대한 취소소송도 원처분주의가 적용된다는 것이 다수설 및 판례이다.

444) 행정소송법 제19조 (취소소송의 대상) 취소소송은 처분등을 대상으로 한다. 다만, 재결취소소송의 경우에는 재결 자체에 고유한 위법이 있음을 이유로 하는 경우에 한한다.

으로 하여야 한다. 만약 재결에 고유한 위법이 없음에도 재결을 소송대상으로 한 경우에는 각하가 아니고 기각하여야 한다.[445] 재결 자체의 위법 여부는 본안판단사항이기 때문이다. 여기서 재결자체의 고유한 위법이란 재결 자체에 주체·절차·형식 또는 내용상의 위법이 있는 경우[446]를 말한다.

(3) 소의 제기기간

재결에 대한 취소소송의 제기기간은 **재결서를 받은 날부터 90일 이내에**, 이의신청을 거친 때에는 **이의신청에 대한 재결서를 받은 날부터 60일 이내**이다. 또한 제소 기간은 재결서를 **송달받은 날**로부터 기산된다고 보아야 할 것이며, 재결서를 송달받지 못한 경우에는 제소기간이 진행되지 않는다(아래 판례 참조). 결국, 토지보상법은 소의 제기는 **재결서의 적법 송달여부**만을 가지고 판단하겠다는 것으로[447] 재결서 송달이 적법하게 되었다면 송달된 재결서의 내용을 알았는지 여부와 상관없이 제소기간이 진행되며, 반대로 재결서가 적법하게 송달되지 않았다면 다른 경위로 재결의 내용을 알았다 하더라도 제소기간은 진행되지 않는다는 것이다.[448]

---

445) 이에 대하여 소수는 각하하여야 한다고 주장한다.(박균성)

446) ① 대법원 2001. 7. 27. 선고 99두2970 판결 : 행정소송법 제19조에 의하면 행정심판에 대한 재결에 대하여도 그 재결 자체에 고유한 위법이 있음을 이유로 하는 경우에는 항고소송을 제기하여 그 취소를 구할 수 있고, 여기에서 말하는 '재결 자체에 고유한 위법'이란 그 재결자체에 주체, 절차, 형식 또는 내용상의 위법이 있는 경우를 의미하는데, 행정심판청구가 부적법하지 않음에도 각하한 재결은 심판청구인의 실체심리를 받을 권리를 박탈한 것으로서 원처분에 없는 고유한 하자가 있는 경우에 해당하고, 따라서 위 재결은 취소소송의 대상이 된다.
② 대법원 1997. 9. 12. 선고 96누14661 판결 : 행정소송법 제19조에서 말하는 '재결 자체에 고유한 위법'이란 원처분에는 없고 재결에만 있는 재결청의 권한 또는 구성의 위법, 재결의 절차나 형식의 위법, 내용의 위법 등을 뜻하고, 그 중 내용의 위법에는 위법·부당하게 인용재결을 한 경우가 해당한다.

447) 토지보상법은 재결 또는 이의재결에 대한 제소기간의 기산점에 대하여 "재결서를 받은 날부터"라고만 규정하고 있을 뿐, 행정소송법 제20조 제1항과 같이 "처분 등이 있음을 안 날부터"에 대해서는 규정하고 있지 않다. 그러므로 "재결서를 받은 날부터"의 의미는 재결서 정본이 적법하게 송달된 경우만을 뜻하는 것으로 엄격하게 해석함이 상당할 것이고, 이를 유추 또는 확대해석하여 비록 재결서가 송달되지 아니하거나 착오로 잘못 송달되었다 하더라도 토지소유자 또는 관계인이 어떠한 경위로든 재결의 존재와 그 내용을 알았다면 그 때부터 제소기간이 진행된다고 해석할 수는 없다(차태환, 토지보상법론, 부연사, 2011, 227면 참조).

448) 대법원1992. 7. 28 선고 91누12905 판결 : 중앙토지수용위원회의 재결에 대하여 이의를 신청한 수용대상토지의 소유자인 원고가, 다른 토지소유자인 제3자에 대한 재결서를 송달받음으로써 또 공탁된 보상금의 증액분을 수령함으로써 자신의 이의신청에 대한 재결이 있은 사실과 그 재결의 내용을 알 수 있었다고 하더라도, 그렇다고 하여 재결서(재결서의 정본)가 송달되지 아니하였음에도 불구하고 이의신청의 재결에 대한 행정소송의 제소기간이 진행된다고 볼 수는 없다

(4) 관할 및 형식

취소소송의 재판관할은 원칙적으로 피고(지방토지수용위원회 또는 중앙토지수용위원회) 소재지 관할 행정법원이 제1심 법원이며, 예외적으로 토지소재지 관할 행정법원을 인정하며,[449] 소의 제기는 민사소송법이 정하는 소장의 형식으로 하여야 한다.

(5) 소의 제기절차

사업시행자·토지소유자 또는 관계인은 재결에 대하여 불복이 있는 때에 행정소송을 제기할 수 있으며, 사업시행자가 재결에 불복인 경우에는 행정소송을 제기하기 전에 증액된 보상금을 공탁하여야 하며, 보상금을 받을 자는 공탁된 보상금을 소송 종결 시까지 수령할 수 없다(법 제85조 1항 2문).

판 례

□ 대법원 2008. 2. 15. 선고 2006두9832 판결

공익사업을 위한 토지 등의 취득 및 보상에 관한 법률 제85조 제1항의 규정 및 관련 규정들의 내용, 사업시행자가 행정소송 제기시 증액된 보상금을 공탁하도록 한 위 제85조 제1항 단서 규정의 입법 취지, 그 규정에 의해 보호되는 보상금을 받을 자의 이익과 그로 인해 제한받게 되는 사업시행자의 재판청구권과의 균형 등을 종합적으로 고려하여 보면, 사업시행자가 재결에 불복하여 이의신청을 거쳐 행정소송을 제기하는 경우에는 원칙적으로 행정소송 제기 전에 이의재결에서 증액된 보상금을 공탁하여야 하지만, 제소 당시 그와 같은 요건을 구비하지 못하였다 하여도 사실심 변론종결 당시까지 그 요건을 갖추었다면 그 흠결의 하자는 치유되었다고 본다.

3) 심리·판결

취소소송의 심리 및 판결에 있어도 행정소송법에 특별한 규정이 없는 한 일반 민사소송사건의 경우와 동일하게 적용된다. 따라서 심리에 있어서는 처분권주의,공개심리주의, 구술심리주의, 직접심리주의, 쌍방심리주의, 자유심증주의 등이 적용되며,[450] 판결에 있어서도 민사소송의 판결의 경우와 같이 각하판결, 기각판결, 인용판결 등이 있다.

---

449) 행정소송법 제9조 (재판관할) ② 토지의 수용 기타 부동산 또는 특정의 장소에 관계되는 처분등에 대한 취소소송은 그 부동산 또는 장소의 소재지를 관할하는 행정법원에 이를 제기할 수 있다

450) 김동희, 행정법Ⅰ, 박영사, 1996, 574면. ; 김남진, 행정법Ⅰ, 법문사, 1996, 746면 이하

(1) 취소소송의 심리

심리[451]의 내용은 요건심리와 본안심리로 나눌 수 있으며, 요건심리는 당해 소가 소송요건을 갖춘 적법한 것인지 여부를 심리하는 것으로, 요건심리 결과 소송요건을 갖추지 못한 것으로 인정될 때에는 각하된다. 따라서 소송요건의 흠결이 있게 되면 법원은 본안심리나 본안판결을 하여서는 안 되며, 본안심리 중이라도 흠결이 발견되면 더 이상의 본안심리를 그치고 법원은 소 각하판결을 하여야 한다.[452] 이 소송 요건은 처분(수용재결)이 존재하지 않거나 소송대상이 잘못된 경우, 소송당사자가 아닌 당사자가 소송을 제기한 경우, 소 제기기간을 도과한 경우 등이 이에 해당할 것으로 보인다. 본안심리는 원고의 청구의 당부에 관한 심리이다. 본안심리는 소송물을 중심으로 진행된다. 그리고 위법 여부만이 심리의 대상이 되며, 그 당부는 심리범위에 해당하지 않는다.

(2) 취소소송의 판결

판결의 유형에는 각하판결, 기각판결(보통의 기각판결, 사정판결), 인용판결(취소판결)이 있을 수 있다. 위법판단시점 및 판결의 효력은 행정소송법이 그대로 적용된다. 사업시행자는 사업시행자가 제기한 행정소송이 각하·기각 또는 취하된 경우 재결서 정본을 받은 날(또는 이의신청에 대한 재결이 있은 후 소송을 제기한 때에는 그 재결서 정본을 받은 날)부터 판결일 또는 취하일까지의 기간에 대하여 소송촉진등에관한특례법의 법정이율을 적용하여 산정한 금액을 보상금에 가산하여 지급하여야 한다(법 제87조).

4) 무효 등 확인소송

(1) 의 의

무효 등 확인소송이란 원재결 및 이의재결의 효력 유무 또는 존재여부의 확인을 구하는 소송을 말하며, 토지보상법에서는 관할 토지수용위원회의 재결 또는 중앙토지수

451) 소송의 심리란 소에 대한 판결을 하기 위하여 그 기초가 되는 소송자료를 수집하는 절차를 말하는데, 현재 우리나라 행정소송의 심리원칙에 관하여는 견해가 일치하지 않고 있다. 이러한 현상은 행정소송은 민사소송과의 관계에서 특별민사소송절차로서 민사소송법을 준용하는 규정을 두고 있을 뿐 일반 통칙적인 성문법전을 가지고 있지 않고 또한 행정소송은 공법상의 법률관계를 그 대상으로 하는 결과 공익을 고려하여야 하기 때문에 나타나기도 하지만 행정소송법 제26조(직권심리)의 해석에 관하여 견해가 대립하고 있기 때문에 나타나고 있다(최선웅, 행정소송의 원리, 진원사, 2007, 557면).

452) 유명건, 실무 행정소송법 제3판, 박영사, 2005, 208면.

용위원회의 이의신청에 대한 재결에 있어 중대하고 명백한 하자가 있거나 재결이 존재하지 않는다는 것을 청구하는 소송을 말한다. 우리 판례는 이러한 재결 등에 대하여 무효 등 확인소송이 가능하다고 인정하고 있으나,[453] 그동안 관할 수용위원회의 재결에 대하여 그 흠이 중대하고 명백하더라도 대부분 취소소송으로 다루어왔고, 무효의 확인판결을 한 사례는 극히 드물다.[454]

무효 등 확인소송의 전반적인 소송의 제기방식은 취소소송과 동일하나 일부 적용이 배제되는 것이 있다.

(2) 적용 배제 사항

① 소송의 대상

무효등 확인소송은 원처분주의의 원칙과는 무관하게 원처분 또는 이의재결을 소송대상으로 한다. 이때 재결은 재결자체의 고유한 위법이 아니어도 상관없다. 원재결의

---

453) 대법원 1996. 3. 8. 선고 95누18741 판결 : 토지수용에 관한 토지수용위원회의 수용재결 자체가 당연무효라 하여 그 무효확인을 구하는 경우에 있어서는, 수용재결이 위법 부당함을 이유로 그 취소를 소구하는 경우와는 달리, 재결청을 상대로 그 재결 자체에 대한 무효확인을 구할 수 있다.

454) ① 대법원 2005. 9. 30. 선고 2003두12349,12356 판결 : 기업자가 토지수용법 제23조 소정의 토지조서 및 물건조서를 작성함에 있어서 토지소유자를 입회시켜서 이에 서명날인을 하게 하지 아니하였다 하더라도 그러한 사유만으로는 그 토지에 대한 수용재결 및 이의재결까지 무효가 된다고 할 수 없고, 기업자가 토지소유자에게 성의 있고 진실하게 설명하여 이해할 수 있도록 협의요청을 하지 아니하였다거나, 협의경위서를 작성함에 있어서 토지소유자의 서명날인을 받지 아니하였다는 하자 역시 절차상의 위법으로서 수용재결 및 이의재결에 대한 당연무효의 사유가 된다고 할 수도 없다.

② 대법원 1993. 8. 13. 선고 93누2148 판결 : 가. 확정판결에 의하여 1차 이의재결이 취소된 후 2차 이의재결을 위한 감정평가를 의뢰받은 감정평가기관들이 표준지의 선정 및 인근유사토지의 정상거래가격 참작에 있어서 위 확정판결에서 지적한 바 있는 1차 이의재결에 존재하는 위법사항과 같은 위법을 되풀이하였다 하더라도 그에 기초한 2차 이의재결에 존재하는 위와 같은 하자는 2차 이의재결의 취소사유가 되는 것은 별론으로 하고 2차 이의재결을 당연무효라고 보아야 할 만큼 중대하고 명백한 하자라고 할 수는 없다.

나. 택지개발촉진법 제8조 제2항, 제9조 제3항 소정의 택지개발계획의 공람절차를 거치지 아니하였다거나 수용할 토지의 세목을 고시하고 토지소유자에게 이를 통지하는 절차를 취하지 아니하였다는 등의 하자들은 이의재결에 대한 소송에서 그 재결의 취소를 구하는 사유가 될 뿐 당연무효의 사유는 아니다.

다. 기업자가 토지수용법 제23조 소정의 토지조서 및 물건조서를 작성함에 있어서 토지소유자를 입회시켜서 이에 서명날인을 하게 하지 아니하였다는 사유만으로는 이의재결이 위법하다 하여 그 취소의 사유로 삼을 수는 없으니, 그러한 사유가 이의재결의 무효원인이 될 수 없다.

라. 원지적도가 없는 상태에서 토지조서 및 물건조서를 작성하였다거나, 건설부장관이 토지수용법 제16조의 규정에 따라 토지수용사업승인을 한 후 그 뜻을 토지소유자 등에게 통지하지 아니하였다거나, 기업자가 토지소유자와 협의를 거치지 아니한 채 토지의 수용을 위한 재결을 신청하였다는 등의 하자들 역시 절차상 위법으로서 이의재결의 취소를 구할 수 있는 사유가 될지언정 당연무효의 사유라고 할 수는 없다.

무효여부 외에 실효여부도 소송의 대상이다.

② 소의 제기기간

무효등 확인소송에서는 관계법에서 이의신청 전치주의를 채택하고 있더라도 그의 적용을 받지 않으며, 제소기간상의 제한도 적용받지 않는다. 따라서 취소소송과는 달리, 수용재결에 대하여 송달받은 날로부터 90일, 이의재결에 대하여 송달받은 날로부터 60일이 초과하더라도 무효등 확인소송을 제기할 수 있다. 이는 무효인 재결은 처음부터 효력이 없는 것이므로 법률관계의 조속한 확정이라는 요청에 기한 제소기간의 제한 규정이 적용되지 않는 것은 당연하다 할 것이다.[455)]

③ 소의 제기절차

토지보상법은 임의적 이의신청 전치주의를 취하고 있으므로 무효등 확인소송의 제기시에도 이의신청을 거칠 필요는 없다. 만약에 토지보상법이 이의신청을 거치라고 하는 경우에도 무효등 확인소송의 제기시는 거칠 필요가 없다.

④ 사정판결의 적용여부

무효등 확인소송의 경우에는 사정판결을 하는 것은 인정되지 않는다고 본다. 또한 행정행위의 무효나 존재여부가 민사법원이나 형사법원의 선결문제로 되는 경우 민사나 형사소송의 수소법원이 이를 심리, 판단할 수 있다.

5) 보상금증감에 관한 소송

(1) 법적 근거

▣ 토지보상법

제85조(행정소송의 제기) ② 제1항에 따라 제기하려는 행정소송이 보상금의 증감(增減)에 관한 소송인 경우 그 소송을 제기하는 자가 토지소유자 또는 관계인일 때에는 사업시행자를, 사업시행자일 때에는 토지소유자 또는 관계인을 각각 피고로 한다.

455) 박평준, 공익사업용지취득보상법, 고시연구사, 2005, 270면.

(2) 제도적 취지

보상금증감에 관한 소송은 보상금의 다툼에 대하여 직접적인 이해관계를 가진 법률관계 당사자를 상대로 소송을 제기하도록 하고, 법원은 직접 보상금을 결정하여 사업시행자로 하여금 토지 등의 소유자에게 보상금을 지급하도록 함으로서, 사업시행자와 토지소유자 및 관계인이 보상금의 증감에 관한 부분을 소송의 제기를 통해 직접 다투도록 하는 당사자소송이다.

(도입 배경) 이 보상금증감에 관한 소송에 대한 규정이 없던 종전에는 보상재결에 대하여 불만이 있는 경우, 당사자는 취소소송을 제기하여 법원이 재결을 취소하게 되면 토지수용위원회는 보상액을 다시 결정하게 되는데 토지수용위원회의 재결정금액이 만족스럽지 못하면, 다시 취소소송을 제기하여야 하는 이러한 절차를 여러 번 반복할 수 밖에 없었다. 이러한 행정소송의 문제점을 개정하기 위하여 1990. 4. 7. 舊 토지수용법을 개정함으로서 보상금에 대한 행정소송이 제기되었을 경우 정당손실보상액을 법원에서 직접 종결할 수 있도록 하기 위하여 보상금증감청구소송을 도입하였다.

(일부 개정) 이러한 보상금 증감청구소송이 도입됨에 따라 피수용자의 권리구제가 우회적이었던 불합리는 시점되었으나, 구 토지수용법에서는 "제기하고자 하는 소송이 보상금의 증감에 관한 소송인 때에는 당해 소송을 제기하는 자가 토지소유자 또는 관계인인 경우에는 재결청 외에 기업자를, 기업자인 경우에는 재결청 외에 토지소유자 또는 관계인을 각각 피고로 한다"고 규정하여 재결청을 항상 피고에 포함시킴으로써 재결청의 부담만 가중하고 재결청은 실제적으로 실익이 별로 없다는 비판으로 2002. 2. 4 현행 토지보상법에서는 피고에서 재결청을 제외함으로써 당사자주의에 충실하게 개정하였다.

(3) 법적 성격

① 형식적 당사자 소송

(가) 의　의

형식적 당사자소송이라 함은 행정청의 처분 등을 다투는 소송이면서 항고소송에서와 같이 행정청을 피고로 하지 않고, 당해 처분 등을 원인으로 하는 법률관계의 한쪽 당사자를 피고로 하여 제기하는 소송을 말한다. 즉 실질은 항고소송이지만 그 형식은 당사자소송인 경우이다. 이 소송은 현실적으로 당사자가 다투고자 하는 분쟁의 내용을 중시하여 이러한 분쟁의 실질적인 이해관계자만을 소송당사자로 하고 행정청을 배제함으로써 신속한 권리구제를 도모하고 소송절차를 간소화하려는데 그 필요성이 인정된다.

(나) 형식적 당사자 소송 여부

이러한 보상금증감소송에 대하여 구 토지수용법하에서는 형식적 당사자소송으로 보는 견해, 변형된 형식적 당사자 소송이라고 보는 견해,[456] 특수한 형태의 항고소송으로 보는 견해, 항고소송과 당사자 소송이 결합된 특수한 형태의 행정소송이라고 보는 견해[457] 등이 대립하였다. 그러나 현행 토지보상법은 보상금증감청구 소송의 피고에서 재결청을 제외함으로써 이러한 논란을 불식시키고 당사자소송의 성질을 강화하였다.

결국 현행 토지보상법 하에서 보상금증감청구소송은 당사자가 보상금에 관한 법률관계를 직접 다투는 것이고 그 전제로 재결의 효력이 심판의 대상이 되는 구조이므로 형식적 당사자 소송이라는 것이 다수설이다.[458]

② 형성소송 또는 확인급부소송 여부논의

(가) 형성소송설

이 견해는 수용재결의 처분성 또는 공정력을 강조하는 견해로서 손실보상청구권은 재결에 의해 비로소 구체적 청구권으로 확정되므로 손실보상에 관한 소는 법원이 손실보상에 관한 수용재결을 취소하고, 정당한 보상액을 확정하는 것에 의해 구체적인 손실보상청구권을 형성하는 형성소송이라고 한다.

---

456) 김남진 교수는 보상금증감청구소송은 토지소유자 또는 관계인이나 사업시행자를 피고로 하는 외에 재결청을 공동피고로 하도록 하고 있으므로 변형된 형식적 당사자 소송이라 부르고 있다.

457) 박균성 교수는 보상금증감청구소송은 기본적으로 재결을 다투는 소송으로 항고소송의 성질을 가지고 있고, 피고를 재결청 외에 사업시행자를 공동피고로 하고 있다는 점에서 당사자 소송의 성질도 가지고 있어 이 소송은 항고소송과 공법상 당사자소송이 결합된 특수한 형태의 행정소송이라고 보고 있다(박균성, 행정구제법, 박영사, 2002, 165면).

458) ① 현행 보상금증감소송은 토지소유자와 사업시행자가 각각 원고, 피고가 되어 이를 다투도록 규정하고 있는 바, 이 소송이 이른바 형식적 당사자소송에 해당하는 점에는 의문이 없다(김동희, 행정법 I, 박영사, 2003, 544면).

② 다만 박균성 교수는 이를 당사자가 직접 다투는 것은 법률관계의 내용이고, 그 전제로서 처분의 효력이 심판의 대상이 되게 된다는 점에서 형식적 당사자 소송이라는 용어 대신에 '특수한 당사자 소송'으로 부르고 있다(박균성, 행정법론(상), 박영사, 2004, 634면).

(나) 확인·급부소송설

이 견해는 손실보상에 관한 소의 궁극적 목적은 재결을 취소하려는 것이 아니고 당사자사이에 정당보상액을 확인하거나 부족액을 급부하게 하는 것이므로 재결의 변경을 거치지 않고 곧바로 확인 또는 급부를 하면 된다고 한다.

재결청이 피고에서 제외된 점, 보상금증감청구소송의 의의는 정당한보상액을 확인하고 그 이행을 명하는데 있다는 점을 볼 때 확인·급부소송설이 타당하다고 본다.[459)]

(4) 보상금증감에 관한 소송요건

① 당사자적격

보상금증감소송을 제기할 수 있는 자는 사업시행자와 토지소유자 및 관계인이다. 어느 한쪽이 원고가 되면 다른 한쪽이 피고가 된다.

한편 실무적으로 사업인정의 근거가 되는 시장·군수·구청장이 사업시행자인 경우 이러한 행정청을 피고로 하는 경우가 있으나, 사업시행자라 함은 재결에 의하여 토지의 소유권 등의 권리를 취득하고 그로 인하여 토지소유자 또는 관계인이 입은 손실을 보상하여야 할 의무를 지는 권리의무의 주체인 국가 또는 지방자치단체 등 공공단체를 의미하는 것이므로, 손실보상금 증감에 관한 행정소송은 그 행정청이 속하는 권리의무의 주체인 국가나 지방자치단체 등 공공단체를 상대로 제기하여야 하는 것이지, 그 기관에 불과한 행정청을 상대로 제기할 수는 없다.[460)]

② 소송대상

소송대상은 원처분(수용재결 또는 사용재결)의 보상부분이다.

---

459) 이 견해에 따를 때, 재결청을 관여시킴이 없이 보상당사자 사이에서만 보상금의 증감에 관한 분쟁을 종국적으로 해결하도록 한 입법취지에도 더 부합할 뿐만 아니라 재결의 변경이라는 우회적인 방법을 거칠 필요도 없다는 장점이 있을 것이다(박균성/도승하, 토지보상행정법, 박영사, 2014, 932면).

460) 대법원 1992. 2. 11. 선고 91누7774 판결 : 토지수용법 제75조의2 제2항은, 그 제1항의 규정에 의하여 제기하고자 하는 행정소송이 보상금의 증감에 관한 소송인 때에는 당해 소송을 제기하는 자가 토지소유자 또는 관계인인 경우에는 재결청 외에 기업자를 피고로 한다고 규정하고 있는바, 여기에서 말하는 기업자는 토지수용에 의하여 토지를 취득하고 그에 따라 손실보상의 의무를 지는 권리의무의 주체를 가리킨다고 할 것이다. 따라서 이 사건 토지수용사업의 시행청인 부산지방국토관리청이 속한 피고 대한민국을 피고로 삼은 이 사건 소를 적법하다고 한 원심의 판단은 정당하고, 이를 다투는 논지는 이유 없다.

③ 제소기간

당사자소송은 원칙적으로 제소기간의 제한이 없으나 토지보상법은 제1항의 취소소송의 제소기간을 당사자소송에 적용하고 있다. 즉 재결에 대한 취소소송의 제기기간은 재결서를 받은 날부터 60일 이내에, 이의신청을 거친 때에는 이의신청에 대한 재결서를 받은 날부터 30일 이내이다. 이 기간은 불변기간이다.[461]

④ 관할법원 및 형식 등

피고소재지 관할이 인정된다. 형식은 소장에 의하며 이의신청을 거칠 것인지 여부는 원고가 선택적으로 결정한다. 사업시행자가 불복하는 경우 소송의 제기 전에 이의재결에서 정한 보상금을 공탁하여야 한다. 이 경우에 토지소유자 등은 공탁된 보상금을 소송의 종결시까지 수령하지 못한다. 관할 행정법원이 다르더라도 어느 관할에 속하여도 그 법원에 제소할 수 있다.[462]

⑤ 소송의 제기의 효과

소송이 제기되면 법원에 대한 효과와 처분등에 대한 효과가 취소소송과 동일하게 발생한다.

(5) 심리 및 판결

① 심리의 범위

심리의 범위와 관련하여 판례는 적정한 보상액·손실보상액의 지급방법의 결정이 심리의 범위임에는 논란이 없으며, 특히 보상가액 심리에 있어서는 감정평가에 문제가 있는 경우 석명권을 행사해서라도 정당보상액을 결정하여야 한다고 보고 있다.[463] 이

---

461) 행정소송법 제41조 ; 당사자소송에 관하여 법령에 제소기간이 정하여진 때에는 그 기간은 '불변기간'으로 한다.

462) 대법원 1994. 1. 25. 선고 93누18655 판결 : 행정소송법 제9조나 제40조에 항고소송이나 당사자 소송의 토지 관할에 관하여 이를 전속관할로 하는 명문의 규정이 없는 이상 이들 소송의 토지관할을 전속관할이라 할 수 없고, 이 사건과 같이 토지 소유자 또는 관계인이 토지수용법 제75조의 2 제2항에 근거하여 제기하는 보상금 증액청구소송은 재결청과 기업자를 공동피고로 하여야 하는 필요적 공동소송이므로 행정소송법 제8조 제2항, 민사소송법 제22조 제2항, 제1항에 의하여 재결청이나 기업자중 어느하나의 당사자에 대하여만 관할권이 있더라도 그 법원에 제소할 수 있다

463) 대법원 2008. 9. 25. 선고 2008두9591 판결 : 토지소유자 또는 관계인이 공익사업을 위한 토지 등의 취득 및 보상에 관한 법률 제85조 제2항의 규정에 의하여 사업시행자를 피고로 하여 제기하는 보상금의 증감에 관한 소송은 법원에서 정당한 보상액의 심리를 하는 것을 전제로 하고 있는 것이므로, 법원은 토지수용위원회 재결의 기초가 된 감정기관의 감정평가가 위법하다고 인정하는 경우에는 그 후 법원의

외에 판례는 재결신청지연에 따른 가산금도 심리의 범위임을 밝히고 있으며,[464] 또한 잔여지수용청구를 포함한 확장수용청구가 심리의 범위인지에 대하여도 이 또한 심리의 범위에 포함된다고 보고 있다(아래 판례 참조).

판 례

□ 대법원 2010. 8. 19. 선고 2008두822 판결

잔여지 수용청구권은 손실보상의 일환으로 토지소유자에게 부여되는 권리로서 그 요건을 구비한 때에는 잔여지를 수용하는 토지수용위원회의 재결이 없더라도 그 청구에 의하여 수용의 효과가 발생하는 형성권적 성질을 가지므로, 잔여지 수용청구를 받아들이지 않은 토지수용위원회의 재결에 대하여 토지소유자가 불복하여 제기하는 소송은 위 법 제85조 제2항에 규정되어 있는 '보상금의 증감에 관한 소송'에 해당하여 사업시행자를 피고로 하여야 한다.

② 적정보상액의 입증책임

정당보상액의 증명책임(입증책임)[465]은 민사소송법상 원칙인 법률요건분배설(입증책임분배설)에 의한다고 할 수 있으며,[466] 이에 따르면 재결에서 산정된 금액이 적정보상이라는 주장 및 입증은 관할 토지수용위원회에 있다[467]고 할 수 있고, 반면에 재결보상금

심리과정에서 선임된 감정인의 감정평가 역시 위법하다고 하더라도 곧바로 토지소유자 또는 관계인의 청구를 기각할 것이 아니라 감정인 등에게 적법한 감정평가방법에 따른 재감정을 명하거나 사실조회를 하여 보는 등의 방법으로 석명권을 행사하여 그 정당한 보상액을 심리한 다음 이를 토지수용위원회 재결시의 보상액과 비교하여 청구의 인용 여부를 결정하여야 한다.

☞ 석명권이란 소송관계를 분명하게 하기 위하여 당사자에게 질문하고 증명촉구를 할 뿐아니라, 당사자가 간과한 법률상 사항을 지적하여 의견진술의 기회를 주는 법원의 권능을 말한다(이시윤, 신민사소송법, 박영사, 2011, 310면).

464) 대법원 1997. 10. 24. 선고 97다31175 판결 : 토지수용법 제25조의3 제3항이 정한 지연가산금은 수용보상금에 대한 법정 지연손해금의 성격을 갖는 것이므로 이에 대한 불복은 수용보상금에 대한 불복절차에 의함이 상당할 뿐 아니라, 토지수용법시행령 제16조의3은 "법 제25조의3 제3항의 규정에 의하여 가산하여 지급할 금액은 관할 토지수용위원회가 재결서에 기재하여야 하며, 기업자는 수용 시기까지 보상금과 함께 이를 지급하여야 한다."라고 하여 지연가산금은 수용보상금과 함께 수용재결로 정하도록 규정하고 있으므로, 지연가산금에 대한 불복은 수용보상금의 증액에 관한 소에 의하여야 한다.

465) 증명책임(입증책임, 거증책임)이라 함은, 소송상 어느 증명을 요하는 사실의 존부가 확정되지 않은 때에 당해 사실이 존재하지 않는 것으로 취급되어 법률판단을 받게 되는 당사자 일방의 위험 또는 불이익을 말한다. 즉 증거조사해 보았으나 증거가 없을 때의 패소할 위험을 말하는 것으로 진실여부가 불명한 경우 누구에게 불이익을 돌릴 것인가의 문제이다(이시윤, 신민사소송법, 박영사, 2011, 499면).

466) 법률요건분류설은 각 당사자는 자기에게 유리한 법규의 요건사실의 존부에 대해 증명책임을 지는 것으로 분류한다. 따라서 소송요건의 존부는 원고에게 증명책임 돌아간다(박윤흔, 최신행정법강의(상), 박영사, 2002, 998면. ; 홍정선, 행정법원론 (상), 박영사, 2003, 843면).

467) 대법원 1992. 5. 22. 선고 91누11094 판결 : 인근유사토지의 거래사례를 참작하지 아니하였으며 비준지 자체의 보상단가를 산정함에 있어서도 그 개별요인 및 기타요인에 대하여 아무런 설명이 없이 그 보정수치가 구체적으로 어떠한 근거와 방법에 의하여 산출된 것인지를 전혀 알아볼 수 없도록 되어 있어

보다 손실보상금이 많다는 주장은 원고가 입증하여야 한다(아래 판례 참조).

판 례

> **□ 대법원 1997. 11. 28. 선고 96누2255 판결**
>
> 토지수용법 제75조의2 제2항 소정의 손실보상금 증액청구의 소에 있어서 그 이의재결에서 정한 손실보상금액보다 정당한 손실보상금액이 더 많다는 점에 대한 입증책임은 원고에게 있다고 할 것이고, 위 보상금증액소송은 재결청과 기업자를 공동피고로 하는 필요적 공동소송으로 그 공동피고 사이에 소송의 승패를 합일적으로 확정하여야 하므로 비록 이의재결이 그 감정평가의 위법으로 위법한 경우라도 그 점만으로 위와 같은 입증책임의 소재를 달리 볼 것은 아니다.

③ 법정이율에 의한 가산지급

사업시행자는 사업시행자가 제기한 행정소송이 각하·기각 또는 취하된 경우 재결서 정본을 받은 날(또는 이의신청에 대한 재결이 있은 후 소송을 제기한 때에는 그 재결서 정본을 받은 날)부터 판결일 또는 취하일까지의 기간에 대하여 소송촉진등에관한특례법의 법정이율을 적용하여 산정한 금액을 보상금에 가산하여 지급하여야 한다(법 제87조). 판결을 통해 토지소유자 및 관계인이 승소하면 사업시행자는 증액된 보상금에 수용의 개시일 또는 사용의 개시일 다음날부터 판결선고일까지 민법상 법정이자(연 5분)와 선고일 다음날부터 완제일까지 소송촉진등에관한특례법상 법정이자(연 1.2할)[468]를 가산하여 지급하여야 한다.

부적정한 평가방법이라 할 것이니 같은 취지의 원심의 판단은 정당하여 수긍이 가고 거기에 소론과 같은 법리오해의 위법이 있다 할 수 없으며, 재결의 기초가 된 감정이 적법하다는 주장, 입증책임은 수용재결청에게 있다할 것이어서 원심이 위 각 감정을 함에 있어 참작한 위와 같은 구체적인 개별요인 산정근거 및 방법에 관한 입증을 촉구하여 이를 심리하지 아니하였다 하더라도 거기에 소론과 같은 심리미진의 위법이 있다고 할 수 없다.

468) 소송촉진등에관한특례법제3조 제1항본문의법정이율에관한규정 ; 「소송촉진 등에 관한 특례법」 제3조 제1항 본문에서 "대통령령으로 정하는 이율"이란 연 100분의 12를 말한다. 〈개정 2019. 5. 21.〉

제3장

토지 보상평가

제1절 토지보상 평가의 원칙

Ⅰ. 토지보상 평가의 법원(法源)

1. 의 의

공익사업에 편입된 목적물 가운데 손실보상의 중심이 되는 것은 토지재산권이라 할 수 있으며, 따라서 토지보상이 사업시행자와 피수용자 간의 주요한 다툼이 되고 있다.

헌법에서는 국민의 재산권에 대한 강제적 박탈이나 침해에 대하여 정당한 보상을 규정하고 있고, 이러한 정당보상의 실현을 위하여 토지보상법, 토지보상평가지침에서 토지보상에 대한 구체적 내용을 규정하고 있는데, 이러한 법의 형식을 법의 연원(淵源) 또는 법원(法源)이라 한다.

이러한 법원은 성문법과 불문법으로 구분되며, 성문법은 문자로 표시되고 일정한 형식을 갖추어 제정된 법을 말하며, 불문법은 성문의 형식을 갖추지 아니한 법을 말한다.

2. 손실보상 법규

1) 헌 법

헌법은 국가의 조직과 통치에 관한 근본법임과 동시에 최고법이다. 토지보상과 관련하여 우리 헌법 제23조는 재산권의 보장(동조 제1항), 공공복리 적합의무(동조 제2항), 공용침해 및 정당보상(동조 제3항)을 규정하고 있어 재산권 보장과 손실보상의 최고규범임을 밝히고 있다.

2) 법 률

토지 등의 손실보상을 규정하고 있는 법률로는 토지보상법이 있으며, 그 외에도 각 개별법(국토계획법, 택지개발촉진법, 도로법 등)에서 공용침해를 규정함과 동시에 손실보상을 규정하고 있다.

3) 행정입법

국회의 입법에 의하지 않고 행정권에 의하여 제정된 법규를 명령이라 하며, 이를 행정입법이라고도 한다. 이 명령은 법규명령과 행정명령으로 구분된다.

손실보상과 관련하여 토지보상법 시행령은 법규명령에, 토지보상법 시행규칙은 행정명령이 속한다고 하는 것이 일반적인 견해이다. 그러나 시행규칙에 규정되어 있다고 해서 행정명령으로 보는 견해는 의문이 있으며, 토지보상의 전문성이나 다양성으로 법규명령의 성질을 갖는 행정명령이 존재하는 것으로 보아야 할 것이다.

(1) 감정평가 실무기준

① 개 요

국토교통부는 감정평가에 대한 구체적이고 전문적인 사항을 규정하기 위하여 2013. 10. 22. 국토교통부 고시 제2013-620호로 감정평가 실무기준을 제정하여 2014. 1. 1.부터 시행하고 있다. 이 감정평가 실무기준은 감정평가의 공정성과 객관성 유지를 위하여 감정평가업자가 반드시 준수하여야 하는 기준이다.

② 법적 성격

감정평가실무기준은 '부동산 가격공시 및 감정평가에 관한 법률'에 의거 감정평가업자가 준수하여야 하여야 할 원칙과 기준을 정하도록 위임하고 있어, 이에 따라 제정된 것이다.

따라서 **감정평가실무기준은 법규명령이라고 할 것이며, 이를 지키지 않는다면 위법한 평가가 될 것이다.** 이는 그동안 보상평가의 기준이 되었던 '토지보상평가지침'이 법률의 수권 없이 국민의 재산권에 많은 영향을 미친 것에 대한 비판에서 제정되었다고 할 수 있다.

(2) 토지보상평가지침

① 개 요

한국감정평가협회에서 1993. 2. 16부터 토지보상평가지침을 제정, 시행하고 있으며, 동 지침은 토지보상법령, 기타 손실보상관계법령에 의하여 공익사업을 목적으로 취득, 수용 또는 사용하는 토지의 손실보상액을 평가를 위하여 세부적인 기준과 절차를 정함을 그 목적으로 하고 있다. 이는 토지보상가격산정에 있어 평가기법에 대하여 세부적인 기준이 설정되어 있지 않아 평가실무에서 체계적이지 못한고 감정평가사의 주관적 평가에 의하여 혼선이 있었던 부분을 개선하기 위하여 대법원 판례, 주무부서의 유권해석, 평가의 관행 등을 종합하여 지침을 제정하여 현재에 이르고 있다.

② 법적 성격

토지보상평가지침은 한국감정평가협회가 판례나 유권해석 등을 종합하여 제정된 것이라고 하나 어떤 법령의 위임에 의거 제정된 것이 아니고, 또한 동 지침이 토지보상법의 집행을 위하여 제정된 것이라고 볼 수도 없어 법규성이 없음은 명백하다고 할 것이다. 대법원 또한 토지보상평가지침은 협회 소속 감정평가사들에게 토지평가에 관한 지침을 제공하기 위한 것에 불과하고 법령의 위임에 근거하여 제정된 것이 아니어서 일반국민이나 법원을 구속하는 법규적 효력이 없다고 판시[469)]한 바 있다. 그렇지만, 동 지침이 법규적 효력을 갖고 있지는 못하나 토지의 손실보상액 산정에 있어 감정평가사들을 구속하여 동 지침에 의거하여 감정평가를 하고 있고 이에 국민의 재산권 평가에 있어 상당한 영향을 미치고 있는 것이 사실이며, 법원에서도 평가에 관한 구체적인 규정이 없는 경우 이 토지보상평가지침을 참작[470)]하여 적용하도록 판시한 것으로 미루어 보아 토지보상에 있어 고려되어야 할 지침으로의 역할을 하고 있다.

그 외 한국감정평가협회에서 제정하여 시행되고 있는 광업권보상평가지침, 어업권등보상평가지침, 영업손실보상평가지침, 선하지의공중부분사용에따른손실보상평가지침 등은 그 효력에 있어서 동일하다고 할 것이다.

③ 문 제 점

토지보상평가지침 등은 상기한 바와 같이 법규명령이 아님에도 불구하고 토지 등의 보상시 국민의 재산권 영역에서 많은 영향을 끼치고 있다. 따라서 토지보상평가지침 등에 대한 법적 근거를 마련하여 이를 재판규범화하는 것이 타당할 것으로 보인다. 이를 위하여 본 지침 등에 대한 제정근거를 토지보상법에 마련하고 세부적으로는 국토교통부의 훈령 등으로 제정하는 것이 타당할 것이라고 보인다.

---

469) 대법원 1994. 3. 11. 선고 93누17195 판결.

470) 대법원 1998. 7. 10 선고 98두6067 판결 : "토지수용법 제46조 제1항, 제2항제1호, 제3항, 공공용지취득및손실보상에관한특례법 제4조 제2항제1호, 제3항, 동 법 시행규칙 제6조 제8항, 토지보상평가지침(한국감정평가협회 제정) 제7조 제1항의 규정들을 종합하여 보면..."에서와 같이 토지보상평가지침을 참작하고 있다. ; 대법1993. 3. 9 선고 92누16287 판결 :"토지보상평가지침에 따른 단가사정이 위법한 것은 아니다."라는 판결로 미루어 볼 때 법원에서도 동 지침에 대하여 참작하도록 하고 있음을 알 수 있다.

4) 손실보상의 불문법

(1) 관 습 법

관습법은 한 사회에서 스스로 발생하여 계속·반복됨으로써 어떤 관행이 존재하고, 그 관행이 사회에서 법적 확신과 법적 인식을 가지게 되는 경우 성립하는 법적 규범을 말한다. 손실보상 관계에 있어 관습법으로 인정된 것은 아직 없다고 보아야 할 것이다.

(2) 판 례 법

법원의 판결 또는 그 판결이 되풀이되는 것을 판례라 하고, 이러한 판례가 성문화되지 않고 법적 규범력을 가지는 것을 판례법이라 한다.

토지보상에 있어서 판례법은 법원이 될 수 있다. 예컨대, 법원이 토지보상의 기준이 되는 "인근 유사토지의 정상가격"을 "토지의 투기적인 거래에서 형성된 것이 아닌 가격 또는 개발이익이 포함되지 아니한 통상적인 거래에서 성립되는 가격"이라고 정의하는 것과 같이, 성문법의 규정이 없는 경우에는 이러한 판례를 근거로 보상할 수 있으므로 토지보상의 법원이 될 수 있다.[471]

표 17. 토지 등 손실보상 관련 법원(法源)

<table>
<tr><td rowspan="6">법규</td><td colspan="7">헌법 제23조 제3항</td></tr>
<tr><td colspan="2">개별 법률</td><td colspan="3">토지보상법
(보상의 일반법적 지위)</td><td colspan="2">감정평가의 일반법</td></tr>
<tr><td colspan="2" rowspan="4">개별법, 시행령,
시행규칙,
훈령 등</td><td colspan="3" rowspan="4">토지보상법
토지보상법 시행령
토지보상법 시행규칙</td><td colspan="2">부동산가격 공시에 관한 법령</td></tr>
<tr><td colspan="2">감정평가 및 감정평가사에 관한 법령</td></tr>
<tr><td colspan="2">감정평가실무기준</td></tr>
<tr><td colspan="2">감정평가에 관한 규칙</td></tr>
<tr><td rowspan="2">비법규</td><td>법원</td><td colspan="2">행정부</td><td>중앙
토지수용위원회</td><td colspan="2">사업시행자</td><td>한국감평평가협회 내규</td></tr>
<tr><td>보상관련
판례</td><td colspan="2">국토교통부,
법제처 등의
질의회신</td><td>재결사례,
토지수용업무편람</td><td colspan="2">내규·
방침</td><td>- 토지보상평가지침
- 영업손실보상평가지침
- 어업권손실보상평가지침
- 광업권손실보상평가지침
- 분묘에 대한 보상액의 산정지침
- 선하지의공중부분사용에 따른 손실보상평가지침 등</td></tr>
</table>

471) 이선영, 신토지수용과 보상법론, 리북스, 2005, 329면

Ⅱ. 토지 기본조사

1. 공부상 조사

사업시행자는 사업예정지내 토지 등의 현황, 당해 토지위에 권리자 및 토지에 존재하는 물건의 현황, 권리자 등 토지 및 물건에 대하여 면밀히 조사하여야 한다. 이 조사내용을 기초로 감정평가, 협의보상 및 재결이 이루어지므로 조사내용이 부실하거나 제대로 이루어지지 않았을 경우 민원발생과 재결진행과정에서 불성실협의로 간주되어 수용절차가 지연될 수 있으므로 원활한 보상업무추진을 위해서 성실한 조사가 요구된다. 이러한 기본조사는 공부상 조사와 실제 현황조사가 있다.

1) 사업지구 토지 세목 확정

(1) 서류의 발급

공익사업에 편입된 토지의 조사를 위하여 먼저 용지도에서 대사작업을 통하여 지번을 추출한 후 지적공부 및 관련서류의 발급을 신청한다. 이렇게 발급한 서류를 기초로 편입토지 세목을 확인하고 사전조사를 준비한다.

□ **토지보상법 시행령**

제7조 (토지조서 및 물건조서 등의 작성) ① 사업시행자는 공익사업의 계획이 확정되었을 때에는 「공간정보의 구축 및 관리 등에 관한 법률」에 따른 지적도 또는 임야도에 대상 물건인 토지를 표시한 용지도(用地圖)를 작성하여야 한다.

② 사업시행자는 제1항에 따라 작성된 용지도를 기본으로 하여 법 제14조 제1항에 따른 토지조서(이하 "토지조서"라 한다) 및 물건조서(이하 "물건조서"라 한다)를 작성하여야 한다.

③ 토지조서에는 다음 각 호의 사항이 포함되어야 한다.

1. 토지의 소재지·지번·지목·전체면적 및 편입면적과 현실적인 이용상황
2. 토지소유자의 성명 또는 명칭 및 주소
3. 토지에 관하여 소유권 외의 권리를 가진 자의 성명 또는 명칭 및 주소와 그 권리의 종류 및 내용
4. 작성일
5. 그 밖에 토지에 관한 보상금 산정에 필요한 사항

⑥ 토지조서와 물건조서의 서식은 국토교통부령으로 정한다.

여기서 주의할 사항 중의 하나는 먼저 지적부서로부터 지적도와 임야도를 발급받아 용지도와 대사작업을 통하여 용지도가 정확하게 작성되었는지 반드시 확인하여야 한다. 이러한 용지도는 주로 설계부서에서 지적도와 임야도를 동일한 축적으로 맞추어 작성한 것으로 이는 작성 과정에서 지번 오류나 또는 토지의 누락 등이 있을 수 있으므로 지적도 및 용지도와의 대사작업이 필수적으로 요구된다. 간혹 용지도가 정확하게 작성되지 않았음에도 이에 대한 확인 없이 보상을 실시하다가 보상대상 토지누락 및 지번 중복 등으로 추후 보상과정에서 예기치 않은 민원이나 손해배상 등의 문제가 발생할 수 있다.

☞ **지번추출 절차**

① 용지도에 지구계 확정
② 지적관서에 해당 지적도 및 임야도를 발급받아 지번 순으로 정리
③ 도면에 색칠하는 방법으로 확인하되 의문시되는 지번에 대하여는 폐쇄지적도를 발급받아 분할 또는 합병여부를 확인하여 누락되는 필지가 없도록 조치한다.

2) 용도지역 확인

추출된 토지에 대하여 토지이용계획원[472]을 열람 또는 발급받아 용도지역을 확인한다. 용도지역은 토지보상에 있어 가장 중요한 기초자료가 되므로 철저한 확인이 요구된다. 특히 용도지역이 중첩되는 필지의 경우 각 용도지역을 측량 등을 통하여 구분하여 표시하여야 한다.

☞ **공법상 토지이용제한 구분**

□ 일반적 제한
1. 국토의 계획 및 이용에 관한 법률에 의한 용도지역·지구·구역
2. 기타 다른 법령에 의한 일방적인 계획제한

□ 개별적 제한
1. 국토의 계획 및 이용에 관한 법률에 의한 도시계획시설 및 도시계획 사업에 관한 결정고시 등

472) 각 필지별 용도지역 확인을 위한 토지이용계획 확인은 국토교통부 토지이용규제정보사이트(http://luris.mltm.go.kr/web/actreg/arservice/ArLandUsePrint.jsp)에서 무료열람이 가능하다. 다만 이러한 무료 토지이용계획확인원은 인터넷상으로 열람만 하는 것이 가능하므로 공식문서상 출력되는 서비스는 각 지자체 토지이용계획확인서 발급서비스를 이용하여야 한다.

2. 토지보상법 기타 다른 법령에 의한 공익사업의 계획 또는 시행의 고시
단, 당해 사업시행을 직접 목적으로 용도지역 또는 지구가 변경된 경우 변경 전기준 적용한다.

참고자료

□ 공부발급시 주민등록번호 표시요청

① 토지대장상 소유자의 주민번호 표시 (행정자치부 지적담당관-498, 2003. 6. 30)

2003년 7월 2일부터 공익사업을 위한 토지 등의 취득 및 보상에 관한 법률 제8조에 따라 사업시행자 등이 토지(임야)대장 교부신청을 하는 경우에는 토지소유자의 주민번호가 전부 표기되어 발급될 수 있도록 조치되었으므로 공용발급 요청시, 주민번호 전부 표기를 요청

② 등기부등본에 소유자의 주민번호 표시

【부동산등기기록의 주민등록번호 등 공시제한에 따른 업무처리지침】[등기예규 제1672호, 시행 2019. 5. 15.]

2. 다. (2) 다음 각 호에 해당하는 경우에는 대상 등기명의인의 주민등록번호 등은 공시를 제한하지 아니한다.

(나) 공용목적(수용, 토지대장정리 등)으로 국가, 지방자치단체, 공익사업을 위한 토지등 취득 및 보상에 관한 법률 제8조에 의한 사업시행자 등이 그 신청과 이해관계가 있음을 소명한 경우

■ 공익사업을 위한 토지 등의 취득 및 보상에 관한 법률 시행규칙 [별지 제4호서식] 〈개정 2016. 6. 14.〉

토 지 조 서

공익사업의 명칭		
사업인정의 근거 및 고시일		
사업시행자	성명(또는 명칭)	
	주소	
토지소유자	성명(또는 명칭)	
	주소	

토지의 명세

소재지	지번 (원래 지번)	지목	현실적인 이용상황	전체면적 (m^2)	편입면적 (m^2)	용도지역 및 지구	관계인			비고
							성명또는 명칭	주소	권리의 종류 및 내용	

그 밖에 보상금 산정에 필요한 사항

「공익사업을 위한 토지 등의 취득 및 보상에 관한 법률」 제14조 제1항 및 같은 법 시행령 제7조 제3항에 따라 위와 같이 토지조서를 작성합니다.

년 월 일

사업시행자 (인)
토지소유자 (서명 또는 인)
관 계 인 (서명 또는 인)

토지소유자(관계인 포함)가 서명(인)할 수 없는 경우 그 사유

작성방법

1. 이 서식은 토지소유자별로 작성합니다.
2. 해당 공익사업에 따라 토지가 분할되는 경우에는 분할 전의 지번은 "지번(원래 지번)"란에 ( )로 적습니다.
3. "관계인"란에는 토지에 관한 소유권 외의 권리를 가진 자를 적습니다.
4. 공부(公簿)상 면적과 실측(實測) 면적이 다른 경우 실측 면적을 "비고"란에 적습니다.
5. 도로부지인 경우에는 도로의 구분, 이용상황 및 위치 등 그 특성을 "비고"란에 다른 참고사항과 같이 적습니다.

210mm×297mm[백상지 80g/㎡]

3) 토지세목조서 작성

토지대장 및 임야대장을 발급받아 필지별 지목과 면적을 확인하고 등기부등본으로 소유자 및 공유지분 등 확인하여 토지세목 조서를 작성한다. 토지세목조서는 이후 협의보상 및 재결 등에 기초가 되므로 일체의 오류가 있어서는 안 된다.

4) 지목의 구분

토지의 지목은 「공간정보의 구축 및 관리 등에 관한 법률」 제67조 제1항 및 시행령 제58조에 의거 28개의 지목으로 구분하여 정하고 있다.

(1) 전

물을 상시적으로 이용하지 않고 곡물·원예작물(과수류는 제외한다)·약초·뽕나무·닥나무·묘목·관상수 등의 식물을 주로 재배하는 토지와 식용(食用)으로 죽순을 재배하는 토지

(2) 답

물을 상시적으로 직접 이용하여 벼·연(蓮)·미나리·왕골 등의 식물을 주로 재배하는 토지

(3) 과 수 원

사과·배·밤·호두·귤나무 등 과수류를 집단적으로 재배하는 토지와 이에 접속된 저장고 등 부속시설물의 부지. 다만, 주거용 건축물의 부지는 "대"로 한다.

(4) 목장용지

다음 각 목의 토지. 다만, 주거용 건축물의 부지는 "대"로 한다.

가. 축산업 및 낙농업을 하기 위하여 초지를 조성한 토지

나. 「축산법」 제2조 제1호에 따른 가축을 사육하는 축사 등의 부지

다. 가목 및 나목의 토지와 접속된 부속시설물의 부지

(5) 임 야

산림 및 원야(原野)를 이루고 있는 수림지(樹林地)·죽림지·암석지·자갈땅·모래땅·습지·황무지 등의 토지

(6) 광 천 지

지하에서 온수·약수·석유류 등이 용출되는 용출구(湧出口)와 그 유지(維持)에 사용되는 부지. 다만, 온수·약수·석유류 등을 일정한 장소로 운송하는 송수관·송유관 및 저장시설의 부지는 제외한다.

(7) 염 전

바닷물을 끌어들여 소금을 채취하기 위하여 조성된 토지와 이에 접속된 제염장(製鹽場) 등 부속시설물의 부지. 다만, 천일제염 방식으로 하지 아니하고 동력으로 바닷물을 끌어들여 소금을 제조하는 공장시설물의 부지는 제외한다.

(8) 대

가. 영구적 건축물 중 주거·사무실·점포와 박물관·극장·미술관 등 문화시설과 이에 접속된 정원 및 부속시설물의 부지

나. 「국토의 계획 및 이용에 관한 법률」 등 관계 법령에 따른 택지조성공사가 준공된 토지

(9) 공장용지

가. 제조업을 하고 있는 공장시설물의 부지

나. 「산업집적활성화 및 공장설립에 관한 법률」 등 관계 법령에 따른 공장부지 조성공사가 준공된 토지

다. 가목 및 나목의 토지와 같은 구역에 있는 의료시설 등 부속시설물의 부지

(10) 학교용지

학교의 교사(校舍)와 이에 접속된 체육장 등 부속시설물의 부지

(11) 주 차 장

자동차 등의 주차에 필요한 독립적인 시설을 갖춘 부지와 주차전용 건축물 및 이에 접속된 부속시설물의 부지. 다만, 다음 각 목의 어느 하나에 해당하는 시설의 부지는 제외한다.

가. 「주차장법」 제2조 제1호 가목 및 다목에 따른 노상주차장 및 부설주차장(「주차장법」 제19조 제4항에 따라 시설물의 부지 인근에 설치된 부설주차장은 제외한다)

나. 자동차 등의 판매 목적으로 설치된 물류장 및 야외전시장

(12) 주유소용지

다음 각 목의 토지. 다만, 자동차·선박·기차 등의 제작 또는 정비공장 안에 설치된 급유·송유시설 등의 부지는 제외한다.

가. 석유·석유제품 또는 액화석유가스 등의 판매를 위하여 일정한 설비를 갖춘 시설물의 부지

나. 저유소(貯油所) 및 원유저장소의 부지와 이에 접속된 부속시설물의 부지

(13) 창고용지

물건 등을 보관하거나 저장하기 위하여 독립적으로 설치된 보관시설물의 부지와 이에 접속된 부속시설물의 부지

(14) 도 로

다음 각 목의 토지. 다만, 아파트·공장 등 단일 용도의 일정한 단지 안에 설치된 통로 등은 제외한다.

가. 일반 공중(公衆)의 교통 운수를 위하여 보행이나 차량운행에 필요한 일정한 설비 또는 형태를 갖추어 이용되는 토지

나. 「도로법」 등 관계 법령에 따라 도로로 개설된 토지

다. 고속도로의 휴게소 부지

라. 2필지 이상에 진입하는 통로로 이용되는 토지

(15) 철도용지

교통 운수를 위하여 일정한 궤도 등의 설비와 형태를 갖추어 이용되는 토지와 이에 접속된 역사(驛舍)·차고·발전시설 및 공작창(工作廠) 등 부속시설물의 부지

(16) 제 방

조수·자연유수(自然流水)·모래·바람 등을 막기 위하여 설치된 방조제·방수제·방사제·방파제 등의 부지

(17) 하 천

자연의 유수(流水)가 있거나 있을 것으로 예상되는 토지

(18) 구 거

용수(用水) 또는 배수(排水)를 위하여 일정한 형태를 갖춘 인공적인 수로·둑 및 그 부속시설물의 부지와 자연의 유수(流水)가 있거나 있을 것으로 예상되는 소규모 수로부지

(19) 유지(溜池)

물이 고이거나 상시적으로 물을 저장하고 있는 댐·저수지·소류지(소유지)·호수·연못 등의 토지와 연·왕골 등이 자생하는 배수가 잘 되지 아니하는 토지

(20) 양 어 장

육상에 인공으로 조성된 수산생물의 번식 또는 양식을 위한 시설을 갖춘 부지와 이에 접속된 부속시설물의 부지

(21) 수도용지

물을 정수하여 공급하기 위한 취수·저수·도수(導水)·정수·송수 및 배수 시설의 부지 및 이에 접속된 부속시설물의 부지.

(22) 공 원

일반 공중의 보건·휴양 및 정서생활에 이용하기 위한 시설을 갖춘 토지로서 「국토의 계획 및 이용에 관한 법률」에 따라 공원 또는 녹지로 결정·고시된 토지.

(23) 체육용지

국민의 건강증진 등을 위한 체육활동에 적합한 시설과 형태를 갖춘 종합운동장·실내체육관·야구장·골프장·스키장·승마장·경륜장 등 체육시설의 토지와 이에 접속된 부속시설물의 부지.[473] 다만, 체육시설로서의 영속성과 독립성이 미흡한 정구장·골프연습장·실내수영장 및 체육도장, 유수(流水)를 이용한 요트장 및 카누장, 산림 안의 야영장 등의 토지는 제외한다.

(24) 유 원 지

일반 공중의 위락·휴양 등에 적합한 시설물을 종합적으로 갖춘 수영장·유선장(遊船場)·낚시터·어린이놀이터·동물원·식물원·민속촌·경마장 등의 토지와 이에 접속된 부속시설물의 부지. 다만, 이들 시설과의 거리 등으로 보아 독립적인 것으로 인정되는 숙식시설 및 유기장(遊技場)의 부지와 하천·구거 또는 유지[공유(公有)인 것으로 한정한다]로 분류되는 것은 제외한다.

(25) 종교용지

일반 공중의 종교의식을 위하여 예배·법요·설교·제사 등을 하기 위한 교회·사찰·향교 등 건축물의 부지와 이에 접속된 부속시설물의 부지

(26) 사 적 지

문화재로 지정된 역사적인 유적·고적·기념물 등을 보존하기 위하여 구획된 토지. 다만, 학교용지·공원·종교용지 등 다른 지목으로 된 토지에 있는 유적·고적·기념물 등을 보호하기 위하여 구획된 토지는 제외한다.

---

473) 대법원 2013. 11. 28. 선고 2011두29281 판결 : '체육시설의 토지에 접속된 부속시설물의 부지'는 체육활동의 필수시설이나 체육활동에 직접 이용되는 시설의 부지에 한정되지 않고, 그 주된 용도가 체육시설의 이용·관리와 밀접한 관련이 있는 부속시설물을 위한 부지도 포함된다고 보아야 한다. 길이 약 1.7km, 폭 약 50m 내외의 호수와 길이 약 1.2km, 폭 약 30m 내지 240m 형태의 호수를 비롯하여 이례적으로 큰 규모의 호수 또는 연못 형태로 되어 있는데, 이 사건 골프장을 조성·유지하는 데 필수적인 배수 및 탈염을 위한 기능을 위하여 마련된 것이고, 담수조와 배수로, 통수관의 설치를 위한 부지로 이용되고 있는 상황 등을 고려하면, '체육시설의 토지에 접속된 부속시설물의 부지'로서 체육용지라고 봄이 타당하다.

(27) 묘 지

사람의 시체나 유골이 매장된 토지, 「도시공원 및 녹지 등에 관한 법률」에 따른 묘지공원으로 결정·고시된 토지 및 「장사 등에 관한 법률」 제2조 제9호에 따른 봉안시설과 이에 접속된 부속시설물의 부지. 다만, 묘지의 관리를 위한 건축물의 부지는 "대"로 한다.

(28) 잡 종 지

다음 각 목의 토지. 다만, 원상회복을 조건으로 돌을 캐내는 곳 또는 흙을 파내는 곳으로 허가된 토지는 제외한다.

가. 갈대밭, 실외에 물건을 쌓아두는 곳, 돌을 캐내는 곳, 흙을 파내는 곳, 야외시장, 비행장, 공동우물

나. 영구적 건축물 중 변전소, 송신소, 수신소, 송유시설, 도축장, 자동차운전학원, 쓰레기 및 오물처리장 등의 부지

다. 다른 지목에 속하지 않는 토지

2. 실제 현황조사

1) 조사원칙

현황지목은 기본조사 당시 현재의 현실이용상황을 말한다. 취득할 토지에 대한 평가는 지적공부상 지목에 불구하고 가격시점에 있어서의 현실적인 이용 상황에 따라 평가하는 것이 원칙이므로 공부상 현황과 현실적인 이용상황이 상이한 토지에 대하여 이지목 현황조서를 작성하여야 한다. 특히 한 필지가 법정지목과 현실이용상황이 상이한 경우 그 현황이 적법한 이용이라면 그 이용현황별 면적을 측량 등을 통하여 구분하여 산정하여야 한다.

① 사업지구 내 편입된 토지에 대하여 필지별로 일일이 현실적인 이용 상황과 실제 면적 등을 현장 확인하여 지적공부상 지목 및 면적과 일치하는지 확인

② 현실이용상황 조사시 일시적인 이용 상황은 고려하지 아니하므로 현황이 일시적인지 여부 판단하며 토지는 필지별로 조사함을 원칙으로 하되 연속된 여러 필지

가 동일한 목적으로 이용되고 있는 때에는 동시에 조사

③ 지적공부상 지목과 현실적인 이용 상황이 다른 토지에 대한 이지목 조서를 작성하여 지자체에 형질변경허가 여부 조회

④ 지자체 조회결과를 토대로 적법한 형질변경 토지에 대하여는 지적공사에 현황측량 의뢰하여, 토지이용 현황별 면적 확정

2) 적법성 여부 판단

현실이용상황이 적법여부의 판단을 위하여는 무허가건축물 및 사실상의 농지 등을 판단하기 위한 기본자료가 되므로 판단시기별로(1989. 1. 24 이전, 사업인정고시 직전) 항공사진을 발급받아 그 적법여부를 판단 후 측량 등을 의뢰한다.

3) 면적산정(현황측량)

공익사업지구에 편입되는 토지 및 물건의 전부에 대하여는 지적측량을 실하여 그 면적이나 위치 등을 재확인할 필요가 없겠지만, 한 필지의 토지가 지구계의 경계에 위치하거나 또는 일부의 토지가 다른 용도로 사용되는 경우 그 상이면적 등을 정확하게 확정하기 위하여 지적측량을 의뢰하여야 한다. 이는 보상대상 면적을 정확하게 확정하여 사후의 다툼의 여지를 줄이고 보상업무의 적법성을 확보하기 위한 것으로, 이 현황측량의 경우 현재의 이용상황이 적법한 경우 그 상이면적을 한국국토정보공사에 의뢰하여 현황측량하여 각각 상이한 지목의 면적을 구분한다.

3. 지적공부 정리 및 등록

1) 지적불부합토지

(1) 의 의

토지기본조사에서 왕왕 지적공부(토지대장, 임야대장)와 실체(면적이나 경계 등)가 일치하지 않는 경우가 발생하며 이러한 토지를 지적불부합토지라 한다. 현행 공간정보의 구축 및 관리에 관한 법률에서는 “등록사항의 정정”이라 한다.

이와 같은 불부합토지가 발생하게 된 것은 일제 강점기 때 토지(임야)조사사업 당시 착오가 발생하였거나 당시에 등록되지 아니한 토지를 처음 등록 할 때부터 착오 등록 된 경우, 한국전쟁 당시 소멸된 지적공부 복구 과정에서 착오 등록 등의 원친이 있다.

(2) 관련법률

▣ 공간정보의 구축 및 관리 등에 관한 법률

제84조 (등록사항의 정정) ① 토지소유자는 지적공부의 등록사항에 잘못이 있음을 발견하면 지적소관청에 그 정정을 신청할 수 있다.

② 지적소관청은 지적공부의 등록사항에 잘못이 있음을 발견하면 대통령령으로 정하는 바에 따라 직권으로 조사·측량하여 정정할 수 있다.

③ 제1항에 따른 정정으로 인접 토지의 경계가 변경되는 경우에는 다음 각 호의 어느 하나에 해당하는 서류를 지적소관청에 제출하여야 한다.

1. 인접 토지소유자의 승낙서
2. 인접 토지소유자가 승낙하지 아니하는 경우에는 이에 대항할 수 있는 확정판결서 정본(正本)

(3) 지적불부합지 처리방안

토지소유자는 지적공부에 잘못이 있음을 발견하면 그 정정을 신청하도록 소유자에게 정정신청권을 부여하고 있다. 그러나 면적이 감소되거나 경계가 변경되어 이해가 얽혀있는 경우 현실적으로 토지소유자나 인접소유자들의 승낙을 얻는 것은 상당히 어려운 일이다. 이에 지적불부합 토지는 토지소유자의 동의가 없으면 토지분할을 할 수 없어, 토지소유자가 동의하지 않으면 결국 해당 토지를 취득할 수 없기 때문에 공익사업 추진에 상당한 어려움이 있는 실정이다.[474]

이러한 지적불부합 토지에 대하여 중토위 사례를 살펴보면 다음과 같다.[475]

① 등록사항(면적)정정측량 실시

한국국토정보공사 등록사항정정측량을 신청하고 지적소관청의 측량성과검사를 거쳐 발급된『등록사항(면적)정정 측량성과도』수령하고 편입면적을 확정한다.

---

474) 결국 이러한 경우 대부분의 사업시행자는 법정 보상 이외에 별도로 추가보상금을 주어 해결하거나, 사업지구에서 제척하는 방법 등 법외의 방법을 사용하고 있다.

475) 중앙토지수용위원회, 토지수용 업무편람, 2009, 116-117면.

② 토지소유자 등에게 사건경위 설명 및 설득

토지소유자에게 등록사항 정정대상임을 설명하고, 실측하여 산출된 편입면적으로 협의보상 및 등록사항정정에 동의할 것을 설득하고 협의요청한다.

③ 수용재결 신청

협의가 성립되지 않으면 현황측량 후 편입된 면적 만큼에 대하여 공유지분으로 취득하는 것으로 수용재결을 신청한다.

수용재결 신청시 재결신청서, 토지조서, 사업시행자의견 등을 작성하면서, 면적은 반드시 실측면적 중 편입면적을 기재하고, 등록사항(면적)정정측량성과도 사본을 첨부하여 편입토지의 위치를 특정하여 표시한다.[476] 이때 재결신청서에 "지적공부상 면적이 잘못 등록되어 정정되어야 할 토지로서 토지소유자(이해관계인이 있을 시, 이해관계인 전부기재)가 등록사항정정에 동의를 거부함으로써 등록사항정정 및 분할정리가 불가하여 실측면적 중 편입면적만 재결신청" 한다는 내용을 기재한다.

④ 소유권이전을 위한 민사소송 제기

관한 토지수용위원회의 수용재결이 나면, 수용재결금액을 지급하거나 공탁한다. 이렇게 보상금 지급을 완료한 후 공유자로서 토지면적의 정정에 대하여 ① 경정등기 의무를 이행하라는 소송[477]이나 또는 ② 지분이전등기절차 이행의 소[478] ③ 공유물에 기한 공유물분할 청구소송[479]을 통하여 지적공부 정리 및 소유권이전을 완료하는 방안이 사용되었다.

그러나 이 수용재결을 기초로 하여 최근 판례에서는 "토지의 위치와 경계를 상세도면 및 용지도에 특정하여 이를 근거로 수용대상 토지와 그 지분을 선정한 것이나 이는 그 절차에 지적정정에 갈음하는 효력을 부여할 수는 없다 할 것이므로 위치와 경계가 특정되지 아니한 토지의 일부분을 임의로 지분을 정하여 수용한 이 사건 재결은 위법하다고 하지 않을 수 없다"고 판시[480]하고 있어 중토위에서는 지적이 확정되지 않은

476) 예) 토지대장 상 면적 15,074㎡의 실측면적 10,937㎡ 중 3,359㎡편입으로 기재한다.

477) 서울민사법원 91가합71251 판결

478) 춘천지방법원 2007가합100 조정조서. 지적공부정정신청승낙 등.

479) 목적물의 특정 부분을 소유한다고 주장하는 자는 그 부분에 대하여 신탁적으로 지분등기를 가지고 있는 자를 상대로 하여 그 특정 부분에 대한 명의신탁 해지를 원인으로 한 지분이전등기절차의 이행을 구하면 되고, 이에 갈음하여 공유물분할청구를 할 수는 없다(대법원 1996. 2. 23. 선고 95다8430 판결 【소유권이전등기】)는 판결에 의하면 이 방법은 인용될 가능성이 희박할 것으로 보인다.

상태의 수용신청은 어렵다는 입장이다. 그러나 본 사건은 해당 임야의 위치와 상호간의 경계를 전혀 확인할 방법이 없는 경우의 판결으로 위치와 상호간의 경계는 확정적이고 단순히 해당 토지의 면적만 변경이 있는 경우까지 수용재결이 불가하다고 보는 것은 다소 무리가 있다고 본다.

결론적으로 현행 제도상에서는 지적불부합(면적감소) 토지에 대한 최선의 방안이 없는 실정이다. 무엇보다도 확정되지도 않고 지적정정 절차에 갈음하는 행위가 없는 일반 현황도면에 의한 수용재결이 각하된다면 이에 대한 해결방안은 없을 것으로 보인다. 또한 수용재결이 가능하다 하더라도 이에 기한 지분등기 이전 가능성, 청구소송 기간의 장기화 등을 고려한다면 현실적으로 지적정정 토지에 대한 처리방안은 없다고 해도 과언이 아니다. 따라서 이와 같은 지적정정 토지의 경우 사업시행자가 수용을 할 수 있도록 하는 제도 개선이 필요할 것으로 보인다.

2) 미등록 및 미복구 토지의 처리

(1) 법적근거

□ 공간정보의 구축 및 관리 등에 관한 법률

제77조 (신규등록 신청) 토지소유자는 신규등록할 토지가 있으면 대통령령으로 정하는 바에 따라 그 사유가 발생한 날부터 60일 이내에 지적소관청에 신규등록을 신청하여야 한다.

□ 공간정보의 구축 및 관리 등에 관한 법률 시행령

제84조 (지적공부의 정리 등) ① 지적소관청은 지적공부가 다음 각 호의 어느 하나에 해당하는 경우에는 지적공부를 정리하여야 한다. 이 경우 이미 작성된 지적공부에 정리할 수 없을 때에는 새로 작성하여야 한다.

1. 법 제66조 제2항에 따라 지번을 변경하는 경우
2. 법 제74조에 따라 지적공부를 복구하는 경우
3. 법 제77조부터 제86조까지의 규정에 따른 신규등록·등록전환·분할·합병·지목변경 등 토지의 이동이 있는 경우

(2) 미등록 토지

등록전환 및 토지분할 등으로 인하여 미등록 토지 발생 시 곧바로 지적 소관부서에

480) 서울고법 2007누12769 수용재결 취소 등. 현재 중토위에서 대법원에 제소 중임

등록요청을 하여야 하며, 대부분 소유자 불명토지가 많아 재결 수용절차가 필요하다.

(3) 미복구 토지

미복구토지가 사업지구경계에 걸쳐있거나 사업지구내에 있을 경우 토지이동(지구계분할) 및 수용재결신청이 불가하므로 지적소관청, 한국국토정보공사, 소유자 및 관계인등과 협의하여 지적공부 복구 후 지구계분할과 보상협의 및 수용재결을 진행하여야 한다.

Ⅲ. 토지보상의 감정평가

1. 감정평가업자의 선정

1) 감정평가의 원칙

공익사업의 시행에 있어 토지 등의 취득 또는 사용을 위한 보상금액은 헌법상의 정당보상 실현을 위하여 국가로부터 전문가로 인정받은 감정평가사로 구성된 감정평가법인 2 이상의 감정평가한 금액을 사업시행자가 산술평균하여 산정하도록 하고 있다. 즉, 토지 등의 보상액 산정은 2 이상의 감정평가업자에 의한 **복수평가의 원칙**을 보이고 있는 것이다. 그러나 이 복수평가의 원칙은 사업시행자가 보상평가를 의뢰하는 경우에 강제되는 제도로, 보상금 증감소송 등의 행정소송에 있어서는 이 복수평가의 원칙이 구속력을 갖는 것은 아니다.

> **▣ 토지보상법**
>
> 제68조 (보상액의 산정) ① 사업시행자는 토지등에 대한 보상액을 산정하려는 경우에는 감정평가업자 3인(제2항에 따라 시·도지사와 토지소유자가 모두 감정평가업자를 추천하지 아니하거나 시·도지사 또는 토지소유자 어느 한쪽이 감정평가업자를 추천하지 아니하는 경우에는 2인)을 선정하여 토지등의 평가를 의뢰하여야 한다. 다만, 사업시행자가 국토교통부령으로 정하는 기준에 따라 직접 보상액을 산정할 수 있을 때에는 그러하지 아니하다.

판 례

▣ 대법원 1993. 4. 27. 선고 92누19507 판결

구 공공용지의취득및손실보상에관한특례법시행령 제2조 제8항(1992. 5. 22. 대통령령 제13649호로 개정되기 전의 것)이 토지 등의 취득을 위한 보상액의 평가를 함에 있어 국토이용관리법 제29조의3 제1항의 규정에 의하여 사무소개설등록을 한 2인 이상의 토지평가사나 감정평가에관한법률 제5조 및 제6조의 규정에 의하여 등록 또는 인가된 공인감정사 또는 감정회사가 행하며 보상액의 산정은 평가액의 산출평균치를 기준으로 한다고 규정하고 있다 하여 법원이 위 보상액에 관한 소송사건을 심리함에 있어서 보상액의 평가를 명할 경우에도 위 규정에 의하여 2인 이상의 토지평가사나 공인감정사 또는 감정회사에게 감정을 의뢰하여 그 평가액의 산출평균치를 기준으로 하여야 하는 구속을 받는 것은 아니라고 할 것이다(당원 1991. 10. 11. 선고 90누10087 판결 참조).

☞ 한편, 법원은 통상적으로 1명의 법원감정인을 선정하여 보상평가 감정을 하고 있다.

2) 선정시기

감정평가업자는 보상협의회에 참석하여 보상금 산정에 대한 방법을 주민들에게 설명하거나 보상평가를 위한 주민들의 의견을 들어야 하므로 가능한 보상협의회 개최 전에 선정하는 것이 타당할 것이다. 다만 후술하는 바와 같이 토지 소유자 추천에 의한 감정평가업자 선정 규정으로 인하여 보상열람공고 이후 30일 이내에 선정되는 것이 통상적인 예이다.

3) 선정방법(법 제68조)

토지보상법에서는 보상액을 산정하고자 하는 경우에는 사업시행자가 2인 이상의 감정평가업자를 선정하여 토지 등의 평가를 의뢰하도록 하고 있다.

한편 사업시행자는 감정평가업자 선정에 관하여 법규상 제한이 존재하지 아니하나, 평가업자 선정과정에서의 투명성·객관성, 선정결과의 타당성을 확보하기 위하여 자체적으로 감정평가업자 선정 및 심사 등을 거쳐 선정하고 있다.

4) 소유자 추천에 의한 감정평가업자 선정

감정평가업자를 선정함에 있어 토지소유자가 요청하는 경우 사업시행자가 선정하는 2인 이상의 감정평가업자 외에 토지소유자가 추천하는 감정평가업자 1인을 선정할 수 있다. 이 경우 토지소유자는 보상계획에서 동일한 시기에 보상하기로 공고 또는 통지한 보상대상 토지면적의 2분의 1 이상에 해당하는 토지소유자와 당해 토지소유자 총수의 과반수의 동의를 얻은 사실을 증명하는 서류를 첨부하여 보상계획의 열람기간 만료일부터 30일 이내에 사업시행자에게 요청하여야 한다. 이 경우 토지소유자는 감정평가업자 추천에 대한 동의를 2회 이상 할 수 없다(시행령 제28조).

이 토지소유자 감정평가업자 추천제도는 사업시행자 일방의 자체 감정평가업자 선정에 대한 토지소유자의 불신을 해소하고, 사업시행자와 더불어 토지소유자의 의견도 반영함으로써 합리적인 보상을 통해 사업의 원활을 도모하고 보상의 객관화를 기하기 위하여 2003년 도입되었다.[481]

그러나 이 소유자 추천 감정평가업자의 선정에 대하여 부작용이 많다는 의견이 대두되고 있다.[482] 즉 일부 감정평가법인이 소위 주민대책위원회로부터 감정평가업자로 선정받기 위하여 과다 경쟁하는 과정에서, 소유자 추천 감정평가사의 평가액이 과다한 보상이 이루어지고 있다는 것이다. 이에 대하여 중립적 지위에 있는 기관이 감정평가업자 선정 및 추천을 맡는 것이 바람직하다는 견해,[483] 사업시행자 및 토지소유자 추천의 현행 제도를 폐지하고 중립적인 기관에서 각각 2인씩을 추천하자는 견해[484] 등이 논의되고 있다.

---

481) 토관 3908 (2004. 8. 27) : 이 규정의 취지는 사업시행자만 보상액산정기관을 선정하도록 함으로 인한 토지소유자들의 불만을 해소하고 보상액 산정의 객관성과 타당성을 담보하는 취지에서 일정한 요건을 갖추어 토지소유자가 요청하는 경우 토지소유자가 추천하는 감정평가업자 1인을 추가로 선정토록 한 것이며, 토지소유자가 요건을 갖추어 감정평가업자를 추천하는 경우 사업시행자는 토지소유자가 추천하는 감정평가업자를 추가로 선정하여야 한다고 봅니다.

482) 감정평가업자별 보상금액 격차율은 사업시행자선정 평가사간 격차율은 4.17를 보인 반면에, 주민선정 평가사와 사업시행자 선정 평가사간의 격차율은 평균 12.37를 보이고 있다.(건설교통부, 2006, 부동산가격공시법 개정(안) 규제영향분석서) 이는 일부 감정평가법인이 주민 대책위원회로부터 감정평가업자로 추천받기 위하여 감정평가업체간 과당경쟁이 초래한 결과로 보인다. 실제로 감정평가법인이 사전에 주민들이 만족할 만한 보상가액을 구두 통보, 개발이익이 포함된 호가수준의 보상가액 구두 약속 등의 선심성 평가가 이루어져, 보상평가의 객관성 및 공정성이 결여된다는 견해도 이어지고 있다(김상규, 손실보상에서의 정당보상에 관한 법적 연구, 서울시립대 박사학위 논문, 2009).

483) 장교식, 공익사업손실 보상제도 개선방안 공청회 자료, 2011, 32~33면. 본 논고에서 장교식 교수는 (제1안) 중앙토지수용위원회 추천, (제2안) 한국감정평가협회 추천방안, (제3안) 공동협의회 구성방안을 제시하고 이 가운데 (제2안)을 대안으로 제시하고 있다.

484) 김상규, 손실보상에서의 정당보상에 관한 법적 연구, 서울시립대학교 박사논문, 2008. 258면.

2. 보상액 산정절차

1) 감정평가의뢰

사업시행자는 토지 등에 대한 보상액을 산정하고자 하는 경우에는 다음사항을 기재한 평가의뢰서에 토지 및 물건내역을 첨부하여 2인 이상의 감정평가업자에게 토지 등의 평가를 의뢰한다.

① 대상물건의 표시
② 대상물건의 가격시점
③ 평가서 제출기한
④ 대상물건의 취득 또는 사용의 구분
⑤ 건축물 등 물건에 대하여는 그 이전 또는 취득의 구분
⑥ 영업손실을 보상하는 경우에는 그 폐지 또는 휴업의 구분
⑦ 보상협의회에서 보상액 평가를 위한 사전 의견수렴에 관한 사항
⑧ 그 밖의 평가조건 및 참고사항

2) 평가서 제출기한(시행규칙 제16조 제2항)

평가서 제출기한은 대상물건이나 평가내용이 특수한 경우를 제외하고는 30일 이내로 하고 제출기한 내 제출되지 않을 경우 지체상금을 징수한다는 것을 주지시키고, 부득이한 사유로 제출기한 연기가 필요한 경우 평가서 제출기한 종료전에 협의 및 승인을 받도록 한다.

3) 보상액의 산정시기(가격시점)

보상액의 산정은 협의에 의한 경우에는 협의성립당시의 가격을, 재결에 의한 경우에는 수용 또는 사용의 재결당시의 가격을 기준으로 한다(법 제67조①). 다만, 토지수용위원회의 재결에서 정한 보상금에 불복하여 이의신청을 제기하는 경우 또는 이의신청재결에 불복하여 소송을 제기하는 경우에 있어 중앙토지수용위원회의 이의신청 재결을 위한 평가 및 법원의 판결을 위한 법원선임평가의 가격시점은 당해 평가의 의뢰시점에 불구하고 당초의 수용재결일이 된다.

▣ 토지보상법

제67조 (보상액의 가격시점 등) ① 보상액의 산정은 협의에 의한 경우에는 협의성립 당시의 가격을, 재결에 의한 경우에는 수용 또는 사용의 재결 당시의 가격을 기준으로 한다.

판 례

▣ 대법원 1989. 11. 24. 선고89누3687 판결

수용물건의 가격은 상당기간 일정가액이 지속된다고 할 것이어서 감정인의 가격평가시점과 수용재결일 사이에 20일정도의 차이가 있다는 사실만으로 그 평가가 수용재결당시의 가격을 평가한 것이 아니라고 단정할 수 없고, 토지수용위원회가 수용물건의 손실보상액을 산정함에 있어서 2개의 공인감정기관에 그 가격감정을 시켜 이와 같은 가격의 평가시점을 기준으로 한 감정결과에 따라 보상가격을 결정하였다면 그 산정은 특별한 사정이 없는 한 적정한 것으로 보아야 하고, 이를 위법하다고 하려면 토지수용위원회가 그 산정의 기초로 삼은 감정평가가 위법하여 보상금산정의 기초로 삼을 수 없는 이유를 구체적으로 설시하여야 하는 것이며, 증인의 증언이나 동업자조합에의 조회결과만으로 공인감정기관의 감정이나 토지수용위원회의 손실보상금산정이 위법하다고 판단한 것은 채증법칙에 위반하거나 재결의 이유를 갖추지 못한 위법이 있다.

4) 평가안내

감정평가업자가 대상물건의 평가를 의뢰받은 때에는 대상물건 및 주변의 상황을 현지조사하고 평가하여야 하는 확인의무가 있다(규칙 제16조③). 또한 사업시행자는 감정평가를 위해 현장실사시 동행 안내하여 토지 등의 평가의뢰 목록과 상이점 여부를 확인하고 수량 등 착오 또는 누락물건이 확인되는 경우 즉시 추가감정평가를 의뢰할 수 있다. 또한 평가의 신뢰성 확보를 위하여 평가사의 현장실사 기간을 사전에 토지 등의 소유자에게 통지함으로서 토지 등의 소유자와 평가사 간의 면담이 이루어 질 수 있도록 한다.

5) 보상액 산정의 방법

보상액의 산정은 각 평가업자가 평가한 평가액의 산술평균치를 기준으로 산정하여야 한다.

6) 감정평가의 재평가

(1) 당해 감정평가업자에 의한 재평가

사업시행자는 제출된 보상평가서를 검토한 결과 그 평가가 관계법령에 위반하여 평가되었거나 부당하게 평가되었다고 인정하는 경우 당해 평가업자에게 그 사유를 명시하여 다시 평가할 것을 요구하여야 한다.

(2) 다른 감정평가업자에 의한 재평가

아래와 같은 사유로 재평가하는 경우에는 다른 2인 이상의 감정평가업자[485]에게 대상물건의 평가를 다시 의뢰하여야 하며, 종전의 평가가 토지소유자의 추천한 감정평가업자를 선정하여 행하여진 경우에는 토지소유자 추천절차를 다시 거쳐야 한다. 이 경우 재평가액의 산술평균치를 보상액으로 하며, 이 경우 재평가액이 낮을 수도 있다.[486]

① 종전의 평가가 관계법령에 위반하여 평가되었거나 부당하게 평가되었다고 인정하는 경우로서 당해 감정평가업자에게 평가를 요구할 수 없는 특별한 사유가 있는 경우

보상 감정평가가 관계법령에 위반하거나 부당하게 평가된 경우 당초 평가업자에게 재평가하는 것이 원칙이나, 당초 감정평가업자에게 재평가를 요구할 수 없는 **특별한 사유가 있는 경우**는 다른 감정평가업자에게 평가를 의뢰한다.

② 평가액 중 최고평가액이 최저평가액의 110퍼센트를 초과하는 경우[487]

대상물건의 평가액중 최고평가액이 최저 평가액의 110%를 초과하는 경우 토지는 대상물건별로 판단하되, 대상물건이 지장물인 경우 소유자 별로 지장물 전체 평가액의

---

485) 토지정책과-4938 (2009. 10. 22) : ≪질의≫ 2회의 재평가 후 다시 재평가 의뢰를 할 경우 직전 평가가 아닌 최초 평가를 실시한 감정평가업자에게 재평가를 의뢰할 수 있는지 여부
≪회신≫ 「공익사업을 위한 토지 등의 취득 및 보상에 관한 법률시행규칙」 제17조 제2항 제3호에 규정에 의하면 사업시행자는 평가를 한 후 1년이 경과할 때까지 보상계약이 체결되지 아니한 경우 등에는 다른 2인 이상의 감정평가업자에게 대상물건의 평가를 다시 의뢰하도록 규정하고 있습니다. 위 규정에 의한 "다른 2인 이상의 감정평가업자"라 함은 종전에 평가한 감정평가업자를 제외한 다른 감정평가업자를 의미한다고 보며, 이에 따라 종전에 대상물건을 평가한 감정평가업자를 제외한 다른 감정평가업자에게 평가의뢰함이 타당할 것으로 봅니다.

486) 다음 각호의 ①, ②의 경우는 재평가하여 낮아진 경우 당연히 재평가 금액으로 보상액이 결정되며, 불이익변경금지 원칙과는 아무런 관련이 없다. ③의 경우는 구 공특법에서는 불이익 변경원칙을 규정하였으나, 현행 토지보상법은 이 조항을 삭제하였으므로 결과적으로 재평가의 경우 불이익변경금지 원칙이 적용되지 않는다.

합계액을 기준으로 비교한다.[488] 이 경우 재평가 대상물건은 ①호와는 달리 110%를 초과하는 해당 물건만 감정평가하면 될 것으로 본다.[489]

③ 평가를 한 후 1년이 경과할 때까지 보상계약이 체결되지 아니한 경우

평가를 한 후 1년이 경과할 때까지 보상계약이 체결되지 아니한 경우에는 사업시행자는 다른 2인 이상의 감정평가업자에게 대상물건의 평가를 다시 의뢰하여야 한다.[490] 따라서 평가를 한 후 소유자 등의 요구로 재평가를 요구하더라도 1년이 지나지 않은 경우는 특별한 사유 없는 한 재평가 대상이 아니다.[491]

또한 제2호에 해당하는 경우 사업시행자는 평가내역 및 당해 감정평가업자를 국토교통부장관에게 통지하여야 하며, 국토교통부장관은 당해 감정평가가 관계법령이 정하는 바에 따라 적법하게 행하여졌는지 여부를 조사하여야 한다(시행규칙 제17조 제5항).

---

487) 토지보상법 시행규칙 개정사유(건설교통부령 제504호(2006. 3. 17)) : 토지소유자로부터 감정평가업무를 수주하기 위하여 감정평가업자 사이의 부당 경쟁 및 선심성 평가로 보상금액이 올라가는 현상이 나타나므로 이를 방지하기 위하여 사업시행자가 재평가를 의뢰하여야 하는 경우를 최고평가액이 최저평가액의 130%에서 110%를 초과하는 경우로 변경하려는 것임

488) 종전규정에는 대상물건별로 110%초과할 경우 재평가하였으나, 2007.4.12 개정에서 지장물인 경우에 한하여 소유자별로 지장물 전체 평가액의 합계액을 기준으로 비교하여 110%를 초과하는 경우 재평가하도록 개정하였다(시행규칙 제17조 제2항 제2호 후단 신설). 이 재평가에 대한 개정규정은 이 규칙 시행('07. 4. 12)후 보상평가서를 사업시행자에게 제출하는 분부터 적용한다.

489) 토지정책과-8183 (2019. 11. 5) : 사업시행자에게 제출된 보상평가서가 토지보상법 제17조 제1항에 따라 위법하고 부당하게 평가되지 않는 경우에 해당되는 경우라면 같은 법 시행규칙 제17조 제2항에서 정하고 있는 감정평가 재평가 대상은 최고평가액이 최저평가액의 110퍼센트를 초과하는 경우에 해당하는 보상물건을 뜻한다고 보아야 할 것입니다. 최고평가액이 최저평가액의 110%를 초과한 대상물건을 다른 2인의 감정평가업자에게 재평가하는 경우 토지소유자의 감정평가업자 추천에 있어 감정평가업자를 추천할 수 있는 토지소유자는 재평가 대상 토지의 소유자를 의미한다고 봅니다.

490) 토지정책과-2818 (2010. 5. 26) : 「공익사업을위한토지등의취득및보상에관한법률시행규칙」 제 17조 제2항제3호에 의하면 평가를 한 후 1년이 경과할 때까지 보상계약이 체결되지 아니한 경우에는 사업시행자는 다른 2인 이상의 감정평가업자에게 대상물건의 평가를 다시 의뢰하여야 한다고 규정하고 있으므로, 위 규정에 의하여 재평가를 하여야 한다.

491) 토관 2215(2004. 5. 13) ; 【질의요지】 감정평가후 1년이 경과하지 아니하였을 경우에도 재평가할 수 있는지 여부

【회신내용】 당초의 평가가 관계법령에 위반하여 평가되었거나 부당하게 평가되지 않았다면, 설사 재평가하더라도 그 평가내용이 달라질 수 없을 것이므로, 토지등의 소유자로부터 재평가요구가 제기되더라도 이에 해당되지 아니하면 사업시행자가 임의로 재평가의뢰를 할 수 없도록 이를 제한하고 있음. 따라서 재평가요건에 해당되지 아니하는 경우에는 임의로 재평가 의뢰할 수 없음

질의회신

> **▣ 토지정책과-5443 (2010. 11. 22)**
>
> ≪질 의≫ 주민들의 이의신청에 의해 당초 감정평가업자 또는 다른 감정평가업자로 하여금 재평가 의뢰 가능 여부
>
> ≪회 신≫ 규칙 제17조 제2항에 의하면, 제1항의 사유에 해당하는 경우로서 당해 감정평가업자에게 평가를 요구할 수 없는 특별한 사유가 있는 경우(제1호), 대상물건의 평가액 중 최고평가액이 최저평가액의 110퍼센트를 초과하는 경우(제2호), 평가를 한 후 1년이 경과할 때까지 보상계약이 체결되지 아니한 경우(제3호)중 어느 하나에 해당하는 경우에는 다른 2인 이상의 감정평가업자에게 대상물건의 평가를 다시 의뢰하도록 규정하고 있으므로 귀 질의가 이에 해당되지 아니한 경우에는 재평가 대상이 아니라고 보나, 개별적인 사례에 대하여는 사업시행자가 관계법령 및 사실관계 등을 검토하여 판단하시기 바랍니다.

한편, 재평가와 관련하여 동 조항이 불이익변경금지 원칙이 적용되는지에 대하여, 舊 공특법 시행규칙 제4조 제2항에서는 "평가를 한 후 1년이 경과할 때까지 보상평가를 한 후 1년이 경과할 때까지 보상계약이 체결되지 아니한 경우에는 재평가하여 보상액을 산정하여야 한다. 이 경우, 재평가액이 당초의 평가액보다 낮을 때에는 당초의 평가액을 보상액으로 한다"고 규정하여 협의매수의 경우에도 불이익변경금지 원칙을 적용하였었다. 그러나 이 조항은 토지소유자 등이 이의신청 여부와 관계도 없을 뿐만 아니라, 손실보상 원칙인 가격시점 당시의 보상원칙과도 배치되어 불이익변경금지 원칙이 적용될 여지가 없음[492]에도 불구하고 동 원칙이 적용된다는데 문제가 있었다. 따라서 현행 토지보상법은 이 조항을 삭제하여 1년이 경과하여 재평가하는 경우 당초 협의금액보다 더 낮은 금액이 산정되었다 하더라도 더 낮은 금액을 기준으로 보상하여야 한다. 즉 1년이 넘어 재평가하는 경우는 불이익변경금지 원칙을 적용하지 않는다.

재평가 시 다른 감정평가업자 선정조항은 사업시행자가 재평가하는 경우에 한하여 적용되는 것이며, 토지수용위원회의 수용재결이나 이의재결 평가에는 적용되지 않는 것으로(아래 질의회신 참조), 수용재결 등의 평가에서 당초 협의 평가시의 감정평가법인이 다시 평가하더라도 문제가 되지 않는다. 다만, 중앙토지수용위원에서는 당해 재결평가시 당초 감정평가기관이 중복되지 않도록 운영하고 있다.[493]

---

492) 박창수 외, "손실보상과 불이익변경금지의 원칙" 감정평가연구 제17집 제1호, 2007, 149면
"구 공특법의 관계조항은 아무런 이론적 근거도 없고 또한 가격시점 당시의 보상원칙에도 위배되며, 불이익변경금지원칙과도 관계없는 규정이므로 당연히 삭제되었어야 할 조항이다"

493) 중앙토지수용위원회 감정평가기관 선정·추천에 관한 지침 제3조 (감정평가기관) ② 수용재결을 위한

질의회신

> □ **토지정책과-1347 (2008. 12. 11)**
>
> 관할 토지수용위원회가 재결을 위한 감정평가에 관한 사항은 준사법적 독립기관인 토지수용위원회에서 판단·결정할 사항이며, 토지보상법시행규칙 제17조 제2항의 규정은 사업시행자가 재평가를 하여야 하는 경우를 규정한 것으로서, 토지수용위원회에서 동 규정을 준수하여야 할 법령상 의무는 없다고 봅니다.

(3) 재평가시의 보상액 산정

재평가를 하여야 하는 경우 종전의 평가가 시·도지사와 토지소유자가 추천한 감정평가업자를 선정하여 행하여진 경우에는 시·도지사와 토지소유자(보상계약을 체결하지 아니한 토지소유자를 말한다)에게 다른 감정평가업자를 추천하여 줄 것을 통지하여야 하며, 이 경우 시·도지사와 토지소유자가 통지를 받은 날부터 30일 이내에 추천하지 아니한 경우에는 추천이 없는 것으로 본다. 이는 재평가의 경우에도 종전의 평가와 동일하게 감정평가업자를 선정하도록 한 것이다.

재평가를 행한 경우 보상액의 산정은 각 감정평가업자가 다시 평가한 평가액의 산술평균치를 기준으로 한다.

(4) 재평가시 자생적으로 증가한 물건의 평가

보상평가를 한 후 1년 경과하여 재평가 보상할 때 재평가 시점에서 당해물건이 자생적으로 증가되어 물건이 변경되는 경우에는 변경된 물건을 대상으로 재평가한다.

(5) 대상물건이 변경된 경우

① 대상물건이 추가되는 경우

공익사업의 계획이 변경됨에 따라 대상물건이 추가되는 경우 원칙적으로 새로이 편입되는 경우와 동일하게 평가 및 산정하여야 한다. 다만 추가되는 대상물건이 이미 평가한 물건과 그 실체 및 이용상태 등이 동일하고 가격 등에 변경이 없다고 인정되는 때에는 따로 평가하지 아니하고 이미 평가한 물건의 평가결과를 기준으로 하여 보상액

감정평가의 경우에는 그 물건의 기업자 협의평가기관은 선정·추천대상에서 제외한다.
③ 이의신청 재결을 위한 감정평가의 경우에는 그 물건의 기업자 협의평가 기관과 수용재결기관은 선정·추천대상에서 제외한다.

을 산정할 수 있다(규칙 제19조 ①).

② 대상물건이 제외되는 경우

공익사업의 계획이 변경됨에 따라 대상물건의 일부가 보상대상에서 제외되는 경우에는 그 내용을 지체 없이 그 대상물건의 소유자 등에게 통지하여야 한다. 이 경우 이미 보상계약이 체결된 때에는 지체 없이 그 계약을 해지하거나 변경하고 그에 따른 보상액의 환수 등 필요한 조치를 하여야 한다(규칙 제19조 ②).

Ⅳ. 토지보상 평가기준

1. 산정기준

토지보상법은 토지에 관한 보상액의 산정은 협의에 의한 경우에는 협의성립 당시의 가격을, 재결에 의한 경우에는 수용 또는 사용의 재결 당시의 가격을 기준으로 한다고 하여(법 제67조), 일반적인 거래가격을 보상하는 것을 원칙으로 규정하고 있다. 그러나 동법에서는 공정하고 객관적인 손실보상 가격산정을 위하여 여러 가지 평가기준을 마련하고 있다.

2. 토지보상 산정의 원칙

1) 공시지가 기준평가

토지보상법은 협의 또는 재결에 의하여 취득하는 토지에 대하여는 「부동산 가격공시 및 감정평가에 관한 법률」에 의한 **공시지가를 기준**으로 하여 보상하되, 그 공시기준일부터 가격시점까지의 관계 법령에 의한 당해 토지의 이용계획, 당해 공익사업으로 인한 지가의 영향을 받지 아니하는 지역의 지가변동률, 생산자물가상승률 그 밖에 당해 토지의 위치·형상·환경·이용상황 등을 참작하여 평가한 적정가격으로 보상하도록 규정하고 있다(법 제70조 제1항).

이처럼 현실가격과 괴리된 공시지가를 기준으로 보상가격을 산정하도록 한 부분이 헌법 제23조 제3항의 정당보상에 위배되는 것이 아닌가 하는 의문이 꾸준히 제기되고 있으나, 판례는 공시지가 기준이 정당보상의 원리에 위배되었거나 과잉금지의 원칙에 위배되었다고 볼 수 없다고 판시[494]하여 공시지가를 기준으로 보상금을 산정하는 것이 타당하다는 견해를 보이고 있다.

2) 객관적 평가

토지에 대한 보상액은 가격시점에 있어서의 일반적인 이용방법에 의한 **객관적 상황**을 고려하여 산정하되, 일시적인 이용상황과 토지소유자 또는 관계인이 갖는 주관적 가치 및 특별한 용도에 사용할 것을 전제로 한 경우 등은 이를 고려하지 아니한다(법 제70조 제2항).

이를 반영하여 감정평가실무지침에서도 토지의 토지에 대한 평가는 가격시점에서의 일반적인 이용방법에 따른 객관적 상황을 기준으로 평가하여야 하며, 토지소유자가 갖는 주관적 가치나 특별한 용도에 사용할 것을 전제로 한 것은 고려하지 아니 한다[495]고 규정하고 있다.[496] 따라서 조상대대로 물려받은 토지, 명당의 묘자리, 토지소유자의 미

494) 헌법재판소 2009. 11. 26. 2009헌바141 결정 : 개별공시지가가 아닌 표준지공시지가를 기준으로 보상액을 산정하도록 한 것은 개발이익이 배제된 수용 당시 피수용 재산의 객관적인 재산가치를 가장 정당하게 보상하는 것이라고 할 것이므로, 부동산 가격공시 및 감정평가에 관한 법률 제9조 제1항 제1호는 헌법 제23조 제3항에 위반된다고 할 수 없다.

※ 감정평가기준 제9조(표준지공시지가의 적용) ① 국가·지방자치단체, 「공공기관의 운영에 관한 법률」에 따른 공공기관 그 밖에 대통령령이 정하는 공공단체가 다음 각호의 목적을 위하여 토지의 가격을 산정하는 경우에는 당해 토지와 유사한 이용가치를 지닌다고 인정되는 하나 또는 둘 이상의 표준지공시지가를 기준으로 하여 당해 토지의 가격과 표준지공시지가가 균형을 유지하도록 하여야 한다. 다만, 필요하다고 인정하는 때에는 산정된 지가를 다음 각호의 목적에 따라 가감조정하여 적용할 수 있다.

1. 공공용지의 매수 및 토지의 수용·사용에 대한 보상

495) 감정평가실무기준 810-5.1 : 토지 보상평가는 기준시점에서의 일반적인 이용방법에 따른 객관적 상황을 기준으로 감정평가하며, 토지소유자가 갖는 주관적 가치나 특별한 용도에 사용할 것을 전제로 한 것은 고려하지 아니한다.

496) ① 대법원 1997. 8. 29. 선고 96누2569 판결 : 수용대상 토지에 대한 손실보상액을 평가함에 있어서는 수용재결 당시의 이용상황, 주위환경 등을 기준으로 하여야 하는 것이고, 여기서의 수용대상 토지의 현실이용상황은 법령의 규정이나 토지소유자의 주관적 의도 등에 의하여 의제될 것이 아니라 오로지 관계 증거에 의하여 확정되어야 한다. 이 사건 토지는 이 사건 도시계획 결정으로 인하여 도로화 된 것이 아니라 소외 ㅇㅇㅇ이 도시계획(도로)입안의 내용에 따라 스스로 이 사건 토지를 도로에 제공함으로써 도로화 된 것이고, 이 사건 토지에 관한 도시계획(도로) 결정고시는 그 훨씬 이후에 있었다는 것이므로, 위 도시계획입안의 내용은 이 사건 토지의 지가 하락의 원인과 관계가 없는 것이어서 이 사건 토지에 관한 손실보상금을 산정함에 있어서 참작하여야 할 사유가 되지 못하는 것이다

래개발 계획 등은 토지소유자 또는 관계인이 갖는 주관적 가치로 이는 당해 토지에 대한 보상액 산정에 있어 고려의 대상이 되지 못한다.

판 례

□ 대법원 2000. 10. 6. 선고 98두19414 판결

온천개발자가 비용과 노력을 들여 온천개발을 한 끝에 온천발견신고를 하고 온천으로 적합하다는 중간보고까지 제출되었던 이 사건에서 당시의 관련 정황을 종합할 때, 당해 토지에 온천이 있다는 것이 어느 정도 확인된 셈이어서 지가형성에 영향을 미치는 객관적인 요인이 생겼다고 보는 것이 타당하므로, 이러한 토지를 평가함에 있어 장래 온천으로의 개발가능성 자체를 기타 요인으로 보정하거나 개별요인의 평가에서 당해 토지의 장래의 동향 등의 기타조건으로 참작하는 등 어떠한 형태로든 이를 반영하여야 할 것이다.

온천지구지정으로 인한 상승이 높은 것으로 판단된다면서 60% 수준으로 추정하여 5.84배를 적용하였음을 알 수 있는바, 60% 수준으로 본 합리적인 근거를 알 수 없을 뿐만 아니라 이와 같이 안분하여 이 사건 가격시점에서의 보정률을 정함으로써 결과적으로 온천지구 지정 후인 장래시점을 평가의 기준으로 삼았다는 점에서도 그 산정은 부당하다 할 것이다. 결국, 감정평가법인의 감정평가는 구체적인 근거 없이 개발가능성이라는 장래의 동향을 지나치게 높게 평가하여 객관성과 합리성을 결하였고 기타조건의 참작의 한계를 넘은 것으로서 위법하다 할 것이다.

3) 개별평가

토지는 원칙적으로 인접하여 연속되어 있다 하더라도 필지마다 개별특성이 모두 다른 개별성을 지니고 있으므로 개별평가 함을 원칙으로 한다. 이는 토지의 권리에도 적용되어 대상 토지 및 소유권외의 권리마다 개별로 평가한다.

---

② 서울고등법원 2006. 10. 13. 선고 2005누26450 판결 : 토지에 대한 평가를 함에 있어 일시적인 이용상황과 토지소유자 등이 갖는 주관적 가치는 고려하지 않도록 되어 있는바, 이 사건 고시일이나 가격시점 당시까지 위 각 토지가 잡종지로 정의되는 "갈대밭, 실외에 물건을 쌓아두는 곳, 돌을 캐내는 곳, 흙을 파내는 곳, 야외시장, 비행장, 공동우물" 혹은 "영구적 건축물중 변전소, 송신소, 수신소, 송유시설, 도축장, 자동차운전학원, 쓰레기 및 오물처리장 등의 부지" 중 어느 하나의 용도로 사용되었음을 인정할 증거가 없고, 위 각 토지는 몇 년째 방치되어 있었다고 하더라도 개간 등의 별다른 형질변경 없이 "곡물·원예작물, 관상수 등의 식물을 주로 재배하는 토지"로 이용될 수 있다고 인정할 수 있으므로, 원고가 설혹 위 각 토지를 건물 신축을 위해 아무런 용도로 사용치 않고 방치하였다고 하더라도 이는 일시적이고도 주관적인 가치일 뿐이고, 그로써 잡종지로 이용상황이 변경되었다고 볼 수 없다.

▣ 감정평가실무기준 810. 5. 3 개별 감정평가

① 토지 보상평가를 할 때에는 대상토지 및 소유권외의 권리마다 개별로 하는 것을 원칙으로 한다. 다만, 개별로 보상액을 산정할 수 없는 등 특별한 사정이 있는 경우에는 소유권외의 권리를 대상토지에 포함하여 감정평가할 수 있다.

② 제1항에도 불구하고 다음 각 호의 어느 하나에 해당하는 경우에는 그에 따른다.

1. 두 필지 이상의 토지가 일단지를 이루고 있는 경우에는 일괄감정평가한다. 다만, 이용상황 또는 용도지역등을 달리하여 가치가 명확히 구분되거나 소유자 등이 달라 이를 필지별로 감정평가할 이유나 조건이 있는 경우에는 그러하지 아니하다.
2. 한 필지의 토지가 둘 이상의 이용상황으로 이용되거나 용도지역등을 달리하는 경우에는 이용상황 또는 용도지역등 별로 구분감정평가한다. 다만, 다른 이용상황으로 이용되거나 용도지역등을 달리하는 부분이 주된 이용상황 또는 용도지역등과 가치가 비슷하거나 면적비율이 뚜렷하게 낮아 주된 이용상황 또는 용도지역등의 가치를 기준으로 거래될 것으로 추정되는 경우에는 주된 이용상황 또는 용도지역등의 가치를 기준으로 감정평가할 수 있다.

③ 제2항 제2호에서 사업시행자가 이용상황별로 면적을 구분하여 제시하지 아니한 경우에는 주된 이용상황을 기준으로 감정평가하고 다른 이용상황 및 단가를 감정평가서에 따로 기재한다.

④ 제2항에 따라 감정평가할 때에는 감정평가서에 그 이유를 기재하여야 한다.

다만, 두 필지 이상이 일체로 거래되거나 용도상 불가분의 관계가 있는 경우 일괄하여 평가하고(일괄평가),[497] 한 필지가 둘 이상의 이용상황 또는 용도지역으로 달리 구분되어 있는 경우에는 구분하여 평가하여야 한다(구분평가).[498]

판 례

□ 대법원 2017. 3. 22. 선고 2016두940 판결

2개 이상의 토지 등에 대한 감정평가는 개별평가를 원칙으로 하되, 예외적으로 2개 이상의 토지 등에 거래상 일체성 또는 용도상 불가분의 관계가 인정되는 경우에 일괄평가가 인정된다. 여기에서 '용도상 불가분의 관계'에 있다는 것은 일단의 토지로 이용되고 있는 상황이 사회적·경제적·행정적 측면에서 합리적이고 토지의 가치 형성적 측면에서도 타당하다고 인정되는 관계에 있는 경우를 뜻한다. 2개 이상의 토지가 용도상 불가분의 관계에 있는지 여부를 판단하는 데 일시적인 이용상황 등을 고려해서는 안 된다.

원래 1필지였던 토지가 지하 부분의 구분지상권 설정을 위해 여러 필지로 분할되었다고 하더라도, 지상 부분에서는 그러한 토지분할이나 지하 부분의 구분지상권 설정에 별다른 영향을 받지 않고 토지분할 전과 같이 마치 하나의 필지처럼 계속 관리·이용되었다면, 토지분할 전에는 1필지였으나

497) 토지보상평가지침 제20조 제3항 : 하나의 건축물(부속건축물 포함)의 부지로 이용되고 있거나 건축 중에 있는 토지 등과 같이 사실상 공유관계가 성립되어 있는 경우에는 이를 일단지로 보고 일괄평가할 수 있다.

498) 토지보상평가지침 제22조【구분평가】 ① 한 필지의 토지가 둘 이상의 용도로 이용되는 경우에는 실제 용도별로 구분하여 평가하는 것을 원칙으로 한다.

여러 필지로 분할된 토지들은 그 1필지 중 일부가 다른 용도로 사용되고 있었다는 등의 특별한 사정이 없는 한 용도상 불가분의 관계에 있다고 보는 것이 사회적·경제적·행정적·가치형성적 측면에서 타당하다.

4) 현황평가기준

(1) 현황평가의 의의

지적공부상의 지목과 현실적인 이용상황은 일치하는 것이 보통이지만, 그렇지 않는 경우도 있고, 그 경우 보상대상인 토지가 설령 지적공부에는 정리되지 않았다 하더라도 실제의 이용상황에 따라 평가하여 보상하도록 하는 것이 피수용 재산의 객관적 가치를 보다 정확히 반영하는 것이며, 경우에 따라서는 토지소유자를 보다 더 보호하는 보상방법이 될 것이다.

이에 토지에 관한 평가는 가격시점에서의 지적공부상의 지목에도 불구하고 현실적인 이용상황을 기준으로 한다. 여기서 토지의 현실적인 이용상황은 객관적인 자료에 의하여 판단될 것이지, 법령의 규정이나 토지소유자의 주관적 의도 등에 의하여 의제될 것이 아니라 관계 증거에 의하여 객관적으로 확정되어야 하는 것이다.[499)]

다만, ① 일시적인 이용상황으로 인정되는 경우 ② 무허가건축물 등의 부지 또는 불법형질변경된 토지의 평가 ③ 미지급용지의 평가 등은 현황평가기준의 예외이다. 이는 일시적인 이용상황 및 불법형질변경 등의 불법적인 행위를 합법적인 행위로 간주하여 보상한다면 헌법상의 정당보상, 형평의 원칙, 평등의 원칙 등에 위배되기 때문이다.

재결사례

□ 중토위 사무국-21827 (2006. 10. 31)

공익사업에 편입되는 토지 중 용도폐지된 도로·하천·구거에 대한 보상평가는 현황평가를 하는 것이 개설 당시의 이용상황을 상정하는 평가하는 것보다 유리하면 현황평가하도록 규정하고 있음에도, 일부 공사와 감정평가사 등은 위 토지를 보상함에 있어 현장확인없이 공부상 지목으로만 평가·보상함으로써 수용당사자에게 재산상 손실을 입히고 있을 뿐만 아니라 정부의 평가업무에 불신을 초래하는 등 우리 위원회 재결업무에 상당한 지장을 주고 있다.

---

499) 대법원 1997. 8. 29. 선고 96누2569 판결 : 수용대상 토지에 대한 손실보상액을 평가함에 있어서는 수용재결 당시의 이용상황, 주위환경 등을 기준으로 하여야 하는 것이고, 여기서의 수용대상 토지의 현실이용상황은 법령의 규정이나 토지소유자의 주관적 의도 등에 의하여 의제될 것이 아니라 오로지 관계 증거에 의하여 확정되어야 한다.

(2) 현황평가의 예외

① 일시적인 이용상황

토지에 대한 보상액은 현실적인 이용상황을 고려하여 산정하되, 일시적인 이용상황은 이를 고려하지 않는다. 여기서 "일시적 이용상황"이란 ① 국가 또는 지방자치단체의 계획이나 명령 등에 의하여 당해 토지를 본래의 용도로 이용하는 것이 일시적으로 금지 또는 제한되어 그 본래의 용도외의 다른 용도로 이용되고 있거나 ② 당해 토지의 주위환경의 사정으로 보아 현재의 이용방법이 임시적인 것을 말한다고 규정하고 있다 (영 제38조).[500)]

따라서 관계법령에 의하여 국가나 지자체의 계획이나 명령 등에 의해서 그 토지의 본래 용도로 이용하는 것이 금지 또는 제한된 경우라면 금지 또는 제한 이전의 이용상황을 감안하여 평가하여야 할 것으로 보이며,[501)] 또한 별도의 규제가 없음에도 불구하

---

500) ① 대법원 2000. 2. 8. 선고 97누15845 판결 : 토지수용재결 당시 채석지의 이용상황이 잡종지이기는 하지만 가까운 장래에 채석허가기간이 만료되어 훼손된 채석지에 대한 산림복구가 예정되어 있는 경우, 이에 대한 수용보상액은 그 공부상 지목에 따라 임야로서 평가하여야 한다.
② 대법원 2017. 3. 22. 선고 2016두940 판결 : 이 사건 토지는 지목이 '잡종지'이고, 잡종지에서 경작을 하는 것은 본래의 용도가 아닌 용도로 일시적으로 이용하는 것이라고 보아야 한다. 농업용 비닐하우스는 토지에 정착한다는 요소를 결하고 있어 건축법상 건축물이 아니라 존치기간이 한정되어 있는 가설건축물에 해당한다(건축법 제2조 제1항 제2호 , 제20조 제3항 , 건축법 시행령 제15조 제7항 참조). 따라서 농업용 비닐하우스를 설치하는 것 역시 일시적으로 이용하는 것으로 볼 수 있다.

501) ① 대법원 2000. 12. 8. 선고 99두9957 판결 : 이 사건 토지는 도시계획구역 안에 위치한 임야이었는데 원고가 그 식당건물을 신축한 후 관할구청의 허가를 받지 아니한 채 무단으로 그 중 상당 부분을 평탄화하고 작은 자갈을 깔았으며 이 사건 수용재결 당시 이 부분은 식당 손님들이 주차할 수 있는 공간으로 이용하고 나머지 부분은 종전대로 감나무 등이 식재되어 있는 상태이었던 사실을 알 수 있는바, 이러한 무단형질변경의 경위와 방법, 관할구청의 원상회복명령이 있을 경우 쉽사리 원상회복이 가능한 점 등에 비추어 위와 같은 이용상황은 공공용지의취득및손실보상에관한특례법시행령 제2조의10 제2항이 정한 바의 일시적인 이용상황에 불과하다 할 것이어서, 결국 원심이 이 사건 토지에 대한 손실보상액을 산정함에 있어 이 사건 토지의 현실적 이용현황이 공부상 지목과 달리 잡종지이므로 이를 기초로 손실보상금을 산정하여야 한다는 원고의 주장을 배척하고 그 이용상황을 택지화가 가능한 임야로 보아 평가한 것은 결과적으로 정당하므로 원심의 위와 같은 잘못이 판결의 결과에 영향을 미쳤다고 할 수 없다.
② 대법원 1990. 12. 26. 선고 90누1076 판결 : 수용대상토지의 공부상 지목이 대지이나 관계법령 등의 제한 때문에 일시적으로 이를 전으로 이용하고 있다 하더라도 수용대상 토지의 표준지를 선정함에 있어서 지목이 대지인 토지를 선정하여야 한다고 할 것인바, 원심판결은 그 거시증거에 의하여 이 사건 수용대상토지의 공부상 지목은 대지로서 수용재결 당시 약초가 재배되고 있기는 하였으나 이는 그 당시 이 사건 수용대상토지 일대가 택지개발사업시행지역으로 지정됨으로써 건물신축등 본래의 목적에 이용할 수 없는 형편에 놓이게 되어 일시 약초를 재배하였던 것에 불과할 뿐 언제라도 건축이 가능한 상태로 환원될 수 있었던 사실을 인정하고 이 사건 이의재결처분에서 보상가액 산정의 기초가 된 제일, 대한토지평가사합동사무소가 이 사건 수용대상토지의 표준지로서 지목이 전인 토지를 선정하였음은 위법하다고 판시하고 있는바, 기록에 비추어 볼 때 원심의 위 인정과 판단은 정당하다.
③ 토관 58342-873 (2002. 6. •) : 관계법령에 의한 국가 또는 지방자치단체의 계획이나 명령 등에 의하여

고 상위지목의 토지를 하위지목의 토지로 이용하는 경우(예 : 법정 지목이 "대지"를 "전" 또는 "답"으로 이용하는 경우)는 현재의 이용방법을 임시적인 것으로 보아 상위 지목으로 평가하여야 할 것으로 본다.[502)]

한편, 현실이용상황이 법령 등으로 금지된 행위를 위반하여 사용하고 있는 불법형질변경 토지에 대하여 판례는 이를 "일시적 이용상황"으로 보고 불법형질변경 이전의 이용상황으로 평가하도록 판시[503)]하고 있다.

판 례

□ 대법원 2017. 3. 22. 선고 2016두940 판결

2개 이상의 토지 등에 대한 감정평가는 개별평가를 원칙으로 하되, 예외적으로 2개 이상의 토지 등에 거래상 일체성 또는 용도상 불가분의 관계가 인정되는 경우에 일괄평가가 인정된다. 여기에서 '용도상 불가분의 관계'에 있는지 여부는 일단의 토지로 이용되고 있는 상황이 사회적·경제적·행정적 측면에서 합리적이고 그 토지의 가치 형성적 측면에서도 타당하다고 인정되는 관계에 있는 경우를 뜻한다. 이처럼 용도상 불가분의 관계에 있는 토지들을 하나의 단지를 구성하고 있다고 하여 일단지라고 부르기도 한다. 2개 이상의 토지가 용도상 불가분의 관계에 있는지 여부를 판단하는 데 일시적인 이용상황 등을 고려해서는 안 된다.

② 무허가건축물 등의 부지 또는 불법형질변경된 토지의 평가

무허가 건축물 등의 부지와 불법형질변경 토지는 현실이용상황이 아닌 무허가건축물 등이 건축될 당시 또는 토지가 형질변경될 당시를 상정하여 감정평가 하도록 규정하고 있어 현실이용상황을 감안하지 않고 평가하게 된다.

그 토지 등을 본래의 용도로 이용하는 것이 금지 또는 제한됨으로 인하여 당해 토지가 도로 등으로 이용되고 있던 중 공공사업에 편입되는 경우에는 본래의 용도대로 이용하는 것이 금지 또는 제한되기 전의 이용상황대로 평가하는 것이 타당하다.

502) 문유석, "불법형질변경된 토지에 대한 보상", 행정재판실무편람, 서울행정법원, 2001, 243면 ; 대지가 다른 용도의 토지로 이용되고 있다면 그것은 대지의 본래의 이용목적인 영구적인 건축물의 건축을 하기 위한 시기를 기다리는 것으로 보아야 할 것이기 때문에, 대지가 아닌 다른 용도로 이용하는 것은 일시적 이용상황으로 보아야 한다.

503) 대법원 1999. 7. 27. 선고 99두4327 판결 : 수용대상 토지가 수용재결 당시 잡종지 등으로 사실상 사용되고 있으나 무단형질변경의 경위, 수회에 걸친 무단형질변경토지의 원상회복명령 및 형사고발까지 받고도 원상복구하지 아니한 점, 그 이용실태 및 이용기간 등에 비추어 위 이용상황은 공공용지의취득및손실보상에관한특례법시행령 제2조의10 제2항 소정의 '일시적인 이용상황'에 불과하다

▣ **토지보상법 시행규칙**

제24조 (무허가건축물 등의 부지 또는 불법형질변경된 토지의 평가) 「건축법」 등 관계법령에 의하여 허가를 받거나 신고를 하고 건축 또는 용도변경을 하여야 하는 건축물을 허가를 받지 아니하거나 신고를 하지 아니하고 건축 또는 용도변경한 건축물(이하 "무허가건축물등"이라 한다)의 부지 또는 「국토의 계획 및 이용에 관한 법률」 등 관계법령에 의하여 허가를 받거나 신고를 하고 형질변경을 하여야 하는 토지를 허가를 받지 아니하거나 신고를 하지 아니하고 형질변경한 토지(이하 "불법형질변경토지"라 한다)에 대하여는 무허가건축물등이 건축 또는 용도변경될 당시 또는 토지가 형질변경될 당시의 이용상황을 상정하여 평가한다. 〈개정 2005. 2. 5., 2012. 1. 2.〉

③ 미지급용지

종전에 시행된 공익사업의 부지로서 보상금이 지급되지 아니한 토지를 미지급용지라 하는데, 이 미지급용지에 대하여는 현실이용상황이 아닌 편입될 당시의 지목과 인근토지의 이용상황 등을 참작하여 평가하도록 규정하고 있어 현실이용상황의 예외를 규정하고 있다.

▣ **토지보상법**

제25조 (미지급용지의 평가) ① 종전에 시행된 공익사업의 부지로서 보상금이 지급되지 아니한 토지(이하 이 조에서 "미지급용지"라 한다)에 대하여는 종전의 공익사업에 편입될 당시의 이용상황을 상정하여 평가한다. 다만, 종전의 공익사업에 편입될 당시의 이용상황을 알 수 없는 경우에는 편입될 당시의 지목과 인근토지의 이용상황 등을 참작하여 평가한다. 〈개정 2015. 4. 28.〉
② 사업시행자는 제1항의 규정에 의한 미지급용지의 평가를 의뢰하는 때에는 제16조 제1항의 규정에 의한 보상평가의뢰서에 미지급용지임을 표시하여야 한다. 〈개정 2015. 4. 28.〉

5) 나지상정평가

토지보상법은 토지에 관한 평가에서 그 토지에 건축물·입목·공작물 그 밖에 토지에 정착한 물건이 있거나 토지에 관한 소유권 외의 권리가 설정되어 있을 경우에는 그 건축물 등이 없고 토지에 관한 소유권 외의 권리가 설정되어 있지 아니한 나지(裸地)상태를 상정하여 평가하도록 규정하고 있다(시행규칙 제22조).

판 례

□ 대법원 2012. 3. 29. 선고 2011다104253 판결

공사가 협의취득을 위한 보상액을 산정하면서 대외적 구속력을 갖는 공익사업을 위한 토지 등의 취득 및 보상에 관한 법률 시행규칙 제22조에 따라 토지에 건축물 등이 있는 때에는 건축물 등이 없는 상태를 상정하여 토지를 평가하여야 함에도, 대외적 구속력이 없는 구 토지보상평가지침에 따라 토지를 건축물 등에 해당하는 철탑 및 고압송전선의 제한을 받는 상태로 평가한 것은 정당한 토지 평가라고 할 수 없는 점 등에 비추어 위 협의매수금액 산정은 공사가 고의·과실 내지 착오평가 등으로 과소하게 책정하여 지급한 경우에 해당한다.

이 규정의 취지는 토지의 최유효이용이 나지라는 것을 전제로 한 나지상정 감정평가에 대해 규정함으로써 손실보상을 위한 감정평가의 공정성과 신뢰성을 제고하는데 있다.[504] 다만, ① 구분평가[505] ② 토지에 관한 소유권 외의 권리의 목적이 되고 있는 토지 평가[506] ③ 거래사례비교법으로 평가하는 지상건축물이 있는 토지의 평가 ④ 구분지상권 설정 토지의 경우에는 예외로 한다. 다만, 개발제한구역 안의 건부지와 같이 건축물이 있는 것이 오히려 증가의 요인이 되는 경우는 나지가 아닌 건부지로서 감정평가하여야 한다.[507]

504) 한국감정평가협회/한국감정원, 『감정평가 실무기준 해설서(Ⅱ)』, 2014, 42면. ; 공익사업의 궁극적인 수용의 목적물은 토지이고, 토지이용상황이 최유효이용상황이 아님으로 인하여 발생할 수 있는(건부감가 등) 토지소유자의 불합리한 보상을 방지하기 위해서라고 할 수 있다(허강무/박홍희, 『토지보상평가지침 해설』, 부연사, 2010, 45면).

505) 토지보상법 시행규칙 제20조 (구분평가 등) ① 취득할 토지에 건축물·입목·공작물 그 밖에 토지에 정착한 물건(이하 "건축물등"이라 한다)이 있는 경우에는 토지와 그 건축물등을 각각 평가하여야 한다. 다만, 건축물등이 토지와 함께 거래되는 사례나 관행이 있는 경우에는 그 건축물등과 토지를 일괄하여 평가하여야 하며, 이 경우 보상평가서에 그 내용을 기재하여야 한다.

506) 토보침 제47조【소유권 외의 권리의 목적이 되고 있는 토지의 감정평가】① 소유권 외의 권리의 목적이 되고 있는 토지에 대한 감정평가는 다음 각 호와 같이 한다.

1. 의뢰자가 토지에 관한 소유권 외의 권리를 따로 감정평가할 것을 요청한 경우에는 다음과 같이 하되, 그 내용을 감정평가서에 기재한다.

감정평가액 = 해당 토지의 소유권 외의 권리가 없는 상태의 감정평가액
− 해당 토지의 소유권 외의 권리에 대한 감정평가액

2. 의뢰자가 토지에 관한 소유권 외의 권리를 따로 감정평가할 것을 요청하지 아니한 경우에는 토지의 소유권 외의 권리가 없는 상태를 기준으로 한다. 다만, 제46조의2제2항과 제3항에 따른 감정평가의 경우에는 제1호에 따른다.

② 제1항의 해당 토지의 소유권 외의 권리는 해당 권리의 종류, 존속기간 및 기대이익 등을 종합적으로 고려하여 감정평가한다. 이 경우 점유는 권리로 보지 아니한다.

507) 개발제한구역 안 건부지의 경우와 같이 건축물 등이 있는 것이 오히려 증가의 요인이 되는 경우 나지를

▣ **토지보상법 시행규칙**

제22조 (취득하는 토지의 평가) ②토지에 건축물등이 있는 때에는 그 건축물등이 없는 상태를 상정하여 토지를 평가한다.

제28조 (토지에 관한 소유권외의 권리의 평가) ① 취득하는 토지에 설정된 소유권외의 권리에 대하여는 당해 권리의 종류, 존속기간 및 기대이익 등을 종합적으로 고려하여 평가한다. 이 경우 점유는 권리로 보지 아니한다.
② 제1항의 규정에 의한 토지에 관한 소유권외의 권리에 대하여는 거래사례비교법에 의하여 평가함을 원칙으로 하되, 일반적으로 양도성이 없는 경우에는 당해 권리의 유무에 따른 토지의 가격차액 또는 권리설정계약을 기준으로 평가한다.

제29조 (소유권외의 권리의 목적이 되고 있는 토지의 평가) 취득하는 토지에 설정된 소유권외의 권리의 목적이 되고 있는 토지에 대하여는 당해 권리가 없는 것으로 하여 제22조 내지 제27조의 규정에 의하여 평가한 금액에서 제28조의 규정에 의하여 평가한 소유권외의 권리의 가액을 뺀 금액으로 평가한다.

6) 개발이익배제 평가

(1) 개발이익의 의의

토지보상법 제67조 제2항은 손실보상액을 산정함에 있어 개발이익이 배제되는 것으로 규정하고 있지만,[508] 개발이익이란 용어조차도 사용하지 않고 단순히 토지 등의 가격에 변동이 있는 경우로 표현하고 있다. 손실보상에 있어 개발이익은 판례에 의하여 정립되고 있는데, 판례에 의하면 개발이익은 공익사업의 계획이나 시행이 공표되면 통상의 경우 그 대상토지의 이용가치가 장차 증가될 것으로 기대되어 그 기대치만큼 토지의 가격이 상승하게 되는 것[509]을 말하고 있다.[510]

이와 같이 공익사업의 시행으로 지가가 상승하여 발생하는 개발이익은 사업시행자의 투자에 의한 것으로서 피수용자인 토지소유자의 노력이나 자본에 의하여 발생하는

상정하여 감정평가해서는 안되며 건부지로서 감정평가 한다(한국감정평가협회/한국감정원, 『감정평가 실무기준 해설서(Ⅱ)』, 2014, 43면).

508) 토지보상법 제67조(보상액의 가격시점 등) ① 보상액의 산정은 협의에 의한 경우에는 협의성립 당시의 가격을, 재결에 의한 경우에는 수용 또는 사용의 재결 당시의 가격을 기준으로 한다.
② 보상액의 산정에 있어서 당해 공익사업으로 인하여 토지등의 가격에 변동이 있는 때에는 이를 고려하지 아니한다.

509) 헌법재판소 1990. 6. 25. 선고 89헌마107 결정

510) 한편, 개발이익환수에 관한 법률에 의하면 개발이익이란 개발사업의 시행 또는 토지이용계획의 변경 기타 사회·경제적 요인에 의하여 정상지가상승분을 초과하여 개발사업을 시행하는 자 또는 토지소유자에게 귀속되는 토지가액의 증가분으로 정의하고 있다.

것이 아니므로, 이러한 개발이익은 형평의 관념에 비추어 볼 때 토지소유자에게 당연히 귀속되어야 할 성질의 것이 아니고, 또한 개발이익은 공공사업의 시행에 의하여 비로소 발생하는 것이므로, 그것이 피수용 토지가 수용 당시 갖는 객관적 가치에 포함된다고 볼 수도 없다. 따라서 개발이익은 그 성질상 완전보상의 범위에 포함되는 피수용자의 손실이라고 볼 수 없으므로, 이러한 개발이익을 배제하고 손실보상액을 산정한다 하여 헌법이 규정한 정당보상의 원리에 어긋나는 것이라고 할 수 없다.[511)]

한편 토보침에서는 개발이익배제에 대하여 별도의 정의를 내리지 않고 다만, 아래 사항을 배제하고 평가하도록 규정하고 있다(토보침 제7조).

1. 해당 공익사업의 계획 또는 시행이 공고 또는 고시된 것에 따른 가치의 변동분
2. 해당 공익사업의 시행에 따른 절차로서 행한 토지이용계획의 설정·변경 등에 따른 가치의 변동분
3. 그 밖에 해당 공익사업의 착수에서 준공까지 그 시행에 따른 가치의 변동분

(2) 개발이익 배제의 근거

개발이익 배제에 대하여 현행 법 이전인 토지수용법과 공특법에서는 명문규정에 없었으나, 현행 토지보상법 제정 시 이를 명문화하였다.

▣ 토지보상법

제67조 (보상액의 가격시점 등) ② 보상액을 산정할 경우에 해당 공익사업으로 인하여 토지등의 가격이 변동되었을 때에는 이를 고려하지 아니한다.

511) 헌법재판소 2009. 9. 24. 2008헌바112 전원재판부 ; 공익사업법 제67조 제2항은 보상액을 산정함에 있어 당해 공익사업으로 인한 개발이익을 배제하는 조항인데, 공익사업의 시행으로 지가가 상승하여 발생하는 개발이익은 사업시행자의 투자에 의한 것으로서 피수용자인 토지소유자의 노력이나 자본에 의하여 발생하는 것이 아니므로, 이러한 개발이익은 형평의 관념에 비추어 볼 때 토지소유자에게 당연히 귀속되어야 할 성질의 것이 아니고, 또한 개발이익은 공공사업의 시행에 의하여 비로소 발생하는 것이므로, 그것이 피수용 토지가 수용 당시 갖는 객관적 가치에 포함된다고 볼 수도 없다.따라서 개발이익은 그 성질상 완전보상의 범위에 포함되는 피수용자의 손실이라고 볼 수 없으므로, 이러한 개발이익을 배제하고 손실보상액을 산정한다 하여 헌법이 규정한 정당보상의 원리에 어긋나는 것이라고 할 수 없다.

(3) 개발이익의 배제방법

① 개발이익 배제된 공시지가 적용(법 제70조)

(가) 사업인정 이후 취득의 경우

사업인정고시일 전의 시점을 공시기준일로 하는 공시지가로서 당해 토지의 협의성립 또는 재결 당시에 공시된 공시지가 중 당해 사업인정고시일에 가장 가까운 시점에 공시된 공시지가를 적용하는 것을 원칙으로 한다. 이는 보통 사업인정고시가 있게 되면 당해 토지가격은 장래 사업에 대한 기대이익(개발이익)이 반영되어 높게 형성되므로 손실보상액의 산정 시 사업인정고시 전 시점의 공시지가를 적용하여 개발이익을 보상에서 배제하려는 것이었다.

그러나 사업인정 고시 전에 이미 사업의 계획 또는 고시 때부터 토지가격이 변동되는 것이 일반적이었음으로 2007. 10. 17 개정에서는 공익사업의 계획 또는 시행이 공고 또는 고시[512]됨으로 인하여 취득하여야 할 토지의 가격이 변동되었다고 인정되는 경우[513]에는 당해 공익사업의 공고일 또는 고시일에 가장 가까운 시점에 공시된 공시지가를 적용하도록 개정하여, 토지가격이 변동된 경우에는 당초 사업인정 고시전 공시지가에서 공익사업의 공고 또는 고시일 전의 공시지가를 적용하도록 개정하였다. 현행 공공주택건설 등에 관한 특별법에서 토지가격이 변동되었다고 인정되는 경우 주민등의 의견 청취 공고일에 가장 가까운 공시지가를 선정[514]하도록 입법화한 것은 개발이익을

512) 토보침 제10조【적용공시지가의 선택】 제1항제3호에서 “해당 공익사업의 계획 또는 시행이 공고 또는 고시”란 해당 공익사업의 사업인정고시일 전에 국가·지방자치단체 또는 사업시행자 등이 관계법령 등에 따라 해당 공익사업에 관한 계획 또는 시행을 일반 국민에게 공고 또는 고시한 것을 말한다.

513) 토보침 제10조【적용공시지가의 선택】 ③ 제1항제3호에서 “취득하여야 할 토지의 가치가 변동되었다고 인정되는 경우”란 도로, 철도 또는 하천 관련 사업을 제외한 사업으로서 다음 각 호의 요건을 모두 갖춘 경우를 말한다.

1. 해당 공익사업의 면적이 20만 제곱미터 이상일 것
2. 해당 공익사업시행지구 안에 있는 부동산공시법 제3조 제1항에 따른 표준지공시지가(해당 공익사업시행지구 안에 표준지가 없는 경우에는 비교표준지의 공시지가를 말하며, 이하 이 조에서 “표준지공시지가”라 한다)의 평균변동률과 대상토지가 소재하는 시(행정시를 포함한다. 이하 같다)·군 또는 구(자치구가 아닌 구를 포함한다. 이하 같다) 전체의 표준지공시지가 평균변동률과의 차이가 3퍼센트포인트 이상일 것
3. 해당 공익사업시행지구 안에 있는 표준지공시지가의 평균변동률이 대상토지가 소재하는 시·군 또는 구 전체의 표준지공시지가 평균변동률보다 30퍼센트 이상 높거나 낮을 것

514) ☞ 공공주택건설 등에 관한 특별법 ⑤ 제10조 제1항에 따른 주민 등의 의견청취 공고로 인하여 취득하여야 할 토지가격이 변동되었다고 인정되는 등 대통령령으로 정하는 요건에 해당하는 경우에는 「공익사업을 위한 토지 등의 취득 및 보상에 관한 법률」 제70조 제1항에 따른 공시지가는 같은 법 제70조 제3항부터 제5항까지의 규정에도 불구하고 제10조 제1항에 따른 주민 등의 의견청취 공고일 전의 시점을 공시기준일로 하는 공시지가로서 해당 토지의 가격시점 당시 공시된 공시지가 중 같은 항에 따른 주민 등의 의견청취 공고일에 가장 가까운 시점에 공시된 공시지가로 한다.

배제하기 위한 시도라 할 수 있다.

(나) 사업인정 이전 취득의 경우

공시지가는 당해 토지의 가격시점 당시 공시된 공시지가 중 가격시점에 가장 가까운 시점에 공시된 공시지가로 한다. 다만, 공익사업의 계획 또는 시행이 공고 또는 고시됨으로 인하여 취득하여야 할 토지의 가격이 변동되었다고 인정되는 경우(당해 공익사업지구 안에 있는 표준지공시지가 모두의 평균변동률이 같은 기간 동안의 당해 시·군·구 전체의 표준지공시지가 평균변동률과 비교하여 당해 시·군·구 전체의 표준지 공시지가의 평균변동률을 기준으로 1.3배 이상 높거나 낮은 경우로서 그 변동률 차이가 3퍼센트포인트 이상 나는 경우)에는 당해 공고일 또는 공시일 전의 시점을 공시기준일로 하는 공시지가로서 당해 토지의 가격시점 당시 공시된 공시지가 중 당해 공공사업의 공고일 또는 고시일에 가장 근접한 시점에 공시된 공시지가를 적용한다.

▣ 토지보상법 시행령

제38조의 2 (공시지가) ① 법 제70조 제5항에 따른 취득하여야 할 토지의 가격이 변동되었다고 인정되는 경우는 도로, 철도 또는 하천 관련 사업을 제외한 사업으로서 다음 각 호를 모두 충족하는 경우로 한다. 〈개정 2016. 8. 31.〉

1. 해당 공익사업의 면적이 20만 제곱미터 이상일 것
2. 해당 공익사업지구 안에 있는 「부동산 가격공시에 관한 법률」 제3조에 따른 표준지공시지가(해당 공익사업지구 안에 표준지가 없는 경우에는 비교표준지의 공시지가를 말하며, 이하 이 조에서 "표준지공시지가"라 한다)의 평균변동률과 평가대상토지가 소재하는 시(행정시를 포함한다. 이하 이 조에서 같다)·군 또는 구(자치구가 아닌 구를 포함한다. 이하 이 조에서 같다) 전체의 표준지공시지가 평균변동률과의 차이가 3퍼센트포인트 이상일 것
3. 해당 공익사업지구 안에 있는 표준지공시지가의 평균변동률이 평가대상토지가 소재하는 시·군 또는 구 전체의 표준지공시지가 평균변동률보다 30퍼센트 이상 높거나 낮을 것

☞ 공공주택건설 등에 관한 특별법 시행령 제15조(토지등의 수용 등) ① 법 제27조 제5항에서 "취득하여야 할 토지가격이 변동되었다고 인정되는 등 대통령령으로 정하는 요건에 해당하는 경우"란 주택지구에 대한 감정평가의 기준이 되는 표준지공시지가(「부동산 가격공시 및 감정평가에 관한 법률」에 따른 표준지공시지가를 말한다. 이하 같다)의 평균변동률이 해당 주택지구가 속하는 특별자치도, 시·군 또는 구 전체 표준지공시지가의 평균변동률보다 30퍼센트 이상 높은 경우를 말한다.
② 제1항에 따른 평균변동률이란 법 제10조제1항에 따른 주민 등의 의견청취 공고일 당시 공시된 공시지가 중 그 공고일에 가장 가까운 시점에 공시된 공시지가의 공시기준일부터 법 제12조제1항에 따른 주택지구 지정의 고시일 당시 공시된 공시지가 중 그 고시일에 가장 가까운 시점에 공시된 공시지가의 공시기준일까지의 변동률을 말한다.
③ 제1항에 따른 평균변동률을 산정할 때 주택지구가 둘 이상의 시·군 또는 구에 속하는 경우에는 해당 주택지구가 속한 시·군 또는 구별로 평균변동률을 산정한 후 이를 해당 시·군 또는 구에 속한 주택지구 면적의 비율로 가중평균(加重平均)한다.

▣ 감정평가실무기준 810-5.6.3 (적용공시지가의 선택)

① 적용공시지가는 [610-1.5.2.2]에 따르되, 다음 각 호의 경우 그에 따른다.

1. 사업인정(다른 법률의 규정에 따라 사업인정으로 보는 경우를 포함한다. 이하 같다) 전의 협의에 의한 취득의 경우에는 해당 토지의 기준시점 당시에 공시된 공시지가 중에서 기준시점에 가장 가까운 시점의 것으로 한다.
2. 사업인정 후의 취득의 경우에는 사업인정고시일 전의 시점을 공시기준일로 하는 공시지가로서, 해당 토지에 대한 협의 또는 재결 당시 공시된 공시지가 중에서 해당 사업인정고시일에 가장 가까운 시점의 것으로 한다.
3. 제1호와 제2호에도 불구하고 해당 공익사업의 계획 또는 시행이 공고되거나 고시됨에 따라 취득하여야 할 토지의 가격이 변동되었다고 인정되는 경우에는 해당 공고일 또는 고시일 전의 시점을 공시기준일로 하는 공시지가로서 해당 토지의 기준시점 당시 공시된 공시지가 중에서 해당 공익사업의 공고일 또는 고시일에 가장 가까운 시점의 것으로 한다.

② 제1항 제3호에서 "취득하여야 할 토지의 가격이 변동되었다고 인정되는 경우"란 도로, 철도 또는 하천 관련 사업을 제외한 사업으로서 다음 각 호를 모두 충족하는 경우를 말한다.

1. 해당 공익사업의 면적이 20만 제곱미터 이상일 것
2. 해당 공익사업시행지구 안에 있는 「부동산 가격공시에 관한 법률」 제3조 제1항에 따른 표준지공시지가(해당 공익사업시행지구 안에 표준지가 없는 경우에는 비교표준지의 공시지가를 말하며, 이하 이 조에서 "표준지공시지가"라 한다)의 평균변동률과 평가대상토지가 소재하는 시(행정시를 포함한다. 이하 이 조에서 같다)·군 또는 구(자치구가 아닌 구를 포함한다. 이하 이 조에서 같다) 전체의 표준지공시지가 평균변동률과의 차이가 3퍼센트포인트 이상일 것
3. 해당 공익사업시행지구 안에 있는 표준지공시지가의 평균변동률이 평가대상토지가 소재하는 시·군 또는 구 전체의 표준지공시지가 평균변동률보다 30퍼센트 이상 높거나 낮을 것

질의회신

□ 토지정책과-3996 (2013. 10. 24)[515)]

"공익사업의 계획 또는 시행이 공고 또는 고시"에 사업추진 타당성 용역추진에 대한 양해각서 체결 내용이 언론 등을 통해 외부에 알려진 경우가 해당되는지 여부

"공익사업의 계획 또는 시행이 공고 또는 고시"라 함은 관련법령에 따른 공고 또는 고시를 하거나 국가, 지방자체단체 또는 사업시행자 등이 해당 공익사업의 위치와 범위, 사업기간 등 구체적인 사업계획을 일반에게 발표한 것으로 보나, 질의의 언론보도 등이 이에 해당하는지 여부 등은 보도 내용과 취득하여야 할 토지의 가격변동 여부 등을 종합적으로 판단할 내용으로 사료됩니다.

515) 이 질의회신으로 토지보상평가지침 제10조(적용공시지가의 선택) ②을 아래와 같이 개정하였다(2018. 3. 1 시행).

종전	개정	개정사유
② 제1항 제3호에서 "당해 공익사업의 계획 또는 시행이 공고 또는 고시"란 당해 공익사업의 사업인정고시일 전에 국가·지방자치단체 또는 사업시행자 등이 관계법령의 규정에 따라 당해 공익사업에 관한 계획 또는 시행을 일반 국민에게 공고 또는 고시한 것을 말한다.	② 제1항제3호에서 "해당 공익사업의 계획 또는 시행이 공고 또는 고시"란 해당 공익사업의 사업인정고시일 전에 국가·지방자치단체 또는 사업시행자 등이 관계법령 등에 따라 해당 공익사업에 관한 계획 또는 시행을 일반 국민에게 공고 또는 고시한 것을 말한다.	관계법령에 별도의 규정을 두지 않은 경우에도 해당 공익사업의 위치와 범위, 사업기간 등 구체적인 사업계획을 일반에게 발표한 경우 이를 포함한다는 취지에서 '관계법령의 규정'을 '관계법령 등'으로 수정함(토지정책과-1965, 2014.3.25. 참조)

② 당해 사업과 무관한 인근 지가변동률 적용

공시지가를 기준으로 보상액을 산정하는 경우 지가변동율 등을 참작하도록 되어 있는데, 여기서의 지가변동율은 '국토의 계획 및 이용에 관한 법률' 시행령 제125조의 규정에 의하여 국토교통부장관이 조사, 발표하는 지가변동율로서 평가대상 토지가 속하는 시, 군, 구의 지가변동율을 적용하는 것을 원칙으로 하되, 공익사업의 계획 또는 시행이 공고 또는 고시됨으로 이하여 평가대상토지의 가격이 변동되었다고 인정되는 경우에는 당해 공익사업과 관계없는 인근 시, 군, 구의 지가변동율을 적용한다.

여기서 해당 공익사업으로 지가가 변동된 경우란 도로, 철도 또는 하천 관련 사업을 제외한 사업으로서 다음 각 호의 요건을 모두 충족하는 경우로 한다(영 제37조 제3항).

① 해당 공익사업의 면적이 20만 제곱미터 이상일 것
② 비교표준지가 소재하는 시·군 또는 구의 사업인정고시일 부터 가격시점까지의 지가변동률이 3퍼센트 이상일 것. 다만, 해당 공익사업의 계획 또는 시행이 공고되거나 고시됨으로 인하여 비교표준지의 가격이 변동되었다고 인정되는 경우에는 그 계획 또는 시행이 공고되거나 고시된 날부터 가격시점까지의 지가변동률이 5퍼센트 이상인 경우로 한다.
③ 사업인정고시일 부터 가격시점까지 비교표준지가 소재하는 시·군 또는 구의 지가변동률이 비교표준지가 소재하는 시·도의 지가변동률보다 30퍼센트 이상 높거나 낮을 것

▣ 토지보상법 시행령

제37조(지가변동률) ② 제1항을 적용할 때 비교표준지가 소재하는 시·군 또는 구의 지가가 해당 공익사업으로 인하여 변동된 경우에는 해당 공익사업과 관계없는 인근 시·군 또는 구의 지가변동률을 적용한다. 다만, 비교표준지가 소재하는 시·군 또는 구의 지가변동률이 인근 시·군 또는 구의 지가변동률보다 작은 경우에는 그러하지 아니하다.

③ 제2항 본문에 따른 비교표준지가 소재하는 시·군 또는 구의 지가가 해당 공익사업으로 인하여 변동된 경우는 도로, 철도 또는 하천 관련 사업을 제외한 사업으로서 다음 각 호의 요건을 모두 충족하는 경우로 한다. 〈개정 2013. 12. 24.〉

1. 해당 공익사업의 면적이 20만 제곱미터 이상일 것
2. 비교표준지가 소재하는 시·군 또는 구의 사업인정고시일부터 가격시점까지의 지가변동률이 3퍼센트 이상일 것. 다만, 해당 공익사업의 계획 또는 시행이 공고되거나 고시됨으로 인하여 비교표준지의 가격이 변동되었다고 인정되는 경우에는 그 계획 또는 시행이 공고되거나 고시된 날부터 가격시점까지의 지가변동률이 5퍼센트 이상인 경우로 한다.
3. 사업인정고시일부터 가격시점까지 비교표준지가 소재하는 시·군 또는 구의 지가변동률이 비교표준지가 소재하는 시·도의 지가변동률보다 30퍼센트 이상 높거나 낮을 것

■ **감정평가실무기준 810-5.6.4.1 (지가변동률의 적용)**

② 제1항을 적용할 때 비교표준지가 소재하는 시·군·구의 지가가 해당 공익사업으로 인하여 변동된 경우에는 해당 공익사업과 관계없는 인근 시·군·구의 지가변동률을 적용한다. 다만, 비교표준지가 소재하는 시·군·구의 지가변동률이 인근 시·군·구의 지가변동률보다 작은 경우에는 그러하지 아니하다.

③ 제2항 본문에 따른 비교표준지가 소재하는 시·군·구의 지가가 해당 공익사업으로 인하여 변동된 경우는 도로, 철도 또는 하천 관련 사업을 제외한 사업으로서 다음 각 호의 요건을 모두 충족하는 경우로 한다.

1. 해당 공익사업의 면적이 20만 제곱미터 이상일 것
2. 비교표준지가 소재하는 시·군·구의 사업인정고시일부터 기준시점까지의 지가변동률이 3퍼센트 이상일 것. 다만, 해당 공익사업의 계획 또는 시행이 공고되거나 고시됨으로 인하여 비교표준지의 가격이 변동되었다고 인정되는 경우에는 그 계획 또는 시행이 공고되거나 고시된 날부터 기준시점까지의 지가변동률이 5퍼센트 이상인 경우로 한다.
3. 사업인정고시일부터 기준시점까지 비교표준지가 소재하는 시·군·구의 지가변동률이 비교표준지가 소재하는 시·도의 지가변동률보다 30퍼센트 이상 높거나 낮을 것

Ⅴ. 토지보상 산정방법

1. 서 설

토지보상법에서는 사업시행자가 취득하는 토지에 대해서는 "부동산가격공시 및 감정평가에 관한 법률"의 규정에 의한 공시지가를 기준으로 보상하되, 그 공시기준일부터 가격시점까지의 관계 법령에 의한 당해 토지의 이용계획, 당해 공익사업으로 인한 지가의 영향을 받지 아니하는 지역의 대통령령이 정하는 지가변동률, 생산자물가상승률(「한국은행법」 제86조의 규정에 의하여 한국은행이 조사·발표하는 생산자물가지수에 의하여 산정된 비율을 말함) 그 밖에 당해 토지의 위치·형상·환경·이용상황 등을 참작하여 평가한 적정가격으로 보상하도록 하고 있다.

2. 비교표준지의 선정

1) 의 의

토지보상평가지침에 의하면 토지에 관한 평가를 위한 비교표준지 선정은 비교표준지의 선정(동 지침 제9조)과 적용 공시지가 선택(동 지침 제10조)으로 나눌 수 있다.

우선 비교표준지의 선정은 ① 용도지역·지구·구역 등 공법상 제한이 같거나 유사하고 ② 실제 이용상황 등이 같거나 유사하며 ③ 주위환경 등이 같거나 유사하며 ④ 당해 또는 인접 시·군·구 안의 인근지역에 위치하며 지리적으로 가능한 한 가까이 있을 것을 요구하고 있다(동 지침 제9조①). 또한 이러한 비교표준지 가운데 적용 공시지가는 토지보상법 제70조에 의거 공시지가를 선택하도록 하고 있다.

2) 공시지가의 의의

토지에 대한 보상액 산정의 기준이 되는 공시지가란 "부동산가격공시 및 감정평가에 관한 법률"의 규정에 의한 절차에 따라 국토교통부장관이 조사·평가하여 공시한 표준지의 단위면적당 가격을 말한다(동법 제2조 제5호).

공시지가는 지역별 대표성이 있는 토지를 표준지로 선정한 후 매년 1월 1일 기준의 적정가격을 조사·결정하여 국토교통부장관이 결정·공시하고 있다. 이에 비해 개별공시지가는 표준지 공시지가와 국토교통부장관이 작성하여 관계 행정기관에 제공하는 '지가 형성요인에 관한 표준적인 비교표'(토지가격비준표)를 기초로 인근 개별 개별토지의 가격을 산정하여 시장·군수·구청장이 산정하여 결정·공시하고 있으며, 이는 토지의 과세나 부담금 등의 산정에 활용되고 있으며, 토지의 보상액 산정에 있어서는 산정기준이 되지 못한다.[516]

516) 대법원 1994. 10. 14. 선고 94누2664 판결 : 공시지가란 건설부장관이 지가공시및토지등의평가에관한법률 제4조의 규정에 의하여 토지이용상황이나 주변 환경 기타 자연적, 사회적 조건이 일반적으로 유사하다고 인정되는 일단의 토지 중에서 선정한 표준지에 대하여 매년 공시기준일 현재의 적정가격을 공시한 것을 가리키는 것이고, 이와 달리 같은 법 제10조 제2항에 의하여 관계행정기관이 건설부장관으로부터 제공받은 토지가격비준표를 적용하여 산정하는 이른바 개별공시지가는 토지수용보상액 산정기준이 되지 아니한다.

질의회신

□ 대법원 2002. 3. 29. 선고 2000두10106 판결

토지수용보상액은 토지수용법 제46조 제2항 등 관계 법령에서 규정한 바에 따라 산정하여야 하는 것으로서, 지가공시및토지등의평가에관한법률 제10조의2 규정에 따라 결정·공시된 개별공시지가를 기준으로 하여 산정하여야 하는 것은 아니며, 관계 법령에 따라 보상액을 산정한 결과 그 보상액이 당해 토지의 개별공시지가를 기준으로 하여 산정한 지가보다 저렴하게 되었다는 사정만으로 그 보상액 산정이 잘못되어 위법한 것이라고 할 수는 없다.

3) 공시지가 선정

공익사업용지의 취득을 위한 토지평가는 공시지가를 기준으로 평가하게 되어 있어, 비교 표준지 공시지가 선정은 토지보상액 산정에 있어 시발점이자 품등비교의 전제가 되는 사항으로 이 표준지 선정이 잘못되는 경우 감정평가 전부가 위법한 것이 될 수 있으므로 그 선정은 매우 중요하다 하겠다.

▣ 토지보상법

제70조 (취득하는 토지의 보상) ③ 사업인정 전 협의에 의한 취득의 경우에 제1항에 따른 공시지가는 해당 토지의 가격시점 당시 공시된 공시지가 중 가격시점과 가장 가까운 시점에 공시된 공시지가로 한다.

④ 사업인정 후의 취득의 경우에 제1항에 따른 공시지가는 사업인정고시일 전의 시점을 공시기준일로 하는 공시지가로서, 해당 토지에 관한 협의의 성립 또는 재결 당시 공시된 공시지가 중 그 사업인정고시일과 가장 가까운 시점에 공시된 공시지가로 한다.

⑤ 제3항 및 제4항에도 불구하고 공익사업의 계획 또는 시행이 공고되거나 고시됨으로 인하여 취득하여야 할 토지의 가격이 변동되었다고 인정되는 경우에는 제1항에 따른 공시지가는 해당 공고일 또는 고시일 전의 시점을 공시기준일로 하는 공시지가로서 그 토지의 가격시점 당시 공시된 공시지가 중 그 공익사업의 공고일 또는 고시일과 가장 가까운 시점에 공시된 공시지가로 한다.

(1) 비교표준지 선정기준(공간적 기준)

표준지의 선정기준은 특별한 사유가 있는 경우를 제외하고는 「국토의 계획 및 이용에 관한 법률」 제36조에서 정한 용도지역이 같은 표준지를 선정하는 것을 원칙으로 하여 아래의 기준에 따른다(토보침 제9조).

1. 용도지역·지구·구역 등 공법상 제한이 같거나 유사할 것

2. 실제 이용상황 등이 같거나 유사할 것
3. 주위환경 등이 같거나 유사할 것
4. 당해 또는 인접 시·군·구(자치구가 아닌 구를 포함) 안의 인근지역에 위치하며, 지리적으로 가능한 한 가까이 있을 것

비교표준지의 선정은 우선적으로 국토계획법에 의한 용도지역이 동일한 표준지를 원칙으로 하여, 평가대상토지와 유사한 이용가치를 지닌다고 인정되는 하나 이상의 표준지의 공시지가를 기준으로 한다(규칙 제22조 제1항). 따라서 현실이용상황이 유사하며, 환경·위치·형태 등이 동일하여야 한다.[517] 결국 상기 기준에 의하면 비교표준지 선정은 용도지역 → 이용상황 → 주위환경 → 지리적 접근성 순서로 선정기준이 요약된다. 다만 단순히 거리가 멀다는 사유만으로는 표준지 선정이 적절하지 않다고 할 수는 없다.[518]

특히 도시지역의 경우는 용도지역이 지가의 형성요인으로 주요한 작용을 하고 있어, 비교표준지 선정에 있어서 동일한 용도지역내 위치하는 표준지 선정이 가장 중요하다고 할 수 있다.[519] 따라서 도시지역내에서 평가대상 토지와 동일한 용도지역의 표준지 공시지가가 있음에도 불구하고, 용도지역이 다른 표준지를 선정한 것은 위법하다고 볼 수 있다.[520]

---

517) 관련조항

☞ 토지보상법 시행규칙 제22조 제1항 ; 취득하는 토지를 평가함에 있어서는 평가대상토지와 유사한 이용가치를 지닌다고 인정되는 하나 이상의 표준지의 공시지가를 기준으로 한다.

☞ 감정평가에 관한규칙 ; 제17조(토지의 평가) ① 토지의 평가에 있어서는 평가대상토지와 용도지역·이용상황·지목·주변환경 등이 동일 또는 유사한 인근지역에 소재하는 표준지의 공시지가를 기준으로 공시기준일부터 가격시점까지의 지가변동률·생산자물가상승률 및 그 밖의 사항을 종합적으로 참작하여 평가하여야 한다. 이 경우 평가대상토지와 표준지의 지역요인 및 개별요인에 대한 분석 등 필요한 조정을 하여야 한다. [개정 2003.8.14, 2010.1.19]

518) 대법원 1997. 4. 8. 선고 96누11396 판결 : 표준지가 수용대상 토지로부터 상당히 떨어져 있다는 것만으로는 표준지 선정이 위법하다고 말할 수 없다.

519) 판례는 동일한 용도를 우선시 하고 표준지와 당해 토지의 이용 상황이나 주변 환경 등에 다소 상이한 점이 있다면 이는 지역요인이나 개별요인의 분석 등 품등비교하여 참작하도록 판시하고 있다.

※ 대법원 2000. 2. 8. 선고 99두9957 판결 수용대상토지가 도시계획구역 내에 있는 경우에는 그 용도지역이 토지의 가격형성에 미치는 영향을 고려하여 볼 때, 당해 토지와 같은 용도지역의 표준지가 있으면 다른 특별한 사정이 없는 한 용도지역이 같은 토지를 당해 토지에 적용할 표준지로 선정함이 상당하고, 가사 그 표준지와 당해 토지의 이용상황이나 주변환경 등에 다소 상이한 점이 있다 하더라도 이러한 점은 지역요인이나 개별요인의 분석 등 품등비교에서 참작하면 된다.

520) 대법원 1993. 2. 26. 선고 92누8675 판결 : 이 사건 토지는 그 용도지역이 일반주거지역이고 지목이 임야인 데 비하여 그 인근의 표준지 중 용도지역 및 지목이 이와 동일한 표준지는 없고 다만 용도지역은 일반주거지역이고 지목이 대지인 표준지로 부산 해운대구 반송동 6의 236 등이 있고 용도지역은 자연녹

한편, 택지개발사업·산업단지개발사업 등 공익사업지구 안에 있는 토지의 평가시에는 그 **공익사업지구 안에 있는 표준지 중에서 상기한 표준지 선정기준에 가장 적합한 표준지 하나를 선정하는 것을 원칙**으로 하되, 공익사업지구 안에 있는 표준지의 전부 또는 그 중 일부를 선정대상에서 제외하여서는 아니 된다.[521] 즉 **공익사업의 경우는 해당 공익사업지구 내 표준지를 선정하여야 한다.** 다만, 당해 공익사업지구 안에 있는 표준지의 전부 또는 그 중 일부를 선정대상에서 제외할 특별한 사유가 있는 경우에는 당해 공익사업지구 밖에 있는 표준지를 선정하거나 당해 공익사업지구 안에 있는 표준지 중 일부를 선정대상에서 제외할 수 있으며, 이 경우에는 그 사유를 평가서에 기재하도록 하고 있다(토보침 제9조 ③,④).[522]

판 례

□ 대법원 2010. 3. 25. 선고 2009다97062 판결

비교표준지는 특별한 사정이 없는 한 도시계획구역 내에서는 용도지역을 우선으로 하고, 도시계획구역 외에서는 현실적 이용상황에 따른 실제 지목을 우선으로 하여 선정하여야 할 것이나, 이러한 토지가 없다면 지목, 용도, 주위환경, 위치 등의 제반 특성을 참작하여 그 자연적, 사회적 조건이 감정대상 토지와 동일 또는 가장 유사한 토지를 선정하여야 하고, 표준지와 감정대상 토지의 용도

지 지역이고 지목이 임야인 표준지로 같은 동 산 38이 있을 뿐인데, 위 감정인은 지목이 동일한 뿐더러 주변환경이 더 유사하다는 이유로 후자의 토지를 이 사건 토지에 적용할 표준지로 선정하였음을 알 수 있다. 그러나 용도지역이 같은 표준지로서 전자의 토지가 있는 이상 이를 이 사건 토지에 적용할 표준지로 삼아야 할 것이고, 그 지목이나 주변환경 등에서 차이가 나는 점은 품등비교에서 참작하면 족하다고 할 것이다. 따라서 위와 같은 그릇된 감정평가방법에 의하여 이 사건 토지에 대한 보상액을 정한 원심판결은 위법하다고 아니할 수 없다.

521) 물론 판례는 비교표준지 선정에 있어 공익사업지구 안에서 선정하든, 밖에서 선정하든 상관이 없다는 입장이다. 그러나 토보침 제9조 ④에서는 사업지구내 공시지가 선정을 원칙으로 밝히고 있다.
※ 대법원 1993. 9. 10. 선고 93누5307 판결 : 지가공시및토지등의평가에관한법률상 표준지를 반드시 수용대상지역 안에서 선정하여야 한다든가 혹은 그 밖에서 선정하여야 한다든가 하는 규제는 없으므로, 표준지는 수용대상지역 안에서 선정할 수도 있고, 혹은 그 밖에서 선정할 수도 있는 것이지만, 그에 따라 가격에 차이가 나는 경우에는 같은 법 제10조 제1항의 취지에 비추어 지역요인 및 개별요인 등 품등비교 과정이나 개발이익의 배제를 위 구 토지수용법 제46조 제2항 소정의 기타사항으로 참작하는 등의 방법에 의하여 그 차이를 없애도록 조정을 거침으로써 재산의 객관적 가치를 적정하게 평가하도록 하고 있으므로, 표준지를 수용대상지역 내에서 선정하느냐 혹은 그 밖에서 선정하느냐에 따라 원칙적으로 보상액 산정의 결과에 차이가 나는 것은 아니다.

522) 토보침 개정(2009. 10. 28) 사유 : 대법원 판례에 의하면 비교표준지 선정시 공익사업지구 안·밖에 대한 제한 기준을 규정할 수 없으나 토지보상법 제70조 제5항에 의하여 공익사업으로 인한 가격이 변동된 표준지 선정을 배제할 수 있어 당해 공익사업 지구내 비교 표준지를 선정하는 데 있어 당해 공익사업에 따른 개발이익 문제를 해결할 수 있으며, 비교표준지를 일부 과다하게 사용하는 문제점 등을 해결하기 위하여 당해 사업지구 내 소재하는 표준지를 전부 또는 일부 선정하는 것을 원칙으로 하였다(허강무/박홍희, 토지보상평가지침 해설, 부연사, 2010, 57면).

> 지역이나 주변환경 등에 다소 상이한 점이 있더라도 이러한 점은 지역요인이나 개별요인의 분석 등 품등비교에서 참작하면 되는 것이지 그러한 표준지의 선정 자체가 잘못된 것으로 단정할 수는 없으며(대법원 2009. 9. 10. 선고 2006다64627 판결 등 참조), 표준지가 감정대상 토지로부터 상당히 떨어져 있다는 것만으로는 표준지 선정이 위법하다고 말할 수 없다.

(2) 년도별 비교표준지 선정기준(시간적 기준)

① 사업인정 전 취득시

사업인정 전의 협의에 의한 취득에 있어서 적용할 공시지가는 당해 토지의 가격시점 당시 공시된 공시지가 중 가격시점에 가장 가까운 시점에 공시된 공시지가를 기준으로 한다(법 제70조 제3항). 다만, 평가시점이 공시지가 공고일 이후이고 가격시점이 공시기준일과 공시지가 공고일 사이인 경우에는 가격시점 당해 연도의 공시지가를 기준으로 한다(토보침 제10조 ①항 1호).

그러나 공익사업의 계획 또는 시행이 공고 또는 고시됨으로 인하여 취득하여야 할 토지의 가격이 변동되었다고 인정되는 경우[523]에는 당해 공고일 또는 고시일 전의 시점을 공시기준일로 하는 공시지가로서, 당해 토지의 가격시점 당시 공시된 공시지가 중 당해 공익사업의 공고일 또는 고시일에 가장 가까운 시점에 공시된 공시지가로 한다(법 제70조 제3항). 이는 공익사업의 시행으로 발생한 개발이익을 배제하기 위한 것이다.

② 사업인정 후 취득시

사업인정 후의 취득의 경우에는 사업인정고시일 전의 시점을 공시기준일로 하는 공시지가로서, 당해 토지에 관한 협의 또는 재결 당시 공시된 공시지가 중에서 당해 사업인정고시일에 가장 가까운 시점의 공시지가로 한다(법 제70조 제4항). 다만, 공익사업의 계획 또는 시행이 공고 또는 고시됨에 따라 취득하여야 할 토지의 가격이 변동되었다고 인정되는 경우에는, 당해 공고일 또는 고시일 전의 시점을 공시기준일로 하는 공시

523) 취득하여야 할 토지의 가치가 변동되었다고 인정되는 경우란 도로, 철도 또는 하천 관련 사업을 제외한 사업으로서 다음 각 호의 요건을 모두 갖춘 경우를 말한다(토보침 제10조 제3항).

1. 해당 공익사업의 면적이 20만 제곱미터 이상일 것
2. 해당 공익사업시행지구 안에 있는 부동산공시법 제3조제1항에 따른 표준지공시지가(해당 공익사업시행지구 안에 표준지가 없는 경우에는 비교표준지의 공시지가를 말함)의 평균변동률과 대상토지가 소재하는 시(행정시를 포함)·군 또는 구(자치구가 아닌 구 포함) 전체의 표준지공시지가 평균변동률과의 차이가 3퍼센트포인트 이상일 것
3. 해당 공익사업시행지구 안에 있는 표준지공시지가의 평균변동률이 대상토지가 소재하는 시·군 또는 구 전체의 표준지공시지가 평균변동률보다 30퍼센트 이상 높거나 낮을 것

지가로서 당해 토지의 가격시점 당시 공시된 공시지가 중에서 당해 공익사업의 공고일 또는 고시일에 가장 가까운 시점의 것으로 한다. 이는 개발이익을 배제하기 위한 것으로, 종전에는 사업인정 이후의 개발이익만을 배제하였으나[524] 2007. 10. 17 이를 사업인정 이전의 취득과 동일하게 개발사업으로 토지가격이 변동되었다고 인정될 때에는 공익사업의 공고 등 이전까지로 소급하여 개발이익을 배제하도록 강화하였다. 여기서 토지의 가격이 변동되었다는 기준에 대하여 그동안 명확하지 않아 실무적으로 혼선이 있었으나 이에 대한 기준을 아래와 같이 마련하고 있다.

표 18. 개발이익 판단기준

구분	판 단 기 준
공시지가	1. 해당 공익사업의 면적이 20만 제곱미터 이상일 것 2. 해당 공익사업시행지구 안에 있는 「부동산 가격공시에 관한 법률」 제3조 제1항에 따른 표준지공시지가의 평균변동률과 평가대상토지가 소재하는 시(행정시를 포함)·군 또는 구(자치구가 아닌 구를 포함) 전체의 표준지공시지가 평균변동률과의 차이가 3퍼센트 포인트 이상일 것 3. 해당 공익사업시행지구 안에 있는 표준지공시지가의 평균변동률이 평가대상토지가 소재하는 시·군 또는 구 전체의 표준지공시지가 평균변동률보다 30퍼센트 이상 높거나 낮을 것
지가변동율	1. 해당 공익사업의 면적이 20만 제곱미터 이상일 것 2. 비교표준지가 소재하는 시·군·구의 사업인정고시일부터 기준시점까지의 지가변동률이 3퍼센트 이상일 것. 다만, 해당 공익사업의 계획 또는 시행이 공고되거나 고시됨으로 인하여 비교표준지의 가격이 변동되었다고 인정되는 경우에는 그 계획 또는 시행이 공고되거나 고시된 날부터 기준시점까지의 지가변동률이 5퍼센트 이상인 경우로 한다. 3. 사업인정고시일부터 기준시점까지 비교표준지가 소재하는 시·군·구의 지가변동률이 비교표준지가 소재하는 시·도의 지가변동률보다 30퍼센트 이상 높거나 낮을 것

524) 사업인정 전에 공익사업의 계획 또는 시행이 공고 또는 고시됨으로 인하여 개발이익이 발생한 토지에 대하여 사업인정 전에 협의 취득하지 못하여 사업인정을 받아 협의취득하거나 수용하는 경우에는 그 개발이익을 배제할 수 없다는 문제점이 있다(박평준, 공익사업용지 취득보상법, 고시연구사, 2003, 384면).

※ 토지보상법 개정내역 (제70조 제5항 신설)

구분	신설내용 및 변천	개발이익 배제방법
신설 전	④ 사업인정 후의 취득의 경우에 제1항에 따른 공시지가는 사업인정고시일 전의 시점을 공시기준일로 하는 공시지가로서, 해당 토지에 관한 협의의 성립 또는 재결 당시 공시된 공시지가 중 그 사업인정고시일과 가장 가까운 시점에 공시된 공시지가로 한다.	① 표준지공시지가 직접배제 ② 인근지역 표준지 선정
신설 ('07. 10. 17)	⑤ 제3항 및 제4항에도 불구하고 공익사업의 계획 또는 시행이 공고되거나 고시됨으로 인하여 취득하여야 할 토지의 가격이 변동되었다고 인정되는 경우에는 제1항에 따른 공시지가는 해당 공고일 또는 고시일 전의 시점을 공시기준일로 하는 공시지가로서 그 토지의 가격시점 당시 공시된 공시지가 중 그 공익사업의 공고일 또는 고시일과 가장 가까운 시점에 공시된 공시지가로 한다.	개발이익 배제위해 공시지가 소급적용 규정

③ 세목고시 누락 토지

사업인정의 고시가 있은 이후에 사업구역의 확장이나 변경 등으로 인하여 토지의 세목 등이 추가로 고시된 경우에 그 추가로 고시된 토지에 대한 평가의 경우에는 그 토지의 세목 등이 추가로 고시된 날짜를 사업인정고시일로 본다. 다만, 사업구역의 확장이나 변경 등이 없이 지적분할 등에 의하여 토지의 세목 등이 변경 고시된 경우에는 그러하지 아니하다(감정평가실무 810-5.6.3.4, 토보침 제10조 제4항).

판 례

□ 대법원 2000. 9. 8. 선고 98두6104 판결

수용대상에 대한 손실보상액을 평가함에는 당해 공공사업의 시행을 직접목적으로 하는 계획의 승인, 고시로 인한 가격변동은 이를 고려함이 없이 수용재결 당시의 이용상황, 주위환경 등을 기준으로 하여 적정가격을 정하여야 하고, 수용대상이 사업인가 고시 당시의 토지 또는 권리세목에 누락되었다가 추가된 경우에 보상액 산정의 기준이 되는 사업인정시기는 최초 사업인정 고시일이다.

(3) 시점수정

시점수정이란 거래사례자료의 거래시점과 가격시점이 시간적으로 불일치하여 가격수준의 변동이 있는 경우 거래사례가격을 가격시점의 수준으로 정상화하는 작업을 말한다. 토지보상 평가에 있어서는 공시지가를 기준으로 평가하여야 하므로 결국 시점수정은 표준지 공시지가 공시기준일과 평가대상토지의 가격시점간의 시간적 불일치로 인한 가격수준의 변동을 정상화하는 것을 말한다.

토지보상법에서는 협의 또는 재결에 의하여 취득하는 토지에 대하여는 부동산공시법에 의한 공시지가를 기준으로 하여 보상하되, 그 공시기준일부터 가격시점까지의 관계 법령에 의한 당해 토지의 이용계획, 당해 공익사업으로 인한 지가의 영향을 받지 아니하는 지역의[525] 대통령령이 정하는 지가변동률, 생산자물가상승률(한국은행이 조사·발표하는 생산자물가지수에 의하여 산정된 비율) 그 밖에 당해 토지의 위치·형상·환경·이용상황 등을 참작하여 평가한 적정가격으로 보상하여야 한다고 규정하고 있어(법 제70조 제1항), 지가변동율과 생산자물가상승율이 시점수정의 수단으로 적용되어야 할 것이다.[526]

---

525) 토관 58342-1773 (2002. 12. 10) : 당해 사업의 시행으로 인하여 사업시행지역의 지가가 변동되지 아니한 경우에는 평가대상토지가 속하는 지역의 지가변동률을 적용하되, 만약 당해 사업으로 인하여 사업시행지역의 지가가 변동된 경우에는 당해 공공사업으로 인한 지가의 변동이 없는 지역의 지가변동률을 참작하여 평가한다는 의미이다.

결 정

> **□ 헌법재판소 2009. 12. 29. 2009헌바142 결정**
>
> 토지수용으로 인한 손실보상액의 산정을 공시지가를 기준으로 하되 공시기준일부터 재결시까지의 시점보정을 지가상승률 등에 의하여 행하도록 규정한 것은 공시지가가 공시기준일 당시의 표준지의 객관적 가치를 정당하게 반영하는 것이고, 표준지와 지가산정 대상 토지 사이에 가격의 유사성을 인정할 수 있도록 표준지의 선정이 적정하며, 공시기준일 이후 수용시까지의 시가변동을 산출하는 시점보정의 방법이 적정한 것으로 보이므로 재산권을 침해하였다고 볼 수 없다.

① 지가변동율

(가) 적용원칙

지가변동율이란 국토계획법 시행령 제125조의 규정에 의하여 국토교통부장관이 조사·발표하는 지가변동율로서 평가대상토지가 소재하는 시·군 또는 구(비자치구 포함[527]))의 지가변동율을 말한다. 다만 평가대상토지가 소재하는 시·군 또는 구의 지가가 당해 공익사업으로 인하여 변동된 경우[528])에는 당해 공익사업과 관계없는 인근 시·

---

526) ☞ 감정평가 실무기준 610-1.5.2.3.1 ① 시점수정은 「부동산 거래신고 등에 관한 법률」 제19조에 따라 국토교통부장관이 월별로 조사·발표한 지가변동률로서 비교표준지가 있는 시·군·구의 같은 용도지역의 지가변동률을 적용한다.

☞ 감정평가 실무기준 610-1.5.2.3.2 ① 다음 각 호의 어느 하나에 해당하는 경우에는 지가변동률을 적용하는 대신 「한국은행법」 제86조에 따라 한국은행이 조사·발표하는 생산자물가지수에 따라 산정된 생산자물가상승률을 적용하여 시점수정할 수 있다.

527) 보상평가에 있어 비자치구의 지가변동율을 적용할 수 있는 지에 대하여 논란이 있었으나, 대법원에서는 비자치구의 경우 적용할 수 있다고 판시하여 비자치구의 지가변동율을 적용할 수 있는 근거를 마련하였다가, 현행 토지보상법에서는 명시적으로 비자치구의 지가변동율을 적용하도록 규정하였다.

☞ 대법원 1990. 3. 13. 선고 90누189 판결 : 보상액을 평가함에 있어 이 사건 수용대상토지 소재지인 울산시 남구(당시는 비지치구였음)의 지가변동율을 참작하지 아니하고 그와 다른 울산시 전체의 지가변동율을 참작하여 보상액을 평가하였다면 이는 지가변동율의 참작을 잘못한 것이 되어 위법하다.

528) 감정평가실무기준 810-5.6.3 ②

1. 해당 공익사업의 면적이 20만 제곱미터 이상일 것
2. 해당 공익사업시행지구 안에 있는 「부동산 가격공시에 관한 법률」 제3조제1항에 따른 표준지공시지가(해당 공익사업시행지구 안에 표준지가 없는 경우에는 비교표준지의 공시지가를 말하며, 이하 이 조에서 "표준지공시지가"라 한다)의 평균변동률과 평가대상토지가 소재하는 시(행정시를 포함한다. 이하 이 조에서 같다)·군 또는 구(자치구가 아닌 구를 포함한다. 이하 이 조에서 같다) 전체의 표준지공시지가 평균변동률과의 차이가 3퍼센트포인트 이상일 것
3. 해당 공익사업시행지구 안에 있는 표준지공시지가의 평균변동률이 평가대상토지가 소재하는 시·군 또는 구 전체의 표준지공시지가 평균변동률보다 30퍼센트 이상 높거나 낮을 것

③ 제1항제2호 및 제3호에 따른 평균변동률은 해당 표준지별 변동률의 합을 표준지의 수로 나누어 산정하며, 공익사업시행지구가 둘 이상의 시·군 또는 구에 걸쳐 있는 경우 평가대상토지가 소재하는 시·군 또는 구 전체의 표준지공시지가 평균변동률은 시·군 또는 구별로 평균변동률을 산정한 후 이를

군 또는 구의 지가변동률을 적용한다(영 제37조 제1항, 제2항).[529]

한편 토보침에서는 지가변동율의 적용기준으로 용도지역별 지가변동율을 원칙으로 하고 있다. 다만, 평가대상토지와 같은 용도지역의 지가변동률이 조사·발표되지 아니한 경우에는 유사한 용도지역의 지가변동률, 이용상황별 지가변동률(지가변동률의 조사·평가기준일이 1998년 1월 1일 이전인 경우에는 지목별 지가변동률을 말한다) 또는 당해 시·군·구의 평균지가변동률을 적용할 수 있도록 하고 있다.[530]

한편, 평가대상 토지가 개발제한구역내에 위치하고 있는 경우에는 일반적으로 용도지역보다는 지목(이용상황)에 따라 지가변동율이 더 큰 영향을 받음으로, 특별한 사정이 없는 한 이용상황별 지가변동율 적용하는 것이 판례의 입장이었으나,[531] 이 또한 1998년 1월 1일 이후에는 용도지역 즉, 녹지지역의 지가변동율을 적용하도록 하고 있다(토보침 제11조 ①항 제2호).

(나) 지가변동율 산정

지가변동률의 산정은 가격시점 직전 월까지의 지가변동률 누계에 해당 월의 경과일수 상당의 지가변동률을 곱하는 방법으로 구하되, 그 율은 백분율로서 소수점 이하 셋째 자리까지 표시하고 넷째 자리 이하는 반올림한다(예 : 1.123678 ⇒ 1.124). 경과일수 계

해당 시·군 또는 구에 속한 공익사업시행지구 면적 비율로 가중평균(加重平均)하여 산정한다. 이 경우 평균변동률의 산정기간은 해당 공익사업의 계획 또는 시행이 공고되거나 고시된 당시 공시된 표준지공시지가 중 그 공고일 또는 고시일에 가장 가까운 시점에 공시된 표준지공시지가의 공시기준일부터 법 제70조제3항 또는 제4항에 따른 표준지공시지가의 공시기준일까지의 기간으로 한다.

529) 대법원 1994. 5. 27. 선고 93누15397 판결 : 수용대상토지의 손실보상액을 산정함에 있어서 적용되어야 할 표준지의 공시기준일로부터 수용재결일까지 기간 동안의 지가변동률은 원칙적으로 수용대상토지가 소재하는 구.시.군의 지가변동율을 의미하지만, 수용대상토지가 소재하는 구.시.군의 지가가 당해 사업으로 인하여 변동되었다고 볼만한 특별한 사정이 있는 경우에는 당해 사업과 관련이 없는 인근 구.시.군의 지가변동율을 적용하여야 한다.

530) 토보침 제11조 ; 토보침에서 용도별로 지가변동율 적용을 구체적으로 살펴보면 아래와 같다.

※ 지가변동율 용도별적용내역

구분		1997년 1월 1일 이전	1998년 1월 1일 이후	미발표시
도시지역	용도지정구역	용도지역별 지가변동율	용도지역별 지가변동율	
	용도미지정 및 개발제한구역	지목별 지가변동율	녹지지역 지가변동율	이용상황, 시·군·구
도시지역 밖		지목별 지가변동율	용도지역별 지가변동율	이용상황, 시·군·구

531) 대법원 1994. 12. 27. 선고 94누1807 판결 수용대상토지가 도시계획구역 내에 있는 경우에는 원칙적으로 용도지역별 지가변동율에 의하여 보상금을 산정하는 것이 더 타당하나 개발제한구역으로 지정되어 있는 경우에는 일반적으로 지목에 따라 지가변동율이 영향을 받으므로, 특별한 사정이 없는 한, 지목별 지가변동율을 적용하는 것이 상당하다.

산시에는 초일과 가격시점 해당일을 산입하여 계산한다.

> **▣ 토보침**
>
> 제13조 (지가변동률의 산정) ① 지가변동률의 산정은 가격시점 직전 월까지의 지가변동률 누계에 해당 월의 경과일수 상당의 지가변동률을 곱하는 방법으로 구하며, 그 율은 백분율로서 소수점 이하 셋째 자리까지 표시하되 반올림한다.
> ② 해당 월의 경과일수 상당의 지가변동률 산정은 해당 월의 총일수를 기준으로 하고, 해당 월의 지가변동률이 조사·발표되지 아니하여 지가변동률을 추정할 때에는 그 추정기준이 되는 월의 총일수를 기준으로 한다.
> ③ 지가변동률의 산정을 위한 경과일수는 해당 월의 첫날과 가격시점일을 넣어 계산한 것으로 한다.

(다) 지가변동율의 추정

가격시점 당시에 조사·발표되지 아니한 월의 지가변동률 추정은 다음과 같이 추정한다.

> **▣ 토보침**
>
> 제12조【지가변동률의 추정】 ① 가격시점 당시에 조사·발표되지 아니한 월의 지가변동률 추정은 조사·발표된 월별 지가변동률 중 가격시점에 가장 가까운 월의 지가변동률을 기준으로 하되, 월 단위로 구분하지 아니하고 일괄추정방식에 따른다. 다만, 지가변동추이로 보아 조사·발표된 월별 지가변동률 중 가격시점에 가장 가까운 월의 지가변동률로 추정하는 것이 적정하지 못하다고 인정되는 경우에는 조사·발표된 최근 3개월의 지가변동률을 기준으로 추정하거나 조사·발표되지 아니한 월의 지가변동추이를 분석·검토한 후 지가변동률을 따로 추정할 수 있다.
> ② 가격시점 당시에는 해당 월의 지가변동률이 조사·발표되지 아니하였으나 감정평가시점 당시에 조사·발표된 경우에는 해당 월의 지가변동률을 적용한다.

② 생산자물가상승율

생산자물가상승률은 「한국은행법」 제86조의 규정에 의하여 한국은행이 조사·발표하는 생산자물가지수에 의하여 산정된 비율을 말한다. 생산자물가상승율의 적용은 지가변동율과의 산술평균을 말하는 것이 아니고, 지가변동율과 생산자물가상승율을 종합적으로 참작하여 적용한다. 따라서 생산자물가상승율이 지가변동율보다 낮거나 미미할 경우에는 적용하지 않을 수 있음[532]은 물론이며, 지가변동율이 지가추세를 적절히 반

532) 대법원 1991. 2. 8. 선고 90누6767 판결 : 기준지가가 고시된 지역 내의 토지에 대한 수용보상액의 산정에 있어서 도매물가상승률이 지가변동률에 비하여 현저하게 저율이어서 토지보상액 평가에 미치는 영향이 미미할 뿐 아니라 이를 참작하는 것이 오히려 재결금액보다 적은 보상액 산정의 결과를 가져올 수 있는

영하고 있다면 생산자물가상승율을 필요적으로 참작하여야 하는 것은 아니다.[533]

따라서 토보침에서는 시점수정에서 생산자물가상승율을 적용할 수 있는 경우를 한정하여 규정하고 있다(토보침 제14조 ①).

1. 조성비용 등을 기준으로 감정평가하는 경우
2. 그 밖에 특별한 이유가 있다고 인정되는 경우

또한 생산자물가상승률은 공시기준일과 가격시점의 각 직전 달의 생산자물가지수를 비교하여 산정한다. 다만, 가격시점이 그 월의 15일 이후이고, 감정평가시점 당시에 가격시점일이 속한 월의 생산자물가지수가 조사·발표된 경우에는 가격시점이 속하는 월의 지수로 비교한다(토보침 제14조 ②).

(4) 지역요인의 비교

지역요인의 비교는 보상대상 토지가 위치하고 있는 지역과 비교표준지가 위치하고 있는 지역의 특성을 비교하여 그 필요한 조정을 하는 것을 말한다. 이 지역요인은 현행 보상평가에 있어서는 원칙상 의미가 없다고 하여야 할 것이다. 왜냐하면 비교표준지 선정이 원칙상 사업지구 내 공시지가에서 이루어지기 때문에 지역요인의 비교는 사실상 동일하다고 보기 때문이다. 그러나 인근지역에 적정한 비교표준지가 없어서 동일수급권 안의 유사지역에서 비교표준지를 선정한 경우에는 지역요인이 불가피하며,[534] 판례에서도 지역요인의 비교를 인정하고 있다. 다만, 판례는 개별토지가격 산정을 위한

것이라면 이를 참작 하지 않았다고 하여 그 평가가 잘못된 것이라고 할 수 없다.

533) 대법원 1999. 8. 24. 선고 99두4754 판결 : 토지의 수용에 따른 보상액 산정에 관한 토지수용법 제46조 제2항 제1호에 의하면, 토지에 관하여는 지가공시및토지등의평가에관한법률에 의한 공시지가를 기준으로 하되, 토지의 이용계획, 지가변동률, 도매물가상승률 외에 당해 토지의 위치·형상·환경·이용상황 등을 참작하여 평가한 적정가격으로 보상액을 정하도록 되어 있는바, 위 규정이 지가변동률 외에 도매물가상승률을 참작하라고 하는 취지는 지가변동률이 지가추세를 적절히 반영하지 못한 특별한 사정 있는 경우 이를 통하여 보완하기 위한 것일 뿐이므로 지가변동률이 지가추세를 적절히 반영한 경우에는 이를 필요적으로 참작하여야 하는 것은 아니라고 할 것이다.

※ 한편 토보침에서는 토지에 관한 평가에서 생산자물가상승률을 시점수정자료로 활용하지 아니한 때에도 이를 지가변동률과 비교하여 평가서에 그 내용을 기재하도록 규정하고 있다(토보침 제14조 ③).

534) 토보침 제15조(지역요인 및 개별요인의 비교) ① 인근지역에 적정한 비교표준지가 없어서 동일수급권 안의 유사지역에서 비교표준지를 선정한 경우에는 대상토지와 지역요인 및 개별요인을 비교하고, 인근지역에서 비교표준지를 선정한 경우에는 개별요인만을 비교하되, 이 경우에도 지역요인이 같다는 것을 감정평가서에 기재한다.

토지가격비준표상의 비준율을 지역요인의 비교수치로 그대로 적용하여서는 아니 된다고 판시하고 있다(아래 판례).

판 례

□ **대법원 1995. 7. 25. 선고 93누4786 판결**
수용대상토지의 손실보상액 산정을 위한 과정의 하나로 표준지와 수용대상토지의 지역요인 및 개별요인을 대비하여 품등비교를 함에 있어, 개별요인의 경우 대상토지와 표준지 자체의 토지특성상의 차이를 비교하는 것과 마찬가지로 지역요인 역시 대상토지가 속한 지역과 표준지가 속한 지역의 각 지역적 특성을 비교하여야 한다.

(5) 개별요인의 비교

① 개별요인의 의의

토지보상법에서는 "당해 토지의 위치·형상·환경·이용상황 등을 참작하여 평가한 적정가격으로 보상하여야 한다"고 규정하고 있어(법 제70조 제1항), 당해 토지의 개별요인을 종합적으로 고려하여 평가하도록 규정하고 있다.[535] 이 개별요인은 표준지 공시지가와 평가대상 토지의 평가 당시의 개별적 상황을 비교하여[536] 그 우열을 비교하여 수치화한 것이므로, 만약 표준지 공시지가 자체가 보상대상 토지라면 개별요인 비교는 있을 수 없다.[537]

535) 대법원 1998. 1. 23. 선고 97누17711 판결 : 토지수용 보상액을 평가함에 있어서는 관계 법령에서 들고 있는 모든 가격산정요인들을 구체적·종합적으로 참작하여 그 각 요인들이 빠짐없이 반영된 적정가격을 산출하여야 하고, 이 경우 감정평가서에는 모든 가격산정요인의 세세한 부분까지 일일이 설시하거나 그 요소가 평가에 미치는 영향을 수치적으로 표현할 수는 없다고 하더라도 적어도 그 가격산정요인들을 특정 명시하고 그 요인들이 어떻게 참작되었는지를 알아 볼 수 있는 정도로 기술하여야 한다.

536) 대법원 1993. 2. 9. 선고 92누5485 판결 : 감정평가업자나 감정인이 공시지가가 공시된 지역 안에 있는 토지의 수용에 따르는 손실보상액을 산정하기 위한 가격을 감정평가하는 경우에는, 표준지와 수용대상토지의 위치 형상·환경·이용상황 등 토지의 객관적인 가치에 영향을 미치는 제요인을 비교하여 수용대상토지의 가격과 표준지의 공시지가가 균형을 유지하도록 하여야 되는 것인바, 표준지와 수용대상토지의 지역요인 및 개별요인을 대비하여 분석하려면 공시기준일 현재의 표준지의 상태와 수용재결이 될 당시의 수용대상토지의 상태를 비교하여야만 될 것이다.

537) 대법원 1995. 5. 12. 선고 95누2678 판결 : 수용대상토지 자체가 표준지인 토지에 관하여는 표준지와의 개별성 및 지역성의 비교란 있을 수 없다고 할 것인바(대법원 1987. 12. 8. 선고 87누128 판결 참조), 원심이 같은 취지에서 이 사건 수용대상토지가 그 자체 표준지여서 표준지와의 품등비교를 하지 아니한 이의감정이 적절하다고 판단한 조치는 옳고, 거기에 소론과 같은 위법이 있다고 할 수 없다.

판 례

□ 대법원 2001. 3. 27. 99두7968 판결

수용대상토지의 손실보상액을 산정함에 있어 관계 법령에서 들고 있는 모든 가격산정요인들을 구체적·종합적으로 참작하여 그 각 요인들이 빠짐없이 반영된 적정가격을 산출하여야 하고, 이 경우 행정기관이 개별공시지가를 산정함에 있어 일률적으로 사용하는 건설부장관 작성의 지가산정대상토지의 지가형성요인에 관한 표준적인 비준표를 그대로 적용하여서는 아니되나 이를 참작하여 비교 수치를 산정할 수는 있고, 다만 이 경우 비준표상의 수치와 비교하여 어떠한 산정요소가 어떻게 참작되어 그러한 비교 수치가 나왔는지 알 수 있도록 비교 수치 산정요소를 구체적으로 특정·명시하여 기술하여야 한다.

토지보상 평가에 있어서는 이러한 개별요인의 어떠한 요인들이 어떻게 반영되었는지를 특정·명시하여야 하고,[538] 이러한 개별요인을 구체적으로 밝히지 아니한 채 보상액을 결정하였다면 위법하다고 보는 것이 대법원의 입장이다.[539]

② 토지보상 평가시 개별요인의 산정방법

지역요인 및 개별요인의 비교방법에는 종합적비교법과 평점법(격차율에 의한 비교법)이 있으며, 평점법은 다시 조건별 세항목을 계산하는 방법에 따라 상승식과 총화식으로 나누어진다.

종합적비교법은 종합적 비교로 얻은 비율을 공시지가에 곱하여 산정하는 방법으로 방법이 비교적 간편하지만, 평가자의 주관에 따라 가격차이가 발생할 수 있으므로 보상평가에서는 거의 사용되지 아니한다. 반면에 평점법이란 비교표준지와 대상 부동산에 대한 가로조건, 접근조건, 획지조건, 행정적조건, 기타조건 등 비교항목을 설정하고 각 비교항목을 상호 비교하여 얻은 비율을 공시지가에 곱하여 산정하는 방법으로, 이 평점법이 그동안의 관례였으며 판례의 입장[540]이다.

538) 대법원 2000. 11. 28. 선고 98두18473 판결 : 토지의 수용·사용에 따른 보상액을 평가함에 있어서는 관계 법령에서 들고 있는 모든 산정요인을 구체적·종합적으로 참작하여 그 각 요인들을 모두 반영하여야 하지만, 이를 위한 감정평가서에는 모든 산정요인의 세세한 부분까지 일일이 설시되거나 그 요인들이 평가에 미치는 영향이 수치적으로 나타나지 않더라도 그 요인들을 특정·명시함과 아울러 각 요인별 참작 내용과 정도를 객관적으로 납득이 갈 수 있을 정도의 설명이 있으면 된다.

539) 대법원 1996. 5. 28. 선고 95누13173 판결 : 원심이 이 사건 이의재결의 기초가 된 나라감정평가법인과 새한감정평가법인의 각 감정평가가 모두 개별 요인을 품등비교함에 있어 구체적으로 어떤 요인들을 어떻게 품등비교하였는지에 관하여 아무런 이유 설시를 하지 아니하였기 때문에 위법하다고 판단한 조치는 정당하다.

540) 대법원 1994. 9. 9. 선고 93구7466 판결 : 이 사건 토지를 표준지와의 개별요인을 분석, 비교함에 있어서 각 품등비교요소의 평가치는 이를 더하는 것 보다는 이를 곱하는 편이 보다 정당하다고 할 것인데도

한편 토보침은 지역요인 및 개별요인별 격차율은 각 "조건"단위의 격차율을 곱한 것 즉, 평점법 중 상승식을 채택하고 있으며, 각 "조건"단위의 격차율은 "항목·세항목"단위의 우세·열세 등 격차율을 더한 것, 평점법의 총화식을 채택하고 있다(토보침 제15조의2). 결국, 토보침은 "항목·세항목"의 격차율 산정은 총화식을, 각 "조건"의 격차율은 상승식을 채택하여 총화식과 상승식을 병행하고 있음을 알 수 있다.

이러한 개별요인의 비교를 위한 격차율을 "항목·세항목"으로 구분하기 곤란하거나 합리적이고 능률적인 평가를 위하여 필요하다고 인정되는 경우에는 "조건" 단위로 종합적으로 비교하여 산정하거나 또는 토지보상법에서 규정하고 있는 당해 토지의 위치·형상·환경·이용상황 그 밖의 가격형성상의 제요인을 종합적으로 고려한 비교항목을 따로 설정하여 산정할 수 있다(토보침 제15조의2 ②). 다만, 이러한 개별요인의 품등비교시 유사한 항목에 대하여 중복해서 적용하는 것은 허용되지 않는다.

판 례

□ 대법원 2007. 7. 12. 선고 2006두11507 판결

수용보상액 산정을 위해 토지를 평가함에 있어 토지의 현재 상태가 산림으로서 사실상 개발이 어렵다는 사정이 개별요인의 비교시에 이미 반영된 경우, 입목본수도가 높아 관계 법령상 토지의 개발이 제한된다는 점을 기타요인에서 다시 반영하는 것은 이미 반영한 사유를 중복하여 반영하는 것으로서 위법하다.

(6) 그 밖의 요인보정541)

① 개 요

공시지가를 기준으로 하여 보상액을 산정하는 경우 기본요인(시점수정, 지역 및 개별요인 비교) 외에 유사거래사례, 보상선례 등을 기타사항으로 참작하여 보정할 수 있는지에 대하여, 공시지가 자체에는 이미 인근유사토지의 정상적인 거래가격 등이 포함된 즉, 기타사항이 종합적으로 참작된 적정가격이라는 등의 이유로 현행 토지보상법에서는 기

개별적인 비교항목치를 더하는 방법으로 종합적인 우열수치를 기재하여 그 평가방법이 부적절하게 되었는 바, 이러한 잘못된 감정결과를 기초로 하여 손실보상금을 정한 이 사건의 이의재결은 그 손실보상금이 정당한 방법으로 산정한 보상금과 결과적으로 일치한다는 등의 특별한 사정이 없는 한 위법한 것이라 할 것이다.

541) 토지보상평가지침에서 '기타요인'이라는 용어로 쓰이고 있으나, 2014. 1. 1 시행된 '감정평가실무기준'에서는 '그 밖의 요인'이라는 용어를 도입하였다. 그러나 실무적으로는 여전히 '기타요인'이라는 용어를 사용하고 있고 설명의 효율성을 위하여 본서에서는 '기타요인'이라는 용어를 사용하도록 하겠다.

타사항을 참작하도록 한다는 명문의 규정이 없는 상태이다. 즉 다음 기타사항 참작 연혁에서와 같이 '92. 1. 1.이후 개정된 구 토지수용법 제46조 제2항 제1호에서는 기타사항을 참작대상으로부터 삭제시킴으로써 엄격하게 공시지가 기준으로 보상평가액을 산정토록 하고 있으며 그 규정이 그대로 이어오고 있다.

다만, 수용대상토지의 정당한 보상액을 산정함에 있어 보상선례를 참작할 수 있는지 여부에 대해 판례에서는 '토지수용법 제46조 제2항 등 토지수용보상액 산정에 관한 관계 법령의 규정'을 종합하여 보면, 수용대상토지에 대한 보상액을 산정하는 경우에 인근 유사토지의 거래사례나 보상선례를 반드시 조사하여 참작하여야 하는 것은 아니며, 다만 인근 유사토지의 거래사례나 보상선례가 있고 그 가격이 정상적인 것으로서 적정한 보상액 평가에 영향을 미칠 수 있는 것임이 인정된 경우에 한하여 이를 참작할 수 있을 뿐이다[542] 라고 하여 기타요인 보정을 조건부로 긍정하고 있다.

기타요인 보정은 공시지가 제도 도입 당시의 취지와 달리 현실적으로 공시지가가 적정가격에 미달하므로 헌법 제23조 제3항에 규정된 정당보상이 되기 위해서는 공시지가와 시가와의 괴리를 별도로 보정하는 과정이 필요한 것으로 이해할 수 있으며, 보상평가 실무에서는 대부분의 경우 인근의 보상선례 등을 참작한 기타요인 보정을 적용하고 있다. 다만 이러한 기타요인 보정으로 인해 토지보상법에서 규정한 공시지가의 기준성이 유지되지 못하는 경우가 많아 논란이 제기되고 있는 실정이다.

② 기타요인 반영여부 검토

공시지가를 기준으로 하여 보상액을 산정하는 경우 시점수정, 지역 및 개별요인 비교 외에 유사거래사례, 보상선례 등을 기타사항으로 참작하여 보정할 수 있는지에 대해서는 공시지가 자체에 이미 인근 유사토지의 정상적인 거래가격 등이 포함된 가격이라는 등의 이유로 현행 토지보상법에는 보상선례 등을 참작하여 기타사항으로 보정하도록 한다는 명문의 규정이 없는 상태이다.[543]

그리고 부동산공시법 제21조[544]에 따르면 토지의 감정평가 시 평가대상토지와 유사

542) 대법원 2002. 3. 29. 2000두10106 판결

543) 지가공시제도가 도입되기 이전의 구 「토지수용법」에서는 "기타사항"을, 구 「국토이용관리법」에서는 "인근 유사토지의 정상거래가격 및 기타사항"을 참작할 수 있도록 한 명문의 규정이 있었으나 지가공시제도가 도입된 후 법률에서 삭제함.

544) 감정평가 및 감정평가사에 관한 법률 제21조(토지의 감정평가) ① 감정평가업자가 타인의 의뢰에 의하여 토지를 개별적으로 감정평가하는 경우에는 당해 토지와 유사한 이용가치를 지닌다고 인정되는 표준지의 공시지가를 기준으로 하여야 한다. 다만, 담보권의 설정·경매 등 대통령령이 정하는 감정평가를

한 이용가치를 지닌다고 인정되는 하나 또는 둘 이상의 표준지와 평가대상토지와의 위치·환경·지형 등 객관적 가치에 영향을 미치는 제 요인을 비교하여 평가대상토지와 공시지가가 균형을 유지하도록 되어 있는 등 엄격하게 공시지가 기준으로 보상평가액을 산정토록 하고 있다.

표 19. 토지보상법상의 기타사항 참작 연혁

구분	기타사항 참작 연혁
1991.12.30.이전 (공시지가 초기)	토지에 대한 보상은 공시지가(1989. 6. 30. 이전에는 구 「국토이용관리법」에 따라 고시된 기준지가)를 기준으로 하되, 공시기준일로부터 협의 성립 시 또는 재결 시까지의 관계법령에 의한 당해 토지의 이용계획 또는 당해 공익사업으로 인한 지가의 변동이 없는 지역의 지가변동률, 인근 유사토지의 정상거래가격 및 기타 사항 등을 참작하여 평가한 금액으로 함.
1991. 12. 31.이후 (공시지가제도 정착)	토지에 대한 보상은 공시지가를 기준으로 하되, 그 공시기준일로부터 가격시점까지 당해 공익사업으로 인한 지가의 변동이 없는 지역의 지가변동률, 기타 당해 토지의 위치·형상·환경·이용 상황 등을 참작하여 평가한 적정가격으로 보상액을 산정함. 이때에 인근 유사토지의 정상거래가격이나 기타사항을 참작대상에서 삭제함으로써 엄격하게 공시지가를 기준으로 하여 보상액을 산정하도록 함
2003. 1. 1.이후 (토지보상법 제정 ·시행)	토지에 대한 보상은 공시지가를 기준으로 하되, 그 공시기준일부터 가격시점까지의 관계 법령에 의한 당해 토지의 이용계획, 당해 공익사업으로 지가의 영향을 받지 아니하는 지역의 대통령령이 정하는 지가변동률, 생산자물가상승률, 그 밖에 당해 토지의 위치·형상·환경·이용 상황 등을 참작하여 평가

한편, 공시지가를 기준으로 하여 토지를 평가하는 경우, 위에서 든 지가변동율·생산자물가상승률·지역요인 및 개별요인의 비교 외에는 참작할 수 없다는 견해와 그 외에 지가에 영향을 미치는 요인이 있다면 참작할 수 있다는 견해로 나뉘어 진다.

먼저, 참작할 수 없다는 견해는 ① 토지보상법에서 보상액 산정에서 기타요인을 참작할 수 있다는 근거규정이 없으며, ② 이미 표준지 공시지가에 인근유사토지의 정상적인 거래가격 등이 포함된 기타사항이 종합적으로 참작되어 있어 별도의 기타 사항을 반영할 필요가 없으며, ③ 토지보상법 제70조 제1항의 "그 밖에 당해 토지의 위치 등"의 규정은 개별요인의 비교항목에 한정된 것이기 때문에 개별요인 이외에 기타사항은 참작할 수 없다는 것이다.

이에 반해 참작할 수 있다는 견해는 ① 헌법 제23조 제3항에 규정된 정당보상을 위

하는 경우에는 당해 토지의 임대료·조성비용 등을 고려하여 감정평가를 할 수 있다.
② 제1항의 경우에 감정평가업자는 평가대상토지와 유사한 이용가치를 지닌다고 인정되는 하나 또는 둘 이상의 표준지와 평가대상토지와의 위치·지형·환경 등 토지의 객관적 가치에 영향을 미치는 제요인을 비교하여 평가대상토지의 가격과 표준지의 공시지가가 균형을 유지하도록 감정평가하여야 한다.

하여 기타사항을 반영하여야 한다면 이를 참작하여야 하는 것이 타당하며, ② 감정평가규칙 제17조에 기타사항 반영에 관한 근거규정이 있으며, ③ 토지보상법의 개별요인의 비교항목은 예시적인 것에 지나지 아니하며, ④ 공시지가는 매년 1월 1일을 공시기준일로 하므로 가격시점 현재의 적정가격에 미달할 수 있음을 감안할 때 기타요인을 반영할 수 있다는 견해이다. 이 긍정하는 견해가 실제 감정평가업계의 입장이며 또한 판례의 입장이다.

(가) 판례 검토

상기한 바와 같이 판례는 정당보상을 위하여 필요하다면 기타사항 반영을 긍정하고 있다. 이와 같은 입장에서 판례가 인정한 기타사항은 인근 유사토지의 정상거래사례, 보상선례, 호가 및 그 외의 기타사항이 있다.

㉠ 인근유사토지의 정상거래사례

판례는 수용대상 토지의 정당한 보상액을 산정함에 있어서 인근 유사토지의 정상거래사례를 반드시 조사하여 참작하여야 하는 것은 아니지만, 인근 유사토지가 거래된 사례나 보상이 된 사례가 있고 그 가격이 정상적인 것으로서 적정한 보상액 평가에 영향을 미칠 수 있는 것임이 입증된 경우에는 이를 참작할 수 있다[545]고 보고 있다(아래 판례).

또한 "인근 유사토지의 정상거래가격"에 대해서는 그 토지가 수용대상 토지의 인근지역에 위치하고 용도지역, 지목, 등급, 지적, 형태, 이용상황, 법령상의 제한 등 자연적·사회적 조건이 수용대상 토지와 동일하거나 유사한 토지에 관하여 통상의 거래에서 성립된 가격으로서, 개발이익이 포함되지 아니하고, 투기적인 거래에서 형성된 것이 아닌 가격을 말한다[546]고 판시하고 있다.

---

545) 대법원 1997. 4. 8. 선고 96누11396 판결

546) ① 대법원 1998. 1. 23. 선고 97누17711 판결 : 토지수용법 제46조 제2항, 구 지가공시및토지등의평가에관한법률(1995. 12. 29. 법률 제5108호로 개정되기 전의 것) 제9조, 제10조, 감정평가에관한규칙 제17조 제1항, 제6항 등 토지수용에 있어서의 손실보상액 산정에 관한 관계 법령의 규정을 종합하여 보면, 수용대상 토지의 정당한 보상액을 산정함에 있어서 인근 유사토지의 정상거래사례를 반드시 조사하여 참작하여야 하는 것은 아니지만, 인근 유사토지가 거래된 사례나 보상이 된 사례가 있고 그 가격이 정상적인 것으로서 적정한 보상액 평가에 영향을 미칠 수 있는 것임이 입증된 경우에는 이를 참작할 수 있다. 토지수용의 손실보상액을 산정함에 있어서 참작할 수 있는 "인근 유사토지의 정상거래가격"이라고 함은 그 토지가 수용대상 토지의 인근지역에 위치하고 용도지역, 지목, 등급, 지적, 형태, 이용상황, 법령상의 제한 등 자연적·사회적 조건이 수용대상 토지와 동일하거나 유사한 토지에 관하여 통상의 거래에서 성립된 가격으로서, 개발이익이 포함되지 아니하고, 투기적인 거래에서 형성된 것이 아닌 가

㉡ 보상선례

감정평가의 실무에 있어 기타요인 반영에서 가장 많이 사용되고 있다. 이 보상선례는 반드시 조사하여 반영하여야 하는 사항은 아니지만, 인근유사토지에 관한 것으로서 당해 수용대상토지의 적정가격을 평가하는 데 있어 중요한 자료가 되는 경우에는 이를 참작하는 것이 상당하며,[547] 이러한 전제하에 보상선례를 참작할 수 있도록 하고 있으며 이 보상선례에 대한 판례의 입장은 확고하다.[548]

㉢ 호 가

호가에 대해서 판례는 다소 부정의 입장이다. 물론 호가가 인근유사토지에 대한 것으로, 투기적 가격이나 당해 공공사업으로 인한 개발이익 등이 포함되지 않은 정상적인 거래가격 수준을 나타내는 것임이 입증되는 경우에는 반영하여야 한다는 판례[549]도 있

격을 말한다

② 대법원 2004. 5. 14. 선고 2003다38207 판결 : 인근 유사 토지의 정상거래가격이라고 하기 위해서는 대상 토지의 인근에 있는 지목·등급·지적·형태·이용상황·법령상의 제한 등 자연적·사회적 조건이 수용 대상 토지와 동일하거나 유사한 토지에 관하여 통상의 거래에서 성립된 가격으로서 개발이익이 포함되지 아니하고 투기적인 거래에서 형성된 것이 아닌 가격이어야 하고, 그와 같은 인근 유사 토지의 정상거래사례 또는 보상선례가 있고 그 가격이 정상적인 것으로서 적정한 보상액 평가에 영향을 미친다고 하는 점은 이를 주장하는 자에게 입증책임이 있다.

③ 대법원 2007. 7. 12. 선고 2006두11507 판결 : 토지수용보상액 산정에 관한 관계 법령의 규정을 종합하여 보면, 수용대상토지에 대한 보상액을 산정하는 경우 거래사례나 보상선례 등을 반드시 조사하여 참작하여야 하는 것은 아니지만, 인근유사토지가 거래되거나 보상이 된 사례가 있고 그 가격이 정상적인 것으로서 적정한 보상액 평가에 영향을 미칠 수 있는 것임이 입증된 경우에는 인근유사토지의 정상거래가격을 참작할 수 있고, 보상선례가 인근유사토지에 관한 것으로서 당해 수용대상토지의 적정가격을 평가하는 데 있어 중요한 자료가 되는 경우에는 이를 참작하는 것이 상당하다.

547) ① 대법원 2007. 7. 12. 선고 2006두11507 판결 : 토지수용보상액 산정에 관한 관계 법령의 규정을 종합하여 보면, 수용대상토지에 대한 보상액을 산정하는 경우 거래사례나 보상선례 등을 반드시 조사하여 참작하여야 하는 것은 아니지만, 인근유사토지가 거래되거나 보상이 된 사례가 있고 그 가격이 정상적인 것으로서 적정한 보상액 평가에 영향을 미칠 수 있는 것임이 입증된 경우에는 인근유사토지의 정상거래가격을 참작할 수 있고, 보상선례가 인근유사토지에 관한 것으로서 당해 수용대상토지의 적정가격을 평가하는 데 있어 중요한 자료가 되는 경우에는 이를 참작하는 것이 상당하다.

② 대법원 2010. 4. 29. 선고 2009두17360 판결 : 수용대상토지의 보상액을 산정함에 있어 인근유사토지의 보상사례가 있고 그 가격이 정상적인 것으로서 적정한 보상액 평가에 영향을 미칠 수 있는 것임이 입증된 경우에는 이를 참작할 수 있고, 여기서 '정상적인 가격'이란 개발이익이 포함되지 아니하고 투기적인 거래로 형성되지 아니한 가격을 말한다(대법원 2002. 4. 12. 선고 2001두9783 판결 등 참조). 그러나 그 보상사례의 가격이 개발이익을 포함하고 있어 정상적인 것이 아닌 경우라도 그 개발이익을 배제하여 정상적인 가격으로 보정할 수 있는 합리적인 방법이 있다면 그러한 방법에 의하여 보정한 보상사례의 가격은 수용대상토지의 보상액을 산정함에 있어 이를 참작할 수 있다.

548) 보상선례가 인근 유사토지의 사례로 정상적인 것이라면 반영할 수 있다는 판례는 확고하다. 대법원 2007. 7. 12. 선고 2006두11507 판결; 대법원 2003. 7. 25. 선고 2002두5054 판결; 대법원 2003. 2. 28. 선고 2001두3808 판결; 대법원 2001. 3. 27. 선고 99두7968 판결 등

지만, 이를 반영하여서는 안 된다는 판례[550]도 있어 실무 보상평가에 있어 호가를 반영하는 사례는 드물다.

㉣ 그밖의 기타사항

수용대상 토지 일대가 수용사업지구로 지정됨으로 인하여 그 지가가 동결된 관계로 사업지구로 지정되지 아니하였더라면 상승될 수 있는 자연적인 지가상승률만큼도 지가가 상승되지 아니하였다고 볼 수 있는 충분한 입증이 있는 경우에 한하여, 참작요인이 된다고 할 것이고, 이를 참작한 보정률도 인근 토지의 지가변동률과 공시지가변동률과의 차이가 아니라 그 중 개발이익을 배제한 자연적인 지가상승률만을 가려내어 반영하여야 할 것이다.[551]

(나) 토보침에서의 기타요인

한편 토보침에서는 일반적인 가격형성요인의 비교 외에도 지가에 영향을 미치는 사항이 있는 경우 기타요인을 반영에 인정하면서, 그 구체적 방법으로는 거래사례 등 참작의 방법을 인정하고 있다.

거래선례(보상사례의 경우 해당 공익사업에 관한 것 제외) 등 참작에 있어 다음 각 호의 요건을 갖추어야 한다. 다만, 해당 공익사업의 시행에 따른 가치의 변동이 반영되어 있지 아니하다고 인정되는 사례의 경우에는 제4호는 적용하지 아니한다(토보침 제17조①).

1. 용도지역등 공법상 제한이 같거나 비슷할 것
2. 현실적인 이용상황 등이 같거나 비슷할 것
3. 주위환경 등이 같거나 비슷할 것
4. 제10조 제1항에 따른 적용공시지가의 선택기준에 적합할 것
5. 거래사례는 「부동산 거래신고 등에 관한 법률」에 따라 신고된 것으로서 정상적인 거래로 인정되거나 사정보정이 가능한 것일 것

549) 대법원 1993. 10. 22. 선고 93누11500 판결
550) 대법원 2000. 10. 6. 선고 98두19414 판결 : 온천지구 내의 매도호가, 전국의 온천지대의 평가사례를 참작한 것이라고 기재되어 있으나, 호가를 보상액 산정에 참작할 수 없음은 물론 평가선례 역시 그 평가대로 보상이 이루어졌는지 여부를 알 수 없는 한 보상액 산정에 참작할 수 없으므로(대법원 1993. 5. 14. 선고 92누16270 판결 참조) 그 가격 산정이 정당하다고 보기 어렵고, 감정평가법인이 추정한 이 사건 토지의 가격산정 방식에 있어서도 공시지가와 직접 대비하여 상승률에 의하여 구한 것이 타당한지도 의문이다.
551) 대법원 1998. 3. 27. 선고 96누16001 판결

또한 보상사례를 참작하는 경우에는 그 감정평가기준 등의 적정성을 검토하여야 한다.

(다) 감정평가 실무기준에서의 '그 밖의 요인'

감정평가 실무기준에서는 '그 밖의 요인'이라 하여 보정을 할 수 있는 기준을 구체적으로 제시하고 있다.

□ 감정평가 실무기준 810

☞ 810-5.6.6 그 밖의 요인 보정

① 그 밖의 요인 보정은 [610-1.5.2.5]에 따른다.

② 그 밖의 요인 보정을 할 때에는 해당 공익사업의 시행에 따른 가격의 변동은 보정하여서는 아니 된다.

③ 그 밖의 요인을 보정하는 경우에는 대상토지의 인근지역 또는 동일수급권 안의 유사지역(이하 "인근지역등"이라 한다)의 정상적인 거래사례나 보상사례(이하 이 조에서 "거래사례등"이라 한다)를 참작할 수 있다. 다만, 이 경우에도 그 밖의 요인 보정에 대한 적정성을 검토하여야 한다.

④ 제3항의 거래사례등은 다음 각 호의 요건을 갖추어야 한다. 다만, 제4호는 해당 공익사업의 시행에 따른 가격의 변동이 반영되어 있지 아니하다고 인정되는 사례의 경우에는 적용하지 아니한다.

1. 용도지역등 공법상 제한사항이 같거나 비슷할 것
2. 실제 이용상황 등이 같거나 비슷할 것
3. 주위환경 등이 같거나 비슷할 것
4. [810-5.6.3]에 따른 적용공시지가의 선택기준에 적합할 것

☞ 610-1.5.2.5 그 밖의 요인 보정

① 시점수정, 지역요인 및 개별요인의 비교 외에 대상토지의 가치에 영향을 미치는 사항이 있는 경우에는 그 밖의 요인 보정을 할 수 있다.

② 그 밖의 요인을 보정하는 경우에는 대상토지의 인근지역 또는 동일수급권 안의 유사지역의 정상적인 거래사례나 평가사례 등을 참작할 수 있다.

③ 제2항의 거래사례 등은 다음 각 호의 요건을 갖추어야 한다.

1. 용도지역등 공법상 제한사항이 같거나 비슷할 것
2. 이용상황이 같거나 비슷할 것
3. 주변환경 등이 같거나 비슷할 것
4. 지리적으로 가능한 한 가까이 있을 것

④ 그 밖의 요인 보정을 한 경우에는 그 근거를 감정평가서(감정평가액의 산출근거 및 결정 의견)에 구체적이고 명확하게 기재하여야 한다.

감정평가 실무기준에서는 그 밖의 요인보정에서 정상적인 거래사례와 보상사례 등을 참작할 수 있도록 법적 근거를 마련하였다. 그 밖의 요인보정에서 가장 많이 사용되

고 있는 거래사례의 구체적 요건을 제시하여 공정성과 객관성을 강화하였다는 점에서 그 의의가 있다 하겠다.

③ 기타요인 보정방법

(가) 직접비교법

보상선례 등과 대상토지를 비교할 수 있는 자료가 구체적으로 있는 경우 사용가능하며, 대부분의 평가에서는 이 방법을 사용하고 있다.

$$\therefore \text{기타요인 보정율} \fallingdotseq \frac{\text{(보상선례) 보상단가} \times \text{시점수정} \times \text{지역요인} \times \text{개별요인}}{\text{(보상대상) 공시지가} \times \text{시점수정} \times \text{지역요인} \times \text{개별요인}}$$

(나) 비 율 법

보상선례 등과 보상선례 등의 토지를 표준지공시지가로 평가할 수 있는 자료가 있는 경우에 사용가능하나, 이 방법은 거의 활용되지 않고 있다.

$$\therefore \text{기타요인 보정율} \fallingdotseq \frac{\text{보상선례 단가}}{\text{(보상선례) 공시지가} \times \text{시점수정} \times \text{지역요인} \times \text{개별요인}}$$

3. 가격시점의 결정

1) 관련 법령

> **▣ 토지보상법**
>
> 제67조 (보상액의 가격시점 등) ① 보상액의 산정은 협의에 의한 경우에는 협의성립 당시의 가격을, 재결에 의한 경우에는 수용 또는 사용의 재결 당시의 가격을 기준으로 한다.
>
> ② 보상액의 산정에 있어서 당해 공익사업으로 인하여 토지등의 가격에 변동이 있는 때에는 이를 고려하지 아니한다.

2) 가격시점 의의

토지보상법 제67조 제1항에 의하면 보상액의 산정은 협의에 의한 경우에는 협의성립 당시의 가격을, 재결에 의한 경우에는 수용 또는 사용의 재결 당시의 가격을 기준으로 하도록 규정하고 있다. 따라서 사업시행자가 협의성립 당시 또는 수용재결 당시를 가격시점으로 정하여 의뢰한 경우에는 그 날짜로 하고, 그 가격시점을 정하지 아니하거나 가격시점을 평가일로 기재하여 의뢰한 경우에는 가격조사 완료일을 가격시점으로 한다. 그러나 수용재결에서 평가한 보상금액을 다투는 이의재결에서는 수용재결일을 가격시점으로 한다.

이 가격시점이 협의성립이나 수용재결 당시와 다소간의 불일치일 경우 문제는 되지 않으나,[552] 그 기간이 상당기간 일치하지 않을 경우, 예를 들어 가격시점이 상당기간 경과한 후에 보상착수가 이루어진다면 그 기간만큼의 지가상승율이 적게 반영되어 사업시행자는 이득을 볼 수 있으며, 반대로 가격시점이 보상착수 시기보다 상당기간 뒤로 산정된다면 사업시행자는 그 만큼의 사업비 낭비요인이 발생할 수 있으므로 가격시점을 언제로 정할 것인지에 대한 의의가 있다할 것이다.

3) 가격시점 쟁점사항

토지보상액 산정에 있어 가격시점과 관련하여 논의가 되고 있는 것은 가격시점을 협의보상 가능시점으로 할 것인지 아니면 감정평가업자가 대상물건에 대한 가격조사를 완료한 일자를 가격시점으로 할 것인지에 대하여 보상기관이 각각 상이한 기준에 의거 운용되고 있다.

(1) 협의보상 개시시점

토지보상법에 의거 가격시점은 협의성립 당시를 기준으로 하고 있어 가격시점은 계약체결 시점과 일치하는 것이 바람직하나 현실적으로 이를 예상하기 어려우므로 보상계약이 체결될 것으로 예상되는 시점을 가격시점으로 하여야 한다는 입장이다.

이는 종전 유권해석이었으며,[553] 판례도 '가격시점' 또는 '계약체결시점'이라 함은 토

552) 대법원 1989. 11. 24. 선고 89누3687 판결 : 수용물건의 가격은 상당기간 일정가액이 지속된다고 할 것이어서 감정인의 가격평가시점과 수용재결일 사이에 20일 정도의 차이가 있다는 사실만으로는 그 평가가 수용재결당시의 가격을 평가한 것이 아니라고 단정할 수 없고, 토지수용위원회가 이 사건 수용물건의 손실보상금을 산정함에 있어서 2개의 공인감정기관에 그 가격감정을 시켜 위와 같은 가격의 평가시점을 기준으로 한 감정결과에 따라 보상가격을 결정하였다면 그 산정은 특별한 사정이 없는 한 적정한 것으로 보아야 한다.

553) 보상 1254-26549(1991. 10. 11) 가격시점이라 함은 보상액 산정의 기준이 되는 시점을 말하며, 공특법 제4조 제1항의 규정에 의하여 계약체결 시점과 일치되는 것이 바람직하나 보상시 먼저 감정평가를 한 후 보상액을 산정하게 되므로 현실적으로 보상계약이 체결될 것으로 예상되는 시점을 가격시점으로

지의 협의취득시점이 아니라 개개의 보상협의가 성립된 시점으로 보아야 한다고 판시[554]한 바 있다.

(2) 가격조사 완료일

이는 감정평가업자가 대상물건에 대한 가격조사를 완료한 일자를 가격시점으로 적용하는 것이 타당할 것으로 본다[555]는 입장으로 국토부의 유권해석 및 감정평가에 관한 규칙[556]에 근거한다.

(3) 소 결

중토위에서도 가격시점은 수용재결이 예상되는 시점을 기준으로 하고 있으며, 판례 등의 판시내용을 감안하여 협의성립 예상시점을 가격시점을 인정하는 것이 타당하다고 본다.

하고 평가가 이루어져야 한다.

554) 대법원 1997. 4. 22. 선고 95다48056,48063 판결 : 공공용지의취득및손실보상에관한특례법 소정의 보상협의의 성질에 비추어 같은 법 제2조 제7호 및 제4조 제1항의 각 규정에 의한 '가격시점' 또는 '계약체결시점'이라 함은 토지의 협의취득시점이 아니라 개개의 보상협의가 성립된 시점으로 보아야 한다

555) 토지정책팀-1247(2005. 12. 1) : 감정평가에 관한 규칙 제7조에 의하면 "가격시점"은 대상물건의 가격조사를 완료한 일자로 한다고 규정하고 있고, 협의성립 당시라 함은 협의계약 체결일 당일을 의미하는 것이 아니라 가격형성요인이 유사한 일정한 범위의 기간적인 개념으로 보아야 하며 계약일 마다 평가를 다시하는 것은 현실적으로 불가능하므로 실무적으로는 감정평가업자가 대상물건에 대한 가격조사를 완료한 일자를 가격시점으로 적용하는 것이 타당할 것으로 본다.

556) 감정평가규칙 제7조(가격시점) 가격시점은 대상물건의 가격조사를 완료한 일자로 한다. 다만, 가격시점이 미리 정하여진 때에는 가격조사가 가능한 경우에 한하여 그 일자를 가격시점으로 정할 수 있다.

제2절 공법상 제한 토지의 평가

Ⅰ. 공법상 제한의 정의

1. 공법상 제한의 개념

> ▣ 토지보상법 시행규칙
>
> 제23조 (공법상 제한을 받는 토지의 평가) ① 공법상 제한을 받는 토지에 대하여는 제한받는 상태대로 평가한다. 다만, 그 공법상 제한이 당해 공익사업의 시행을 직접 목적으로 하여 가하여진 경우에는 제한이 없는 상태를 상정하여 평가한다.
>
> ② 당해 공익사업의 시행을 직접 목적으로 하여 용도지역 또는 용도지구 등이 변경된 토지에 대하여는 변경되기 전의 용도지역 또는 용도지구 등을 기준으로 평가한다.

"공법상 제한을 받는 토지"라 함은 관계법령의 규정에 의하여 토지의 이용규제나 제한을 받는 토지를 말한다. 가장 대표적인 것은 「국토의 계획 및 이용에 관한 법률」에 의한 지역·지구·구역의 지정은 변경을 받은 토지와 도로·광장·녹지·공원·운동장·학교·묘지·화장장·오물처리장 등의 시설로 고시된 토지이다. 공법상 제한을 받는 경우 제한받는 상태대로 평가하여야 하나, 공법상 제한이 사업시행을 위한 경우에는 개별제한(사업제한, 특별제한)이라 하여 공법상 제한이 없는 것으로 보고 평가한다. 이러한 공법상 제한은 일반적인 계획제한과 개별적인 계획제한으로 구분한다.[557)]

공법상 제한을 받는 토지에 대한 보상액을 산정할 때에 해당 공법상 제한이 용도지역·지구·구역(이하 '용도지역 등'이라 한다)의 지정 또는 변경과 같이 그 자체로 제한목적이

557) 대법원 1992. 3. 13. 선고 91누4324 판결 : 당해 공공사업의 시행 이전에 이미 도시계획법에 의한 고시 등으로 이용제한이 가하여진 상태인 경우에는 그 제한이 도시계획법 제2장 제2절의 규정에 의한 지역, 지구, 구역 등의 지정 또는 변경으로 인한 제한의 경우 그 자체로 제한목적이 완성되는 일반적 계획제한으로 보고 그러한 제한을 받는 상태 그대로 재결 당시의 토지의 형태 및 이용상황 등에 따라 평가한 가격을 기준으로 적정한 보상가액을 정하여야 하고, 도시계획법 제2조 제1항 제1호 나목에 의한 시설의 설치, 정비, 개량에 관한 계획결정으로서 도로, 광장, 공원, 녹지 등으로 고시되거나, 같은 호 다목 소정의 각종 사업에 관한 계획결정이 고시됨으로 인한 제한의 경우 구체적 사업이 수반되는 개별적 계획제한으로 보아 그러한 제한이 없는 것으로 평가하여야 한다고 하여 수용대상토지에 대하여 당해 공공사업의 시행 이전에 개발제한구역 지정으로 인한 제한은 그대로 고려하고 공원용지 지정으로 인한 제한은 고려하지 아니한 상태로 보상액을 평가하였음이 정당하다

달성되는 일반적 계획제한으로서 구체적 도시계획사업과 직접 관련되지 아니한 경우에는 그러한 제한을 받는 상태 그대로 평가하여야 하지만, 도로·공원 등 특정 도시계획시설의 설치를 위한 계획결정과 같이 구체적 사업이 따르는 개별적 계획제한이거나 일반적 계획제한에 해당하는 용도지역 등의 지정 또는 변경에 따른 제한이더라도 그 용도지역 등의 지정 또는 변경이 특정 공익사업의 시행을 위한 것일 때에는 당해 공익사업의 시행을 직접 목적으로 하는 제한으로 보아 위 제한을 받지 아니하는 상태를 상정하여 평가하여야 한다.[558] 한편 이와 같은 법 시행규칙 제23조 제1항 단서와 제2항은 모두 당해 공공사업의 영향을 배제하여 정당한 보상을 실현하려는 데 그 입법 취지가 있다.[559]

1) 일반적 제한

일반적 제한은 주로 비침해적·보존적 제한으로 그 자체로 목적이 완성되고 구체적인 사업시행이 필요하지 아니한 일반적인 계획제한으로서, 보상평가시 그러한 제한을 받는 상태를 기준으로 보상가액을 산정한다.

2) 개별적 제한

제한이 구체적인 사업시행이 필요한 제한으로 그 공법상 제한이 당해 공익사업의 시행을 직접 목적으로 하여 가하여진 경우에는 그러한 제한을 받지 아니하는 상태를 기준으로 평가하되, "당해 공익사업의 시행을 직접 목적으로 하여 가하여진 경우"란 당초 목적사업에 편입 수용되는 경우는 물론 당초의 목적 사업과 다른 공익사업에 편입, 수용 또는 사용되는 경우를 포함한다.[560]

---

558) 대법원 2012. 5. 24. 선고 2012두1020 판결

559) 대법원 2007. 7. 12. 선고 2006두11507 판결

560) 대법원 1989. 7. 11. 선고 88누11797 판결 : 공법상 제한을 받는 토지를 그 제한을 받지 않는 상태대로 평가하게 하고 있는 토지수용법 제46조 제1항, 공공용지의취득및손실보상에관한특례법시행규칙 제6조 제4항 소정의 '당해 공공사업의 시행을 직접목적으로 하여 가하여진 경우'란 도시계획시설로 결정고시된 토지가 당초의 목적사업에 편입수용되는 경우는 물론 당초의 목적사업과는 다른 목적의 공공사업에 편입수용되는 경우도 포함된다.

2. 공법상 제한을 받는 토지의 유형

1) 일반적 제한의 유형

일반적인 제한을 받는 토지는 제한받는 상태대로 평가하되 그 제한의 정도를 감안하여 적정하게 감가하여 평가하도록 규정하고 있다(시행규칙 제23조 제1항). 일반적으로 수용토지에 대한 손실보상액의 산정에 있어 그 대상 토지가 공법상의 제한을 받고 있는 경우에는 원칙적으로 제한받는 상태대로 평가하여야 하지만 그 제한이 당해 공공사업의 시행을 직접 목적으로 하여 가하여진 경우에는 당해 공공사업의 영향을 배제하여 정당한 보상을 실현하기 위하여 예외적으로 그 제한이 없는 상태를 전제로 하여 평가하여야 하고, 당해 공공사업의 시행을 직접 목적으로 하여 용도지역 또는 용도지구 등이 변경된 토지에 대하여는 변경되기 전의 용도지역 또는 용도지구 등을 기준으로 평가하여야 한다.[561)]

한편 토지보상평가지침 제23조 제2항에서는 일반적 제한의 유형을 다음과 같이 규정하고 있다.

① 용도지역 등의 지정 및 변경
② 「군사기지 및 군사시설보호법」 따른 군사시설보호구역의 지정·변경[562)]
③ 「수도법」에 따른 상수원보호구역의 지정·변경
④ 「자연공원법」에 따른 자연공원 및 공원보호구역의 지정·변경[563)]
⑤ 그 밖에 관계법령에 따른 위 제2호부터 제4호와 비슷한 토지이용계획의 제한[564)]

561) 대법원 2007. 7. 12. 선고 2006두11507 판결
562) 토정 58342-653 (1993. 4. 21) : 군사시설보호구역은 일반적으로 제한 그 자체로 목적이 완성되고 구체적인 사업의 시행을 직접 목적으로 하여 지정되는 것이 아니므로, 그 구역내에서 기존 군사시설을 확장하기 위하여 토지를 매수하는 경우에도 동법 시행규칙 제6조 제4항의 규정에 따라 제한받는 상태대로 평가하되, 제한의 정도를 감안하여 적정하게 감가하여 평가하는 것이 타당한 것으로 판단됨
563) 대법원 1998. 9. 18. 선고 98두4498 판결 : 공원용지 지정으로 인한 제한은 이러한 개별적 계획제한에 해당하는 것이다.
564) 한편 토지보상평가지침을 개정(2018. 12. 28)하여 문화재보호법의 보호구역 안 토지를 취득, 사용하는 경우는 개별적 제한으로 보도록 하였다.

당초	변경	개정사유
5. 그 밖에 관계법령의 규정에 따른 위 각호와 유사한 토지이용계획의 제한	5. 그 밖에 관계법령에 따른 위 제2호부터 제4호와 비슷한 토지이용계획의 제한	문화재보호법 제83조와 같이 문화재의 보존·관리 등을 위하여 그 보호구역 안의 토지를 취득·사용하는 경우 보호구역 지정으로 인한 공법상 제한을 개별적 계획제한으로 간주하도록 함

감사지적사례

□ **감사원 감사사례 (2011. 07)**

○○ 지구 내 편입토지 중 접도구역으로 고시된 경기도 평택시 고덕면 궁리 외 387필지(면적 616,381㎡)를 평가하면서 주식회사 ▽▽감정평가법인 등 3개 평가법인(4구역 담당)은 접도구역 저촉토지 232필지(305,285㎡)의 공법상 제한 여부를 반영하여 평가*한 반면, 주식회사 ▼▼감정평가법인 등 6개 평가법인은 접도구역 저촉토지 155필지(311,096㎡)에 대하여 공법상 제한 여부를 감가평가하지 아니한 채 750억여 원으로 평가한 것을 확인하지 않고 그대로 인정하였다.
그리고 위 평가결과에 따라 2010년 1월 보상금 750억여 원을 지급하는 등 [별표 8] "공법상 제한 여부 미반영 평가내역"과 같이 LH공사와 한국도로공사에서 14개 사업지구의 총 6,799필지(면적 5,531,784㎡)를 평가하면서 접도구역, 군사시설보호구역 및 문화재보호구역 등의 공법상 제한 여부를 감안하지 않고 평가한 것을 그대로 인정하여 합계 3,348억여 원의 보상금을 지급하였다.
그 결과 개별공시지가 산정 시 적용하는 토지가격비준표상의 접도구역 감가율을 고려할 경우 적정 보상금액 2,968억여 원보다 380억여 원 상당이 높게 평가되었고, 위 기관 등에서는 위 금액을 근거로 토지를 매입함으로써 부지 조성원가 상승으로 입주민 등에게 부담을 지우는 결과를 가져왔다.
☞ 감사에서는 개별요인 중 획지조건에서 4% 정도 감가하도록 결정하였다.

일반적 제한과 관련하여 그동안 논쟁이 되었던 것은 문화재보호구역을 일반적 제한으로 볼 것인가 여부였다. 문화재보호구역의 토지는 그동안 일반적 제한으로 보아 제한받는 상태로 평가하였다.[565]

그러나 문화재보호구역의 경우 문화재보호를 위하여 추후 지정하는 경우까지 공법상 제한이 없는 상태로 평가하는 것에 대하여 반대의 견해가 우세하였다.[566] 이에 토보침 제30조 제2항을 신설하여 문화재보호법에 의하여 문화재보호를 위하여 토지 등을 취득하는 경우는 공법상 제한(문화재보호)을 받지 않는 상태로 평가하도록 개정하였다. 다만, 문화재보호구역이 다른 공익사업에 편입되는 경우는 일반적 제한으로 보아야 한다.

565) 토정 58342-814 (1999. 5. 6) : 문화재보호구역으로 지정된 토지는 일반적인 제한 그 자체로 목적이 완성되고 구체적인 사업의 시행을 목적으로 하여 지정되는 것이 아니므로, 질의의 경우는 제한받는 상태를 감안하여 평가하여야 할 것으로 판단됩니다.

566) 당초 주택건설사업계획승인을 득하고 사업의 시행 중 문화재의 발굴로 인하여 사적지로 지정되고 이에 따라 당 사업지를 취득하여 사적지로 관리·보존하기 위하여 보상평가하는 경우 사적지 지정의 공법상 제한을 반영하여 평가하여야 하는 지에 대하여, 한국감정평가협회에서는 본 건의 경우는 당해 사적보존사업을 위하여 사적으로 지정하였고, 또한 주택조합설립인가와민영주택건설사업계획 승인 후 사적지로 지정하여 그 결과 사적보전을 위하여 동 사업의 시행이 불가능하게 되었다는 점을 고려하여 문화재보호구역으로서의 제한이 없는 상태대로 평가함이 타당하다(한국감정평가협회 기획0100-1320. 2002. 11. 14).

> ▣ **토지보상평가지침 (2018. 3. 1 시행)**
>
> **제30조의2 (「문화재보호법」에 따른 보호구역 안 토지의 감정평가)** 「문화재보호법」 제27조에 따른 보호구역 안에 있는 토지를 문화재보호법 제83조 제1항에 따라 취득 또는 사용하는 경우에 그 보호구역 안 토지에 대한 감정평가는 그 보호구역의 지정이 해당 문화재의 보존·관리를 직접목적으로 하여 가하여진 개별적인 계획제한으로서 그 공법상 제한을 받지 아니한 상태를 기준으로 한다.
>
> ※ 신설사유
>
> 「문화재보호법」 제83조에 따라 취득 또는 사용하는 경우는 해당 공익사업의 시행에 따른 개별적인 계획제한으로 보아 그 공법상 제한을 받지 아니한 상태로 감정평가하도록 함.

2) 개별적 제한의 유형

당해 공익사업의 시행을 직접 목적으로 하여 용도지역 또는 용도지구 등이 변경된 토지에 대하여는 변경되기 전의 용도지역 또는 용도지구 등을 기준으로 평가한다(시행규칙 제23조 제2항).

이는 공법상의 제한으로 인한 토지가격의 변동을 참작하지 않도록 함으로써 그 토지소유자로 하여금 정당한 보상액에 미치지 못하는 저가보상으로 인하여 부당하게 불이익을 입게 하는 것을 방지하려는데 그 취지가 있다.[567]

한편 토지보상평가지침 제23조 제3항에서는 개별적 제한의 유형을 다음과 같이 규정하고 있다.

① 「국토의 계획 및 이용에 관한 법률」 제2조 제7호에서 정한 도시계획시설[568] 및 제2조 제11호에서 정한 도시계획사업에 관한 같은 법 제30조 제6항에 따른 도시관리계획의 결정고시[569]

---

567) 대법원 1993. 11. 12. 선고 93누7570 판결.

568) 대법원 2007. 7. 12. 선고 2006두11507 판결 : 공원조성사업의 시행을 직접 목적으로 일반주거지역에서 자연녹지지역으로 변경된 토지에 대한 수용보상액을 산정하는 경우, 그 대상 토지의 용도지역을 일반주거지역으로 하여 평가하여야 한다.

569) 대법원 2015. 8. 27. 선고 2012두7950 판결 : 어느 수용대상 토지에 관하여 특정 시점에서 용도지역 등의 지정 또는 변경을 하지 않은 것이 특정 공익사업의 시행을 위한 것일 경우 이는 당해 공익사업의 시행을 직접 목적으로 하는 제한이라고 보아 용도지역 등의 지정 또는 변경이 이루어진 상태를 상정하여 토지가격을 평가하여야 한다. 여기에서 특정 공익사업의 시행을 위하여 용도지역 등의 지정 또는 변경을 하지 않았다고 볼 수 있으려면, 토지가 특정 공익사업에 제공된다는 사정을 배제할 경우 용도지역 등의 지정 또는 변경을 하지 않은 행위가 계획재량권의 일탈·남용에 해당함이 객관적으로 명백하여야만 한다.

② 토지보상법 제4조에서 규정한 공익사업을 위한 사업인정의 고시

③ 그 밖에 관계법령의 규정에 따른 공익사업의 계획 또는 시행의 공고 또는 고시 및 공익사업의 시행을 목적으로 한 사업구역·지구·단지 등의 지정고시

판 례

□ 토관 58342-780 (2001. 5. 18)

공법상 제한을 받는 토지는 그 공법상 제한이 당해 공공사업의 시행을 직접 목적으로 하여 가하여진 경우를 제외하고는 제한받는 상태대로 평가하되 제한의 정도를 감안하여 적정하게 감가하여 평가하도록 되어 있으므로 도시계획법상의 용도지역이 변경된 토지에 대한 평가는 당해 공공사업의 시행을 직접적인 목적으로 용도지역이 변경된 경우에는 당해 용도지역이 변경되기 이전의 용도지역을 기준으로 평가하여야 한다고 봅니다.

3) 다른 공익사업에 편입된 경우

당해 공공사업의 시행을 직접 목적으로 하여 가하여진 경우는 물론이고,[570] 위 토지가 당초의 목적사업과 다른 목적의 공공사업에 편입 수용되는 경우에도 모두 그러한 제한을 받지 아니하는 상태대로 이를 평가하여야 한다.[571]

---

570) ① 대법원 2012. 5. 24. 선고 2012두1020 : 관할 구청장이 공원조성사업을 위하여 수용한 갑 소유 토지에 대하여 녹지지역으로 지정된 상태로 평가한 감정결과에 따라 수용보상금을 결정한 사안에서, 공원 설치에 관한 도시계획결정은 개별적 계획제한이고, 제반 사정에 비추어 볼 때, 위 토지를 녹지지역으로 지정·변경한 것은 도시계획시설인 공원의 설치를 직접 목적으로 한 것이므로, 위 녹지지역의 지정·변경에 따른 공법상 제한은 위 토지에 대한 보상금을 평가할 때 고려 대상에서 배제되어야 한다는 이유로, 이와 달리 본 원심판결에 법리를 오해한 위법이 있다.

② 토관 2176 (2004. 5. 11) : 정부의 개발제한구역 해제방침결정에 의하여 당초 해제대상에 해당되지 아니하는 지역을 학교시설부지로 편입시키기 위해 개발제한구역 해제 입안시 이를 포함하여 해제토록 한 경우라면 토지보상법시행규칙 제23조 제2항의 규정에 의하여 당해 공익사업의 시행을 직접 목적으로 하여 용도지역 또는 용도지구 등이 변경된 경우로 보아야 할 것으로 보며, 사업시행자가 사실관계 등을 검토하여 판단·결정할 사항으로 봅니다.

571) 대법원 1998. 9. 18, 98두4498 판결 : 공법상 제한을 받는 수용대상토지의 보상액을 산정함에 있어서는 그 공법상의 제한이 당해 공공사업의 시행을 직접 목적으로 가하여진 경우는 물론 당초의 목적사업과는 다른 목적의 공공사업에 편입 수용되는 경우에도 그 제한을 받지 아니하는 상태대로 평가하여야 할 것인바, 이와 같이 공특법시행규칙 제6조 제4항 소정의"당해 공공사업의 시행을 직접목적으로 하여 가하여진 경우"를 확장해석하는 이유가 사업변경 내지 고의적인 사전제한 등으로 인한 토지소유자의 불이익을 방지하기 위한 것이라는 점에 비추어 볼 때, 수용대상토지의 보상액 평가시 고려대상에서 배제하여야 할 당해 공공사업과 다른 목적의 공공사업으로 인한 공법상의 제한의 범위는 그 제한이 구체적인 사업과 시행을 필요로 하는 이른바 개별적 계획제한에 해당하는 것에 한정된다고 할 것이다.

Ⅱ. 공법상 제한을 받는 토지의 유형별 보상평가

1. 공원구역 등 안 토지의 보상평가

1) 자연공원법에 의한 공원의 평가

자연공원이라 함은 국립공원·도립공원 및 군립공원, 지질공원을 말한다. 이러한 자연공원의 지정(공원구역의 용도지구[572] 결정 포함)은 공원사업을 직접 시행하기 위한 제한이 아니라 공원지정 자체로서 목적이 달성되는 일반적인 계획제한이기 때문에 그 제한을 받는 상태 그대로를 기준으로 평가한다.

다만, 동법 시행령 제2조에서 규정한 공원시설의 설치를 위한 공원사업시행계획의 결정고시 등에 따른 제한은 그 제한이 구체적인 사업의 시행이 필요로 하는 개별적인 계획제한으로서 그 제한을 받지 아니한 상태를 기준으로 평가한다.

▣ **토지보상평가지침**

제24조 (공원구역 등 안 토지의 감정평가) ①「자연공원법」 제4조에 따른 자연공원으로 지정된 구역 안에 있는 토지에 대한 감정평가는 그 공원 등의 지정에 따른 제한과 같은 법 제18조에 따른 공원구역의 용도지구 결정에 따른 제한이 일반적인 계획제한으로서 그 제한을 받는 상태를 기준으로 한다. 다만, 같은 법 시행령 제2조에서 정한 공원시설의 설치를 위한 공원사업시행계획의 결정고시 등에 따른 제한은 그 제한이 구체적인 사업의 시행이 필요한 개별적인 계획제한으로서 그 제한을 받지 아니한 상태를 기준으로 감정평가한다.

---

572) 자연공원법 18조(용도지구) ① 공원관리청은 자연공원을 효과적으로 보전하고 이용할 수 있도록 하기 위하여 다음 각 호의 용도지구를 공원계획으로 결정한다. 〈개정 2011. 4. 5., 2016. 5. 29.〉
1. 공원자연보존지구: 다음 각 목의 어느 하나에 해당하는 곳으로서 특별히 보호할 필요가 있는 지역
가. 생물다양성이 특히 풍부한 곳 나. 자연생태계가 원시성을 지니고 있는 곳
다. 특별히 보호할 가치가 높은 야생 동식물이 살고 있는 곳 라. 경관이 특히 아름다운 곳
2. 공원자연환경지구: 공원자연보존지구의 완충공간(緩衝空間)으로 보전할 필요가 있는 지역
3. 공원마을지구: 마을이 형성된 지역으로서 주민생활을 유지하는 데에 필요한 지역
6. 공원문화유산지구:「문화재보호법」 제2조 제2항에 따른 지정문화재를 보유한 사찰(寺刹)과 전통사찰 보존지 중 문화재의 보전에 필요하거나 불사(佛事)에 필요한 시설을 설치하고자 하는 지역

2) 도시공원 및 녹지 등에 관한 법률에 의한 공원의 평가

도시공원 및 녹지 등에 관한 법률에서는 도시공원을 기반시설로서의 도시공원(동법 제2조 제3호 가목)과 도시자연공원(동법 제2조 제3호 나목)으로 구분하고 있다.[573] 기반시설인 도시공원으로 결정된 지역 안에 있는 토지에 대한 평가는 그 도시공원[574] 및 녹지 등의 결정이 「국토의 계획 및 이용에 관한 법률」 제2조 제7호에서 정한 도시계획시설의 설치를 목적으로 하는 개별적인 계획제한으로서 그 공법상 제한을 받지 아니한 상태를 기준으로 한다.[575] 다만, 도시자연공원구역은 일반적 제한으로 보고 평가하되, 공원사업시행계획 결정고시 등에 따른 제한은 개별적인 계획제한으로 보도록 하고 있다.[576]

---

573) 도시공원 및 녹지등에 관한 법률 제2조
제3호. "도시공원"이란 도시지역에서 도시자연경관을 보호하고 시민의 건강·휴양 및 정서생활을 향상시키는 데에 이바지하기 위하여 설치 또는 지정된 다음 각 목의 것을 말한다.
가. 「국토의 계획 및 이용에 관한 법률」 제2조 제6호 나목에 따른 공원으로서 같은 법 제30조에 따라 도시·군관리계획으로 결정된 공원
나. 「국토의 계획 및 이용에 관한 법률」 제38조의2에 따라 도시·군관리계획으로 결정된 도시자연공원구역(이하 "도시자연공원구역"이라 한다)

574) 제15조(도시공원의 세분 및 규모) ① 도시공원은 그 기능 및 주제에 따라 다음 각 호와 같이 세분한다.
1. 국가도시공원 : 제19조에 따라 설치·관리하는 도시공원 중 국가가 지정하는 공원
2. 생활권공원 : 도시생활권의 기반이 되는 공원의 성격으로 설치·관리하는 공원으로서 다음 각 목의 공원
가. 소공원 나. 어린이공원 다. 근린공원
3. 주제공원: 생활권공원 외에 다양한 목적으로 설치하는 다음 각 목의 공원
가. 역사공원 나. 문화공원 다. 수변공원 라. 묘지공원
마. 체육공원 바. 도시농업공원 사. 방재공원
아. 그 밖에 특별시·광역시·특별자치시·도·특별자치도(이하 "시·도"라 한다) 또는 「지방자치법」 제175조에 따른 서울특별시·광역시 및 특별자치시를 제외한 인구 50만 이상 대도시의 조례로 정하는 공원

575) 토정 58307-1291 (1996. 10. 10) : 공특법 시행규칙 제6조 제4항에 의하면 공법상 제한을 받는 토지는 그 공법상 제한이 당해 공공사업의 시행을 직접목적으로 하여 가하여진 경우를 제외하고는 제한받는 상태대로 평가하되 제한의 정도를 감안하여 적정하게 감가하여 평가하도록 하고 있으며, 일반적인 계획제한은 제한을 받는대로 평가하되 개별적인 사업제한의 경우는 제한을 받지 아니한 상태대로 평가는 것을 의미하는 것으로 생각되는 바 질의상의 완충녹지가 국토의계획및이용에 관한법률상의 도시계획시설로서의 녹지이고 당해사업이 완료되지 아니한 경우라면 공법상제한을 받지 아니한 상태로 평가하는 것이 적정할 것으로 생각된다.

576) 토지보상평가지침을 개정(2018. 2. 28)하여 도시공원 및 녹지등에 관한법률상 도시자원공원구역은 일반적 제한으로 평가하도록 하였다. 단 공원사업시행계획에 따른 제한은 제한이 없는 상태를 기준으로 평가하도록 하였다.

질의회신

> **□ 토관 58342-580 (2000. 4. 20)**
>
> 공법상 제한을 받는 토지는 그 공법상 제한이 당해 공공사업의 시행을 직접 목적으로 하여 가하여진 경우를 제외하고는 제한받는 상태대로 평가하되, 제한의 정도를 감안하여 적정하게 감가하여 평가하도록 되어 있으며, 도시계획법 제2조 제1호 나목의 규정에 의거 공원시설로 결정된 후 동 규정에 의한 다른 목적의 공공사업지구에 편입되는 경우에도 개별적 계획제한으로 보아 제한받지 아니하는 상태대로 평가하는 것이 타당하다고 봅니다.

판례 또한 도시계획시설인 공원용지의 일부 지정으로 인한 공법상 제한을 이른바 개별적 계획제한에 해당하는 것으로 보아 수용대상 토지에 대한 보상액을 산정함에 있어서도 공원용지로서 제한을 받지 아니하는 상태대로 평가하여야 한다고 판시[577]하고 있다.

> **▣ 토지보상평가지침**
>
> 제24조(공원구역 등 안 토지의 감정평가) ②「도시공원 및 녹지 등에 관한 법률」 제2조 제3호에 따른 도시공원(도시자연공원구역을 제외한다. 이 경우에도 제1항 단서를 준용한다)과 같은 법 제2조 제5호에 따른 녹지로 결정된 지역 안에 있는 토지에 대한 감정평가는 그 도시공원 및 녹지 등의 결정이 「국토의 계획 및 이용에 관한 법률」 제2조 제7호에서 정한 도시·군계획시설의 설치를 목적으로 하는 개별적인 계획제한으로서 그 공법상 제한을 받지 아니한 상태를 기준으로 한다.

당초	변경	개정사유
②「도시공원 및 녹지 등에 관한 법률」에 따른 도시공원 및 녹지(도시지역 외의 지역에 「도시공원 및 녹지 등에 관한 법률」을 준용하여 설치하는 공원 및 녹지 등을 포함한다, 이하 이 조에서 같다)로 결정된 지역 안에 있는 토지에 대한 평가는 그 도시공원 및 녹지 등의 결정이 「국토의 계획 및 이용에 관한 법률」 제2조 제7호에서 정한 도시계획시설의 설치를 목적으로 하는 개별적인 계획제한으로서 그 공법상 제한을 받지 아니한 상태를 기준으로 한다.	②「도시공원 및 녹지 등에 관한 법률」 제2조 제3호에 따른 도시공원(도시자연공원구역을 제외한다. 이 경우에도 제1항 단서를 준용한다)과 같은 법 제2조 제5호에 따른 녹지로 결정된 지역 안에 있는 토지에 대한 감정평가는 그 도시공원 및 녹지 등의 결정이 「국토의 계획 및 이용에 관한 법률」 제2조 제7호에서 정한 도시·군계획시설의 설치를 목적으로 하는 개별적인 계획제한으로서 그 공법상 제한을 받지 아니한 상태를 기준으로 한다.	도시공원 중 도시자연공원구역은 공원녹지법 제2조 제3호 단서에 따라 같은 법 제46조(공익사업을 위한 감독 처분 및 손실보상) 등의 적용이 배제되므로 일반적인 계획제한으로 봄. 다만, 도시자연공원구역 안에서 공원시설의 설치를 위한 공원사업시행계획의 결정고시 등에 따른 제한은 개별적인 계획제한으로 봄

577) 대법원 1998. 9. 18. 선고 98두4498 판결.

2. 용도지역과 관련한 보상평가

1) 용도지역 사이에 있는 토지의 평가

양측 용도지역의 사이에 있는 토지가 용도지역이 지정되지 아니한 경우에 그 토지에 대한 평가는 그 위치·면적·이용상태 등을 고려하여 양측 용도지역의 평균적인 제한상태를 기준으로 한다. 다만, 양측 용도지역의 경계에 있는 도로(계획도로를 포함)에 대한 용도지역 지정 여부의 확인이 사실상 곤란한 경우에는 「도시관리계획수립지침(국토해양부제정, 2009. 5. 28)」에서 정하는 기준에 따라 다음 각호와 같이 대상토지의 용도지역을 확인할 수 있다.

① 주거·상업·공업지역 중 2개 지역을 경계하고 있는 도로는 도로의 중심선을 용도지역의 경계로 본다.

② 주거·상업·공업지역과 녹지지역의 경계에 있는 도로가 지역 간 통과도로인 경우에는 중심선을 용도지역 경계로 보며, 일반도로인 경우에는 녹지지역이 아닌 지역으로 본다.

2) 둘 이상의 용도지역에 속한 토지의 평가

둘 이상의 용도지역에 걸쳐 있는 토지에 대한 평가는 각 용도지역 부분의 위치·형상·이용상황, 그 밖에 다른 용도지역 부분에 미치는 영향 등을 고려하여 면적비율에 따른 평균가격으로 한다.

제1항에도 불구하고 다음 각 호의 어느 하나에 해당되는 경우에는 주된 용도지역의 가격을 기준으로 평가할 수 있다. 이때에는 평가서에 그 내용을 기재한다.

① 용도지역을 달리하는 부분의 면적이 과소하여 가격형성에 미치는 영향이 별로 없는 경우

② 관계법령의 규정에 따라 주된 용도지역을 기준으로 이용할 수 있어 주된 용도지역의 가격으로 거래되는 관행이 있는 경우

수용재결

□ 중앙토지수용위원회 재결 (홈페이지, 재결사례, 2013. 7. 3)

㈜○○의 토지 2필지(○○시 ○○읍 ○○리 0000-00외 1필지)는 용도지역이 자연녹지지역과 일반공업지역으로 나뉘어있고 공업지역의 비중이 큰데도 자연녹지지역 수준으로 저평가된 것은 부당하다는 수용재결 신청에 대하여 둘 이상의 공법상 용도지역에 걸쳐 있는 토지에 대한 평가는 각 용도지역 부분의 위치, 형상, 이용상황 기타 다른 용도지역 부분에 미치는 영향 등을 고려하여 면적비율에 의한 평균가격으로 평가보상하도록 한 규정(중토위업무편람 P101, 토지보상평가지침 제26조)과 한 개의 대상물건이라도 가치를 달리하는 부분은 구분하여 평가할 수 있다 라는 감정평가에 관한 규칙 제7조 제3항의 규정에 의거 자연녹지지역과 일반공업지역의 면적비율에 따라 지가수준과 인근 보상선례, 실거래가격 등을 충분히 고려하여 평가하여 보상하는 것이 타당함.

3) 용도지역이 변경된 토지의 평가

용도지역이 변경된 토지에 대한 평가는 가격시점당시의 용도지역을 기준으로 평가한다. 다만, 다음 각 호의 어느 하나에 해당되는 경우에는 변경 전 용도지역을 기준으로 한다(시행규칙 제23조).

(1) 용도지역의 변경이 당해 공익사업의 시행을 직접 목적으로 하는 경우

(2) 용도지역의 변경이 당해 공익사업의 시행에 따른 절차로서 이루어진 경우

따라서 택지개발사업지구의 시행으로 인하여 용도지역 또는 용도지구 등이 변경된 토지에 대해서는 용도변경 전의 용도지역 또는 용도지구 등을 기준으로 평가하여야 한다.[578] 그러나 공법상 제한이 당해 공공사업의 시행을 직접 목적으로 하여 가하여진 경우가 아니라면 그러한 제한을 받는 상태 그대로 평가하여야 하고, 그와 같은 제한이

578) ① 대법원 2007. 7. 12. 선고 2006두11507 판결 : 공원조성사업의 시행을 직접 목적으로 일반주거지역에서 자연녹지지역으로 변경된 토지에 대한 수용보상액을 산정하는 경우, 그 대상 토지의 용도지역을 일반주거지역으로 하여 평가하여야 한다

② 대법원 2000. 4. 21. 선고 98두4504 판결 도시계획변경결정에 의하여 용도지역이 생산녹지지역에서 준주거지역으로 변경된 토지를 택지개발예정지구로 지정하면서 지적승인 고시를 하지 않아 용도지역이 생산녹지지역으로 환원된 경우, 위 환원은 당해 공공사업인 택지개발사업의 시행을 직접 목적으로 하여 가하여진 제한에 해당하므로 용도지역을 준주거지역으로 하여 수용보상액을 평가하여야 한다.

③ 대법원 1998. 3. 27. 선고 96누16001 판결 당해 수용대상 토지에 관한 지방공업개발장려지구의 지정은 사업시행을 위한 일련의 조치 중의 선행조치라 할 것이고, 또한 여기에 이어 행하여진 공업지역으로의 용도지역 지정은 당해 공업단지개발 사업시행을 직접 목적으로 하여 행하여진 것이라고 보아야 할 것이고, 따라서 특별한 사정이 없는 한 수용재결 당시의 당해 토지가격을 평가함에 있어서 위 각 지정을 고려함이 없이 그러한 제한이 없는 이전의 상태대로 평가하여야 한다.

당해 공공사업의 시행 이후에 가하여진 경우라고 하여 달리 볼 것도 아니다(아래 판례 참조).

판 례

□ **대법원 2005. 2. 18. 선고 2033두14222**

공법상의 제한을 받는 토지의 수용보상액을 산정함에 있어서는 그 공법상의 제한이 당해 공공사업의 시행을 직접 목적으로 가하여진 경우에는 그 제한을 받지 아니하는 상태대로 평가하여야 할 것이지만, 공법상 제한이 당해 공공사업의 시행을 직접 목적으로 하여 가하여진 경우가 아니라면 그러한 제한을 받는 상태 그대로 평가하여야 하고, 그와 같은 제한이 당해 공공사업의 시행 이후에 가하여진 경우라고 하여 달리 볼 것은 아니다. 문화재보호구역의 확대 지정이 당해 공공사업인 택지개발사업의 시행을 직접 목적으로 하여 가하여진 것이 아님이 명백하므로 토지의 수용보상액은 그러한 공법상 제한을 받는 상태대로 평가하여야 한다.

3. 개발제한구역안의 토지의 보상평가

1) 평가원칙

개발제한구역안의 토지에 대한 평가는 개발제한구역의 지정이 일반적인 계획제한으로서 그 공법상 제한을 받는 상태를 기준으로 한다(아래 판례). 그러나 최근 대규모 개발제한구역이 해제됨에 따라 일부 개발제한구역의 해제에 따른 정상적인 지가상승분을 토지평가시 반영할 수 있도록 토지보상평가지침을 개정하였다.

판 례

□ **대법원 1993. 10. 12. 선고 93누12527 판결**

공법상 제한을 받는 토지의 수용보상액을 산정함에 있어서는 공법상 제한이 당해 공공사업의 시행을 직접 목적으로 하여 가하여진 경우 제한을 받지 아니하는 상태대로 평가하여야 하고, 반면 당해 공공사업의 시행 이전에 이미 당해 공공사업과 관계없이 도시계획법에 의한 고시 등으로 일반적 계획제한이 가하여진 상태인 경우 그러한 제한을 받는 상태 그대로 평가하여야 하며, 도시계획법에 의한 개발제한구역의 지정은 위와 같은 일반적 계획제한에 해당하므로 당해 공공사업의 시행 이전에 개발제한구역 지정이 있었을 경우 그러한 제한이 있는 상태 그대로 평가함이 상당하다.

그러나 이와 같이 개발제한구역내 토지를 공법상 제한을 받는 상태로 평가하는 것에 대하여, 이러한 재산권 제한이 특별한 희생에 해당하는 경우[579] 개발제한구역 지정으로 인한 공법상 제한 상태를 감안하여 보상한다면, 결과적으로 특별한 희생에 대하여 보상하지 아니하는 것이 되어 헌법 제23조 제3항에서 규정하고 있는 정당보상에 미치지 못하여 위헌이라는 견해[580]도 있다.

2) 우선해제대상지역안 토지의 평가(토보침 제31조의3 ①)

개발제한구역 안에 있는 토지가 종전의 「집단취락등의개발제한구역해제를위한도시계획변경(안) 수립지침(건교부 관리 51400-1365, 2003. 10. 9. 이하 이조에서 "우선해제지침"이라 한다)」에 따른 조정대상에 해당되는 지역(이하"우선해제대상지역"이라 한다) 중 집단취락·경계선관통취락·산업단지·개발제한구역지정의 고유목적 외의 특수한 목적이 소멸된 지역·그 밖에 개발제한구역의 지정 이후에 개발제한구역 안에서 공익사업의 시행 등으로 인한 소규모 단절토지에 해당되는 경우로서 다음 각 호의 어느 하나에 해당되는 경우에는 개발제한구역의 우선해제가 예정된 것에 따른 정상적인 지가의 상승요인을 고려하여 평가하되, 개발제한구역이 해제된 것에 준한 가격으로 평가가격을 결정할 수 있다. 이 경우에는 평가서에 그 내용을 기재한다.

(1) 서울특별시장·광역시장·시장 또는 군수가 우선해제지침에서 정하는 절차에 따라 도시관리계획안의 주요내용을 공고한 경우
(2) 우선해제지침에서 정하는 절차에 따라 도시관리계획안의 주요내용이 수립되었으나 당해 공익사업의 시행을 직접 목적으로 하여 개발제한구역이 해제됨으로써 그 주요내용이 공고되지 아니한 경우
(3) 당해 공익사업의 시행을 직접 목적으로 하여 개발제한구역이 해제되지 아니하였을 경우에 시장 등이 우선해제지침에서 정하는 절차에 따라 도시관리계획안의 주요내용을 수립·공고하였을 것으로 예상되는 경우로서 시장 등이 그 내용을 확인하는 경우

579) 헌법재판소 1998. 12. 24. 선고 89헌마214 결정 ; 개발제한구역으로 지정된 토지를 종래의 지목과 토지현황에 의한 이용방법에 따른 토지의 사용도 할 수 없거나 실질적으로 사용·수익을 전혀할 수 없는 예외적인 경우에도 아무런 보상없이 이를 감수하고 있는 한, 비례의 원칙에 위배되어 당해 토지소유자의 재산권을 과도하게 침해하는 것으로서 헌법에 위배된다.

580) 임호정, "공법상 제한을 받는 토지의 보상평가방법" 토지보상법연구 제4집, 2004, 47면.

3) 조정기능지역 안 토지의 평가(토보침 제31조의3 ④)

국민임대주택단지조성사업, 경부고속철도 운영활성화를 위한 광명역세권 개발사업 및 시급한 지역현안사업의 부지로서 우선해제대상지역으로 된 경우에서 당해 토지가 종전의 「광역도시계획수립지침(건교부, 제정 2002. 12. 30)」의 "제3장제5절 3-5-2. 조정기능지역의 설정"에서 정하는 조정기능지역에 해당하는 것으로 이정되는 경우에는 개발제한구역의 해제가능성에 따른 정상적인 지가의 상승요인을 고려하여 평가할 수 있다. 다만, 사업시행자가 시장 등으로부터 당해 토지가 위 조정기능지역의 ⑤(국가정책사업 및 지역현안사업에 필요한 지역)에 해당하는 것으로 확인받아 평가의뢰하는 경우에는 그러하지 아니하다.

4. 도시계획시설도로에 접하거나 저촉된 토지 등의 평가

1) 관련규정

▣ 토지보상평가지침

제28조 (도시·군계획시설(도로)에 접한 토지의 감정평가) 해당 공익사업과 직접 관계없이 「국토의 계획 및 이용에 관한 법률」 제32조에 따른 도시·군관리계획에 관한 지형도면(이하 "지형도면"이라 한다)이 고시된 도시·군계획시설(도로)에 접한 토지에 대한 감정평가는 그 도시·군계획시설(도로)의 폭·기능·개설시기 등과 대상토지의 위치·형상·이용상황·환경·용도지역등을 고려한 가액으로 한다.

제29조 (도시·군계획시설(도로)에 저촉된 토지의 감정평가) ① 도시·군계획시설(도로)에 저촉된 토지에 대한 감정평가는 저촉되지 아니한 상태를 기준으로 한다.

② 제1항에도 불구하고 해당 공익사업과 직접 관계없이 지형도면이 고시된 도시·군계획시설(도로)에 저촉된 부분과 저촉되지 아니한 부분이 함께 감정평가 의뢰된 경우에는 저촉되지 아니한 부분에 대하여는 제28조를 준용할 수 있다. 이 경우에는 면적비율에 따른 평균가액으로 토지단가를 결정하되 감정평가서에 그 내용을 기재한다.

2) 도시계획 시설에 접한 토지의 평가

당해 공익사업과는 무관하게 국토계획법에 의한 도시관리계획에 관한 지형도면이 고시된 도시계획시설도로에 접한 토지에 대한 평가는 비록 도시계획도로가 개설되지 않아 당해 토지가 맹지라 하더라도 그 계획도로에 접한 것으로 보아 계획도로의 폭·기능·개설시기 등을 고려한 가격으로 한다. 이는 도시계획도로에 접한 토지와 접하지 않은 토지가 현실적인 거래가격에서는 차이가 있기 때문에 이점을 감안한 것이다. 다만, 판례에서는 단순히 계획도로가 고시되었다는 사유만으로 도로에 접한 토지로 보는 것에 대해서는 부정적인 입장이며, 가까운 시일내에 도로개설공사가 시행될 것이라는 정황이 있어야 한다고 보고 있다(아래 판례참조). 그러나 구체적 사업시행 일정이 고시되지 않았다 하더라도 도시계획도로가 지적고시된 경우 현실적인 거래가격이 차이가 있는 것이 사실인 만큼 그 계획도로의 폭, 기능, 개설시기 등을 참작하여 평가하여야 할 것으로 보인다.

판 례

□ 대법원 1997. 3. 14. 선고 95누18482 판결

현황이 맹지인 토지에 대하여 계획도로가 지적·고시된 경우, 지적고시된 계획도로가 가까운 시일내에 개설공사가 착공되리라는 점이 인정되지 않는 이상 그 토지가 도로에 접면한 토지라고는 볼 수 없으므로, 계획도로가 지적·고시되었다는 사유만으로 도로에 접면한 토지임을 전제로 개별토지가격을 산정한 것은 위법하다.

3) 도시계획시설에 저촉된 토지의 평가

평가대상 토지가 도시계획도로에 저촉된 토지에 대한 평가의 경우 이를 개별적 계획제한으로 보아 계획도로에 저촉되지 아니한 상태를 기준으로 한다. 다만 당해 공익사업과 직접 관계없이 지형도면이 고시된 도시계획시설도로에 저촉된 부분과 저촉되지 아니한 부분이 함께 평가의뢰된 경우에는 저촉되지 아니한 부분에 대하여는 토보침 제28조를 준용할 수 있다. 이때에는 면적비율에 따른 평균가격으로 단가사정하되 평가서에 그 내용을 기재한다.

5. 재개발구역내의 토지의 보상평가(토보침 제30조)

「도시 및 주거환경정비법」 제4조에 따라 지정된 정비구역 안의 토지에 대한 평가는 정비구역의 지정이 당해 구역의 개발·정비를 위한 구체적인 사업의 시행이 필요한 개별적인 계획제한으로서 그 공법상 제한을 받지 아니한 상태를 기준으로 한다.

6. 접도구역내 토지의 평가

1) 접도구역의 의의

도로의 관리청은 도로 구조의 손궤 방지, 미관 보존 또는 교통에 대한 위험을 방지하기 위하여 도로경계선으로부터 20미터를 초과하지 아니하는 범위(고속국도에서는 50미터 이내)에서 접도구역(接道區域)으로 지정할 수 있다(도로법 제40조). 이에 기하여 동법 시행령에서는 도로의 경계선에서 5미터, 고속국도의 경우는 30미터 이내에서 접도구역을 지정하고 있다.

이러한 접도구역으로 지정되면 토지의 형질변경이나 건축물이나 그 밖의 공작물을 신축·개축 또는 증축하는 행위 등이 금지된다. 따라서 보상평가에 있어 이 접도구역 지정으로 인한 제한을 반영하여 평가하여야 하는지 논의가 되고 있다.

▣ **도로법**

제40조(접도구역의 지정 및 관리) ① 도로관리청은 도로 구조의 파손 방지, 미관(美觀)의 훼손 또는 교통에 대한 위험 방지를 위하여 필요하면 소관 도로의 경계선에서 20미터(고속국도의 경우 50미터)를 초과하지 아니하는 범위에서 대통령령으로 정하는 바에 따라 접도구역(接道區域)을 지정할 수 있다.

② 도로관리청은 제1항에 따라 접도구역을 지정하면 지체 없이 이를 고시하고, 국토교통부령으로 정하는 바에 따라 그 접도구역을 관리하여야 한다.

③ 누구든지 접도구역에서는 다음 각 호의 행위를 하여서는 아니 된다. 다만, 도로 구조의 파손, 미관의 훼손 또는 교통에 대한 위험을 가져오지 아니하는 범위에서 하는 행위로서 대통령령으로 정하는 행위는 그러하지 아니하다.

1. 토지의 형질을 변경하는 행위
2. 건축물, 그 밖의 공작물을 신축·개축 또는 증축하는 행위

▣ **도로법 시행령**

제39조(접도구역의 지정 등) ① 도로관리청이 법 제40조 제1항에 따라 접도구역(接道區域)을 지정할 때에는 소관 도로의 경계선에서 5미터(고속국도의 경우는 30미터)를 초과하지 아니하는 범위에서 지정하여야 한다. 다만, 다음 각 호의 어느 하나에 해당하는 지역에 대해서는 접도구역을 지정하지 아니할 수 있다. 〈개정 2014. 11. 24.〉

1. 「국토의 계획 및 이용에 관한 법률」 제51조 제3항에 따른 지구단위계획구역
2. 그 밖에 접도구역의 지정이 필요하지 아니하다고 인정되는 지역으로서 국토교통부령으로 정하는 지역

2) 접도구역의 평가

접도구역의 지정·고시로 가하여진 공법상의 제한은 지정 자체로서 목적이 달성되는 일반적인 계획제한이기 때문에 그 제한을 받는 상태 그대로를 기준으로 평가한다.[581)]

그러나 이 접도구역은 그 행위제한으로 인하여 감가요인이 될 수 있으나, 접도구역 평가에 대한 감가 등의 근거 및 구체적 적용 지침 등은 없는 실정이다.

또한 접도구역은 대부분 비도시지역의 지방도 등에서 적용되고 있어, 비도시지역의 농경지 및 임야의 경우 지목 본래대로의 사용이 가능하여 접도구역으로 인한 지가에 미치는 영향이 미미한 것으로 판단하여 이를 무시하고 평가하는 경우가 많으나, 나대지 및 공장 등의 경우에는 그 미치는 영향이 적다고 볼 수 없으며,[582)] 특히 고속도로의 접도구역의 범위는 30m에 이르고 있어 그 영향이 적지 않다고 할 수 있다.[583)] 결국 일반적으로 접도구역에 대한 감가요인은 미미하다고 할 수 있으며, 나대지 및 고속국도의 접도구역에 대해서는 제한을 받는 상태를 감안하여 평가함이 타당[584)]할 것으로 보인다.[585)]

---

581) 토정 58307-53 (1993. 1. 12) : 도로구조의 손괴 방지, 미관보존 또는 교통에 대한 위험을 방지하기 위하여 도로봅 제49조에 따른 접도구역의 지정·고시로 가하여진 공법상 제한은 그 자체로서 제한 목적이 완성되는 일반적 계획제한이므로 그 제한받는 상태대로 평가하여야 한다.

582) 접도구역에 대하여 감정평가사들의 견해는 농지 및 임야의 가격에는 거의 영향을 미치지 않는다고 보고 있으나, 공장용지 및 대지 등의 평가에는 영향을 주다고 보고 있다. 특히 나대지의 경우 그 영향은 크다고 볼 수 있다

ㅁ 공법상 제한을 받는 접도구역의 토지평가(한국감정평가협회 기획 0100-1186(1996. 11. 23)

≪ 질의 ≫ ○○ 과학산업지방공업단지 조성사업을 위한 손실보상과 관련하여 전·답·임야 및 농촌형 주택지 등으로 이용중인 접도구역내 토지를 평가하는 경우 접도구역안의 공시지가 표준지를 적용평가한 토지와 접도구역밖의 공시지가표준지를 적용평가한 토지에 대한 각각의 감가여부 및 감가필요시 지목별 감가율은 얼마인지 여부

≪ 회신 ≫ 질의내용과 관련한 자료가 부족한 관계로 당해 토지에 대한 구체적인 상황을 알 수 없어 상세하게 답변하기는 곤란하나, 접도구역내의 토지가 전·답·임야 및 농촌형 주택의 부지등으로 이용중인 농경지대의 경우는 일반적으로 동 토지의 용도대로 사용수익함에 큰 장애가 없는 바, 따라서 보상평가시에도 인근유사용도 토지와 비교시 별도의 감가요인은 없을 것임.

583) 동탄신도시 고속국도 접도구역의 경우 3%의 감가율을 적용한 바 있다.

584) 토정 58307-53 (1993. 1. 12) 접도구역의 지정·고시로 가하여진 공법상의 제한은 가스공급시설 설치를 직접목적으로 가하여진 제한이 아니므로, 귀 질의의 매수청구토지를 잔여지로 보아 평가하는 경우에는 접도구역의 지정에 따른 제한을 받는 상태대로 평가함이 타당할 것이다.

585) 한편 감사원 및 국회 감사에서는 접도구역을 감안하여 평가되었는지에 대하여 자주 감사의 대상이 되고 있다.

3) 감사사례

최근의 감사원 감사에서 이 접도구역에 대하여 공법상 제한을 반영하지 않은 사례를 지적한 바 있다.

감사지적사례

□ 감사원 감사사례 (2011. 07)

- 「공익사업을 위한 토지등의 취득 및 보상에 관한 법률 시행규칙」 제23조의 규정에 따르면 공법상 제한을 받는 토지에 대하여는 제한받는 상태대로 평가하도록 규정하고 있으므로 「도로법」 제49조의 규정에 따라 접도구역으로 지정된 경우에는 그 제한받는 상태대로 평가하여야 하는데도
- LH ○○혁신도시 사업단에서 사업지구에 포함된 지방도 515호선 접도구역(2003.02.14 고시) 내의 토지 ○○ ㎡에 대한 보상가격을 결정하면서 한국감정원 등 8개 감정평가법인이 위 토지를 접도구역 지정에 따른 제한을 고려하지 아니하고 평가하여 납품한 평가서를 그대로 인정하여 평가금액대로 ○○백만원 보상 실시
- 그 결과 접도구역의 공법상 제한을 감안하여 통상적인 감가율을 적용한 후 재평가할 경우와 비교하여 정당한 보상평가액을 기준으로 평가하는 경우와 비교하여 ○천만원 상당을 과다하게 보상(감사원, ○○혁신도시)

제3절 불법형질변경토지의 평가

Ⅰ. 불법형질변경 토지의 개념

1. 근거 조항

▣ **토지보상법 시행규칙**

제24조 (무허가건축물 등의 부지 또는 불법형질변경된 토지의 평가) 「건축법」 등 관계법령에 의하여 허가를 받거나 신고를 하고 건축 또는 용도변경을 하여야 하는 건축물을 허가를 받지 아니하거나 신고를 하지 아니하고 건축 또는 용도변경한 건축물(이하 "무허가건축물등"이라 한다)의 부지 또는 「국토의 계획 및 이용에 관한 법률」 등 관계법령에 의하여 허가를 받거나 신고를 하고 형질변경을 하여야 하는 토지를 허가를 받지 아니하거나 신고를 하지 아니하고 형질변경한 토지(이하 "불법형질변경토지"라 한다)에 대하여는 무허가건축물등이 건축 또는 용도변경될 당시 또는 토지가 형질변경될 당시의 이용상황을 상정하여 평가한다. 〈개정 2005. 2. 5., 2012. 1. 2.〉

2. 의 의

토지의 형질변경이란 토지의 외형 또는 용도의 변경하는 행위를 말하는 것으로 토지보상법 시행규칙 제24조에서는 무허가 건축물 등의 부지의 평가와 동일하게 토지의 평가에 있어서도 「국토의 계획 및 이용에 관한 법률」등 관계법령에 의하여 허가를 받거나 신고를 하고 형질변경하여야 하는 토지를 허가를 받지 아니하거나 신고를 하지 아니하고 형질변경한 토지를 의미한다.

한편 「토지의 형질변경 등 행위허가기준 등에 관한 규칙」 제2조 제1호에서는 형질변경의 정의에 대하여 "절토·성토 또는 정지 등으로 토지의 형상을 변경하는 행위(조성이 완료된 기존대지 안에서의 건축물 기타공작물 설치를 위한 토지의 굴착행위 제외)와 공유수면의 매립"으로 정의하고 있다.

한편 토지보상법은 이러한 불법형질변경토지에 대한 손실보상평가는 무허가 건축물 등의 부지와 마찬가지로 토지의 형질변경 될 당시의 이용상황을 상정하여 평가하도록 하여 현황평가의 예외를 인정하고 있다.

Ⅱ. 불법형질변경의 판단기준

1. 토지 등의 조사

토지의 평가는 현실이용상황을 감안하여 평가하는 것이 원칙이나, 다만 불법으로 형질변경된 토지에 대하여는 형질변경 당시의 현황을 감안하여 평가하도록 하고 있다. 따라서 기본조사를 통하여 사업지구내 편입된 토지의 법정지목과 현실이용상황이 다른 토지에 대하여 불법여부를 확인하여 불법이라면 형질변경 당시의 이용상황(통상은 법정지목을 말한다)을 상정하여 평가하여야 한다.

이러한 불법형질변경 토지는 형질변경될 당시의 이용상황을 감안하여 평가하므로 형질변경의 적법성 여부를 조사하되, 그 적법성 여부는 국토계획법 등 관련 법령의 규정에 의한다. 또한 불법형질변경 여부에 대해서는 다음과 같이 조사한다.

① 토지의 기본조사를 통하여 법정지목과 현실이용상황이 다른 토지정리[586]
② 이지목(異地目) 현황토지 조서를 작성 후 관할 시·군·구에 형질변경허가 관련 인·허가를 득하였는지 여부[587]를 조회
③ 조회결과 형질변경 허가를 득한 토지는 현실이용상황을 인정
④ 형질변경 허가등을 득하지 않은 토지는 법정지목에 의거 평가의뢰하나, 다만 건축물이 있는 토지는 89년 1월 24일 이전 건축물인지 여부를 확인
⑤ 항공사진 등에 의거 89년 1월 24일 이전 건축물인 경우 그 형태가 유사한지 확인 후 유사하면 건축물 부지의 상황을 인정

2. 불법형질변경 토지의 쟁점

불법형질변경 여부에 대하여는 단순히 토지의 법정 지목과 토지의 이용상황이 상이하다고 하여 그 토지를 불법으로 형질변경되었다고 추정할 수는 없다. 예를 들면, 산지관리법에 의한 허가 또는 신고없이 개간된 산림을 사실상 농지로 인정할 것인 여부 또

586) 이를 통상 '이지목(異地目)'이라 한다. 사업지구내에 편입된 토지에 대하여는 관계법령에 의한 적법성 여부와는 상관없이 필지별로 일일이 현실적인 이용상황과 실제 이용상황이 일치하는 지 조사한다.
587) 이러한 인·허가에는 국토계획법에 의한 개발행위허가, 농지법에 의한 농지전용허가 및 신고, 산지관리법에 의한 산지전용허가 및 신고 등이 있다.

는 형질변경 관련 허가를 득하였으나 준공이 되지 않은 경우, 당초 형질변경 허가 등의 면적을 초과하여 행위가 이루어 진 경우 등 해당 형질변경 행위가 불법인지 여부에 대한 판단기준이 명확하지 않은 것이 사실이다.

또한 불법의 판단시점은 원칙적으로 형질변경할 당시를 기준으로 하여야 할 것이다.[588] 다만, 형질변경이 일시에 이루어지지 않고 장기간에 걸쳐 이루어지는 때에는 현실적으로는 보상 당시를 기준으로 하여 형질변경이 불법에 해당하는지를 판단하게 될 것이다.

1) 사실상 농지의 적법여부 논쟁

(1) 사실상 농지의 개념

"사실상 농지"란 「지적법」상 지목이 전·답 또는 과수원이 아닌 토지로서 법적 지목에도 불구하고 농작물 경작지 또는 다년생식물의 재배지로 계속하여 이용되는 기간이 3년 이상인 토지를 말한다(농지개량시설의 부지 제외).

(2) 사실상 농지의 인정여부

산지관리법에 허가 및 신고없이 개간된 산림에 대하여는 1995.1.7 공특법 개정에 의거 불법형질변경 토지로 인정하여 왔으나, 이후 2004.10 이후 건설교통부 지침에 의거 법적 지목은 "임야"이나 사실상 농지로서 농지법상 농지에 해당하는 경우 「토지보상법 시행규칙」 제24조의 규정을 적용하지 않고 농지로 현황평가하였다. 그러나 2002. 7 대법원의 사실상 농지를 부정하는 판례[589] 이후, 중앙토지수용위원회에서 산지를 무단으

588) 대법원 2002. 9. 4. 선고 2000두8325 판결 : 불법형질변경된 토지를 평가함에 있어서는, 1995. 1. 7. 건설교통부령 제3호로 개정된 같은법시행규칙 제6조 제6항의 시행 이후에는 가격시점에 있어서의 현실적인 이용상황에 따른 평가원칙에 대한 예외로서, 그 형질변경시기가 위 같은법시행규칙 제6조 제6항의 시행 전후를 불문하고 당해 토지가 형질변경이 될 당시의 이용상황을 상정하여 평가하여야 하며, 다만, 개정된 같은법 시행규칙 부칙 제4항에 의하여 그 시행 당시 이미 공공사업시행지구에 편입된 불법형질변경토지 등에 한하여 같은법시행령 제2조의10 제2항에 따라 가격시점에서의 현실적인 이용상황(즉, 형질변경 이후의 이용상황)에 따라 평가하여야 하는 것으로 해석된다.

589) 대법원 2002. 7. 26. 선고 2001두7985 판결 구 농지법(2002. 1. 14. 법률 제6597호로 개정되기 전의 것) 제36조 제1항은 농지의 전용허가를 규정하면서 그 예외사유 중 하나로 제4호에서, 산림법에 의한 산림훼손의 허가를 받지 아니하거나 신고를 하지 아니하고 불법으로 개간된 농지를 산림으로 복구하는 경우를 들고 있는바, 이는 산림법에 의한 허가나 신고 없이 개간된 농지에 대하여는 산림법이 적용됨을 전제로 농지전용허가 대상에서 제외한 것이라 할 것이고, 따라서 산림법에 의한 허가나 신고 없이 개간된 산림은, 비록 그것이 개간 후 농지로 이용되고 있다 하더라도, 구 산림법(1999. 2. 5. 법률 제5760호로

로 전용한 경우 농지법상 농지가 아니라는 법제처 유권해석 등을 근거로 임야로 평가하도록 시달[590]하여 사실상 농지 인정여부에 대한 보상기준 변경으로 극심한 민원이 발생함에 따라 이후 국토해양부에서 이를 변경하여 사실상 농지에 대하여 다시금 현황평가하도록 변경[591]하는 등 사실상 농지에 대하여 최근까지도 각 보상기관 마다 혼선을 빚고 있었다.[592] 이에 최근 국토교통부는 공부상 지목이 '임야'이나 '농지'로 이용중인 토지는 「산지관리법」 부칙(제10331호, 2010. 5. 31) 제2조에 의거 "불법전용산지에 관한 임시특례" 규정에서 정한 절차에 따라 불법전용산지 신고 및 심사를 거쳐 '농지'로 지목변경된 경우에 한하여 '농지'로 평가하도록 하여 원칙적으로 사실상 농지를 부정하는 것으로 결론지었다.

표 20. 임야로서 사실상 농지의 평가기준 변경 연혁

구분	사실상 농지 인정여부	비고
1995. 1. 6 이전	현황평가 원칙에 의거 사실상 농지로 보상	토지보상법
1995. 1. 7 이후	불법형질변경으로 인정하여 임야로 평가	토지보상법
2004. 10. 30 이후	시장·군수의 확인을 받아 실제 이용상황대로 평가하여 사실상 농지 인정	실제 이용상황에 따른 보상업무 처리지침 토정 2178 ('05. 4. 26)
2007. 6. 28 이후	대법원 판례 및 법제처 해석에 의거 사실상 농지 불인정	중토위사무국 -12000('07. 6. 28)
2007. 7. 30 이후	사실상 농지를 인정	토지정책팀-3419
2011. 1. 1. 이후	사실상 농지 불인정, 다만 산지관리법 부칙 제2조에 따라 불법전용산지신고 및 심사를 거쳐 '농지'로 지목변경된 경우에 한하여 '농지'로 평가 보상	토지정책과-6105 (2010. 12. 29)

개정되기 전의 것) 제90조 제5항 소정의 원상회복에 필요한 조치의 대상이 되는 '산림'에 해당한다.

590) 중토위사무국-12000(2007. 6. 28)
☞ 중토위 재결 사례 (사무국-27642(2009. 12. 18)) 충남 당진군 서문면 통정리 146-4 임 661㎡에 대하여 산지관리법이 정하는 바에 따라 허가를 받거나 신고를 한 적이 없고, 허가나 신고없이 개간된 삼림을 산지관리법에 따라 복구되어야 할 산림에 해당할 것이므로 신청인의 주장은 이유없다.

591) 토지정책팀-3416(2007. 7. 30) : 농지법상 농지에 해당되는 경우에는 농지로 평가보상하며, 농지법상 농지의 판단은 사업시행자가 관계법령, 관계도서, 지형, 토지형태 및 이용상황 등을 조사·확인하여 판단할 사항이라고 봅니다.

592) 최근 한국토지주택공사는 법제제 법령해석 및 중앙토지수용위원회 수용재결업무 기준 개선 내용에 따라 임야를 무단으로 개간한 경우 사실상 농지 여부를 떠나 임야로 평가·보상하고 농업손실보상 제외하도록 지침을 변경한 바 있다[기본조사 및 보상업무에 관한 지침 제16조 ② 허가나 신고 없이 산림을 무단으로 개간하여 농지로 이용하고 있는 토지 등 불법형질변경토지에 대하여는 형질변경될 당시의 이용상황으로 조사확인하여 평가의뢰한다].

다만, 행위시점에 불법이 아닌 경우까지 사실상 농지를 부정하는 것은 재산권을 소급하여 침해할 여지가 있음으로 이 경우는 현재의 현황을 인정하여야 할 것으로 본다. 판례 및 중토위가 1962. 1. 19. 이전 당시 신고 등이 없는 산림 형질변경(보안림 제외)에 대하여 그 현황을 인정한 것은 타당하다 하겠다.

재 결

□ 중토위 재결 (2017. 2. 23)

대법원은 "1962. 1. 19.이전에는 보안림에 속하지 아니한 산림이나 경사 20도 미만의 사유 임야에서는 원칙적으로 개간, 화전경작 등의 형질변경행위에 대하여 허가나 신고 등이 불필요하고, 1966년경 이미 일부가 전으로 사용되고 있는 토지에 대하여 불법형질변경을 이유로 형질변경 이전 상태인 임야로 보상하기 위해서는 산림법 등이 제정·시행된 1962. 1. 20. 이후에 개간된 것으로서 각 법률에 의한 개간허가 등의 대상에 해당함에도 허가 등이 없이 개간된 것이라는 점을 사업시행자가 증명하여야 한다"(대법원 2011. 12. 8. 선고 2011두13385 전원합의체 판결 참조)고 판시하고 있다. 관계자료(측량성과도, 현장사진, 항공사진, 소유자의견서, 사업시행자 의견서 등)를 검토한 결과, 000, 000, 000의 서울 00구 0동 산156-3 임 2,300㎡ 토지가 1962. 1. 20. 이후에 개간된 것으로서 각 법률에 의한 개간허가 등의 대상에 해당함에도 허가 등이 없이 불법으로 형질이 변경된 토지라는 사실을 사업시행 자가 입증하지 못하고 있는 점, 1966년 항공사진상 동 토지의 일부가 농경지로 개간되어 있음이 확인되는 점, 사업시행자가 제출한 동 토지 중 '전'과 '과수원'으로 이용되고 있는 면적에 대한 항공사진판독 결과와 현황측량성과도로 개간된 면적의 산정이 가능한 점 등을 종합적으로 고려할 때 이의신청인의 서울 00구 0동 산156-3 임 2,300㎡ 토지중 1966년부터 보상시점(수용재결일)까지 전(368㎡)과 과수원(92㎡)으로 이용되고 있는 면적에 대하여는 현황대로 평가하는 것이 타당하므로 금회 이의재결시 이를 반하여 보상하기로 하다.

판 결

□ 대법원 2018. 6. 28. 선고 2015두55769 판결

1962. 1. 20. 위 산림법이 시행되기 전에는 보안림에 속하지 아니한 산림이나 경사 20도 미만의 사유 임야에서는 원칙적으로 개간, 화전경작 등의 형질변경행위에 대하여 허가나 신고 등이 불필요하였다. 그러나 구 임산물 단속에 관한 법률(1961. 6. 27. 법률 제635호로 제정, 1980. 1. 4. 법률 제3232호로 전부 개정된 산림법 부칙 제2조에 의하여 폐지되기 전의 것) 제2조, 구 산림법(1980. 1. 4. 법률 제3232호로 전부 개정되기 전의 것) 제8조 제3항, 제10조, 구 산림법(2002. 12. 30. 법률 제6841호로 개정되기 전의 것) 제90조 제1항, 산지관리법(2002. 12. 30. 법률 제6841호로 제정된 것) 제14조, 제15조에 의하면, 구 임산물 단속에 관한 법률이 제정·시행된 1961. 6. 27. 이후부터는 지목과 현황이 '임야'이던 토지를 개간 또는 그 형질을 변경하여 농지로 이용하려면 관할 행정청 등의 허가 또는 신고 등이 필요하게 되었다(대법원 2011. 12. 8. 선고 2011두13385 판결 참조).

결국 모든 사실상 농지는 1961. 6. 27. 이전 개간이나 형질 변경이 되었다면 그 현황을 인정하여야 할 것으로 보이며, 이 사실을 사업시행자가 입증하지 못하면 그 현황을 인정하여야 할 것으로 본다.

▣ LH 기본조사 및 보상업무에 관한 지침

제16조 (형질변경토지) ② 허가나 신고 없이 산림을 무단으로 개간하여 농지로 이용하고 있는 토지 등 불법형질변경토지에 대하여는 형질변경될 당시의 이용상황으로 조사확인하여 평가의뢰한다. 다만, 항공사진 등 관련자료를 통해 해당 산림이 구 「임산물단속에 관한 법률」 시행일(1961년 6월 27일) 이후에 무단으로 개간된 사실을 입증할 수 없거나, 무단으로 개간될 당시 구 「산림법('구 삼림령 및 구 사유임야시업제한규칙' 을 포함한다)」에 따른 보안림에 속하였음을 입증할 수 없는 경우에는 토지현황대로 평가의뢰 한다. 〈개정 2012. 10. 29.〉

2) 사실상 농지에 대한 인정 검토

판례 및 법제처의 해석에 의거 임야를 무단으로 경작하는 경우 사실상 농지로 인정하지 않고 있으나,[593] 주무부서인 농림부에서는 지목이 임야이나 농작물 경작에 계속하여 이용하여 온 기간이 3년 이상인 경우 농지법상 농지로 인정하여 사실상 농지로 인정하여 왔다.[594] 그러나 2010. 5. 31 「산지관리법」 부칙(제10331호) 제2조 "불법전용산지에 관한 임시특례"(이하 '임시특례'라 한다) 규정에 의한 절차에 따라 불법전용산지 신고 및 심사를 거쳐 '농지'로 지목변경된 경우에 한하여 '농지'로 평가하도록 개정하였다. 따라서 계약체결일 또는 수용재결일까지 산지관리법에 의한 절차를 거치지 아니하여 공부상 지목이 '임야'인 경우에는 불법형질변경 토지로 보아 공부상 지목대로 평가하여 보상하여야 한다.[595]

593) 법제처 안건번호 : 06-0016 해석일자 : 2006. 4. 21. 「산지관리법」 제14조의 규정에 의한 산지전용허가를 받지 아니하고 산지를 무단으로 전용하여 농작물 또는 과수를 3년이상 재배하고 있는 경우에는 「농지법」 제2조 제1호의 규정에 의한 농지로 볼 수 없습니다.

594) 농림부 농지과-6241 (2007. 10. 15) : 지목이 임야이나 농작물 경작에 계속하여 이용하여온 기간이 3년 이상인 경우 또는 성토, 절토 등으로 농지상태로 변경되어 있고 다년생식물 재배에 계속하여 이용하여 온 기간이 3년 이상인 경우에는 농지법에 의한 농지에 해당됩니다.

595) 농업손실보상금도 2011. 1. 1 부터는 공부상 지목이 '임야'이나 농지(농지법 제2조 제1호 가목)로 이용중인 토지는 위 규정에 의한 "불법전용산지에 관한 임시특례" 규정에 의하한 절차에 따라 불법전용산지 신고 및 심사를 거쳐 '농지'로 지목변경된 경우에 한하여 농업손실보상금을 지급하도록 개정하였다(토지정책과-6105(2010. 12. 29)).

■ **토지보상평가지침**

제34조 (불법형질변경토지의 감정평가) ⑤ 지적공부상 지목이 임야인 토지 등 「산지관리법」 제2조 제1호 각 목의 어느 하나에 해당하는 산지가 「산지관리법」 제14조에 따른 산지전용허가를 받지 아니하고 농지로 이용되는 경우에는 제1항에서 규정한 불법형질변경토지로 본다. 다만, 대상토지가 다음 각 호의 어느 하나에 해당하는 경우에는 그러하지 아니하다.

1. 「산지관리법」(제10331호, 2010. 5. 31. 및 제14361호, 2016. 12. 2) 부칙의 불법전용산지에 관한 임시특례(이하 이 조에서 "임시특례"라 한다)에서 정한 절차에 따라 불법전용산지 신고 및 심사를 거쳐 농지로 지목이 변경된 경우
2. 임시특례에서 정한 절차에 따른 적용대상 토지임에도 해당 공익사업을 위한 관계법령에 따른 산지전용허가 의제협의(「택지개발촉진법」 제11조 제1항 제10호, 「도시개발법」 제19조 제1항 제9호 등) 사유로 임시특례의 적용에서 배제된 경우로서 해당 시장·군수·구청장이 임시특례 적용대상 토지임을 확인한 경우

법제처 해석

□ **법제처 안건번호 11-0173 (2011. 5. 26)**

「산지관리법」 부칙 제2조의 특례를 둔 이유는 적법한 절차를 거치지는 아니하였으나 산지를 5년 이상 계속하여 국방·군사시설, 공용·공공용 시설 또는 농림어업용시설로 이용 또는 관리하고 있어 다시 산지로 환원하기에는 현실적으로 어려움이 있는 산지를 현실의 지목으로 변경할 수 있도록 한시적으로 허용해줌으로써 산지관리의 효율성을 제고하고 해당 산지를 이용 또는 관리하고 있는 농림어업인의 권리제한을 완화해 주려는 것으로서, 같은 법 부칙 제2조의 적용을 받기 위해서는 대상 토지가 산지를 지목과 다르게 사용하고 있으면서도 적법한 절차를 거치지 아니하고 사용한 "불법전용산지"라는 것이 전제되어야 할 것이다.

한편, 사실상 농지에 대하여 논의가 되고 있는 사항은 다음과 같다.

(1) 개발제한구역 내 산지의 불법전용 농지

산지관리법 부칙 상 개발제한구역 내 산지에 대하여 불법전용된 농지에 대하여 임시특례를 배제하는 조항이 없으므로 산지관리법 부칙이 적용된다고 할 것이나,[596] 유권해석은 이를 구분하여 개발제한구역 지정 이전에 형질변경된 토지에 대해서만 임시특

596) 법제처 안건번호 11-0108(2011. 4. 14) : 「산지관리법」 부칙 제2조에서는 구 「산림법」 부칙 제9조 제4항과 같이 특례의 적용대상에서 개발제한구역 안의 산지를 제외한다는 별도의 규정이 없으므로, 「산지관리법」 부칙 제2조는 개발제한구역 안의 불법전용산지라고 하더라도 특례의 대상에서 배제하려는 취지는 아닌 것으로 보입니다. 따라서 관계 행정기관의 장이 협의에 응할지 여부 및 그에 따라 실제 필요한 처분을 할 수 있는지 여부는 별론으로 하고, 개발제한구역법에 따른 개발제한구역 안에 위치한 불법전용산지에 대해서도 「산지관리법」 부칙 제2조를 적용할 수 있습니다.

례를 인정하고, 개발제한구역 이후에 불법으로 형질변경된 토지는 임시특례를 인정하지 않고 있다(아래 질의회신).

> **▣ 토지보상평가지침**
>
> 제34조 (불법형질변경토지의 감정평가) ④ 전·답·과수원 등의 농경지 지목 외의 토지(「산지관리법」 제2조 제1호 각 목의 어느 하나에 해당하는 산지를 제외한다. 이하 이 조에서 같다)가 「농지법」 제2조 및 같은 법 시행령 제2조의 규정 등에 따라 농지로 감정평가 의뢰된 경우에는 이를 제1항에서 규정한 불법형질변경토지로 보지 아니한다. 다만, 대상토지가 개발제한구역 안에 있는 경우로서 영농을 위한 토지의 형질변경 등이 허가 또는 신고없이 이루어진 경우에는 그러하지 아니하다.

질의회신

> **□ 녹색도시과-1507 (2011. 5. 2)**
>
> 1. 개발제한구역 지정 전에 형질변경된 토지
> 개발제한구역 내 토지(임야)가 구역지정 전에 형질변경 된 후 계속 그 목적대로 이용되고 있는 것으로 확인되는 경우에는 해당 토지에 대하여 산지관리법이 정하는 바에 따라 허가권자의 판단으로 지목변경에 필요한 처분을 하기 바람
> 2. 개발제한구역 지정 이후 불법 형질변경 된 토지
> 개발제한구역의 엄격한 관리를 위하여 구역 지정 이후에 개발제한구역의 지정 및 관리에 관한 특별조치법을 위반하여 공부상 지목과 현황이 달라진 토지는 지목변경을 할 수 없음

(2) 산지전용허가 처분이 기 이루어진 개발사업지구 내 산지

각종 개발사업의 실시계획승인에 따라 산지전용허가의 행정처분이 기 이루어진 개발사업지구내 산지의 경우 산지관리법 부칙의 임시특례조항이 적용될 수 있는 지에 대하여 유권해석은 이런 경우에는 임시특례 적용이 불가하다는 입장이다.[597] 따라서 이 부분은 별도의 보상지침이 마련되어야 임시특례 조항 적용이 가능할 것으로 보인다.

(3) 수실류 재배단지의 불법전용 토지

임야인 토지에서 밤, 잣 등 수실류를 재배하는 경우에는 임시특례 조항이 적용되지 않는다(아래 질의회신).

---

597) 산림청 산지관리과-2865(2011. 5. 14) : 이미 산지전용허가의 처분이 있었던 토지에 대하여 다시 새로운 산지전용허가의 행정처분을 하는 것은 타당하지 아니할 것입니다. 따라서 산업단지로 지정된 지역안의 산지로서 보상과 관련된 경우에는 양성화보다는 현실적인 보상제도 운영으로 해결하여야 할 것으로 보입니다.

질의회신

> □ **산림청 산지관리과-2865 (2011. 5. 14)**
>
> 밤, 잣, 호도 등 수실류를 재배하고 있는 산지나 관상수, 산지과수 등을 재배하는 토지는 산지관리법 부칙 제2조에 따른 "불법전용산지에 관한 임시특례" 규정에 적용대상이 되지 아니하기에, 이와 같이 임야인 토지에서 매실물을 재배하는 경우 또한 '산지전용'에 해당하는 것이 아니므로 "불법전용산지에 관한 임시특례" 규정이 적용되지 아니합니다.

3) 경작을 위한 토지의 형질변경 검토

(1) 의 의

농지의 경우 경작을 위한 토지의 형질변경의 경우, 즉 농지 상호간의 형질변경(예를 들면 공부상 지목은 '답'이나 실제이용상황이 '전'인 경우)의 경우 이를 불법으로 볼 것인지가 논의되고 있다.

이러한 형질변경에 대하여 국토의 계획 및 이용에 관한 법률 제56조 제1항 제2호,[598] 같은 법 시행령 제51조 제3호에서는 토지의 형질변경, 즉 절토·성토·정지·포장 등의 방법으로 토지의 형상을 변경하거나 공유수면을 매립하는 경우 관할관청의 허가를 받아야 한다고 규정하면서, 다만 경작을 위한 토지의 형질변경의 경우에는 예외를 두고 있다. 여기서 '경작을 위한 토지의 형질변경'이란 이미 조성이 완료된 농지에서의 농작물재배행위나 그 농지의 지력증진을 위한 단순한 객토나 소규모의 정지작업 등 농지의 생산성을 높이기 위하여 농지의 형질을 변경하는 경우를 가리키는 것으로 해석하여야 한다. 따라서 토지 소유자 등이 당해 토지를 경작하려는 의도에서 토지를 성토한 것이라고 하더라도 그것이 그 토지의 근본적인 기능을 변경 또는 훼손할 정도에 이르는 것일 때에는 관할관청으로부터 허가를 받아야 하며, 이러한 허가 등이 없이 형질변경이

---

598) 국토의 계획 및 이용에 관한 법률 제56조 (개발행위의 허가) ① 다음 각 호의 어느 하나에 해당하는 행위로서 대통령령으로 정하는 행위(이하 "개발행위"라 한다)를 하려는 자는 특별시장·광역시장·시장 또는 군수의 허가(이하 "개발행위허가"라 한다)를 받아야 한다. 다만, 도시계획사업에 의한 행위는 그러하지 아니하다.

1. 건축물의 건축 또는 공작물의 설치
2. 토지의 형질 변경(경작을 위한 토지의 형질 변경은 제외한다)
3. 토석의 채취
4. 토지 분할(「건축법」 제57조에 따른 건축물이 있는 대지는 제외한다)
5. 녹지지역·관리지역 또는 자연환경보전지역에 물건을 1개월 이상 쌓아놓는 행위

행하여 졌다면 이는 불법으로 보아야 한다.

(2) 적법여부에 대한 사례 검토

토지 상호간의 변경은 현실이용상황을 인정하는 것이 타당할 것으로 보인다. 이는 농지로서의 근본적인 기능을 변경하거나 훼손한다고 볼 수 없으며,[599] 통상적으로 농지 상호간의 변경은 관할 행정청의 허가를 받지 않기 때문이다. 문제는 농지개량시설(유지, 구거 등)을 농지(전, 답)로 형질변경 하는 경우 형질변경에 따른 허가 등을 받아야 하는 지이다. 이에 대하여 판례는 당해 토지의 근본적인 기능을 변경 또는 훼손하는 것으로 보아 관할 행정청의 허가를 받아야 하며, 그렇지 않을 경우에는 불법으로 보고 있다.

판 례

□ **대법원 2008. 5. 8. 선고 2007도4598 판결**

경작을 목적으로 약 11,166㎡ 면적의 "유지"를 1m 정도의 높이로 매립·성토하여 농지로 조성한 행위가, 국토의 계획 및 이용에 관한 법률 및 그 시행령 상 허가 없이 시행할 수 있는 행위인 '경작을 위한 토지의 형질변경'에 해당하지 아니한다.

4) 기타 행위제한 위반 등의 경우

(1) 행위제한 위반

택지개발촉진법 등의 예정지구가 지정되면 각종 건축물의 건축, 공작물의 설치 등의 행위제한이 따른다. 이와 같이 건축행위 등의 제한조치를 취하는 것은 택지개발사업의 시행으로 초래되는 사회적, 경제적 손실을 미리 방지하고 주민의 재산을 보호하기 위한 행정조치라고 할 수 있다.[600] 다만 이미 예정지구의 지정 및 고시 당시 사업에 착수한

599) 건교부 도시 58401-1008 (1995. 9. 29) : 도시계획법 제4조 제1항의 규정에서 토지형질변경 등의 행위를 하고자 하는 자는 시장 또는 군수의 허가를 받도록 되어 있고, 토지의형질변경등행위허가기준등에관한 규칙 제2조 제1호의 규정에서 "토지의 형질변경"이라 함은 절토·성토 또는 정지 등으로 토지의 형상을 변경하는 행위를 말한다고 되어 있으므로 동규칙의 규정에 의한 토지형질변경행위를 허가없이 행하였을 경우에는 불법형질변경에 해당하는 것이나, 토지형질변경행위 없이 단순히 농지를 지목에 관계없이 이용하는 사항은 불법형질변경에 해당하지 않는 것임.

600) 택지 01254-26892 (1991. 9. 27) : 택지개발예정지구안에서의 행위제한은 택지개발촉진법 제6조의 규정에 의거 규제를 하고 있으며, 택지개발예정지구로 입안중인 지역에 대한 건축허가 등 행위에 대하여

경우에는 30일 이내에 신고하고 계속 사업을 진행할 수 있도록 특례규정을 두고 있다. 이는 이미 예정지구 지정 이전부터 허가 등을 받아 적법하게 사업에 착수한 행위에 대해서는 기득권을 보호하겠다는 취지로 보인다.

① 행위제한 특례요건

(가) 사업예정지구 이전에 이미 관계법령에 의하여 행위허가를 받거나 허가를 받을 필요가 없는 행위일 것

(나) 이미 공사 등에 착수한 경우

이미 공사 등에 착수한 경우라 함은 사업의 준비 단계가 아닌 실제 공사 등에 착수한 상태를 말하는 것으로 단순히 사업계획을 작성하는 단계이거나, 사업계획 서류가 관한 행정청에 계류 중인 경우,[601] 착공신고서를 제출하고 실제공사에 착수하지 않은 상태에서 각종 부담금만 납부한 경우[602] 등의 경우에는 **"공사 또는 사업에 착수한 자"로 볼 수 없다.** 따라서 택지개발 예정지구의 지정·고시일 까지 건축행위에 착수하지 아니하였으면 종전의 건축허가는 예정지구의 지정·고시에 의하여 그 효력을 상실하였다고 보아야 하며(아래 판례 참조), 토지의 평가에 있어서도 이를 감안하지 않고 평가하여야 한다.[603] 다만, 이 경우 건축허가 등에 소요된 법정수수료 등은 별도로 보상하여야 한다.[604]

당해 시장·군수가 제한조치를 하는 것은 택지개발사업의 시행으로 초래되는 사회적, 경제적 손실을 미리 방지하고 주민의 재산을 보호하기 위한 행정조치로 판단됨

601) 택지 125-7615 (1984. 4. 26) : 택지개발촉진법 제6조의 규정에 의하면 예정지구의 지정·고시 당시 이미 관계법령에 의하여 "허가를 받아 그 공사 또는 사업에 착수한 자"로 규정되어 있으므로 사업계획승인신청서류가 관할 시청에 계류중일 때에는 사업에 착수한 자로 볼 수 없음

602) 주환 58540-479 (2001. 5. 9) : 택지개발예정지구 지정·고시일 이전에 관계법령에 의하여 토지형질변경허가를 득하였으나, 착공신고서를 제출하고 실제공사에 착수하지 않은 상태에서 각종 부담금만 납부한 경우라면 "공사 또는 사업에 착수한 자"로 볼 수 없을 것으로 판단됩니다.

603) 서울고등법원 2006. 10. 13. 선고 2005누26450 판결 : 건축허가를 받은 후에 택지개발 예정지구의 지정·고시일까지 건축행위에 착수한 경우에 해당하지 아니하여 택지개발촉진법 제6조 제1항 본문에 의하여 행정청의 허가를 받은 후에라야 건축공사를 할 수 있다고 할 것인데, 그 허가를 받은 사실이 없으므로 공사를 계속할 수 없었던 상황이었고, 공사중지명령 당시 바닥 터파기 공사가 이미 시작되었을 가능성이 있으나 이미 행해진 공사부분은 택지개발촉진법 제6조 제2항의 원상회복명령 대상이 된다고 할 것이므로 가격시점에서 위 각 토지가 대지화되었거나 대지화될 수 있었음을 전제로 위 각 토지의 지목이나 이용상황을 대지로 하여 평가하는 것은 부적절하고 이 사건 토지를 공부상의 지목대로 전·답으로 평가하고, 개별요인의 비교에서 건축허가를 받은 점을 고려하여 평가하는 것이 더 적절한 평가라 할 것이므로 위 주장은 이유 없다.

604) 토지보상법 시행규칙 제57조 (사업폐지 등에 대한 보상) 공익사업의 시행으로 인하여 건축물의 건축을 위한 건축허가 등 관계법령에 의한 절차를 진행중이던 사업의 폐지·변경 또는 중지되는 경우 그 사업등

판 례

□ **대법원 2007. 4. 12. 선고 2006두18492 판결**

구 택지개발촉진법(2002. 2. 4. 법률 제6655호로 개정되기 전의 것) 제6조 제1항 단서에서 규정하는 '예정지구의 지정·고시 당시에 공사 또는 사업에 착수한 자'라 함은 예정지구의 지정·고시 당시 구 택지개발촉진법 시행령(2006. 6. 7. 대통령령 제19503호로 개정되기 전의 것) 제6조 제1항에 열거되어 있는 행위에 착수한 자를 의미하는 것이고 그러한 행위를 하기 위한 준비행위를 한 자까지 포함하는 것은 아니라고 할 것이며, 같은 법 제6조 제1항 본문에 의하면, 건축법 등에 따른 건축허가를 받은 자가 택지개발 예정지구의 지정·고시일까지 건축행위에 착수하지 아니하였으면 종전의 건축허가는 예정지구의 지정·고시에 의하여 그 효력을 상실하였다고 보아야 할 것이다.

(다) 예정지구 지정·고시일 후 30일 이내에 신고할 것

예정지구 지정·고시일 전에 허가를 득하고(허가를 득할 필요가 없는 경우 포함) 그 공사에 착수한 경우에는 예정지구 지정·고시일 후 30일 이내에 신고하여야 한다. 만약 이 기간 내에 신고를 하지 않은 경우에는 불법건축물로 볼 수도 있다.[605] 그러나 과연 30일이 넘어 신고할 경우 또는 이러한 신고를 않고 공사를 진행했다고 해서 해당 공사 자체에는 불법적인 요건이 없음에도 불구하고 보상에서 배제하는 것이 타당한 지는 검토의 여지가 있다.

② 특례조항에 적용에 있어 검토사항

(가) 미신고 행위가 불법인지 여부

행위제한 신고 위반이 불법인지가 문제가 된다. 각종 법령에 이러한 신고는 위반시에 일반적인 행위제한에 따르는 행정형벌이나 행정대집행 등의 재제가 없다. 따라서 이러한 신고는 자체 완성적 신고로 보아야 하며, 이는 단순한 사실의 통지로 보는 것이 타당할 것으로 보인다.

(나) 사후 행정청의 승인이 있는 경우 불법이 치유되는지 여부

이러한 미신고 위반행위에 대하여 추후 행정청에서 사용승인 및 준공 등을 한 경우 불법이 치유되는 지도 검토할 필요가 있다. 이에 대해서는 구체적 유권해석 등이 없으

에 소요된 법정수수료 그 밖의 비용 등의 손실에 대하여는 이를 보상하여야 한다.

605) 주환58540-851(2001. 8. 28) : 예정지구 지정·고시일 전에 허가를 득하고(허가를 득할 필요없는 경우 포함) 그 공사에 착수하였지만, 예정지구 지정·고시일 후 1개월 이내에 신고를 하지 않은 경우에는 불법건축물로 건축물대장에 등재하여서는 아니된다고 봅니다.

나 추후에 행정청으로부터 적법하게 사용승인 등을 받았다면 당초 누락되었던 신고행위를 사후 승인하였다고 볼 수 있으며, 또한 형질변경 행위의 자체의 불법이 아니라 해당 법령에 의한 단순 신고 위반을 들어 보상에서 배제하는 것은 형평성에 문제가 있다고 보인다.

③ 소 결

예정지구 지정·고시일 전에 허가를 득하고(허가를 득할 필요없는 경우 포함) 그 공사에 착수하였지만, 예정지구 지정·고시일 후 1개월 이내에 신고를 하지 않은 경우에는 불법건축물로 볼 수는 있으나, 사후에 관할 행정청에서 사용검사 및 준공을 득했다면 이는 당초 신고를 사후에 인정한 것으로 보아 적법한 행위로 인정하여야 할 것이다.

질의회신

□ 토정 58307-700 (1996. 5. 28)

1995. 1. 7 개정된 공공용지의취득및손실보상에관한특례법시행규칙 제6조 제6항의 불법형질변경토지에 대한 보상평가와 관련하여 지적공부상 지목은 임야이나 현실이용상황이 공부상 지목과는 다른 경우에 대한 평가에 있어서 1994. 12. 22 개정된 산림법 부칙 제9조 및 동법시행령 제8조에서 규정하는 바와 같이 불법전용된 산림이라 할지라도 공공사업에 따른 손실보상을 위한 평가시점에서 산림법상의 위 규정이 정하는 바에 따라 사후 형질변경허가를 받은 경우에는 현실이용상황으로 평가하는 것이 적정한 것으로 사료됨.

(2) 준공검사 미필의 토지

당초 적법하게 허가 등을 받았으나 이후 여러 가지 사유로 인하여 사용검사 등을 받지 못한 경우 이에 대한 평가가 논의될 수 있다.

유권해석을 종합하면, 당초 적법하게 허가 등을 받은 경우 현재의 이용상황을 감안하여 평가보상 하여야 한다는 입장이다.[606] 판례도 원칙적으로 이 입장이다(아래 판례

606) ① 토정 58307-134 (1997. 2. 1) : 관계법령이 정하는 바에 따라 토지형질변경허가는 득하였으나, 준공검사와 지목변경을 하지 아니한 상태라면 위 규정상의 불법형질변경에 해당하지 아니한 것으로 생각되므로 당해 토지에 대하여는 동법 시행령 제2조의10 제2항의 규정에 의거 보상평가시의 현실이용상황에 따라 평가하는 것이 적정한 것으로 생각됩니다.
② 토관 2443 (2004. 5. 31) : 농지전용허가를 받고 또한 건축법에 의하여 적법하게 건축신고를 한 후 건축물을 준공하여 사용검사단계에서 공익사업에 편입되는 경우라면, 현실적인 이용상황인 건축물부지(대)로 평가하여야 할 것으로 보나, 개별적인 사례에 대하여는 사업시행자가 사실관계를 검토하여 판단·결정할 사항이라고 봅니다.

참조). 여기서 현재의 이용상황을 감안하다는 의미는 현재의 형질변경된 상황에 따라 평가하되, 준공이 되지 않은 토지에 대하여는 투입비용 등을 감안하여 평가한다[607]는 의미이다. 다만, 당초의 허가 등이 불법적인 요인에 의하여 취소된 경우에는 불법형질변경토지로 보아 보상하여야 할 것이다.[608]

판 례

□ 대법원 2017. 4. 7. 선고 2016두61808 판결

산지전용기간이 만료될 때까지 그 목적사업을 완료하지 못한 때에는 그 사업시행으로 토지의 형상이 변경된 부분은 원칙적으로 그 전체가 산지 복구의무의 대상이 되므로, 토지보상법에 의한 보상에서도 불법 형질변경된 토지로서 형질변경될 당시의 토지이용상황이 보상금 산정의 기준이 된다. 그러나 산지전용 허가 대상 토지 일대에 대하여 행정청이 택지개발촉진법 등 법률에 근거하여 개발행위제한조치를 하고 산지 외의 다른 용도로 사용하기로 확정한 면적이 있어서 산지전용 목적사업을 완료하지 못한 경우와 같이 산지복구의무가 면제될 사정이 있는 경우에는, 형질변경이 이루어진 현상 상태가 그 토지에 대한 보상기준이 되는 '현실적인 이용상황'이라고 보아야 한다.

(3) 국가 또는 지자체의 불법형질변경

국가나 지방자치단체가 적법한 절차 없이 사인의 토지를 형질변경하여 그 토지를 장기간 사용한 경우 이에 대해서 불법형질변경 토지로 보아야 할 것인지에 다소의 논의가 있다. 이점에 대하여 가치가 상승한 경우 현실이용상황을 인정하여야 한다는 것이 판례[609] 및 다수의 입장[610]이다.

---

607) 토정 58342-189 (1998. 2. 1) : 관계법령에 의거 적법하게 형질변경된 것이라면 지목변경 여부와 관계없이 형질변경된 상황에 따라 평가보상하여야 할 것이며, 형질변경허가를 득하였으나 준공이 되지 않은 토지에 대하여는 투입비용 등을 종합적으로 검토하여 평가보상함이 타당할 것입니다.

608) ① 수원지방법원 2010. 5. 20. 선고 2009구합6514 : 택지개발예정지구 내에 위치한 공용수용 예정지인 농지의 소유인이 타인 명의를 빌리는 사위의 방법으로 토지에 관한 개발행위허가를 받아 개발행위를 하였다가 그 허가가 취소된 경우,그 토지는 허가를 받지 않고 형질변경한 토지라고 보아야 하므로, 정당한 보상금 산정의 근거 규정인 '공익사업을 위한 토지 등의 취득 및 보상에 관한 법률 시행규칙' 제24조를 적용하여 재결감정에서 그 토지에 대하여 토지가 형질변경될 당시의 이용상황인 답으로 보아 손실보상금을 산정한 것은 적법하다.

② 토관 1471 (2004. 3. 30) : 적법하게 허가를 받은 경우라도 허가관청으로부터 형질변경 등에 대한 준공검사 등을 받지 못한 경우에는 불법형질변경토지로 보아 평가하여야 할 것으로 보나, 개별적인 사례에 대하여는 사업시행자가 사실관계를 검토하여 판단·결정할 사항이라고 봅니다.

③ 토정 58342-527 (1997. 4. 22) : 중소기업창업지원법에 의한 창업사업계획승인을 받고 공장부지를 조성하였으나 창업사업계획승인시 붙인 조건에 위배되어 그 사업계획승인이 취소되었고 당해 부지를 조성함에 있어 허가를 받지 아니하고 형질변경을 하였다면 위 규정에 따라 당해 토지의 형질변경이 될 당시의 이용상황을 상정하여 평가하는 것이 타당한 것으로 생각됩니다.

609) 서울고등법원 2002. 3. 22. 선고2001누9150 판결 : 국가 또는 지방공공단체가 적법한 절차를 거치지

(4) 행위제한을 위반한 토지이동

대부분의 개별 공익사업상으로는 지구지정이나 사업인정이 있게 되면 사업의 원활한 추진을 위하여 각종 토지이동이 금지된다.[611] 이러한 토지이동 금지는 대규모 토지이동이 발생하는 도시개발사업 등의 경우에 사업시행자가 그 사업 완료 후에 일괄적으로 토지이동을 신청하도록 함으로써 그 사업의 내용에 부합하는 토지이동이 이루어지게 하는 등 사업의 원활한 진행을 위한 것이다.

토지보상액 산정에서 이러한 토지이동 행위를 위반한 경우를 불법형질변경에 준하여 보상에서 배제하고 평가하여야 하는지 논의가 될 수 있다. 이에 대하여 대법원은 이러한 토지이동 금지행위를 위반한 경우 토지보상법 시행규칙 제24조를 위반한 것으로 볼 수 없다고 판시하고 있다.

판 례

□ 대법원 2012. 7. 26. 선고 2010두19690 판결

토지의 합병은 토지의 물리적 형상의 변경을 수반하지 아니하고, 원칙적으로 소유권의 처분권능에 속하는 사항으로서 관할 행정청의 허가 또는 신고를 요하지 아니하며, 구 지적법 제26조 제3항을 위반한 합병신청에 대한 제재규정도 마련되어 있지 아니하는 등 토지의 형질변경과는 그 성질을 달리한다. 그렇다면 불법형질변경토지에 관한 평가방법을 정하는 구 '공익사업을 위한 토지 등의 취득 및 보상에 관한 법률 시행규칙'(2012. 1. 2. 국토해양부령 제427호로 개정되기 전의 것) 제24

아니하고 개인의 토지를 형질변경하여 그 토지를 장기간 공익에 제공함으로써 그 토지의 가격이 상승된 이후에 스스로 공익사업의 시행자로서 그 토지를 취득하는 경우와 같이 위 규정을 적용한다면 오히려 '적정가격 보상의 원칙'에 어긋나는 평가가 이루어 질 수 있는 특별한 사정이 있을 때에는 위 규정이 적용되지 않고, 수용에 의하여 취득할 토지에 대한 평가의 일반원칙에 의하여 수용재결 당시의 현실적인 이용상황에 따라 평가하는 것이 합당하다.

610) 사업시행자에게는 공물의 관리권 또는 공익사업의 시행권한이 있고, 그 권한에는 토지형질변경권한이 포함되어 있으므로 그 토지형질변경행위가 불법으로 되지 않는다(박평준, 공익사업용지취득보상법론, 고시연구사, 2003, 406면).

611) ※ 공간정보의 구축 및 관리 등에 관한 법률 제86조(도시개발사업 등 시행지역의 토지이동 신청에 관한 특례)
① 「도시개발법」에 따른 도시개발사업, 「농어촌정비법」에 따른 농어촌정비사업, 그 밖에 대통령령으로 정하는 토지개발사업의 시행자는 대통령령으로 정하는 바에 따라 그 사업의 착수·변경 및 완료 사실을 지적소관청에 신고하여야 한다.
② 제1항에 따른 사업과 관련하여 토지의 이동이 필요한 경우에는 해당 사업의 시행자가 지적소관청에 토지의 이동을 신청하여야 한다.
③ 제2항에 따른 토지의 이동은 토지의 형질변경 등의 공사가 준공된 때에 이루어진 것으로 본다.
④ 제1항에 따라 사업의 착수 또는 변경의 신고가 된 토지의 소유자가 해당 토지의 이동을 원하는 경우에는 해당 사업의 시행자에게 그 토지의 이동을 신청하도록 요청하여야 하며, 요청을 받은 시행자는 해당 사업에 지장이 없다고 판단되면 지적소관청에 그 이동을 신청하여야 한다.

조의 규정을 구 지적법(2009. 6. 9. 법률 제9774호 '측량·수로조사 및 지적에 관한 법률' 부칙 제2조로 폐지) 제26조 제3항을 위반하여 합병된 토지에 관한 손실보상액 산정의 경우에 유추적용할 수 없다고 새길 것이다.

Ⅲ. 불법형질변경 토지의 보상평가

1. 불법형질변경 배제의 취지

불법으로 형질변경된 토지는 불법으로 형질변경될 당시의 이용상황을 상정하여 평가한다. 이는 불법으로 형질변경된 토지에 대하여 형질변경된 상태에 따라 상승된 가치로 평가한다면, 위법행위로 조성된 부가가치 등을 인정하는 결과를 초래하여 '적정보상'의 원칙이 훼손될 우려가 있으므로, 이와 같은 부당한 결과를 방지하기 위하여 불법으로 형질변경된 토지에 대하여는 특별히 형질변경될 당시의 이용상황을 상정하여 평가함으로써 그 '적정가격'을 초과하는 부분을 배제하려는 것이며,[612] 국토부에서도 불법행위로 인한 부당이득을 배제하여 적법한 절차를 이행한 경우와의 사회적 형평성과 불법행위를 인정하지 아니하겠다는 사회정의의 실현에 있는 것[613]이라고 그 취지를 밝히고 있다.

2. 불법형질변경 토지의 평가

불법으로 형질변경된 토지는 형질변경될 당시의 이용상황을 상정하여 평가한다(시행규칙 제24조). 이는 불법으로 형질변경된 토지를 현재의 이용상황에 따라 평가한다면 위

612) 대법원 2002. 2. 8. 선고 2001두7121 판결 : 불법으로 형질변경된 토지에 대하여는 관계 법령에서 원상회복을 명할 수 있고, 허가 등을 받음이 없이 형질변경행위를 한 자에 대하여는 형사처벌을 할 수 있음에도, 그러한 토지에 대하여 형질변경된 상태에 따라 상승된 가치로 평가한다면, 위법행위로 조성된 부가가치 등을 인정하는 결과를 초래하여 '적정보상'의 원칙이 훼손될 우려가 있으므로, 이와 같은 부당한 결과를 방지하기 위하여 불법으로 형질변경된 토지에 대하여는 특별히 형질변경될 당시의 이용상황을 상정하여 평가함으로써 그 '적정가격'을 초과하는 부분을 배제하려는 것이 특례법시행규칙 제6조 제6항의 규정 취지라고 이해된다.

613) 토정 58307-736 (1996. 6. 3)

법행위로 인한 부당이득이 보상가격에 반영되어 공정성을 잃는 불합리한 보상이 될 것이기 때문이다.

3. 불법형질변경의 예외

이러한 불법형질변경 토지라 하더라도 토지보상법에서는 그 적용에 있어 경과조치를 두어 1995년 1월 7일 이전에 공익사업에 편입된 불법형질변경 토지 또는 무허가개간 토지에 대하여는 현황평가의 대상이 된다. 여기서 공익사업시행지구에 편입되었다는 의미는 1995년 1월 7일 이전에 불법형질변경 또는 개간이 이루어진 것만을 의미하는 것이 아니라, 그 이전에 형질변경 등이 이루어지고 또한 그 이전에 공익사업시행지구에 편입된 것을 의미한다.

여기서 공익사업지구의 편입 시점은 당해 사업이 구체적으로 시행되는 것을 의미하며, 이는 보상계획 공고 또는 사업인정 고시 등이 그 편입시점으로 볼 수 있을 것이다.[614)]

질의회신

□ 택지 58540-431 (1996. 8. 2)

"공공사업지구에 편입된 불법형질변경토지"라 함은 "공특법 개정규칙 시행당시 공공사업을 시행하기 위하여 보상계획공고가 시행된 상태이거나, 토지수용을 위한 사업인정(개별법에서 이에 의제되는 경우 포함)고시가 이루어진 경우이며, 양자를 모두 시행하는 경우에는 이들 중 선행행위가 이루어진 시점"을 의미함.

---

614) ① 토정 58307-71 (1996. 1. 17) : "공공사업시행지구에 편입된"의 의미는 당해 공공사업이 구체적으로 시행되는 것을 의미하는 보상계획공고나 사업인정(개별법에서 이에 의제되는 경우 포함) 고시중 어느 것이라도 이 개정규칙 시행 당시에 이루어져 있는 상태를 말한다.
② 토지정책과-4522 (2010. 9. 10) : 도시계획시설 사업에 있어서 당해 토지 등이 "공익사업시행지구에 편입된" 시점은 공익사업의 내용이 구체적으로 확정고시 되는 도시계획시설 사업의 실시계획인가 고시일로 보는 것이 타당하다고 봅니다.

Ⅳ. 불법형질변경 평가의 문제점 검토

1. 상위법 위반 여부

1) 의 의

토지보상법은 현황평가의 원칙을 밝히고 있다. 그러나 법에서는 불법 등에 대한 예외 규정 등을 명시하고 있지 않고 있는 가운데 시행규칙에서 불법형질변경에 대하여 현황평가원칙의 예외를 두고 있는 것이 상위법에 개별적인 위임의 근거가 없어 포괄위임 금지원칙에 위반한다는 의문이 들 수 있다.

2) 검 토

상위법(토지보상법)에 개별적 위임의 근거 없이 현행과 같이 시행규칙에서 불법형질변경 행위를 배제하는 것은 분명 문제가 있다고 판단된다. 물론 불법행위를 배제하겠다는 취지는 이해하나 토지보상법에서는 모든 불법행위를 배제하지 않고 있는 것을 감안하면[615] 형평성에서도 문제가 있으며, 또한 토지보상액 산정은 국민의 기본권과 밀접한 관련된 사항임으로 상위법에 위임의 근거를 마련하는 것이 타당할 것으로 보인다.

한편 판례는 이에 대하여 국민에게 불리하게 변경하는 규정이 아니라는 사유로 모법의 위반은 아니라고 판시[616]하고 있다.

2. 정당보상 위배 여부

1) 의 의

헌법의 정당보상원칙은 원칙적으로 피침해 재산권의 객관적인 가치를 완전하게 보상하는 것이어야 한다는 완전보상을 뜻하는 것으로서 보상금액 뿐만 아니라 보상의 시

615) 무허가건축물 부지의 평가는 규정 개정 이전의 상태를 인정하고 있다.

616) 대법원 2002. 2. 8. 선고 2001두7121 판결 : 위 규정은 모법인 특례법 제4조 제2항 제1호, 특례법시행령 제2조의 10 제1항, 제2항에 근거를 두고, 그 규정이 예정하고 있는 범위 내에서 토지의 적정한 산정방식을 구체화·명확화한 것이지, 모법의 위임없이 특례법 및 같은법 시행령이 예정하고 있지 아니한 토지의 산정방식을 국민에게 불리하게 변경하는 규정은 아니라고 할 것이므로 모법에 위반된다고 할 수 없다.

기나 방법 등에 있어서도 어떠한 제한을 두어서는 아니 된다는 것을 의미한다. 따라서 법에 명시적 배제조항이 없음에도 불구하고 법에서 규정한 현황평가의 예외를 인정한 것인데 이것이 정당보상에 위배되는 것은 아닌지 하는 의문이 있을 수 있다.

2) 검 토

이에 대하여 우리 재산법 규정이 불법이라 하여 재산권을 전면적으로 부정하고 있는 것은 아니며, 또한 이러한 불법형질변경을 금지 또는 제한하는 것이 단속규정으로서, 이에 위반된 경우 행정형벌 등으로 처벌하는 것은 별론으로 하고, 입법자가 법으로 이를 배제하지 않았다면 불법으로 형성된 것이라 하여 보상대상에서 배제하는 것은 헌법에서 보장하고 있는 정당보상을 제한하는 것으로 위헌의 소지가 있다고 보는 견해로 충분히 설득력이 있다고 본다.

물론 이 주장에 대하여 판례나 유권해석은 불법형질변경 행위를 보상에서 인정한다면 불법을 조장한다는 사유로 이를 부정하고 있다. 그러나 이 문제도 결국 법에서 불법형질변경 행위에 대한 보상배제를 명시하는 것이 타당하다고 보인다.

3. 진정소급입법의 문제

1) 의 의

불법형질변경 토지의 보상에 있어서는 1995년 1월 7일 이전에 불법으로 형질변경된 토지에 대하여도 공익사업에 편입된 시점이 1995년 1월 7일 이후라면 현황평가가 인정되지 않게 되는데, 이와 같이 행위시점은 1995년 1월 7일 이전에 완성되었으나 이후에 공익사업에 편입되었다는 사유로 현황평가를 인정하지 않는 것이 진정소급입법에 해당하여 위헌성이 있다는 논란이 있다.

2) 검 토

헌법 제13조 2항은 진정소급입법에 의한 재산권의 박탈을 금지하고 있는데도 불구하고 불법형질변경한 토지에 대하여서는 1995년 1월 7일 이 규정이 만들어지기 전에 이루어진 행위에 대하여, 행위 당시와는 아무런 관련 없는 공익사업의 편입시점여부를 가지고 기득권을 인정하지 않는 것이 소급적으로 재산권을 제한하는 것이 아닌지에 대한 견해가 있다.

물론 이에 대하여 판례 및 유권해석[617]은 불법형질변경토지에 대하여 변경될 당시의 이용상황을 기준으로 평가하도록 한 것은 위법행위로 조성된 부가가치를 인정하지 않으려는 목적의 타당성이 있을 뿐만 아니라, 이와 같이 개정조항 시행 당시에 공공사업에 편입된 불법 형질변경토지만 현황평가는 것이 소급입법이라거나 헌법 제13조 제2항이 정하고 있는 법률불소급의 원칙에 반한다고 할 수 없다고 판시[618]하고 있다.

4. 불법행위 판단기준의 문제점

1) 의 의

현재 이용 중인 현실이용상황이 법정지목과 부합하지 않는 경우 통상적으로는 불법형질변경토지로 보고 있는 실정이다. 그러나 형질변경 행위 당시에는 그 행위가 불법이 아닌 경우 이를 평가시점에서 불법으로 보아야 하는 지 또는 행위 당시에는 불법이었으나 사후에 허가 등을 받은 경우 이를 불법행위로 보아야 하는지에 대한 논의가 있다.

2) 불법행위의 유형별 검토

(1) 행위당시에는 불법이 아니나 보상시점에는 불법인 경우

이 경우 실무적으로는 불법으로 보고 있다. 이는 불법의 형질변경 행위가 일시에 이루어지는 것은 아니고 장기간 여러 사람에 의하여 이루어지고, 또한 행위당시의 적법성 및 형질변경 행위시점에 대한 입증문제가 곤란하다는 사유에서 불법행위로 간주되고 있다. 특히 60년대부터 임야를 밭으로 개간하여 상당기간 경작하여 온 경우나, 또는 법정지목이 농지(전·답)이나 상당기간 농지외의 다른 용도(대지 등)로 사용해 온 경우 등이 이에 해당한다.

---

617) 토정 58307-548 (1995. 4. 13) : 당해 공공사업의 보상시행 계획이 위 규정의 개정시점인 1995.1.7 이후에 공고된 경우는 개정된 동 규정의 적용을 받아 형질변경이 될 당시의 이용상황을 기준하여 평가하여야 할 것으로 사료되며, 위 부칙의 경과조치의 내용은 불법행위로 얻어지는 과실을 인정하지 아니하려는 데에 그 뜻이 있으므로 불이익한 소급적용의 금지원칙에 위배되지 아니한 것임.

618) 대법원 2002. 2. 8. 2001두7121 판결 : 부칙 제4항에서 위 개정조항 시행 당시 공공사업시행지구에 편입된 불법 형질변경토지만 종전의 규정을 적용하도록 하였다 하여, 이를 들어 소급입법이라거나 헌법 제13조 제2항이 정하고 있는 법률불소급의 원칙에 반하다고 할 수 없다.

이러한 임야나 농지의 경우는 다른 용도로 전환할 경우 그 전용에 따른 허가나 신고를 받아야 하며, 그렇지 않을 경우 불법임에는 분명하나, 문제는 전용행위 당시에 허가나 신고를 받지 않아도 전용이 가능한 경우가 있어 이와 같이 법정지목과 다르게 이용한다고 하여 일방적으로 불법으로 보는 것은 문제가 있다고 본다.

예를 들면 임야의 경우는 舊 산림법이 1961. 11. 27. 법률 제881호가 제정되어 보안림에 속하지 않는 산림에 대하여는 원칙적으로 형질변경 허가가 필요 없었으며,[619] 舊 농지법도 1973. 1. 1. 법률에 시행되기 이전에는 농지전용 허가 등이 없이도 다른 용도로의 사용이 가능하였다. 따라서 형질변경 행위 당시에는 허가나 승인 등을 받을 필요가 없어 허가나 승인 등을 받지 않고 형질변경한 경우에도 이를 불법형질변경 토지로 평가하는 것은 이는 재산권의 침해로 보는 것이 타당할 것으로 보인다. 결국 행위시점에 그 형질변경행위가 불법이 아니었다면 이는 정당하게 보상하여야 할 것으로 보인다.[620]

(2) 행위당시에는 불법이나 보상시점에는 적법인 경우

이 경우는 행위당시에는 불법으로 형질변경하였으나 사후에 허가 등을 받아 불법이 아닌 경우를 말하는데, 이 경우도 국토교통부의 질의회신에 다소의 혼선이 있어 이에 대한 명확한 해석이 필요할 것으로 보인다.

국토부의 유권해석은 이와 같은 사후치유에 대하여 이를 인정하기도 하였지만,[621] 이

---

619) 대법원 2012. 4. 26. 선고 2011두2521 판결 : 이 사건 토지는 1961년경 전 소유자가 임야를 개간하여 과수원을 조성한 것으로서 그 후로도 계속 과수원으로 이용된 사실 등 그 판시와 같은 사실을 인정한 다음, 이 사건 토지가 과수원으로 조성되던 당시에 시행되던 법령에 의하면, 이 사건 토지가 보안림에 속하거나 경사 20도 이상 임야의 화전경작에 해당하여 그 개간이 허가 대상이라는 점을 피고가 증명하여야 하는데, 이러한 점에 대한 피고의 아무런 증명이 없고, 벌채만으로는 절토, 성토, 정지 등으로 토지의 형상을 변경하는 형질변경이 된다고 할 수 없으므로, 개간 과정에서 나무의 벌채가 수반되고 그 벌채에 필요한 허가나 신고가 없었다고 하더라도 이러한 사정만으로 불법형질변경토지라고 할 수 없다는 이유로, 이 사건 토지가 불법형질변경토지라는 피고의 주장을 배척하였다. 앞서 본 법리와 관련 법령에 비추어 살펴보면, 위와 같은 원심판단은 정당하고, 거기에 불법형질변경토지에 관한 증명책임의 귀속이나 '불법형질변경토지'의 의미 등에 관한 법리오해 등의 위법은 없다.

620) 판례에서도 임야를 농지로 개간한 사안에서 임야의 형질변경 행위에 대하여 해당 법률의 변천과정을 기술하고 그 행위당시의 법률에 의거 형질변경 적법여부를 판단하였다.
☞ 대구지방법원 2011. 8. 24. 선고 2010구합3437 판결 : 이 사건 임야를 각 토지의 전부 또는 일부가 농지로 형질변경된 시기는 1973. 10. 이후인 것으로 추정되는데, 위 형질변경에 관하여 위 임야의 개간에 관한 법령이 요구하는 허가가 없었던 것으로 인정되므로, 이 사건 임야들은 농지로 형질변경되기 전의 이용상황인 임야로 평가하여야 한다.

621) 토정 58342-700 (1996. 6. 28) : 1994. 12. 22 개정된 산림법 부칙 제9조 및 동법시행령 제8조에서 규정하는 바와 같이 불법전용된 산림이라 할지라도 공공사업에 따른 손실보상을 위한 평가시점에서 산림법상의 위 규정이 정하는 바에 따라 사후 형질변경허가를 받은 경우에는 현실이용상황으로 평가하는 것이 적정

후 위법행위나 불법행위를 보상에서 배제하려는 법률의 취지상 이를 부정하고[622] 있어 실무적으로 혼선을 주고 있는 것이 사실이나, 토지보상법이 불법이나 위법행위를 모두 보상에서 배제하는 것이 아닌 이상, 이와 같이 사후에라도 행정청에서 인정한 경우라면 피수용자의 재산권 보장 차원에서 현실이용상황을 인정하여 평가하여야 할 것이다.

Ⅴ. 불법형질변경 토지의 입증책임

1. 토지소유자 입증

불법형질변경된 토지의 경우 그 형질변경 시기를 불문하고 1995년 1월 7일 현재 공익사업에 편입되었는가 여부에 의해 현황평가 또는 형질변경 당시의 이용상황 상정하여 평가하도록 하고 있으므로, 어떤 토지가 불법으로 형질변경 되었다는 사실을 사업시행자가 입증하여야 하는 지 또는 토지소유자가 입증하여야 하는 지에 대한 논의가 있다.

이는 그 입증책임이 사업시행자에게 있다면 사업시행자가 불법으로 형질변경되었다는 것을 입증하지 못할 경우 현황평가 하여야 할 것이고, 토지소유자에게 있다면 토지소유자가 합법적으로 형질변경된 것이라는 것을 입증하지 못할 경우 형질변경될 당시의 이용상황을 상정하여 평가하여야 한다는 점에서 그 의의가 있다. 불법형질변경 여부에 대한 입증책임이 토지소유자에게 있다는 견해는, 토지조서 및 물건조서의 작성권이 사업시행자에게 있고 사업시행자가 작성한 토지조서 및 물건조서의 실제 이용상황 등에 대한 다른 의견이나 사실이 있는 경우 그것을 주장하는 사람이 입증하도록 하고 있어, 토지소유자가 입증하여야 한다는 주장이다.

2. 사업시행자 입증

취득할 토지에 대한 평가는 원칙적으로는 지적공부상의 지목에 불구하고 현실적인

한 것으로 사료됨.

622) 토정 58342-295 (1998. 3. 10) : 현실이용상황에 대한 예외조항은 위법행위나 금지된 행위에 대해서는 특례법령에서 보호하지 않으려는 취지이므로, 불법으로 형질변경이 된 토지에 대해서는 추후 적법하게 지목을 변경하더라도 이에 의하여 평가할 수는 없습니다.

이용상황에 따라 평가하여야 함에도 불구하고, 불법형질변경 토지에 대해서는 그와 같은 토지평가의 대원칙에 대한 예외로서 형질변경 당시의 이용상황을 상정하여 평가하기 위하여서는 그것을 주장하는 사업시행자가 입증하여야 한다는 주장이다. 이에 대하여 판례는 사업시행자가 입증하여야 한다는 입장이다.

판 례

□ 대법원 2012. 4. 26. 선고 2011두2521 판결

토지에 대한 보상액은 현실적인 이용상황에 따라 산정함이 원칙이므로, 수용대상 토지의 이용상황이 일시적이라거나 불법형질변경토지라는 이유로 본래의 이용상황 또는 형질변경 당시의 이용상황에 의하여 보상액을 산정하기 위해서는 그와 같은 예외적인 보상액 산정방법의 적용을 주장하는 쪽에서 수용대상 토지가 불법형질변경토지임을 증명하여야 한다. 그리고 수용대상 토지가 불법형질변경토지에 해당한다고 인정하기 위해서는 단순히 수용대상토지의 형질이 공부상 지목과 다르다는 점만으로는 부족하고, 수용대상 토지의 형질변경당시 관계 법령에 의한 허가 또는 신고의무가 존재하였고 그럼에도 허가를 받거나 신고를 하지 않은 채 형질변경이 이루어졌다는 점이 증명되어야 한다(대법원 2008. 7. 24. 선고 2007두6939 판결 등 참조).

3. 검 토

대부분의 학자들의 견해는 불법형질변경에 대한 입증책임은 사업시행자가 부담한다는 입장이다.

그 이유로는, 토지의 이용현황이 지목과 다르다고 하여 반드시 불법형질변경한 것이라 추정할 수 없고, 형질변경 후 장기간에 걸쳐 토지의 소유권이 전전 양도된 경우 현재의 토지소유자가 형질변경행위의 적법성에 관하여 입증한다는 것이 매우 어려운 점, 공익사업이 시행될 것을 알고서 행한 악의적인 형질변경 행위자의 경우 실무상 이를 일시적 이용상황으로 보아 종전의 이용상황을 기초로 평가할 수 있는 점, 일반적으로 당해 토지에 관한 행정적 사항에 관하여는 행정기관이 그 자료를 보관하고 있는 점 등을 고려하면 불법 형질변경이 있었다는 입증책임은 사업시행자가 부담하는 것이 타당할 것으로 보인다.[623]

623) "사업시행자가 지적공부상의 지목과 다르게 이용되고 있는 토지를 불법형질변경된 것이라는 입증을 하지 못할 경우 현실이용상황에 따라 평가하여야 한다"고 하여 사업시행자 입증책임을 밝히고 있다. 차태환, 토지보상법론, 부연사, 2010, 367면 : 박평준, 공익사업용지취득보상법론, 고시연구사, 2003, 408면.

제4절 무허가건축물 부지의 평가

Ⅰ. 무허가건축물 부지의 의의

1. 무허가건축물의 개념

무허가건축물 등의 부지란 「건축법」 등 관계법령에 의하여 허가를 받거나 신고를 하고 건축 또는 용도변경을 하여야 하는 건축물을 허가를 받지 아니하거나 신고를 하지 아니하고 건축 또는 용도변경 한 건축물의 부지를 말한다(시행규칙 제24조). 물론 처음부터 허가를 받거나 신고 및 용도변경을 하고 건축할 필요가 없는 건축물을 그러한 허가나 신고, 용도변경을 받지 않고 건축한 건축물은 이에 해당하지 않는다. 또한 건축 당시에는 허가나 신고, 용도변경이 필요한 건축물을 허가나 신고, 용도변경 없이 건축한 무허가 건축물이라 하더라도 그 이후 양성화되었다면 그 부지는 무허가건축물 부지에 포함되지 않는다.[624]

무허가건축물 등이라 함은 무허가건축물과 그 부속건축물도 포함된다고 보며,[625] 다만 가설건축물은 허가 시에 허가기간 등을 정하여 자진철거를 전제로 허가하므로 무허가건축물에는 포함되지 않는다.

무허가건축물 등의 부지 보상에 대하여 토지보상법은 그 현황을 인정하지 않고 당해 토지에 무허가건축물 등이 건축될 당시의 이용상황을 상정하여 평가하도록 규정하고 있다. 이는 토지의 소유자 또는 제3자가 불법 형질변경 등을 통하여 현실적인 이용현황을 왜곡시켜 토지 소유자가 부당한 이익을 얻게 되는 것을 방지함으로써 '적정가격보상의 원칙'을 관철시키기 위한 것이라 할 것이다.[626]

---

624) 토정 58307-134 (1997. 2. 1) : 형질변경허가는 득하였으나, 준공검사와 지목변경을 하지 아니한 상태라면 위 규정상의 불법형질변경에 해당하지 아니한 것으로 생각되므로 당해 토지에 대하여는 동법 시행령 제2조의10 제2항의 규정에 의거 보상평가시의 현실이용상황에 따라 평가하는 것이 적정한 것으로 생각됩니다.

625) 토관 58342-573 (1999. 7. 5) : 무허가건물 등의 부지는 당해 토지에 무허가건물 등이 건축될 당시의 이용상황을 상정하여 평가하도록 되어 있는 바, 이 경우 건물의 범위에는 축사 및 미곡창고 등 부속건물도 포함되는 것으로 보아야 할 것입니다.

626) 서울고법 2002. 3. 22. 선고 2001누9150 판결 : 현황평가원칙의 예외로서 "무허가건물 등의 부지나 불법으로 형질변경된 토지는 무허가건물 등이 건축될 당시 또는 토지의 형질변경이 이루어질 당시의 이용상

2. 관계 법령에 의한 허가 등 검토

1) 일반원칙

건축물의 건축이나 대수선은 원칙적으로 특별자치시장·특별자치도지사 또는 시장·군수·구청장의 허가대상이지만(건축법 제11조), 예외적으로 소규모 건축물이나 경미한 건축행위에 대하여는 건축신고로 건축허가가 대체된다. 이처럼 건축법은 모든 건축행위에 대하여 허가나 신고를 그 요건으로 하고 있다. 그리고 동법 제22조에서는 건축물의 사용승인에 대하여 규정하면서 건축물 사용에 있어 사용승인을 받은 후 건축물을 사용하도록 규정하고 있다.

2) 사용승인

적법하게 건축허가나 신고를 받아 건축하였으나 사용승인을 득하지 못한 경우 무허가건축물로 보아야 하는지 여부가 논의될 수 있다. 사용승인은 건축허가나 신고와는 독립된 별개의 처분으로 보기 때문에 사소한 하자나 공익사업 등으로 사용승인을 받지 못하였다 하더라도 이를 곧바로 무허가건축물부지로 볼 수는 없다.

판례 또한 건축물이 건축허가와 전혀 다르게 건축되어 실질적으로 건축허가를 받은 것으로 볼 수 없는 경우가 아니라면 허가 또는 신고에 사용승인이 포함되지 않는다고 보고 있다.

황을 상정하여 평가한다."라고 규정하고 있는 바, 위 규정의 취지는 토지의 소유자 또는 제3자가 불법형질변경 등을 통하여 현실적인 이용현황을 왜곡시켜 부당하게 손실보상금의 평가가 이루어지게 함으로 인하여 토지 소유자가 부당한 이익을 얻게 되는 것을 방지함으로써 구 공공용지의취득및손실보상에관한특례법 제4조 제2항이 규정하고 있는 '적정가격보상의 원칙'을 관철시키기 위한 것이라 할 것이므로, 국가 또는 지방공공단체가 적법한 절차를 거치지 아니하고 개인의 토지를 형질변경하여 그 토지를 장기간 공익에 제공함으로써 그 토지의 가격이 상승된 이후에 스스로 공익사업의 시행자로서 그 토지를 취득하는 경우와 같이 위 규정을 적용한다면 오히려 '적정가격보상의 원칙'에 어긋나는 평가가 이루어질 수 있는 특별한 사정이 있는 때에는 위 규정이 적용되지 아니하고, 수용에 의하여 취득할 토지에 대한 평가의 일반원칙에 의하여 수용재결 당시의 현실적인 이용상황에 따라 평가하는 것이 합당하다.

판 례

□ 대법원 2013. 8. 23. 선고 2012두24900 판결

관할 행정청으로부터 건축허가를 받아 택지개발사업구역 안에 있는 토지 위에 주택을 신축하였으나 사용승인을 받지 않은 주택의 소유자 갑이 사업 시행자인 한국토지주택공사에 이주자택지 공급대상자 선정신청을 하였는데 위 주택이 사용승인을 받지 않았다는 이유로 한국토지주택공사가 이주자택지 공급대상자 제외 통보를 한 사안에서, (중략) 무허가건축물 또는 무신고 건축물의 경우를 이주대책대상에서 제외하고 있을 뿐 사용승인을 받지 않은 건축물에 대하여는 아무런 규정을 두고 있지 않은 점, 건축법은 무허가건축물 또는 무신고건축물과 사용승인을 받지 않은 건축물을 요건과 효과 등에서 구별하고 있고, 허가와 사용승인은 법적 성질이 다른 점 등의 사정을 고려하여 볼 때, 건축허가를 받아 건축되었으나 사용승인을 받지 못한 건축물의 소유자는 그 건축물이 건축허가와 전혀 다르게 건축되어 실질적으로는 건축허가를 받은 것으로 볼 수 없는 경우가 아니라면 구 공익사업법 시행령 제40조 제3항 제1호에서 정한 무허가건축물의 소유자에 해당하지 않는다는 이유로 갑을 이주대책대상자에서 제외한 위 처분이 위법하다고 본 원심판단을 정당하다.

3) 불법용도변경 건축물

건축법은 건축의 정의에 대하여 건축물을 신축·증축·개축·재축(再築)하거나 건축물을 이전하는 것을 말한다(건축법 제2조 제1항 제8호)고 규정하고 있어,[627] 불법용도변경 건축물이 무허가 건축물에 포함되는지 여부가 불분명하였다.

당초 국토교통부 유권해석에서는 불법용도변경 건축물을 무허가건축물로 포함시켜 무허가건축물부지로 보았으나,[628] 2010. 9. 9. 대법원에서는 이를 무허가 건축물에 해당하지 않는다고 판시하여[629] 불법용도변경 건축물에 대한 보상기준에 혼선이 있었다. 이후 2012. 1. 2. 토지보상법 시행규칙 제24조를 개정하여 무허가건축물 등의 부지에 불법용도변경 건축물을 포함시킴으로써 이를 입법적으로 명확히 하였다. 따라서 2012. 1. 2 이후 보상계획을 공고하거나 토지소유자 및 관계인에게 보상계획을 통지한 공익사업의 경우 불법용도변경 건축물은 무허가 건축물 등에 포함된다.

---

627) 건축법은 1997. 12. 13. 개정에서 건축물의 용도변경 행위를 건축물의 건축에서 제외하였다.

628) 토지정책팀-2856(2006. 7. 19)

629) 대법원 2010. 9. 9. 선고 2010두11641 판결 : 이 사건과 같이 단독주택을 제2종 근린생활시설로 사용하기 위하여 용도변경을 하는 경우 시장 등의 허가를 받아야 한다고 규정하기는 하였으나, 그 후 1997. 12. 13. 법률 제5450호로 구 건축법이 개정되면서 용도변경 행위를 건축물의 건축으로 보는 내용이 삭제되었는바, 이 사건 수용재결 당시인 2008. 11. 20.을 기준으로 하면 이 사건 주택을 무단 용도변경 건축물로 볼 수 있는 것은 별론으로 하더라도 무허가 건축물에 해당한다고 볼 수는 없고, 따라서 이 사건 주택이 무허가 건축물에 해당한다는 이유로 이 사건 영업이 손실보상의 대상이 되는 영업이 아니라고 볼 수는 없다.

3. 허가건축물 부지의 범위

이러한 무허가건축물 부지의 범위에 대하여 그동안 이견이 있어 왔다. 그동안의 논의를 살펴보면 우선 중앙토지수용위원회는 1989. 1. 24 이전 건축된 무허가건물 부지 면적 산정은 바닥면적 만을 대지로 인정하는 것을 원칙으로 하였고,[630] 국토교통부 유권해석은 무허가건물부지의 용도·규모 등 현지 여건을 종합적으로 고려하여 사실판단할 사항으로 보면서[631] 건물의 범위에는 축사 및 미곡창고 등 부속건물도 포함된다[632] 하여 다소 완화된 기준을 제시했었다.

한편, 대법원은 무허가건축물부지의 범위는 당해 무허가건축물의 용도, 규모 등 제반 여건과 현실적인 이용상황을 감안하여 무허가건물의 사용, 수익에 필요한 범위내의 토지와 무허가건물 등의 용도에 따라 불가분적으로 사용되는 범위의 토지를 의미한다[633] 고 한 바 있었다.

---

630) 1989.1.24 이전 건축된 무허가건축물 등은 그 적법성은 인정되나 그 건축물 부지에 대하여 명확한 보상기준이 없어 우리 위원회에서는 무허가 건축물의 바닥면적만을 대지로 인정하는 것을 원칙으로 하고, 예외적으로 건축물 부지로 이용되는 것이 객관적으로 인정되고 지적공사의 현황측량에 의거 사업시행자가 대지로서 인정한 당해 면적이 확인되는 경우 이를 대지로 평가, 보상함. 중앙토지수용위원회, 토지수용업무편람, 2009, 64면.

631) 토정 58342-497 (1999. 3. 24) : 1989. 1. 24 개정부칙 제4항의 경과규정에 의거 1989. 1. 24 이전 건축된 무허가건물 부지에 대하여는 현실이용상황대로 평가하게 됩니다. 이 경우 무허가건물의 대지면적 산정에 대하여는 동 법령에 별도로 규정되어 있지 않으나 당해 무허가건물부지의 용도 · 규모 등 현지여건을 종합적으로 고려하여 사실판단할 사항입니다.

632) 토관 58342-573 (1999. 7. 5) : 특례법시행규칙(1989. 1. 24 건설부령 제44호로 개정된 것) 제6조 제6항에 의하면 무허가건물 등의 부지는 당해 토지에 무허가건물 등이 건축될 당시의 이용상황을 상정하여 평가하도록 되어 있는 바, 이 경우 건물의 범위에는 축사 및 미곡창고 등 부속건물도 포함되는 것으로 보아야 할 것입니다.

633) 대법원 2002. 9. 4. 선고 2000두8325 판결 : '무허가건물 등의 부지'라 함은 당해 무허가건물 등의 용도·규모 등 제반 여건과 현실적인 이용상황을 감안하여 무허가건물 등의 사용·수익에 필요한 범위 내의 토지와 무허가건물 등의 용도에 따라 불가분적으로 사용되는 범위의 토지를 의미하는 것이라고 해석되고, 무허가건물에 이르는 <u>통로, 야적장, 마당, 비닐하우스·천막 부지, 컨테이너·자재적치장소, 주차장 등은 무허가건물의 부지가 아니라 불법으로 형질변경된 토지이고</u>, 위 토지가 택지개발사업시행지구에 편입된 때로 보는 택지개발계획의 승인·고시가 1995. 1. 7. 개정된 공공용지의취득및손실보상에관한특례법시행규칙 제6조 제6항의 시행 이후에 있은 경우, 그 형질변경 당시의 이용상황인 전 또는 임야로 상정하여 평가하여야 한다.

표 21. 무허가건축물 판단기준

구 분	무허가건축물 부지 인정여부
국토교통부 유권해석	- 무허가건축물 등 부지면적에 대하여 무허가건축물부지의 용도·규모 등 현지여건을 종합적으로 고려하여 사업시행자가 판단(1999. 3. 24 토정 58342-497) - 무허가건축물의 범위에는 축사 및 미곡창고등 부속건축물도 포함(1999. 7. 5 토관 58342-573)
중토위 재결기준	- 무허가건축물의 바닥면적만을 대지로 인정하는 것을 원칙으로 하고, 예외적으로 건축물 부지로 이용되고 있는 것이 객관적으로 인정되고 지적공사의 현황측량결과에 의거 사업시행자가 대지로서 인정한 당해 면적이 확인되는 경우 이를 대지로 평가·보상
대법원 판례	- 무허가건축물 등의 부지라 함은 당해 무허가건축물 등의 용도·규모 등 제반 여건과 현실적인 이용상황을 감안하여 무허가건축물 등의 사용·수익에 필요한 범위 내의 토지와 무허가건축물 등의 용도에 따라 불가분적으로 사용되는 범위의 토지를 의미하는 것임 - 무허가건축물에 이르는 통로, 야적장, 마당, 비닐하우스·천막부지, 컨테이너·자재적치장소, 주차장 등은 무허가건축물의 부지가 아니라 불법으로 형질변경된 토지이고 그 형질변경 당시의 이용상황인 전 또는 임야로 상정하여 평가하여야 함(2002. 9. 4. 선고 2000두8325 판결).

이처럼 허가건축물부지에 대하여 혼선이 이어지자 2013. 4. 25 토지보상법시행규칙 개정에서 허가건축물 부지를 관계 법령에 따른 건폐율을 적용하여 산정한 면적을 초과하는 경우에는 건폐율을 적용하여 산정한 면적을 상한으로 한다고(부칙 제5조 제2항) 개정하였다.[634] 따라서 면적이 500㎡인 토지(전, 자연녹지, 건폐율 20%)에 바닥면적이 150㎡인 1989. 1. 24. 이전 무허가건축물이 있다면 용도지역의 건폐율을 적용하여 최대 100㎡(500㎡×20%)만 대지로 인정하여야 한다.

또한 토지면적 및 건폐율은 가격시점 당시(협의에 의한 경우 협의성립 당시, 재결에 의한 경우는 재결 당시, 당해 공익사업 시행을 직접 목적으로 용도지역 등이 변경 된 경우에는 변경 전 건폐율)의 건폐율을 적용한다.[635]

이 변경된 규칙은 2013. 4. 25 이후 보상계획을 공고하거나 토지소유자 및 관계인에게 통지하는 공익사업부터 적용한다.

634) 시행규칙 부칙 제5조 (무허가건축물등에 관한 경과조치) ① 1989년 1월 24일 당시의 무허가건축물등에 대하여는 제24조·제54조 제1항 단서·제54조 제2항 단서·제58조 제1항 단서 및 제58조 제2항 단서의 규정에 불구하고 이 규칙에서 정한 보상을 함에 있어 이를 적법한 건축물로 본다. 〈개정 2013. 4. 25.〉 ② 제1항에 따라 적법한 건축물로 보는 무허가건축물등에 대한 보상을 하는 경우 해당 무허가건축물등의 부지 면적은 「국토의 계획 및 이용에 관한 법률」 제77조에 따른 건폐율을 적용하여 산정한 면적을 초과할 수 없다. 〈신설 2013. 4. 25.〉

635) 토지정책과-7597 (2014. 11. 27)

Ⅱ. 무허가건축물 보상기준

1. 원 칙

무허가건축물 등의 부지는 당해 토지에 무허가건축물 등이 건축될 당시의 이용상황을 상정하여 평가한다.[636] 이 규정은 1989. 1. 24 이전에 건축한 토지보상에 관한 일반적인 기준인 현황평가원칙의 예외규정이다.

> ▣ **토지보상평가지침**
>
> 第33조 【무허가건축물 등 부지의 평가】 ① 의뢰자가 공익사업을 목적으로 취득 또는 사용하는 토지 위에 있는 건축물이 「건축법」 등 관계법령에 따라 허가를 받거나 신고를 하고 건축 또는 용도변경을 하여야 하는 건축물을 허가를 받지 아니하거나 신고를 하지 아니하고 건축 또는 용도변경한 건축물(이하 "무허가건축물 등"이라 한다)의 부지에 대한 감정평가는 법 시행규칙 제24조에 따라 그 무허가건축물 등이 건축 또는 용도변경될 당시의 이용상황을 기준으로 한다. 다만, 1989년 1월 24일 당시의 무허가건축물 등의 부지에 대한 감정평가는 법 시행규칙(건설교통부령 제344호, 2002. 12. 31) 부칙 제5조에 따라 가격시점 당시의 현실적인 이용상황을 기준으로 한다.
>
> ② 제1항 단서는 「건축법」 제20조 제2항의 가설건축물, 그 밖에 이와 비슷한 건축물이 있는 토지의 경우에는 적용하지 아니하며, 무허가건축물 등의 건축시점 및 무허가건축물 등에 해당하는지 여부는 의뢰자가 제시한 기준에 따른다.
>
> ③ 제1항 단서에 따라 무허가건축물 등의 부지를 가격시점 당시의 현실적인 이용상황을 기준으로 감정평가하는 경우에는 「농지법」 제38조에 따른 농지보전부담금이나 「산지관리법」 제19조에 따른 대체산림자원조성비 상당액은 따로 고려하지 아니한다. 〈2018. 2. 28. 개정〉

2. 경과조치에 의한 예외

그러나 무허가건축물 등의 부지에 대하여 토지보상법 시행규칙 부칙(제344호) 제5조에 의하여 1989. 1. 24 당시의 무허가건축물 등의 부지에 대하여는 현황 "대"로 평가하도록 규정하고 있어, 1989. 1. 24 이후 건축된 무허가건축물 등의 부지에 대하여는 종

636) 한편, 이 1989. 1. 24 이전의 무허가건축물 부지를 현황평가하는 경우 종전 토지보상평가지침에서는 해당 토지가 농지법 제38조에 따른 농지보전부담금이나 산지관리법 제19조에 따른 대체산림자원조성비의 부과대상이 되는 경우 개별요인에서 이를 감가하여 평가하도록 하고 있었으나(구 토보침 제33조 ③), 현행 토지보상평가지침은 이를 고려하지 않고 평가하도록 개정하였다(토지보상평가지침 2018. 2. 28 개정).

전 이용상황을 상정하여 평가하여야 한다. 또한 개발제한구역의 경우에는 1989. 1. 24 이전 여부와 상관없이 개발제한구역의 지정일을 기준으로 무허가건축물 등의 부지에 대하여 판단하여야 한다.

Ⅲ. 무허가건축물부지 보상논의

1. 면적 산정

무허가 건축물 부지를 인정함에 있어 그 건축물의 현실적인 상황에 따라 "대지"로 평가하는 경우 그 면적산정은 원칙적으로 지적측량에 의하여 면적을 산정하여야 한다.[637] 다만 2013. 4. 25 이후 보상계획을 공고하거나 토지소유자 및 관계인에게 통지하는 공익사업의 경우는 관계 법령에 의한 건폐율을 그 상한으로 건축면적을 인정하기 때문에 이 경우 무허가건축물부지의 면적이 당해 토지의 건폐율을 초과한다면 굳이 측량은 필요 없이 당해 건폐율의 한도까지만 대지로 인정하여야 할 것이다.

또한 관계법령에서 대지의 면적을 제한하는 경우, 예를 들면 해당 토지가 농지일 경우 해당 법률에서 "대지"로 전용하는 최대 면적이 660㎡이므로 적어도 이 규정도 준수하여야 할 것으로 보인다.[638]

637) 서울고법 1999. 2. 24. 선고 97구31542 판결 : 일반적으로 기업자가 지적법에 의한 지적측량을 실시하여 수용대상 목적물의 위치·면적을 확인할 필요는 없다고 할 것이나, 이 사건과 같이 수용대상이 무허가건물인 경우에는 그 위치·면적을 확인할 공부가 없으므로 지적법령이 규정하는 경계복원측량·현황측량을 실시하여 이를 확인하여야 함에도 불구하고 담당공무원 등이 목측이나 줄자 등을 이용하여 어림짐작으로 그 위치·면적을 정하고 이에 터잡아 토지수용위원회가 손실보상액을 정하였다면, 이와 같이 재결에서 정한 손실보상액이 지적측량에 의하여 확인된 위치·면적을 기초로 산정한 손실보상액보다 많다는 등의 특별한 사정이 없으면 그 소유자에 대한 관계에서 그 재결 중 위 부족부분은 위법하다고 할 것이고, 나아가 어느 무허가건물이 사업구역 안과 밖에 걸쳐서 건립된 경우에는 그 소유자의 청구가 없는 한 사업구역 밖의 부분은 수용대상으로 삼아야 하지 아니함에도 불구하고 재결에서 그 무허가건물 전부를 수용대상으로 삼고 사업구역 안·밖의 구분 없이 전체로서 손실보상액을 정하였다면 이는 가분적 행정처분이라고 할 수 없으므로 사업구역 밖의 부분을 수용하였음을 이유로 취소함에 있어서는 이에 대한 재결 전부를 취소하여야 할 것이다.

638) 농지법 시행령 제36조 농지전용신고대상시설의 범위, 규모에서 농업진흥지역 밖의 농업인의 경우 무주택세대주인 경우 660㎡ 이하까지 전용이 가능하다.

2. 1989. 1. 24 이후 재축한 토지

한편 1989. 1. 24 이전에 건축물이 있었으나 항공사진 등의 자료에 의할 경우 그 당시 건축물과는 현황이나 구조 등이 상이할 경우, 즉 1989. 1. 24 이후 무허가 건축물을 재축한 경우 이를 무허가건축물 부지로 인정할 것인지 여부가 논의될 수 있다. 이에 대한 질의회신이나 판례는 없는 실정이다. 다만 이와 같은 경우 이주대책을 인정할 것인가 하는 판례에서 1989. 1. 24 이후 재축한 경우 이주자택지를 부정[639]하고 있음을 감안할 경우 무허가건축물부지에 있어서도 이를 유추하여 무허가건축물 부지를 부정하여야 할 것으로 보이다.

Ⅳ. 입증책임 논의

무허가건축물의 건축시점에 따라 보상방법이 달라지므로 그 입증책임이 누구에게 있는지가 문제되는데 ① 토지소유자에게 있다는 입장은 사업시행자가 작성한 조서의 이용상황에 대하여 다른 의견이나 사실이 있는 경우에는 그것을 주장하는 사람이 입증하여야 할 책임이 있다고 본다. ② 사업시행자에게 있다는 입장은 취득할 토지에 대한 평가는 지적공부상의 지목에 불구하고 현실적인 이용상황에 따라 평가하여야 하는 것이기 때문에 그와 같이 토지평가의 대원칙에 대한 예외로서 건축될 당시의 이용상황을 상정하여 평가하기 위하여서는 그것을 주장하는 사업시행자가 입증하여야 한다는 것이다.

이에 대하여 토지평가의 대원칙인 현황평가의 예외를 인정하기 위해서는 그러한 주장을 하는 자가 입증하여야 할 것이므로 사업시행자에게 입증책임이 있다는 것이 다수설이다.

639) 대법원 2003. 6. 10. 선고 2003두2038판결, 대법원 2004. 9. 23. 선고 2003두4638 판결 : 기존 건물을 철거하고 적벽돌조 슬라브즙 1층 주택을 다시 신축하였으나 기준면적 초과로 인하여 건축신고 등의 행정절차를 마치지 못하였으므로, 원고가 1996년 초에 신축한 건물을 1989. 1. 24 이후 허가를 받거나 신고를 하고 건축하여야 하는 건물을 허가를 받거나 신고를 하지 아니하고 건축한 건축물에 해당하여 원고는 이주대책 대상자가 될 수 없고, 신축 건물이 기존의 적법한 건축물을 철거하고 건축한 것이라 하여 달리 볼 수는 없다.

제5절 지하사용 보상평가

Ⅰ. 지하사용의 의의

토지이용의 고도화·과밀화 등을 인해, 지하공간의 이용이 폭넓게 이뤄지고 있다. 지하철·상하수도관·전선케이블·지하상가·지하차도 등등 그 예는 얼마든지 찾아볼 수 있다. 이러한 지하공간의 이용이 빈번해지고 있는 것은 또한 굴삭기술·장비 등의 발달로 인해 더욱 촉진되는 측면이 있다. 지하터널을 예로 들자면, 실드공법의 개발로 인해 지상의 건조물이나 시설에 별 영향을 주지 않고 시행이 가능하게 된 것이다.

그러나, 법률적인 측면에서 보자면, 이러한 지하공간의 이용은 종래의 법률관계에서는 상정되지 않았던 여러 가지 새로운 문제를 제기하고 있다. 토지소유권의 미치는 범위, 그것이 지하에 미치는 경우에 지하이용권의 권원취득(설정)방법, 그것의 공시방법, 지하개발사업 특히 공익사업의 경우에 지하공간의 이용에 대한 보상문제 등에 대해서, 종래의 법체계가 주로 지상의 이용에 대한 평면적 관점으로부터 성립된 것이므로 이러한 새로운 상황변화에 아직 충분히 대응하지 못하는 면이 있다.

한편 토지소유권의 범위와 관련하여서는 우리나라 민법 제212조는 '토지소유권은 정당한 이익이 있는 범위내에서 토지의 상하에 미친다' 고 하고 있다. 이는 스위스민법전을 본받은 것이다. 이때 정당한 이익이 미치는 범위는 무제한적인 공간을 말하는 것은 아니며 토지소유자의 소유권에 기한 사용·수익등의 이익이 미칠 수 있는 범위로 현재 각 연구기관에서 제시하는 심도 40미터 이하가 현실성이 있다고 본다.

지하공간을 깊이에 따라 보통 천심도, 중심도, 대심도로 구분하는데 대심도지하공간이란 '토지소유자의 통상적 이용행위가 예상되지 않는 지하의 일정 깊이 이하에 존재하는 공간'이라 할 수 있으며 토지가 언젠가는 이용하게 될지도 모를 장래이익은 배제하는 것이다. 말하자면 형식적으로는 토지소유권이 미치고 있더라도 거의 이용가능성이 없는 공간을 일컫는다 하겠다. 대심도지하공간은 공공적 목적의 지하사용이 필요한 경우에 토지소유권의 제한을 극소화할 수 있으므로 공공적인 지하공간의 이용과 관련하여 많이 논의되는 영역이다. 이와 관련하여 일본에서는 토지소유자의 동의 없이 그리고 보상을 지불하지 않고 사용할 수 있는 공간을 대심도공간으로 정의하고 있다.

Ⅱ. 현행법상 지하사용의 근거

1. 토지보상법에 의한 지하의 사용

1) 법적 근거

▣ 토지보상법

제71조 (사용하는 토지의 보상 등) ① 협의 또는 재결에 의하여 사용하는 토지에 대하여는 그 토지와 인근 유사토지의 지료(地料), 임대료, 사용방법, 사용기간 및 그 토지의 가격 등을 고려하여 평가한 적정가격으로 보상하여야 한다.
② 사용하는 토지와 그 지하 및 지상의 공간 사용에 대한 구체적인 보상액 산정 및 평가방법은 투자비용, 예상수익 및 거래가격 등을 고려하여 국토교통부령으로 정한다.

▣ 토지보상법 시행규칙

제31조(토지의 지하·지상공간의 사용에 대한 평가) ① 토지의 지하 또는 지상공간을 사실상 영구적으로 사용하는 경우 당해 공간에 대한 사용료는 제22조의 규정에 의하여 산정한 당해 토지의 가격에 당해 공간을 사용함으로 인하여 토지의 이용이 저해되는 정도에 따른 적정한 비율(이하 이 조에서 "입체이용저해율"이라 한다)을 곱하여 산정한 금액으로 평가한다.
② 토지의 지하 또는 지상공간을 일정한 기간동안 사용하는 경우 당해 공간에 대한 사용료는 제30조의 규정에 의하여 산정한 당해 토지의 사용료에 입체이용저해율을 곱하여 산정한 금액으로 평가한다.

2) 지하사용 방법

토지보상법에 의하는 경우에는 지하의 공간을 사용하고자 하는 사업시행자는 지하의 사용에 대한 평가 후 협의를 거치고 협의가 결렬된 경우의 사업인정을 받은 후 사용재결의 신청을 하여 사용재결을 얻게 된다. 사용재결을 얻으면 사업시행자는 당해 토지의 지하부분을 사용하는 권리를 취득하고 당해 토지에 관한 다른 권리로서 사업시행자의 지하사용권을 방해할 수 없다. 이때 사용재결에 의한 지하사용권의 성질은 사법상의 권리가 아니고 공법상의 권리이며 등기가 없어도 제3자에게 대항할 수 있다고 보아지며 부동산등기법상의 등기대상은 아니라고 본다. 그리고 물권에 준한 권리로 보면 방해배제예방 등의 물권적 청구권을 행사할 수 있으며 소송법상의 집행정지처분 등을 강구 할 수 있다.

이때 사용재결로 취득한 사용권이 무엇인가의 논의가 있다. 즉, 대상지의 전체적 사용을 전제로 하는 지상권적 지하사용설과 대상지의 지하의 일정부분의 사용을 전제로 하는 구분지상권적 지하사용설로 견해가 나누어지고 있으며 지상권적 지하사용설은 사용하는 공간은 평면적으로 표시되어지고 사용의 방법도 일정부분에 한정되는 것이 아니므로 대상지의 토지전체에 사용권이 설정된다고 본다. 구분지상권적 지하사용설은 사용재결을 통하여 입체적인 범위를 제시하고 일정분에 한정되게 사용권의 행사가 가능하다고 한다.

2. 도시철도법에 의한 지하의 사용

1) 법적 근거

▣ 도시철도법

제9조 (지하부분에 대한 보상 등) ①도시철도건설자가 도시철도건설사업을 위하여 타인 토지의 지하부분을 사용하려는 경우에는 그 토지의 이용 가치, 지하의 깊이 및 토지 이용을 방해하는 정도 등을 고려하여 보상한다.

② 제1항에 따른 지하부분 사용에 대한 구체적인 보상의 기준 및 방법에 관한 사항은 대통령령으로 정한다.

제10조(토지 등의 수용 또는 사용) ① 도시철도건설자는 도시철도건설사업을 위하여 필요하면 「공익사업을 위한 토지 등의 취득 및 보상에 관한 법률」 제3조에 따른 토지·물건 및 권리(이하 "토지등"이라 한다)를 수용 또는 사용할 수 있다.

② 제7조 제1항에 따른 사업계획의 승인과 같은 조 제6항에 따른 고시는 「공익사업을 위한 토지 등의 취득 및 보상에 관한 법률」 제20조 제1항 및 제22조에 따른 사업인정 및 사업인정고시로 보며, 재결신청(裁決申請)의 기한은 같은 법 제23조 제1항 및 제28조 제1항에도 불구하고 제7조 제1항에 따라 승인을 받은 사업계획에서 정한 도시철도사업기간의 종료일로 한다.

③ 토지등의 수용 또는 사용에 관하여는 이 법에 규정이 있는 경우를 제외하고는 「공익사업을 위한 토지 등의 취득 및 보상에 관한 법률」을 준용한다.

2) 지하사용 방법

도시철도법은 도시철도 건설을 위하여 타인 토지의 지하부분을 사용하고자 할 경우 지하부분 사용에 대한 감정평가 후 소유자와 협의를 거쳐 사용하게 된다. 이 경우도 협의가 결렬될 경우 결국 사용재결에 의거하여 강제로 지하 부분을 사용하게 된다.

Ⅲ. 지하사용의 보상기준

1. 의 의

지하공간에서 토지소유자의 이익이 미치는 범위와 이익이 미치지 않는 대심도지하공간을 구별하는 것은 쉽지 않은 일이다. 따라서 대심도지하공간에 대하여 오늘날 무보상으로 인정되고 있기는 하나 대심도공간의 구별이 쉽지 않으므로 토지이용에 대한 저해율이 높은 지표부분에서부터 토지이용저해율이 영(zero)에 달하는 심도까지 연속적으로 보상의 요부를 파악하는 것이 타당하다. 이와 같은 방법이 도시철도법의 지하보상에 관한 취지이기도 하다.

2. 지하사용보상관계법의 내용

1) 토지보상법

(1) 영구적으로 사용하는 경우

▣ 토지보상법 시행규칙

제31조(토지의 지하·지상공간의 사용에 대한 평가) ① 토지의 지하 또는 지상공간을 사실상 영구적으로 사용하는 경우 당해 공간에 대한 사용료는 제22조의 규정에 의하여 산정한 당해 토지의 가격에 당해 공간을 사용함으로 인하여 토지의 이용이 저해되는 정도에 따른 적정한 비율(이하 이 조에서 "입체이용저해율"이라 한다)을 곱하여 산정한 금액으로 평가한다.

(2) 일정한 기간동안 사용하는 경우

▣ 토지보상법 시행규칙

제31조 (토지의 지하·지상공간의 사용에 대한 평가) ② 토지의 지하 또는 지상공간을 일정한 기간동안 사용하는 경우 당해 공간에 대한 사용료는 제30조의 규정에 의하여 산정한 당해 토지의 사용료에 입체이용저해율을 곱하여 산정한 금액으로 평가한다.

2) 도시철도법

토지보상법에 의한 사용 및 보상절차를 거쳐 지하부분에 대한 사용권을 설정하여 사용하게 되는데 도시철도법에서는 지하사용의 특수성을 감안하여 보상대상, 보상기준, 보상방법에 관하여 구체적으로 규정하고 있다.

▣ 도시철도법 시행령

제10조(지하부분 사용에 대한 보상기준) ① 법 제9조 제1항에 따른 토지의 지하부분 사용에 대한 보상대상은 도시철도시설의 건설 및 보호를 위하여 사용되는 토지의 지하부분으로 한다.

② 법 제9조 제1항에 따른 토지의 지하부분 사용에 대한 보상금액은 다음 제1호의 면적에 제2호의 적정가격과 제3호의 입체이용저해율을 곱하여 산정한 금액으로 한다.

1. 법 제12조에 따른 구분지상권 설정 또는 이전 면적
2. 제3항에 따른 해당 토지(지하부분의 면적과 수직으로 대응하는 지표의 토지를 말한다)의 적정가격
3. 도시철도건설사업으로 인하여 해당 토지의 이용을 방해하는 정도에 따른 다음 각 목의 이용저해율을 합산한 것(이하 "입체이용저해율"이라 한다)으로서 별표 1에 따라 산정되는 입체이용저해율
   가. 건물의 이용저해율
   나. 지하부분의 이용저해율
   다. 건물 및 지하부분을 제외한 그 밖의 이용저해율

③ 제2항 제2호에 따른 해당 토지의 적정가격은 「부동산 가격공시에 관한 법률」 제3조에 따른 표준지공시지가를 기준으로 하여 「감정평가 및 감정평가사에 관한 법률」 제2조 제4호에 따른 감정평가업자 중 시·도지사가 지정하는 감정평가업자가 평가한 가액(價額)으로 한다. 〈개정 2016. 8. 31.〉

입체이용저해율의 산정기준 (제10조 제2항 제2호 관련)

1. 입체이용저해율은 건물의 이용저해율, 지하부분의 이용저해율, 건물 및 지하부분을 제외한 그 밖의 이용저해율을 합산하여 산정한다.
2. 제1호에 따른 건물의 이용저해율, 지하부분의 이용저해율, 건물 및 지하부분을 제외한 그 밖의 이용저해율은 다음 각 목의 산식에 따라 산정한다.
   가. 건물의 이용저해율 = α ×이용이 저해되는 지상층의 이용률
   나. 지하부분의 이용저해율 = β ×이용이 저해되는 지하층 또는 지하 심도(深度)의 이용률
   다. 그 밖의 이용저해율
      1) 지상·지하부분 양쪽의 그 밖의 이용을 저해하는 경우 = γ
      2) 지상·지하부분 어느 한쪽의 그 밖의 이용을 저해하는 경우

$$= \gamma \times \frac{V_{12}}{V_{12}+V_{22}} \text{ 또는 } \gamma \times \frac{V_{22}}{V_{12}+V_{22}}$$

3. 제2호 각 목의 α , β , γ 는 각각 다음 산식에 따라 산정한다.

〈토지의 입체이용 분포도〉

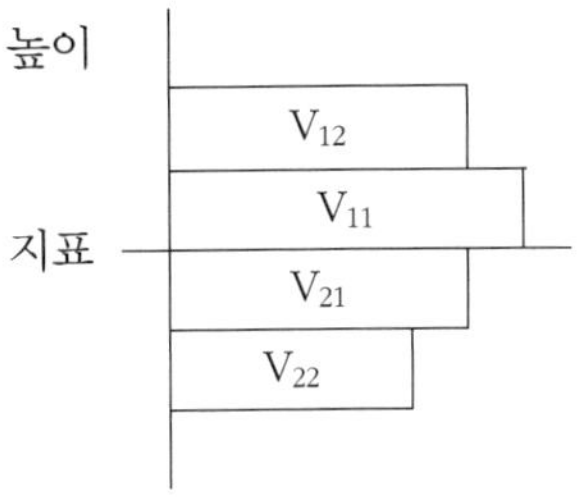

V_{11}: 건물 지상층 이용가치
V_{12}: 통신시설·광고탑 또는 굴뚝 등 이용가치
V_{21}: 건물 지하층 이용가치 또는 지하 이용가치
V_{22}: 지하수 사용시설 또는 특수물의 매설 등 이용가치

가. 입체이용가치(A) = 건물 지상층 이용가치(V_{11}) + 건물 지하층 이용가치 또는 지하 이용가치(V_{21}) + 그 밖의 이용가치($V_{12}+V_{22}$)

나. 건물 지상층 이용에 따른 이용률(α) = $\frac{V_{11}}{A}$

다. 건물 지하층 또는 지하 이용에 따른 이용률(β) = $\frac{V_{21}}{A}$

라. 그 밖의 이용에 따른 이용률(γ) = $\frac{V_{12}+V_{22}}{A}$

마. 토지의 입체이용률 : $\alpha + \beta + \gamma = 1$

4. 제3호 각 목의 입체이용가치 및 입체이용률 등의 구체적인 산정기준은 해당 토지 및 인근 토지의 이용실태, 입지조건과 그 밖의 지역적 특성을 고려하여 시·도의 조례로 정한다.

3) 토지보상평가지침

▣ 토지보상평가지침

제49조 (토지사용료의 감정평가) ⑤ 토지의 지하부분 또는 지상공간을 한시적으로 사용하는 경우에 그 사용료의 감정평가는 제1항부터 제4항까지에 따른 사용료의 감정평가액에 토지의 이용이 저해되는 정도에 따른 적정한 비율(이하 "입체이용저해율"이라 한다)을 곱하여 구한 금액으로 한다.

⑥ 토지의 지하부분 또는 지상공간을 「민법」 제289조의 2에 따른 구분지상권을 설정하여 사실상 영구적으로 사용하는 경우에 사용료의 감정평가는 표준지공시지가를 기준으로 한 해당 토지의 적정가격에 입체이용저해율을 곱한 금액으로 한다. 다만, 「전기사업법」 제89조에 따른 전기사업자 또는 「전원개발촉진법」 제6조의 2에 따른 전원개발사업자가 토지의 지상공간 또는 지하부분을 사실상 영구적으로 사용하는 것에 따른 손실보상을 위한 사용료의 감정평가는 따로 정하는 기준에 따르고, 「도시철도법」 제9조 및 「철도건설법」 제12조의 2에 따른 토지의 지하부분 보상을 위한 지하사용료의 감정평가는 제50조와 제51조에 따르며, 그 밖에 다른 법령 등에 따라 토지의 지하부분 또는 지상공간의 사용료를 감정평가하는 경우에도 제50조와 제51조의 관련 규정을 준용할 수 있다.

■ **토지보상평가지침**

제50조 (「도시철도법」등에 따른 지하사용료의 감정평가) ① 「도시철도법」에 따른 도시철도 및 「철도건설법」에 따른 철도의 건설을 위하여 토지의 지하부분 또는 지상부분을 「민법」 제289조의 2에 따른 구분지상권을 설정하여 사실상 영구적으로 사용하는 경우에 그 사용료의 감정평가는 「도시철도법」 제9조와 같은 법 시행령 제10조 및 별표1 에 따라 해당 토지가 속한 시·도에서 조례로 정한 도시철도 건설을 위한 지하부분 토지사용에 관한 보상기준(이하 이 조에서 "조례"라 한다) 또는 「철도건설법」 제12조의 2 및 같은 법 시행령 제14조의 2에 따라 국토교통부장관이 정한 「철도건설을 위한 지하부분 토지사용 보상기준」등에서 정한 기준에 따르되, 해당 토지가 속한 시·도의 조례에서 정한 것을 우선 적용하여 다음 각 호에서 정한 기준에 따른다.

1. 토지의 한계심도 이내의 지하부분을 사용하는 경우에는 토지의 단위면적당 적정가격에 입체이용저해율과 구분지상권 설정면적을 곱하여 산정한다.

지하사용료 = 토지의 단위면적당 적정가격 × 입체이용저해율 × 구분지상권 설정면적

2. 토지의 한계심도를 초과하는 지하부분을 사용하는 경우에는 토지의 단위면적당 적정가격에 다음 율을 적용하여 산정한다. 다만, 해당 토지의 여건상 지하의 광천수를 이용하는 등 특별한 사유가 인정되는 경우에는 따로 지하사용료를 산정할 수 있다.

토 피	한계심도초과		
	20미터 이내	20미터~40미터	40미터 이상
적용률(퍼센트)	1.0~0.5	0.5~0.2	0.2 이하

② 제1항에서 "한계심도"란 토지소유자의 통상적인 이용행위가 예상되지 아니하고 지하시설물을 따로 설치하는 경우에도 일반적인 토지이용에 지장이 없을 것으로 판단되는 깊이를 말하며, 고층시가지는 40미터, 중층시가지는 35미터, 저층시가지 및 주택지는 30미터, 농지·임지는 20미터로 한다.

③ 제1항에 따른 지하사용료의 감정평가를 위한 토지의 단위면적당 적정가격은 인근지역에 있는 이용상황이 비슷한 토지의 표준지공시지가를 기준으로 한 해당 토지의 단위면적당 감정평가액으로 한다.

제6절 미지급용지 평가

Ⅰ. 미지급용지의 개념

1. 의 의

공익사업에 편입된 토지 등에 대하여는 정당한 보상을 지급하고 취득하여야 함에도 불구하고, 일제 강점기나 6.25 동란 등의 불가피한 사유로 인하여 보상금을 지급하지 않고 공익용지로 사용되고 있는 용지를 미지급용지[640]라고 한다.

토지보상법에서는 미지급용지를 종전에 시행된 공익사업의 부지로서 보상금이 지불되지 아니한 토지로 정의하고 있으며, 이 미지급용지 평가에 대하여 종전의 공익사업에 편입될 당시의 이용상황을 상정하여 평가하며 다만, 종전의 공익사업에 편입될 당시의 이용상황을 알 수 없는 경우에는 편입될 당시의 지목과 인근토지의 이용상황 등을 참작하여 평가하도록 규정하고 있다(시행규칙 제25조). 이는 미지급용지의 현재의 용도가 공익사업의 부지로 제한됨으로 인하여 거래가격이 형성되지 못하거나 상당히 감가되었음에도 불구하고, 현실이용상황을 그대로 반영하여 손실보상액을 산정한다면 미보상토지의 소유자는 부당한 결과가 초래되기 때문이다(아래 판례).

판 례

□ 대법원 1992. 11. 10. 선고 92누4833 판결

종전에 공공사업의 시행으로 인하여 정당한 보상금이 지급되지 아니한 채 공공사업의 부지로 편입되어 버린 이른바 미보상용지는 용도가 공공사업의 부지로 제한됨으로 인하여 거래가격이 아예 형성되지 못하거나 상당히 감가되는 것이 보통이어서, 사업시행자가 이와 같은 미보상용지를 뒤늦게 취득하면서 공공용지의취득및손실보상에관한특례법 제4조 제1항 소정의 가격시점에 있어서의 이용상황인 공공사업의 부지로만 평가하여 손실보상액을 산정한다면, 구 공공용지의취득및손실보상에관한특례법(1991. 12. 31. 법률 제4484호로 개정되기 전의 것) 제4조 제3항이 규정하고 있는 "적정가격"으로 보상액을 정한 것이라고는 볼 수 없게 되므로, 이와 같은 부당한 결과를 구제하기 위하여 종전에 시행된 공공사업의 부지로 편입됨으로써 거래가격을 평가하기 어렵게 된 미보상용지에 대하여는 특별히 종전의 공공사업에 편입될 당시의 이용상황을 상정하여 평가함으로써 그 "적정가격"으로 손실보상을 하여 주려는 것이 공공용지의취득및손실보상에관한특례법시행규칙 제6조 제7항의 규정취지라고 이해된다.

640) 당초 미불용지라 하였으나 2015. 4. 28. 미지급용지로 용어가 변경되었다.

2. 미지급용지 판단기준

미불용지는 종전에 시행된 공익사업으로 인하여 그 현황이 더 유리하거나 불리할 수도 있고, 또 그 공익사업의 주체에 따라 미지급용지로 보아야 하는지에 대하여 여러 가지 견해가 있을 수 있다.

1) 무제한 적용설

공익사업의 결과 토지소유자에게 불리하게 변경된 경우 뿐만 아니라 유리하게 변경된 경우에도 미지급용지의 개념에 포함하여야 한다는 견해이다. 또한 종전 공익사업의 시행자가 동일한 지 여부도 따지지 않고 종전에 공익사업이 시행되었으나 보상금이 지불되지 않았으면 미지급용지로 보아야 한다는 입장이다.

이 주장은 가격이 유리하게 변경된 경우까지 일괄하여 미지급용지로 보는 것은 적정가격을 보장하려는 미지급용지의 취지에 어긋남으로 타당하지 못하다고 할 것이다.

2) 제한적 적용설

(1) 가격이 하락한 경우

공익사업의 시행자가 아직 공익사업의 토지 등을 취득하지 못한 단계에서 공익사업을 시행하여 토지의 현실적인 이용상황을 변경시킴으로써 토지의 가격을 하락시킨 경우에만 미지급용지에 해당한다는 견해이다.

이는 대법원의 입장으로 "공공사업의 시행자가 적법한 절차를 취하지 아니하여 아직 공공사업의 부지로 취득하지도 못한 단계에서 공공사업을 시행하여 토지의 현실적인 이용상황을 변경시킴으로써, 오히려 토지의 거래가격이 상승된 경우까지 미보상용지의 개념에 포함되는 것이라고 볼 수는 없다"[641]고 하여 가격이 상승한 경우에는 원칙적으로 미지급용지에 포함되지 않는다고 보고 있다.

641) 대법원 1992. 11. 10. 선고 92누4833 판결

(2) 가격이 증가된 경우

종전의 공익사업 시행으로 토지의 현실이용상황을 변경시킴으로써 그 가격이 상승한 경우는 원칙적으로 미지급용지라 할 수 없다. 이 경우 해당 토지의 현실이용상황이 적법한 지 여부에 의하여 불법이 아닌 한 현실이용상황을 고려하여 평가하여야 한다.

다만, 판례는 이와 같이 가격이 증가한 모든 경우를 미지급용지로 보지 않는 것은 아니다. 비록 가격이 상승하였더라도 사업시행자가 동일하고 적법한 절차에 의하여 결과적으로 미지급된 경우에는 미지급용지로 보고 있다(아래 판례 참조).

판 례

□ 대법원 1999. 3. 23. 선고 98두13850 판결

종전의 공공사업시행자와 수용에 있어서의 사업주체가 서로 다르거나 공공사업의 시행자가 적법한 절차를 취하지 아니하여 아직 공공사업의 부지를 취득하지 못한 단계에서 공공사업을 시행하여 토지의 현실적인 이용상황을 변경시킴으로써 토지의 거래가격이 상승된 경우에까지 위 시행규칙 제6조 제7항에 규정된 미보상용지의 법리가 적용되지는 않는다고 할 것이나, 처음부터 공공사업에 편입된 일부 토지가 국유재산이어서 이를 수용대상으로 삼지 아니하고 일반 매매의 방식으로 취득하여 당해 공공사업을 적법히 시행하였음에도 그 후 취득시효 완성을 원인으로 하여 그 토지의 소유권이 사인에게 이전된 경우에는, 설사 뒤늦게 그 토지에 대한 토지수용절차가 진행되었다고 하더라도 공공사업의 시행자와 수용에 있어서의 사업주체가 동일하고 그 시행자가 적법한 절차를 취하지 아니하여 당해 토지를 공공사업의 부지로 취득하지 못한 것이 아니므로, 그 토지는 여전히 위 시행규칙 제6조 제7항의 규정에 따라 종전의 공공사업에 편입될 당시의 이용상황을 상정하여 평가하여야 한다.

3. 미지급용지의 요건

미지급용지는 토지보상법상 현실이용상황의 평가예외로서, 판례는 미지급용지에 대한 요건으로 아래와 같이 해석하고 있다.

① 종전에 시행된 공익사업의 부지로서
② 보상금이 지급되지 아니한 토지이며
③ 종전의 공익사업은 적어도 당해 부지에 대하여 보상금이 지급될 필요가 있는 것이어야 하며
④ 새로운 공익사업에 편입된 토지이다.[642]

판 례

> **□ 대법원 2009. 3. 26. 선고 2008두22129 판결**
>
> 공익사업을 위한 토지 등의 취득 및 보상에 관한 법률 시행규칙 제25조 제1항의 미불용지는 '종전에 시행된 공익사업의 부지로서 보상금이 지급되지 아니한 토지'이므로, 미불용지로 인정되려면 종전에 공익사업이 시행된 부지여야 하고, 종전의 공익사업은 적어도 당해 부지에 대하여 보상금이 지급될 필요가 있는 것이어야 한다.

따라서 도로포장 등 토지들의 소유자를 포함한 주민들의 필요에 따라 주민자조사업의 지원 등으로 행하여진 것이거나, 이미 자연적으로 하천으로 편입된 후 하천정비공사 등이 시행된 경우[643]나 자연발생적으로 사실상 도로화된 토지의 경우 미보상용지가 아니라 사실상의 사도 등에 관한 손실보상액을 산정하여야 한다고 판시[644]하고 있다.

한편, 미지급용지는 일반적으로 용도가 공익사업의 부지로 제한됨으로서 거래가격이 낮거나 아예 형성되지 않는 경우, 즉 가격이 하락한 경우에 적용된다 할 것이나 이와는 반대로 종전의 공익사업으로 인하여 오히려 지가가 상승하였을 경우 미불용지로 적용하여야 하는 지에 대하여 논의가 있다. 이에 대하여 판례는 대상토지의 가격이 오히려 상승한 경우에는 굳이 미불용지로 볼 필요가 없다는 견해[645]이며, 다만, 비록 가격이

642) 미불용지는 같은 토지에 대하여 둘 이상의 공익사업이 시행되고, 새로운 공익사업이 시행되기 까지 종전에 시행된 공익사업에 의하여 보상금이 지급되지 아니한 토지를 말한다(대법원 2009. 3. 26. 선고 2008두22129 판결). 즉, 준공된 공익사업지구 내에 소재하는 보상이 되지 않은 토지를 미불용지라고 하는 것이 아니라, 그 토지가 다른 공익사업에 편입대상이 되어 보상대상이 될 때 이를 미불용지라고 한다. 한국감정평가협회, 감정평가 실무기준해설서(Ⅱ), 2014, 137면.

643) 대법원 2009. 3. 26. 선고 2008두22129 판결: 원고 위 판교동 373-7 토지의 경우 이미 자연적으로 하천으로 편입된 후 하천정비공사 등이 시행되었는바, 이와 같은 경우 지가의 저하는 하천으로의 자연적인 편입에 의한 것이지 하천정비공사의 시행으로 인한 것이 아니므로 위 판교동 373-7 토지의 경우 이 점에서도 미불용지로서 보상할 수는 없다고 할 것이다.

644) 대법원 1993. 5. 25. 선고 92누17259 판결 : 택지개발사업으로 도로화된 것이 아니라 자연발생적으로 사실상 도로화된 토지의 경우 미보상용지에 관한 공공용지의취득및손실보상에관한법률시행규칙 제6조 제7항이 아니라 사실상의 사도 등에 관한 같은법 시행규칙 제6조의2 제2항 제2호에 따라 손실보상액을 산정하여야 한다.

645) ① 대법원 2002. 4. 12. 선고 2001다60866 판결 : 도로에 편입된 이후 당해 토지의 위치나 주위 토지의 개발 및 이용상황 등에 비추어 도로가 개설되지 아니하였더라도 당해 토지의 현실적 이용상황이 주위 토지와 같이 변경되었을 것임이 객관적으로 명백하게 된 때에는, 그 이후부터는 그 변경된 이용상황을 상정하여 토지의 가격을 평가한 다음 이를 기초로 임료 상당의 부당이득액을 산정하여야 할 것이다.
② 대법원 1992. 11. 10. 선고 92누4833 판결 : 공공사업의 시행자가 적법한 절차를 취하지 아니하여 아직 공공사업의 부지로 취득하지도 못한 단계에서 공공사업을 시행하여 토지의 현실적인 이용상황을 변경시킴으로써, 오히려 토지의 거래가격이 상승된 경우까지 규칙 제6조 제7항에 규정된 미보상용지의 개념에 포함되는 것이라고 볼 수는 없으므로, 이 사건 토지에 대한 손실보상액의 평가에 관하여는 규칙

상승하였더라도 적법한 절차, 즉 사업시행자의 과실이 전혀 없이 결과적으로 미불용지가 된 경우에는 편입당시의 이용상황을 상정하여 평가하여야 한다고 판시[646]하고 있다.

판 례

ㅁ 대법원 1999. 3. 23. 선고 98두13850 판결

처음부터 공공사업에 편입된 일부 토지가 국유재산이어서 이를 수용대상으로 삼지 아니하고 일반 매매의 방식으로 취득하여 당해 공공사업을 적법히 시행하였음에도 그 후 취득시효 완성을 원인으로 하여 그 토지의 소유권이 사인에게 이전된 경우에는, 설사 뒤늦게 그 토지에 대한 토지수용절차가 진행되었다고 하더라도 공공사업의 시행자와 수용에 있어서의 사업주체가 동일하고 그 시행자가 적법한 절차를 취하지 아니하여 당해 토지를 공공사업의 부지로 취득하지 못한 것이 아니므로, 그 토지는 여전히 위 시행규칙 제6조 제7항의 규정에 따라 종전의 공공사업에 편입될 당시의 이용상황을 상정하여 평가하여야 한다고 할 것이다.

미불용지인지 여부에 대한 판단은 토지보상법에서 규정한 일정한 절차에 의하여 사업시행자가 판단한다(규칙 제25조 제2항).

제6조 제7항이 적용될 수 없는 것이다.

646) 대법원 1999. 3. 23. 선고 98두13850 판결 : 처음부터 공공사업에 편입된 일부 토지가 국유재산이어서 이를 수용대상으로 삼지 아니하고 일반 매매의 방식으로 취득하여 당해 공공사업을 적법히 시행하였음에도 그 후 취득시효 완성을 원인으로 하여 그 토지의 소유권이 사인에게 이전된 경우에는, 설사 뒤늦게 그 토지에 대한 토지수용절차가 진행되었다고 하더라도 공공사업의 시행자와 수용에 있어서의 사업주체가 동일하고 그 시행자가 적법한 절차를 취하지 아니하여 당해 토지를 공공사업의 부지로 취득하지 못한 것이 아니므로, 그 토지는 여전히 위 시행규칙 제6조 제7항의 규정에 따라 종전의 공공사업에 편입될 당시의 이용상황을 상정하여 평가하여야 한다고 할 것이다.

Ⅱ. 미지급용지의 보상평가 기준

1. 미지급용지 보상근거

▣ 토지보상법 시행규칙

제25조 (미지급용지의 평가) ① 종전에 시행된 공익사업의 부지로서 보상금이 지급되지 아니한 토지(이하 이 조에서 "미지급용지"라 한다)에 대하여는 종전의 공익사업에 편입될 당시의 이용상황을 상정하여 평가한다. 다만, 종전의 공익사업에 편입될 당시의 이용상황을 알 수 없는 경우에는 편입될 당시의 지목과 인근토지의 이용상황 등을 참작하여 평가한다.
② 사업시행자는 제1항의 규정에 의한 미지급용지의 평가를 의뢰하는 때에는 제16조 제1항의 규정에 의한 보상평가의뢰서에 미지급용지임을 표시하여야 한다.

▣ 토지보상평가지침

제32조 (미지급용지의 감정평가) ② 제1항에서 "종전의 공익사업에 편입될 당시의 이용상황"을 상정하는 때에는 편입당시의 지목·실제용도·지형·지세·면적 등의 개별요인을 고려하여야 하며, 가격시점은 계약체결당시를 기준으로 하고 공법상 제한이나 주위환경, 그 밖에 공공시설 등과의 접근성 등은 종전의 공익사업(그 미지급용지가 새로운 공익사업에 편입되는 경우에는 그 사업을 포함한다)의 시행을 직접 목적으로 하거나 해당 공익사업의 시행에 따른 절차 등으로 변경 또는 변동이 된 경우를 제외하고는 가격시점 당시를 기준으로 한다.
③ 미지급용지의 비교표준지는 종전 및 해당 공익사업의 시행에 따른 가치의 변동이 포함되지 아니한 표준지를 선정한다.
④ 주위환경 변동이나 형질변경 등으로 대상토지의 종전의 공익사업에 편입될 당시의 이용상황과 비슷한 표준지가 인근지역에 없어서 제9조 제5항에 따라 인근지역의 표준적인 이용상황과 비슷한 표준지를 비교표준지로 선정한 경우에는 그 형질변경 등에 소요되는 비용(환지방식에 따른 사업시행지구 안에 있는 경우에는 환지비율) 등을 고려하여야 한다.

2. 미불용지의 평가방법

▣ 감정평가기준 810-6.2.3 미지급용지

① 미지급용지는 종전의 공익사업에 편입될 당시의 이용상황을 기준으로 감정평가한다.
② 미지급용지의 비교표준지는 종전 및 해당 공익사업의 시행에 따른 가격의 변동이 포함되지 않은 표준지를 선정한다.
③ 주위환경변동이나 형질변경 등으로 종전의 공익사업에 편입될 당시의 이용상황과 비슷한 이용상황의 표준지 공시지가가 인근지역등에 없어서 인근지역의 표준적인 이용상황의 표준지 공시지가를 비교표준지로 선정한 경우에는 그 형질변경 등에 드는 비용 등을 고려하여야 한다.

1) 이용상황 및 개별요인

미불용지는 종전 공익사업에 편입될 당시의 이용상황을 상정하여 평가한다. 다만, 종전의 공익사업에 편입될 당시의 이용상황을 알 수 없는 경우에는 편입될 당시의 공부상 지목과 유사한 인근토지의 이용상황 등을 참작하여 평가한다. 이는 대부분의 미불용지는 거래가 불가능하거나 상당히 감가되는 것이 보통이므로 소유자의 재산권보호를 위하여 편입당시의 이용상황을 상정하여 평가하도록 현황평가 원칙의 예외를 인정하고 있다. 종전의 공공사업에 편입될 당시의 이용상황을 상정하는 때에는 편입당시의 지목·실제용도·지형·지세·면적 등의 개별요인을 고려하여야 한다.

다만, 종전 공익사업의 편입시점과 새로운 공익사업의 기준시점 사이에 인근지역의 표준적인 이용상황이 변경되었고, 대상토지도 표준적인 이용상황으로 변경되었을 것이 객관적으로 명백한 경우 인근토지의 표준적인 이용상황으로 판단한다.[647)]

판 례

□ 대법원 2002. 10. 25. 선고 2002다31483 판결

국가 또는 지방자치단체가 종전에는 일반 공중의 교통에 사실상 공용되지 않던 토지를 비로소 도로로 점유하게 된 경우에는 토지가 도로로 편입된 사정은 고려하지 않고 그 편입될 당시의 현실적 이용상황에 따라 감정평가하되 다만, 도로에 편입된 이후 당해 토지의 위치나 주위 토지의 개발 및 이용상황 등에 비추어 도로가 개설되지 아니하였더라도 당해 토지의 현실적 이용상황이 주위 토지와 같이 변경되었을 것임이 객관적으로 명백하게 된 때에는, 그 이후부터는 그 변경된 이용상황을 상정하여 토지의 가격을 평가한 다음 이를 기초로 임료 상당의 부당이득액을 산정하여야 한다.

2) 가격시점

가격시점은 일반보상과 동일하게 계약체결당시를 기준으로 한다. 따라서 이용상황만 편입당시를 상정하여 평가하고, 그 외에 가격시점 등은 일반보상과 동일하다.

647) 예를 들어 종전 공익사업의 편입당시 현실적인 이용상황이 농경지이고 인근지역의 표준적인 이용상황도 농경지였으나, 새로운 공익사업의 기준시점의 표준적인 이용상황이 주택지로 변경된 경우 해당 미지급용지의 이용상황은 주택지로 본다는 것이다.

3) 용도지역

용도지역 등 공법상 제한 및 주위환경 등의 접근성은 가격시점을 기준으로 한다. 다만, 공법상 제한 및 주위환경 그 밖에 공공시설 등과의 접근성 등은 종전의 공익사업(그 미지급용지가 새로운 공익사업에 편입되는 경우에는 그 사업을 포함)의 시행을 직접 목적으로 하거나 당해 공익사업의 시행에 따른 절차 등으로 변경 또는 변동이 된 경우에는 변경 전 당시를 기준으로 한다(토보침 제32조②).

4) 개발이익 배제

미불용지를 평가함에 있어서 비교표준지로 선정된 표준지의 공시지가에 공익사업 시행으로 인한 개발이익이 포함되어 있는 경우 이를 배제한 가격으로 평가한다(토보침 제32조③).

5) 사실상 사도 참작

도로법에 의한 도로 등 공도 안에 있는 사유토지가 미지급용지로 평가 의뢰된 경우에는 평가의뢰자에게 그 토지가 도로로 편입당시 이전부터 '사실상의 사도' 등으로 이용되었는지 여부 등을 조회한 후 그 제시의견에 따라 평가한다. 이 경우 의견제시가 없는 때에는 객관적인 판단기준에 따라 평가하고 평가서에 그 내용을 기재한다(토보침 제32조⑤).

Ⅲ. 미불용지의 유추적용의 한계

1. 의 의

미불용지는 앞서 본 판례에서와 같이 적어도 공익사업 시행으로 당해 부지에 대하여 보상금이 지급될 필요가 있는 경우에 해당하므로, 공익사업을 시행하지 않은 경우에는 미불용지가 아니다. 그러나 자기소유 토지를 보상을 지급받지 못하고 공공의 편의증진을 위해 제공한 토지에 대하여 현황평가나 인근유사토지의 3분의 1 이하로 평가한다면, 이 또한 부당한 결과를 가져오기 때문에 미불용지를 준용하는 경우가 있었다. 그러나 대법원이 이 경우 미불용지 적용에 부정적 판결을 함으로써 미지급용지 유추적용이 어렵게 되었다.

2. 새마을도로 적용

주민의 자조사업으로 개설된 새마을도로에 대해서는 종전에는 사실상 사도의 평가를 적용하여 인근유사토지의 3분의1 이하로 평가하였으나, 이를 미불용지로 준용하여 평가하도록 토지보상지침을 개정하였었다.[648] 그러나 이후 대법원 판례에 의거 동 조항을 삭제[649]함으로써 다시금 **사실상사도의 평가**를 적용하여야 할 것으로 보인다.

3. 하천부지 적용

하천에 편입되었으나 보상을 받지 못하던 하천부지에 대하여 유권해석 및 토보침에 의거 미불용지를 적용하여 평가할 수 있었나,[650] 이 또한 하천에 대한 보상이 관할 행정청에서 보상금 지급이 이루어지지 않았다면 상기한 대법원의 판례로 인하여 현황평가 또는 토지보상평가지침에 의한 정형화 평가를 하여야 할 것으로 보인다. 다만 현행 토보침에서는 국유화된 하천부지내의 미보상토지 가운데 하천의 신설 및 하천공사가 시행된 토지에 대해서는 미불용지 평가가 가능하도록 규정[651]하고 있다.

648) 구 토지보상지침 제37조 ② 마을간 또는 공도 등과의 접속을 위하여 새마을사업에 의하여 설치되었거나 불특정 다수인의 통행에 이용되고 있는 사실상의 사도 등이 새마을사업에 의하여 확장 또는 노선변경이 된 경우에 그 개설 또는 확장 등이 된 도로부문에 대한 평가는 제32조(미불용지)의 규정을 준용한다. 〈개정 2003. 2. 14.〉

649) 2009.10.18 토지보상지침 제37조 ②, ③ 삭제

650) 토관 58342-590 (1999. 7. 7) : 하천관리청이 시행한 제방공사로 인하여 하천으로 편입된 이후 보상이 이루어지지 않고 있다가 최근에 도로공사부지에 편입되는 경우에는 동법 시행규칙 제6조 제7항의 규정(미불용지)에 의하여 보상하는 것이 타당할 것으로 판단됩니다.

651) 토지보상평가지침 제39조의2【하천구역으로된 토지 중 미보상토지의 평가】 ② 제1항에도 불구하고 하천의 신설 그 밖에 하천공사로 하천구역 밖에 있는 토지가 하천구역으로 된 경우로서 보상이 되지 아니한 토지에 대한 평가는 제32조(미불용지)에 따른다. 〈신설 2009. 10. 28.〉

Ⅳ. 미불용지의 취득시효 검토

1. 시효취득의 요건

일반적으로 20년간 소유의 의사로 평온·공연하게 부동산을 점유한 자는 등기함으로써 그 소유권을 취득한다고 민법에서 규정하고 있는데,[652] 미불용지에 대하여도 시효취득인정여부에 대하여 문제가 되고 있다.

2. 판례 검토

종전 대법원은 점유자가 타인 소유의 토지를 무단으로 점유하여 왔다면 특단의 사정이 없는 한 자주점유에 해당한다고 하여 자주점유를 인정하여 시효취득을 인정하여 왔으나,[653] 이후 대법원은 악의의 무단점유가 입증된다면, 특단의 사정이 없는 한 자주점유의 추정력이 없다고 보아 시효취득을 부정하고 있다.[654]

다만 최근의 판례는 점유자가 주장한 자주점유의 권원이 인정되지 않을 경우 곧 자주점유의 추정이 번복된다는 취지는 아니라고 하여 지자체 및 국가의 점유의 경우 일정한 권원 없이 취득하였다는 명확한 사실이 없다면 자주점유 추정력이 깨진다고 볼 수 없다고 하여 이에 대하여 신중을 기하고 있다.

판 례

□ 대법원 2007. 2. 8. 선고 2006다28065 판결

부동산의 점유권원의 성질이 분명하지 않을 때에는 민법 제197조 제1항에 의하여 점유자는 소유의 의사로 선의, 평온 및 공연하게 점유한 것으로 추정되는 것이며, 이러한 추정은 지적공부 등의 관리주체인 국가나 지방자치단체가 점유하는 경우에도 마찬가지로 적용된다(대법원 2006. 1. 26. 선고 2005다36045 판결 등 참조). 그리고 점유자가 스스로 매매 또는 증여와 같이 자주점유의 권원을 주장하였으나 이것이 인정되지 않는 경우에도 원래 자주점유의 권원에 관한 입증책임이

652) 민법 제245조 (점유로 인한 부동산소유권의 취득기간) ① 20년간 소유의 의사로 평온, 공연하게 부동산을 점유하는 자는 등기함으로써 그 소유권을 취득한다.
② 부동산의 소유자로 등기한 자가 10년간 소유의 의사로 평온, 공연하게 선의이며 과실 없이 그 부동산을 점유한 때에는 소유권을 취득한다.

653) 대법원 1994. 8. 26. 선고 93다1222 판결

654) 대법원 1997. 8. 21. 선고 95다28625 전원합의체 판결

> 점유자에게 있지 아니한 이상 그 주장의 점유권원이 인정되지 않는다는 사유만으로 자주점유의 추정이 번복된다거나 또는 점유권원의 성질상 타주점유라고 볼 수 없다. 국가나 지방자치단체가 자신의 부담이나 기부채납 등 지방재정법 또는 국유재산법 등에 정한 공공용 재산의 취득절차를 밟거나 그 소유자들의 사용승낙을 받는 등 토지를 점유할 수 있는 일정한 권원 없이 사유토지를 도로부지에 편입시켰음이 밝혀진 경우 자주점유의 추정이 깨어진다는 취지일 뿐, 점유자가 주장한 자주점유의 권원이 인정되지 않을 경우 곧 자주점유의 추정이 번복된다는 취지는 아니다. 이와 다른 전제에 선 원고들의 주장은 받아들이지 아니한다.

Ⅴ. 미불용지의 보상의무자

미불용지는 종전에 시행된 공익사업에 편입된 때에 보상금이 지급되었어야 함에도 불구하고 보상금이 지급되지 아니한 토지이므로 당초 공익사업시행자가 당연히 미불용지에 대한 보상의무자는 되는 것이 당연하다 할 것이다.

그러나 현실적으로 당초 보상의무자 파악도 어려울 뿐만 아니라, 당초 보상의무자 파악이 가능하다하더라도 예산상의 문제 등으로 인하여 보상금을 지급하는 것을 기대하기는 어렵다. 따라서 사업의 시행이 필요한 현재의 사업시행자가 보상금을 지급할 수 밖에 없으며, 유권해석도 이와 같은 입장이다.[655)]

또한 보통 사업시행자는 미불용지인지 여부를 관할 행정청에 조회하게 되나 관할 행정청은 미불용지 여부에 대하여 관계 자료가 상당기간 오래되어 확인이 곤란하다는 사유로 회신이 지연되는 사례가 발생하고 있다. 이 경우 사업시행자는 미불용지에 대한 업무처리에 어려움이 있었으나, 토지보상법상의 제4조에서 규정한 공익사업의 경우는 그 확인이 곤란한 경우에도 사업시행자는 이를 미지급용지로 보상할 수 있도록 제도화하였다.[656)]

655) ① 토지정책과-5480 (2011. 11. 18) : 미불용지에 대하여 종전 사업시행자가 보상을 하도록 하면 새로운 사업시행자는 또다시 종전 사업시행자에게 보상하여야 하므로, 이에 따른 행정력 낭비와 사업지연의 문제가 있기 때문에 보상금이 지급되지 아니한 토지에 대한 보상주체는 새로운 사업시행자로 한다.
② 토관 58342-606 (2001. 4. 21) : 사업시행자가 시행하는 현재의 공공사업시행 이전에 이미 시행한 공공사업에 편입된 토지로서 보상금이 지급되지 아니한 토지가 다시 현재의 공공사업에 편입되는 경우에는 현재의 사업시행자가 보상하여야 한다.

656) 토지보상평가지침 제32조【미불용지의 평가】⑥ 법 제4조에서 규정한 공익사업의 기존 시설 안에 있는 사유토지에 대하여 그 공익시설의 관리청 등으로부터 보상금의 지급을 목적으로 평가의뢰가 있는 경우에는 그 공익사업의 종류, 사업시행기간, 편입시점 그 밖에 공익사업의 시행을 목적으로 한 사업인정의 고시 등 절차 이행 여부의 확인이 곤란한 경우에도 이를 제1항에서 규정한 미불용지로 보고 평가할 수 있다. 〈신설 2009. 10. 28.〉

제7절 도로 부지의 보상평가

Ⅰ. 도로부지의 의의

1. 도로부지 평가의 연혁

도로부지의 평가는 그 개념이 명확히 정리되지 않은 만큼, 보상액 산정에 있어서도 많은 변천이 있어 왔다. 따라서 도로 종류의 구분이나 평가방법 등에 있어서 주요한 논쟁이 되고 있으며, 보상실무에 있어서도 많은 민원의 대상이 되고 있다.

표 22. 도로보상 평가변천내역

근 거	시 기	도 로 구 분	평가방법
공특법시행세칙 제6조의 2	1980. 8	사도등에 공여되는 토지	1/3
		사용료 징수 사도 등 토지	1/4
		사도등의토지를 대체공공시설용지로 편입시	1/5
		새마을 사업 농로 등	1/2
		사도법상 사도	1/5 이내
〃 (개정)	1991.10.28	새마을 사업 농로 규정 삭제	
〃 (개정)	1995.01.07	사도법상 사도	1/5 이내
		사도법상 사도 이외의 도로	1/3 이내
토지보상법 시행규칙 제26조	2002.02.04	사도법상 사도	1/5 이내
		사실상의 사도	1/3 이내
		그 외 도로	정상평가

2. 토지보상법상 도로부지의 개념

1) 사도법에 의한 사도

사도법에 의한 사도는 그 소유자가 자기 토지의 다른 부분의 효용증진을 위하여 스스로 사도법에 의하여 시장·군수의 개설허가를 받아 설치한 도로이다. 이러한 사도는 도로법에 의한 도로나 도로법의 준용을 받는 도로가 아닌 것으로써 도로법의 적용을 받지 않고 사도법의 적용을 받으며, 도로법등에 의한 도로와 연결시키기 위하여 개설한 도로를 말한다. 이러한 사도법상 사도인지 여부는 각 시·군·구의 사도대장에 의해서 확인할 수 있다.

2) 사실상의 사도

일반적으로 사실상의 사도의 명확한 개념은 정립되어 있지 않아 사실상의 도로에 해당하는 지에 대하여 보상현장에서 어려움이 있으며 명확한 개념정의가 없다보니 보상업무에 많은 혼선을 야기하고 있는 부분이다.

이 사실상의 사도는 국가 또는 지방자치단체가 일반공중의 통행에 제공한 것이 아니므로 도로법, 국토계획법 등의 공법에 의한 공도(공도)에 대립되는 개념이며, 또한 "사실상"이라는 의미에서 상기한 사도법에 의한 사도도 배제되어야 할 것이다.

한편 사실상 사도에 대한 변천을 살펴보면 다음과 같다.

(1) 1995. 1. 7 공특법 개정 이전

공특법 개정이전에는 도로의 평가를 ① 사도 등(인근 토지의 1/5 ~ 1/3 이내) ② 공도 등(4/5) ③ 자연도로(2/5) ④ 관습상도로(3/5) ⑤ 새마을 농로 등(1/2)으로 구분하여 각 도로의 정의 및 평가기준을 제시하였다. 여기서 ③자연도로는 사도와 공도가 아닌 토지로서 인근지형의 지형·지세 등 자연적 조건에 따라 형성되고 지적도상 도로로 구분되어 있는 토지이며, ④ 관습상 도로란 한 필지 토지의 일부분이 불특정 다수인의 통행에 이용되고 있으나 지적공부상 도로로 구분되어 있지 아니하고 개설 당시의 토지소유자가 자기토지의 편익을 위하여 스스로 설치한 것으로 볼 수 없는 도로이며, ⑤ 새마을 도로란 새마을 사업에 의하여 마을간 또는 공도와의 접속을 위하여 개설 또는 확장된 도로이다.[657]

(2) 1995. 1. 7 공특법 개정

이후 도로의 종류와 특성이 다양하여 민원의 소지가 많다는 감사원의 개선요구에 따라 1995. 1. 7 공특법을 개정하여 "사도법에 의한 사도"와 "사도 외의 도로의 부지"로 2가지로 명확히 구분하여, 사도법에 의한 사도는 인근 토지 평가액의 1/5, 사도 외의 도로는 1/3으로 평가하도록 개정하였다.

---

657) 보상평가(상), 한국감정원, 2000, 1418면.

(3) 현행 보상법

한편, 현행 토지보상법은 대법원 판결[658]을 근거로 하여 토지소유자의 재산권을 적정하게 보호하기 위하여 사실상의 사도에 대하여 그 개념을 명시하였다. 그러나 현행 토지보상법상 사실상 사도에 대해서도 많은 논의가 있다.

표 23. 사실상 사도의 보상내역 변천

구 분	개 정 전	개 정 후
사도법에 의한 사도	인근 토지에 대한 평가금액의 5분의 1 이내	좌 동
사실상의 사도	·동질적 대체 - 인근 토지에 대한 평가금액의 5분의 1 이내 ·비동질적 대체 - 인근 토지에 대한 평가금액의 3분의 1 이내 ·비동질적 대체중 사용료 평가 - 인근 토지에 대한 평가금액의 4분의 1 이내	규정 삭제
사도법에 의한 사도외의 도로 부지	공특법시행규칙 제6조에 의거 평가	인근 토지에 대한 평가금액의 3분의 1 이내(95. 6. 26 개정 보상평가지침에서는 공도 및 기타도로로 표기)
공도	인근 토지에 대한 평가금액의 5분의 4이내(공특법시행규칙 제6조 적용 및 보상평가지침 준용)	인근 토지에 대한 평가금액의 3분의 1 이내(95. 6. 26 개정 보상평가지침에서는 공도로 표기)
자연도로의 평가	인근 토지에 대한 평가가격의 5분의 2 이내(공특법시행규칙 제6조 적용 및 보상평가지침)	인근 토지에 대한 평가금액의 3분의 1이내(95. 6. 26 개정 보상평가지침에서는 기타 도로로 표기)
관습상 도로의 평가	·통행제한가능 - 주된 용도 가격기준 ·통행제한불가능 - 인근 토지에 대한 평가 가격의 5분의 3 이내(공특법시행규칙 제6조 적용 및 보상평가지침 준용)	인근 토지에 대한 평가금액의 3분의 1 이내(95. 6. 26 개정 보상평가지침에서는 기타 도로로 표기)
미지급용지의 평가	·공공사업에 편입될 당시의 이용상황을 상정하여 평가 ·평가대상토지의 위치 형상 환경 이용 상황 기타 가격형성상의 제요인을 종합적으로 고려 평가(개발이익배제)	좌 동

658) 대법원 1997. 4. 25. 선고 96누13651 판결 : 공공용지의취득및손실보상에관한특례법시행규칙(1995. 1. 7. 건설교통부령 제3호로 개정된 것) 제6조의2 제1항 제2호는 사도법에 의한 사도 외의 도로의 부지를 인근 토지에 대한 평가금액의 3분의 1 이내로 평가하도록 규정함으로써 그 규정의 문언상으로는 그것이 도로법·도시계획법 등에 의하여 설치된 도로이든 사실상 불특정 다수인의 통행에 제공되고 있는 도로(이하 사실상 도로라 한다)이든 가리지 않고 모두 위 규정 소정의 사도법에 의한 사도 이외의 도로에 해당하는 것으로 보아야 할 것이지만, 그 중 사실상 도로에 관한 위 규정의 취지는 사실상 불특정 다수인의 통행에 제공되고 있는 토지이기만 하면 그 모두를 인근 토지의 3분의 1 이내로 평가한다는 것이 아니라 그 도로의 개설 경위, 목적, 주위 환경, 인접 토지의 획지면적, 소유관계, 이용 상태 등의 제반 사정에 비추어 당해 토지 소유자가 자기 토지의 편익을 위하여 스스로 공중의 통행에 제공하는 등 인근 토지에 비하여 낮은 가격으로 보상하여 주어도 될 만한 객관적인 사유가 인정되는 경우에만 인근 토지의 3분의 1 이내에서 평가하고 그러한 사유가 인정되지 아니하는 경우에는 위 규정의 적용에서 제외한다는 것으로 봄이 상당하다 고 할 것이다.

Ⅱ. 도로부지의 보상평가

1. 관련조항

▣ **토지보상법 시행규칙**

제26조 (도로 및 구거부지의 평가) ① 도로부지에 대한 평가는 다음 각호에서 정하는 바에 의한다. 〈개정 2005. 2. 5.〉

1. 「사도법」에 의한 사도의 부지는 인근토지에 대한 평가액의 5분의 1 이내
2. 사실상의 사도의 부지는 인근토지에 대한 평가액의 3분의 1 이내
3. 제1호 또는 제2호외의 도로의 부지는 제22조의 규정에서 정하는 방법

2. 평가기준

1) 사도법상 사도 평가기준

사도법상 사도란 자기토지의 효용증진을 위하여 시장·군수·구청장 등의 개설허가를 득한 토지이다(사도법 제2조).[659] 이 사도법상 사도의 보상은 인근토지에 대한 평가액의 5분의 1 이내로 평가한다. 이와 같이 감가평가하는 이유는 그 사도부지의 가치가 그 도로의 편익을 받는 인근토지의 가격에 화체된 개념으로 보기 때문이며, 사도개설자의 자의성과 동일인 소유토지로의 가치 이전, 도로개설 전의 상태로 원상회복하는 것이 어렵기 때문으로 본다.

사도법상 사도인지 여부는 사도개설허가와 사도관리대장 등재여부로 확인이 가능하다.

---

659) 사도법 제2조(정의) 이 법에서 "사도"란 다음 각 호의 도로가 아닌 것으로서 그 도로에 연결되는 길을 말한다. 다만, 제3호 및 제4호의 도로는 「도로법」 제50조에 따라 시도(市道) 또는 군도(郡道) 이상에 적용되는 도로 구조를 갖춘 도로에 한정한다. 〈개정 2014. 1. 14.〉
1. 「도로법」 제2조 제1호에 따른 도로 2. 「도로법」의 준용을 받는 도로
3. 「농어촌도로 정비법」 제2조 제1항에 따른 농어촌도로 4. 「농어촌정비법」에 따라 설치된 도로

▣ **사도법**

제4조 (개설허가 등) ① 사도를 개설·개축(改築)·증축(增築) 또는 변경하려는 자는 특별자치시장, 특별자치도지사 또는 시장·군수·구청장(구청장은 자치구의 구청장을 말하며, 이하 "시장·군수·구청장"이라 한다)의 허가를 받아야 한다.

③ 시장·군수·구청장은 다음 각 호의 어느 하나에 해당하는 경우를 제외하고는 제1항에 따른 허가를 하여야 한다.

1. 개설하려는 사도가 제5조에 따른 기준에 맞지 아니한 경우
2. 허가를 신청한 자에게 해당 토지의 소유 또는 사용에 관한 권리가 없는 경우
3. 이 법 또는 다른 법령에 따른 제한에 위배되는 경우
4. 해당 사도의 개설·개축·증축 또는 변경으로 인하여 주변에 거주하는 주민의 사생활 등 주거환경을 심각하게 침해하거나 사람의 통행에 위험을 가져올 것으로 인정되는 경우

④ 시장·군수·구청장은 제1항에 따른 허가를 하였을 때에는 지체 없이 그 내용을 공보에 고시하고, 국토교통부령으로 정하는 바에 따라 사도 관리대장에 그 내용을 기록하고 보관하여야 한다.

2) 사실상의 사도

사실상 사도는 그 개념이 정립되어있지는 않지만 국가 또는 지방자치단체가 일종의 행정권의 작용으로서 토지를 일반 공중의 통행에 제공한 것이므로 공법에 의하여 규율되는 공도에 대립되는 개념이며, 사실상이라는 의미에서 그와 같은 도로 중 사도법에 의한 사도가 배제된다는 뜻을 내포하고 있다. 따라서 그의 효용은 사도법에 의한 사도와 같으나 관할 시장·군수·구청장 등의 사도개설허가를 받지 않고 개설하거나 형성된 도로를 사실상의 사도라고 할 수 있다. 토지보상법에서 사실상 사도의 부지는 인근토지의 평가금액의 3분의 1 이내로 평가하도록 규정하고 있다.

▣ **토지보상법 시행규칙**

제26조 (도로 및 구거부지의 평가) ② 제1항 제2호에서 "사실상의 사도"라 함은 「사도법」에 의한 사도외의 도로(「국토의 계획 및 이용에 관한 법률」에 의한 도시·군관리계획에 의하여 도로로 결정된 후부터 도로로 사용되고 있는 것을 제외한다)로서 다음 각호의 1에 해당하는 도로를 말한다.

1. 도로개설당시의 토지소유자가 자기 토지의 편익을 위하여 스스로 설치한 도로
2. 토지소유자가 그 의사에 의하여 타인의 통행을 제한할 수 없는 도로
3. 「건축법」 제45조에 따라 건축허가권자가 그 위치를 지정·공고한 도로
4. 도로개설당시의 토지소유자가 대지 또는 공장용지 등을 조성하기 위하여 설치한 도로

토지보상법이 사실상 사도에 대하여 인근토지의 일정액만을 보상하는 것은 도로의 가치의 일부가 주위토지의 가치에 이전하였다는 화체이론에 근거한 것이다. 물론 이와 같이 해당 도로의 개설로 인근의 토지가격에 가치가 이전한 것이 명확하다면, 인근토지 가치보다 낮게 보상하는 것이 합리적이라 할 수 있다. 그러나 사실상 사도 중 그 발생의 이유가 명확하지 않은 경우에는 일률적으로 낮게 보상하는 것은 문제가 된다.

판 례

□ 대법원 1999. 5. 14. 선고 99두2215 판결

사도법에 의한 사도 외의 도로의 부지를 인근 토지에 대한 평가금액의 3분의 1 이내로 평가하도록 규정함으로써 그 규정의 문언상으로는 그것이 도로법·도시계획법 등에 의하여 설치된 도로이든 사실상 불특정 다수인의 통행에 제공되고 있는 도로(이하 '사실상 도로'라 한다)이든 가리지 않고 모두 위 규정 소정의 사도법에 의한 사도 이외의 도로에 해당하는 것으로 보아야 할 것이지만, 그 중 사실상 도로에 관한 위 규정의 취지는 사실상 불특정 다수인의 통행에 제공되고 있는 토지이기만 하면 그 모두를 인근 토지의 3분의 1 이내로 평가한다는 것이 아니라 그 도로의 개설 경위, 목적, 주위 환경, 인접 토지의 획지면적, 소유관계, 이용 상태 등의 제반 사정에 비추어 당해 토지 소유자가 자기 토지의 편익을 위하여 스스로 공중의 통행에 제공하는 등 인근 토지에 비하여 낮은 가격으로 보상하여 주어도 될 만한 객관적인 사유가 인정되는 경우에만 인근 토지의 3분의 1 이내에서 평가하고 그러한 사유가 인정되지 아니하는 경우에는 위 규정의 적용에서 제외한다는 것으로 봄이 상당하다고 할 것이다.

특히 문제가 되는 것은, 그동안 판례로 인정되어 왔던 "토지소유자가 소유권을 행사하여 그 통행 또는 사용을 금지시킬 수 있는 상태에 있는 토지는 사실상의 사도에 해당하지 않는다"는 논리에 입각하여,[660] 현행 토지보상법 제정시 "**토지소유자가 그 의사에**

660) ① 대법원 1997. 8. 29. 선고 96누2569 판결 : 도시계획(도로)의 결정이 없는 상태에서 불특정 다수인의 통행에 장기간 제공되어 자연발생적으로 사실상 도로화된 경우에도 '사실상의 사도'에 해당하고, 도시계획으로 결정된 도로라 하더라도 그 이전에 사실상의 사도가 설치된 후에 도시계획결정이 이루어진 경우 등에도 거기에 해당하며, 다만 토지의 일부가 일정기간 불특정 다수인의 통행에 공여되거나 사실상의 도로로 사용되고 있으나 토지소유자가 소유권을 행사하여 그 통행 또는 사용을 금지시킬 수 있는 상태에 있는 토지는 사실상의 사도에 해당되지 아니한다.
② 대법원 1997. 4. 25. 선고 96누13651 판결 : 사도법에 의한 사도 외의 도로의 부지를 인근 토지에 대한 평가금액의 3분의 1 이내로 평가하도록 규정함으로써 그 규정의 문언상으로는 그것이 도로법·도시계획법 등에 의하여 설치된 도로이든 사실상 불특정 다수인의 통행에 제공되고 있는 도로(이하 사실상 도로라 한다)이든 가리지 않고 모두 위 규정 소정의 사도법에 의한 사도 이외의 도로에 해당하는 것으로 보아야 할 것이지만, 그 중 사실상 도로에 관한 위 규정의 취지는 사실상 불특정 다수인의 통행에 제공되고 있는 토지이기만 하면 그 모두를 인근 토지의 3분의 1 이내로 평가한다는 것이 아니라 그 도로의 개설 경위, 목적, 주위 환경, 인접 토지의 획지면적, 소유관계, 이용 상태 등의 제반 사정에 비추어 당해 토지 소유자가 자기 토지의 편익을 위하여 스스로 공중의 통행에 제공하는 등 인근 토지에

의하여 타인의 통행을 제한할 수 없는 도로"를 명문으로 사실상 사도에 포함하게 되었으나, 이 조항이 과연 논리적인지 또는 정당보상에 합치되는지에 대하여 많은 논의가 있다.

3) 공도부지

공도는 사도에 대립되는 개념이며 일반토지평가방법으로 정상평가한다.

> ▣ **토지보상평가지침**
>
> 제36조 (공도 등 부지의 감정평가) ① 「도로법」 제2조에 따른 도로, 「국토의 계획 및 이용에 관한 법률」에 따른 도시·군관리계획사업으로 설치된 도로, 그 밖에 「농어촌도로정비법」 제2조에 따른 농어촌도로(이하 "공도"라 한다)의 부지에 대한 감정평가는 법 시행규칙 제26조 제1항 제3호에 따르되, 그 공도의 부지가 도로로 이용되지 아니하였을 경우에 예상되는 인근지역에 있는 표준적인 이용상황과 비슷한 토지의 표준지공시지가를 기준으로 한다. 이 경우에 인근지역에 있는 표준적인 이용상황과 비슷한 토지의 표준지공시지가에 해당 도로의 개설에 따른 가치변동이 포함되어 있는 경우에는 이를 배제한 가액으로 감정평가한다. 다만, 그 공도의 부지가 미지급용지인 경우에는 제32조에 따른다.

3. 평가방법

1) 사도법상 사도 및 사실상 사도

사도법상 사도 및 사실상 사도는 인근 토지에 대한 평가액의 5분의 1 또는 3분의 1로 평가한다. 따라서 도로평가에 있어서 가장 기준이 되는 것은 인근토지의 평가액이다. 그러나 이 인근토지에 대한 기준이 없어 실제적으로 손실보상 평가에 있어 많은 논의가 있는 실정이다.

(1) 인근토지의 개념

도로 및 구거 평가에 있어 가장 큰 영향을 미치는 인근토지의 가격에 대해서는 그동안 명확한 기준없이 법이나 지침이 개정될 때마다 약간씩 변천하여 왔다.

비하여 낮은 가격으로 보상하여 주어도 될 만한 객관적인 사유가 인정되는 경우에만 인근 토지의 3분의 1 이내에서 평가하고 그러한 사유가 인정되지 아니하는 경우에는 위 규정의 적용에서 제외한다는 것으로 봄이 상당하다 고 할 것이다.

토지보상법 시행규칙에 의하면, “인근토지”라 함은 당해 도로부지 또는 구거부지가 도로 또는 구거로 이용되지 아니하였을 경우에 예상되는 표준적인 이용상황과 유사한 토지로서 당해 토지와 위치상 가까운 토지를 말한다(규칙 제26조 제4항) 고 규정되어 있고, 토지보상평가지침에서는 “인근토지”에 대하여 사도부지(동 지침 제35조)와 사실상 사도부지(동 지침 제35조의 2)에 인근토지에 대하여 규정하고 있다. 여기서는 사도부지나 사실상 사도부지의 도로로 이용되지 아니하였을 경우에 예상되는 인근지역에 있는 표준적인 이용상황의 비슷한 토지로서 지리적으로 가까운 것을 말하고 있다.

> **▣ 토지보상평가지침**
>
> 제35조 (사도부지의 감정평가) ② 제1항에서 “인근토지”란 그 사도부지가 도로로 이용되지 아니하였을 경우에 예상되는 표준적인 이용상황과 비슷한 토지로서 해당 토지와 위치상 가까운 것을 말한다.
>
> 제35조의2 (사실상의 사도부지의 감정평가) ③ 제1항에서 “인근토지”란 그 사실상의 사도부지가 도로로 이용되지 아니하였을 경우에 예상되는 표준적인 이용상황과 비슷한 토지로서 해당 토지와 위치상 가까운 것을 말한다.

그러나 인근토지에 대한 이러한 규정들도 결국 명확한 기준을 제시하지 못함에 따라, 실제 감정평가에 있어서는 사실상 사도에 대하여 일률적인 가격으로 평가하거나, 인근토지의 개념 없이 단순히 당해 인접토지의 가격의 1/3로 평가되는 등 기준이 명확하지 못한 문제가 제시되고 있다.

(2) 감액보상(인근토지의 1/5 ~ 1/3)

토지의 보상평가는 원칙적으로 공시지가를 기준으로 당해 토지의 가격형성요인을 비교하는 방식으로 평가하도록 하고 있다. 그러나 사도법상 사도 및 사실상 사도는 이러한 비교방식이 아닌 인근 토지에 대한 일정비율로 감액평가하는 특이한 방식을 취하고 있다.

따라서 판례에서 제시하고 있는 도로부지 성립동기, 개설주체, 가치이전 등 도로별로 종합적 판단보다는 단순히 인근토지의 일정율의 감액보상을 하고 있는데, 과연 이와 같이 일정율의 감액보상이 과연 정당한 것인지 합리성이 있는 것인지는 의문이라 할 수 있다.

2) 공도의 평가

▣ 토지보상평가지침

제36조 (공도 등 부지의 감정평가) ① 「도로법」 제2조에 따른 도로, 「국토의 계획 및 이용에 관한 법률」에 따른 도시·군관리계획사업으로 설치된 도로, 그 밖에 「농어촌도로정비법」 제2조에 따른 농어촌도로(이하 "공도"라 한다)의 부지에 대한 감정평가는 법 시행규칙 제26조 제1항 제3호에 따르되, 그 공도의 부지가 도로로 이용되지 아니하였을 경우에 예상되는 인근지역에 있는 표준적인 이용상황과 비슷한 토지의 표준지공시지가를 기준으로 한다. 이 경우에 인근지역에 있는 표준적인 이용상황과 비슷한 토지의 표준지공시지가에 해당 도로의 개설에 따른 가치변동이 포함되어 있는 경우에는 이를 배제한 가액으로 감정평가한다. 다만, 그 공도의 부지가 미지급용지인 경우에는 제32조에 따른다.

② 제1항에 따라 공도의 부지를 인근지역에 있는 표준적인 이용상황과 비슷한 토지의 표준지공시지가를 기준으로 감정평가하는 경우에는 해당 도로의 위치·면적·형상·지세, 도로의 폭·구조·기능·계통 및 연속성, 편입당시의 지목 및 이용상황, 용도지역등 공법상 제한, 인근토지의 이용상황, 그 밖의 가격형성에 영향을 미치는 요인을 고려하되, 다음 각 호와 같이 감정평가액을 결정할 수 있다. 이 경우 공작물 등 도로시설물의 가액은 그 공도부지의 감정평가액에 포함하지 아니하며, 해당 토지가 도로부지인 것에 따른 용도적 제한은 고려하지 아니한다.

1. 인근지역의 표준적인 이용상황이 전, 답 등 농경지 또는 산지인 경우에는 그 표준적인 이용상황과 비슷한 토지의 표준지공시지가를 기준으로 한 적정가격에 도로의 지반조성 등에 통상 필요한 비용 상당액과 위치조건 등을 고려한 가격수준으로 결정한다. 다만, 인근지역의 표준적인 이용상황과 비슷한 토지가 경지정리사업지구 안에 있는 전·답 등 농경지인 경우에는 도로의 지반조성 등에 통상 필요한 비용 상당액은 고려하지 아니한다.
2. 인근지역의 표준적인 이용상황이 "대" 및 이와 비슷한 농경지 또는 산지인 경우에는 그 표준적인 이용상황과 비슷한 토지의 표준지공시지가를 기준으로 한 적정가격에 도로의 지반조성 등에 통상 필요한 비용 상당액과 위치조건 등을 고려한 가격수준으로 결정한다. 다만, 인근지역의 표준적인 이용상황이 경지정리사업지구 안에 있는 전·답 등 농경지인 경우에는 도로의 지반조성 등에 통상 필요한 비용 상당액은 고려하지 아니한다.

③ 도시·군계획시설(도로)로 결정된 이후에 해당 도시·군계획시설사업이 시행되지 아니한 상태에서 사실상 불특정 다수인의 통행에 이용되고 있는 토지(이를 "예정공도"라 한다)에 대한 감정평가는 제1항을 준용한다.

④ 토지소유자가 자기 토지의 편익을 위하여 스스로 설치한 이후에 도시·군 관리계획에 따른 도시·군계획시설(도로)로 결정된 경우 등과 같이 공도부지가 도시·군계획시설(도로)로 결정될 당시에 법 시행규칙 제26조 제2항에서 규정한 "사실상의 사도"에 해당하는 경우로서 그 공도부지가 제32조의 미지급용지에 해당하는 경우에는 제1항에도 불구하고 제35조의 2를 준용한다.

Ⅲ. 사실상 사도의 판단에 대한 쟁점논의

1. 논의배경

1) 관련규정

▣ 토지보상법 시행규칙

제26조 (도로 및 구거부지의 평가) ② 제1항 제2호에서 "사실상의 사도"라 함은 「사도법」에 의한 사도외의 도로(「국토의 계획 및 이용에 관한 법률」에 의한 도시·군관리계획에 의하여 도로로 결정된 후부터 도로로 사용되고 있는 것을 제외한다)로서 다음 각호의 1에 해당하는 도로를 말한다.

1. 도로개설당시의 토지소유자가 자기 토지의 편익을 위하여 스스로 설치한 도로
2. 토지소유자가 그 의사에 의하여 타인의 통행을 제한할 수 없는 도로
3. 「건축법」 제45조에 따라 건축허가권자가 그 위치를 지정·공고한 도로
4. 도로개설당시의 토지소유자가 대지 또는 공장용지 등을 조성하기 위하여 설치한 도로

2) 검토배경

사실상 사도에 대한 개념정의에 대하여, 당초 공특법에서는 구체적 명시규정 없이 유권해석[661] 및 판례에 의하여 적용되었다. 그러나 현행 토지보상법에서는 사실상 사도에 대한 개념으로 시행규칙 제26조 제2항에서 4가지 유형을 제시하고 있다. 이 가운데 『사실상 사도부지』를 판단함에 있어 시행규칙 제26조 제2항 중 1호·3호 및 4호의 해석에 대하여는 논란의 여지가 적으나, 제2호(토지소유자가 그 의사에 의하여 타인의 통행을 제한할 수 없는 도로)의 적용에 있어서는 논란의 여지가 있어 보상현장에서 많은 다툼이 있는 실정으로 이에 대한 명확한 기준 설정이 요구되고 있다. 따라서 이 사실상 사도에 적용에 있어 그 명확한 설정기준이 없어 사업시행자 별로 그 적용기준이 상이하여 보상의 주요현안이 되고 있다.

661) 토정 58341-1011 (1995. 7. 12) : "지목이 대지이든 도로이든 상관없이 사실상 도로로 이용되고 있다면 현실적인 이용상황인 도로로 평가하는 것이 타당하다"는 질의회신에 의거 실무적으로는 도로부분의 경제적 가치가 다른 토지의 가치에 화체되었는지 여부를 묻지 않고 도로라는 물리적 상태만을 기준으로 인근토지에 대한 평가액의 3분의 1 이내로 평가하였었다.

2. 토지보상법상 사실상 사도 기준

1) 토지소유자가 자기 토지의 편익을 위하여 스스로 설치한 도로

도로가 개설될 당시를 기준으로 하여 토지소유자가 자기 토지의 다른 부분의 효용증진을 위하여 스스로 설치한 도로가 되기 위해서는 ① **도로개설의 자의성**과 ② **동일인 소유토지로의 가치이전**이라는 2가지 요건을 충족하여야 한다.

한편 대법원 판례를 살펴보면 사실상 사도에 대해서 엄격히 제한하여 해석하고 있다.[662]

판 례

□ 대법원 1999. 5. 14. 선고 99두2215 판결

사실상 도로에 관한 위 규정의 취지는 사실상 불특정 다수인의 통행에 제공되고 있는 토지이기만 하면 그 모두를 인근 토지의 3분의 1 이내로 평가한다는 것이 아니라 그 도로의 개설 경위, 목적, 주위 환경, 인접 토지의 획지면적, 소유관계, 이용 상태 등의 제반 사정에 비추어 당해 토지 소유자가 자기 토지의 편익을 위하여 스스로 공중의 통행에 제공하는 등 인근 토지에 비하여 낮은 가격으

---

662) ① 대법원 1992. 11. 10. 선고 92다25045 판결 : "사실상의 사도"라 함은 토지 소유자가 자기 토지의 이익 증진을 위하여 스스로 개설한 도로를 의미하고 토지의 일부가 일정한 불특정다수인의 통행에 공여되고 있더라도 토지 소유자가 소유권을 행사하여 통행을 금지시킬 수 있는 상태에 있는 토지는 거기에 해당하지 않는다.

② 대법원 1993. 9. 10. 선고 93다24711 판결 : 공공용지의취득및손실보상에관한특례법 소정의 사도평가 규정이 적용되는 "사실상의 사도"란 "토지소유자가 자기 토지의 편익을 위하여 스스로 설치한 도로"를 가리키는바, 토지소유자가 자기 소유 토지의 편익을 위하여 스스로 설치한 것이 아니라, 1942년경 사도로 형성되어 우마차와 자동차의 통행에 이용되어 오던 중 1955년경에 현재의 노폭에 가까운 상태로 확장된 사도는 위 "사실상의 사도"로 보기에 부족하다

③ 대법원 1995. 6. 13. 선고 94누14650 판결 : 토지의 일부가 일정기간 불특정 다수인의 통행에 제공되거나 사실상 사도로 사용되고 있더라도 토지소유자가 소유권을 행사하여 그 통행을 금지시킬 수 있는 상태에 있는 토지는 거기에 해당하지 아니한다.

④ 대법원 1996. 3. 8. 선고 95다23873 판결

[1] '사실상의 사도'란 토지 소유자가 자기 토지의 편익을 위하여 스스로 설치한 도로를 의미하고, 토지의 일부가 도시계획에 포함되어 그 소유자가 이를 방치한 나머지 일정 기간 불특정 다수인의 통행에 공여되고 있다고 하더라도 그것만으로는 그 토지가 사실상 사도가 되었다고 할 수 없다.

[2] 국가 또는 지방자치단체가 일반 공중의 통행로로 사실상 공용되던 토지에 대하여 사실상 필요한 공사를 하여 도로로서의 형태를 갖춘 다음 사실상 지배주체로서 도로를 점유하게 된 경우, 그 토지에 대한 임료 상당의 부당이득액을 산정하기 위한 기초가격을 도로로 제한받는 상태, 즉 도로인 현황대로 감정평가하는 것은 별론으로 하고, 이를 구 공공용지의 취득및손실보상에관한특례법시행규칙(1995. 1. 7. 건설교통부령 제3호로 개정되기 전의 것) 제6조의2 제2항 제1호 소정의 '사실상 사도'로 취급하여 인근 토지에 대한 평가금액의 1/5 범위 내에서 산정한 금액을 기준으로 하여 그 임료 상당의 부당이득액을 산출할 것은 아니다.

로 보상하여 주어도 될 만한 객관적인 사유가 인정되는 경우에만 인근 토지의 3분의 1 이내에서 평가하고 그러한 사유가 인정되지 아니하는 경우에는 위 규정의 적용에서 제외한다는 것으로 봄이 상당하다.

이 사건 토지 중 골목길로 이용된 부분은 원고들이 자기 토지의 편익을 위하여 스스로 설치한 도로부지에 해당한다고 보기 어렵고 또한 인근 토지에 비하여 낮은 가격으로 평가하여도 될 만한 사정이 있다고도 볼 수 없으므로, 위 시행규칙 제6조의2 제1항 제2호 소정의 도로부지에 해당되지 않는다라고 판단하고 있다.

판 례

ㅁ 대법원 2013. 6. 13. 선고 2011두7007 판결

공익사업을 위한 토지 등의 취득 및 보상에 관한 법률 시행규칙 제26조 제2항 제1호에서 규정한 '도로개설 당시의 토지소유자가 자기 토지의 편익을 위하여 스스로 설치한 도로'에 해당한다고 하려면, 토지 소유자가 자기 소유 토지 중 일부에 도로를 설치한 결과 도로 부지로 제공된 부분으로 인하여 나머지 부분 토지의 편익이 증진되는 등으로 그 부분의 가치가 상승됨으로써 도로부지로 제공된 부분의 가치를 낮게 평가하여 보상하더라도 전체적으로 정당보상의 원칙에 어긋나지 않는다고 볼 만한 객관적인 사유가 있다고 인정되어야 하고, 이는 도로개설 경위와 목적, 주위환경, 인접토지의 획지 면적, 소유관계 및 이용상태 등 제반 사정을 종합적으로 고려하여 판단할 것이다.

2) 토지소유자가 그 의사에 의하여 타인의 통행을 제한할 수 없는 도로

(1) 논 의

사실상 사도에 대하여 그 구분이 어려운 것은 본 조항의 불명확성 때문이다. 이 조항으로 인하여 토지 소유자와 사업시행자 간의 분쟁이 지속적으로 이어지고 있다. 과연 어떠한 도로가 "타인의 통행을 제한할 수 없는 도로"에 속하는 지 명확한 기준이 없어 토지보상 실무에 있어 해결되지 않고 있는 문제 중의 하나이며, 이 조항에 대하여 보상의 불명확성에 대하여 문제 제기를 하는 학자들도 상당 수 있다.

타인의 통행을 제한할 수 없는 도로는 국가나 지방자치단체가 예산을 투입하여 개설하는 것이 원칙이나, 예산상의 문제 등으로 적기에 설치되지 않아 불가피하게 개인 사유토지에 보상도 이루어지지 않고 도로가 개설된 경우가 대부분으로, 도로의 소유자는 통행을 금지할 경우 주민의 반발이나 사회적 비난 등으로 이를 수년간 묵인하거나 호의로 통행을 허용한 것이다. 이처럼 수십년간 아무런 대가없이 공공의 사용에 제공해 주었는데, 추후에 공익사업을 위한 보상을 하면서도 인근 토지에 비하여 현저하게 낮은 금액으로 보상을 한다면, 토지소유자 입장에서는 가혹하다 할 것이다. 따라서 사실상의 사도를 인정함에 있어 가능한 한 좁게 해석하는 것이 타당할 것으로 보인다.663)

(2) 해당요건

판례를 종합하면, 감액평가를 하여야 하는 타인의 통행을 제한 할 수 없는 도로의 해당요건으로는 ① 일반 공중의 교통에 공용되고 있고 ② 그 이용상황이 고착되어 있고, ③ 원상회복이 법률상 허용되지 아니하거나 현저히 곤란한 경우, ④ 그 도로가 유일한 통로인지 여부 ⑤ 소유자가 독점적이고 배타적인 사용수익권을 포기하였는지 여부664) ⑥ 국가 또는 지방자치단체가 점유하는 지 여부 등을 종합적으로 보고 판단하여야 한다.

판 례

□ 대법원 2013. 6. 13. 선고 2011두7007 판결

공익사업을 위한 토지 등의 취득 및 보상에 관한 법률 시행규칙 제26조 제2항 제2호가 규정한 '토지소유자가 그 의사에 의하여 타인의 통행을 제한할 수 없는 도로'는 사유지가 종전부터 자연발생적으로 또는 도로예정지로 편입되어 있는 등으로 일반 공중의 교통에 공용되고 있고 그 이용상황이 고착되어 있어, 도로부지로 이용되지 아니하였을 경우에 예상되는 표준적인 이용상태로 원상회복하는 것이 법률상 허용되지 아니하거나 사실상 현저히 곤란한 정도에 이른 경우를 의미한다고 할 것이다. 이때 어느 토지가 불특정 다수인의 통행에 장기간 제공되어 왔고 이를 소유자가 용인하여 왔다는 사정이 있다는 것만으로 언제나 도로로서의 이용상황이 고착되었다고 볼 것은 아니고, 이는 당해 토지가 도로로 이용되게 된 경위, 일반의 통행에 제공된 기간, 도로로 이용되고 있는 토지의 면적 등과 더불어 그 도로가 주위 토지로 통하는 유일한 통로인지 여부 등 주변 상황과 당해 토지의 도로로서의 역할과 기능 등을 종합하여 원래의 지목 등에 따른 표준적인 이용상태로 회복하는 것이 용이한지 여부 등을 가려서 판단해야 할 것이다

663) 감정평가 실무기준 해설서(Ⅱ), 한국감정평가협회외 1, 2014, 163면.

664) 대법원 1999. 4. 27. 선고 98다56232 판결 : 어느 사유지가 종전부터 자연발생적으로, 또는 도로예정지로 편입되어 사실상 일반 공중의 교통에 공용되는 도로로 사용되고 있는 경우, 그 토지의 소유자가 스스로 그 토지를 도로로 제공하여 인근 주민이나 일반 공중에게 무상으로 통행할 수 있는 권리를 부여하였거나 그 토지에 대한 독점적이고 배타적인 사용수익권을 포기한 것으로 의사해석을 함에 있어서는 그가 당해 토지를 소유하게 된 경위나 보유 기간, 나머지 토지들을 분할하여 매도한 경위와 그 규모, 도로로 사용되는 당해 토지의 위치나 성상, 인근의 다른 토지들과의 관계, 주위 환경 등 여러 가지 사정과 아울러 분할·매도된 나머지 토지들의 효과적인 사용·수익을 위하여 당해 토지가 기여하고 있는 정도 등을 종합적으로 고찰하여 판단하여야 한다.

(3) 현실적 분류

우선 타인의 통행을 제한할 수 없는 도로라고 하면, 우선적으로 민법상에 의한 통행권을 들 수 있으며, 또한 공법상의 교통통행권에 의하여 타인의 통행을 제한할 수 없는 도로가 있다.

① 민법에 의한 통행제한

(가) 민법에 의하여 주위토지통행권이 발생한 도로

민법에서는 주위토지 통행권에 대하여 제219조(주위토지통행권)와 제220조(분할, 일부양도와 주위토지통행권)가 있다.

토지주위에 공도가 없어서 주위의 토지를 통행하거나 통로를 개설하지 않고서는 공도에 출입할 수 없는 경우 등에서 발생하는 도로를 말한다. 이 경우 통로의 개설은 손해가 가장 적은 장소와 방법을 선택하여야 하며 그로 인하여 손해가 있는 경우에는 통행지의 소유자에게 보상하여야 한다(민법 제219조). 또한 당초는 공도에 통하고 있었던 토지가 분할 또는 일부의 양도로 공도에 통하지 못하는 토지로 된 경우 그 토지소유자는 다른 분할 토지소유 또는 그 양수인의 토지를 통행할 수 있지만 이 경우 통행으로 인하여 분할한 토지소유자 또는 그 양수인에게 손해가 발생하더라도 그 토지소유자는 그로 인한 보상의 의무는 없다(민법 제220조).

이 주위토지통행권에 해당하는 도로에 대하여 통행권자에게 독점적, 배타적 사용수익권을 포기했다고 보기는 어려워 정상평가가 타당하다고 생각된다. 그러나 감정평가 실무기준 해설에서는 이 주위토지통행권 설정도로에 대하여 배타적 사용이 제한되고 일반적인 거래의 관행상 인근토지에 비하여 낮게 거래된다는 사유로 감액평가를 지지하고 있다.[665]

(나) 약정통행권

민법에서는 토지소유자 상호간의 설정계약에 의하여 통행지역권을 설정한다든지 또는 소유자와 임대차 등 채권계약을 체결하여 그 목적을 달성 할 수 있을 경우에도 사도를 통행할 수 있다.

이러한 민법상에 의하여 설정된 통행권이 과연 1/3으로 평가되어야 할 토지인가에 대하여 정상임료를 받는 토지임으로 이를 낮게 평가하여야 할 이유가 없다. 또한 물권

665) 감정평가 실무기준 해설서(Ⅱ), 한국감정평가협회외 1, 2014, 156면.

의 통행지역권 등도 대가를 지불하는 것이 원칙임으로 1/3으로 평가하는 것은 타당하지 않다고 본다. 그러나 이 약정통행권이 설정된 토지도 감정평가 실무기준 해설에서는 주위토지통행권 설정도로에서와 같은 사유로 감액평가 하는 것이 타당하다고 보고 있다.[666]

② 자연발생적 도로

(가) 의 의

자연발생적으로 형성된 도로는 일반적으로 도로로 개설 또는 형성과정에 도로관리청 기타 행정청이 관여하지 아니한 도로를 말한다. 토지소유자가 관여하였는지는 묻지 않으나 토지소유자가 스스로 설치한 도로는 아니다. 판례는 이와 같이 자연발생적으로 형성된 도로에 대하여 사실상 사도에 해당한다고 판시한 바 있다.[667]

(나) 판례의 입장

한편 대법원 판례는 사실상 사도가 인근의 토지보다 낮은 가격으로 보상을 하기 때문에 그 대상을 인근 토지에 비하여 낮은 가격으로 보상하여 주어도 될 만한 객관적인 사유가 인정되는 경우에 한하여 사실상 사도를 인정하여야 한다는 입장이다.[668] 따라서 이미 살펴본 바와 같이 골목길에 대해서 사실상 사도를 부정하였으며,[669] 단순히 당해 토지가 불특정 다수인의 통행에 장기간 제공되어 왔고 이를 소유자가 용인하여 왔다는 사정만으로는 사실상의 도로에 해당한다고 할 수 없다고 판시(아래 판례)하고 있듯이 사실상 사도 인정에는 소극적인 입장이다.

---

666) 감정평가 실무기준 해설서(Ⅱ), 한국감정평가협회외 1, 2014, 157면.

667) 대법원 1993. 5. 25. 선고 92누17259 판결 : 이 사건 토지들은 6·25사변 이전부터 주민들의 통행 또는 학생들의 통학로로 사용되면서 자연발생적으로 사실상 도로화된 것이므로 사실상 사도에 해당된다.

668) 대법원 1999. 5. 14. 선고 99두2215 판결 : 사실상 도로에 관한 위 규정의 취지는 사실상 불특정 다수인의 통행에 제공되고 있는 토지이기만 하면 그 모두를 인근 토지의 3분의 1 이내로 평가한다는 것이 아니라 그 도로의 개설 경위, 목적, 주위 환경, 인접 토지의 획지면적, 소유관계, 이용 상태 등의 제반 사정에 비추어 당해 토지 소유자가 자기 토지의 편익을 위하여 스스로 공중의 통행에 제공하는 등 인근 토지에 비하여 낮은 가격으로 보상하여 주어도 될 만한 객관적인 사유가 인정되는 경우에만 인근 토지의 3분의 1 이내에서 평가하고 그러한 사유가 인정되지 아니하는 경우에는 위 규정의 적용에서 제외한다는 것으로 봄이 상당하다고 할 것이다

669) 대법원 1999. 5. 14. 선고 99두2215 판결 : 이 사건 토지 중 골목길로 이용된 부분은 원고들이 자기 토지의 편익을 위하여 스스로 설치한 도로부지에 해당한다고 보기 어렵다.

판 례

> **□ 대법원 2007. 4. 12. 선고 2006두18492 판결**
>
> '토지소유자가 그 의사에 의하여 타인의 통행을 제한할 수 없는 도로'에는 법률상 소유권을 행사하여 통행을 제한할 수 없는 경우뿐만 아니라 사실상 통행을 제한하는 것이 곤란하다고 보이는 경우도 해당한다고 할 것이나, 적어도 도로로의 이용상황이 고착화되어 당해 토지의 표준적 이용상황으로 원상회복하는 것이 용이하지 않은 상태에 이르러야 할 것이어서 단순히 당해 토지가 불특정 다수인의 통행에 장기간 제공되어 왔고 이를 소유자가 용인하여 왔다는 사정만으로는 사실상의 도로에 해당한다고 할 수 없다.

③ 학계의 입장

학계에서도 이와 같이 판례의 입장을 긍정적으로 보고 있다. 따라서 사실상 사도 평가에 있어 사실상 사도의 객관적 가치가 인근토지의 3분의 1에 불과하다는 평가규정이 과연 정당보상을 규정하고 있는 헌법에 합치한다고 볼 수 없고, 그동안 불특정 다수인에게 무상으로 통행에 공여해 왔다는 점을 감안하면 위의 산정방식은 헌법에 합치되지 않는다[670]는 입장이 있으며, 더 나아가 헌법의 정당보상의 원칙을 실현하기 위해서 동 조항은 우선적으로 삭제되어야 한다는 주장[671]이 설득력을 얻고 있다.

3) 건축법에 의하여 건축허가권자가 그 위치를 지정·공고한 도로

건축물의 대지는 건축법에서 그의 효용유지를 위하여 극히 예외적인 경우를 제외하고 2미터 이상을 도로에 접하도록 규제하고 있으며 도로의 너비는 보행 및 자동차통행이 가능한 4미터이상이어야 한다. 건축허가권자가 상기 조건을 갖춘 도로의 위치를 지정·공고한 도로를 말한다.

4) 도로개설 당시의 토지소유자가 대지 등을 조성하기 위해 설치한 도로

토지소유자가 넓은 토지를 개발하면서 토지형질변경의 허가를 받거나 허가받지 아니하고 자기 토지의 다른 부분의 효용증진을 위하여 도로를 개설하는 단지분할형도로를 말한다. 대법원은 단지분할형도로를 개설하여 그 토지에 대한 독점적이고 배타적인

670) 유경춘, 사도의 손실보상, "행정상 손실보상의 주요문제" 박영사, 1999, 344~345면
671) 육정균, 한국토지공법연구 제43회 제3호(2009. 2), 128면

사용수익권을 포기하고 일반공중의 통행로로 제공한 경우에는 사실상의 사도에 해당한다고 판시한 바 있다.

3. 사실상 사도 판단기준 사례

토지보상법 제26조 제2항의 타인의 통행을 제한 할 수 없는 토지에 대하여 많은 논란이 있다. 따라서 사업시행자 별로 사실상 사도에 대하여 적용하는 기준 및 사례가 일률적이지 못하다. 그러나 대부분 적용하는 기준으로 일반교통방해죄가 성립하는 경우와 사용수익권을 포기한 것으로 보는 경우는 공통적으로 적용하고 있는 기준으로 보인다.

즉 형법상 일반교통방해죄에 해당되는 경우[672]에는 "**토지소유자가 그 의사에 의하여 타인의 통행을 제한할 수 없는 도로**"에 해당되는 것으로 볼 수 있으며, 다만 개별사례의 일반교통방해죄 해당여부는 법령에 구체적인 기준이 없으므로 **판례에 따라 검토**하여야 할 것이라는 것이다.[673]

또한 토지소유자가 자기토지에 대하여 독점적이고 배타적인 사용수익권을 포기한 경우에는 사실상 사도로 볼 수 있다는 기준을 검토가능하다고 보고 있다.[674]

---

672) 형법 〈제15장 교통방해의 죄〉 제185조(일반교통방해) 육로, 수로 또는 교량을 손괴 또는 불통하게 하거나 기타 방법으로 교통을 방해한 자는 10년 이하의 징역 또는 1천500만원 이하의 벌금에 처한다. 〈개정 1995. 12. 29.〉

673) 이와 같이 교통방해죄가 적용되는 도로를 기준으로 할 경우 대부분의 도로가 이에 해당되어 이의 적용이 타당한 지는 의문이다. 대법원 판례(대법원 2007. 12. 28. 선고 2007도7717, 2002. 4. 26. 선고 2001도6903 판결 등)에서는 형법 제185조의 일반교통방해죄는 일반 공중의 교통의 안전을 그 보호법익으로 하는 범죄로서 육로 등을 손괴 또는 불통하게 하거나 기타의 방법으로 교통을 방해하여 통행을 불가능하게 하거나 현저히 곤란하게 하는 일체의 행위를 처벌하는 것을 그 목적으로 하고 있으며, 여기에서 '육로'라 함은 사실상 일반 공중의 왕래에 공용되는 육상의 통로를 널리 일컫는 것으로서 그 부지의 소유관계나 통행권리관계 또는 통행인의 많고 적음을 가리지 않는다.고 하고 있어 대부분의 도로가 이에 해당한다 할 것이다.

674) 이 경우에 해당하는 사례로 ① 새마을 농로 ② 도로개설을 조건으로 사용승락한 자가 이에 속한다.
① 대법원 2006. 5. 12. 선고 2005다31736 판결 : 새마을 농로 확장공사로 인하여 자신의 소유토지 중 도로에 편입되는 부분을 도로로 점용함을 허용함에 있어 손실보상금이 지급되지 않았으나 이의를 제기하지 않았고,·도로에 편입된 부분을 제외한 나머지 토지만을 처분한 점 등의 제반 사정에 비추어 보면, 토지소유자가 토지 중 도로로 제공한 부분에 대한 독점적이고 배타적인 사용수익권을 포기한 것으로 봄이 상당하다.
② 대법원 2005. 8. 25. 선고 2005다21517 판결 : 토지소유자로부터 사원용 국민주택의 건축 및 분양업무를 위임받은 시행자가 새로운 도로를 개설하는 것을 조건으로 기존도로를 사원용 국민주택 부지로 사용하는 것을 승인받은 토지소유자가 토지사용을 승낙하여 시행자가 새로운 도로를 개설한 후 이를 사원용 국민주택 거주자들의 통행에 제공한 경우, 토지소유자는 도로에 편입된 토지에 대하여 사용수익권을 포기하거나 무상통행권을 부여한 것으로 볼 수 있다.

판 례

□ **대법원 2006. 5. 12. 선고 2005다31736 판결**

사유지가 자연발생적으로 또는 도로예정지로 편입되어 사실상 일반 공중의 통행에 제공되는 도로로 사용되고 있는 경우, 토지소유자가 그 토지에 대한 독점적이고 배타적인 사용수익권을 포기한 것으로 의사해석을 함에 있어서는, 당해 토지를 소유하게 된 경위나 보유기간, 도로로 사용되는 당해 토지의 위치나 성상, 인근의 다른 토지들과의 관계, 주위 환경 등 여러 가지 사정과 아울러 분할·매도된 나머지 토지들의 효과적인 사용·수익을 위하여 당해 토지가 기여하고 있는 정도 등을 종합적으로 고찰하여 판단하여야 함.

Ⅳ. 새마을 도로의 보상평가

1. 새마을도로의 개념

새마을도로는 현행 법률에서는 존재하지 않는 도로로써 그 정의 또한 명확하지 않다. 그렇지만 농촌지역에서 현실적으로 존재하고 있으며 2009년 이전까지는 보상평가에서 존재하였던 도로이다.

새마을도로는 과거 1970년대 새마을 사업이 활발하던 시기에 마을간 또는 공도와의 접속을 위하여 개설한 도로로써, 그 기능상 개별토지의 효용증진을 위한 사적 효용도로가 아닌 공적 효용에 기여하는 도로이다. 이 새마을 도로는 국가나 지자체가 아닌 주로 마을 주민들의 공동노력에 의하여 토지소유자의 희생(사용승인 등)에 의해서 개설된 도로이다.

2. 새마을도로의 보상기준의 연혁

새마을 도로부지에 대한 보상기준은 계속적으로 변천되어 왔다. 당초 새마을도로는 공특법 시행 이후 인근토지에 대한 평가금액의 2분의 1 이내로 평가하도록 규정되어 있었다(구 공특법 시행규칙 제6조의 2 제2항 제2호).

그러나 1991. 10. 28 공특법 시행규칙을 개정하여 새마을도로부지에 대하여는 인근토지의 2분의 1 이내로 평가한다는 규정을 삭제하였다. 그 이유는 새마을도로는 사실상 자기소유의 다른 토지의 가치에 화체되었다고 볼 수 없고, 또한 새마을도로는 부락

공동체의 공동의 이익증진을 위하여 개설한 도로로써 그 화체액은 당연히 부락에 귀속되므로 새마을도로에 제공된 토지소유자만의 이용증진을 기한 것이라고 볼 수 없기 때문이다.[675]

이후 새마을도로부지의 평가에 대해서는 다소의 혼선이 있었는데, 주로 유권해석에 의하여 보상이 이루어졌다. 유권해석은 새마을도로 부지의 평가에 대하여 인근토지에 대한 평가금액의 3분의 1 이내로 평가하도록 한 질의회신[676]과 미불용지의 규정을 준용하여 새마을사업으로 도로를 설치할 당시의 이용상황을 상정하여 평가하도록 하는 질의회신[677]으로 나누어져 주로 사업시행자의 경우 보수적으로 사실상 사도 부지로 판단하여 인근 토지의 3분의 1 이내로 보상을 하였다.

이후 대법원의 사실상 사도에 대한 범위와 적용 요건에 대하여 "인근 토지에 비하여 낮은 가격으로 보상하여도 될 만한 객관적 사유가 있는 경우 감가평가가 가능하다"는 판례[678] 이후에 질의회신도 다소 변경을 가져왔다. 즉 1997. 4. 25 판례 이후의 질의회신은 대부분 새마을도로 부지에 대하여 미불용지 평가규정을 준용하도록 회신[679]하고 있다.

---

675) 한국감정원, 보상평가(上), 2000. 1455면

676) ① 토정 58307-4 (1996. 1. 5) 25년전 이전 새마을사업으로 도로가 개설된 도로부지의 평가에 대하여 사도법에 의한 사도외의 도로의 부지는 인근 토지에 대한 평가금액의 1/3 이내로 평가하도록 되어 있고, 이는 공부상 지목에 불구하고 현실적인 이용상황이 도로부지인 경우에 적용하는 것이다.
② 토정 58307-499 (1993. 3. 30) 1975년 새마을 사업으로 편입된 도로가 공특법시행규칙 제6조의2 제3항의 규정에 의한 사실상의 사도인 경우 동법시행규칙 제6조의2제3항제1호의 규정에 의한 사실상의 사도로 보아 평가·보상받게 되며, 새마을 사업으로 시행한 도로가 사실상 사도가 아닌 경우 새마을사업에 편입될 당시의 이용상황을 상정하여 평가·보상받게 된다(이 질의회신은 실무자로 하여금 새마을도로를 "사실상사도" 또는 "미불용지"로 상황판단하라는 해석이지만 결국 보수적 입장에서 주로 사실상 사도로 판단하였음).

677) 토정 30241-1831 (1992. 11. 20) 새마을 사업으로 설치된 도로의 평가는 공특법 시행규칙 제6조 제7항의 미불용지의 평가기준을 준용하여 새마을 도로를 설치할 당시의 이용상황을 상정하여 평가하여야 할 것이나, 당해 새마을 도로의 설치로 인한 개발이익은 배제되어야 할 것이다.

678) 대법원 1997. 4. 25. 선고 96누13651 판결 : 공공용지의취득및손실보상에관한특례법시행규칙(1995. 1. 7. 건설교통부령 제3호로 개정된 것) 제6조의2 제1항 제2호는 사도법에 의한 사도 외의 도로의 부지를 인근 토지에 대한 평가금액의 3분의 1 이내로 평가하도록 규정함으로써 그 규정의 문언상으로는 그것이 도로법·도시계획법 등에 의하여 설치된 도로이든 사실상 불특정 다수인의 통행에 제공되고 있는 도로(이하 사실상 도로라 한다)이든 가리지 않고 모두 위 규정 소정의 사도법에 의한 사도 이외의 도로에 해당하는 것으로 보아야 할 것이지만, 그 중 사실상 도로에 관한 위 규정의 취지는 사실상 불특정 다수인의 통행에 제공되고 있는 토지이기만 하면 그 모두를 인근 토지의 3분의 1 이내로 평가한다는 것이 아니라 그 도로의 개설 경위, 목적, 주위 환경, 인접 토지의 획지면적, 소유관계, 이용 상태 등의 제반 사정에 비추어 당해 토지 소유자가 자기 토지의 편익을 위하여 스스로 공중의 통행에 제공하는 등 인근 토지에 비하여 낮은 가격으로 보상하여 주어도 될 만한 객관적인 사유가 인정되는 경우에만 인근 토지의 3분의 1 이내에서 평가하고 그러한 사유가 인정되지 아니하는 경우에는 위 규정의 적용에서 제외한다는 것으로 봄이 상당하다 고 할 것이다.

679) ① 토정 58342-119 (1999. 1. 21) 사유토지가 새마을사업으로 편입되 사유토지의 보상에 대하여 공특법

한편 2003년 토지보상법의 시행으로 토지보상평가지침도 도로 등의 평가규정을 신설하여 새마을 도로에 대하여 미불용지 규정을 준용하여 평가하도록 명문화하여 새마을도로에 대해서는 미불용지로 평가하도록 제도화하였다.

그러나 2009년 대법원이 미불용지 인정요건으로 종전에 보상금이 지급되었던 사업으로 한정하면서,[680] 새마을도로부지는 종전에 사업시행자가 보상금이 지급되었던 사업은 아님으로 미불용지 규정을 적용하지 못하게 되었고 결국 토보침에서 미불용지 준용규정을 삭제하기에 이르렀다. 따라서 현재는 새마을도로에 대한 명백한 규정이 없게 되었고 실무적으로 다시 사실상 사도의 규정을 적용할 수 밖에 없다고 보여진다.[681]

표 24. 새마을도로의 평가규정 변천

구분	시행시기	평 가 방 법	근 거
토지보상법	1980.8.1	새마을 사업으로 설치된 농로 등에 대하여는 인근토지에 대한 평가금액의 2분의1	공특법 시행규칙 제6조2(사도등에 대한 평가)제2항3
	1991.10.28	공특법 시행규칙 제6조2(사도등에 대한 평가) 제2항3호 삭제하고, 제3항에서 "사실상 사도"의 개념에서 새마을사업으로 설치한 도로를 명문으로 제외	공특법 시행규칙 제6조2(사도등에 대한 평가) 제3항
	2003.1.1.~	토지수용법과 공특법 통합하여 토지보상법 시행 새마을도로에 대한 별도의 평가규정 없음	
토지보상평가지침	1993.2.16	새마을 사업에 의하여 마을간 또는 공도와의 접속을 위하여 개설 확장된 도로의 평가는 미불용지 규정준용	구 토보침 제38조 (새마을도로의 평가)
	1995.6.26	토보침 제38조(새마을도로의 평가) 규정 삭제 새마을도로부지에 대한 별도의 평가규정 없음	구 토보침 제38조 삭제
	2003.2.14	토보침 새마을사업에 의하여 설치된 도로 및 확장, 변경된 도로 등 미불용지 규정 적용평가	토보침 제37조②,③신설
	2009.10.18	새마을도로 평가규정 삭제	토보침 제37조②,③삭제

시행규칙 제6조 제7항의 규정에 의거 종전의 공공사업에 편입될 당시의 이용상황을 상정하여 보상·평가하도록 규정하고 있다.

② 토정 58342-582 (1998. 5. 1) 새마을사업으로 시행한 도로가 도시계획도로에 편입되어 활용하고 있는 경우 공특법 시행규칙 제6조 제7항의 규정에 의거 종전의 공공사업에 편입될 당시의 이용상황을 상정하여 보상·평가하도록 규정하고 있다.

680) 대법원 2009. 3. 26. 선고 2008두22129 판결 : 공익사업을 위한 토지 등의 취득 및 보상에 관한 법률 시행규칙 제25조 제1항의 미불용지는 '종전에 시행된 공익사업의 부지로서 보상금이 지급되지 아니한 토지'이므로, 미불용지로 인정되려면 종전에 공익사업이 시행된 부지여야 하고, 종전의 공익사업은 적어도 당해 부지에 대하여 보상금이 지급될 필요가 있는 것이어야 한다.

681) 중토위, 2019년 토지수용 편람, 246면 : '마을 간 또는 공도 등과의 접속을 위하여 새마을사업에 의하여 설치되었거나, 불특정 다수인의 통행에 이용되고 있었던 관습상의 도로 등이 새마을사업에 의하여 확장 또는 노선변경이 된 도로'인 새마을도로는 다른 사도에 비해서는 공공적 측면이 강하고, 도로개설의 자의성은 인정되나 동일 소유자 간의 가치 이전이라는 요건을 충족한다고 보기 어려움. 따라서 '토지소유자가 그 의사에 의하여 타인의 통행을 제한할 수 없는 도로'에 해당하는 사실상의 사도로 봄.

3. 새마을도로의 보상평가

앞서 본 바와 같이 새마을도로 보상평가는 많은 변천을 거쳐 현재는 사용·수익권 제한가치이론에 따라 토지보상법 시행규칙 제26조 제2항 제2호의 "토지소유자가 그 의사에 의하여 타인의 통행을 제한할 수 없는 도로"에 해당하는 사실상의 사도로 평가하여야 한다.

판례도 같은 취지의 판결을 하고 있으나(아래판결 참고), 과연 토지소유자의 입장에서는 국가나 지자체에서 설치해야 할 도로를 그동안 무상으로 제공하여 왔는데, 사후 공익사업에서도 인근 토지에 비하여 현저하게 낮은 보상을 한다면 이는 문제가 있다고 보인다.

판 례

□ 대법원 2006. 5. 12. 선고 2005다31736 판결

새마을 농로 확장공사로 인하여 자신의 소유 토지 중 도로에 편입되는 부분을 도로로 점유함을 허용함에 있어 손실보상금이 지급되지 않았으나 이의를 제기하지 않았고, 도로에 편입된 부분을 제외한 나머지 토지만을 처분한 점 등의 제반사정에 비추어 보면, 토지소유자가 토지 중 도로로 제공한 부분에 대한 독점적이고 배타적인 사용수익권을 포기한 것으로 봄이 타당하다.

제8절 구거 및 도수로부지의 보상평가

Ⅰ. 구거 및 도수로부지의 의의

1. 관련조항

▣ **토지보상법 시행규칙**

제26조 (도로 및 구거부지의 평가) ③ 구거부지에 대하여는 인근토지에 대한 평가액의 3분의 1 이내로 평가한다. 다만, 용수를 위한 도수로부지(개설당시의 토지소유자가 자기 토지의 편익을 위하여 스스로 설치한 도수로부지를 제외한다)에 대하여는 제22조의 규정에 의하여 평가한다.

2. 개 념

공간정보의 구축 및 관리 등에 관한 법률 시행령 제58조에 의거 구거란 "용수(用水) 또는 배수(排水)를 위하여 일정한 형태를 갖춘 인공적인 수로·둑 및 그 부속시설물의 부지와 자연의 유수(流水)가 있거나 있을 것으로 예상되는 소규모 수로부지"라 정의하고 있는 반면에 도수로 부지에 대해서는 별도로 정의하지 않고 있다. 이 도수로 부지의 정의에 대해서는 관행용수권과 관련하여 용수·배수를 목적으로 일정한 형태를 갖춘 인공적인 수로·둑 및 그 부속시설물의 부지를 말한다.

구 공특법시행규칙 제6조의2의 규정에 의한 구거는 지적법시행령에서 규정하고 있는 구거의 범위중 위의 도수로를 제외한 부분이 이에 해당하는 것으로 사료되나, 이는 관념적 구분이고 보다 정확한 것은 구체적인 사실관계를 중심으로 상황에 대한 종합적인 검토에 의하여 판단하여야 할 것[682]으로 보인다.

682) 토정 58307-69 (1996. 1. 17)

Ⅱ. 구거 및 도수로부지의 평가기준

1. 구거부지 평가기준

구거부지에 대하여는 인근토지에 대한 평가액의 3분의 1 이내로 평가한다. 다만, 용수를 위한 도수로부지(개설당시의 토지소유자가 자기 토지의 편익을 위하여 스스로 설치한 도수로부지 제외)에 대하여는 동 규칙 제22조의 규정에 의하여 평가한다.

2. 도로수부지 평가기준

도수로 부지 해당여부는 구체적인 사실관계를 중심으로 제반 상황을 종합적으로 검토하여 도수로의 개설경위, 인접토지로의 가치이전 여부, 소유권의 행사로 타 용도로 전환할 수 있는가의 여부 등을 확인 판단하여야 한다. 도수로부지는 대부분 농어촌공사 소유로 인공적인 구조물 등으로 구축하여 관리하고 있으며 현재 농업용수 등의 취수에 이용되고 있는 경우에는 도수로 부지로 보아야 한다.

판 례

□ **대법원 2001. 4. 24. 선고 99두5085 판결**

[1] 공공용지의취득및손실보상에관한특례법시행규칙 제6조의2 제2항, 제12조 제2항, 제6조 제1항, 제2항은 구거부지에 대하여는 인근토지에 대한 평가금액의 1/3 이내로 평가하도록 하면서 관행용수를 위한 도수로부지에 대하여는 일반토지의 평가방법에 의하여 평가하도록 규정하고 있는바, 이와 같이 구거부지와 도수로부지의 평가방법을 달리하는 이유는 그 가치에 차이가 있다고 보기 때문이므로, 일반토지의 평가방법에 의한 가격으로 평가하도록 되어 있는 도수로부지를 그보다 낮은 가격으로 평가하는 구거부지로 보기 위하여는 그 도수로의 개설경위, 목적, 주위환경, 소유관계, 이용상태 등의 제반 사정에 비추어 구거부지로 평가하여도 될만한 객관적인 사유가 있어야 한다.

[2] 관행용수를 위한 도수로부지에 그 소유자의 의사에 의하지 아니한 채 생활오폐수가 흐르고 있다는 사정은 원래 일반토지의 평가방법에 의한 가격으로 평가하도록 되어 있는 도수로부지를 그보다 낮은 가격으로 평가하는 구거부지로 보아도 될만한 객관적인 사유가 될 수 없다.

도수로 부지는 「토지보상법시행규칙」 제22조 제1항의 규정에 의거 표준지 공시지가를 기준으로 정상평가하여야 하며, 원래 인근토지에 대한 평가액의 몇 분의 1이라는 규정은 그 부지의 가격이 용수로, 도로, 제방, 구거 등으로 되었기 때문에 감가한다는 취지가 아니고, 사도처럼 그 부지의 가치가 자기 토지의 다른 토지의 가치에 화체(化體) 되었기 때문에 이를 감가한다는 취지로 보아야 하며, 도수로는 몽리(蒙利)농지의 관행용수권이 부착된 토지이고 소유권자가 상이하여 가치이전설(化體이론)이 적용되지 아니하므로 화체의 개념과는 관계가 없는 관행용수권(도수로) 부지를 그 이용상황에 따라 정상평가하는 것이 타당[683]하다고 본다.

질의회신

□ 토정 58307-1596 (1995. 11. 17)

용수로 시설이 농지개량조합이 별도의 부지를 매입하여 설치한 것이고 몽리답(蒙利畓)에 화체(化體)되지 아니하거나 보상계약체결당시에 그 기능이 상실하지 아니한 경우라면 제12조 제1항의 규정에 의하여 건물에 대한 평가규정을 준용 평가보상하여야 할 것이며, **그 부지에 대하여는 제6조 제1항의 규정에 의하여 공시지가를 기준으로 평가하여야 할 것이다.**

※ 「공특법시행규칙」 제6조 제1항 → 「토지보상법시행규칙」 제22조 제1항
「공특법시행규칙」 제12조 제1항 → 「토지보상법시행규칙」 제36조 제1항 개정됨

Ⅲ. 구거 및 도수로부지의 평가방법

1. 구거부지 평가방법

인근 토지가격의 3분의 1 이내로 평가한다. 따라서 이러한 구거에 해당하면 그 소유자가 누구인지, 자기 토지의 편익에 이용하고 있는지 등에 관계없이 인근 토지에 대한 감정평가금액의 3분의 1 이내로 보상한다. 다만 다음과 같은 경우에는 구거로 보지 아니한다(토보칙 제38조③).

① 지적공부상으로 구거로 구분되어 있으나 가격시점 현재 구거로 이용되고 있지 아니하거나 사실상 용도폐지된 상태에 있는 것

② 지적공부상으로 구거로 구분되어 있지 아니한 상태에서 가격시점 현재 사실상 구거에 이용되고 있으나 소유자의 의사에 따라 법률적·사실적으로 제한 할 수 있는 것

683) 중앙토지수용위원회, 수용재결기준, 2006. 8월, 64면.

▣ 토보침

제38조 (구거부지의 평가) ① 구거부지(제37조의 2에서 규정한 도수로부지는 제외한다. 이하 같다)에 대한 감정평가는 법 시행규칙 제26조 제3항 본문에 따라 인근토지에 대한 감정평가액의 3분의 1 이내로 한다.

② 제1항에서 "인근토지"란 그 구거부지가 구거로 이용되지 아니하였을 경우에 예상되는 표준적인 이용상황과 비슷한 토지로서 위치상 가까운 것을 말한다.

③ 제35조의 2 제2항 제1호 및 제2호의 규정은 이 조에서 준용한다.

2. 도수로부지의 평가방법

1) 평가원칙

도수로 부지는「토지보상법시행규칙」제22조 제1항의 규정에 의거 표준지 공시지가를 기준으로 정상평가하여야 한다.[684] 이는 구 농지개량조합의 수로와 같이 일반농지를 사서 거기에 상당한 비용을 투자하여 수로로 만든 구거는 주위 토지의 값에 조성비를 더하여 평가하지 않으면 안 되기 때문이다.[685]

이에 대한 평가는 도수로의 부지가 도수로로 이용되지 아니하였을 경우에 예상되는 인근지역에 있는 표준적인 이용상황의 표준지 공시지가를 기준으로 당해 도수로의 위치·면적·형상·지세, 도수로의 폭·구조·기능·계통 및 연속성, 편입당시의 지목 및 이용상황, 용도지역·지구·구역 등 공법상 제한, 인근토지의 이용상황, 그 밖에 가격형성에 영향을 미치는 제요인을 고려하여 평가하되, 공작물 등 도수로 시설물의 가격은 도수로 부지의 평가가격에 포함하지 아니하며, 당해 토지가 도수로부지인 것에 따른 용도적 제한은 고려하지 아니한다.

684) 중앙토지수용위원회가 구거 등의 부지로 보고 인근토지에 대한 평가금액의 3분의 1 이내로 평가하여 산정한 금액을 기초로 이의재결한데 대하여 부산고등법원에서는 "양산수리조합은 일제 강점기 때 속칭 "메기들판"이라고 불려지는 광활한 농경지에 농업용수를 공급하기 위한 관개시설을 만들어 인근 양산천으로부터 강물을 취수하여 농경지에 농업용수를 공급하고 있는데, 이 토지는 그 용수를 위한 도수로의 부지를 이루고 있는 사실을 인정할 수 있는바, 위 인정사실에 의하면 이 토지는 관행용수권의 도수로부지에 해당한다고 할 것이다(부산고등법원 1997. 9. 12. 선고 96누9133 판결).

685) 건설교통부, 공공용지취득 및 손실보상제도 개선방안 연구(Ⅱ), 2000.6, 163면.

2) 구체적 방법

(1) 자기 스스로 개설한 도수로 부지

개설당시 토지소유자가 자기 토지의 편익을 위하여 스스로 설치한 도수로부지는 구거부지와 동일하게 평가한다(인근 토지평가액의 1/3 이내).

(2) 미지급용지

도수로부지가 미지급용지인 경우에는 미지급용지 평가규정에 의한다.

(3) 인근 이용상황 감안평가

① 인근 표준적인 상황이 농경지 또는 임야인 경우

인근지역의 표준적인 이용상황이 전·답 등 농경지인 경우 그 표준적인 이용상황의 토지와 유사한 이용상황의 표준지공시지가를 기준으로 한 적정가격에 도수로의 지반조성 등에 통상 필요한 상당액을 고려한 가격수준으로 결정한다.

▣ **토보침**

제37조의 2 (도수로 부지의 평가) ② 1. 인근지역의 표준적인 이용상황이 전, 답 등 농경지인 경우에는 그 표준적인 이용상황과 비슷한 토지의 표준지공시지가를 기준으로 한 적정가격에 도수로의 지반조성 등에 통상 필요한 비용 상당액과 위치조건 등을 고려한 가격수준으로 결정한다. 다만, 인근지역의 표준적인 이용상황의 토지가 경지정리사업지구 안에 있는 전·답 등 농경지인 경우에는 도수로의 지반조성 등에 통상 필요한 비용 상당액은 고려하지 아니한다.

2. 인근지역의 표준적인 이용상황이 "대" 및 이와 비슷한 용도의 것인 경우에는 그 표준적인 이용상황과 비슷한 토지의 표준지공시지가를 기준으로 한 적정가격에 환지비율과 위치조건 등을 고려한 가격수준으로 결정한다. 이 경우 도수로의 지반조성 등에 통상 필요한 비용 상당액은 고려하지 아니한다.

② 인근 표준적인 상황이 '대' 및 이와 비슷한 경우

인근지역의 표준적인 이용상황이 "대" 및 이와 유사한 용도의 경우에는 그 표준적인 이용상황의 토지와 유사한 표준지공시지가를 기준으로 한 적정가격에 "대"로 전환할 경우 예상되는 도로개설 등의 부담비율 등을 고려한 가격수준으로 결정한다. 이 경우는 도수로의 지반조성 등에 통상 필요한 비용 상당액은 고려하지 않는다.[686]

(4) 기능상실 등의 경우의 평가

도수로로서의 기능이 사실상 상실되었거나 용도폐지된 도수로부지의 경우에는 그 도수로부지의 다른 용도로의 전환가능성, 전환후의 용도, 용도전환에 통상 필요한 비용 상당액 등을 고려한 가격수준으로 결정할 수 있다. 이 경우에는 인근지역에 있는 것으로서 일반적으로 전환 가능한 용도와 유사한 이용상황의 표준지 공시지가를 기준으로 평가한다.

(5) 수도용지의 평가

수도용지의 평가시에는 도수로 평가규정을 준용할 수 있다. 수도법 제60조에서 수도사업을 공익사업으로 규정하고 있으므로, 이와 같이 수도사업에 의하여 조성된 수도용지는 공익사업에 해당하므로 도수로부지의 감정평가 방법을 준용한다.[687]

(6) 공익사업 시행 도수로부지 평가

종전의 「농촌근대화촉진법」의 규정에 따른 농지개량사업, 「농어촌정비법」의 규정에 따른 농어촌정비사업 등 관계법령의 규정에 따른 공익사업의 시행으로 설치된 도수로의 부지에 대한 평가는 도수로부지의 평가규정에 따른다. 다만, 그 도수로가 환지방식 등에 따라 설치된 것으로서 그 도수로의 폭·기능·규모·연속성 그 밖에 인근토지의 상황 등에 비추어 농경지 등 조성시에는 유사한 기능·규모 등의 도수로를 개설할 것으로 일반적으로 예상되고 그 도수로부지의 가치가 조성된 농경지 등에 상당부분 화체된 것으로 인정되는 경우에는 구거부지 평가규정을 준용할 수 있다. 이때에는 평가서에 그 내용을 기재한다.

---

686) 한국감정평가협회/한국감정원, 감정평가 실무기준 해설서(Ⅱ), 2014, 175면.
687) 한국감정평가협회/한국감정원, 감정평가 실무기준 해설서(Ⅱ), 2014, 177면.

제9절 선하지부지 평가

Ⅰ. 의의 및 근거

1. 이론적 근거

사회·경제의 발전에 따라 토지의 지하 및 지상 공간의 이용 정도가 급증하게 되면서 토지의 공간 이용에 관한 여러 가지 법적 문제가 제기되고 있다. 특히 한정된 토지자원을 효율적으로 활용하고, 토지가격의 앙등에 따른 토지보상비의 절감을 위하여 종전의 토지의 평면적 이용의 한계를 넘어 입체적 토지이용의 필요성이 높아지고 있다. 특히 지하철 공사 또는 입체적 도로구역, 선하지 등에 있어서 그 보상에 관한 법적 문제가 중요하게 대두되고 있다.

민법은 제212조에서 토지소유권이 미치는 범위에 대하여 "토지의 소유권은 정당한 이익이 있는 범위 내에서 토지의 상하에 미친다"고 규정하여 토지소유권이 지표뿐만 아니라 지상이나 지하의 공간에 이르기까지 그 효력이 미친다고 할 수 있다. 이에 1984년 개정 민법에서는 제289조의 제2호의 구분지상권 규정을 마련하여 지상 또는 지하의 공간도 범위를 정하여 지상권을 설정할 수 있도록 하고 있다.

2. 법적 근거

선하지란 전선로용지(특별고압 가공전선 아래의 토지)중 전주·철탑이 설치되어 있는 토지(지지물 용지)를 제외한 토지로 전선이 통과하는 토지만을 말한다. 토지 지하에 송수관·송유관·가스관 등이 매설된 토지의 경우도 선하지의 평가기준을 준용하도록 규정하고 있다. 이에 대한 구체적인 보상기준으로는 "선하지의 공중부분사용에 따른 손실보상평가지침"이 있다.

▣ 토지보상법 시행규칙

제31조 (토지의 지하·지상공간의 사용에 대한 평가) ① 토지의 지하 또는 지상공간을 사실상 영구적으로 사용하는 경우 당해 공간에 대한 사용료는 제22조의 규정에 의하여 산정한 당해 토지의 가격에 당해 공간을 사용함으로 인하여 토지의 이용이 저해되는 정도에 따른 적정한 비율(이하 이 조에서 "입체이용저해율"이라 한다)을 곱하여 산정한 금액으로 평가한다.
②토지의 지하 또는 지상공간을 일정한 기간동안 사용하는 경우 당해 공간에 대한 사용료는 제30조의 규정에 의하여 산정한 당해 토지의 사용료에 입체이용저해율을 곱하여 산정한 금액으로 평가한다.

▣ 도로법

제28조 (입체적 도로구역) ① 도로관리청은 제25조에 따라 도로구역을 결정하거나 변경하는 경우 그 도로가 있는 지역의 토지를 적절하고 합리적으로 이용하기 위하여 필요하다고 인정하면 지상이나 지하 공간 등 도로의 상하의 범위를 정하여 도로구역으로 지정할 수 있다.
② 도로관리청은 제1항에 따른 도로구역(이하 "입체적 도로구역"이라 한다)을 지정할 때에는 토지·건물 또는 토지에 정착한 물건의 소유권이나 그 밖의 권리를 가진 자와 구분지상권(區分地上權)의 설정이나 이전을 위한 협의를 하여야 하며, 지상의 공간에 대한 협의가 이루어지지 아니하면 입체적 도로구역으로 지정할 수 없다. 이 경우 협의의 목적이 되는 소유권이나 그 밖의 권리, 구분지상권의 범위 등 협의의 내용에 포함되어야 할 사항은 대통령령으로 정한다.

Ⅱ. 선하지 보상근거

1. 선하지의 평가방법

토보침 제46조의 2 조항은 새로이 선하지로 편입되어 토지보상평가를 하는 경우와는 달리 기존에 선하지 등으로 이용하고 있다가 다른 공익사업에 편입되는 경우의 보상평가를 규정하고 있다. 이는 과거 선하지 등으로 이용되고 있는 토지의 경우 한국전력공사 등에서 선하지 등에 대한 보상계획을 세워 그때마다 보상을 했어야 했음에도 보상개념의 미비로 인하여 사후에 보상계획이 세워져 일부만 구분지상권을 설정하여 보상을 실시하였다. 따라서 보상을 하지 않은 경우 결국 미지급용지로 보아 그 제한을 받지 않는 상태로 평가하도록 해당 공익사업시행 전의 이용상황에 의거 평가한다는 의미이다.

▣ **토지보상평가지침**

제46조의 2 (선하지 등의 감정평가) ① 토지의 지상공간에 고압선이 통과하고 있는 토지(이하 "선하지"라 한다)에 대한 감정평가는 그 제한을 받지 아니한 상태를 기준으로 한다.

② 제1항에도 불구하고 선하지에 해당 고압선의 설치를 목적으로 「민법」 제289조의 2에 따른 구분지상권이 설정되어 있는 경우에는 제47조(제5항은 제외한다)를 준용한다.

③ 제2항은 토지의 지하공간에 「도시철도법」 제2조 제2호에 따른 도시철도와 「송유관안전관리법」 제2조 제2호에 따른 송유관 등 공익시설의 설치를 목적으로 「민법」 제289조의 2에 따른 구분지상권이 설정되어 있는 토지에 대한 감정평가의 경우에 준용한

제47조 (소유권 외의 권리의 목적이 되고 있는 토지의 평가) ① 소유권 외의 권리의 목적이 되고 있는 토지에 대한 감정평가는 다음 각 호와 같이 한다.

1. 의뢰자가 토지에 관한 소유권 외의 권리를 따로 감정평가할 것을 요청한 경우에는 다음과 같이 하되, 그 내용을 감정평가서에 기재한다.

감정평가액 = 해당 토지의 소유권 외의 권리가 없는 상태의 감정평가액 - 해당 토지의 소유권 외의 권리에 대한 감정평가액

2. 의뢰자가 토지에 관한 소유권 외의 권리를 따로 감정평가할 것을 요청하지 아니한 경우에는 토지의 소유권 외의 권리가 없는 상태를 기준으로 한다. 다만, 제46조의2제2항과 제3항에 따른 감정평가의 경우에는 제1호에 따른다.

판 례

□ **대법원 2006. 4. 13. 선고 2005다14083 판결**

[1] 토지소유자가 고압전선이 설치된 토지를 농지로만 이용하여 왔다고 하더라도 그 토지 상공에 대한 구분지상권에 상응하는 임료 상당의 손해를 입었다고 보아야 한다. 나아가 피고는 원고들의 묵시적 동의가 있었다는 주장도 하지만, 송전선이 토지 위를 통과함을 알고서 토지를 취득하였거나, 토지를 취득한 후 장기간 송전선의 설치에 대하여 이의를 제기하지 않았다고 하여 토지소유자의 권리가 실효되었다거나 토지소유자가 그러한 제한을 용인하였다고 볼 수 없다.

[2] 부당이득의 성립과 관련하여서 본 사실관계에 의하면 배전선 내 면적은 물론 이격거리 면적에 대하여도 동일하게 토지의 사용·수익이 제한되는 것이므로, 이격거리 면적에 포함되는 부분도 부당이득 반환의 대상이 됨은 명백하고, 이 사건 전선의 설치로 인하여 사용이 제한되는 부분을 제외한 나머지 토지 부분만으로 사실상 소유자가 자신이 원하는 용도로 사용할 수 없게 된 경우에 사회통념상 그 과소토지 부분도 당해 시설물을 설치·소유한 자가 사용·수익하고 있다고 보아 부당이득 반환의 대상이 된다고 보아야 할 것이다.

[3] 기대이율이 과다하게 산정되었다는 주장에 관하여 보건대, 토지의 부당이득액을 산정함에 있어 그 요소가 되는 기대이율은 국공채이율, 은행의 장기대출금리, 일반시중의 금리, 정상적인 부동산거래이윤율, 국유재산법과 지방재정법이 정하는 대부료율 등을 참작하여 결정하여야 할 것인 바(대법원 2002. 10. 25. 선고 2002다31483 판결 참조), 위 법리에 비추어 기록을 검토하여 보면, 원심이 기대이율은 이 사건 각 토지를 가장 효과적으로 이용하였을 때 얻을 수 있는 수익과 토지가격의 비율이라고 전제한 다음, 제1심의 감정 결과와 위와 같은 제반 요소를 참작하여 기대이율을 6%라고 산정한 조치 역시 정당한 것으로 넉넉히 수긍할 수 있다.

2. 개 념

"송전선로"라 함은 전기사업자가 건설하는 발전소·변전소·개폐소 및 이와 유사한 장소와 상호간의 전선 및 이를 지지하거나 보장하는 시설물을 말하며, 또한 "선하지"라 함은 송전선로의 양측 최외선으로부터 수평으로 3m(택지 및 택지예정지로서 전기설비기준 제140조에서 정하는 전압별 측방이격거리를 한도로 3m를 초과하는 부분이 건축물 등의 보호 등에 있어서 필요하다고 인정되는 경우에는 그 초과부분을 포함한 거리)를 수평으로 더한 범위 안에서 정한 직하의 토지 중 지지물의 용지를 제외한 토지를 말한다.

Ⅲ. 선하지 보상평가

1. 선하지의 평가방법

선하지의 보상평가는 당해 토지상에 송전선이 통과함으로 인한 토지이용의 제한정도를 감안하여 평가한다. 따라서 선하지 보상시에는 다음 사항을 조사하여 감정평가 의뢰시 토지이용의 저해에 따른 적절한 감가가 이루어지도록 조치하여야 한다.

① 통과전압의 종별 및 송전선 높이
② 선하지 부분의 면적 및 획지내에서의 통과위치
③ 건축 및 기타 시설의 규제정도
④ 구분지상권의 설정 유·무

이와 같이 감가를 하는 경우가 보상현장에서는 일반적이다. 이는 선하지 부분에 대해서는 한국전력공사에 보상하여야 하나, 통상적으로 고압선의 경우는 사업시행자와 고압선 이설(대체)협의를 하여야 하기 때문에 별도의 보상이 없다. 따라서 토지소유자의 토지평가시 선하지에 대한 감가보상이 이루어져야 과대보상을 막을 수 있다.

2. 선하지 면적의 산정

선하지(지하에 송수관·송유관·가스관 등이 매설된 토지 포함)는 한전 등 관리청으로부터 자료를 제공받아 용지도(지형지적도면)상에 저촉구간(선로)과 철탑 등의 위치를 표시하고 목록을 작성하여 추후 평가사가 개별필지별 제한정도를 감안하여 적정한 평가가 이루어지도록 조치한다.

또한 토지 일부에 설치된 철탑부지는 현황측량 또는 등기부등본상 지상권 설정면적으로 하여 현황지목 '잡'(철탑부지)으로 결정한다.

3. 구분지상권 평가방법

현행 구분지상권의 평가는 토지보상법 시행규칙 제31조에 의하여 토지의 적정가격, 입체이용저해율, 구분지상권 설정면적 등을 이용하여 평가하도록 규정하고 있다.

구분지상권 평가가액 = 토지의 단위면적당 적정가격 × 입체이용저해율 × 구분지상권 설정면적

입체이용저해율은 토보침 제51조에 의하여 "건물등 이용저해율", "지하부분이용저해율", "기타이용저해율" 등으로 구성되어 산정된다.

입체이용저해율 = 건축물 등 이용저해율 + 지하부분이용저해율 + 그 밖의 이용저해율

1) 건축물 등 이용저해율

건축물 등의 이용저해율은 토지의 지하 또는 지상공간의 일부를 사용함으로 인하여 토지의 입체적 가치를 구성하는 건축물 등의 지상층 부분의 이용가치가 저해되는 비율을 말한다.

산정방법은 건축물 등 이용률에 최유효건축물의 층별효용비율 합계 대비 저해층의 층별효용비율 합계의 비율을 곱하여 산정하되, 세부 산정기준은 별도로 정할 수 있다(감정평가 실무기준 820-5.2.2.2 참조).

$$\text{건축물 등 이용저해율} \fallingdotseq \text{건축물 등 이용률}(\alpha) \times \frac{\text{저해층수의 층별효용비율}(B)}{\text{최유효건물층수의 층별효용비율 }(A)\text{ 합계}}$$

2) 지하부분 이용저해율

지하부분 이용저해율은 토지의 지하 또는 지상공간의 일부를 사용함으로 인하여 토지의 입체적 가치를 구성하는 건축물 등의 지하층 이용가치 또는 지하 이용가치가 저해되는 비율을 말한다.

산정방법은 지하이용률에 심도별지하이용효율을 곱하여 산정하되, 세부 산정기준은 별도로 정할 수 있다(감정평가 실무기준 820-5.2.2.3 참조).

$$\text{지하이용저해율} = \text{지하이용률}(\beta) \times \text{심도별지하이용효율(P)}$$

Ⅳ. 선하지 사용료 평가

1. 평가방법

1) 한시적 사용에 따른 사용료 평가

송전선로의 건설을 위하여 선하지의 공중부분을 일정한 기간 동안 한시적으로 사용하는 경우에 있어서 사용료의 평가가액은 다음과 같이 결정한다.

사용료의 평가가액 ≒ [당해 토지의 단위면적당 사용료 평가가액 × 보정률 × 선하지 면적(사용면적)]

여기서 당해 토지의 단위면적당 사용료 평가가액은 당해 토지를 전체적으로 사용하는 것을 전제로 한 것으로서 토지보상평가지침 제49조 제1항 내지 제4항의 규정을 준용하여 구한다.

2) 사실상 영구적 사용에 따른 평가

송전선로의 건설을 위하여 선하지의 공중부분을 구분지상권을 설정하여 사실상 영구적으로 사용하는 경우에 있어서 사용료의 평가가액은 다음과 같이 결정한다.

사용료의 평가가액 ≒ [당해 토지의 단위면적당 적정가액×보정률×선하지 면적(구분지상권설정면적)]

여기서 당해 토지의 단위면적당 적정가격은 당해 송전선로의 건설로 인한 지가의 영향을 받지 아니하는 토지로서 인근지역에 있는 유사한 이용상황의 표준지 공시지가를 기준으로 한 당해 토지의 단위면적당 평가가격으로 한다.

3) 보정률의 산정

선하지의 공중부분 사용에 따른 사용료의 평가시에 적용되는 보정률은 송전선로의 건설로 인한 토지이용상의 제한 등이 당해 토지의 전체면적에 미치는 영향정도 등을 고려하여 정한 율로서 기본율과 추가보정률로 구분되며, 다음과 같이 당해 토지의 사용료 평가시에 적용할 보정률을 구한다.

보정률 ≒ 기본율＋추가보정률

기본율은 선하지의 공중부분 사용에 따른 토지의 이용이 입체적으로 저해되는 정도에 따른 적정한 비율로서, 토지보상평가지침 제51조의 규정에 의한 입체이용저해율의 산정방법을 준용하며, 추가보정률은 기본율 외에 송전선로가 건설되는 것에 따른 당해 토지의 경제적 가치가 감소되는 정도를 나타내는 율로서 쾌적성 저해정도, 시장성 저해정도 기타 제한정도 등이 고려된 율이며, 별표에서 정하는 기준에 따라 산정한다.

제10절 하천부지 평가

Ⅰ. 하천부지의 정의

하천은 직접적으로 공중의 일반사용에 제공되는 자연공물(自然公物)로서 국가경제와 인간의 삶에 있어서 중요한 의미를 갖게 되므로 하천의 지정·관리·사용 및 보전 등에 관하여는 법률로서 정하고 있다.

1. 하천의 개념

하천법에서는 "하천"이라 함은 지표면에 내린 빗물 등이 모여 흐르는 물길로서 공공의 이해에 밀접한 관계에 있어 국가하천 또는 지방하천으로 지정된 것을 말하며, 하천구역과 하천시설을 포함한다.라고 규정하고 있다[하천법 제2조 제1호 및 제7조 제2항 및 제3항(법률 제9605호)].

2. 하천의 구분

하천법의 규정에 의하여 하천관리의 대상으로 정하여진 하천으로 국가하천과 지방하천으로 구분한다(하천법 제7조 제2항 및 제3항).[688]

1) 국가하천

국가하천은 국토보전상 또는 국민경제상 중요한 하천으로서 국토교통부장관이 그 명칭과 구간을 지정하는 하천을 말한다.

688) 구 하천법에서는 하천을 ① 국가하천, ② 지방1급하천, ③ 지방2급하천으로 구분하고, 하천이라 함은 원칙적으로 국가하천과 지방1급하천만을 지칭하였다.

2) 지방하천

지방하천은 지방의 공공이해와 밀접한 관계가 있는 하천으로서 시·도지사가 그 명칭과 구간을 지정하는 하천을 말한다.

3. 하천구역

하천구역은 일반적으로 하천의 폭을 의미하는 횡적개념의 것으로서 하천의 길이를 의미하는 종적개념의 하천구간과 구분된다. 그러나 하천법에서의 하천구역은 이 종·횡의 개념이 다 포함되는 것으로 해석될 수 있으며, 하천구역은 다음의 구역을 말한다(하천법 제10조 1항 1호 ~ 6호).

> 가. 제25조에 따른 하천기본계획에 완성제방이 있는 곳은 그 완성제방의 부지 및 그 완성제방으로부터 하심측(河心側)의 토지
> 나. 하천기본계획에 계획제방(제방을 보강하거나 새로이 축조하도록 계획된 제방을 말한다)이 있는 곳은 그 계획제방의 부지 및 그 계획제방으로부터 하심측의 토지
> 다. 하천기본계획에 제방의 설치계획이 없는 구간에서는 계획 하폭에 해당하는 토지
> 라. 댐·하구둑·홍수조절지·저류지의 계획홍수위 아래에 해당하는 토지
> 마. 철도·도로 등 선형 공작물이 제방의 역할을 하는 곳에 있어서는 선형공작물의 하천측 비탈머리를 제방의 비탈머리로 보아 그로부터 하심측에 해당하는 토지
> 바. 하천기본계획이 수립되지 아니한 하천에 있어서는 하천에 물이 흐르고 있는 토지 및 지형, 그 토지 주변에서 풀과 나무가 자라는 지형의 상황, 홍수흔적, 그 밖의 상황을 기초로 대통령령으로 정하는 방법에 따라 평균하여 매년 1회 이상 물이 흐를 것으로 판단되는 수면 아래에 있는 토지.

Ⅱ. 하천구역의 개정연혁

1. 하천법일반

하천법은 1927년 일제의 '조선하천령'을 모태로 1962년 제정되어, 하천법상 하천으로 지정되면 등기부등본상 개인재산으로 명시된 사유지라 하더라도 모두 국유화되어 관리 및 활용 등 사실상 전권을 국가가 행사하여 사유재산권 침해 등의 논란을 빚어 왔다.

따라서 이러한 폐단을 치유하기 위하여 2008. 4 하천법에 대하여 대대적인 개정이 있었다. 2008. 4월 '하천법 개정'의 주요내용 중 손실보상의 내용을 보면

① 국가하천과 지방1급 하천 및 지방2급하천을 국가하천 및 지방하천으로 조정
② 하천구역의 판단기준이 명확하지 않아 분쟁발생의 원인이 되어, 종전의 당연하천구역 지정을 행정처분에 의한 지정하천구역으로 개선
③ 하천의 국유제 폐지 및 토지매수청구제를 도입하여 사유재산권행사 및 권리구제 등을 제시함.

이는 국가하천 및 지방1급 하천에 편입된 토지가 사전보상 및 등기절차없이 국유로 됨에 따라 사유재산권을 침해한다는 논란이 있어[689] 국유제를 폐지하였으며, 국유제를 폐지하는 대신 하천구역내 사유토지에 대하여 소유권 및 저당권 등 일부 사권행사를 가능하게 하였다.

---

689) 헌법재판소 2010. 2. 25, 2008헌바6 전원재판부 : 하천관리의 적정을 기하고, 공공복리의 증진에 기여하게 함을 목적으로 하천을 국유화한 입법자의 판단은 그것이 현저히 자의적이거나 비례성을 벗어난 것이라고 보이지 않는 한 이를 존중하여야 할 것이고, 적정한 보상이 수반되는 한 이를 두고 현저히 자의적이라거나 비례성을 벗어난 것이라고 할 수 없다. 하천법에 따른 수용은 "법률에 의한 수용"이라는 헌법적 요청을 충족하였다 할 것이고, 비록 1971년에 개정된 하천법에는 국유화된 제외지의 종전 소유자에 대한 보상규정이 없었으나 1984년의 하천법 개정과 여러 특별조치법을 통하여 뒤늦게나마 보상청구권을 2013. 12. 31.까지 행사할 수 있도록 연장하였으므로 이는 헌법 제23조 제3항이 요구하는 "법률에 의한 보상"의 요건을 충족하였다 할 것이다. 또한 보상을 규정한 법령을 종합하여 보면 헌법이 요구하는 정당한 보상의 원리에도 위배된다고 볼 수 없다. 이 사건 법률조항이 이 사건 토지와 같은 제방과 제외지를 국유로 한 것은 국민의 재산권을 예외적으로 박탈할 수 있는 근거규정인 헌법 제23조 제3항에 따라 하천의 효율적 관리·이용이라는 중대한 공익목적을 달성하기 위한 것이고, 더욱이 법률에 의한 정당한 보상을 수반하는 것으로서, 그 목적이 정당하고 수단이 적절하며, 이와 같이 국유화 조치가 헌법 제23조 제3항의 요청을 충족하는 이상 최소 침해의 원칙에 반한다고 할 수 없고, 이는 우월한 공익목적을 위한 것으로서 헌법적으로 이미 정당화되는 것이다.

2. 하천법 개정연혁

표 25. 하천법 변천내역

시행일 (법률번호)	주요내용	보상관련 조항	비고
1962.1.1 (제892호)	최초제정 - 하천은 이를 국유로 한다 - 하천은 각령으로 명칭과 구간 지정 - 하천구역결정고시제	- 공용부담 손실보상 - 하천구역결정·변경·타인 토지출입 하천공사로 인한 손실보상 - 재결신청가능	포락 등 자연적으로 하천이 된 토지에 대해서는 보상 없이 국가소유로 귀속
1963.12.5 (제1475호)	§12.(구역의결정) 하천구역결정시 고시하고 도면일반열람		
1971.7.19 (제2292호)	-하천구역 법정주의 가. 유수지(포락지) 나. 하천부속물 다. 제외지 §3.하천은 국유로 한다 §13.하천대장제도 도입 §15.하천정비기본계획제도 도입	§74.(공용부담으로 인한 손실보상) '다'목(제외지)지정이나 '하천구역지정'으로 인한 손실보상	제2조 제1항 제2호가목의 流水河川의 토지에 대하여는 따로 보상규정을 두지 아니하고 '다'목의 堤外地에 대하여만 보상규정을 둠
1981.5.1 (제3406호)	-지정하천도입(유수지와 일체로 관리할 필요가 있는 토지의 구역) -하천예정지근거 신설	§74.(공용부담으로 인한 손실보상)'다'목(제외지)지정이나 하천예정지지정·하천공사지정으로 인한 손실보상	
1984.12.31 (제3782호		74.②유수지(포락지)로 새로이 편입되는 경우 보상하여야 한다. (부칙)법시행전 유수지(포락지) 제외지보상, 소멸시효도입(5년)	하천구역으로 된 토지 1990. 12. 30까지 청구된 토지에 대하여 보상
1998.1.1 (제5453호)		§75. 손실보상업무 위임 또는 위탁 근거조항 신설	
2008.4.7 (제8338호)	하천의 국유제 폐지 -사유토지의 소유권 및 저당권 설정 등 사권행사 가능 -하천을 국가하천과 지방하천으로 구분 -하천구역의 결정 및 고시	- 매수청구제 도입	

3. 하천의 소유권 귀속

1) 하천구역의 소유권 변천

현행 하천법에서는 종래의 구 하천법과는 달리 하천에 대하여 국가 소유를 인정하지 않고 있다. 즉 현행 하천법은 국가 소유를 인정하지 않되, 대신 배타적인 사용·수익권을 제한하고 있다. 그러나 현행 하천법 부칙에서 종래 국유화 조치된 하천에 대하여 종전의 규정에 따르도록 하고 있어 2008. 4. 20 이후에 새로이 신설되는 하천이 아닌 한 여전히 하천의 국유화 조치는 효력을 가지고 있다고 볼 수 있다.

이와 같이 사용, 수익을 배제하면서 공물로서 사용이 가능한 것으로는 '도로법에 의한 도로'가 있다. 도로는 일반적으로 사권이 제한되고 있으나 소유권과 저당권을 인정하고 있다는 점에서 구 하천법과는 다르다. 이는 하천은 자연력에 의하여 형성되고, 도로는 인공적으로 형성된다고 하는 인식에 의한 입법으로 보인다.

※ 도로법과 하천법 소유권 귀속 비교

□ 도로법

제3조 (사권의 제한) 도로를 구성하는 부지, 옹벽, 그 밖의 물건에 대하여는 사권(私權)을 행사할 수 없다. 다만, 소유권을 이전하거나 저당권을 설정하는 것은 그러하지 아니하다.

□ 구 하천법

제3조 (하천의 귀속) 하천은 이를 국유로 한다. 다만, 지방2급하천에 있어서는 하천공사 등으로 하천에 편입되는 토지에 대한 보상을 하고 이를 국유로 하는 경우를 제외하고는 그러하지 아니하다.

□ 현행 하천법

제4조 (하천관리의 원칙) ① 하천 및 하천수는 공적 자원으로서 국가는 공공이익의 증진에 적합한 방향으로 적절히 관리하여야 한다.

② 하천을 구성하는 토지와 그 밖의 하천시설에 대하여는 사권(사권)을 행사할 수 없다. 다만, 다음 각 호의 어느 하나에 해당하는 경우에는 그러하지 아니하다.

1. 소유권을 이전하는 경우
2. 저당권을 설정하는 경우
3. 제33조에 따른 하천점용허가(소유권자 외의 자는 소유권자의 동의를 얻은 경우에 한한다)를 받아 그 허가받은 목적대로 사용하는 경우

또한 판례에서도 "국유 하천부지는 자연의 상태 그대로 공공용에 제공될 수 있는

실체를 갖추고 있는 이른바 자연공물로서 별도의 공용개시행위가 없더라도 행정재산이 되고 그 후 본래의 용도에 공여되지 않는 상태에 놓여 있더라도 국유재산법령에 의한 용도폐지를 하지 않은 이상 당연히 잡종재산으로 된다고는 할 수 없다"고 판시[690]하여 국유 하천부지에 대하여는 별도의 처분이 없더라도 행정재산이 되는 것으로 보고 있다.

2) 하천 편입시기별 소유권 귀속 유형

(1) 2008. 4. 20 이전 편입 국가하천 및 지방1급하천

2008. 4. 20 이전의 국가하천 및 지방1급 하천은 하천의 편입과 동시에 별도의 조치 없이 국유로 된다. 이는 민법의 제187조의 법률규정에 의한 부동산 물권 취득에 해당되어 등기없이도 소유권이 국유화된다.

이에 대해서 헌법재판소는 하천법 제3조에 의한 국유화 조치는 **입법적 수용**[691]으로서 이는 국민의 재산권을 직접 법률에 의하여 강제적으로 국가가 취득하므로 헌법 제23조 제3항에 의한 재산권의 수용에 해당된다고 판시하고 있고, 따라서 정당한 보상을 지급하는 것이 필수적 요건임은 당연하다.[692] 그러나 그동안 하천에 대하여 이와 같이 입법적 수용이 있었음에도 불구하고 보상 근거가 마련되지 않아 민원이 대두되었고 이를 반영하여 순차적으로 법률에 보상의 근거를 마련하게 되었다.

---

690) 대법원 2007. 6. 1. 선고 2005도7523 판결

691) "입법적" 수용은 법률에 근거하여 일련의 절차를 거쳐 별도의 행정처분에 의하여 이루어지는 소위 "행정적" 수용과 달리 법률에 의하여 직접 수용이 이루어지는 것이므로 "법률"에 의하여 수용하라는 헌법적 요청을 충족한다(헌법재판소 1998. 3. 26. 93헌바12).

692) 한편 헌법재판소는 보상규정이 없어 보상을 하지 못하였던 제외지의 소유자들에 대하여 헌법 제23조 3항에 의한 법률에 의한 보상 요건을 충족하였는 지 여부에 대하여 관리청의 하천구역 지정처분없이 하천법 제3조, 제2조에 의하여 당연히 국유화된 제외지의 종전소유자들에 대하여 비록 종전의 하천법 자체에는 보상규정이 없었으나, 당시의 제3공화국 헌법 제20조 제3항은 현행 헌법과는 달리 공용수용에 대한 보상까지 반드시 법률로써 할 것을 명시적으로 규정하고 있지 않았으며, 한편으로 당시 법원은 수용법률에서 손실보상에 관한 규정을 두고 있지 않더라도 헌법 제20조 제3항을 직접적인 근거로 하여 손실보상을 청구할 수 있다는 견해를 취하고 있었고, 1984년의 개정하천법 부칙 제2조 제1항·제4항에 의하여 뒤늦게나마 보상법률이 마련되었고 후속 시행령에 의하여 대다수의 제외지 소유자들이 이미 손실보상을 받기에 이르렀다면 헌법 제23조 제3항이 요구하는 "법률에 의한 보상"의 요건을 충족하였다고 보아야 한다. (헌법재판소 1998. 3. 26, 93헌바12)고 판시하고 있고 있어 당시 헌법을 근거로 직접 보상청구가 가능했다는 점과 후속 법률시행으로 보상이 가능했다는 점을 들어 위헌성이 없다고 판시하고 있다.

결 정

□ **헌법재판소 2010. 2. 25. 선고 2008헌바6 결정**

하천관리의 적정을 기하고, 공공복리의 증진에 기여하게 함을 목적으로 하천을 국유화한 입법자의 판단은 그것이 현저히 자의적이거나 비례성을 벗어난 것이라고 보이지 않는 한 이를 존중하여야 할 것이고, 적정한 보상이 수반되는 한 이를 두고 현저히 자의적이라거나 비례성을 벗어난 것이라고 할 수 없다. 하천법에 따른 수용은 "법률에 의한 수용"이라는 헌법적 요청을 충족하였다 할 것이고, 비록 1971년에 개정된 하천법에는 국유화된 제외지의 종전 소유자에 대한 보상규정이 없었으나 1984년의 하천법 개정과 여러 특별조치법을 통하여 뒤늦게나마 보상청구권을 2013. 12. 31.까지 행사할 수 있도록 연장하였으므로 이는 헌법 제23조 제3항이 요구하는 "법률에 의한 보상"의 요건을 충족하였다 할 것이다. 또한 보상을 규정한 법령을 종합하여 보면 헌법이 요구하는 정당한 보상의 원리에도 위배된다고 볼 수 없다.

한편 이와 같이 하천의 국유화 입법조치로 부동산등기법 등에서는 등기된 토지가 국가하천과 지방1급하천으로 되는 경우 해당 관청은 지체없이 그 등기의 말소를 등기소에 촉탁하여야 하고, 촉탁받은 등기소는 등기용지 중 표시란에 하천의 부지로 된 취지를 기재하고 토지의 표시, 표시번호와 등기번호를 붉은 선으로 지우고 등기용지를 폐쇄하도록 규정하고 있다(부동산등기법 제114조).

그러나 舊 하천구역편입토지보상에관한특별조치법(이하 "특조법 토지"라 함) 에서는 보상금을 지급하기 전까지는 등기를 국유로 하지 못한다고 규정하고 있었고(동법 시행령 제10조), 실무적 사례에서도 민원등의 사유로 등기용지 폐쇄 등이 이루어지지 않은 것으로 보인다.693)

▣ 부동산등기법

제114조 (하천부지) ① 등기된 토지가 하천부지로 된 경우에는 해당 관청은 지체 없이 그 등기의 말소를 등기소에 촉탁하여야 한다.

② 제1항의 촉탁을 하는 경우 필요하면 해당 관청은 등기명의인이나 상속인을 갈음하여 토지의 표시 또는 등기명의인의 표시의 변경·경정 또는 상속으로 인한 소유권이전의 등기를 촉탁할 수 있다.

③ 제1항의 촉탁을 받은 등기소는 등기용지 중 표시란에 하천부지로 되었다는 뜻을 적고, 토지의 표시, 표시번호와 등기번호를 붉은 선으로 지운 후 그 등기용지를 폐쇄하여야 한다. 이 경우에는 제113조를 준용한다. [전문개정 2008. 3. 21]

693) 등기선례 1-278 : 등기된 토지가 하천으로 편입되었으나 당해 하천의 관리청이 토지표시등기의 말소를 촉탁하지 아니하여 그 등기부가 폐쇄되지 아니한 경우에 그 토지에 대하여 다른 등기의 신청이 있으면 등기관은 이를 수리하여야 한다.

■ 구 특조법시행령
제10조 (미보상편입토지에 대한 국유로의 등기유보) 국유로 등기가 되지 아니한 편입토지에 대하여는 이 영에 의한 보상이 끝나기 전까지는 국유로 등기신청을 하여서는 아니된다.

(2) 2008. 4. 20 이전 편입 지방2급 하천

지방2급 하천에 대해서는 보상을 하고 이를 국유로 하는 경우를 제외하고는 사권이 그대로 유지된다. 舊 하천법상 준용하천이었던 지방2급 하천에 대하여 구 하천법 제3조가 준용되지 아니하므로 개인 소유의 토지가 준용하천의 하천구역으로 편입되더라도 국유화되지 않는다. 다만 지방2급 하천이라도 하류 하구에 위치하여 포락으로 해면화 되는 경우는 국유화되어 소유권은 소멸하게 된다.

(3) 2008. 4. 20 이후 편입 하천

2008. 4. 20 하천법 개정으로 하천의 국유화 조항은 삭제되었다. 이는 그동안 있어왔던 하천 국유화 조항에 대한 위헌 소지를 제거하기 위한 것으로 볼 수 있다.

다만 현행 하천법에서는 소유권의 국유화 조치를 삭제하는 대신, 사용·수익권을 제한하였다. 즉 소유권, 저당권과 점용권을 제외한 기타의 사용·수익권은 행사하지 못하도록 규정하고 있다(하천법 제4조). 또한 종전에는 하천부지 토지에 대해서 가능하지 않았던 소유권 이전, 저당권, 권리질권에 대한 등기 및 가등기, 예고등기 등이 가능해 졌다.[694]

또한 하천법 부칙에서 종전의 국유화 조치된 토지라 하더라도 하천부지에서 제외된 사유 등기토지에 대해서는 소유권을 회복하는 조치를 취하여 사유재산의 보호조치를 취하고 있다.[695]

---

694) 등기 예규 제1244호(하천법 제4조 제2항에 따른 등기할 사항의 범위 등에 관한 업무처리지침) 제정 2008.03.26 등기예규 제1244호(세부내역 붙임 등기예규 참조)

695) 종전 국가하천 및 지방1급 하천이 하천구역으로 편입되면 국유화되어 사권은 소멸하고, 그후 제방 축조 등으로 제내지가 되었다 하더라도 한번 소멸한 사권이 살아나지 않는다(대판 1984.11.27, 84다카1072 판결)는 판결이 있었으나, 금번 하천법 부칙 개정으로 등기된 사유지는 사권이 회복되도록 하였다.

▣ **하천법 부칙 〈제8335, 2007. 4. 6.〉 2009. 4. 1 개정**

제1조 (시행일) 이 법은 공포 후 1년이 경과한 날부터 시행한다.

제2조 (하천의 귀속 및 보상에 관한 경과조치) ①이 법 시행 당시 종전의 규정에 따라 국유로 된 국가하천 및 지방1급하천의 귀속 및 보상에 관하여는 종전의 규정에 따른다.
② 제1항에도 불구하고 이 법 시행 당시 法律 第892號 河川法 제4조, 法律 第2292號 河川法改正法律 제3조 및 法律 第5893號 河川法改正法律 제3조의 규정에 따라 하천구역에 편입되었으나 보상이 되지 않은 토지로서 하천구역에서 제외된 등기부상 사유 토지는 이를 국유로 보지 아니한다.

4. 하천의 구역의 범위

1) 하천구역 결정방식

하천구역이라 함은 하천의 폭을 의미하는 횡적개념의 하천부지를 의미하는 것으로 종적인 하천의 길이를 의미하는 하천구간과는 구분된다.

이 하천구역에 대하여 최초 하천법 시행에서는 하천관리청이 각각 결정·고시하도록 하였으나(하천법 1971.1.19 법률 제2292호로 개정되기 전) 하천을 일정·고정적인 것이 아니고 유동적인 것이어서 모든 하천구역에 대하여 개별적으로 결정·고시하는 것이 극히 어려워 하천구역의 요건을 미리 정하여 놓고 그 요건에 해당하면 별도의 조치없이 하천구역으로 결정하는 법정제도가 도입되었다.

2) 시기별 하천구역 결정

(1) 1971. 7. 19. 이전(하천구역 고시제도 원칙)

이 시기는 하천구역 결정·고시제도가 원칙이고 일부 하천에 대하여 법정제도를 도입하였다. 1964. 6. 1. 건설부 고시 제897호에 의한 하천구역의 인정최초의 하천법 제12조는 "관리청은 하천의 구역을 결정하였을 때에는 경제기획원장이 정하는 바에 의하여 이를 고시하고 그 도면을 일반에게 열람시켜야한다. 하천의 구역을 변경하였을 때에도 또한 같다"고 규정하여 하천구역에 대하여는 고시제도를 도입하였다. 그러나 하천구역에 관한 관계도면이 쉽게 정비되지 않자 1963. 12. 5. 법률 제1475호로 최초의 하천법 제12조를 개정하여 "다만, 관리청이 하천의 구역을 결정한 관계도면이 정비될 때까지

하천의 구역은 각령으로 정하는 바에 따라 관리청이 인정하는 바에 의한다"는 단서를 신설하였고, 이에 따라 1963. 12. 16. 각령 제1753호로 하천법시행령 제8조의2가 신설되어 오늘날과 유사한 하천구역의 종류를 규정하게 되었다.

(2) 2008. 4. 20 이전(하천구역 법정제도 원칙)

1971년 하천법은 하천구역 법정주의를 채택하여 제2조 제1항 제2호에서 하천구역을 유수지 및 유수형적토지의 구역(가목), 하천부속물의 부지인 토지의 구역(나목), 제외지 또는 관리청이 지정하는 토지의 구역(다목)으로 법정하였다.

하천구역의 법정제도는 관리청의 결정·고시가 없어도 법률에 정한 요건에 해당하면 하천구역으로 결정하는 제도를 말하며, 당연하천으로 표현하기도 한다.[696] 이에 반하여 지정하천은 하천관리청이 하천구역을 도면을 작성, 구비하여 명칭과 구간을 일반에게 고시하고 지정한 하천을 말한다.

한편 舊 하천법상으로는 하천구역에 대하여 아래와 같이 정하고 있었다.

▣ 舊 하천법

제2조 2항 "하천구역"이라 함은 다음 각목의 구역을 말한다.

가. 하천의 물이 계속하여 흐르고 있는 토지 및 지형, 당해 토지에 있어서 식물이 자라는 상황 기타의 상황이 매년 1회 이상 물이 흐른 흔적을 나타내고 있는 토지(대홍수 기타 자연현상에 의하여 일시적으로 그 상황을 나타내고 있는 토지를 제외한다)의 구역

나. 하천부속물의 부지인 토지의 구역

다. 제방(하천의 관리청이나 관리청으로부터 허가 또는 위탁을 받은 자가 설치한 것에 한한다)이 있는 곳에 있어서는 그 제외지(제방으로부터 하심측의 토지를 말한다)

라. 다음의 1에 해당하는 토지의 구역중 가목에 해당하는 구역과 일체로 하여 관리할 필요가 있는 토지로서 제12조의 규정에 의한 하천의 관리청(이하 "관리청"이라 한다)이 지정하는 토지의 구역

(1) 제방이 없는 곳에서 홍수가 발생할 경우 예상되는 홍수량의 소통에 필요한 토지로서 대통령령이 정하는 토지의 구역

(2) 대통령령이 정하는 제외지(제외지)와 유사한 토지의 구역

여기서 (가), (나), (다)목이 법정하천이고, (라)목이 지정하천이다.[697]

---

696) 소정의 관리청이 그 지상에 제방을 축조하였다면, 같은법 제2조 제1항 제2호 (나)목, (다)목, 제3호의 해석상 그 제방의 부지는 하천부속물로서 관리청에 의한 지정처분이 없어도 법률의 규정에 의하여 당연히 하천구역이 된다(대법원 1994. 11. 4. 선고 92다40051 【소유권보존등기말소등】).

697) 하천법상 하천의 횡적인 구역은 같은법 제2조 제1항 제2호에서 하천구간 내의 토지 중 일정한 구역으로 인정하고 있어 같은 호 (다)목의 규정에 의하여 지정되는 것을 제외하고는 당연히 하천구역이 되고,

판 례

□ **대법원 2007. 9. 20. 선고 2006다6461 【소유권이전등기】**

1971. 1. 19. 법률 제2292호로 전문 개정되어 1971. 7. 19.부터 시행된 구 하천법(1999. 2. 8. 법률 제5893호로 전문 개정되기 전의 것) 및 1999. 2. 8. 법률 제5893호로 전문 개정되어 1999. 8. 9.부터 시행된 하천법하에서는 위 각 법이 하천구간 내의 토지 중에서 일정한 구역을 하천구역으로 규정하고 있어 이에 해당하는 구역은 당연히 하천구역이 되며(대법원 1990. 2. 27. 선고 88다카7030 판결 등 참조), 토지가 그 공부상 하천이란 지목으로 등재되어 있다는 사정만으로는 그 토지를 하천구역이라고 단정할 수 없다.

(3) 2008. 4. 21 이후(하천구역 결정·고시제도)

구 하천법상 하천구역을 결정하는데 사용되었던 매년 1회 이상 물이 흐른 흔적을 나타내고 있는 토지의 구역이라는 판단기준이 명확하지 아니하여 분쟁 발생의 원인이 되므로 이를 명확히 할 필요가 있었다.

이에 현행 하천법에서는 하천관리청이 수립한 하천기본계획에 제방이 포함되어 있는 곳은 그 제방의 부지 및 그 제방으로부터 하천의 중심 쪽의 토지 등을 하천구역으로 결정하도록 하고, 하천구역을 결정·변경 또는 폐지하는 때에는 지형도면과 함께 고시하도록 하여 하천구역을 명확히 하였다.

판 례

□ **대법원 2010. 3. 25. 선고 2009다97062 판결**

1961. 12. 30. 법률 제892호로 제정되어 1962. 1. 1.부터 시행된 제정 하천법에 의하면 준용하천의 하천구역은 그 명칭과 구간이 지정, 공고되더라도 이로써 하천의 종적인 구역인 하천의 구간만이 결정될 뿐이고, 하천의 횡적인 구역인 하천구역은 별도로 제정 하천법 제12조에 따라 관리청이 이를 결정·고시함으로써 비로소 정하여지고, 1971. 1. 19. 법률 제2292호로 전문 개정되어 1971. 7. 19.부터 시행된 구 하천법 및 1999. 2. 8. 법률 제5893호로 전문 개정되어 1999. 8. 9.부터 시행된 구 하천법(이하 위 2개의 법률을 통틀어 '구 하천법'이라 한다)은 하천구간 내의 토지 중에서 일정한 구역을 하천구역으로 규정하고 있어 이에 해당하는 구역은 당연히 하천구역이 되며(대법원 2007. 9. 20. 선고 2006다6461 판결 등 참조), 2007. 4. 6. 법률 제8338호로 전문 개정되어 2008. 4. 7.부터 시행된 현행 하천법에 의하면 국가하천 및 지방하천의 명칭과 구간이 지정, 고시된 때에 별도로 관리청이 하천법 제10조에 따라 하천구역을 결정·고시함으로써 하천구역이 정하여진다. 따라서 토지가 그 공부상 하천이라는 지목으로 등재되어 있다는 사정만으로는 그 토지를 하천구역이라고 단정할 수 없다 .

따로 하천관리청의 지정처분이 있어야 하는 것이 아니다(대법원 1994. 6. 28. 선고 93다46827 【토지보상금】).

3) 구 하천법상 하천구역의 종류

(1) 유수지 [구 하천법 제2조 제항 제2호 (가)목]

하천의 물이 계속하여 흐르고 있는 토지 및 지형, 당해 토지에 있어서 식물이 자라는 상황 기타의 상황이 매년 1회 이상 물이 흐른 흔적을 나타내고 있는 토지의 구역을 유수지라 한다. 다만 여기서 대홍수 기타 자연현상에 의하여 일시적으로 그 상황을 나타내고 있는 토지를 제외한다.

한편 판례에서는 유수지(포락지) 편입여부에 대해서 1년 빈도 홍수수이를 기준으로 하천 편입여부를 판단하고 있다.[698]

(2) 하천부속물의 부지 [舊 하천법 제2조 제항 제2호 (나)목]

'하천부속물'이라 함은 하천관리에 필요한 댐 하구둑 제방 호안 수제 보 갑문 수문 수로터널 운하 관측시설 기타 법에 의하여 설치된 시설 또는 공작물을 말한다.

하천부속물의 부지는 자연공물로서의 하천의 본래적 구역은 아니나, 법에서 하천부속물을 하천에 포함하였고, 하천부속물의 부지는 외견상 명확하여 관리청의 지정 등 별도의 행위가 필요 없으므로 그 부지도 법률상 당연히 하천구역으로 한 것이다.

(3) 제외지 [舊 하천법 제2조 제항 제2호 (나)목]

제외지라 함은 제방으로부터 물이 흐르고 있는 쪽의 토지를 말하고, 이에 반해 그 반대쪽의 인가나 전답이 있는 쪽의 토지를 제내지라 한다.

제외지의 기준이 되는 제방은 하천의 관리청이나 관리청으로부터 허가 또는 위탁을 받은 자가 설치한 것이어야 한다. 다만, 구 하천법 제2조 제1항 제2호 (다)목 소정의 제방과 같은 호(나)목 소정의 하천부속물인 제방을 달리 볼 근거는 없으므로 관리청이나 그 허가 또는 위탁을 받은 자가 설치한 것이 아니라 하더라도 동법 제2조 제1항 제3

---

698) ① 대법원 1991. 10. 22. 90누9896 판결 : 이 사건 토지가 한강과 중랑천 및 청계천의 합류지점이어서 수위가 비교적 높은 지점에 위치해있고 1977.2경까지 계측한 결과 해발표고가 8.80M에서 9.07M 정도인데, 이사건 토지의 직근 하류지점에서 계측한 1년 빈도수위가 11.70M이고 직근 상류지점에서 계측한 1년 빈도수위가 11.73M이므로 위와 같은 지형과 기타 상황에 비추어 중량천의 유수가 상당한 유속으로 흐르고 있는 형적을 나타내고 있는 지역인 사실을 인정하여 위 가목소정의 하천 구역에 해당한다.
② 대판 1992.6.9. 91다43640 판결 : 이 사건 토지가 한강의 빈도수위 측점 365와 366에 위치해 있으며 그 지점의 1년 빈도수위는 13.38M인데 이 사건 토지는 위 빈도수위보다 높은 곳에 위치하여 홍수가 났을때도 물에 잠기지 아니하였던 사실을 인정하여 하천구역에 해당하지 아니한다.

호에 따라 관리청이 당해 제방을 하천부속물로 관리하기 위하여 당해 제방설치자의 동의를 얻은 것은 역시 위의 제방에 포함된다고 할 것이다. 그 밖의 제방에 의하여 사실상 제외지가 생겼다 하더라도 그것은 하천법상의 제외지가 아니므로 하천구역이 될 수 없다.

한편, 판례는 제외지 설정기준에 대하여 "하천법상 특정한 토지가 제외지에 해당되어 국가의 소유라고 하기 위하여는 제방이 설치되어 있다는 것만으로 부족하고, 그 제방이 하천관리청이나 그 허가 또는 위탁을 받은 자가 설치한 것 또는 하천관리청 이외의 자가 설치한 것이라도 하천관리청이 당해 제방을 하천부속물로 관리하기 위하여 설치자의 동의를 얻은 것임을 요한다"[699]고 제외지에 대한 명확한 개념을 정의하고 있다.

5. 현행 하천법 개정 취지

1) 하천의 국유제 폐지 및 토지의 매수청구제 도입

가. 기존법률은 국가하천 및 지방1급하천, 지방2급하천으로 구분하여 국가하천과 지방1급하천을 대상으로 국유화 규정을 적용하여 보상에서 제외시켜 사유재산권의 침해논란 등이 제기됨.

나. 개정법률은 국가하천 및 지방1급하천과 지방2급하천을 지방하천으로 통합하면서 하천의 국유제를 폐지하는 한편 하천에 편입되는 토지 등은 소유권 이전이나 저당권 설정 등을 제외하고는 사권을 행사할 수 없도록 하고 있음

다. 국가하천으로 지정된 사유토지의 매수청구제 도입하여 개인의 재산권 행사에 대한 권리구제 수단을 제도화 함(지방재정여건상 지방하천은 매수청구대상에서 제외).

---

699) ① 대법원 1996. 10. 15. 선고 96다11785 판결
② 대법원 2010. 3. 25. 선고 2009다97062 판결 : 구 하천법은 스스로 각 제2조 제1항 제2호 (가)목 내지 (다)목에서 유수지, 하천부속물의 부지인 토지, 제외지 등을 하천구역으로 규정하고, 같은 항 제3호에서 구 하천법에 의하여 설치된 제방 기타의 시설 또는 공작물을 하천부속물이라고 규정하면서 다만 관리청 이외의 자가 설치한 시설 등에 관하여는 관리청이 당해 시설 등을 하천부속물로 관리하기 위하여 당해 시설 등의 설치자의 동의를 얻은 것에 한한다고 규정하고 있으므로, 관리청이 제방 설치자의 동의를 얻지 않았을 때에는 위 (나)목 소정의 하천구역에 해당한다고 볼 수 없으며, 그 제방이 자연적으로 형성된 것인 경우에는 하천관리청이 그 제방을 하천부속물로서 관리하는 것임을 요한다고 할 것이다.

2) 하천의 구분 및 지정

가. 하천의 국유제가 폐지되어 사유권을 인정하지 않았던 지방1급하천도 전체하천의 86%인 지방2급하천과 같이 사유권을 인정하게 됨에 따라 구분관리의 실익 상실

나. 하천관리청이 같은 시·도지사인 지방1급하천과 지방2급하천을 지방하천으로 통합하여 국가하천과 지방하천으로 하천등급체계를 단순화하였음.

3) 하천구역의 결정 및 고시

가. 하천구역을 고시 없이 인정하는데 적용된 매년 1회 이상 물이 흐른 흔적을 나타내고 있는 토지구역이라는 판단기준이 명확하지 않아 잦은 분쟁의 원인이 되어

나. 개정법은 하천구역을 결정·변경 또는 폐지하고자 하는 때에는 지형도면과 함께 고시하도록 하는 하천구역결정 고시제도로 일원화

● 하천명칭·구간지정·변경고시시 하천관리청은 다음지역을 하천구역으로 결정고시
- 완성제방이 있는 곳에서는 그 완성제방부지 및 그 제외지
- 계획제방이 있는 곳에서는 그 계획제방부지 및 그 제외지
- 제방설치계획이 없는 구간에서 계획하폭에 해당하는 토지
- 댐·하구둑·홍수조절지·저류지의 계획홍수위 아래에 해당하는 토지

※ 제외지 : 제방으로부터 하천중심축쪽의 토지
※ 계획제방 : 제방을 보강하거나 새로이 축조하도록 계획된 제방
※ 계획하폭 : 계획홍수량의 소통에 필요한 양안사이의 폭

Ⅲ. 하천보상 일반

1. 하천보상 의의

1) 타토지 출입에 따른 보상제도

국토해양부장관, 하천관리청, 국토해양부장관·하천관리청으로부터 명령이나 위임·위탁을 받은 자 또는 국토해양부장관·하천관리청의 하천공사를 대행하는 자는 하천공

사, 수문조사시설공사, 하천에 관한 조사·측량, 그 밖에 하천관리를 위하여 필요한 경우에는 타인의 토지에 출입하거나 특별한 용도로 이용되지 아니하고 있는 타인의 토지를 재료적치장·통로 또는 임시도로로 일시 사용할 수 있으며 부득이한 경우에는 죽목·토석, 그 밖의 장애물을 변경하거나 제거할 수 있다.

타인의 토지에 출입하려는 자는 출입할 날의 3일 전까지 그 토지의 소유자 또는 점유자나 관리인에게 그 일시와 장소를 통지하여야 한다.

타인의 토지를 재료적치장·통로 또는 임시도로로 일시 사용하거나 죽목·토석, 그 밖의 장애물을 변경 또는 제거하려는 자는 미리 그 소유자 또는 점유자나 관리인의 동의를 얻어야 한다. 다만, 그 소유자 또는 점유자나 관리인의 주소 또는 거소를 알 수 없거나 동의를 얻을 수 없는 때에는 관할 시장·군수·구청장의 허가를 받아야 한다.

일출 전·일몰 후에는 그 토지의 점유자의 승낙 없이 택지 또는 울타리나 담장으로 둘러싸인 타인의 토지에 출입하여서는 아니 된다.

2) 공용부담 등으로 인한 손실보상제도

하천예정지의 지정 또는 타인토지 출입에 따른 처분이나 제한으로 손실을 입은 자가 있거나 하천관리청이 시행하는 하천공사 또는 국토해양부장관이 시행하는 수문조사시설공사로 손실을 입은 자가 있는 때에는 국토해양부장관이 행한 처분이나 공사로 인한 것은 국고에서, 시·도지사가 행한 처분이나 공사로 인한 것은 해당 시·도에서 그 손실을 보상하도록 하고 있으며, 국토해양부장관 또는 시·도지사는 그 손실을 보상함에 있어서는 손실을 입은 자와 협의하여야 하고, 협의가 성립되지 아니하거나 협의를 할 수 없는 때에는 대통령령으로 정하는 바에 따라 관할 토지수용위원회에 재결을 신청할 수 있다.

또한 손실보상을 함에 있어서 이 법에 규정된 것을 제외하고는 「공익사업을 위한 토지 등의 취득 및 보상에 관한 법률」을 준용한다.

다음 각 호의 어느 하나에 해당하는 자는 하천공사 또는 수문조사시설공사에 필요한 때에는 「공익사업을 위한 토지 등의 취득 및 보상에 관한 법률」 제3조에 따른 토지·물건 또는 권리(이하 "토지등"이라 한다)를 수용 또는 사용할 수 있다.

① 제27조에 따라 하천공사를 하는 하천관리청
② 제28조에 따라 하천공사를 대행하는 자

③ 제30조에 따라 하천공사허가를 받은 하천관리청이 아닌 자(행정기관·정부투자기관 또는 지방공기업에 한한다)

④ 제31조에 따라 수문조사시설공사를 하는 국토해양부장관

「공익사업을 위한 토지 등의 취득 및 보상에 관한 법률」을 준용함에 있어서 다음 각 호의 어느 하나에 해당하는 경우에는 「공익사업을 위한 토지 등의 취득 및 보상에 관한 법률」 제20조 제1항 및 제22조에 따른 사업인정과 사업인정의 고시가 있는 것으로 보며, 재결신청은 같은 법 제23조 제1항 및 제28조 제1항에도 불구하고 해당 하천공사 또는 수문조사시설공사의 사업기간 내에 하여야 한다.

① 제27조에 따라 하천공사시행계획을 수립·고시한 경우

② 제30조에 따라 하천공사실시계획을 수립·고시한 경우

③ 제31조에 따른 수문조사시설설치계획을 수립·고시한 경우

3) 손실보상 업무 등의 위임 및 위탁

국토교통부장관은 하천공사 또는 수문조사시설공사로 인한 손실보상업무와 토지의 매수청구업무를 대통령령으로 정하는 바에 따라 관할 지방자치단체의 장에게 위임하거나 대통령령으로 정하는 정부투자기관의 장에게 위탁할 수 있다(법 제82조).

또한 국토교통부장관은 손실보상업무 및 매수청구업무를 위임 또는 위탁하는 경우에는 손실보상금액 및 매수금액의 100분의 2의 범위 안에서 대통령령으로 정하는 요율의 수수료를 그 업무를 위임 또는 위탁받은 지방자치단체의 장 또는 정부투자기관의 장에게 지급하여야 하도록 하고 있다.

4) 하천부지 손실보상의 제도

하천구역 안에 있는 토지에 대한 보상평가는 종전에는 ① 특별조치법에 의한 손실보상이 주를 이루었으나 이외에도 ② 하천법 제76조에 의한 공용부담 손실보상 ③ 하천법 제79조에 의한 매수청구 제도 ④ 소하천정비법에 의한 토지의 평가 ⑤ 하천구역에 편입되었으나 미보상된 토지의 평가 등으로 구분될 수 있다.

2. 하천법상 공용부담으로 인한 손실보상

1) 손실보상 대상(하천법 제76조)

현행 하천법상으로는 ① 하천예정지의 지정 또는 ② 타인토지 출입 등에 따른 처분이나 제한으로 손실을 입은 자가 있거나 ③ 하천관리청이 시행하는 하천공사 또는 ④ 국토교통부장관이 시행하는 수문조사시설공사로 손실을 입은 자가 있는 때에는 국토교통부장관이 행한 처분이나 공사로 인한 것은 국고에서, 시·도지사가 행한 처분이나 공사로 인한 것은 해당 시·도에서 그 손실을 보상하여야 한다고 규정하고 있다(법 제76조).

즉 하천법에서는 하천공사로 직접적인 공사가 수반되는 경우에는 손실보상하도록 하고 있다. 이에 반해 단순히 하천구역으로 편입되어 발생하는 손실에 대하여는 매수청구에 의하여 손실을 보전하도록 하고 있다(법 제79조).

2) 시기별 보상대상

(1) 1961. 1. 1 법률

1961년 제정된 하천법은 하천을 국유로 선언하고 있으면서도, 하천구역의 지정, 하천예정지 지정으로 손실을 받은 자가 있을 때 또는 하천에 관한 공사로 인하여 제방내에 들어가거나 이에 준하는 손실을 받은 경우 손실을 보상하도록 하고 있다. 그러나 포락 등 자연적으로 하천이 된 토지에 대하여는 보상 없이 국가소유로 귀속되도록 하였다. 즉 관리청이 시행하는 제방에 대하여는 손실보상의 근거를 마련하였다.

(2) 1971. 7. 20 법률

1971년 하천법은 제74조에서 제2조 제1항 제2호 다목 후단에 의하여 하천구역을 지정한 경우 등에만 손실을 받은 자에 대하여 손실을 보상하도록 하면서 이를 위한 협의, 재결에 관하여 규정하였을 뿐, 동법 시행으로 인하여 동법 제2조 제1항 제2호 가목, 나목 및 다목 전단에 해당하여 국유로 됨으로써 토지소유자가 입게 된 손실을 보상하는 명시적 규정을 두지 않았다.

이와 같이 1971년 하천법이 손실보상규정을 흠결한 데 대하여 대법원은, 동법의 시행으로 인하여 국유화가 된 제외지의 소유자에 대하여 그 손실을 보상한다는 직접적인 보상규정을 둔 바가 없었으나 동법 제74조의 손실보상 요건에 관한 규정은 보상사유를 제한적으로 열거한 것이라기보다는 **예시적으로 열거**한 것이어서 국유로 된 제외지의 소유자에 대하여는 위 법조를 유추적용하여 관리청이 그 손실을 보상하여야 하는 것으로 새겨야 한다고 판시[700]함으로써 1971년 하천법의 시행으로 하천구역에 편입되어 소유권을 상실한 토지의 소유자도 동법 제74조에 의하여 손실보상을 받을 수 있었다.

따라서 1971년 하천법에서는 하천구역을 지정하는 경우(지정하천)에 대하여만 손실보상 근거를 마련하였지만, 비록 법률에는 명시되지 않았지만 제외지에 대하여도 유추적용하여 보상하도록 판시하고 있어 1971. 7. 20 **이후 편입되는 제외지**에 대하여도 보상이 가능하도록 하였다.

(3) 1984. 12. 31 법률

위에서 본 바와 같이 대법원이 1971년 하천법의 시행으로 하천구역에 편입된 토지의 소유권을 상실한 사람들도 1971년 하천법 제74조의 유추적용을 통해 손실보상을 받을 수 있다고 판시하였음에도 동법에 명문의 보상규정이 없음으로써 한강 유역의 제외지를 둘러싸고 각종 쟁송과 위헌제청신청이 제기되는 한편, 소유권을 상실한 종전의 토지소유자들이 국회에 진정을 하는 등 민원이 끊이지 아니하자 1984. 12. 31. 법률 제3782호로 하천법 제74조 제2항을 신설하여 "토지가 제2조 제1항 제2호 가목에 해당되어 새로이 하천구역으로 된 경우에는 그 토지가 포함된 하천구역의 관리청이 보상하여야 한다."고 규정하여 개정법의 시행 후 국유화되는 유수지에 대한 보상근거를 마련하였다.

이에 그치지 않고 1984년 하천법은 그 부칙 제2조 제1항에서 동법 시행 이전에 하천구역으로 편입되어 국유화된 토지에 대하여 관리청이 보상하도록 명문화하기에 이르렀다. 이에 따라 1971년 하천법이 시행된 이후 1984년 하천법 시행 전까지 유수지나 유수형적토지로서 하천구역으로 된 토지 또는 1971년 하천법 시행 이전에 사실상 제외지에 해당하였으나 관리청의 결정·고시가 없어 하천구역이 되지 않거나 건설부 고시에 포함되었으되 사유의 등기가 되어 있는 바람에 하천구역으로 편입되지 않았던 제외지의 소유자는 하천구역 법정주의에 따른 국유화를 원인으로 하여 관리청이 속하는 권리주체인 국가 또는 지방자치단체를 상대로 행정소송의 형태로써 직접 손실보상금의 지급을

700) 대법원 1987. 7. 21. 선고 84누126 판결 ; 1985. 11. 12. 선고 84카36 판결 등 참조

구할 수 있게 되었다.

(4) 현행 하천법

현행 하천법은 국유제를 폐지하고, 국유하천에 대하여 매수청구제를 도입하는 등 사유재산권을 보호하였다. 따라서 손실보상은 하천관리청이 시행하는 하천공사 또는 국토교통부장관이 시행하는 수문조사시설공사로 손실을 입은 자가 있을 경우 보상하도록 하고 있다.

Ⅳ. 특별조치법에 의한 손실보상

1. 특별조치법 제정배경

61년 최초 하천법제정 당시 포락 등 자연적으로 하천이 된 토지에 대해서는 보상 없이 국가소유로 귀속도록 되어 있었다. 71년 개정법(2292호)에서 제외지 안에 있던 토지가 국유로 된 경우에는 관리청이 그 손실을 보상하여야 한다는 규정을 신설하고, 84년 개정법(9782호)에서는 자연적으로 하천이 된 토지(포락지)에 대해서도 보상하도록 하고, 이 규정에 의한 보상청구권의 소멸시효는 이법 시행일로부터 기산하여 5년(예산회계법 제71조, 지방재정법 제53조)으로 하고 있었다. 이 기간이 만료되면 소멸시효에 걸려 권리구제를 받지 못하게 되었다.

따라서 보상을 받지 못한 토지소유자이 권리를 구제하기 위하여 99. 2월 '하천구역편입토지보상에관한특별조치법'이 제정되었고, 이후 2회에 걸친 개정(99.12월, '09. 3월)으로 보상청구권의 소멸시효를 2013. 12. 31로 하여 보상실시예정에 있다. 이 개정은 적절한 보상없이 하천구역으로 편입된 개인의 사유토지에 대한 보상을 확대하기 위하여 보상청구권의 소멸시효 기간을 연장하기 위해 이루어졌다.

1) 특별조치법 보상현황

(1) 경 위

□ **1차보상**

- 「하천법」부칙 신설('84. 12) 및 개정('89. 12)을 통해 보상청구권의 소멸시효를 1990. 12. 30로 하여 보상실시
- 전체대상토지(15,095만㎡)의 75%인 11,290만㎡을 보상

□ **2차보상**

- 의원입법으로 「하천구역편입토지보상에관한특별조치법」 제정('99. 12) 및 개정('02. 12)을 통해 보상청구권의 소멸시효를 2003. 12. 31로 하여 보상실시
- 전체 대상토지(15,095만㎡)에서 1차보상(11,290만㎡)후 남은 토지(3,805만㎡)중 2,006만㎡(전체보상 대상면적의 13%)을 보상

□ **3차보상 ('10 이후)**

- 의원입법으로 「하천편입토지보상등에관한특별조치법」을 제정('09. 3)하여 보상청구권의 소멸시효를 2013. 12. 31로 하여 보상실시
- 잔여 미보상토지 1,799만㎡(전체보상 대상면적의 12%)를 보상하여 하천편입 토지 보상 완료
  ※ 재원분담 : 국가하천(국고), 지방1급하천(지방비)

(2) 보상현황

〈단위 : 천㎡, 억원〉

구분	전체		하천법 보상 (89~99)		구 특별조치법보상 (01~07)	
	면적	금액	면적	금액	면적	금액
합계	132,961	7,552	112,990	3,929	20,061	3,623
국가하천	113,649	6,750	96,600	3,339	17,049	3,411
- 국 비	-	4,490	-	2,226	-	2,265
- 지방비	-	2,259	-	1,113	-	1,146
지방1급하천	19,312	802	16,300	590	3,012	212

※ 출처 : 국토교통부 하천보상 통계

(3) 특별 보상절차

단계	내용
편입토지조서 작성	시장, 군수, 구청장 : 하천별작성 → 토지소유자등에 통지 및 14일이상 공고(의견수렴) → 시·도지사에게 송부 시·도지사 : 하천별로 취합 작성·공고 → 보상청구절차등 통지
보 상 청 구	토지소유자등 : 보상청구서(토지소유자임을 증명하는 서류첨부)를 시장, 군수, 구청장에게 제출 → 접수증교부 → 이해관계인에게 통지 및 14일이상공고(의견수렴) → 시·도지사에게 송부(의견서첨부)
보상대상자 결정	시·도지사 : 보상청구서 접수(필요시 청구인등의 의견청취) → 보상대상자 결정 → 보상청구인 및 이해관계인에게 통지
보상 계획 수립	당해연도 예산범위내 하천별 보상계획 수립 매년 3월말까지 국토부장관에게 보고 ※ 국토부장관은 예산편성 및 예산확보
보상금액의 산정	2명 이상의 감정평가업자에게 평가의뢰 → 보상액산정 ※ 하천공사 등으로 하천에 편입된 토지에 대하여는 공사 직전의 지목 및 이용상황을 고려
보상금 지급	시·도지사 : 보상대상자에게 보상금의 금액 및 지급일자 통보 → 보상금 지급

(4) 특별법 적용 보상대상

① 하천의 구분

- 가목 : 하천의 물이 계속 흐르고 있는 토지 및 매년 1회이상 물이 흐른 흔적이 있는 토지(포락지)
- 나목 : 하천부속물(제방등) 부지
- 다목 : 제외지(제방으로부터 하심측의 토지)

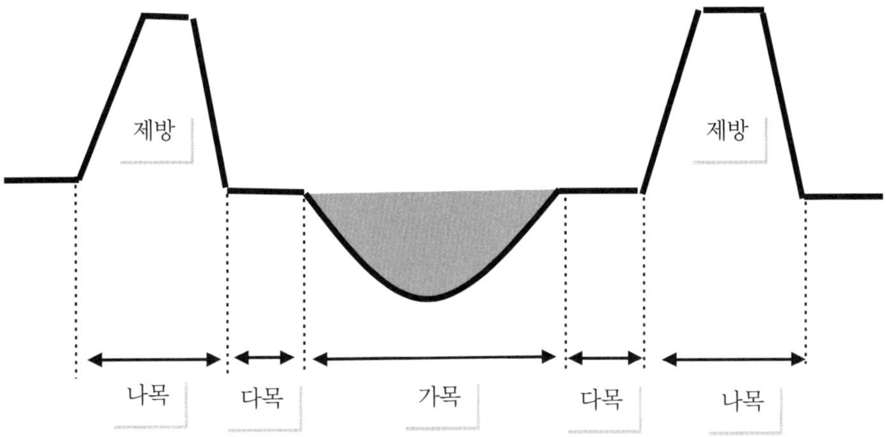

② 특별법 적용대상(법 제2조)

- 상기 도면 '가'목 중 84년 이전 포락지
- 상기 도면 '나'목와 '다'목 중 71년 이전 제외지 및 제방부지

③ 특별법상 규정

특별법에 의하면 특별법 보상대상으로 「하천구역편입토지 보상에 관한 특별조치법」 제3조에 따른 소멸시효의 만료 등으로 보상청구권이 소멸되어 보상을 받지 못한 아래의 토지로 규정하고 있다.

가) 법률 제2292호 하천법개정 법률의 시행일('71. 7. 19)전에 토지가 같은 법 제2조 제1항 제2호 가목(포락지)에 해당되어 하천구역으로 된 경우

나) 법률 제2292호 하천법 개정법률의 시행일('71. 7. 19)부터 법률 제3782호 하천법중 개정법률의 시행일(84. 12. 31)전에 토지가 하천법중 개정법률 제2조 제1항 제2호 가목(포락지)에 해당되어 하천구역으로 된 경우

다) 법률 제2292호 하천법 개정법률의 시행('71. 7. 19)으로 제방으로부터 하천 측에 있던 토지가 국유로 된 경우(사유등기 제외지에 대한 규정임)

라) 법률 제892호 하천법의 시행일('62. 1. 1)부터 법률 제2292호 하천법 개정 법률의 시행일('71. 7. 19)전에 제방으로부터 하천측에 있던 토지 또는 제방부지가 국유로 된 경우(제외지 및 제방부지에 대한 규정)

상기한 바와 같이 특별조치법의 보상유형을 4가지 유형으로 분류한 사유는 '84년 하

천법 개정취지가 '84. 12. 31 이전에 하천에 편입되어 보상없이 국유화된 토지에 대하여 보상하는 내용이나, '84. 12. 31 하천법 부칙에서 이전 편입된 유수지에 대해서는 보상 규정을 마련하였고, 제외지에 대하여는 1971. 1. 19 이전 편입된 경우 보상하도록 규정하였다. 이는 유수지는 1984. 12. 31 이후 편입되는 경우와 1971. 1. 19 이후 편입되는 제외지에 대하여는 손실보상을 하도록 손실보상 근거조항을 법령에서 마련하였지만, 1984. 12. 31 이전 편입 유수지와 1971. 1. 19 이전 편입 제외지에 대하여는 보상근거가 없으므로 이들 하천부지에 대하여 보상근거 조항을 마련하기 위한 것으로 보인다.

1961. 12. 30. 법률 제892호로 제정된 하천법 제4조에서 "하천은 이를 국유로 한다."고 규정하면서, 하천구역에 관하여는 관리청이 이를 결정·고시하는 제도를 취하였으며(동법 제12조), 단 제외지에 관한 규정을 두지 않았다. 그 후 1963. 12. 5. 법률 제1475호로 개정된 하천법 제12조 단서와 동법시행령 제8조의2 제1항에 근거하여 1964. 6. 1.자 건설부고시 제897호로 하천구역을 인정고시하였는바, 그 제3항에는 "별지표시의 제방이 있는 곳에 있어서는 제외지(제방으로부터 하심측의 토지)의 구역. 단, 전 제1항의 구역을 제외한 제외지에 있어서의 **등기된 사유토지의 구역은 이를 제외한다**"고 규정함으로써 결국 **제외지는 국유로 되게 되었으나 등기된 사유토지인 제외지는 여기에서 제외되었다.**[701)]

그러다가 1971. 1. 19. 법률 제2292호로 전문개정된 이 법은 이른바 "하천구역법정제도"를 채택하면서 제외지를 모두 하천구역에 포함시켰고(이 법 제2조 제1항 제2호 다목 전단), 종전과는 달리 등기된 사유토지를 여기서 제외하지 않았다. 그리하여 전국의 모든 제외지는 등기된 사유토지인지의 여부를 불문하고 하천구역으로 편입되어 결국 국유로 되게 되었다(이 법 제3조).

따라서 특조법에서는 이러한 하천개정 취지를 반영하여 아래와 같이 구분하고 있다.

ⓐ '가'호는 71.7.19 이전 편입된 유수지

ⓑ '나'호는 84.12.31 이전 편입된 유수지

ⓒ '다'호는 71.7.19 현재 국유화된 제외지(즉, 등기된 사유지)

---

701) 대법원 1996. 4. 12. 선고 95다47824 : 구 하천법(1971. 1. 19. 법률 제2292호로 전문 개정되기 전의 것) 제12조, 같은법시행령 제8조의2(1963. 12. 16. 각령 제1753호)의 규정에 의하여 건설부 장관이 1964. 6. 1.에 한 건설부고시 제897호 '건설부장관이관리하는하천의구역인정의건' 제3항 단서 소정의 하천구역에서 제외되는 '등기된 사유토지의 구역' 이란, 그 고시 제3항 본문 소정의 제방이 있는 곳의 제외지(제방으로부터 하심 측의 토지) 안에 있는 토지로서 그 고시 당시 현실적으로 사유로 등기되어 있던 토지를 의미하고, 그 고시 당시 해당 토지에 대한 등기가 존재하지 않던 토지는, 이전에 소유권보존등기 또는 이전등기가 경료되었는데 등기부가 멸실됨으로써 그 고시 당시 등기가 존재하지 않게 되었더라도 그 고시 제3항 단서 소정의 '등기된 사유토지의 구역'에 해당하지 않는다.

ⓓ '라'호는 62.1.1부터 71.7.19 이전 편입 제외지

④ 보상청구

특별조치법에 따른 보상청구권의 소멸시효는 2013년 12월 31일에 만료된다. 보상주체는 하천편입조서에 등재된 토지소유자와 이해관계인에게 보상청구절차를 문서로 통지하여야 하고, 통지할 장소를 알 수 없는 때는 주요 일간신문에 공고하여야 한다(특조법 제5조).

또한 국가 및 지방자체단체, 공공기관, 공기업 등의 사업시행자는 자기의 부담으로 보상대상 토지에 대하여 보상하고, 하천공사 등 공익사업을 시행하도록 하며(특조법 제7조), 보상금을 받은 자가 그 수령을 거부하거나 보상금을 수령할 수 없을 때 등에는 토지 등의 소재지 공탁소에 보상금을 공탁할 수 있다(특조법 제8조).

2) 보상평가방법

(1) 보상근거

▣ **하천편입토지 보상 등에 관한 특별조치법**

제6조 (보상액평가의 기준 등) ① 제2조에 따른 보상에 대한 평가는 제5조에 따라 보상청구절차를 통지 또는 공고한 날의 가격을 기준으로 하되, 편입당시의 지목 및 토지이용상황, 해당 토지에 대한 공법상의 제한, 현재의 토지이용상황 및 유사한 인근 토지의 정상가격 등을 고려하여야 한다.

② 제2조에 따른 보상의 청구절차·산정방법, 그 밖에 필요한 사항은 대통령령으로 정한다

제39조 (특별조치법에 따른 하천편입토지의 평가)① 하천편입 토지보상 등에 관한 특별조치법(법률 제9543호 2009. 3. 25. 이하 이 조 및 제39조의2에서 '특별조치법'이라 한다) 제2조 각 호의 어느 하나에 해당되는 토지에 대한 평가는 그 하천구역(특별조치법 제2조 각호의 어느 하나에 해당되는 경우를 말한다. 이하 이조에서 같다.) 편입당시의 지목 및 토지이용상황, 당해 토지에 대한 공법상 제한, 현재의 토지이용상황 및 유사한 인근 토지의 적정가격 등을 고려하여 평가하되, 다음 각 호에서 정하는 기준에 따른다. 〈개정 2009. 10. 28.〉

1. 가격시점은 특별조치법 제5조에 따라 보상청구절차를 통지 또는 공고한 날짜로 하되, 평가의뢰자가 제시한 바에 따른다. 〈신설 2009. 10. 28.〉
2. 편입당시의 지목 및 토지이용상황의 판단은 평가의뢰자가 제시한 내용에 따르되, 하천구역으로 된 시점 당시를 기준으로 하며, 하천구역으로 된 시점 당시의 당해 토지에 대한 공부상 지목과 실제이용상황이 다른 경우에는 실제이용상황을 기준으로 한다. 다만, 하천관리청의 하천공사에 따라 하천구역으로 된 경우에는 그 하천공사 시행 직전의 이용상황을 기준으로 한다.
3. 하천구역으로 된 시점 당시의 이용상황의 판단을 위한 편입시점의 확인은 하천관리청이 제

시한 기준에 따르되, 법률 제2292호 「하천법」시행일(1971년 7월 19일) 전에는 당시의 「하천법」 제2조 제1항 제2호 가목 및 다목에 해당되는 시점이 아니고 당시의 「하천법」의 규정에 따라 하천구역으로 공고된 시점을 편입시점으로 보며, 하천구역으로 공고 되지 아니하였거나 공고시점이 불분명한 경우에는 법률 제2292호 「하천법」시행일(1971년 7월 19일)을 편입시점으로 본다. 〈개정 2007. 2. 14., 2009. 10. 28.〉

4. 당해 토지에 대한 공법상 제한의 확인은 가격시점 당시를 기준으로 한다. 다만, 하천관리청의 하천공사에 따라 하천구역으로 된 경우로서 그 하천공사의 시행을 직접목적으로 하거나 하천공사의 시행에 따른 절차로서 용도지역이 변경된 경우에는 그 변경 전 용도지역을 기준으로 하되, 당해 토지가 하천구역으로 된 것에 따른 「하천법」에서 정한 공법상 제한은 하천의 정비·보전 등을 직접 목적으로 한 것으로 볼 수 있을 것이므로 이를 고려하지 아니한다.
5. 현재의 토지이용상황은 가격시점 당시의 실제 이용상황을 말하는 것으로서 원칙적으로 고려하지 아니하나, 편입당시의 이용상황을 알 수 없거나 하천관리청으로부터 편입당시의 이용상황의 제시가 없는 경우에 편입당시의 이용상황을 확인할 때 기초자료로 활용한다. 〈개정 2009. 10. 28.〉
6. 유사한 인근토지의 적정가격은 하천구역으로 된 당시의 토지이용상황(하천관리청의 하천공사에 따라 하천구역으로 된 토지의 경우에는 공사시행 직전의 이용상황)과 유사한 것으로서 보상대상토지의 인근지역에 있는 토지에 대한 표준지 공시지가를 기준으로 한 평가가격을 말하며, 인근지역 또는 동일수급권 안의 유사지역에 유사한 이용상황의 표준지 공시지가가 없을 경우에는 인근지역 또는 동일수급권 안의 유사지역에 있는 표준적인 이용상황의 표준지 공시지가를 기준으로 하여 구한다.

이용상황별 \ 구분		일정 비율	
		도시지역안	도시지역밖
농경지(전, 답 등)		인근토지에 대한 적정가격의 2분의 1이내	인근토지에 대한 적정가격의 10분의 7이내
제방	제외지측과 접한부분이 농경지인 경우	인근토지에 대한 적정가격의 2분의 1이내	인근토지에 대한 적정가격의 10분의 7이내
	제외지측과 접한부분이 농경지가 아닌 경우	인근토지에 대한 적정가격의 4분의 1이내	인근토지에 대한 적정가격의 3분의 1이내
고수부지		인근토지에 대한 적정가격의 4분의 1이내	인근토지에 대한 적정가격의 3분의 1이내
모래밭·개펄		인근토지에 대한 적정가격의 7분의 1이내	인근토지에 대한 적정가격의 5분의 1이내
물이 계속 흐르는 토지		인근토지에 대한 적정가격의 10분의 1이내	인근토지에 대한 적정가격의 7분의 1이내

② 특별조치법 제2조에 따른 보상대상토지에 대한 편입당시의 지목 및 토지이용상황(하천관리청의 하천공사에 따라 하천구역으로 된 경우에는 하천공사 직전의 이용상황) 또는 유사한 인근토지의 적정가격을 알 수 없거나, 인근지역 또는 동일수급권 안의 유사지역에 있는 표준적인 이용상황의 표준지 공시지가를 기준으로 평가하는 경우에서 그 용도가 다른 것에 따른 개별요인의 비교 등이 사실상 곤란한 경우 등에는 가격시점 당시의 현실적인 이용상황을 기준으로 다음에서 정하는 기준에 따라 평가할 수 있다. 다만, 하천구역으로 된 이후에 하천관리청의 하천공사나 하천점용허가에 따라 현상변경이 이루어져 가격시점 당시의 현실적인 이용상황이 하천구역으로 된 당시보다 뚜렷하게 좋아졌거나 나빠진 것으로 인정되는 경우에는 이용상황의 판단이나 일정비율을 적용할 때 고려할 수 있으며, 보상대상토지가 도시지역 안에 있는 경우로서 인근토지가 순수농경지로 인정되는 경우에는 도시지역 밖의 일정비율을 적용할 수 있다

(2) 평가원칙

특조법 토지의 평가는 미불용지 평가와 대동소이하다고 볼 수 있다. 이 특조법 토지에 대한 평가원칙을 간략하게 살펴보면 아래와 같다.

① 가격시점

특별조치법 제5조에 따라 보상청구절차를 통지 또는 공고한 날짜로 하되, 평가의뢰자가 제시한 바에 따른다.

② 편입당시의 지목 및 토지이용상황

하천구역으로 된 시점 당시의 실제이용상황을 기준으로 한다. 다만, 하천관리청의 하천공사에 따라 하천구역으로 된 경우에는 그 하천공사 시행 직전의 이용상황을 기준으로 한다. 여기서 하천구역으로 편입된 시점은 하천법정주의를 채택한 1971년 7월 19일 이전에는 하천구역으로 공고된 시점으로 보며, 공고가 없거나 불분명한 경우에는 1971년 7월 19일을 편입시점으로 보고 있다.

또한 현재의 토지이용상황은 가격시점 당시의 실제 이용상황을 말하는 것으로서 원칙적으로 고려하지 아니하나, 편입당시의 이용상황을 알 수 없거나 하천관리청으로부터 편입당시의 이용상황의 제시가 없는 경우에 편입당시의 이용상황을 확인할 때 기초자료로 활용한다.

판 례

□ 대법원 1997. 5. 30. 선고 96다52496 판결

1971. 1. 19. 법률 제2292호로 전문 개정된 하천법의 시행으로 인하여 하천구역으로 편입되어 당연히 국유화 된 토지에 관하여, 하천법 부칙(1984. 12. 31) 제2조에 따라 손실보상액의 산정을 위한 감정평가를 함에 있어서는, 법률제3782호하천법중개정법률부칙제2조의규정에의한하천편입토지의보상에관한규정(1986. 6. 12. 대통령령 제11919호) 제10조의 규정에 의하여, 평가 당시의 가격을 기준으로 하되 편입 당시의 지목·이용상황·공법상의 등을 평가조건으로 삼아 유사한 인근토지의 정상가격 등을 고려하여 평가하여야 하고 평가 당시의 이용상황을 고려해서는 아니되는바, 그 이유는 위 부칙규정이 하천법의 시행으로 인하여 소멸한 사유권에 대한 보상을 목적으로 하는 것이므로 그에 대한 평가는 보상 대상이 되는 권리가 소멸한 때인 편입 당시의 현황을 기준으로 함이 마땅하기 때문이며, 이렇게 해석하는 것이 한편으로는 소멸한 사권에 대하여 정당한 보상을 보장하면서도 다른 한편으로는 하천구역으로 편입된 후의 개발이익까지 보상대상자에게 귀속시키는 부당한 결과를 막을 수 있어 손실보상제도의 취지에도 부합한다.

③ 공법상 제한

당해 토지에 대한 공법상 제한의 확인은 **가격시점 당시를 기준**으로 한다. 다만, 하천관리청의 하천공사에 따라 하천구역으로 된 경우로서 그 하천공사의 시행을 직접목적으로 하거나 하천공사의 시행에 따른 절차로서 용도지역이 변경된 경우에는 그 변경 전 용도지역을 기준으로 하되, 당해 토지가 하천구역으로 된 것에 따른 「하천법」에서 정한 공법상 제한은 하천의 정비·보전 등을 직접 목적으로 한 것으로 볼 수 있을 것이므로 이를 고려하지 아니한다.

표 26. 특조법과 미불용지 차이점 비교

구분	특조법	미불용지
가격시점	보상청구 절차를 통지 또는 공고한 날	계약체결 당시 기준
편입시점	1971년 7월 19일 (이전 하천 지정, 공고한 경우 공고일)	공익사업 편입된 시점
지목 및 이용상황	하천구역으로 된 당시의 실제이용상황	공공사업에 편입될 당시의 이용상황
공법상 제한	가격시점 당시 공법상 제한	가격시점 당시 공법상 제한
이용상황 등 알 수 없을 때	정형화 평가(1/10 ~ 7/10)	편입당시 지목, 인근 유사토지 이용 상황참작

(3) 감정평가 원칙

손실보상에 대하여는 하천법에서는 토지보상법을 준용하도록 하고 규정하고 있어(법 제76조④), 원칙적으로 토지보상법 시행규칙 제22조(취득하는 토지의 평가)에 의하여 평가하도록 하고 있다.

구체적으로는 토지보상평가지침에 의거 가격시점 당시의 공법상 제한 및 현실적인 이용상황을 기준으로 하며, 하천구역으로 된 것에 따른 하천법의 규정에 의한 공법상 제한은 고려하지 않도록 하고 있다.

단, 예외적으로 하천공사로 인한 현상변경시 미불용지규정을 준용하여 평가하며, 평가대상 토지의 인근지역 또는 동일수급권안의 유사지역에 있는 표준적인 이용상황의 표준지 공시지가를 기준으로 평가하는 경우에 있어서 그 용도가 다른 것에 따른 개별요인의 비교 등이 사실상 곤란한 경우 등에는 정형화 평가방식 적용이 가능하도록 규정하고 있다(토보침 제39조[새로이 하천구역에 편입되는 토지의 평가]).

(4) 권리구제 절차

국토해양부장관 또는 시·도지사는 하천법 제76조에 따른 손실을 보상함에 있어서는 손실을 입은 자와 협의하여야 하며, 협의가 성립되지 아니하거나 협의를 할 수 없는 때에는 관할 토지수용위원회에 재결을 신청할 수 있다.

또한 손실보상을 함에 있어서 이 법에 규정된 것을 제외하고는 「공익사업을 위한 토지 등의 취득 및 보상에 관한 법률」을 준용한다.

Ⅴ. 하천법에 의한 손실보상 제도

1. 하천법상 매수청구권 제도

1) 손실보상 대상(하천법 제79조)

하천구역의 결정 또는 변경으로 그 지역 안의 토지를 종래의 용도로 사용 할 수 없거나 사용 및 수익이 불가능한 토지(국가하천 적용, 지방하천은 제외)중 아래 요건을 구비한 경우 매수청구 가능하다.

① 하천구역의 결정 당시부터 해당 토지를 계속 소유한 자
② 토지의 사용·수익이 불가능하게 되기 전에 그 토지를 취득하여 계속 소유한 자
③ 법률 제5893호 하천법개정법률 제2조 제1항 가목 내지 다목에 따른 하천구역을 이 법에 따른 하천구역으로 지정하는 경우에는 이 법 시행일부터 해당토지를 계속 소유한 자
④ 제1호 또는 제3호의 자로부터 그 토지를 상속받아 계속 소유한 자

2) 감정평가 원칙

매수대상토지의 매수가격(이하 "매수가격"이라 한다)은 매수청구 당시의 「부동산가격공시 및 감정평가에 관한 법률」에 따른 표준지공시지가를 기준으로 그 공시기준일부터 매수청구인에게 이를 지급하려는 날까지의 기간 동안 대통령령으로 정하는 지가변동률

및 생산자물가상승률과 해당 토지의 위치·형상·환경 및 이용상황 등을 고려하여 평가한 금액으로 하도록 규정하고 있다.

또한 가격시점당시 공법상 제한, 편입당시 이용상황, 편입당시 현황과 유사한 인근토지 적정가격을 고려하여 평가(단, 개별적 제한인 하천사업에 따른 용도지역변경, 하천법상 제한은 고려하지 않는다)

예외적으로 편입당시 이용상황 또는 유사 인근토지 적정가격을 알 수 없거나, 개별요인 비교곤란 등으로 공시지가기준평가 불가한 경우는 정형화평가방식을 적용한다(토보침 제39조의3 [하천구역내 매수청구 대상토지의 평가]).[702]

※ 정형화평가방식 = 인근토지적정가격 × 격차율

<table>
<tr><th colspan="2" rowspan="2">구분
이용상황별</th><th colspan="2">일 정 비 율</th></tr>
<tr><th>도시지역안</th><th>도시지역밖</th></tr>
<tr><td colspan="2">농경지(전, 답 등)</td><td>인근토지 적정가격의 2분의 1이내</td><td>10분의 7이내</td></tr>
<tr><td rowspan="2">제방</td><td>제외지측과 접한부분이 농경지인 경우</td><td>2분의 1이내</td><td>10분의 7이내</td></tr>
<tr><td>제외지측과 접한부분이 농경지가 아닌 경우</td><td>4분의 1이내</td><td>3분의 1이내</td></tr>
<tr><td colspan="2">고수부지</td><td>4분의 1이내</td><td>3분의 1이내</td></tr>
<tr><td colspan="2">모래밭·개펄</td><td>7분의 1이내</td><td>5분의 1이내</td></tr>
<tr><td colspan="2">물이 계속 흐르는 토지</td><td>10분의 1이내</td><td>7분의 1이내</td></tr>
<tr><td colspan="4">인근토지 : 당해토지가 하천구역에 편입되지 아니하였을 경우 예상되는 주변 표준적 이용상황의 토지</td></tr>
</table>

3) 권리구제

하천관리청은 제79조 제1항에 따라 토지의 매수청구를 받은 날부터 6월 이내에 매수대상 여부 및 매수예상가격 등을 매수청구인에게 통보하여야 한다. 하천관리청은 제1항에 따라 매수대상토지로 통보를 한 토지에 대하여는 5년의 범위 내에서 대통령령으로 정하는 기간 이내에 매수계획을 수립하여 그 매수대상 토지를 매수하도록 하고 있다.

702) **토보침 제39조의 3 [하천구역내 매수청구 대상토지의 평가]** 하천법 제10조의 규정에 의하여 새로이 하천구역(지방하천구역 제외)으로 결정 또는 변경된 토지중 하천법 제79조에 의한 매수청구 대상토지의 평가는 제39조의 규정을 준용한다.

2. 소하천정비법 등에 의한 보상

1) 소하천 정의

하천법의 적용을 받지 아니하는 하천으로서 시장·군수·구청장이 소하천정비법 제32조의 규정에 의하여 그 명칭과 구간이 지정·고시된 하천을 말한다.

2) 소하천 토지 등의 수용

관리청은 소하천의 정비를 시행하기 위하여 필요한 때에는 당해 시행계획이 실시되는 구역안에 있는 토지·건축물 또는 그 토지에 정착된 물건의 소유권이나 그 토지·건축물 또는 물건에 관한 소유권외의 권리를 수용 또는 사용할 수 있다.

이 소하천 시행계획이 공고된 때에는 「공익사업을 위한 토지 등의 취득 및 보상에 관한 법률」 제20조 제1항 및 동법 제22조의 규정에 의한 사업인정 및 고시가 있는 것으로 보며, 재결의 신청은 동법 제23조 제1항 및 동법 제28조 제1항의 규정에 불구하고 시행계획이 공고된 날부터 2년 이내에 할 수 있도록 하고 있다.

또한 수용 또는 사용과 관련하여 이 법에 특별한 규정이 있는 경우를 제외하고는 「공익사업을 위한 토지 등의 취득 및 보상에 관한 법률」을 준용하고 있다.

3) 손실보상 방법

소하천정비법에 의한 소하천은 하천법의 적용 또는 준용을 받지 아니하므로 하천관리청에 의하여 소하천으로 지정·고시되었거나 자연의 유수로 인하여 소하천구역으로 된 것 만으로는 바로 보상평가의 대상이 되지 못한다. 그러나 하천관리청은 소하천정비에 관한 계획 등을 수립하여야 하며, 소하천정비를 시행하기 위하여 필요한 때에는 그 정비가 시행되는 구역안의 토지를 수용·사용할 수 있도록 소하천정비법 제12조에서 규정하고 있으므로, 결국 시기가 문제이지 자연의 유수로 인하여 소하천구역으로 된 토지를 포함하여 소하천구역안에 있는 토지는 소하천정비공사시에 보상평가의 대상이 된다.

「소하천정비법」에 의한 소하천구역안에 있는 토지에 대한 평가는 제39조의2의 규정, 즉 가격시점 당시의 현실적인 이용상황을 기준으로 하며, 하천구역으로 된 것에 따른

'하천법'의 규정에 의한 공법상 제한은 이를 고려하지 아니한다.

다만, 이러한 원칙에도 불구하고 토보침에서는 정형화 평가를 할 수 있도록 규정하고 있어,[703] 이는 정당보상의 차원에서 문제가 여지가 있다.

3. 하천구역내 미보상토지 평가

1) 손실보상 대상

▣ 토지보상평가지침

제39조의 2 (하천구역으로 된 토지 중 미보상토지의 평가) ① 특별조치법 제2조에 따른 보상대상토지 외의 것으로서 구 「하천법」(법률 제5893호, 1999. 2. 2) 제74조 제1항에 따라 보상대상이 된 하천구역(국가 하천 및 지방1급 하천의 하천구역을 말한다)안 토지 중 보상이 되지 아니한 토지에 대한 평가는 제39조를 준용한다. 다만, 구 「하천법」 제2조 제1항 제2호 라목에 따라 하천구역으로 지정된 토지의 경우에는 그 지정시점 당시를 하천구역으로 된 당시로 보며, 가격시점은 제10조의 2에 따른다. 〈개정 2009. 10. 28.〉

② 제1항에도 불구하고 하천의 신설 그 밖에 하천공사로 하천구역 밖에 있는 토지가 하천구역으로 된 경우로서 보상이 되지 아니한 토지에 대한 평가는 제32조에 따른다. 〈신설 2009. 10. 28.〉

③ 구 「하천법」 제3조에 따라 하천구역으로 되었으나 하천관리청의 하천공사 또는 홍수 그 밖에 자연현상으로 하천의 유로가 변경되어 하천구역에서 제외된 토지로서 보상이 되지 아니한 등기부상 사유토지의 경우에는 제39조 제4항을 준용한다. 〈신설 2009. 10. 28.〉

하천구역내 미보상 토지라 함은 舊 하천법에 의하여 국유화된 국가하천 및 지방1급 하천부지내의 토지 가운데 보상이 되지 않은 토지를 말하는 것으로서, 특별조치법의 보상대상 토지는 특별조치법에 의하여 보상이 되므로 여기에서 제외된다. 즉 舊 하천법에서 국유화된 하천부지내 토지중에서 특조법 대상토지를 제외한 토지 가운데 보상이 안 된 하천부지를 말한다.

결국, 동 규정을 적용하여야 하는 하천부지내 토지는 ① 1971. 7.19 이후 편입된 제방 및 제외지 ② 1984.12.31 이후 편입 유수지 가운데 현재까지 보상이 되지 않은 하천부지이다.

---

703) (토보침 제39조의 4) 제39조 제2항 및 제3항의 규정은 이 조의 규정에 의한 소하천구역안에 있는 토지 및 기타 소규모 하천의 부지에 대한 평가시에 이를 준용할 수 있다.

2) 평가방법

개정 전 토보침에서는 하천구역내 미보상 토지에 대하여 별도의 보상규정이 없어 실무적으로 정형화 평가를 하였으나, 2009.10.27 개정에서는 국유화된 하천의 미보상 토지에 대하여 보상근거를 명확히 하였다.

하천구역내 미보상 토지의 보상평가는 토보침 제39조에 의한 "특별조치법에 의한 평가"를 준용하도록 규정하고 있어, 하천부지 내 미보상토지도 역시 특별조치법 대상 토지와 그 보상방법이 동일하다. 다만, 하천의 신설 등 하천의 공사로 하천구역에 편입된 토지 가운데 미보상 하천부지는 미불용지의 평가규정을 적용하도록 하고 있다.

질의회신

□ 토정 58342-590호 (1997. 7. 7) 질의회신

[질의] 1978년 집중호우로 인한 하천제방의 붕괴로 시청에서 긴급복구공사를 하여 약500평 정도가 하천과 제방으로 편입되었으나 현재까지 보상을 받지 못하고 있다가 최근에 시청에서 도로공사를 하면서 하천으로 편입된 토지에 대한 가격을 사업인정을 받지 않은 공공사업이라 하여 1/3로 평가할 수 있는 지 여부

[회신] 하천관리청이 시행한 제방공사로 인하여 하천으로 편입된 이후 보상이 이루어지지 않고 있다가 최근에 도로공사부지에 편입되는 경우에는 미불용지로 보상하는 것이 타당함

Ⅵ. 하천부지 보상의 권리구제

1. 특조법상 권리구제 문제점 검토

토지수용의 경우는 수용의 개시일에 제3의 권리가 말소되어, 수용재결일 이후 공탁예정일까지 제3자 권리에 대하여 권리보전 조치 등의 통지하고 있고 압류 등의 토지에 대하여는 토지보상법 제40조2항 4호에 의거 집행공탁할 수 있다.

반면에 특조법 토지에 대하여는 보상금을 지불한 날 또는 공탁한 날에 제3자 권리가 소멸하도록 규정하고 있어(특례법 제9조), 협의보상의 경우는 3자 권리를 말소하고 지급할 수 있지만, 공탁을 하게 되는 경우는 제3자 권리에 대한 보호 등의 규정이 없는 실정이다.

특조법 대상토지에 근저당 등 제3자 권리가 기재되어 있는 경우 협의가 안된 토지에 대하여는, 공탁하기 전에 제3자 권리가 공탁한 날에 말소된다는 통지를 반드시 송달하고, 유선 등으로도 권리보전 조치를 하여야 한다.

그러나 특조법상 토지에 기한 압류 등의 조치가 있을 경우 토지보상법 제40조 2항 제4호에 의한 집행공탁이 가능한 지에 대하여 법령상 근거가 없어 이 경우도 공탁하기는 어려울 것으로 보인다.

따라서 압류 등이 있는 토지에 대하여는 집행공탁 불가로 취득이 불가하다는 문제점이 있어, 이에 대한 공탁예규 등이 정비되어야 할 것으로 보인다.

특조법상 토지는 수령을 거부하거나 수령할 수 없을 때 및 보상금 받을 자를 알 수 없을 때 보상금을 공탁할 수 있도록 규정하고 있어(특조법 제8조) 이에 해당할 경우 공탁이 가능하며, 이 때 공탁시 첨부서류는 명시규정은 없으나 ① 공탁서, ② 영수증 외에 ③ 편입토지조서 공고문 및 ④ 하천편입조서 등이 필요할 것으로 보이며, 이에 대하여 공탁공무원과 구체적 협의가 필요하며, 이에 대한 공탁예규 정비가 필요할 것으로 보인다.

2. 미보상 토지에 대한 권리구제 미비

1) 현 황

'71. 7. 20 이후 설치된 제방 또는 제외지와 '84. 12. 31 이후 편입된 유수지등 하천편입 당시 하천 관할청에서 보상을 하였어야 하나 보상을 하지 않고 현재까지 미보상인 상태로 남아 있는 토지에 대하여, 소유권이 국유화됨에 따라 여러 가지 문제가 대두되고 있다.

특히 사업시행자가 산정한 손실보상 협의금액에 불만이 있거나 또는 소유자 불명일 경우 해당 토지들을 강제적으로 취득함에 있어 명확한 지침 등이 정비되지 않아 다소의 문제가 야기될 수 있다.

2) 수용재결 청구 가능성 검토

하천부지에 대하여 수용재결 청구가 가능한 지에 대하여 중토위 기준를 살펴보면 아래와 같다.

(1) 1971. 7. 19. 이전 하천

하천관리청의 고시에 의하여 하천구역으로 된 토지에 대한 손실보상청구에 대하여는, 구 「하천법」 제62조(1971. 1. 19. 법률 제2292호로 개정되기 전의 것)에 손실보상규정이 있어 관할 토지수용위원회에 손실보상을 청구할 수 있었으므로 이러한 경우 중토위에서 검토후 재결한다. 다만, 구 「하천법」(1971. 1. 19. 법률 제2292호로 개정되기 전의 것)에서는 구 「토지수용법」(2002. 2. 4. 법률 제6656호로 개정되기 전의 것)을 준용한다는 규정이 없었으므로 손실보상 재결에 대하여 불복할 경우에는 곧바로 행정소송을 제기하도록 통지하도록 하고 있어 수용재결 등의 권리구제가 가능하나, 이때 당시 고시된 하천여부가 불분명할 뿐만아니라 그 고시대상도 극히 적어 수용재결 대상 여부 판단이 곤란하다는 문제가 있다.

판 례

□ 대법원 1995. 4. 25. 선고 94재다260 전원합의체 판결

하천법의 연혁과, 위 개정법률 부칙 제2조 제1항이 "이 법 시행 전에 토지가 제2조 제1항 제2호 가목에 해당되어" 하천구역으로 된 경우에 손실을 보상하도록 규정하고 있는 점에 비추어 보면, 위 부칙 제2조 제1항은 위 1971.1.19.의 법률 제2292호 하천법이 동법 제2조 제1항 제2호 가목에 해당하는 경우에는 법률의 규정에 의하여 당연히 국유로 되어 사권이 상실되도록 규정하면서도 그에 대하여는 아무런 보상규정을 두고 있지 않은 데 대한 반성적 고려에서, 위 법률 제2292호의 하천법이 시행된 이후 위 개정법률 시행 전까지 하천법 제2조 제1항 제2호 가목의 규정에 의하여 하천구역으로 된 토지에 대하여는 관리청이 보상을 할 것을 규정한 취지로 보아야 할 것이고, 따라서 위 법률 제2292호의 하천법이 시행되기 전에 관리청의 고시에 의하여 하천구역으로 된 토지에 대하여는 위 하천법의 규정에 의하여 하천구역으로 된 것이 아닐 뿐만 아니라, 그에 대하여는 별도의 손실보상규정도 존재하고 있었으므로(위 법률 제2292호의 하천법 부칙 제2항은 "이 법 시행당시 종전의 규정에 의하여 행한 처분 기타 절차는 이 법의 규정에 의하여 행한 것으로 본다"고 규정하고 있다) 위 개정법률 부칙 제2조 제1항이 적용되지 않는다고 해석함이 상당하다.

(2) 1971. 7. 19.부터 1984. 12. 31 편입 하천

이 기간에 편입된 하천은 사권이 소멸된 경우에 대한 손실보상청구에 대하여 1984. 12. 31. 개정된 「하천법」(법률 제3782호) 부칙 제2조 제1항 소정의 손실보상금의 지급을 구하는 권리는 사법상의 권리이고 이의 지급을 구하는 쟁송은 민사소송(행정소송)이므로 토지수용위원회에 제기된 손실보상청구는 각하하여야 한다.

■ 하천법 부칙

제2조 (제외지등에 대한 조치) ① 이 법 시행전에 토지가 제2조 제1항 제2호 가목에 해당되어 하천구역으로 되었거나, 1961년 12월 30일 공포된 법률 제892호 하천법 또는 1971년 1월 19일 공포된 법률 제2292호 하천법개정법률의 시행으로 제외지안에 있던 토지가 국유로 된 경우에는 관리청이 그 손실을 보상하여야 한다. 〈개정 2002. 12. 11.〉

② 제1항의 규정에 의한 보상청구권의 소멸시효는 이 법 시행일로부터 기산하여 예산회계법 제71조 및 지방재정법 제53조의 규정에 의한다.

(3) 1984. 12. 31. 이후 편입하천

1984. 12. 31 이후 하천에 편입되어 사권이 소멸된 경우에 대한 손실보상청구에 대하여는, 1984. 12. 31. 법률 제3782호로 「하천법」 개정시 제74조 제2항을 신설하면서 "토지가 제2조 제1항 제2호 가목(유수지)에 해당되어 새로이 하천구역으로 된 경우에는 그 토지가 포함된 하천구역의 관리청이 보상하여야 한다"는 규정을 둔 바 있으므로, 이런 경우 「하천법」 제74조 제3항의 규정에 의한 하천관리청과 손실보상협의를 하고 협의 미성립 등의 경우에 관할 토지수용위원회에 재결을 신청하도록 규정되어 있으므로 수용재결 청구 가능하다.

결국, 중토위 기준에 의하면 '71. 7. 19 이전 고시된 지정하천과 '84. 12. 31 이후 편입된 "유수지"만 수용재결 신청이 가능하다.

※ 중토위 하천부지에 대한 수용재결 기준

1) 1971. 1. 19. 개정된 법률 제2292호 「하천법」시행일인 1971. 7. 19. 이전에 하천관리청의 고시에 의하여 하천구역으로 된 토지에 대한 손실보상청구에 대하여는
   - ㅇ 구 「하천법」 제62조(1971. 1. 19. 법률 제2292호로 개정되기 전의 것)에 손실보상규정이 있어 관할 토지수용위원회에 손실보상을 청구할 수 있었으므로 이러한 경우 중토위에서 검토 후 재결

2) 1971. 1. 19. 개정된 「하천법」(법률 제2292호) 시행일인 1971. 7. 19.부터 1984. 12. 31. 사이에 국가하천에 편입되어 사권이 소멸된 경우에 대한 손실보상청구에 대하여는
   - ㅇ 1984. 12. 31. 개정된 「하천법」(법률 제3782호) 부칙 제2조 제1항 소정의 손실보상금의 지급을 구하는 권리는 사법상의 권리이고 이의 지급을 구하는 쟁송은 민사소송이므로 토지수용위원회에 제기된 손실보상청구는 각하하여야 함

3) 1984. 12. 31. 개정 「하천법」 시행일인 1984. 12. 31. 이후에 새로이 하천구역으로 편입되어 사권이 소멸된 경우에 대한 손실보상청구에 대하여는
   - ㅇ 1984. 12. 31. 법률 제3782호로 「하천법」 개정시 제74조 제2항을 신설하면서 "토지가 제2조 제1항 제2호 가목(유수지)에 새로이 하천구역으로 된 경우에는 그 토지가 포함된 하천구역의 관리청이 보상하여야 한다"는 규정을 둔 바 있으므로, 이 경우 토지수용위원회에서는 사권소멸에 따른 토지보상금에 대하여 감정평가업자 2인에게 평가를 의뢰하여 보상금을 산정한 후 재결

3) 문제점 검토

중토위 재결 기준에 의하면, 실무적으로 하천부지내 국유화된 토지에 대하여는 극히 일부 사안을 제외하고는 수용재결 청구가 어려울 것으로 보인다. 적어도 중토위 기준으로는 하천부지내 토지는 이미 국유화 조치되어 협의가 이루어지지 않은 토지에 대한 수용재결 신청이 어려워 소유권 이전에 어려움이 예산된다.

그러나, 중토위 재결기준과는 달리 하천법에서는 부칙에서 종전의 규정에 의해서 국유로 된 국가하천 및 지방1급하천의 귀속 및 보상은 종전의 규정에 따르도록 규정하고 있다.

> ▣ **하천법 부칙 (8338호) 〈2007. 4. 6. (개정 2009. 4. 1)〉**
>
> **제2조** (하천의 귀속 및 보상에 관한 경과조치) ① 이 법 시행 당시 종전의 규정에 따라 국유로 된 국가하천 및 지방1급하천의 귀속 및 보상에 관하여는 종전의 규정에 따른다.

이 부칙에 따르면 하천의 귀속 및 보상은 종전 규정에 따르도록 하였기 때문에 하천에 편입되어 국유화된 시점의 보상규정에 의거 보상하여야 한다.

그러나 중토위 재결기준은 법률에 명시되어 있는 사항에 대하여만 수용재결 신청을 인정하였으나, 법률 외에 판례상으로 유추적용되어 보상하여야 하는 부분을 간과하고 적용하고 있다는 문제점이 있다.

예를 들어 '71.7.19 이후의 제외지 편입에 대하여는 국유화는 되었지만 법률상으로는 보상규정이 명확하게 규정되어 있지 않아 중토위 기준으로 한다면 수용재결 청구가 어렵다.

그러나 '71.7.19 이후 편입 제외지에 대해서는 대법원은 "동법의 시행으로 인하여 국유화가 된 제외지의 소유자에 대하여 그 손실을 보상한다는 직접적인 보상규정을 둔 바가 없었으나 동법 제74조의 손실보상 요건에 관한 규정은 보상사유를 제한적으로 열거한 것이라기보다는 예시적으로 열거한 것이어서 국유로 된 제외지의 소유자에 대하여는 위 법조를 유추 적용하여 관리청이 그 손실을 보상하여야 하는 것으로 새겨야 한다고 판시[704]함으로써 1971년 하천법의 시행으로 하천구역에 편입되어 소유권을 상실한 토지의 소유자도 동법 제74조에 의하여 손실보상을 받을 수 있다는 점을 간과한 것

704) 대법원 1987. 7. 21. 선고 84누126 판결 ; 1985. 11. 12. 선고 84카36 판결 등 참조

으로 보인다.

결국 하천법의 해석으로 보면, '71.7.19 이후 제외지 및 제방, 84.12.31 이후 편입되는 유수지는 이때부터 손실보상근거 조항을 마련하였으므로 수용재결 신청이 가능하며 그 이전 편입 하천은 손실보상 근거조항을 마련한 시점부터 소멸시효가 적용되므로 중토위 재결기준이 타당하다 판단된다.

결국 특조법 대상이 아닌 미불용지에 해당하는 토지에 대해서는 수용재결이 가능할 것으로 판단된다.

제11절 개간비 보상

Ⅰ. 정 의

토지보상법 제27조의 개간비 평가에 있어 개간(開墾)이라 함은 임야·하천부지·공유수면 등의 토지에 대하여 형질변경, 토질·토양의 증진, 시설·공작물의 설치 등을 통하여 전·답 또는 과수원 등의 농경지 등으로 전환, 이용하는 것을 말하며, 매립은 물론 간척을 포함한다. 이는 위에서 열거한 이외에도 종전의 이용가치를 높이는 모든 토지 개량 행위를 포함한다.

개간비 보상은 당초보다 토지가격이 증가된 차액, 즉 유익비[705]를 개간한 자에게 되돌려주려는 제도이다.[706] 따라서 당해 토지의 가치가 증가된 경우 개간비 보상의 대상이 되는데 예를 들면, 공유지상의 주택건립을 위한 석축,[707] 경작을 위하여 하천을 개간한 경우[708] 등에는 개간비 지급의 대상이 된다.

705) 민법 제203조 제2항은 "점유자가 점유물을 개량하기 위하여 지출한 금액 기타 유익비에 관하여는 그 가액의 증가가 현존한 경우에 한하여 회복자의 선택에 좇아 그 지출금액이나 증가액의 상환을 청구할 수 있다"고 규정하고 있다. 민법과 개간비의 차이점은 민법의 유익비는 지출금액이나 증가액 중에서 선택적으로 청구할 수 있으나, 토지보상법의 개간비는 지출금액만을 보상의 대상으로 하고 있다는 차이점이 있다.

706) 감정평가실무 6.3.1 개간비 등 ① 개간비는 기준시점을 기준으로 <u>개간에 통상 필요한 비용 상당액을 기준</u>으로 감정평가한다. 이 경우 <u>개간비는 개간후의 토지가액에서 개간전의 토지가액을 뺀 금액을 초과하지 못한다</u>.
② 제1항에 따른 개간비를 감정평가할 때에는 개간전과 개간후의 토지의 지세·지질·비옥도·이용상황 및 개간의 난이도 등을 종합적으로 고려하여야 한다.
③ 제1항에 따라 개간비를 보상하는 경우 취득하는 토지의 감정평가액은 개간후의 토지가액에서 개간비를 뺀 금액으로 한다.

707) 토관 58342-64 (2000. 1. 12) : 공유지에 관계법령에 의한 점용허가 등을 받아 적법하게 석축을 쌓아 공유지 가치가 증대된 경우에는 이를 넓은 의미의 개간으로 보아 그 석축에 대하여 특례법시행규칙 제9조의 규정을 적용하여 보상할 수 있다고 봅니다.

708) 토관 58342-1551 (2001. 10. 12) : 특례법시행규칙 제9조 제1항의 규정에 의거 국가 또는 지방자치단체소유의 토지에 대하여 개간(관계법령에 의거 허가·인가 등을 받아야 하는 경우에는 허가·인가 등을 받고 개간한 자에 한함)을 행한 경우에는 지상물과 별도로 개간에 소요된 비용을 평가·보상하도록 되어 있으므로 관계법령이 정하는 바에 따라 경작을 목적으로 점용허가 등을 받아 하천을 개간한 자가 적법하게 계속 경작하던 중 이 토지가 공공사업지구에 편입된 경우에는 개간비 보상대상에 해당된다고 봅니다.

> 제27조 (개간비의 평가 등) ① 국유지 또는 공유지를 관계법령에 의하여 적법하게 개간(매립 및 간척을 포함한다. 이하 같다)한 자가 개간당시부터 보상당시까지 계속하여 적법하게 당해 토지를 점유하고 있는 경우(개간한 자가 사망한 경우에는 그 상속인이 개간한 자가 사망한 때부터 계속하여 적법하게 당해 토지를 점유하고 있는 경우를 포함한다) 개간에 소요된 비용(이하 "개간비"라 한다)은 이를 평가하여 보상하여야 한다. 이 경우 보상액은 개간후의 토지가격에서 개간전의 토지가격을 뺀 금액을 초과하지 못한다. 〈개정 2007. 4. 12.〉
> ② 제1항의 규정에 의한 개간비를 평가함에 있어서는 개간전과 개간후의 토지의 지세·지질·비옥도·이용상황 및 개간의 난이도 등을 종합적으로 고려하여야 한다.
> ③ 제1항의 규정에 의하여 개간비를 보상하는 경우 취득하는 토지의 보상액은 개간후의 토지가격에서 개간비를 뺀 금액으로 한다.

질의회신

> **□ 토관 58342-389 (2004. 9. 16)**
> 개간비 보상은 하천부지 등이 전·답으로 개간됨으로써 경제적 가치가 증가되고, 개간된 토지가 공익사업에 편입되어 보상받는 경우 국가나 지방자치단체는 자기의 노력과 상관없이 개간비 상당액의 부당이득을 갖게 되는 결과가 되어 바람직하지 않으므로, 토지가격의 증가분 즉 차액을 그 토지를 개간한 자에게 돌려주도록 한 제도로서, 관계 법령에 의하여 국·공유지를 사용수익허가 등을 받아 그 기간동안 그 사용료를 납부한 경우라도 개간 경작함으로써 반사적 이익을 얻은 경우라 할 것이므로, 개간된 토지가 공익사업에 편입되어 공익사업의 시행자가 보상하는 경우에는 토지보상금 이외에 개간지를 개간한 자에게 보상하여야 할 것이다.

Ⅱ. 개간비 지급요건

1. 국유지 또는 공유지의 토지

토지보상법 시행규칙 제27조에 의거 개간비 보상토지는 국유지 또는 공유지인 경우에만 그 대상이 된다. 따라서 개간지라 하더라도 사인이 소유한 토지(사유지)에 대하여는 개간비 보상을 하지 아니한다.[709] 이와 같이 개인 간 계약관계를 제외한 국가와 사인의 관계에서 적법하게 허가를 받아 개간을 한 경우 개간비를 지급하는 이유는 국가가 아무런 이유 없이 이익을 향유하는 것은 정당보상 취지에 부적절하기 때문[710]인 것

709) 토정 58342-245 (1999. 2. 12) : 사유토지를 개간한 경우에는 개간비 보상대상이 아니다.

으로 보이다.

한편 사유지에 대해서 개간비 적용을 유추적용이 가능한 지에 대하여 논의가 있으나, 토지의 평가는 현실이용상황을 감안하여 평가하도록 하고 있으므로, 다른 사람의 노력으로 토지의 가치가 증가되었다면 민법에 의거 당사자 간의 상환청구 등으로 해결하여야 할 것으로 보이며, 개간비의 규정을 유추적용할 수는 없을 것으로 보인다.[711)]

2. 적법한 개간

개간한 사실이 인정되어야 한다. 개간지에 대한 보상은 개간비용에 대한 보상이므로 단순히 국공유지를 점용하고 있다는 사실만으로는 허용될 수 없으므로 국공유지 농경지에 대하여 점용허가를 받아 점용료를 납부하고 사용하고 있더라도 **적법한 개간의 사실이 없으면 보상대상이 되지 않는다**. 따라서 매립공사 면허자가 준공 등을 하지 않은 채 이후 대부계약에 의거 점유하더라도 당초 적법한 개간이 없었으므로 개간비 지급이 불가하다.[712)]

또한 점용허가 기간이 만료된 경우[713)]나 개간허가면적을 초과하여 경작하는 면적과 허가면적 중에서 실제 경작하지 아니하고 있는 면적에 대하여는 개간비 대상에서 제외되며[714)] 또한 당초의 사용목적과 다르게 개간 또는 사용되는 경우에도 개간비 지급대상이 아니다.[715)] 다만, 관계법령에 따라 허가·인가 등을 받지 않고 개간한 무허가 개간

---

710) 허강무외1, 토지보상평가지침 해설, 부연사, 2010. 385면.

711) 김은유, 『실무 토지수용』, 법률정보센타, 2008, 344면.

712) 법제처 안건번호 09-0388 (2009. 12. 31) : 공유수면 매립면허를 받은 후 준공기한 내에 매립공사를 준공하지 못하여 면허의 효력이 실효되고, 해당 매립지는 국가의 소유가 되었으나, 해당 매립지의 사용권을 양도받아 사실상 점유해오던 자가 이후 국가와 대부계약을 체결하여 계속하여 점유하고 있는 경우에, 해당 점유자는 「공익사업을 위한 토지 등의 취득 및 보상에 관한 법률 시행규칙」 제27조 제1항에 따른 개간비의 보상대상에 해당되지 않습니다.

713) 감정평가 실무기준 해설서(Ⅱ), 한국감정평가협회 외1, 2014. 189면 : 구 공특법에서는 점유의 적법성을 규정하지 않았으므로 점용기간이 만료된 이후에도 개간비 보상의 대상이 될 수 있었으나, 현행 토지보상법 시행규칙 제27조에서는 점유의 적법성을 요건으로 규정하고 있으므로 이런 경우 개간비 보상대상으로 볼 수 없다.

714) 토관 1562 (2004. 4. 3) : 점용허가면적을 초과하여 경작한 경우 등은 무단 점유에 해당될 것으로 봅니다.

715) 토관 58342-1115 (2002. 7. 26) : 특례법시행규칙 제9조의 규정에 의하면 국가 또는 지방자치단체 소유의 토지에 대하여 개간(매립·간척 등을 포함하며, 관계법령에 의하여 허가·인가 등을 받아야 하는 경우에는 허가·인가 등을 받고 개간하는 경우에 한함)을 행한 경우에는 지상물과는 별도로 개간에 소요된 비용으로 평가한다고 되어 있으므로 지방자치단체 소유의 토지에 대하여 허가 등이 필요한 경우 이를 행하고 개간을 한 자가 점유하고 있는 경우에는 개간보상 대상에 해당된다고 보나, 허가 등이 필요한

토지가 1995년 1월 7일 당시 공익사업지구에 편입된 경우에는 개간비를 보상한다(시행규칙 부칙 제6조).[716]

감사사례

ㅁ 감사원 감사결과 (2011. 07)

「국유림의 경영 및 관리에 관한 법률」 제21조의 규정에 따른 국유림 대부계약을 맺은 때에는 산지전용허가를 받거나 산지전용신고를 한 것으로 보고 있으나 농사용 또는 주거용으로 사용하기 위하여 「국유재산법」에 근거하여 대부계약을 맺고 사용 수익하는 경우에는 구 「산림법」이나 「산지관리법」에서 정한 절차에 따라 별도로 산지전용허가나 신고를 받아 산지전용을 하도록 하고 있다. 따라서 「국유재산법」에 따른 대부계약을 맺고 구 「산림법」이나 「산지관리법」에서 정한 절차에 따른 산지전용(형질변경)허가나 신고 없이 주거용 등으로 국유림을 형질변경한 남00에게 개간비를 인정하여 보상금을 지급해서는 안 된다.

3. 계속 점유

당초 개간을 한 자가 보상 당시까지 사실상 계속하여 점유하고 있어야 한다.[717] 개간비는 개간을 한 자가 점용하고 있는 국공유지가 공익사업에 편입되는 경우에 지급하는 것이므로 개간을 한 자가 사실상 점유하고 있지 아니한 경우에는 보상대상이 되지 않는다.[718] 그러나 개간한 자가 사망 후에 그 상속인이 당해 토지를 계속하여 적법하게 점유하고 경작하고 있는 경우 그 상속인이 보상대상이 된다.[719] 그러나 사망한 것이

경우 이를 이행하지 아니하는 등의 경우에는 보상대상에 해당되지 아니한다고 보며, 국·공유지를 사용목적과 다르게 개간한 경우에는 개간비 보상대상이 아니다.

716) 토지정책과-3165 (2008. 10. 2) : 규칙 부칙 〈제344호, 2002. 12. 31.〉 제6조에는 1995년 1월 1일 당시 공익사업지구에 편입된 불법형질변경토지 또는 무허가 개간토지(관계법령에 의하여 허가·인가 등을 받지 아니하고 개간한 토지를 말한다)에 대하여는 제24조 또는 제27조 제1항의 규정에도 불구하고 이를 현실적인 이용상황에 따라 보상하거나 개간비를 지급하여야 한다.

717) 토관 58342-1027 (2003. 7. 23) : 당해 국·공유지를 관계법령에 의한 인·허가 등을 받아 개간·매립 등을 한 자가 당해 국·공유지를 적법하게 계속 점유하고 있는 경우에 한하여 개간한 자에게 개간에 소요된 비용을 보상하여야 한다고 보나, ① 적법하게 개간하지 않았거나, ② 적법하게 개간한 경우로서 개간한 자가 계속하여 점유하고 있지 아니하거나 또는 ③ 개간한 자가 아닌 자가 점유하고 있는 경우에는 보상대상에 해당되지 아니한다고 봅니다.

718) 토관 58342-1682(2001. 11. 6) : 하천부지를 개간자로부터 매입하여 경작하고 있는 경우 개간비 보상대상에 해당되는지 여부에 대하여 "특례법시행규칙 제9조 제1항의 규정에 의거 국가 또는 지방자치단체소유의 토지에 대하여 개간(관계법령에 의거 허가·인가 등을 받아야 하는 경우에는 허가·인가 등을 받고 개간한 자에 한함)을 행한 경우에는 지상물과 별도로 개간에 소요된 비용을 평가·보상하도록 되어 있으므로 개간비는 개간을 한 자가 보상 당시 사실상 점유하고 있는 경우에만 지급할 수 있는 것으로써 개간을 하지 아니한 자는 보상대상에 해당되지 아니한다고 봅니다"라고 회신하고 있다.

아니라 노환 등으로 점유자의 자녀가 권리의무를 승계하여 경작하였다면 이는 개간비 지급대상이 아니다.[720]

4. 원상회복 등의 부관여부

하천부지 점용허가를 하면서 '점용기간 만료 또는 점용을 폐지하였을 때에는 즉시 원상복구할 것'이라는 부관을 붙인 사안에서, 판례는 이 부관의 의미는 하천부지에 대한 점용기간 만료시 그에 대한 개간비보상청구권을 포기한 것으로 보고 있어 **원상회복 등의 부관이 부가된 경우 개간비 지급은 불가하다**(아래 판례참조).

판 례

□ 대법원 2008. 7. 24. 2007두25930 판결

[1] 하천부지 점용허가 여부는 관리청의 재량에 속하고 재량행위에 있어서는 법령상의 근거가 없어도 부관을 붙일 것인가의 여부는 당해 행정청의 재량에 속하며, 또한 구 하천법(2004. 1. 20. 법률 제7101호로 개정되기 전의 것) 제33조 단서가 하천의 점용허가에는 하천의 오염으로 인한 공해 기타 보건위생상 위해를 방지함에 필요한 부관을 붙이도록 규정하고 있으므로, 하천부지 점용허가의 성질의 면으로 보나 법 규정으로 보나 부관을 붙일 수 있음은 명백하다.

[2] 하천부지 점용허가를 하면서 '점용기간 만료 또는 점용을 폐지하였을 때에는 즉시 원상복구할 것'이라는 부관을 붙인 사안에서, 위 부관의 의미는 하천부지에 대한 점용기간 만료시 그에 관한 개간비보상청구권을 포기하는 것을 조건으로 한 것으로 본다.

---

719) 감정평가 실무기준 해설서(Ⅱ), 한국감정평가협회 외1, 2014. 187면

720) ① 토지정책과-3501 (2008. 10. 23) : 하천점유자(부친)가 노환으로 영농을 할 수 없게 되어 점유자의 자녀가 권리의무를 승계(명의변경)하여 경작 중 공익사업에 편입된 경우 토지보상법 시행규칙 제27조 제1항의 규정에 의거 적법하게 개간한 자가 개간당시부터 보상당시까지 적법하게 당해 토지를 점유(사망의 경우 그 상속인이 개간한 자가 사망한 때부터 적법하게 토지를 점유한 경우 포함)한 경우 개간에 소요된 비용을 평가하도록 하고 있어, 귀 질의 경우 개간한 자가 사망한 경우에 해당하지 않으므로 보상대상에 해당하지 않는다.

② 토지정책과-528 (2009. 2. 5) : 개간한 자가 사망하기 전에 그 상속인이 승계점유한 자나, 제3자가 토지점유를 적법하게 계속 점유하는 경우에는 지급요건에 해당하지 않아 개간비 보상대상에 해당하지 않습니다.

Ⅲ. 개간비 평가방법

1. 개간비 평가원칙

개간비의 평가는 가격시점 당시를 기준으로 한 개간에 통상 필요한 비용 상당액(개량비 포함)으로 한다. 다만, 그 개간에 통상 소요된 비용을 산정하기 곤란한 경우에는 인근지역에 있는 표준지 공시지가를 기준으로 한 개간후의 토지에 대한 평가가격의 3분의 1(도시지역의 녹지지역안에 있는 경우에는 5분의 1, 도시지역의 기타용도지역 안에 있는 경우에는 10분의 1) 이내로 한다(아래 표 참조). 이때에는 그 평가가격이 개간후의 토지에 대한 평가가격에서 개간 전의 토지에 대한 평가가격을 뺀 금액을 초과하지 못하며, 개간 후의 토지에 대한 평가가격의 결정에서 일시적인 이용상황은 고려하지 아니한다.[721]

표 27. 개간비 평가방법

구 분	녹지지역	그밖의 용도지역
도시지역	인근지역에 있는 표준지 공시지가를 기준으로 한 개간후의 토지에 대한 평가가격의 5분의1	인근지역에 있는 표준지 공시지가를 기준으로 한 개간후의 토지에 대한 평가가격의 10분의1
비도시지역	인근지역에 있는 표준지 공시지가를 기준으로 한 개간후의 토지에 대한 평가가격의 3분의1	

2. 개간비 보상예외

개간비는 적법하게 개간한 당초 개간자에 한하여 그 보상청구권이 있으나, 이에 예외가 있다.

토지보상법 규칙 부칙 제6조에 의거 1995년 1월 7일 개정 종전의 공특법시행규칙 시행 당시에 공익사업시행지구에 편입된 무허가 개간 토지(관계법령의 규정에 따라 허가·인가 등을 받고 개간하여야 하는 토지를 허가·인가 등을 받지 아니하고 개간한 토지를 말한다)에 대한 개간비의 평가 의뢰가 있는 경우에는 이를 보상할 수 있다. 이 경우 당해 개간지에 대해 점용허가를 받은 것은 물론이고, 점용허가를 받지 않고 개간한 토지에 대하여도 보상하여야 한다. 따라서 무단으로 국·공유지를 개간·점용하고 있는 경우에도 현존상태를 존중하여 보상한다. 또한 직접 개간자뿐만 아니라 그 승계인도 보상받을 자에 포함된다고 보아야 할 것이다.

---

721) 토지보상평가지침 제52조【개간비의 평가】

제12절 잔여지의 보상평가

Ⅰ. 잔여지의 의의

잔여지란 동일한 토지 등의 소유자에 속하는 일단의 토지 중 일부가 공익사업지구에 편입되어 협의에 의하여 매수되거나 수용됨으로 인하여 남은 토지를 종래의 목적에 사용하는 것이 현저히 곤란하게 되거나 1택지로 이용할 수 없게 된 토지를 말한다.

토지보상법은 잔여지 보상에 대하여 ① 잔여지 매수 및 수용청구(법 제74조①항) ② 잔여토지의 가치하락에 대한 차액보상(법 제73조①항) ③ 잔여 토지에 공사가 필요한 경우 공사비보상(법 제73조①항 후단)을 규정하고 있다.

이 가운데 잔여지 매수 및 수용청구권은 그 요건을 구비한 때에는 토지수용위원회의 특별한 조치를 기다릴 것 없이 청구에 의하여 수용의 효과가 발생하는 형성권적 성질을 가지고, 그 행사기간은 제척기간으로서, 토지소유자가 그 행사기간 내에 잔여지수용청구권을 행사하지 아니하면 그 권리가 소멸하며,[722] 토지소유자가 잔여지 매수청구를 한 후 일단의 토지 전부를 제3자에게 매도한 경우에는 그 매도인은 잔여지 매수청구의 효력을 상실하게 된다.[723]

Ⅱ. 잔여지의 보상요건

1. 일단의 토지

잔여지 보상은 **동일한 소유자**에 속한 일단의 토지[724] 중 일부가 협의 및 수용됨으로써 잔여지에 발생한 손실을 보상대상으로 하고 있고, 이 때 일단의 토지라 함은 반드시 1필지의 토지만을 가리키는 것이 아니라 **일반적인 이용 방법에 의한 객관적인 상황이** 동

722) 대법원 2001. 9. 4. 선고 99두11080 판결
723) 토관 58342-533 (2003. 4. 14)
724) 중토위 "잔여지 수용 및 가치하락 손실보상 등에 관한 참고기준"(2019. 12. 05. 제정)

일한 한 수필지의 토지까지 포함하는 것이라고 할 것이므로,[725] 일단의 토지가 수필지인 경우에도 달리 특별한 사정이 없는 한 그 가격감소는 일단의 토지 전체를 기준으로 산정[726]하여야 하며, 따라서 지목은 다르나 연접하여 같은 목적으로 사용 중이거나 사용 가능한 토지는 일단의 토지로 볼 수 있다.[727]

한편 우리 토지보상법은 일단의 토지 전부를 매수하여 줄 것을 청구할 수 있는 잔여지의 판단요건을 다음과 같이 규정하고 있다.

① 대지로서 면적의 과소 또는 부정형 등의 사유로 인하여 건축물을 건축할 수 없거나 건축물의 건축이 현저히 곤란한 경우 ② 농지로서 농기계의 진입과 회전이 곤란할 정도로 폭이 좁고 길게 남거나 부정형 등의 사유로 인하여 영농이 현저히 곤란한 경우 ③ 공익사업의 시행으로 인하여 교통이 두절되어 사용 또는 경작이 불가능하게 된 경우 ④ 기타 잔여지를 종래의 목적대로 사용하는 것이 현저히 곤란하다고 인정되는 경우이다(영 제39조).

또한 판례는 매수청구 대상의 잔여지는 반드시 잔여지 전체 면적일 필요는 없다고 본다. 따라서 잔여지 가운데 일부분만 분할하여 매수청구하는 것도 가능하다 할 것이다. 예를 들어 잔여지가 농지인 경우 일부분이 햇빛이 차단되어 농사가 불가할 경우 햇빛이 차단되는 부분만의 잔여지 매수청구도 가능하다고 할 것이다.

제3조(일단의 토지에 대한 판단) ① 일단의 토지는 다음 각 호의 사항을 모두 충족하는 한 필지 또는 둘 이상의 토지를 말한다. 1. 소유자의 동일성 2. 지반의 연속성 3. 용도의 일체성
② 제1항 제3호의 용도의 일체성이라 함은 일반적인 이용 방법에 의한 객관적인 상황이 동일한 관계를 말한다.

725) 대법원 2002. 3. 15. 선고 2000두1362 판결 : 1필지의 토지 중 수용부분이 획지조건이나 환경조건에서 잔여지 부분보다 훨씬 우세하기는 하나 양자가 물리적 연속성을 갖추고 있을 뿐만 아니라 실제이용상황도 모두 장기간 방치된 잡종지 상태로서 별다른 차이가 없는 경우, 위 전체 토지가 수용재결 시점에 있어서의 객관적인 현황 내지 이용상황을 기준으로 할 때 동일한 목적에 제공되고 있었던 일체의 토지라고 할 것이므로 잔여지 손실보상의 대상이 되는 토지수용법 제47조 소정의 '일단의 토지'에 해당한다.

726) 대법원 1999. 5. 14. 선고 97누4623 판결 : 일단의 토지라 함은 반드시 1필지의 토지만을 가리키는 것이 아니라 일반적인 이용 방법에 의한 객관적인 상황이 동일한 한 수필지의 토지까지 포함하는 것이라고 할 것이므로, 일단의 토지가 수필지인 경우에도 달리 특별한 사정이 없는 한 그 가격감소는 일단의 토지 전체를 기준으로 산정하여야 할 것이다.

727) 중앙토지수용위원회, 토지수용업무편람, 2009, 425면

질의회신

□ 토지정책과-784 (2013. 2. 1)

잔여지 매수는 잔여지 위치·형상·이용상황 및 용도지역, 편입토지 면적 및 잔여지 면적을 종합적으로 고려하여 위 규정에 따라 잔여지를 종래의 목적에 사용하는 것이 현저히 곤란한 경우에 가능한 것으로, 잔여지 중 일부가 공익사업 시행으로 인하여 종래 목적대로 사용하는 것이 현저히 곤란하다고 객관적으로 인정되는 경우에는 잔여지 중 일부에 대한 수용 청구도 가능할 것으로 보며, 개별적인 사례에 대하여는 관할 토지수용위원회에서 관련법령 및 사실관계 등을 검토하여 판단할 사항으로 봅니다.

다만, 공유토지의 경우 면적의 과소여부는 공유지분이 아니라 공유자 전원의 전체면적을 기준으로 판단한다.[728)]

2. 종래의 목적과 현저히 곤란하거나 가치하락의 경우

1) 종래의 목적

잔여지 매수요건으로서 '종래의 목적'이라 함은 취득 당시 해당 잔여지가 현실적으로 사용되고 있는 구체적인 목적을 의미하고 장래 이용할 것으로 예정되는 목적은 이에 포함되지 않는다.[729)] 또한 종래의 목적에 대한 판단기준은 사업인정고시일 당시의 현실적인 이용상황을 기준으로 한다.[730)]

728) 토지정책과-5323 (2005. 8. 24) : (질의) 잔여면적이 799㎡이나 당해 토지소유자가 25인의 공동소유로서 공유지분별로는 토지를 종래의 목적에 사용하는 것이 현저히 곤란하다고 주장하면서 잔여지 매수청구를 하는 경우 잔여지 매수가 가능한 지 여부
(회신) 귀 질의와 같이 편입되고 남은 잔여지가 종래의 목적에 사용하는 것이 현저히 곤란한 사유가 공동소유인 토지를 공유지분별로 분할하여 사용하는 경우를 전제로 한 것이라면 위 규정에 의한 잔여지 매수 청구사유 에 해당되지 아니한다고 봅니다.

729) 대법원 1990. 12. 26. 선고 90누1076 판결 : 주택신축을 준비 중이던 토지의 일부분에 대한 토지수용으로 인하여 나머지 토지 위에는 주택을 건축할 수 없게 되었다면, 비록 위 나머지 토지부분의 현실적 이용상황이 전이라고 하더라도, 종래의 목적에 사용하는 것이 현저히 곤란한 때에 해당한다고 할 것이나, 잔여지 중 일부가 녹지지역내의 시설녹지로서 이미 도시계획법 제4조, 제12조에 의하여 건축 등의 행위가 제한되고 있는 토지라면 위 토지수용으로 인하여 이를 종래의 목적에 사용하는 것이 현저히 곤란한 때에 해당한다고는 보여지지 아니하므로 이 부분 토지에 대해서는 잔여지수용청구를 할 수 없다.

730) 중토위 "잔여지 수용 및 가치하락 손실보상 등에 관한 참고기준"(2019. 12. 05. 제정)

2) 현저히 곤란한 경우

잔여지의 매수보상의 경우 '종래의 목적'이라 함은 **수용재결 당시**에 당해 잔여지가 현실적으로 사용되고 있는 구체적인 용도를 의미하고, '사용하는 것이 현저히 곤란한 때'라고 함은 물리적으로 사용하는 것이 곤란하게 된 경우는 물론 사회적, 경제적으로 사용하는 것이 곤란하게 된 경우, 즉 절대적으로 이용 불가능한 경우만이 아니라 **이용은 가능하나 많은 비용이 소요되는 경우를 포함**[731]하며, '잔여지를 종래의 목적에 사용하는 것이 현저히 곤란한 때'인지의 여부는 그 토지의 현실적, 구체적 용법만을 기준으로 판단할 것이 아니라 그 토지의 공부상 지목과 현황, 용도지역 등을 종합하여 일반적으로 판단하여야 할 것이다.[732] 이 '종래의 목적에 사용하는 것이 현저히 곤란한 때'에 대하여 법원은 물리적 곤란뿐만 아니라 상당한 비용이 드는 경우를 포함한다고 보고 있으며, 잔여토지가 '도로'나 '임야' 등으로 사용되는 경우 잔여지 매수대상으로 인정하지 않는데 소극적 경향이 있다.[733]

제5조(잔여지 수용 판단) ② 잔여지의 종래의 목적에 대한 판단은 사업인정고시일 당시 현실적인 이용 상황을 기준으로 한다. 다만, 토지보상법 제25조 제2항에 따른 건축물의 건축 등에 대하여는 사업인정고시일 이후 허가를 받아 착공한 경우에는 재결당시를 기준으로 한다.
③ 제2항의 판단에 있어 사업인정고시일 당시 건축물의 건축, 공작물의 설치 또는 토지의 형질변경을 하고자 관련 법령에 따라 허가신청 또는 신고 등을 하여 착공한 경우에는 인허가 여부 및 내용 등을 참작하여 판단한다.

731) 대법원 2005. 1. 28. 선고 2002두4679 판결 : 구 토지수용법(1999. 2. 8. 법률 제5909호로 개정되기 전의 것) 제48조 제1항에서 규정한 '종래의 목적'이라 함은 수용재결 당시에 당해 잔여지가 현실적으로 사용되고 있는 구체적인 용도를 의미하고, '사용하는 것이 현저히 곤란한 때'라고 함은 물리적으로 사용하는 것이 곤란하게 된 경우는 물론 사회적, 경제적으로 사용하는 것이 곤란하게 된 경우, 즉 <u>절대적으로 이용 불가능한 경우만이 아니라 이용은 가능하나 많은 비용이 소요되는 경우를 포함한다</u>.

732) 부산고법 1998. 9. 3. 선고 97구11393 판결 : 위 토지는 도시계획상 일반상업지역에 속하고, 위 토지상에 주택이나 상가, 사무실 등의 용도로 사용될 수 있는 건물을 건축하는 데는 아무런 장애가 없는 사실, 피고 부산교통공단이 수용한 이 사건 675의 28 토지의 면적은 180.2㎡에 불과한 데 비하여 잔여지인 675의 5 토지의 면적은 508㎡에 이르는 사실 등을 인정할 수 있고 이에 어긋나는 증거 없는바, 위 인정사실을 종합하여 보면 이를 토지수용법 제48조 제1항 소정의 '잔여지를 종래의 목적에 사용하는 것이 현저히 곤란한 때'에 해당한다고 보기는 어렵다 할 것이므로 원고의 위 주장은 이유 없다고 판시하고 있다.

733) ① 대법원 2000. 2. 8. 선고 97누15845 판결 : 산림복구가 예정되어 있는 일단의 채석지 중 일부가 고속국도의 용지로 수용됨으로써 잔여지가 신설국도의 접도구역에 포함된 사유만으로는 잔여지를 종래의 목적인 임야로 사용하는 것이 현저히 곤란하게 되었다고 할 수 없다.
② 대법원 1991. 8. 27. 선고 90누7081 판결 : 도시계획상 도로에 편입되어 그 이후 계속 도로로서 이용되고 있을 뿐 아니라 이 사건 토지의 수용이후에도 계속 도로로서 사용되고 있음을 알 수 있으므로 수용전후를 불문하고 도로로서의 목적에 사용되고 있음은 동일하다고 할 것이니 결국 이 사건 수용으로

판 례

□ 대법원 2017. 9. 21. 선고 2017두30252 판결

'종래의 목적'은 수용재결 당시에 그 잔여지가 현실적으로 사용되고 있는 구체적인 용도를 의미하고, '사용하는 것이 현저히 곤란한 때'에 해당하려면, 물리적으로 사용하는 것이 곤란하게 되거나, 사회적·경제적으로 사용하는 것이 곤란하게 된 경우, 즉 이용은 가능하나 많은 비용이 소요되는 경우이어야 한다.

3) 가치하락의 경우

잔여지의 가격이 감소되었다고 판단되는 경우 하락된 가치에 대하여 손실보상을 인정하고 있다(법 제73조①항). 잔여지 가치보상은 수용청구와는 달리 잔여지를 종래의 목적에 사용하는 것이 현저히 곤란한 사정이 인정되지 않는 경우에도 가치감소가 인정된다면 손실보상을 하여야 한다.[734]

또한 잔여지 가치 하락에 대한 보상의 경우 사업시행이익은 상계할 수 없으며, 다만 사업손실[735]에 대하여는 이를 참작하여야 한다.[736]

잔여지 가치감소의 인정범위를 어느 정도까지 인정할 것인지는 판단하기 어려운 문제이다. 우리 판례는 현실적 이용상황의 변경 등 가치감소 뿐만 아니라 장래의 이용가치 감소에 대해서도 넓게 인정하고 있는 입장이다. 타당하다고 본다.

인하여 잔여지를 종래의 목적에 사용하는 것이 현저히 곤란할 때라고 볼 수 없다 하여 원고의 이 부분 청구를 모두 배척하였다.

③ 대법원 1994. 11. 8. 선고 93누21682 판결 : 토지(1,024㎡)가 수용됨으로 인하여 잔여지(669㎡)는 폭 3 내지 5m, 길이 70 내지 80m의 길쭉한 부정형의 토지로서 맹지가 되었으며 수용토지에 변전소가 설치되어 고압전류가 흐르리라는 것이 예상되더라도, 그 잔여지가 도시계획상 자연녹지지역에 속하는 공원용지이며 지목이 전이라면, 잔여지가 수용으로 인하여 토지의 가격이 감소되기는 하였지만 잔여지를 본래의 목적인 농경지 상태대로 사용하는 것이 현저히 곤란하다고 보기는 어렵다고 할 것이므로 이의재결 중 잔여지수용청구를 기각한 부분은 적법하다.

734) 대법원 1999. 5. 14. 선고 97누4623 판결 : 토지수용법 제47조는 잔여지 보상에 관하여 규정하면서 동일한 소유자에 속한 일단의 토지의 일부 수용이라는 요건 외에 잔여지 가격의 감소만을 들고 있으므로, 일단의 토지를 일부 수용함으로써 잔여지의 가격이 감소되었다고 인정되는 한, 같은 법 제48조가 정하고 있는 잔여지 수용청구에서와는 달리 잔여지를 종래의 목적에 사용하는 것이 현저히 곤란한 사정이 인정되지 않는 경우에도 그에 대한 손실보상을 부정할 근거가 없다.

735) 중토위 "잔여지 수용 및 가치하락 손실보상 등에 관한 참고기준"(2019. 12. 05 제정)

☞ 제2조(용어의 뜻) 7. "사업손실"이란 해당 공익사업의 시행 중 또는 시행 후 발생하는 용수 및 배수상태·일조·조망 등의 침해로 인해 토지의 가치가 하락하는 것을 말한다.

736) 중토위 "잔여지 수용 및 가치하락 손실보상 등에 관한 참고기준"(2019. 12. 05. 제정)

판 례

□ 대법원 2011. 2. 24. 선고 2010두23149 판결 (토지보상금증액)

동일한 토지소유자에 속하는 일단의 토지의 일부가 취득 또는 사용됨으로 인하여 잔여지의 가격이 감소하거나 그 밖의 손실이 있는 때 등에는 토지소유자는 그로 인한 잔여지 손실보상청구를 할 수 있고, 이 경우 보상하여야 할 손실에는 토지 일부의 취득 또는 사용으로 인하여 그 획지조건이나 접근조건 등의 가격형성요인이 변동됨에 따라 발생하는 손실뿐만 아니라 그 취득 또는 사용 목적 사업의 시행으로 설치되는 시설의 형태·구조·사용 등에 기인하여 발생하는 손실과 수용재결 당시의 현실적 이용상황의 변경 외 장래의 이용가능성이나 거래의 용이성 등에 의한 사용가치 및 교환가치상의 하락 모두가 포함된다.

한편 앞서 살펴 본 잔여지의 수용청구와 이 가치하락에 대한 보상은 별개의 보상으로 잔여지 매수청구를 하였다 하여 잔여지 가치하락보상을 청구한 것으로 볼 수는 없다. 다시 별도로 가치하락에 대한 보상 절차를 거쳐야 한다.[737]

3. 매수(수용)청구가 있을 것

잔여지를 종래의 목적에 사용하는 것이 현저히 곤란한 때에는 당해 토지소유자는 사업시행자에게 잔여지를 매수하여 줄 것을 청구할 수 있으며, 사업인정 이후에는 관할 토지수용위원회에 수용을 청구할 수 있다.[738] 이 경우 수용의 청구는 매수에 관한 협의

제4조(잔여지 가치하락액의 산정) ① 잔여지의 가치하락액은 공익사업에 편입되기 전의 잔여지 가액에서 공익사업에 편입된 후의 잔여지 가액을 차감한 금액으로 산정한다.
② 제1항의경우 공익사업에 편입된 후의 잔여지 가액에는 수용손실을 반영하되, 사업손실도 반영할 수 있다.
③ 잔여지의 일부에 대해서만 피해가 있는 경우에는 그 일부에 대해서만 가치하락액을 산정할 수 있다.

제12조(사업손실의 감정평가) ① 사업손실을 감정평가할 때에는 피해의 원인, 피해원인이 토지에 미치는 정도, 피해의 계속 여부, 원상회복가능성, 관련 법령상 허용기준 등에 대해 조사·확인하여 평가한다. 다만 사업손실에 대하여 다른 절차에 따라 손실보상 또는 손해배상을 받은 경우에는 이를 참작하여야 한다.
② 제1항과 관련하여 감정평가업자는 필요한 경우 관련 전문가에 대한 자문을 거쳐 감정평가할 수 있다. 다만, 사전에 위원회와 협의하여야 한다.

737) 대법원 2014. 9. 25. 선고 2012두24092 판결 : 특별한 사정이 없는 한 이러한 재결절차를 거치지 않은 채 곧바로 사업시행자를 상대로 손실보상을 청구하는 것은 허용되지 않는다 할 것이고, 이는 잔여지 또는 잔여 건축물 수용청구에 대한 재결절차를 거친 경우라고 하여 달리 볼 것은 아니다.

738) 대법원 2004. 9. 24. 선고 2002다68713 판결 : 잔여지에 대한 수용청구를 하려면 우선 기업자에게 잔여지

가 성립되지 아니한 경우에 한하되, 그 사업의 공사완료일까지 하도록 규정(법 제74조) 하고 있어 매수(수용)청구를 그 보상요건으로 보는 것이 타당할 것으로 보인다.[739]

Ⅲ. 잔여지 보상기준

1. 관련규정

▣ 토지보상평가지침

제53조 (잔여지의 감정평가) ① 법 제73조 제1항 단서 또는 법 제74조에 따라 잔여지의 협의 또는 수용을 위한 감정평가 의뢰가 있는 경우에 그 잔여지에 대한 감정평가는 법 시행규칙 제32조 제3항에 따라 다음과 같이 한다.

잔여지의 감정평가액 ≒ (일단의 토지 전체면적 - 공익사업편입면적) × 단위면적당 적정가격

② 제1항에서 잔여지의 단위면적당 적정가격의 결정은 공익사업시행지구에 편입된 부분을 포함한 일단의 토지 전체의 적정가격을 기준으로 한다. 다만, 공익사업시행지구에 편입된 부분과 잔여부분이 용도지역등을 달리하여 가치가 다른 경우(해당 공익사업과 관련되어 용도지역등이 변경된 경우는 제외한다)에는 잔여지부분의 적정가격을 기준으로 결정할 수 있다.
③ 제1항에 따른 잔여지의 감정평가 시에 가격시점은 그 잔여지를 협의 또는 수용하는 시점으로 하되, 비교표준지의 선정, 적용공시지가의 선택, 지가변동률의 적용, 그 밖의 감정평가기준은 해당 공익사업시행지구에 편입된 경우와 같이 하며, 잔여지의 공법상 제한 및 이용상황 등은 공익사업시행지구에 편입되는 토지(이하 이 조에서 "편입토지"라 한다)의 협의취득 또는 재결 당시를 기준으로 한다.
④ 가격시점 당시의 일단의 토지 전체 및 편입토지의 단위면적 당 적정가격을 결정할 때 해당 공익사업의 시행에 따른 가치의 변동은 고려하지 아니한다.

매수에 관한 협의를 요청하여 협의가 성립되지 아니한 경우에 한하여 그 일단의 토지의 일부 수용에 대한 토지수용위원회의 재결이 있기 전까지 관할 토지수용위원회에 잔여지를 포함한 일단의 토지 전부의 수용을 청구할 수 있고, 그 수용재결 및 이의재결에 불복이 있으면 재결청과 기업자를 공동피고로 하여 그 이의재결의 취소 및 보상금의 증액을 구하는 행정소송을 제기하여야 하며, 곧바로 기업자를 상대로 하여 민사소송으로 잔여지에 대한 보상금의 지급을 구할 수는 없다.

739) ① 반대견해 : 김은유, 실무 토지수용, 법률정보센터, 2008, 333면 : "잔여지수용청구가 피수용자의 권익을 옹호하기 위해 도입된 제도이며 잔여지에 접속된 토지에 대한 협의가 격렬되는 경우에 잔여지에 대한 협의가 용이하지 않은 점 등을 이유로 잔여지 매수청구를 반드시 잔여지매수청구의 필수적 선행절차로 볼 수 없다"는 견해도 있다.
② 찬성견해 : 그러나 토지보상법 제74조 제1항 후문에 "수용의 청구는 매수에 관한 협의가 성립되지 아니한 경우에 한하되,"라고 하여 협의매수절차가 반드시 선행되어야 함을 규정하고 있다. 따라서 이를 임의적 절차로 해석하는 것은 타당하지 아니하다(정남철, 고시계 2010/9, 14면).

> 제54조(잔여지의 가치하락 등에 따른 손실액의 감정평가) ① 법 제73조 제1항에 따라 잔여지의 가치하락에 따른 손실액의 결정을 위한 감정평가 의뢰가 있는 경우에 그 손실액의 감정평가는 법 시행규칙 제32조 제1항에 따라 제53조에 따른 잔여지의 감정평가액에서 해당 공익사업의 시행으로 가치가 하락된 잔여지의 감정평가액을 뺀 금액으로 한다.
> ② 제1항에 따라 가치가 하락된 잔여지의 감정평가액을 결정할 때에는 다음 각 호의 사항을 조사하여 개별요인의 비교 시에 반영한다.
> 1. 잔여지의 위치·면적·형상 및 지세·이용상황
> 2. 잔여지 용도지역등 공법상 제한
> 3. 잔여지와 인접한 동일인 소유토지의 유·무 및 이용상황
> 4. 잔여지의 용도변경 등이 필요한 경우에는 주위토지의 상황
> 5. 해당 공익사업으로 설치되는 시설의 형태·구조·사용 등
> 6. 잔여지에 도로·구거·담장·울 등 시설의 설치 또는 성토·절토 등 공사의 필요성 유·무 및 공사가 필요한 경우에 그 공사방법 등

2. 매수청구 시기 및 대상

잔여지 매수청구 시기를 종전 규정에서는 사업시행자와 보상협의시에 하거나, 사업인정 이후에는 관할 토지수용위원회의 수용재결이 있기 전까지 청구할 수 있도록 하였으나, 이를 개정하여 매수에 관한 협의가 성립되지 아니한 경우에 한하여 그 **사업의 공사완료일까지 청구**할 수 있도록 하여 피수용자들의 권리보호를 확대하였다.

또한 종전의 규정에서는 **일단의 토지 전부**를 수용청구의 대상으로 규정하여 잔여지만을 별도로 수용대상으로 할 수 없었으나,[740] 이 조항을 삭제함으로써 현행 법률에서는 **잔여지만을 별도로 수용청구를 할 수 있게 되었다.**

한편, 토지보상법은 '일단의 토지의 일부가 협의에 의하여 매수되거나 수용됨으로 인하여'라고 하여 취득으로 인한 잔여지 매수보상만을 인정하고 있다. 따라서 매수나 수용이 아닌 '사용'하는 토지의 잔여지 매수보상은 인정되지 않는다고 보는 것이 타당할 것이다.

740) 이 조항으로 인하여 종전규정에서는 잔여지 매수청구가 있는 경우 잔여지 매수여부가 결정되기 전까지 공익사업지구내 편입토지를 계약하지 못하고 가격에는 불만이 없음에도 불구하고 수용재결을 청구하는 문제가 있었다. 또 공익사업지구내 토지를 협의계약하고 추후 잔여지 매수청구를 하였으나 사업시행자가 잔여지를 매수하지 않을 경우 권리구제를 받을 방법이 없었다.

표 28. 잔여지 매수규정 변경내역

구분	종전내용	현행내용
법률내용 [제74조 (잔여지등의 매수 및 수용청구) ①]	동일한 토지소유자에 속하는 일단의 토지의 일부가 협의에 의하여 매수되거나 수용됨으로 인하여 잔여지를 종래의 목적에 사용하는 것이 현저히 곤란한 때에는 당해 토지소유자는 사업시행자에게 일단의 토지의 전부를 매수하여 줄 것을 청구할 수 있으며, 사업인정 이후에는 관할 토지수용위원회에 수용을 청구할 수 있다. 이 경우 수용의 청구는 매수에 관한 협의가 성립되지 아니한 경우에 한하되, 그 일단의 토지의 일부에 대한 관할 토지수용위원회의 수용재결이 있기 전까지 하여야 한다.	동일한 토지소유자에 속하는 일단의 토지의 일부가 협의에 의하여 매수되거나 수용됨으로 인하여 잔여지를 종래의 목적에 사용하는 것이 현저히 곤란한 때에는 당해 토지소유자는 사업시행자에게 잔여지를 매수하여 줄 것을 청구할 수 있으며, 사업인정 이후에는 관할 토지수용위원회에 수용을 청구할 수 있다. 이 경우 수용의 청구는 매수에 관한 협의가 성립되지 아니한 경우에 한하되, 그 사업의 공사완료일까지 하여야 한다. 〈개정 2007. 10. 17.〉
매수범위	일단의 토지 전부를 수용청구하여야 하며 잔여지만을 별도로 청구할 수 없음	일단의 토지의 전부 규정이 삭제되어 잔여지만 별도로 청구가능
매수시기	협의가 성립되었거나 관할 토지수용위원회의 수용재결이 있기 전에 청구가능	매수에 관한 협의가 성립되지 않은 경우에 한하되, 공사완료일까지 청구가능
시행시기	2008. 04. 17 이전	2007. 10. 17 공포·시행 후 6개월 경과한 날부터 시행(2008. 04. 18 이후)

3. 잔여지 보상유형

1) 잔여지 매수(수용) 보상

동일한 토지소유자에 속하는 일단의 토지의 일부가 취득됨으로 인하여 종래의 목적에 사용하는 것이 **현저히 곤란하게 된 잔여지**에 대하여는 그 일단의 토지의 전체가격에서 공익사업시행지구에 편입되는 토지의 가격을 뺀 금액으로 평가한다.

잔여지의 평가가격 ≒ (일단의 토지 전체면적 - 공익사업편입면적) × 단위면적당 단가

이와 같이 잔여지를 포함한 토지의 전체의 가격에서 공익사업용지에 편입된 토지가격을 차감한 금액으로 산정하는 것은 결국, 잔여지가 종래의 목적에 이용될 수 없어 가치가 하락하거나 최유효이용의 면적에 해당하지 아니하여 그 가치가 하락하더라도 하락하지 아니한 가격수준으로 보상하기 위한 조치이다. 또한 잔여지가 공익사업지구 시행으로 인하여 개발이익을 누리게 되었더라도 그 이익을 참작하여 잔여지 손실보상

액을 산정할 수는 없다.[741]

매수대상 잔여지 평가는 일단의 토지 전체가액에서 편입되는 토지의 가액을 뺀 금액으로 감정평가 하므로, 잔여지 매수보상에서도 일반 토지의 보상평가와 같이 비교표준지의 선정, 적용공시지가의 선택, 지가변동률의 적용 그 밖의 평가기준은 당해 공익사업에 편입된 경우와 같이 한다. 다만 당해 공익사업과 관계없는 잔여지의 공법상 제한이나 이용상황 등이 변경 또는 변동된 경우에는 이를 고려하여 평가한다(토보침 제53조 제3항).

2) 잔여지 가치하락 손실보상

동일한 토지소유자에 속하는 일단의 토지의 일부가 취득됨으로 인하여 잔여지의 가격이 하락된 경우의 잔여지의 손실은 공익사업시행지구에 편입되기 전의 잔여지의 가격(당해 토지가 공익사업시행지구에 편입됨으로 인하여 잔여지의 가격이 변동된 경우에는 변동되기 전의 가격을 말한다)에서 공익사업시행지구에 편입된 후의 잔여지의 가격을 뺀 금액으로 평가한다고 규정하고 있는 바(시행규칙 제32조 제3항), 이는 일단의 토지 전부가 공공사업용지로 편입되는 경우를 상정한 잔여지 부분의 평가액에서 잔여지만이 남게 되는 상태에서의 잔여지의 평가액을 차감한 금액이 잔여지의 가격감소로 인한 손실보상액이 된다는 것으로 해석할 것이며,[742] 이러한 손실보상은 달리 특별한 사정이 없는 한 일반원칙에 따라 수용재결시를 기준으로 하여 산정하여야 할 것이며, 이 경우 보상하여야 할 손실은 수용재결 당시의 현실적 이용상황의 변경뿐만 아니라 장래의 이용가능성이나 거래의 용이성 등에 의한 사용가치 및 교환가치상의 하락 모두를 포함한다.[743] 따라서 공익사업시행지구에 편입된 후의 잔여지 가액의 감정평가에서는 사업손실로 인한 가치의 하락도 반영한다.[744]

---

741) 대법원 2000. 2. 25. 선고 99두6439 판결 : 이 사건 수용의 목적사업인 도시계획사업에 의하여 설치되는 너비 10m의 도로에 접하게 되는 이익을 누리게 되었더라도 그 이익을 수용 자체의 법률효과에 의한 가격감소의 손실(이른바 수용손실)과 상계할 수는 없는 것이므로(대법원 1998. 9. 18. 선고 97누13375 판결 참조) 그와 같은 이익을 참작하여 잔여지 손실보상액을 산정할 것은 아니다.

742) 대법원 2002. 3. 15. 선고 2000두1362 판결 : 동일한 토지소유자의 소유에 속하는 일단의 토지의 일부가 공공사업용지로 편입됨으로 인하여 잔여지의 가격이 하락된 경우의 손실액의 평가는 공공사업용지로 편입되는 토지의 가격으로 환산한 잔여지의 가격에서 가격이 하락된 잔여지의 평가액을 차감한 액으로 한다.고 규정하고 있는바, 이는 일단의 토지 전부가 공공사업용지로 편입되는 경우를 상정한 잔여지 부분의 평가액에서 잔여지만이 남게 되는 상태에서의 잔여지의 평가액을 차감한 금액이 잔여지의 가격 감소로 인한 손실보상액이 된다는 것으로 해석할 것이다.

743) 대법원 2011. 2. 24. 선고 2010두23149 판결

744) 한국감정평가협회/한국감정원, 감정평가 실무기준 해설서(Ⅱ), 2014, 204면.

한편 판례는 주차장용지로 사용되고 있는 토지가 공익사업 시행으로 인하여 잔여토지의 폭이 현저히 줄어들고 모양이 'ㄷ'자 형태인 자투리 땅으로 된 경우 20%의 잔여지 감가보상을 인정한 바 있다.[745)]

판 례

ㅁ 대법원 1998. 9. 8. 선고 97누10680 판결

수용으로 인하여 주위가 다른 사람의 토지로 둘러싸여 도로에 접하고 있는 부분이 전혀 없는 이른바 맹지가 되어 있고, 도로가 개설된다고 하여도 그로 인하여 이 사건 잔여지의 통행 여건이 종전과 같거나 그보다 우세한 상태로 회복될 수 있는지의 여부도 분명하지 아니함을 알 수 있는바, 이러한 사정에 비추어 보면 이 사건 잔여지는 맹지가 되어 교통의 편리성이나 장래의 이용가능성 등에 있어 종전보다 열세에 처해져 있다고 할 수 있고, 수용재결 당시 그에 대한 이용개발행위의 제한으로 잠정적으로나마 이용상의 장애가 발생하고 있지 않다고 하여도 장래의 이용가능성에 있어서도 여전히 차이가 없다고 단정할 수 없으며, 여기에 거래의 용이성 등의 사정을 더해 보면 교환가치의 측면에서 종전과 같은 가격상태를 유지하고 있는 것으로 인정하기는 어렵다 할 것이다.

또한 잔여지수용청구가 인정되지 않는 경우에는 잔여지 감가보상을 청구할 수 있고, 또는 잔여지 수용청구 대신에 곧바로 잔여지가격감소를 이유로 손실보상을 청구할 수 있음은 당연하다.

3) 공사비용 보상

동일한 토지소유자에 속하는 일단의 토지의 일부가 취득 또는 사용됨으로 인하여 잔여지에 통로·도로·담장 등의 신설 그 밖의 공사가 필요한 경우에는 그 손실이나 공사의 비용을 보상하여야 하며, 이러한 공사비 보상은 공사완료일부터 1년이 지난 후에는 청구할 수 없다.

745) 대법원 1997. 10. 10. 선고 96누19666 판결 : 주차장용지로 사용되고 있는 당해 토지는 원래 대(垈)의 일부로서 그 동쪽 끝 부분이 수용된 것인 바, 당해 수용으로 인하여 잔여토지 중 위 고가도로 동쪽 부분은 토지의 폭이 현저히 줄어들고 모양이 'ㄷ' 자 형태인 자투리 땅으로 되어 가격이 종전보다 20% 정도 하락된 것으로 판단한 것은 정당하다.

Ⅳ. 잔여지 매수 또는 수용청구

1. 매수협의

잔여지의 매수청구는 사업인정 이전에는 사업시행자에게 잔여지를 매수하여 줄 것을 청구할 수 있으며, 사업인정 이후에는 관할 토지수용위원회에 수용을 청구할 수 있다. 이 경우 수용의 청구는 매수에 관한 협의가 성립되지 아니한 경우에 한하도록 규정하고 있어(법 제74조), 잔여지에 대한 수용청구는 매수협의를 필수적 절차로 하고 있다는 특징이 있다.

한편, 잔여지는 사업인정고시된 구역의 밖의 토지이므로 토지세목에는 포함되지 않은 토지이다. 그럼에도 불구하고 토지보상법에서는 매수 또는 수용청구의 경우에는 그 잔여지도 토지보상법 제20조의 규정에 의한 사업인정 및 그 고시가 있는 것으로 보고 있다(법 제74조 제3항).

2. 수용재결 신청

사업시행자가 매수에 관한 협의가 성립되지 않은 경우에는 잔여지의 토지소유자는 관할 토지수용위원회에 수용을 청구할 수 있으나, 그 **사업의 공사완료일까지 청구**하여야 한다.[746] 이 잔여지 수용청구권의 행사기간은 제척기간으로 이 행사기간 내에 행사하지 않으면 그 권리는 소멸한다.[747]

또한, 잔여지 수용청구의 의사표시는 관할 토지수용위원회에 직접 의사표시를 하거나 이에 준하는 경우에[748] 한정된다고 할 수 있다. 따라서 통상적으로 토지소유자는

---

746) 종전 개정 토지보상법은 이 잔여지 수용청구권을 "토지수용위원회의 수용재결이 있기 전"까지로 제한하였었다. 그러나 2007. 10. 17 토지보상법 개정시 이를 "공사완료일까지"로 확대하여 개정하였다.

747) 대법원 2001. 9. 4. 선고 99두11080 판결 : 토지수용법에 의한 잔여지수용청구권은 그 요건을 구비한 때에는 토지수용위원회의 특별한 조치를 기다릴 것 없이 청구에 의하여 수용의 효과가 발생하는 형성권적 성질을 가지고, 그 행사기간은 제척기간으로서, 토지소유자가 그 행사기간 내에 잔여지수용청구권을 행사하지 아니하면 그 권리가 소멸하므로, 토지소유자는, 잔여지수용청구권의 행사기간에 관하여 제한이 없었던 구 토지수용법(1990. 4. 7. 법률 제4231호로 개정되기 전의 것) 제48조 제1항이 적용되던 당시에는 토지수용위원회에 대하여 토지수용의 보상가액을 다투는 방법에 의하여도 잔여지수용청구권을 행사할 수 있었던 것과 달리, 위 법 조항이 개정되어 행사기간에 관한 규정이 신설된 이후에는 그 규정에서 정한 바에 따라 재결신청의 공고일로부터 2주간의 열람기간 내(1999. 2. 8. 법률 제5909호로 개정되기 전의 토지수용법 제48조 제1항) 또는 관할 지방토지수용위원회의 재결이 있기 전까지(개정된 위 조항 시행 후) 이를 행사하여야 하고, 도시계획법에 의한 토지수용이라 하여 달리 볼 것은 아니다.

사업시행자에게 잔여지 매수청구를 하고, 이 매수청구가 거부되었을 때 사업시행자에게 수용재결을 신청하는 방법이 일반적이나, 이 경우 사업시행자가 재결신청을 하지 않는다면 결국 관할 토지수용위원회에 직접 수용재결 청구하여야 법적 보호를 받을 수 있다.

판 례

□ 대법원 2010. 8. 19. 선고 2008두822 판결

잔여지 수용청구는 사업시행자와 사이에 매수에 관한 협의가 성립되지 아니한 경우 일단의 토지의 일부에 대한 관할 토지수용위원회의 수용재결이 있기 전까지 관할 토지수용위원회에 하여야 하고, 잔여지 수용청구권의 행사기간은 제척기간으로서, 토지소유자가 그 행사기간 내에 잔여지 수용청구권을 행사하지 아니하면 그 권리가 소멸한다. 또한 위 조항의 문언 내용 등에 비추어 볼 때, 잔여지 수용청구의 의사표시는 관할 토지수용위원회에 하여야 하는 것으로서, 관할 토지수용위원회가 사업시행자에게 잔여지 수용청구의 의사표시를 수령할 권한을 부여하였다고 인정할 만한 사정이 없는 한, 사업시행자에게 한 잔여지 매수청구의 의사표시를 관할 토지수용위원회에 한 잔여지 수용청구의 의사표시로 볼 수는 없다.

3. 수용재결

1) 매수 또는 청구권자

가치감소에 따른 권리구제와 관련하여 판례는 토지소유자가 사업시행자로부터 공익사업법 제73조에 따른 잔여지 가격감소 등으로 인한 손실보상을 받기 위해서는 공익사업법에 규정된 재결절차를 거친 다음 그 재결에 대하여 불복이 있는 때에 비로소 공익사업법 제83조(이의신청) 내지 제85조(행정소송)에 따라 권리구제를 받을 수 있을 뿐, 이러한 재결절차를 거치지 않은 채 곧바로 사업시행자를 상대로 손실보상을 청구하는 것은 허용되지 않는다.[749)]

---

748) 대법원 2005. 1. 28. 선고 2002두4679 판결 : 지방자치단체가 기업자로서 관할 토지수용위원회에 토지의 취득을 위한 재결신청을 하고 그 장이 관할 토지수용위원회로부터 법 제36조, 법시행령 제17조 제3항에 의하여 재결신청서 및 관계 서류의 사본의 공고 및 열람의 의뢰에 따라 이를 공고 및 열람에 제공함에 있어서 토지소유자 및 관계인이나 기타 손실보상에 관하여 이해관계가 있는 자는 법시행령 제17조 제3항의 열람기간 내에 '의견이 있을 경우에는 당해 지방자치단체 또는 관할 토지수용위원회에 의견을 제출하여 줄 것을 통지'한 경우 토지소유자가 당해 지방자치단체에 대하여 한 잔여지수용청구의 의사표시는 관할 토지수용위원회에 대하여 한 잔여지수용청구의 의사표시로 보아야 한다.

749) 대법원 2014. 4. 24. 선고 2012두6773 판결.

2) 환매권 적용여부

환매권은 공공사업에 편입되는 토지를 취득하였으나 당해 토지를 공공사업에 이용하지 않은 경우 원래의 소유자에게 되돌려 주는데 제도적인 의의가 있으므로 공공사업에 직접 편입되지 않은 잔여지를 토지소유자의 요청에 의거 사업시행자가 이를 매수한 경우에 환매에 관하여는 환매대상에 해당되지 않는다.[750)]

3) 공유의 잔여지

공유의 토지에 대하여 잔여지 매수청구 시 그 소유지분에 대해 각각 개인별로 잔여지 수용청구를 할 수 있는 지 여부에 대하여 판례는 각 공유자가 그 소유지분에 대하여 각별로 잔여지 수용청구를 할 수 있다고 판시[751)]하고 있으며, 중앙토지수용위원회도 이를 반영하여 각각 개인별로 잔여지수용청구를 할 수 있으며, 다만 공유지분 일부만 확대수용하여 잔여지의 수용권이 국가(지자체 등)와 개인의 공동지분으로 혼재될 경우 「국유재산법」 등 관련법과 국공유재산의 사용·수익 등 관리상의 현실적 문제발생 여부도 고려하여야한다[752)]고 하여 실무적으로는 관리상의 문제로 공유자 일부만의 잔여지 매수청구는 보수적으로 결정하여야 할 것으로 보인다.

4. 행정소송

토지소유자가 사업시행자로부터 공익사업법 제73조에 따른 잔여지 가격감소 등으로 인한 손실보상을 받기 위해서는 공익사업법 제34조, 제50조 등에 규정된 재결절차를 거친 다음 그 재결에 대하여 불복이 있는 때에 비로소 공익사업법 제83조 내지 제85조에 따라 권리구제를 받을 수 있을 뿐, 이러한 재결절차를 거치지 않은 채 곧바로 사업시행자를 상대로 손실보상을 청구하는 것은 허용되지 않는다.[753)] 또한, 잔여지 수용청구를 받아들이지 않은 토지수용위원회의 재결에 대하여 토지소유자가 불복하여 제기하는 소송은 위 법 제85조 제2항에 규정되어 있는 '보상금의 증감에 관한 소송'에 해당하여

750) 토정 58342-1201 (1997. 9. 20)
751) 대법원 2001. 6. 1. 선고 2001다16333 판결
752) 토지수용업무편람, 중앙토지수용위원회, 2009, 105면
753) 대법원 2008. 7. 10. 선고 2006두19495 판결

사업시행자를 피고로 하여야 한다.[754] 이와 같이 잔여지 손실보상 청구의 경우에 권리의 존재와 범위에 관한 행정청의 판단이 일정 정도 필요하여 항고소송에 조금 더 가까운 면이 있다.

Ⅴ. 중토위 잔여지 판단기준

토지보상법 제74조 제1항의 규정에 의한 잔여지로서『종래의 목적에 사용하는 것이 현저히 곤란한 토지』의 판단은 그 토지의 위치·형상·이용상황과 편입토지 면적과의 비교 및 용도지역 등을 고려하여 판단하되, 중토위 "잔여지 수용 및 가치하락 손실보상 등에 관한 참고기준"(2019. 12. 05 제정)을 참고한다. 다만, 특수한 사정이 있는 경우에는 개별 안건별로 각 보상기관의 자체 위원회에서 결정하고 있다.

▣ 중토위 "잔여지 수용 및 가치하락 손실보상 등에 관한 참고기준"

제6조 (택지의 판단) ① 잔여지가 택지에 해당할 경우에는 다음 각 호 중 어느 하나에 해당하면 수용할 수 있다.

1. 잔여지가 일정한 수준의 면적에 미달하여 건축물의 건축이 현저히 곤란한 경우
2. 잔여지의 접면도로상태가 바뀌어 건축법 상 건축허가가 불가능한 경우
3. 잔여지의 형상이 부정형으로 바뀌어 건축물의 건축이 현저히 곤란한 경우

② 제1항 제1호에서 "일정한 수준의 면적에 미달하는 경우"라 함은 일단의 토지가 공익사업 구역에 편입됨으로 인하여 다음 각 호의 면적 이하로 축소된 경우를 말한다. 다만, 일단의 토지 중 잔여지의 비율이 25% 이하인 경우에는 다음 각호의 면적을 1.5배까지 완화하여 적용할 수 있다.

1. 주거용 토지: 단독·다세대 주택 90㎡, 연립 주택 330㎡, 아파트 1,000㎡
2. 상업용(업무용을 포함한다) 토지: 150㎡
3. 공업용 토지: 330㎡

③ 제1항 제3호에 있어 잔여지의 형상이 사각형으로서 폭 5미터 이하인 경우 또는 삼각형으로서 한 변의 길이가 11미터 이하인 경우 등은 부정형으로 보며, 그이외의 형상은 잔여지에 내접하는 사각형 또는 삼각형을 도출하여 판단한다.

④ 제2항 각 호를 판단함에 있어 일단의 토지 위에 건축물의 용도가 2개 이상 혼재한 경우에는

---

754) 대법원 2010. 8. 19. 선고 2008두822 판결 : 잔여지 수용청구권은 손실보상의 일환으로 토지소유자에게 부여되는 권리로서 그 요건을 구비한 때에는 잔여지를 수용하는 토지수용위원회의 재결이 없더라도 그 청구에 의하여 수용의 효과가 발생하는 형성권적 성질을 가지므로, 잔여지 수용청구를 받아들이지 않은 토지수용위원회의 재결에 대하여 토지소유자가 불복하여 제기하는 소송은 위 법 제85조 제2항에 규정되어 있는 '보상금의 증감에 관한 소송'에 해당하여 사업시행자를 피고로 하여야 한다.

주된 용도로 판단하고, 주된 용도가 명확하지 아니하는 경우에는 해당 건축물에 적용되는 제2항 각호의 면적 중 작은 면적을 적용하여 판단한다.

제7조 (농지의 판단) ① 잔여지가 농지에 해당할 경우에는 다음 각 호 중 어느 하나에 해당하면 수용할 수 있다.

1. 잔여지가 일정한 수준의 면적에 미달하여 영농이 현저히 곤란한 경우
2. 잔여지에 접한 도로 또는 수로가 없어져 농지로서의 사용이 현저히 곤란한 경우
3. 농기계 진입과 회전이 곤란하거나 잔여지의 형상이 부정형으로 바뀌어 농지로서의 사용이 현저히 곤란한 경우
4. 축사부지인 잔여지의 접면도로상태가 바뀌어 건축법 상 건축허가가 불가능하여 영농이 현저히 곤란한 경우

② 제1항 제1호에서 "일정한 수준의 면적에 미달하는 경우"라 함은 일단의 토지가 공익사업 구역에 편입됨으로 인하여 330㎡ 이하로 축소된 경우를 말한다. 다만, 일단의 토지 중 잔여지의 비율이 25% 이하인 경우에는 495㎡까지 완화하여 적용할 수 있다.

③ 제1항 제3호에 있어 잔여지의 형상이 사각형으로서 폭 5미터 이하인 경우 또는 삼각형으로서 한 변의 길이가 11미터 이하인 경우 등은 부정형으로 보며, 그 이외의 형상은 잔여지에 내접하는 사각형 또는 삼각형을 도출하여 판단한다.

제8조 (산지의 판단) ① 잔여지가 산지에 해당할 경우 다음 각 호 중 어느 하나에 해당하면 수용할 수 있다.

1. 잔여지가 일정한 수준의 면적에 미달하여 종래 목적대로 사용이 현저히 곤란한 경우
2. 잔여지에 접한 도로가 없어져 종래 목적대로 사용이 현저히 곤란한 경우

② 제1항 제1호에서 "일정한 수준의 면적에 미달하는 경우"라 함은 일단의 토지가 공익사업 구역에 편입됨으로 인하여 330㎡ 이하로 축소된 경우를 말한다. 다만, 일단의 토지 중 잔여지의 율이 25% 이하인 경우에는 495㎡까지 완화하여 적용할 수 있다.

③ 제1항 제2호에 있어 일단의 산지가 다음 각 호의 도로와 접하였다가 공익사업으로 인해 잔여지에 접한 도로가 없어진 경우에 산지로서의 사용이 현저히 곤란한 경우로 본다.

1. 건축법 제2조 제11호에 따른 도로
2. 농어촌도로법 제4조에 따른 도로
3. 산림자원의 조성 및 관리에 관한 법률 제2조 제1호 라목에 따른 임도

제9조 (그 밖의 토지의 판단) ① 제6조부터 제8조까지에서 규정하지 아니한 용도의 토지는 다음 각 호의 사항을 종합적으로 고려하여 잔여지 수용 여부를 판단한다.

1. 잔여지의 면적이 해당 용도의 일정한 수준의 면적에 현저히 미달하는지 여부
2. 잔여지의 위치, 형상, 접근상태 등을 고려할 때 종래의 목적에 사용하는 것이 현저히 곤란한지 여부

② 제1항을 판단하는 경우 제6조부터 제8조까지에서 규정한 유사한 용도의 기준을 참작할 수 있다. 유사한 용도의 기준을 참작할 수 없는 경우에는 제1항 제1호의 일정한 수준의 면적기준은 330㎡로 한다.

제13절 환 매 권

Ⅰ. 의 의

환매권이란 공익사업을 위하여 취득한 토지가 당해 사업에 필요 없게 되거나 현실적으로 이용되지 않는 경우에 원래의 토지소유자가 환매대금을 지급하고 환매의사를 표시함으로써 사업시행자로부터 토지소유권을 되찾을 수 있는 권리를 말하며, 환매요건만 성취하면 사업시행자의 매각의사 없이도 토지를 환매할 수 있는 권리[755]를 말한다.

Ⅱ. 법적 근거

1. 실정법적 근거

1) 헌법적 근거

우리 헌법재판소는 '환매권은 헌법 제23조의 재산권의 내용에 포함되는 권리'라고 결정한 바 있다. 따라서 환매권은 헌법적 근거를 갖는 재산권으로 볼 것이다.

2) 개별법적 근거

환매권에 대한 개별적 근거로는 토지보상법 제91조 및 택지개발촉진법 등에서 환매권을 규정하고 있다.

755) 헌법재판소도 환매권에 대하여 다음과 같이 정의하고 있다.
환매권이란 공용수용의 목적물이 공익사업의 폐지 등의 사유로 불필요하게 된 경우에 그 목적물의 피수용자(토지소유자 또는 그의 포괄승계인)가 일정한 대가를 지급하고 그 목적물의 소유권을 다시 취득할 수 있는 권리를 말한다. 이와 같이 수용된 토지 등이 공공사업에 필요 없게 되었을 경우에 피수용자가 그 토지 등의 소유권을 회복할 수 있는 권리, 즉 환매권은 헌법이 보장하는 재산권에 포함된다(헌법재판소 2006. 11. 30. 선고 2005헌가20 결정).

(1) 토지보상법

> 제91조 (환매권) ① 토지의 협의취득일 또는 수용의 개시일(이하 이 조에서 "취득일"이라 한다)부터 10년 이내에 당해 사업의 폐지·변경 그 밖의 사유로 인하여 취득한 토지의 전부 또는 일부가 필요없게 된 경우 취득일 당시의 토지소유자 또는 그 포괄승계인(이하 "환매권자"라 한다)은 당해 토지의 전부 또는 일부가 필요없게 된 때부터 1년 또는 그 취득일부터 10년 이내에 당해 토지에 대하여 지급받은 보상금에 상당한 금액을 사업시행자에게 지급하고 그 토지를 환매할 수 있다.
> ② 제1항의 규정은 취득일부터 5년 이내에 취득한 토지의 전부를 당해 사업에 이용하지 아니한 때에 이를 준용하되, 이 경우 환매권은 취득일부터 6년 이내에 이를 행사하여야 한다.

대부분의 개발 법률은 환매권을 직접 규정하지 않고 토지보상법을 준용하도록 규정하여 환매권을 간접적으로 적용하도록 하고 있다.

(2) 택지개발촉진법

택지개발촉진법은 예정지구의 지정의 해제 또는 변경, 실시계획의 승인의 취소 또는 변경 기타 등의 사유로 수용한 토지 등의 전부 또는 일부가 필요 없게 된 때에는 수용 당시의 토지등의 소유자 또는 그 포괄승계인은 필요 없게 된 날로부터 1년 내에 토지 등의 수용 당시 지급받은 보상금에 대통령령으로 정한 금액을 가산하여 시행자에게 지급하고 이를 환매할 수 있으며(동법 제13조 제1항), 환매권자의 권리의 소멸에 관하여는 토지보상법 제92조의 규정을 준용하도록 규정하고 있다(제13조 제3항). 따라서 택지개발촉진법은 환매권의 일반적 요건은 동법에 규정하고 있으며, 단지 그 소멸에 대해서는 토지보상법을 준용하도록 규정하고 있다.

이 택지개발촉진법은 토지보상법과는 달리 "예정지구의 지정의 해제 또는 변경, 실시계획의 승인의 취소 또는 변경 기타 등의 사유로 수용한 토지 등의 전부 또는 일부가 필요 없게 된 때"만이 해당되고, 토지보상법의 또 하나의 사유인 "취득일로부터 5년 이내 취득한 토지 전부를 당해 사업에 이용하지 않은 때"는 환매사유에 포함하지 않고 있다. 또한 동법에서는 환매대상 토지를 "토지 등"이라고 하는 바, 토지보상법에서는 토지에 한정하고 있는 것에 비해 환매대상 물건을 넓게 인정하고 있으며, 환매금액에 대해서도 "토지 등의 수용 당시 지급받은 보상금에 대통령령이 정한 금액을 가산하여 시행자에게 지급하도록 하여, 토지보상법이 "당해 토지에 대하여 지급받은 보상금에 상당한 금액"을 지급하도록 하고 있는 것과 다르게 규정하고 있다.

표 29. 택지개발촉진법과 토지보상법 환매권 비교

구 분	택지개발촉진법	토지보상법
발생사유	토지 전부 또는 일부 필요 없게 된 때	① 10년 내(전부 또는 일부) 불필요한 경우 ② 5년 내 전체 불이용한 경우
환매대상	토지 등(지장물 포함)	토지
행사기간	필요 없게 된 날로 부터 1년 내	① 필요 없게 된 때부터 1년 ② 취득일부터 10년 이내
환매금액	지급받은 보상금에 법정이자 가산	지급받은 보상금액의 상당금액

(3) 자연공원법

자연공원법에서는 공원관리청이 토지를 수용한 후 대통령령으로 정하는 기간 내에 그 토지에 대하여 공원사업을 하지 아니하는 경우에는 그 토지의 소유자 또는 포괄승계인은 대통령령으로 정하는 바에 따라 공원관리청에 그 토지의 환매를 요구할 수 있다. 이 경우 공원관리청은 특별한 사유가 없으면 이에 따라야 한다고 규정하고 있다(법 제22조 제3항). 동 법에서는 환매사유·환매기간·환매금액에 대해서는 동 법의 시행령에 위임하는 방식으로 규정하고 있다.[756)]

동법 시행령에서는 "환매권은 공원사업시행계획 결정·고시 후 협의취득일 또는 수용일 부터 6년 이내에 이를 행사하여야 한다"(시행령 제16조 제2항)고 규정하고 있어 결국 토지보상법 제91조 제2항의 요건이 적용되고 있다. 또한 환매금액도 동법 시행령에서 " 토지 및 토지에 관한 소유권 외의 권리"이라고 규정하고 있어 토지보상금에 한정하고 있는 토지보상법과 다르다. 그 외 환매금액에 대해서는 토지보상법과 동일하게 지급받은 보상금액에 상당하는 금액으로 동일하게 규정하고 있다.

표 30. 자연공원법과 토지보상법 환매권 비교

구 분	자연공원법	토지보상법
발생사유	공원사업을 시행하지 않는 경우	① 10년내(전부 또는 일부) 불필요한 경우 ② 5년내 전체 불이용한 경우
환매대상	토지 및 토지에 관한 권리	토지
행사기간	협의취득일 또는 수용일부터 6년	① 필요 없게 된때부터 1년 ② 취득일부터 10년 이내
환매금액	지급받은 보상금에 상당금액	지급받은 보상금액의 상당금액

---

756) 이러한 자연공원법상의 위임규정은 환매권이라고 하는 국민의 재산권에 대한 본질적이고 중요한 사항을 대통령령에 포괄적으로 위임함으로써 헌법에 위배되지 않는 지가 문제가 될 수 있을 것으로 보고 있다(함인선, 공익사업을위한토지등의취득및보상에관한법률상의 환매제도에 관한 법적 검토, 토지공법연구, 2004, 79면).

(4) 재해위험 개선사업 및 이주대책에 관한 특별법

재해위험 개선사업 및 이주대책에 관한 특별법은 "개선사업지구 지정의 해제 또는 변경, 개선사업계획 또는 시행계획 승인의 취소·변경 기타 등의 사유로 수용한 토지 등의 전부 또는 일부가 필요 없게 된 때에는 수용 당시의 토지 등의 소유자 또는 그 포괄승계인은 필요 없게 된 날부터 1년 이내에 토지 등의 수용 당시 지급받은 보상금에 대통령령으로 정한 금액을 가산하여 사업시행자에게 지급하고 이를 환매할 수 있다고 규정하고 있다(법 제25조). 동 법에서는 환매사유 등 환매요건에 대하여 동 법에서 규정하고 있고, 단지 환매권 소멸에 대해서는 토지보상법을 준용하도록 하고 있다.

또한 동법에서는 환매대상 토지를 "토지 등"이라고 하는 바, 토지보상법에서는 토지에 한정하고 있는 것에 비해 환매대상 물건을 넓게 인정하고 있으며, 환매금액에 대해서도 "토지 등의 수용 당시 지급받은 보상금에 대통령령이 정한 금액[757]을 가산하여 시행자에게 지급하도록 하여, 토지보상법이 "당해 토지에 대하여 지급받은 보상금에 상당한 금액"을 지급하도록 하고 있는 것과 다르게 규정하고 있다.

표 31. 재해위험 개선사업 및 이주대책에 관한 특별법과 토지보상법 환매권 비교

구분	재해위험 개선사업 특별법	토지보상법
발생사유	토지 전부 또는 일부 필요없게 된 때	① 10년 내(전부 또는 일부) 불필요한 경우 ② 5년 내 전체 불이용한 경우
환매대상	토지 등(지장물 포함)	토지
행사기간	필요 없게 된 날 1년 이내	① 필요 없게 된 때부터 1년 ② 취득일부터 10년 이내
환매금액	지급받은 보상금에 법정이자 가산	지급받은 보상금액의 상당금액

3) 법적 근거 없는 경우의 논의

한편, 환매권은 헌법의 재산권에 포함된 권리이지만 개별법에 명문의 규정이 없는 때에도 헌법을 직접적인 법적 근거로 하여 환매권을 도출할 수 있는가에 대한 논의가 제기되고 있다.

이에 대하여 ① 환매권은 헌법의 재산권의 본질적 부분에 속하는 것이므로 개별법에

757) 재해위험 개선사업 및 이주대책에 관한 특별법 시행령 제32조 (환매가액) 법 제25조 제1항에 따라 수용 당시의 토지 등의 소유자 또는 그 포괄승계인이 개선사업에 필요 없게 된 토지 등을 환매하는 경우 보상금에 보상금 지급일부터 환매일까지의 법정이자를 합산하여 사업시행자에게 지급하여야 한다.

명문 규정이 없어도 헌법에 근거하여 행사할 수 있다고 보며 개별법에 규정이 없다고 하여 환매권행사를 제한하면 위헌·위법이 된다고 보는 견해(헌법상 권리설)와 ② 환매권이 헌법상 재산권에 포함된다 하더라도 재산권의 본질적인 부분은 아니며 입법자가 법률로 정할 내용과 한계에 해당하므로 입법자가 개별법에 명문의 규정을 두어서 환매권을 인정하지 않는 이상 환매권 행사를 인정하지 않는 것은 헌법에 위배되는 것은 아니라고 보는 견해(법률상 권리설)가 있다.

판례는 환매권을 법률상 권리설로 보는 입장이다. 즉, 환매권은 공공의 목적을 위하여 수용 또는 협의취득 된 토지의 원소유자 또는 그 포괄승계인에게 재산권보장과 관련하여 공평의 원칙상 인정하고 있는 권리로서 민법상의 환매권과는 달리 법률의 규정에 의하여서만 인정되고 있으며, 그 행사요건, 기간 및 방법 등이 세밀하게 규정되어 있는 점에 비추어 다른 경우에까지 이를 유추적용할 수 없다[758]는 입장이다.[759]

2. 이론적 근거

1) 토지소유자의 감정의 존중 및 공평의 원칙에서 찾는 견해

수용재결취득은 피수용자의 의사에 반하여 강제적으로 소유권을 박탈한 것이므로 정당보상이 주어졌다 하더라도 수용목적물에 대한 애착심에 기한 감정상의 손실이 남아 있게 되는데 공익상의 필요가 소멸한 때에는 원소유자에게 돌려주어 감정상의 손실을 존중해주기 위해서 환매권이 인정된다. 이는 우리 대법원이 취하고 있는 견해이다.[760]

---

758) 대법원 1993. 6. 2. 선고 91다43480 판결 : 환지처분에 의하여 공공용지로서 지방자치단체에 귀속되게 된 토지에 관하여는 토지구획정리사업법상 환매권을 인정하고 있는 규정이 없고, 이를 공공용지의취득및손실보상에관한특례법상의 협의취득이라고도 볼 수 없으므로 같은 특례법상의 환매권에 관한 규정을 적용할 수 없다.

759) 법제처의 입장도 동일하다. 국토계획법 제47조 제1항에 따라 매수청구권을 행사한 토지에 대하여 환매권 행사가 가능한지에 대해, 법제처는 '명시적인 규정이 없음에도 환매권을 인정하게 된다면 법적 안정성을 저해하는 불합리한 결과가 될 것'이라며 환매권 행사를 부정하였다(법제처 안건번호 15-0549 2015. 10. 21).

760) 대법원 1992. 4. 28. 선고 91다29927 판결 : 공특법 제9조 제1항이 환매권을 인정하고 있는 입법이유는, 토지 등의 원소유자가 사업시행자로부터 토지 등의 대가로 정당한 손실보상을 받았다고 하더라도 원래 자신의 자발적인 의사에 기하여 그 토지 등의 소유권을 상실하는 것이 아니어서, 완전보상이후에도 피수용자의 감정상의 손실이 남아 있으므로 그 감정상의 손실을 수인할 공익상의 필요가 소멸된 때에는 원소유자의 의사에 따라 그 토지 등의 소유권을 회복시켜 주는 것이 공평의 원칙에 부합한다는 데에 있다.

판 례

> **ㅁ 대법원 1993. 12. 28. 선고 93다34701 판결**
>
> 토지수용법 제71조 제1항.... 그 취지는 토지 등의 원소유자가 사업시행자로부터 토지 등의 대가로 정당한 손실보상을 받았다고 하더라도 원래 자신의 자발적인 의사에 기하여 그 토지 등의 소유권을 상실하는 것이 아니어서 그 토지 등을 더 이상 당해 공공사업에 이용할 필요가 없게 된 때, 즉 공익상의 필요가 소멸한 때에는 원소유자의 의사에 따라 그 토지 등의 소유권을 회복시켜 주는 것이 공평의 원칙에 부합한다는 데에 있다고 할 것이다.

2) 재산권의 존속보장에서 찾는 견해

헌법 제23조 1항의 재산권의 존속보장은 공익이라는 필요에 의해 헌법 제23조 3항의 가치보장으로 전환하였으나 이후 공익성의 필요가 소멸한 때에는 재산권의 존속보장으로 다시 환원하여야 하며 이를 위해 환매권이 인정된다고 본다. 헌법재판소도 환매권은 헌법의 재산권 내용에 포함된 권리라고 하여 이 견해를 지지하였다.

결 정

> **ㅁ 헌법재판소 1998. 12. 24. 97헌마87·88 병합**
>
> "헌법 제23조의 근본취지에 비추어 볼 때, 일단 공용수용의 요건을 갖추어 수용절차가 종료되었다고 하더라도 그 후에 수용의 목적인 공공사업이 수행되지 아니하거나 또는 수용된 재산권이 당해 공공사업에 필요 없게 되었다고 한다면, 수용의 헌법상 정당성과 공공필요에 의한 재산권 취득의 근거가 장래를 향하여 소멸한다고 보아야 한다. 따라서 수용된 토지 등이 공공사업에 필요 없게 되었을 경우에는 피수용자가 그 토지 등의 소유권을 회복할 수 있는 권리, 즉 환매권은 헌법이 보장하는 재산권의 내용에 포함되는 권리라고 보는 것이 상당하다"

3) 소 결

헌법재판소와 대법원의 견해는 모두 환매권이 인정배경으로 나름의 타당성을 갖는다고 할 수 있다. 즉 환매권은 토지소유자의 감정을 존중하기 위하여 인정된 권리로서 헌법의 공평의 원칙과 재산권의 존속보장이 그 이론적 배경이 될 수 있다고 생각된다.

3. 환매권의 법적성질

환매권은 법률의 규정에 의하여 당연히 발생하는 권리이다. 따라서 토지보상법상 환매권은 환매행사요건을 충족하면 환매금액을 사업시행자에게 지급하고, 일방적으로 환매의사를 표시함으로써 사업시행자의 의사와 무관하게 환매권을 행사할 수 있다는 점에서 형성권에 해당한다고 할 수 있다.[761)]

1) 공 권 설

환매제도는 공법적 수단에 의해 상실된 권리를 회복하는 제도로, 공법상 주체인 사업시행자에 대해 사인이 가지는 공법상 권리라고 한다. 공법적 원인에 기한 결과를 회복하는 수단 역시 공법적인 것이어야 함이 논리적이며,[762)] 특별한 규정이 없는 한 그에 관련된 소송은 공법상의 사건으로서 행정소송의 대상이 된다[763)]는 견해이다.

2) 사 권 설

환매권은 환매권자 자신의 이익을 위해서 환매의 의사를 표시함으로써 토지를 재취득하는 것이라는 점, 환매권의 행사는 공익성의 소멸을 그 요건으로 하고 있으므로 사업시행자는 더 이상 수용권의 주체로서의 지위를 갖지 않는다는 점을 볼 때 환매권은 사법상 권리라고 본다.[764)]

---

761) 헌법재판소 1994. 2. 24, 92헌마283 결정 : 청구인들이 주장하는 환매권의 행사는 그것이 공공용지의취득및손실보상에관한특례법제9조에 의한 것이든, 토지수용법 제71조에 의한 것이든, **환매권자의 일방적 의사표시만으로 성립**하는 것이지, 그 의사 여하에 따라 그 효과가 좌우되는 것은 아니다.

762) 류지태, 앞의 책, 834면. ; 홍정선, 「행정법」(하), 421면 ; 김남진, 「월간고시」(1992. 11), 81면.

763) 석종현, 손실보상법론(하), 삼영사, 2003, 413면.

764) 박윤흔 「최신행정법강의」(하) 692면 ; 김동희, 「행정법」(Ⅱ) 345면.

Ⅲ. 환매권 행사요건

1. 환매권의 성립시기

토지보상법이 정한 법정요건이 환매권의 성립요건인지 행사요건인지에 대하여 견해 대립이 있으나, 취득일에 이미 성립한 환매권을 현실적으로 행사하기 위한 요건으로 봄이 타당하다고 본다.[765] 즉, 토지보상법 제90조 제1항 및 제2항이 규정하고 있는 환매의 요건은 행사요건이라 할 것이다.

법제처 해석

□ 안건번호 11-0052 (2011. 3. 10)

공익사업법 제91조 제1항에서는 환매권을 행사할 수 있는 기간의 기산점을 토지의 '취득일'로 정하고 있을 뿐, 같은 법에서 여러 필지의 토지가 수용된 경우 소유자의 동일성 여부, 해당 토지의 이용현황 및 그 위치 등을 고려하여 실질적으로 하나의 토지로 볼 수 있는 때의 환매권 행사기간을 달리 정하도록 하는 특별한 규정을 두고 있지는 아니하므로, 이러한 환매권의 행사기간은 법률의 규정에 따라 해당 토지의 취득일을 기준으로 기산해야 할 것이고 사업시행자나 수용기관 등이 그 기산점을 임의로 달리 정할 수는 없다고 할 것입니다.
그렇다면, 이 사안과 같이 수용된 2필지의 토지를 실질적으로 하나의 토지로 볼 수 있다고 하더라도 토지의 취득일이 서로 다른 경우에는 각각의 토지에 대한 환매권 행사기간은 그 토지의 취득일을 기준으로 하여 기산된다고 할 것이므로, 2필지의 토지 중 하나의 토지에 대한 환매권 행사기간이 도과한 경우 그 토지에 대한 환매권은 이미 소멸하였기 때문에 환매권자는 그 토지에 대한 환매권을 행사할 수 없으므로, 2필지의 토지의 소유자와 용도가 동일하고 서로 연접하여 있다는 이유로 다른 하나의 토지에 대한 환매권 행사기간이 도과하지 않았다고 하여 이미 환매권 행사기간이 도과한 토지에 대하여 환매권을 행사할 수 있다고 볼 수는 없다고 할 것입니다.

한편, 토지보상법에서 제91조 제1항에서 **10년 내 불필요한 경우**와 동조 제2항에서 **5년 내 불이용한 경우**로 환매권 행사 기간을 제한적으로 규정하고 있는데, 이와 같이 환매권 행사기간을 제한한 것이 헌법상 보장된 재산권을 침해하는 것이 아닌가 하는 것이 문제가 된다. 이에 대해서 헌법재판소는 10년 이내의 기간에 대해서 "토지의 사회경제적 가치가 질적 변화를 일으키기에 상당한 기간이며, 원소유자의 소유권회복을 바라는 감정에도 변화가 올 수 있는 기간"이라는 사유로 합헌이라고 판시[766]하였으며, 또한

765) 박윤흔, 「최신행정법강의」(하) 689면 ; 김동희, 「행정법」(Ⅱ) 342면.
766) 헌법재판소 1994. 2. 24, 92헌가15 결정 ; 환매권(還買權)에 관한 환매기간(還買期間)의 설정은, 첫째,

불이용의 경우 5년으로 짧게 설정하였다 하더라도 재산권을 침해하는 것은 아니라고 판시[767]하였다.

2. 환매권의 행사요건

1) 환매대금의 선지급

토지보상법 제91조에 의한 환매는 환매기간 내에 환매의 요건이 발생하면 환매권자가 지급 받은 보상금에 상당한 금액을 사업시행자에게 미리 지급하고 일방적으로 의사표시를 함으로써 사업시행자의 의사와 관계없이 환매가 성립한다. 따라서 환매기간 내에 환매대금 상당을 지급하거나 공탁하지 아니한 경우에는 환매권 행사가 제한되며, 또한 환매로 인한 소유권이전등기 청구를 할 수 없다.[768]

이처럼 환매권자가 환매권 행사를 위하여 지급받은 보상금에 상당한 금액을 사업시행자에게 선지급 하도록 하고 있는 규정이 비례원칙에 어긋나지 않는가 하는 논란에 대하여, 판례는 환매권자가 환매권 행사가 정당하게 이루어진다면 환매권자는 사업시

그와 같은 기간의 설정이 없는 경우 토지 등의 종전 소유자)로 하여금 오랜 기간이 경과한 후라도 그 토지 등이 공공사업에 필요 없게 된 경우에는 언제든지 환매권을 행사하여 그 소유권을 회복할 수 있다는 결론에 이르게 되어 공공사업자(의 지위나 그 토지 등을 둘러싼 관계인들의 법률관계를 불안정)하게 할 뿐만 아니라 그 토지 등의 사회경제적인 이용(, 개발을 저해할 수 있고 개발이익이 원소유자 개인이익으로 돌아갈 우려가 있는 등 불합리한 사태를 초래할 수 있으므로 이를 막고자 하는 위 입법목적은 정당하고, 둘째, 이러한 제한방법은 피해의 최소성의 원칙에도 어긋나지 아니하며, 셋째, 환매기한(還買期限)으로서 "10년"이라는 기간은 그동안 당해 토지 등을 둘러싼 사업시행자나 제3자의 이해관계가 상당한 정도로 두터이 형성되고, 토지의 사회경제적 가치가 질적 변화를 일으키기에 상당한 기간이며, 원소유자의 소유권회복을 바라는 감정에도 변화가 올 수 있는 기간이라 보여지므로 그 이후에는 당해 토지 등을 둘러싸고 그 동안에 형성된 법률관계를 그대로 안정시켜야 한다는 공익적 요청이 사익적 요청보다 우월하다고 본 입법자의 판단이 합리적이라 할 수 있을 뿐만 아니라, 위 특례법 제9조 제2항은 당해 토지 등이 공공사업에 필요 없게 되는 시점과 상관없이 사업시행자가 그 취득일로부터 5년을 경과한 때에는 취득한 토지 등의 전부 공공사업에 이용하지 아니하는 경우 환매권을 따로이 인정하여 사익을 보호하고 있는 만큼, 위 특례법 제9조 제1항 소정의 "토지의 취득일로부터 10년 이내"라는 환매기간(還買期間)의 설정은 필요하고, 또 그 기간이 지나치게 짧아 적정성을 잃었다고 볼 수 없는 것으로 국민의 재산권 보장에 관한 헌법상의 기본이념에 저촉된다 할 수 없다.

767) 대법원 1993. 9. 14. 선고 92다56810, 56827(병합), 56834(병합) 판결 : 공공용지의취득및손실보상에관한특례법 제9조 제2항 및 토지수용법 제71조 제2항에 의한 환매권의 경우는 협의취득일로부터 6년 이내에 행사하여야 하는 것이며, 위 각 조항에 의한 환매권에 대하여 공공용지의취득및손실보상에관한특례법 제9조 제1항 및 토지수용법 제71조 제1항에 의한 환매권과 달리 제척기간을 짧게 규정하고 있다고 하여 위 규정들이 재산권 보장에 관한 헌법규정에 위반된다고 할 수 없다.

768) 대법원 2012. 8. 30. 선고 2011다74109 판결.

행자를 상대로 소유권이전등기 청구도 가능하고 손해배상도 가능하다는 사유 등을 들어 비례의 원칙에 어긋나지 않는다고 판시[769]하고 있다.

2) 10년 이내 필요 없게 된 경우

토지보상법 제91조 제1항의 경우 ① 토지의 협의취득일 또는 수용의 개시일부터 10년 이내에[770] ② 당해 사업의 폐지·변경 그 밖의 사유로 인하여 ③ 취득한 토지의 전부 또는 일부가 필요 없게 된 경우 취득일 당시의 토지소유자 또는 그 포괄승계인은 ④ 당해 토지의 전부 또는 일부가 필요 없게 된 때부터 1년 또는 그 취득일부터 10년 이내에 당해 토지에 대하여 지급받은 보상금에 상당한 금액을 사업시행자에게 지급하고 그 토지를 환매할 수 있도록 규정하고 있다.

이 규정에서 "당해 사업"이란 협의취득 또는 수용의 목적이 되는 구체적인 특정 공익

---

769) 헌법재판소 2006. 11. 30. 선고 2005헌가20 결정 : 공토법상의 환매제도에 있어 환매는 환매요건이 갖추어지면 사업시행자의 의사와 관계없이 환매권자의 환매의사표시에 의하여 일방적으로 성립되어 협의취득 또는 수용의 효력을 상실시키기 때문에, 사업시행자에게 환매대금의 지급을 확실하게 보장할 필요가 있다. 또한 환매권자의 환매권행사가 정당하게 이루어진다면, 사업시행자는 환매권자에게 토지의 인도 및 소유권이전등기의무를 부담하게 된다. 환매권자가 환매대금을 지급하여도 사업시행자가 환매대금을 수령하지 아니하거나 환매대금을 수령하고도 소유권이전등기에 협력하지 아니하는 경우 환매권자는 소유권이전등기청구소송을 제기할 수 있고 이행지체에 따른 손해배상을 청구할 수도 있다. 위와 같은 점들을 고려할 때, 이 사건 법률조항에서 환매대금의 선이행의무를 규정하고 있는 것은 재산권의 적정한 보호와 공익사업의 효율적인 수행을 위하여 필요하고도 적절한 조치라고 할 것이다. 나아가 이 사건 법률조항에 의하여 실현하고자 하는 공익은 공익사업의 효율적인 수행을 통한 공공복리의 증진인 반면, 이 사건 법률조항으로 인하여 환매권자가 입을 수 있는 피해는 환매대금의 선이행으로 인한 재산권의 일시적인 제한으로서 그 제한의 정도와 피해가 크지 않다고 할 것이므로 사익을 과도하게 제한한 것이라 볼 수 없으므로, 이 사건 법률조항은 비례의 원칙에 어긋나게 환매권자의 재산권을 침해하는 위헌의 법률이라 할 수 없다.

770) ① 헌법재판소 2011. 3. 31. 선고 2008헌바26 ; 환매권이 이미 발생하였다 하더라도 환매권자가 이를 알 때까지 언제까지나 계속 존속하고 있다면 여전히 법률관계의 안정이 어렵게 되고, 환매권자는 수용 당시에 이미 정당한 보상을 받았을 뿐만 아니라, 사업시행자가 통지 또는 공고의무를 위반한 경우에는 불법행위가 인정되어 환매권자의 손해가 전보됨에 비추어볼 때, 환매권자가 환매권의 발생사실을 알지 못한 경우를 별도로 고려하지 않고 일률적으로 수용일 또는 취득일을 기산점으로 하여 환매권의 행사기간을 정하였다 하더라도 환매권의 내용 형성에 관한 합리적인 입법재량의 범위를 일탈했다고 보기는 어렵다.

② 법제처 안건번호 11-0323(2011. 6. 30) 같은 법 제91조 제1항은 환매권을 행사할 수 있는 기간을 토지의 협의취득일 또는 수용의 개시일부터 10년 이내로 한정하고 있는바, 이는 대체로 10년이라는 기간은 당해 토지의 현상·이용상태 및 주변상황 등의 변화로 말미암아 그 토지 등이 사회경제적 가치가 질적 변화를 일으키기에 상당한 기간이라고 보여지므로, 10년이 경과한 때에는 당해 토지 등을 둘러싸고 그 동안에 형성된 법률관계를 안정시켜야 한다는 법적 안정성의 요청이 종전 소유자가 소유권회복으로 인하여 얻는 사적 이익보다 우월하다고 본 것입니다.

사업을 가리키는 것이고, 당해 공익사업의 **"폐지·변경"**이란 이러한 특정의 공익사업을 아예 그만두거나 다른 공익사업으로 바꾸는 것을 의미하며, **"취득한 토지가 필요 없게 되었을 때"**라 함은 사업시행자가 「동법」에 의하여 취득한 토지 등이 일정한 기간 내에 그 취득 목적사업인 당해 공익사업의 폐지·변경 등의 사유로 당해 공공사업에 이용할 필요가 없어진 경우를 의미한다고 보며,[771] 판례에서는 "사업의 폐지·변경 기타의 사유로 인하여 수용한 토지의 전부 또는 일부가 필요 없게 된 때"에 대해서 사업시행자의 주관적인 의사와는 관계없이 수용의 목적이 된 구체적인 특정의 공익사업이 폐지되거나 변경되는 등의 사유로 인하여 당해 토지가 더 이상 그 공익사업에 직접 이용될 필요가 없어졌다고 볼 만한 객관적인 사정이 발생한 경우를 말하는 것이고, 수용된 토지 등이 필요 없게 되었는지의 여부는 당해 사업의 목적과 내용, 수용의 경위와 범위, 당해 토지와 사업과의 관계, 용도 등 제반 사정에 비추어 합리적으로 판단하여야 한다고 판시[772]하고 있다.

또한 **'필요 없게 된 때'**라 함은 사업의 이용에 필요 없게 된 경우를 말하는 것이고, 필요 없게된 때로부터 1년 또는 취득일로부터 10년 이내에 매수할 수 있다고 규정한 취지는 취득일로부터 10년 이내에 그 토지가 필요 없게 된 경우에는 그때로부터 1년 이내에 환매권을 행사할 수 있으며 또 필요 없게 된 때로부터 1년이 경과하였더라도 취득일로부터 10년이 경과되지 아니하였다면 환매권자는 적법하게 환매권을 행사할 수 있다는 의미이다.[773]

---

771) ① 법제처 관련안건번호 06-0001 회신일자 2006. 3. 3.
② 대법원 2010. 9. 30. 선고 2010다30782 판결 환매권에 관하여 규정한 '공익사업을 위한 토지 등의 취득 및 보상에 관한 법률'(이하 '공익사업법'이라고 한다) 제91조 제1항에서 말하는 '당해 사업'이란 토지의 협의취득 또는 수용의 목적이 된 구체적인 특정의 공익사업으로서 공익사업법 제20조 제1항에 의한 사업인정을 받을 때 구체적으로 특정된 공익사업을 말하고, '국토의 계획 및 이용에 관한 법률' 제88조, 제96조 제2항에 의해 도시계획시설사업에 관한 실시계획의 인가를 공익사업법 제20조 제1항의 사업인정으로 보게 되는 경우에는 그 실시계획의 인가를 받을 때 구체적으로 특정된 공익사업이 바로 공익사업법 제91조 제1항에 정한 협의취득 또는 수용의 목적이 된 당해 사업에 해당한다. 또 위 규정에 정한 당해 사업의 '폐지·변경'이란 당해 사업을 아예 그만두거나 다른 사업으로 바꾸는 것을 말하고, 취득한 토지의 전부 또는 일부가 '필요 없게 된 때'란 사업시행자가 취득한 토지의 전부 또는 일부가 그 취득 목적 사업을 위하여 사용할 필요 자체가 없어진 경우를 말하며, 협의취득 또는 수용된 토지가 필요 없게 되었는지 여부는 사업시행자의 주관적인 의사를 표준으로 할 것이 아니라 당해 사업의 목적과 내용, 협의취득의 경위와 범위, 당해 토지와 사업의 관계, 용도 등 제반 사정에 비추어 객관적·합리적으로 판단하여야 한다.

772) 대법원 1994. 8. 12. 93다50550 판결

773) 대법원 1992. 3. 31. 91다19043 판결

한편 '필요 없게 된 경우'에 대한 대법원의 판례를 정리하면 아래와 같다.

① 수용 토지가 예비군 훈련장으로 사용되다가 지방병무청 부지로 사용되고 있는 경우, 일반 병무행정은 군작전 수행을 위하여 긴절한 필요가 있는 것이라고 볼 수 없다는 이유로 그 토지는 군사상 필요가 없게 되었다고 한 사례(대법원 2002. 1. 25. 선고 99다8810 판결).

② 사업시행자가 도로의 확장 및 포장공사를 위해 취득한 토지 중 일부만을 도로 부지로 편입시켜 공사를 완성하고 나머지 토지는 도로 양측의 절개지로 이용될 예정이었으나 그 곳의 토사를 채취하여 평탄하게 된 후 도시계획법에 의한 미관지구로 지정·고시되었으나 구체적 공공사업의 시행 없이 방치되다가 사업시행자가 그 토지에 대한 건설부 행정재산으로서의 용도를 폐지하고 재무부에 인계한 경우, 그 나머지 토지는 당해 도로의 확·포장사업에 필요 없게 되었고, 공공용지의취득및손실보상에관한특례법 제9조 제1항은 환매권 행사의 요건으로서 협의취득된 토지 전부가 당해 공공사업에 필요 없게 될 것을 요구하고 있지는 아니하므로 그에 대하여 환매권을 행사할 수 있다(대법원 1997. 11. 11. 선고 97다36835 판결).

③ 도시계획사업의 실시계획인가를 받을 때 비록 공익사업의 종류가 추상적으로 "공용의 청사 건립 및 도로의 설치"로만 지정되어 있었다고 하더라도, 그 도시계획사업의 시행자가 서울특별시장인 이상 그 도시계획사업의 실시계획인가에 따라 구체적으로 특정된 공익사업은 바로 피고 서울특별시가 설치할 공용청사의 건립이라고 보아야 할 것인바, 그 공익사업은 피고가 시청청사 등의 건립계획을 백지화하고 사업구역내의 일부 토지를 대법원· 대검찰청의 부지 및 건물과 교환함으로써 폐지되거나 변경된 것임이 명백하므로, 결국 이 사건 토지들은 피고가 새로운 부속청사를 마련하기 위하여 그 토지들의 일부를 활용한 사정과는 관계없이 당초의 취득목적사업인 위 공익사업에는 더 이상 필요 없게 된 것임이 객관적으로 명백하다고 하지 않을 수 없다(대법원 1994. 1. 25. 선고 93다11760, 11777, 11784 판결).

반면 '필요 없게 된 경우가 아닌 경우'를 보면 아래와 같다.

① 한국농어촌공사가 영산강 유역 농업개발사업을 위하여 협의취득한 토지 중 일부 토지에 관하여 환매가 청구된 사안에서, 그 일부 토지에 설치하기로 예정하였던 시설물이 다른 곳에 설치되었다고 하여 그와 같은 구체적인 토지이용계획의 변경이 그 토지가 위 사업에 이용될 필요가 없어지게 하는 공공사업의 변경에 해당한

다고 단정할 수 없고, 그 토지의 일부를 일시적으로 다른 사람에게 임대하였다는 사정만으로 그 토지가 위 사업에 필요 없게 되었다고 보기도 어렵다(대법원 2009. 10. 15. 선고 2009다43041 판결).

② 도시공원 외부와는 울타리로 차단되어 그 내부에 위치하면서 녹화를 통하여 공원으로 이용되고 있는 피수용 토지를 도시공원법상 도시공원과 구별되는 녹지로 보지 아니하고 도시공원 내의 녹화된 공원 부지로 보아, 그 토지가 수용목적사업에 이용되는 것에 해당하여 환매권을 행사할 수 없다(대법원 1998. 3. 27. 선고 97다39766 판결).

③ 일단의 주택지 조성 사업 및 일단의 공업용지 조성사업으로 광범위한 도시계획사업을 행한 것으로 보인다.의 필요로 인하여 협의취득한 것으로서, 당시 도시계획 결정에는 위 도시계획법 제17조에 따라 그 사업구역 내에 주거지역, 상업지역, 공업지역, 준공업지역, 녹지지역 등의 지역을 지정하여 이에 포함시키고 있음을 알 수 있는바, 이러한 지역 중 녹지지역은 보건위생, 공해방지, 보안과 도시의 무질서한 확산을 방지하기 위하여 녹지의 보전이 필요한 때 지정하는 것으로, 이 사건 각 부동산이 녹지지역 등에 편입되어 있다면 위 부동산이 인근 주민들의 작물재배지로 이용되고 있다고 하여 위 부동산이 공공사업에 이용되고 있지 아니하다고 단정할 수 없다(대법원 1995. 11. 28. 선고 95다24845 판결).

3) 당해 사업에 이용하지 않는 경우

토지보상법 제91조 제2항의 경우는 취득일부터 ① 5년 이내에 취득한 ② 토지의 전부를 당해 사업에 ③ 이용하지 아니한 때에 이를 준용하되, 이 경우 환매권은 ④ 취득일부터 6년 이내에 이를 행사하여야 한다[774]고 환매요건을 규정하고 있다.

여기에서 토지의 전부의 의미는 사업시행자가 취득한 토지의 전부를 말하며 동법 제91조 제1항에서 토지의 일부에 대하여도 환매할 수 있는 것과 비교할 때 동 조항은 환매요건을 강화하고 있다. 따라서 일부라도 공공사업에 이용되고 있으면 나머지 부분에 대하여도 장차 공공사업이 시행될 가능성이 있는 것으로 보아 환매권의 행사를 허용하

---

774) 대법원 1999. 4. 9. 선고 98다46945 판결 : 환매권 행사기간은 제척기간으로서 그 행사기간의 준수 여부는 소위 직권조사사항으로서 이에 대한 당사자의 주장이 없더라도 법원이 직권으로 조사하여 재판에 고려하여야 한다

지 않는다는 취지이므로, 이용하지 아니하였는지 여부도 그 취득한 토지 전부를 기준으로 판단할 것이고, 필지별로 판단할 것은 아니다.[775]

또한 '이용하지 아니할 때'란 '이용'이라 함은 당해 공익사업의 시행을 위하여 토지 자체를 현실적으로 사용하는 경우를 의미하는 것으로 봄이 상당하고,[776] 장래 공익사업의 용도에 이용하여질 가능성이 있더라도 현재 사실상 이용하지 않고 있음을 의미한다.

4) 제1항 및 제2항의 행사요건의 관계

토지보상법 제91조 제1항에서는 환매권 대상기간이 10년인데 비하여 같은 조 제2항은 환매권 대상기간이 5년으로 다르게 행사요건을 정하고 있는 것은 제2항의 경우가 제1항보다 원소유자를 보호할 필요성이 더 크다고 보아, 더 짧은 기간에 환매권을 행사할 수 있도록 하기 위한 것이라고 할 수 있다.[777]

또한 제91조 제1항과 제2항은 환매권 행사요건은 서로 독립적으로 성립하므로 어느 한쪽의 요건에 해당된다고 하더라도 다른 쪽의 요건을 주장할 수 있다. 또한 제2항의 규정에 의한 환매권 행사의 제척기간이 도과되었다 하더라도 제1항의 환매권 행사요건

---

775) 대법원 1995. 2. 10. 선고 94다31310 판결 : 사업시행자가 공공사업에 필요하여 취득한 토지가 공공사업의 폐지 변경 등의 사유로 공공사업에 이용할 필요가 없게 된 것은 아니라고 하더라도 사실상 토지 전부를 공공사업에 이용하지 아니한 상태가 5년 이상 계속되는 때에는 사업시행자가 5년 이내에 공공사업에 이용하지 아니할 토지를 미리 취득하여 두도록 허용하는 것은 공특법에 의하여 토지 등을 취득할 것을 인정한 원래의 취지에 어긋날 뿐 아니라, 토지가 이용되지 아니한 채 방치되는 결과가 되어 사회경제적으로도 바람직한 일이 아니기 때문에 취득한 토지가 공공사업에 이용할 필요가 없게 되었을 때와 마찬가지로 보아 환매권의 행사를 허용하려는 것이 위 공특법 제9조 제2항의 입법취지이다. 위 공특법 제9조 제1항이 취득한 토지가 공공사업에 이용할 필요가 없게된 때에는 토지 중의 일부가 필요 없게 된 경우에도 환매권을 행사할 수 있도록 규정하고 있는 것과는 달리, 제2항은 취득한 토지 "전부"가 공공사업에 이용되지 아니한 경우에 한하여 환매권을 행사할 수 있고 그중 일부라도 공공사업에 이용되고 있으면 나머지 부분에 대하여도 장차 공공사업이 시행될 가능성이 있다고 보아 환매권의 행사를 허용하지 않는다고 규정함으로써 제1항의 경우보다 환매권 행사의 요건을 가중하고 있다.

776) 대법원 2010. 1. 14. 선고 2009다76270 판결 : '이용'이라 함은 당해 공익사업의 시행을 위하여 토지 자체를 현실적으로 사용하는 경우를 의미하는 것으로 봄이 상당하고, 이에 이르지 않고 단순히 공익사업의 시행을 위하여 공사시행 업체와 양해각서를 체결한다거나 같은 사업지구내 토지매입을 위하여 예산을 책정하고 토지 주인과 접촉하는 등의 사정만으로는 위 조항에서 정한 '이용'에 해당한다고 보기 어렵다.

777) 법제처 안건번호 08-0282 (2008. 11. 4) : 토지보상법 제91조 제2항에서 같은 조 제1항과 다르게 환매권의 행사요건을 정하고 있는 것은 사업시행자가 취득일부터 5년 이내에 취득한 토지의 전부를 해당 사업에 이용하지 아니한 때에는 해당 사업의 폐지·변경 그 밖의 사유로 인하여 취득한 토지의 전부 또는 일부가 필요 없게 된 경우를 정한 같은 조 제1항의 경우보다 원소유자를 보호할 필요성이 더 크므로 같은 조 제1항의 경우보다 짧은 기간에 환매권을 행사할 수 있도록 하기 위한 것이라고 할 수 있다

에 충족하면 제1항의 제척기간 내에 환매권을 행사할 수 있다. 즉 제1항 및 제2항의 요건에 충족되면 환매권자는 자신에게 유리한 기간을 선택적으로 적용할 수 있다(아래 판례 참조).

판 례

□ **대법원 1993. 8. 13. 선고 92다50652 판결**

공공용지의취득및손실보상에관한특례법 제9조 제1항과 제2항은 환매권발생요건을 서로 달리하고 있으므로 어느 한 쪽의 요건에 해당되면 다른 쪽의 요건을 주장할 수 없게 된다고 할 수는 없고, 양쪽의 요건에 모두 해당된다고 하여 더 짧은 제척기간을 정한 제2항에 의하여 제1항의 환매권의 행사가 제한된다고 할 수도 없을 것이므로 제2항의 규정에 의한 제척기간이 도과되었다 하여 제1항의 규정에 의한 환매권행사를 할 수 없는 것도 아니다.

Ⅳ. 환매권 행사의 제한(공익사업변환 특칙)

1. 의의 및 취지

공익사업의 변환이란 국가·지방자치단체 또는 공기업이 사업인정을 받아 토지를 취득 또는 수용한 이후, 당해 공익사업이 토지보상법 제4조 제1호에서 제5호에 규정된 다른 공익사업으로 변경되는 경우 다시 협의취득이나 수용의 절차를 거치지 않고 당해 토지를 변경된 다른 공익사업에 이용하도록 하는 제도를 말하다. 이 공익사업 변환특례가 적용되지 않는다면, 당초의 공익사업을 위해 취득한 토지는 환매권자에게 환매하여 주고 다시 새로운 공익사업을 위해 취득하는 것이 원칙이지만, 당초의 공익사업이 공익성의 정도가 더 큰 공익사업으로 변경된 때에는 환매와 재취득이라는 불필요한 절차의 반복을 방지하기 위해서 공익사업의 변경시 환매권 행사제한 특칙규정을 두고 있는 것이다.[778] 환매권 행사제한 특칙에 해당하면 환매권 행사기간은 변경을 관보에 고

778) 대법원 1992. 4. 28. 선고 91다29927 판결 : 사정의 변경 등에 따라 그 특정된 공익사업의 전부 또는 일부가 폐지·변경됨으로써 그 공익사업을 위하여 취득한 토지의 전부 또는 일부가 필요 없게 되었다면, 설사 그 토지가 새로운 다른 공익사업을 위하여 필요하다고 하더라도 환매권을 행사하는 환매권자(원소유자나 그 포괄승계인)에게 일단 되돌려 주었다가 다시 협의취득하거나 수용하는 절차를 밟아야 되는 것이 원칙이라고 할 것이나, 당초의 공익사업이 공익성의 정도가 높은 다른 공익사업으로 변경되고

시한 날부터 기산된다. 즉 환매권 행사기간이 처음부터 다시 시작하게 되므로 이로 인해 환매권 행사는 실질적으로 제한 및 폐지되게 된다.

2. 공익사업 변환 특례 법률

최근 이와 같이 공익사업 변환을 인정하고 있는 현행 법률이 상당히 늘어나고 있는 추세이다. 현행 환매권의 공익사업 변환을 법률에서 직접 인정하고 있는 법률로는 신행정수도 후속대책을 위한 연기·공주지역 행정중심복합도시 건설을 위한 특별법,[779] 공공기관 지방이전에 따른 혁신도시 건설 및 지원에 관한 특별법,[780] 기업도시개발특별법[781] 등 주로 특별법에 변환 특례규정을 두고 있다.

그 다른 공익사업을 위하여 토지를 계속 이용할 필요가 있을 경우에는, 환매권의 행사를 인정한 다음 다시 협의취득이나 수용 등의 방법으로 그 토지를 취득하는 번거로운 절차를 되풀이하지 않게 하기 위하여 이른바 '공익사업의 변환'을 인정함으로써 환매권의 행사를 제한하려는 것이 토지수용법 제71조 제7항의 취지이므로 사업인정을 받은 당해 공익사업의 폐지·변경으로 인하여 수용한 토지가 필요 없게 된 때에는, 같은 법 조항에 의하여 공익사업의 변환이 허용되는 같은 법 제3조 제1호 내지 제4호에 규정된 다른 공익사업으로 변경되는 경우가 아닌 이상, 환매권자가 그 토지를 환매할 수 있는 것이라고 보지 않을 수 없다.

779) 동법 제24조(토지등의 수용 등) ④ 예정지역등의 지정 고시 전에 예정지역 안에서 「공익사업을 위한 토지 등의 취득 및 보상에 관한 법률」 제4조 각 호의 공익사업 또는 개별 법률에 따라 같은 법 제20조 제1항에 따른 사업인정이 의제되는 사업(이하 이 항에서 "종전공익사업"이라 한다)의 시행을 위하여 협의취득 또는 수용된 토지등의 소유자가 같은 법 제91조 제1항 및 제2항에 따라 환매권을 행사할 수 있는 기간은 종전공익사업이 이 법에 따른 행정중심복합도시건설사업으로 변경된 것으로 보아 예정지역등의 지정 고시일부터 기산(起算)한다.

780) 동법 제51조(다른 법률에 따른 개발사업구역과 중복지정 등) ⑥종전의 사업시행자가 종전사업구역 안의 토지를 협의취득 또는 수용한 후 제3항 및 제4항의 규정에 따라 종전사업구역이 해제된 경우 「공익사업을 위한 토지 등의 취득 및 보상에 관한 법률」 제91조 제1항 및 제2항의 규정에 따른 환매권의 행사기간은 같은 조 제6항의 규정에 불구하고 종전의 공익사업이 이 법에 따른 혁신도시개발사업으로 변경된 것으로 보아 제4항의 규정에 따라 종전사업구역의 지정이 해제되어 그 사실을 관보 또는 공보에 고시한 날부터 기산한다.

781) 동법 제43조(다른 법률에 의한 개발사업구역 등과 중복지정 등) ⑤ 종전의 사업시행자가 종전의 사업구역내 토지를 협의취득 또는 수용한 후 제1항 내지 제3항의 규정에 의하여 종전의 사업구역이 해제된 경우 공익사업을위한토지등의취득및보상에관한법률 제91조 제1항 및 제2항의 규정에 의한 환매권의 행사기간은 동조 제6항의 규정에 불구하고 종전의 공익사업이 이 법에 의한 개발사업으로 변경된 것으로 보아 시행자가 종전의 사업시행자로부터 토지를 협의취득 또는 수용한 날부터 기산한다.

3. 행사제한의 인정요건

> ▣ **토지보상법**
>
> 제91조 제⑥ 국가, 지방자치단체 또는 「공공기관의 운영에 관한 법률」 제4조에 따른 공공기관 중 대통령령으로 정하는 공공기관이 사업인정을 받아 공익사업에 필요한 토지를 협의취득하거나 수용한 후 해당 공익사업이 제4조 제1호부터 제5호까지에 규정된 다른 공익사업(별표에 따른 사업이 제4조 제1호부터 제5호까지에 규정된 공익사업에 해당하는 경우를 포함한다)으로 변경된 경우 제1항 및 제2항에 따른 환매권 행사기간은 관보에 해당 공익사업의 변경을 고시한 날부터 기산(起算)한다. 이 경우 국가, 지방자치단체 또는 「공공기관의 운영에 관한 법률」 제4조에 따른 공공기관 중 대통령령으로 정하는 공공기관은 공익사업이 변경된 사실을 대통령령으로 정하는 바에 따라 환매권자에게 통지하여야 한다. 〈개정 2015. 12. 29.〉

1) 사업요건

토지보상법 제91조 6항은 “국가·지방자치단체 또는 대통령령이 정하는 공공기관이 사업인정을 받아 공익사업에 필요한 토지를 협의취득 또는 수용한 후”라 규정하고 있는 바 사업인정 전 협의취득의 환매권에 동 조항을 적용할 수 있는지 의문이 있을 수 있다.

이와 관련하여 종전 공특법상 환매권에 종전 토지수용법 환매권 행사제한 특칙을 적용할 수 있는가에 대하여 논란이 있었다. 이에 대해 종전 법률상황하에서의 판례는 토지수용법의 공익사업 변환특례 규정은 공특법상 환매권에도 유추적용된다고 판시[782]하고 있어 사업인정 이전의 협의취득에 대해서도 공익사업 변환 특칙이 적용된다고 볼 수도 있으나, 현행 통합 토지보상법 규정 하에서는 국민의 재산권 침해는 엄격히 해석하여야 하므로 토지보상법 제91조 제6항이 사업인정을 받아 취득한 공익사업의 변환만을 상정하여 규정하고 있으므로 사업인정 전 협의취득으로 인한 환매권에 적용될 여지는 없다고 본다.

782) 대법원 1997. 11. 11. 선고 97다36835 판결 : 공공용지의취득및손실보상에관한특례법과 토지수용법은 모두 공공복리의 증진과 사유재산권의 합리적 조절을 도모하려는 데에 그 목적이 있고, 공공용지의취득및손실보상에관한특례법과 토지수용법이 규정하는 각 환매권의 입법 이유와 규정 취지 등에 비추어 볼 때에 토지수용법 제71조 제7항의 규정은 그 성질에 반하지 아니하는 한 이를 공공용지의취득및손실보상에관한특례법 제9조 제1항에 의한 환매 요건에 관하여도 유추적용할 수 있고, 그 범위 안에서 환매권의 행사가 제한된다.

2) 사업시행자 요건

공익사업변환의 사업시행자가 국가·지방자치단체 또는 대통령령이 정하는 공공기관이어야 한다. 이와 관련하여 사업시행자의 변경이 있는 경우에도 적용할 수 있는 지에 대한 논의가 있다.

다수설 및 판례[783]는 공익사업 변환특례는 공익성이 더 큰 공익사업으로 변경된 경우에 적용되는 것으로 사업시행자가 동일한 경우에만 허용한다는 규정이 없으므로 굳이 동일한 경우에만 제한적으로 해석할 이유가 없어 사업시행자 동일성 여부는 인정요건이 아니라는 견해가 있으며(긍정설), 이러한 공익사업 변환특례는 환매권 인정에 대한 예외적인 규정이므로 국민의 재산권 보호 차원에서 동 조항을 좁게 해석하여야 하며 또한 사업시행자 변경을 인정한다면 실질적으로 환매권제도를 무색하게 만들 수 있어, 사업시행자의 변경이 있는 경우에는 동 조항을 적용할 수 없다는 견해(부정설)가 대립하고 있다.

이에 대하여 ① 법이 사업주체의 동일성을 요구하고 있지 아니하고, ② 토지보상법 제4조 1호 내지 5호의 경우의 공익사업에만 제한적으로 인정되는 점, ③ 공익성 요청에 따른 수용절차의 번잡성을 회피한다는 점에서 사업주체가 다른 경우에도 공익사업의 변경이 인정된다[784]는 점에서 긍정설이 타당할 것으로 보인다.

---

783) 대법원 1994. 1. 25. 선고 93다11760, 11777, 11784 판결 : 이른바 "공익사업의 변환"이 국가·지방자치단체 또는 정부투자기관이 사업인정을 받아 토지를 협의취득 또는 수용한 경우에 한하여, 그것도 사업인정을 받은 공익사업이 공익성의 정도가 높은 토지수용법 제3조 제1호 내지 제4호에 규정된 다른 공익사업으로 변경된 경우에만 허용되도록 규정하고 있는 토지수용법 제71조 제7항 등 관계법령의 규정내용이나 그 입법이유 등으로 미루어 볼 때, 같은 법 제71조 제7항 소정의 "공익사업의 변환"이 국가·지방자치단체 또는 정부투자기관 등 기업자(또는 사업시행자)가 동일한 경우에만 허용되는 것으로 해석되지는 않는다.

784) 대법원 2010. 9. 30. 선고 2010다30782 판결 : 공익사업의 원활한 시행을 위한 무익한 절차의 반복 방지라는 '공익사업의 변환'을 인정한 입법 취지에 비추어 볼 때, 만약 사업시행자가 협의취득하거나 수용한 당해 토지를 제3자에게 처분해 버린 경우에는 어차피 변경된 사업시행자는 그 사업의 시행을 위하여 제3자로부터 토지를 재취득해야 하는 절차를 새로 거쳐야 하는 관계로 위와 같은 공익사업의 변환을 인정할 필요성도 없게 되므로, 공익사업의 변환을 인정하기 위해서는 적어도 변경된 사업의 사업시행자가 당해 토지를 소유하고 있어야 한다. 나아가 공익사업을 위해 협의취득하거나 수용한 토지가 제3자에게 처분된 경우에는 특별한 사정이 없는 한 그 토지는 당해 공익사업에는 필요 없게 된 것이라고 보아야 하고, 변경된 공익사업에 관해서도 마찬가지이므로, 그 토지가 변경된 사업의 사업시행자 아닌 제3자에게 처분된 경우에는 공익사업의 변환을 인정할 여지도 없다

3) 대상사업요건

공익사업 변환 특칙이 적용되는 대상 사업은 토지보상법 제4조 제1호 내지 제5호이어야 한다. 개정 전 토지보상법에서는 법 제4조 제1호 내지 제4호 까지만 인정되었으나, 2010. 4. 5. 개정에서 제5호인 국가·지방자치단체·공공기관·지방공기업 또는 국가나 지방자치단체가 지정한 자가 임대나 양도의 목적으로 시행하는 주택의 건설 또는 택지의 조성에 관한 사업까지 공익사업 변환특례를 확대하였다. 이후 2014. 3. 18 개정에서 산업단지가 추가되면서 택지 및 산업단지 조성사업이 모두 공익사업 변환특칙 적용이 가능하게 되었다.

표 32. 공익사업 변환특례 대상사업 (법 제4조 관련)

시행시기	2003. 1. 1	2010. 4. 5.	2014. 3. 18.
대상사업	① 국방·군사시설 ② 도로 등 도시기반시설 ③ 국가, 지자체 시행의 공공용시설 ④ 학교, 도서관, 박물관 등	⑤ 임대나 양도 목적으로 시행하는 주택 건설 및 택지조성사업	⑤ 산업단지 조성사업 (추가)

한편, 이 공익사업 변환에 관한 법률 〈법률 제10239호, 2010. 4. 5.〉 및 〈법률 제12471호, 2014. 3. 18.〉은 각기 경과조치를 두지 않고 있어 각각 개정 법률 시행일인 이후에 공익사업이 변경된 경우에만 제한으로 적용하여야 한다[785]고 본다.

785) ① 경제법령해석과-61 (2010. 8. 23) 및 국토부 토지정책과-4630 (2010. 9. 17) : 법령이 개정된 경우 특별한 사정이 없는 한 개정 전에 발생한 사항에 대하여는 개정 후의 신 법령이 아니라 개정 전의 구 법령을 적용해야, 소급입법에 의한 재산권 박탈 등을 하여서는 아니 된다는 소급입법금지의 원칙에 부합한다고 할 것입니다. 즉, 개정법률의 시행일인 2010. 4. 5. 전에 종전의 공익사업이 공익사업법 제4조 제5호의 공익사업으로 변경되었다면 이미 개정법률의 시행 전에 종전의 공익사업의 폐지 또는 변경에 따라 종전의 공익사업으로 인해 취득하였던 토지에 대한 환매권이 발생하였다고 할 것인데, 경과조치나 적용례가 없는 상태에서 이러한 경우까지 개정된 공익사업법 제91조 제6항을 적용하여 환매권 행사를 제한할 수 있다고 한다면, 이미 행사할 수 있었던 환매권을 개정된 법률을 소급적용함으로써 소멸시키는 결과가 되어 재산권 침해 문제가 발생한다고 할 것이므로, 개정법률의 시행일인 2010. 4. 5. 이후에 공익사업법 제4조 제5호에서 규정하고 있는 공익사업으로 변경된 경우에만 공익사업법 제91조 제6항에 따라 환매권 행사를 제한할 수 있다고 보아야 할 것입니다.
② 법제처 안건번호 10-0262 (2010. 9. 13) : 2010. 4. 5. 법률 제10239호로 개정·시행되기 전에는 공익사업법 제91조 제6항에서 당초의 공익사업이 같은 법 제4조 제1호 내지 제4호에 규정된 다른 공익사업으로 변경된 경우에만 공익사업의 변경을 인정하였으나, 2010. 4. 5. 법률 제10239호로 개정·시행된 공익사업법 제91조 제6항에서는 당해 공익사업이 같은 법 제4조 제5호에 규정된 다른 공익사업으로 변경된 경우에도 공익사업의 변경을 인정하고 있어 당초의 공익사업이 같은 법 제4조 제5호의 공익사업으로 변경된 경우에도 환매권 행사를 제한할 수 있게 되었으며, 개정법률 부칙에는 같은 규정에 대한 경과조치나 적용례를 두고 있지 않습니다. 법령이 개정된 경우 특별한 사정이 없는 한 개정 전에 발생한 사항

대법원 판례

□ 대법원 2019. 10. 31. 선고 2018다233242 판결

이 사건 재개발 사업은 구 공익사업법 제4조 제5호의 공익사업으로서 '지방자치단체가 지정한 자가 임대나 양도의 목적으로 시행하는 주택의 건설 또는 택지의 조성에 관한 사업'에 해당한다고 볼 수 있는데, 원고들이 2013년 말경에야 비로소 이 사건 주차장이 실제로 철거되었다고 주장하는 이 사건에서 2010. 4. 5. 개정·시행된 구 공익사업법 제91조 제6항이 적용되어 공익사업의 변환에 따라 이 사건 각 토지에 관한 원고들의 환매권 행사가 제한될 여지가 있다.

그렇다면 원심으로서는 이 사건 주차장을 위와 같이 폐지하기로 한 이후에 위 주차장이 철거되는 등으로 이 사건 각 토지가 실제로 더 이상 이 사건 주차장 사업을 위하여 사용할 필요가 없게 된 때가 언제인지 심리·확정한 다음, 원고들의 환매권 행사와 관련하여 2010. 4. 5. 개정·시행된 구 공익사업법 제91조 제6항의 적용 여부를 살폈어야 한다.

4) 행사제한 특례 규정의 위헌여부

(1) 합 헌 설

환매권 행사제한 특례규정은 공익사업의 원활한 시행을 확보하기 위한 목적에서 신설한 것으로 입법 목적이 정당하고, 사업시행자의 범위를 국가·자방자치단체 또는 공기업으로 한정하고 있고, 사업목적 또한 상대적으로 공익성이 높은 토지보상법 제4조 제1호에서 5호의 공익사업에 한정하여 규정하고 있어 합헌이라는 견해이다.[786]

(2) 위 헌 설

이러한 공익사업 변환 제도는 실질적으로는 환매권 제도를 폐지하게 된다는 점, 전환되는 공익사업이 법 제4조 제1호에서 5호까지로 제한되고 있어, 제6호 이하의 공익사업으로 변환되는 부분은 환매 후 재취득하여야 하므로 형평성에 문제가 있어 위헌이라는 견해이다.

에 대하여는 개정 후의 신 법령이 아니라 개정 전의 구 법령을 적용해야, 소급입법에 의한 재산권 박탈 등을 하여서는 아니 된다는 소급입법금지의 원칙에 부합한다고 할 것입니다.

786) 대법원 1997. 6. 26. 선고 96헌바94 전원재판부 : 변경사용이 허용되는 사업시행자의 범위를 국가·지방자치단체 또는 정부투자기관으로 한정하고 사업목적 또한 상대적으로 공익성이 높은 토지수용법 제3조 제1호 내지 제4호(5호로 확대됨)의 공익사업으로 한정하여 규정하고 있어서 그 입법목적 달성을 위한 수단으로서의 적정성이 인정될 뿐 아니라 피해최소성의 원칙 및 법익균형의 원칙에도 부합된다 할 것이므로 위 법률조항은 헌법 제37조 제2항이 규정하는 기본권 제한에 관한 과잉금지의 원칙에 위배되지 아니한다.

V. 환매권의 당사자 및 목적물

1. 환매권의 당사자

환매권자는 취득일 당시의 토지소유자 또는 그 포괄승계인이며(법 제91조 1항), 환매권의 상대방은 사업시행자 또는 사업시행자로부터 토지의 소유권을 승계 취득한 현재의 소유자 즉 제3자이다. 따라서 지상권자 기타 토지소유자가 아닌 관계인 등은 환매권의 당사자가 될 수 없다.

환매권은 토지소유자의 감정존중에서 인정된 권리이므로 원칙적으로 매매나 양도의 대상이 될 수 없다.[787)]

2. 환매목적물

환매의 목적물은 토지이다(법 제91조 1항). 종전 토지수용법은 환매목적물을 '토지'로 한정하고, 공특법은 '토지 등'으로 규정하여 환매목적물에 건물 등이 포함될 수 있는 지에 대하여 다소의 논쟁이 있었다.

이에 대하여 헌법재판소는 토지의 경우에는 공익사업이 폐지·변경되더라도 기본적으로 형상의 변경이 없는 반면, 건물은 그 경우 통상 철거되거나 그렇지 않더라도 형상의 변경이 있게 되며, 토지에 대해서는 보상이 이루어지더라도 수용당한 소유자에게 감정상의 손실 등이 남아있게 되나, 건물의 경우 정당한 보상이 주어졌다면 그러한 손실이 남아있는 경우는 드물다[788)]고 판시하여, 건물에 대해서는 환매권을 인정하여야 할 필요

---

787) 대법원 2001. 5. 29 선고 2001다11567 판결 : 공공용지의취득및손실보상에관한특례법이 환매권을 인정하고 있는 입법 취지는 토지 등의 원소유자가 사업시행자로부터 토지 등의 대가로 정당한 손실보상을 받았다고 하더라도 원래 자신의 자발적인 의사에 따라서 그 토지 등의 소유권을 상실하는 것이 아니어서 그 토지 등을 더 이상 당해 공공사업에 이용할 필요가 없게 된 때에는 원소유자의 의사에 따라 그 토지 등의 소유권을 회복시켜 주는 것이 원소유자의 감정을 충족시키고 동시에 공평의 원칙에 부합한다는 데에 있는 것이며, 이러한 입법 취지에 비추어 볼 때 특례법상의 환매권은 제3자에게 양도할 수 없고, 따라서 환매권의 양수인은 사업시행자로부터 직접 환매의 목적물을 환매할 수 없으며, 다만 환매권자가 사업시행자로부터 환매한 토지를 양도받을 수 있을 뿐이라고 할 것이다

788) 헌법재판소 2005. 5. 26. 2004헌가10 전원재판부 : 토지의 경우에는 공익사업이 폐지·변경되더라도 기본적으로 형상의 변경이 없는 반면, 건물은 그 경우 통상 철거되거나 그렇지 않더라도 형상의 변경이 있게 되며, 토지에 대해서는 보상이 이루어지더라도 수용당한 소유자에게 감정상의 손실 등이 남아있게 되나, 건물의 경우 정당한 보상이 주어졌다면 그러한 손실이 남아있는 경우는 드물다. 따라서 토지에

성이 없거나 매우 적다고 보아 토지보상법에서는 환매목적물을 토지로 한정하였다.

또한 환매권을 행사할 수 있는 토지의 범위에 대해서도 토지의 전부에 대해서만 환매권을 행사할 수 있다는 견해[789]가 있는 반면에 토지의 일부에 대해서도 환매할 수 있다는 견해[790]가 나누어져 있으나 토지의 일부 환매는 지나치게 토지소유자의 이익만을 존중하는 결과로 될 우려가 있으므로 전부환매로 한정하는 것이 형평의 원칙에서 타당할 것으로 보인다.[791]

한편, 토지보상법 제91조 3항에는 "잔여지는 그 잔여지에 접한 일단의 토지가 필요 없게 된 경우가 아니면 이를 환매할 수 없다" 고 규정하여, 잔여지만의 환매는 인정되지 않는다.[792] 따라서 사업인정 전·후를 불문하고 매수 또는 수용한 잔여지에 대하여 잔여지만의 환매는 인정될 수 없다고 명시하고 있다.

Ⅵ. 환매금액

▣ **토지보상법**

제91조 ④ 토지의 가격이 취득일 당시에 비하여 현저히 변동된 경우 사업시행자와 환매권자는 환매금액에 대하여 서로 협의하되, 협의가 성립되지 아니하면 그 금액의 증감을 법원에 청구할 수 있다.

대해서는 그 존속가치를 보장해 주기 위해 공익사업의 폐지·변경 등으로 토지가 불필요하게 된 경우 환매권이 인정되어야 할 것이나, 건물에 대해서는 그 존속가치를 보장하기 위하여 환매권을 인정하여야 할 필요성이 없거나 매우 적다. 따라서 건물에 대한 환매권을 인정하지 않는 입법이 자의적인 것이라거나 정당한 입법목적을 벗어난 것이라 할 수 없고, 이미 정당한 보상을 받은 건물소유자의 입장에서는 해당 건물을 반드시 환매 받아야 할 만한 중요한 사익이 있다고 보기 어려우며, 건물에 대한 환매권이 부인된다고 해서 종전 건물소유자의 자유실현에 여하한 지장을 초래한다고 볼 수 없다. 즉 공익사업을위한토지등의취득및보상에관한법률(2002. 2. 4. 법률 제6656호로 제정된 것) 제91조 제1항 중 "토지" 부분으로 인한 기본권 제한의 정도와 피해는 미비하고 이 사건 조항이 공익에 비하여 사익을 과도하게 침해하는 것은 아니다. 입법자가 건물에 대한 환매권을 부인한 것은 헌법적 한계 내에 있는 입법재량권의 행사이므로 재산권을 침해하는 것이라 볼 수 없다.

789) 김남진/김연태, 행정법Ⅱ, 법문사, 2004, 552면.

790) 김철용, 행정법Ⅱ, 박영사, 2005, 117~118면.

791) 류해웅, 신수용보상법론, 부연사, 2005, 495면.

792) 잔여지의 매수 또는 수용이 단독적으로 행하여 진 것이 아니라 원래의 매수 또는 수용 대상인 토지를 전제로 하고 있는 것처럼 잔여비에 대한 환매청구도 단독으로 할 수 있는 것이 아니라 원래 공익사업을 위하여 매수되거나 수용된 토지가 환매청구 대상이어야 가능하다는 의미이다(법제처 안건번호 16-0093(2016. 4. 14).

1. 환매금액의 결정기준

환매금액은 환매권자가 지급받은 보상금의 상당한 금액이다. 여기서 보상금 상당금액이란 토지의 완전한 소유권을 취득하기 위해서 사업시행자가 지급한 토지의 소유권과 토지소유권외의 권리에 대하여 지급한 보상금의 합산금액을 말하며 환매권 행사 당시까지 법정이자를 가산한 금액을 말하는 것은 아니다.[793)]

2. 환매금액의 결정 방법

토지의 가격이 취득당시에 비하여 현저히 변동된 경우 사업시행자 및 환매권자는 그 금액의 증감을 법원에 청구할 수 있다.[794)] 토지가격이 현저히 변동된 경우라 함은 환매권행사 당시의 토지가격이 환매권자가 당초 보상받은 금액에 환매당시까지의 당해 사업과 관계없는 인근 유사토지의 지가변동률을 곱한 금액보다 초과되는 경우를 말한다. 이는 협의취득 당시 또는 수용의 개시일 당시부터 환매당시까지의 인근토지의 지가변동율에 해당하는 금액은 환매권자에게 귀속시킨다는 의미이다.

한편, 판례[795)]에서 나타난 환매대상 가격이 취득 당시에 비하여 현저히 변경된 경우

793) 대법원 1994. 5. 24. 선고 93누17225 판결 : "보상금의 상당금액"이라 함은 같은 법에 따른 협의취득 당시 토지 등의 소유자가 사업시행자로부터 지급받은 보상금을 의미하며 여기에 환매권 행사 당시까지의 법정이자를 가산한 금액을 말하는 것은 아니다.

794) 헌법재판소 2016. 9. 29. 자 2014헌바400 결정 : 환매목적물인 토지의 가격이 통상적인 지가상승분을 넘어 현저히 상승하고 당사자 간 협의가 이루어지지 아니할 경우에 한하여 환매금액의 증액청구를 허용하고 있는 점, 환매권의 내용에 토지가 취득되지 아니하였다면 원소유자가 누렸을 법적 지위의 회복을 요구할 권리가 포함된다고 볼 수 없는 점, 개발이익은 토지의 취득 당시의 객관적 가치에 포함된다고 볼 수 없는 점, 환매권자가 증액된 환매금액의 지급의무를 부담하게 될 것을 우려하여 환매권을 행사하지 못하더라도 이는 사실상의 제약에 불과한 점 등에 비추어 볼 때, 위 조항이 재산권의 내용에 관한 입법형성권의 한계를 일탈하여 환매권자의 재산권을 침해한다고 볼 수 없다.

795) ① 대법원 2000. 11. 28. 선고 99두3416 판결 : 환매가격은 인근 유사토지의 지가변동률을 기준으로 하려면 위 보상금에다 환매대상토지의 환매 당시의 감정평가금액에서 위 보상금에 인근 유사토지의 지가변동률을 곱한 금액을 공제한 금액을 더한 금액, 즉 '보상금+{환매당시의 감정평가금액－(보상금×지가변동률)}'로, 지가상승률을 기준으로 하려면 환매대상토지의 환매 당시의 감정평가금액에서 위 보상금에 인근 유사토지의 지가상승률을 곱한 금액을 뺀 금액, 즉 '환매당시의 감정평가금액－(보상금×지가상승률)'로 산정하여야 한다.
② 대법원 1994. 5. 24. 선고 93누17225 판결 : 환매권 행사 당시의 토지 등의 가격이 지급한 보상금에 환매 당시까지의 당해 사업과 관계없는 인근유사토지의 지가변동율을 곱한 금액보다 "적거나 같을 때"에는 지급한 보상금의 상당금액이 그 환매가격이 되고, 이를 "초과할 때"에는 당사자간에 협의가 성립되거나 토지수용위원회의 재결로 금액이 확정되지 않는 한 환매 당시의 감정평가금액에서 위 보상금에 인근유사토지의 지가변동율을 곱한 금액을 공제한 금액(환매당시의 감정평가금액 - 보상금 X 지가변동

에 환매가격의 결정방법은 다음과 같다.

※ 대법원 판결에 의한 환매가격 결정방법 체계 (2000. 11. 28. 선고 99두3416)

- 당초 지급한 보상금 : A
- 환매당시의 토지 감정평가액 : B
- 취득일로부터 환매당시까지 당해 사업과 관계없는 인근 유사토지(표준지)의 지가상승률 : C
- 취득일로부터 환매당시까지 당해 사업과 관계없는 인근 유사토지(표준지)의 지가변동률 : D (D = C+1)

1) B ≦ A × (1+C) 경우의 환매가격 : A
2) B 〉 A × (1+C) 경우의 환매가격
   - 지가상승률을 기준할 경우 : B－A×C
   - 지가변동률을 기준할 경우 : A+(B－A×D)

※ 산출예시
- 보상금 100만원, 현재 평가금액 120만원, 5년간 지가상승률 30%인 경우
  · 환매가격 : 100만원 [120만원 < 100만원 × 1.30]
- 보상금 100만원, 현재 평가금액 1,500만원, 5년간 지가상승률 300%인 경우
  · 환매가격 : 1,200만원 [1,500만원－100만원 × 300%]
- 보상금 100만원, 현재 평가금액 1,500만원, 5년간 지가변동률 400%인 경우
  · 환매가격 : 1,200만원 [100만원+(1,500만원－100만원 × 400%)]

3. 환매토지에 대한 평가방법

토지보상법 법 제91조에서 규정한 환매권의 행사와 관련하여 환매당시 감정평가액이 지급한 보상금액에 인근 유사토지의 지가변동율을 고려한 금액보다 많을 경우 환매금액은 다음 각 호의 기준에 따른다.

환매금액 = 보상금액+[환매당시의 감정평가액 - {보상금액 × (1+지가변동율)}]

1) 환매토지의 적정가격

환매당시에 공시되어 있는 표준지의 공시지가 중 환매당시에 가장 근접한 시점의 표

율)이 그 환매가격이 된다고 보아야 할 것이다.

준지 공시지가를 기준으로 그 공부상 지목 및 이용상황이 유사한 것으로 하되, 그 공시기준일부터 가격시점까지의 당해 시·군·구의 지가변동률, 생산자물가상승률 그 밖에 당해 토지의 위치·형상·환경·이용상황 등을 종합 고려한 가격으로 평가한다. 이 경우 당해 공익사업에 따른 공법상 제한이나 개발이익이 있는 경우에는 이를 고려한 가격으로 평가한다. 다만, 그 공법상 제한이나 개발이익이 환매권의 행사 등으로 없어지게 되는 경우에는 그 공법상 제한 등이 없는 상태를 기준으로 한다(실무기준 810-6.3.5.2). 또한 이용상황 등의 판단은 환매당시를 기준으로 하되, 당해 공익사업의 시행 등으로 토지의 형질변경 등이 이루어진 경우에는 그 형질변경 등이 된 상태를 기준으로 한다. 다만, 원상회복을 전제로 하는 등[796] 평가의뢰자로부터 다른 조건의 제시가 있는 경우에는 그에 따른다(실무기준 810-6.3.5.3).

2) 인근유사 토지의 지가변동율

(1) 의 미

인근유사 토지의 지가변동율에 대해서 판례는 환매대상토지와 지리적으로 인접하고 그 공부상 지목과 토지의 이용상황 등이 유사한 인근 유사토지(표본지)의 지가변동률을 가리키는 것이지 그 토지가 속해 있는 시·군·구 단위의 지목별 평균지가변동률을 인근유사토지의 지가변동률이라 할 수 없다고 판시[797]하고 있다.

(2) 표본지 선정

지가변동률의 산정을 위한 표본지의 선정은 당해 공익사업과 직접 관계가 없는 것으로서 인근지역에 있는 공시지가 표준지로 함을 원칙으로 한다. 다만, 당해 공익사업과

796) 따라서 도로 등의 공익사업용지 상태인 경우, 환매권이 발생했다는 것은 도로 등의 용도폐지가 있었다는 것을 전제로 하므로, 도로로 감정평가하여서는 안 되고 인근지역의 표준적인 이용상황을 기준으로 감정평가한다(한국감정평가협회/한국감정원, 『감정평가 실무기준 해설서(Ⅱ), 2014, 221면).

797) 대법원 2000. 11. 28. 선고 99두3416 판결 : 공공용지의취득및손실보상에관한특례법시행령 제7조 제1항의 인근 유사토지의 지가변동률이라 함은 환매대상토지와 지리적으로 인접하고 그 공부상 지목과 토지의 이용상황 등이 유사한 인근 유사토지의 지가변동률을 가리키는 것이지 그 토지가 속해 있는 시·군·구 단위의 지목별 평균지가변동률을 인근 유사토지의 지가변동률이라 할 수 없는 것인바, 지가변동률을 산정하기 위한 인근 유사토지는 협의취득시부터 환매권 행사 당시 사이에 공부상 지목과 토지의 이용상황 등에 변화가 없고 또 계속하여 기준지가 및 공시지가가 고시되어 온 표준지 중에서 합리적인 지가변동률을 산출할 수 있을 정도의 토지를 선정하면 족하고 반드시 동일한 행정구역 내에 있을 것을 요하지 아니하며 또 반드시 다수의 토지를 선정하여야 하는 것은 아니다.

직접 관계가 없는 것으로서 환매토지와 그 공부상 지목 및 이용상황 등이 유사한 공시지가 표준지가 인근지역에 없는 경우에는 인근지역에 있는 공시지가 표준지가 아닌 것으로서 그 공부상 지목 및 이용상황 등이 유사한 토지를 표본지로 선정한다.

(3) 취득(환매) 당시 표본지의 적정가격

취득 및 환매 당시 표본지의 적정가격은 아래와 같이 산정한다.

【토보침】 제55조 ②항 3호

◉ 취득(환매)당시의 표본지 적정가격 ≒ 취득(환매)당시 연도의 표준지 공시지가
+[(다음연도의 표준지 공시지가－취득(환매)당시 연도의 표준지 공시지가)
× 경과일수 / 당해 연도 총일수]

※ 다음연도 공시지가 미공시 공시기준일부터 가격시점까지 시, 군, 구 용도별 지가변동율 사용

(4) 인근 유사토지의 지가변동율 산정

환매 금액 산정을 위하여 인근 유사토지의 지가변동율은 다음 산식에 의거 산정한다.

인근 유사토지의 지가변동율 ≒ 환매당시 표본지의 적정가격 / 취득당시 표본지의 적정가격

Ⅶ. 환매의 절차 및 행사방법

1. 사업시행자의 통지 또는 공고

사업시행자는 환매할 토지가 생긴 때에는 지체 없이 이를 환매권자에게 통지하여야 한다. 다만, 사업시행자가 과실 없이 환매권자를 알 수 없는 때에는 전국을 보급지역으로 하는 일간신문에 공고하거나 당해 토지가 소재하는 시·군 또는 구의 게시판에 7일 이상 게시하여야 한다(법 제92조 1항 및 시행령 제49조).

사업시행자는 환매할 토지가 생긴 때에 통지나 공고를 할 의무가 발생하는데 통지나 공고는 환매권 행사의 요건이 아니고 법률상 당연히 인정되는 환매권 행사의 실효성을

보장하기 위한 것이다. 따라서 사업시행자의 통지나 공고 없이도 토지소유자는 환매권을 행사할 수 있다.[798] 그러나 환매권자는 통지를 받은 날 또는 공고를 한 날부터 6월이 경과한 후에는 환매권을 행사하지 못한다(법 제92조 2항). 즉 통지나 공고는 환매권의 행사요건은 아니지만 환매권 행사의 제척기간을 단축하는 효과가 있다.

2. 환매권자의 환매금액의 지급과 환매의사의 표시

환매제도에 있어 환매는 환매요건이 갖추어지면 사업시행자의 의사와 관계없이 환매권자의 환매의사표시에 의하여 일방적으로 성립되어 협의취득 또는 수용의 효력을 상실시키기 때문에, 환매권자는 환매금액을 지급하고 환매의사를 표시함으로써 환매권을 행사하게 된다. 이때 환매대금지급의무와 소유권이전의무가 동시이행관계인지 선이행 관계인지에 대하여 환매대금지급의무가 선이행이라는 것이 우리 판례[799] 및 헌법재판소의 입장이다(아래 헌법재판소결정 참조). 또한 환매가 성립하기 위해 사업시행자의 동의를 요하는가에 대하여는 환매권은 형성권성을 가지므로 환매권자가 환매금액을 지급하고 일방적으로 환매의사를 표시함으로써 사업시행자의 동의와 관계없이 성립한다고 봄이 타당하다.

헌법재판소결정

□ 헌법재판소 2006. 11. 30. 선고 2005헌가20 결정

이 사건 법률조항에서 환매대금의 선이행의무를 규정하고 있는 것은 재산권의 적정한 보호와 공익사업의 효율적인 수행을 위하여 필요하고도 적절한 조치라고 할 것이다. 나아가 이 사건 법률조항에 의하여 실현하고자 하는 공익은 공익사업의 효율적인 수행을 통한 공공복리의 증진인 반면, 이 사건 법률조항으로 인하여 환매권자가 입을 수 있는 피해는 환매대금의 선이행으로 인한 재산권의 일시적인 제한으로서 그 제한의 정도와 피해가 크지 않다고 할 것이므로 사익을 과도하게

798) 대법원 1993. 5. 27. 선고 92다34667 판결 : 환매할 토지가 생겼을 때에는 사업시행자가 지체없이 이를 원 소유자 등에게 통지하거나 공고하도록 한 취지는 공익목적에 필요 없게 된 토지가 있을 때에는 먼저 원소유자에게 그 사실을 알려주어 환매할 것인지의 여부를 최고하도록 하고 그러한 기회를 부여한 후에도 환매의 의사가 없을 때에 비로소 원소유자가 아닌 제3자에게 전매할 가능성을 가지도록 한다는 것으로서 이는 법률상 당연히 인정되는 환매권 행사의 실효성을 보장하기 위한 것이라고 할 것이므로 위 규정은 단순한 선언적인 것이 아니라 사업시행자의 법적인 의무를 정할 것이라 보아야 할 것이다.

799) 대법원 1993. 9. 14. 선고 92다56810 판결 : 공공용지의취득및손실보상에관한특례법 제9조 및 토지수용법 제71조에 의한 환매권의 경우 환매대금의 선이행을 명문으로 규정하고 있으므로 환매대금 상당을 지급하거나 공탁하지 아니한 경우는 환매로 인한 소유권이전등기청구는 물론 환매대금의 지급과 상환으로 소유권이전등기를 구할 수 없다

> 제한한 것이라 볼 수 없으므로, 이 사건 법률조항은 비례의 원칙에 어긋나게 환매권자의 재산권을 침해하는 위헌의 법률이라 할 수 없다.

3. 사업시행자가 통지나 공고를 하지 않은 경우 불법행위

사업시행자가 환매의 목적이 되는 토지를 원소유자에게 통지나 공고를 하지 않아 환매권 행사기간이 도과하거나 또는 환매대상 토지를 제3자에게 처분함으로써 환매권 행사가 불가능하게 된 경우 불법행위 여부 및 손해배상의 문제가 제기될 수 있다.

이 경우 사업시행자가 통지나 공고 없이 환매권 행사기간이 도과하였거나 또는 행사기간 내에 제3자에게 환매대상 토지를 처분하여 환매권 행사가 불가능한 경우 모두 불법행위를 구성하고 있다는 입장이다.[800] 또한 이와 같이 환매권 상실로 인하여 사업시행자는 당연히 손해배상 의무가 발생하며 이 경우 손해배상액은 당해 토지의 시가에서 환매권자가 환매권을 행사할 경우 지급하여야 할 환매금액을 공제한 금액으로 보고 있다.[801]

---

800) 대법원 1993. 5. 27. 선고 92다34667 : 토지수용법 제72조의 규정이 환매할 토지가 생겼을 때에는 기업자(특례법상의 사업시행자)가 지체 없이 이를 원소유자 등에게 통지하거나 공고하도록 규정한 취지는 공익목적에 필요 없게 된 토지가 있을 때에는 먼저 원소유자에게 그 사실을 알려주어 환매할 것인지 여부를 최고하도록 하고 그러한 기회를 부여한 후에도 환매의 의사가 없을 때에 비로소 원소유자 아닌 제3자에게 전매할 가능성을 가지도록 한다는 것으로서 이는 법률상 당연히 인정되는 환매권 행사의 실효성을 보장하기 위한 것이라고 할 것이므로 위 규정은 단순한 선언적인 것이 아니라 기업자(사업시행자)의 법적인 의무를 정한 것이라고 보아야 할 것이고, 기업자(사업시행자)가 원소유자의 환매가능성이 존속하고 있는데도 이러한 의무에 위배한 채 환매의 목적이 될 토지를 제3자에게 처분한 경우 처분행위 자체는 유효하다 하더라도 적어도 원소유자에 대한 관계에서는 법률에 의하여 인정되는 환매권 자체를 행사함이 불가능하도록 함으로써 환매권 자체를 상실시킨 것으로 되어 불법행위를 구성한다.

801) 대법원 2017. 3. 15. 선고 2015다238963 판결 : 원소유자 등의 환매권 상실로 인한 손해배상액은 환매권 상실 당시를 기준으로 한 목적물의 시가에서 환매권자가 환매권을 행사하였을 경우 반환하여야 할 환매가격을 공제한 금원이다. 환매권 상실 당시 환매목적물의 감정평가금액이 토지보상법 제91조 제1항에 정해진 '지급한 보상금'에 그때까지 사업과 관계없는 인근 유사토지의 지가변동률을 곱한 금액보다 적거나 같을 때에는 감정평가금액에서 '지급한 보상금'을 공제하는 방법으로 계산하면 되지만, 이를 초과할 때에는 [환매권 상실 당시의 감정평가금액 – (환매권 상실 당시의 감정평가금액 – 지급한 보상금 × 지가상승률)]로 산정한 금액, 즉 '지급한 보상금'에 당시의 인근 유사토지의 지가상승률을 곱한 금액이 손해로 된다.

Ⅷ. 환매권의 효력 및 소멸

1. 환매권 행사의 효력

환매권자는 환매금액을 지급한 후 환매의사를 표시함으로써 환매가 성립하게 되는데 환매권 행사의 효력이 발생하는 시점은 환매권은 형성권이므로 환매의 의사표시가 상대방에게 도달한 때이다.[802)]

대법원 판결

ㅁ 대법원 2006. 12. 21. 선고 2006다49277 판결

환매는 환매기간 내에 환매의 요건이 발생하면 환매권자가 지급받은 보상금에 상당한 금액을 사업시행자에게 미리 지급하고 일방적으로 의사표시를 함으로써 사업시행자의 의사와 관계없이 환매가 성립하고, 토지 등의 가격이 취득 당시에 비하여 현저히 변경되었더라도 같은 법 제91조 제4항에 의하여 당사자 간에 금액에 관하여 협의가 성립하거나 사업시행자 또는 환매권자가 그 금액의 증감을 법원에 청구하여 법원에서 그 금액이 확정되지 않는 한, 그 가격이 현저히 등귀한 경우이거나 하락한 경우이거나를 묻지 않고 환매권을 행사하기 위하여는 지급받은 보상금 상당액을 미리 지급하여야 하고 또한 이로써 족한 것이며, 사업시행자는 소로써 법원에 환매대금의 증액을 청구할 수 있을 뿐 환매권 행사로 인한 소유권이전등기 청구소송에서 환매대금 증액청구권을 내세워 증액된 환매대금과 보상금 상당액의 차액을 지급할 것을 선이행 또는 동시이행의 항변으로 주장할 수 없다.

2. 환매권의 대항력

법 제91조 (환매권) ⑤ 제1항 내지 제3항의 규정에 의한 환매권은 부동산등기법이 정하는 바에 의하여 공익사업에 필요한 토지의 협의취득 또는 수용의 등기가 된 때에는 이를 제3자에게 대항할 수 있다.

802) 대법원 1999. 4. 9. 선고 98다46945 판결 : 공공용지의취득및손실보상에관한특례법에 의한 절차에 따라 국가 등에 의하여 협의취득된 토지의 전부 또는 일부가 취득일로부터 10년 이내에 당해 공공사업의 폐지, 변경 기타의 사유로 인하여 필요 없게 되었을 때 취득 당시의 소유자 등에게 인정되는 같은 법 제9조 소정의 환매권은 당해 토지의 취득일로부터 10년 이내에 행사되어야 하고, 위 행사기간은 제척기간으로 보아야 할 것이며, 위 환매권은 재판상이든 재판 외이든 그 기간 내에 행사하면 되는 것이나, 환매권은 상대방에 대한 의사표시를 요하는 형성권의 일종으로서 환매의 의사표시가 상대방에게 도달한 때에 비로소 환매권 행사의 효력이 발생함이 원칙이다.

1) 수용재결취득으로 인한 환매권의 대항력

수용재결취득으로 인한 환매권은 부동산등기법이 정하는 바에 의한 수용의 등기가 된 때에 제3자에게 대항할 수 있다(법 제91조 5항). 사업시행자가 수용목적물의 취득하기 위해서는 수용의 등기를 요하지 않으나 제3자에게 처분하기 위해서는 수용의 등기를 하여야 한다. 이때 수용의 등기가 환매권의 제3자에 대한 대항력의 요건이 된다.

2) 협의취득으로 인한 환매권의 대항력

사업인정 전·후의 협의취득으로 인한 환매권은 부동산등기법이 정하는 바에 의하여 공익사업에 필요한 토지의 협의취득의 등기가 된 때에는 제3자에게 대항할 수 있다. 즉 환매목적물이 제3자에게 처분된 때에도 '공공용지로 취득하였다는 내용이 포함된 등기'가 있으면 환매권자는 제3자로부터 환매를 받을 수 있다. 토지보상법의 제정 이전에는 사업인정 이후 협의취득으로 인한 환매권의 대항력에 관하여는 토지수용법의 명문의 규정이 없었으며, 사업인정 이후 협의취득으로 인한 환매권의 대항력에 관하여는 공특법이 부동산등기법이 정하는 등기라고만 하여 정확히 어떤 등기인지 의문이 있었다. 이에 대하여 ①민법상 환매권과 동일하게 환매특약등기를 대항력요건으로 보는 견해, ②공공용지로 취득하였다는 내용이 포함된 등기로 보는 견해, ③ 사업시행자의 명의로 등기가 되어 있으면 된다는 견해가 있었으며 대법원은 환매특약등기가 되어야 제3자에게 대항할 수 있다고 判示한바 있다. 그러나 토지수용법상 환매권과 공특법상 환매권은 법정 환매권으로 별도로 환매특약등기를 하지 않는 것이 일반적이어서 환매권자의 지위가 불안정적이게 되는 문제점이 있으며, 수용재결을 통해 취득하고 수용의 등기가 되어서 제3자에 대항할 수 있는 것과의 형평성에 문제가 있었다. 이러한 논란을 해결하기 위해서 금번 토지보상법은 '공익사업에 필요한 토지의 협의취득의 등기(공공용지로 취득하였다는 내용이 포함된 등기)'를 제3자 대항요건으로 하고 있다.[803)]

803) 대법원 2017. 3. 15. 선고 2015다238963 판결 : '환매권은 부동산등기법이 정하는 바에 의하여 공익사업에 필요한 토지의 협의취득 또는 수용의 등기가 된 때에는 제3자에게 대항할 수 있다'고 정하고 있다. 이는 협의취득 또는 수용의 목적물이 제3자에게 이전되더라도 협의취득 또는 수용의 등기가 되어 있으면 환매권자의 지위가 그대로 유지되어 환매권자는 환매권을 행사할 수 있고, 제3자에 대해서도 이를 주장할 수 있다는 의미이다.

3. 환매권의 소멸

사업시행자의 환매에 관한 통지나 공고가 없는 때에는 토지보상법이 정하는 환매권 행사의 제척기간의 경과로 환매권은 소멸한다(법 제91조1항및2항). 사업시행자의 환매에 관한 통지나 공고가 있는 때에는 통지를 받은 날 또는 공고한 날로부터 6개월의 경과로 환매권은 소멸한다(법 제92조2항). 따라서 사업시행자의 통지나 공고는 환매권 행사의 제척기간을 6개월로 단축하는 효과가 있다.

Ⅸ. 환매권의 권리구제 검토

1. 의 의

환매권에 관한 분쟁의 소송의 형태는 환매권의 법적 성질을 공권으로 보면 행정소송(공법상 당사자소송)이 되며, 사권으로 보면 민사소송이 될 것이다. 환매권에 대한 분쟁의 유형은 ① 환매권행사요건 성립여부에 관한 다툼과 ② 환매금액의 증감청구에 관한 다툼으로 나눌 수 있다. 전자는 환매권이 성립되는 지에 대한 분쟁이 그 주를 이루며, 후자는 환매금액 증감에 관한 다툼이다.

2. 규정 변천

1) 의 의

환매금액은 보상금 상당금액이 원칙이나 토지의 가격이 취득일 당시에 비하여 현저히 변동된 경우 사업시행자 및 환매권자는 환매금액에 대하여 서로 협의하되, 협의가 성립되지 아니한 때에는 그 금액의 증감을 법원에 청구할 수 있다(법 제91조 4항). 여기서 '토지의 가격이 취득일 당시에 비하여 현저히 변동된 경우'라 함은 환매권 행사당시 토지의 가격이 지급한 보상금에 환매당시까지의 당해 사업과 관계없는 인근 유사토지의 지가변동률을 곱한 금액보다 초과되는 경우를 말한다(영 제47조). 이처럼 토지의 가격이 변동되었다고 인정되는 경우에도 협의취득 또는 수용시의 보상금 상당액으로 환매를 인정하면 지가의 상승으로 인한 모든 이익을 원래의 소유자에게 취득시키는 결과가 되기 때문에 토지보상법은 환매권자 간의 협의를 전제로 하면서 다만 협의가 성립되지 않을 경우에는 환매 당사자가 환매금액에 대하여 법원에 청구하여 문제를 해결하도록 하고 있다.

2) 권리구제 변천

현행 토지보상법 이전의 상황에서는 환매금액에 관한 다툼이 있는 때에 토지수용법에서는 법원이 해결하도록 하고, 공특법에서는 관할토지수용위원회의 재결을 거치도록 이원화되어 있어 서로 모순이 있었다. 이러한 점을 해결하기 위해서 현행 토지보상법에서는 통일적으로 모든 환매권에 관한 다툼은 법원에 청구할 수 있도록 하였다.

표 33. 환매권 권리구제 변천

<table>
<tr><th>구분</th><th>종전규정</th><th>현행규정 (토지보상법)</th></tr>
<tr><td>구 토지수용법 제71조(환매권)</td><td>⑤ 토지의 가격이 수용당시에 비하여 현저히 변경되었을 때에는 기업자 또는 환매권자는 그 금액의 증감을 법원에 청구할 수 있다</td><td rowspan="2">제91조 ④ 토지의 가격이 취득일 당시에 비하여 현저히 변동된 경우 사업시행자와 환매권자는 환매금액에 대하여 서로 협의하되, 협의가 성립되지 아니하면 그 금액의 증감을 법원에 청구할 수 있다.</td></tr>
<tr><td>구 공특법 제9조(환매권)</td><td>③ 토지등의 가격이 취득 당시에 비하여 현저히 변경되었을 때에 사업시행자 또는 환매권자는 그 금액에 대하여 협의를 하여야 하며, 그 협의가 성립되지 아니할 때에는 대통령령이 정하는 바에 따라 그 토지등의 소재지를 관할하는 토지수용위원회에 재결을 신청할 수 있다.</td></tr>
</table>

3. 소송형태 검토

종전 공특법에서 환매금액 증감의 다툼에 대하여 대법원은 토지수용법을 준용하거나 유추적용할 수 없다고 보아 법원에 증감청구(민사소송)를 할 수 없다는 입장이었고[804] 일부 하급심에서는 관할 토지수용위원회 수용재결을 거쳐 이의재결, 행정소송이

804) 대법원 2002. 6. 14. 선고 2001다24112 판결 : 특례법 제9조 제1항, 제3항, 같은법시행령 제7조 제1항, 제3항 및 토지수용법 제73조 내지 제75조의2의 각 규정에 의하면, 환매기간 내에 환매의 요건이 발생하는 경우, 환매대상토지의 가격이 취득 당시에 비하여 현저히 하락하거나 상승하였다고 하더라도, 환매권자는 수령한 보상금 상당액만을 사업시행자에게 미리 지급하고 일방적으로 매수의 의사표시를 함으로써 사업시행자의 의사와 관계없이 환매가 성립되고, 특례법 제9조에 의한 환매권의 행사에는 토지수용법 제71조 제5항의 규정이 준용되거나 유추적용된다고 할 수 없어 민사소송절차에서 법원이 환매대

가능했다.[805] 반면에 토지수용법에서는 재결절차 없이 곧바로 행정소송(공법상 당사자소송)에 의하도록 판시하고 있었다.[806]

그렇다면 현행 토지보상법과 종전 토지수용법의 환매금액 증감에 대하여 협의하여야 한다는 규정을 제외하면 별다른 차이가 없는 바, 현행 환매금액 증감에 대한 다툼은 행정소송(공법상 당사자 소송)이 타당한 것으로 보이나, 대법원은 별다른 설명 없이 환매권 존부 소송이나 환매금액 증감 모두 민사소송에 의하여야 한다고 판시하고 있다(아래 판례 참조).

대법원 판결

□ 대법원 2013. 2. 28. 선고 2010두22368 판결

구 공익사업을 위한 토지 등의 취득 및 보상에 관한 법률(2010. 4. 5. 법률 제10239호로 일부 개정되기 전의 것, 이하 '구 공익사업법'이라 한다) 제91조에 규정된 환매권은 상대방에 대한 의사표시를 요하는 형성권의 일종으로서 재판상이든 재판 외이든 위 규정에 따른 기간 내에 행사하면 매매의 효력이 생기는 바(대법원 2008. 6. 26. 선고 2007다24893 판결 참조), 이러한 환매권의 존부에 관한 확인을 구하는 소송 및 구 공익사업법 제91조 제4항에 따라 환매금액의 증감을 구하는 소송 역시 민사소송에 해당한다.

기록에 의하면, 이 사건 소 중 주위적 청구는 구 공익사업법 제91조에 따라 환매권의 존부 확인을 구하는 소송이고, 예비적 청구는 같은 조 제4항에 따라 환매대금 증액을 구하는 소송임을 알 수 있으므로, 위 각 소송은 모두 민사소송에 해당한다고 보아야 한다.

따라서 원심이 위 각 소송을 모두 행정소송법 제3조 제2호에 규정된 당사자소송이라고 판단한 부분에는 공법상 당사자소송에 관한 법리를 오해한 잘못이 있다.

금액을 증감할 수는 없다.

805) 서울행정법원 1999. 8. 25. 선고 99구2436 판결 : 확정 [토지수용이의재결처분취소] : 피고 중토위가 이 사건 토지의 환매금액에 관하여 한 이 사건 이의재결 중 원고가 구하는 환매금액인 금 491,620원(지급한 보상금 상당액은 금 143,820원이나 원고가 구하는 범위를 넘어서 판결할 수 없으므로 원고가 구하는 바에 따른다)을 초과하여 환매금액을 정한 부분은 위법하다 할 것이므로 이 부분을 취소하고

806) ① 대법원 2002. 6. 14. 선고 2001다24112 판결 : 토지수용법 제75조의2 제2항에 의하여 사업시행자가 환매권자를 상대로 하는 소송은 공법상의 당사자소송으로 사업시행자로서는 환매가격이 환매대상토지의 취득 당시 지급한 보상금 상당액보다 증액 변경될 것을 전제로 하여 환매권자에게 그 환매가격과 그 보상금 상당액의 차액 지급을 구할 수 있다.

② 대법원 2000. 11. 28. 선고 99두3416 판결 : 환매권자의 환매대금 지급의무는 환매권 행사 당시에 이미 발생하는 것인데 환매대상토지의 취득 당시 지급한 보상금 상당액과 재결이나 행정소송 절차에서 환매가격으로 정하여진 금액과의 차액 역시 환매대상토지와 대가관계에 있는 것이므로 그 차액이 환매권 행사 당시 지급되지 아니한 이상 이에 대하여 지연손해금이 발생하는 것이고 현실적으로 구체적인 환매가격이 재결이나 행정소송 절차에 의하여 확정된다고 하여 달리 볼 것은 아니다. 행정소송법 제8조 제2항에 의하면 행정소송에도 민사소송법의 규정이 일반적으로 준용되므로 법원으로서는 공법상 당사자소송에서 재산권의 청구를 인용하는 판결을 하는 경우 가집행선고를 할 수 있다.

물론 환매권의 성질이 환매권자의 개인적인 재산권을 보장한다고 보는 입장에서 민사소송이 타당할 수 있겠지만, 종전 공특법과 토지수용법에서 행정소송이 가능했던 것이 특별히 내용에 변동이 없음에도 현행 법률에서는 민사소송으로 보아야 한다는 것은 논리적으로 타당하지 못하다고 본다. 또한 공익사업의 대부분은 사업인정을 전제로 진행되는 경우가 많은 점을 감안하면 환매권 존부나 환매금액 증감에 대한 소송은 행정소송(당사자 소송)이 타당하다고 본다.

제4장

지장물 손실보상제도

제1절 지장물 보상

Ⅰ. 지장물 보상개요

1. 지장물의 의의

일반적으로 공익사업에 직접 필요로 하는 물건은 토지이나, 그 토지 위에 정착한 건축물 등이 있는 경우, 해당 토지를 사용하기 위하여 이러한 "지장물"을 제거하지 않으면 공익사업을 시행할 수 없다. 여기서 지장물이라 함은 공공사업용지 내의 토지에 정착한 건축물·공작물·시설·입목·죽목 및 농작물 그 밖의 물건 중에서 당해 공익사업의 수행을 위하여 직접 필요로 하지 아니하는 물건으로서 철거 또는 다른 장소로 이전·이설·이식해야 할 물건을 말한다(시행규칙 제2조 제3호). 이러한 지장물은 그 종류가 다양하여 그 구체적인 보상방법 및 기준을 국토교통부령으로 정하고 있다.

▣ 토지보상법

제75조(건축물등 물건에 대한 보상) ⑥ 제1항부터 제4항까지의 규정에 따른 물건 및 그 밖의 물건에 대한 보상액의 구체적인 산정 및 평가방법과 보상기준은 국토교통부령으로 정한다.

▣ 토지보상법 시행규칙

제2조 (정의) 이 규칙에서 사용하는 용어의 정의는 다음 각호와 같다.

3. "지장물"이라 함은 공익사업시행지구내의 토지에 정착한 건축물·공작물·시설·입목·죽목 및 농작물 그 밖의 물건 중에서 당해 공익사업의 수행을 위하여 직접 필요하지 아니한 물건을 말한다.

Ⅱ. 보상금 산정방법

1. 보상액의 산정기준

1) 일반적인 이용방법을 기준으로 산정

보상액의 평가는 가격시점에 있어서 일반적인 이용방법에 의한 객관적 상황을 고려하여 산정하되 일시적인 이용상황과 토지소유자 또는 관계인이 주관적 가치 및 특별한 용도에 사용할 것을 전제로 한 경우 등은 이를 고려하지 아니한다.

2) 물건 평가기준

(1) 이전비 보상

지장물에 대한 일반적인 평가기준으로는 이전에 필요한 비용, 즉 이전비로 평가보상함이 원칙이고, 예외적으로 물건의 가격, 즉 취득비로 평가보상한다(법 제75조 제1항). 여기서 이전비란 대상물건의 유용성을 동일하게 유지하며 이를 당해 공익사업시행지구밖의 지역으로 이전·이설 또는 이식하는데 소요되는 비용을 말하며, 물건의 해체비·건축비와 적정거리까지의 운반비를 포함하며, 「건축법」등 관계법령에 의한 시설개선에 필요한 비용은 포함하지 아니한다(시행규칙 제2조 제4호).

(2) 취득비 보상

사업시행자가 공익사업의 시행을 위하여 직접적으로 사용하거나 또는 이전비로 보상하는 것이 부적절한 아래의 경우에는 물건의 가격(취득가격)으로 보상한다.

① 건축물 등을 이전하기 어렵거나 그 이전으로 인하여 건축물 등을 종래의 목적대로 사용할 수 없게 된 경우
② 건축물 등의 이전비가 그 물건의 가격을 넘는 경우
③ 사업시행자가 공익사업에 직접 사용할 목적으로 취득하는 경우

여기서 ①에서 이전하기 어렵다는 것은 물리적 또는 기술적 관점에서 보다는 경제적 관점에서 검토하여야 한다는 것이 판례(아래)의 입장이며,[807] 종래의 목적은 효용성을

동일하게 유지하면서 사용하는 것을 말한다.

판 례

□ 대법원 1991. 10. 22. 선고 90누10117 판결

수용할 토지에 정착한 물건이 이전가능한 것인지 여부는 기술적인 문제가 아니라 경제적인 관점에서 판단하여야 할 문제인데, 비닐하우스와 균상은 그 구성재료에 비추어 볼 때 기술적으로는 이를 분리이전하여 재사용할 수 있을련지 모르나 경제적으로는 이것이 불가능하거나 현저히 곤란한 것으로 보이므로, 이에 대하여 취득가격을 기준으로 하여 평가한 감정평가는 정당하다.

또한 ②의 경우는 이전비가 그 물건의 가격을 초과할 경우 물건의 가격으로 보상할 수 있도록 한 것은 사업시행자의 부담을 줄이는데 그 목적이 있다 하겠다.[808] 이와 같이 이전비 보상이 원칙이나, 일정한 사유로 인하여 이전비 보상 대신 취득보상을 하는 것을 이전수용 또는 이전에 갈음하는 수용이라고 한다.[809]

한편 이러한 취득비 보상을 한 경우 주요한 논의 사항 중의 하나는 이러한 취득보상의 경우 과연 소유권 자체가 사업시행자에게로 이전되는가 하는 문제이다. 만약 소유권이 넘어온다면 그 물건은 사업시행자의 소유가 되어 임의 처분하는 것이 가능하기 때문이다. 유권해석은 이에 대해서 긍정하는 입장이나[810] 판례는 이에 대해서 다소 혼선이 있는 입장이다. 다만 어떻게 해석하든 현실적으로는 취득비용으로 보상하였다 하더라도 임의처분 보다는,[811] 행정대집행 또는 철거단행가처분 등 법적 절차를 거쳐 이전 및 철거 등을 시행하고 있다.

---

807) 대법원 1994. 4. 26. 선고 93누13360 판결 : 물건의 수용에 있어서는 그 물건의 이전이 현저하게 곤란하거나 이전으로 인하여 종래의 목적에 사용할 수 없게 되는지의 여부를 먼저 가려보고 그에 따라 이전비용 또는 취득가액 중 어느 것으로 보상할 것인지를 정하여야 한다.

808) 강교식 외2, 토지보상법론, 부연사, 2005, 522면.

809) 김남진, 행정법Ⅱ, 법문사, 2001, 523면.

810) 토지관리과-3984(2004. 9. 1) : 【질의요지】 중앙토지수용위원회에서 재결된 지장물에 대하여 소유자가 이전하지 아니하는 경우 취득비로 보상된 지장물에 대하여 사업시행자가 임의처분할 수 있는지 여부 및 행정대집행 방법은?

【회신내용】 토지보상법 제75조 제1항의 규정에 의하면, 건축물 등 지장물에 대한 평가는 이전에 필요한 비용으로 평가하여 보상하고, 이전이 어렵거나 그 이전으로 인하여 종래의 목적대로 사용할 수 없게 된 경우와 이전비가 그 물건의 가격을 넘는 경우 등은 당해 물건의 가격으로 평가하도록 되어 있으며, 사업시행자가 당해 지장물을 취득한 경우라면 취득지장물에 대하여는 임의처분을 할 수 있다고 봅니다.

811) 사업시행자별로 처리방법이 다소 다르지만, 대체적으로 취득비용으로 보상한 경우 3~4 차례 철거 촉구 후 임의처분하는 사례가 다소 있다. 이처럼 충분한 철거촉구를 거쳤다면 임의처분 하더라도 법적 문제는 없을 것으로 보이지만, 법적 분쟁을 예방하기 위하여 행정대집행 등의 절차를 거치는 것이 타당하다 판단된다.

판 례

□ 대법원 2010. 12. 9. 선고 2010두15452 (소유권 긍정판례)

공익사업을 위한 토지 등의 취득 및 보상에 관한법률 제75조 제1항 같은 법률 시행규칙 제2조 제3호 등의 규정을 종합할 때, 사업시행자는 공익사업시행지구 내의 토지에 정착한 건축물 공작물·시설·입목·죽목 및 농작물 그 밖의 물건 중에서 당해 공익사업의 수행을 위하여 직접 필요하지 아니한 물건, 곧 지장물의 경우 그 이전비를 보상함이 원칙이나, 이전이 어렵거나 그 이전으로 인하여 지장물을 종래의 목적대로 사용할 수 없게 된 때 또는 지장물의 이전비가 그 물건의 가격을 넘는 때에는 당해 지장물의 가격으로 보상하여야 한다. 위와 같은 경위로 수용 또는 협의 등에 의하여 사업시행자가 지장물 소유자에게 그 지장물 가격 상당의 손실보상금을 지급하면 공익사업 수행에 필요한 지장물을 철거할 수 있게 되고, 지장물 소유자는 지장물 철거를 수인하는 대가로 손실보상금을 지급받게 되는 셈이므로, 결과적으로 지장물이라는 자산이 유상으로 사업시행자에게 사실상 이전되었다고 볼 수 있다.

판 례

□ 대법원 2012. 4. 13. 선고 2010다94960 (소유권 부정판례)

사업시행자가 사업시행에 방해가 되는 지장물에 대하여 법 제75조 제1항 단서 제2호에 따라 이전에 소요되는 실제 비용에 못 미치는 물건의 가격으로 보상한 경우, 사업시행자가 당해 물건을 취득하는 제3호와 달리 수용의 절차를 거치지 아니한 이상 사업시행자가 그 보상만으로 당해 물건의 소유권까지 취득하였다고 보기는 어렵겠으나.....

(3) 토지와 분리 평가

취득할 토지에 건축물 등이 있는 경우에는 토지와 그 건축물 등을 각각 분리하여 평가하여야 한다. 다만 건축물 등이 토지와 함께 거래되는 사례나 관행이 있는 경우에는 그 건축물 등과 토지를 일괄하여 평가할 수 있으며, 이 경우 평가서에 기재하여야 한다.

따라서 자연림의 경우는 일반 거래시 토지(임야) 가격에 포함되어 거래되는 관행이 있는 바, 자연림에 대한 별도의 평가는 하지 않는다. 또한 구분소유권의 대상이 되는 연립주택 및 아파트의 경우도 건물과 토지를 일체로 거래되고 있어 일괄평가하는 것이 타당하다.

판 례

> **□ 서울고법 2003. 7. 25. 선고 2002누14876 판결**
>
> 토지수용에 있어서 토지에 건물이 있을 때에는 토지와 그 건물을 각각 따로 평가하되, 다만, 토지에 정착한 건물이 토지와 함께 거래되는 사례가 있거나 관행이 있는 경우에는 그 건물을 토지와 함께 평가하여야 하는데, 「집합건물의 소유 및 관리에 관한 법률」 제1조, 제20조가 적용되어 구분소유권의 객체가 되는 건물의 경우 건물과 토지가 일체로 거래될 수밖에 없는 바, 이는 '토지에 정착한 건물이 토지와 함께 거래되는 사례가 있거나 관행이 있는 경우'에 해당한다 할 것이므로 수용에 있어 이를 함께 평가하여야 한다.

(4) 소멸된 물건의 보상

> 법 제46조 (위험부담) 토지수용위원회의 재결이 있은 후 수용 또는 사용할 토지나 물건이 토지소유자 또는 관계인의 고의나 과실 없이 멸실 또는 훼손된 경우 그로 인한 손실은 사업시행자의 부담으로 한다.
>
> 법 제67조 (보상액의 가격시점 등) ① 보상액의 산정은 협의에 의한 경우에는 협의성립 당시의 가격을, 재결에 의한 경우에는 수용 또는 사용의 재결 당시의 가격을 기준으로 한다.
>
> 시행규칙 제36조 (공작물 등의 평가) ① 제33조 내지 제35조의 규정은 공작물 그 밖의 시설(이하 "공작물등"이라 한다)의 평가에 관하여 이를 준용한다.
> ② 다음 각호의 1에 해당하는 공작물등은 이를 별도의 가치가 있는 것으로 평가하여서는 아니된다.
> 1. 공작물등의 용도가 폐지되었거나 기능이 상실되어 경제적 가치가 없는 경우
> 2. 공작물등의 가치가 보상이 되는 다른 토지등의 가치에 충분히 반영되어 토지등의 가격이 증가한 경우
> 3. 사업시행자가 공익사업에 편입되는 공작물등에 대한 대체시설을 하는 경우

토지보상법에서는 보상액 산정에 있어, 협의에 의한 경우는 협의성립 당시의 가격을, 재결에 의한 경우에는 수용 또는 사용의 재결 당시의 가격을 기준으로 하고 있어, 만약 보상계약체결이전 또는 수용재결 이전에 천재지변, 소유자의 과실 등으로 물건이 소멸된 때에는 보상대상에서 제외하는 것이 타당하다.

유권해석도 이와 같이 해석하여 보상계약 체결 전에 화재로 소실된 경우 보상대상에서 제외하는 것이 타당하다고 회신하고 있으나,[812] 다만 사업시행자가 보상하기로 약

---

812) 토지관리과-255(2004. 1. 19) : 【질의요지】 공익사업예정지역의 건물이 보상전에 화재로 소실된 경우 보상대상에 해당되는지 여부
【회신내용】 토지보상법 시행규칙 제33조의 규정에 의하면 건축물에 대하여는 그 구조·이용상태·면적·

정(확약)하였다면 보상계약 전 멸실된 지장물에 대한 보상도 가능할 것으로 보인다.[813)]

판 례

□ **대법원 1977. 12. 27. 선고 76다1472 판결 (입목보상금)**

이 사건 토지의 입목은 앞서 본 원, 피고간의 위 계약으로서 기히 피고가 그 땜 건설의 진전에 따라서 법률상하등의 지장없이 언제든지 피고의 뜻에 따른 담수에 의하여 수몰대상 으로 할 수 있는 상태에 있었으니 그로써 피고는 이건 토지에 대한 매수와 그 지상의 입목에 대한 보상을 특약한 위 계약의 목적은 달성된 셈이고, 또 원고는 위 토지와 그 지상입목에 대하여 피고로 하여금 그의 뜻대로 땜공사 진전에 따라 언제든지 수몰대상으로 할 수 있는 상태에 있게끔 한 이상 이 건에 있어서 위 매매 및 보상에 관한 약정내용은 원, 피고간에 이건 아카시아 입목에 대한 적절한 보상을 위해서 그 금액에 대하여 합의를 보지 못함으로 인하여 그에 대한 보상금이 지급되지 못한 점만을 제외하고는 위 홍수가 있기전에 기히 그 전부가 실현을 보았다고 해도 무방하다고 하여야 할 것이므로 위 아카시아가 그에 대한 보상금이 지급되기전에 홍수로 인해서 멸실되었다고 해서 그에 관한 이건 보상약정을 해제할 수 없다고 함이 마땅하다고 할 것이다.

2. 보상액의 산정방법

보상액은 2인 이상의 감정평가업자에게 평가를 의뢰하여 구한 평가액을 산술평균 하여 산정한다.

1) 평가의뢰시 기재사항

① 대상물건의 표시

내구연한·유용성 및 이전가능성 그 밖에 가격형성에 관련되는 제요인을 종합적으로 고려하여 평가하도록 되어 있고, 같은규칙 제36조 제2항의 규정에 의하면 공작물등의 용도가 폐지되거나 기능이 상실되어 경제적 가치가 없는 경우에는 평가하지 아니하도록 되어 있으므로 화재로 소실되어 경제적가치가 없는 경우에는 보상대상에 해당되지 아니한다고 보며, 개별적인 사례에 대하여는 사업시행자가 사실관계를 조사하여 판단·결정할 사항이라고 봅니다.

813) ① 토지정책과-3573 (2010. 7. 9) : ≪질의≫ 보상계획공고 당시(손실조사 착수)에는 보상대상물건이 존재하였으나, 보상계약체결 이전에 어업권이 말소되어 보상대상 물건이 없어졌을 경우 보상대상이 되는지 ≪회신≫ 「공익사업을 위한 토지등의 취득 및 보상에 관한 법률」은 공익사업에 필요한 토지등을 협의 또는 수용에 의하여 취득하거나 사용함에 따른 손실의 보상에 관한 사항을 규정하고 있습니다. 보상계약체결 이전에 사업시행자의 귀책사유 없이 멸실되어 존재하지 아니하는 물건은 보상대상에 해당되지 아니한다고 보며, 개별적인 사례는 사실관계 등을 검토하여 판단하시기 바랍니다.

② 토관 58342-1237 (1999. 10. 05) 계약체결 당시에 존재하지 아니하는 물건은 보상대상에 해당되지 아니한다고 보며, 다만 사업시행자가 보상대상물건을 확인하고 이를 철거하도록 요구하였거나 사업시행자가 철거에 동의한 경우 등 보상대상임을 인정한 경우에는 보상대상으로 볼 수 있다고 봅니다.

② 대상물건의 가격시점
③ 평가서 제출기한
④ 대상물건의 취득 또는 사용의 구분
⑤ 건축물 등 물건에 대하여는 그 이전 또는 취득의 구분
⑥ 영업보상은 폐업 또는 휴업의 구분
⑦ 보상협의회의 보상액 평가를 위한 사전 의견수렴 사항
⑧ 그 밖의 평가 조건 및 참고 사항

2) 평가서 제출기한

평가서 제출기한은 원칙적으로 30일 이내로 한다(시행규칙 제16조②).

3) 외부자문 및 용역

감정평가업자는 대상물건 및 그 주변상황을 현지조사하고 평가, 이 경우 고도의 기술을 필요로 하는 등의 사유로 인하여 자기가 직접 평가할 수 없는 대상물건에 대하여는 사업시행자 승낙을 얻어 전문기관의 자문 또는 용역을 거쳐 평가할 수 있다(시행규칙 제16조③). 여기서 감정평가업자가 직접 평가할 수 없는 고도의 경험과 지식 및 기술을 요하는 물건은 어업권,[814] 문화재, 공장, 기계, 광업권 등의 평가에 적용되고 있으며, 이 경우 자문 또는 용역기관이 반드시 2이상이어야 하는 제한이 없으므로 감정평가업자 공동으로 자문 또는 용역을 의뢰하거나 각각 다른 기관에 의뢰하여도 상관없으나, 사업시행자의 승인을 받아야 한다.[815]

814) 토관 1315 (2004. 3. 22) : ≪질의≫ 어업보상평가를 함에 있어 사업시행자가 전문기관의 자문 또는 용역을 거쳐 감정평가업자에게 의뢰하여야 하는지 여부
≪회신≫ 공익사업을위한토지등의취득및보상에관한법률시행규칙 제16조 제3항에 의하면, 감정평가업자가 평가를 의뢰받은 경우 고도의 기술을 필요로 하는 등의 사유로 인하여 자기가 직접 평가할 수 없는 대상물건에 대하여는 사업시행자의 승낙을 얻어 전문기관의 자문 또는 용역을 거쳐 평가할 수 있도록 규정하고 있습니다.

815) ① 토관 58342-1117 (2000. 7. 24) : 특례법시행규칙 제5조의4 제1항의 규정에 의하면 사업시행자는 2인 이상의 감정평가업자에게 평가를 의뢰하되, 평가자가 직접 평가할 수 없는 고도의 기술을 요하는 대상물건에 대하여 사업시행자의 승낙을 얻어 전문용역기관의 자문 또는 용역을 거쳐 평가하도록 되어 있어 전문용역기관의 수에 대하여는 제한이 없으므로 1개의 전문기관에 2 이상의 감정평가업자가 공동으로 자문 또는 용역을 의뢰하거나 각각 다른 기관에 의뢰할 수 있다고 봅니다.
② 토관 58342-1111 (2002. 7. 26) : 평가업자가 직접 평가할 수 없는 고도의 기술을 요하는 대상물건에 대하여는 평가업자는 사업시행자의 승낙을 얻어 전문용역기관의 자문 또는 용역을 거쳐 평가할 수 있다

4) 보상평가심사, 재평가 등

토지의 평가 및 심사와 동일하다.816)

록 되어 있으므로 감정평가업자가 전문용역기관의 용역을 거치는 경우에 있어서 대상물건의 종류 등과 평가의 난이도 등을 고려하여 감정평가업자가 용역을 수행할 전문용역기관과 그 수를 선정하고 사업시행자가 승낙하는 경우에는 그에 의하여야 한다고 봅니다.

816) 토관 4183 (2004. 9. 13) ≪질의≫ 공익사업시행지구에 편입되는 7층의 공동주택에 대하여 1층에 소재한 점포에 대하여는 당해 점포 및 영업권에 대한 보상액평가를 완료하였고, 2~7층의 공동주택중 일부는 평가를 완료하였으나 나머지는 주택소유자의 실력행사로 평가를 완료하지 못하고 있어 감정평가를 완료한 일부 호수의 동일평형을 참고하여 감정평가사가 직접 방문하지 않고 보상액평가를 할 수 있는지? ≪회신≫ 공동주택의 경우 주택소유자의 실력행사 등으로 감정평가업자가 현장평가를 하지 못할 특별한 사정이 있는 등에는 기 평가한 동일평형에 대한 감정평가자료와 건물현황도 등을 참고하여 평가할 수 있을 것으로 보며, 이 경우에는 그 사유를 명기하여야 할 것입니다.

제2절 건축물의 보상

Ⅰ. 건축물의 의의

1. 의 의

건축물이라 함은 토지에 정착한 공작물 중 지붕과 기둥 또는 벽이 있는 것과 이에 부수되는 시설물, 지하 또는 고가의 공작물에 설치하는 사무소·공연장·점포·차고·창고 등 건축설비를 포함하는 개념이며, 부속건축물이라 함은 동일한 대지 안에서 주된 건축물과 분리된 부속용도의 건축물로서 주된 건축물의 이용 또는 관리에 필요한 건축물을 말한다.

Ⅱ. 건축물의 조사방법

1. 조사대상

① 공익사업지구에 편입된 건축물은 위법 여부에 관계없이 모두 전수조사
② 지상의 비닐하우스 또는 이와 유사한 가설건축물, 컨테이너 등
③ 건축관계법령에 의한 건축물에 부속된 담장, 대문 기타 이와 유사한 시설

2. 조사방법

① 조사대상 건축물은 그 소재지·종류(용도)·구조 및 규격·수량(면적)·건축시기 등을 조사하여 건축물조사서에 그 내역과 평면도를 작성한다.
② 건축물 소재지는 지적도나 용지도에 의하여 확인되는 실제 지번을 기재하되, 건축물관리대장 등 각종 공부상 등재된 주소와 상이한 경우 기재한다.

③ 미등기 또는 무허가 건축물 등은 소유자임을 주장하는 근거, 실제 거주자 현황, 마을 이장 또는 통장의 진술 등을 기재한다.
④ 다가구의 경우 구분소유권이 허용되는 지 여부 등을 조사하고, 원칙적으로 분리 조사하지 않고, 한 지장물건에 조사하되, 실제 거주자 구분하여 조사한다.
⑤ 관련 공부 등에 의하여 구분소유권이 인정되는 다세대, 집합건물 등은 가능한 한 소유자별로 지장물건조사서를 작성한다.

Ⅲ. 건축물 가격의 평가

1. 건축물 가격의 평가기준

1) 이전비 보상의 원칙

건축물에 대한 보상은 이전비로 평가하는 것이 원칙이다(법 제75조 제1항). “이전비”라 함은 대상물건의 유용성을 동일하게 유지하면서 이를 당해 공익사업시행지구밖의 지역으로 이전·이설 또는 이식하는데 소요되는 비용을 말하며, 건축물의 해체비, 건축허가에 일반적으로 소요되는 경비를 포함한 건축비와 적정거리까지의 운반비를 포함하나, 「건축법」 등 관계법령에 의하여 요구되는 시설의 개선에 필요한 비용을 제외한다.

2) 물건의 가격으로 보상하는 경우

건축물 등에 대하여 이전비 평가가 원칙이나 다만, ① 건축물등의 이전이 어렵거나 그 이전으로 인하여 건축물등을 종래의 목적대로 사용할 수 없게 된 경우 ② 건축물등의 이전비가 그 물건의 가격을 넘는 경우 ③ 사업시행자가 공익사업에 직접 사용할 목적으로 취득하는 경우에는 당해 물건의 가격으로 보상하도록 하고 있다(법 제75조 제1항 단서).

(1) 원가법으로 보상하는 경우

건축물의 가격은 원칙적으로 원가법에 의하여 평가한다. “원가법”이라 함은 가격시점에서 대상물건을 재조달하는데 소요되는 가격에서 감가수정을 하여 대상물건에 대한 가격시점 현재의 가격을 구하는 방법을 말한다(규칙 제2조 제9호).

(2) 거래사례비교법에 의하여 보상하는 경우

다만, 주거용 건축물에 있어서는 거래사례비교법에 의하여 평가한 금액이 원가법에 의하여 평가한 금액보다 큰 경우 거래사례비교법으로 평가한 금액으로 한다. 이 경우 건축물 가격에 공익사업의 시행에 따라 이주대책을 수립·실시하거나 주택입주권 등을 당해 건축물의 소유자에게 주는 경우 또는 개발제한구역 안에서 이전이 허용되는 경우에 있어서의 당해 사유로 인한 가격상승분은 제외하고 평가한다(규칙 제33조 제2항).

이외에 「집합건물의 소유 및 관리에 관한 법률」에 의한 구분소유권의 대상이 되는 건물의 가격도 거래사례비교법으로 평가한다.

이와 같이 거래사례비교법에 의하여 평가하는 취지는 공익사업지구내 수 십년이 경과하여 물리적 내용년수가 지난 주거용 건축물의 경우는 소유자 입장에서는 수십년 간 거주가 가능한 건축물임에도 불구하고 원가법으로 산정할 경우 그 가치가 없을 수 있는 등 소유자에게 불합리한 결과가 생길 수 있고[817] 물리적 내용년수는 지났지만 거래가격이 형성되는 경우 그 거래가격을 존중하여 보상하자는 것으로 이는 주거용 건축물에 한한다.[818]

2. 부대시설 등의 구분 평가

건축물에는 주 건축물, 부속건축물(우사, 축사, 헛간, 창고 등), 부대시설(우물, 담장, 물탱크, 수도 등), 건축설비(전기, 전화, 난방, 소화전, 굴뚝 등)가 있는 바, 일반거래에 있어서는 일체로 거래되는 것이 원칙이나 보상에 있어서는 건축설비를 제외하고는 이를 물건별로 구분 평가하는 것이 관행이다.

3. 건축물의 사용료 평가

건축물의 사용료는 임대사례비교법[819]으로 평가한다. 다만, 임대사례비교법으로

817) 차태환, 토지보상법론, 부연사, 2010, 415면.
818) 임호정·김원보, 공익사업용지보상법론, 부연사, 2003, 428면.

평가하는 것이 적정하지 아니한 경우에는 적산법[820]으로 평가할 수 있다(규칙 제33조 제3항).

4. 건축물의 철거비용

물건의 가격으로 보상한 건축물의 철거비용은 사업시행자가 부담한다. 다만, 건축물의 소유자가 당해 건축물의 구성부분을 사용 또는 처분할 목적으로 철거하는 경우에는 건축물의 소유자가 부담한다(규칙 제33조 제4항). 판례에서도 이와 같이 취득비용으로 보상하는 경우에는 특별한 사정이 없는 한 사업시행자가 그 철거비를 부담하여야 한다고 판시[821]하고 있다.

Ⅳ. 주거용 건축물 등의 보상특례

1. 주거용 건축물의 최저 보상특례

주거용 건축물로서 그 평가금액이 6백만원 미만인 경우 그 보상액은 6백만원으로 한다. 다만, 무허가 건축물에 대하여는 이를 배제한다. 이는 영세서민에 대한 생활보장 차원에서 주거용건축물 최저보상액을 당초 5백만원에서 6백만원으로 상향하였다(시행규칙 제 58조 제1항).[822]

---

819) 감정평가 실무기준 3.3.2.1 정의 ① 임대사례비교법이란 대상물건과 가치형성요인이 같거나 비슷한 물건의 임대사례와 비교하여 대상물건의 현황에 맞게 사정보정, 시점수정, 가치형성요인 비교 등의 과정을 거쳐 대상물건의 임대료를 산정하는 감정평가방법을 말한다.
② 비준임료란 임대사례비교법에 따라 산정된 임대료를 말한다.

820) 감정평가실무기준 3.2.2.1 정의 ①) 적산법(積算法)이란 대상물건의 기초가액에 기대이율을 곱하여 산정된 기대수익에 대상물건을 계속하여 임대하는 데 필요한 경비를 더하여 대상물건의 임대료[(賃貸料), 사용료를 포함한다. 이하 같다]를 산정하는 감정평가방법을 말한다.

821) 대법원 1998. 1. 20. 선고 96누12597 판결 : 지장물인 건물의 경우 그 이전비를 보상함이 원칙이나, 이전으로 인하여 종래의 목적대로 이용 또는 사용할 수 없거나 이전이 현저히 곤란한 경우 또는 이전비용이 취득가격을 초과할 때에는 취득가격으로 평가하여 보상하여야 하는데, 위와 같이 취득가격으로 보상하는 경우에는 그 취득가격에 그 건물의 철거비를 포함시키거나 공제하여서는 아니 된다고 봄이 상당하고, 특별한 사정이 없는 한 사업시행자가 그 철거비를 부담하여 철거할 뿐이다.

822) 토지정책과-716 (2014. 1. 29) : 동 규정은 2012. 1. 2. 개정을 통하여 물가상승률 등을 반영하여 이주정착

2. 재편입된 주거용 건축물에 대한 가산금[823)]

1) 지급대상

공익사업의 시행으로 인하여 주거용 건축물에 대한 보상을 받은 자가 그 후 당해 공익사업지구 밖의 지역에서 매입하거나 건축하여 소유하고 있는 주거용 건축물이 그 보상일로 부터 20년 이내에 다른 공익사업 시행지구에 편입되는 경우 보상한다.

재편입가산금의 지급요건을 살펴보면 ① 주거용건축물[824)]을 ② 당초 보상받은 자가[825)] ③ 다른 공익사업에[826)] ④ 20년 이내 재편입을 요건으로 하고 있다. 질의회신에 의하면, 만일 당초 보상받은 자가 보상금을 지급받고 배우자 명의로 매입 또는 건축하거나[827)] 사망 후 상속받은 자[828)]는 재편입가산금 보상에서 제외된다.

금 지급기준의 하한금액인 5백만원과 상한금액인 1천만원을 각각 6백만원과 1천2백만원으로 상향 조정한 것으로, 동 규정의 적용례에 관한 토지보상법 시행규칙 부칙 〈제427호, 2012. 1. 2.〉 제3조에 따르면 제53조 제2항의 개정 규정은 이 규칙 시행 후 최초로 이주정착금을 지급하는 공익사업시행지구부터 적용하도록 규정하고 있습니다. 따라서 이주정착금 지급은 위 규정에 따라야 할 것으로, 위 규정 개정 전에 기존 사업지구에 대한 보상을 완료하고, 위 규정 개정 이후에 설계 변경 등을 사유로 사업지구에 새로이 편입되어 최초로 이주정착금을 지급하는 경우라면 개정된 규정에 따라 보상금을 지급하여야 할 것으로 보며, 개별적인 사례에 대하여는 해당 사업 추진 경위 등 사실관계 등을 종합적으로 검토하여 판단할 사항으로 봅니다.

823) 재편입가산금은 제4장 제16절 주거용건축물의 보상특례에서 자세히 다루고자 한다.

824) ① 토관 58342-1391 (2001. 9. 6) : 주거건물에 한하여 가산금을 둔 것은 당해 건물에서 거주하고 있는 소유자에 대한 특례로 볼 수 있으므로 당해 건물에서 거주하지 아니한 자는 위 규정의 적용대상에 해당되지 아니한다.

② 토관 58342-1852 (2000. 12. 7) : 종전의 공공사업에 편입되어 철거되는 주거용 건물의 보상금으로 주거용 건물을 본인 명의로 매입한 경우이거나 토지를 매입하여 건축한 본인 명의의 주거용 건물인 경우로서 그 주거용 건물이 다른 공공사업시행지구에 편입되어 보상대상이 되는 경우에 가산보상(본인 명의가 아닌 토지의 평가액 및 주거용 건물외의 건물의 평가액을 제외한 평가액을 기준으로 가산금 산정) 대상에 해당된다고 봅니다.

825) 토관 58342-1856 (2001. 12. 5) : 당초 공공사업에 편입된 주거용건물 소유자의 배우자명의로 되어 있는 주거용건물이 편입된 경우에는 이에 해당되지 아니한다고 봅니다.

826) ① 토지정책과-3886 (2013. 10. 21) : 사업구역이 확대되고 국가기관이 동일한 사업명칭으로 확대된 지역에서 공익사업을 시행하는 경우 해당 지역에 소재하는 주거용건축물에 대하여 가산보상이 가능한지?

☞ 다른 공익사업인지 여부는 사업 명칭의 동일성만으로 판단할 것이 아니라 사업의 시행 주체, 사업계획 및 그 편입시기 등을 종합적으로 검토하여 판단하여야 할 것으로 봅니다.

② 토관 58342-824 (2003. 6. 12) : 도로사업에 편입된 주택의 소유자가 보상금을 수령하고 다른 주택을 매입하여 거주하던 중 동일사업의 터널 굴착을 위한 발파 등에 따른 균열 및 붕괴의 위험과 진동·소음 등으로 인하여 간접보상한 경우 재편입에 따른 가산금을 지급할 수 있는지 여부 ?

☞ 다른 지역에서 구입한 주거용 건축물 또는 신축한 주거용 건축물이 당해 공익사업시행지구에 편입되는 경우 또는 당해 공익사업 시행지구에 편입되는 것으로 보아 보상하는 경우에는 위 규정이 적용되지 아니한다고 봅니다.

827) 토정 58342-990(1998. 6. 23) : 가산보상대상자는 주거용건물의 보상금을 받은 자가 그 보상금으로 주거

질의회신

□ **토지정책팀-882 (2006. 3. 3)**

공익사업의 시행으로 인하여 주거용 건축물에 대한 보상을 받은 자가 보상일로부터 20년 이내에 다른 공익사업시행지구에 편입되어 당해 주거용 건축물에 대하여 보상을 수령하지 아니하고 사망한 경우에는 위 규정에 의한 가산금 지급대상에 해당되지 아니한다고 보며, 그밖에 개별적인 사례에 대하여는 사업시행자가 위 규정과 관계법령 및 사실관계를 조사하여 판단·결정할 사항이라고 봅니다.

2) 보상금액

재편입가산금의 보상금액은 그 주거용 건축물 및 그 대지에 대하여는 당해 평가액의 30% 가산지급하되, 1천만원 한도 내에서 보상한다. 다만, '89. 1. 24 이후 건축된 무허가건축물 등을 매입 또는 건축한 경우와 다른 공익사업의 사업인정고시일등 또는 다른 공익사업을 위한 관계법령에 의한 고시 등이 있는 날 이후에 매입 또는 건축한 경우는 제외한다(시행규칙 제58조 제2항).

V. 건축물 철거 책임

물건의 가격으로 보상한 건축물의 철거비용은 사업시행자가 부담한다. 다만 소유자가 당해 건축물의 구성부분을 사용 또는 처분할 목적으로 철거하는 경우에는 건축물의 소유자가 철거비용 부담한다(시행규칙 제33조).

용건물을 구입하거나 건축하여 소유한 자로서 다시 그 주거용건물에 대한 보상을 받을 경우가 해당되는 것입니다. 그러나 같은 세대를 구성하는 가족명의로 주거용건물을 구입하게 되어 종전의 보상금 수령자와 다른 경우에는 이에 해당되지 아니할 것입니다.

828) 토관 2012 (2004. 4. 29) : 당해 주택의 소유자 부가 사망하고 그 자가 상속받아 거주하는 경우에는 가산보상대상에 해당되지 아니한다고 봅니다.

제3절 무허가건축물 등의 보상

Ⅰ. 무허가건축물의 보상

1. 의 의

무허가건축물이라 함은 「건축법」등 관계법령에 의하여 허가를 받거나 신고를 하고 건축하여야 하는 건축물을 허가를 받지 아니하거나 신고를 하지 아니하고 건축한 건축물을 말한다. 이와 관련하여 적법한 건축물내에서의 용도변경행위는 건축행위로 보지 않가 아니기 때문에 불법으로 용도변경하였다 하더라도 무허가 건축물과는 관련이 없다.

2. 보상기준

1) 1989. 1. 24. 이전 무허가건축물

1989. 1. 24. 이전에 건축된 무허가건축물은 「토지보상법 시행규칙」 부칙 제5조의 규정에 의거 이를 적법한 건축물로 보아 이전비 등을 평가보상하고, 또한 이주대책, 주거이전비 및 주거용건축물에 대한 최저보상과 가산보상의 특례 등도 적용된다.

☞ 보상내역 = 건축물 이전비 + 이주대책 + 주거이전비 + 주거용건축물
최저 보상(최고 6백만원) + 가산보상 특례(최고 1천만원)

2) 1989.1.24 이후 무허가건축물

그러나 1989. 1. 24. 이후에 건축된 무허가건축물 중 사업인정고시 이전에 건축된 건축물에 대하여 그 이전비만을 평가 후 보상한다.

☞ 보상내역 = 건축물 이전비

Ⅱ. 무허가건축물의 보상검토

무허가 건축물이 손실보상대상인지 여부에 대해서 많은 논란이 있었으며, 특히 국·공유지상의 무허가 건축물에 대한 보상여부는 사업시행자별로 그 보상여부가 상이하여 혼선을 빚어왔다.

1. 사업인정 이전의 위법건축물

1) 보상가능설

이는 우리 법원의 입장으로 대법원은 건축허가 여부와 관계없이 사업인정고시 이전에 건축된 건물이기만 하면 손실보상의 대상이 명백하다고 판시[829]하고 있고, 토지보상법상으로는 지장물의 보상범위에 관하여 허가받은 건축물과 무허가 건물을 구별하지 있지 아니하고, 손실보상액 산정에 있어서도 무허가 건물을 제외한다는 명문의 규정이 없으므로 특별한 법률상 근거 없이 무허가건물이라 해서 보상을 부정할 수 없다[830]는 입장이다. 또한 이러한 논란에 대하여 법제처에서도 철거명령 등의 특별한 조치가 없다면 국공유지상의 위법 건축물에 대해서도 보상하여야 한다고 해석하고 있다(아래 유권해석 참조).

법제해석

□ 법제처 10-0399 (2010. 12. 03)

건축물이나 공작물 자체에 대한 보상시에는 해당 건축물의 적법 여부를 보상요건으로 하고 있지 아니한바, 공익사업의 사업인정 고시 이전에 건축되고 공공사업용지 내의 토지에 정착한 지장물인 건물은 통상 적법한 건축허가를 받았는지 여부에 관계없이 손실보상의 대상이 된다고 보아야 할 것입니다(대법원 2001. 4. 13. 선고 2000두6411 판결례 등 참조).
관련 법령에 위반하여 신축된 건물에 대해서도 소유권 기타 재산권의 성립은 인정될 수 있으므로(서울행정법원 1999. 2. 24. 선고 98구617 판결례 참조), 국·공유지에 건축된 무허가건축물에 대하여 철거명령 등의 특별한 조치가 없는 상태에서 동 건축물을 이전하거나 철거하게 되는 경우 등에는 '공익사업으로 인하여 재산권이 침해'되었다고 볼 수 있으므로 해당 무허가건축물도 보상의 대상에 포함된다고 할 것입니다.

829) 대법원 2000. 3. 10. 선고 99두10896 판결
830) 서울지방법원 1999. 2. 24. 선고 98구617 판결

따라서 이 의견에 의하면 국공유지상의 무허가 건축물 등이라 하더라도 철거명령 등의 특별한 조치가 없다면[831] 보상을 하여야 할 것으로 보인다.

2) 보상불가설

반면에 국유지상의 불법건축물은 관련 법령을 위반한 경우로 국유재산법상 제5조에 의거 "누구든지 국유재산을 정당한 사유 없이 사용 또는 수익하지 못한다"는 규정을 위반한 것으로 국공유지를 무단으로 사용한 부분에 대하여 보상하는 것은 불법행위에 대한 보상으로 토지보상법상에서 불법을 배제하는 다른 규정[832]과 형평성에서 문제가 있을 뿐만 아니라 행정청은 불법건축물 등에 대해서 철거명령 내지는 행정대집행으로 불법 건축물 등을 제거할 수 있으므로 보상대상이 아니라는 주장이다.

이는 대부분의 유권해석에서는 국유지상에 무단으로 무허가건축물을 축조한 경우 지장물 보상 및 주거이전비보상이 어렵다고 보는 입장이다.[833]

3) 검 토

행정청이 철거명령, 행정대집행 등의 조치로 불법건축물을 제거할 수 있으므로 어차피 철거될 가능성이 있는 무허가 건축물은 보상대상이 될 수 없다는 주장에 대하여 판례에서는 "사업시행자가 스스로 건축법상의 철거명령이나 행정대집행을 할 수 없는 지위에 있는 경우가 있고, 또한 행정대집행은 최종적인 강제조치 수단으로서, 불법건축물이라 하여 항상 모든 경우 대집행을 취한다고 단정할 수 없으므로 토지보상법에 의한 보상을 제한할 수 없다고"고 판시[834]하고 있어 행정대집행 가능성이 있다고 하여 보상

831) 사업시행자는 관할 행정청에 철거명령 등의 원상회복 절차가 진행 중에 있는 경우 보상을 배제하여야 하며, 단순히 변상금 등을 부과되었다면 보상을 하여야 할 것으로 보인다(토지정책과-5708 (2010. 12. 07)).

832) 시행규칙 제24조에서 무허가건축물 등의 부지 또는 불법형질변경된 토지에 대해서 보상을 배제하고 있으며 그외에도 시행규칙 제48조 제3호에서 타인소유의 토지를 불법으로 점유하여 경작하고 있는 토지에 대해서 농업손실보상금을 배제하고 있다.

833) ① 토관 58342-3116 (2004. 7. 15) 국유지를 정당한 사유없이 무단점유한 경우 즉, 국유지상에 무단으로 무허가건축물을 축조한 경우 지장물보상 및 주거이전비 보상은 어려울 것으로 보인다.
② 토관 58342-1013 (2002. 7. 9) 정착물이 관계법령에 위배되어 철거되는 경우 공공사업으로 인한 손실이 있었다고는 볼 수 없으므로 보상대상에 해당하지 아니한다.
③ 토관 58342-1478 (2001. 9. 24) 관계법령에 위반되어 철거되거나 인·허가 조건 등에 의거 철거되는 건물은 이전비 보상대상이 아니다.

834) 서울행정법원 1999. 2. 24. 선고 98구617 판결

을 제한할 수 없다는 입장이다.

결국 실무적으로는 국공유지 등의 무허가 건축물 등에 대해서는 유권해석과 판례 등의 취지를 감안하여, 사업시행자의 행정대집행 의지, 철거예정 가능성 등을 종합적으로 판단하여 판단하여야 할 것이다. 즉 계고처분 등을 하였는지,[835] 조만간 철거예정인지 여부[836] 등을 관할 행정청에 조회 후 보상여부를 결정하여야 할 것으로 보인다.

판 례

□ **대법원 2000. 3. 10. 선고 99두10896 판결**

지장물인 건물을 보상대상으로 함에 있어 건축허가의 유무에 따른 구분을 두고 있지 않을 뿐만 아니라, 오히려 같은법 시행규칙 제5조의9는 주거용 건물에 관한 보상특례를 규정하면서 그 단서에 주거용인 무허가건물은 그 규정의 특례를 적용하지 아니한 채 같은법 시행규칙 제10조에 따른 평가액을 보상액으로 한다고 규정하고, 같은 법 시행규칙 제10조 제5항은 지장물인 건물이 주거용인 경우에 가족수에 따른 주거비를 추가로 지급하되 무허가건물의 경우에는 그러하지 아니하다고 규정함으로써 무허가건물도 보상의 대상에 포함됨을 전제로 하고 있는바, 이와 같은 관계 법령을 종합하여 보면, 지장물인 건물은 그 건물이 적법한 건축허가를 받아 건축된 것인지 여부에 관계없이 토지수용법상의 사업인정의 고시 이전에 건축된 건물이기만 하면 손실보상의 대상이 됨이 명백하다.

2. 사업인정 이후 위법 건축물

그러나 사업인정고시가 있은 후에는 「토지보상법」 제25조의 규정에 의거 허가없이 건축물을 건축할 수 없으므로 사업인정고시 이후의 위법건축물은 보상대상이 아니다. 이는 국공유지이든 사유지이든 상관없이 사업인정 이후의 위법 건축물은 그 보상대상이 되지 않는다.

835) 토관 58342-228 (2002. 2. 5) 개별법령에 위반되어 관할관청이 3회에 걸쳐 불법건축물 철거 계고장을 발부한 경우 공공사업의 시행으로 손실이 발생한다고 볼 수 없으므로 손실보상 대상에 해당하지 아니한다.

836) 실무적으로는 사업시행자가 관할 행정청에 철거 일정 등에 대해서 조회 후 회신 여부 등을 고려하여 무허가 건축물에 대해서 보상을 하고 있다. 다만 통상적으로 관할 행정청에서 철거일정에 대하여 회신이 없는 것이 일반적이므로 대개는 기한을 정하여 조회하고 일정기한이 경과하면 철거일정이 없는 것으로 간주 후 보상하고 있다.

판 례

ㅁ 대법원 2001. 4. 13. 선고 2000두6411 판결

토지수용법상의 사업인정 고시 이전에 건축되고 공공사업용지 내의 토지에 정착한 지장물인 건물은 통상 적법한 건축허가를 받았는지 여부에 관계없이 손실보상의 대상이 되나, 주거용 건물이 아닌 위법 건축물의 경우에는 관계 법령의 입법 취지와 그 법령에 위반된 행위에 대한 비난가능성과 위법성의 정도, 합법화될 가능성, 사회통념상 거래 객체가 되는지 여부 등을 종합하여 구체적·개별적으로 판단한 결과 그 위법의 정도가 관계 법령의 규정이나 사회통념상 용인할 수 없을 정도로 크고 객관적으로도 합법화될 가능성이 거의 없어 거래의 객체도 되지 아니하는 경우에는 예외적으로 수용보상 대상이 되지 아니한다.

Ⅲ. 무허가건축물의 적법건축물 의제

우리 토지보상법은 무허가 건축물이라 하여 전적으로 보상에서 배제하는 것은 아니고 '89. 1. 24 이전의 건축물에 대해서는 적법한 건축물로 인정하고 있어 '89. 1. 24 이전 건축물은 적법한 건축물과 보상에 있어 동일하다고 보아야 한다. 다만 토지평가에 있어 정상적인 대지로 보는 것은 아니라 무허가건축물 부지로 본다는 차이가 있을 뿐이다.

표 34. '89. 1. 24 이전 무허가건축물을 적법 건축물로 인정하는 경우

근거조항	조문내용	비고(부칙)
규칙 제24조	토지평가시 현황 인정(대지 등)	부칙 제344호
규칙 제54조 1항 단서	소유자 주거이전비 지급 인정	〃
규칙 제54조 2항 단서	세입자 주거이전비 지급 인정	〃
규칙 제58조 1항 단서	주거용 건축물 최소보상 특례 인정	〃
규칙 제58조 2항 단서	재편입 가산금 인정	〃
규칙 제45조 1호	영업보상시 적법한 장소로 인정	부칙 제556호
규칙 제46조 5항	임차인 폐업보상 한계(1천만원) 정상보상 인정	〃
규칙 제47조 6항	임차인 휴업보상 한계(1천만원) 정상보상 인정	〃
규칙 제52조 단서	허가받지 않은 영업 보상특례에서 적법한 장소 인정	〃
규칙 제54조 2항 단서	세입자 주거이전비 지급 인정(4개월)	〃

제4절 잔여건축물의 보상

Ⅰ. 잔여건축물 보상근거

【관련규정】

▣ **토지보상법**

제75조의 2 (잔여 건축물의 손실에 대한 보상 등) ① 사업시행자는 동일한 소유자에게 속하는 일단의 건축물의 일부가 취득되거나 사용됨으로 인하여 잔여 건축물의 가격이 감소하거나 그 밖의 손실이 있을 때에는 국토교통부령으로 정하는 바에 따라 그 손실을 보상하여야 한다. 다만, 잔여 건축물의 가격 감소분과 보수비(건축물의 나머지 부분을 종래의 목적대로 사용할 수 있도록 그 유용성을 동일하게 유지하는 데에 일반적으로 필요하다고 볼 수 있는 공사에 사용되는 비용[837]을 말한다. 다만, 「건축법」 등 관계 법령에 따라 요구되는 시설 개선에 필요한 비용은 포함하지 아니한다)를 합한 금액이 잔여 건축물의 가격보다 큰 경우에는 사업시행자는 그 잔여 건축물을 매수할 수 있다. 〈개정 2013. 3. 23.〉

② 동일한 소유자에게 속하는 일단의 건축물의 일부가 협의에 의하여 매수되거나 수용됨으로 인하여 잔여 건축물을 종래의 목적에 사용하는 것이 현저히 곤란할 때에는 그 건축물소유자는 사업시행자에게 잔여 건축물을 매수하여 줄 것을 청구할 수 있으며, 사업인정 이후에는 관할 토지수용위원회에 수용을 청구할 수 있다. 이 경우 수용 청구는 매수에 관한 협의가 성립되지 아니한 경우에만 하되, 그 사업의 공사완료일까지 하여야 한다.

③ 제1항에 따른 보상 및 잔여 건축물의 취득에 관하여는 제9조 제6항 및 제7항을 준용한다.

④ 제1항 본문에 따른 보상에 관하여는 제73조 제2항을 준용하고, 제1항 단서 및 제2항에 따른 잔여 건축물의 취득에 관하여는 제73조 제3항을 준용한다.

⑤ 제1항 단서 및 제2항에 따라 취득하는 잔여 건축물에 대한 구체적인 보상액 산정 및 평가방법 등에 대하여는 제70조, 제75조, 제76조, 제77조 및 제78조 제4항부터 제6항까지의 규정을 준용한다. [전문개정 2011. 8. 4.]

▣ **토지보상법 시행규칙**

제35조 (잔여 건축물에 대한 평가) ① 동일한 건축물소유자에 속하는 일단의 건축물의 일부가 취득 또는 사용됨으로 인하여 잔여 건축물의 가격이 감소된 경우의 잔여 건축물의 손실은 공익사업시행지구에 편입되기 전의 잔여 건축물의 가격(해당 건축물이 공익사업시행지구에 편입됨으로 인하여 잔여 건축물의 가격이 변동된 경우에는 변동되기 전의 가격을 말한다)에서 공익사업시행지구에 편입된 후의 잔여 건축물의 가격을 뺀 금액으로 평가한다.

② 동일한 건축물소유자에 속하는 일단의 건축물의 일부가 취득 또는 사용됨으로 인하여 잔여 건축물에 보수가 필요한 경우의 보수비는 건축물의 잔여부분을 종래의 목적대로 사용할 수 있도록 그 유용성을 동일하게 유지하는데 통상 필요하다고 볼 수 있는 공사에 사용되는 비용(「건축법」 등 관계법령에 의하여 요구되는 시설의 개선에 필요한 비용은 포함하지 아니한다)으로 평가한다.

잔여건축물이라 함은 건축물의 일부분이 공익사업시행으로 편입되고 남은 잔존 건축물을 말한다. 이 잔여 건축물을 종래의 목적대로 사용하는 것이 현저히 곤란할 경우 또는 잔여 건축물의 가치가 하락하거나 보수비 등이 필요는 경우 토지보상법은 이에 대하여 보상하도록 규정하고 있다.

Ⅱ. 잔여 건축물의 손실에 대한 보상 등

동일한 건축물소유자에 속하는 일단의 건축물의 일부가 취득 또는 사용됨으로 인하여 잔여 건축물의 가격이 감소되거나 그 밖의 손실이 있는 때에는 그 손실을 보상하여야 한다. 다만, 잔여 건축물의 가격 감소분과 보수비(건축물의 잔여부분을 종래의 목적대로 사용할 수 있도록 그 유용성을 동일하게 유지하는데 통상 필요하다고 볼 수 있는 공사에 사용되는 비용을 말한다. 다만, 「건축법」 등 관계 법령에 따라 요구되는 시설의 개선에 필요한 비용은 포함하지 아니한다)를 합한 금액이 잔여 건축물의 가격보다 큰 경우에는 사업시행자는 그 잔여 건축물을 매수할 수 있다(법 제75조2 제1항).

1. 잔여 건축물 매수보상

건축물의 일부가 공익사업지구에 편입되어 그 건축물의 잔여부분을 종래의 목적대로 사용하는 것이 현저히 곤란한 때에는 건축물의 소유자는 사업시행자에게 잔여 건축물을 매수하여 줄 것을 청구할 수 있도록 규정하고 있다.

한편 이와 같이 건축물 소유자가 잔여 건축물에 대한 매수보상을 요구하는 경우, 토지의 잔여지의 경우와는 달리 이에 대한 명확한 매수기준이 없어 중토위는 아래와 같은 기준을 설정하여 운용하고 있다.

---

837) 대법원 2000. 10. 27. 선고 2000두5104 판결 : "그 건물의 잔여 부분을 보수하여 사용할 수 있는 경우에는 보수비로 평가하여 보상한다."고 규정하고 있고, 같은 시행규칙 제10조 제1항은 "건물은 그 구조·이용상태·면적·내구연한·유용성·이전가능성 및 난이도 기타 가격형성상의 제요인을 종합적으로 고려하여 평가한다."고 규정하고 있는바, 위 제23조의7 단서에서 규정한 '그 건물의 잔여 부분을 보수하여 사용할 수 있는 경우'라 함은 그 본문 규정과 관련하여 볼 때 그 건물의 잔여 부분을 보수하여 종래의 목적대로 사용할 수 있고 사용이 현저히 곤란하지 아니한 경우라고 할 것이고,

▣ 잔여 건축물 보상기준(중토위 재결기준)

ㅇ건축물 안전진단 결과 잔여건물의 도괴 등 위해 요소가 있을 경우
ㅇ건축물의 주요 구조부 및 필수시설이 편입되어 대체시설 설치가 곤란한 경우
- 기둥, 보 등 주요 구조부에 대한 보강시설설치가 곤란한 경우
- 계단, 화장실, 주방 등에 대한 대체시설설치가 곤란한 경우
ㅇ잔여 건축물의 현상이 세모꼴 또는 좁고 길다란 형상으로 도시미관과 건축물 이용에 부적합하다고 판단될 경우과 건물이용에 부적합하다고 판단될 경우 확대수용
ㅇ주거용 건물의 극히 일부분이 편입되나 도로 등과 직접 접하여 소음, 진동 및 안전사고의 위험이 있을 경우 소유자의 청구에 따라 확대수용 가능

여기서 종래의 목적대로 사용할 수 없거나 종래의 목적대로 사용하는 것이 현저히 곤란한지에 대하여는 물리적 또는 기술적으로 현저히 곤란한 경우 뿐만 아니라 기술적으로는 현저히 곤란하지 않지만 사회적 상당성 및 경제적인 관점에서 현저히 곤란한 경우도 포함된다고 할 수 있다.[838)]

2. 잔여부분에 대한 보수비 보상

동일한 건축물소유자에 속하는 일단의 건축물의 일부가 공익사업지구에 취득 또는 사용됨으로 인하여 잔여 건축물에 보수가 필요한 경우의 보수비는 건축물의 잔여부분을 종래의 목적대로 사용할 수 있도록 그 유용성을 동일하게 유지하는데 통상 필요하다고 볼 수 있는 공사에 사용되는 비용(「건축법」등 관계법령에 의하여 요구되는 시설의 개선에 필요한 비용은 포함하지 아니한다[839)])으로 평가한다. 이 경우 개정전 토지보상법 시행규칙은 보상액은 건축물의 잔여부분의 가격을 초과하지 못한다고 규정하였으나 현행법은 이 경우 매수하도록 규정하고 있다.

838) 차태환, 토지보상법론, 부연사, 2010, 418면.
839) 토관 58342-502 (1999. 6. 24) : 건물의 편입부분을 철거하게 되는 경우 편입건물의 이전비와는 별도로 그 비용을 보수비에 포함하여 보상할 수 있을 것으로 판단됩니다. 이 경우 편입부분의 이전비를 초과하는 경우에는 건물 전체의 이전비로, 이전비가 취득비를 초과하는 경우에는 취득비로 보상하여야 할 것입니다. 그러나, 잔여건물의 안전진단, 보강조치나 건물절단 및 절단후 잔재처리의 비용을 보수비에 포함할 수 있을 것이나, 관계법령에 의한 구조개선·개량비는 보상할 수 없을 것이므로, 공사로 인하여 현저히 내용연수를 증가시키는 부분은 평가시 이를 감안하여야 할 것입니다.

3. 잔여 건축물 가치하락 보상

동일한 건축물소유자에 속하는 일단의 건축물의 일부가 공익사업에 편입되어 취득 또는 사용됨으로 인하여 잔여 건축물의 가격이 감소 된 경우 잔여 건축물의 손실은 공익사업시행지구에 편입되기 전의 잔여 건축물의 가격(해당 건축물이 공익사업시행지구에 편입됨으로 인하여 잔여 건축물의 가격이 변동된 경우에는 변동되기 전의 가격)에서 공익사업시행지구에 편입된 후의 잔여 건축물의 가격을 뺀 금액으로 평가하여 보상한다(시행규칙 제35조 제1항).

종전 토지보상법은 건축물 잔여부분의 감가보상에 대하여 명문의 규정을 두지 아니하여 판례(아래 참조)에서 이를 인정하여 오다가 2007. 10. 17 토지보상법 개정을 통하여 이를 입법적으로 해결하였다.

판 례

□ 대법원 2001. 9. 25. 선고 2000두2426 판결

건물의 일부만이 수용되고 그 건물의 잔여부분을 보수하여 사용할 수 있는 경우 그 건물 전체의 가격에서 편입비율만큼의 비율로 손실보상액을 산정하여 보상하는 한편 보수비를 손실보상액으로 평가하여 보상하는 데 그친다면 보수에 의하여 보전될 수 없는 잔여건물의 가치하락분에 대하여는 보상을 하지 않는 셈이어서 불완전한 보상이 되는 점 등에 비추어 볼 때, 잔여건물에 대하여 보수만으로 보전될 수 없는 가치하락이 있는 경우에는, 동일한 토지소유자의 소유에 속하는 일단의 토지 일부가 공공사업용지로 편입됨으로써 잔여지의 가격이 하락한 경우에는 공공사업용지로 편입되는 토지의 가격으로 환산한 잔여지의 가격에서 가격이 하락된 잔여지의 평가액을 차감한 잔액을 손실액으로 평가하도록 되어 있는 공공용지의취득및손실보상에관한특례법시행규칙 제26조 제2항*을 유추적용하여 잔여건물의 가치하락분에 대한 감가보상을 인정함이 상당하다.

제5절 가설건축물의 보상

Ⅰ. 가설건축물의 의의

1. 의 의

가설건축물은 건축법에 의하면, ① 도시계획시설 또는 도시계획시설예정지에서 건축하는 허가대상인 가설건축물과 ② 허가대상 가설건축물 외에 재해복구, 흥행, 관람회, 공사용 가설건축물 등 용도의 신고대상 가설건축물이 있다.[840)]

이 가운데 허가대상 가설건축물은 비록 사업인정 이전에 설치되었다 하여도 보상이 되지 않는다. 이는 허가를 득하고 설치하였다 하더라도 원상회복의무의 부담을 갖는 등 특별한 희생에 해당하기 때문이다(아래 판례 참조).

반면에 신고대상 가설건축물의 경우는 그 존치기간이 비록 2년으로 한정되어 있다 하더라도 국토계획법 제64조 제3항의 규정이 적용되지 아니하고, 또한 건축법이나 국토계획법 등에 가설건축물 보상을 제한하는 규정이 없으며, 신고기한 경과 후 그 존치기간을 연장할 수 있으므로, 손실보상의 대상에 해당한다고 할 것이다.[841)]

판 례

□ 대법원 2001. 8. 24. 선고 2001다7209 판결

구 도시계획법(2000. 1. 28. 법률 제6243호로 전문 개정되기 전의 것) 제14조의2 제4항의 규정은 도시계획시설사업의 집행계획이 공고된 토지에 대하여 건축물을 건축하고자 하는 자는 장차 도시계획사업이 시행될 때에는 건축한 건축물을 철거하는 등 원상회복의무가 있다는 점을 이미 알고 있으므로 건축물의 한시적 이용 및 원상회복에 따른 경제성 기타 이해득실을 형량하여 건축 여부를 결정할 수 있도록 한 것으로서, 이러한 사실을 알면서도 건축물을 건축하였다면

840) 건축법 제20조(가설건축물) ① 도시계획시설 또는 도시계획시설예정지에서 가설건축물을 건축하는 경우에는 「국토의 계획 및 이용에 관한 법률」 제64조에 적합하여야 하고, 3층 이하로서 대통령령으로 정하는 기준의 범위에서 조례로 정하는 바에 따라 특별자치도지사 또는 시장·군수·구청장의 허가를 받아야 한다.
② 제1항에 따른 가설건축물 외에 재해복구, 흥행, 전람회, 공사용 가설건축물 등 대통령령으로 정하는 용도의 가설건축물을 축조하려는 자는 대통령령으로 정하는 존치 기간, 설치 기준 및 절차에 따라 특별자치도지사 또는 시장·군수·구청장에게 신고한 후 착공하여야 한다.

841) 국민권익위원회 2008. 2. 25. 고지2BA-0801-025623 의결

스스로 원상회복의무의 부담을 감수한 것이므로 도시계획사업을 시행함에 있어 무상으로 당해 건축물의 원상회복을 명하는 것이 과도한 침해라거나 특별한 희생이라고 볼 수 없다. 그러므로 토지소유자는 도시계획사업이 시행될 때까지 가설건축물을 건축하여 한시적으로 사용할 수 있는 대신 도시계획사업이 시행될 경우에는 자신의 비용으로 그 가설건축물을 철거하여야 할 의무를 부담할 뿐 아니라 가설건축물의 철거에 따른 손실보상을 청구할 수 없고, 보상을 청구할 수 없는 손실에는 가설건축물 자체의 철거에 따른 손실뿐만 아니라 가설건축물의 철거에 따른 영업손실도 포함된다고 할 것이며, 소유자가 그 손실보상을 청구할 수 없는 이상 그의 가설건축물의 이용권능에 터잡은 임차인 역시 그 가설건축물의 철거에 따른 영업손실의 보상을 청구할 수는 없다.

2. 보상여부 검토

도시계획시설 부지 내에 허가를 받아 설치한 가설건축물의 보상여부에 대하여 사업인정 이전 허가를 득하고 설치한 정당한 건축물이기는 하지만, 가설건축물 소유자가 장차 철거의무 등 원상회복 의무가 있다는 사유로 헌법재판소 또한 손실보상을 부정하고 있다.[842] 다만 이러한 제한의 근거가 없는 가설건축물 신고대상은 보상대상이라 할 것이다.[843]

842) ① 헌법재판소 1999. 9. 16. 98헌바82 결정 전원재판부 : 도시계획시설사업의 집행계획이 공고된 토지에 대하여 건축물을 건축하고자 하는 자는 장차 도시계획사업이 시행될 때에는 건축한 건축물을 철거하는 등 원상회복의무가 있다는 점을 이미 알고 있으므로 건축물의 한시적 이용 및 원상회복에 따른 경제성 기타 이해득실을 형량하여 건축여부를 결정할 수 있다. 이러한 사실을 알면서도 도시계획시설 또는 시설예정지로 결정된 토지에 허가를 받아 건축물을 건축하였다면, 스스로 원상회복의무의 부담을 감수한 것이므로 도시계획사업을 시행함에 있어 무상으로 당해 건축물의 원상회복을 명하는 것이 과도한 침해라거나 특별한 희생이라고 볼 수 없으므로 과잉입법금지의 원칙의 위반 또는 재산권을 침해하는 위법이 있다고 할 수 없다.
② 토정 58342-381 (1999. 3. 8) : 공공사업이 예정되어 있는 도시계획시설 예정지에 대하여 가설건축물을 허가받아 건축하여 관계법령의 규정에 의한 허가나 신고 등이 필요 없는 영업을 공공사업에 관한 계획의 고시 등이 있기 이전부터 계속하여 당해 영업을 하여온 경우라도 이는 공공사업이 시행될 때까지의 기간동안 당해 영업활동에 따른 반사적 이익을 얻기 위한 행위로 보아야 할 것이므로, 공공사업의 시행으로 인한 손실이 예상된 경우까지를 특례법시행규칙 제25조의 규정에 의하여 영업보상은 불가할 것입니다.

843) 국민권익위원회 도시민원과-552(2008. 3. 24) ① 토지보상법등 관련법규에는 영업장으로 사용하는 건축물이 가설건축물이라는 이유로 영업손실보상에서 제외한다는 규정이 없으며 ② 당해 사업이 국토계획법에 따른 도시계획시설사업이 아니라 택지개발촉진법에 따른 택지개발사업이며 ③ 건축법(제15조 제2항), 건축법시행령(제15조 제5항 제12호) 및 청주시 건축조례에 의하여 가설건축물의 건축신고를 받아 건축한 적법한 건축물로서 위 건축법령에는 국토계획법 제64조 제3항의 경우와 같이 소유자의 부담으로 당해 가설건축물의 철거등 원상회복의무나 보상을 제한하는 규정을 두고 있지 아니하며 ④ 청주시 상당구청이 가설건축물의 축조신고를 수리하면서 동 가설건축물에서 영업을 행하는 경우 영업손실보상을 배제하라는 조건을 부과할 수 없고, 동 가설건축물의 용도가 화훼 소매업인 점 등을 종합적으로

3. 가설건축물에서의 영업보상 등 여부 검토

이러한 가설건축물에서 또 하나의 쟁점은 이 가설건축물에서의 영업행위가 보상대상인지 여부이다. 이에 대한 판례[844] 및 유권해석[845]을 종합하면, 가설건축물은 물론 이에 터잡은 영업보상도 일체 손실보상을 부정하고 있다. 이에 대하여 임차인의 영업행위까지 부정하는 것은 평등의 원칙, 정당보상의 원칙 등에 의거 재검토하여야 한다는 견해도 있다.[846]

고려할 때 자유영업에 대한 영업손실을 보상하는 것이 타당하다.

844) 대법원 2001. 8. 24. 선고 2001다7209 판결 : 가설건축물을 건축하여 한시적으로 사용할 수 있는 대신 도시계획사업이 시행될 경우에는 자신의 비용으로 그 가설건축물을 철거하여야 할 의무를 부담할 뿐 아니라 가설건축물의 철거에 따른 손실보상을 청구할 수 없고, 보상을 청구할 수 없는 손실에는 가설건축물 자체의 철거에 따른 손실뿐만 아니라 가설건축물의 철거에 따른 영업손실도 포함된다고 할 것이며, 소유자가 그 손실보상을 청구할 수 없는 이상 그의 가설건축물의 이용권능에 터잡은 임차인 역시 그 가설건축물의 철거에 따른 영업손실의 보상을 청구할 수는 없다.

845) 토지정책팀-1014(2006. 3. 10) : 가설건축물의 소유자는 자기의 부담으로 철거 등을 하여야 하는 의무가 있으므로 당해 가설건축물과 가설건축물에서의 영업행위에 대하여는 보상대상이 아니라고 보며, 개별적인 사례에 대하여는 사업시행자가 사실관계를 조사하여 판단·결정할 사항이라고 봅니다.

846) 이선영, 신토지수용과 보상법론, 리북스, 2005, 441-442면.

제6절 공작물 보상

Ⅰ. 공작물의 개념

공작물이란 지상 또는 지하에 인공을 가하여 제작한 물건을 말하는 것으로, 통상적으로는 상하수도시설, 도로시설, 저수지, 집수암거, 제방, 용수시설, 석축, 교량, 보 등의 구조물 기타의 시설을 말한다.

공작물 등은 객관적 효용성이 있어야 평가의 대상이 되는바, 그 효용성 및 경제적 가치는 그 구조, 용도, 이용상태, 주위환경, 설치목적 등 객관적 상황을 종합적으로 고려하여 평가한 금액으로 보상하여야 한다.

Ⅱ. 공작물의 보상기준

1. 공작물의 평가기준

공작물은 이전비로 평가한다. 그러나 공작물 이전이 어렵거나 이전으로 인하여 종래의 목적대로 사용할 수 없게 된 경우, 공작물 이전비가 그 물건의 가격을 넘는 경우, 사업시행자가 공익사업에 직접 사용할 목적으로 취득하는 경우에는 당해 물건의 가격으로 보상한다.

공작물 등의 평가는 건축물 등의 평가규정을 준용한다(토지보상법 시행규칙 제36조에 따라 원칙은 이전비, 예외적으로 물건의 가격으로 평가).

2. 보상대상이 되지 않는 공작물

▣ 시행규칙

제36조 (공작물 등의 평가) ① 제33조 내지 제35조의 규정은 공작물 그 밖의 시설(이하 "공작물등"이라 한다)의 평가에 관하여 이를 준용한다.

② 다음 각호의 1에 해당하는 공작물등은 이를 별도의 가치가 있는 것으로 평가하여서는 아니된다.

1. 공작물등의 용도가 폐지되었거나 기능이 상실되어 경제적 가치가 없는 경우
2. 공작물등의 가치가 보상이 되는 다른 토지등의 가치에 충분히 반영되어 토지등의 가격이 증가한 경우
3. 사업시행자가 공익사업에 편입되는 공작물등에 대한 대체시설을 하는 경우

1) 공작물의 용도 폐지 및 기능 상실로 경제적 가치가 없는 경우

저수지 등의 시설물이 공익사업의 시행 이전에 이미 그 시설의 용도가 폐지되었거나 기능이 상실한 경우와 같이 경제적 가치가 없는 경우에는 보상대상이 되지 않는다.[847] 보상실무에서는 경제적 가치가 있는 것인지 없는 것인지에 대한 판단이 명확치 않아 보상대상 여부에 혼선이 있다.

2) 다른 토지 등의 가치에 충분히 반영되어 가격이 증가한 경우

석축이나 제방 등과 같이 공작물로서 토지 등이 그것에 의하여 보호되어 있는 경우, 당해 토지가 현재 용도를 다하기 위해서는 석축·제방이 필수적이고, 석축·제방으로 토지의 가치가 상승한 만큼 그 부분을 고려하여 토지의 가치를 보상하는 이상 별도로 석축·제방에 대한 보상을 하는 것은 이중보상이 되므로 이를 별도로 평가하지 않는다는 취지이다.[848]

종전 구 공특법에서는 저수지평가 조항에서 이를 명시적으로 규정하였으며(구 공특법 시행규칙 제12조 제3항 제3호 (나)목), 판례에서는 몽리답의 소유자와 저수지시설의 소유자

847) 토지정책과-2968 (2015. 4. 27) : 임야 비탈에 뽕나무 및 자작나무가 관리되지 않아 경제적 가치가 없는 것이라면 보상대상으로 보기는 어렵다고 할 수 있습니다.

848) 토관 583421571 (2000. 10. 20) : 토지에 투자한 도로포장비 등 시설물 설치비용은 별도의 평가대상에 해당되지 아니한다고 보나, 당해 토지와 시설물 등을 별도로 평가할 필요가 있다고 판단되어 따로 평가하는 경우에도 보상액의 합계액은 토지와 공작물 등을 일체로 보아 평가할 경우의 보상액을 초과할 수 없다고 봅니다.

가 실질적으로 동일하고 몽리답의 평가액에 저수지시설의 평가액이 포함되어 있다고 인정되는 때에만 저수지 보상을 하지 않는다고 판시[849]하고 있다.

3) 사업시행자가 편입되는 공작물에 대한 대체시설을 하는 경우

사업시행자가 공작물의 대체시설을 설치하여 주는 경우에는 결과적으로 공익사업 시행으로 인한 손실이 없는 상태가 되므로 이 경우 보상의 대상이 되지 않는다. 실무적으로 택지개발 사업지구 내 편입되는 한국농촌공사에서 관리하는 농지개량시설의 경우에는 직접적인 공작물 보상을 하지 않고 사업지구내에 새로이 농수로 등의 대체시설을 설치하는 것으로 보상협의하고 있다.[850]

한편, 판례는 대체시설로 인정하기 위한 요건으로 대체시설에 대하여 기능적 측면에서 뿐만 아니라 적어도 소유권에 준하는 관리처분권을 요한다고 보고 있다.

판 례

□ 대법원 2012. 9. 13. 선고 2011다83929 판결 (부당이득금반환)

공익사업을 위한 토지 등의 취득 및 보상에 관한 법률(이하 '공익사업법'이라 한다) 시행규칙 제36조 제2항 제3호는 '사업시행자가 공익사업에 편입되는 공작물 등에 대한 대체시설을 하는 경우'에는 이를 별도의 가치가 있는 것으로 평가하여서는 아니 된다고 규정하고 있다. 이처럼 대체시설을 하는 경우 별도의 손실보상을 하지 않도록 규정한 것은 그러한 대체시설로서 공작물 소유자에게 실질적으로 손실이 보상된 것으로 볼 수 있기 때문이므로, 대체시설로 인정되기 위해서는 기존 공작물과 기능적인 측면에서 대체가 가능한 시설이어야 할 뿐만 아니라, 특별한 사정이 없는 한 기존 공작물 소유자가 대체시설의 소유권을 취득하거나 소유권자에 준하는 관리처분권을 가지고 있어야 한다.

849) 대법원 1999. 6. 11. 선고 97다56150 판결 : 저수지시설이 몽리답에 화체된 경우에는 이를 평가·보상하지 아니한다고 규정한 공공용지의취득및손실보상에관한특례법시행규칙 제12조 제3항 제3호 (나)목은 공공사업용지로 편입된 몽리답의 재산적 가치에 대한 평가에 저수지시설의 재산적 가치가 함께 포함된 것으로 보이는 경우에 저수지시설에 대하여도 이를 평가하여 보상한다면 결과적으로 이중 보상에 해당하게 되어 부당하므로 이를 방지하기 위한 것이다.
※ 舊 공공용지의취득및손실보상에관한특례법시행규칙 제12조 제3항 제3호
3. 다음의 경우 당해저수지시설에 대하여는 이를 평가하지 아니한다.
가. 저수지가 공공사업시행이전에 용도폐지되었거나 기능이 상실된 경우 나. 몽리답에 화체된 경우

850) 토관 58342-1368 (2002. 9. 19) : 용도폐지되었거나 기능이 상실된 저수지의 시설은 보상대상이 아니라고 보고, 사업시행자가 저수지의 소유자에게 몽리답의 용수를 위한 대체시설을 설치하여 주기로 한 경우에도 저수지의 시설은 별도의 보상대상이 아니라고 봅니다.

4) 보상만을 목적으로 설치한 경우

원칙적으로 공작물도 사업인정 이전에 설치된 경우 손실보상대상이 되나, 판례는 사업인정 이전에 보상계획 공고 등으로 공익사업 시행과 보상대상 토지 등의 범위 등이 객관적으로 확정된 이후 해당 토지에 공작물 등을 설치하는 경우 손실보상의 대상이 되지 않는다고 보고 있다.

판 례

□ 대법원 2013. 2. 15. 선고 판결

청원군수가 2009. 7. 20. 이 사건 공익사업의 시행과 관련하여 이 사건 각 토지를 포함한 476필지 위의 물건 등에 관한 보상계획을 공고하자, 원고는 같은 해 8.경부터 같은 해 11. 초경까지 이 사건 각 토지에 비닐하우스 23개동, 관정 123개 등을 새로 설치한 사실, 이 사건 공익사업에 대한 사업인정은 2010. 1. 12. 고시된 사실, 제1심 감정 당시 이 사건 각 토지에서 확인된 관정의 수는 79개이고, 그 중 정상적인 기능을 갖춘 것은 45개에 불과하였던 사실 등을 알 수 있다. 이와 같은 이 사건 보상계획공고의 시기 및 내용, 이 사건 각 토지의 보상계획공고 이전의 이용실태, 원고가 설치한 이 사건 비닐하우스 등의 규모 및 설치기간, 이 사건 보상계획공고와 사업인정고시 사이의 시간적 간격 및 이 사건 비닐하우스 등의 설치시기 등에 비추어 보면, 이 사건 비닐하우스 등은 이 사건 공익사업의 시행 및 보상계획이 구체화된 상태에서 손실보상만을 목적으로 설치되었음이 명백하다고 할 것이고, 앞서 본 법리에 비추어 이 사건 비닐하우스 등은 손실보상의 대상이 되지 아니한다고 보아야 할 것이다.

다만, 사업인정 고시 이후 허가대상이 아닌 통상적인 행위내의 영업행위 등을 위한 물건의 증치나 부가 등은 보상대상이 된다고 할 수 있다.[851]

Ⅲ. 공작물의 보상여부 검토

기본조사에 임함에 있어 보상대상인지 여부에 대하여 많은 어려움이 있다. 이에 보상현장에서 고민하게 되는 공작물의 보상여부 사례를 살펴보면 다음과 같다.

---

851) 토지정책과-4634 (2012. 9. 18) : 사업인정 고시 이후 사무집기, 식당 기자재 등 통상적인 범위내의 영업행위 등을 위한 물건의 증치나 부가 등은 보상대상에 해당하는 것으로 봅니다.

질의회신

☞ 도로부지의 콘크리트 (토관 58342-1269, 2000. 1. 15)
석축·제방 기타 이와 유사한 공작물 등에 대해서는 따로 평가하지 아니하도록 되어 있으므로 도로부지의 콘크리트 포장은 별도로 평가하여 보상하여야 할 대상에 해당하지 않는다.

☞ 건물내 전기설비에 대한 보상여부 (토관 58342-1206, 1999. 10. 1)
건물내의 전기시설은 건물의 일부로 보아야 할 것으로 별도의 보상대상이 아니다.

☞ 배수시설(흄관)에 대한 보상여부 (토관 58342-1730, 1998. 11. 5)
소유건물의 효용증진을 위하여 건물부지에 시설한 부대시설물이 아닌 적법한 절차에 의거 건물부지 밖으로 별도의 시설비용을 들여 배수시설 등 지하시설물을 설치한 경우라면 보상이 가능하다.

☞ 변압기 등 동력시설에 대한 보상여부 (토관 58342-1730, 1998. 11. 5)
수용으로 인하여 변압기 등 동력시설이 공공사업으로 사용할 수 없게 된 경우 이를 보상하여야 한다.

한편, 공작물 조사에서 세입자가 설치한 공작물에 대하여 별도의 소유권을 인정할 것인지에 대하여 질의회신은 별도로 보상을 받을 수 없다는 입장이다.[852]

질의회신

□ 토관 58342-1200 (2000. 8. 2)
건물은 건축물(담장 및 우물 등의 부대시설을 포함한다)에 대하여는 그 구조·이용상태·면적·내구연한·유용성 및 이전가능성 그 밖에 가격형성에 관련되는 제요인을 종합적으로 고려하여 평가하도록 규정하고 있으며, 세입자가 건물에 시설한 지장물은 건물평가 시 일괄적으로 평가되는 것이므로 별도의 평가대상에 해당되지 아니한다고 보며, 이는 건물소유자와 세입자 간에 협의하여 해결하여야 할 사항으로 봅니다.

852) 실무적으로는 소유자가 동의하고 별도로 평가가 가능한 경우에는 별도의 소유권을 인정하고 있다. 예를 들어 세입자가 설치한 창고, 수목 등은 건물 소유자가 세입자 소유임을 인정하는 경우 세입자의 소유를 인정하고 있다. 그러나 소유자와 세입자 간 분쟁이 있는 경우 일단 소유자의 소유로 보고 보상을 할 수 밖에 없으며 이 경우는 세입자가 소유자에 보상금에 압류 등의 조치를 취하고 소송 등의 절차를 밟아 처리하여야 할 것으로 본다.

제7절 수목의 보상

Ⅰ. 수목의 의의

수목은 토지위에 식생하고 있는 모든 식물군을 뜻하는 것이나, 토지보상법에서는 수목보상에 대하여 과수, 수익수, 관상수, 묘목, 입목, 죽목 등으로 구분하고(시행규칙 제37조 내지 제39조), 그 각각의 보상기준을 정하고 있다.

Ⅱ. 수목의 평가기준

1. 수목보상의 일반적인 기준

1) 보상기준

공익사업지구내 수목은 공익사업에 직접 필요한 것이 아니므로 이전비를 지급하고 이식하는 것이 원칙이나, 이식이 경제적으로 부적합하거나 이전비가 당해 수목의 취득비를 초과하는 경우에는 토지보상법 제75조 제1항의 단서 규정에 해당하는 경우 물건가격으로 보상한다. 따라서 수목은 이식이 가능한지, 가능하다면 이식시킴이 적합한지 여부를 먼저 따져보고 이식이 가능한 경우에 한하여 이전비로 평가하여야 한다.[853] 또한 이식비가 취득비를 초과하는지의 여부는 각 과수별로 이식비와 취득비를 상호비교하여 결정하여야 하는 것이지, 수용대상이 된 당해 토지 전체의 과수에 대한 총 이식비와 총 취득비를 상호비교하여 결정할 것이 아니다.

853) 대법원 1989. 9. 29 선고 89누2776 판결 : 수용될 토지에 정착한 수목에 대한 보상액을 평가함에 있어서는 그 수목의 평가기준에 대한 설명이 있어야 하고, 평가기준을 이식비로 밝히고 있더라도 이식이 가능한 경우에 한하여 이식비를 그 보상액으로 결정하여야 할 것으로 이식이 가능한지 여부에 관하여 먼저 심리조사하여야 하며 그 감정가액이 같은 지역내에 있는 유사한 수목에 대한 보상가액과 현저한 차이가 있다면 그 이유도 심리하여 보아야 한다.

판 례

□ 대법원 2002. 6. 14. 선고 2000두3450 판결

토지수용으로 인한 보상액에 관하여 지장물인 과수는 이식이 가능한 경우 원칙적으로 이식에 필요한 비용과 이식함으로써 예상되는 고손율 및 감수율을 감안하여 정한 고손액 및 감수액(결실하지 아니하는 미성목의 경우를 제외한다)의 합계액으로, 이식이 가능하더라도 이식비가 취득비를 초과하는 경우 및 이식이 불가능한 과수로서 거래사례가 있는 때에는 비준가격과 벌채비용의 합계액에서 수거된 용재목대 또는 연료목대를 뺀 금액으로 하도록 규정하는바, 여기에서 이식비가 취득비를 초과하는지의 여부는 각 과수별로 이식비와 취득비를 상호비교하여 결정하여야 하는 것이지, 수용대상이 된 당해 토지 전체의 과수에 대한 총 이식비와 총 취득비를 상호비교하여 결정할 것이 아니다.

토지보상법 제75조 제6항에서 그 보상액의 구체적인 산정 및 평가방법과 보상기준을 국토교통부령으로 정하도록 규정하고 있다. 이러한 위임에 따라 동법 시행규칙은 이식이 가능한 관상수의 이전비는 이식적기, 고손율 등을 고려하여 이식비용과 고손액의 합계액으로 산정하도록 규정하고 있다(동법 제37조 제1항, 제2항, 제4항).

표 35. 토지보상법상 수목 평가방법

종류	구분			평가방법
관상수	이식가능			이식비 + 고손액
	이식불가능	거래사례가 있는 경우		비준가격
		거래사례가 없는 경우		소요비용의 현가액
과 수	이식가능	결실기		이식비 + 고손액 + 감수액
		미결실기		이식비 + 고손액
	이식불가능	거래사례 있는 경우		비준가격
		거래사례 없는 경우	결실기	수익성 등 감안평가
			미결실기	소요비용의 현가액
묘 목	상품화 가능			손실 없음(매각손실은 보상)
	상품화 불가능			이식비 + 고손액
	파종 또는 발아 중			소요비용 현가액
	가격으로 평가하는 경우	거래사례가 있는 경우		비준가격
		거래사례가 없는 경우		소요비용의 현가액
임 목	벌기령에 달한 용재림			손실없음(매각손실은 보상)
	벌기령에 달하지 않은 용재림	목재 거래사례 있는 경우		거래가격 – 벌채비용-운반비(매각손실은 보상)
		목재 거래사례 없는 경우		소요비용의 현가액

한편 이식가능 여부에 대하여는 이식시기가 수종별 이식기여야 하고 계절적으로 이식시기여야 하며, 이식가능 여부는 기술인 면에서 판단할 것이 아니라 경제인 면을 중심으로 판단하여야 한다. 따라서 수목에 한 보상액을 평가함에 있어서는 그 수목의 평가기준에 대한 설명이 있어야 하고, 이식이 가능한 경우에 한하여 이식비를 그 보상액으로 결정하여야 할 것이므로 이식이 가능한지 여부에 하여 먼 조사하여야 한다.[854)]

2) 수목의 수량 산정방법

▣ **토지보상법 시행규칙**

제40조 (수목의 수량 산정방법) ① 제37조 내지 제39조의 규정에 의한 수목의 수량은 평가의 대상이 되는 수목을 그루별로 조사하여 산정한다. 다만, 그루별로 조사할 수 없는 특별한 사유가 있는 경우에는 단위면적을 기준으로 하는 표본추출방식에 의한다.

② 수목의 손실에 대한 보상액은 정상식(경제적으로 식재목적에 부합되고 정상적인 생육이 가능한 수목의 식재상태를 말한다)을 기준으로 한 평가액을 초과하지 못한다.

수목의 수량은 평가 대상이 되는 수목을 그루별로 조사하여 산정함을 원칙으로 하되,[855)] 그루별로 조사할 수 없는 특별한 사유가 있는 경우에는 단위면적을 기준으로 하는 표본추출방식에 의한다.[856)]

---

854) 대법원 1989. 9. 29. 선고 89누2776, 2783, 2790 판결 : 수용토지에 정착한 타인의 수목에 대한 보상액을 감정평가함에 있어서는 그 수목의 평가기준에 대한 설명이 있어야 하고, 평가기준을 이식비로 밝히고 있더라도 이식이 가능한 경우에 한하여 이식비를 그 보상액으로 결정하여야 할 것이므로 이식이 가능한지 여부에 관하여 먼저 심리조사하여야 하며 그 감정가액이 같은 지역내에 있는 유사한 수목에 대한 보상가액과 현저하게 차이가 있다면 그 이유도 심리하여 보아야 한다.

855) 중앙토지수용위원회, 2019 토지수용 업무편람, 322면

○ 수목의 이전비 또는 이식비는 그루별로 보상평가함을 원칙으로 함

- 다만, 수종 및 식재상황 등을 고려할 때 수종, 수량, 수령, 규격 등 별도 평가하는 것이 합리적일 경우에는 수종, 수령, 규격 등 별로 일괄하여 보상평가할 수 있으며, 이 경우 이전비 또는 이식비와 수목가액과의 비교는 일괄하여 보상평가한 수목 전체를 기준으로 할 수 있음

856) ① 표본추출방식이란 입목의 수량이 방대하여 이를 낱낱이 세기가 곤란할 때 그 정도에 크게 차이가 없다고 인정되는 범위 안에서 표본을 산정하고, 그 단위면적에 의거 산출된 본수를 기준으로 산정하는 방식이다.

② 토관 58342-908 (2003. 6. 26) : 수익수 또는 관상수는 위 규정에 해당되는 제반요인 등을 종합적으로 고려하여 평가하여야하며, 수고·흉고직경 등의 구체적인 확인방법은 당해 수목의 적정한 감정평가에 필요한 정도의 측정방법을 원칙으로 하여 사업시행자 및 감정평가업자가 결정할 사항이라고 봅니다. 또한 평가는 물건별로 하는 것이 타당하다고 보나 부득이한 사유 등이 있는 경우에는 그러하지 아니할 수 있다고 봅니다.

또한 수목의 본수가 정상식[857]에 미달되어 식재되어 있는 경우에는 그 상태대로, 정상식을 초과하여 식재되어 있거나 다른 수종의 나무가 보식 또는 간식되어 있는 경우에는 정상식을 기준으로 평가한 보상액을 초과하지 못한다.[858]

한편, 이식이 불가능한 수익수 또는 관상수의 벌채비용은 사업시행자가 부담하되, 소유자가 당해 수목을 처분할 목적으로 벌채하는 경우에는 수목의 소유자가 부담한다.

· 참고자료 ·

수목정상식(正常植) 판정 세부기준

한국감정평가협회

제1조 (목적) 이 기준은 「공익사업을 위한 토지 등의 취득 및 보상에 관한 법률 시행규칙」(이하 "법 시행규칙"이라 한다) 제40조 제2항에 따라 수목의 손실보상을 위한 평가를 함에 있어 정상식 판정에 필요한 세부적인 기준을 정함으로써 평가의 적정성과 공정성 확보를 목적으로 한다.

제2조 (적용원칙) ① 수목의 손실보상 평가를 위한 정상식은 관계법령에서 따로 정하는 경우를 제외하고는 이 기준에서 정하는 바에 따른다.
② 이 기준에서 정하는 정상식은 수익수 및 입목(용재목을 포함한다. 이하같다)을 물건의 가격으로 평가할 때 적용한다.

제3조 (용어의 정의) 이 기준에서 사용하는 용어의 정의는 다음과 같다.

1. '정상식(正常植)'이라 함은 경제적으로 식재목적에 부합되고 정상적인 생육이 가능한 수목의 식재상태에 도달한 것으로서, 적정한 수익을 실현하고 있는 상태를 말한다.
2. '정상식의 상한선(上限線)'이라 함은 수목의 식물학적 특성과 과수재배농가 및 임업농가의 경제성 확보 등을 고려하여, 밀식이 허용될 수 있는 식재거리와 식재주수에 있어서의 상한선을 의미한다.
3. '식재거리'라 함은 열(列)간 거리와 주(株)간 거리로서 형성되는 식재공간을 말한다. 식재거리를 기준으로 하여 [별표 1], [별표 2] 및 [별표 3]의 정상식으로서의 식재주수가 도출되는 것으로 한다.

제4조 (과수의 정상식) ① 과수의 정상식은 [별표 1] 및 [별표 2]를 기준으로 하여 판정한다.

---

857) 수목의 정상식은 감정평가협회의 '수목 정상식 판정 세부기준'에 의하여 판단한다.
☞ 제3조(용어의 정의) 이 기준에서 사용하는 용어의 정의는 다음과 같다.
1. '정상식(正常植)'이라 함은 경제적으로 식재목적에 부합되고 정상적인 생육이 가능한 수목의 식재상태에 도달한 것으로서, 적정한 수익을 실현하고 있는 상태를 말한다.
2. '정상식의 상한선(上限線)'이라 함은 수목의 식물학적 특성과 과수재배농가 및 임업농가의 경제성 확보 등을 고려하여, 밀식이 허용될 수 있는 식재거리와 식재주수에 있어서의 상한선을 의미한다.
3. '식재거리'라 함은 열(列)간 거리와 주(株)간 거리로서 형성되는 식재공간을 말한다. 식재거리를 기준으로 하여 [별표 1], [별표 2] 및 [별표 3]의 정상식으로서의 식재주수가 도출되는 것으로 한다.

858) 중앙토지수용위원회, 2019 토지수용 업무편람, 322-323면 : 여기서 '정상식을 기준으로 한 금액을 초과하지 못한다'라는 의미는 수목의 수량을 정상식에 의한 주수로 사정한다는 의미가 아니라, 평가액이 정상식을 기준으로 한 금액을 초과하지 못한다는 의미이므로 수목의 수량은 실제주수로 하되 평가액은 정상식에 의한 주수를 기준으로 한다는 의미임

② 과수의 정상식의 상한선은 [별표 1]에서 정한 수종별 적정 식재주수에서 150퍼센트를 추가로 가산(加算)하는 범위 이내로 한다. 다만, 와이(Y)형 밀식재배 배, 웨이크만식재배 포도, 감귤 및 왜성사과의 경우에는 [별표 1] 및 [별표 2]에서 정한 수종별 적정 식재주수에서 25퍼센트를 추가로 가산하는 범위 이내로서 상한선을 정한다.
③ 평가대상 과수의 수종, 규격, 수령, 재배방식 및 실제수익 등을 종합적으로 고려하여, 수량만을 기준으로 한 정상식 판정이 불합리할 경우에는 별도의 기준을 정하여 평가 할 수 있다. 이때에는 그 기준을 감정평가서에 기재하여야 한다.

제5조 (입목의 정상식) ① 장기용재림의 간벌 이전의 정상식은 [별표 3]에 기재된 1,000주 내외로 하고, 간벌 이후에는 300주 내외로 하되, 수종과 수령을 고려한다.
② 단기 용재림의 경우에는 간벌하지 아니하는 경우가 대부분임을 고려하여 그 정상식을 [별표 3]에 기재된 1,000~2,000주 내외로 하되, 수종과 수령을 고려한다.
③ 용재목의 장기 또는 단기의 구분은 사업시행자가 제시한 기준에 따른다. 다만, 사업시행자가 물건목록 등에서 별도로 구분하지 아니한 경우에는 사업시행자에게 그 내용을 조회한 후 평가하되 구분제시가 없는 때에는 감정평가사의 판단에 따른다.
④ 입목을 평가 할 경우에는 산림청에서 발행하는 '재적·중량표 및 임분수확표'를 활용하여 별도로 수익 등을 기준으로 하여 평가 대상 수목들의 정상식 여부를 판정할 수 있다. 이러한 경우에는 감정평가서에 그 판정이유와 산출근거 등을 각각 기재한다.

부 칙 (2010. 2. 22)

이 기준은 2010. 2. 22부터 시행한다.

Ⅲ. 과수 등의 보상평가

1. 개 념

수익수는 뽕나무, 약용식물, 과수 등의 수익이 발생하는 나무이고, 관상수는 잎, 열매, 꽃 따위의 외부형태를 보고 즐기는 나무를 말한다.

과수 등에 대한 보상기준은 수종·수령 등 일반적 평가요소 뿐 아니라 과수 수종별 이식적기·고손율·감수율 등을 참작하여 평가하되, 이식 가능 또는 이식 불가능 여부에 따라 구분하여 평가하고, 이식이 가능한 경우에는 결실기에 있는지 여부에 따라서, 이식이 불가능한 경우에는 거래사례 유·무 등으로 평가방법이 다르다.

2. 감정평가기준

1) 원 칙

과수, 수익수, 관상수에 대해서는 수종·규격·수령·수량·식수면적·관리상태·수익성·이식가능성 및 이식의 난이도 그 밖에 가격형성에 관련되는 제 요인을 종합적 고려하여 평가하도록 하고 있다.

과수의 경우 가장 중요한 기준은 이식가능여부인데, 토지보상법은 수령을 중요한 기준으로 판단하고 있다(별표 5 참조).

통상적으로 수목의 이전비 평가는 표준품셈에 의하여 평가하되, 수량·식재상황 및 식재장소에 따라 적정하게 가감 및 조정할 수 있다.[859] 이에 대하여 판례는 대규모 수목 이전의 경우 이전비 평가에서는 규모의 경제 적용을 인정했지만, 고손율에 대해서는 이를 부정하고 있다(아래 판례 참조).

판 례

□ 대법원 2015. 10. 29. 선고 2015두2444 판결

수목의 이식비용을 산정할 때에, 그 산정기준이 수목 1주당 가액을 기준으로 한 것이라면 대량의 수목이 이식되는 경우에는 특별한 사정이 없는 한 규모의 경제 원리가 작용하여 그 이식비용이 감액될 가능성이 있다고 봄이 경험칙에 부합한다(본 판례에서는 수목 1주를 이전할 때 소요되는 비용을 기준으로 산정한 이식비용의 80% 산정).

다만, 수목을 대량으로 이식하는 경우가 낱개로 이식하는 경우에 비하여 수목이 고사할 가능성인 '고손율'이 더 낮다고 인정할 만한 특별한 사정이 없는 한, 고손액이 이식비용과 마찬가지로 규모의 경제의 원리에 따라 감액되어야 한다고 단정할 수 없다.

2) 과수의 평가기준

지장물인 과수에 대하여는 다음 각호의 구분에 따라 평가한다. 이 경우 이식가능성·이식적기·고손율(枯損率) 및 감수율(減收率)에 관하여는 별표 2의 기준을 참작하여야 한다(시행규칙 제37조 제2항).

859) 중앙토지수용위원회, 2019 토지수용 업무편람, 321면.

표 36. 수종별 이식가능수령·이식적기·고손율 및 감수율기준 (제37조 제2항 관련)

구분 / 수종	이식가능수령	이식적기	고손율	감수율	비고
일반사과	5년 이하	2월 하순~3월 하순	15퍼센트 이하	이식 1차년: 100퍼센트 이식 2차년: 80퍼센트 이식 3차년: 40퍼센트	그 밖의 수종은 유사 수종에 준하여 적용한다.
왜성사과	3년 이하	2월 하순~3월 하순, 11월	20퍼센트 이하		
배	7년 이하	2월 하순~3월 하순, 11월	10퍼센트 이하		
복숭아	5년 이하	2월 하순~3월 하순, 11월	15퍼센트 이하		
포도	4년 이하	2월 하순~3월 하순, 11월	10퍼센트 이하		
감귤	8년 이하	6월장마기, 11월, 12월~3월 하순	10퍼센트 이하		
감	6년 이하	2월 하순~3월 하순, 11월	20퍼센트 이하		
밤	6년 이하	11월 상순~12월 상순	20퍼센트 이하		
자두	5년 이하	2월 하순~3월 하순, 11월	10퍼센트 이하		
호두	8년 이하	2월 하순~3월 하순, 11월	10퍼센트 이하		
살구	5년 이하	2월 하순~3월 하순, 11월	10퍼센트 이하		

(1) 이식이 가능한 과수의 평가기준

① 결실기에 있는 과수

결실기에 있는 과수의 경우, 계절적으로 이식시기이고 수령 또는 계절로 보아 이식이 가능한 과수의 경우는 이전비,[860] 고손액,[861] 감수액[862]의 합계액으로 평가하고, 계절적으로 이식적기가 아닌 경우에는 고손액을 2배 이내에서 평가하여 산정한다.

☞ 이식적기인 경우 평가액 = 이전비 + 고손액 + 감수액
☞ 이식적기가 아닌 경우 평가액 = 이전비 + 고손액의 2배 이내 금액 + 감수액

860) 이전비 = 굴취비 + 운반비 + 상하차비 + 식재비 + 재료비 + 부대비용

861) 고손액이란 이전함에 따라 고사(枯死)로 인하여 발생하는 손실액을 말한다. 즉 (과실취득가격 × 고손율)에 의거 산정한다. 보통 고손율은 수종·수령 등에 따라 왜성사과·감·밤은 20% 이하, 복숭아 15%, 기타 과수는 10% 이하를 적용한다. 이식적기가 아닌 경우 감·밤은 40% 이하, 복숭아 30%, 기타 과수는 20% 이하로 적용한다(시행규칙 별표2).

862) 감수액이란 이식에 따른 수확의 감소로 인하여 발생하는 손실액으로 시행규칙 별표2에서는 수종에 관계없이 1차년도에 100%, 2차년도 80%, 3차년도 40%로 일정하게 규정하고 있다. 이는 과수가 이식된 장소에서 이식 전 정상적인 수확을 회복하기 까지 이식 1차년도에는 예정수확량을 전혀 얻지 못하며, 2차년도에는 20%, 3차년도에는 60% 밖에 수확하지 못한다는 의미이다.
※ 감수액 = ((1차년도 순수익 × 1차년도 감수율) + (2차년도 순수익 × 2차년도 감수율) + (3차년도 순수익 × 3차년도 감수율))

② 결실기에 이르지 아니한 과수

결실기에 이르지 않은 과수의 경우는, 계절적으로 이식적기인 경우에는 이전비와 고손액의 합계로 하고, 계절적으로 이식적기가 아닌 경우에는 고손액의 2배 이내의 금액에서 평가한다.

☞ 이식적기인 경우 평가액 = 이전비 + 고손액
☞ 이식적기가 아닌 경우 평가액 = 이전비 + 고손액의 2배 이내 금액

(2) 이식이 불가능한 과수의 평가기준

① 거래사례가 있는 경우

이식이 불가능한 과수로서 거래사례가 있는 경우에는 거래사례비교법에 의한 평가금액으로 하다.

② 거래사례가 없는 경우

(가) 결실기에 있는 과수

결실기에 있는 과수는 식재상황·수세·잔존수확가능연수 및 수익성 등을 감안하여 평가한 금액으로 한다.

(나) 결실기에 이르지 아니한 과수

결실기에 이르지 아니한 과수는 가격시점까지 소요된 비용을 현재의 가격으로 평가한 금액(현가액)으로 보상한다.

(3) 관상수 또는 과수 외의 수익수의 평가기준

지장물인 관상수 또는 과수 외의 수익수에 대한 평가는 과수평가 기준을 준용하되, 관상수의 경우에는 감수액을 고려하지 아니한다. 이 경우 고손율은 당해 수익수 및 관상수 총수 10% 이하의 범위내로 하되, 이식적기가 아닌 경우 20%까지 할 수 있다.

Ⅳ. 묘목의 보상

1. 묘목의 개념

묘목이라 함은 모종으로 옮겨 심기 위하여 가꾼 어린 나무를 말한다. 이와 같은 묘목은 상품화 가능여부, 이식에 따른 고손율, 성장정도 및 관리상태 등을 종합적으로 고려하여 평가한다.

2. 보상기준

1) 상품화할 수 있는 묘목

토지를 취득, 사용할 수 있는 시기에 가격에 영향을 받지 아니하고 현장에서 상품화할 수 있는 것은 손실이 없는 것으로 보아 평가에서 제외한다. 다만, 매각손실액이 있는 경우 그 손실을 평가하여 보상한다.

2) 상품화에 제약이 있는 묘목

시기적으로 상품화를 할 수 없거나 곤란한 묘목은 이전비와 고손액의 합계액으로 평가한다. 이 경우 이전비는 임시로 옮겨 심는데 필요한 비용으로 평가하며, 고손율은 1% 범위 안에서 정하되 주위의 환경 또는 계절적 사정 등 특별한 경우에는 2%까지 할 수 있다.

3) 파종 또는 발아 중에 있는 묘목

파종 또는 발아 중에 있는 묘목에 대하여는 가격시점까지 소요된 비용의 현가액으로 평가한다.

4) 물건의 가격으로 평가하는 경우

토지보상법 제75조 제1항 단서의 규정에 의거 공익사업에 직접 사용하거나, 이식이 불가능 한 경우, 이전비가 묘목 등의 물건의 가격을 초과하는 경우 물건의 가격으로 평가한다.

이 경우 거래사례가 있는 경우에는 거래사례비교법에 의하여 평가하고, 거래사례가 없는 경우에는 가격시점까지 소요된 비용의 현가액으로 평가한다.

Ⅴ. 입목의 보상

1. 입목 및 조림된 용재림의 개념

입목은 토지에 정착하여 토지와 별개로 독립하여 경제적 가치를 지니는 개개의 수목 및 수목의 집단을 말한다. 한편, 보상의 대상이 되는 '조림된 용재림'이란 「산림자원의 조성 및 관리에 관한 법률」에 의한 산림경영계획인가를 받아 사업하였거나 산림의 생산요소를 기업적으로 경영·관리하는 산림으로 「입목에 관한 법률」의 규정에 의하여 등록된 입목의 집단을 말한다.

2. 보상기준

1) 보상대상

입목의 경우에는 입목의 가치가 토지에 화체되어 일괄평가하는 경우와 입목을 별도로 평가하는 경우가 있다. 전자는 일반적으로 자연림의 경우에 해당하고, 후자는 조림된 용재림의 경우에 해당한다.

따라서 임야상의 자연림(소나무 등)은 토지에 포함되어 거래되는 것이 일반적인 거래관행이므로 토지에 포함 평가하여 보상하는 것이 원칙이므로 별도의 평가를 하지 않는다.

한편 보상의 대상이 되는 '조림된 용재림'이라 함은 산림자원의 조성 및 관리에 관한 법률에 의한 산림의 영림계획인가를 받아 사업하였거나 산림의 생산요소를 기업적으로 경영관리하는 산림으로서 입목에 관한 법률 제8조의 규정에 의하여 등록된 입목의 집단 또는 이에 준하는 산림을 말한다. 따라서 수용대상토지 위에 식재된 수목이 '조림된 용재림'으로서 보상받기 위하여는 그 수목이 "산림자원의 조성 및 관리에 관한법률"에 의한 산림의 영림계획인가를 받아 사업하였거나 산림의 생산요소를 기업적으로 경영관리하는 산림으로서 "입목에 관한 법률" 제8조의 규정에 의하여 등록된 입목의 집단 또는 이에 준하는 산림이어야 한다.[863)]

2) 조림된 용재림

(1) 벌기령에 달한 용재림

조림된 용재림으로서 벌기령에 달한 용재림이나 「토지보상법 시행규칙」 제39조 제5항의 규정에 의한 벌채할 수 있는 수령의 10분의 9 이상을 경과한 입목 및 성장·관리상태가 양호하여 벌기령에 달한 입목과 유사한 경우에는 같은 조 제2항에서 손실이 없는 것으로 보도록 되어 있으므로 보상대상에서 제외한다. 다만, 일시에 벌채하게 되어 벌채 및 반출에 통상 소요되는 비용이 증가하거나 목재의 가격이 하락하는 경우에는 그 손실을 평가하여 보상한다.

벌기령이란 산림자원의 조성 및 관리에 관한 법률 시행령 제9조 제3항에 따른 수종별 적정 벌채수령시기를 말한다. 동법 시행규칙 별표2에서 그 구체적인 기준이 제시되어 있다.

---

863)① 대법원 2002. 6. 28. 선고 2002두2727 판결 : 이 사건 리기다소나무가 위 ○○에 의하여 식재된 수목이라 하더라도, 그 보상을 위하여는 위 소나무가 위 시행규칙 제15조 제8항 소정의, 산림법에 의한 산림의 영림계획인가를 받아 사업하였거나 산림의 생산요소를 기업적으로 경영관리하는 산림으로서 입목에관한법률 제8조의 규정에 의하여 등록된 입목의 집단 또는 이에 준하는 산림이어야 할 것인바, 원심은 기록상 이 사건 리기다소나무가 위 시행규칙 소정의 입목의 집단 또는 이에 준하는 산림임을 인정할 자료가 없음에도, 입목보상에 대한 법리를 오해하여 이 부분에 대한 심리 없이 보상의 대상이 아닌 이 사건 리기다소나무에 대하여 보상을 명하는 위법을 범하였다 할 것이고, 이는 판결 결과에 영향을 미쳤다 할 것이다.

② 중토위 사무국-4445(2010. 2. 26) : 수목(소나무)은 조림된 용재림("산림자원의 조성 및 관리에 관한법률"에 의한 산림의 영림계획인가를 받아 사업하였거나 산림의 생산요소를 기업적으로 경영 관리하는 산림으로서 입목에관한법률 제8조의 규정에 의하여 등록된 입목의 집단 또는 이에 준하는 산림)이 아닌 자연림 상태의 수목으로서 거래관행상 토지에 포함되어 거래되고 있어, 별도의 보상대상이 아니므로 신청의 주장은 이유없다.

표 37. 기준벌기령, 벌채·굴취기준 및 임도 등의 시설기준

구 분	국유림	공·사유림 (기업경영림)
가. 일반기준벌기령		
소나무	60년	40년(30년)
(춘양목보호림단지)	(100년)	(100년)
잣나무	60년	50년(40년)
리기다소나무	30년	25년(20년)
낙엽송	50년	30년(20년)
삼나무	50년	30년(30년)
편백	60년	40년(30년)
기타 침엽수	60년	40년(30년)
참나무류	60년	25년(20년)
포플러류	3년	3년
기타 활엽수	60년	40년(20년)
나. 특수용도기준벌기령		
펄프, 갱목, 표고·영지·천마 재배, 목공예, 숯, 목초액, 섬유판(fiber board), 산림바이오매스에너지의 용도로 사용하고자 할 경우에는 일반기준벌기령중 기업경영림의 기준벌기령을 적용한다. 다만, 소나무의 경우에는 특수용도기준벌기령을 적용하지 않는다.		

(2) 벌기령에 달하지 아니한 용재림

① 당해 용재림의 목재가 인근시장에서 거래되는 경우

거래가격에서 벌채비용과 운반비를 뺀 금액으로 평가한다. 이 경우 벌기령에 달하지 아니한 상태에서의 매각에 따른 손실액이 있는 경우에는 이를 포함한다.

② 당해 용재림의 목재가 인근시장에서 거래되지 않는 경우

가격시점까지 소요된 비용의 현가액으로 평가한다. 이 경우 보상액은 당해 용재림의 예상총수입의 현가액에서 장래 투하비용의 현가액을 뺀 금액을 초과하지 못한다.

유권해석

□ 법제처 안건번호16-0042 (2016. 7. 6)

사업시행자는 토지보상법 시행규칙 제39조 제3항을 준용하여 조림된 용재림의 보상가액을 산정하여 토지소유자에게 지급하고, 보상 후 토지상에 잔존하는 입목을 같은 조 제6항을 준용하여 사업시행자 자신의 비용으로 벌채하여 제거하면 된다고 할 것입니다.

이상과 같은 점을 종합해 볼 때, 벌기령에 달한 용재림을 사업시행자가 취득하는 경우로서 토지보상법 시행규칙 제39조 제8항에 따라 같은 조 제6항이 준용되어 사업시행자가 벌채비용을 부담하는 경우, 그 벌채비용만큼 보상비를 증액하여야 하는 것은 아니라고 할 것입니다.

《자연림 보상평가시 유의사항》

최근 ○○사업지구에서 보상이 완료된 사업지구 내 자연림의 입목(소나무 등)에 대한 소유권을 주장하면서 이를 반출하려고 시도한 사례가 있어 유사한 사례의 재발을 방지하고자 임야의 보상평가시 유의사항 시달

1. 감정평가 의뢰시 유의사항 사전고지
 - 자연림은 토지에 포함되어 거래되는 것이 일반적인 거래관행이므로 토지에 포함 평가하여 보상하는 것이 원칙임(중토위 재결기준 참조)
 - 감정평가 의뢰시 자연림을 토지에 포함하여 평가하도록 사전에 요청하되(평가의뢰시 유의사항 등에 추가), 일체로 평가된 내용이 감정평가서상의 평가의견란 등에 반드시 기술될 수 있도록 하여 추후 다툼이 없도록 함

2. 업무처리시 유의사항
 - 자연림을 토지에 포함하여 평가함은 기존의 일반적 평가관행으로 별도로 이를 고지함으로 인해 불필요하게 임야 보상평가액이 상승하지 않도록 관련 취지를 평가업자에게 충분히 설명.

제8절 토석·사력의 보상

Ⅰ. 근거 및 의의

1. 근거조항

▣ 토지보상법

제3조 (적용 대상) 사업시행자가 다음 각 호에 해당하는 토지·물건 및 권리를 취득하거나 사용하는 경우에는 이 법을 적용한다.
4. 토지에 속한 흙·돌·모래 또는 자갈에 관한 권리

제75조 (건축물등 물건에 대한 보상) ③ 토지에 속한 흙·돌·모래 또는 자갈(흙·돌·모래 또는 자갈이 해당 토지와 별도로 취득 또는 사용의 대상이 되는 경우만 해당한다)에 대하여는 거래가격 등을 고려하여 평가한 적정가격으로 보상하여야 한다.

2. 보상의 의미

「토지보상법」 제3조 제4호의 규정에 의하면 사업시행자가 토지에 속한 흙·돌·모래 또는 자갈에 관한 권리를 취득 또는 사용하는 경우 「토지보상법」을 적용한다고 되어 있는바, 토지에 속한 흙·돌·모래 또는 자갈에 관한 권리를 어떠한 경우에 토지와 분리하여 평가·보상할 것인지가 쟁점이 되고 있다.

여기서 토지에 속한다는 것은 인공적으로 토지에 분리시킨 것이 아닌 상태를 의미하며, 따라서 인공적으로 채석·가공된 흙·돌·모래 또는 자갈은 수용의 목적물이 되지 못하는 것이 원칙이며, 또한 토지수용의 목적물은 원칙적으로 비대체물에 한정되므로 흙·돌·모래 또는 자갈은 대체물적인 성격이 강하여 수용이 제한된다고 볼 수 있으나, 하천공사 등과 같은 공익사업을 시행하기 위하여 토지와는 별도로 공사용 자재로서 불가피하게 필요한 경우가 있을 수 있으므로 「토지보상법」 제3조 제4호에서 수용의 목적물로 인정하고 있는 것으로 볼 수 있다.

또한 동법 제75조 제3항의 규정에서 '흙·돌·모래 또는 자갈이 당해 토지와 별도로 취득 또는 사용의 대상이 되는 경우'란 흙·돌·모래 또는 자갈이 속한 수용대상 토지에 관하여 토지의 형질변경 또는 채석·채취를 적법하게 할 수 있는 행정적 조치가 있거나 그것이 가능하고 구체적으로 토지의 가격에 영향을 미치고 있음이 객관적으로 인정되어 토지와는 별도의 경제적 가치가 있다고 평가되는 경우 등을 의미한다.[864]

Ⅱ. 보상기준

1. 별도의 보상대상 판단기준

1) 보상원칙

수용되는 토지에 속한 흙·돌·모래 또는 자갈은 토지와 함께 일체로 보상함이 원칙으로 별도의 보상대상이 되지 않으나,[865] 토지를 제외하고 토지에 속한 흙·돌·모래 또는 자갈만을 수용목적물로 하는 경우는 별도로 보상하여야 한다.

2) 별도의 보상

이러한 흙·돌·모래 또는 자갈이 당해 토지와 별도로 보상대상이 되는 경우는 당해 흙·돌·모래 또는 자갈에 대한 채취허가를 득하고[866] 토석채취 납품실적 등에 의하여

---

864) 대법원 2014. 4. 24. 선고 2012두16534 판결 : 대법원 2003. 4. 8. 선고 2002두4518 판결.

865) ① 토지수용 업무편람, 중앙토지수용위원회, 2009, 302면 : 임야에 매장된 토석에 대한 별도보상요구에 대하여는, 사력 및 토석 채취허가를 받지 아니한 경우로서 독립하여 경제적 가치를 인정할 만한 구체적인 근거가 없으므로 별도보상대상이 아닌 것으로 판단되고, 이러한 경우 토지와 일체로 평가하는 것이므로 이유 없다.

② 대법원 1985. 8. 20. 선고 83누581 판결 : 양질의 점토가 다량함유되어 있는 토지를 매수하여 적벽돌공장을 신축하고자 하는 자로부터 동 토지를 수용한 경우, (중략) 이러한 사정들을 참작한 토지의 수용재결당시의 시가를 평가함이 없이 단순히 지목이 같은 인근의 일반토지가격을 비교한 유추가격을 토대로 손실보상액을 결정하였음은 위법하다.

866) 대법원 2014. 4. 24. 선고 2012두16534 판결 : 자신의 토지에서 토석채취허가를 받아 채석장을 운영하면서 건축용 석재를 생산해 왔는데, 고속철도건설사업의 시행으로 토석채취기간의 연장허가가 거부된 이후 사업시행지구에 편입된 위 토지에 대하여 매장된 돌의 경제적 가치를 고려하지 않은 채 보상액을 산정하여 수용재결한 사안에서, 수용대상 토지에 속한 돌 등에 대한 손실보상을 인정하기 위한 전제로서 그 경제적 가치를 평가할 때에는, 토지수용의 목적이 된 당해 공익사업의 시행으로 토지에 관한 토석채취허가나 토석채취기간의 연장허가를 받지 못하게 된 경우까지 행정적 조치의 가능성을 부정하

객관적으로 경제적인 가치가 입증되는 경우에 한한다는 것이 판례의 입장이다.[867)]

Ⅲ. 보상평가 방법

흙·돌·모래 또는 자갈이 당해 토지와 별도로 보상대상이 되는 경우 「토지보상법」 제75조 제3항의 규정에 의거 거래가격 등을 참작한 적정가격으로 평가 보상하며, 동 법령에서 구체적인 기준을 정하고 있지 않으므로 전문가, 전문기관의 용역 등에 의거 평가할 수 있을 것으로 본다.

여 행정적 조치가 없거나 불가능한 것으로 보아서는 아니 됨에도, 위 토지에 매장된 돌을 적법하게 채취할 수 있는 행정적 조치의 가능성을 부정하여 위 토지와 별도로 토지보상법 제75조 제3항에 따른 보상의 대상이 될 수 없다고 본 원심판결에 법리오해의 위법이 있다.

867) 대법원 2003. 4. 8. 선고 2002두4518 판결 : 수용대상 토지에 속한 토석 또는 사력은 적어도 토지의 형질변경 또는 채석·채취를 적법하게 할 수 있는 행정적 조치가 있거나 그것이 가능하고, 구체적으로 토지의 가격에 영향을 미치고 있음이 객관적으로 인정되어 경제적 가치가 있다고 평가되는 등 특별한 사정이 있는 경우에 한하여 토지보상금을 산정함에 있어서 참작할 수 있다고 보아야 할 것이다.

제9절 농작물의 보상

Ⅰ. 농작물의 보상의 의의

1. 농작물 의의

농작물이라 함은 농업생산에 의한 작물로서 벼, 보리, 배추, 무 등과 같은 1년생 작물과 도라지, 인삼 등의 다년생 작물을 의미한다. 이 농작물 보상은 취득 또는 사용할 토지위에 농작물이 있는 경우 수확하기 이전에 당해토지를 사용할 때에는 농작물을 보상하되, 그 손실액은 농작물의 종류, 성숙도 등을 종합적으로 고려하여 평가한 금액으로 보상한다.

▣ 토지보상법 시행규칙

제41조 (농작물의 평가) ①농작물을 수확하기 전에 토지를 사용하는 경우의 농작물의 손실은 농작물의 종류 및 성숙도 등을 종합적으로 고려하여 다음 각호의 구분에 따라 평가한다.

1. 파종중 또는 발아기에 있거나 묘포에 있는 농작물 : 가격시점까지 소요된 비용의 현가액
2. 제1호의 농작물외의 농작물 : 예상총수입의 현가액에서 장래 투하비용의 현가액을 뺀 금액. 이 경우 보상당시에 상품화가 가능한 풋고추·들깻잎 또는 호박 등의 농작물이 있는 경우에는 그 금액을 뺀다.

② 제1항 제2호에서 "예상총수입"이라 함은 당해 농작물의 최근 3년간(풍흉작이 현저한 연도를 제외한다)의 평균총수입을 말한다.

2. 농작물 보상규정의 취지

토지보상법에서 농작물 보상의 규정을 마련한 것은, 농작물의 경우 파종 후 통상 몇 개월에서 1년 이내에 수확이 가능하므로, 사업시행자가 실제로 공사에 착수하기 전에 농작물 수확이 종료되게 되면 경작자는 어떠한 피해나 손실도 입지 않게 되어 동 규정을 적용할 여지는 없게 된다. 따라서 공사가 시급한 경우나 또는 그 수확기간이 장기인 농작물의 경우(인삼, 장뇌삼 등) 외에는 농작물 보상을 실시하게 되는 경우는 많지 않다.

Ⅱ. 농작물의 보상의 평가기준

1. 파종중 또는 발아기에 있거나 묘포에 있는 농작물

파종중 또는 발아기에 있거나 묘포에 있는 경우에는 가격시점까지 소요된 비용의 현가액으로 한다. 가격시점까지 소요된 비용으로 고려할 수 있는 비용은 종묘비, 비료비, 농약비, 광열동력비, 수리비, 제재료비, 영농시설 상각비, 임차료, 고용노력비, 자가노력비, 토지임차료 및 기타 경비 등 농업생산비 등이다.

2. 성장기에 있는 농작물

농작물이 발아하여 성장단계에 있거나 본포에 정식하여 성장기간에 있는 경우의 농작물 보상은 당해 농작물의 예상총수입[868]의 현가액에서 장래투하 비용의 현가액을 뺀 금액으로 보상한다. 단, 보상당시에 상품화가 가능한 농작물(풋고추, 들깻잎, 호박 등)이 있는 경우에는 해당수익에 대한 손실이 없는 것으로 보고 그 금액을 공제한다.

3. 수확기에 도달한 농작물

보상대상 농작물이 가격시점 현재 수확기에 도달한 경우에는 손실이 없는 것으로 보고 보상에서 제외한다.

판 례

ㅁ 대전지방법원 2008. 6. 25. 선고 2007구합4560 판결

단기간 내에 수확이 가능한 농작물의 특성을 기본전제로 하고 있어 이러한 성격이 전혀없는 다년생 작물에는 적용되지 않는 것으로 새겨야 하고, 따라서 이를테면 장뇌삼의 경우 이를 농작물의 일종으로 분류하든 아니면 농작물이 아닌 다년생 식물로 보든 지 간에, 그 특성상 최소 10~15년 이상의 생육을 요하여 수확기간이 일반 농작물과는 비교할 수 없을 정도로 길기 때문에, 단기간 수확이 가능한 일반 농작물을 전제로 한 위 보상 제한 규정을 적용할수 없다.

☞ 즉 이와 같이 장기간 생육을 요하는 경우에는 농작물 보상이 가능하다는 판결임

868) 예상총수입이라 함은 당해 농작물의 최근 3년간(풍흉작이 현저한 연도 제외)의 평균 총수입을 말한다.

Ⅲ. 농작물 보상의 논의

1. 보상기준에 대한 논의

토지보상법 농작물 보상에서는 보상의 기준일에 대한 규정이 없다. 따라서 공익사업 시행 이후에 경작하게 된 농작물에 대해서 농작물 보상이 가능한 지 여부에 대한 논의가 있다.

한편 판례의 경우에는 타인소유의 토지에 대하여 사용·수익의 권한없이 불법으로 경작한 경우에도 경작자에게 소유권이 있다는 입장이며,[869] 유권해석도 소유농지를 **통상적인 방법**에 따라 영농하는 행위는 토지보전 의무를 위반한 행위에 해당하지 아니하므로 농작물 보상의 대상이 된다[870]고 회신하고 있으며, 하천점용허가를 받지 않은 경우에도 농작물 보상은 가능하다고 보고 있는 바, 보상을 목적으로 농작물을 식재한 경우가 아니라면[871] 공익사업 시행 고시 이후 경작한 농작물도 보상의 대상된다고 볼 수 있다.

질의회신

□ 토관 58342-1269 (2000. 8. 14)

하천부지 점용허가를 받은 자로부터 농지를 임차하여 농작물을 경작하다가 공공사업지구에 편입된 경우 개간비, 실농보상, 이전비를 받을 수 있는지에 대하여 관계법령에 정하는 바에 따라 적법하게 점용허가 등을 받아 개간을 하고 경작하지 아니한 경우에는 개간비 및 실농보상 대상에 해당되지 아니하나, 이 경우에도 농작물에 대한 보상은 가능하다고 봅니다.

---

869) ① 대법원 1970. 3. 10. 선고 70도82 판결【재물손괴】: 타인 소유의 토지에 사용수익의 권한 없이 농작물을 경작한 경우에 그 농작물의 소유권은 경작한 사람에게 귀속된다.
② 대법원 1969. 2. 18. 선고 68도906 판결【재물손괴】: 남의 땅에다 권한 없이 경작한자라 할지라도 그가 재배한 농작물의 소유권은 그 경작자에게 있다는 것이 대법원 판례(1968. 6. 4. 선고 68다613,614 판결 참조)이고, 본건 모자리도 농작물에 해당한다 할 것이다.
③ 대법원 1968. 6. 4. 선고 68다613 판결 : 남의 토지에 대하여 이를 사용·수익할 권한없이 함부로 약초·양파·마늘·고추 등의 농작물을 경작한 경우 그 농작물의 소유권은 여전히 경작자에게 있는 것이며, 따라서 그 수학도 경작자만이 할 수 있고, 이들 농작물이 그 기지의 소유자에게 귀속되는 것은 아니다.

870) 보상 30001-29228(1990. 11) : 소유농지를 통상적인 방법에 따라 이용하기 위하여 영농을 하는 행위는 토지수용법 제18조의2의 규정에 의한 토지 등의 보전의무에 해당하지 아니하므로 귀 질의의 경우 경작 중인 농작물은 보상대상이 되며, 보상이전에 토지 등의 이용을 제한하는 경우에는 그로 인한 손실도 공특법 제3조 제1항의 규정에 의하여 손실보상의 대상이 되므로 보상할 수 있을 것임

871) 실무적으로는 토지보상 완료 후 농작물을 새로이 시작한 경우는 농작물 보상이 어려울 것으로 본다.

2. 인삼 등 다년생 작물

인삼과 같이 다년생 작물의 경우는 대부분 농작물 보상의 대상이 되고 있으나, 인삼의 경우는 4년생이 보통 수확기이다. 따라서 당초 협의시에는 3년생으로 농작물 보상을 협의하였으나 협의가 성립되지 아니하여 1년이 경과후 4년생이 되는 경우 보상을 하여야 하는 지가 실무적으로 검토되고 있다. 이 경우는 4년생이 되어 인삼수확이 가능하므로 농작물에 대한 손실이 없어 별도의 농작물 보상이 어려울 것으로 보인다.[872]

다만, 당초 4년생 인삼을 재배하였으나, 보상현장에서는 홍삼(6년생)을 재배한다고 하여 향후 2년에 해당하는 농작물 보상을 요구하는 경우가 있다. 이 홍삼은 주로 인삼조합 등에서 홍삼재배계약 후 재배하는 것이 일반적이므로 재배계약 등을 확인 후 농작물 보상을 하여야 할 것으로 보인다.

질의회신

□ 토지정책과-2547 (2008. 8. 22)

≪질의≫ 인삼공사와 계약을 통해 6년근 홍삼납품을 목표로 인삼을 재배하고 있는 농가의 경우 보상시점에서 3년근, 4년근, 5년근은 6년근 도달시점을 수확시기로 하여 예상총수입(각 연근의 판매수익)의 현가액에서 장래 투하비용의 현가액을 뺀 금액으로 토지보상법 시행규칙 제41조에 따라 농작물 보상이 이루어지는데, 농작물 보상이 이루어진 토지에 대하여 농업손실보상을 별도로 해야 하는지 여부

≪회신≫ 토지보상법 시행규칙 제41조(농작물을 수확하기 전에 토지를 사용하는 경우의 농작물의 손실에 관한 평가를 규정)와 토지보상법 시행규칙 제48조(농업의 손실에 대한 보상)는 그 취지와 평가방식을 각각 달리하고 있는 규정이라고 봅니다. 따라서 귀 질의상 재배인삼에 대한 손실보상이 각 조항의 규정에 해당하는 경우에는 각각 보상하여야 한다고 봅니다.

---

872) ① 토정 58342-52 (1999. 1. 13) 농촌진흥청에서 인삼은 4년생을 기준으로 표준소득을 발표하고 있으므로, 당초 협의시의 3년생 인삼이 협의가 성립되지 아니하여 1년이 경과후 경작자가 4년생 인삼을 수확하여 농작물에 대한 손실이 없는 경우에는 별도의 농작물 보상은 어려울 것이나, 이는 사실판단에 관한 사항이다.
② 토정 58342-470 (1999. 3. 22) 2년생 인삼에 대하여 보상가격 저렴으로 손실보상 협의하는 과정에서 3년생이 된 경우 계약체결 당시의 가격을 기준으로 하고 있어 다시 보상평가하여야 할 것이다.

제10절 분묘에 대한 이전비 보상

Ⅰ. 분묘에 대한 보상

1. 보상근거

공익사업지구내 소재한 분묘는 대부분 지장물로서 이전(개장)하여야하나 분묘개장은 다른 지장물과는 달리 「장사 등에 관한 법률」등 규정에서 정한 절차와 허가를 받아 개장을 하여야 한다. 분묘는 그 분묘연고자 유무에 따라 유연분묘와 무연분묘로 구분하고 있으며, 유연분묘를 이장한 경우에는 분묘이전비와 이전보조비를 지급하고, 무연분묘는 사업시행자가 「장사 등에 관한 법률」이 정한 절차에 따라 분묘개장허가를 받아 일정기간 공고를 거쳐 화장하여 납골당에 안치시킨다.

이 분묘에 대한 보상산정은 토지보상법 시행규칙 제42조(분묘에 대한 보상액 산정)에서 이를 정하고 있으며 그 평가 방법에 있어서는 감정평가협회에서 제정한 분묘이장비 산정지침에서 이를 정하고 있다.

▣ 토지보상법

제 75조 (건축물등 물건에 대한 보상) ④ 분묘에 대하여는 이장(移葬)에 드는 비용 등을 산정하여 보상하여야 한다.

▣ 토지보상법 시행규칙

제42조 (분묘에 대한 보상액의 산정) ①「장사 등에 관한 법률」 제2조 제16호에 따른 연고자(이하 이 조에서 "연고자"라 한다)가 있는 분묘에 대한 보상액은 다음 각 호의 합계액으로 산정한다. 다만, 사업시행자가 직접 산정하기 어려운 경우에는 감정평가업자에게 평가를 의뢰할 수 있다. 〈개정 2005. 2. 5., 2007. 4. 12., 2008. 4. 18., 2012. 1. 2.〉

1. 분묘이전비 : 4분판 1매·마포 24미터 및 전지 5권의 가격, 제례비, 노임 5인분(합장인 경우에는 사체 1구당 각각의 비용의 50퍼센트를 가산한다) 및 운구차량비
2. 석물이전비 : 상석 및 비석 등의 이전실비(좌향이 표시되어 있거나 그 밖의 사유로 이전사용이 불가능한 경우에는 제작·운반비를 말한다)
3. 잡비 : 제1호 및 제2호에 의하여 산정한 금액의 30퍼센트에 해당하는 금액
4. 이전보조비 : 100만원

② 제1항 제1호의 규정에 의한 운구차량비는 「여객자동차 운수사업법 시행령」 제3조 제2호 나목의 특수여객자동차운송사업에 적용되는 운임·요금중 당해 지역에 적용되는 운임·요금을 기준으로 산정한다. 〈개정 2005. 2. 5.〉

③ 연고자가 없는 분묘에 대한 보상액은 제1항 제1호 내지 제3호의 규정에 의하여 산정한 금액의 50퍼센트 이하의 범위 안에서 산정한다.

2. 분묘의 조사방법

공익사업지구에 편입되는 분묘는 유연분묘, 무연분묘 여부 및 그 주변의 부속물(주로 석물 및 수목 등)을 함께 조사한다.

Ⅱ. 분묘에 대한 보상액 산정

분묘에 대한 보상은 유연분묘와 무연분묘로 나누어 다음과 같이 산정한다.

1. 유연분묘

1) 분묘이전비

분묘이전비는 4분판 1매·마포 24미터 및 전지 5권의 가격, 제례비, 노임 5인분(합장인 경우에는 사체 1구당 각각의 비용의 50퍼센트를 가산한다) 및 운구차량비를 합한 금액으로 한다. 운구차량비는 「여객자동차 운수사업법 시행령」 제3조 제2호 나목의 특수여객자동차운송사업에 적용되는 운임·요금중 당해 지역에 적용되는 운임·요금을 기준으로 산정한다.

판 례

□ **대법원 1994. 10. 11. 선고 94누1746 판결**

이 사건 이의재결시 분묘이장비 산정의 기초로 삼은 각 감정이 관계법령상의 계산방법에 따른 것으로 적법하고, 원고가 지급을 구하는 묘지구입비나 분묘위치측량비는 사업시행자가 보상하여야 할 분묘이장비에 포함될 수 없다고 본 원심의 조처는 관계법령의 규정과 기록에 비추어 정당한 것으로 수긍이 가고, 원심판결에 소론이 지적하는 채증법칙위반, 심리미진으로 인한 사실오인이나 분묘이장비 산정에 관한 법리오해의 위법이 있다고 할 수 없다.

2) 석물이전비

상석 및 비석 등의 이전실비(좌향[비석에 십이간지와 향을 표시하여 정방형을 확인할 수 있는 표식]이 표시되어 있거나 그 밖의 사유로 이전사용이 불가능한 경우에는 제작·운반비를 말한다)를 보상한다.873)

3) 잡 비

분묘이전비 및 석물이전비를 합한 금액의 30퍼센트에 해당하는 금액을 잡비로 지급한다. 따라서 분묘이장비 산정에서 열거되어 있지 않은 주변의 수목 등의 비용은 잡비에 포함하지 않는다.

4) 이전보조비

분묘 이전보조비는 100만원으로 한다. 종전에 개정 전 토지보상법에서는 당해묘지가 소재하고 있고 인접하고 있는 시·군 또는 구의 법인묘지 단위면적당 사용료를 곱한 금액으로 100만원 이하에서 지급하기로 되었으나874) 현행 이전보조비는 단장, 합장 여부에 관계없이 100만원으로 단일화하였다.875)

2. 무연분묘

연고자가 없는 분묘에 대한 보상액은 제1항 제1호 내지 제3호의 규정에 의하여 산정한 금액의 50퍼센트 이하의 범위 안에서 산정한다.

---

873) ① 토정 58342-587 (1999. 4. 3) : 납골당은 분묘로 볼 수 없고 시설물에 해당하므로 이전비로 평가보상하고 제례 등 비용은 포함 보상한다.
② 토정 58342-971 (1995. 5. 31) : 석축한 부지를 분묘로 평가한 경우라면 분묘설치를 위해 시설한 석축에 대한 설치 비용을 별도로 보상하지 않는다.

874) 2005. 2. 5 개정. 따라서 개정전 분묘이장보조비는 당해 시·군·구에 소재하는 법인묘지의 1㎡당 사용료에 1기당 묘지면적(단장 10㎡, 합장 15㎡)를 곱하여 산출하였으므로 법인묘지의 단가가 낮은 경우 이장보조비가 100만원이 안 되는 경우도 있었다. 법인묘지가 2개 이상인 경우는 사용료가 낮은 법인묘지의 단가로 산정하였다.

875) 토정 58307-679 (1994. 5. 6) : 이전보조비는 분묘의 이장에 소요되는 비용을 보조하기 위한 것이며, 그 산정방법만 인근 사설공원묘지의 단위면적당 사용료를 기준(개정전 산정기준임)으로 하도록 한 것이므로, 연고자가 있는 분묘를 공공사업의 시행으로 인하여 이전(화장하는 경우 포함)하게 되는 경우에는 동 분묘 이전보조비를 지급하여야 할 것임

무연분묘 보상액 = (분묘이전비 + 석물이전비 + 잡비) × 50%

만일, 무연분묘 이장 후 추후에 연고자가 나타나 유연분묘로 확인된 분묘에 대해서는 그 차액을 보상하면 된다.[876]

Ⅲ. 분묘 개장 해설

1. 유연분묘

1) 유연분묘 이장

유연분묘에 대하여는 연고자가 이장하는 것이 원칙이다. 유연분묘에 대한 연고자는 분묘이장을 위하여 우선 사업지구 내 편입된 분묘에 대한 인식번호를 확인 후 관할 시장, 군수 등에게 분묘개장신고를 하고 개장신고필증을 교부받아야 한다.[877]

따라서 사업시행자는 분묘이장업무의 원활한 추진을 위하여 사업지구내 분묘 위치도면과 분묘현황 1부를 관할 행정청(구청, 동사무소, 면사무소 등)에 제출하여 개장신고필증 반급 협의를 하여야 한다.

2) 이장비 지급 절차

유연분묘 이장비를 지급받기 위하여 연고자가 개장신고필증 발급 후 분묘를 이장 후 아래와 같은 서류를 구비하며 사업시행자에게 청구한다.

- 개장신고필증
- 망인의 제적등본
- 연고자임을 증명하는 서류(제적등본, 가족관계등록부, 족보 등)

876) 즉, 유연1기당 분묘보상액 - 무연분묘로 처리된 1기당 비용 = 차액(보상액)으로 보상한다.
877) 개장신고필증 발급기관은 장사등에 관한 법률상 구청장(시장)이지만 분묘소재 지자체에 따라서 동사무소, 면사무소에서도 처리하므로 사전에 구청 및 동사무소, 면사무소 등과 협의하여야 한다.

- 주민등록등본, 인감증명서
- 이장 전·후의 사진

▣ **장사등에 관한 법률**

제2조 (정의) 16. "연고자"란 사망한 자와 다음 각 목의 관계에 있는 자를 말하며, 연고자의 권리·의무는 다음 각 목의 순서로 행사한다. 다만, 순위가 같은 자녀 또는 직계비속이 2명 이상이면 최근친(最近親)의 연장자가 우선 순위를 갖는다.

가. 배우자 나. 자녀 다. 부모 라. 자녀 외의 직계비속
마. 부모 외의 직계존속 바. 형제·자매
사. 사망하기 전에 치료·보호 또는 관리하고 있었던 행정기관 또는 치료·보호기관의 장으로서 대통령령으로 정하는 사람
아. 가목부터 사목까지에 해당하지 아니하는 자로서 시신이나 유골을 사실상 관리하는 자

▣ **장사등에 관한 법률 시행령**

제2조의 2 (연고자) 법 제2조 제16호 사목에서 "대통령령으로 정하는 사람"이란 다음 각 호의 어느 하나에 해당하는 사람을 말한다. 〈개정 2012. 8. 3., 2015. 7. 20., 2017. 5. 29.〉

1. 「의료급여법 시행령」 제2조 제1호에 해당하는 자에 대하여 의료급여를 실시하는 특별자치시장·특별자치도지사·시장·군수·구청장(자치구의 구청장을 말하며, 이하 "시장등"이라 한다)
2. 「노숙인 등의 복지 및 자립지원에 관한 법률」 제16조 제1항 제1호부터 제4호까지의 규정에 따른 노숙인복지시설의 장
3. 「노인복지법」 제31조에 따른 노인복지시설 중 노인주거복지시설 및 노인의료복지시설의 장
4. 「장애인복지법」 제58조 제1항 제1호에 따른 장애인 생활시설의 장
5. 「정신건강증진 및 정신질환자 복지서비스 지원에 관한 법률」 제22조에 따른 정신요양시설의 장
6. 「아동복지법」 제52조 제1항 제1호부터 제3호까지의 규정에 따른 아동복지시설의 장

3) 유연분묘 강제이장

유연분묘에 대하여 협의이장이 되지 않을 경우 사업시행자는 사업추진에 상당한 어려움이 있다. 결국 분묘도 공익사업에 편입되는 지장물로 보아 수용재결 후 행정대집행이 가능하다.[878]

878) 수원지방법원 2008. 8. 20. 선고 2008구합4658 판결 : 분묘에 대한 수용재결이 이루어지고 그에 따른 보상금이 공탁되면 그 분묘의 이전의무는 발생하는 것이므로 그 보상금의 액수에 관한 분쟁이 있다고 하여 이 사건 분묘에 대한 행정대집행계고를 할 수 없는 것은 아니며, 대집행계고와 같은 절차를 밟는다고 하여 원고의 재산권을 부당하게 침해하는 것이라고 볼 수도 없다.

질의회신

□ **토지정책과-5356 (2009. 11. 15)**

〈질의〉 유연분묘에 대하여 협의보상이 불가한 경우 사업시행자가 분묘를 개장 할 수 있는지

〈회신〉「공익사업을 위한 토지 등의 취득 및 보상에 관한 법률」 제28조에 의하면 제26조의 규정에 의한 협의가 성립되지 아니하거나 협의를 할 수 없는 때에는 사업시행자는 재결을 신청할 수 있도록 규정하고 있으므로, 수용재결이 있은 후 보상금을 공탁하고 수용시기이후에 행정대집행을 할 수 있다고 보며, 개별적인 사례에 대하여는 사업시행자가 사실관계 등을 검토하여 판단하시기 바랍니다. 끝.

2. 무연분묘 이장

1) 이장절차

무연분묘에 대해서 "장사등에 관한 법률"에서는 두 가지의 처리방법이 규정되어 있다. 동법 제27조에 의한 "타인의 토지등에 설치된 분묘등의 처리등"의 방법과 동법 제28조에 의한 "무연분묘 처리" 방법이 있다.

(1) 무연분묘의 처리(동법 제28조)

① 의 의

시·도지사 또는 시장·군수·구청장이 분묘 일제조사 결과 무연분묘에 매장된 시체 또는 유골을 화장하여 일정 기간 봉안할 수 있도록 하고 있다. 동 조항에 의거 개장할 수 있는 주체는 사업시행자 및 일반인이 아닌 시·도지사 또는 시장·군수·구청장이며, 또한 그 개장목적도 묘지의 수급계획 수립(동법 제5조) 및 분묘의 일제조사(동법 제11조)를 위하여 처리하고 있다. 따라서 동법에 의한 무연분묘 이장방법은 **공익사업과는 상관없이** 시장·군수·구청장의 판단 하에 무연분묘를 이장하는 것을 말한다.

② 공고방법

장사 등에 관한 법률 제28조에 의한 무연분묘처리의 경우 시·도지사 또는 시장·군수·구청장은 무연분묘에 매장된 시체나 유골을 화장하여 봉안하려는 경우에는 다음 각 호의 사항을 공고하여야 한다(동법 시행령 제19조).

가. 묘지 또는 분묘의 위치 및 장소
나. 개장사유, 개장 후 안치 장소 및 기간
다. 연락처, 열람 등 개장에 필요한 사항

또한 시·도지사 또는 시장·군수·구청장은 무연분묘에 매장된 시체나 유골을 화장하여 봉안하기 2개월 전에 중앙일간신문을 포함한 둘 이상의 일간신문 또는 관할 시·도 및 시·군·구의 인터넷 홈페이지와 하나 이상의 일간신문에 2회 이상 하되, 두 번째 공고는 첫 번째 공고일부터 1개월이 지난 후에 다시 하여야 한다.

2) 타인 토지 등에 설치된 분묘의 처리(동법 제27조)

(1) 의 의

타인의 토지 등에 설치된 분묘 등에 대하여 토지 소유자(점유자나 그 밖의 관리인을 포함), 묘지 설치자 또는 연고자는 ① 토지 소유자의 승낙 없이 해당 토지에 설치한 분묘나 ② 묘지 설치자 또는 연고자의 승낙 없이 해당 분묘에 설치한 분묘에 대하여, 그 분묘를 관할하는 시장등의 허가를 받아 분묘에 매장된 시체 또는 유골을 개장할 수 있다. 이 방법에 의한 경우가 공익사업에 편입된 경우의 무연분묘를 사업시행자가 처리하는 방법이라 할 수 있다.

(2) 분묘이장 절차

① 신청 및 허가

사업시행자는 매장된 시체나 유골을 개장하려는 경우에는 개장 허가신청서에 다음 각 호의 서류를 첨부하여 관할 시장등에게 신청하여야 한다. 다만, 「전자정부법」 제21조 제1항에 따른 행정정보의 공동이용을 통하여 첨부서류에 대한 정보를 확인할 수 있는 경우에는 그 확인으로 첨부서류를 갈음할 수 있다(동법 시행령 제18조).

1. 기존 분묘의 사진
2. 분묘의 연고자를 알지 못하는 사유
3. 묘지 또는 토지가 개장 허가신청인의 소유임을 증명하는 서류
4. 「부동산등기법」 등 관계 법령에 따라 해당 토지 등의 사용에 관하여 해당 분묘 연고자의 권리가 없음을 증명하는 서류

5. 통보문 또는 공고문

신청서를 받은 담당 공무원은 「전자정부법」 제21조 제1항에 따른 행정정보의 공동이용을 통하여 토지(임야)대장과 토지등기부등본을 확인하여야 한다. 다만, 신청인이 이에 동의하지 아니하는 경우에는 그 서류를 첨부하도록 하여야 하며, 이러한 요건이 구비된 경우 시장등은 개장 허가신청을 받으면 개장허가증을 발급하여야 한다.

② 분묘개장 공고

사업시행자는 타인의 토지 또는 묘지에 설치된 분묘를 처리하는 경우 분묘의 연고자를 알고 있는 경우에는 ① 묘지 또는 분묘의 위치 및 장소, 개장사유, ② 개장 후 안치장소 및 기간, ③ 공설묘지 또는 사설묘지 설치자의 성명·주소 및 연락방법, ④그 밖에 개장에 필요한 사항(이하 "이장사항"이라 함)등을 문서로 표시하여 분묘의 연고자에게 알려 처리한다.

그러나, 분묘의 연고자를 알 수 없는 경우는 중앙일간신문을 포함한 둘 이상의 일간신문 또는 관할 시·도 및 시·군·구 인터넷 홈페이지와 하나 이상의 일간신문[879]에 이장사항을 2회 이상 공고하되, 두 번째 공고는 첫 번째 공고일부터 1개월이 지난 후에 다시 하여총 3개월에 걸쳐 공고하여야 한다. 또한 보건복지부에서 1차 공고는 공고기간을 3개월 이상으로 하고, 1개월경과 후 2차 공고시는 공고기간을 2개월이상 기재하도록 하고 있다.

3) 공사중 발견 분묘

분묘의 형태가 없는 공사중 발견 분묘에 대해서는 장사등에관한법률이 적용되지 않는다고 보아야 할 것이다. 따라서 공사중 발견 분묘에 대해서는 별도의 공고없이 이장이 가능하다.[880] 다만 개장신고필증은 필요하다.

---

879) 따라서 사업시행자는 통상적으로 ① 중앙일간신문 1개 및 지방일간신문 1개지에 하거나 ② 시·도 및 시·군·구 인터넷 홈페이지와 지방일간지 1개지(또는 중앙 일간지 1개지)에 하는 방법으로 무연분묘 이장공고하고 있다.

880) 장사업무처리 매뉴얼(보건복지가족부, 2009년) : 분묘에 대한 식별이 불가능하거나 심히 곤란하여 개장허가를 받지 않은 지역에서 공사중에 시체 또는 유골이 발견된 경우에는 개장신고를 하고 후일에 나타날 연고자 등을 위하여 그 현황을 유지하면 개장이 가능할 것입니다.
그러나 임야 등에 소재한 분묘의 식별이 가능한 상황에서 무연분묘의 조사없이 공사 중에 나타난 시체 또는 유골은 개장신고로 개장할 수 없으며, 별도로 개장허가를 받아 개장함이 타당할 것입니다(장사관리 업무처리 매뉴얼, 10면).

제11절 농업의 손실에 대한 보상

Ⅰ. 농업손실보상금의 개설

1. 근거 및 의의

> ▣ **토지보상법**
>
> 제77조 (영업의 손실 등에 대한 보상) ② 농업의 손실에 대하여는 농지의 단위면적당 소득 등을 참작하여 실제 경작자에게 보상하여야 한다. 다만, 농지소유자가 당해 지역에 거주하는 농민인 경우에는 농지소유자와 실제 경작자가 협의하는 바에 따라 보상할 수 있다. 〈개정 2007. 10. 17.〉

농업의 손실에 대한 보상(이하 "농업손실보상금"이라 함)이란 농지가 공익사업지구에 편입됨으로써 농민이 편입농지에서 영농을 계속하지 못하는 손실에 대하여 농민에게 2년분의 영농손실을 보상하는 것을 말한다(시행규칙 제48조).

이 농업손실보상의 취지는 대체농지를 구입하는 기간 동안 영농을 하지 못하게 됨에 따른 손실을 보전하여 주기 위한 것으로, 일반 영업의 경우 영업보상을 하는 것과 유사하다고 할 수 있다. 국토교통부에서도 농업의 손실에 대한 보상규정의 취지에 대해 공익사업시행지구에 농지가 편입되는 경우에 다른 지역에서 대체농지를 구입하는 기간 동안의 소득을 보전하여 주기 위한 것[881]이라고 보고 있다.

2. 연 혁

농업손실보상금은 1977년 제정된 토지보상법에 의해 제도화된 이후[882] 명칭 및 지급

881) 토관 58342-160 (2000. 1. 28) : 실농보상제도는 농경지가 공공사업지구에 편입됨으로 인하여 영농을 계속할 수 없게 된 경우 그 경작자에게 전업에 통상 소요되는 기간동안 종전의 영농소득상당액을 보전하여 주는 취지에서 도입된 제도입니다.

882) 영농보상이 제도화되기 이전에는 건설사업용지 보상규정(1971. 11. 5. 건설부훈령 제195호) 제17조와 공공사업용지보상규정(1975. 9. 1. 건설부훈령 제304호) 제34조에 의하여 공공사업의 시행으로 농어촌에서 이향하는 농어민에게 1개월분의 생계비를 이향위자료로 지급하도록 하는 규정이 있었다.

내역 등에서 많은 변화를 거치면서 오늘에 이르고 있다.

당초 농업손실보상금이 제도화될 때에 "실농보상"이라 하였으나 1991년 개정 시 농업의 폐지에 따른 영업보상적 개념을 도입하여 "영농보상"으로 하였다가, 1997년 다시 "실농보상"으로 변경하였으며, 현행 2003년 토지보상법 시행에서는 영업의 손실 등의 일종으로 보면서 그 명칭은 특정하지 않고 "농업의 손실에 대한 보상"으로 구분하는 등 그 용어와 개념에 혼선을 빚고 있다.

특히 과거 공특법 하에서 실제 재배작물에 따라 영농보상액을 산정하였기 때문에 보상시기에 임박하여 고소득 작물을 심는 등의 영농투기가 발생하게 되어 이러한 문제점들을 개선하면서 농업손실보상의 체계를 갖추고 있다.

표 38. 농업의 손실보상금 변천내역

년 도	명 칭	보상금 기준	비 고
'81. 3. 23	실농보상	- 답 : 일반벼(통일벼) 기준 일기분 순이익 - 전 : 보리를 기준으로 한 이익(조수입-경영비)	- 과수원 등 지장물 보상의 경우 보상 제외
'88. 4. 25	실농보상	비자경농지 소유자와 경작자 합의제도	
'91. 10. 28	영농보상	- 단년생 : 단위면적당 3기분 - 다년생 : 단위면적당 2년분	- 실제재배작물 보상 - 과수원 등 특수작물 보상
'97. 10. 15	실농보상	- 1기작 : 단위면적당 연간소득 × 3 - 다기작 : 단위면적당 1기작소득 × 3 - 1년다기작 : 1기작소득 ÷ 소요기간 × 2	
'03. 1. 1	농업의 손실에 대한 보상	- 도별 연간 농가평균 단위경작면적당 농작물총수입 × 2 - 실제소득입증 : 단위면적당 실제소득× 2	- 영농보상 투기 방지를 위한 개정
'13. 4. 25	농업의 손실에 대한 보상	실제소득 작물 중 지력을 이용하지 않는 작물 : 단위경작 면적당 실제소득의 3개월	
'14. 10. 22	농업의 손실에 대한 보상	실제소득 작물 중 지력을 이용하지 않는 작물 : 단위경작 면적당 실제소득의 4개월	

3. 법적 성격

농업손실보상금의 성격에 대해서는 크게 재산권 보상이라는 견해[883]와 간접보상이

883) 윤수진, "생활보상 및 간접손실보상 개념의 재검토", 토지공법연구 제34집(2006. 12), 31면 : "영농손실이 미래 얻을 것으로 기대되는 소득의 일실손실로서 엄격한 의미에서 헌법 제23조의 "재산권"에 해당하는

라는 견해[884] 그리고 생활보상의 일환이라는 견해로 나누어져 있다. 농업손실보상은 공익사업지구에 편입 농지 또는 공익사업지구 밖의 농지를 이용하여 경작을 하는 자가 공익사업의 시행으로 인하여 당해 농경지에서 더 이상 영농행위를 할 수 없게 됨으로 인해 상실하게 될 장래의 기대이익을 전보해 주는 간접보상·**생활보상**이다. 즉, 실제경작자가 농경지를 상실하므로 인하여 새로운 대체적 농지의 구입 또는 다른 업종으로 전환에 필요한 기간 동안의 손실, 즉 장래의 일실손실을 예상하여 보상하는 것이며, 동시에 경제적 약자인 농민의 생존배려·생계지원을 위한 보상이라고 보면,[885] 결국 생활보상의 일환으로 보는 것이 타당할 것으로 보인다.

Ⅱ. 보상의 요건

1. 농 경 지

1) 보상대상 농지

> ▣ **토지보상법 시행규칙**
>
> 제48조 (농업의 손실에 대한 보상) ① 공익사업시행지구에 편입되는 농지(「농지법」 제2조 제1호 가목 및 같은 법 시행령 제2조 제3항 제2호 가목에 해당하는 토지를 말한다. 이하 이 조와 제65조에서 같다)에 대하여는 그 면적에 「통계법」 제3조 제3호에 따른 통계작성기관이 매년 조사·발표하는 농가경제조사통계의 도별 농업총수입 중 농작물수입을 도별 표본농가현황 중 경지면적으로 나누어 산정한 도별 연간 농가평균 단위경작면적당 농작물총수입(서울특별시·인천광역시는 경기도, 대전광역시는 충청남도, 광주광역시는 전라남도, 대구광역시는 경상북도, 부산광역시·울산광역시는 경상남도의 통계를 각각 적용한다)의 직전 3년간 평균의 2년분을 곱하여 산정한 금액을 영농손실액으로 보상한다. 〈개정 2005. 2. 5., 2007. 4. 12., 2008. 4. 18., 2013. 4. 25., 2015. 4. 28.〉

것은 아니나, 재산권의 개념은 고정적인 것이 아니라 역사의 발전에 따라 변천하는 유동적인 개념이라는 점에서 영농의 일실손실도 재산권에 부수한 권리로서 현대적 의미의 재산권으로 확대하여 이해하여야 한다."

884) 류지태, 행정법신론, 신영사, 2006, 438면

885) 서경규(외), "실농보상의 문제점과 개선방안", 부동산학연구 제6집 제2호(2000. 12), 139-140면.

영농보상의 대상이 되는 토지는 공익사업시행지구에 편입되는 농지로 농지법상 다음의 농지를 의미한다.

▣ **농지법**

제2조 (정의) 1. "농지"란 다음 각 목의 어느 하나에 해당하는 토지를 말한다.
가. 전·답, 과수원, 그 밖에 법적 지목(地目)을 불문하고 실제로 농작물 경작지 또는 대통령령으로 정하는 다년생식물 재배지로 이용되는 토지. 다만, 「초지법」에 따라 조성된 초지 등 대통령령으로 정하는 토지는 제외한다.
나. 가목의 토지의 개량시설과 가목의 토지에 설치하는 농축산물 생산시설로서 대통령령으로 정하는 시설의 부지

▣ **농지법 시행령**

제2조 (농지의 범위) ③ 법 제2조 제1호 나목에서 "대통령령으로 정하는 시설"이란 다음 각 호의 구분에 따른 시설을 말한다. 〈개정 2019. 7. 2.〉
2. 법 제2조 제1호 가목의 토지에 설치하는 농축산물 생산시설로서 농작물 경작지 또는 제1항 각 호의 다년생식물의 재배지에 설치한 다음 각 목의 어느 하나에 해당하는 시설
가. 고정식온실·버섯재배사 및 비닐하우스와 농림축산식품부령으로 정하는 그 부속시설

▣ **농지법 시행규칙**

제3조 (부속시설의 범위) ① 영 제2조 제3항 제2호 가목에서 "농림축산식품부령으로 정하는 그 부속시설"이란 해당 고정식온실·버섯재배사 및 비닐하우스와 연접하여 설치된 시설로서 농작물 또는 다년생식물의 경작·재배·관리·출하 등 일련의 생산과정에 직접 이용되는 다음 각 호의 시설을 말한다. 〈신설 2014. 12. 31.〉
1. 보일러, 양액탱크, 종균배양설비, 농자재 및 농산물보관실, 작업장 등 해당 고정식온실·버섯재배사 및 비닐하우스에서 농작물 또는 다년생식물을 재배하는 데 직접 필요한 시설
2. 해당 고정식온실·버섯재배사 및 비닐하우스에서 생산된 농작물 또는 다년생식물을 판매하기 위한 간이진열시설(연면적이 33제곱미터 이하인 경우로 한정한다)
3. 시설 면적이 6천제곱미터 이하에서 농림축산식품부장관이 정하여 공고하는 면적 이상인 고정식온실·버섯재배사 및 비닐하우스에서 재배하는 농작물 또는 다년생식물의 관리를 위하여 설치하는 시설(연면적 33제곱미터 이하이고, 주거 목적이 아닌 경우로 한정한다)

당초 농지법 제2조 제1호 '가'목만을 대상으로 하여 보상대상 농지에 혼선이 있었으나,[886] 2013. 4. 25. 시행규칙 개정을 통하여 「농지법」 제2조 제1호 가목 및 같은 법

886) 법제처 안건번호 11-0074(2011. 3. 24) 법령정비 권고 : 공익사업보상법 제48조 제1항에서는 농업 손실보상의 대상이 되는 농지를 "공익사업시행지구에 편입되는 농지(「농지법」 제2조 제1호 가목에 해당하는 토지를 말한다. 이하 이 조와 제65조에서 같다)"로 규정하고 있으나, 「농지법」 제2조 제1호 나목의 부지도 경우에 따라서는 같은 호 가목의 토지와 중복될 수 있고, 이 경우 같은 호 가목의 토지로 보아야 할지, 아니면 같은 호 나목의 부지로 보아야 할지에 대하여 혼란을 초래할 수 있으므로, 이에 대해서는 추후 별도의 입법조치 등을 통하여 농업 손실보상의 대상이 되는 농지를 명확하게 표현할 필요가 있다

시행령 제2조 제3항 제2호 가목을 모두 포함하여, 온실·비닐하우스 등도 보상대상 농지에 포함시켜 혼선을 차단하였다.

한편 하천부지의 경우에는 점용허가를 받은 경우에 한하여 농업손실보상의 대상이 된다.[887] 그러나 다음의 농지는 농지법상 농지에 해당하지 아니하여 농업손실보상 대상의 농지가 아니다(농지법 령 제2조 제2항).

① 초지법에 의하여 조성된 초지

② 「공간정보의 구축 및 관리 등에 관한 법률」에 따른 지목이 전·답, 과수원이 아닌 토지로, 농작물 경작지 또는 다년생식물 재배지로 계속하여 이용되는 기간이 3년 미만인 토지

③ 「공간정보의 구축 및 관리 등에 관한 법률」에 따른 지목이 임야인 토지로서 「산지관리법」에 따른 산지전용허가(다른 법률에 따라 산지전용허가가 의제되는 인가·허가·승인 등을 포함한다)를 거치지 아니하고 농작물의 경작 또는 다년생 식물의 재배에 이용되는 토지[888]

2) 보상대상 제외농지

(1) 제외농지

한편, 토지보상법에서는 다음에 해당하는 토지는 농업손실보상의 대상의 농지에서 제외하고 있다(시행규칙 제48조 제3항).

① 사업인정고시일등[889] 이후부터 농지로 이용되고 있는 토지

고 할 것입니다.

887) 토정 58342-2033 (1998. 12. 22) : 국유의 하천부지에 대하여는 정당하게 하천관리청으로부터 점용허가를 받아 사용하고 있는 자가 실농보상의 대상이므로, 실제 경작중인 자가 하천관리청으로부터 양도, 양수허가를 받아 경작하고 있는 경우라면 실농보상의 대상에 해당할 것입니다.

888) 임야에 관한 규정(농지법 시행령 제2조 제2항)은 2016. 1. 19.자로 개정·시행되었으며 「농지법 시행령」 부칙 제2조에서 농지의 범위에 관한 경과 조치로서 ⅰ) 이 영 시행 당시 「공간정보관리법」에 따른 지목이 전·답, 과수원이 아닌 토지로서 농작물 경작지 또는 제2조 제1항 제1호에 따른 다년생식물의 재배에 이용되고 있는 토지, ⅱ) 이 영 시행 당시 「공간정보관리법」에 따른 지목이 임야인 토지로서 토지 형질을 변경하고 제2조 제1항 제2호 또는 제3호에 따른 다년생식물의 재배에 이용되고 있는 토지는 종전의 규정에 따르도록 규정하고 있으므로 이런 경우는 2016. 1. 19 이전 사실상 농지는 시행령 개정 후에도 농지로 봄

889) 토지정책과-5339 (2011. 11. 4) : 영농보상 기준일은 "사업인정고시일등"이 되며, 사업인정 고시 이전에 보상계획의 공고를 하는 경우에는 보상계획공고일, 사업인정 고시 이후 보상계획의 공고를 하는 경우에는 사업인정고시일, 즉 보상계획공고일과 사업인정고시일 중 빠른 날을 적용하여야 할 것으로 봅니다.

② 토지이용계획·주위환경 등으로 보아 일시적으로 농지로 이용되고 있는 토지[890)]
③ 타인소유의 토지를 불법으로 점유하여 경작하고 있는 토지
④ 농민(「농지법」 제2조 제3호의 규정에 의한 농업법인[891)] 또는 「농지법 시행령」 제3조 제1호 및 동조 제2호의 규정에 의한 농업인을 말함)이 아닌 자가 경작하고 있는 토지
⑤ 토지의 취득에 대한 보상 이후에 사업시행자가 2년 이상 계속하여 경작하도록 허용하는 토지[892)]

· 재결사례 ·

□ **인천광역시 지방토지수용위원회 재결 (2009. 5. 6)**

㈜ㅇㅇㅇ리조트는 1979년부터 30여년 농사를 지어온 영농법인회사임으로 농업손실보상금을 지급해달라는 주장에 대하여, 이 건 사업체의 경우 농어업경영체육성 및 지원에 관한 법률에 따라 설립된 농업회사 법인이 아님으로 이유 없다.

한편, 이 가운데 ③의 경우 '불법으로 점유'라는 부분이 문제가 되고 있는데, 이 조항으로 인하여 비록 토지소유자가 부재지주 농지라 하더라도 실경작자가 불법점유인 경우에는 농업손실보상금 지급이 불가하다. 따라서 실경작자는 농지점유의 적법성 판단을 위한 관련 증빙자료[893)]가 요구되고 있으며, 이 경우 현실적으로는 토지소유자의 적

890) 당초 "토지이용계획·주위환경 등으로 보아 일시적으로 농지로 이용되고 있는 토지 또는 불법형질변경토지로서 농지로 이용되고 있는 토지"로 규정하였으나, 2005. 2. 5 개정에서 '불법형질변경토지'를 삭제하여 현재는 불법으로 형질변경된 사실상 농지도 농업손실보상 지급대상이 되고 있다.

891) ☞ 농지법 제2조 제3호 : "농업법인"이란 「농어업경영체 육성 및 지원에 관한 법률」 제16조에 따라 설립된 영농조합법인과 같은 법 제19조에 따라 설립되고 업무집행권을 가진 자 중 3분의 1 이상이 농업인인 농업회사법인을 말한다.
☞ 농어업경영체 육성 및 지원에 관한 법률 제16조(영농조합법인 및 영어조합법인의 설립) ① 협업적 농업경영을 통하여 생산성을 높이고 농산물의 출하·유통·가공·수출 및 농어촌 관광휴양사업 등을 공동으로 하려는 농업인 또는 「농업·농촌 및 식품산업 기본법」 제3조 제4호에 따른 농업 관련 생산자단체(이하 "농업생산자단체"라 한다)는 5인 이상을 조합원으로 하여 영농조합법인(營農組合法人)을 설립할 수 있다.

892) 사업시행자의 사정에 의하여 일방적으로 상당기간 경작을 허용한 경우 농업손실보상금 지급이 가능한지에 대하여 국토교통부는 "보상을 하고 일정 기간이 경과한 후 사업시행자의 사정에 의하여 일방적으로 경작하도록 하였으나, 전 소유자 등이 경작을 하지 않은 경우 토지보상법 제48조 제3항 제5호에 따른 경작을 허용하는 토지로 보기 어려우나, 사업시행자와 경작자 간에 합의(동의)에 의하여 2년 이상 계속하여 경작한 경우 농업의 손실보상 대상에서 제외된다"는 입장이다[토지정책과-3311 (2010. 6. 22)]. 따라서 사업시행자가 장기간 일방적으로 농업을 허용하였더라도 경작을 하지 않았다면 농업손실보상을 지급하여야 할 것으로 본다.

법점유 확인(경작사실확인서상의 농지소유자 날인)이 필요한 바, 이러한 토지소유자의 확인이 필요한 점을 이용하여 부재지주가 날인을 거부하거나 보상금의 일부를 요구하는 경우가 있어 적법한 임차농이라 하더라도 농업손실보상금 신청에 어려움이 있어왔다.[894] 이에 대하여 2008. 4. 18 실제경작자를 인정하는 기준을 신설하여[895] 시행규칙 제48조 7항 제1호 내지 제4호에 의해서도 적법한 원인에 의하여 점유한 것으로 보도록 하였으나,[896] 이 가운데 제3호(이장·통장이 확인하는 경작사실확인서)에 대해서는 여전히 적법한 원인관계 입증 곤란하므로, 그 적법 여부에 대하여 이장·통장이 확인하는 경작사실확인서 외에도 사업시행자가 별도의 기준을 세워 운용하는 사례가 있다.[897]

(2) 2년 이상 경작허용 농지

토지의 취득에 대한 보상 이후에 사업시행자가 2년 이상 계속하여 경작하도록 허용하는 토지에 대해서는 농업손실보상금을 배제하도록 규정하고 있다. 이처럼 2년 이상 경작을 허용하는 경우는 농업손실보상에서 제외하고 있으나, 이런 경우는 대부분 사업시행자의 공사 지연으로 발생하게 되는데, 농업손실보상의 취지나 생활보상의 의미를 감안하면 이런 배제조항이 합리적인지는 의심이 간다.[898]

---

893) 실무적으로는 농지점유의 적법성 판단을 위하여 그 증빙자료로 임대차계약서, 임대료 지급증빙 자료, 직불제 수령내역 등이 활용되고 있으며, 이러한 증빙자료가 곤란한 경우 결국 소유자의 적법점유에 대한 동의 (통상적으로는 경작확인서의 날인)가 요구되고 있다.

894) 2009. 1. 13 MBC 9시 뉴스보도에서 실경작자가 소유자의 날인거부 등으로 농업손실보상금을 수령하지 못하는 상황을 보도한 바 있다.

895) 토지보상법 시행규칙 제48조 (농업의 손실에 대한 보상) ⑦ 법 제77조 제2항에 따른 실제 경작자는 다음 각 호의 자료에 의하여 사업인정고시일등 당시 타인소유의 농지를 임대차 등 적법한 원인에 의하여 점유하고 자기소유의 농작물을 경작하는 것으로 인정된 자를 말한다.
1. 농지의 임대차계약서 2. 농지소유자가 확인하는 경작사실확인서
3. 해당 공익사업시행지구의 이장·통장이 확인하는 경작사실확인서
4. 그 밖에 실제 경작자임을 증명하는 객관적 자료(소유자의 계좌에 토지사용료를 지급한 사실 등)

896) ① 토지정책과-1081 (2008. 5. 22) : 「공익사업을 위한 토지 등의 취득 및 보상에 관한 법률 시행규칙」 제48조 제7항 1호 내지 4호의 규정은 자경농지가 아닌 농지에 대한 영농손실액의 보상과 관련된 농지소유자와 실제 경작자 간의 분쟁을 해소하기 위하여 농지의 임대차계약서나 농지소유자가 확인하는 경작사실확인 등과 같이 객관적인 자료에 의하여 실제 경작자를 인정하도록 개정(2008.4.18자)한 것으로서, 1호내지4호중 1개만 충족하면 영농보상대상자로 봅니다.
※ 그러나 사업시행자 입장에서는 여전히 3호(해당 공익사업시행지구의 이장·통장이 확인하는 경작사실확인서) 의 경우 적법 점유를 인정하지 않고 있다.
② 토지정책과-5181 (2010. 11. 2) : 실제 경작자 입증자료간에는 별도 우선순위 없이 각호의 자료 중 어느 하나의 자료에 의해서 실제 경작자임을 입증하면 된다고 보나, 개별적인 사례에 있어서 실제 경작자 여부는 사업시행자가 위 규정 및 사실관계 등을 조사하여 판단하시기 바랍니다.

897) 한국토지주택공사에서는 증빙관련 자료를 토지소유자에게 공문으로 적법하게 점유하였는 지를 문서로 조회하여 일정기한 내에 이의신청이 없으면 적법한 점유로 보는 등의 조치를 취하고 있다.

한편 사업시행자가 사업시행자 사정에 의하여 일방적으로 2년 이상 경작을 허용한 경우, 농업손실보상을 하지 아니하여도 되는지 여부에 대하여 논란이 있을 수 있는데, 이 경우 국토부 유권해석에 의하면 사업시행자의 일방적인 경작허용의 경우 전 소유자가 경작을 하지 않은 경우에는 농업손실보상금을 지급하여야 할 것으로 보이며, 사업시행자의 경작허용에 대해 전 소유자가 경작을 했다면 유권해석의 반대해석에 의거 농업손실보상을 지급하지 않아도 될 것으로 보인다(아래 질의회신 참조). 다만, 종종 문제가 되는 경우는 사업시행자가 경작허용 등의 의사표시가 없는 가운데 전 소유자(또는 경작자)가 2년 이상 영농을 하였을 경우인데, 이 경우는 사업시행자와 전 소유자(또는 경작자)가 합의(동의)없을 뿐만 아니라 사업시행자의 경작허용 의사표시도 없었음을 감안할 때 농업손실보상금을 지급하여야 될 것으로 보인다.

질의회신

□ 토지정책과-3311 (2010. 6. 22)

토지의 취득에 대한 보상을 하고 일정기간이 경과한 후 사업시행자의 사정에 의하여 일방적으로 경작하도록 하였으나, 전 소유자등이 경작을 하지 않은 경우에는 토지보상법 제48조 제3항 제5호에 따른 경작을 허용하는 토지로 보기 어려우나, 사업시행자와 경작자간에 합의(동의)에 의하여 2년 이상 계속하여 경작하도록 한 경우에는 농업의 손실 보상대상에서 제외됨.

(3) 기타 제외농지

그밖에 토지보상법에서는 열거하지 않고 있으나 영농보상에서 제외되는지 여부에 대하여 논란이 되고 있는 농지는 다음과 같다.

① 사실상 농지

불법형질변경된 토지로서 농지로 이용되고 있는 “사실상 농지”에 대하여 농업손실보상금을 지급하여야 하는 문제이다. 당초 토지보상법 시행규칙 제48조는 이 불법형질변경 토지로서 농지로 이용되고 있는 토지를 농업손실보상금 지급에서 제외하였으나, 2005. 2. 5 토지보상법 시행규칙 개정에서 이 조항을 삭제하였다.[899] 그러나 이러한

---

898) 영농보상에서 제외하기 보다는 국유재산법 등 관련 법률에 따른 대부 또는 임대차로 다루는 것이 타당해 보이므로 토지보상법 시행규칙 제48조 제3항 제5호를 삭제하는 것이 바람직해 보인다. 차태환, 토지보상법론(제3판), 부연사, 2012, 501면.

899) 토지보상법 시행규칙 제48조의 개정(2005. 2. 5)

법 개정으로 불법형질변경된 농지가 곧바로 영농보상대상 농지에 포함된다고 적극적으로 해석하는 데에는 의문이 있어 왔다.[900] 국토교통부에서는 당초에 이를 적극적으로 해석하였다가[901] 산지관리법 부칙개정('10. 5. 31)으로 '불법전용산지에 관한 임시특례' 규정에 정한 절차에 따라 '농지'로 지목변경이 된 경우에 한하여 농업손실보상금을 지급하도록 결정되었다.[902]

한편, 법제처 유권해석에서는 사업인정 고시일 이전부터 농작물 또는 다년생식물을 경작한 경우 원칙적으로 농업손실보상의 대상이 된다고 해석(아래 해석참조)하여 이후 사실상 농지에 대하여 농업손실보상을 지급하기로 변경하였다.

유권해석

□ **법제처 11-0737 (2012. 1. 5)**

농업손실보상 대상이 되는 농지에 대하여 규정한 「농지법」 제2조 제1호 가목에서는 "농지"란 "전·답, 과수원, 그 밖에 법적 지목(地目)을 불문하고 실제로 농작물 경작지 또는 다년생식물 재배지로 이용되는 토지"라고 하여 지목을 불문하고 실제 경작 여부를 중심으로 농지 해당 여부를 판단하도록 되어 있으므로, 비록 지목이 법상 임야로 되어 있다 하더라도 공익사업인정 고시일 이전부터 농작물 또는 다년생식물을 경작하여 왔다면 원칙적으로 농업손실보상과 관련하여서는 해당 토지가 공익사업법 시행규칙 제48조 제3항에서 정한 요건에 해당하지 않는 한 농업손실보상 대상이 되는 「농지법」 제2조 제1호 가목에 따른 농지가 아니라고 보기는 다소 어렵다고 할 것이고, 농업손실보상의 경우 같은 법 시행규칙 제45조에 따른 불법형질변경토지에서 이루어진 영업의 경우를 손실보상 대상에서 제외하도록 하는 규정 등을 준용하고 있지도 않다고 할 것입니다.

따라서, 지목이 임야인 타인 소유 토지를 적법하게 점유하여 공익사업인정 고시일 이전부터

(당초) "2. 토지이용계획·주위환경 등으로 보아 일시적으로 농지로 이용되고 있는 토지 또는 불법형질변경토지로서 농지로 이용되고 있는 토지" ⇒ (변경) "2. 토지이용계획·주위환경 등으로 보아 일시적으로 농지로 이용되고 있는 토지"로 개정하여 불법형질변경토지로서 농지로 이용되고 있는 토지를 삭제하였다. 이를 삭제한 의미는 농업손실보상에 있어서는 불법형질변경 여부를 떠나서 농지법상 농지에 해당되고 실제 농작물을 경작하는 경우에는 농업손실보상 대상이 되도록 하려는 것이었다.

900) 한국토지주택공사의 경우는 이 경우 농업손실보상금을 지급하지 않고 있다. 한국토지주택공사 "기본조사 및 보상업무에 관한 지침" 47조(영농조사) 4. 타인소유 토지를 불법으로 점유하여 경작하는 경우(국·공유지 또는 미등록토지 등을 무단 개간하여 경작하는 경우 등)

901) 토지정책과-2178 (2005. 4. 26) : 공부상 임야인 토지가 농지법상 농지인 경우에는 영농손실을 보상함. 다만 개발제한구역내에서 '영농을 위한 토지의 형질변경' 등 불법형질변경이 명확한 경우에는 영농손실 보상대상에서 제외한다.

902) 토지정책과-6105 (2010. 12. 29) : 2011.01.01 부터는 산지관리법에서 규정한 절차에 따라 '농지'로 지목변경된 경우에 한하여 '농지'로 평가하고, 또한 영농손실보상을 실시할 수 있도록 보상기준을 알려드리니 보상업무 추진에 착오 없으시기 바랍니다.

※ 영보손실보상에 대하여는 동일사업지구의 경우 2011.1.1 현재 이미 농업손실보상을 착수한 경우 보상대상자 간의 형평성을 감안하여 3년 이상 농지법상 농지는 농업손실보상을 그대로 시행하는 경우도 있다.

> 농작물 또는 다년생식물을 경작하여 왔으나, 해당 토지가 「산지관리법」 부칙 제2조에 따른 불법전용산지에 관한 임시특례 규정의 적용을 받지 못하여 농지로 전용되지 못하는 경우 이러한 토지에서 행한 경작은 원칙적으로 공익사업법 시행규칙 제48조에 따른 손실보상 대상에 해당한다고 할 것이나, 예외적으로 산지로서의 관리 필요성 등 전반적인 사정을 고려할 때 손실보상을 하는 것이 사회적으로 용인될 수 없다고 인정되는 경우에는 손실보상 대상이 되지 않는다고 할 것입니다.

이 법제처 해석에 의거 국토교통부도 이 견해를 수용하여 농업손실보상기준 (토지정책과-1547)을 변경하여 시행하고 있다.[903)]

▣ 국토교통부 지침

[지목이 '임야'이나 '농지'로 이용 중인 토지에 대한 농업손실보상기준] 변경 (2012. 03. 30)

종 전	변 경
공부상 지목이 '임야'이나 농지(농지법 제2조 제1호 가목)로 이용중인 토지는 위 규정에 의한 불법전용산지에 관한 임시특례규정에서 정한 절차에 따라 불법전용산지신고 및 심사를 거쳐 지목변경된 경우에 한하여 영농손실을 보상	공부상 지목이 '임야'이나 농지(농지법 제2조 제1호 가목)로 이용중인 토지는 영농손실을 보상 다만, 산지로서의 관리필요성 등 전반적인 사정을 고려할 때 손실보상을 하는 것이 사회적으로 용인될 수 없다고 인정되는 경우 보상대상에서 제외 ※2012.1.5. 이후에 지급되는 영농손실보상부터 적용

② 국유지상의 무단경작

국유지상의 무단으로 경작하는 경우 농업손실보상의 대상이 되지 않는다. 따라서 점용허가를 받은 하천부지에 대해서는 농업손실보상이 가능하나,[904)] 점용기간이 경과하였거나 무단으로 경작하는 경우에는 그 대상이 되지 않는다.[905)]

---

903) 『지목이 '임야'이나 '농지'로 이용 중인 토지에 대한 농업손실보상기준』(토지정책과-1547, 2012. 3. 30) 변경

904) 토정 58342-2033 (1998. 12. 22) : 국유의 하천부지에 대하여는 정당하게 하천관리청으로부터 점용허가를 받아 사용하고 있는 자가 실농보상의 대상이므로, 실제 경작중인 자가 하천관리청으로부터 양도·양수허가를 받아 경작하고 있는 경우라면 실농보상의 대상에 해당할 것입니다.

905) ① 토정 58342-367 (1999. 3. 6) : 국가 또는 지방자치단체 소유의 토지인 경우에는 경작목적의 점용허가를 얻고 사용하고 있는 경우가 이에 해당하며, 허가없이 사용하던 중 변상금을 납부한 경우에는 허가를 받은 것으로 볼 수 없으므로 실농보상의 대상은 아닌 것으로 판단합니다.
② 토정 58342-969 (1999. 5. 31) : 실농보상은 공공사업의 시행으로 영농을 상실하는 경우에 장래 영농의 손실액(2~3기분)을 보전하여 주는 것으로 재산관리청의 동의없이 경작한 경우에는 실농보상의 대상은 아닙니다.

질의회신

□ **토지정책과-2921 (2010. 6. 1)**

공익사업을 위한 토지 등의 취득 및 보상에 관한 법률 시행규칙」 제48조 제1항의 규정에 따르면 공익사업시행지구에 편입되는 "농지"(농지법 제2조 제1호 가목에 해당하는 토지를 말함)에 대하여 일정조건을 충족하는 경우 영농손실보상을 하도록 되어 있으며, 같은 조 제3항에서 타인소유의 토지를 불법으로 점유하여 경작하고 있는 토지 등은 농지로 보지 아니하도록 되어 있습니다. 귀 질의의 경우와 같이 허가 없이 사용하던 중 무단점유에 따라 변상금을 납부하더라도 적법하게 점유한 것으로 볼 수 없으므로 농업의 손실보상대상에 해당되지 아니한다.

특히, 하천의 경우 종전의 국가 및 지방1급 하천의 경우 국유화 조치로 인하여 자기명의의 토지라 하더라도 타인토지에 해당한다고 보아, 하천점용허가를 받지 않고 경작하였다면 토지보상법 시행규칙 제48조 제3항 제3조의 "타인소유 토지를 불법으로 점유하고 경작한 것"으로 보아 농업손실보상금 지급이 불가하나, 지방 2급 하천의 경우 자기소유 토지에서 경작하는 경우에는 하천점용허가를 득하지 않았더라도 농업손실보상금 지급이 가능하다고 회신하고 있다(아래 질의회신). 그러나 종전의 국가 및 1급 하천의 경우에도 보상을 받지 않은 사유토지에 대해서도 그 기득권을 인정하여 농업손실보상을 지급하여야 한다는 이견도 있다.

질의회신

□ **토지정책과-4377 (2012. 9. 5)**

(질의요지) 지방(2급) 하천구역 내에 소재하는 사유토지에서 소유자가 하천점용허가를 받지 않고 경작행위를 하던 중 해당토지가 공익사업에 편입된 경우 농업손실보상이 가능한지?

(회신내용) 지방(2급) 하천구역내 자기소유 토지에서 경작 중인 경우는 하천법 등 관계법령의 위반 여부는 별론으로 하고, 농업손실 보상대상에 해당하는 것으로 보이며…

③ 휴경농지

휴경농지가 농업손실보상대상 농지에서 제외되어야 하는 가에 대하여 질의회신 및 각 보상기관에서는 휴경농지라고 판단될 경우 농업손실보상에서 제외하고 있다.[906] 그

906) ① 토관 58342-268 (2001. 2. 24) : 실농보상은 경작자에 대한 보상이므로 휴경지는 보상대상에 해당되지 아니한다고 보나 계절적인 휴경이나 작물의 특수성으로 인한 휴경 등 일시적으로 휴경하는 경우에는 실농보상의 대상에 해당된다고 보며, 이 경우 실농보상비는 휴경 직전에 실제 재배한 작물을 기준으로

러나 토지보상법 시행규칙 제48조 ⑤에서 일정한 사유가 있는 경우(이농, 임대차 해지 등) 경작을 하지 않더라도 현지 거주 농민의 경우 농업손실보상금을 지급하도록 하고 있는 점을 감안할 때 휴경지라고 해서 일방적으로 농업손실보상의 대상이 아니라고 단정할 수는 없다.[907] 따라서, 지목은 농경지이나 농경지로 사용하지 않는 경우는 휴경기간이 장기간인 경우나 특별한 사유 없이 경작하지 않는 경우 등의 정당한 사유가 있는 경우 농업손실보상금 지급대상에서 제외된다고 할 것이다.[908]

④ 사용대상의 농지

토지보상법 시행규칙에서는 규정되어 있지 아니하나, 영농손실의 보상대상이 되는 것은 사업시행자가 취득하는 것으로서 소유자가 그 농지에 다시 영농을 할 수 없는 경우에 한하므로, 사업시행자가 일정한 기간 사용 후 되돌려주거나 다른 토지로 교환하여 주는 등 사용·제한·환지 등의 경우는 영농손실의 보상대상에 해당되지 아니한다고 회신[909]하고 있어 농업손실보상 대상이 되지 않는다.

⑤ 사회적으로 용인될 수 없는 경우

사실상 농지라 하더라도 관계 법령의 입법 취지와 그 법령에 위반된 행위에 대한 비난가능 성과 위법성의 정도, 합법화될 가능성, 사회통념상 거래 객체가 되는지 여부 등 전반적인 사실관계, ii) 구체적인 개별 사안별로 대상 토지에 경작이 이루어지게 된

보상하여야 합니다.

② 토정 58342-1673 (1998. 10. 19) : 1년에 2모작이상 경작이 가능하나 그 중 1모작만 경작하거나 경작자의 질병 및 이상기후 등의 영향으로 농작물을 재배하지 못한 경우 등 제반요인을 검토 사업시행자가 일시적인 휴경인지 등을 판단하여야 할 것이나, 2년이상 경작하지 아니하는 농경지를 일시적인 휴경지로 볼 수는 없을 것이며, 휴경농지에 대하여는 실농보상이 되지 아니합니다.

907) 토지보상법 시행규칙 제48조 ⑤ : 실제 경작자가 자의에 의한 이농, 해당 농지의 소유권 이전에 따른 임대차계약의 해지 등의 사유로 인하여 보상협의일 또는 수용재결일 당시에 경작을 하고 있지 아니하는 경우의 영농손실액은 제4항에도 불구하고 농지의 소유자가 해당지역에 거주하는 농민인 경우에 한하여 농지의 소유자에게 보상한다.

908) 토지정책과-1338 (2008. 12. 11) : 토지보상법 제77조 제2항에서 영농보상을 실제 경작자에 보상하는 것을 원칙으로 하는 점과 영농보상은 농업의 손실을 전보하는 제도로서 보상인 점 및 토지보상법시행규칙 제48조를 종합적으로 살펴볼 때, 농업을 경영하고 있는 농지가 아닌 휴경지 등 장기간 경작하고 있지 아니한 농지는 공익사업의 시행에 따라 농업에 어떠한 손실이 있다고 할 수 없기 때문에 영농손실보상 대상이라고 보기 어렵다고 봅니다.

909) 토관 58342-1265 (2001. 8. 18) : 사업시행자가 농경지를 취득하는 경우에는 위 규정에 의한 실농보상을 하여야 한다고 보나, 사업시행자가 공공사업시행지구에 편입되는 농경지를 취득하지 아니하고 사용하는 경우에는 사용기간이 경과한 후 토지소유자가 다시 사용·수익할 수 있어 농경지를 상실하였다고 볼 수 없으므로 실농보상대상에 해당하지 아니한다고 봅니다.

시기 및 경작이 이루어진 기간, 경작 규모 및 이용현황, 산지로서의 관리 필요성 및 농지화 정도, 사업인정 고시와의 관계 등을 종합하여 고려할 때 손실보상을 하는 것이 사회적으로 용인될 수 없는 경우라면 영농손실 보상대상에 해당하지 않는다.[910] 이런 경우는 개발제한구역 내 임야의 개간(아래 질의회신 참조), 보안림 무단 산지전용[911] 등을 사례로 들 수 있다.

질의회신

□ 토지정책과-4056 (2015. 6. 9)

(질의내용) 개발제한구역 내 임야를 개간하여 영농행위를 하는 경우 농업손실보상대상에 해당하는지 여부

(회신내용) 「농지법」상 농지로 이용 중인 토지가 공익사업에 편입되는 경우 원칙적으로 농업손실보상에 해당하는 것으로 보나, 다만, 지목이 '임야'이나 농지로 이용 중인 토지의 경우 산지로서의 관리 필요성 등 전반적인 사정을 고려할 때 손실보상을 하는 것이 사회적으로 용인될 수 없다고 인정되는 경우에는 농업손실보상 대상에 제외된다고 보며, 개별적인 사례에 대해서는 사업시행자가 관계 법률과 사실관계 등을 조사·검토 하여 판단할 사항으로 봅니다.

2. 농민 등

1) 보상대상자

농업손실보상금을 수령할 자는 농지법 제2조 제3호의 규정에 의한 농업법인 또는 농지법 시행령 제3조 제1호 및 동조 제2호의 규정에 의한 농업인을 말한다.

여기서 농업인이란 ① 1천제곱미터 이상의 농지에서 농작물 또는 다년생식물을 경작 또는 재배하거나 1년 중 90일 이상 농업에 종사하는 자, ② 농지에 330제곱미터 이상의 고정식온실·버섯재배사·비닐하우스, 그 밖의 농림수산식품부령으로 정하는 농업생산에 필요한 시설을 설치하여 농작물 또는 다년생식물을 경작 또는 재배하는 자, ③ 대가축 2두, 중가축 10두, 소가축 100두, 가금 1천수 또는 꿀벌 10군 이상을 사육하거나 1년 중 120일 이상 축산업에 종사하는 자, ④ 농업경영을 통한 농산물의 연간 판매액이 120

910) 중토위, 2019 토지수용편람, 392면

911) 보안림의 해제와 관련하여서는 무단으로 산지를 전용하여 농작물 등을 재배하는 경우 「농지법」 제2조 제1호에 따른 농지로 보기 어렵다, (법제처 2006. 4. 21. 회신 06-0016 해석례 참조)

만원 이상인 자를 말한다(농지법 시행령 제3조).[912)]

또한 농업법인이란 「농어업경영체 육성 및 지원에 관한 법률」 제16조에 따라 설립된 영농조합법인과 같은 법 제19조에 따라 설립되고 업무집행권을 가진 자 중 3분의 1 이상이 농업인인 농업회사법인을 말한다(농지법 제2조 제3호).

결국, 이에 의하면 농민과 농업법인이 아니면 농업손실보상금의 대상에 포함되지 않는다. 따라서 종중단체[913)] 또는 농업법인이 아닌 일반법인은 농업에 관여하였다 하여도 농업손실보상의 대상이 될 수는 없고[914)] 실경작자가 그 대상이 될 것이다. 또한 보상대상자는 자경농민에 한하지 않으며, 타인의 농지를 경작하거나 또는 국·공유지를 점용·사용허가를 득하고 경작한 농민도 이에 포함된다.

한편, 공익사업에 편입된 농지의 경작자가 매년 다를 수 있어 보상대상자에 다툼이 발생하고 있는바, 토지보상법은 보상대상자 기준일은 사업인정 당시의 경작자로 규정하고 있다.[915)]

---

912)토지정책과-3310 (2010. 6. 22) : 「공익사업을 위한 토지 등의 취득 및 보상에 관한 법률 시행규칙」 제48조 제1항에 따르면 공익사업시행지구에 편입되는 "농지"(농지법 제2조 제1호 가목에 해당하는 토지를 말함)에 대하여 일정조건을 충족하는 경우 농업의 손실에 대한 보상으로 규정하고 있으나, 실경작자인 농지 소유자가 당해 지역에 거주하는 농민이어야 하는 것은 아니라고 보며, 개별적인 사례는 사업시행자가 사실관계 등을 검토하여 판단하시기 바랍니다.

913) 토정 58342-950 (1998. 6. 17) : 종중소유 토지를 임대하여 경작하여온 경우에 종중과 협의하여 실농보상금을 수령하게 되는지 여부에 대한 질의회신에서 " 토지소유자인 종중은 농민에 해당하지 아니합니다" 라고 회신하고 있다.

914) ① 토관 58342-1643 (1999. 12. 14) : 실농보상은 농민이 이농하게 되는 경우 전업에 따른 손실보전을 하기 위하여 도입된 제도이므로, 학교직원이나 학생들이 학교시설 부지내에서 실습용으로 농작물을 경작한 경우에는 실농보상대상에 해당되지 아니하는 것으로 판단됩니다.

② 토지정책과-3792 (2009. 8. 18) : 토지보상법 시행규칙 제48조 제3항 제4호에 의하면 농민(「농지법」 제2조 제3호의 규정에 의한 농업법인 또는 「농지법 시행령」 제3조 제1호 및 동조 제2호의 규정에 의한 농업인을 말한다. 이하 이조에서 같다)이 아닌 자가 경작하고 있는 토지는 농지로 보지 아니하도록 규정하고 있습니다. 따라서, 농지법상 농지가 아닌 경우이거나 농민이 아닌 자가 경작하고 있는 토지는 토지보상법시행규칙 제48조에 의한 농업의 손실에 대한 보상에 해당된다고 볼 수 없다고 보며, 개별적인 사례에 대하여는 사업시행자가 관계법령 및 사실관계를 종합적으로 조사, 검토하여 판단·결정할 사항이라고 봅니다.

915) 토지정책과-4047 (2009. 9. 1) : 【질 의】 농지의 소유자가 해당지역에 거주하는 농민이 아닌 경우로서 매년 경작자가 다를 경우 영농보상지급 대상자는 누구인지

【회 신】 토지보상법 시행규칙 제48조 제7항에 의하면 실제 경작자는 사업인정고시일등 당시 타인소유의 농지를 임대차 등 적법한 원인에 의하여 점유하고 자기소유의 농작물을 경작하는 것으로 인정된 자로 규정하고 있습니다.

2) 자경농지가 아닌 경우

농업손실보상금은 원칙적으로 실경작자에게 지급하는 것이 원칙이지만, 농경지의 소유자가 당해 지역[916]에 거주하는 농민인 경우에는 농지의 소유자와 실제의 경작자[917] 간에 협의가 성립된 경우에는 협의내용에 따라 보상하고, 협의가 성립되지 아니하는 경우에는 농지의 소유자와 실제의 경작자에게 각각 영농손실액의 50퍼센트에 해당하는 금액을 보상한다.[918]

이에 대한 논의 가운데 하나가 과연 소유자와 실경작자 간의 합의가 이루어지지 않을 경우 과연 이를 공탁할 수 있는가 였다. 이에 대하여 법원에서는 공탁을 할 수 있다는 의견이지만(아래선례 참조), 실제적으로 수용재결이 없는 상태에서 상대적 불확지 공탁을 할 수 없다는 것이 실무의 입장이다.

▣ 參照先例(2002. 10. 15) 법정 제 3302-344호 질의회답

공공용지의취득 및손실보상에관한특례법시행규칙 제29조에 의한 실농보상을 함에 있어서 실제 경작자와 당해 농경지의 소유자 사이에 협의가 성립되지 않는 경우의 보상금 지급방법

공공용지의취득및손실보상에관한특례법시행규칙 제29조에는"자경농지가 아닌 농경지에 대한 영농손실액은 경작자에게 지급하되, 당해 농경지의 소유자가 당해 지역에 거주하는 농민인 경우에는 소유자와 경작자가 협의하는 바에 따라 그 소유자 또는 경작자에게 보상한다."라고만 규정되어 있을 뿐 양자 사이에 협의가 성립하지 않는 경우에 관해서는 규정되어 있지 않은 바, 이와 같은 경우 사업시행자는 피공탁자를 "경작자 또는 소유자"로 하는 상대적 불확지 공탁을 함으로써 보상금지급 채무를 면할 수 있다.

☞ 그러나 재결이 없는 상태에서 이와 같은 공탁이 가능한 지에 대하여 공탁공무원들도 회의적이며 사례도 없다.

또한 당연히 농지의 소유자가 당해 지역에 거주하는 농민이 아닌 경우에는 실제의

---

916) 토지보상법 시행령 26조(부재부동산소유자의 토지) ① 부재부동산소유자의 토지는 사업인정고시일 1년 전부터 다음 각 호의 어느 하나의 지역에 계속하여 주민등록을 하지 아니한 자가 소유하는 토지로 한다.
1. 해당 토지의 소재지와 동일한 시(행정시를 포함한다. 이하 이 조에서 같다)·구(자치구를 말한다) 또는 읍·면(도농복합형태인 시의 읍·면을 포함한다)
2. 제1호의 지역과 연접한 시·구 또는 읍·면

917) 사업인정고시일등 당시 타인소유의 농지를 임대차 등 적법한 원인에 의하여 점유하고 자기소유의 농작물을 경작하는 자를 말한다.

918) 이와 같이 합의제도는 영업보상의 경우 보상금의 지급을 건물 등의 소유자에게 지급하는 것이 아니라, 실제 영업행위를 하는 자에게 지급하고 있는 점과, 농업손실보상이 영세한 실제 경작자에 대한 생활배려적 보상이라는 점을 감안할 때, 소유자와 합의를 요구한다는 것은 명백히 부당하다는 견해가 있다. (이헌석, "영농보상제도에 관한 연구" 한국토지공법연구 제44집 2009년5월, 83면)

경작자에게 보상한다. 다만, 타인소유의 토지를 불법으로 점유하여 경작하고 있는 토지는 영농보상 대상농지로 보지 아니하므로 불법여부의 확인이 필요하다(시행규칙 제48조 제3항 제3호).

3. 농작물 재배

사업인정고시 등 현재 농작물을 재배하여야 한다. 여기서 재배라 함은 작물을 육성하고 수확을 올리는 모든 수단을 의미하며, 재배에는 파종·이식·시비·수확 등이 포함된다. 따라서 파종, 식재 후 계획적인 영농관리를 통해 작물재배를 하는 경우에만 영농보상의 대상이 되며, 자연발생적인 식물이거나 계획적인 영농을 하지 않은 경우에는 영농보상의 대상이 될 수 없다.[919]

또한 농작물의 범위는 일반작물에 한하지 않고, 화훼작물·조경수·버섯재배장 등도 포함되지만,[920] 농경지에 실제로 작물을 재배하였다면 대체농경지로 이식하기 위한 잔디,[921] 묘포장[922] 등의 경우에도 농업손실보상금의 지급대상이 된다.

---

919) ① 이헌석, "영농보상제도에 관한 연구" 한국토지공법연구 제44집(2009. 5), 75면.
② 대법원 2001. 8. 21. 선고 2001두3211 판결 : 구 공공용지의취득및손실보상에관한특례법시행규칙(1997. 10. 15. 건설교통부령 제121호로 개정되기 전의 것) 제29조 제1항에 의한 영농손실액의 산정은 당해 토지에서 실제로 재배하고 있는 작물을 확정한 다음, 그를 기준으로 그 각 호의 산식에 따라야 하는바, 여기서 '실제로 재배하고 있는 작물'이라 함은 영농자가 영농의 의사를 가지고 정상적인 방법으로 수확을 목적으로 실제로 재배한 작물을 말하는 것이지 영농의 의사 없이 보상 등을 목적으로 비정상적인 방법으로 잠정적·일시적으로 재배한 작물은 이에 해당하지 아니한다고 할 것이고, 한편 영농의 의사로 정상적인 방법으로 수확을 목적으로 실제로 재배한 작물인지 여부는 그 작물의 종류·특성·효용 및 파종·수확의 시기나 방법, 재배 방법의 다양성 여부, 해당 토지나 경작 여건의 특성, 영농자의 영농기술 등 제반 사정을 종합하여 판단하여야 한다.

920) 토정 5066-1325 (2004. 11. 10) : 농작물의 범위는 일반작물에 한하지 않고, 화훼작물·조경수·버섯재배장 등도 포함되지만, 화분에서 재배하는 경우처럼 이전재배가 가능한 경우에는 영농보상의 대상이 아니다.

921) ① 대법원 2004. 10. 15. 선고 2003두12226 판결 ; 공공사업시행지구에 농경지가 편입되고 그 농경지에서 실제로 작물을 재배하고 있었던 이상 특별한 사정이 없는 한 구 공특법시행규칙 제29조 제1항 소정의 영농손실액 지급대상이 된다고 할 것이고, 농경지에 재배하던 작물을 대체농경지로 이식하여 계속 영농을 할 수 있어 영농중단이 발생하지 아니한다고 하여 영농손실액 지급대상에서 제외된다고 할 수 없으며(대법원 1999. 12. 10. 선고 97누8595 판결 참조), 잔디를 농경지에 식재하여 재배하는 것이 다른 곳에 이식하기 위한 것이라고 하여 달리 볼 것도 아니다.
② 토정 58342-1587 (1997. 11. 3) 실농보상은 공공사업의 시행으로 이하여 일정한 기간동안 농사를 짓지 못함으로 인하여 발생한 손실을 보상하라는 의미이므로 잔디의 경우 농경지에 파동하여 수확, 판매하는 경우라면 묘포장의 경우와 같이 실농보상에 해당할 것으로 사료됩니다.

922) 토정 58342-1998 (1998. 12. 17) : "묘포장"이라 함은 묘를 본포장에 이식하여 재배가 가능할 수 있는 정도로 육성시키는 특정한 장소를 의미하므로, 그 재배형태 등으로 보아 이에 해당하는 경우라면 실농보상에 해당 할 것입니다.

한편 농업손실보상의 대상인지 여부에 대하여 논쟁이 되고 있는 것은 지력을 이용하지 않고 재배하는 난, 화훼, 버섯재배사 등의 경우이다. 이에 대하여 판례[923] 및 질의회신[924]은 지력을 이용하지 않는 경우는 농업손실보상의 대상이 되지 않는다고 보았다. 그러나 보상현장에서는 농지에서 버섯재배사 등의 경우 농업손실보상금을 주는 사례도 있어 과연 지력을 이용하는 경우에 한정하여 해석하여야 하는 지는 문제가 있어 왔다. 이에 2013. 7. 5. 국토교통부는 "농작물실제소득인정" 기준을 개정하여 아래의 별지2의 경작인 경우에는 지력을 이용하지 않아도 영농보상이 가능하도록 하였다.

▣ 실제소득인정기준 (국토교통부고시 제2015-856호)

제6조(실제소득금액 산정특례) ③ 직접 농지의 지력(地力)을 이용하지 아니하고 재배중인 작물을 이전하여 중단 없이 계속 영농이 가능하여 단위면적당 실제소득의 4개월분에 해당하는 농업손실보상을 하는 작물 및 재배방식은 별지 2와 같다.

[별지 2] 이전하여 중단 없이 계속 영농이 가능한 작목 및 재배방식
① (버섯) 원목에 버섯종균 파종하여 재배하는 버섯
② (화훼) 화분에 재배하는 화훼작물
③ (육묘) 용기(트레이)에 재배하는 어린묘

923) 대법원 2004. 4. 27. 선고 2002두8909 판결 (난 재배 영농보상 부정판례) : 영농보상의 성격에 비추어 농경지의 지력을 이용한 재배가 아닌 화분 등 용기에 식재하여 재배되는 난 등 화훼류의 경우와 같이 화분을 기후 등과 같은 자연적 환경이나 교통 등과 같은 사회적 환경 등이 유사한 인근의 대체지로 옮겨 생육에 별다른 지장을 초래함이 없이 계속 재배를 할 수 있는 경우에는, 유사한 조건의 인근 대체지를 마련할 수 없는 등으로 장래에 영농을 계속하지 못하게 된다거나 생활근거를 상실하게 되는 것과 같은 특단의 사정이 없는 이상 이전에 수반되는 비용이외에는 달리 특별한 희생이 생긴다고 할 수 없으므로 영농보상의 대상이 된다고 할 수 없다고 할 것이다.

924) 토관 709 (2004. 2. 18) : 통상 콩나물을 재배하는 건물을 농장이라고 부르지 아니하고 콩나물재배공장으로 통칭하고 있는 바와 같이, 직접 농지에서 지력을 이용하여 재배하지 아니하고 당해 시설을 이전하여 계속 재배가 가능할 경우에는 영농보상대상으로 보기보다는 영업보상으로 볼 수 있을 것으로 보나, 개별적인 사례에 대하여는 사업시행자가 사실관계를 종합적으로 검토하여 판단, 결정할 사항이라고 봅니다.

Ⅲ. 농업손실보상금 산정방법

1. 원칙적인 산정방법

영농손실액은 공익사업지구에 편입되는 농지에 대하여 그 면적에 통계법 제3조 제3호에 따른 통계작성기관[925]이 매년 조사·발표하는 농가경제조사통계의 도별 농업총수입 중 농작물수입을 도별 표본농가현황 중 경지면적으로 나누어 산정한 도별 연간 농가평균 단위경작면적당 농작물총수입(서울특별시·인천광역시는 경기도, 대전광역시는 충청남도, 광주광역시는 전라남도, 대구광역시는 경상북도, 부산광역시·울산광역시는 경상남도의 통계를 각각 적용한다)의 직전 3년간 평균의[926] 2년분을 곱하여 산정한 금액을 영농손실액으로 보상한다(시행규칙 제48조 제1항). 따라서 농업손실보상금은 종전과 달리 작물별로 구분하지 않고, 도별로 동일한 보상금이 지급되도록 하였다.

☞ 영농손실액 = 편입농지의 면적 × 도별 연간 농가평균 단위경작면적당농작물 총수입[927] × 2년

---

925) 종전에는 농촌진흥청장이 발표하는 농축산물 표준소득에 의하였으나, 이는 그 정확도가 미흡한 단점이 있었으며, 농축산물 소득자료집은 농업경영연구, 개별농가 및 법인의 경영, 상담지도를 위한 수단으로 활용하기 위하여 농촌진흥청장이 발간하는 것으로 보상의 근거로 하기에는 적정하지 아니하여 통계청에서 발표하는 자료를 기준으로 하였다(한국감정원, 해설 토지보상법, 2003, 267면). 그러나 실제소득에 의한 농업손실보상 산정시의 소득율 산정에서는 농촌진흥청장이 발표하는 작물별소득율을 사용하고 있다.

926) 종전에는 영농손실액을 매년 "도별 연간 농가평균 단위경작면적당 농작물총수입"을 기준으로 산정하였으나, 최근 3년 평균으로 변경함으로써 매년 풍작이나 흉작 등에 따라 보상액이 크게 변동하는 것을 개선하고자, 농업손실보상액 산정 기준연도를 직전연도 1년에서 직전 3년간 평균으로 변경하였다. (국토교통부령 제197호, 2015. 4. 28. 시행규칙 개정사유)

927) "도별 농업총수입 중 농작물수입" 및 "도별 표본농가현황 중 경지면적" 검색 방법

ⓐ 도별 표본농가현황 중 경지면적
① 통계청 국가통계포탈(http://www.kosis.kr)
② 국내통계 → 주제별통계 → 농림어업 → 농업 → 농가경제조사 → 농가경제
③ 표본농가현황-일반현황 클릭
④ '표측'에서 경기도 등 행정구역을, '표두'에서 경지면적을 클릭.

ⓑ 도별 농업총수입 중 농작물수입
① ~ ②까지는 위의 경우와 동일
③ 농업총수입 클릭
④ 소수점을 3으로 하고 자료다시불러오기, '표측'에서 경기도 등 행정구역,'표두'에서 농작물수입 선택 클릭

통계자료에 의하여 영농손실을 보상평가하는 경우 농작물총수입은 직전 3년간 평균금액을 적용하는데, 여기서 '직전'이란 보상평가의 기준시점의 직전을 의미하므로 협의의 경우는 협의성립일, 재결의 경우는 재결 당시의 직전 3년간이 된다. 다만, 국토교통부장관이 농림부장관과 협의를 거쳐 관보에 고시하는 농작물실제소득인정 기준에 의하여 실제소득을 입증하는 자는 그 편입농지 면적에 실제소득의 2년분을 곱하여 산정한 금액을 영농손실액으로 한다(시행규칙 제48조 제2항).

2. 실제소득에 의한 보상

1) 근 거

▣ 토지보상법 시행규칙

제48조 (농업의 손실에 대한 보상) ② 국토교통부장관이 농림축산식품부장관과의 협의를 거쳐 관보에 고시하는 농작물실제소득인정기준(이하 "농작물실제소득인정기준"이라 한다)에서 정하는 바에 따라 실제소득을 입증하는 자가 경작하는 편입농지에 대하여는 제1항의 규정에 불구하고 그 면적에 단위경작면적당 실제소득의 2년분을 곱하여 산정한 금액을 영농손실액으로 보상한다. 다만, 다음 각 호의 어느 하나에 해당하는 경우에는 각 호의 구분에 따라 산정한 금액을 영농손실액으로 보상한다. 〈개정 2008. 3. 14., 2013. 3. 23., 2013. 4. 25., 2014. 10. 22.〉

1. 단위경작면적당 실제소득이 「통계법」 제3조 제3호에 따른 통계작성기관이 매년 조사·발표하는 농축산물소득자료집의 작목별 평균소득의 2배를 초과하는 경우: 해당 작목별 단위경작면적당 평균생산량의 2배(단위경작면적당 실제소득이 현저히 높다고 농작물실제소득인정기준에서 따로 배수를 정하고 있는 경우에는 그에 따른다)를 판매한 금액을 단위경작면적당 실제소득으로 보아 이에 2년분을 곱하여 산정한 금액
2. 농작물실제소득인정기준에서 직접 해당 농지의 지력(地力)을 이용하지 아니하고 재배 중인 작물을 이전하여 해당 영농을 계속하는 것이 가능하다고 인정하는 경우: 단위경작면적당 실제소득(제1호의 요건에 해당하는 경우에는 제1호에 따라 결정된 단위경작면적당 실제소득을 말한다)의 4개월분을 곱하여 산정한 금액

농업손실보상금은 편입농지의 면적에 도별 연간 농가평균 단위경작면적당 농작물총수입에 2년분을 곱한 금액을 보상금으로 하는 것이 원칙이나 국토교통부장관이 농림축산식품부장관과 협의를 거쳐 실제인정소득 기준을 정하고 있어 농작물 총수입의 입증자료에 대하여는 국토교통부 「농작물실제소득인정기준」에서 규정하고 있다.[928]

928) 토지정책과-5953 (2010. 12. 21) 농작물 총수입의 입증자료에 대하여는 건설교통부고시 제2003-44호(2003.2.25) 「농작물실제소득인정기준」에서 규정하고 있습니다. 따라서, 실제소득에 따른 영농손실보상

2) 산정방법

국토교통부장관이 농림수산식품부장관과의 협의를 거쳐 관보에 고시하는 농작물 (다년생 식물 포함)의 「농작물실제소득인정기준」에서 정하는 바에 따라 실제소득을 입증하는 자에 대하여는 경작하는 편입농지에 대하여 단위경작면적당 실제소득의 2년분을 곱하여 산정한 금액을 농업손실보상금으로 한다.

☞ 영농손실액 = 편입농지의 면적 × 단위경작면적당 농작물 실제소득※ × 2년
※ 연간 단위경작면적당 실제소득 = 농작물 총수입 ÷ 경작농지 전체면적 × 소득률

(1) 실제소득 산정

농작물실제소득인정기준(건설교통부고시 제2003-44호, 2003.2.25) 제1조의 규정에 의하면, 농작물 총수입은 보상계획의 공고 또는 사업인정의 고시가 있은 날 이전 2년간의 연간평균총수입으로 산정하고, 당해 농작물의 경작기간이 2년 미만인 경우에는 그 경작기간의 연간평균총수입을 기준으로 산정하도록 되어 있으며,[929] 동 기준 제4조의 규정에 의하면, 농작물 총수입은 농수산물유통및가격안정에관한법률(이하 "농안법"이라 함) 등에 의한 거래실적을 증명하는 서류에 의하여 산정하되 위탁수수료 등 판매경비를 제외한 실제수입액을 기준으로 산정한다. 제4조의 규정에 의한 거래 실적을 증명하는 서류 등을 발급한 당해 대표자 등에게 입증자료의 사실여부를 확인하고 경작농지 전체면적·출하일 및 출하량의 적정성 여부를 다시 조사한 후에 연간 단위경작면적당 실제소득을

은 위 규정에 따라야 한다고 보며, 개별적인 사례에 대하여는 사업시행자가 관계법령 및 사실관계 등을 검토하여 판단할 사항으로 봅니다.

929) ① 토관 3981 (2004. 9. 1) : 〈질의〉 농작물 총수입산정시 보상공고일이 2004. 7. 9.인 경우 공고 이전 2년간의 연간총수입 산정방법 및 상장수수료, 운송비 등을 제외하는지 여부 등
〈회신〉 농작물 총수입은 보상계획의 공고 또는 사업인정의 고시가 있은 날 이전 2년간의 연간 평균총수입으로 산정하고, 당해 농작물의 경작기간이 2년 미만인 경우에는 그 경작기간의 연간평균총수입을 기준으로 산정하도록 되어 있으며, 귀 질의의 경우 연간 평균총수입 산정기간은 2002. 7. 9. 부터 2004. 7. 8.까지라고 보며, 같은 기준 제4조의 규정에 의하면 농작물 총수입은 농안법 등에 의한 거래실적을 증명하는 서류에 의하여 산정하되 위탁수수료 등 판매경비를 제외한 실제수입액을 기준으로 산정하도록 되어 있음을 알려드립니다
② 토관 3973 (2004. 9. 1) : 농작물실제소득인정기준 제2조 제1호에서 "당해 농작물의 경작자가 경작을 한 기간이 2년 미만인 경우에는 그 경작기간의 연간평균 총수입을 기준으로 산정한다"라고 되어 있으므로 경작기간 6개월에 600만원의 소득이 연간총수입일 경우에는 그 총수입을 연간평균총수입으로 적용하여야 할 것으로 판단됩니다.

산정한다.930)

(2) 소득율 산정

농작물실제소득인정기준(건설교통부고시 제2003-44호, 2003.2.25) 제5조에 의하면 소득률의 적용기준은 농촌진흥청장이 매년 조사·발표하는 농축산물소득자료집(이하 "소득자료집"이라 한다)의 도별 작물별 소득률을 적용하며, 이 경우 유사작목군은 식량작물·노지채소·시설채소·노지과수·시설과수·특용약용작물·화훼·통계청 조사작목 등으로 구분한다.

또한 소득자료집은 사업인정 고시일 등이 속한 연도에 발간된 소득자료집을 말한다. 다만, 사업인정고시일 등이 속한 연도에 소득자료집이 발간되지 않은 경우에는 사업인정고시일 등 전년도에 발간된 소득자료집을 말한다.

한편, 실제소득이 소득자료집의 작목별 평균소득(동일 작물이 없는 경우에는 유사작물군의 평균소득)의 2.0배를 초과할 경우에는 단위면적당 평균생산량의 2배를 판매한 금액으로 한다. 다만, 생산량을 확인할 수 없는 경우에는 평균소득의 2.0배로 한다.

다만, 아래 작물 및 재배방식인 경우 단위면적당 평균생산량의 2배를 초과하더라도 최대생산량의 범위까지 인정하여 산정한다(동 기준 제6조 제2항 [별지1] 가, 나호 참조).

표 39. 단위면적당 평균 생산량의 2배를 초과하는 작물과 재배방식

구 분	평균생산량(A) (본/10a)	최대생산량(B) (본/10a)	(B/A)	재배방식		
장미	112,413	300,000	2.7	양액재배	보광재배	근권냉난방
국화	61,812	171,314	2.8	양액재배	보광재배	근권냉난방
접목선인장	77,395	283,020	3.7	양액재배	근권냉난방	
거베라	72,703	393,000	5.4	양액재배	지중난방	
알스토메리아	48,978	120,667	2.5	근권난방		
금어초	74,286	320,830	4.3	고랭지재배	多적심재배	
리아트리스	6,586	26,380	4.0	준고랭지	조기육묘(1월)	
분화류(단위:분)	-	-	-	화분입식수(數) 및 재배회수(期作)에 따라 생산량 차이 발생		

930) 토지정책과-3158 (2010. 6. 14) : 위 기준에 의한 보상액은 사업시행자가 적정성 여부 등을 다시 조사한 후에 연간 단위경작면적당 실제소득을 산정하도록 규정하고 있는 것이며, 입증자료의 사실여부와 적정여부 등 개별적인 사례에 대하여는 사업시행자가 사실관계 등을 조사, 검토하여 판단하시기 바랍니다.

화목·관상수류의 경우는 수목의 규격과 식재간격에 따라 생산량이 다르므로 동 기준에서는 수목의 높이, 직경, 식재간격에 따른 생산량을 기준생산량으로 준용하도록 별도의 세부내용을 규정하고 있다(동 기준 제6조 제2항 [별지1] 다호 참조).

(3) 실제소득 인정기관

동 기준에 의하여 농작물 실제소득 인정기관으로 다음 각 호를 말한다. 그러나 반드시 동 기준에 한정하여 적용할 것은 아니다.[931)]

① 농안법 제21조 제1항의 규정에 의한 도매시장관리사무소·시장관리자, 동법 제22조의 규정에 의한 도매시장법인·시장도매인, 동법 제24조의 규정에 의한 공공출자법인 또는 동법 제48조의 규정에 의한 민영도매시장의 개설자·시장도매인이 발급한 표준정산서(농안법 제41조 제2항의 규정에 의한 표준정산서를 말한다) 또는 거래실적을 증명하는 서류(출하자의 성명·주소, 출하일, 출하품목, 수량, 판매금액, 판매경비, 정산액 및 대금지급일 등을 기재한 계산서·거래계약서 또는 거래명세서 등으로서 당해 대표자가 거래사실과 같다는 것을 증명한 서류를 말한다)

② 농안법 제43조의 규정에 의한 농수산물공판장·동법 제51조의 규정에 의한 농수산물산지유통센터 또는 동법 제69조의 규정에 의한 종합유통센터가 발급한 거래실적을 증명하는 서류

③ 유통산업발전법시행령 별표 1의 규정에 의한 대규모 점포중 대형마트, 전문점, 백화점이 발급한 거래실적을 증명하는 서류

④ 관광진흥법 제3조 제1항 제2호 가목의 규정에 의한 호텔업을 영위하는 업체가 발급한 거래실적을 증명하는 서류

⑤ 식품위생법시행령 제21조 제1호의 규정에 의한 식품제조·가공업을 영위하는 업체가 발급한 거래실적을 증명하는 서류

⑥ 관세법 제248조 제1항의 규정에 의하여 세관장이 교부한 수출신고필증

---

931) 대법원 2012. 6. 14. 선고 2011두26794 판결 : 위와 같은 관련 법령의 내용, 형식 및 취지 등과 헌법 제23조 제3항에 규정된 정당한 보상의 원칙에 비추어 보면, 공공필요에 의한 수용 등으로 인한 손실의 보상은 정당한 보상이어야 하고, 농업손실에 대한 정당한 보상은 수용되는 농지의 특성과 영농상황 등 고유의 사정이 반영된 실제소득을 기준으로 하는 것이 원칙이다. 따라서 이 사건 고시에서 농작물 총수입의 입증자료로 거래실적을 증명하는 서류 등을 규정한 것은 객관성과 합리성이 있는 증명방법을 예시한 데 지나지 아니하고, 거기에 열거된 서류 이외의 증명방법이라도 객관성과 합리성이 있다면 그에 의하여 농작물 총수입을 인정할 수 있다고 봄이 타당하다.

⑦ 국가·지방자치단체·공공단체 또는 농안법 제43조의 규정에 의하여 농수산물 공판장을 개설할 수 있는 생산자단체와 공익법인이 발급한 거래실적을 증명하는 서류

⑧ 농작물재해보험법 제5조 제3항에 의한 보험사업자가 발행한 보험료 산정을 위한 서류

⑨ 세무서 등 관계기관에 신고·납부한 과세자료

질의회신

□ 土지정책과-5120 (2010. 10. 27)

건설교통부고시 제2003-44호(2003. 2. 25)호로 고시된 「농작물실제소득인정기준」 제4조 제2호에 의하면, 「농수산물유통 및 가격안정에 관한 법률(이하 "농안법"이라 함)」 제43조의 규정에 의한 농수산물공판장 등이 발급한 거래실적을 증명하는 서류를 포함하고 있습니다. 이때, "농수산물공판장"이라 함은 농안법 제2조 제5호에 의거 지역농업협동조합, 지역축산업협동조합 등으로 규정하고 있으므로, 지역단위농협에서 발급한 거래실적 증명자료는 농작물실제소득인정기준에 의한 입증서류에 해당된다고 보나, 귀 질의의 경우가 이에 해당되는지 여부는 사업시행자가 위 규정과 사실관계 등을 조사·확인하여 판단하시기 바랍니다.

(4) 지력을 이용하지 않는 경우

직접 농지의 지력(地力)을 이용하지 아니하고 재배중인 작물을 이전하여 중단 없이 계속 영농이 가능하여 단위면적당 실제소득의 4월분에 해당하는 농업손실보상을 하는 작물 및 재배방식은 다음과 같다

① (버섯) 원목에 버섯종균 파종하여 재배하는 버섯

② (화훼) 화분에 재배하는 화훼작물

③ (육묘) 용기(트레이)에 재배하는 어린묘

Ⅳ. 농업손실보상금 권리구제

1. 주요다툼

농업손실보상금의 주요한 다툼은 주로 실제소득에 의한 보상과 관련하여 발생하게

된다. 사업시행자는 수용된 농민이 제출하는 실제소득 입증과 관련하여 실제 경작면적이나 입증기관, 실제 소득 등에 대하여 확인이 곤란하기 때문에 많은 어려움이 있는 실정이다.

2. 권리구제 방법

이 경우 결국은 관할 토지수용위원회에 재결신청하여 그 권리를 다툴 수 있다할 것이다. 간혹 농업손실보상금에 대하여 수용재결이 가능한지에 대하여 의문을 제기하는 경우도 있으나, 농업손실보상금도 손실보상의 대상으로 다른 보상과 동일하게 수용재결을 신청하여 보상금 증감을 다툴 수 있고[932] 만일 수용재결을 거치지 않고 곧바로 민사소송이나 행정소송 등을 제기하는 것은 인정될 수 없다.

판 례

□ 대법원 2011. 10. 13. 선고 2009다43461 판결

농업손실보상청구권은 공익사업의 시행 등 적법한 공권력의 행사에 의한 재산상의 특별한 희생에 대하여 전체적인 공평부담의 견지에서 공익사업의 주체가 그 손해를 보상하여 주는 손실보상의 일종으로 공법상의 권리임이 분명하므로 그에 관한 쟁송은 민사소송이 아닌 행정소송절차에 의하여야 할 것이고, 위 규정들과 구 공익사업법 제26조, 제28조, 제30조, 제34조, 제50조, 제61조, 제83조 내지 제85조의 규정 내용 및 입법 취지 등을 종합하여 보면, 공익사업으로 인하여 농업의 손실을 입게 된 자가 사업시행자로부터 구 공익사업법 제77조 제2항에 따라 농업손실에 대한 보상을 받기 위해서는 구 공익사업법 제34조, 제50조 등에 규정된 재결절차를 거친 다음 그 재결에 대하여 불복이 있는 때에 비로소 구 공익사업법 제83조 내지 제85조에 따라 권리구제를 받을 수 있다.

932) 토관 58342-1980 (2001. 12. 21) : 토지수용법 제29조의 규정에 의하면 관할 토지수용위원회는 손실의 보상에 관하여 재결하도록 되어 있으므로 특례법시행규칙 제29조의 규정에 의한 실농보상금에 다툼에 관한 사항은 토지수용위원회의 재결대상에 해당된다고 보나, 이 경우 재결신청의 상대방(피보상자)이 누구인지 여부는 재결신청 대상에 해당되지 아니하고 이는 사업시행자가 사실관계를 조사하여 결정할 사항이라고 보며, 재결대상에 해당되는 사항에 대하여 토지수용법 제25조의3 제1항의 규정에 의한 재결신청의 청구가 있는 경우에는 동조 제3항의 규정에 의한 가산금 지급대상에 해당된다고 봅니다.

제12절 농기구 보상

Ⅰ. 농기구 보상대상

■ **토지보상법 시행규칙**

제48조 (농업의 손실에 대한 보상) ⑥ 당해 지역에서 경작하고 있는 농지의 3분의 2 이상에 해당하는 면적이 공익사업시행지구에 편입됨으로 인하여 농기구를 이용하여 해당 지역에서 영농을 계속할 수 없게 된 경우(과수 등 특정한 작목의 영농에만 사용되는 특정한 농기구의 경우에는 공익사업시행지구에 편입되는 면적에 관계없이 해당 지역에서 해당 영농을 계속할 수 없게 된 경우를 말한다) 해당 농기구에 대해서는 매각손실액을 평가하여 보상하여야 한다. 다만, 매각손실액의 평가가 현실적으로 곤란한 경우에는 원가법에 의하여 산정한 가격의 60퍼센트 이내에서 매각손실액을 정할 수 있다. 〈개정 2007. 4. 12., 2013. 4. 25.〉

토지보상법에서는 당해 지역에서 경작하고 있는 농지의 2/3이상에 해당하는 면적이 공익사업지구에 편입됨으로 인하여 당해지역에서 영농을 계속할 수 없게 된 경우 농기구에 대하여는 매각손실액을 평가하여 보상하도록 규정하고 있다.

농기구라 함은 농업의 경작용에 사용하는 것으로 경운기, 탈곡기, 분무기, 제초기 기타 이와 유사한 농업용 기계, 기구를 말한다. 다만 단순한 호미, 낫,[933] 소형정미기[934] 등의 단기성 소비재는 포함되지 않는다고 보아야 할 것이다.

종전에서는 모든 지역에서 농업을 폐지하는 경우에 한하여 농기구 보상이 가능하였지만 현행 토지보상법에서는 "당해 지역"에서 영농을 계속할 수 없게 된 경우에 농기구 보상이 가능하도록 그 요건을 완화하여 시행하고 있다.

933) 토정 58307-175 (1993. 2. 4) : 특례법시행규칙 제18조 제2항의 규정에 의거 보상을 받을 수 있는 농기구를 동법 시행규칙 제18조 제3항에서 경운기·탈곡기·분무기·제초기 기타 이와 유사한 농업용 기계 및 기구로 규정하고 있음. 따라서 단순한 호미·삽·괭이 등과 같은 농기구는 보상대상이 되지 아니한다.

934) 토관 58342-469 (1999. 6. 21) : 농기구는 농업의 경작용으로 사용되는 경우에는 해당하는 것으로, 농가에서 수확한 벼의 취사용으로 사용하는 소형정미기는 농기구로 볼 수 없을 것이므로 이에 대한 보상은 불가할 것입니다.

Ⅱ. 농기구 보상 요건

1. 당해지역

종전에는 단순히 **'농지의 2/3 이상'**에 해당하는 경우 농기구 보상대상으로 하여 소유자의 전국 단위 농지로 농기구 보상대상 여부를 판단하였으나, 이를 **'당해 지역에서 경작하고 있는 농지의 2/3'**으로 개정하여 사실상 경작 가능한 범위의 농지만으로 농기구 보상요건을 판단하게 하여 보상대상을 명확히 규정하였다.[935] 따라서 종전에는 전국 어디서든 농지를 구입할 경우 농기구 보상에서 제외하였으나 현행은 당해 지역 외에서 농지를 구입할 경우 농기구 보상의 대상이 될 수 있다.

감사지적사례

> 농기구보상은 농업을 폐지한 경우 가능한 보상이나, 피수용자가 대체농지를 구입하고 수용확인서 발급을 신청하였다면, 농업을 폐지 하지 않고 지속적으로 농업을 영위할 것이라는 것을 인지하면서도 농기구 보상을 준 것은 부적절하다.
>
> ☞ 따라서 종전에는 전국 어디서든 대체농지 구입을 하였다면 농기구 보상이 불가하였으나, 현행 토지보상법은 당해 지역외에서 농지를 구입했다면 농기구 보상이 가능하다. 특히 대체농지 구입은 수용확인서 발급시 확인이 가능하므로 당해 지역에서 대체농지를 취득했다면 농기구 보상은 불가하므로 이에 대한 확인이 요구된다.

여기서 당해지역이라 함은 토지보상법 시행령 제26조 제1항의 기준[936]에 의거 판단한다.[937]

---

935) 건설교통부령 제126호 (2007. 4. 12) 개정.

936) 토지보상법 시행령 제26조(부재부동산 소유자의 토지) ① 법 제63조 제7항 제2호에 따른 부재부동산 소유자의 토지는 사업인정고시일 1년 전부터 다음 각 호의 어느 하나의 지역에 계속하여 주민등록을 하지 아니한 사람이 소유하는 토지로 한다. 〈개정 2013. 12. 24.〉
1. 해당 토지의 소재지와 동일한 시(행정시 포함)·구(자치구)·읍·면(도농복합형태인 시의 읍·면 포함)
2. 제1호의 지역과 연접한 시·구·읍·면
3. 제1호 및 제2호 외의 지역으로서 해당 토지의 경계로부터 직선거리로 30킬로미터 이내의 지역

937) 토지정책팀－2933. (2006. 7. 25) : 농지의 3분의 2이상이 사업지역에 편입되어 당해 지역에서 영농을 계속할 수 없는 경우에 있어 당해 지역은 사업에 편입되는 농지가 소재하는 지역으로서 토지보상법 시행령 제26조 제1항 각호의 어느 하나에 해당하는 지역을 말합니다.

2. 농지의 3분의 2 이상 편입

당해지역의 농지(임차농지 포함)[938]의 3분의 2가 공익사업지구 내에 편입되어야 한다. 유권해석은 3분의 2 이상의 농지가 편입되었더라도 공익사업지구 밖에서 계속 영농이 가능할 만큼의 농지가 남아 있다면 농기구 보상이 어려울 것으로 본다.[939]

다만, 과수 등 특정한 작목의 영농에만 사용되는 특정한 농기구의 경우에는 공익사업시행지구에 편입되는 면적에 관계없이 해당 지역에서 해당 영농을 계속할 수 없게 된 경우에도 농기계 보상대상이 된다. 이는 과수선별기 등 특정영농에만 소요되는 농기구의 경우 농지가 공익사업에 2/3이상이 편입하지 않아도 해당 농기구의 소용이 없어진 경우 보상 할 수 있도록 한 것이다(규칙 제48조 제6항).[940]

3. 영농을 계속할 수 없게 된 경우

영농을 계속 할 수 없게 된 경우라 함은 잔여면적·위치·형상등을 종합적으로 고려하여 판단하여야 하며,[941] 농업의 폐지뿐만 아니라 종전의 영농형태를 계속하기 어려운 경우도 포함된다고[942] 보는 것이 타당하다.

또한, 무단으로 국·공유지나 타인의 토지를 불법으로 점유하고 영농행위를 한 경우 농기구 보상이 될 수 있는가에 대하여 유권해석은 이러한 경우 농업손실보상의 대상이 되지 않으므로 농기구 보상대상이 되지 않는다고 보고 있다.[943]

---

938) 토지정책팀－1079. (2005. 11. 7) : 농지의 3분의 2이상에 해당하는 면적에는 자신이 소유하고 경작하는 농지 외에 임차하여 경작한 농지도 포함된다고 보나, 개별적인 사례에 대하여는 사업시행자가 사실관계를 조사하여 판단·결정할 사항이라고 봅니다.

939) 토정 58342-845 (1999. 5. 12) : 경작하고 있는 농경지의 2/3 이상에 해당하는 면적이 공공사업에 편입된 경우라도 공공사업시행지구밖에 있는 농경지의 위치·면적·형상 등을 고려하여 계속 영농이 가능하다고 인정되는 경우에는 실농보상 및 농기구 보상대상에 해당되지 아니하며, 참고로 위 규정에 의한 농기구 보상은 취득보상이 아니므로 이에 대한 보상을 받은 경우라도 그 소유권이 변경되는 것은 아닙니다.

940) 과수선별기 등 특정영농에만 소요되는 농기구는 농지가 공익사업에 2/3이상이 편입하지 않아도 해당 농기구의 소용이 없어진 경우에는 보상을 할 수 있도록 하였다(국토교통부 보도자료 2013. 4. 24).

941) 토지정책과-4157 (2008. 11. 28) : 사업시행자가"해당지역에서 영농을 계속할 수 없게 된 경우"라고 인정함에 있어서는 잔여면적·위치·형상 등을 종합적으로 고려하여 판단하여야 한다고 봅니다. 또한 농기구 매각손실을 보상함에 있어서 당해 지역 농지전부가 편입된 경우라면 당해 지역에 영농을 계속할 수 없는 경우로 판단해야 할 것으로 보며, 개별적인 사항은 관계법령과 사실관계 등을 확인하여 결정하시기 바랍니다.

942) 임호정/김원보, 공익사업용지보상법론, 부연사, 2003, 511면.

943) 토관 58342-162 (2003. 2. 7) : 국·공유지를 포함한 타인의 토지를 불법으로 점유하여 경작하고 있는

한편, 토지보상법 시행규칙 제48조 제6항에 규정되어 있는 '농지의 3분의 2 이상에 해당하는 면적이 공익사업시행지구에 편입됨으로 인하여 농기구를 이용하여 해당 지역에서 영농을 계속할 수 없게 된 경우'가 영농을 계속할 수 없는 사정으로 보아 동 규정을 예시규정으로 보아야 한다는 주장이 있다. 이 의견에 따르면 농지의 3분의 2 이상이 편입되었다 하더라도 나머지 면적만으로 수익성을 상회하여 해당 영농을 계속할 수 있다면 농기구 보상이 불가하고, 반대로 농지의 3분의 2 이상이 편입되지 않더라도 나머지 부분만으로 수익성을 하회하여 더 이상 영농을 할 수 없는 상황이라면 농기구 보상의 대상이 된다는 입장이다.[944] 그러나 현실적으로 농기구 보상요건인 농지의 3분의 2 이상이 포함되어야 농기구 보상이 가능하며, 설사 농지의 3분의 2 이상이 포함되었더라도 나머지 부분만으로도 수익성이 확보된다면 농기구 보상을 하지 않고 있는 실정이다.

4. 농업손실보상 대상자일 것

한편, 농기구 보상대상과 관련하여 논의되고 사항 중의 하나는 반드시 농업손실보상금을 받은 자만이 농기구 보상대상인가 하는 문제이다. 이에 대한 유권해석은 농업손실보상 대상자만이 농기구 보상의 대상자가 될 수 있다는 입장이다(아래 질의회신). 그러나 당해 지역 임차농민으로 경작을 하였으나 농업손실보상금 합의에 의하여 농업손실보상금을 수령하지 않았다고 해서 농기구 보상대상이 아니라는 것은 다소 문제가 있다고 본다.

질의회신

□ 토관 58342-1970 (2000. 12. 29)

〈질의〉 실제로 경작을 하였으나 실농보상을 농지의 소유자가 수령한 경우 농기구보상을 받을 수 있는지 여부

〈회신〉 특례법시행규칙 제29조 제5항의 규정에 의하면 자경농지가 아닌 농경지에 대한 영농손실액은 실제의 경작자에게 지급하되, 당해 농경지의 소유자가 당해 지역에 거주하는 농민인 경우에는 소유자와 실제의 경작자가 협의하는 바에 따라 그 소유자 또는 경작자에게 지급하도록 되어 있고, 동규칙 제18조 제4항의 규정에 의하면 경작지의 2/3이상에 해당하는

토지는 농지로 보지 아니하므로 농지로 볼 수 없는 토지가 편입된 경우에는 농기구의 매각손실액을 평가하여 보상할 수 없습니다.

944) 차태환, 『토지보상법론』(제3판), 2012, 부연사, 505면.

> 농지가 공공사업에 편입된 경우 농업을 폐지하지 아니하는 때에는 농기구는 손실은 없는 것으로 보도록 되어 있으므로 **농기구에 대한 보상은 실농보상대상자로서 경작지의 2/3이상에 해당하는 농지가 공공사업지구에 편입되어 농업을 폐지하는 자인 경우에 해당되고** 실농보상대상자에 해당되지 아니하는 자는 농기구 보상대상자에 해당되지 아니한다고 봅니다

또한 농기구를 공동으로 소유하는 경우 각 경작자 별로 보상여부를 판단하며 이 경우 보상대상자는 그 해당 지분에 해당하는 금액을 지급하여야 한다.945)

Ⅲ. 농기구 보상기준

1. 농기구 조사

사업시행자는 기본조사 시에 농기구에 대하여 그 품명·제작 연월일·규격·형식·마력 등과 영농개시시점 및 농기계 등의 취득시점 등을 조사하고 필요한 경우 이중보상 방지를 위하여 조사한 농기구는 특별한 표시를 하는 것이 효율적일 수 있다.946)

또한 보상대상자의 경작지 3분의 2 이상 편입 여부를 확인하기 위하여 대상자의 사업지구 내·외의 경작지에 대한 자료(등기부등본, 농지원부, 임차증빙서류 등)도 별도로 수집하여야 한다.947)

945) 토관 58342-793 (2002. 5. 22) : 경작지의 3분의2이상에 해당되는 토지가 공공사업에 편입되어 농업을 폐지하는지 여부는 경작자별로 판단하여야 할 사항이라고 보며, 위 요건에 해당되는 자와 해당되지 아니하는 자가 공동으로 농기구를 소유하고 사용하는 경우로서 위 요건에 해당되는 자에 대하여는 그 소유의 지분에 상당되는 농기구에 대하여 동조 제2항의 규정에 의한 평가방법에 의하여 보상이 가능하다고 봅니다.

946) 농기구의 경우 이동이 비교적 용이하여 중복 조사될 우려가 높아 이에 대한 주의가 요구된다, 통상적으로 조사된 농기구는 스프레이 등으로 조사여부를 표시하고 있다. 또한 편입된 농지의 면적에 비하여 과다한 농기구를 보유하고 있는 경우 사업지구 외에 많은 농지를 가지고 있거나 보상대상자의 소유가 아닐 수 있으므로 이를 유념하여 조사하여야 한다.

947) 토지정책팀－2933 (2006. 7. 25) : 농지의 3분의 2이상이 사업지역에 편입됨으로 인하여 당해 지역에서 영농을 계속할 수 없게 된 경우에는 보상대상에 해당된다고 보나, 보유농지 또는 경작농지의 면적은 등기부등본, 농지원부 등을 통하여 확인할 수 있다고 보며, 개별적인 사례에 대하여는 사업시행자가 판단하여야 할 사항이라고 봅니다.

2. 보상대상 농기구

보상대상이 되는 농기구란 공익사업의 편입으로 수용되는 농경지에서 사용한 농민의 농기구를 그 보상대상으로 한다. 따라서 단순히 임대료 등을 받고 농기구를 지원한 경우[948]나 사업인정고시일 이후 새로이 구입한 농기구 등은 원칙적으로 보상대상에서 제외된다.[949] 다만 유권해석은 사업의 장기화로 새로운 농기구 구입이 불가피했다면 예외적으로 보상대상임을 인정하고 있다(아래 질의회신 참조).

질의회신

□ 토정 58307-1302 (1995. 9. 4)

농기구 보상에 있어서 토지수용법 제14조의 규정에 의한 사업인정(개별법에서 이에 의제되는 경우 포함) 후에 사업시행기간의 장기간 등 그에 준하는 사유로 인하여 보상이 이루어지지 아니한 상태에서 영농을 계속하기 위하여 노후화된 농기구의 대체나 새로운 농기구의 매입이 불가피하며, 위의 사항이 객관적으로 입증되고 사업시행자가 이를 인정하는 경우라면 공공사업 편입지역내 농민들의 불만을 해소한다는 차원에서 불가피하게 당해 공공사업의 보상계약체결일을 기준하여 보상이 가능할 것임.

3. 보상평가 방법

농기구의 평가는 매각손실액으로 평가하여 보상한다. 다만 매각손실액의 평가가 현실적으로 곤란한 경우에는 원가법에 의하여 산정한 가격의 60% 이내에서 매각손실액을 정할 수 있다.

---

948) ① 토관 58342-419 (2000. 3. 17) : 특례법시행규칙 제18조 제2항 내지 제4항의 규정에 의하면 공공사업지구에 경작지의 2/3이상이 편입되어 농업을 폐지하는 때에는 농업용 자산(농기구, 영농시설 및 그 부대시설)에 대하여 소정의 기준에 따라 보상하도록 규정되어 있으므로 농업을 폐지하지 아니한 경우에는 농기구 등에 대하여 보상이 불가하고, 이 경우 농기구는 폐지되는 농경지에서 사용하던 농기구가 그 대상이 되며 당해 농경지에서 사용되지 아니하고 임대료 등을 받고 다른 농경지에서의 영농에 사용되던 농기구 및 농업용으로 사용하지 아니한 기구 등은 보상대상에 해당되지 아니한다고 봅니다.
② 토정 58342-918 (1999. 5. 24) : 〈질의〉 농기계를 구입하여 마을 경작자에게 농기계지원을 하여 왔으나 공공사업에 마을 농경지의 대부분이 편입되고 인근 지역에 도시화가속으로 농기계사용이 어려운 경우 보상 여부 〈회신〉 농기구 보상은 소유하는 농경지 또는 임차한 농경지에 농기구를 사용하여 왔으나 그 농경지의 2/3이상이 공공사업에 편입되어 농업을 폐지하게 되는 경우에 적용하는 것으로 농지를 임차하지 아니하고 농기구만을 지원하여온 경우에는 특례법시행규칙 제18조 제4항의 규정에 의한 보상대상에 해당하지 아니합니다.

949) 토정 58307-2104 (1993. 11. 26) : 사업구역에 편입된 이후 사업구역 내 토지를 대상으로 새로이 영농행위에 착수한 자의 농기구 등 농업용 자산은 보상대상 물건으로 취급하지 아니하며, 경작자가 사업지구에 편입되기 전부터 당해 경작지에서 계속 영농행위를 해왔더라도 당해 공공사업을 위한 관계법령에 의한 고시 등이 있은 후에 구입한 농기구는 보상대상에서 제외한다.

제13절 영업에 대한 보상

Ⅰ. 영업보상의 의의

1. 근거 및 개념

영업이라 함은 일반적으로 적법한 장소에서 인적·물적시설을 갖추고 계속적·반복적으로 영리를 추구하는 일체의 경제활동을 말하며, 영업보상은 공익사업의 시행으로 인하여 통상적으로 받게 되는 영업상의 손실을 보상하는 것으로 이는 현재 그 자체가 지니고 있는 재산적 가치를 보상하는 것이 아니라 그 영업에서 발생하는 소득 또는 이익이 장래에도 계속 유지될 것임을 전제로 하여 일정기간 동안의 소득 또는 이익과 영업장소의 폐업 또는 휴업에 대한 기타 부대손실 등을 보상하는 것을 말한다.[950)]

> ▣ **토지보상법 시행규칙**
>
> **제45조 (영업손실의 보상대상인 영업)** 법 제77조 제1항에 따라 영업손실을 보상하여야 하는 영업은 다음 각 호 모두에 해당하는 영업으로 한다. 〈개정 2009. 11. 13., 2015. 4. 28.〉
>
> 1. 사업인정고시일등 전부터 적법한 장소(무허가건축물등, 불법형질변경토지, 그 밖에 다른 법령에서 물건을 쌓아놓는 행위가 금지되는 장소가 아닌 곳을 말한다)에서 인적·물적시설을 갖추고 계속적으로 행하고 있는 영업. 다만, 무허가건축물등에서 임차인이 영업하는 경우에는 그 임차인이 사업인정고시일등 1년 이전부터 「부가가치세법」 제8조에 따른 사업자등록을 하고 행하고 있는 영업을 말한다.
> 2. 영업을 행함에 있어서 관계법령에 의한 허가등을 필요로 하는 경우에는 사업인정고시일등 전에 허가등을 받아 그 내용대로 행하고 있는 영업

한편, 영업보상은 법률적으로 또는 현실적으로 영업장소를 이전하여 영업을 할 수 있는지 여부에 따라 폐업 또는 휴업으로 구분보상 하며, 사업인정고시일 등 이후 영업, 무허가영업 및 허가 등을 받아 그 내용대로 영업을 행하고 있지 않는 영업은 보상대상이 아니다.

여기서 '영업상의 손실'이란 수용의 대상이 된 토지·건물 등을 이용하여 영업을 하다가 그 토지·건물 등이 수용됨으로 인하여 영업을 할 수 없거나 제한을 받게 됨으로 인하여

---

950) 토정 58342-544 (1999. 7. 11)

생기는 직접적인 손실을 말하는 것이므로,[951] 이 외에 영업을 하기 위하여 투자한 비용이나 그 영업을 통하여 얻을 것으로 기대되는 이익에 대한 손실보상의 근거규정이 될 수 없고, 그 외 구 토지수용법이나 구 '공공용지의 취득 및 손실보상에 관한 특례법', 그 시행령 및 시행규칙 등 관계 법령에도 영업을 하기 위하여 투자한 비용이나 그 영업을 통하여 얻을 것으로 기대되는 이익에 대한 손실보상의 근거규정이나 그 보상의 기준과 방법 등에 관한 규정이 없으므로, 이러한 손실은 그 보상의 대상이 된다고 할 수 없다.[952]

한편, 축산업 및 잠업에 대한 손실평가는 영업보상 규정(시행규칙 제45조 내지 제46조)을 준용한다.

Ⅱ. 영업보상의 보상요건

토지보상법 제77조 제1항(영업폐지나 휴업함에 따른 보상)에 따라 영업손실을 보상하여야 하는 영업은 아래 모두에 해당하는 영업으로서, 공익사업으로 인하여 그 영업을 폐지하여야 하거나 당해 영업장소에서 그 영업을 계속할 수 없어 그 영업장소 소재지나 인접 시·군 또는 구 지역 안의 다른 장소로 이전하는 경우에 해당[953]하여야 한다.

1. 영업보상 요건

1) 영리행위일 것

종전 토지보상법 시행규칙 제45조에서는 영업보상 대상 영업을 "영리를 목적으로 하

951) 대법원 2005. 7. 29. 선고 2003두2311 판결
952) 대법원 2006. 1. 27. 선고 2003두13106 판결
953) 국민권익위원회 도시수자원민원과-10807 (2010. 11. 10) 영업손실보상 대상이 되기 위해서는 당해 영업이 공익사업으로 인해서 그 영업을 폐지하여야 하거나 당해 영업장소에서 그 영업을 계속할 수 없어 그 영업장소 소재지나 인접 시·군 또는 구 지역 안의 다른 장소로 이전하는 경우여야 하나, 귀하의 경우 이 민원 사업중에도 영업을 계속할 것이기 때문에 이 민원 영업장을 별도로 이전할 필요가 없어 영업손실보상대상자가 될 수 없다는 피신청인의 주장이 달리 위법·부당해 보이지는 않습니다. 또한 공사로 인한 피해에 대해서는 손실보상의 문제가 아니라 손해배상의 문제로 다루어야 하며 피해의 원인이 이 민원 공사로 인한 것이라는 것을 귀하께서 입증하여 사업시행자를 대상으로 소송을 제기하여야 할 것으로 보임을 알려드립니다.

는 영업"에 대해서 영업보상을 하도록 명문화하고 있었으나 현행 시행규칙은 2007. 4. 12 개정에서는 이 "영리를 목적으로 하는 영업"이라는 문구는 삭제되었다. 그렇다고 하여 영리를 목적으로 하지 않는 비영리 법인에 대해서 영업보상이 가능하다는 의도는 아니며, 직접 영리행위를 요구하는 직접적 문구는 없으나, 영업보상의 "영업"이란 단어에 본래 "영리"의 뜻이 담겨 있기 때문에 삭제한 것으로 종전과 같이 영리를 목적으로 하는 영업일 것을 여전히 요구한다.

특히 문제가 되는 것은 종교단체[954] 및 비영리 법인의 경우에 과연 영업보상이 가능한 지 여부이다. 영리를 목적으로 행하고 있는 영업이라 함은 관계법령에 의하여 영리업무가 가능하고 관계법령의 규정에 따라 적법하게 영업을 행하는 경우를 의미한다. 따라서 관계법령에 의하여 비영리를 목적으로 설립된 법인의 경우에는 영업보상이 부정[955]되지만, 정관 등에 의해 일정한 영리행위를 할 수 있도록 규정되어 있고 그에 따라 영리를 목적으로 행하고 있는 영업이 공익사업시행지구에 편입되는 경우에는 영업보상대상에 해당된다[956]고 보고 있다. 또한 초·중등교육법 또는 사립학교법을 적용받는 유치원은 영업보상을 부정[957]하고 있지만, 그 목적이 유사한 어린이집은 휴업보상

---

954) ① 토정 58342-763 (1998. 5. 26) 종교행위는 영리를 목적으로 하지 않으므로 이를 영업으로 볼 수 없을 것이며, 그 종교시설도 영업시설로 보기 어려울 것이므로, 영업보상은 불가합니다.
② 토지정책과-4117 (2009. 9. 4) 영업보상 입법취지를 감안할 때 종교시설(사찰)을 영업행위로 보기 어려우므로 영업보상 대상에 해당되지 아니한다고 봅니다.

955) ① 토관 58342-1565 (1999. 11. 29) : 농업협동조합인 경우 농업협동조합법 제5조 제2항의 규정에 의하면 조합과 중앙회는 영리 또는 투기를 목적으로 하는 업무를 하지 못하도록 하고 있음에 따라 농업협동조합과 동 조합이 운영하는 사업은 위 규정에 의한 영업보상대상 및 실직보상대상에 해당되지 아니하는 것으로 판단됩니다.
② 토관 58342-934 (1999. 8. 21) : 교통안전공단법에 의하여 설립된 비영리법인으로서 자동차관리법 제43조 및 동법 시행령 제19조의 규정에 의거 자동차 검사업무를 건설교통부장관으로부터 권한위탁받아 국가사무를 대행하고 있는 것으로써 동 사무는 영리행위로 볼 수가 없기 때문에 특례법시행규칙 제25조의 규정에 의한 휴업보상대상에 해당되지 않는다고 보는 것이 타당할 것입니다.
③ 토정 58342-983 (1999. 6. 2) : 농어촌발전특별조치법에 의한 영농조합법인은 농림어업의 경영 및 그 부대사업, 공동시설의 설치 또는 운영, 농림수산물의 공동출하·가공 및 수출, 농작업의 대행 등을 행할 목적으로 설립된 조합으로, 그 설립목적에 따라 농경지의 경작에 따른 필요한 물품의 공동매입·매출을 행하고 그에 따른 이익을 배당한다고 하여 경작자별로 편입에 따른 실농보상을 한 이상 이와 별도의 영업보상은 불가할 것입니다

956) ① 토관 58342-665 (2003. 5. 12)의 질의회신에서 농업협동조합중앙회의 신용사업장이 농업협동조합법에 의하여 일반 은행과 같이 신용사업을 할 수 있도록 되어 있는 경우 영업보상대상이 가능하다고 회신하였다.
② 토정 58342-983 (1999. 6. 2) 영농조합법인에서 위 사항이외에 영리를 목적으로 관계법령에 의한 인·허가 등이 필요한 영업을 이를 이행하고 연쇄점 등 관련 영업장을 별도로 운영한 경우라면 동 부분에 대하여는 영업보상이 가능할 것이나, 이는 그 영업의 형태, 관계법령에 의한 인·허가 유무 등 제반사항을 사업시행자가 검토 판단하여야 할 사항이다.

이 가능하다[958]고 보고 있다. 그러나 유치원이나 어린이집 모두 동종의 교육사업 임에도 불구하고 보상에 차이가 있다면 이는 문제가 있다고 본다.

2) 사업인정고시일등 전부터 적법한 장소에서의 영업

영업보상은 허가 등을 받아야 하는 영업을 사업인정고시일 등 전부터 허가 등을 받아 행하던 영업이 보상대상에 해당되며, 사업인정고시일 이후에 허가 등을 받아 행하던 영업은 보상대상인 영업에 해당되지 아니한다. 여기서 "사업인정고시일등"이라 함은 보상계획의 공고 또는 사업인정의 고시가 있은 날(규칙 제44조 제3항)을 말하고, 사업인정고시일이나 보상계획공고일중 어느 것이라도 선행된 것이 영업보상기준일이 된다.[959] 다만, 문제가 되는 것은 각 개별법률에서 정한 행위제한일[960]이 사업인정고시일 등 이전인 경우 어느 날로 영업보상대상일로 설정하여야 하는지 인데, 중앙토지수용위원회에서는 대부분의 개별법에서의 행위제한일을 그 기준으로 삼아야 한다는 입장이다.[961] 그렇다면 각 개별법률상의 행위제한일, 보상계획 공고일, 사업인정일 이 3가지 중 가장 선행되는 것이 영업보상의 기준일이 된다고 할 수 있다. 그러나 이 기준일은 다소 문제가 있다고 본다.[962]

---

957) 토관 58342-684 (2000. 5. 9) : 초·중등교육법 또는 사립학교법을 적용받는 유치원은 유아교육을 실시하는 교육기관으로서 영업(일정한 장소에서 인적·물적시설을 갖추고 계속적·반복적으로 하는 영리행위)을 하였다고 볼 수 없으므로 특례법령에 의한 영업손실보상대상에 해당되지 아니한다고 봅니다.

958) ① 토관 2631 (2004. 6. 11) : 영유아보육법에 의거 민간보육시설신고를 하고 어린이집을 운영한 경우에는 위 규정에 의한 휴업보상대상에 해당된다.
② 한편 비영리법인의 경우는 세무서에서 발급하는 고유번호증에 의거 고유번호를 받은 자가 수익사업을 하는 경우에는 사업자등록신청 및 수익사업개시신고를 하고 하여야 하나, 이러한 사업자등록신청이나 수익사업개시신고가 되어 있지 않다는 사유로 어린이집에 대한 영업보상을 부정한 사안에 대하여, 국토해양부 질의회신에서는 영육아 보육법에 의거 민간보육 시설신고를 하고 어린이 집을 운영한 경우 영업보상에 해당한다고 회신하여 토지보상법에 의한 신고외 다른 요건은 요구하지 않았다(토지정책과-5263 (2009. 11. 11)).

959) 토지정책팀-3505 (2007. 8. 7) : 사업인정고시일이나 보상계획공고일중 어느 것이라도 선행된 것이 영업보상기준일이 된다고 봄.

960) 각 개별법률에서는 지구지정 이전에 사업에 대한 주민들의 의견을 듣기 위한 공람이나 공청회를 통하여 주민이나 관계 전문가 등으로부터 의견을 절차를 갖도록 규정하고 있는데, 이 절차가 행위제한의 기준일이 되고 있다. 통상 실무적으로는 '공람공고일'이라 칭하고 있다.

961) 중앙토지수용위원회, 2019 토지수용업무편람, 359면 : 개별법이 정한 행위제한일이 사업인정고시일 등 이전인 경우에는 이 날을 기준으로 영업보상대상 여부를 결정함. 대부분의 개별법에서 별도의 행위제한일을 규정하면서 그 제한되는 행위에 영업을 규정하고 있지는 않으나, 이런 경우에도 공익사업의 시행으로 이전이 예정되어 있다는 것을 알고 영업을 한 경우에 해당하므로 영업보상의 대상에서 제외함

962) 사견으로는 중앙토지수용위원회의 기준일에 동의하지 않는다. 법령에는 분명히 영업보상의 기준일을 '사업인정고시일 등'으로 규정하고 있고, '사업인정고시일 등' 이란 보상계획의 공고 또는 사업인정의

적법한 장소[963]란 무허가건축물 등, 불법형질변경토지,[964] 그 밖에 다른 법령에서 물건을 쌓아놓는 행위가 금지되는 장소가 아닌 곳[965]을 말한다. 따라서 허가 등이 없이 컨테이너박스를 사무실로 사용하여 자재를 적치하고 판매하는 영업행위[966]는 영업보상의 대상이 아니다. 또한, 영업의 적법성 여부는 주된 영업을 위한 시설을 기준으로 판단하여 결정하면 될 것으로 본다.[967]

한편, 그동안 적법한 건축물 내에서 불법으로 용도변경 한 경우 판례는 불법 용도변경은 무허가건축물 등의 범위에 포함되지 않으므로 적법한 건축물 내에서 단순히 불법으로 용도변경하였다는 사유만으로 영업보상이 배제되지는 않는다고 보았으나,[968] 이

고시가 있은 날(규칙 제44조 제3항)로 규정하고 있어, 이와 달리 각 개별법률에 의한 별도의 기준일을 임의로 설정하는 것으로 이는 보상법정주의에 위배된다고 생각된다.

963) 대법원 2014. 3. 27. 선고 2013두25863 판결 : 무허가건축물을 지어 위법행위를 통한 영업이익을 누린 사람에 대하여까지 그 손실을 보상하는 것은 정당한 보상이라고 하기 어려운 점 등에 비추어 보면, 이 사건 규칙 조항이 '영업'의 개념에 '적법한 장소에서 운영될 것'이라는 요소를 포함하고 있다고 하여 공익사업법의 위임 범위를 벗어났다거나 정당한 보상의 원칙에 위배된다고 하기 어렵다.

964) 토관 58342-269 (2001. 2. 24) : 무허가건물이나 불법형질변경토지에서의 영업은 보상대상에 해당되지 아니한다고 보며, 공공사업에 관한 계획의 고시 등이 있기 이전부터 허가·면허 등을 받거나 신고를 하여야 행할 수 있는 영업을 허가 등이나 신고 없이 행하는 자가 공공사업의 시행으로 인하여 폐업하는 경우에는 동조 제2항의 규정에 의한 폐업보상으로 제30조의2의 규정에 준하여 계산한 금액을 지급하도록 되어 있으므로 이에 해당되는 경우에는 주거대책비 상당액의 보상이 가능하다고 봅니다.

965) 토관 58342-788 (1999. 7. 29) : 개발제한구역내에서 금지된 시설물을 설치하여 허용되지 아니하는 영업행위를 한 경우에는 적법한 영업행위로 보지 아니하는 것이 타당하다고 판단됩니다.
☞ 현행 법령상 물건을 쌓아놓는 행위를 금지하는 법령
① 개발제한구역 : 원칙적으로 금지되나, 일정한 경우 시장 · 군수 허가 (개발제한법 제12조 제1항, 시행령 제17조)
② 공원녹지법 : 원칙적으로 금지되나, 일정한 경우 시장 · 군수 허가 (공원녹지법 제27조 제1항, 시행령 제28조)
③ 국토계획법 (시행령 제53조 제6호. 물건을 쌓아놓는 행위) : 아래 사항 이외에는 시장 · 군수 허가
가. 녹지지역 또는 지구단위계획구역에서 물건을 쌓아놓는 면적이 25제곱미터 이하인 토지에 전체무게 50톤 이하, 전체부피 50세제곱미터 이하로 물건을 쌓아놓는 행위
나. 관리지역(지구단위계획구역으로 지정된 지역을 제외한다)에서 물건을 쌓아놓는 면적이 250제곱미터 이하인 토지에 전체무게 500톤 이하, 전체부피 500세제곱미터 이하로 물건을 쌓아놓는 행위

966) 토관 3513 (2004. 8. 5) : 관계법령에 의한 허가등을 받지 않았거나 컨테이너박스등 무허가 구조물에서 영업을 행한 경우에는 위 규정에 의한 영업보상대상에 해당되지 아니한다.

967) 토지정책과-3642 (2012. 7. 20) 영업(비금속광물처리분쇄업)을 위한 생산시설의 적법성만 충족하면 사무실(컨테이너)은 무허가건축물에 해당하더라도 적법한 장소에서 영업을 한 것으로 볼 수 있는지?
☞ 토지보상법시행규칙 제45조 규정에 따른 보상요건에 적합한 경우에는 영업손실 보상대상으로 보며, 여기서 영업장소의 적법성은 단순히 영업시설의 일부인 무허가건축물의 적법성 여부만을 가지고 판단할 것이 아니라, 해당 영업을 위한 주된 시설의 적법성과 함께 위 무허가건축물이 해당 영업에서 차지하는 중요도나 그 필요성 등을 종합적으로 검토하여 판단할 사항으로 봅니다.

968) 대법원 2010. 9. 9. 선고 2010두11641 판결 : 구 건축법이 개정되면서 용도변경 행위를 건축물의 건축으로 보는 내용이 삭제되었는바, 이 사건 수용재결 당시인 2008. 11. 20.을 기준으로 하면 이 사건 주택을 무단 용도변경 건축물로 볼 수 있는 것은 별론으로 하더라도 무허가 건축물에 해당한다고 볼 수는 없고,

것이 불법 행위에 대한 보상배제 취지에 어긋나므로 토지보상법 시행규칙을 개정하여 (2012. 10. 2) 불법용도변경한 경우 영업보상에서 제외했다.[969]

또한 장소와 관련하여 영업보상이 배제되는 것으로는 가설건축물 내에서의 영업이다. 앞서 본 바와 같이 (허가)가설건축물 내에서의 영업행위도 영업보상이 불가하다는 것이 판례의 입장이다.[970] 다만 이에 대해서 가설건축물 소유자의 원상회복의무가 임차인에게까지 미치는 것은 적절치 못한다는 견해가 있다.[971]

3) 인적·물적시설을 갖추고 계속적으로 행하고 있는 영업

영업보상은 일정한(적법한) 장소에 인적·물적시설[972]을 갖추고 계속적,[973] 반복적으로 영업을 하는 경우에 가능하며, 또한 유권해석상으로 영업보상대상은 일정한 시설을 갖춘 일정한 영업장소로 고객이 직접 와서 물건을 취득 판매하는 경우의 영업[974]을 그

따라서 이 사건 주택이 무허가 건축물에 해당한다는 이유로 이 사건 영업이 손실보상의 대상이 되는 영업이 아니라고 볼 수는 없다. 그렇다면 이 사건 주택이 용도변경 당시의 법령에 따라 무허가 건축물에 해당함을 전제로, 이 사건 영업이 손실보상 대상에 포함되지 않는다고 본 원심판결에는 공익사업법의 시행에 따른 손실보상에 관한 법리를 오해한 위법이 있고, 이는 판결 결과에 영향을 미쳤음이 분명하다

969) 시행규칙 제24조(무허가건축물 등의 부지 또는 불법형질변경된 토지의 평가) 「건축법」 등 관계법령에 의하여 허가를 받거나 신고를 하고 건축 또는 용도변경을 하여야 하는 건축물을 허가를 받지 아니하거나 신고를 하지 아니하고 건축 또는 용도변경한 건축물(이하 "무허가건축물등"이라 한다)의 부지 또는 「국토의 계획 및 이용에 관한 법률」 등 관계법령에 의하여 허가를 받거나 신고를 하고 형질변경을 하여야 하는 토지를 허가를 받지 아니하거나 신고를 하지 아니하고 형질변경한 토지(이하 "불법형질변경토지"라 한다)에 대하여는 무허가건축물등이 건축 또는 용도변경될 당시 또는 토지가 형질변경될 당시의 이용상황을 상정하여 평가한다. 〈개정 2005. 2. 5., 2012. 1. 2.〉
⇒ 이 규정은 2012. 1. 2 이후 최초로 보상계획을 공고하거나 토지소유자 및 관계인에게 보상계획을 통지하는 공익사업부터 적용한다. 부칙 〈국토해양부령 제427호, 2012. 1. 2.〉

970) 대법원 2001. 8. 24 선고 2001다7209 ; 가설건축물 자체의 철거에 따른 소유자의 손실 뿐만 아니라 가설건축물의 이용권능에 터잡은 임차인 역시 그 철거에 따른 영업손실보상을 청구할 수 없다

971) 이선영, 신토지수용과 보상법론, 리북스, 2005, 601면.

972) 토지정책팀-527 (2008. 2. 5) : 시행규칙 제45 제1항의 규정에 의한 물적시설의 의미는 건축법등 관계법령의 규정에 따른 건축물뿐만 아니라 당해 영업을 위해 필요한 제반시설까지를 의미하는 것임

973) 토관 58342-1189 (2002. 8. 12) : 영업 허가 또는 신고 등이 필요한 경우 이를 행하고 일정한 장소에서 영업에 필요한 관련시설을 갖추고 허가 등을 받은 사항대로 영업을 하고 있던 자가 공공사업으로 인하여 휴업을 허가나 폐업을 하는 경우 지급대상이 되는 것이므로 이에 해당되는 경우 보상대상에 해당된다고 보며, 신병치료를 위하여 일시적으로 영업을 중단하였다가 영업을 계속한 경우도 보상대상에 해당된다고 봅니다.

974) ① 토관 3156 (2004. 7. 19) : 위 규정에 의한 영업보상대상은 일정한 시설을 갖춘 일정한 영업장소로 고객이 직접 와서 물건을 취득 판매하는 경우의 영업을 말한다고 보며, 귀 질의와 같이 일정한 장소에서 물품 등을 일시 보관하였다가 고정거래처 등에 물품을 배달납품하는 영업의 경우에는 위 규정에 의한 영업보상대상으로 보기 어려울 것으로 보며, 개별적인 사례가 이에 해당되는지 여부는 사업시행자가 관계법령 및 사실관계를 조사하여 판단·결정할 사항이라고 봅니다.

보상대상으로 하고 있다. 따라서 화장품 방문판매영업,[975] 차량을 이용한 영업,[976] 배달납품업,[977] 철학관,[978] 노점상[979]의 경우 영업장소의 일시적이거나 유동성을 사유로 영업보상을 부정하고 있으며,[980] 민박의 경우는 계절적 수요에 의하여 일시적 영업이라는 사유로,[981] 하숙행위에도 동일한 사유로 영업보상을 부정[982]하고 있다.

---

② 토지정책과-4421 (2009. 9. 23) : 위 규정에 의하면 영업보상대상은 적법한 장소이어야 하고 인적·물적시설을 갖춘 영업이어야 하나, 주거용 건물(자택)에서 물품 등을 일시 보관하였다가 거래처에 등에 물품 등을 배달납품하는 경우에는 영업보상대상으로 보기 어려울 것으로 봅니다.

975) 토관 5576 (2004. 11. 22)

976) 토정 58307-75 (1993. 5. 4) : 허가받은 창고건물에 판매영업의 등록을 하고 차를 이용하여 직접 구매자를 찾아다니며 운반판매하는 경우 보상대상 여부에 대한 질의회신에서 "영업보상은 일정한(적법한) 장소에 영업시설을 갖추고 계속적, 반복적으로 영업을 하는 경우에 가능하므로 위 영업과 같이 차로 운반판매하는 경우에는 일정한(적법한) 장소에서 영업시설을 갖추고 행하는 영업으로 볼 수 없으므로 영업보상이 불가함"으로 회신하고 있다.

977) 토관 3156 (2004. 7. 19) : 농축수산물 도·소매업으로 사업자등록을 하고 야채, 육류 등을 시장에서 구입하여 식당에 납품하는 영업을 행하는 경우 영업보상대상에 해당되는지 여부에 대한 질의회신에서 "일정한 장소에서 물품 등을 일시 보관하였다가 고정거래처 등에 물품을 배달납품하는 영업의 경우에는 위 규정에 의한 영업보상대상으로 보기 어려울 것으로 보며"라고 회신하고 있다.

978) 국토부 유권해석은 철학관영업이 인적·물적 시설을 갖추지 아니한 영업으로 보아 영업보상을 부정하고 있으나, 철학관도 전화기, 착상, 쇼파 등의 물적시설을 갖추고 있고, 자가운영을 하는 인적시설을 갖추었다고 봄이 타당하며, 따라서 최근 사업시행자 별로 차이는 있으나 철학관영업보상을 한 사례도 있으며 중토위에서도 이를 인정하고 있는 추세다(중토위 2006. 3. 27 재결, 부천시 도시계획시설사업 도로확장공사, 사업인정고시일 : 2004. 10. 25).

☞ 철학관 영업보상 부정 질의회신 : 토관 58342-1727 (2000. 11. 15) 인적서비스(철학관 등)를 주로 하는 영업과 같이 영업을 휴업하지 아니하고 영업장소를 이전할 수 있는 경우에는 공공사업의 시행으로 인한 손실이 있었다고 볼 수 없으므로 보상대상에 해당되지 아니한다고 봅니다. 동 질의회신 이후에도 국토해양부는 철학관 영업이 인적·물적 시설을 갖추지 아니한 영업에 해당하다고 하여 영업보상을 부정하고 있다(토관 58342-903 (2003. 6. 25)).

☞ 점집 영업보상 인정 질의회신 ; 사업자등록을 하고 점(집)을 보며 생계를 유지하여 오던 중 공공사업에 편입된 경우에 영업보상 대상인지 여부에 대해서는 허가 등을 받지 않고 할 수 있는 자유영업에 해당하는 경우로서 일정한 장소에서 영업을 하여온 경우라면 영업보상의 대상이나 이는 사업시행자가 검토·판단할 사항이라고 상반된 회신을 하고 있다(토정 58342-1736 (1998. 11. 5)).

979) 토관 2677 (2004. 6. 15) 시장주변에서 일정한 자리를 차지하고 있는 노점상이 영업보상대상에 해당되는지 여부에 대하여 "영업보상은 사업인정고시일등 전부터 일정한 장소에서 인적·물적시설을 갖추고 계속적으로 영리를 목적으로 행하고, 영업을 행함에 있어서 관계법령에 의한 허가·면허·신고 등을 필요로 하는 경우에는 허가 등을 받아 그 내용대로 행하고 있는 영업입니다. 그러므로, 시장주변에서 노점상으로 영업하는 경우에는 이 법에 의한 영업보상대상에 해당되지 아니한다"고 회신하고 있다.

980) 토관 58342-799 (2003. 6. 7) : 〈질의〉 과수 및 관상수를 재배하면서 허가나 신고없이 설치할 수 있는 농막을 설치하고 판매업을 하고 있는 경우 영업보상대상에 해당되는지 여부
〈회신〉 사업인정고시일 등 전부터 일정한 장소에서 인적·물적시설을 갖추고 계속적으로 영리를 목적으로 행하고 있는 영업이 보상대상이 되며, 일정한 장소인 영업장소는 적법한 영업장소로서 그 장소가 일시적이거나 이동성이 있지 아니한 경우를 의미한다고 판단됩니다.

981) 토관 58342-1912 (2001. 12. 11) 영업보상은 일정한 장소에서 인적·물적 시설을 갖추고 계속적·반복적으로 영리행위를 하는 경우로 되어 있으므로 숙박시설을 갖추고(관계법령에서 인·허가 등을 받도록 되어 있는 경우에는 인·허가 등을 받은 경우에 한함) 계속적·반복적으로 영업을 한 경우에는 영업보상대상

이와 같은 유권해석에 의거 실제로 보상현장에서 사업시행자별로 다소의 차이는 있지만 철학관, 가축병원,[983] 건설회사 사무실,[984] 버스회사의 차고지, 보험회사 대리점, 화장품 대리점 등에 대해서 영업보상대상에서 제외하고 있어 민원이 발생되고 있는 실정이다.

이에 대하여 국민권익위원회는 최근 "굿" 행위[985] 및 "자판기 영업"[986]에 대하여 영업보상을 인정하는 권고결정을 한 바 있고, 사회가 복잡 다양해지고 기계문명의 발달영향에 따라 영업의 형태와 종류가 각양각색으로 변화되고 있어 그동안 영업보상에서 제외되었던 영업에 대해서 영업보상을 인정하자는 의견이 힘을 얻고 있다.[987]

에 해당된다고 보나 계절적인 수요에 의하여 일시적으로 숙박을 제공하는 등 부업으로 이를 행하는 경우에는 영업보상대상에 해당되지 아니한다고 봅니다.

982) 토정 58342-135 (1999. 1. 23) : 하숙은 거주자가 주거용건물 소유자에게 방세와 식비를 내고 일정기간동안 남의 집에 숙박토록 하는, 즉 방을 세주어(임대) 거주자에게 식사를 제공토록 하는 경우를 위 법령에 의한 "일정한 장소에서 인적·물적 시설을 갖추고 계속적으로 영리적인 행위"에 해당하는 영업으로 보기는 어려울 것으로 판단됩니다.

983) 가축병원의 경우 수의사가 현장을 직접 방문하여 동물진료를 업으로 한다는 사유로 영업보상을 제외하였으나 중앙토지수용토지위원회에서 휴업보상 결정한 사례가 있다(김포마송지구 수용재결 사례).

984) 토지정책팀-3480(2007. 8. 6) 영업의 휴업에 대한 손실보상대상이 아닌 영업인 경우(건설업 등)에도 실제로 사무실의 이전광고비, 개업비 등 영업장소를 이전함으로 인하여 부대비용이 발생하는 바, 이와 같은 비용의 보상대상 여부에 대하여, 공익사업의 시행으로 인하여 영업장소를 이전하여야 하는 경우의 영업손실은 휴업기간에 해당하는 영업이익에 이전광고비 및 개업비 등 영업장소를 이전함으로 인하여 소요되는 부대비용을 합한 금액으로 보상하도록 규정하고 있으므로, 이에 해당될 경우에는 보상대상에 해당된다고 보나, 영업의 휴업에 대한 손실보상대상이 아닌 영업인 경우에는 보상대상에 해당되지 아니한다고 보며, 개별적인 사례가 이에 해당되는지 여부에 대하여는 사업시행자가 사실관계를 조사하여 판단·결정할 사항이라고 봅니다.

985) 2CA-0804-015019 (2008. 5. 28) : "굿" 행위가 신청인의 인적 능력에 주로 의존하는 용역제공이지만 법당과 같은 일정한 고정식 시설이 필수적으로 요구되며, "굿" 행위는 서비스의 내용 자체가 공산품과 같이 균등할 수 없어 특정 무속인에 대한 고객들의 선호도가 영업이익과 직결되며, 특정 영업장소에 대한 거래고객들의 인지도가 영업에 있어 중요한 요소로 작용한다. "굿", 점술 등의 무속 영업손실에 대하여 보상하는 것이 타당하다.

986) 2AA-1102-034911(2011. 05) : 이 민원 영업을 위해서는 일정한 장소에서 자동판매기의 식음료투입 및 위생관리를 수시로 하여야 하는 점 등을 고려할 때 이 민원 영업은 일정한 장소에서 고정적으로 인적·물적 시설이 투입된 영업으로 보는 것이 타당하다. 따라서 신청인은 이 민원 사업구역에 이 민원 시설이 편입되어 더 이상 이 민원 영업을 계속할 수 없게 되었다고 할 수 있으므로 피신청인은 토지보상법 제77조의 규정에 따라 신청인에게 이 민원 영업의 손실을 보상하는 것이 타당하다고 판단된다.

987) 류일용, "공법상 영업손실보상에 관한 연구" 단국대학교 박사학위, 2006, 109면.

국민권익위 의결

□ 2BA-0610-064120 (2006. 11. 28)

목욕관리업(일명 "때밀리업)의 경우 목욕관리대와 목욕 일반용품을 갖추었다는 사실만으로 물적 시설을 갖추었다고 보기 어렵고, 목욕탕업에 부수되는 방식으로 행해지는 영업으로 영업의 독자성을 인정할 수 없다고 주장하나, 이 민원 건물 목욕탕의 일부 공간에 목욕관리대를 설치하고 영업을 계속적으로 영위했음이 인정되며, 건물의 일부를 임차하여 물적시설을 갖추고 영업을 목욕탕에 부수되는 방식이 아닌 독자적으로 영위하였으므로 영업보상이 타당하다.

이러한 경향에 힘입어 최근의 대법원 판례는 원심의 판단과 달리 영업의 계속성과 시설의 고정성을 완화하는 판례가 주를 이루고 있어, 5일장(아래 판례 참조)이나 눈썰매장, 체험학습장, 수영장 등 일정한 계절이나 시기에 한시적으로 영업하는 경우도 영업의 계속성을 인정[988]하고 있다. 다양한 영업형태를 감안할 때 타당하다고 본다.

판 례

□ 대법원 2012. 3. 15. 선고 2010두26513 판결

이 사건 장터에서 토지를 임차하여 앵글과 천막 구조의 가설물을 축조하고 매달 4일, 9일, 14일, 19일, 24일, 29일에 정기적으로 각 해당 점포를 운영하여 왔고, 영업종료 후 가설물과 냉장고 등 주방용품을 철거하거나 이동하지 아니한 채 그곳에 계속 고정하여 사용·관리하여 왔던 점, 원고들은 장날의 전날에는 음식을 준비하고 장날 당일에는 종일 장사를 하며 그 다음날에는 뒷정리를 하는 등 5일 중 3일 정도는 이 사건 영업에 전력을 다하였다고 보이는 점 등에 비추어 볼 때, 비록 원고들이 영업을 5일에 한 번씩 하였고 그 장소도 철거가 용이한 가설물이었다고 하더라도 원고들의 상행위의 지속성, 시설물 등의 고정성을 충분히 인정할 수 있으므로, 원고들은 이 사건 장소에서 인적·물적 시설을 갖추고 계속적으로 영리를 목적으로 영업을 하였다고 봄이 상당하다고 판단하였다. 관련 법리와 기록에 비추어 살펴보면 원심의 위와 같은 조치는 정당하다.

영업보상의 판단기준일에 대하여 다소 판례가 혼선을 빚고 있다. 사업인정 고시일 등을 보상대상 기준일로 보는 판례[989]가 있는가 하면, 협의성립 및 수용재결 시점을

988) 대법원 2012. 12. 13. 선고 2010두12842 판결 : 사업인정고시일 등 전부터 일정한 장소에서 인적·물적시설을 갖추고 계속적으로 영리를 목적으로 행하고 있는 영업'을 영업손실보상의 대상으로 규정하고 있는데, 여기에는 매년 일정한 계절이나 일정한 기간 동안에만 인적·물적시설을 갖추어 영리를 목적으로 영업을 하는 경우도 포함된다고 보는 것이 타당하다. 원고가 영위하였다는 위 소풍 및 레크리에이션 등 단체고객 영업은 그 자체로 독립적인 영업이라고 할 것은 아니지만, 유원시설업의 매출 증대를 위하여 그와 같은 방식으로 영업을 하는 데 대하여 별도의 허가를 받아야 한다는 등 다른 특별한 사정이 없는 한 이는 법률상 허용된다 할 것이다.

989) 대법원 2012. 12. 27. 선고 2011두27827 판결 : 공익사업을 위한 토지보상법 제75조 제1항, 제77조 제1항

기준으로 하는 판례[990]가 있다. 이 상반되는 판례를 종합하면 결국 영업보상의 요건은 '사업인정고시일 등'부터 '협의성립 및 수용재결' 시까지 유지하여야 한다고 본다.

또한, 사업인정 고시가 있기 이전부터 영업을 승계하여 영업하는 경우에는 영업보상의 대상이나,[991] 영업의 허가등을 받은 자와 실제 영업자가 다를 경우는 원칙적으로 영업보상의 대상이 아니나, 다만 이 경우 시행규칙 제54조 특례조항 (허가등을 받지 아니한 영업의 손실보상에 관한 특례)을 적용받을 수 있다.[992]

무허가건축물등에서 임차인이 영업하는 경우에는 그 임차인이 사업인정고시일등 1년 이전부터 「부가가치세법」 제5조에 따른 사업자등록을 하고 행하고 있는 영업에 대해서는 일정한 조건하에 영업보상이 가능하다.

4) 관계법령에 의한 허가 등을 받아 그 내용대로 행하고 있는 영업

영업을 행함에 있어서 관계법령에 의한 허가·면허·신고[993] 등을 필요로 하는 경우에

과 동법 시행규칙 제45조 제1호 등 관련 규정에 따르면, 공익사업의 시행으로 인한 영업손실 및 지장물 보상의 대상 여부는 사업인정고시일을 기준으로 판단해야 하고, 사업인정고시일 당시 보상대상에 해당한다면 그 후 사업지구 내 다른 토지로 영업장소가 이전되었다고 하더라도 이전된 사유나 이전된 장소에서 별도의 허가 등을 받았는지를 따지지 않고 여전히 손실보상의 대상이 된다고 본 원심판단을 정당하다.

990) 대법원 2010. 9. 9. 선고 2010두11641 판결 : 공익사업법 시행규칙 제45조 제1호에서 말하는 '적법한 장소(무허가 건축물 등, 불법형질변경토지, 그 밖에 다른 법령에서 물건을 쌓아놓는 행위가 금지되는 장소가 아닌 곳을 말한다)에서 인적·물적시설을 갖추고 계속적으로 행하고 있는 영업'에 해당하는지 여부는 협의성립, 수용재결 또는 사용재결 당시를 기준으로 판단하여야 한다.

991) ① 토관 1892 (2004. 4. 22) : 사업인정고시일등 이후에 개시한 영업은 영업보상대상에 해당되지 아니한다고 보나, 위 고시가 있기 이전부터 행하던 영업을 승계하여 영업을 행하고 있는 경우에는 영업보상대상에 해당하는 것으로 보며, 개별적인 사례에 대하여는 사업시행자가 사실관계를 조사하여 판단·결정할 사항이라고 봅니다.

② 토관 58342-526 (2001. 4. 9) : 당해 공공사업에 관한 계획의 고시 등이 있기 이전부터 행하던 영업등을 그 고시 등이 있은 후 이를 승계하여 행하는 경우에는 그 영업의 승계자가 보상대상에 해당된다고 봅니다.

992) 토지정책과-448 (2008. 4. 15) : 토지보상법 시행규칙 제45조 제2항의 규정에 의하면 영업을 행함에 있어서 관계법령에 의한 허가, 면허, 신고등(이하 "허가등"이라 한다)을 필요로 하는 경우에는 허가등을 받아 그 내용대로 행하고 있는 영업이 보상대상이나, 실제 영업자가 적법한 장소에서 관계법령에 의한 허가등을 받지 않고 영업하고 있는 경우라면 동 규칙 제52조 특례조항에 의한 보상대상으로 보아야 하나, 당해 영업이 허가등을 받아야 하는 영업인지 여부등은 사업시행자가 사실관계를 확인하여 판단·결정할 사항이라고 봅니다.

993) 당초 신고영업을 신고하지 않고 한 영업에 대하여도 보상의 대상이었으나, 이 신고영업에 대하여도 신고를 요구하게 된 것은 '91. 10. 8 공특법 개정시에 추가된 것으로 이에 대하여 신고하지 아니하고 한 영업을 보상에서 배제하여야 하는지에 대해서는 다소 이견을 보이고 있다.

☞ "신고는 자기완결적 행위로서 행정청에 대하여 일정한 사항을 통지함으로써 최종적인 법률효과가

는 허가 등을 받아 그 내용대로 행하고 있는 영업을 공익사업시행으로 인하여 휴업하는 경우에 해당되며, 이 경우의 허가 등은 당해 영업을 행함에 있어서 관계법령에서 정한 소정의 요건 등에 부합하는 경우에 관계 행정청으로부터 허가 등을 받거나 신고수리가 된 경우를 말하는 것으로, 단지 세무서의 사업자등록이 되어 있지 않다는 사유는 영업보상 배제사유가 아니다.[994]

다만, 관련 행정법규에서 일정한 사항을 신고하도록 규정하고는 있지만 그러한 신고를 하도록 한 목적이나 관련 규정의 체제 및 내용 등에 비추어 볼 때 신고를 하지 않았다고 하여 영업 자체가 위법성을 가진다고 볼 수 없는 경우에는 단순한 신고 등을 하지 않았다고 하더라도 그 영업손실 등에 대해서는 보상을 하는 것이 타당할 것으로 보인다.[995] 또한 사업인정고시일 당시 영업보상대상에 해당한다면 그 후 사업지구 내 다른 토지로 영업장소가 이전되었다고 하더라도 여전히 손실보상의 대상이 된다[996]고 할 수 있다.

발생하는 것이 원칙이다(행정절차법 제40조 제2항). 그러므로 신고영업을 신고하지 아니 하였다고 일률적으로 보상에서 제외하는 것은 다소 가혹한 느낌이 든다" (건설교통부, 공공용지취득 및 손실보상제도 개선방안 연구(Ⅱ), 2000.6, 335면)

994) 토관 2282 (2004. 5. 19) 세무서의 사업자등록은 위 규정의 "허가 등"에 해당되지 아니한다.

995) 대법원 2012. 12. 13. 선고 2010두12842 판결 : 영업손실의 보상대상인 영업은 "관계 법령에 의한 허가·면허·신고 등을 필요로 하는 경우에는 허가 등을 받아 그 내용대로 행하고 있는 영업"에 해당하여야 한다고 규정하고 있다(제2호). 이는 위법한 영업은 보상대상에서 제외한다는 의미로서 그 자체로 헌법에서 보장한 '정당한 보상의 원칙'에 배치된다고 할 것은 아니다. 다만 영업의 종류에 따라서는 관련 행정법규에서 일정한 사항을 신고하도록 규정하고는 있지만 그러한 신고를 하도록 한 목적이나 관련 규정의 체제 및 내용 등에 비추어 볼 때 그 신고를 하지 않았다고 하여 영업 자체가 위법성을 가진다고 평가할 것은 아닌 경우도 적지 않고, 이러한 경우라면 신고 등을 하지 않았다고 하더라도 그 영업손실 등에 대해서는 보상을 하는 것이 헌법상 정당보상의 원칙에 합치한다 할 것이므로, 위의 구 공익사업법 시행규칙의 규정은 그러한 한도에서만 적용되는 것으로 제한하여 새겨야 할 것이다.
체육시설업의 영업주체가 그 영업시설의 양도나 임대 등에 의하여 변경되었음에도 그에 관한 신고를 하지 아니한 채 영업을 하던 중에 공익사업으로 영업을 폐지 또는 휴업하게 된 경우라 하더라도, 그 임차인 등의 영업을 보상대상에서 제외되는 위법한 영업이라고 할 것은 아니라 할 것이다. 따라서 그로 인한 영업손실에 대해서는 법령에 의한 정당한 보상이 이루어져야 마땅하다.

996) 대법원 2012. 12. 27. 선고 2011두27827 판결 : 토지보상법 시행규칙 제45조 제1호 등 관련 규정에 따르면, 공익사업의 시행으로 인한 영업손실 및 지장물 보상의 대상 여부는 사업인정고시일을 기준으로 판단해야 하고, 사업인정고시일 당시 보상대상에 해당한다면 그 후 사업지구 내 다른 토지로 영업장소가 이전되었다고 하더라도 이전된 사유나 이전된 장소에서 별도의 허가 등을 받았는지를 따지지 않고 여전히 손실보상의 대상이 된다.

5) 무허가건축물 등에서 임차인이 사업인정고시일등 1년 이전부터 「부가가치세법」 제5조에 따른 사업자등록을 하고 행하고 있는 영업

무허가건축물 등에서 행하여지는 영업에 대해서는 원칙적으로 영업보상이 불가하다. 다만, 무허가건축물 등에서 임차인이 사업인정 고시 1년 이전부터부가가치세법 제5조에 의한 사업자등록을 하고 행하는 영업에 대하여는 영업보상이 가능하다(시행세칙 제45조 제2호). 동 규정은 보상을 목적으로 하지 않고 종전부터 정상적으로 무허가건물 등에서 영업을 하고 있는 선의의 영세임차인을 보호하려는 취지[997]로서 2007. 4. 2 도입되었다(본절 Ⅵ 무허가 임차영업자 보상특례에서 후술).

2. 영업보상 제외

영업보상 대상에서 제외하여야 하는 지에 대하여 논의되고 있는 영업은 다음과 같다.

1) 임대소득

부동산소득 임대소득에 대해서는 부동산의 원본에 대한 과실(자산소득)로서 영업활동이 있었다고 볼 수 없다[998]는 사유로 영업보상을 부정하고 있다. 판례도 비록 대법원 판례는 아니지만, 고등법원의 판례는 일관적이다. 부동산 임대소득은 부동산의 원본에 대한 과실이라는 사유로 영업보상을 부정하고 있으며,[999] 아래 판례에서와 같이 고시원 영업에 대하여 "부동산의 임대를 통하여 얻게 되는 수익은 다른 사람에게 이를 사

---

997) 토지정책과-4577 (2009. 9. 30)

998) ① 토관 58342-723 (2003. 5. 22) : 건물소유자가 건물을 임대함에 따른 부동산 임대소득과 같은 부동산 원물에 대한 소득을 얻는 것은 위 규정에 의한 영업으로 볼 수 없으므로 영업보상 대상에 해당되지 아니한다고 봅니다.
② 토정 58307-254 (1997. 2. 27) : 건물에 대한 임대수입으로 생계를 유지하여 왔으나 당해 건물이 공공사업시행으로 인하여 철거되는 경우 새로운 건물을 신축하는 기간동안은 임대수입이 없는 바, 이에 대한 보상여부에 대한 질의회신에서 "당해 부동산에 대하여 정당한 보상이 된 이상 별도의 손실이 있다고 볼 수 없으며, 그 부동산의 임대소득은 부동산의 원본에 대한 과실(자산소득)로서 영업활동이 있었다고 볼 수 없으므로 영업보상의 대상이 되지 아니한 것으로 생각된다"고 회신하고 있다.

999) 서울고등법원 1997. 5. 21. 선고 95구6924 판결 : 부동산 임대소득은 부동산의 원본에 대한 과실로서 당해 부동산에 대하여 정당한 보상을 한 경우 그 부동산을 임대하여 얻을 수 있었던 수입에 대하여는 그 보상을 청구할 수 없다.

용·수익하게 함으로써 얻는 부동산 자체의 과실(果實)에 불과한 것이므로 당해 부동산에 대한 정당한 보상이 이루어지는 경우에는 그 임대수익을 목적으로 하는 영업상의 손실에 대하여 별도로 보상할 필요가 없다"고 하여 부동산 임대소득에 대하여는 영업보상을 모두 부정하고 있다.

판 례

□ 서울고등법원 2002. 11. 6. 선고 2002누2675

당해 고시원 영업은 ⅰ) 일상적인 생활과 학업에 필요한 기초시설이 구비된 방실을 제공한 것 외에는 식사 또는 강의 등의 서비스를 제공하지는 않았으므로, 오피스텔이나 원룸 형식 주거용 건물을 임대한 경우와 대동소이한 서비스를 제공한 것으로 보이는 점, ⅱ) 특실 입주자의 실제 입주기간은 비교적 장기간이었던 것으로 보이는 점, ⅲ) 일부 장기 입주자들에 대하여는 보증금을 받는 경우도 있었으므로, 앞서 본 임대차관계에서 월세 또는 전세보증금을 지급받는 것과 별반 차이가 없는 점, 원고와 특실 입주자와의 관계는 원룸 형식의 주거용 건물의 임대차관계로 봄이 상당하므로, 원고의 이 사건 쟁점부분에서의 영업은 부동산 임대업, 그중에서도 주거용 건물 임대업에 해당한다고 할 것으로 부동산임대업에 해당하므로, 피고 성북구로서는 이 사건 쟁점부분 자체에 대하여 정당한 보상을 실시한 이상 그 임대수익을 목적으로 하는 원고의 이 사건 영업상의 손실에 대하여 별도로 보상할 필요가 없다 할 것이다.

2) 권 리 금

권리금은 따로 보상대상에 해당되지 아니 한다.[1000] 권리금에 대한 보상은 본 장 제22절에서 별도로 논하고자 한다.

3) 휴업하지 않고 계속 영리활동이 가능한 경우

업무의 성질상 휴업하지 아니하고 다른 장소에 이전하여 당해 영업을 계속할 수 있는 경우에는 영업의 휴업보상 대상으로 보기는 어렵다[1001]고 보고 있다.

1000) 토관 1966 (2000. 4. 27) : 공익사업에 편입되는 영업은 공익사업을위한토지등의취득및보상에관한법률 시행규칙 제45조 내지 제47조의 규정에 의한 영업보상을 지급하고 취득하도록 되어 있으므로 영업장은 위 규정에 의한 보상을 지급하고 취득하여야 한다고 보며, 권리금은 따로 보상대상에 해당되지 아니 한다.

1001) 토지정책팀-305 (2006. 1. 19) : 보상계획공고일 이전부터 계속하여 영업을 하였으므로 영업손실 보상을 요구할 경우 당해 전문건설업이 영업보상대상에 해당되는지 여부에 대하여 "영리를 목적으로 적법하게 행하고 있는 영업이 공익사업시행지구에 편입되어 휴업 또는 폐업하게 되는 경우에는 영업보상 대상에 해당된다고 보나, 업무의 성질상 휴업하지 아니하고 다른 장소에 이전하여 당해 영업을 계속할

4) 향후 기대되는 영업이익

토지보상법상 '영업상의 손실'이란 수용의 대상이 된 토지·건물 등을 이용하여 영업을 하다가 그 토지·건물 등이 수용됨으로 인하여 영업을 할 수 없거나 제한을 받게 됨으로 인하여 생기는 직접적인 손실을 말하는 것이므로[1002] 영업을 하기 위하여 투자한 비용이나 그 영업을 통하여 얻을 것으로 기대되는 이익에 대한 손실보상의 근거규정이 될 수 없고, 토지보상법 등 관계 법령에도 영업을 하기 위하여 투자한 비용이나 그 영업을 통하여 얻을 것으로 기대되는 이익에 대한 손실보상의 근거규정이나 그 보상의 기준과 방법 등에 관한 규정이 없으므로, 이러한 손실은 그 보상의 대상이 된다고 할 수 없다.[1003] 그러므로 영업이익을 산정하면서 기준시점 이후의 장래 발생할 이익을 추정하거나 영업을 위한 투자비용을 기준으로 영업이익을 산정해서는 안 된다.

Ⅲ. 영업보상의 종류 및 근거

영업의 보상에는 폐업보상과 휴업보상이 있다.

1. 영업폐지 보상

▣ **토지보상법 시행규칙**

제46조 (영업의 폐지에 대한 손실의 평가 등) ① 공익사업의 시행으로 인하여 영업을 폐지하는 경우의 영업손실은 2년간의 영업이익(개인영업인 경우에는 소득을 말한다. 이하 같다)에 영업용 고

수 있는 경우에는 영업의 휴업보상 대상으로 보기는 어려울 것으로 보며, 귀 질의의 경우가 영업보상대상에 해당되는지 여부에 대하여는 사업시행자가 위 규정과 관계법령 및 사실관계 등을 조사하여 판단·결정할 사항이라고 봅니다"라고 회신하고 있다.

1002) 대법원 2005. 7. 29. 선고 2003두2311 판결 : 구 토지수용법(2002. 2. 4. 법률 제6656호 공익사업을위한토지등의취득및보상에관한법률 부칙 제2조로 폐지) 제51조가 규정하고 있는 '영업상의 손실'이란 수용의 대상이 된 토지·건물 등을 이용하여 영업을 하다가 그 토지·건물 등이 수용됨으로 인하여 영업을 할 수 없거나 제한을 받게 됨으로 인하여 생기는 직접적인 손실을 말하는 것이므로 수용재결 이전의 사업인정고시 등 절차의 진행으로 입은 영업상의 손실에 대한 보상의 근거 규정이 될 수 없다.

1003) 대법원 2006. 1. 27. 선고 2003두13106 판결

정자산·원재료·제품 및 상품 등의 매각손실액을 더한 금액으로 평가한다.
② 제1항에 따른 영업의 폐지는 다음 각 호의 어느 하나에 해당하는 경우로 한다.
1. 영업장소 또는 배후지(당해 영업의 고객이 소재하는 지역을 말한다. 이하 같다)의 특수성[1004]으로 인하여 당해 영업소가 소재하고 있는 시·군·구(자치구를 말한다. 이하 같다) 또는 인접하고 있는 시·군·구의 지역안의 다른 장소에 이전하여서는 당해 영업을 할 수 없는 경우[1005]
2. 당해 영업소가 소재하고 있는 시·군·구 또는 인접하고 있는 시·군·구[1006]의 지역안의 다른 장소에서는 당해 영업의 허가등을 받을 수 없는 경우
3. 도축장 등 악취 등이 심하여 인근주민에게 혐오감을 주는 영업시설로서 해당 영업소가 소재하고 있는 시·군·구 또는 인접하고 있는 시·군·구의 지역안의 다른 장소로 이전하는 것이 현저히 곤란하다고 특별자치도지사·시장·군수 또는 구청장(자치구의 구청장을 말한다)이 객관적인 사실[1007]에 근거하여 인정하는 경우

③ 제1항에 따른 영업이익은 해당 영업의 최근 3년간(특별한 사정으로 인하여 정상적인 영업이 이루어지지 아니한 연도를 제외한다)의 평균 영업이익을 기준으로 하여 이를 평가하되, 공익사업의 계획 또는 시행이 공고 또는 고시됨으로 인하여 영업이익이 감소된 경우에는 해당 공고 또는 고시일전 3년간의 평균 영업이익을 기준으로 평가한다. 이 경우 개인영업으로서 최근 3년간의 평균 영업이익이 다음 산식에 의하여 산정한 연간 영업이익에 미달하는 경우에는 그 연간 영업이익을 최근 3년간의 평균 영업이익으로 본다. 〈개정 2005. 2. 5., 2008. 4. 18.〉

연간 영업이익 = 「통계법」 제3조 제3호에 따른 통계작성기관이 같은 법 제18조에 따른 승인을 받아 작성·공표한 제조부문 보통인부의 노임단가 × 25(일) × 12(월)

2. 영업휴업 보상

▣ **토지보상법 시행규칙**

제47조 (영업의 휴업 등에 대한 손실의 평가) ① 공익사업의 시행으로 인하여 영업장소를 이전하여

1004) 배후지의 특수성이란 도정공장 · 양수장 · 창고업 등과 같이 제품원료 및 취급품목의 성격상 배후지가 상실되면 영업행위를 할 수 없는 경우를 말한다. 한국감정평가협회/한국감정원, 『감정평가 실무기준 해설서(Ⅱ)』, 2014, 305면.

1005) 해당 영업을 할 수 없다는 경우란 법적이나 물리적으로 할 수 없는 경우는 물론, 다른 장소로 이전하여서는 수익의 감소로 사실상 영업을 할 수 없는 경우를 포함한다. 『감정평가 실무기준 해설서(Ⅱ)』, 2014, 305면.

1006) 대법원 1999. 10. 26. 선고 97누3972 판결 : 시행규칙 제24조 제2항 제1호, 제3호 소정의 영업의 폐지로 보기 위하여는 당해 영업소가 소재하고 있거나 인접하고 있는 시·군 또는 구 지역 안의 다른 장소에의 이전가능성 여부를 따져 보아야 하고, 여기서 그 인접하고 있는 시·군 또는 구라 함은 다른 특별한 사정이 없는 이상 당해 영업소가 소재하고 있는 시·군 또는 구와 행정구역상으로 인접한 모든 시·군 또는 구를 말한다.

1007) "객관적 사실"은 2007. 4. 12 개정하여 추가하였다. 이는 시장·군수·구청장이 민원에 의하여 합리적 이유 없이 이전이 불가능하다고 인정하여 폐업보상이 확대되는 것을 막기 위한 조치였다.

야 하는 경우의 영업손실은 휴업기간에 해당하는 영업이익과 영업장소 이전 후 발생하는 영업이익감소액에 다음 각호의 비용을 합한 금액[1008]으로 평가한다. 〈개정 2014. 10. 22.〉

1. 휴업기간중의 영업용 자산에 대한 감가상각비·유지관리비와 휴업기간중에도 정상적으로 근무하여야 하는 최소인원에 대한 인건비 등 고정적 비용
2. 영업시설·원재료·제품 및 상품의 이전에 소요되는 비용 및 그 이전에 따른 감손상당액
3. 이전광고비 및 개업비 등 영업장소를 이전함으로 인하여 소요되는 부대비용

② 제1항의 규정에 의한 휴업기간은 4개월 이내[1009]로 한다. 다만, 다음 각 호의 어느 하나에 해당하는 경우에는 실제 휴업기간으로 하되, 그 휴업기간은 2년을 초과할 수 없다. 〈개정 2014. 10. 22.〉

1. 당해 공익사업을 위한 영업의 금지 또는 제한으로 인하여 4개월 이상의 기간동안 영업을 할 수 없는 경우
2. 영업시설의 규모가 크거나 이전에 고도의 정밀성을 요구하는 등 당해 영업의 고유한 특수성으로 인하여 4개월 이내에 다른 장소로 이전하는 것이 어렵다고 객관적으로 인정되는 경우

③ 공익사업에 영업시설의 일부가 편입됨으로 인하여 잔여시설에 그 시설을 새로이 설치하거나 잔여시설을 보수하지 아니하고는 그 영업을 계속할 수 없는 경우의 영업손실 및 영업규모의 축소에 따른 영업손실은 다음 각 호에 해당하는 금액을 더한 금액으로 평가한다. 이 경우 보상액은 제1항에 따른 평가액을 초과하지 못한다. 〈개정 2007. 4. 12.〉

1. 해당 시설의 설치 등에 소요되는 기간의 영업이익
2. 해당 시설의 설치 등에 통상 소요되는 비용
3. 영업규모의 축소에 따른 영업용 고정자산·원재료·제품 및 상품 등의 매각손실액[1010]

④ 영업을 휴업하지 아니하고 임시영업소를 설치하여 영업을 계속하는 경우의 영업손실은 임시영업소의 설치비용으로 평가한다. 이 경우 보상액은 제1항의 규정에 의한 평가액을 초과하지 못한다.

⑤ 제46조 제3항 전단은 이 조에 따른 영업이익의 평가에 관하여 이를 준용한다. 이 경우 개인영업으로서 휴업기간에 해당하는 영업이익이 「통계법」 제3조 제3호에 따른 통계작성기관이 조사·발표하는 가계조사통계의 도시근로자가구 월평균 가계지출비를 기준으로 산정한 3인 가구의 휴업기간 동안의 가계지출비(휴업기간이 4개월을 초과하는 경우에는 4개월분의 가계지출비를 기준으로 한다)에 미달하는 경우에는 그 가계지출비를 휴업기간에 해당하는 영업이익으로 본다.

⑥ 제45조 제1호 단서에 따른 임차인의 영업에 대한 보상액 중 제1항 제2호의 비용을 제외한 금액은 제1항에 불구하고 1천만원을 초과하지 못한다. 〈신설 2007. 4. 12., 2008. 4. 18.〉

⑦ 제1항 각 호 외의 부분에서 영업장소 이전 후 발생하는 영업이익 감소액은 제1항 각 호 외의 부분의 휴업기간에 해당하는 영업이익(제5항 후단에 따른 개인영업의 경우에는 가계지출비를 말한다)의 100분의 20으로 하되, 그 금액은 1천만원을 초과하지 못한다. 〈신설 2014. 10. 22.〉

1008) 공익사업의 시행으로 인하여 생활기반을 상실하게 되는 영세 상인 및 서민들의 생활안정을 도모하기 위하여 2014. 10. 22. 토지보상법 시행규칙을 개정하여, 공익사업의 시행으로 인하여 영업장소를 이전하여야 하는 경우의 영업손실 보상으로 휴업기간 중 발생하는 영업이익 외에 영업장소 이전 후 발생하는 영업이익감소액을 추가하고, 영업이익감소액은 휴업기간 중 발생하는 영업이익의 100분의 20으로 하되, 그 금액은 1천만원을 초과하지 못 하도록 하였다.

1009) 2014. 10. 22. 시행규칙을 개정하여 공익사업의 시행으로 인하여 영업장소를 이전하여야 하는 경우의 영업손실 보상으로 인정하는 휴업기간을 「도시 및 주거환경 정비법」에 따른 정비사업으로 인한 영업손실 보상기준과 동일하게 3개월 이내에서 4개월 이내로 확대하였다.

1010) 영업축소에 따른 손실액에는 영업용 고정자산 등의 매각손실액외에도 영업장소 축소로 인한 영업수익

Ⅳ. 영업폐지에 대한 보상

1. 영업폐지의 개념

영업의 폐지라 함은 영업장소 또는 배후지의 특수성으로 인하여 다른 장소에 이전하여서는 당해 영업을 행할 수 없거나 허가 등을 받을 수 없는 경우로서 토지보상법 시행규칙 제46조 제2항 각호 중 하나에 해당할 때를 말한다.

이 영업폐지 보상은 구 공특법에서는 일반적으로는 2년의 영업이익을 보상하며, 주류제조업 등 관계법령에 의하여 영업대상구역이 한정되었던 영업과 염전업에 대해서는 3년에 해당하는 기간의 영업이익을 보상하였으나[1011] 현행 토지보상법은 영업폐지 보상을 2년으로 통일하여 적용하고 있다.

2. 영업폐지의 보상대상(시행규칙 제46조 제2항)

영업의 폐업보상의 대상이 되기 위해서는 배후지 상실, 법적 이전장애, 사실상 이전장애 등 다음 중의 하나에 해당하여야 한다.

1) 영업장소 또는 배후지의 특수성으로 다른 장소에 이전하당해 영업을 할 수 없는 경우

영업장소와 배후지의 특수성이라 함은 ① 영업장소 및 그 인접하고 있는 시, 군 또는 구 지역안에서 당해 영업의 특수사정으로 사실상 영업소의 이전이 불가능하여 다른 장소에서 영업을 할 수 없는 경우[1012]와 ② 도정공장, 양수장, 창고업 등과 같이 제품원

이 감소가 있을 수 있으나, 우리 토지보상법은 이를 보상대상으로 하지 않고 있다.

1011) 舊 공특법 제24조 (영업폐지에 대한 손실의 평가) ① 폐지하는 영업의 손실액은 영업의 종류에 따라 다음 각호에서 정하는 기간에 해당하는 영업이익(개인영업인 경우에는 소득을 말한다. 이하 같다)에 영업용 고정자산·원재료·제품 및 상품등의 매각손실액을 더한 금액으로 평가한다.
1. 주류제조업등 관계법령에 의하여 영업대상구역이 한정되어 있는 영업 및 염전업 : 3년
2. 제1호외의 영업 : 2년

1012) 대법원 1990. 10. 10. 선고 89누7719 판결 : 원고는 피고보조참가인에 의하여 위 종돈장 부근 일대에 주택건설사업계획이 확정된 이후 위 종돈장을 이전하기 위하여 위 영업장소로서 순천시 및 그 인접군인 승주군 등 5곳의 후보지를 선정하고 관할관청에 토지형질변경허가신청서 및 산림훼손허가신청서 등을 제출하였으나 생활환경의 오염 등을 우려하는 주민들의 집단반대진정 등으로 위 허가신청등이

료 및 취급품목의 지역적 특수성으로 인하여 배후지가 상실되면 영업행위를 할 수 없는 경우와 같이 배후지가 당해 영업에 갖는 특수한 성격을 말한다.[1013] 그리고 인접하고 있는 시·군·구는 당해 영업소가 소재하고 있는 시·군 또는 구와 행정구역상으로 인접한 모든 시·군 또는 구를 말하며,[1014] 다른 장소에 이전 가능여부는 법령상의 이전장애 뿐만 아니라 사실상의 이전장애 여부 등을 종합적으로 고려하여야 할 것이다(아래사례 참조).[1015]

모두 반려되어 위 종돈장을 이전할 수 없게 되고, 위 종돈장이 소재하고 있는 순천시 및 그 인접군인 승주군, 광양군, 여천군에 있어서도 원고가 경영하던 위 종돈장 규모의 양돈장 설치는 위와 같은 주민들의 반대로 사실상 불가능할 것으로 예견되는 사실 등을 인정하고 있는바, 한편, 위 규칙 제24조 제2항 제1호에는 영업장소 또는 배후지의 특수성으로 인하여 당해 영업소가 소재하고 있거나 인접하고 있는 시, 군 또는 구지역안의 다른 장소에 이전하여서는 당해 영업을 할 수 없는 경우도 영업폐지사유로 규정되어 있고, 여기에는 영업장소에 인접하고 있는 시, 또는 구지역안에서의 특수사정으로 사실상 영업소의 이전이 불가능하여 다른 장소에서 영업을 할 수 없는 경우도 포함되는 것이라고 해석되고, 원심이 적법히 확정한 사실에 의하면 원고의 순일종돈장의 경우는 그 인접군에 있어서도 설시와 같은 사정으로 인하여 영업소를 이전하여 영업을 할 수는 없게 되었음을 알 수있으니 이는 위 규칙 제24조 제2항 제1호에 의한 영업의 폐지에 해당한다고 보아야 할 것이다.

1013) 임호정·김원보, 공익사업용지보상법론, 부연사, 2003, 494면.

1014) ① 대법원 1999. 10. 26. 선고 97누3972 판결 : 영업의 폐지로 보기 위하여는 당해 영업소가 소재하고 있거나 인접하고 있는 시·군 또는 구 지역 안의 다른 장소에의 이전가능성 여부를 따져 보아야 하고, 여기서 그 인접하고 있는 시·군 또는 구라 함은 다른 특별한 사정이 없는 이상 당해 영업소가 소재하고 있는 시·군 또는 구와 행정구역상으로 인접한 모든 시·군 또는 구를 말한다.

② 대법원 1994. 12. 23. 선고 94누8822 판결 : 소정의 영업의 폐지로 보기 위하여는 당해 영업소가 소재하고 있거나 인접하고 있는 시·군 또는 구 지역 안의 다른 장소에의 이전가능성 여부를 따져 보아야 할 것인데, 여기서 그 인접하고 있는 시·군 또는 구라 함은 다른 특별한 사정이 없는 이상 당해 영업소가 소재하고 있는 시·군 또는 구와 행정구역상으로 인접한 모든 시·군 또는 구를 말한다고 할 것이므로, 원심으로서는 이 사건 여우사육장이 소재하고 있는 진해시 및 이에 인접하고 있는 마산시, 창원시, 김해군, 창원군, 거제군 등 지역안의 다른 장소에의 이전가능성 여부를 따져 보았어야 할 것임에도 불구하고 원심은 단지 진해시와 마산시의 경우에만 한정하여 여우사육장의 이전가능성 여부를 심리하였을뿐 기록상 위 나머지 시·군의 경우에 대하여는 이를 심리하여 본 흔적이 없다. 따라서 원심이 이와 같은 심리를 하여 보지 아니하고 이 사건 여우사육업의 손실보상액을 3개월간의 휴업보상액으로 정한 이 사건 이의재결을 위법하다고 한 조치는 심리미진 및 영업폐지의 손실보상에 관한 법리를 오해한 위법을 범하였다 할 것이다.

1015) 대법원 2001. 11. 13. 선고 2000두1003 판결 : 영업의 폐지로 볼 것인지 아니면 영업의 휴업으로 볼 것인지를 구별하는 기준은 당해 영업을 그 영업소 소재지나 인접 시·군 또는 구 지역 안의 다른 장소로 이전하는 것이 가능한지의 여부에 달려 있다 할 것이고, 이러한 이전가능 여부는 법령상의 이전장애사유 유무와 당해 영업의 종류와 특성, 영업시설의 규모, 인접 지역의 현황과 특성, 그 이전을 위하여 당사자가 들인 노력 등과 인근 주민들의 이전 반대 등과 같은 사실상의 이전장애사유 유무 등을 종합하여 판단함이 상당하다.

수용재결 사례

> **ㅁ 옹기공장 폐업보상 (토지수용업무편람 2009, 313~314면)**
>
> 1992년 5월부터 10월에 걸쳐 현지조사를 한 후 「광주 삼소동 신흥마을 옹기」라는 조사연구서를 발간한 바 있는 광주시립박물관에 의견을 조회한 결과, 사업편입지구외에는 양질의 찰흙 생산지가 광주권내에 없고, 환경적 측면에서도 연료로 벙커C유 등을 사용함에 따라 유독가사 분출로 인근주민에 혐오감을 주고 있어서 사실상 이전하여 영업은 거의 불가능한 상태라고 의견서를 제출했으며, 또한 인근 영업장소 이전을 위한 소유자의 질의에 대하여 고아주직할시 북구청장·장성군수·광산구청장·담양군수 등으로부터 사실상 이전이 어려움을 회신하고 있는 바, 이와 같은 사실을 종합하여 볼 때 위 공장은 영업폐지에 해당하는 것으로 판단되므로 폐업을 기준으로 보상하기로 한다.

권익위 사례

> **ㅁ 양식장 폐업보상 (2005. 2. 21. 고지 2AA-0501-010639 의결)**
>
> 담수어인 은어와 해산어인 감성돔 및 넙치 등을 대상으로 육상양식장에서 치어를 생산하여 양식업자들에게 판매하던 영업이 공익사업구역에 편입되는 경우, 이 양식장은 유수식 사육이 가능하도록 깨긋한 물을 충분히 공급받을 수 있는 수원 및 자연산 은어의 산란장이 형성되어 있고 자여산 은어의 성어 체포가 용이하여 은어의 인공양식 및 치어생산을 위한 적합한 장소라 할 수 있는 점, 담수 및 해수가 가능한 주변 여건 상 특정한 양식과 치어배양이 가능한 특수성이 있어 다른 지역으로 이전하여 양식장을 영위하기는 곤란하다고 보이므로 폐업보상하는 것이 타당하다고 판단된다.

2) 당해 영업소가 소재하고 있거나 인접하고 있는 시·군·구지역 안의 다른 장소에서는 당해 영업의 허가를 받을 수 없는 경우

당해 영업이 소재하거나 인접하는 시·군·구 지역의 다른 지역에서 법적으로 이전이 불가한 경우를 말한다. 법적으로 불가한 경우는 국토계획법, 문화재보호법, 산지관리법 등의 용도지역제한이나 규제로 허가나 신고 등을 받지 못하거나, 영업허가를 받을 관계 법령의 제한으로 허가 등을 받을 수 없는 경우를 말한다.

종전 공특법에서는 관계법령에 의하여 영업대상구역이 한정된 경우 폐업보상이 가능하도록 규정하고 있었다. 이에 해당하는 영업으로 주세법(제5조 제3항③)에 의한 탁주의 경우 주류제조장의 시 또는 군에서만 영업이 제한되어 있는 관계로[1016] 탁주업의

1016) 주세법 제5조 제3항 ③ 탁주(대통령령이 정하는 장기보존이 가능한 탁주를 제외한다)의 공급구역은 주류제조장 소재지의 시(서울특별시와 광역시를 포함한다)·군의 행정구역으로 한다. 다만, 주류공급

경우 영업의 폐지대상(3년)으로 규정한 바 있으나, 동 조항의 폐지로 현재는 관계법령에 의해 영업대상구역이 한정되어 있는 경우는 찾아보기 힘들다. 따라서 현행 토지보상법은 관계법령에 의하여 영업대상구역이 한정되어 있는 조항을 삭제하고, 단순히 당해지역과 인근 지역에서 당해 영업의 허가를 받지 못하는 경우에 영업폐지보상이 가능하도록 개정하였다.

판례도 이를 반영하여 법령상 이전 장애사유가 있는지 여부를 감안하여 양돈장이전에 대하여 폐업보상을 부정하였으나,[1017] 연탄공장의 경우 법률상 이전할 수 없다고 보아 폐업보상을 인정한 바 있다.[1018]

3) 도축장등 악취 등이 심하여 시장·군수·구청장(자치구)이 객관적인 사실에 근거하여 인정하는 경우

사실상 이전이 불가한 경우이다. 도축장과 같이 악취 등을 풍기는 혐오시설의 경우 대상지역의 주민 등의 반대로 다른 장소로 이전하여 영업하는 것이 사실상 현저히 곤란한 경우가 많아 가장 많이 논의가 되고 있는 조항이다.

특히 축산보상의 폐업보상과 관련하여 보상현장에서 많은 민원이 제기되고 있다. 이에 대하여 축산보상에서 별도로 다루고자 한다.

사정과 주세보전상 그 공급구역을 변경할 필요가 있다고 인정될 경우에는 동일 지방국세청관내에 한하여 당해 지방국세청장이 이를 변경할 수 있다. 그러나 동 조항은 1999.02.05 삭제되므로 현재는 이러한 제한이 없다.

1017) 대법원 2002. 10. 8. 선고 2002두5498 판결 : 양돈장의 규모, 양돈장이 위치한 지역 및 인접지역의 토지이용실태 및 특성, 양돈장의 이전·신축에 특별한 법령상의 장애사유가 없는 점 등에 비추어 볼 때, 비록 양돈장이 이전·신축될 경우 악취, 해충발생, 농경지 오염 등 환경공해를 우려한 주민들의 반대가 있을 가능성이 있다고 하더라도 그러한 가정적인 사정만으로 양돈장을 인접지역으로 이전하는 것이 현저히 곤란하다고 단정하기는 어렵다.

1018) 대법원 1993. 12. 10 선고 93누 11579 판결 : 토지수용되는 연탄공장이 있던 당해 시나 인접한 시·군 모두 전용공업지역은 없고, 인근 군에 좁은 면적의 일반 및 준공업지역이 있으며, 당해 시에 좁은 면적의 준공업지역이 있을 뿐이나, 어느 곳에서도 집단민원 또는 청정해역·국립공원·수자원보전지역·산림보전지역 등의 이유로 연탄공장을 할 수 있는 토지를 구할 수 없어 토지수용되는 연탄공장이 위치하고 있던 소재지 및 그 인근지역에 당해 공장을 법률상 또는 사실상 이전할 수 없게 되었으므로 폐업이 불가피하게 된 사실을 인정하여 영업의 폐지에 해당한다.

3. 영업폐지에 대한 손실보상

공익사업의 시행으로 인하여 영업을 폐지하는 경우의 영업손실은 2년간의 영업이익[1019](개인영업인 경우에는 소득을 말한다)에 영업용 고정자산·원재료·제품 및 상품 등의 매각손실액을 더한 금액으로 평가한다(시행규칙 제46조 제1항).

> ☞ 폐업보상 = 2년간 영업이익 + 영업용 고정자산·원재료·제품 및 상품 등의 매각손실액

1) 영업이익(매출총액-매출원가와 판매비와 일반관리비)

영업이익은 당해 영업의 최근 3년간의 평균 영업이익을 기준으로 한다. 영업이익은 해당 영업의 최근 3년간(특별한 사정[1020]으로 인하여 정상적인 영업이 이루어지지 아니한 연도를 제외한다)의 평균 영업이익[1021]을 기준으로 하여 이를 평가하되, 공익사업의 계획 또는 시행이 공고 또는 고시됨으로 인하여 영업이익이 감소된 경우에는 당해 공고 또는 고시일전 3년간의 평균 영업이익을 기준으로 평가한다(영업손실보상평가지침 제10조). 또한, 개인사업자의 경우 영업이익 산정관련 자료를 보관하고 있지 않은 경우가 많은데, 이 경우 실제의 영업이익을 반영할 수 있는 합리적 방법을 이용하여 산정하면 족할 것으로 보인다.[1022]

1019) 2년간 영업이익은 초과이익이 장래에도 계속된다는 가망성을 자본화한 영업권을 보장하는 것이 아니라, 전업에 소요되는 기간동안 실현할 수 없는 영업이익을 손실로 보고 이를 보상한다는 의미이므로 영업이익을 산정하면서 기준시점 이후의 장래 발생할 이익을 추정하거나 영업을 위한 투자비용을 기준으로 영업이익을 산정하여서는 안 되며, 만일 기준시점 이전에 영업이익이 발생하지 않았다면 영업이익의 상실이라는 손실이 발생하지 않으므로 영업이익에 대한 보상액은 없는 것으로 보아야 함(중앙토지수용위원회, 2019 토지수용 업무편람, 370-371면).

1020) 특별한 사정이란 일반적인 경기변동이나 해당 업종 전체의 경기변동에 의한 것이 아니라 대상 업체 또는 인근지역의 특별한 사정을 의미한다(『감정평가 실무기준 해설서(Ⅱ)』, 2014, 328면). 따라서, 폐지하는 영업의 영업이익은 당해 영업의 최근 3년간의 영업이익의 산술평균치를 기준으로 하여 산정하여야 하고, 그 3년의 기간 중 영업실적이 없거나 실적이 현저하게 감소된 시기가 있다고 하여 그 기간을 제외한 나머지 기간의 영업실적만을 기초로 하거나, 최근 3년 이전 기간의 영업실적을 기초로 하여 연 평균 영업이익을 산정할 수는 없다(대법원 2002. 3. 12. 선고 2000다73612 판결).

1021) 영업이익의 산정에서 영업활동과 직접 관계없이 발생되는 영업외손익 또는 특별손익은 고려하지 아니하며, 해당 영업장소에서 발생하지 아니한 것도 제외함(중앙토지수용위원회, 2019 토지수용 업무편람, 371면).

1022) ① 대전고등법원 2010. 7. 15. 선고 2010누373 판결 : 정미소 개인사업자들이 매출 관련자료 등 소득에 관한 자료를 보관하지 않아 3년간의 전력사용량을 기준으로 매출액을 추정한 것은 적정하다 판단된다.
② 대법원 2004. 10. 28. 선고 2002다3662, 3679 판결 : 폐지하는 영업의 손실액 산정의 기초가 되는

■ **영업손실보상평가지침**

제10조 (영업이익의 산정) ③ 제1항 및 제2항의 규정에 의한 영업이익의 산정은 평가의뢰자 또는 영업행위자가 제시한 자료 등에 의한다. 다만, 다음 각 호의 1에 해당되는 경우에는 당해 영업의 최근 3년간의 평균(추정) 매출액 등에 인근지역 또는 동일수급권안의 유사지역에 있는 동종 유사규모 영업의 일반적인 영업이익률을 적용하거나 국세청장이 고시한 표준소득률 등을 적용하여 당해 영업의 영업이익을 산정할 수 있다. 이 경우에 추정매출액 등은 당해영업의 종류·성격·영업규모·영업상태·영업연수·배후지상태 기타 인근지역 또는 동일수급권안의 유사지역에 있는 동종유사규모영업의 최근 3년간의 평균매출액 등을 고려하여 결정한다. 〈개정 2007. 2. 14.〉

1. 영업이익 등 관련자료의 제시가 없는 경우 〈개정 2007. 2. 14.〉
2. 제시된 영업이익 등 관련자료가 불충분하거나 신빙성이 부족하여 영업이익의 산정이 사실상 곤란한 경우 〈개정 2007. 2. 14.〉
3. 기타 제시된 영업이익 등 관련 자료에 의하여 산정된 영업이익이 같은 공익사업 시행지구 등 당해 영업의 인근지역 또는 동일수급권안의 유사지역에 있는 동종 유사규모 영업의 영업이익과 비교하여 현저히 균형을 이루지 못한다고 인정되는 경우 〈개정 2007. 2. 14.〉

④ 제1항 내지 제3항의 규정에 의한 영업이익의 산정시에 당해영업의 영업활동과 직접 관계없이 발생되는 영업외손익 또는 특별손익은 고려하지 아니하며, 개인영업의 경우에는 자가노력비 상당액을 비용으로 계상하지 아니한다. 〈신설 2003. 2. 14.〉

판 례

□ **대법원 2004. 10. 28. 선고 2002다3662,3679 판결**

폐지하는 영업의 손실액 산정의 기초가 되는 영업이익은 당해 영업의 최근 3년간의 영업이익의 산술평균치를 기준으로 하여 이를 산정하도록 하고 있는바, 여기에서의 영업이익의 산정은 실제의 영업이익을 반영할 수 있는 합리적인 방법에 의하면 된다고 할 것이다.

원심은, 그 채택 증거들을 종합하여 판시와 같은 사실을 인정한 다음, 원고들의 최근 3년간, 즉 1991.부터 1993.까지의 영업이익을 산정함에 있어 회계자료 등 결산서류로 산정이 가능한 기간에 대하여는 그 기간 동안의 결산서류에 의하여 산정하고, 회계자료 등 결산서류만으로는 영업이익을 산정하기 곤란한 기간에 대하여는 그 기간 동안의 부가가치세신고 사업수입금액을 매출액으로 하여 회계자료 등 결산서류에 의하여 영업이익 산정이 가능한 기간의 평균 원가율과 판매 및 일반관리비율을 적용하여 산정하는 방식이 실제의 영업이익을 반영한 합리적인 산정 방법이라고 판단하여, 원고들의 영업손실액 산정의 기초가 되는 영업이익을 산정한 것은 정당한 것으로 수긍이 가고, 거기에 상고이유에서 주장하는 바와 같은 구 공특법시행규칙 제24조의 영업이익 산정에 관한 법리를 오해하였거나 그 산정의 기초가 되는 사실에 대한 필요한 심리를 다하지 아니하여 판결 결과에 영향을 미친 위법이 있다고 할 수 없다.

영업이익은 당해 영업의 최근 3년간의 영업이익의 산술평균치를 기준으로 하여 이를 산정하도록 하고 있는바, 여기에서의 영업이익의 산정은 실제의 영업이익을 반영할 수 있는 합리적인 방법에 의하면 된다 고 할 것이다.

2) 매각손실액

매각손실액이란 정상적 사용을 전제로 한 거래가격보다 낮은 가격으로 처분하여야 되는 손실에 대한 보상을 말한다. 판례에서도 영업용 고정자산의 매각손실액의 정의에 대하여 영업의 폐지로 인하여 필요 없게 된 영업용 고정자산을 매각함으로써 발생하는 손실을 말하는 것으로 정의하고 있다.[1023] 영업손실보상평가지침은 매각손실액 산정방법을 아래와 같이 제시하고 있다.

▣ 영업손실보상평가지침

제12조 (매각손실액의 산정) 영업폐지에 대한 손실의 평가를 위한 매각손실액의 산정은 영업용 고정자산과 재고자산으로 구분하여 다음과 같이 한다. 〈개정 98. 2. 17.〉

1. 영업용 고정자산 중에서 기계·기구, 집기·비품 등과 같이 영업시설에서 분리하여 매각이 가능한 자산은 평가가액 또는 장부가액(이하 "현재가액"이라 한다)에서 매각가액을 뺀 금액으로 한다. 다만, 매각가액의 산정이 사실상 곤란한 경우에는 현재가액의 60퍼센트 상당액 이내로 매각손실액을 결정할 수 있다.
2. 영업용 고정자산 중에서 건축물·공작물 등의 경우와 같이 영업시설에서 분리하여 매각하는 것이 불가능하거나 현저히 곤란한 자산은 건축물 등의 평가방식에 의하되, 따로 평가가 이루어진 경우에는 매각손실액의 산정에서 제외한다. 〈개정 2003. 2. 14.〉
3. 재고자산은 현재가액에서 처분가액을 뺀 금액으로 한다. 다만, 이의 산정이 사실상 곤란한 경우에는 현재가액을 기준으로 다음과 같이 결정할 수 있다.
   가. 제품·상품으로서 일반적인 수요성이 있는 것 : 20 퍼센트 이내
   나. 제품·상품으로서 일반적인 수요성이 없는 것 : 50 퍼센트 이내
   다. 반제품·재공품, 저장품 : 60퍼센트 이내
   라. 원재료로서 신품인 것 : 20퍼센트 이내
   마. 원재료로서 사용중인 것 : 50퍼센트 이내

3) 개인영업

개인영업으로 최근 3년간의 평균 영업이익이 다음의 연간 영업이익에 미달하는 경우에는 연간 영업이익으로 보상한다.

1023) 대법원 2004. 10. 28. 선고 2002다3662 판결 : 영업용 고정자산의 매각손실액이라 함은 영업의 폐지로 인하여 필요 없게 된 영업용 고정자산을 매각함으로써 발생하는 손실을 말하는 것으로서, 토지에서 분리하여 매각하는 것이 가능한 경우에는 영업용 고정자산의 재조달가격에서 감가상각 상당액을 공제한 현재 시장에서의 가격에서 현실적으로 매각할 수 있는 가격을 뺀 나머지 금액이 되지만, 토지에서 분리하여 매각하는 것이 불가능하거나 현저히 곤란한 경우에는 재조달가격에서 감가상각 상당액을 공제한 현재 시장에서의 가격이 보상의 대상이 되는 매각손실액이 된다.

☞ 연간영업이익 = 통계법 제3조 제4호의 규정에 의한 통계작성기관이 동법 제8조의 규정에 의한 승인을 얻어 작성 공표한 제조부분 보통인부의 노임단가 × 25日 × 12月

4. 폐업보상 후 당해지역에서 재영업시 보상금 환수

사업시행자는 영업자가 영업의 폐지 후 2년 이내에 해당 영업소가 소재하고 있는 시·군·구 또는 인접하고 있는 시·군·구의 지역안에서 동일한 영업을 하는 경우에는 영업의 폐지에 대한 보상금을 환수하고 제47조에 따른 영업의 휴업 등에 대한 손실을 보상하여야 한다.

5. 무허가건축물등에서 임차인의 영업폐지에 대한 보상

무허가건축물등에서 임차인이 사업인정고시일등 1년 이전부터 부가가치세법 제8조의 사업자등록을 하고 행하고 있는 영업폐지에 대한 보상액은 1천만원을 초과하지 못한다.

Ⅴ. 영업의 휴업에 대한 보상

1. 영업휴업의 개념

공익사업의 시행으로 인하여 일정기간 영업을 할 수 없거나 영업장소의 이전으로 인해 종전의 통상적인 수익의 손실이 예상되는 경우에 행하는 보상을 말한다.

2. 휴업보상기준

공익사업의 시행으로 인하여 영업장소를 이전하여야 하는 경우의 영업손실은 휴업기간에 해당하는 영업이익과 휴업기간중의 영업용 자산에 대한 감가상각비·유지관리비와 휴업기간중에도 정상적으로 근무하여야 하는 최소인원에 대한 인건비 등 고정적 비용, 영업시설·원재료·제품 및 상품의 이전에 소요되는 비용 및 그 이전에 따른 감손상당액, 이전광고비 및 개업비 등 영업장소를 이전함으로 하여 소요되는 부대비용 등을 합한 금액으로 평가한다.

▣ 토지보상법 시행규칙

제47조 (영업의 휴업 등에 대한 손실의 평가) ① 공익사업의 시행으로 인하여 영업장소를 이전하여야 하는 경우의 영업손실은 휴업기간에 해당하는 영업이익에 다음 각호의 비용을 합한 금액으로 평가한다.

1. 휴업기간중의 영업용 자산에 대한 감가상각비·유지관리비와 휴업기간중에도 정상적으로 근무하여야 하는 최소인원에 대한 인건비 등 고정적 비용
2. 영업시설·원재료·제품 및 상품의 이전에 소요되는 비용 및 그 이전에 따른 감손상당액
3. 이전광고비 및 개업비 등 영업장소를 이전함으로 인하여 소요되는 부대비용

☞ 평가가액=(영업이익 × 휴업기간)+인건비 등 고정적비용+영업시설 및 재고 자산등의 이전에 따른 통상비용+재고자산의 이전에 따른 감손상당액+이전광고비 및 개업비 등 기타 부대비용

1) 영업이익

"영업이익"이라 함은 기업의 주된 영업활동에 의하여 발생된 이익으로서 매출총액에서 매출원가와 판매비 및 일반관리비를 뺀 것을 말한다(영업손실보상평가지침 제3조 제2항). 보통 기업은 계약체결일 또는 수용재결일 직전 3년간의 재무제표상 영업이익의 산술평균치를 기준으로 하고 있다.[1024] 또한 개인영업의 경우에는 "소득"이라 하여 개인의 주된 영업활동에 의하여 발생된 이익으로서 자가노력비상당액(생계를 같이하는 동일 세대안의 직계존속·비속 및 배우자의 것을 포함)이 포함된 것을 말한다(영업손실보상평가지침 제3조 제3항).

2) 휴업기간 중의 고정적 비용

공익사업의 시행으로 인하여 영업장소를 이전하여야 하는 경우의 영업손실은 휴업기간에 해당하는 영업이익과 휴업기간중의 영업용 자산에 대한 감가상각비·유지관리

1024) 대법원 2001.3.23. 선고 99두851판결

비와 휴업기간 중에도 정상적으로 근무하여야 하는 최소인원에 대한 인건비 등 고정적 비용, 영업시설·원재료·제품 및 상품의 이전에 소요되는 비용 및 그 이전에 따른 감손상당액, 이전광고비 및 개업비 등 영업장소를 이전함으로 인하여 소요되는 부대비용 등을 합한 금액으로 평가한다.

(1) 인 건 비

휴업·보수기간 중에도 휴직하지 않고 정상적으로 근무하여야 할 최소인원의 일반관리직 근로자(보상계획의 공고가 있는 날 현재 3월이상 근무한 자에 한한다) 등에 대한 실제지출이 예상되는 인건비 상당액을 말한다.[1025] 이 경우에 법 시행규칙 제51조 제1호의 규정에 의한 휴직보상을 하는 자에 대한 인건비 상당액은 제외[1026]되므로, 휴직을 하지 않고 정상적으로 근무하는 최소규모의 관리직원의 인건비는 영업보상으로, 휴직을 하는 그 외 직원은 휴직보상을 하여야 한다.[1027]

1025) 서울고등법원 2003. 8. 29. 선고 2002누8284 판결 : 휴업기간 중의 인건비는 휴업수당에 상당하는 것으로서 이는 그 평가기준에 관한 자료가 없을 경우에는 당해 영업의 형태·규모·내용과 근로자의 수·업무의 내용·일정기간 동안의 근로자의 변동추이·휴업기간 등 모든 사정을 고려하여 그 지급대상·지급액·지급기간 등을 산정한 후 그 보상액을 합리적으로 평가할 수밖에 없는바(대법원 2001. 3. 23. 선고 99두851 판결 참조), 이 사건에 있어서 원고가 영업기간 중에 지출된 인건비만을 밝힐 뿐 나아가 휴업기간 중에 지출하였거나 지출하여야 하는 휴업수당 상당 금액을 밝히고 있지 아니하나, 영업의 성격과 규모에 비추어 볼 때 세차장 영업에 있어서는 휴업시에도 휴업수당에 상당한 돈을 지급하여야 하는 정식 근로자를 고용할 필요가 크지 않은데 반하여 카센터 영업에 있어서는 통상 휴업시 휴업수당에 상당한 돈을 지급하여야 하는 정식 근로자를 고용하지 않을 수는 없는 것으로 보이는 점 등 비롯하여 이 사건 영업의 규모, 근로자의 수 등 제반사정을 종합하면, 카센터 영업부문의 직원 중 2인(정비팀장 및 정비기사 등 일정 직책을 부여받은 2인 이외의 인원은 정식근로자로 볼 수 없다)은 휴업수당 지급대상 근로자로 봄이 상당하다 할 것이고 또한 그 액수는 보상평가지침에 기재된 바와 마찬가지로 월 보수액의 약 60%로 봄이 상당하다.

1026) 토지정책과-5707 (2010. 12. 7) : 「사업인정고시일등 당시 공익사업시행지구안의 사업장에서 3월 이상 근무한 근로자(「소득세법」에 의한 소득세가 원천징수된 자에 한함)가 근로장소의 이전으로 인하여 일정기간 휴직을 하게 된 경우에는 휴직보상을 하도록 규정하고 있습니다. 이때, 휴업보상에 따른 고정적 비용을 산정시 휴업기간중에도 정상적으로 근무하여야 하는 최소인원에 대하여 인건비를 포함한 경우 최소인원이라 함은 휴직보상에서 제외되는 근로자를 의미한다고 보며, 개별적인 사례는 사업시행자가 관계법령 및 사실관계 등을 조사하여 판단할 사항으로 봅니다.

1027) 대법원 2001. 3. 23. 선고 99두851 판결 : 수용으로 인한 휴업기간 중의 인건비 손실보상은 휴업기간이 3개월을 초과하는지 여부를 불문하고 그 기간 전체에 걸쳐 지급되었거나 지급되어야 할 휴업수당이나 휴업수당상당금 등의 인건비를 모두 그 대상으로 하는 것이나, 그 중 휴업수당 또는 휴업수당상당금으로 인한 손실은 달리 그 평가 기준에 관한 자료가 없을 경우에는 당해 영업의 형태·규모·내용과 근로자의 수·업무의 내용·일정기간 동안의 근로자의 변동추이·휴업기간 등 모든 관련 사정을 고려하여 그 지급대상·지급액(지급률)·지급기간 등을 산정한 후 이를 기초로 그 보상액을 합리적으로 평가할 수밖에 없고, 위 특례법시행규칙 제30조의3 제1호에서 사업시행자가 소정 요건을 갖춘 근로자에 대하여 지급하여야 할 휴직보상을 평균임금의 소정 비율에 의하여 산정하여야 하는 것으로 규정하고 있는

판 례

□ **대법원 2005. 11. 25. 선고 2003두11230 판결**

구 공공용지의 취득 및 손실보상에 관한 특례법 시행규칙 제25조 제3항은 "영업시설의 일부가 편입됨으로 인하여 잔여시설에 그 시설을 새로이 설치하거나 보수하지 아니하고는 당해 영업을 계속할 수 없는 경우에는 3월의 범위 내에서 그 시설의 설치 등에 소요되는 기간의 영업이익에 그 시설의 설치 등에 소요되는 통상비용을 더한 금액으로 평가한다."고 규정하고 있을 뿐 그 보수기간 중의 인건비 등 고정적 비용을 보상한다는 명문의 규정을 두고 있지는 아니하지만, 그와 같은 경우라도 고정적 비용에 대한 보상을 금하는 취지로 볼 것은 아니고, 휴업 및 보수기간 중에도 고정적 비용이 소요된다는 점에 있어서 영업장소를 이전하는 영업의 경우와 그렇지 않은 경우를 달리 볼 아무런 이유가 없으며, 영업장소의 이전을 불문하고 휴업 및 보수기간 중 소요되는 고정적 비용을 보상함이 적정보상의 원칙에도 부합하는 점에 비추어 보면, 영업장소를 이전하지 않는 영업의 경우에도 같은 법 시행규칙 제25조 제1항을 유추적용하여 영업장소를 이전하는 경우와 마찬가지로 그 보수기간 중의 인건비 등 고정적 비용을 보상함이 타당하다.

(2) 제세공과금

당해영업과 직접 관련된 제세 및 공과금을 말한다. 따라서 자동차세, 전기·수도·전화요금 등 영업과 관련된 비용이 이에 포함된다. 그러나 제세공과에 법인세는 인정되지 않는다.[1028]

(3) 임 차 료

임대차계약에 의하여 휴업 등과 관계없이 계속 지출되는 비용을 말한다. 일반적으로 휴업기간 동안에는 종전의 영업장소 및 이전하는 영업장소의 임차료가 중복적으로 발생하므로 이를 보상한다는 의미이다.

(4) 감가상각비

무형고정자산의 감가상각비상당액 및 유형고정자산의 진부화에 따른 감가상각비상당액을 말하며, 다만, 유형고정자산으로서 이전이 사실상 곤란하여 취득하는 경우에는

것은 위와 같은 피수용자에 대한 휴업기간 중의 인건비 손실보상과는 그 취지를 달리하는 것이어서, 위와 달리 볼 근거가 되지 아니한다.

1028) 대법원 2001. 3. 23. 선고 99두851 판결 : 원심이 채용한 위 감정인의 세금·공과 지출에 의한 손실평가액에는 법인세가 포함되지 아니하였음을 알 수 있으므로 위 평가액에 법인세도 포함되어 있음을 전제로 하여 원심이 인정한 고정적 비용 손실보상액에서 이를 제외하여야 한다는 취지의 상고이유도 받아들일 수 없다.

제외한다.

질의회신

□ 토관 58342-1279 (2000. 8. 17)

판매비 및 일반관리비 계정과목 중 영업용고정자산에 대한 감가상각비는 당해 영업에 대한 최근 3년간의 재무제표가 있는 경우에는 그 재무제표상의 감가상각비를 기준으로 하여야 한다고 보나 당해 영업에 대한 재무제표가 없는 경우에는 당해 고정자산의 장부가격, 수선비, 내용년수, 재조달원가 등을 종합적으로 조사·검토하여 가장 합리적인 방법으로 감가상각비를 산정하여야 한다고 봅니다.

(5) 보 험 료

계약 등에 의하여 휴업기간 동안에도 지출되어야 하는 보험료에 한한다.

(6) 광고선전비

계약 등에 의하여 휴업 중에도 계속 지출되는 광고비 등에 한한다.

(7) 기타비용

휴업기간 중에도 계속 지출하게 되는 위 각호와 유사한 성질의 것을 말한다. 다만 휴업기간 중의 고정적 비용지출은 생산·영업활동을 전제로 영업이전에 필요한 최소한의 관리업무 등에 의하여 통상적으로 발생하리라고 예상되는 비용에 한정하여야 한다.[1029]

3) 영업시설 등의 이전비용

영업시설 등의 이전에 따른 통상비용은 영업시설 및 재고자산의 이전비용을 말한다. 그 이전비용에는 그 시설의 해체·운반·재설치 및 시험가동 등에 소요되는 일체의 비용

1029) 대법원 2001. 3. 23. 선고 99두851 판결 : 원심이 원고 회사의 휴업기간 중의 고정적 비용 가운데 복리후생비, 지급임차료, 보험료(판매비·일반관리비), 세금·공과, 지급수수료(제조경비, 판매비·일반관리비) 손실에 대한 위 감정인의 평가를 그대로 채용한 조치는 옳은 것으로 수긍이 가고, 거기에 상고이유의 주장과 같은 채증법칙 위배 등의 잘못이 없다. 수용으로 영업장소를 이전함으로써 입게 되는 영업손실 가운데 휴업기간 중의 고정적 비용지출에 의한 손실보상은 생산·영업활동을 전제로 한 비용을 제외하고 영업이전에 필요한 최소한의 관리업무 등에 의하여 통상 발생하리라고 예상되는 비용에 한정하여야 한다.

(점포영업 등의 경우에는 영업행위자가 영업시설 이전시에 통상적으로 부담하게 되는 실내장식 등에 소요되는 비용을 포함)으로 하되 **개량 또는 개선비용을 포함하지 아니한 것으로 한다.** 다만 이전시점에 관계법령이 개정되어 추가시설 설치가 허가 등의 조건인 경우에는 추가 설치비도 반영되어야 한다고 본다.[1030)]

▣ **영업손실보상평가지침**

제19조 (영업시설 등의 이전에 따른 통상비용) 영업시설 등의 이전에 따른 통상비용은 영업시설 및 재고자산의 이전비용을 더한 금액으로 하되 다음과 같이 산정한다. 〈개정 95. 6. 26, 98. 2. 17, 2003. 2. 14.〉

1. 영업시설은 건축물·공작물 등 지장물로서 평가한 것을 제외한 동력시설, 기계·기구, 집기·비품 기타 진열시설 등으로서 그 시설의 해체·운반·재설치 및 시험가동 등에 소요되는 일체의 비용(점포영업 등의 경우에는 영업행위자가 영업시설 이전시에 통상적으로 부담하게 되는 실내장식 등에 소요되는 비용을 포함한다)으로 하되 개량 또는 개선비용을 포함하지 아니한 것으로 한다. 다만, 이전에 소요되는 비용이 그 물건의 취득가액을 초과하는 경우에는 그 취득가액을 시설이전비로 보며, 영업시설의 재설치 등으로 인하여 가치가 증가되거나 내용연수가 연장된 경우에는 그 가치 증가액 상당액 등을 뺀 것으로 한다. 〈개정 2003. 2. 14.〉
2. 재고자산은 해체·이전·재적치 등에 소요되는 일체의 비용으로 하되, 재고자산 중 영업활동에 의하여 이전 전에 감소가 예상되거나 가격에 영향을 받지 아니하고 현 영업장소에서 이전 전에 매각할 수 있는 것에 대한 이전비용은 제외한다. 〈개정 2003. 2. 14.〉

▣ **영업손실보상평가지침**

제20조 (이전거리의 산정) 영업시설 등의 이전에 따른 이전거리의 산정은 동일 또는 인근 시·군·구에 이전장소가 정하여져 있거나 당해 영업의 성격이나 특수성 기타 행정적 규제 등으로 인하여 이전가능한 지역이 한정되어 있는 경우에는 그 거리를 기준으로 하고, 이전장소가 정하여져 있지 아니한 경우에는 이전거리를 30㎞ 이내로 한다.

1030) ① 토지정책과-4757 (2010. 10. 1) : 관계법령이 변경되어 추가적인 시설등(시설의 개선에 필요한 비용 제외)을 설치하여야만 허가등이 가능한 경우에는 영업시설 이전비에 추가적인 시설 설치비를 포함할 수 있다고 보며, 개별적인 사례가 이에 해당하는지 여부는 사업시행자가 위 규정 및 사실관계 등을 종합적으로 검토하여 판단하시기 바랍니다.
② 토관 1472 (2004. 3. 30) 공익사업을위한토지등의취득및보상에관한법률시행규칙 제47조 제3항의 규정에 의하면 '공익사업에 영업시설의 일부가 편입됨으로 인하여 잔여시설에 그 시설을 새로이 설치하거나 잔여시설을 보수하지 아니하고는 당해 영업을 계속할 수 없는 경우의 영업손실은 그 시설의 설치 등에 소요되는 기간의 영업이익에 그 시설의 설치 등에 통상 소요되는 비용을 더한 금액'을 하도록 되어 있으므로, 공익사업에 영업시설 일부가 편입되어 허가조건을 충족할 수 없어 영업장소를 이전하여야 하는 경우에는 위 규정에 의한 보상대상에 해당된다고 보며, 같은 법령을 적용하여 보상함에 있어 '건축법 등 관계법령에 의하여 요구되는 시설의 개선에 필요한 비용은 포함하지 아니하도록'(시행규칙 제35조 제2항) 규정하고 있으므로, 당해 영업시설의 개선에 필요한 비용은 보상할 수 없을 것으로 봅니다.

4) 감손상당액

영업시설·원재료·제품 및 상품의 이전에 소요되는 비용 및 그 이전에 따른 감손 상당액을 말한다.

5) 부대비용

이전광고비 및 개업비 등 영업장소를 이전함으로 인하여 소요되는 부대비용을 말한다.

질의회신

□ 토관 58342-17857 (2001. 11. 16)

영업장소를 이전하는 영업의 손실액은 휴업기간에 해당하는 영업이익에 휴업기간중의 인건비 등 고정적 비용·영업시설·원재료·제품 등의 이전에 소요되는 통상비용 기타 상품 등의 이전에 따른 감손상당액을 더한 금액으로 평가하도록 되어 있으므로 한국산업표시인증의 재발급이 영업시설의 이전에 소요되는 비용에 해당되는 경우에는 위 규정에 의한 영업손실액에 포함될 수 있다고 봅니다.

3. 영업에 대한 휴업 보상시 특별한 경우의 보상기간

1) 특별한 경우의 개념

영업의 휴업에 대한 보상은 특별한 경우를 제외하고는 4개월 이내[1031]로 한다. 이와 같이 휴업기간을 특별한 경우를 제외하고는 4개월로 한다는 취지에 대하여 판례[1032]는

1031) 휴업기간을 특별한 경우를 제외하고는 4개월로 정했다고 하여 이것이 정당한 보상의 원칙에 위배되는 것은 아님(중앙토지수용위원회, 2019 토지수용 업무편람, 377면).

1032) 대법원 1994. 11. 8. 선고 93누7235 판결 : 영업장소의 이전으로 인한 휴업기간은 피수용자 개개인의 구구한 현실적인 이전계획에 맞추어 이를 평가하는 경우 그 자의에 좌우되기 쉬워 평가의 공정성을 유지하기가 어려운 점에 비추어 보면, 통상 필요한 이전기간으로 누구든지 수긍할 수 있는 것으로 보여지는 3월의 기준(현행 4개월, 이하 동일)을 정하여 통상의 경우에는 이 기준에서 정한 3월의 기간 내에서 휴업기간을 정하도록 하되, 3월 이상이 소요될 것으로 누구든지 수긍할 수 있는 특별한 경우임이 입증된 경우에는 그 입증된 기간을 휴업기간으로 정할 수 있도록 한 구 공공용지의취득및손실보상에관한특례법시행규칙(1991.10.28. 건설부령 제493호로 개정되기 전의 것) 제25조 제2항의 규정은 그 합리성이 인정되고, 또한 이는 구 공공용지의취득및손실보상에관한특례법 제4조 제3항(1991.12.31. 법률 제4484호로 개정되기 전의 것)과 이를 이어받은 구 공공용지의취득및손실보상에관한특례법시행령

피수용자 개개인의 현실적인 이전계획에 맞추어 휴업기간을 평가할 경우 자의적 보상으로 공정성을 기할 수 없어 누구든지 수긍할 수 있을 것으로 보이는 4개월을 정한 것이며,[1033] 단지 당해 공익사업과 관련하여 영업을 장기간 금지 또는 제한하여 4월 이상 영업을 할 수 없는 경우나 당해 영업 및 시설의 규모 또는 고도의 정밀성을 요하는 등 고유한 특수성으로 인하여 4월 이내에 다른 장소로 이전이 어렵다고 객관적으로 인정되는 경우에는 실제 휴업기간으로 하되, 그 휴업기간은 2년을 초과할 수 없다.

2) 4월 이상 실제 휴업기간으로 보상하는 특별한 경우

① 당해 공익사업을 위한 영업의 금지 또는 제한으로 인하여 4월 이상의 기간 동안 영업을 할 수 없는 경우

② 영업시설의 규모가 크거나 이전에 고도의 정밀성을 요구하는 등 당 해 영업의 고유한 특수성으로 인하여 4월 이내에 다른 장소로 이전하는 것이 어렵다고 객관적으로 인정되는 경우

영업의 특성, 시설의 규모, 기타 시설이전에 고도의 정밀성을 요하는 등 고유한 특수성으로 인하여 4월 이내에 다른 장소로 이전이 어렵다는 사실이 전문용역 기관의 용역보고서 등[1034] 객관적인 자료에 의거 입증 되는 경우 관계 자료에 의거 실제 이전에 따른 휴업으로 인정되는 기간을 휴업기간으로 한다. 물론 이 경우에도 당해 영업의 휴업기간은 폐업보상기간(2년) 미만이어야 한다.

(1992.5.22. 대통령령 제13649호로 개정되기 전의 것) 제2조 제4항, 제7항 등에 근거를 두고 규정된 것으로 보여지므로, 상위 법령의 근거 없이 국민의 재산권을 부당하게 제한하는 무효의 규정이라고 할 수 없다.

1033) 대법원 2007. 3. 15. 선고 2006두17123 판결 : 휴업기간은 특별한 경우를 제외하고는 3개월 이내로 한다고 규정하고 있는 바, 이는 피수용자 개개인의 구구한 현실적인 이전계획에 맞추어 휴업기간을 평가하는 경우 그 자의에 좌우되기 쉬워 평가의 공정성을 유지하기가 어려운 점에 비추어 통상 필요한 이전기간으로 누구든지 수긍할 수 있는 것으로 보이는 3월의 기간 내에서 휴업기간을 정하도록 하되, 3월 이상이 소요될 것으로 누구든지 수긍할 수 있는 특별한 경우임이 입증된 경우 그 입증기간을 휴업기간으로 정할 수 있다는 취지이다.

1034) 토관 58342-1737 (2003. 12. 30) : 감정평가업자는 평가를 의뢰받은 때에는 대상물건 및 그 주변의 상황을 현지조사하고 평가를 하여야 하며, 이 경우 고도의 기술을 필요로 하는 등의 사유로 인하여 자기가 직접 평가할 수 없는 대상물건에 대하여는 사업시행자의 승낙을 얻어 전문기관의 자문 또는 용역을 거쳐 평가할 수 있도록 되어 있으므로, 영업의 휴업보상과 관련하여 전무기관 자문 등은 위 규정에 의거 사업시행자가 판단·결정할 사항이라고 봅니다.

Ⅵ. 영업시설을 보수하여 사용하는 경우 등의 보상

1. 시설의 설치·보수 등에 따른 휴업보상

공익사업에 영업시설의 일부가 편입됨으로 인하여 잔여시설에 그 시설을 새로 설치하거나 보수하지 아니하고는 그 영업을 계속 할 수 없는 경우의 영업손실 및 영업규모의 축소에 따른 영업손실은 아래 각 호에 해당하는 금액을 더한 금액으로 평가한다. 이 경우 보상액은 영업휴업보상에 대한 보상액을 초과하지 못한다(시행규칙 제47조 제3항).

① 해당 시설의 설치 등에 소요되는 기간의 영업이익
② 해당 시설의 설치 등에 통상 소요되는 비용
③ 영업규모의 축소에 따른 영업용 고정자산·원재료·제품 및 상품 등의 매각손실액

☞ 평가가액 = (영업이익 × 설치 또는 보수기간) + 인건비 등 고정적비용
+ 설치 또는 보수 등에 소요되는 통상비용

한편, 2007. 4. 12 이전에는 영업을 계속할 수 있는 경우에는 영업축소의 경우에는 보상이 불가하였으나,[1035] 본 조항의 개정으로 실제 휴업이 발생하지는 않았지만 영업규모의 축소에 따른 영업손실의 보상이 가능하게 되었다.[1036]

또한 토지보상법 시행규칙 제47조 제3항은 시설의 설치 및 보수 등에 따른 보상액을 산정함에 있어 그 보수기간 중의 고정적 비용에 대하여 보상규정을 두고 있지 아니하나, 판례에서는 그 보수기간 동안의 인건비 등의 고정적 비용을 보상하는 것이 타당하다고 판시하고 있다(아래 판례 참조).

1035) 토관 2892 (2004. 6. 30) : 영업시설이 편입되지 아니하고 그 주차장의 일부가 편입된다고 하더라도 당해 영업을 계속할 수 있는 경우에는 영업보상대상에 해당되지 아니한다고 보며, 개별적인 사례에 대하여는 사업시행자가 사실관계를 조사하여 판단·결정할 사항이라고 봅니다.

1036) 토지정책과-3060 (2010. 6. 9) : 〈질의〉「공익사업을 위한 토지등의 취득및 보상에 관한 법률(이하 "토지보상법" 시행규칙」 제47조 제3항과 관련된 내용으로서, 중고 자동차매매 전시공간이 축소되었으나 휴업이 발생하지 않아도 영업이익에 대한 손실을 보상해야 하는지
〈회신〉 귀 질의의 영업장이 잔여시설에 신설(보수) 없이 영업을 계속할 수 있으나 영업규모의 축소로 영업이익의 감소를 초래하였다면 이에 대한 보상이 필요하다고 보며, 개별적인 사례에 대하여는 사업시행자가 사실관계 등을 검토하여 판단하시기 바랍니다.

판 례

□ **대법원 2005. 11. 25. 선고 2003두11230 판결**

영업장소의 이전을 불문하고 휴업 및 보수기간 중 소요되는 고정적 비용을 보상함이 적정보상의 원칙에도 부합하는 점에 비추어 보면, 영업장소를 이전하지 않는 영업의 경우에도 「토지보상법 시행규칙」 제25조 제1항을 유추적용하여 영업장소를 이전하는 경우와 마찬가지로 그 보수기간 중의 인건비 등 고정적 비용을 보상함이 타당하다.

2. 임시영업소의 설치비용

영업을 휴업하지 아니하고 임시영업소를 설치하여 영업을 계속하는 경우의 영업손실은 임시영업소의 설치비용으로 평가한다. 이 경우 보상액은 영업의 휴업보상액을 초과하지 못한다(시행규칙 제47조 제4항).

임시영업소를 임차하는 경우의 설치비용은 ① 임시영업기간 중의 임차료 상당액과 설정비용 등 임차에 필요하다고 인정되는 기타 부대비용을 더한 금액, ② 영업 시설 등의 이전에 드는 비용 및 영업시설 등의 이전에 따른 감손상당액, ③ 그 밖의 부대비용 등의 비용을 더한 금액으로 보상평가한다.

임시영업소를 가설하는 경우의 설치비용은 ① 임시영업소의 지료 상당액과 설정비용 등 임차에 필요하다고 인정되는 그 밖의 부대비용을 더한 금액, ② 임시영업소 신축비용 및 해체 철거비를 더한 금액(해체, 철거 시에 발생자재가 있을 때에는 그 가액을 뺀 금액), ③ 영업시설 등의 이전에 드는 비용 및 영업시설 등의 이전에 따른 감손상당액, ④ 그 밖의 부대비용 등의 비용을 더한 금액으로 평가한다.

영업시설 등의 이전에 드는 비용 및 영업시설 등의 이전에 따른 감손상당액 및 그 밖의 부대비용은 휴업보상을 준용한다.

> **▣ 토지보상법 시행규칙**
>
> 제47조 (영업의 휴업 등에 대한 손실의 평가) ③ 공익사업에 영업시설의 일부가 편입됨으로 인하여 잔여시설에 그 시설을 새로이 설치하거나 잔여시설을 보수하지 아니하고는 그 영업을 계속할 수 없는 경우의 영업손실 및 영업규모의 축소에 따른 영업손실은 다음 각 호에 해당하는 금액을 더한 금액으로 평가한다. 이 경우 보상액은 제1항에 따른 평가액을 초과하지 못한다. 〈개정 2007. 4. 12.〉
>
> 1. 해당 시설의 설치 등에 소요되는 기간의 영업이익
> 2. 해당 시설의 설치 등에 통상 소요되는 비용
> 3. 영업규모의 축소에 따른 영업용 고정자산·원재료·제품 및 상품 등의 매각손실액
>
> ④ 영업을 휴업하지 아니하고 임시영업소를 설치하여 영업을 계속하는 경우의 영업손실은 임시영업소의 설치비용으로 평가한다. 이 경우 보상액은 제1항의 규정에 의한 평가액을 초과하지 못한다.

Ⅶ. 무허가 건축물 등에서의 임차인 영업보상 특례

1. 임차영업자 손실보상 특례 의의

1) 법적 근거

> **▣ 토지보상법 시행규칙**
>
> 제45조 (영업손실의 보상대상인 영업) 법 제77조 제1항에 따라 영업손실을 보상하여야 하는 영업은 다음 각 호 모두에 해당하는 영업으로 한다. 〈개정 2007. 4. 12., 2009. 11. 13., 2015. 4. 28.〉
>
> 1. 사업인정고시일등 전부터 적법한 장소(무허가건축물등, 불법형질변경토지, 그 밖에 다른 법령에서 물건을 쌓아놓는 행위가 금지되는 장소가 아닌 곳을 말한다)에서 인적·물적시설을 갖추고 계속적으로 행하고 있는 영업. 다만, 무허가건축물등에서 임차인이 영업하는 경우에는 그 임차인이 사업인정고시일등 1년 이전부터 「부가가치세법」 제8조에 따른 사업자등록을 하고 행하고 있는 영업을 말한다,
> 2. 영업을 행함에 있어서 관계법령에 의한 허가등을 필요로 하는 경우에는 사업인정고시일등 전에 허가등을 받아 그 내용대로 행하고 있는 영업

2) 동 조항의 의의

토지보상법은 적법한 장소에서의 영업에 대해서만 영업보상의 대상이 되는 것이 원칙이나, 다만 시행규칙 제45조 제1항 단서조항에서 무허가건물등에서 임차인이 영업하는 경우(이하 "임차인 영업보상특례" 이라 함)에는 그 임차인이 사업인정고시일등 1년 이전부터 「부가가치세법」 제5조에 따른 사업자등록을 하고 행하고 있는 영업을 손실보상대상 영업으로 규정하고 있는바, 동 규정은 보상을 목적으로 하지 않고 종전부터 정상적으로 무허가건물 등에서 영업을 하고 있는 선의의 영세임차인을 보호하려는 취지[1037]인 것이다.

2. 보상기준

임차인 영업보상특례는 영업용 고정자산·원재료·제품 및 상품 등의 매각손실액을 정상적으로 보상하나, 영업손실에 대한 보상액은 1천만원을 초과하지 못한다. 다만, 1989. 1. 24 당시 무허가건축물 등은 부칙에서 이를 적법한 건축물로 보기 때문에 임차인이 하는 영업의 경우에는 영업이익 상한이 적용되지 않는다.

3. 보상요건

1) 무허가건축물 등에서의 영업

영업보상은 영업장소의 적법성을 요하고 있으나 임차인의 경우 무허가건축물 등에서의 영업행위에 대하여만 예외조항을 인정하고 있다. 따라서 불법형질변경토지, 그 밖에 다른 법령에서 물건을 쌓아놓는 행위가 금지되는 장소에서의 영업은 그 대상이 아니다.[1038] 임차인 보상 예외규정을 인정하는 것은 임차인이 경제적 약자임을 이유로

1037) 토지정책과-5089 (2009. 11. 2) : 동 규정은 보상을 목적으로 하지 않고 종전부터 정상적으로 무허가건물등에서 영업을 하고 있는 선의의 영세임차인을 보호하려는 취지입니다. 영업 및 주거이전비 보상대상 여부에 대한 개별적인 사례는 사업시행자가 관계법령 및 사실관계 등을 조사·검토하여 판단하시기 바랍니다. 끝.

1038) 토지정책과-4891 (2010. 10. 12) : 무허가건축물등에서 임차인이 영업하는 경우에는 그 임차인이 사업인정고시일등 1년 이전부터 「부가가치세법」 제5조에 따른 사업자등록을 하고 행하고 있는 영업으로 하고, 영업을 행함에 있어서 관계법령에 의한 허가등을 필요로 하는 경우에는 사업인정고시일등 전에 허가등을 받아 그 내용대로 행하고 있는 영업으로 한다고 규정하고 있습니다. 따라서, 적법한 장소가

도입된 것으로 보이는데,[1039] 그렇다면 다른 불법장소(불법형질변경토지, 그 밖에 다른 법령에서 물건을 쌓아놓는 행위가 금지되는 장소에서의 영업)에서의 영업과 달리 볼 이유가 없다는 점에서 무허가건축물 등에서의 영업만 예외조항을 인정하는 것은 타당하지 못하다고 본다.

다만 1989년 1월 24일 이전 무허가건축물 등은 적법한 건축물로 보고 있어(동 시행규칙 부칙〈제556호, 2007. 4. 12.〉 제3조) 동 특례규정이 아닌 일반 영업보상이 가능하나,[1040] 가설건축물의 경우에는 가설건축물 보상부정 판례[1041]에 비추어 볼 때 이 특례조항을 적용할 여지는 없어 보인다.[1042]

2) 임차인의 영업

동 규정은 개정 전에는 무허가건축물 등에서의 영업에 대하여 소유자는 물론 임차인

아닌 불법형질변경토지에서의 영업은 손실보상 대상에 해당되지 아니한다고 보나, 개별적인 사례에 대하여는 사업시행자가 위 규정 및 사실관계 등을 검토하여 판단하시기 바랍니다.

1039) 대법원 2014. 3. 27. 선고 2013두25863 판결 : ① 무허가건축물을 임차하여 영업하는 사업자의 경우 일반적으로 자신 소유의 무허가건축물에서 영업하는 사업자보다는 경제적·사회적으로 열악한 지위에 있는 점, ② 무허가건축물의 임차인은 자신이 임차한 건축물이 무허가건축물이라는 사실을 알지 못한 채 임대차계약을 체결할 가능성이 있는 점 등에 비추어 보면, 이 사건 규칙 조항이 무허가건축물의 소유자와 임차인을 차별하는 것은 합리적인 이유가 있고, 따라서 형평의 원칙에 어긋난다고 볼 수 없다.

1040) 토지정책과-4103 (2010. 8. 12) : 무허가건축물등에서 임차인이 영업하는 경우에는 그 임차인이 사업인정고시일등 1년 이전부터 「부가가치세법」 제5조에 따른 사업자등록을 하고 행하고 있는 영업으로 규정하고 있습니다. 또한, 동 시행규칙 부칙(제556호, 2007. 4. 12) 제3조에 의하면, 1989년 1월 24일 당시의 무허가건축물등에 대하여는 제45조 제1호 개정규정에 불구하고 이 규칙에서 정한 보상을 함에 있어 이를 적법한 건축물로 보도록 규정하고 있습니다.

1041) 대법원 2001. 8. 24. 선고 2001다7209 판결 : 토지소유자는 도시계획사업이 시행될 때까지 가설건축물을 건축하여 한시적으로 사용할 수 있는 대신 도시계획사업이 시행될 경우에는 자신의 비용으로 그 가설건축물을 철거하여야 할 의무를 부담할 뿐 아니라 가설건축물의 철거에 따른 손실보상을 청구할 수 없고, 보상을 청구할 수 없는 손실에는 가설건축물 자체의 철거에 따른 손실뿐만 아니라 가설건축물의 철거에 따른 영업손실도 포함된다고 할 것이다.

1042) ① 토지정책과-2969 (2009. 6. 26) : 「국토의 계획 및 이용에 관한 법률」 제64조 제3항의 규정에 의하면 특별시장·광역시장·시장 또는 군수는 제2항 제1호 또는 제2호의 규정에 의하여 가설건축물의 건축이나 공작물의 설치를 허가한 토지 안에서 도시계획시설사업이 시행되는 때에는 그 시행예정일 3월전까지 가설건축물 또는 공작물을 소유자의 부담으로 당해 가설건축물 또는 공작물의 철거 등 원상회복에 필요한 조치를 명하도록 되어 있고, 가설건축물이 위 규정에 해당되는 경우에는 당해 가설건축물의 소유자는 자기의 부담으로 철거 등을 하여야 하는 의무가 있으므로 이 경우 가설건축물은 보상대상이 아니라고 봅니다.
② 다만, 사견으로는 동 특례규정이 영세임차인의 보호를 위한 것임을 감안할 때 가설건축물 영업의 경우 가설건축물 소유자와 상관없는 영세임차인에서 배제하는 것은 다소 문제가 있다고 본다.

모두 보상에서 배제하였으나, 2007. 4. 12 개정에서는 선의의 임차영업자를 보호하기 위하여 임차영업자에 한하여 예외를 인정한 규정이므로 임차영업자가 아닌 무허가건축물 소유자 등은 그 보상대상이 아니다.[1043)]

3) 사업인정고시일 등 1년 이전부터의 영업

선의의 영세임차인 보호를 위한 규정으로 사업인정 이전 1년 이전부터 「부가가치세법」 제8조에 따른 사업자등록을 하고 행하고 있는 영업의 경우에 한하여 적용되며, 다만 영업을 행함에 있어서는 관계법령에 의한 허가등을 필요로 하는 경우에는 사업인정고시일등 전에 허가등을 받아 그 내용대로 행하여야 한다.[1044)] 즉 영업행위는 사업인정 1년 이전 부가가치세법에 의한 사업자등록을 하여야 하며, 허가등은 사업인정 고시일 전에 행하여진 영업이면 된다고 할 것이다.

4) 부가가치세법에 의한 사업자등록을 행하고 하는 영업

부가가치세법에 의한 사업자등록이 영업보상의 일반적 보상요건은 아니나,[1045)] 무허가건축물 임차영업의 경우 사업자등록증상의 사업장 소재지에서 적법하게 영업 행위를 행하는 영세임차인을 보호하기 위한 규정으로, 사업자등록을 그 보상요건으로 하고 있다.[1046)]

1043) 토지정책과-766 (2009. 2. 17) : 토지보상법 시행규칙 제45조 제1항 단서조항은 종전(2007.4.12 개정전)에는 무허가건축물등에서 행하는 영업은 무허가건축물 소유자는 물론 임차인 모두 영업보상대상에서 제외되었으나, 선의의 임차영업자를 보호하기 위하여 임차영업자에 한해 영업보상을 하도록 개정한 것입니다. 따라서 위 무허가건물 임차영업자 외에 무허가건축물 소유자가 행하는 영업, 불법형지변경토지 등 적법하지 않는 장소에서 행하는 영업은 모두 영업보상 대상이 되지 않습니다

1044) 토지정책과-5733 (2010. 12. 8) : 무허가건축물등에서 임차인이 영업하는 경우에는 그 임차인이 사업인정고시일등 1년 이전부터 「부가가치세법」 제5조에 따른 사업자등록을 하고 행하고 있는 영업으로 하고, 영업을 행함에 있어서 관계법령에 의한 허가등을 필요로 하는 경우에는 사업인정고시일등 전에 허가등을 받아 그 내용대로 행하고 있는 영업으로 한다고 규정하고 있습니다. 따라서, 무허가건축물에서 임차인이 사업인정고시일등 1년 이전부터 「부가가치세법」에 따른 사업자등록을 하고, 관계법령에 의한 허가등을 필요로 하는 경우 사업인정고시일등 전에 허가등을 받아 그 내용대로 행하고 있는 영업의 경우 영업손실 보상대상에 해당된다고 보나, 개별적인 사례가 이에 해당되는지 여부는 사업시행자가 위 규정 및 사실관계 등을 조사하여 판단하시기 바랍니다.

1045) 토정 58307-1466 (1996. 11. 13) : 귀 질의상의 영업의 경우에 있어서는 위 규정이 정하는 바에 따라 관계법령에 의한 허가 등을 받아야 하는지의 여부 등 당해 사실관계에 따라 보상대상여부를 판단할 사항이나, 사업자등록증은 조세관련 법령과 관계된 사항으로써, 당해 법령에서 사업자등록증과 관련하여 영업의 적법성에 대한 별도의 판단기준이 있는 경우라면 그에 따라야 할 것입니다.

Ⅷ. 무허가 영업에 대한 보상특례

1. 무허가영업에 대한 손실보상 특례

1) 법적 근거

▣ **토지보상법 시행규칙**

제52조 (허가등을 받지 아니한 영업의 손실보상에 관한 특례) 사업인정고시일등 전부터 허가등을 받아야 행할 수 있는 영업을 허가등이 없이 행하여 온 자가 공익사업의 시행으로 인하여 제45조 제1호 본문에 따른 적법한 장소에서 영업을 계속할 수 없게 된 경우에는 제45조 제2호에 불구하고 「통계법」 제3조 제3호에 따른 통계작성기관이 조사·발표하는 가계조사통계의 도시근로자가구 월평균 가계지출비를 기준으로 산정한 3인 가구 3개월분 가계지출비에 해당하는 금액을 영업손실에 대한 보상금으로 지급하되, 제47조 제1항 제2호에 따른 영업시설·원재료·제품 및 상품의 이전에 소요되는 비용 및 그 이전에 따른 감손상당액(이하 이 조에서 "영업시설등의 이전비용"이라 한다)은 별도로 보상한다. 다만, 본인 또는 생계를 같이 하는 동일 세대안의 직계존속·비속 및 배우자가 해당 공익사업으로 다른 영업에 대한 보상을 받은 경우에는 영업시설등의 이전비용만을 보상하여야 한다. 〈개정 2008. 4. 18.〉

2) 특례규정의 의의

토지보상법은 적법한 영업에 대하여 보상하도록 규정하고 있어 무허가영업 등에 대하여는 보상하지 않는 것이 원칙이나, 사업인정고시일 등 전부터 허가 등을 받아야 행할 수 있는 영업을 허가 등이 없이 행하여 온 자가 공익사업의 시행으로 인하여 당해장소에서 영업을 계속 할 수 없게 된 경우에는 영업손실에 대한 보상금으로 지급할 수 있도록 특례 규정을 두고 있다.

1046) 토지정책과-1185 (2008. 5. 30) : 「공익사업을 위한 토지 등의 취득 및 보상에 관한 법률 시행규칙」 제45조 단서조항에서 "다만, 무허가건물등에서 임차인이 영업하는 경우에는 그 임차인이 사업인정고시일등 1년 이전부터 「부가가치세법」 제5조에 따른 사업자등록을 하고 행하고 있는 영업을 손실보상대상영업으로 규정하고 있는바, 동 규정은 보상을 목적으로 하지 않고 종전부터 정상적으로 무허가건물등에서 영업을 하고 있는 선의의 영세임차인을 보호하려는 취지로서 사업자등록은 사업인정고시일등 1년 이전부터 사업자등록증상의 사업장소재지에서 적법하게 영업행위를 행하는 경우에 해당된다고 봅니다.

2. 무허가영업에 대한 보상기준

1) 보상기준

허가등을 받지 아니한 영업 등에 대한 보상은 도시근로자가구 월평균 가계지출비를 기준으로 산정한 "3인 가구 3개월분 가계지출비"에 해당하는 금액을 산정하여 보상한다. 이는 무허가 영업에 대한 보상액을 3인 가구 3개월 가계지출비에 준용하여 지급한다는 의미로 보아야 할 것이다. 따라서 3인 가구가 아니거나 또는 주거이전비 지급대상이 아니어도 그 지급이 가능하다. 다만 본인 또는 생계를 같이하는 동일 세대안의 직계존비속 및 배우자가 당해 공익사업으로 다른 영업에 대한 보상을 받은 경우에는 영업시설 등의 이전비용만 보상하고 영업보상에 대해서는 보상하지 않는다.

2) 다른 영업에 대한 보상 논의

동 규정의 적용에 있어 본인 또는 생계를 같이 하는 동일 세대안의 직계존속·비속 및 배우자가 해당 공익사업으로 "다른 영업에 대한 보상"을 받은 경우에는 영업시설등의 이전비용만을 보상하도록 규정하고 있어, "다른 영업에 대한 보상"에 어떤 보상이 해당하는지는 동 규정의 적용에 있어 중요한 의미가 있다. 특히 농업손실보상이 해당되는지 여부가 주요한 쟁점이 되고 있다.

일부 견해의 다툼이 있기는 하나,[1047] "다른 영업에 대한 보상"이라 함은 축산업·잠업·광업 등 일체의 영리적인 사업에 대한 보상 등 이중 보상의 가능성이 있는 보상 전체가 포함되나, **대물보상의 성격이 있는 것과 영농손실액에 대한 보상은 포함되지 않는다고 보아야 할 것이며, 이 견해가 유권해석의** 입장이다(아래 질의회신 참조).

1047) ① 농업손실보상금이 포함된다는 견해 ; 차태환, 「토지보상법론」, 부연사, 2010, 469면, 한국감정원, 「해설토지보상법」(2003) 767면 ; 건설교통부, 공공용지취득 및 손실보상제도 개선방안 연구(Ⅱ), 2000. 6, 318면 "기타 영업에 대한 보상이란 축산업, 잠업, 광업 등 일체의 영리적인 사업에 대한 보상과 실농보상 등 2중 보상의 가능성이 있는 보상 전체를 포함하나 대물보상의 성격이 있는 것은 포함되지 않는다고 보아야 할 것이다"라고 하여 실농보상이 포함된다고 보고 있다.
② 농업손실보상금이 포함되지 않는다는 견해 ; 강교식, 「토지보상법론」, 부연사, 2005, 558면

질의회신

□ **토관 58342-455 (2003. 3. 27)**

토지보상법 시행규칙 제52조 제1항의 규정에 의하면 사업인정고시일등 전부터 허가등을 받아야 행할 수 있는 영업을 허가등이 없이 행하여 온 자가 공익사업의 시행으로 인하여 당해 장소에서 영업을 계속할 수 없게 된 경우에는 제45조 제2호의 규정에 불구하고 제54조 제2항 본문의 규정에 의하여 산정한 금액을 영업손실에 대한 보상금으로 지급하되, 본인 또는 생계를 같이 하는 동일 세대안의 직계존속·비속 및 배우자가 당해 공익사업으로 다른 영업에 대한 보상을 받은 경우에는 그러하지 아니하도록 되어 있으므로 당해 공익사업에 따라 본인이나 배우자 등이 다른 영업에 대한 보상을 받은 경우에는 보상대상에 해당되지 아니하며, 이 경우 다른 영업에는 같은법시행규칙 제48조의 규정에 의한 영농손실액의 보상은 해당되지 아니한다고 봄.

3. 보상대상이 되는 무허가영업 등의 요건

무허가영업보상의 특례규정이 적용되는 영업의 요건은 다음과 같다.

① 사업인정고시일 등이 있기 전부터 행하던 영업이어야 한다. 따라서 사업인정 고시일 등 이후의 영업에 대해서는 그 대상이 될 수 없다.

② 공익사업의 시행으로 인하여 적법한 장소에서 영업을 계속할 수 없게 된 경우이어야 한다. 따라서 적법하지 않은 장소에서의 영업은 무허가영업보상 특례규정이 적용되는 것이 아니다. 다만, 89년 1월 24일 이전의 건축물은 적법한 건축물로 보아 동 특례규정이 적용된다.[1048)]

③ 면허·허가를 받거나 신고를 하고 행하는 영업 및 면허·허가 또는 신고없이 자유스럽게 행할 수 있는 영업이나 관계법령에 의한 면허·허가·신고를 요하지 아니한 특수한 형태의 영업은 그 대상이 되지 않는다. 이는 직접 영업보상의 대상이 되기 때문이다.[1049)]

1048) 토지정책과-4103 (2010. 8. 12) : 무허가건축물등에서 임차인이 영업하는 경우에는 그 임차인이 사업인정고시일등 1년 이전부터 「부가가치세법」 제5조에 따른 사업자등록을 하고 행하고 있는 영업으로 규정하고 있습니다. 또한, 동 시행규칙 부칙(제556호, 2007. 4. 12) 제3조에 의하면, 1989년 1월 24일 당시의 무허가건축물등에 대하여는 제45조 제1호 개정규정에 불구하고 이 규칙에서 정한 보상을 함에 있어 이를 적법한 건축물로 보도록 규정하고 있습니다. 따라서, 영업보상의 경우 위 규정에 따라 사실관계 등을 조사하여 판단하시기 바랍니다.

1049) 토관 58342-906 (2003. 6. 26) : 토지보상법 시행규칙 제52조 규정은 허가등을 받아야 행할 수 있는 영업을 허가등을 받지 아니하고 행하는 영업에 관하여 적용되는 사항으로 자유영업은 해당되지 아니함.

④ 영업을 하는 본인 또는 그와 생계를 같이 하는 동일 세대안의 직계 존비속 및 배우자가 당해 공익사업으로 다른 영업에 대한 보상을 받지 아니하여야 한다. 상술한 바와 같이 다른 영업에 대해서는 농업손실보상금을 포함할 것인지 여부에 대해서 논의가 되고 있다.

⑤ 영업을 행하는 자의 거주지는 사업시행지구 안에 있거나 밖에 있거나 상관이 없다. 이 조항은 무허가영업보상 특례에 해당하는 무허가 영업에 대한 보상액으로서 3인가구 3개월의 가계지출비에 준하여 지급하는 것이므로, 당해 영업자가 주거이전비를 별도로 받았는지 또는 공익사업지구 밖에 거주하여 주거이전비 지급대상이 되지 않는지 등과는 아무런 관계없이 지급이 가능하다.[1050]

표 40. 건축물 및 영업구분에 따른 보상여부 비교 ('07. 4. 12 시행규칙 개정후)

건축물 구분	영업자	영업구분	보상내용 구분			
			영업 보상	3월분 가계지출비 × 3인가구	시행규칙 제55조 제1항 이전비 보상	건축물 (지장물) 보상
'89.1.24 이후 건축된 무허가 건축물	-	무허가영업	×	×	○	○
		자유영업	×	×		
	임차인이 1년 이상 정상 영업	무허가영업	×	×	○	○
		자유영업	○ (1천한도)	×		
적법한 건축물 ('89.1.24 이전 무허가건축물)	-	무허가영업	×	○	○	○
		자유영업	○	적용대상 아님		

1050) 토정 58342-138 (1998. 2. 3)

제14절 축산업 손실에 대한 보상

Ⅰ. 축산업의 개념

▣ **토지보상법 시행규칙**

제49조 (축산업의 손실에 대한 평가) ① 제45조부터 제47조(다음 각 호의 규정은 제외한다)까지의 규정은 축산업에 대한 손실의 평가에 관하여 이를 준용한다. 〈개정 2007. 4. 12., 2014. 10. 22.〉

1. 제46조 제3항 후단
2. 제47조 제1항 각 호 외의 부분(영업장소 이전 후 발생하는 영업이익감소액의 경우만 해당한다) 및 제7항
3. 제47조 제5항 후단

② 제1항에 따른 손실보상의 대상이 되는 축산업은 다음 각 호의 어느 하나에 해당하는 경우로 한다. 〈개정 2005. 2. 5., 2007. 4. 12., 2008. 4. 18., 2015. 4. 28.〉

1. 「축산법」 제22조에 따라 허가를 받았거나 등록한 종축업·부화업·정액등처리업 또는 가축사육업
2. 별표 3에 규정된 가축별 기준마리수 이상의 가축을 기르는 경우
3. 별표 3에 규정된 가축별 기준마리수 미만의 가축을 기르는 경우로서 그 가축별 기준마리수에 대한 실제 사육마리수의 비율의 합계가 1 이상인 경우

③ 별표 3에 규정된 가축외에 이와 유사한 가축에 대하여는 제2항제2호 또는 제3호의 예에 따라 평가할 수 있다.

④ 제2항 및 제3항의 규정에 의한 손실보상의 대상이 되지 아니하는 가축에 대하여는 이전비로 평가하되, 이전으로 인하여 체중감소·산란율저하 및 유산 그 밖의 손실이 예상되는 경우에는 이를 포함하여 평가한다.

축산업이란 각종 가축을 사육·증식함으로써 인간생활에 유용한 물질을 생산하고 그 생산물을 가공하여 인간의 실생활에 필요한 물질을 공급함을 목적으로 하는 산업을 말한다. 결국 가축·가금·벌 등을 치고 또 그 생산물을 가공하는 산업을 축산업이라 할 수 있다.

Ⅱ. 축산업 보상의 요건

축산보상의 대상이 되는 축산은 토지보상법 시행규칙 제49조에 해당하는 경우를 말한다.

1. 「축산법」 제22조에 따라 허가를 받았거나 등록한 종축업·부화업·정액등처리업 또는 가축사육업

축산법 제22조에 따라 다음 각 호의 어느 하나에 해당하는 축산업을 영위하려는 자는 시장·군수 또는 구청장에게 허가를 받아야 한다(축산법 제22조 제1항).

① 종축업 ② 부화업 ③ 정액등 처리업
④ 가축 종류 및 사육시설 면적이 대통령령으로 정하는 기준에 해당하는 가축사육업
(세부내역은 아래와 같다)

▣ 축산법 시행령

제13조 (허가를 받아야 하는 가축사육업) 법 제22조 제1항 제4호에서 "가축 종류 및 사육시설 면적이 대통령령으로 정하는 기준에 해당하는 가축사육업"이란 다음 각 호의 구분에 따른 가축사육업을 말한다.
1. 2015년 2월 22일 이전: 다음 각 목의 가축사육업
가. 사육시설 면적이 600제곱미터를 초과하는 소 사육업
나. 사육시설 면적이 1천제곱미터를 초과하는 돼지 사육업
다. 사육시설 면적이 1천400제곱미터를 초과하는 닭 사육업
라. 사육시설 면적이 1천300제곱미터를 초과하는 오리 사육업
2. 2015년 2월 23일부터 2016년 2월 22일까지: 다음 각 목의 가축사육업
가. 사육시설 면적이 300제곱미터를 초과하는 소 사육업
나. 사육시설 면적이 500제곱미터를 초과하는 돼지 사육업
다. 사육시설 면적이 950제곱미터를 초과하는 닭 사육업
라. 사육시설 면적이 800제곱미터를 초과하는 오리 사육업
3. 2016년 2월 23일 이후: 사육시설 면적이 50제곱미터를 초과하는 소·돼지·닭 또는 오리 사육업

여기서 "축산업"이란 종축업·부화업·정액등처리업 및 가축사육업을 말하는데, "종축업"이란 종축을 사육하고, 그 종축에서 농림축산식품부령으로 정하는 번식용 가축 또는

씨알을 생산하여 판매(다른 사람에게 사육을 위탁하는 것을 포함한다)하는 업을 말한다. "부화업"이란 닭, 오리 또는 메추리의 알을 인공부화 시설로 부화시켜 판매(다른 사람에게 사육을 위탁하는 것을 포함한다)하는 업을 말하고, "정액등처리업"이란 종축에서 정액·난자 또는 수정란을 채취·처리하여 판매하는 업을 말한다. "가축사육업"이란 판매할 목적으로 가축을 사육하거나 젖·알·꿀을 생산하는 업을 말한다(축산법 제2조 정의).

여기서 가축이란 축산법에서는 "사육하는 소·말·면양·염소(유산양을 포함)·돼지·사슴·닭·오리·거위·칠면조·메추리·타조·꿩"(축산법 제2조 제1호), 동법 시행령에서 "기러기, 노새, 당나귀, 토끼 및 개, 꿀벌"(축산법 시행령 제2조)을 말하고, 이외에 농림축산식품부 장관이 고시하는 가축이 있다.[1051] 여기에 포함되지 아니하는 동물을 사육하는 것은 축산법상 가축사육업이 아님으로 축산보상의 대상이 되지 않는다.[1052]

한편, 축산보상과 관련하여 당초는 부화업과 종축업에 대해서만 신고제로 운영하였으나, 최근 축산업이 규모화 되어 밀집사육이 늘어남에 따라 농가의 가축질병예방과 축산물의 위생관리를 강화하기 위하여 축산업에 대한 등록제를 도입하고자 2002. 12. 26 축산법을 개정(시행 2003.12.27)하여 계란집하업 및 일정 규모 이상의 축산업에 대해서 등록제를 도입하였다.[1053] 이후 2018. 12. 31 개정(시행 2020. 1. 1) 에서 축산업을 등록제 대신 허가제로 변경하였고, 일부 소규모 가축사육업(축산법 시행령 제14조의3)에 대해서만 등록 또는 등록 없이 사육이 가능하도록 개정하였다.

▣ **축산법**

제22조 (축산업의 허가 등) ① 다음 각 호의 어느 하나에 해당하는 축산업을 경영하려는 자는 대통령령으로 정하는 바에 따라 해당 영업장을 관할하는 시장·군수 또는 구청장에게 허가를 받아야 한다. 허가받은 사항 중 가축의 종류 등 농림축산식품부령으로 정하는 중요한 사항을 변경할 때에도 또한 같다. 〈개정 2013. 3. 23., 2018. 12. 31.〉

1. 종축업 2. 부화업 3. 정액등처리업
4. 가축 종류 및 사육시설 면적이 대통령령으로 정하는 기준에 해당하는 가축사육업

1051) 농림축산식품부고시 제2019-36호 (2019. 7. 25)
1. 짐승(1종) : 오소리
2. 관상용 조류(15종) : 십자매, 금화조, 문조, 호금조, 금정조, 소문조, 남양청홍조, 붉은머리청홍조, 카나리아, 앵무, 비둘기, 금계, 은계, 백한, 공작
3. 곤충(14종) : 갈색거저리, 넓적사슴벌레, 누에, 늦반딧불이, 머리뿔가위벌, 방울벌레, 왕귀뚜라미, 왕지네, 여치, 애반딧불이, 장수풍뎅이, 톱사슴벌레, 호박벌, 흰점박이꽃무지
4. 기타(1종) : 지렁이

1052) 중앙토지수용위원회, 2019 토지수용 업무편람, 403-404면.

1053) 법률 제 6821호 (2002. 12. 26) 법률 축산법 제·개정문

③ 제1항 제4호에 해당하지 아니하는 가축사육업을 경영하려는 자는 대통령령으로 정하는 바에 따라 해당 영업장을 관할하는 시장·군수 또는 구청장에게 등록하여야 한다.
⑤ 제3항에도 불구하고 가축의 종류 및 사육시설 면적이 대통령령으로 정하는 기준에 해당하는 가축사육업을 경영하려는 자는 등록하지 아니할 수 있다. 〈개정 2018. 12. 31.〉

□ 축산법 시행령

제14조의 3 (등록대상에서 제외되는 가축사육업) 법 제22조 제5항에 따라 등록하지 아니할 수 있는 가축사육업은 다음 각 호와 같다. 〈개정 2013. 3. 23., 2015. 10. 13., 2019. 12. 31.〉
1. 가축 사육시설의 면적이 10제곱미터 미만인 닭, 오리, 거위, 칠면조, 메추리, 타조, 꿩 또는 기러기 사육업
2. 말 등 농림축산식품부령으로 정하는 가축의 사육업[1054)]

따라서 2020. 1. 1. 이후 축산업을 허가 등 없이 영위하는 자는 축산보상에서 제외된다. 이와 관련하여 종전 종계업을 신고 없이 영위한 경우 휴업보상의 대상이 되지 않는다는 판례(아래)가 있어 축산보상에 있어 허가나 등록제를 요하는 경우 허가 및 등록을 하여야 축산보상이 가능하다.

판 례

□ 대법원 2009. 12. 10. 선고 2007두10686 판결 (미신고 종계업에 대한 보상여부)

구 공공용지의 취득 및 손실보상에 관한 특례법 시행규칙(2002. 12. 31. 건설교통부령 제344호로 폐지되기 전의 것, 이하 '공특법 시행규칙'이라 한다) 제25조의3 제1항 제2호는 ' 제24조 및 제25조에 의한 영업의 폐지 또는 휴업에 대한 손실을 평가함에 있어서 관계 법령에 의하여 허가·면허 또는 신고 등이나 일정한 자격이 있어야 행할 수 있는 영업이나 행위를 당해 허가·면허 또는 신고 등이나 자격 없이 행하고 있는 경우에는 이를 영업으로 보지 아니한다'고 규정하고 있고, 이 사건 수용재결일인 2002. 9. 17. 당시 시행되던 구 축산법(2002. 12. 26. 법률 제6821호로 개정되어 2003. 12. 27. 시행되기 전의 것) 제20조 제1항, 구 축산법 시행규칙(2004. 2. 14. 농림부령 제1460호로 개정되기 전의 것) 제24조 제1항 제2호는 '종계 1천 수 이상의 종계업을 영위하고자 하는 자는 그에 필요한 시설을 갖추어 시장·군수에게 신고하여야 한다'고 규정하고 있다.
그런데 원심판결 이유 및 원심이 적법하게 채택한 증거에 의하면, 원고는 종계 12,960수를 사육하여 종란을 생산하는 종계업을 영위하면서 관할 시장·군수에게 위와 같은 규정에 따른 종계업 신고를 하지 아니한 사실을 알 수 있으므로, 공특법 시행규칙 제25조의3 제1항 제2호에 따라 이 사건 종계업은 휴업보상의 대상이 되는 영업에서 제외된다.
그럼에도, 원심은 종계업 신고 여부는 휴업보상에 장애가 되지 아니한다며 종계업을 기초로 하여 휴업보상 기간을 산출하고 그에 따른 보상금액을 확정하였으니, 원심판결에는 미신고 영업의 보상에 관한 법리를 오해하여 판결에 영향을 미친 위법이 있다.

1054) 농림축산식품부고시 제2019-36호(2019. 7. 25)를 말함

한편, 축산보상(제49조 (축산업의 손실에 대한 평가))에 대해서 영업보상(제45조 (영업손실의 보상대상인 영업))과 별개조항으로 구성되어 있고, 축산보상에 대해서는 별도의 보상요건을 규정하고 있어, 관계법령에 의한 허가나 등록 등이 없어도 축산보상이 가능하다는 것이 해석 (아래 질의회신 1 참조)이 있는 반면에, 토지보상법 시행규칙 제49조 제1항에 의하면 제45조부터 제47조까지의 규정은 축산업에 대한 손실의 평가에 관하여 이를 준용한다고 규정하고 있는 바, 관계법령 등에 의한 허가 등(적합한 장소요건 포함)을 받지 않는 경우 축산보상이 불가하다는 해석으로 나누어져 있으나(아래 질의회신 2 참조), 현행 축산법 개정 취지와 토지보상법의 문리해석상 관계법령 등 허가 요건과 적합한 장소요건이 모두 충족되어야 축산보상이 가능하다고 본다.[1055]

질의회신 1

□ 토지정책과-3120 (2008. 9. 30) (미등록 축산보상 가능 유권해석)

「공익사업을 위한 토지 등의 취득 및 보상에 관한 법률(이하 "토지보상법"이라 한다)시행규칙」 제49조 제2항의 규정에는 "제1항에 따른 손실보상의 대상이 되는 축산업은 다음 각호(제2항 1,2,3호)의 어느 하나에 해당하는 경우로 한다"고 별도로 규정하고 있습니다. 따라서 「축산법」 제22조에 따라 등록하지 않는 가축사육업(미등록 축산업)이라 할지라도 가축별 기준마리수 이상의 가축을 기르는 경우라면 토지보상법 시행규칙 제49조 제2항 제2호의 규정에 따라 축산보상대상이라고 보며, 개별적인 사례가 이에 해당하는지 여부는 사업시행자가 위 규정과 관계규정등 사실관계를 검토·확인하여 결정하시기 바랍니다. 끝.

질의회신 2

□ 토지정책과-5533 (2009. 11. 23) (미등록 축산보상 불가 유권해석)

〈질의〉 축산법 등 관계법령의 허가 등을 받지 아니하고 기준마리수 이상의 가축을 기르는 경우 및 토지를 불법형질변경하고 무허가시설을 설치하여 기준마리수 이상의 가축을 기르는 경우에 축산보상이 가능한지

〈회신〉 「공익사업을 위한 토지 등의 취득 및 보상에 관한 법률(이하 "토지보상법"이라 한다)」 시행규칙 제49조 제1항에 의하면 제45조부터 제47조(제46조 제3항 후단 및 제47조 제5항 후단을 제외한다)까지의 규정은 축산업에 대한 손실의 평가에 관하여 이를 준용한다고 규정하고 있고, 토지보상법 시행규칙 제45조의 규정에 의하면 영업손실보상대상은 사업인정고시일등 전부터 적법한 장소(무허가건축물등, 불법형질변경토지, 그 밖에 다른 법령에서 물건을 쌓아놓는 행위가 금지되는 장소가 아닌 곳을 말한다)에서 인적·물적시설을 갖추고 계속적으로 행하는 영업으로 규정하고

1055) 손실보상 대상인 축산업이 되기 위해서는 보상대상인 영업의 요건을 갖추고 다시 토지보상법 시행규칙 제49조 제3항의 요건을 모두 갖추어야 한다(장언태/조장형, 토지보상법이해, 법률출판사, 2020, 831면).

있습니다. 따라서 토지보상법 시행규칙 제45조 내지 제47조 규정에 해당하고 토지보상법 시행규칙 제49조 제2항 각 호의 어느 하나에 해당하는 경우가 축산 보상 대상이 된다고 보며, 개별적인 사례는 사업시행자가 「축산법」 등 관계법령의 검토 및 사실관계 등을 검토하여 판단하시기 바랍니다. 끝.

2. 가축별 기준마리수 이상의 가축을 기르는 경우

토지보상법시행규칙 제49조 제2항에 의거 축산보상의 기준이 되는 가축별 기준마리수는 다음과 같다.

표 41. 축산보상대상 기준 마리 수

종별	닭	토끼	오리	돼지	소	사슴	염소·양	꿀벌
기준 마리수	200 마리	150 마리	150 마리	20 마리	5 마리	15 마리	20 마리	20 군

3. 기준마리수 미만의 여러 종별의 가축을 함께 기르는 경우로서 실제 사육마리수의 비율의 합계가 1이상인 경우

각 가축별로 보상대상 기준 마리 수에는 미달하나 그 가축별 기준마리 수에 대한 실제 사육마리수의 비율의 합계가 1이상인 경우에는 축산보상의 대상이 된다.1056) 예를 들어 소 4마리와 양 10마리를 기르는 경우 각 가축별로는 기준마리 수에는 미달하지만 4/5+10/20가 1보다 크기 때문에 보상대상이 된다.

4. 기타 가축 또는 가금의 준용

토지보상법의 축산보상대상 마리수에 규정되어 있는 종별의 가축 또는 가금이 아

1056) 토지정책과-4430 (2010. 9. 3) : 손실보상의 대상이 되는 축산업은 「축산법」 제22조에 따라 등록한 부화업·계란집하업·종축업 또는 가축사육업(제1호), 별표3에 규정된 가축별 기준마리수 이상의 가축을 기르는 경우(제2호), 별표3에 규정된 가축별 기준마리수 미만의 가축을 기르는 경우로서 그 가축별 기준마리수에 대한 실제 사육마리수의 비율의 합계가 1 이상인 경우(제3호) 중 어느 하나에 해당하는 경우라고 규정되어 있습니다.

닌 그 외의 가축 또는 가금은 가장 유사한 가축이나 가금에 준하여 기준마리수를 결정한다. 예를 들어 개는 돼지기준(20마리),[1057] 관상 닭이나 추카(바위자고)는 비둘기보다 약간 큰 관상조류로 닭(200마리)을 기준[1058]으로 축산보상을 결정한다(시행규칙 제49조 제3항).

Ⅲ. 축산업 보상의 평가기준

1. 축산보상의 평가기준

1) 휴업 또는 폐업보상

축산업에 대한 손실액은 토지보상법 시행규칙 제46조 또는 제47조의 영업의 폐지 및 휴업손실의 대한 보상 규정을 준용하여 평가한 금액으로 한다. 따라서 공익사업의 편입으로 인하여 축산업을 폐지하는 경우의 축산업 손실은 2년간의 축산영업이익에 축산영업용 고정자산 등의 매각손실액을 더한 금액으로 평가하여 보상하고, 그 외 휴업의 경우에는 휴업기간을 4개월로 하여 평가하여야 할 것이다.

2) 축산시설의 평가

축산시설의 평가는 「토지보상법 시행규칙」 제33조 내지 제36조의 규정에 의한 건물 및 공작물의 평가 기준에 준하여 평가한 금액을 손실보상액으로 한다.

1057) ① 토지정책과-4714 (2009. 10. 9) : 토지보상법 시행규칙 제49조 제3항에 의하면 시행규칙 별표 3에 규정된 가축외에 이와 유사한 가축에 대하여는 제2항제2호 또는 제3호의 예에 따라 평가할 수 있도록 되어 있으므로 개는 돼지에 준하여 평가할 수 있다고 보며, 개별적인 사례에 대하여는 사실관계 등을 검토하여 판단하시기 바랍니다. 끝.
② 토관 58342-1656 (1999. 12. 15) : 특례법시행규칙 제19조 제3항의 규정에 의하면 동규칙 별표1에서 규정된 가축 또는 가금외에 이와 유사한 가축 또는 가금에 대하여는 동조 제2항의 예에 준하여 평가할 수 있도록 되어 있으므로 개는 돼지에 준하여 평가할 수 있다고 보며, 돼지의 기준사육마리수는 20두입니다.

1058) 토정 58307-475 (1994. 4. 2).

3) 가축의 이전비 평가

축산업 손실보상의 대상이 되지 아니하는 가축에 대하여는 이전비로 평가하되, 이전으로 인한 체중감소, 산란율저하 및 유산 그 밖의 손실이 예상되는 경우를 포함하여 평가한다.

2. 기준사육마리수의 사육시점

한편, 기준사육마리 수는 대상물건의 기본조사 당시나 평가 당시, 계약체결 당시 등 어느 경우이든 기준사육마리수 이상을 사육하고 있어야 한다. 유권해석도 이 원칙에 의한 입장으로, 보상계약 체결 전에 전염병 등으로 살처분된 경우 축산보상의 대상이 되지 않는다고 회신[1059]하고 있다. 다만, 공익사업시행으로 인한 조기이전을 유도하고자 사업시행자가 그 축산 규모의 감소를 인정한 경우에는 기본조사 시 조사한 축산의 규모로 보상이 가능할 것이다.[1060]

3. 영업보상의 준용의 일부 배제

1) 의 의

토지보상법 시행규칙 제49조 제1항의 규정에서 "제45조 내지 제47조의 규정은 축산업에 대한 손실의 평가에 관하여 준용한다"라고 규정하고 있으므로, 이 조항에 의거 축

1059) ① 토관 2221 (2004. 5. 13) : 축산업보상대상은 공익사업에 관한 고시 등이 있기 이전부터 행하던 축산업이 공익사업의 시행으로 인하여 이전하는 경우에 해당됩니다. 그러나 조류독감의 발생으로 가축전염예방법에 의하여 살처분시킨 경우로서 이에 대한 축산보상을 받는 것은 별론으로 하더라도, 보상당시에 양계업을 계속 행하지 아니한 경우에는 당해 공익사업으로 인한 손실이 있었다고 보기 어려울 것이므로 축산업보상 또는 영업보상 대상에 해당되지 아니하는 것으로 봅니다.
② 토관 871 (2004. 2. 26) : 축산업보상이 되기 위해서는 공공사업에 관한 고시 등이 있기 이전부터 동조 제2항제2호에는 별표3에 규정된 기준마리수(소 5마리, 닭 200마리) 이상의 가축을 계속 사육 또는 양계하고 있어야 하고, 보상계약 당시까지 사육 또는 양계한 경우에 축산업의 손실보상대상에 해당된다고 보며, 사업시행자의 귀책사유없이 계약체결당시를 기준으로 하여 기준마리수 이상의 가축을 기르지 아니하는 경우에는 그 보상대상에 해당되지 않는 것으로 본다.

1060) 토정 58307-1527 (1995. 11. 2) : 공공사업시행이 예견된 상태에서 자연적 감소가 아닌 이전에 대비한 처분으로 인하여 감정평가시에는 동 규정에 의한 축산의 규모에 미달된 사실등 위의 제반 사실관계를 사업시행자가 인정하는 경우라면 축산보상에 해당하는 것임.

산보상에 있어서는 영업보상의 평가기준을 따라야 한다. 다만 축산보상에 있어서 영업보상의 내용 중 일부를 배제하고 있다.

▣ 시행규칙

제49조 (축산업의 손실에 대한 평가) ① 제45조부터 제47조(다음 각 호의 규정은 제외한다)까지의 규정은 축산업에 대한 손실의 평가에 관하여 이를 준용한다. 〈개정 2014. 10. 22.〉

1. 제46조 제3항 후단
2. 제47조 제1항 각 호 외의 부분(영업장소 이전 후 발생하는 영업이익감소액의 경우만 해당한다) 및 제7항
3. 제47조 제5항 후단

2) 최저보상 기준 배제

축산보상에 있어서는 일반영업보상과는 달리, ① 폐업의 경우 최근 3년간의 영업이익이 제조부문 보통인부 노임단가의 연간 영업이익보다 미달하는 경우 ② 휴업의 경우 3인 가구의 도시근로자가구 월평균 가계지출비(4개월)에 미달하는 경우 ③ 영업이익 감소액은 휴업기간에 해당하는 영업이익의 100분의 20에 미달하는 경우 이를 한도로 하여 최저영업보상을 보장해 주고 있으나, 축산보상에 있어서는 이를 배제하고 보상한다.

이는 단순히 농촌에서 부업으로 축산업을 영업하고 있는 경우 일반 영업보상과 같이 이 최저보상기준을 적용할 경우 축산보상이 과다하게 산정될 수 있어 이러한 배제조항을 마련한 것이다.

□ 축산업 보상시 배제조항

제46조 (영업의 폐지에 대한 손실의 평가 등) ③ 제1항에 따른 영업이익은 해당 영업의 최근 3년간(특별한 사정으로 인하여 정상적인 영업이 이루어지지 아니한 연도를 제외한다)의 평균 영업이익을 기준으로 하여 이를 평가하되, 공익사업의 계획 또는 시행이 공고 또는 고시됨으로 인하여 영업이익이 감소된 경우에는 해당 공고 또는 고시일전 3년간의 평균 영업이익을 기준으로 평가한다. 이 경우 개인영업으로서 최근 3년간의 평균 영업이익이 다음 산식에 의하여 산정한 연간 영업이익에 미달하는 경우에는 그 연간 영업이익을 최근 3년간의 평균 영업이익으로 본다.

연간 영업이익 = 「통계법」 제3조 제3호에 따른 통계작성기관이 같은 법 제18조에 따른 승인을 받아 작성·공표한 제조부문 보통인부의 노임단가 × 25(일) × 12(월)

제47조 (영업의 휴업 등에 대한 손실의 평가) ⑤ 제46조 제3항 전단은 이 조에 따른 영업이익의 평가에 관하여 이를 준용한다. 이 경우 개인영업으로서 휴업기간에 해당하는 영업이익이 「통계법」 제3조 제3호에 따른 통계작성기관이 조사·발표하는 가계조사통계의 도시근로자가구 월평

균 가계지출비를 기준으로 산정한 3인 가구의 휴업기간 동안의 가계지출비(휴업기간이 4개월을 초과하는 경우에는 4개월분의 가계지출비를 기준으로 한다)에 미달하는 경우에는 그 가계지출비를 휴업기간에 해당하는 영업이익으로 본다. 〈개정 2007. 4. 12., 2008. 4. 18., 2014. 10. 22.〉

⑦ 제1항 각 호 외의 부분에서 영업장소 이전 후 발생하는 영업이익 감소액은 제1항 각 호 외의 부분의 휴업기간에 해당하는 영업이익(제5항 후단에 따른 개인영업의 경우에는 가계지출비를 말한다)의 100분의 20으로 하되, 그 금액은 1천만원을 초과하지 못한다. 〈신설 2014. 10. 22.〉

3) 무허가 영업보상 특례의 배제

영업보상에 있어서 사업인정 고시일 이전부터 영위하였으나 허가 등을 받지 않고 행한 영업에 대해서는 일반 영업보상의 대상이 아니지만, 이에 대한 특례로 도시근로자가구 월평균 가계지출비를 기준으로 산정한 3인 가구 4개월 동안 가계지출비에 해당하는 금액을 영업손실에 대한 보상금으로 지급하도록 규정하고 있다. 축산보상의 경우에도 이 특례조항을 적용할 수 있는지에 대하여 유권해석은 이를 부정하고 있다(아래 질의회신).

질의회신

□ 토지정책과-587 (2008. 4. 22)

≪질의≫ 토지보상법시행규칙 제49조의 축산업 보상에 있어서 같은 규칙 제52조(허가 등을 받지 아니한 영업보상 특례)가 적용되는지 여부

≪회신≫ 「공익사업을 위한 토지 등의 취득 및 보상에 관한 법률 시행규칙」 제45조부터 제47조까지의 규정은 일반적인 영업보상에 대한 요건, 폐업·휴업보상에 대한 평가기준 등을 규정하고 있습니다. 축산업에 대한 보상은 같은 규칙 제49조에 별도로 규정하고 있고 같은 규칙 제45조부터 제47까지의 일반적인 보상기준을 준용하되, 폐·휴업의 최저보상 기준을 규정하고 있는 같은 규칙 제46조 제3항 후단 및 제47조 제5항 후단은 축산업 보상에서 적용을 배제하고 있습니다. 따라서 입법취지를 감안할 때 축산업에 대한 보상기준은 같은 규칙 제49조의 규정에 따라야 하며 같은 규칙 제52조는 영업보상에 대한 별도규정이 없는 일반영업 보상에 적용되는 규정으로 보는 것이 타당하다고 봅니다. 끝.

Ⅳ. 축산보상의 휴업 및 폐업기준

1. 휴업 및 폐업의 기준

축산업 등의 영업의 폐지로 볼 것인지 아니면 영업의 휴업으로 볼 것인지를 구별하는 기준은 당해 영업을 그 영업소 소재지나 인접 시·군 또는 구 지역 안의 다른 장소로 이전하는 것이 가능한지 여부에 달려 있고, 이러한 이전 가능성 여부는 법령상의 이전 장애사유 유무와 당해 영업의 종류와 특성, 영업시설의 규모, 인접지역의 현황과 특성, 그 이전을 위하여 당사자가 들인 노력 등과 인근 주민들의 이전 반대 등과 같은 사실상의 이전 장애사유 유무 등을 종합하여 판단하여야 할 것이며,[1061] 영업의 폐지로 보기 위해서는 당해 영업소가 소재하고 있거나 인접하고 있는 시·군·구의 지역 안의 다른 장소에의 이전가능성 여부를 따져보아야 하고, 여기서 그 인접하고 있는 시·군·구라 함은 다른 특별한 사정이 없는 이상 당해 영업소가 소재하고 있는 시·군·구와 행정구역상으로 인접한 모든 시·군·구를 말한다.[1062]

2. 판례에서의 구분기준

토지보상법은 휴업보상 기간을 4개월 산정하여 보상하고 있으나,[1063] 4개월 이상의 휴업보상 및 폐업보상의 경우에 대하여 그 기준이 명확하지 않아 사업시행자와 피수용자 간의 주요한 다툼이 대상이 되고 있다. 이에 대하여 판례에서 제시된 축산보상에서의 4개월 이상의 휴업과 폐업의 기준을 살펴보면 다음과 같다.

1061) 대법원 2000. 11. 10. 선고 99두3645 판결

1062) 대법원 1999. 10. 26. 선고 97누3972 판결

1063) 대법원 2005. 9. 15. 선고 2004두14649 판결 : 구 공특법 시행규칙 제25조 제2항은 영업장소의 이전으로 인한 휴업기간은 특별한 경우를 제외하고는 3월 이내(4개월로 개정)로 한다고 규정하고 있는바, 이는 피수용자 개개인의 구구한 현실적인 이전계획에 맞추어 휴업기간을 평가하는 경우 그 자의에 좌우되기 쉬워 평가의 공정성을 유지하기가 어려운 점에 비추어 통상 필요한 이전기간으로 누구든지 수긍할 수 있는 것으로 보이는 3월의 기준을 정하여 통상의 경우에는 이 기준에서 정한 3월의 기간 내에서 휴업기간을 정하도록 하되, 3월 이상이 소요될 것으로 누구든지 수긍할 수 있는 특별한 경우임이 입증된 경우에는 그 입증된 기간을 휴업기간으로 정할 수 있도록 하는 취지라 할 것이다

1) 4월 이상 휴업보상

법원은 평가의 공정성을 유지하기 어렵기 때문에 통상적으로 4개월의 영업보상 기간을 설정한 것에 대하여 긍정하면서, 한편으로 휴업기간이 4개월 이상이 소요될 것으로 누구든지 수긍할 수 있는 특별한 경우에 그 입증된 기간을 휴업기간으로 정할 수 있다고 판시하고 있다. 즉, 4개월 이상의 휴업보상의 기준으로 "**누구든지 수긍할 수 있는 특별한 경우**"를 제시하면서, 그 취지는 영업시설의 규모가 크거나 그 이전에 고도의 정밀성, 당해 영업의 특수성 등 4개월 이내에 이전하는 것이 어렵다는 것이 객관적으로 인정되는 경우를 의미하는 것으로, 단순히 인근 주민의 동의나 환경영향 등의 문제로 사업부지를 확보하는 것이 현실적으로 용이하지 않더라도 이러한 사유가 휴업기간 사정에 고려되어야 할 요소는 아니라고 판시하고 있다.[1064]

□ 토지보상법 시행규칙

제47조 (영업의 휴업 등에 대한 손실의 평가) ② 제1항의 규정에 의한 휴업기간은 4개월 이내로 한다. 다만, 다음 각 호의 어느 하나에 해당하는 경우에는 실제 휴업기간으로 하되, 그 휴업기간은 2년을 초과할 수 없다.

1. 당해 공익사업을 위한 영업의 금지 또는 제한으로 인하여 4개월 이상의 기간동안 영업을 할 수 없는 경우
2. 영업시설의 규모가 크거나 이전에 고도의 정밀성을 요구하는 등 당해 영업의 고유한 특수성으로 인하여 4개월 이내에 다른 장소로 이전하는 것이 어렵다고 객관적으로 인정되는 경우

따라서 양식업에 대해서 고도의 정밀성 등 객관성이 없다는 사유로 3개월 이상의 영업보상을 부정하였으나,[1065] 낙농업의 경우 초지 조성에 상당한 시일이 소요된다는 것은 "경험칙상 명백"하다는 사유로 휴업기간 산정에 고려하여야 한다고 하고 있으며(아래 판례 참조), ~~육용종계~~의 경우 부지확보에서 정상적 운영까지 소요되는 기간에 대하여 전문가의 의견을 들어 12개월의 휴업보상을 한 판례가 있다.

1064) 대법원 2004. 1. 29. 선고 2003두11520 판결

1065) 대법원 2007. 3. 15. 선고 2006두17123 판결 : 동 판결은 가물치 양어장의 영업보상과 관련한 소송으로 원고는 양어장 이전에 환경조사기간, 관정개발, 진입로 개설, 어업신고기간, 어업준비기간, 이전 후 관리기간 및 여유기간 등에 각각 374일, 449일이 소요된다고 주장하였으나, 법원은 사유수면에서는 어업신고를 적용할 수 없으며, 이전 후 관리기간 및 여유기간은 필요적 소요기간이라 볼 수 없고, 나머지 주장도 각각 병행진행이 가능하다는 사유로 원고의 주장을 인정하지 아니하였다.

판 례

□ **대법원 1990. 9. 14. 선고 89누4987 판결**

낙농업의 경우 그 사료원인 초지조성을 위하여 상당한 시일과 비용이 든다는 사실은 경험칙상 명백하므로 토지수용으로 인한 낙농업의 손실보상액을 산정함에 있어서는 먼저 그 영업장소가 소재하거나 인접한 시·군 또는 구 지역 안에 초지조성이 가능한 토지가 없어서 다른 장소에 이전하여서는 낙농업을 할 수 없게 되었는지, 아니면 다른 장소에의 이전비가 기존 토지나 시설 등에 대한 보상액의 합계액을 초과하여 종래의 영업을 계속하기 어려워 영업의 폐지로 보아야 할 것인지를 따져 보아야 할것이고, 가사 초지조성 등을 위한 적당한 토지가 있더라도 그 조성에는 상당한 시일이 소요된다고 할 것이므로 그 기간을 심리하여 본 연후에 휴업기간을 정하여야 할 것이다.

2) 폐업보상

□ **토지보상법 시행규칙**

제46조 (영업의 폐지에 대한 손실의 평가 등) ② 제1항에 따른 영업의 폐지는 다음 각 호의 어느 하나에 해당하는 경우로 한다.

1. 영업장소 또는 배후지(당해 영업의 고객이 소재하는 지역을 말한다. 이하 같다)의 특수성으로 인하여 당해 영업소가 소재하고 있는 시·군·구(자치구를 말한다. 이하 같다) 또는 인접하고 있는 시·군·구의 지역안의 다른 장소에 이전하여서는 당해 영업을 할 수 없는 경우
2. 당해 영업소가 소재하고 있는 시·군·구 또는 인접하고 있는 시·군·구의 지역안의 다른 장소에서는 당해 영업의 허가등을 받을 수 없는 경우
3. 도축장 등 악취 등이 심하여 인근주민에게 혐오감을 주는 영업시설로서 해당 영업소가 소재하고 있는 시·군·구 또는 인접하고 있는 시·군·구의 지역안의 다른 장소로 이전하는 것이 현저히 곤란하다고 특별자치도지사·시장·군수 또는 구청장(자치구의 구청장을 말한다)이 객관적인 사실에 근거하여 인정하는 경우

폐업보상의 요건을 법령상으로 살펴보면, 해당 또는 인접한 시·군·구의 지역안의 다른 장소로 이전하여서는 배후지의 특수성(배후지 상실)이나 허가 등을 받을 수 없어 영업을 할 수 없는 경우(법률상 이전장애)[1066]나 또는 이전하는 것 현저히 곤란하다고 시장·군수

1066) 대법원 2001. 11. 13. 선고 2000두1003 ; 농기구수리업 또는 우표, 담배 및 잡화소매업에 대하여 원고들의 업종은 허가를 얻는 데 특별히 어려움이 있다거나 특정한 지역 내에서만 영업이 가능한 것이 아닌 일반적인 업종으로서 그 규모도 소규모인 점, 피고 공사가 조성한 상당한 규모의 이주단지는 종래 넓은 지역에 흩어져 있던 인근 주민들을 한 데 모으는 효과가 있어 일부 수몰지구 주민들이 다른 지역으로 이주하였다고 하더라도 그 원고들이 영업을 폐지하여야 할 정도로 배후지가 사라졌다고 보기 어려운 점 등의 사정을 고려하여, 그 원고들의 영업이 배후지의 특수성이나 당해 영업소가 소재하고 있거나 인접하고 있는 시·군 또는 구지역 안의 다른 장소에서는 당해 영업의 허가를 받을 수 없는 경우 기타 관계 법령이 규정하고 있는 영업폐지로 인한 보상 대상에 해당한다고 할 수 없다.

또는 구청장이 객관적인 사실에 근거하여 인정하는 경우(사실상 장애) 폐업보상이 가능하다. 이 폐업보상 또한 그 기준이 명백하지 않아 그동안 주요한 다툼이 대상이 되고 있다.

판례에서는 폐업보상의 기준으로 법령상 장애유무, 당해 영업의 종류와 특성, 영업시설의 규모, 그 이전을 위하여 당사자가 들인 노력 등과 인근주민들의 반대 등과 같은 사실상 장애를 종합적으로 감안하여야 한다고 보고 있다.[1067]

이 가운데 특히 논의가 되고 있는 부분은 사실상 이전장애 대해서는 당해 및 인근 특별자치도지사·시장·군수 또는 구청장 등의 확인이 필수적이다. 이에 폐업을 주장하는 피수용자는 당해 및 인근 특별자치도지사·시장·군수 또는 구청장에게 직접 이전불가에 대한 확인을 받아야 한다.[1068] 또한 인근 주민들의 극심한 반대로 이전이 불가한 경우 이것이 사실상 이전장애에 포함되는 지 논의가 되고 있는데, 판례는 이에 대해서 인정하기도 하고[1069] 부정하기도[1070] 하고 있으나 최근의 판례의 경우 이 사실상 장애만으로는 폐업보상이 어려울 것으로 보인다.

1067) 대법원 2000. 11. 10. 선고 99두3645 판결 : 영업손실에 관한 보상의 경우 같은법 시행규칙 제24조 제2항 제3호에 의한 영업의 폐지로 볼 것인지 아니면 영업의 휴업으로 볼 것인지를 구별하는 기준은 당해 영업을 그 영업소 소재지나 인접 시·군 또는 구 지역 안의 다른 장소로 이전하는 것이 가능한지 여부에 달려 있고, 이러한 이전 가능성 여부는 법령상의 이전 장애사유 유무와 당해 영업의 종류와 특성, 영업시설의 규모, 인접지역의 현황과 특성, 그 이전을 위하여 당사자가 들인 노력 등과 인근 주민들의 이전 반대 등과 같은 사실상의 이전 장애사유 유무 등을 종합하여 판단하여야 한다.

1068) 토지정책과-3799 (2009. 8. 19) : 폐업보상 대상은 해당 영업소가 소재하고 있는 시·군·구 또는 인접하고 있는 시·군·구의 지역안의 다른 장소로 이전하는 것이 현저히 곤란하다는 점을 당해 지역과 인접지역의 특별자치도지사·시장·군수 또는 구청장이 모두 인정하는 경우에 해당하고 입증책임은 주장하는 자에게 있다.

1069) 대법원 1990. 10. 10. 선고 89누7719 판결 : 토지수용으로 인한 손실보상에 준용되는 공공용지의취득및손실보상에관한특례법시행규칙 제24조 제2항 제1호 소정의 영업폐지사유에는 영업장소에 인접하고 있는 시, 군 또는 구지역 안에서의 특수사정으로 사실상 영업소의 이전이 불가능하여 다른 장소에서 영업을 할 수 없는 경우도 포함되는 것이므로, 주택건설사업시행자에 의하여 강제철거된 양돈장을 경영하던 원고가 그 양돈장 부근 일대에 주택건설사업계획이 확정된 이후 양돈장을 이전하기 위하여 인접군 등에 5곳의 영업장소 후보지를 선정하고, 관할관청에 토지형질변경허가신청서 및 산림훼손허가신청서 등을 제출하였으나 생활환경의 오염 등을 우려하는 주민들의 집단반대진정 등으로 위 허가신청 등이 모두 반려되었으며, <u>다른 인접 군에 있어서도 같은 규모의 양돈장 설치는 주민들의 반대로 사실상 불가능할 것으로 예견되어 영업소를 이전하여 영업을 할 수는 없게 되었다면 위 규칙 제24조 제2항 제1호에 의한 영업의 폐지에 해당한다고 보아야 할 것이다</u>.

1070) 대법원 2003. 1. 24. 선고 2002두8930 판결 : 원고의 양계장의 규모, 이로부터 발생할 수 있는 오·폐수 등의 정도와 그 방지시설 설치의 가능성 등에 기초하여 원고가 선택한 이전 신청지는 물론 그 밖에 취득이 가능하고 법령상의 장애사유가 없는 다른 농촌지역의 상황도 함께 고려하여 인근 주민들의 수인한도와의 관계에서 반대 민원의 정당성 유무를 심리한 후 이 사건 양계장의 이전 가능 여부를 판단하였어야 할 것임에도 <u>집단민원의 정당성을 살펴보지 아니한 채 반대 민원의 가능성 혹은 그 제기만으로 곧 양계장 이전이 사실상 불가능하다고 판단하였으므로 이러한 원심의 조치에는 영업 폐지에 관한 법리를 오해하여 심리를 다하지 아니한 잘못이 있다고 할 것이다.</u>

판 례

ㅁ 대법원 2002. 10. 8. 선고 2002두5498 판결

원고가 민원의 소지가 보다 적거나 법령상 장애사유가 없을 만한 지역을 임차한 후 양돈장의 이전·신축을 질의한 것이 아니어서 위 사실만 가지고서는 원고가 상당한 노력을 다 하였다고 단정할 수 없고, 해당 군 및 인접 시·군에서 이 사건 양돈장의 이전을 허용할 수 없다는 가장 강력한 근거로 내세우는 인근 주민들의 이전반대라는 사유도 장래 발생가능성이 높다는 것일 뿐 현실적으로 발생한 사유는 아니다.

그럼에도 불구하고, 원심이 원고가 이 사건 양돈장의 이전·신축부지를 물색하기 위하여 실질적인 노력을 다하였는지, 인접지역 주민들이 이 사건 양돈장의 이전·신축을 반대하지 않을 만한 적절한 장소는 없는지, 특히 서천군과 인접 시·군 또는 구 지역에서 최근 몇 년간 양돈장 등의 이전·신축 사례가 있는지 등에 관하여 더 심리하여 이 사건 양돈장의 이전가능성을 따져 보지 아니한 채 그 판시와 같은 이유만으로 이 사건 양돈장을 이전하는 것이 현저히 곤란하다고 단정하여 이 사건 이의재결이 위법하다고 판단하고 말았다.

3. 폐업보상금 환수조치

1) 법적 근거

ㅁ 토지보상법 시행규칙

제46조 (영업의 폐지에 대한 손실의 평가 등) ④ 제2항에 불구하고 사업시행자는 영업자가 영업의 폐지 후 2년 이내에 해당 영업소가 소재하고 있는 시·군·구 또는 인접하고 있는 시·군·구의 지역 안에서 동일한 영업을 하는 경우에는 영업의 폐지에 대한 보상금을 환수하고 제47조에 따른 영업의 휴업 등에 대한 손실을 보상하여야 한다. 〈신설 2007. 4. 12.〉

2) 요 건

(1) 폐업보상 대상자

(2) 영업폐지 후 2년 이내

영업을 폐지한 후 2년 이내 동일한 영업을 하는 경우 폐업보상금을 환수하도록 하고 있다. 여기서 영업을 폐업한 시점을 언제로 보아야 하는지 대하여 유권해석은 보상금 수령일을 기산시점으로 보아야 한다고 보고 있다.

질의회신

□ **토지정책과-1532 (2011. 3. 31)**

일반적으로 2년의 기산시점은 공익사업의 시행으로 인하여 영업을 폐지하는 경우로 기존의 영업자가 가지고 있던 영업(축산업)을 할 수 있는 권리가 소멸되는 시점인 보상금 수령일(수용재결시는 수용재결보상금 수령일, 공탁시는 수용개시일)로 보아야 할 것임

(3) 해당 또는 인접 시·군·구의 지역

(4) 동일한 영업일 것[1071)]

감사지적사례

- 위 축산폐업보상대상자들이 보상금 수령후 인근 지역에서의 축산업 영위 여부를 확인한 결과
- 충청북도 음성군 맹동면 본성리 162에 사는 ○○○은 같은 리 162-1에 소 8두를 사육하다가 2008. 12. 1. 폐업보상금 ○○천원을 수령 한 후 인근 170-1 지상에 2009. 5. 15. 축사건축신고(2동 연면적 346.2㎡)를 한 후 계속하여 2010. 10. 8. 현재 32두를 사육하면서 축산업을 영위(본인은 2010. 4. 23. 같은 리 170에 전입신고)하고 있는 것으로 확인되어 환수조치 하는 것이 타당할 것으로 판단됨(감사원, ○○혁신도시).

Ⅴ. 축산업 보상의 문제점 검토

1. 영업보상 준용의 문제

1) 문 제 점

2010년 감사원 감사의 지적 이전에는 대부분의 사업지구에서 가축별 기준마리수를 충족할 경우 별다른 검토 없이 축산보상을 시행하였으나, 2010년 감사원 감사의 축산보상에 있어서 영업보상 기준을 적용하도록 지적하고 있어 영업보상과 같이 적법한 장

1071) ① 사업시행자가 폐업을 하는 것은 영업폐지의 요건을 충족하기 때문이며, 폐업보상 이후 동일한 영업을 할 수 없게 한다면 이는 직업선택의 자유를 박탈하는 결과가 되어 헌법에 위배될 소지가 있다는 의견이 존재하고 있다. 차태환, 토지보상법론(제3판), 부연사, 2012, 488-489면.
② 사후에 발생된 상황으로 보상금을 환수한다는 것은 타당하지 못하다(김은유/임승택, 실무토지보상, 채움, 2014, 581면).

소에서 허가 등을 받아 축산을 한 경우에 한하여 축산보상이 가능한 지에 대해서 논의가 있다. 일반 농촌의 경우 일반 농경지에서도 축산을 행하고 있어 허가나 등록 없이 축산업을 영위하는 경우도 많기 때문에[1072] 영업보상의 경우와 동일한 기준을 적용할 경우 많은 경우 축산보상이 불가할 것으로 보인다.

질의회신은 앞서 본 바와 같이 다소의 혼선은 있으나 대체로 허가 등을 받은 경우에 한하여 축산보상이 가능하다는 입장이 대부분이다.[1073] 그러나 반면에 토지보상법에 축산보상 조항과 영업보상 조항은 별도로 규정되어 있고, 영업보상 기준 가운데 축산보상이 일부 배제도 되는 조항이 있는 등의 사유로 별표3의 규정에 의한 일정 마리수의 기준만 충족하면 축산보상을 하여야 한다는 입장[1074]이 대립하고 있다.

2) 검 토

질의회신과 판례[1075]의 입장을 보면, 결국 영업보상과 동일한 기준에 의하여 보상하여야 할 것으로 보인다. 따라서 장소의 적법성 및 사업인정 고시 이전의 허가 등을 받아 행한 축산만이 축산보상의 대상이 된다고 할 것이다. 결국 축산보상은 시행규칙 제

1072) 물론 축산법상 등록 없이 가능한 경우는 기준 마리수 이상 이라면 축산보상이 가능하다.
 ㅁ 축산법 시행령 제14조의3 (등록대상에서 제외되는 가축사육업)
 1. 가축 사육시설의 면적이 10제곱미터 미만인 닭, 오리, 거위, 칠면조, 메추리, 타조, 꿩 또는 기러기 사육업
 2. 말 등 농림축산식품부령으로 정하는 가축의 사육업

1073) ① 토지정책과-5533 (2009. 11. 23) : 토지보상법 시행규칙 제45조내지 제47조 규정에 해당하고 토지보상법 시행규칙 제49조 제2항 각 호의 어느 하나에 해당하는 경우가 축산 보상 대상이 된다.
 ② 토지정책과-2547 (2008. 8. 22) : 당해 축산보상이 토지보상법 시행규칙 제46조에 해당하는 경우에는 폐업보상이 가능하다고 보나, 귀 경우가 이에 해당하는지 여부는 위 규정과 축산법등 관계법령의 검토 및 사실관계를 조사하여 판단·결정할 사항임
 ③ 토지정책과-4430 (2010. 9. 30) : 사업인정고시일등 전부터 관계법령에 따라 적법하게 행하던 영업(축산업)이 공익사업의 시행으로 인하여 휴업 또는 폐업하게 되는 경우에는 위 규정에 따라 손실보상하여야 한다고 보나, 개별적인 사례가 이에 해당하는지 여부는 사업시행자가 관계법령 및 사실관계를 조사하여 판단하시기 바랍니다.

1074) 토지정책과-3120 (2008. 9. 30) : 「축산법」 제22조에 따라 등록하지 않는 가축사육업(미등록 축산업)이라 할지라도 가축별 기준마리수 이상의 가축을 기르는 경우라면 토지보상법 시행규칙 제49조 제2항 제2호의 규정에 따라 축산보상대상이라고 보며, 개별적인 사례가 이에 해당하는지 여부는 사업시행자가 위 규정과 관계규정등 사실관계를 검토·확인하여 결정하시기 바랍니다. 끝.

1075) 대법원 2009. 12. 10. 선고 2007두10686 ; 계 12,960수를 사육하여 종란을 생산하는 종계업을 영위하면서 관할 시장·군수에게 구 축산법 제20조 제1항 등에 따라 종계업 신고를 하지 않은 경우, 구 공공용지의 취득 및 손실보상에 관한 특례법 시행규칙 제25조의3 제1항 제2호에 따라 휴업보상의 대상이 되는 영업에서 제외된다.

45조의 손실보상대상 영업의 조건[1076]을 모두 충족하고, 제49조 제2항에서 정한 기준에 해당되는 경우에 한해 보상대상이 된다고 할 수 있다.

2. 보상대상 문제

1) 마리수 산정의 문제점

마리 수 산정에 있어 기본조사나 평가 당시, 계약체결 당시 등 가축의 경우 대상 마리 수가 변동될 수 있는 바, 어떤 기준에 의거하여 보상하여야 하는 지 문제가 될 수 있다. 예를 들어 개의 경우 조사당시 3마리였으나 평가 당시 강아지가 태어나 20마리를 넘길 수 있어 과연 이 경우도 축산보상을 하여야 하는지 문제가 있다.

원칙적으로 보상대상 기준사육 수는 기본조사 당시, 평가 당시 및 계약체결 당시 등 어느 경우든 기준사육 마리수 이상을 사육하고 있어야 보상대상이 된다.[1077] 그러나 자연발생적 증감에 대해서는 인정하는 것이 타당할 것으로 보인다.

2) 양봉 축산보상의 문제점

축산보상대상 여부에 대하여 문제가 되고 있는 것은 양봉으로 이 양봉은 밀원을 따라 이동하기 때문에 보상 투기[1078]의 대상이 되고 있다. 이에 이전비 보상 외에 축산보

1076) ① 사업인정 전부터, ② 적법한 장소에서, ③ 인적·물적 시설을 갖추고, ④ 계속적으로, ⑤ 허가·신고 등이 필요시 그 내용대로 행하는 영업

1077) 중앙토지수용위원회, 2009 토지수용 업무편람, 168면.

1078) 감사원 결과 처분요구서(2011. 7) : 감사원 감사 시(2010. 9. 13. ~ 같은 해 11. 12) 이전비만 보상한 "화성동탄2지구" 등 4개 지구에서 양봉으로 이전비 또는 축산보상을 받은 자 665명을 대상으로 투기 여부를 확인한 결과 "위례지구"에서 축산(양봉)보상을 신청한 노00은 2010. 5. 10. "강남세곡지구"에서 실제 양봉을 하지 않아 이전비 보상을 받은 사실이 있는 것으로 확인되는 등 "다른 사업지구에서 중복하여 양봉보상 받은 현황"과 같이 2개 이상의 지구에서 축산보상을 신청하거나 보상금(이전비 또는 축산보상금)을 지급받은 계 26명이 상습적인 보상 투기자로 추정되는데도 위 공사에서는 관련자료 등을 확인하여 보상 투기가 의심되는 사람들에 대하여 사법기관에 고발조치하지 아니한 채 영업손실보상 대신 이전비만 지급하는 등 소극적인 조치만 하고 있다.

더욱이 "화성동탄2지구"의 경우 "동일 필지에 5명 이상 양봉 현황"과 같이 1필지에서 최소 5명에서 최대 21명까지 계 316명이 총 7,647군(群)의 벌통을 소유하고 있어 브로커의 벌통 투기가 의심되었고, 화성시 조사결과에 따르면 위 지구 인근은 10,984군(群)의 대규모 양봉을 할 수 있는 밀원(蜜源)이 없어 대부분이 실제 양봉을 하지 않은 것으로 볼 수밖에 없는 실정이었다. 실제로 "화성동탄 2지구"의 경우 김○○(주소 모름) 등 양봉 투기꾼들이 위 개발사업이 공람공고되기 직전 토지를 임차하여 대규모 벌통을 설치한 후 제3자에게 분양하는 등의 사례가 이번 감사 시 확인되었다.

상이 가능한 지에 대하여 논란의 대상이 되고 있다.

토지보상법에 20군 이상만 명시되어 있는 바, 축산보상이 가능하다는 의견이다. 이에 반하여 보상이 불가하다는 견해는 이동식의 경우 고정식과 달리 이동성이 있는 바, 이에 대한 보상은 불가하다는 견해이다. 그러나 이동식과 고정식 구분이 현실적으로 어려운 점이 있어 결국 보상을 하고 있는 실정이다.[1079)]

이에 감사원 감사의 결과를 바탕으로 양봉에 대해서 일정한 기준 설정이 필요하다고 본다. 최근 한국토지주택공사의 양봉 축산보상 기준은 참고할 만하다고 본다.

> **□ 한국토지주택공사 표준보상안내문**
> 양봉에 대한 축산보상은 보상법 시행령 제26조에 따른 부재부동산 소유자가 아닌 자로, 사업 지구 인근에 밀원이 존재하여 고정식 양봉으로 실제 판매 실적이 있는 경우

3. 폐업보상 구분의 불명확성

축산보상의 평가방법은 영업의 폐지 또는 휴업의 규정을 준용하도록 하고 있으며, 도축장 등 악취 등이 심하여 인근의 주민에게 혐오감을 주는 시설로서 해당 시·군·구 및 인접 시·군·구로의 이전이 현저히 곤란하다고 시장·군수 또는 구청장이 인정한 경우 폐업보상이 가능하였다. 즉 법령상으로는 현저히 곤란하다고 시장·군수 등이 인정한 경우 폐업이 가능함에 따라 지자체의 장들은 민원을 우려하여 축산시설의 이전이 곤란하다는 의견을 사업시행자에게 회신하여 이를 근거로 하여 축산의 폐업보상이 시행되었다. 그러나 이에 대한 문제점이 제기되어 결국 토지보상법을 개정하여 다른 장소로 이전하는 것이 현저히 곤란하다고 "시장·군수 등이 객관적인 사실에 근거하여 인정하는 경우에 한하여" 폐업보상을 하도록 개정하였다. 따라서 시장·군수 등이 단순히 "축산시설 이전 곤란"이라는 회신 외에도 객관적 사실이 입증되어야 폐업보상이 가능

1079) 토관 58342-68 (2000. 1. 12) : ≪질의요지≫ 공공사업에 편입되는 양봉농가로서 보상을 위한 조사 당시에는 분통이 꿀을 따기 위하여 외지에 있었으며, 현재는 밀원이 없어 벌이 들어 있는 분통 80군을 포함하여 집에서 관리하고 있는 경우 영업보상이 가능한 지 여부
≪회신내용≫ 영업보상 대상여부는 일정한 장소에서 영업에 필요한 시설을 갖추고 계속적, 반복적으로 영리행위를 하여왔는지 여부등을 기준으로 판단하도록 되어 있으므로 밀원을 찾아 여러 장소에서 벌꿀을 채취하는 양봉가에 대해서는 그 소유의 농가가 공공사업지구에 편입된 경우에도 영업보상 대상에 해당하지 않는 것으로 판단됩니다.

하다. 이에 감사원에서도 단순히 시장·군수 등이 단순히 "축산시설 이전 곤란"이라는 공문만으로 폐업보상한 것은 부적합했다는 결과를 내고 있다.

결국 축산보상의 폐업보상을 위하여 시장·군수 등의 의견 외에도 축산업 이전이 곤란하다는 객관적인 자료를 확인하여야 가능할 것으로 보인다. 축산 이전이 곤란한 자료로는 아직 구체적 제시는 없으나, 감사원은 산지 등 전용허가신청서 반려나 인근 주민의 이전반대 등 실제 발생한 서류, 사실 등을 예로 들고 있으나,[1080] 이외에도 해당 시·군·구 및 인접 시·군·구에서 축산시설 신규 등록 여부나 또는 집단적 민원 등을 참고할 수 있을 것으로 본다.

감사사례

□ 감사원 -공공사업 보상실태- (2011. 7)

축산업 보상 시에는 지방자치단체에서 막연히 축산업 이전이 곤란하다고 확인한 공문이 아닌 실질적으로 축산업 이전이 곤란하다는 것을 증명할 수 있는 객관적인 근거자료가 있는 경우에 한해 폐업보상금을 지급하여야 했다..... 2007년부터 2010년까지 12개의 택지개발사업지구 안의 축산업자들에게도 객관적인 근거 자료가 되지 않는 지방자치단체의 공문을 일괄적으로 받은 후 이를 근거로 계 389명에 대해 374억 7,400만 원의 폐업보상금을 지급하였다. 앞으로 택지개발사업을 하면서 해당 또는 인근 시·군·구로 이전이 가능한 축산업자에게 축산업 이전이 곤란하다는 객관적인 자료를 확인하지 않은 채 휴업보상이 아닌 폐업보상을 하여 보상금을 과다 지급하는 일이 없도록 보상업무를 철저히 하시기 바랍니다(주의).

1080) 공공사업 보상실태 (2011. 7) : 대법원 판례에 따르면 관할 관청의 토지형질변경허가신청서 및 산림전용허가신청서 등이 실제 반려되는 등 법령상 이전장애유무와 당해 영업의 종류와 특성, 영업시설의 규모, 인접지역의 현황과 특성, 인근 주민들의 이전 반대 등과 같은 사실상의 이전장애사유 유무를 종합하여 판단함이 타당(2001. 11. 13. 선고 2000두1003 판결, 1990. 10. 10. 선고 89누7719 판결)

제15절 휴직 또는 실직보상

Ⅰ. 휴직 및 실직보상의 개념

▣ **토지보상법 시행규칙**

제51조(휴직 또는 실직보상) 사업인정고시일등 당시 공익사업시행지구안의 사업장에서 3월 이상 근무한 근로자(「소득세법」에 의한 소득세가 원천징수된 자에 한한다)에 대하여는 다음 각호의 구분에 따라 보상하여야 한다. 〈개정 2005. 2. 5., 2016. 6. 14.〉

1. 근로장소의 이전으로 인하여 일정기간 휴직을 하게 된 경우 : 휴직일수(휴직일수가 120일을 넘는 경우에는 120일로 본다)에 「근로기준법」에 의한 평균임금의 70퍼센트에 해당하는 금액을 곱한 금액. 다만, 평균임금의 70퍼센트에 해당하는 금액이 「근로기준법」에 의한 통상임금을 초과하는 경우에는 통상임금을 기준으로 한다.
2. 근로장소의 폐지 등으로 인하여 직업을 상실하게 된 경우 : 「근로기준법」에 의한 평균임금의 120일분에 해당하는 금액

휴직보상이라 함은 공익사업의 시행으로 근로장소가 이전하게 되어 일정기간 휴직하게 되는 근로자에게 그 휴직기간(120일 이내)에 대하여 「근로기준법」에 의한 평균임금의 100분의 70에 상당하는 금액을 지급하는 것이고, 실직보상은 근로장소의 폐지 등으로 인하여 직업을 상실하게 될 경우 「근로기준법」에 의한 평균임금의 120일분에 해당하는 금액을 지급하는 것을 말한다.

Ⅱ. 휴직 및 실직보상의 보상기준

1. 휴직보상의 대상자

토지보상법에 휴직보상의 경우는 아래의 요건을 갖추어야 한다.

1) 근로기준법에 의한 근로자

휴직 및 실직보상은 근로기준법에 의한 근로자임을 요구하고 있어,[1081] 직업의 종류와 관계없이 임금을 목적으로 사업이나 사업장에 근로를 제공하는 자임을 요한다(근로기준법 제2조① 1호). 따라서 근로기준법상 근로자가 아닌 사장, 대표이사 등 휴직보상의 대상이 될 수 없으나,[1082] 법인의 이사로 등재된 경우라도 근로기준법상의 근로자에 해당되는 경우에는 휴직보상대상에 해당된다[1083]고 보는 것이 타당할 것이다. 또한 임금의 지급을 시간급 또는 일급(일당)으로 지급하는 경우에도 휴직보상의 대상이 된다.

2) 사업인정고시일 등 당시 사업장에서 3월 이상 근무[1084]

휴직보상 대상자는 사업인정고시일 등 당시 공익사업시행지구 안의 사업장에서 3월 이상 근무한 근로자(「소득세법」에 의한 소득세가 원천징수된 자에 한함)로서 당해 공익사업의 시행으로 인하여 영업이 휴업하게 되어 휴직하게 되는 자이다.[1085]

1081) 토관 58342-872 (2002. 6. 8) : 근로기준법상의 근로자로서 소득세법에 의하여 소득세가 원천징수된 자가 휴직 또는 실직보상 대상에 해당된다고 보며, 근로기준법상의 근로자가 아니거나 소득세법에 의한 소득세가 원천징수되지 아니한 자는 보상대상에 해당되지 아니한다고 봅니다.

1082) 토정 58342-74 (1999. 1. 14) : 주식회사의 대표이사를 근로자로 보아 휴직보상 또는 실직보상을 받을 수 있는지 여부에 대하여 귀 질의의 경우 근로기준법이 정하는 근로자에 해당되지 아니할 것이므로 휴직 또는 실직보상의 대상이 아닐 것입니다.

1083) 토지관리과-6816 (2004.12.24) : 토지보상법 시행규칙 제51조의 규정에 의하면 사업인정고시일등 당시 공익사업시행지구안의 사업장에서 3월 이상 근무한 근로자(소득세법에 의한소득세가 원천징수된 자에 한한다)에 대하여는 휴직 또는 실직보상을 하도록 되어 있는 바, 이 규정에서의 근로자란 근로기준법 제14조의 근로자의 정의(직업의 종류를 불문하고 사업 또는 사업장에 임금을 목적으로 근로를 제공하는 자)와 같은 의미이므로, 법인의 이사로 등재된 경우라도 근로기준법상의 근로자에 해당되는 경우에는 휴직보상대상에 해당된다고 보며, 개별적인 사례에 대하여는 사업시행자가 사실관계를 조사하여 판단·결정할 사항이라고 봅니다.

1084) 토관 3506 (2004. 8. 5) : 공익사업을위한토지등의취득및보상에관한법률시행규칙 제51조의 규정에 의하면 사업인정고시일등 당시 공익사업시행지구안의 사업장에서 3월 이상 근무한 근로자(소득세법에 의한 소득세가 원천징수된 자에 한한다)에 대하여는 휴직 또는 실직보상을 하도록 되어 있으므로, 사업인정고시 당시 3월 이상 근무하지 않은 경우에는 휴직보상대상에 해당되지 아니한다고 보며, 개별적인 사례에 대하여는 사업시행자가 사실관계를 조사하여 판단·결정할 사항이라고 봅니다.

1085) 토지정책과-3957 (2009. 8. 26) : 공익사업을 위한 토지 등의 취득 및 보상에 관한 법률 시행규칙 제51조의 규정에 의하면 휴직 보상 대상자는 사업인정고시일 등 당시 공익사업시행지구 안의 사업장에서 3월 이상 근무한 근로자(「소득세법」에 의한 소득세가 원천징수된 자에 한함)로서 당해 공익사업의 시행으로 인하여 영업이 휴업하게 되어 휴직하게 되는 자이며, 개별적인 사례에 대해서는 사업시행자가 관계법령 및 사실관계 등을 확인하여 결정할 사항으로 봅니다.

3) 공익사업으로 인한 사업장의 근로장소 이전일 것

근로장소의 이전은 공익사업으로 인한 경우이므로 사용자 및 근로자의 귀책사유[1086) 또는 천재지변 등으로 인하여 사업장이 이전하게 되는 경우는 휴직 및 실직보상에서 제외된다. 또한 일정한 영업장소가 아닌 언제든지 근로장소 변경이 가능한 용역회사 근로자의 경우도 휴직보상을 부정[1087)]하고 있다.

4) 소득세법에 의한 소득세가 원천징수

휴직보상은 소득세법에 의한 소득세가 원천징수된 자[1088)]에 한한다. 다만 소득세법에 의한 소득과세표준액에 미달되어 원천징수 되지 않은 경우라 하더라도 관할 세무서에 제출된 소득세징수액내역표에 포함된 자는 보상이 가능하다.[1089)]

2. 휴직 및 실직보상의 문제점 검토

1) 사후보상 여부 검토

손실보상은 사전보상이 원칙이나 휴직 및 실직보상에서 있어 실제 휴직 및 실직을

1086) ① 토관 1068 (2004. 3. 8) : 공익사업을위한토지등의취득및보상에관한법률시행규칙 제51조의 규정에 의하면 사업인정고시일등 당시 공익사업시행지구안의 사업장에서 3월 이상 근무한 근로자(소득세법에 의한 소득세가 원천징수된 자에 한한다)로서 공익사업으로 인한 근로장소의 이전으로 인하여 일정기간 휴직하게 되는 경우에는 휴직보상대상에 해당된다고 보나, 회사의 부도로 인한 경우에는 공익사업으로 인한 손실이 있다고 볼 수 없을 것으로 보나, 개별적인 사례에 대하여는 사업시행자가 사실관계를 조사하여 판단·결정할 사항이라고 봅니다.
② 토지정책과-5988 (2010. 12. 23) : 공익사업 시행으로 인하여 근로장소가 폐지되지 않고 사업주의 사정 등으로 폐업을 하였을 경우에는 실직보상에 해당되지 아니한다고 보나, 개별적인 사례에 대하여는 사업시행자가 관계규정 및 사실관계를 조사하여 판단·결정할 사항이라고 봅니다.

1087) 토관 3684 (2004. 8. 13) : 용역업체에 고용되어 사업지구내의 사업장에서 근무한 용역근로자의 경우 용역회사에 의하여 언제든지 근무장소를 변경하여 근무할 수 있는 상황인 경우에는 이에 해당되지 아니한다고 보나, 개별적인 사례에 대하여는 사업시행자가 사실관계를 조사하여 판단·결정할 사항이라고 봅니다.

1088) 토관 58342-1571 (2001. 10. 16) : 특례법시행규칙 제30조의3의 규정에 의한 휴직 또는 실직보상은 보상계획의 공고가 있는 날 현재 당해 지역안의 공장 등에서 3월 이상 근무한 근로자로서 소득세법에 의하여 소득세가 원천징수된 자에게 지급하도록 되어 있으므로 소득세 원천징수되지 아니한 근로자는 보상금 지급대상에 해당되지 아니한다고 봅니다.

1089) 토정 58307-38 (1993. 1. 11) : 소득금액이 과세표준액에 미달되어 원천징수 되지 않은 경우라 하더라도 관할세무서에 제출된 소득세원천징수액집계표에 포함된 자는 관할세무서에 제출된 3월분의 소득자별 근로소득원천징수부상의 입금내역을 제출받아 이를 근거로 휴직보상액을 산정할 수 있다.

했는지 여부 등의 사실관계를 확인 후 지급하도록 하고 있어 실질에 있어서는 사후보상의 성격을 가지고 있다. 감사원도 실제 휴직여부를 확인 후 지급하여야 하다는 입장이다(아래 사례 참조). 따라서 휴직 또는 실직보상의 확인을 위한 소득세 원천징수, 해당 사업장의 휴직확인서, 고용보험 및 국민연금 등에 의하여 휴직 또는 실직보상을 하여야 할 것으로 보인다.

감사지적사례

> 공익사업 시행지구 안에 있는 사업장의 이전에 따라 일정기간 휴직을 한 근로자를 대상으로 하여, 보상금 지급시점에 위 휴직자의 근로소득원천징수확인서, 사업장 이전사실 확인 등을 통해 실제 휴직사실이 확인되는 경우에 한하여 휴직보상금을 지급하여야 했다.
>
> 그런데 위 공사에서는 2008년 6월경 주식회사 ㅁㅁㅁㅁ(대표이사 최△△)에 근무하는 고○○ 등 56명이 실제 휴직한 사실이 없는데도 같은 해 1. 1.부터 같은 해 3. 31.까지 휴직하였다고 주장하며 휴직보상금을 신청하자 2007년 이전의 소득세원천징수확인서 등의 자료만을 확인한 후 같은 해 8. 20. 위 업체의 법인계좌(계좌번호 00은행 000-000000-00-000)로 휴직보상금 계 270,413,120원을 지급하는 등 "휴직보상금 부당 지급 명세"와 같이 보상금 산정기간 동안 휴직한 바 없는 주식회사 ㅁㅁㅁㅁ 등 6개 업체의 근로자 212명에게 휴직보상금 계 923,971,416원을 부당하게 지급하였다. 특히 위 공사에서는 근로자가 아니어서 휴직보상금을 지급할 수 없는 주식회사 ◇◇의 대표이사 장◎◎(위 휴직보상금 수령자 212명에 포함)이 2008년 6월 2008. 1. 1.부터 같은 해 3. 31.까지의 휴직보상금을 신청하자 이를 제대로 확인하지 아니한 채 2008. 7. 29. 휴직보상금 11,930,436원을 부당하게 지급하였다.

2) 휴직과 실직의 구분의 불명확성

휴직보상과 실직보상의 구분이 명확하지 않다. 영업보상 성격은 휴업이나 사업주가 폐업을 하는 경우 실직보상이 가능한 지 등에 대해서 민원이 있는 실정이다. 그러나 영업보상이 휴업보상이면 근로자는 휴직보상이, 폐업보상이면 실직보상으로 적용하여야 할 것이다.

Ⅲ. 보상방법

1. 휴직보상의 산정기준 시기

당해 영업장이 휴업하는 때를 기준으로 산정하여야 한다.[1090]

2. 보상금 산정

1) 휴직보상

휴직일수(휴직일수가 120일을 넘는 경우 120일로 본다)에 근로기준법에 의한 평균임금의 70%에 해당하는 금액을 지급하되, 이 금액이 근로기준법에 의한 통상임금을 상회하는 경우는 통상임금을 기준으로 한다(시행규칙 제51조 제1호).

2) 실직보상

근로장소의 폐지 등으로 인하여 직업을 상실하게 되는 경우에는 근로기준법에 의한 평균임금의 120일분에 해당하는 금액을 보상한다(시행규칙 제51조 제2호).

※ 평균임금과 통상임금의 구분

○ 평균임금

평균임금이란 이를 산정하여야 할 사유가 발생한 날 이전 3개월 동안에 그 근로자에게 지급된 임금의 총액을 그 기간의 총일수로 나눈 금액을 말한다. 다만 임시로 지급된 임금과 수당과 통화 이외의 것으로 지급된 것은 포함하지 아니한다.

○ 통상임금

근로자에게 정기적이고 일률적으로 소정 근로 또는 총 근로에 대하여 지급하기로 정한 시간급 금액·일급금액·주급금액·월급금액 또는 도급금액을 말한다.

1090) 토정 58307-410 (1993. 3. 18) : 휴직보상의 산정시기는 당해 영업장이 휴업하는 때를 기준으로 산정하여야 한다.

제16절 주거용 건축물의 재편입 보상특례

Ⅰ. 재편입 가산금의 의의

토지보상법에서는 공익사업의 시행으로 인하여 주거용 건축물에 대한 보상을 받은 자가 그 후 당해 공익사업지구 밖의 다른 지역에서 주거용 건축물을 매입하였거나 신축한 주거용 건축물을 20년 이내 재편입시에는 그 주거용 건축물 및 대지에 대하여 당해 평가액의 30%를 가산하여 보상하도록 규정하고 있다.

이와 같이 가산보상금 제도를 규정한 취지는 본인의 의사에 의하지 아니하고 매입 또는 신축한 주거용 건물이 다시 공익사업에 편입됨으로써 받는 정신적 고통을 특별히 보상하려는 데 있다고 할 수 있다.[1091)]

이 재편입가산금은 공공사업시행으로 인하여 주거용건물의 보상을 받아 다른 지역에서 주거용 건물을 매입하였거나 토지를 매입하여 주거용 건물을 신축한 것으로 당해 주거용건물이 그 보상을 받은 날로부터 20년 이내에 다른 공공사업지역에 편입될 경우 그 건물 및 대지에 대하여는 당해평가액의 30퍼센트를 가산하여 보상한다. 다만, 그 다른 공공사업의 고시 등이 있은 날 이후에 매입 또는 건축한 경우에는 그러하지 아니하다(시행규칙 제58조 제2항, 제3항).

Ⅱ. 재편입 가산금의 지급요건

재편입가산금은 ① 주거용건축물 보상받은 자 ② 당해 공익사업지구 밖의 지역에서 주거용 건축물 매입 또는 토지를 매입하여 주거용 건축물을 건축한 것으로 ③ 20년 이내 다른 공익사업지역에 재편입되고 ④ 종전보상금 수령자와 동일인일 것을 요구하고 있다. 그러나 무허가 건축물 등을 매입('89. 1. 24 이전 무허가 제외)[1092)] 또는 건축한 경우

1091) 차태환, 토지보상법론, 부연사, 2010, 492면 ; 임호정/김원보, 공익사업용지보상법론, 부연사, 2003, 526면.

1092) 구 공특법 시행규칙에서는 신축한 건물이 무허가건축물인 경우에는 건축물의 신축으로 볼 수 없으므로

와 다른 공익사업의 사업인정고시일등 또는 다른 공익사업을 위한 관계법령에 의한 고시 등이 있은 날 이후에 매입 또는 건축한 경우에는 그러하지 아니하다.

1. 주거용 건축물 보상자

본 특례조항은 주거용 건물에 한하여 당해 건물에서 거주하고 있는 소유자에 대한 특례로 볼 수 있으므로 주거용 건축물이 아니거나[1093] 당해 건물에서 거주하지 아니한 자는 가산금 수령자에 포함되지 아니한다.[1094]

2. 고시 등 이전에 공익사업지구 밖 지역에서의 매입 또는 건축

다른 공익사업의 사업인정 고시일 등 또는 다른 공익사업을 위한 관계법령에 의한 고시 등이 있는 날 이전에 매입이나 건축[1095]한 것만을 대상으로 한다. 따라서 잔여지에 주택을 신축한 경우에는 새로이 건축한 건물분에 대해서만 가산금이 지급되며[1096] 잔여지 상에 있던 건물을 개축한 경우는 재편입가산금이 지급되지 않는다.[1097] 다만 잔여지상에 새로이 건물을 신축했다면 건축물만이 가산금의 대상이 된다.[1098]

가산금지급대상에 해당하지 않는다는 입장(토정 58342-873 : '99. 8. 10)이었으나, 현행 토지보상법 시행규칙 부칙 〈제344호, 2002. 12. 31.〉 제5조 (무허가건축물등에 관한 경과조치)에서는 1989년 1월 24일 당시의 무허가 건축물 등에 대하여는 제58조 제2항 단서의 규정에 불구하고 이를 적법한 건축물로 보고 있어 재편입 가산금의 대상이 된다.

1093) 토관 58342-1852 (2000. 12. 7) : 유치원과 주택을 건축하여 거주하던 중 그 토지와 주택 등 건물이 편입되는 경우 가산금 지급대상은 주거용 건물외의 건물의 평가액을 제외한 평가액을 기준으로 가산금을 산정한다.

1094) 토관 58342-1391 (2001. 9. 6) : 주거건물에 한하여 가산금을 둔 것은 당해 건물에서 거주하고 있는 소유자에 대한 특례로 볼 수 있으므로 당해 건물에서 거주하지 아니한 자는 위 규정의 적용대상에 해당되지 아니한다고 봅니다.

1095) 토지정책과-9395 (2016. 11. 21) : 토지보상법령에는 건축한 경우 어떤 단계까지 이르러야 하는지에 대한 규정은 없으나, 동 규정이 주거용 건축물에 대한 보상에 대하여 예외적으로 인정하는 특례규정인 점을 감안할 때 매입(매매)을 진행 중에 있다거나 건축 중에 있는 주거용 건축물은 대상이 아니라고 사료되며, 해당 건축물이 주거용 건축물로서 이용이 가능하게 건축이 행하여진 상태에 이르러야 할 것으로 봅니다.

1096) 토관 58342-1366 (1999. 10. 27) : 종전에 지급받은 보상금으로 대상 토지를 구입하지 아니하고 본인소유의 다른 토지에 주택을 건축한 경우에는 건물분에 대해서만 가산금지급대상에 해당된다고 보아야 할 것으로 판단됩니다.

1097) 토정 58342-228 (1998. 2. 21) : 잔여토지에 주택을 개축하였다면 이에 해당하지 아니할 것으로 판단됩니다.

1098) 토관 58342-1366 (1999. 10. 27) : 특례법시행규칙 제6조의3 제2항에 의한 가산금은 공공사업의 시행으로 인하여 이주했던 주거용건물소유자가 20년 이내에 같은 이유로 다시 이주하게 되는 경우에 건물과

3. 20년 이내 다른 공익사업에 재편입

20년 이내 다른 공익사업에 재편입 되는 경우여야 한다. 따라서 동일한 사업에 2번 이상 편입된 경우 가산금 지급대상에 해당되지 않는다. 예를 들어 도로 사업에 편입된 주택의 소유자가 보상금을 수령하고 다른 주택을 매입하여 거주하던 중 '동일사업'의 터널 굴착을 위한 발파 등에 따른 균열 및 붕괴의 위험과 진동·소음 등으로 인하여 간접보상한 경우 국토교통부는 동일한 사업이라는 이유로 재편입에 따른 가산금 지급을 부정하고 있다.[1099)]

4. 종전보상금 수령자와 동일인일 것

종전 질의회신에서는 주거용건물의 소유자가 사망하여 함께 거주한 세대원의 경우 가산금 보상이 가능하다고 회신[1100)]한 바 있으나, 이후 국토교통부 질의회신은 보상금 받은 자가 그 보상금으로 토지 등을 구입해야 해당된다는 사유로 일관성 있게 보상금 수령자와 동일인일 것을 요건으로 하고 있다.[1101)] 법제처의 유권해석 또한 이 입장을 유지하고 있다.[1102)]

대지에 대하여 당해 평가액의 30%에 해당하는 가산금을 지급하는 제도이므로, 종전에 지급받은 보상금으로 대상 토지를 구입하지 아니하고 본인소유의 다른 토지에 주택을 건축한 경우에는 건물분에 대해서만 가산금지급대상에 해당된다고 보아야 할 것입니다.

1099) 토관 58342-824 (2003. 6. 12) : 다른 지역에서 구입한 주거용 건축물 또는 신축한 주거용 건축물이 당해 공익사업시행지구에 편입되는 경우 또는 당해 공익사업 시행지구에 편입되는 것으로 보아 보상하는 경우에는 위 규정이 적용되지 아니한다고 봅니다.

1100) 토정 58307-133 (1995. 1. 26) : 신축하여 살고 있는 주거용 건물이 20년 이내에 또 다른 공공사업에 편입되는 경우(이 경우 주거용 건물을 신축한 후 공공사업의 고시 등이 있는 경우를 말함)로서 주거용 건물의 소유자가 사망하여 함께 거주하고 있는 가족구성원들이 당해 주거용 건물에 대한 상속을 받은 경우라면 이 경우는 위의 가산보상 대상에 해당하는 것으로 생각됩니다.

1101) ① 토정 58342-990 (1998. 6. 23) : 가산보상 대상자는 주거용건물의 보상금을 받은 자가 그 보상금으로 주거용건물을 구입하거나 건축하여 소유한 자로서 다시 그 주거용건물에 대한 보상을 받을 경우가 해당되는 것입니다. 그러나 같은 세대를 구성하는 가족명의로 주거용 건물을 구입하게 되어 종전의 보상금 수령자와 다른 경우에는 이에 해당되지 아니할 것입니다.

② 토관 58342-1856 (2001. 12. 5) : 당초 공공사업에 편입된 주거용 건물 소유자의 배우자명의로 되어 있는 주거용건물이 편입된 경우에는 이에 해당되지 아니한다고 봅니다.

③ 토관 2012 (2004. 4. 29) : 당해 주택의 소유자 부가 사망하고 그 자가 상속받아 거주하는 경우에는 가산보상대상에 해당되지 아니한다고 봅니다.

④ 토지정책팀 882 (2006. 3. 3) : 보상일로부터 20년 이내에 다른 공익사업시행지구에 편입되어 당해 주거용 건축물에 대하여 보상을 수령하지 아니하고 사망한 경우 위 규정에 의한 가산금 지급대상에 해당하지 아니한다.

Ⅲ. 재편입 가산금의 산정기준

재편입 가산금은 건축물과 대지평가액의 30%를 가산하여 보상하되, 1천만원을 상한으로 지급한다. 다만 보상을 받기 이전부터 소유하고 있던 대지 또는 다른 사람 소유의 대지위에 건축한 경우에는 주거용 건축물에 한하여만 가산보상액을 지급한다(시행규칙 제58조②). 이는 전 거주지의 공익사업시행으로 철거되는 주거용건물의 보상비로 새로운 건물을 매입 또는 건축한 건물과 그 부지에 대하여 가산하는 것이므로, 따라서 토지를 매입하지 않고 자기소유(보상받기 이전 취득 토지) 또는 타인 소유의 토지에 주택을 건축한 경우에는 건물분에 대하여만 가산금을 지급하여야 한다. 즉, 건축물에 대한 가산금 = 1천만원×(1－토지평가액/건축물 및 토지평가액의 합계액)이 된다.[1103]

Ⅳ. 재편입 가산금의 문제점

1. 동일한 공익사업 배제

유권해석은 동일한 사업인 경우 2번 이상 편입되는 경우 가산금 지급을 부정하고 있다.[1104] 따라서 토지 등 보상금을 받고 인접하여 주거용 건축물을 매입 또는 건축하고 이후 당해 사업이 확장되어 재차 편입되는 경우 동일한 사업이라는 사유로 가산금 지급대상이 되지 않는다.

그러나 예측하지 못한 결과로 재차 편입되는 경우까지 가산금 특례조항을 배제하는

1102) 법제처 유권해석(16-0265, 2016. 11. 2) : 토지보상법 시행규칙 제58조 제2항 본문에 따른 매입하거나 건축하여 소유하고 있는 주거용 건축물의 범위에 증여받아 소유하고 있는 주거용 건축물은 포함되지 않습니다.

1103) 예를 들어 토지평가액이 5천만원이고, 건축물의 평가금액이 3천만원일 경우 보상금 수령 후 토지 및 건축물을 모두 취득하였다면 8천만원 × 30% = 24백만원(상한금액 1천만원)이므로 1천만원이 재편입 보상금액이 되나, 만약 토지는 보상금 수령 이전에 취득한 것이라면 건축물 부분에 대한 가산금인 1천만원×(1－5천만/8천만원) = 3,750,000이 재편입가산금이 된다.

1104) 토관 58342-824 (2003. 6. 12) : 다른 지역에서 구입한 주거용 건축물 또는 신축한 주거용 건축물이 다른 공익사업시행지구에 편입되는 경우에 위 규정이 적용되나, 다른 지역에서 구입한 주거용 건축물 또는 신축한 주거용 건축물이 당해 공익사업시행지구에 편입되는 경우 또는 당해 공익사업 시행지구에 편입되는 것으로 보아 보상하는 경우에는 위 규정이 적용되지 아니한다고 봅니다.

것은 형평성에 문제가 있다고 생각된다.

2. 동일인 배제

유권해석은 당초 보상받은 자와 재차 보상받는 자의 명의자가 동일하여야 가산금 지급대상이 된다고 보고 있다. 따라서 당초의 보상받은 사람의 배우자,[1105] 아들이나 딸 등 상속받은 자의 명의로 주거용 건축물을 구입하였다가 그 구입한 건축물이 20년 이내에 다시 다른 공익사업지구에 편입된 경우에도 이 가산보상의 대상이 되지 않는다는 것이다.

그러나 적어도 당초 보상받은 사람의 배우자 명의로 구입한 주거용 건축물인 경우에는 동일한 1대의 개념에 포함되므로 그 대상에서 제외시켜서는 안 될 것으로 대부분 학자들의 견해가 일치하고 있어,[1106] 배우자의 경우 가산금 지급을 인정하는 방향으로 개선되어야 할 것으로 보인다.

1105) 토관 58342-1856 (2001. 12. 5) : 특례법시행규칙 제6조의3 제2항의 규정에 의하면 공공사업의 시행으로 인하여 주거용건물의 보상을 받아 다른 지역에서 주거용건물을 매입하였거나 토지를 매입하여 주거용 건물을 신축한 것으로 당해 주거용건물이 그 보상을 받은 날로부터 20년 이내에 다른 공공사업지구에 편입된 경우 그 건물 및 대지에 대하여는 당해 평가액의 30%를 가산하여 보상하도록 되어 있으므로 당초 공공사업에 편입된 주거용건물 소유자의 배우자명의로 되어 있는 주거용건물이 편입된 경우에는 이에 해당되지 아니한다고 봅니다.

1106) 학계는 배우자 뿐만 아니라 보상 당시의 가족까지도 포함하자는 의견이 대부분이다. “매입 또는 신축한 건물의 소유자는 당초 공익사업으로 인하여 보상받은 자에 한정되는 것이 아니라 그 보상 당시의 그 가족 또는 동일세대원도 포함되어야 할 것으로 새겨할 할 것이다”고 하여 배우자 뿐만 아니라 세대원까지 가산금 특례 규정을 확대하여 인정하고 있다. 차태환, 『토지보상법론』, 2010, 492면; 박평준, 『공익사업용지취득보상법』, 고시연구사, 2004, 454면; 임호정/김원보, 『공익사업용지보상법론』, 부연사, 2003, 527면.

제17절 이농비 보상

Ⅰ. 개 념

이농비 또는 이어비란 공익사업의 시행으로 인하여 영위하던 농·어업을 계속할 수 없게 되어 다른 지역으로 이주하는 농·어민이 지급받을 보상금이 없거나 그 총액이 국토교통부령이 정하는 금액에 미달하는 경우에는 그 금액 또는 그 차액을 보상하는 것을 말한다.

▣ 토지보상법

제78조 (이주대책의 수립 등) ⑥ 공익사업의 시행으로 인하여 영위하던 농업·어업을 계속할 수 없게 되어 다른 지역으로 이주하는 농민·어민이 받을 보상금이 없거나 그 총액이 국토교통부령으로 정하는 금액에 미치지 못하는 경우에는 그 금액 또는 그 차액을 보상하여야 한다.

▣ 토지보상법 시행규칙

제56조 (이농비 또는 이어비의 보상) ① 법 제78조 제6항에서 "국토교통부령이 정하는 금액"이라 함은 「통계법」 제3조 제3호에 따른 통계작성기관이 조사·발표하는 농가경제조사통계의 연간 전국평균 가계지출비 및 농업기본통계조사의 가구당 전국평균 농가인구를 기준으로 다음 산식에 의하여 산정한 가구원수에 따른 1년분의 평균생계비를 말한다.

가구원수에 따른 1년분의 평균생계비 = 연간 전국평균 가계지출비 ÷ 가구당 전국평균 농가인구 × 이주가구원수

② 제1항에 따른 이농비 또는 이어비(離漁費)는 공익사업의 시행으로 인하여 영위하던 농·어업을 계속할 수 없게 되어 다음 각 호의 어느 하나 외의 지역으로 이주하는 농민(「농지법 시행령」 제3조 제1호에 따른 농업인으로서 농작물의 경작 또는 다년생식물의 재배에 상시 종사하거나 농작업의 2분의 1 이상을 자기의 노동력에 의하여 경작 또는 재배하는 자를 말한다) 또는 어민(연간 200일 이상 어업에 종사하는 자를 말한다)에게 보상한다. 〈신설 2007. 4. 12.〉

1. 공익사업에 편입되는 농지의 소재지(어민인 경우에는 주소지를 말한다)와 동일한 시·군 또는 구
2. 제1호의 지역과 인접한 시·군 또는 구

Ⅱ. 보상금 지급대상 및 금액

1. 지급요건

토지보상법에서 규정하고 있는 이농(어)비 지급 요건은 아래와 같다.

1) 공익사업의 시행에 관한 고시 등이 있는 날 현재 당해 지역에 거주
2) 농어업을 영위하는 농민 또는 어민[1107)]
3) 당해 지역에서 다른 지역[1108)]으로 이주하여 농어업 영위가 불가[1109)]
4) 지급받을 보상금액이 가구당 전국평균 농가인구를 기준으로 한 가구원수에 따른 1년분의 금액에 미달하는 자에 한한다.

따라서 이 지급요건에 의하면 결국, 당해 지역에 거주하는 농(어)민이 당해 지역 외로 이향하는 경우에, 지급받을 보상금이 없거나 가구원수에 따른 1년분의 평균생계비에 미달하는 경우에 지급하게 된다. 여기서 지급받을 보상금액이란 토지보상법에 명시적 규정이 없으나 토지나 건축물, 농업손실보상금 등 모두를 포함한다고 보아야 할 것이다.[1110)]

1107) 토정 23000-8478 (1987. 4. 29) : 이농비의 지급은 공공사업시행으로 인하여 농어촌에서 이향하는 농·어민 또는 주생계를 농·어업에 의존하는 자에게 지급하도록 한 규정이므로 공무원, 교사, 우체국 직원 등은 주생계를 농·어업에 의존한다고 볼 수 없어 이농비 지급은 불가할 것으로 사료된다.

1108) 다른 지역이라 함은 공익사업에 편입되는 농지의 소재지(어민인 경우에는 주소지를 말한다)와 동일한 시·군 또는 구 또는 이들 지역과 인접한 시·군 또는 구를 말한다(시행규칙 제56조 2항).

1109) ① 토관 58342-1659 (1997. 11. 14) : 이농비는 공공사업에 관한 계획의 고시 등이 있은 날 현재 당해 지역에 거주하는 농·어민이 공공사업으로 인하여 영위하던 농업을 계속할 수 없게 되어 다른 지역으로 이향하는 경우 지급가능하다.
② 따라서 다른 지역으로 이향하는 것이 아니고 사업지구 외의 전·답에 대하여 영농을 계속할 수 있다면 이농비 지급대상이 아니며(토정 01254-837, 1992. 5. 19), 당해 공공사업지구내 이주자택지를 분양받고 사업지구 주변에 농지를 소유하고 있다면 이농비 지급은 불가하다(토정 58307-315, 1993. 3. 30).

1110) ① 토관 58342-386 (2000. 3. 10) : 이농비 또는 이어비는 지급받을 보상액이 없거나 지급받을 보상액 총액이 가족수에 따른 1년분의 평균생계비에 미달하는 경우 지급하도록 되어 있어, 토지 등에 대한 보상액 총액이 가족수에 따른 1년 평균생계비를 초과하는 경우에는 이농비 지급대상에 해당하지 않는다.
② 토정 23000-25700 (1986. 12. 26) : 이농비는 주택이나 토지를 소유하지 아니한 자에 대하여 개간비 또는 영년작물에 대한 보상금을 수령하였다 하더라도 이와는 별도로 이농비를 지급하여야 한다.

2. 지급금액

"국토교통부령이 정하는 금액"이라 함은 「통계법」 제3조 제3호에 따른 통계작성기관이 조사·발표하는 농가경제조사통계의 연간 전국평균 가계지출비 및 농업기본통계조사의 가구당 전국평균 농가인구를 기준으로 다음 산식에 의하여 산정한 가구원수에 따른 1년분의 평균생계비를 말한다.

○ 가구원수에 따른 1년분의 평균생계비
= 연간 전국평균 가계지출비 ÷ 가구당 전국평균 농가인구 × 이주가구원수

Ⅲ. 지급대상 농어민

이농비 지급대상 농민과 어민에 대하여 토지보상법시행규칙에서는 농민이란 「농지법 시행령」 제3조 제1호에 따른 농업인으로서 농작물의 경작 또는 다년생식물의 재배에 상시 종사하거나 농작업의 2분의 1 이상을 자기의 노동력에 의하여 경작 또는 재배하는 자를 말하며, 어민이란 연간 200일 이상 어업에 종사하는 자를 말한다. 이에 따라 이농비 대상 농민은 아래 (1)과 (2)의 요건을 갖추어야 한다.

(1) 농지법 시행령 제3조 제1호에 의한 아래의 농민으로서

① 1천제곱미터 이상의 농지에서 농작물 또는 다년생식물을 경작 또는 재배하거나 1년 중 90일 이상 농업에 종사하는 자

② 농지에 330제곱미터 이상의 고정식온실·버섯재배사·비닐하우스, 그 밖의 농림수산식품부령으로 정하는 농업생산에 필요한 시설을 설치하여 농작물 또는 다년생식물을 경작 또는 재배하는 자

③ 대가축 2두, 중가축 10두, 소가축 100두, 가금 1천수 또는 꿀벌 10군 이상을 사육하거나 1년 중 120일 이상 축산업에 종사하는 자

④ 농업경영을 통한 농산물의 연간 판매액이 120만원 이상인 자로서

(2) 농작물의 경작 또는 다년생식물의 재배에 상시 종사하거나 농작업의 2분의 1 이상을 자기의 노동력에 의하여 경작 또는 재배하는 자를 말한다.[1111] 따라서 (1)호 ③의 축산업의 경우도 (2)의 요건을 구비하는 것이 필요한 지는 의문이나,[1112] 농지법상 농민으로 이향하는 경우임으로 이농비를 지급하는 것이 타당할 것으로 보인다.

한편, 이어비 지급대상 어민에 대해서 종전 견해는 수산업법상의 어업인을 의미하였으나, 현행 토지보상법 시행규칙에서는 별다른 법적 요건[1113] 없이 연간 200일 이상 어업에 종사하는 자로 규정하고 있어 농민과는 요건이 다소 애매하게 규정하고 있다.

1111) (2)의 요건과 어민의 경우 200일 이상 어업에 종사하는 지 여부에 대해서는 사업시행자가 실무적으로 확인하기에는 다소 어려운 면이 있다.

1112) 종전 개정전 법률에 의한 이농비 대상의 농민과 어민의 정의가 있기 전에는 (1)의 ③에 의한 축산업의 경우도 비록 농업손실보상 대상자에는 해당하지 않아도 이농비 대상이 된다는 견해가 대부분이었다. ① 박평준, 공익사업용지취득보상법, 고시연구사, 2004, 519면 "(1)의 ③에 의한 축산업의 경우 영농손실의 보상대상이 아니면서도 이농비의 보상대상이 되는 농민에 해당한다고 하여야 할 것이다. 따라서 이농비의 보상대상이 되는 농민의 범위가 영농손실보상의 대상이 되는 농민의 범위보다 넓다고 하겠다." ② 임호정·김원보, 공익사업용지보상법론, 부연사, 2003, 525면. 同旨

1113) 다만 수산업법에 의하면 "어민"이라는 용어대신 "어업인"이라 하여 어업자(어업을 경영하는 자)와 어업종사자(어업자를 위하여 수산동식물 포획·채취 또는 양식에 종사하는 자)를 말하고 있고, 어업인의 정의에 대해서 "농어업·농어촌 및 식품산업 기본법"에서는 '어업을 경영하거나 어업을 경영하는 자를 위하여 수산자원을 포획·채취하거나 양식하는 일 또는 염전에서 바닷물을 자연 증발시켜 염을 제조하는 일에 종사하는 자로서 각호에 해당하는 자로 정의하고 있다(수산업법 제3조 제2항).

1. 어업경영을 통한 수산물의 연간 판매액이 120만원 이상인 사람
2. 1년 중 60일 이상 어업에 종사하는 사람
3. 「농어업 경영체 육성 및 지원에 관한 법률」 제16조 제2항에 따라 설립된 영어조합법인의 수산물 출하·유통·가공·수출활동에 1년 이상 계속하여 고용된 사람
4. 「농어업경영체 육성 및 지원에 관한 법률」 제19조 제3항에 따라 설립된 어업회사법인의 수산물 유통·가공·판매 활동에 1년 이상 계속하여 고용된 사람

제18절 이주대책

Ⅰ. 이주대책의 의의

1. 의 의

토지보상법은 사업시행자가 공익사업의 시행으로 인하여 '주거용 건축물'을 제공함에 따라 생활근거지를 상실하게 되는 경우 이주대책 대상자를 위하여 이주대책을 수립하여 실시하도록 규정하고 있다. 이에 댐건설사업, 택지 및 산업단지 조성사업 등 공익사업으로 주거용 건축물을 제공하므로 인하여 생활근거지를 상실한 이주민들에게 이주대책을 수립·시행하고 있다.

▣ **토지보상법**

제78조 (이주대책의 수립 등) ① 사업시행자는 공익사업의 시행으로 인하여 주거용 건축물을 제공함에 따라 생활의 근거를 상실하게 되는 자(이하 "이주대책대상자"라 한다)를 위하여 대통령령이 정하는 바에 따라 이주대책을 수립·실시하거나 이주정착금을 지급하여야 한다.
② 사업시행자가 제1항의 규정에 따라 이주대책을 수립하고자 하는 때에는 미리 관할 지방자치단체의 장과 협의하여야 한다.
④ 이주대책의 내용에는 이주정착지(이주대책의 실시로 건설하는 주택단지를 포함한다)에 대한 도로·급수시설·배수시설 그 밖의 공공시설 등 통상적인 수준의 생활기본시설이 포함되어야 하며, 이에 필요한 비용은 사업시행자의 부담으로 한다. 다만, 행정청이 아닌 사업시행자가 이주대책을 수립·실시하는 경우에 지방자치단체는 비용의 일부를 보조할 수 있다. 〈개정 2007. 10. 17.〉

제78조의 2 (공장의 이주대책 수립 등) 사업시행자는 대통령령으로 정하는 공익사업의 시행으로 인하여 공장부지가 협의 양도되거나 수용됨에 따라 더 이상 해당 지역에서 공장(「산업집적활성화 및 공장설립에 관한 법률」 제2조 제1호에 따른 공장을 말한다)을 가동할 수 없게 된 자가 희망하는 경우 「산업입지 및 개발에 관한 법률」에 따라 지정·개발된 인근 산업단지에 입주하게 하는 등 대통령령으로 정하는 이주대책에 관한 계획을 수립하여야 한다.

또한 최근 2007. 10. 17 토지보상법 개정에서는 공익사업의 시행으로 이전하여야 하는 공장에 대해서도 이주대책을 수립하도록 개정되어 공장에 대한 이주대책 수립이 요구되고 있다.

이러한 이주대책은 공공사업의 시행에 필요한 토지 등을 제공함으로 인하여 생활의 근거를 상실하게 되는 이주자들을 위하여 사업시행자가 '기본적인 생활시설이 포함된' 택지를 조성하거나 그 지상에 주택을 건설하여 이주자들에게 이를 '그 투입비용 원가만의 부담하에' 개별 공급하는 것으로서, 그 본래의 취지에 있어 이주자들에 대하여 종전의 생활상태를 원상으로 회복시키면서 동시에 인간다운 생활을 보장하여 주기 위한 이른바 생활보상의 일환으로 국가의 적극적이고 정책적인 배려에 의하여 마련된 제도라 할 것이다.[1114)]

2. 이주대책의 다양한 사례

이러한 이주대책은 초기에는 사업지구 외에 별도로 이주단지를 조성하거나 이주정착금 지급의 형태가 주를 이루었으나, 택지개발사업이 활성화되면서 택지개발사업지구 '내'에 조성되는 택지(이하 "이주자택지"라 함) 및 주택(이하 "이주자주택"이라 함)의 공급으로 이주대책이 시행되었고, 최근에는 더욱 다양화되어 이주민들에게 '아파트 건설용지' 등을 공급한 사례도 있고 공장에 대해서도 이주대책이 시행되는 등 이주대책의 형태가 다양화되고 있는 경향이다.

사 례

▣ 아파트 건설용지 이주대책 수립사례 (행정중심도시)

한국토지주택공사가 시행하는 행정중심복합도시 내 이주민들에게 이주대책의 일환으로 아파트 건설용지를 이주대책을 수립, 공급한 바 있다.

- ❍ 용　　도 : 60~85㎡ 공동주택지 1필지
- ❍ 공급면적 및 금액 : 36,590㎡, 조성원가의 70%
- ❍ 공 급 자 : 336명
- ❍ 1인당 분양면적 : 99㎡

▣ 공장용지 이주대책 수립사례 (동탄산업단지 조성)

한국토지주택공사가 시행하는 동탄2 택지개발사업지구 내 위치하는 공장 577개의 이전을 위하여 인근의 동탄산업단지를 조성하여 공장의 이주대책을 수립한 바 있다.

- ❍ 사 업 명 : 화성동탄 일반산업단지 조성사업
- ❍ 사업목적 : 동탄2지구 기업대책 일환으로 대체 산업단지 조성

1114) 대법원 2003. 7. 25. 선고 2001다57778 판결.

❍ 위치/면적 : 화성시 동탄면 일원 / 2,008천㎡(61만평)
❍ 사업기간 : 2009. 7. 31 ~ 2012. 12. 31

3. 이주대책의 법적 성질

1) 생활보상이라는 견해(대법원)

이주대책은 공공사업의 시행에 필요한 토지 등을 제공함으로 인하여 생활의 근거를 상실하게 되는 이주자들을 위하여 사업시행자가 '기본적인 생활시설이 포함된' 택지를 조성하거나 그 지상에 주택을 건설하여 이주자들에게 이를 '그 투입비용 원가만의 부담하에' 개별 공급하는 것으로서, 그 본래의 취지에 있어 이주자들에 대하여 종전의 생활상태를 원상으로 회복시키면서 동시에 인간다운 생활을 보장하여 주기 위한 이른바 생활보상의 일환으로 **국가의 적극적이고 정책적인 배려**에 의하여 마련된 제도라 할 것이다.[1115]

2) 정당한 보상에 포함되지 않는다는 견해(헌법재판소)

이주대책은 공공필요에 의하여 재산권을 수용당한 국민이 국가에 대하여 갖는 공법상의 권리인 손실보상청구권과는 전혀 다른 개념으로 정당한 보상에 부가적으로 주어지는 이주자들에 대한 **생활보호차원의 시혜적 조치**에 불과하므로 헌법 제23조 제3항에서 규정하고 있는 정당한 보상에 포함된다고 볼 수 없다.[1116] 따라서 이 견해에 의하면 이주대책 수립에 관한 법률이 없어 사업시행자가 이주대책을 수립하지 않는 경우, 이러한 입법부작위에 대해서 헌법소원의 대상이 되지 않는다[1117]고 보는 견해이다.

1115) 대법원 2002. 3. 15. 선고 2001다67126 판결
1116) 헌법재판소 1993. 7. 29. 92헌마30 ; 헌법재판소 2006. 2. 23. 2004헌마19.
1117) 헌법재판소 2009헌마141 입법부작위 위헌확인 : 이주대책은 공공필요에 의하여 재산권을 수용당한 국민이 국가에 대하여 갖는 공법상의 권리인 손실보상청구권과는 전혀 다른 개념으로 정당한 보상에 부가적으로 주어지는 이주자들에 대한 생활보호차원의 시혜적 조치에 불과하므로 헌법 제23조 제3항에서 규정하고 있는 정당한 보상에 포함된다고 볼 수 없다.

Ⅱ. 이주대책의 대상과 요건

1. 주거용 건축물 이주대책 대상자

이주대책대상자는 공익사업의 시행[1118]으로 인하여 주거용 건축물을 제공함에 따라 생활근거지를 상실하게 되는 자로서 다음에 해당하는 자이다.

□ **토지보상법**

제78조 (이주대책의 수립 등) ① 사업시행자는 공익사업의 시행으로 인하여 주거용 건축물을 제공함에 따라 생활의 근거를 상실하게 되는 자(이하 "이주대책대상자"라 한다)를 위하여 대통령령으로 정하는 바에 따라 이주대책을 수립·실시하거나 이주정착금을 지급하여야 한다.

□ **토지보상법 시행령**

제40조 (이주대책의 수립·실시) ③ 다음 각 호의 어느 하나에 해당하는 자는 이주대책대상자에서 제외한다. 〈개정 2016. 1. 6.〉

1. 허가를 받거나 신고를 하고 건축 또는 용도변경을 하여야 하는 건축물을 허가를 받지 아니하거나 신고를 하지 아니하고 건축 또는 용도변경을 한 건축물의 소유자
2. 해당 건축물에 공익사업을 위한 관계 법령에 따른 고시 등이 있은 날부터 계약체결일 또는 수용재결일까지 계속하여 거주하고 있지 아니한 건축물의 소유자. 다만, 다음 각 목의 어느 하나에 해당하는 사유로 거주하고 있지 아니한 경우에는 그러하지 아니하다.
   가. 질병으로 인한 요양　나. 징집으로 인한 입영　다. 공무　라. 취학
   마. 해당 공익사업지구 내 타인이 소유하고 있는 건축물에의 거주
   바. 그 밖에 가목부터 라목까지에 준하는 부득이한 사유
3. 타인이 소유하고 있는 건축물에 거주하는 세입자. 다만, 해당 공익사업지구에 주거용 건축물을 소유한 자로서 타인이 소유하고 있는 건축물에 거주하는 세입자는 제외한다.

1) 주거용 건축물 여부

(1) 주거용의 판단 및 기준일

이주대책의 대상이 되는 주거용 건축물이란 '공익사업을 위한 관계 법령에 의한 고시 등이 있은 날' 당시 건축물의 용도가 주거용인 건물을 의미한다고 해석되므로, 기준일 당

1118) 대법원 2019. 7. 25. 선고 2017다278668 판결 : 이주대책대상자에 해당하기 위해서는 토지보상법 제4조 각호의 어느 하나에 해당하는 공익사업의 시행으로 인하여 주거용 건축물을 제공함에 따라 생활의 근거를 상실하게 되어야 한다.

시 주거용 건물이 아니었던 건물이 그 이후에 주거용으로 용도 변경된 경우에는 건축 허가를 받았는지 여부에 상관없이 수용재결 내지 협의계약 체결 당시 주거용으로 사용된 건물이라 할지라도 이주대책대상이 되는 주거용 건축물이 될 수 없다.[1119] 따라서 주거용도로 사용하고 있는지에 대한 판정기준일은 공익사업을 위한 관계법령의 고시 등이 있는 날을 기준으로 결정하여야 할 것이다.

또한 주거용 건축물에 해당하는지 여부는 건축법상 건축물인지 여부로 판단하고 있다. 따라서 단순한 비닐하우스 등은 이주대책 대상 건축물로 인정하기 어려우나, 벽과 지붕이 있는 정착물은 이주대책 대상 건축물로 보고 있다.[1120]

한편, 종전에는 용도변경에 대해서는 불법건축물로 보지 않았으나,[1121] 2011. 12. 28. 토지보상법은 이주대책의 제외사유로 허가 및 신고를 하고 건축 또는 **용도변경**을 하여야 하는 건축물을 허가나 신고를 하지 아니하고 건축 또는 용도변경을 한 건축물의 소유자도 이주대책에서 제외하고 있다(령 제40조 제3항 제1호). 따라서 당해 건축물이 불법건축물이거나 불법으로 용도변경된 경우 이주대책에서 제외하여야 한다. 다만 행위시점(용도변경 시점 등)에는 불법이 아니나 이주대책기준일에는 불법인 경우에[1122] 이

1119) 대법원 2009. 2. 26. 선고 2007두13340 판결 : 이주대책의 대상이 되는 주거용 건축물이란 위 시행령 제40조 제3항 제2호의 '공익사업을 위한 관계 법령에 의한 고시 등이 있은 날' 당시 건축물의 용도가 주거용인 건물을 의미한다고 해석되므로, 그 당시 주거용 건물이 아니었던 건물이 그 이후에 주거용으로 용도 변경된 경우에는 건축 허가를 받았는지 여부에 상관없이 수용재결 내지 협의계약 체결 당시 주거용으로 사용된 건물이라 할지라도 이주대책대상이 되는 주거용 건축물이 될 수 없다.

1120) 중앙행정심판위원회 2006-02240 : 이주대책대상자부적격처분취소청구(2006. 7. 10. 의결)
(질의) 목조부직포즙 형태의 건조물이 이주대책 대상인 '주거용 건축물'에 해당하는지 여부
(회신) 이 건 건조물은 목조와 부직포 등으로 구성되어 있으나 토지에 정착하는 공작물로서 지붕과 벽이 있으므로 건축법 상 건축물에 해당하며, 방 3개와 거실 등으로 구성되어 있으며, 피청구인의 지장물건조사서에도 "가옥"이라고 기재되어 있고, 피청구인이 청구인에게 주거이전비를 지급하였으며, 청구인과 청구인의 딸이 적어도 1992. 7. 25.부터 거주하였으므로 이 건 건조물이 주거의 용도로 사용되었다고 인정되는 점 등을 종합할 때, 이 건 건조물을 주거용 건축물로 볼 수 없다는 이유로 피청구인이 행한 이 건 처분은 위법·부당함.

1121) 중앙행정심판위원회 2010-26659 (2011. 10. 18) : 이주자택지 공급대상자 제외처분 취소청구
당초 이주대책을 수립함에 있어 "기준일 이전부터 보상계약체결일 또는 수용재결일까지 계속하여 가옥을 소유하고 그 가옥에 계속 거주한 자로서, 그 가옥에 대한 보상을 받고 이주하는 자"라고 하였을 뿐이지, '건축물대장상 용도가 주거용으로 등재되어 있을 것'을 이주대책대상의 선정 기준으로 정하고 있지도 않으므로, 피청구인이 대법원 판결의 취지를 오인하여 위 판결을 근거로 공부상 기재만을 근거로 한 이주대책대상자 선정이 타당하다고 주장하는 것은 받아들일 수 없다. 따라서 청구인이 기준일(2006. 12. 29) 이전부터 계약체결일까지 이 사건 가옥을 실제 주거용으로 사용하여 왔는지 여부에 대하여는 전혀 고려함이 없이, 단지 위 가옥의 건축물대장의 용도란에 '점포'로 기재되어 있는 사실만을 두고 청구인을 이주대책대상자에서 제외한 피청구인의 이 사건 처분은 위법·부당하다 할 것이다.

1122) 건축법상 허가나 신고없이 가능한 경우는 2005.11.8 건축법 개정 전에는 비도시지역에서는 연면적 200㎡ 또는 3층 이하의 건축물은 시장,군수 등의 허가없이도 건축이 가능하였다(농지전용 등은 별도).

를 이주대책에서 제외한다면 이는 소급하여 재산권을 침해하는 결과가 될 수 있으므로 용도변경의 행위시점을 기준으로 당해 용도변경이 허가나 신고를 요하지 않는지 여부를 기준으로 판단하는 것이 타당할 것으로 보인다.

(2) 소유형태

한편 다가구주택과 같이 여러 사람이 공동으로 소유하고 있는 경우 이주대책을 각자 수립하여야 하는지에 대하여 하급심에서는 각자에게 이주대책 수립을 부정하였으나,[1123] 이후 상급심[1124] 및 대법원에서 이를 인정하여, 등기의 형식만을 근거로 다가구주택과 다세대주택의 소유자들 사이에 국민주택 등의 특별공급과 관련하여 차이를 두는 것은 합리적인 차별로 보기 어려운 점 등에 비추어 보면, 피고의 이 사건 거부처분은 피고가 가지는 재량권의 범위를 벗어난 것으로서 적법한 것으로 보기 어렵다[1125]고 판시하고 있다.

(3) 1989. 1. 24 이전 무허가 건축물

허가를 받거나 신고를 하고 건축하여야 하는 건축물을 허가를 받지 아니하거나 신고를 하지 아니하고 건축한 건축물의 소유자는 이주대책에서 제외된다. 다만 1989. 1. 24 이전의 무허가건물의 소유자는 토지보상법 부칙에 의거 이주대책 대상자에 포함된다.[1126] 이 경우 1989. 1. 24 이전부터 동일한 소유자일 필요는 없다고 할 것이다.[1127]

또한 용도변경도 2005. 11. 8 이전에는 건축법에 의한 시설군 가운데 동일한 시설군으로의 용도변경, 하위군으로의 용도변경, 바닥면적 100㎡ 이내의 용도변경 등은 허가나 신고없이 용도변경이 가능하였다. 그러나 이후 여러 가지 문제로 인하여 이러한 행위에 대하여도 신고 등의 절차가 필요하도록 개정하였다.

1123) 서울행정법원 2005. 7. 6. 선고 2005구합7525 판결 : 다세대주택과는 달리 공동주택의 특정 호실을 각자 소유하는 것이 아니고 다가구용 단독주택을 공동소유하는 경우에 해당하므로 원고들 각자에게 국민주택 특별분양권을 부여할 수 없다.

1124) 서울고등법원 2006. 4. 28. 선고 2005누17685 판결 : 다가구주택 중에서도 물리적 구조가 구분되어 각자 독립된 주거생활을 영위할 수 있는 주택은 그 실질에 있어서는 공동주택과 큰 차이가 없고, 또한 공익사업법은 이주대책대상자들의 주거용 건축물의 소유형식에 대하여 특별한 제한을 두고 있지 않으며, 다가구주택의 소유자들도 영구적으로 생활의 근거를 상실하게 된다는 점을 고려하면, 다가구주택의 소유권자로서 실질적으로 각자 독립된 주거를 갖고 있는 자도 각자 공익사업법 소정의 이주대책대상자에 포함된다고 보아야 할 것이다.

1125) 대법원 2007. 11. 29. 선고 2006두8495 판결.

1126) 토관 58342-452 (2005. 1. 17) : 보상목적으로 무허가건물이 난립하는 등 사회적 문제점으로 대두됨에 따라 법질서 확립차원에서 무허가건물에 대한 적정보상 이외의 부대적 보상을 배제할 목적으로 1989. 1. 24 이후 무허가건물에 대하여는 이주대책 등에서 제외하도록 한 것이다.

1127) 대법원 2015. 7. 23. 선고 2014다14672 판결 : 무허가 건축물의 소유권 또는 실질적 처분권의 취득시점

또한 이와 관련하여 1989. 1. 24 이전에 건축되었으나 이후 자연재해 등의 부득이한 사유로 기존 건축물을 헐고 1989. 1. 24 이후 새로이 신축 및 증축 등 의 건축행위를 하였다면 이주대책에 포함시켜야 하는지에 대해서 판례는 이에 대해 이주대책 수립을 부정하고 있다.[1128] 이는 당초 1989. 1. 24 이전에 건축물이 있었다 하여도 이후 동 건축물이 멸실되어 재축 및 신축 등을 할 경우 여전히 건축법에 의하여 허가나 신고의 대상임이 명확하므로, 당초 1989. 1. 24 이전에 건축물이 있었다 하여 허가나 신고의 대상이 면제되는 것은 아니기 때문이다. 그러나 1989. 1. 24 이전 무허가 건축물이 일부만 소실되어 건축물의 일부 구조에 대해서만 교체, 수리하고 당해 건축물에서 계속 거주한 경우에는 이주대책의 취지상 이주대책을 수립하는 것이 타당할 것으로 보인다.

판 례

▣ 대법원 2004. 9. 23. 선고 2003두4683 판결《전체파손 부정판례》

1982. 8.경 용인시 수지읍 죽전리 216-1, 216-2 토지를 임차하여 그 지상에 무허가주택인 양식벽돌조 스레트지붕 1층 35평을 건축하여 거주하다가 1996. 10. 8. 위 주택이 화재로 전소되자 허가 또는 신고 없이 바로 그 지상에 조립식 주택(경량철골조 칼라쉬트지붕 74.19㎡)을 재축한 사실을 알 수 있는바, 사정이 그러하다면, 원고들 소유의 위 건축물들은 1989. 1. 24. 이후 허가를 받지 아니하거나 신고를 하지 아니한 건축물에 해당하므로, 원고들은 이주대책대상자가 될 수 없다고 할 것이고, 기존 건물을 개축하였다거나 기존 건물을 대체하기 위하여 재축한 것이라 하여 달리 볼 수는 없다.

▣ 대법원 2009. 9. 24. 선고 2009두9819 판결《일부파손 인정판례》

주택에 화재가 발생하여 지붕 가운데 부분 약 60% 정도, 전체적으로는 약 50% 정도가 소실되었으나 건물이 붕괴되지는 않아 외형이 남아 있었던 사실, 원고는 종전 건물의 지붕과 외벽을 교체하고 건물 내부의 일부 구조를 변경하여 계속 거주하였는데, 위 화재를 전후하여 다른 곳으로 거주지를

까지도 1989. 1. 24. 이전이어야만 이주대책대상자의 범위에 포함될 수 있다는 의미는 아니다.

1128) ① 대법원 2003. 6. 10. 선고 2003두2038판결, 대법원 2004. 9. 23. 선고 2003두4638 판결 : 기존 건물을 철거하고 적벽돌조 슬라브즙 1층 주택을 다시 신축하였으나 기준면적 초과로 인하여 건축신고 등의 행정절차를 마치지 못하였으므로, 원고가 1996년 초에 신축한 건물을 1989.1.24 이후 허가를 받거나 신고를 하고 건축하여야 하는 건물을 허가를 받거나 신고를 하지 아니하고 건축한 건축물에 해당하여 원고는 이주대책 대상자가 될 수 없고, 신축 건물이 기존의 적법한 건축물을 철거하고 건축한 것이라 하여 달리 볼 수는 없다.

② 청주지방법원 2010. 2. 24. 선고 2009구합1940 판결 : 1990년경 건축허가 없이 기존 주택을 헐고 이 사건 주택을 새로 지었고, 더욱이 기존 주택과 신축 주택은 그 위치와 면적 및 구조가 완정히 달라 사회통념상 동일한 건물이라고 볼 여지가 전혀 없다. 그렇다면 이 사건 주택은 1989.1.24 이후 허가를 받고 건축해야 하는 건축물을 허가를 받지 않고 건축한 경우에 해당하므로 원고는 이주대책대상자의 요건을 갖추지 못하였고, 원고의 주장과 같이 부득이한 사정으로 개축하였다 하더라도 달리 볼 수는 없다.

> 옮기지 않은 사실 (중략), 앞서 본 법리에 위와 같은 사실을 비추어 보면, 원고는 1989. 1. 24. 이전 건축된 종전 건물 소유자로서 위 화재를 전후하여 단절 없이 종전 건물을 생활의 근거지로 삼아 거주하였다고 할 것이고, 달리 원고에게 부동산투기나 이주대책대상자의 지위를 참칭하려는 의도가 있었다고 보이지 않는 점을 더하여 보면, 원고는 위 이주대책기준에서 규정한 '미등재 무허가주택 소유자' 요건 중 "1989. 1. 24. 이전 건축되고 무허가건축물대장에 미등재된 주거용 무허가건축물 소유자로 기준일 이전부터 협의계약체결일(협의자) 또는 수용재결일(미협의자)까지 당해 주택에 계속 거주한 자"로서의 요건을 갖추었다고 봄이 상당하다.

2) 기준일 현재부터 거주한 자

이주대책대상자는 공익사업을 위한 **관계법령에 의한 고시** 등이 있는 날부터 계약체결일 또는 수용재결일까지 계속 거주하고 있는 자이여야 한다.

여기서 **관계법령에 의한 고시 등이 있은 날'은 이주대책대상자와 아닌 자를 정하는 기준으로서,**[1129] 토지보상법 시행령에 단순히 '고시가 있은 날'이 아니라 '고시 등이 있은 날'로 규정한 것은 지구지정 고시일과 공람공고일이 모두 포함될 수 있는, 이주대책 기준일에 관한 포괄적 규정으로 보아야 한다.[1130] 따라서 관계법령에 의한 고시일 등에는 지구지정 고시일 뿐만 아니라 확정되기 이전의 주민의 의견수렴 절차인 공람공고일도 포함된다고 할 것이다.[1131]

또한 택지개발예정지구의 경우 이주대책대상자의 범위를 예정지구지정 공람공고일 1년 이전부터 계속 소유하고 거주하여 온 자로 제한[1132]하고 있는 것은 위법하지 않다

1129) 대법원 2009. 6. 11. 선고 2009두3323 판결.

1130) 헌법재판소 2005. 5. 26. 선고 2004헌마62 결정 : 토지수용 절차에 토지보상법을 준용하는 '관계법령' 중에는 바로 지구지정 고시를 할 뿐 고시 이전에 주민 등에 대한 공람공고를 예정하지 아니한 법률(국방·군사시설에관한법률 제5조 제2항·제4항, 항만법 제10조, 제37조, 철도건설법 제7조 제4항, 도로법 제25조 제3항)이 있는 반면 지구지정 고시 이전에 주민 등에 대한 공람공고를 예정한 법률(택지개발촉진법 및 그 시행령)도 있기 때문에 그러한 경우를 모두 포섭하기 위한 것으로 보인다. 따라서 '관계법령에 의한 고시 등이 있은 날'에는 지구지정 고시일 뿐만 아니라 고시를 하기 위한 전제로서의 공람공고일도 포함될 수 있다고 보아야 한다

1131) 대법원 2009. 2. 26. 선고 2007두13340 판결 : 공익사업을 위한 관계 법령에 의한 고시 등이 있은 날'에는 토지수용 절차에 공익사업을 위한 토지 등의 취득 및 보상에 관한 법률을 준용하도록 한 관계 법률에서 사업인정의 고시 외에 주민 등에 대한 공람공고를 예정하고 있는 경우에는 사업인정의 고시일뿐만 아니라 공람공고일도 포함될 수 있다.

1132) 한편 이와 같이 이주자택지에 대해서 예정지구 공람공고일 1년 이전으로 그 요건을 강화한 것은 택지개발예정지구내 부동산투기를 방지대책의 일환으로 수도권에 한하여 도입되었다〈택지 58540-476 (1997. 9. 4)〉.
이와 같이 예정지구 공람공고일 1년 이전으로 이주자택지 요건을 강화한 경우는 다음과 같다. (LH 이주 및 생활대책 수립지침 제7조)

는 것이 판례[1133]의 입장이다.

한편, 기준일 부터 반드시 거주하여야 하는 지에 대해서 국토교통부의 유권해석은 상속 및 판결 등의 경우에는 그 예외를 인정하고 있다.

질의회신

▣ 공공주택과-4161 (2004. 12. 7)

거주기간 1년 미만인자라도 이주자택지 공급대상자가 될 수 있었던 자로부터 이주택지 공급요건 해당 주택 전부를 취득(판결·상속 등)한 자에게도 이주택지 공급을 허용함.

또한, 기준일 이전부터 거주하지 않았으나 이주대책이 수립이 가능한 경우로는 다음의 경우가 논의될 수 있다.

① 관계법령에 의한 가옥의 건축허가(신고로써 허가를 받은 경우 포함)를 득한 자가 당해 가옥에 대한 사용승인을 받고 보상계약체결일 또는 수용재결일까지 계속하여 거주한 경우 이주대책을 인정할 수 있었으나,[1134] 이 규정은 "관계법령에 의한 고시 등이 있는 날부터" 계약체결일 또는 수용재결일까지 계속하여야 한다는 토지보상법상의 명문규정에 배치된다는 사유로 감사원으로부터 지적을 받은 바 있어, 이 경우에는 추후 이주대책 수립이 불가할 것으로 보인다(아래 감사사례 참조).

감사사례

▣ 감사원 감사결과 처분요구 (2011. 07)

LH공사에서는「이주 및 생활대책 수립지침」제8조 제4항에 기준일 이전에 관계법령에 의한 가옥의 건축허가를 득한 자가 당해 가옥에 대한 사용승인을 받고 보상계약체결일 또는 수용재결일까지

1. 「수도권정비계획법」에 의한 수도권 지역
2. 「신행정수도 후속대책을 위한 연기·공주지역 행정중심복합도시 건설을 위한 특별법」에 의한 행정중심복합도시와 이주대책을 노린 투기행위를 방지하기 위하여 국가 또는 지방자치단체의 요청이 있는 지역

1133) 수원지방법원 2008. 5. 28. 선고 2007구합7513 판결(확정) : 원고 1은 주민공람공고일 1년 전부터 보상계획공고일까지 이 사건 사업지구 내에서 가옥의 소유 및 계속 거주의 요건을 갖춘 자로서 이주자택지공급대상자에 해당된다고 할 것이므로

1134) 토관 2442 (2004. 5. 31) : 종전의 개발제한구역내 주거용 건축물에서 거주하다가 당해 주택을 이축하고자 관계 법령에 의하여 적법하게 건축물 이축허가를 받아 건축중에 사업인정고시가 있었고, 그후 사용검사를 받아 당해 건축물에서 계속 거주하고 있는 경우라면 이주대책 실시의 취지에 따라 이주대책대상자에 해당된다고 보나, 이에 해당되지 아니하는 경우에는 이주대책대상자가 되기 어려울 것으로 보며, 개별적인 사례에 대하여는 사업시행자가 사실관계를 조사하여 판단·결정할 사항이라고 봅니다.

계속하여 거주한 경우 착공신고일을 기준으로 당해 가옥을 취득하여 계속 거주하여 온 것으로 볼 수 있다는 내용의 특례규정을 운용하고 있다.

그 결과 LH공사에서 2003년 이후 보상완료한 남양주별내 등 12개 택지개발사업에서 이주대책대상자로 선정된 106명이 위 시행령이 정하고 있는 거주요건을 충족하지 못했는데도 위 특례규정에 따라 이주대책대상자로 선정되었다.

아울러 위와 같이 특례규정을 운용한 결과 건축주 입장에서는 이주대책 및 생활대책 대상자로 선정되기 위해 장래 철거될 건물의 건축을 중단하지 않고 강행하려는 유인이 생겨 사회적 낭비의 원인으로 작용하고 있는 실정이다.

② 이주대책 수립대상자가 될 수 있었던 자가 보상금을 수령한 후 이주대책대상자로 확정되기 전에 사망한 경우, 보상금 수령일 이전부터 그 배우자 또는 직계존·비속이 이주대책대상자가 될 수 있었던 자와 함께 거주한 경우에는 이주대책대상자로 선정할 수 있으나,[1135] 상속인이 보상금 수령일 이전에 사망한 경우 피상속인이 거주하지 않았다면 이주대책 대상자가 될 수 없다.[1136]

3) 계속하여 거주한 자

이주대책대상자는 공익사업을 위한 ① 관계법령에 의한 고시 등이 있는 날부터 ② 계약체결일 또는 수용재결일까지 ③ 계속 거주하고 있는 자이여야 한다. 따라서 동 기간에 계속하여 거주하지 아니하던 자는 당해 건물의 제공으로 인하여 생활근거를 상실하게 된 자가 아니어서 이주대책대상자가 되지 아니한다.[1137][1138] 다만, 질병으로 인한 요양,[1139] 징집으로 인한 입영, 공무, 취학 그 밖에 이에 준하는 부득이한 사유로 인하여 거주하지 아니한 경우에는 그러하지 아니하다. 이는 토지보상법시행령 제40조 3항

1135) 토관 3398 (2004. 7. 31) : 오래 전부터 같이 거주하고 사망한 부명의 주택에 대하여 그 아들은 법정상속인이 되므로 아들이 당해 주택에서 계속 거주하고 있는 경우 이주대책수립대상에 해당된다.

1136) 토관 3238 (2004. 7. 22) : 사업인정고시 후 보상받기 전에 모친이 사망하고 한 달 후에 상속자인 아들이 입주 거주한 경우 이주대책대상자에 해당되지 아니한다고 보나, 개별적인 사례에 대하여는 사업시행자가 사실관계를 조사하여 판단 결정할 사항이라고 봅니다.

1137) 대법원 1994. 2. 22. 선고 93누15120 판결

1138) 토정 58342-982 (1998. 6. 22) : 특례법시행규칙 제27조의2 제3항에서 "건물의 소유자 중 당해 건물에 계속하여 거주하고 있지 아니한 자는 이주대책대상자가 아니도록" 규정하고 있습니다. 공공사업에 관한 계획의 고시 등이 있기 이전에 사망하여 건물이 상속된 경우 상속받은 가족이 실제 거주하지 아니하거나, 공공사업시행일 이전에는 거주하지 아니하다가 공공사업시행일 이후에 건물을 취득하여 거주하고 있는 경우 등에는 이주대책대상자가 되지 아니합니다.

1139) 토관 58342-1733 (2003. 12. 30) : 요양 등 부득이한 사유로 인하여 거주하지 못한 경우에는 이주대책대상에 해당된다고 봅니다.

2호의 단서 규정에 의하여 계속거주하지 않았다 하여도 질병으로 인한 요양, 징집으로 인한 입영,[1140] 공무, 취학 등에 해당하는 경우 그 지급이 가능하도록 예외규정을 두고 있다. 이는 일시적으로 당해 가옥에 거주하지 못하는 부득이한 경우는 계속 거주하는 것으로 보아 이주대책을 수립하여야 한다는 취지로 보인다.

이 조항의 해석과 관련하여 이러한 부득이한 사유가 관계법령에 의한 고시일 이후에 한정하여 단서규정을 적용하여야 하는 지에 대하여 논의가 있었으나, 국토부 유권해석에서 이 예외규정은 고시일 이후에 한정하여 해석할 수 없다고 회신[1141]하고 있어, 이 예외규정을 적용함에 있어서는 관계법령에 의한 고시일 이전에 질병, 공무 등의 사유가 발생하였어도 적용이 가능하다고 보고 있다.

4) 생활근거지를 상실한 자

이주대책은 대상자는 공익사업으로 인하여 주거용 건축물이 철거 또는 이전됨으로써 생활근거지를 상실하게 되는 자이다. "생활근거를 상실한 자"라 함은 피수용자가 거주하던 가옥이 공익사업 용지에 편입되어 더 이상 주거생활을 하지 못하게 되는 경우를 뜻한다.

한편, 도시정비법의 주거환경개선지구에서 주택에 대한 분양계약 체결을 한 건축물 등의 소유자의 경우에는 이주대책 대상자에 해당하지 않는다(아래 판례 참조).

1140) 법제처-06-0157(2006. 8. 11) : 「병역법」에 의한 징집·소집 등에 의하여 입영하여 영내에 기거하게 되는 때에는 통상 그가 속한 세대 전체가 이에 따라 주소 또는 거소를 옮기지는 아니하므로 「주민등록법」 제6조 제2항의 규정에 의하여 그가 속하는 세대의 원래 거주지에서 주민등록을 하면 될 것이나, 직업으로 군 복무를 하는 경우 세대 전체가 주소 또는 거소를 옮기게 되는 경우가 많은데, 이러한 경우는 일반인이 근무지 또는 사업장의 소재지에 따라 거주지를 옮기게 되는 경우와 유사하고, 이주대책대상자로 포함시킨다고 하더라도 이주대책으로 마련된 주택에 실제 거주할 수 없어 결과적으로는 동 주택을 임대하거나 전매하게 되는 점 등을 고려하여 볼 때, 실수요자를 대상으로 하는 이주대책대상자에 이러한 경우까지 포함시키는 것은 타당하지 아니합니다.

1141) 토관 3658 (2004. 8. 13) : 이주대책대상자가 되기 위해서는 공익사업을 위한 관계법령에 의한 고시 등이 있은 날 '이전부터 계속 거주'하여야 하나, 단서규정에서 거주기간의 예외를 인정하여 이에 해당되는 경우에는 이주대책대상자가 될 수 있도록 예외규정을 두고 있습니다. 위 제2호 본문은 이주대책대상자에서 제외되는 거주기간을 한정하여 규정하고 있다 할 것이고, 단서규정은 한정한 거주요건의 예외를 인정한 것이라 할 것인데도, 이를 단서규정에까지 위 본문의 거주요건을 적용토록 한 귀 공사예규의 규정(… 기준일이후 사업지구외로 주거를 이전하여…)은 위 규정에 어긋나는 규정이라고 봅니다.

판 례

□ 대법원 2012. 3. 15. 선고 2011다31393 판결

주거환경개선사업은 당해 사업지구 내 도시의 저소득주민들은 일시적으로는 공익사업에 해당하는 주거환경개선사업의 시행으로 인하여 주거용 건축물을 제공할 수밖에 없다 하더라도 추후 당해 사업에 의하여 건설되는 주택을 그들의 선택에 따라 분양 또는 임대받을 수 있는 우선적 권리를 향유하게 될 뿐만 아니라, 토지 또는 건축물의 소유자가 반드시 사업지구에 거주할 것을 요하지도 않으므로 생활의 근거를 상실하였는지 여부와 관계없이 주택을 분양 또는 임대받게 된다. (중략) 주거환경개선지구의 지정요건으로 기준일 현재 당해 지역 안의 토지 또는 건축물을 소유하고 있는 자 총수의 각각의 3분의 2 이상의 동의 및 기준일 현재 당해 지역 안에 3월 이상 거주하고 있는 세입자세대주 총수의 2분의 1 이상의 동의를 얻을 것 등을 요구하고 있으므로, 사업지구 내 주민들이 모두 비자발적으로 주거용 건축물을 제공하는 것도 아니다. 이러한 여러 사정을 비롯한 관계 법령의 내용, 형식 및 취지 등을 종합하여 보면, 주거환경개선지구 내 주거용 건축물의 소유자로서 위 사업으로 인하여 건설되는 주택에 관한 분양계약을 체결한 자들은 구 공익사업법 제78조 제1항에 규정된 이주대책대상자 즉, 공익사업의 시행으로 인하여 주거용 건축물을 제공함에 따라 생활의 근거를 상실하게 되는 자에 해당하지 않는다고 봄이 상당하다.

5) 건축물 소유자일 것

이주대책은 건축물 소유자에 한하여 보상하는 것으로, 타인이 소유하는 건축물에 거주하는 세입자[1142]나 공공사업지구 밖의 영업폐지의 경우에도 대상자에서 제외된다.[1143] 이와 관련하여 건물의 소유여부는 등기부 등본 등의 공부에 의하여 판단하게 되지만 무허가·미등기건물의 경우는 실질적인 처분권을 가진 자를 이주대책대상자로 결정하여야 할 것이다.[1144]

1142) ① 토정 58342-667 (1998. 5. 14) : 특례법시행규칙 제27조의2 제3항에서 “타인이 소유하고 있는 건물에 거주하는 세입자, 건물의 소유자 중 당해 건물에 계속하여 거주하고 있지 아니한 자는 이주대책의 대상이 아니도록 규정”하고 있으므로, 목사관은 이주대책대상이 되지 아니할 것입니다.
② 그러나 세입자의 경우 어떤 가옥에서 거주하는 법적 권원이 무엇이었던 간에 (소유 혹은 임대여부와 상관없이) 공익사업으로 인해 현재 ‘거주하고 있는 상태를 지속하지 못하게 된 자’에 해당하게 되어 이주대책을 수립하는 것이 타당할 것이라는 일부 견해도 있다(김해룡, 기업도시개발에 있어서의 이주 내지 생활대책, 한국토지공법학회, 2005년 12월, 15~16면).

1143) 대법원 1999. 5. 14. 선고 98다8059 판결 : 공공사업시행지구 밖에서 영업을 하고 있는 자가 공공사업의 시행으로 인하여 간접적인 영향을 받아 영업을 폐지하게 되어 손실보상을 받았을 뿐인 경우에는 공공사업 시행에 필요한 토지 등을 제공함으로 인하여 생활의 근거를 상실하게 되어 위와 같은 이주대책을 필요로 하는 이주자에 해당한다고 할 수 없다

1144) 대법원 1997. 2. 11. 선고 96누14067 판결 : 한국토지공사의 이주자택지의공급에관한예규에 구획 등의 지정고시일 현재 사업지구 내에 소재한 가옥 등의 소유자로 보상을 받은 자를 이주자택지의 공급대상자로 규정하고 있다거나, 가옥소유자의 확인은 건물등기부등본에 의한다고 규정하고 있다 하더라도, 공공용지의취득및손실보상에관한특례법 제5조 제1항, 제5항, 제8조 제1항의 각 규정 취지에 비추어, 그 소유자는

한편, 세입자에게 이주대책을 부정하는 하는 것이 세입자의 재산권을 침해하거나 평등권을 위배하는 것은 아닌가 하는 일부 의견[1145]에 대하여 헌법재판소는 세입자에게 주거이전비 등이 지급되고 있다는 사유 등을 들어 평등권을 위배한 것이 아니라는 입장[1146]이다.

판 례

> **□ 대법원 1992. 4. 24. 선고 91누8692 판결**
> 이주대책은 공공사업의 시행으로 생활근거를 상실하게 되는 자를 위하여 이주대상자에게 이주정착지의 택지를 분양받게 하려는 것이므로 원심이 확정한 바와 같이 원고가 관리사를 포함한 배양장시설 일체를 ○○○에게 채무담보조로 양도하여 위 김봉관에게 처분권이 귀속된 이상 비록 원고가 대외적으로는 소유권을 보유하고 있더라도 이는 위 법에서 예상하는 이주대상자의 범위에 포함되지 아니하는 것으로 해석하여야 할 것이다.

한편, 2016. 1. 6. 시행령 개정에서 해당 공익사업지구 내 가옥을 소유한 소유자가 동일사업지구 내 타인이 소유하고 있는 건축물에 거주하는 경우도 생활의 근거지를 상실한 것으로 보아 이주대책을 수립하도록 명문화하였다.

2. 공장의 이주대책

공장에 대한 이주대책은 법률에 명시되어 있으나 실제로 공장에 대한 이주대책을 수

대외적인 소유권을 가진 자를 의미하는 것이 아니라 실질적인 처분권을 가진 자를 의미하는 것으로 봄이 정당하고, 또한 건물등기부등본 이외의 다른 신빙성 있는 자료에 의하여 그와 같은 실질적인 처분권이 있음의 입증을 배제하는 것도 아니다.

1145) 박필, 부동산연구 제20집, 공익사업에 따른 생활보상제도의 문제점 및 개선방안, 2010.6 , 61면. "세입자는 주택소유자보다 경제적 약자이고, 주거생활이 보호되어야 할 대상이기 때문에 공익사업의 시행에 있어 이주대책의 필요성이 더욱 요구된다"고 주장하고 있다.

1146) 헌법재판소 2006. 2. 23. 2004헌마19 결정 : 이주대책은 헌법 제23조 제3항에 규정된 정당한 보상에 포함되는 것이라기보다는 이에 부가하여 이주자들에게 종전의 생활상태를 회복시키기 위한 생활보상의 일환으로서 국가의 정책적인 배려에 의하여 마련된 제도라고 볼 것이다. 따라서 이주대책의 실시여부는 입법자의 입법정책적 재량의 영역에 속하므로 공익사업을위한토지등의취득및보상에관한법률 시행령 제40조 제3항 제3호(이하 '이 사건 조항'이라 한다)가 이주대책의 대상자에서 세입자를 제외하고 있는 것이 세입자의 재산권을 침해하는 것이라 볼 수 없다. 소유자와 세입자는 생활의 근거의 상실 정도에 있어서 차이가 있는 점, 세입자에 대해서 주거이전비와 이사비가 보상되고 있는 점을 고려할 때, 입법자가 이주대책 대상자에서 세입자를 제외하고 있는 이 사건 조항을 불합리한 차별로서 세입자의 평등권을 침해하는 것이라 볼 수는 없다.

립하는 사례는 극히 드물다. 이에 대한 사례로는 앞서 설명한 동탄신도시와 한강신도시 정도에 불과한 실정이다. 이는 따라서 최근 정부가 저소득층 주거 안정을 위해 추진하고 있는 보금자리주택사업 등 대규모 국책사업으로 인해 사업지구내 위치한 공장들이 별다른 이주대책이 없어 난개발과 불법시설 양성 등 또 다른 문제가 제기될 우려가 있다.[1147]

한편 공장의 이전에 대하여 이주대책이라는 표현 자체가 문제가 있다는 지적이 있다. 즉 공장의 경우 본질적으로 '주거공간'의 이전이 아닌 '영업장소'의 이전에 해당하므로 『이전대책』이 적절함에도 불구하고 이주대책이라는 표현으로 인하여 원주민들의 이주대책과 동일하게 공장용지 분양가격에 대하여 조성원가의 70~80% 정도를 요구하고 있어 불필요한 민원이 제기되고 있다.

□ **토지보상법**

제78조의 2 (공장에 대한 이주대책의 수립 등) 사업시행자는 대통령령으로 정하는 공익사업의 시행으로 인하여 공장부지가 협의 양도되거나 수용됨에 따라 더 이상 해당 지역에서 공장(「산업집적활성화 및 공장설립에 관한 법률」 제2조 제1호에 따른 공장을 말한다)을 가동할 수 없게 된 자가 희망하는 경우 「산업입지 및 개발에 관한 법률」에 따라 지정·개발된 인근 산업단지에의 입주 등 대통령령으로 정하는 이주대책에 관한 계획을 수립하여야 한다. [본조신설 2007. 10. 17]

3. 이주대책의 수립요건

1) 이주정착지에 이주를 희망하는 자가 10호 이상

종전 30호에서 10호로 그 요건을 강화하였다.[1148] 따라서 이주대책은 이주대책대상자 수가 아니라, 이주정착지로 희망하는 자가 10호 이상일 경우 실시하고 그 미만일 경우에는 이주대책을 수립·실시할 법적 의무는 없다.[1149] 다만 이 경우 이주정착금은

1147) 경인일보, 2011. 02. 17 "서민 삶터에 자리내준 공장만 희생양" 보금자리주택사업지구 하남 미사와 고양 원흥, 부천 옥길 등 모두 9곳의 4천500여개 업체의 공장에 대한 이전대책이 전무하다. 이 같은 이유는 보금자리주택사업의 대부분이 도심지인 과밀억제권역에서 추진되고 있기 때문이다. 수도권정비계획법상 과밀억제권역에서의 공업지역(산업단지) 지정은 원칙적으로 불가능하다.

1148) 종전 공특법 시행령 개정(1989년 1월 29일) 이전에는 이주자가 30호 이상인 경우 이주대책을 수립하였었다.

1149) 법제처 안건번호 10-0322(2010. 10. 15) 「공익사업을 위한 토지 등의 취득 및 보상에 관한 법률」 제78조

지급하여야 한다.

2) 택지나 주택을 공급한 경우

사업시행자가 「택지개발촉진법」 또는 「주택법」 등 관계법령에 의하여 이주대책대상자에게 택지 또는 주택을 공급한 경우(사업시행자의 알선에 의하여 공급한 경우를 포함)에는 이주대책을 수립·실시한 것으로 본다.

3) 이주대책을 수립할 수 없는 경우에는 예외

① 공익사업시행지구의 인근에 택지 조성에 적합한 토지가 없는 경우

② 이주대책에 필요한 비용이 당해 공익사업의 본래의 목적을 위한 소요비용을 초과하는 등 이주대책의 수립·실시로 인하여 당해 공익사업의 시행이 사실상 곤란하게 되는 경우

Ⅲ. 이주대책의 내용

이주대책은 법에 정해진 것을 제외하고는 사업시행자의 재량으로 정한다. 법에 규정된 이주대책은 다음의 3가지로 분류할 수 있다.

1. 이주정착지의 조성·공급

토지보상법에서는 이주정착지를 조성하여 공급하는 것을 원칙으로 하고 있으나, 그 구체적인 방법은 규정하고 있지 않다. 다만, 이주정착지에 대한 도로·급수시설·배수시설 그 밖의 공공시설 등 통상적인 수준의 생활기본시설이 포함하도록 하고, 이에 필요한 비용은 사업시행자의 부담으로 하도록 하고 있다. 다만, 행정청이 아닌 사업시행자

및 같은 법 시행령 제40조 제1항에 따른 이주대책대상자 중 이주정착지에 이주를 희망하는 자가 10호 미만인 경우에는 사업시행자에게 같은 법 시행령 제40조 제1항에 따른 이주대책을 수립·실시할 의무가 없습니다.

가 이주대책을 수립·실시하는 경우에 지방자치단체는 비용의 일부를 보조할 수 있다 (법 제78조 제4항). 이는 이주대책의 제도적 취지에 비추어 볼 때, 사업시행자가 이주자들을 위한 이주대책으로써 이주정착지에 택지를 조성하여 개별 공급하는 경우, 그 이주정착지에 대한 도로, 급수 및 배수시설 기타 공공시설 등 당해 지역조건에 따른 생활기본시설이 설치되어 있어야 하고, 또한 그 공공시설 등의 설치비용은 사업시행자가 부담하는 것으로써 이를 이주자들에게 전가할 수는 없는 것이며, 이주자들에게는 다만 분양받을 택지의 소지(素地)가격 및 택지조성비 정도를 부담시킬 수 있는 것으로 해석함이 상당하고,[1150] 이와 같은 규정들은 당사자의 합의로도 그 적용을 배제할 수 없는 강행법규에 해당되어, 이주정착지의 분양예정통보 및 분양공고에서 공공시설비를 분양대금 속에 포함시킨 부분은 위와 같은 강행법규에 위반되는 법률행위로써 무효이다.[1151]

2. 택지·주택의 공급

1) 근거 및 취지

□ **토지보상법**

제78조 (이주대책의 수립 등) ① 사업시행자는 공익사업의 시행으로 인하여 주거용 건축물을 제공함에 따라 생활의 근거를 상실하게 되는 자(이하 "이주대책대상자"라 한다)를 위하여 대통령령이 정하는 바에 따라 이주대책을 수립·실시하거나 이주정착금을 지급하여야 한다.
④ 이주대책의 내용에는 이주정착지(이주대책의 실시로 건설하는 주택단지를 포함한다)에 대한 도로·급수시설·배수시설 그 밖의 공공시설 등 통상적인 수준의 생활기본시설이 포함되어야 하며, 이에 필요한 비용은 사업시행자의 부담으로 한다. 다만, 행정청이 아닌 사업시행자가 이주대책을 수립·실시하는 경우에 지방자치단체는 비용의 일부를 보조할 수 있다. 〈개정 2007. 10. 17.〉
⑧ 제4항에 따른 생활기본시설에 필요한 비용의 기준은 대통령령으로 정한다. 〈신설 2007. 10. 17.〉

1150) 대법원 2002. 3. 15. 선고 2001다67126 판결.

1151) ① 대법원 2003. 7. 25. 선고 2001다57778 판결 : 김포공항 인근 이주단지 조성과 관련하여 서울시에서 이주단지내 택지 분양시 주민과의 협약체결을 근거로 공공시설비를 포함한 조성원가를 분양하였으나 이는 강행규정을 위반한 행위로 판단하고 있다.
② 서울고법 2008. 11. 27. 선고 2008나33513 판결 : 공익사업을 위한 토지 등의 취득 및 보상에 관한 법률 제78조 제1항, 제4항에 따라 사업시행자가 이주자들을 위한 이주대책으로서 이주정착지에 택지를 조성하거나 그 지상에 주택을 건설하여 공급하는 경우, 그 이주정착지에 대한 도로, 급수 및 배수시설 기타 공공시설 등 당해 지역조건에 따른 생활기본시설을 설치하여야 함은 물론 그 공공시설 등의 설치비용은 사업시행자가 부담하는 것으로서 이를 이주자들에게 전가할 수 없으며, 이주자들에게는 다만 분양받을 택지의 소지(소지)가격 및 택지조성비, 그리고 그 지상에 주택을 건설하여 공급하는 경우 건축원가만을 부담시킬 수 있다.

□ **토지보상법 시행령**

제40조 (이주대책의 수립·실시) ① 사업시행자가 법 제78조 제1항의 규정에 의한 이주대책(이하 "이주대책"이라 한다)을 수립하고자 하는 때에는 미리 그 내용을 동항의 규정에 의한 이주대책대상자(이하 "이주대책대상자"라 한다)에게 통지하여야 한다.

②이주대책은 국토해양부령이 정하는 부득이한 사유가 있는 경우를 제외하고는 이주대책대상자중 이주정착지에 이주를 희망하는 자가 10호 이상인 경우에 수립·실시한다. 다만, 사업시행자가 「택지개발촉진법」 또는 「주택법」 등 관계법령에 의하여 이주대책대상자에게 택지 또는 주택을 공급한 경우(사업시행자의 알선에 의하여 공급한 경우를 포함한다)에는 이주대책을 수립·실시한 것으로 본다.

사업시행자가 「택지개발촉진법」 또는 「주택법」등 관계법령에 의하여 이주대책대상자에게 택지 또는 주택[1152]을 공급한 경우(사업시행자의 알선에 의하여 공급한 경우를 포함)에는 이주대책을 수립·실시한 것으로 본다.

이와 관련하여 토지보상법상 이주대책과 주택공급에 관한 규칙에 의한 주택의 특별공급은 각각 그 요건과 절차를 달리하는 것으로 사업시행자가 이주대책으로 주택공급에 관한 규칙에 의한 주택의 특별공급방법을 정하였다 하여도, 그와 같은 자를 이주대책대상자에서 제외한 조치의 위법여부는 토지보상법에 의하여 판단하여야 할 것이다.

또한 공익사업의 시행자가 수립·실시하는 이주대책으로서 택지 또는 주택을 제공하는 방법에 대해 구체적으로 규정하고 있지 않은바, 이주대책의 구체적인 내용에 관하여는 사업시행자가 제반 사정을 고려하여 재량으로 결정할 수 있다고 할 것이고,[1153] 나아가 이주대책 대상자를 선정하고 이들에게 공급할 택지나 주택의 내용이나 수량을 정하는 것은 사업시행자의 재량에 맡겨져 있다[1154]고 할 수 있다. 따라서 이주대책의 택

1152) 택지개발과-859 (2010. 4. 13) : 택지개발지구내 이주대책수립 대상자에게 이주대책으로 공동주택건설용지를 공급할 수 있는지 여부에 대하여 "「택지개발촉진법 시행령」 제13조의2 제3항 및 같은 법 시행규칙 제10조 제2항 제2호는 「공익사업을 위한 토지 등의 취득 및 보상에 관한 법률」에 따른 이주대책의 실시에 따라 공급하는 주택건설용지의 종류를 제한하고 있지 않으므로 이주대책수립 대상자에게 공동주택건설용지를 공급할 수 있을 것으로 판단됩니다"라고 회신하였다. 이 회신 전에도 세종도시의 경우 이주대책으로 공동주택건설용지를 지분으로 공급한 바 있다.

1153) 대법원 1994. 2. 22. 선고 93누15120 판결 : 특례법시행령 제5조 제5항 단서는 사업시행자가 택지개발촉진법 또는 주택건설촉진법 등 관계법령에 의하여 이주대책대상자에게 택지 또는 주택을 공급한 경우에는 이주대책을 수립 시행한 것으로 본다고 규정하고 있으므로, 특례법상의 이주대책대상자에게 주택공급에 관한 규칙(1993. 9. 1. 건설부령 제537호로 개정되기 전의 것) 제15조의 규정에 의하여 주택을 특별공급한 경우에는 별도의 이주대책을 수립 시행하지 아니하여도 되는 것이다.

1154) 대법원 2007. 2. 22. 선고 2004두7481 판결 : 구 공공용지의 취득 및 손실보상에 관한 특례법(2002. 2. 4. 법률 제6656호 공익사업을 위한 토지 등의 취득 및 보상에 관한 법률 부칙 제2조로 폐지) 제8조 제1항 및 같은 법 시행령(2002. 12. 30. 대통령령 제17854호 토지보상법 시행령 부칙 제2조로 폐지)

지나 주택의 종류에는 사업시행자의 재량이 인정되는데, 이에는 **공동주택건설용지의 공급**이 가능[1155]할 뿐만 아니라, **국민임대 등의 특별공급**,[1156] 분양주택이 아닌 **임대주택을 공급**하기로 한 경우에도 "주택을 공급"한 것으로 보아 이주대책을 수립한 것으로 볼 수 있다.[1157]

2) 공급가격

(1) 공급가격 결정

이주자택지 공급에 있어 정당한 분양가격을 조성원가로 하여야 하는지 아니면 감정가격으로 하여야 하는지에 대한 논의가 있다.[1158] 또한 사업시행자가 정한 일정 면적

제5조 제5항에 의하여 실시되는 이주대책은 공공사업의 시행으로 생활근거를 상실하게 되는 이주자에게 이주정착지의 택지를 분양하도록 하는 것이고, 사업시행자는 특별공급주택의 수량, 특별공급대상자의 선정 등에 있어 재량을 가진다.

1155) 국토부 택지개발과-859 (2010. 4. 13) : 택지개발지구내 이주대책수립 대상자에게 이주대책으로 공동주택건설용지를 공급할 수 있는지 여부에 대하여 "「택지개발촉진법 시행령」 제13조의2 제3항 및 같은 법 시행규칙 제10조 제2항 제2호는 「공익사업을 위한 토지 등의 취득 및 보상에 관한 법률」에 따른 이주대책의 실시에 따라 공급하는 주택건설용지의 종류를 제한하고 있지 않으므로 이주대책수립 대상자에게 공동주택건설용지를 공급할 수 있을 것으로 판단됩니다"라고 회신하였다. 이 회신 전에도 세종도시의 경우 이주대책으로 공동주택건설용지를 지분으로 공급한 바 있다.

1156) 대법원 2007. 11. 29. 선고 2006두8495 및 대법원 2009. 11. 12. 선고 2009두10291 판결 : 주택법의 위임을 받아 제정된 '주택공급에 관한 규칙' 제19조 제1항 제3호 각 목에서 정한 철거 주택의 소유자를 대상으로 하는 국민주택 등의 특별공급은 공익사업의 시행으로 인하여 주거용 건축물을 제공함에 따라 생활의 근거를 상실하게 되는 자를 위하여 '공익사업을 위한 토지 등의 취득 및 보상에 관한 법률' 제78조 제1항 및 같은 법 시행령 제40조 제2항 단서에 근거하여 사업시행자가 실시하는 이주대책에 갈음하는 성질을 가지는 것으로, 사업시행자는 이주대책기준을 정하여 위 이주대책대상자 중에서 이주대책을 수립·실시하여야 할 자를 선정하거나 그들에게 공급할 주택 등의 내용이나 수량 등을 정하는 데 재량을 가진다. 그리고 이를 위해 사업시행자가 설정한 기준은 그것이 객관적으로 합리적이 아니라거나 타당하지 않다고 볼 만한 특별한 사정이 없는 한 존중되어야 한다.

1157) 법제처 안건번호 10-0271(2010. 10. 8) : 사업시행자는 이주대책기준을 정하여 이주대책대상자 중에서 이주대책을 수립·실시하여야 할 자를 선정하여 그들에게 공급할 택지 또는 주택의 내용이나 수량을 정할 수 있고, 이를 정하는 데 재량을 가지므로, 이를 위해 사업시행자가 설정한 기준은 그것이 객관적으로 합리적이 아니라거나 타당하지 않다고 볼 만한 특별한 사정이 없는 한 존중되어야 하는데(대법원 2009. 3. 12. 선고 2008두12610 판결), 이 때의 '공급할 주택의 내용'에는 공급할 주택의 면적은 물론 공급할 주택의 종류도 포함된다고 볼 수 있으므로, 이 사안에서 사업시행자가 설정한 임대주택 공급기준이 객관적으로 합리적이 아니라거나 타당하지 않다고 볼 만한 특별한 사정이 없는 한 1989. 1. 24. 현재 무허가건물의 소유자 중 일부에게 임대주택을 공급한 것만으로 이주대책을 수립·실시한 것으로 볼 수 없다고 단정할 수는 없다고 할 것입니다.

1158) 실무적으로는 이주자택지는 대부분의 사업시행자가 조성원가에서 생활기본시설 설치비를 제외한 가격으로 공급하고 있으나(한국토지주택공사 "이주 및 생활대책 수립지침" 제17조), 이주자주택의 경우는 공급가격(감정가격)에서 생활기본시설 설치비를 공제하는 방식(한국토지주택공사 "이주 및 생활대

이상의 경우 이 초과분에 대하여 감정평가로 공급하고 있는 것[1159]이 과연 정당한 분양가격인지의 논의가 일고 있다.

① 조성원가

이주자택지의 공급가격으로 조성원가에 의하여야 한다는 주장이다.[1160] 대부분의 사업시행자는 이주자택지의 공급에 있어서 국토교통부 고시[1161]에 의거 산정되는 조성원가로 공급하고 있다.[1162]

② 소지가격

이주자택지의 공급가격으로 단순히 택지의 '소지가격 및 조성비'만을 부담하는 단순원가방식으로 이는 종전 대법원의 입장[1163]이었다.

③ 감정가격

택지개발업무처리지침(국토교통부 훈령) 제18조 제1항 별표3은 단독주택용지의 경우 감정가격에 의하여 공급하도록 규정하고 있고, 이주자택지는 단독주택용지이므로, 이

책 수립지침" 제20조)이므로 형평성에 어긋나는 것이 아닌가 한다.

1159) 한국토지주택공사 "이주 및 생활대책 수립지침" 제15조(공급규모) ① 이주자 택지의 공급규모는 다음 각 호의 기준으로 한다.
1. 점포겸용 단독주택용지: 1필지당 265제곱미터 이하
2. 주거전용 단독주택용지: 1필지당 330제곱미터 이하(블록형 단독 주택용지로 공급하는 경우에는 해당 단위 블록내 개별필지의 평균면적을 기준으로 한다.)
3. 공동주택용지 : 실시계획승인서상 이주대책으로 공급하는 공동주택용지의 대지면적을 건설호수로 나눈 값의 1.2배 이하의 면적

제17조(공급가격) ① 이주자 택지의 공급단가는 조성원가에서 이주자 택지 대지면적에 해당하는 토지보상법 시행령 제41조의2에 따른 생활기본시설 설치비(이하 "생활기본시설 설치비"라 한다)를 제외한 금액을 기준으로 한다. 이 경우 생활기본시설 설치비의 산정은 별표1에 따른다.
② 제1항에도 불구하고 제15조 제2항에 따라 기준면적을 초과하는 필지를 공급하는 경우에는 그 초과분에 대해서는 감정가격으로 산정한다. 〈신설 2013. 12. 19.〉

1160) 서울고법 2011. 12. 1. 2010나68703 판결.

1161) "공공택지 조성원가 산정기준 및 적용방법", 국토교통부고시 제2015-574호.

1162) 이 경우 정당한 분양대금 산정방식은 "(총사업비 - 생활기본시설 설치비용) ÷ 유상공급 대상면적"이라 할 것이다.

1163) 대법원 2002. 3. 15. 선고 2001다67126 판결. : 사업시행자가 이주자들을 위한 이주대책으로서 이주정착지에 택지를 조성하여 개별 공급하는 경우, 그 이주정착지에 대한 도로, 급수 및 배수시설 기타 공공시설 등 당해 지역조건에 따른 생활기본시설이 설치되어 있어야 하고, 또한 그 공공시설 등의 설치비용은 사업시행자가 부담하는 것으로서 이를 이주자들에게 전가할 수는 없는 것이며, 이주자들에게는 다만 분양받을 택지의 소지(素地)가격 및 택지조성비 정도를 부담시킬 수 있는 것으로 해석함이 상당하고, 이와 같은 규정들은 그 취지에 비추어 볼 때 당사자의 합의로도 그 적용을 배제할 수 없는 강행법규에 해당한다고 봄이 상당하다.

주자택지의 정당한 분양대금은 단독주택용지의 감정가격으로 산정해야 한다는 주장[1164]으로 일부 하급심에서 이 견해를 보이고 있다.

(2) 판 례

이주자택지의 정당한 분양가격을 사업시행자의 조성원가나 소지가격으로 보아야 할 것인지 아니면 감정가격으로 하여야 할 것인지에 대한 논의가 있었다. 이에 대하여 토지보상법은 별도의 규정이 없다. 따라서 사업시행자별 조성원가와 감정가격으로 공급하는 등 혼선이 있는 실정이다.

대법원은 당초 이주대책대상자에게 그 투입원가로 개별 공급하는 소위'원가공급원칙'을 천명하였다.[1165] 그러나 이후 '원가공급원칙'을 폐기하였다.[1166] 따라서 대법원은 이주대책대상자들에게 생활기본시설에 대한 비용만 제외한다면 이주자택지 및 주택 등의 공급가격을 조성원가로 하든, 감정가격으로 하든 상관없다는 입장인 것이다.

또한 대부분의 사업시행자는 이주자택지의 면적이 265㎡[1167]를 넘는 부분에 대해서

1164) 대구지법 2012. 1. 12. 2011가합4333 결정 : 분양대금 중 생활기본시설 설치비용을 제외한 나머지 부분에 있어서는 이주대책대상자들과 일반 수분양자들을 다르게 취급할 이유가 없으므로, 이주대책대상자들에 대한 정당한 분양대금은 일반 수분양자들이 부담하는 분양대금에서 생활기본시설 설치비용을 제외한 나머지 금액이라 할 것이다. 부천지원 2012. 2. 14. 2009가합9613 결정 ; 피고가 정당한 분양대금인 감정가격에서 생활기본시설 설치비를 공제한 나머지 돈보다 싼 가격으로 이주대책 대상자에게 택지를 공급하기만 한다면, 생활기본시설의 설치비가 분양대금에 포함되었다고 할 수 없다.

1165) "공공용지의취득및손실보상에관한특례법상의 이주대책은 공공사업의 시행에 필요한 토지 등을 제공함으로 인하여 생활의 근거를 상실하게 되는 이주자들을 위하여 사업시행자가 기본적인 생활시설이 포함된 택지를 조성하거나 그 지상에 주택을 건설하여 이주자들에게 이를 그 투입비용 원가만의 부담하에 개별 공급하는 것으로서, 그 본래의 취지에 있어 이주자들에 대하여 종전의 생활상태를 원상으로 회복시키면서 동시에 인간다운 생활을 보장하여 주기 위한 이른바 생활보상의 일환으로 국가의 적극적이고 정책적인 배려에 의하여 마련된 제도이다". 대법원 1994. 5. 24. 선고 92다35783 전원합의체 판결.

1166) 대법원 2011. 6. 23. 선고 2007다63089 전원합의체 판결 : "구 공익사업법 제78조 제4항 본문은 "이주대책의 내용에는 이주정착지에 대한 도로·급수시설·배수시설 그 밖의 공공시설 등 당해 지역조건에 따른 생활기본시설이 포함되어야 하며, 이에 필요한 비용은 사업시행자의 부담으로 한다."고 규정하고 있다. 위 각 규정을 종합하면 사업시행자가 구 공익사업법 시행령 제40조 제2항 단서에 따라 택지개발촉진법 또는 주택법 등 관계 법령에 의하여 이주대책대상자들에게 택지 또는 주택을 공급(이하 '특별공급'이라 한다)하는 것도 구 공익사업법 제78조 제1항의 위임에 근거하여 사업시행자가 선택할 수 있는 이주대책의 한 방법이므로, 특별공급의 경우에도 이주정착지를 제공하는 경우와 마찬가지로 사업시행자의 부담으로 같은 조 제4항이 정한 생활기본시설을 설치하여 이주대책대상자들에게 제공하여야 한다고 보아야 하고, 이주대책대상자들이 특별공급을 통해 취득하는 택지나 주택의 시가가 공급가액을 상회하여 그들에게 시세차익을 얻을 기회나 가능성이 주어진다고 하여 달리 볼 것은 아니다".

1167) 택지개발촉진법 시행규칙(현행) 제10조 제5항은 "시행자는 영 제13조의2 제5항 제4호에 따라 택지를 수의계약으로 공급할 때에는 1세대당 1필지를 기준으로 하여 1필지당 165제곱미터 이상 265제곱미터 이하의 규모로 공급하여야 한다."고 정하고 있으며, 대부분의 사업시행자도 이 기준에 의거 이주자택

는 감정가격으로 공급하고 있다. 이것이 정당한 분양가격의 법리를 위배한 것이 아닌지에 대한 논의가 있었다. 이에 대하여 판례는 265㎡를 초과하는 부분은 이주대책의 내용이 아니라는 입장이며, 생활기본시설 설치비용의 전가되어야 하고 감정가격으로 산정된 분양대금은 정당하다고 판시하고 있다.[1168]

(3) 검 토

대법원은 공익사업의 사업시행자가 토지보상법 시행령 제40조 제2항 단서에 따라 택지개발촉진법 등 관련법령에 의하여 이주대책대상자들에게 택지를 공급하는 것도 토지보상법 제78조 제1항의 위임에 근거하여 사업시행자가 선택할 수 있는 이주대책의 한 방법이라고 전제한 후, 이주자택지 등의 특별공급의 경우에도 이주정착지를 제공하는 경우와 마찬가지로 생활기반시설에 대하여 사업시행자의 부담으로 이주대책대상자들에게 제공하여야 한다는 점을 확고히 하고 있다.[1169] 다만, 공급가격 결정에 있어서 종전 법원의 견해(원가방식 : 택지 소지가격 + 택지조성비 + 건축원가)와는 달리, 현행 사업시행자가 시행하고 있는 분양가격에서 생활기본시설비를 공제하는 방식이 타당하다고 판결하였다.[1170] 즉 생활기본시설비 공제는 사업시행자 부담의무를 인정하되, 부담방식은 그

지의 공급면적을 265제곱미터로 하고 있고 그 이상은 감정가격으로 공급하고 있다.

1168) 대법원 2013. 11. 14. 선고 2012다4770 판결 : "피고가 이주대책대상자인 원고들에게 이 사건 이주자택지 공급한도인 265㎡를 초과하여 공급한 부분은 이주대책의 내용이 아니라, 일반수분양자에게 공급한 것과 마찬가지이므로 그 초과 부분에 대한 분양면적에 대해서는 일반수분양자와 동일하게 생활기본시설 설치비용이 전가되어야 하고, 따라서 그 초과 부분은 감정가격으로 계산하여 정당한 분양대금에 포함하는 것이 타당하다."

1169) 대법원 2011. 6. 23. 선고 2007다63089, 63096 전원합의체 판결 : 이에 대하여 물론 다수의견은 아니지만 비용을 부담할 필요가 없다는 소수의견이 있었다. 대법관 양창수, 대법관 신영철, 대법관 민일영의 별개의견에서 "사업시행자가 구 공익사업을 위한 토지 등의 취득 및 보상에 관한 법률 시행령(2008. 2. 29. 대통령령 제20722호로 개정되기 전의 것) 제40조 제2항 단서에 따라 이주대책대상자에게 택지 또는 주택을 특별공급한 경우에는 그로써 이주대책을 수립·실시한 것으로 보아 별도의 이주대책을 수립·실시하지 않아도 되므로, 사업시행자는 특별공급한 택지 또는 주택에 대하여는 그것이 이주정착지임을 전제로 생활기본시설을 설치해 줄 의무가 없다고 보아야 한다"고 의견을 밝히고 있다.

1170) 대법원 2011. 7. 14. 선고 2009다12511 판결 : "원심이 사업시행자인 피고가 이주대책대상자들에게 택지를 특별공급하는 경우에도 구 공익사업법 제78조 제4항이 적용되고 이 사건 분양계약 중 위 조항에 위배되는 부분은 무효이므로 원고들에게 이 사건 분양계약의 일부 무효에 따른 부당이득금을 반환할 의무가 있다고 판단한 것은 위 법리에 따른 것으로 정당하다. 다만 부당이득의 범위와 관련하여 구 공익사업법 제78조 제4항에 따라 사업시행자의 부담으로 이주대책대상자들에게 제공하여야 하는 것은 위 조항에서 정한 생활기본시설에 국한됨에도 원심이 이와 달리 이 사건 각 분양계약에서 정한 분양대금 중 택지의 소지가격과 택지조성비를 초과하는 부분은 모두 효력이 없다고 보아 원고들의 이 사건 부당이득반환청구를 인용하고 말았으니, 이러한 원심판결에는 이주대책의 일환으로 이루어지는 특별공급에서 사업시행자가 부담할 비용의 범위에 관한 법리를 오해하여 판결에 영향을 미친 위법

동안 피수용자 및 법원이 주장하던 단순 원가방식이 아닌 사업시행자가 법령에 의하여 결정한 분양가격에서 생활기본시설비를 공제하는 방식을 채택하여 현행 사업시행자들이 사용하고 있는 조성원가에서 생활기본시설비 공제방식보다 더욱 완화된 판결[1171]을 하였다. 이 판례와 관련하여 사업시행자는 이주대책 수립에 있어 사업의 일반관리비 및 이윤 등을 이주자에게 부담시킬 수 있게 되었지만, 이주민의 생활안정을 위하여 시행하는 이주대책에 이러한 이윤 등을 부과하도록 하는 것이 가능한 근거가 무엇인지에 대해서는 밝히지 않고 있다는 지적이 있다.[1172]

3) 비용부담

최근 문제가 대두되고 있는 사항으로, 이와 같이 사업시행자가 택지개발촉진법 또는 주택법 등 관계법령에 의하여 이주대책대상자에게 택지 또는 주택을 공급하는 경우에도 이주정착지의 경우와 마찬가지로 공공시설의 설치비용을 제외하고 개별 공급하여야 하는지 여부가 논의가 있었다.

□ 토지보상법 시행령

제41조의 2 (생활기본시설의 범위 등) ① 법 제78조 제4항 본문에 따른 "통상적인 수준의 생활기본시설"이란 다음 각 호의 시설을 말한다.
1. 도로(가로등·교통신호기를 포함한다) 2. 상수도 및 하수처리시설
3. 전기시설 4. 통신시설 5. 가스시설
② 사업시행자가 부담하는 생활기본시설에 필요한 비용(이하 이 조에서 "사업시행자가 부담하는 비용"이라 한다)은 법 제78조 제8항에 따라 다음 각 호의 산식에 의하여 산정한다.
1. 택지를 공급하는 경우
사업시행자가 부담하는 비용 = 해당 공익사업지구 안에 설치하는 제1항에 따른 생활기본시설의 설치비용 × (해당 이주대책대상자에게 유상으로 공급하는 택지면적 ÷ 해당 공익사업지구에서 유상으로 공급하는 용지의 총면적[1173])

이 있다".

1171) 대법원 2011. 6. 23. 선고 2007다63089, 63096 전원합의체 판결 : "사업시행자가 직접 택지 또는 주택을 특별공급한 경우에는 특별공급계약 중 분양대금에 생활기본시설 설치비용을 포함시킨 부분이 강행법규인 구 공익사업법 제78조 제4항에 위배되어 무효이고, 사업시행자의 알선에 의하여 다른 공급자가 택지 또는 주택을 공급한 경우에는 사업시행자가 위 규정에 따라 부담하여야 할 생활기본시설 설치비용에 해당하는 금액의 지출을 면하게 되어, 결국 사업시행자는 법률상 원인 없이 생활기본시설 설치비용 상당의 이익을 얻고 그로 인하여 이주대책대상자들이 같은 금액 상당의 손해를 입게 된 것이므로, 사업시행자는 그 금액을 부당이득으로 이주대책대상자들에게 반환할 의무가 있다 할 것이다"라 하여 비용부담은 공제방식 채택(분양대금 - 생활기본시설 설치비)하였다.

1172) 김승종 외 4인, 앞의 논문, 79면.

2. 주택을 공급하는 경우
사업시행자가 부담하는 비용 = 해당 공익사업지구 안에 설치하는 제1항에 따른 생활기본시설의 설치비용 × (해당 이주대책대상자에게 유상으로 공급하는 주택의 대지면적 ÷ 해당 공익사업지구에서 유상으로 공급하는 용지의 총면적)

당초 판례는 이주정착지가 아닌 택지 및 주택으로 이주대책을 수립하는 경우는 사업시행자가 생활기본시설 부담의무가 강제되지 않는다는 입장이 대부분이었다.[1174] 국토부의 유권해석 또한 사업시행자가 택지 및 아파트 등으로 이주대책을 수립할 경우 해당 법률의 취지에 의거 공급가를 결정할 수 있다고 하여 이 견해를 지지하고 있었다.[1175]

1173) 대법원 2015. 10. 29. 선고 2014다14641 판결 : 존치부지는 사업시행자가 사업구역 안에 있는 기존의 건축물이나 그 밖의 시설을 이전하거나 철거하지 아니하여도 개발사업에 지장이 없다고 인정하여 이를 그대로 존치시킨 부지로서, 공공시설물의 설치를 위한 무상취득 대상에 포함되지 않고, 사업시행자가 실질적으로 공익사업을 시행하는 부분도 아니므로, 특별한 사정이 없는 한 생활기본시설의 용지비 등을 산정함에 있어서 존치부지 면적은 총 사업면적에서 제외하여야 할 것이다.

1174) ① 서울중앙법원 2009.1.15. 선고 2008가합10469 판결 : 토지보상법 시행령 제40조 제2항 단서의 규정은 주택법 등에 따른 주택의 공급을 이주대책의 실시에 의하여 토지보상법 제78조 제1항의 이주대책에 갈음한다는 의미이므로 해당 법령에 의한 택지 또는 공급만 있으면 충분한 것이지 그에 대한 비용부분까지 토지보상법 제78조 제4항에 의하여 규율된다고 보기는 어렵고, 또한 토지보상법 제78조에 의한 이주대책은 "이주정착지"라는 개념을 전제로 그 비용에 관하여 규율하고 있으나 다른 법령에 의한 택지 등의 공급은 반드시 '이주정착지'를 전제로 한 것은 아니다.
② 서울고법 2008.11.27. 선고 2008나33513 판결 : ① 그와 같은 주택의 특별공급은 공익사업을 위한 토지 등의 취득 및 보상에 관한 법률 제78조 제1항에서 정한 이주대책에 갈음하는 성질을 가지는 점, ② 사업시행자가 민간건설회사의 분양가격 결정에 있어 어떤 영향력도 행사할 수 없는 점, ③ 이주대책대상자에게 공급되는 민영주택의 부지가 같은 법 제78조 제4항에서 말하는 '이주정착지'에 해당한다고 볼 수 없는 점, ④ 사업시행자는 특별공급주택의 수량, 특별공급대상자의 선정 등에 있어 재량을 가지는 점, ⑤ 위 아파트의 특별공급이 주택법 및 주택공급에 관한 규칙과 같이 공익사업을 위한 토지 등의 취득 및 보상에 관한 법률과 별도의 법령에 터 잡아 이루어진 점 등에 비추어 보아 위 아파트 공급가격의 결정에 관하여 같은 법 제78조 제4항이 적용될 여지가 없다

1175) ① 토관 2397 (2004. 5. 28) : 택지개발사업 또는 주택건설사업을 추진토록 한 개별법령에서 이주대책대상자에게 택지 또는 주택을 공급하도록 한 경우에는 생활기본시설이 완비된 상태의 택지 또는 주택을 공급하게 되므로, 이 경우에는 이주정착지 조성의 개념이 적용될 수 없으므로, 개별법령에 의하여 택지 또는 주택을 공급하는 경우에는 이주대책을 수립·실시한 것으로 보도록 하였고, 토지보상법령에서 이를 별도로 규정하지 않은 것입니다. 택지개발촉진법에 의하여 택지를 공급하는 경우에는 협의양도자와의 형평성 등을 감안하여 사업시행자가 이주대책대상자에 대한 택지공급가를 정하고 있다고 보며, 주택을 공급하는 경우에도 개별법령의 취지 등에 따라 사업시행자가 그 공급가를 정할 사항으로 보며, 구체적인 사항에 대하여는 사업시행자에게 문의하여 주시기 바랍니다.
② 토관 2803 (2004. 6. 23) : 택지개발사업이나 주택건설사업을 추진토록 한 개별법령에서 택지 또는 주택을 공급하도록 한 경우에는 생활기본시설이 완비된 택지 또는 주택을 공급하게 되므로, 이 경우에는 이주정착지 조성의 개념이 적용될 수 없을 것이므로 토지보상법령에서 이를 규정하고 있지 않습니다. 귀 질의의 경우와 같이 택지개발촉진법 또는 주택법에 의하여 주택을 공급하는 경우에는 당해

그러나 이후 입장을 바꾸어 토지보상법 제78조 제1항의 규정에 의한 이주정책 수립 방법으로 "이주정착지 조성" 외에 "택지개발촉진법 또는 주택법 등 관계 법령에 의하여 이주대책대상자에게 택지 또는 주택을 공급"(이를 통상적으로 "이주자택지 및 이주자주택"이라 한다)하는 것을 추가하고 있는 것이라고 보아야 하므로, 이주정착지 조성에 의한 경우와 마찬가지로, 택지개발촉진법 등에 의한 택지 또는 주택 공급의 경우에도 토지보상법 제78조 제4항을 적용하여[1176] 생활기본시설 설치비용을 사업시행자가 부담하여야 한다고 판시하고 있다.[1177]

대법원도 사업시행자들이 이주대책의 일환으로 공급하고 있는 이주자 택지 및 주택의 경우에 공급가격에서 생활기본시설을 공제하고 공급하여야 한다고 판시하였다.[1178] 이로 인해 공익사업에서 시행되고 있는 이주자택지 및 주택[1179]의 공급가격은 생활기본시설을 공제한 금액으로 공급하여야 한다.[1180] 다만, 이 규정은 주거환경개선사업의

법령이 정하는 바에 따라 사업시행자가 이주대책 수립·실시의 취지를 반영할 수 있을 것으로 보며....

1176) 서울중앙법원 2009. 1. 16. 선고 2008가합31589 판결 : 토지보상법 제78조 제4항은 이주정착지에 관하여 사업지구 내·외를 구분하고 있지 아니한 점, 토지보상법 제40조 제2항 단서에서 주택법 등에 의하여 주택 등을 공급한 경우 이주대책에 갈음하도록 한 규정은 사업시행자에 대한 이주대책의 한 실시방법을 규정한 것이지 이를 두고 이주대책에 필요한 비용까지 주택법에 등에 의하여 결정하는 것으로 해석할 수 없는 점 등에 비추어 볼 때, 이주대책대상자에 대하여는 택지를 공급하는 경우나 주택법 등의 관계법령에 의하여 주택을 공급하는 경우 모두 그 비용산정과 관련하여서는 여전히 토지보상법 제78조 제4항을 적용받는다 할 것이다.

1177) 서울고등법원 2007. 8. 22. 선고 2006나24560 판결 : 이주자들에게는 분양받을 택지의 소지가격 및 택지조성비, 그리고 지상에 주택을 건설하여 공급하는 경우 건축원가만을 부담시킬 수 있는 것으로 해석함이 상당하고, 관련 규정들의 취지에 비추어 볼 때 당사자의 합의로도 그 적용을 배제할 수 없는 강행법규에 해당한다고 봄이 타당하다. 원고들과의 사이에 아파트에 대한 분양계약을 체결하면서, 그 분양대금을 일반 수분양자들과 동일하게 정하였는 바, 이와 같은 분양대금 및 조건에 의한 분양계약을 본 법리에 비추어 강행법규인 공익사업법에 위반되어 무효라 할 것이다.

1178) 대법원 2011. 6. 23. 선고 2007다63089 전원합의체 판결 :"택지개발촉진법 또는 주택법 등 관계 법령에 의하여 이주대책대상자들에게 택지 또는 주택을 공급(이하 '특별공급'이라 한다)하는 것도 구 공익사업법 제78조 제1항의 위임에 근거하여 사업시행자가 선택할 수 있는 이주대책의 한 방법이므로, 특별공급의 경우에도 이주정착지를 제공하는 경우와 마찬가지로 사업시행자의 부담으로 같은 조 제4항이 정한 생활기본시설을 설치하여 이주대책대상자들에게 제공하여야 한다고 보아야 하고, 이주대책대상자들이 특별공급을 통해 취득하는 택지나 주택의 시가가 공급가액을 상회하여 그들에게 시세차익을 얻을 기회나 가능성이 주어진다고 하여 달리 볼 것은 아니다."

1179) 서울고등법원 2007. 8. 22. 선고 2006나24560 판결 : 이주자들에게는 분양받을 택지의 소지가격 및 택지조성비, 그리고 지상에 주택을 건설하여 공급하는 경우 건축원가만을 부담시킬 수 있는 것으로 해석함이 상당하고, 관련 규정들의 취지에 비추어 볼 때 당사자의 합의로도 그 적용을 배제할 수 없는 강행법규에 해당한다고 봄이 타당하다. 원고들과의 사이에 아파트에 대한 분양계약을 체결하면서, 그 분양대금을 일반 수분양자들과 동일하게 정하였는 바, 이와 같은 분양대금 및 조건에 의한 분양계약을 본 법리에 비추어 강행법규인 공익사업법에 위반되어 무효라 할 것이다.

1180) 대법원 2011. 6. 23. 선고 2007다63089 판결 : 만일 이주대책대상자들과 사업시행자 또는 그의 알선에 의한 공급자와의 사이에 체결된 택지 또는 주택에 관한 특별공급계약에서 구 공익사업법 제78조 제4항

경우는 예외라 할 수 있다.[1181]

4) 생활기본시설 포함여부

(1) 의 의

이외에 또 다른 주요 쟁점은 통상적인 생활기본시설의 범위에 대한 논의로써, 토지보상법에서는 ① 도로 ② 상수도 및 하수처리시설 ③전기시설 ④ 통신시설 ⑤ 가스시설로 규정하고 있으나, 사업시행자의 공사조성비 항목 가운데 생활기본시설비에 설치되는지 여부가 모호한 경우가 있다. 이는 문제가 되는 조성비 항목이 택지조성비에 포함되면 수분양자가 부담하여야 하는데 반해, 생활기본시설비에 포함된다면 이는 사업시행자가 부담하여야 하기 때문에 어느 쪽으로 분류되는가에 따라 이주대책 택지 및 아파트 분양가격에 영향을 미치기 때문이다. 이에 대하여 법원은 지구외 간선도로, 하수종말처리장, 쓰레기 소각장, U-city 조성비 등에 대해서도 생활기본시설에 포함되어 이 부분에 대한 비용도 사업시행자에 대한 부담으로 하고 있다.

에 규정된 생활기본시설 설치비용을 분양대금에 포함시킴으로써 이주대책대상자들이 생활기본시설 설치비용까지 사업시행자 등에게 지급하게 되었다면, 사업시행자가 직접 또는 주택을 특별공급한 경우에는 특별공급계약 중 분양대금에 생활기본시설 설치비용을 포함시킨 부분이 강행법규인 구 공익사업법 제78조 제4항 위배되어 무효이고, 사업시행자의 알선에 의하여 다른 공급자가 택지 또는 주택을 공급한 경우에는 사업시행자가 위 규정에 따라 부담하여야 할 생활기본시설 설치비용에 해당하는 금액의 지출을 면하게 되어, 결국 사업시행자는 법률상 원인 없이 생활기본시설 설치비용 상당의 이익을 얻고 그로 인하여 이주대책대상자들이 같은 금액 상당의 손해를 입게 된 것이므로, 사업시행자는 그 금액을 부당이득으로 이주대책대상자들에게 반환할 의무가 있다 할 것이다.

1181) 헌법재판소 2015. 5. 28. 2012헌가6 ; 토지를 전면적으로 대지화하는 택지개발사업이나 대규모 시가지를 조성하는 도시개발사업과 같은 공익사업은 해당 사업으로 인한 개발이익이 발생하므로 사업시행자가 초기 사업시행비용이나 이주대책비용을 회수할 수 있을 뿐만 아니라 높은 수익도 기대할 수 있는 반면, 사업시행에 소요되는 비용 중 상당 부분을 국고나 지방비 등으로 무상 지원하는 주거환경개선사업에서는 사업시행자가 해당 사업으로 인한 개발이익이나 수익을 얻지 못한다는 점에서 커다란 차이가 있다. 이와 같이 공공의 도움이 없이는 실질적으로 사업의 효과를 기대하기 어려운 주거환경개선사업 구조의 특성상 사업시행자로 하여금 '현지개량방식에 의한 이주대책대상자'에게 이주대책으로 특별공급한 주택 등에 대한 생활기본시설 설치비용까지 부담하도록 한다면, 사업시행자에게 과도한 재정적 부담을 지우게 되어 주거환경개선사업의 원활한 수행에 지장을 초래할 우려가 있다. 그렇다면 심판대상조항이 '현지개량방식에 의한 이주대책대상자'를 '여타 공익사업으로 인한 이주대책대상자'와 달리 취급하는 것에는 합리적인 이유가 있으므로 평등원칙에 위배되지 아니한다.

(2) 생활기본시설의 범위

① 생활기본시설 설치비용 구조

토지보상법 제41조의2 제3항에 따른 "해당 생활기본시설을 설치하는데 소요되는 공사비, 용지비 및 해당 생활기본시설의 설치와 관련하여 법령에 의하여 부담하는 각종 부담금"의 산정에 필요한 세부기준에 대하여 사업시행자는 각기 내부규정에 의하여 산정하고 있으나, 대부분 다음과 같다.[1182]

생활기본시설 설치비용 : 해당 생활기본시설 설치 공사비[1183] + 용지비[1184] + 부담금[1185]

② 도 로

이주대책의 내용에는 이주정착지(이주대책의 실시로 건설하는 주택단지를 포함한다)에 대한 도로, 급수시설, 배수시설, 그 밖의 공공시설 등 통상적인 수준의 생활기본시설이 포함되어야 하며, 이에 필요한 비용은 사업시행자가 부담하도록 규정하고 있다.[1186]

1182) 한국토지주택공사 "이주 및 생활대책 수립 지침" [별표 1] 제17조 관련.

1183) 해당 사업지구 안에 설치하는 도로(가로등·교통신호기 포함), 상수도 및 하수처리시설, 전기시설, 통신시설, 가스시설을 설치하는데 필요한 공사비
가. 시설공사비 : 토공, 포장공, 교량공, 가로등공, 교통신호등공, 도로표지판설치공, 상수공, 우수공, 오수공, 배수지, 가압펌프장, 오·폐수중계펌프장, 전기공, 통신공, 가스공 등 공사비의 합계액. 다만, 토공의 경우 총사업지구면적 분의 사업지구안의 생활기본시설 설치면적 비율 상당액만 반영
나. 측량비 : 사업지구 안의 설계 및 공사수행과 관련된 측량비용 × (사업지구 안의 생활기본시설 설치면적/총사업지구면적)
다. 조성관련 용역비 : 사업지구 안의 사업관련 "인·허가, 설계, 자문, 감리 등"의 수행에 소요된 비용 × (사업지구 안의 생활기본시설 설치면적/총사업지구 면적)

1184) 사업지구 안의 총용지비 × (사업지구 안의 생활기본시설 설치면적/총사업지구면적)

1185) 상·하수도분담금 등 해당 생활기본시설의 설치와 관련하여 법령에 의하여 부담하는 각종 부담금

1186) 토지보상법 제78조 제4항. 동법 시행령 제41조의2(생활기본시설의 범위 등) ① 법 제78조 제4항 본문에 따른 통상적인 수준의 생활기본시설은 다음 각 호의 시설로 한다.
1. 도로(가로등·교통신호기를 포함한다) 2. 상수도 및 하수처리시설
3. 전기시설 4. 통신시설 5. 가스시설
② 법 제78조 제8항에 따라 사업시행자가 부담하는 생활기본시설에 필요한 비용(이하 이 조에서 "사업시행자가 부담하는 비용"이라 한다)은 다음 각 호의 계산식에 따라 산정한다.
1. 택지를 공급하는 경우
사업시행자가 부담하는 비용 = 해당 공익사업지구 안에 설치하는 제1항에 따른 생활기본시설의 설치비용 × (해당 이주대책대상자에게 유상으로 공급하는 택지면적 ÷ 해당 공익사업지구에서 유상으로 공급하는 용지의 총면적)
2. 주택을 공급하는 경우
사업시행자가 부담하는 비용 = 해당 공익사업지구 안에 설치하는 제1항에 따른 생활기본시설의 설치비용 × (해당 이주대책대상자에게 유상으로 공급하는 주택의 대지면적 ÷ 해당 공익사업지구에서 유상으로 공급하는 용지의 총면적)

도로의 경우 생활기본시설로 인정되는 지 여부에 대하여 종전 대법원은 사업시행자가 주택법 제23조 등 관계 법령에 의하여 설치의무가 인정된 간선시설에 한하였다.[1187] 주택법 시행령 제24조 제4항 [별표 2] 제1호에 의하면 간선시설에 해당하는 도로의 설치범위는 주택단지 밖의 기간이 되는 도로로부터 주택단지의 경계선까지로 하되 그 길이가 200미터를 초과하는 경우로서 그 초과부분에 한한다. 따라서 2011년 전원합의체 판결에 의하면, 사업지구에 도로를 설치하면서 부담한 비용 중 생활기본시설 설치비용으로 인정되는 비용은 폭이 8미터 이상인 도로로서 그 길이가 200미터를 초과하는 부분에 해당하는 도로의 부지 취득에 소요되는 비용과 그 부지에 도로를 조성하는데 소요된 비용의 합계액이라는 것이다.[1188] 이 견해에 대하여 지지하는 판례도 있지만,[1189] 주택법을 작위적으로 연계했다는 비판[1190]도 제기되고 있다.

이후 대법원은 2011년 전원합의체 판결을 간선시설의 의미를 재해석하여 "사업주체

1187) "나아가 구 공익사업법 제78조 제4항의 취지는 이주대책대상자들에게 생활의 근거를 마련해 주고자 하는 데 그 목적이 있으므로, 위 규정의 '도로·급수시설·배수시설 그 밖의 공공시설 등 당해 지역조건에 따른 생활기본시설'이라 함은 주택법 제23조 등 관계 법령에 의하여 주택건설사업이나 대지조성사업을 시행하는 사업주체가 설치하도록 되어 있는 도로 및 상하수도시설, 전기시설·통신시설·가스시설 또는 지역난방시설 등 간선시설을 의미한다고 보아야 한다". 대법원 2011. 6. 23. 선고 2007다63089 전원합의체 판결.

1188) 서울고법 2011. 12. 1. 2010나68703등

1189) 생활기본시설에 해당하는 간선시설은 주택단지 안의 도로를 주택단지 밖의 도로와 연결시키는 도로로서(주택법 제2조 제10호) 그 길이가 200m 이상이어야 하고(주택법 제23조 제6항, 주택법 시행령 제24조 제4항 별표2 제1호), 한편 주택단지는 적어도 폭 8m 이상이거나 이에 준하는 도로에 의하여 구획되는 것이므로(주택법 제2조 제6호), 도로의 폭이나 길이가 위와 같은 요건에 미치지 못하는 경우에는 원칙적으로 주택단지 안의 도로에 불과하여 간선시설이 될 수 없다. 서울고법 2012. 2. 9. 2008나43404 판결 : 생활기본시설에 해당하는 간선시설은 주택단지 안의 도로를 주택단지 밖의 도로와 연결시키는 도로로서 그 길이가 200m 이상이어야 하고, 한편 주택단지는 적어도 폭 8m 이상이거나 이에 준하는 도로에 의하여 구획되는 것이므로, 도로의 폭이나 길이가 위와 같은 요건에 미치지 못하는 경우에는 원칙적으로 주택단지 안의 도로에 불과하여 간선시설이 될 수 없다. 서울고법 2012. 2. 29. 2011나22964 판결 등.

1190) 사업주체가 설치하는 간선시설에 대하여까지 주택법 시행령 제24조 관련 [별표2]에 따라 도로 등 시설의 200m를 초과하는 부분에 한하여만 설치비용을 부담한다는 뜻으로 해석하는 것은 구 공익사업법 제78조 제4항의 사업시행자의 생활기본시설 비용부담 규정을 위 주택법 조항과 지나치게 작위적으로 연계시키는 것으로 주택법 제23조 등의 도입취지나 조문 전체의 조화로운 해석과 맞지 않아 부당하다. 서울고법 2012. 2. 14. 2010나110192 판결 : 주택단지 안의 도로를 그 주택단지 밖에 있는 도로에 연결시키는 도로 중 길이 200m를 초과하는 부분은 지방자치단체가 설치할 의무를 부담하고, 주택단지 안의 도로를 그 주택단지 밖에 있는 도로에 연결시키는 도로 중 길이가 200m 미만인 도로와 길이가 200m 이상인 도로 중 200m 까지의 부분은 사업주체가 그 설치의무를 부담하지만, 지방자치단체가 설치 의무를 부담하는 도로 부분이라도 피고가 우선 비용을 투입하여 이를 설치하고 그 부분에 대한 비용은 지방자치단체에 상환을 요구할 수 있으므로 피고가 이를 자신의 비용으로 설치하였더라도 그 부분에 대한 비용을 피고가 최종적으로 부담하지는 않게 된다. 성남지원 2012. 4. 18. 2011가합14424 판결.

가 이주대책대상자에게 생활기본시설로서 제공하여야 하는 도로는 그 길이나 폭에 불구하고 구 주택법의 위 규정들에서 설치에 관하여 직접적으로 규율하고 있고 사업주체가 그 설치의무를 지는 같은 법 제2조 제8호에서 정하고 있는 간선시설에 해당하는 도로, 즉 주택단지 안의 도로를 당해 주택단지 밖에 있는 동종의 도로에 연결시키는 도로를 모두 포함한다"고 판시[1191]하였다. 결국 이 판결로 인하여 사업시행자가 부담하여야 하는 도로의 여부는 그 도로가 사업지구 안의 주택단지 등의 입구와 그 사업지구 밖의 도로를 연결하는 기능을 담당하는지 여부에 달려 있다고 할 수 있다.[1192]

판결에 의하면, 지구 외 도로의 경우 기존 도로에 추가하여 설치하는 것으로 삶을 보다 풍요롭게 하는 개발이익의 성질을 가지므로[1193] 생활기본시설로 볼 수 없다. 이런 취지로 고속도로도 생활기본시설의 범위에 포함되지 않는다.[1194] 또한 광역교통시설부

1191) "위와 같은 구 주택법령의 내용과 아울러 간선시설인 도로의 역할 및 효용에다가 앞에서 본 이주대책대상자들에게 생활의 근거를 마련해 주려는 구 공익사업법 내지 위 전원합의체 판결의 취지를 보태어 보면, 이 사건과 같은 공익사업인 택지개발사업지구 내에서 주택건설사업이나 대지조성사업을 시행하는 사업주체가 이주대책대상자에게 생활기본시설로서 제공하여야 하는 도로는 그 길이나 폭에 불구하고 구 주택법의 위 규정들에서 설치에 관하여 직접적으로 규율하고 있고 사업주체가 그 설치의무를 지는 같은 법 제2조 제8호에서 정하고 있는 간선시설에 해당하는 도로, 즉 주택단지 안의 도로를 당해 주택단지 밖에 있는 동종의 도로에 연결시키는 도로를 모두 포함한다고 할 것이다." 대법원 2013. 9. 26. 선고 2012다33303 판결.

1192) "공익사업의 시행자가 이주대책대상자에게 생활기본시설로서 제공하여야 하는 도로에는 길이나 폭에 불구하고 구 주택법(2009. 2. 3. 법률 제9405호로 개정되기 전의 것) 제2조 제8호에서 정하고 있는 간선시설에 해당하는 도로, 즉 주택단지 안의 도로를 해당 주택단지 밖에 있는 동종의 도로에 연결시키는 도로가 포함됨은 물론, 사업시행자가 공익사업지구 안에 설치하는 도로로서 해당 사업지구 안의 주택단지 등의 입구와 사업지구 밖에 있는 도로를 연결하는 기능을 담당하는 도로도 특별한 사정이 없는 한 사업지구 내 주택단지 등의 기능 달성 및 전체 주민들의 통행을 위한 필수적인 시설로서 이에 포함된다". 대법원 2015. 7. 23. 선고 2013다29509 판결.

1193) "사업시행자인 피고가 의왕포일2 국민임대주택단지조성사업을 시행하는 과정에서 사업지구 밖에 설치한 외곽 국지도 57호선 개설 추정공사비인 15,321,000,000원과 사업지구 밖에 설치하는 외곽도로 개설 부담금 23,200,000,000원은 간선시설 설치비용이므로 분양대금에서 공제하여야 한다.'는 원고들 주장에 대해, '2008. 4. 17. 대통령령 제20771호로 개정된 구 공익사업법 시행령에 신설된 제41조의 2에서 사업시행자가 부담하는 비용의 범위를 '해당 공익사업지구 안에 설치하는 생활기본시설 설치비용'으로 국한하고 있으므로, 공익사업지구 내의 간선시설이 아닌 이상 사업시행자가 부담하는 생활기본시설 설치비용에는 해당한다고 할 수 없다". 서울고법 2012. 2. 14. 2010나110192 판결.

1194) "구 주택법령의 내용과 아울러 간선시설인 도로의 역할 및 효용에다가 앞에서 본 이주대책대상자들에게 생활의 근거를 마련해 주려는 구 공익사업법 내지 위 전원합의체 판결의 취지를 보태어 보면, 생활기본시설인 도로에 해당하는지 여부는 위에서 본 바와 같은 법리에 따라 정하여야 하는 것이지, "도시계획시설의 결정·구조 및 설치기준에 관한 규칙"에서 정하고 있는 도로의 기능적 분류에 따라서 획일적으로 정할 수 있는 것이 아니다. 적어도 경부고속도로와 용인서울고속도로는 그 규모나 기능 등에 비추어 볼 때 주택단지 안의 도로를 당해 주택단지 밖에 있는 '동종의 도로'에 연결시키는 도로라고 보기는 어려우므로, 생활기본시설인 간선시설의 범위에서 제외한다". 서울고등법원 2014. 11. 21. 선고 2014나11842 판결.

담금[1195]의 경우는 생활기본시설로 볼 수 있다는 견해[1196]와 그렇지 않다는 견해[1197]가 대립하고 있었으나 대법원은 이를 부정하였다.[1198]

③ 상수도 및 하수처리시설

토지보상법 제78조 제4항의 취지는 이주대책대상자들에게 생활의 근거를 마련해 주고자 하는 데 그 목적이 있으므로, 위 규정의 '도로·급수시설·배수시설 그 밖의 공공시설 등 당해 지역조건에 따른 생활기본시설'이라 함은 주택법 제23조 등 관계 법령에 의하여 주택건설사업이나 대지조성사업을 시행하는 사업주체가 설치하도록 되어 있는 도로 및 상하수도시설, 전기시설·통신시설·가스시설 또는 지역난방시설 등의 간선시설을 의미한다고 보아야 한다.[1199]

여기서 상수도 및 하수도 설치비용과 관련한 부담금을 생활기본시설로 인정[1200]할

1195) 대도시권 광역교통 관리에 관한 특별법 제11조(광역교통시설 부담금의 부과 대상) ① 광역교통시행계획이 수립·고시된 대도시권에서 다음 각 호의 어느 하나에 해당하는 사업을 시행하는 자는 광역교통시설 등의 건설 및 개량을 위한 광역교통시설 부담금(이하 "부담금"이라 한다)을 내야 한다.

1196) "주택법 제23조 제1항 단서에 의하면 사업주체는 생활기본시설로서 도로를 설치할 의무가 있고, 대도시권 광역교통관리에 관한 특별법 제7조의 2에 의하면 개발사업의 시행자는 국토해양부장관이 확정한 광역교통 개선대책을 충실히 이행하여야 할 의무가 있는바, 위 부담금 등이 위와 같은 도로 설치 의무의 일환으로 사업주체에게 부과된 점을 감안하면 이것도 생활기본시설 설치비에 포함된다고 보아야 한다. 서울고법 2012. 2. 29. 2011나22964 판결 : 일반분양자들에게만 부담시켜야 할 위 광역교통시설부담금을 원고들을 포함한 이 사건 이주대책대상자에게까지 균등부담시킴으로써 원고들로 하여금 이 사건 각 아파트의 분양가에 포함된 광역교통시설분담금 상당의 손해를 입게 하였다고 할 것이고, 이 사건 각 분양계약 중 광역교통시설분담금 부분은 강행법규인 구 광역교통법의 규정에 위배되어 무효이므로, 피고는 분양대금 중 광역교통시설분담금에 해당하는 금액을 원고들에게 부당이득으로 반환할 의무가 있다. 서울고법 2012. 3. 16. 선고 2008나28061 판결.

1197) 특별법 제11조의2에서 광역교통시설부담금 감면 대상으로 규정하고 있는 '공익사업법 제78조의 규정에 따른 이주대책의 실시에 따른 주택지의 조성 및 주택 건설'은 공익사업법 제78조에서 규정하고 있는 본래 의미의 이주대책만을 의미하는 것이라고 해석될 여지가 있는 점, 택지 또는 주택의 특별공급을 통한 이주대책의 경우에도 특별법 제11조의2에 의하여 광역교통시설부담금이 면제된다고 한다면 이주대책대상자가 아닌 일반분양자들도 분양대금이 감액되는 특혜를 입게 되고 그로 인한 부담은 국민 전체의 부담으로 전가되거나, 재원 마련 문제로 광역교통시설의 설치가 어려워져 사업 추진 자체가 곤란해질 수 있는 점, 특별법 제11조의2의 문언상으로는 일반분양자와 이주대책대상자들을 구분하여 생활기본시설 설치비용과 같은 방식으로 이주대책대상자들에 대해서만 광역교통시설부담금 부분을 분양대금에 포함시키지 않는 내용으로 해석하기 어렵고, 달리 특별법에 그와 같은 내용의 산정방식을 규정한 조항이 존재하지도 않는 점 등을 고려하면 공익사업법 시행령 제40조 제2항 단서에 의한 택지 등 특별공급의 경우에도 특별법 제11조의2에 따라 광역교통시설부담금이 면제된다고 볼 수는 없다. 서울고법 2012. 2. 14. 선고 2010나110192 판결.

1198) 광역교통개선대책에 따른 분담금은 이주대책대상자에게 생활의 근거로 제공되어야 하는 생활기본시설 설치비용에 해당한다고 볼 수 없다. 대법원 2014. 1. 16. 선고 2012다37374 판결.

1199) 대법원 2011. 6. 23. 선고 2007다63089, 63096 전원합의체 판결.

1200) 상수도시설분담금, 하수도시설분담금은 생활기본시설로만 지출된 비용이므로 이들을 전액 생활기본

것인지 아니면 제외[1201]하여야 할 것인지에 대해서도 하급심에서 혼선이 있었으나, 최근 대법원은 상·하수도시설 분담금, 상·하수도 공사비 전체가 생활기본시설 설치비용에 해당한다고 판시[1202]하여 분쟁을 해소한 바 있다.

④ 기타 공공시설

한전의 지중화비용은 현대적 추세에 의거 생활기본시설에 포함된다.[1203] 이외에 대법원은 중수도 시설,[1204] 하천 및 경관녹지, 가로수, 벤치, 농구대, 배드민턴장, 파고라, 앉음벽, 테니스장 등의 설치를 위한 조경공사비 등도 역시 이에 해당하지 않는다고 판단하였다.[1205]

3. 이주정착금의 지급

1) 의 의

이주대책을 수립·실시하여야 하나 ①공익사업시행지구의 인근에 택지조성에 적합한 토지가 없는 경우와 ②이주대책에 필요한 비용이 당해 공익사업의 본래의 목적을 위한

시설 조성비로 인정하기로 한다. 서울고법 2012. 3. 16. 선고 2008나28061 판결.

1201) 경관조명공사비, 하천공사비, 조경공사비, 지구외하천정비공사비, 상수도부담금, 하수도부담금(기존), 폐기물처리부담금, 생태보전협력금, 하수도부담금(신설)도 생활기본시설 설치비용에 포함되어야 한다고 주장한다. 그러나 제출된 증거만으로는 위 각 비용이 생활기본시설 설치비용에 해당한다고 인정하기 부족할 뿐만 아니라 위 각 비용의 성격상 생활기본시설 설치비용에 해당된다고 보이지도 않는다. 성남지원 2012. 4. 18. 선고 2011가합14424 판결.

1202) "통신시설 용지비, 상·하수도시설 분담금, 도로확·포장 분담금, 상·하수도 공사비, 전기공사비(가로등)는 그 전체가 생활기본시설 설치비용에 해당하고, 토목공사비용 중 기타공사비, 외주설계비, 조사용역비는 총 사업면적 전체에 대하여 지출된 비용으로서 그 공사비 중 총 사업면적에서 생활기본시설 설치면적인 도로와 통신시설 용지 면적이 차지하는 비율에 해당하는 금액만이 생활기본시설 설치비용에 해당한다고 판단하였다". 대법원 2014. 3. 13. 선고 2012다87492 판결.

1203) 현재의 전기시설 지중화 추세에 비추어 사업주체가 부담한 전기지중화 부담비용은 '당해 지역조건에 따른 생활기본시설'에 해당한다고 봄이 타당하고, 한편 하수처리장이 생활기본시설에 해당함은 앞서 본 바와 같으므로 그 조성비 역시 생활기본시설 설치비용에 포함된다고 할 것이다. 대법원 2014. 1. 16. 선고 2012다37374 판결.

1204) 중수도가 종래의 상·하수도 기능의 전부 또는 일부를 대체하는 시설이라기보다는 상·하수도와 별도로 제한된 범위 내에서 물의 재이용을 위하여 설치되는 시설로 볼 수 있는 점까지 고려하면, 비록 중수도 시설이 하수처리 및 용수공급의 기능을 수행하는 측면이 있다고 하더라도, 이주대책대상자에게 생활의 근거로 제공되어야 할 생활기본시설에 해당한다고 볼 수 없다. 대법원 2015. 10. 29. 선고 2014다78683 판결.

1205) 대법원 2014. 3. 13. 선고 2012다87492 판결.

소요비용을 초과하는 등 이주대책의 수립·실시로 인하여 당해 공익사업의 시행이 사실상 곤란하게 되는 경우 ③이주대책대상자 중 이주정착지에 이주를 희망하는 자가 10호 미만인 경우 ④이주대책대상자가 이주정착지가 아닌 다른 지역으로 이주하고자 하는 경우에는 이주정착금을 지급한다. 이주정착금은 보상대상 주거용 건축물에 대한 평가액의 30%에 해당하는 금액으로 하되, 그 금액이 6백만원 미만인 경우에는 6백만원으로 하고, 1,200만원을 초과하는 경우에는 1,200천만원으로 한다.[1206)]

2) 성 격

이 이주정착금도 이주대책과 마찬가지로 생활보상의 일환으로 정책적인 배려에서 마련된 제도이다. 따라서 이주대책 대상자에서 제외된 자에게 이주정착금을 지급할 수 없다.[1207)]

3) 이주정착금 산정기준

한편, 이주정착금의 산정기준에 대해서는 보상법시행규칙 제53조 제2항의 규정에 의하면 보상대상인 주거용건축물에 대한 평가액의 30%에 해당하는 금액으로 보상하도록 하고 있어, 이주정착금 산정은 주거용 건축물의 평가액을 기준으로 하여야 한다는 의견이 있는 반면에 주거용건축물에는 주거용과 관련된 부대시설은 포함되나, 주거용과 관련없는 건축물이나 시설은 포함되지 않는다는 의견이 있다.[1208)] 또한 1동의 건물을 2인 이상이 공유하고 있는 경우에는 그 지분율에 의하여 산정된 이주정착금을 지급하여야 한다.[1209)]

1206) 국토해양부 입법예고 2011. 8. 4 : 이주대책대상자에게 지급하는 이주정착금*을 현재 500~1,000만원에서 600~1,200만원으로 상향조정하도록 입법예고하여 2011.10월 시행예정으로 있다. 이는 2002년에 정한 이주정착금 규모를 그 동안의 물가상승률 등을 감안하고, 이주대책(택지 또는 주택)과의 형평성을 감안하여 지속적으로 상향조정이 요구되어 이를 상향 조정한 것이다.

1207) 토정 30241-871 (1992. 5. 23)

1208) ① 토관 58342-657 (2003. 5. 10) 토지보상법시행규칙 제53조 제2항의 규정에 의하면 영 제41조의 규정에 의한 이주정착금은 보상대상인 주거용건축물에 대한 평가액의 30%에 해당하는 금액으로 하되, 그 금액이 5백만원 미만인 경우에는 5백만원으로 하고, 1천만원을 초과하는 경우에는 1천만원으로 하도록 되어 있습니다. 따라서 이주정착금은 주거용 건축물의 평가액을 기준으로 하여야 하므로 주거용건축물에는 주거용과 관련된 부대시설은 포함되나, 주거용과 관련없는 건축물이나 시설은 포함되지 아니한다고 봅니다.
② 토관 58342-2015 (2001. 12. 27) 특례법시행규칙 제27조의2 제4항의 규정에 의한 건물은 주거하고 있는 건물과 주거용부속건물을 의미한다고 봅니다.

또한 이주정착금 산정시 집합건물에서의 이주정착금 지급은 당연 해당 건물의 일괄평가금액에서 대지평가 부분을 제외하고 산정하여야 한다.[1210]

Ⅳ. 이주대책의 절차

1. 이주대책의 시행절차

1) 이주대책 수립

(1) 지방자치단체의 장과의 협의

사업시행자가 이주대책을 수립하고자 하는 때에는 미리 관할 지방자치단체의 장과 협의하여야 한다(법 제78조 제2항). 이는 이주정착지 위치 선정나 비용부담 등의 협의를 위하여 지방자치단체의 협조를 유도하기 위한 것으로 해석된다. 그러나 이주정착지가 아닌 사업시행자가 조성하는 택지 및 주택으로 공급하는 경우에는 지방자치단체의 장과 협의할 필요는 없다.[1211]

(2) 보상협의회 심의

택지 및 산업단지 등의 이주자를 위한 택지 및 주택의 공급은 일반적으로 사업 초기의 보상협의회에서 이주대책 등이 협의되고 이 보상협의회에서 이주대책의 방법, 이주자를 위한 택지 및 주택의 공급 대상 위치, 선정 방법 등이 협의된다.

1209) 토관 58342-1160 (2000. 7. 28) 1동의 건물을 2인이 공유로 소유하고 있는 경우에는 각자의 공유지분별로 분할하여 이주정착금을 지급하여야 한다고 보며, 이 경우 이주정착금은 건물 전체의 평가액(30%)을 기준으로 산정하여야 한다고 봅니다.

1210) 국토부 인터넷 회신 - 954(2005. 6. 28) : 집합건물의 이주정착금 산정방법
〈회신내용〉 이주정착금 산정은 주거용 건축물에 대한 평가액으로 산정하도록 규정하고 있으므로 집합건물에서의 이주정착금 산정은 당해 건물에 대한 일괄평가금액에서 대지평가부분을 제외하여야 할 것으로 봅니다.

1211) 토관 58342-472 (2003. 3. 29) 사업시행자가 동법 제78조 제4항의 규정에 의한 내용을 포함한 이주대책을 수립·실시하는 경우에 동조 제2항의 규정에 따라 지방자치단체의 장과 협의하여야 한다고 보며, 동법 시행령 제40조 제2항 후단의 규정에 의하여 택지 등을 공급하는 경우에는 지방자치단체의 장과 협의할 사항은 아니라고 봅니다.

□ **토지보상법**

제82조(보상협의회) ① 공익사업이 시행되는 해당 지방자치단체의 장은 필요한 경우에는 다음 각 호의 사항을 협의하기 위하여 보상협의회를 둘 수 있다. 다만, 대통령령으로 정하는 규모 이상의 공익사업을 시행하는 경우에는 대통령령으로 정하는 바에 따라 보상협의회를 두어야 한다. 〈개정 2007. 10. 17.〉

1. 보상액 평가를 위한 사전 의견수렴에 관한 사항
2. 잔여지의 범위 및 이주대책의 수립에 관한 사항
3. 당해 사업지역내 공공시설의 이전 등에 관한 사항
4. 토지소유자 또는 관계인 등이 요구하는 사항중 지방자치단체의 장이 필요하다고 인정하는 사항
5. 그 밖에 지방자치단체의 장이 부의하는 사항

2) 이주대책 대상자 선정

사업시행자는 이주대책의 요건에 의거 대상자를 심사하고 그 적격여부를 결정한다.

3) 이주대책 대상자 통지

□ **토지보상법 시행령**

제40조 (이주대책의 수립·실시) ① 사업시행자가 법 제78조 제1항의 규정에 의한 이주대책(이하 "이주대책"이라 한다)을 수립하고자 하는 때에는 미리 그 내용을 동항의 규정에 의한 이주대책대상자(이하 "이주대책대상자"라 한다)에게 통지하여야 한다.

사업시행자가 이주대책을 수립하고자 하는 때에는 이주대책 대상자에게 그 내용을 통지하여야 한다. 이 경우 통지방법에 대한 명문적 규정은 없으나 특별한 방법이 없는 한 개별통지를 하여야 하며, 일정한 경우는 공고의 방식을 병행하여 시행하는 것이 바람직하다고 본다. 특히 이주대책대상자가 개별통지를 받은 후 상당한 기간 내에 사업시행자가 수립한 이주대책상의 택지분양권이나 아파트 입주권 등의 공급신청을 하지 않는 경우는 특별한 사정이 없는 한 수분양권을 포기한 것으로 보아야 할 것으로, 이러한 개별통지는 그 의의가 있다 할 것이다.

4) 이주대책 시행

(1) 이주대책대상자에게 통지

사업시행자가 이주대책을 수립하고자 할 때에는 미리 그 내용을 이주대책대상자에게 통지하여야 한다(시행령 제39조 제1항).

(2) 지방자치단체의 장과의 협의

사업시행자가 토지보상법 제78조 제1항의 규정에 따라 이주대책을 수립하고자 할 때에는 미리 관할 지방자치단체의 장과 협의하여야 한다.

V. 이주대책의 권리구제 검토

대법원은 토지보상법 제78조 제1항으로부터 직접 구체적인 수분양권이 발생할 수 없다는 입장으로 이 견해에 의한다면 사업시행자의 이주자 결정·확인 이전에는 민사소송이나 당사자 소송을 제기할 수 없게 된다. 결국 이주대책 대상자는 사업시행자의 구체적 결정 이후 소송 등이 가능하다.

1. 절차적 권리로 보는 견해

대법원의 다수 견해로 그 논지는 다음과 같다.

판 례

ㅁ 대법원 1995. 6. 30. 선고 94다14391, 94다14407(참가) 판결

사업시행자에게 이주대책을 수립·실시할 의무를 부과하고 있다고 하여 그 규정 자체만에 의하여 이주자에게 사업시행자가 수립한 이주대책상의 택지분양권이나 아파트 입주권 등을 분양받을 수 있는 구체적인 권리(수분양권)가 직접 발생하는 것이라고는 볼 수 없고, 사업시행자가 이주대책에 관한 구체적인 계획을 수립하여 이를 이주자에게 통지하거나 공고한 후 이주자가 수분양권을 취득하기를 희망하여 이주대책에 정한 절차에 따라 사업시행자에게 이주대책 대상자 선정신청을 하고 사업시행자가 그 신청을 받아들여 이주대책 대상자로 확인·결정을 하여야만 비로소 구체적인 수분양권이 발생하게 된다.

판례에 의하면, 수분양권의 취득을 희망하는 이주자는 사업시행자가 이주대책 대상자로 확인·결정한 이후에 비로소 구체적 권리가 발생하는 것으로 그 이전에는 수분양권 확인 등을 구하는 것은 불가하다고 보고 있다.[1212]

2. 실제적 권리로 보는 견해

이 견해[1213]는 반대의견으로 이주대책은 학설상 이른바 생활보상으로서 실체적 권리인 손실보상의 한 형태로 파악되고 있으며 대법원 판례도 이를 실체법상의 권리로 인정하여, 민사소송으로 이주대책에 의한 주택수분양권의 확인소송을 허용하였었다.

3. 검 토

생활보상에 대하여 대법원은 사업시행자가 이주자에 대한 은혜적인 배려에서 임의적으로 수립 시행해 주는 것이 아니라 이주자에 대하여 종전의 재산상태가 아닌 생활상태로 원상회복시켜 주기 위한 생활보상의 일환으로 마련된 제도로서, 헌법 제23조 제3항이 규정하는 손실보상의 한 형태라고 보아야 한다[1214]고 보고 있는 판례를 제시하고 있다.

사업시행자가 실제로 이주대책을 수립하기 이전에는 사업시행자는 이주대책에 대하여 상당한 재량권을 가지고 있는 바, 이주자의 수분양권은 아직 추상적인 권리나 법률상의 지위 내지 이익에 불과한 것이어서 이 단계에 있어서는 확인의 이익이 인정되지 아니하여 그 권리나 지위의 확인을 구할 수 없다고 할 것이다. 그러나 이주대책을 수립

1212) 대법원 1995. 6. 30. 선고 94다14391, 94다14407(참가) 판결 : 수분양권의 취득을 희망하는 이주자가 소정의 절차에 따라 이주대책 대상자 선정신청을 한 데 대하여 사업시행자가 그에 해당하지 아니한다고 판단하여 위와 같은 확인·결정 등의 처분을 하지 않고 이주대책 대상자에서 제외시키거나 또는 거부조치한 경우에 그 처분이 위법한 것이라면, 이주자는 사업시행자를 상대로 그 처분의 취소를 구하는 항고소송을 제기할 수 있을 뿐, 이주자가 구체적인 수분양권을 아직 취득하지도 못한 상태에서 곧바로 분양의무의 주체인 사업시행자를 상대로 이주대책상의 수분양권의 확인 등을 청구하는 민사소송을 제기하는 것은 허용되지 않는다.

1213) 대법원 1995. 6. 30. 선고 94다14391, 94다14407(참가) 판결의 반대의견 참조

1214) 대법원 1994. 5. 24. 선고 92다35783 전원합의체 판결의 소수의견(반대의견에 대한 보충의견) : "생활대책용지의 공급과 같이 공익사업 시행 이전과 같은 경제수준을 유지할 수 있도록 하는 내용의 생활대책... 헌법 제23조 제3항에 따른 정당한 보상에 포함되는 것으로 보아야 한다." 대법원 2011. 10. 13. 선고 2008두17905 판결.

한 이후에는 이주자는 사업시행자가 수립한 이주대책의 내용에 의거 그 요건을 갖추게 되면 법령에 의거 이주대책의 내용을 요구할 권리가 발생하게 되는 바, 이주자의 추상적인 수분양권이 그 이주대책이 정하는 바에 따라 구체적 권리로 바뀌게 된다고 본다.[1215] 왜냐하면 토지보상법 상 이주자대책에 대하여 대법원 판례는 강행규정이라고 판시하고 있어, 이에 의거 피수용자는 이에 대한 개인적 공권이 성립하게 되고 사업시행자는 법령상 특별한 행위를 하여야 하는 실체적 의무가 생기기 때문이다. 따라서 이 경우 당사자소송으로도 그 권리구제가 가능할 수도 있다고 본다.

1215) 대법원 1994. 5. 24. 선고 92다35783 전원합의체 판결의 소수의견(반대의견에 대한 보충의견).

제19절 주거이전비 보상

Ⅰ. 주거이전비의 의의

1. 근거 조항

□ **토지보상법 시행규칙**

제54조 (주거이전비의 보상) ① 공익사업시행지구에 편입되는 주거용 건축물의 소유자에 대하여는 당해 건축물에 대한 보상을 하는 때에 가구원수에 따라 2월분의 주거이전비를 보상하여야 한다. 다만, 건축물의 소유자가 당해 건축물에 실제 거주하고 있지 아니하거나 당해 건축물이 무허가건축물등인 경우에는 그러하지 아니하다.

② 공익사업의 시행으로 인하여 이주하게 되는 주거용 건축물의 세입자로서 사업인정고시일등 당시 또는 공익사업을 위한 관계법령에 의한 고시 등이 있은 당시 당해 공익사업시행지구안에서 3월 이상 거주한 자에 대하여는 가구원수에 따라 4개월분의 주거이전비를 보상하여야 한다. 다만, 무허가건축물등에 입주한 세입자로서 사업인정고시일등 당시 또는 공익사업을 위한 관계법령에 의한 고시 등이 있은 당시 그 공익사업지구 안에서 1년 이상 거주한 세입자에 대하여는 본문에 따라 주거이전비를 보상하여야 한다.

2. 의의 및 개정내용

공익사업의 시행으로 인하여 삶의 근거지를 상실하여 다른 곳으로 주거지를 이전하여야 하는 자에게 지급하는 보상이 주거이전비이다. 이러한 주거이전비 지급청구권자는 주거용 건축물의 소유자 및 그 세입자이며,[1216] 이들에게 종전과 같은 생활안정을 도모할 수 있도록 지급하는 생활보상의 일종이다. 이 주거이전비는 가옥소유자에게는 2개월분의 도시근로자 가구의 가구원수별 월평균 가계지출비를 지급하며, 세입자에게는 4월분의 가계지출비를 지급하며, 이는 강행규정이다.[1217]

1216) 대법원 2011. 8. 25. 선고 2010두4131 판결 : 주거이전비는 가구원수에 따라 소유자 또는 세입자에게 지급되는 것으로 소유자와 세입자가 그 지급청구권을 가지는 것으로 보아야 하고, 따라서 소유자 또는 세입자가 아닌 가구원은 사업시행자를 상대로 직접 주거이전비의 지급을 구할 수 없다고 보아야 할 것이다.

1217) 대법원 2011. 7. 14. 선고 2011두3685 판결 : 토지보상법에서 정하고 있는 세입자에 대한 주거이전비는 공익사업 시행으로 인하여 생활 근거를 상실하게 되는 세입자를 위하여 사회보장적 차원에서 지급하

토지보상법은 이와 같이 소유자와 세입자 간의 주거이전비 지급에 있어서 차이를 두고 있다. 이는 소유자는 주거용 건축물을 공공사업에 제공함으로써 생활의 근거를 영구적으로 상실하는 데 비하여 세입자는 원래 임대차계약기간에만 해당 건축물을 임차하여 생활의 임시 근거지로 사용하는 것이어서 그 생활 근거의 상실 정도에 기인하고 있다(아래 판례 참조).

판 례

▣ 대법원 2010. 12. 9. 선고 2008두10829 판결

주거이전비는 세입자들의 조기이주를 장려하여 사업추진을 원활하게 하려는 정책적인 목적 및 사회보장적인 차원에서 지급하는 금원의 성격을 가지므로 주거이전비의 지급 대상, 규모 등은 입법자의 입법정책적 재량의 영역에 속한다고 할 것인데, 소유자는 주거용 건축물을 공공사업에 제공함으로써 생활의 근거를 영구적으로 상실하는 데 비하여 세입자는 원래 임대차계약기간에만 해당 건축물을 임차하여 생활의 임시 근거지로 사용하는 것이어서 그 생활 근거의 상실 정도에 차이가 있으므로, 입법자가 소유자에 대하여는 이주대책 수립대상자에 포함할 뿐만 아니라 3월 이상 거주할 것을 주거이전비 지급요건으로 정하지 아니한 반면, 세입자의 경우는 원칙적으로 이주대책 수립대상자에서 제외하고 주거이전비도 고시 등이 있은 당시 3월 이상 거주한 때에만 보상하도록 한 것이고, 또한 공익사업법 시행규칙 제54조 제2항이 고시 등이 있은 날을 기준으로 3월 이상 거주를 요구하는 규정을 둔 취지는 공익사업으로 인한 이주가 예상되는 사업지구 안으로 주거이전비 또는 주택입주권 등을 받기 위하여 의도적으로 이주하는 세입자를 보상에서 제외하고 위 고시 등이 있을 당시 사업지구 내에서 일정 기간 주거생활을 유지하여 온 세입자에 대하여만 보상을 하겠다는 것으로서 그 거주기간이 매우 불합리하거나 극히 장기간이어서 주거이전비 보상제도를 형해화하는 정도에 이르지 아니하므로, 이것이 합리적인 이유 없는 차별로서 세입자의 평등권을 침해한다고 볼 수 없다.

한편 최근 세입자에 대한 주거이전비는 세입자들이 이주에 어려움을 겪고 있는 점을 감안하여 2007. 4. 12 대폭적인 개정을 한 바 있다.

1) 주거이전비 상향(시행규칙 제54조 제2항 개정)

세입자들의 보상금이 너무 적어 이주에 어려움을 겪고 있는 점을 감안하여 당초 3개월의 가계지출비에서 4개월의 가계지출비로 상향조정하였다.

는 금원으로 보아야 하므로, 사업시행자의 세입자에 대한 주거이전비 지급의무를 정하고 있는 공익사업법 시행규칙 제54조 제2항은 당사자 합의 또는 사업시행자 재량에 의하여 적용을 배제할 수 없는 강행규정이라고 보아야 한다.

2) '89. 1. 25 이후 무허가 건축물 세입자(시행규칙 제54조 제2항 단서 개정)

개정전에는 '89. 1. 25 이후 건축된 무허가 건축물 세입자는 주거이전비 지급대상에서 제외하였으나, 이를 공익사업에 관한 고시 등(열람공고일 포함)이 있기 1년 이전부터 거주하고 있는 경우 주거이전비를 지급하도록 하였다. 다만 '89. 1. 25 이후 건축된 무허가 건축물 소유자는 여전히 주거이전비 지급대상이 아니다.

3) 주거이전비 지급 강화(시행규칙 제54조 제2항 단서 개정)

당초에는 세입자가 임대주택 등을 특별공급받는 경우에는 주거이전비를 지급받지 못하도록 하였으나,[1218] 이를 개정하여 임대주택 등을 특별공급받는 경우에도 주거이전비를 보상받을 수 있도록 하였다.

Ⅱ. 주거용건축물 소유자에 대한 보상

1. 소유자 주거이전비 지급대상

자기소유의 건물에 거주하던 자가 공익사업으로 인하여 다른 곳으로 이주하는 경우 종전과 같은 생활을 유지할 수 있도록 주거이전비를 지급하도록 규정하고 있다. 즉, 공익사업시행지구에 편입되는 주거용 건축물의 소유자에 대하여는 당해 건축물에 대한 보상을 하는 때에 가구원수에 따라 2월분의 주거이전비를 보상하여야 한다. 다만, 건축물의 소유자가 당해 건축물에 실제 거주하고 있지 아니하거나 당해 건축물이 무허가건축물등인 경우에는 그러하지 아니하다(규칙 제54조 제1항).

1218) 개정전 토지보상법 시행규칙 제54조 ② 공익사업의 시행으로 인하여 이주하게 되는 주거용 건축물의 세입자로서 사업인정고시일등 당시 또는 공익사업을 위한 관계법령에 의한 고시 등이 있은 당시 당해 공익사업시행지구안에서 3월 이상 거주한 자에 대하여는 가구원수에 따라 3월분의 주거이전비를 보상하여야 한다. 다만, 다른 법령에 의하여 주택입주권을 받았거나 무허가건축물등에 입주한 세입자에 대하여는 그러하지 아니하다.

2. 소유자 주거이전비 지급기준

1) 공익사업지구에 편입되는 주거용 건축물의 소유자

해당 공익사업에 편입되어 이주하게 되는 ① 주거용 건축물의 ② 소유자에게 지급한다. 따라서 주거용 건축물이 아닌 경우는 해당하지 아니하며, 세입자에게는 별도의 기준이 적용된다.

주거용 건축물인지 여부에 대하여 종전에는 주거용으로 사용될 수 있는지 등 사실적 관계에 의하여야 한다고 보았으나,[1219] 토지보상법 시행규칙의 개정[1220]으로 불법용도변경의 경우 주거이전비 지급이 불가하게 되어 결국 건축물대장상의 용도에 의하여 판단하여야 할 것이다.[1221]

2) 당해 건축물에 대한 보상을 하는 때 지급

소유자 주거이전비는 당해 건축물에 대한 보상 시점에 지급하도록 하고 있다.[1222] 실무적으로는 건축물에 대한 보상 이후 실제로 이사하는 때에 지급하고 있으나 소유자

1219) ① 토관 58342-1337 (2000. 9. 2) : 공부상 창고건물이 주거용건물에 해당하는지 여부는 공부상의 용도만을 기준으로 할 것이 아니라 당해 건물의 구조와 형태, 관계법령에서 허가나 신고없이 용도변경이 가능한지 여부 및 임차인의 거주형태 등을 종합적으로 고려하여 사업시행자가 판단·결정할 사항이라고 봅니다.

② 토정 58342-459 (1999. 3. 22) : 건축물대장상 용도인 소매점(슈퍼)을 운영하고 있고, 그 부속용도인 점표에 딸린 방에 위 고시가 있은 날 현재 4월이상 거주하는 경우에는 주거대책비의 지급대상이 되며, 공공사업시행일전부터 소매점영업을 하여온 경우라면 영업보상의 지급도 가능할 것입니다.

1220) 시행규칙 제24조(무허가건축물 등의 부지 또는 불법형질변경된 토지의 평가) 「건축법」 등 관계법령에 의하여 허가를 받거나 신고를 하고 건축 또는 용도변경을 하여야 하는 건축물을 허가를 받지 아니하거나 신고를 하지 아니하고 건축 또는 용도변경한 건축물(이하 "무허가건축물등"이라 한다)의 부지 또는 「국토의 계획 및 이용에 관한 법률」 등 관계법령에 의하여 허가를 받거나 신고를 하고 형질변경을 하여야 하는 토지를 허가를 받지 아니하거나 신고를 하지 아니하고 형질변경한 토지(이하 "불법형질변경토지"라 한다)에 대하여는 무허가건축물등이 건축 또는 용도변경될 당시 또는 토지가 형질변경될 당시의 이용상황을 상정하여 평가한다. 〈개정 2005. 2. 5., 2012. 1. 2.〉

1221) 한국토지주택공사 기본조사지침에서도 시행규칙 개정내용을 반영하여 공부상 용도에 의거 주거이전비를 지급하도록 하고 있다.

☞ 기본조사지침 제53조(주거이전비) ① 「용지규정시행세칙」 제25조 제1항 각 호의 어느 하나에 해당하는 날부터 주거용 건축물 보상시까지 당해 사업지구내 주거용 건축물(주거용 건축물의 판단은 건축물대장상 용도에 따른다. 이하 같다)을 소유하고 계속거주한 자로서 사업시행으로 인하여 이주하게 되는 자에 대하여는 가구원수에 따라 2개월분의 주거이전비를 지급한다.

1222) 세입자 주거이전비에 대한 지급시기는 법령에서 정하고 있지 않으나, 대법원은 사업인정고시일 등이 있는 당시에 바로 발생한다고 보고 있어 양자간 지급시기에 대하여 차이가 있다. (대법원 2012. 4. 26. 선고 2010두7475 판결)

가 건축물 계약 후 주거이전비를 청구한다면 법문상 지급의무가 발생한다고 본다. 지급금액은 실제로 지급할 당시에 (재)산정된 금액으로 지급하여야 한다.[1223]

3) 가구원수에 따라 2월분의 주거이전비를 지급

건축물에 대한 보상을 하는 때에 가구원수에 따라 2월분의 주거이전비를 보상하도록 하고 있다. 따라서 가족 수는 건축물에 대한 보상을 하는 시점의 식구 수에 의거 지급한다. 실무적으로는 이와는 달리 별도의 기준일을 설정하여 식구수를 산정하여 보상하고 있는 경우가 대부분이다.[1224] 그러나, 현행 토지보상법은 가옥소유자에 대하여는 별도 기간의 제한 없이 보상금을 지급하는 때의 식구수에 따라 주거이전비를 지급[1225]하도록 규정하고 있어(시행규칙 제54조 제1항), 별도의 지급기준일이 적용되지 않는다[1226]고 보는 것이 타당할 것이다. 다만 도시 및 주거환경정비법(이하 "도시정비법" 이라 함)의 재개발사업 등의 경우(재건축은 제외) 정비구역 공람·공고일 부터 보상을 하는 때까지 계속 소유 및 거주하여야 한다.[1227]

또한 가족 수 산정에 있어서 반드시 혈연에 의한 가족관계에만 한정하지 않고 가족관계에 준하는 경우에는 주거이전비 지급이 가능하다.[1228] 다만, 일시적으로 거주하

1223) 토관 58342-803 (2003. 6. 9) : 최초 보상액을 산정한 후 협의성립 당시에 그 통계자료가 다시 발표된 경우에는 최종적으로 발표된 통계자료에 의하여 보상액을 산정하여 계약을 체결하여야 한다고 봅니다.

1224) 보상현장에서 주거이전비 지급에 있어 각 사업시행자는 시기(공람공고일 또는 사업인정고시일)와 종기(보상공고일 또는 계약체결일, 수용재결일)를 설정하여 보상금을 지급하고 있는 경우가 있다. 이는 법적 근거 없이 기준을 설정한 것으로 위법이라 할 수 있다. 따라서 보상의 형평성을 기하기 위하여 이주대책의 보상기준일과 동일하게 토지보상법을 개정하여 보상기준을 명확하게 할 필요가 있을 것으로 보인다.

1225) 서울행정법원 2012. 11. 8. 선고 2012구합14750 판결 : 공익사업법 시행규칙 제54조 제1항에는 '주거용 건축물의 소유자에 대하여는 당해 건축물에 대한 보상을 하는 때에 가구원수에 따라 2월분의 주거이전비를 보상하여야 한다'라고 규정하여 가구원수 판단 기준시점을 보상시점으로 보고 있으므로 이 사건에서는 협의매도일 당시 가구원수로 봄이 타당하다.

1226) 토관 58342-668 (2003. 5. 12) : 공익사업을위한토지등의취득및보상에관한법률시행규칙 제54조 제1항의 규정에 의하면 공익사업시행지구에 편입되는 주거용 건축물의 소유자에 대하여는 당해 건축물에 대한 보상을 하는 때에 가구원수에 따라 2월분의 주거이전비를 보상하도록 되어 있으므로 주거용 건축물의 소유자가 거주하는 경우에는 별도의 보상대상 기준일이 적용되지 아니합니다.

1227) 대법원 2015. 2. 26. 선고 2012두19519 판결 : 도시 및 주거환경정비법상 주거용 건축물의 소유자에 대한 주거이전비의 보상은 주거용 건축물에 대하여 정비계획에 관한 공람·공고일부터 해당 건축물에 대한 보상을 하는 때까지 계속하여 소유 및 거주한 주거용 건축물의 소유자를 대상으로 한다고 봄이 타당하다.

1228) 토지정책팀-4501(2006. 12. 1) : 종교활동을 하는 목사가 주거용건축물을 임차하여 노숙인들에게 무상으로 숙식제공을 하여오다가 공공사업지구에 편입되어 이주하게 되는 경우에는 각 개인을 별도의 세

는 양로원 거주자,[1229] 여관객실의 장기거주자[1230] 등은 주거이전비 지급대상에서 제외된다.

질의회신

▣ 토행01254-89(1989. 10. 11) 공공사업지구에 포함되는 보육원(고아원)이 주거비지급대상이 되는지 여부와 그 지급기준

공공용지의취득및손실보상에관한특례법 시행규칙 제10조 제5항의 규정에 의한 주거비는 주거용건물이 공공사업에 편입하여 이전할 경우 가족수에 따라 2월분의 주거비를 지급하도록 규정하고 있고, 보육원(고아원)설치운영의 근거법령인 아동복지법 제2조 및 동법시행령 제2조 제3호의 규정에 의하면 육아시설이란 보호자가 없거나 이에 준하는 3세 이상 18세 미만의 아동을 입소시켜 보호·양육하는 것을 목적으로 하는 시설이라고 규정하고 있어, 귀 시설이 주거용건물에 해당된다 할 것이고 또한 보육원구성이 공공용지의취득및손실보상에관한특례법령에서 정하고 있는 일반적인 가족관계는 아니라 하더라도 이에 준하는 단체로 판단되어지므로 주거비 지급대상에 포함된다 할 것이다.

한편 보상현장에서 자주 논쟁이 있는 부분은 '가구원' 수 산정의 부분으로 이는 '가구수'를 실질을 중시하여 산정하는 견해와 형식을 중시하여 산정하는 견해로 나뉘고 있다.

(실질을 중시하는 견해) 이 견해는 가족관계는 공부상 세대를 기준으로 하는 것이 원칙이지만, 주거용 건축물 소유자와 형식상 다른 세대라 하더라도 주거용 건축물 소유자와 가족 관계에 있고 동일한 공간을 같이 사용하고 있다면 이는 별도의 세대가 아니라 주거용 건축물 소유자의 가족으로 보아야 한다는 견해이다. 이 입장에 따르면 가구원은 거주하는 부양가족이어야 하며, 하숙인·가정부 등은 포함되지 않는다. 유권해석은 이 견해를 지지하고 있다.[1231]

입자로 보아 세대별로 주거이전비를 지급하는 것은 불가하나, 사업인정고시일등 당시 또는 공익사업을 위한 관계법령에 의한 고시 등이 있은 당시 당해 주거용건축물에 3월 이상 수용된 자에 대하여는 그 임차인의 가족으로 보아 동 규정에 의한 가족수에 따른 주거이전비의 지급은 가능하다고 봅니다.

1229) 토지정책과-2389 (2009. 5. 21) : 주거이전비 지급대상 건축물이라면 양로원(노인주거복지시설)에 주민등록이 등재되어 있다 하더라도 생활형태, 거주공간 등을 감안할 때 복지시설에 거주하는 자를 주거용 건축물의 세입자로 보기는 어려울 것으로 보여지나, 개별적인 사례에 대하여는 사업시행자가 위 규정과 관계법령 검토 및 사실관계를 조사하여 판단·결정할 사항이라고 봅니다.

1230) 토정 58342-197 (1998. 2. 16) : 주거대책비는 공공사업을 위한 관계법령에 의한 고시 등이 있은 날 현재 당해 지역안에서 3개월이상 거주한 자로서 공공사업의 시행으로 인하여 가족의 주거생활의 안정을 상실하게 됨에 따른 보상이므로, 여관 객실을 월세로 임차하여 잠만 자는 형태 등으로 거주하는 경우에는 지급대상이라고 하기는 곤란할 것입니다.

(형식을 중시하는 견해) 이 견해는 가족관계보다는 형식적으로 가구를 구성하는 모든 자를 가구원으로 한다는 입장으로 주민등록상의 세대에 의하여 주거이전비를 별도로 산정한다는 것이다. 이 견해의 근거로 토지보상법 시행규칙 제54조 제1항에서 주거이전비 산정을 가족수로 하지 않고 '가구원수'를 기준으로 하고 있다는 점을 들고 있으며, 대부분 학자들은 이 견해를 지지하고 있다.[1232)]

(사견) 이와 같이 국토교통부와 학자들의 견해가 나뉘고 있어 실무적으로 혼선을 겪고 있다. 이에 대해서는 원칙적으로는 주민등록상의 세대별로 산정하는 것이 원칙이지만, 국토부의 입장을 일부 수용하여[1233)] 비록 형식적으로는 별도의 세대이기는 하나 가족관계인 경우에는 **동일한 공간의 사용여부**로 주거이전비를 산정하며,[1234)] 또한 가족

1231) ① 토정 58342-499 (1999. 3. 24) : 장남가족이 주민등록이 따로 등재된 경우라도 부모와 같이 부모의 집에서 거주하여 오다가 공공사업의 시행으로 인하여 이주하게 되는 경우에는 주거용건물의 소유자의 가족수에 포함하여 위 규칙 제10조 제5항의 규정에 의한 주거비의 보상은 가능할 것입니다.

② 토정 58342-783 (1999. 4. 30) : 공부상 세대구분 등에 불구하고 생모소유의 주거용건물에서 함께 거주하고 있는 경우에는 세입자로 보기 어려울 것이므로 주거대책비가 아닌 가족의 일원으로 주거비의 지급대상이 될 것입니다.

③ 토지정책과-557 (2009. 2. 6) : 세입자(父)와 직계존·비속의 관계에 있고 각각 주민등록상 별도의 세대를 이루고 있을지라도 거실, 주방, 화장실등의 주거공간을 공동으로 이용하고 있는 경우(동일한 주거공간을 향유)에는 동일한 세대로 보아 세입자 세대원수에 합산하여 주거이전비를 지급하여야 한다고 보며, 개별적인 사례에 대하여는 사업시행자가 위 규정 등 관계법령 및 사실관계를 조사하여 판단·결정할 사항이라고 봅니다.

1232) 임호정/김원보, 공익사업용지보상법론, 부연사, 2003, 518면 ; 박평준, 공익사업용지취득보상법론, 고시연구사, 2004.; 차태환, 토지보상법론, 부연사, 2010, 511면.

1233) 토지정책과-4896 (2009. 10. 21) : 수용건물(아파트)의 동일호수 내에 건물주 1인과 가족관계에 있지않은 세입자가 1인이 별도의 세대를 구성하여 함께 거주하고 있으나 현실적으로 방을 제외한 거실, 주방, 화장실 등 모든 공간은 함께 이용할 수 밖에 없는 내부구조임에도 건물주와 세입자에게 각각 주거이전비 지급이 가능한지 여부?

(회신) 동일한 일주 주거 공간을 향유하더라도 위 규정에 해당되는 경우 각자에게 주거이전비를 지급해야 한다고 보며, 개별적인 사례에 대하여는 사업시행자가 사실관계 등을 검토하여 판단하시기 바랍니다.

1234) ① 토관 4180 (2004. 9. 13) : 주거용건축물의 소유자인 장인(장모)과 직계비속인 딸(사위)의 관계에 있는 자가 동일한 주거공간인 1동의 건축물을 1,2층 구분하여 거주하고 있는 경우 딸의 가족을 소유자의 가족 또는 세입자로 보여야 하는지 여부

(회신내용) 딸의 가족이 독립된 주거공간에서 따로 살림을 하는지 여부에 따라 판단되어야 할 것으로 보며, 이는 사업시행자가 판단·결정할 사항이라고 봅니다. 주거이전비 산정시의 가구원수 주민등록상 등재여부에 불구하고 실제로 거주한 사실을 객관적으로 입증될 경우 가구원수에 포함할 수 있다고 봅니다.

② 토관 58342-654 (2003. 5. 10) : 당해 주거용건축물의 소유자는 당해 건축물에 거주하지 않고 그 소유자와 직계존비속의 관계에 있는 자가 세입자로 일정기간 거주하고 있는 경우에는 그 세입자는 위 규정에 의한 주거이전비 보상대상에 해당된다고 보며, 독립세대를 이루고 있는 자들이 각각 독립된 거주공간을 향유하고 있는 경우에는 그 독립세대가 각각 주거이전비 보상대상에 해당된다고 봅니다.

관계가 아닌 경우라면 동일 공간을 공동으로 사용한다 하더라도 주거이전비 지급이 타당할 것으로 보인다.

질의회신

■ **토지정책과-2033 (2008. 7. 17)**

주거용 건축물의 소유자인 아버지(어머니)는 거주하지 않고 그 아들이 거주하는 경우 그 아들에 대해 소유자의 가구원으로 보아 2개월분 또는 세입자로 보아 4개월분의 주거이전비를 지급하여야 하는지?

(회신) 주거용 건축물 소유자는 거주하지 아니하고 그 아들이 거주하는 경우에는 소유주의 가구원으로 보아 2개월의 주거이전비를 지급하여야 한다고 보며, 아들이 소유주와 적법한 임대차계약등에 의거 세입자로서 거주하고 있다면 4개월분의 주거이전비를 지급하여야 한다고 봅니다. 이때 적법한 세입자인지 여부등은 민법등 관계법령에 의거 사업시행자가 확인하여야 한다고 보며, 토지보상법 제93조의 규정에는 사위 그 밖의 부정한 방법으로 보상금을 받은 자에 대해서는 5년이하의 징역 또는 3천만원 이하의 벌금에 처한다고 규정하고 있고(1호) 미수범은 이를 처벌한다(2호)고 되어 있음을 참고하시기 바랍니다.

4) 건축물의 소유자가 당해 건축물에 거주

주거이전비를 보상받기 위해서는 건축물의 소유자가 당해 건축물에 실제 거주하여야 한다. 따라서 보상계약을 체결하기 전에 사망이나 이혼으로 인한 경우 거주하지 않는 경우 지급대상이 아니며,[1235] 다만 보상계약 체결시 거주하였던 가족에 대해서는 주거이전비 대상이며 이에 대하여는 상속이 가능하다. 또한 보상계약 체결 이후 실제 지급일까지 자연적인 가구수의 증가, 즉 혼인, 출생 등의 가구수 증가는 인정하여야 한다고 본다.

한편, 공익사업시행지구 안의 주거용 건축물 소유자로서 같은 공익사업시행지구 안에서 타인의 주거용 건축물에 거주하는 자에 대하여 소유자 주거이전비를 지급하도록 하였다.[1236]

1235) 토관 58342-1203 (2000. 8. 2) : 특례법령에 의한 손실보상은 당사자간의 계약에 의한 보상이므로 계약체결할 시점에서는 사망 또는 이혼 등으로 거주하지 아니하는 자에 대하여서는 동법 시행규칙 제10조 제5항의 규정에 의한 주거비는 지급대상에 해당되지 아니하나, 동법 제27조의 규정에 의한 이사비는 대물보상이므로 이사할 가재도구 등이 있는 경우에는 그 가재도구의 이전에 필요한 비용을 지급할 수 있다고 봅니다.

1236) 제정사유 : 공익사업시행지구 안의 주거용 건축물 소유자로서 같은 공익사업시행지구 안에서 타인의 주거용 건축물에 거주하는 자를 이주대책대상자에 포함하는 내용으로 「공익사업을 위한 토지 등의 취득 및 보상에 관한 법률 시행령」이 개정(대통령령 제26867호, 2016. 1. 6. 공포, 2016. 1. 6. 시행)됨에

5) 무허가 건축물 등이 아닐 것

주거이전비를 지급받기 위하여 무허가 건축물 등이 아니어야 한다. 무허가건축물 등에 대하여 종전에는 「건축법」 등 관계법령에 의하여 건축물을 허가를 받지 아니하거나 신고를 하지 아니하고 건축한 건축물로 한정하였으나, 2012. 1. 2 개정에서 불법용도변경된 건축물도 무허가 건축물 등에 포함하도록 하였다.[1237] 그러나 1989. 1. 24. 당시의 무허가건축물에 대해서는 적법한 건축물로 보고 있어 이 경우는 주거이전비 대상이 된다. 다만, 불법용도변경된 경우 주거이전비 지급이 불가하다. 이는 2012. 1. 2. 이후 최초 보상계획공고하거나 토지소유자 및 관계인에게 보상계획을 통지하는 공익사업부터 적용된다.

3. 권리구제

적법하게 시행된 공익사업으로 인하여 이주하게 된 주거용 건축물 세입자의 주거이전비 보상청구권은 공법상의 권리이고, 따라서 그 보상을 둘러싼 쟁송은 민사소송이 아니라 공법상의 법률관계를 대상으로 하는 행정소송에 의하여야 한다.[1238]

Ⅲ. 주거용건축물 세입자에 대한 보상

1. 세입자 주거이전비 의의

공익사업의 시행으로 인하여 이주하게 되는 주거용 건축물의 세입자로서 사업인정

따라, 해당 이주대책대상자에 대한 주거이전비 지급기준을 주거용 건축물을 소유하면서 실제 거주하는 자와 동일한 2개월분으로 정한다(국토교통부령 제272호, 2016. 1. 6)

1237) 제정사유 : 공익사업을 원활하게 추진하기 위하여 허가를 받거나 신고를 하지 아니하고 건축한 건축물뿐만 아니라 허가를 받거나 신고를 하지 아니하고 용도변경한 건축물도 무허가건축물등으로 보아(국토해양부령 제427호, 2012. 1. 2).

1238) 대법원 2008. 5. 29. 선고 2007다8129 판결 : 세입자의 주거이전비 보상청구권은 그 요건을 충족하는 경우에 당연히 발생하는 것이므로, 주거이전비 보상청구소송은 행정소송법 제3조 제2호에 규정된 당사자소송에 의하여야 한다. 다만, 세입자의 주거이전비 보상에 관하여 재결이 이루어진 다음 세입자가 보상금의 증감 부분을 다투는 경우에는 같은 법 제85조 제2항에 규정된 행정소송에 따라, 보상금의 증감 이외의 부분을 다투는 경우에는 같은 조 제1항에 규정된 행정소송에 따라 권리구제를 받을 수 있다.

고시일등 당시 또는 공익사업을 위한 관계법령에 의한 고시 등이 있은 당시 당해 공익사업시행지구안에서 3월 이상 거주한 자[1239]에 대하여는 가구원수에 따라 4개월분의 주거이전비를 보상하도록 규정하고 있다.

이 주거이전비의 성질에 대하여 판례에서는 세입자들의 조기이주를 장려하여 사업추진을 원활하게 하려는 정책적인 목적과 주거이전으로 인하여 특별한 어려움을 겪게 될 세입자들을 대상으로 하는 사회보장적인 차원에서 지급하는 금원의 성격을 갖는다[1240]고 하고 있다. 또한 주거이전비 규정은 당사자 합의 또는 사업시행자 재량에 의하여 적용을 배제할 수 없는 강행규정이며 포기할 수 없는 권리로 보고 있다.

판 례

□ 대법원 2011. 7. 14. 선고 2011두3685

사업시행자의 세입자에 대한 주거이전비 지급의무를 정하고 있는 공익사업법 시행규칙 제54조 제2항은 당사자 합의 또는 사업시행자 재량에 의하여 적용을 배제할 수 없는 강행규정이라고 보아야 한다. 주택재개발사업 정비구역 안에 있는 주거용 건축물에 거주하던 세입자 갑이 주거이전비를 받을 수 있는 권리를 포기한다는 취지의 '이주단지 입주에 따른 주거이전비 포기각서'를 제출한 후 사업시행자가 제공한 임대아파트에 입주한 다음 별도로 주거이전비를 청구한 사안에서, 주거이전비 지급요건에 해당하는 세입자인 경우, 임시수용시설인 임대아파트에 거주하게 하는 것과 별도로 주거이전비를 지급할 의무가 있고, 갑이 임대아파트에 입주하면서 주거이전비를 포기하는 취지의 포기각서를 제출하였다 하더라도, 포기각서의 내용은 강행규정인 공익사업법 시행규칙 제54조 제2항에 위배되어 무효이다.

세입자 주거이전비는 당초 1986. 11. 29 구 공특법에서 도입되어 관계법령에 의한 고시 등이 있는 날 현재 1월 이상 거주한 세입자에게 2월분의 주거이전비를 지급하였다.[1241] 이후 1989. 1. 24 이를 개정하여 관계법령에 의한 고시 등이 있는 날 현재 3월

1239) 대법원 2010. 12. 9. 선고 2008두10829 판결 : 입법자가 소유자에 대하여는 이주대책 수립대상자에 포함할 뿐만 아니라 3월 이상 거주할 것을 주거이전비 지급요건으로 정하지 아니한 반면, 세입자의 경우는 원칙적으로 이주대책 수립대상자에서 제외하고 주거이전비도 고시 등이 있은 당시 3월 이상 거주한 때에만 보상하도록 한 것이고, 또한 공익사업법 시행규칙 제54조 제2항이 고시 등이 있은 날을 기준으로 3월 이상 거주를 요구하는 규정을 둔 취지는 공익사업으로 인한 이주가 예상되는 사업지구 안으로 주거이전비 또는 주택입주권 등을 받기 위하여 의도적으로 이주하는 세입자를 보상에서 제외하고 위 고시 등이 있을 당시 사업지구 내에서 일정 기간 주거생활을 유지하여 온 세입자에 대하여만 보상을 하겠다는 것이다.

1240) 대법원 2010. 11. 11. 선고 2010두5332 : 주거이전비는 당해 공익사업시행지구 안에 거주하는 세입자들의 조기이주를 장려하여 사업추진을 원활하게 하려는 정책적인 목적과 주거이전으로 인하여 특별한 어려움을 겪게 될 세입자들을 대상으로 하는 사회보장적인 차원에서 지급하는 성격의 것인 점 등을 종합하면..

이상 거주한 세입자에게 3월분의 주거이전비를 지급하도록 개정하였으며, 또한 다른 법령에 의하여 주택입주권을 받았거나 무허가건축물등에 입주한 세입자에 대하여는 그러하지 아니하였다. 이는 현행 토지보상법의 시행 후에도 동일한 기준 하에서 시행하여 오다가 2007. 4. 12 개정에서 지급기준을 3월분에서 4월분으로 확대하였고, 무허가건축물 등에 입주한 세입자로서 사업인정고시일등 당시 또는 공익사업을 위한 관계법령에 의한 고시 등이 있은 당시 그 공익사업지구 안에서 1년 이상 거주한 세입자에 대하여는 주거이전비를 보상하도록 개정하였으며, 또한 다른 법령에 의한 주택입주권을 받은 경우에도 주거이전비 지급이 가능하도록 개정하였다.

2. 세입자 주거이전비 지급기준

1) 공익사업지구에 편입되는 주거용 건축물의 세입자

소유자 주거이전비의 경우와 같이 세입자의 경우도 주거용 건축물에 거주하는 세입자이어야 한다. 세입자의 경우 타인 소유의 주거용건물에 거주하는 자를 말하므로 전세금 등 없이 무상으로 거주한 경우에도 상관없다.[1242] 자취생의 경우 종전 유권해석에 의하여 주거이전비 지급이 부정적이었으나[1243] 이후 국민권익위원회는 대학생이라 하더라도 토지보상법에 의한 주거이전비 지급요건에 부합하다면 주거이전비 지급을 하여야 한다고 시정권고 한 바 있으며,[1244] 법원도 세입자가 학생이더라도 독립적인 생업을

1241) 구 공특법 제30조의2 (세입자에 대한 주거대책비 지급) 공공사업을 위한 관계법령에 의한 고시등이 있은 날 현재 당해지역안에서 1월이상 거주한 자로서 공공사업의 시행으로 인하여 이주하게 되는 주거용 건물의 세입자에 대하여는 가족수에 따라 2월분의 주거대책비(경제기획원장관이 조사·발표하는 도시근로자 평균가계지출비를 기준으로 산정한다)를 지급한다. 다만, 제29조의 규정에 의한 이농비를 지급받았거나 다른 법령에 의하여 주택입주권을 받았을 경우에는 그러하지 아니하다. [본조신설 1986.11.29]

1242) 토정 58307-1683 (1995. 12. 8) 〈질의〉 공공사업지구에 편입된 주거용건물에 전세금없이 무상으로 입주하고 있는 입주자에 대해서도 주거대책비를 지급하게 되는지 여부
〈회신〉 주거대책비는 공공사업으로 인한 주거지의 이전기간에 대한 보존이므로 일반적으로 가옥을 소유하지 아니한 타인 소유의 주거용건물에 거주하는 자는 세입자로 볼 수 있으므로 적용대상이 됨.

1243) 토정 58342-715 (1999. 4. 21) : 학업관계로 자취하는 학생의 경우에는 당해 공공사업으로 인하여 종전과 동일한 생활을 유지하는데 어려움이 있다고 볼 수 없을 것이므로 주거대책비 지급대상이 될 수 없을 것이나, 가재도구 등 동산의 운반에 필요한 실비로서 이사비 지급은 가능함을 알려드립니다.

1244) 국민권익위 2BA-1001-046672(2010. 3. 16) : 토지보상법령에 학생 및 단독세대주라는 직업·신분에 따른 주거이전비 지급제한이 없음에도 불구하고 평등의 원칙에 반한 합리적인 이유없는 차별을 하는 것이다. 이 민원 공사를 위한 사업인정고시일인 2009. 5. 21. 당시 3월 이상 거주하고 있어, 이 민원 공사로 인해 주거이전이 불가피한 점, 주거이전비는 세입자들의 조기이주 장려, 주거이전으로 인한 어려움을

유지하였다면 주거이전비 지급이 타당하다는 판결이 있어[1245] 학생이라 하더라도 주거이전비를 지급하여야 한다.

또한 외국인도 내외국인 평등주의에 입각하여 주거이전비를 지급하여야 한다. 다만, 불법체류 외국인의 경우가 아니어야 할 것이다. 그 외에 회사의 사택에 거주하는 경우,[1246] 교회 사택에 거주하는 목회자[1247] 등의 경우에도 세입자 주거이전비 지급이 가능하다.

질의회신

▣ 토지정책과-4744 (2009. 10. 13)

당해 사업시행지구안에서 자기 소유 주택을 매도하고 세입자로 거주한 경우 사업인정고시일등 당시 또는 공익사업을 위한 관계법령에 의한 고시 등이 있은 당시 자기 주택 거주기간을 포함하여 3월 이상 거주한 경우에는 주거이전비 보상대상(세입자)에 해당된다고 보며, 개별적인 사례에 대하여는 관련법 및 사실관계를 조사, 검토하여 판단하시기 바랍니다.

2) 사업인정고시일등 당시 3월 이상 거주한 자

세입자로서 사업인정고시일등 당시 또는 공익사업을 위한 관계법령에 의한 고시 등이 있은 당시 당해 공익사업시행지구안에서 3월 이상 거주한 자에 대하여 주거이전비를 지급하고 있다.[1248] 즉 세입자에 대한 주거이전비 지급기준일은 "사업인정고시일등

사회보장적 차원에서 지급하는 금원이라는 주거이전비의 성격 등을 종합적으로 검토해 볼 때 피신청인이 신청인은 자취하는 학생이라는 이유로 주거이전비 보상을 거부하는 것은 부당하다고 보인다.

1245) 수원지방법원 2010구합11635 선고 2010. 11. 10. : 정상적인 세입자라면 그 독립한 생계유지 등의 여부와 관계없이 통상 주거의 이전으로 인한 특별한 어려움을 겪기 마련인 점, 그리고 세입자가 독립적인 생계유지가 곤란한 경우라면 독립적인 생계유지가 가능한 세입자에 비하여 더더욱 주거의 이전으로 인한 어려움이 클 것으로 보이는 점, 학업활동에 어려움이 없다고 하여 주거이전으로 인한 특별한 어려움이 없다고 단정할 수 없는 점 등의 사정에 비추어 보면, 당해 근거지를 근거로 독립적인 생계활동을 하였는지 여부, 실제 학업활동의 어려움 여부에 불문하고 거주기간의 요건이 충족된 세입자는 주거이전비 지급대상에 해당한다고 봄이 타당하다

1246) 토관 58342-1725 (2000. 11. 15) : 사택인 경우에도 거주형태가 세입자로 볼 수 있는 경우에는 위 규정에 의한 주거대책비 지급대상에 해당된다고 봅니다.

1247) 택지 58540-386(1996. 7. 1) : 교회사택이 주거용 건물에 해당되고 이에 거주하는 자가 위 규정에 의한 주거대책비 지급요건에 부합되는 경우라면 주거대책비 지급대상에 해당하는 것으로 사료되며, 교회사택이 주거용 건물에 해당되는지 여부는 사업시행자가 구체적인 사실관계를 기준하여 판단·처리할 사항임.

1248) 대법원 2010. 12. 9. 선고 2008두10829 판결 : 주거이전비는 당해 공익사업시행지구 안에 거주하는 세입자들의 조기이주를 장려하여 사업추진을 원활하게 하려는 정책적인 목적과 주거이전으로 인하여 특별한 어려움을 겪게 될 세입자들을 대상으로 하는 사회보장적인 차원에서 지급하는 성격의 것인

당시 또는 공익사업을 위한 관계법령에 의한 고시 등이 있은 당시[1249] 당해 공익사업시행지구안에서 3월 이상 거주"한 자로 정의하고 있어,[1250] 사업인정 등 이전 3개월 이상만 거주했다면 주거이전비 청구권이 발생하도록 규정하고 있어, 이 요건이 충족된다면 주거이전비 산정통보일 또는 수용개시일까지 계속 거주할 것을 요함이 없이 주거이전비 지급이 가능하다(아래 판례 참조).

판 례

□ 대법원 2006. 4. 27. 선고 2006두2435 판결 (주거이전비및이사비지급청구)

'공익사업의 시행으로 인하여 이주하게 되는 주거용 건축물의 세입자로서 사업인정고시일 등 당시 또는 공익사업을 위한 관계 법령에 의한 고시 등이 있은 당시 당해 공익사업 시행지구 안에서 3월 이상 거주한 자'에 해당하는 세입자는 이후의 사업시행자의 주거이전비 산정통보일 또는 수용개시일까지 계속 거주할 것을 요함이 없이 위 사업인정고시일 등에 바로 같은 법 시행규칙 제54조 제2항의 주거이전비와 같은 법 시행규칙 제55조 제2항의 이사비 청구권을 취득한다고 볼 것이다.

한편 판례에서도 이와 같은 입장으로 사업인정 고시일 등 3월 이상 거주자가 주거이전비 산정통보일 이전에 화재로 인하여 거주하는 건물 부분 및 가재도구 등이 멸실되는 바람에 공익사업 시행지구 밖으로 이주하였다 하더라도 이로 인하여 피고가 이미 취득한 주거이전비 및 이사비 청구권이 소멸된 것은 아니라고 판단[1251]하였다. 따라서,

점(대법원 2006. 4. 27. 선고 2006두2435 판결 참조) 등을 고려하면, 구 택지개발촉진법상 택지개발사업에서 주거용 건축물의 세입자에 대한 주거이전비의 보상은, 택지개발예정지구지정 대상의 명칭·위치 및 면적 등이 외부에 공표됨으로써 주민 등이 택지개발사업이 시행될 예정임을 알 수 있게 된 때인 택지개발예정지구의 지정에 관한 공람공고일 당시 당해 사업시행지구 안에서 3월 이상 거주한 자를 대상으로 한다고 봄이 상당하다.

1249) 토지정책과-3548 (2010. 7. 8) : 토지보상법 제40조 제3항 제2호의 규정에 "관계법령에 의한 고시 등이 있은 날"은 당해 토지에 대하여 공익사업이 시행된다는 사실을 토지소유자 및 관계인등 불특정 다수인이 알 수 있도록 행하는 고시 또는 공고한 날 중 가정 먼저 고시 또는 공고된 날을 의미하며, 귀 질의의 경우 공익사업을 위한 보상계획의 공고('09. 11. 6) 이후 하천법 제78조 제3항에 의한 사업인정의 고시(하천공사 시행계획 고시 '10. 3. 5)되었으므로, 보상계획의 공고가 관계법령에 의한 고시 등이 있은 날로 보며, 개별적인 사례에 대하여는 관계법령 등을 검토하여 판단할 사항이다.

1250) ① 토지정책과-5282 (2010. 11. 10) : "사업인정고시일등"이라 함은 법 제15조 제1항 본문의 규정에 의한 보상계획의 공고 또는 법 제22조의 규정에 의한 사업인정의 고시가 있은 날을 의미하나, 다만, 토지소유자 및 관계인이 20인 이하로서 보상계획 공고를 생략한 경우에는 토지소유자 및 관계인에 대한 보상계획의 통지가 있은 날로 보아야 할 것이며, 개별적인 사례에 대하여는 사업시행자가 관계법령 및 사실관계 등을 검토하여 판단할 사항입니다.

② 토관 58342-985 (2001. 6. 25) : 특례법시행규칙 제30조의2 제1항의 규정에 의한 "공공사업을 위한 고시 등이 있은 날"은 당해 토지에 공공사업이 시행된다는 사실을 불특정 다수인이 알 수 있도록 확정 고시 또는 공고된 날 중 가장 먼저 고시·공고된 날을 의미한다고 봅니다.

이러한 주거이전비 등의 지급의무는 사업인정 고시일 등의 다음날에 발생하며, 실무적으로는 세입자가 지급청구를 한 다음날부터 지급의무가 발생하게 된다.[1252]

한편, 도시정비법에서 세입자 지급기준일에 대하여 판례는 공람공고일 3개월부터 사업시행인가일까지 거주한 경우로 판시하고 있다.[1253] 이에 대하여 도시정비법령에서 '3개월 거주' 요건이 규정되어 있지 않음에도 불구하고[1254]은 이를 적용하여 판시한 것은 보상법정주의에 의거 타당하지 못하다고 본다.

3) 가구원에 따라 4월분의 주거이전비를 지급

당초 세입자에 대한 주거이전비는 3개월 이었으나, 세입자들의 이주의 어려움을 감안하여 4개월로 확대하였다. 가구원 수는 원칙적으로는 관계법령에 의한 고시 등이 있는 날 현재 당해 지역안에 3월이상 거주한 가족 수를 기준으로 지급하여야 하나,[1255] 3월 이상 거주하지 않은 가구원의 경우 보상당시 결혼 및 출생·사망과 같이 자연적 증감에 대해서는 인정[1256]하는 것에 대해서는 문제가 없으나, 단순 주거이전 등과 같이

1251) 이러한 입장은 지방법원에서도 나타난다. 수용재결 이전에 화재로 인하여 이 사건 건물 부분 및 가재도구 등이 멸실되었다 하더라도 이로 인하여 피고의 주거이전비 및 이사비 지급의무가 소멸되는 것은 아니라고 할 것이다(서울행정법원 2005. 3. 3. 선고 2004구합32609 판결).

1252) 대법원 2012. 4. 26. 선고 2010두7475 판결 : 공익사업의 시행에 따라 이주하는 주거용 건축물의 세입자에게 지급해야 하는 주거이전비 및 이사비의 지급의무는 사업인정고시일 등 당시 또는 공익사업을 위한 관계 법령에 의한 고시 등이 있은 당시에 바로 발생한다. 그러나 그 지급의무의 이행기에 관하여는 관계 법령에 특별한 규정이 없으므로 위 주거이전비 및 이사비의 지급의무는 이행기의 정함이 없는 채무로서 채무자는 이행청구를 받은 다음날부터 이행지체 책임이 있다. 피고는 원고에게 이 사건 사업시행인가 고시일인 2007. 8. 22. 무렵 주거이전비 및 이사비를 지급해야 할 의무가 발생하였는데, 원고가 2009. 2. 9. 피고에게 주거이전비 및 이사비의 지급에 관하여 이행청구를 한 사실이 인정되므로 피고는 그 다음날인 2009. 2. 10.부터 이행지체 책임을 진다고 할 것이다. 그렇다면 피고는 원고에게 주거이전비와 이사비 11,963,918원에 대하여 2009. 2. 10.부터 이 사건 소장 부본 송달일인 2009. 3. 17.까지는 연 5%, 그 다음날부터 다 갚는 날까지는 연 20%의 각 비율에 의한 지연손해금을 지급하여야 한다.

1253) 대법원 2017. 10. 26. 선고 2015두46673 판결 : 도시정비법령의 전체적 체계와 그에 따른 사업진행과정, 앞에서 본 관련 법령의 문언·내용·취지 등에 비추어 보면 도시정비법상 주거용 건축물의 세입자에 대한 주거이전비의 보상은 정비계획에 관한 공람공고일 당시 해당 정비구역 안에서 3월 이상 거주한 자를 대상으로 하되, 그 보상 방법 및 금액 등의 보상내용은 원칙적으로 사업시행계획 인가고시일에 확정되는 것으로 봄이 타당하다.

1254) 도시정비법 시행령 제54조(손실보상 등) ④ 주거이전비를 보상하는 경우 보상대상자의 인정시점은 제13조 제1항에 따른 공람공고일로 본다.

1255) 토관 58342-117 (2000. 1. 20) : 특례법시행규칙 제30조의2 제1항의 규정에 의한 가족수는 관계법령에 의한 고시 등이 있는 날 현재 당해 지역안에 3월이상 거주한 가족수를 의미한다고 보나, 출생·사망 등 자연적으로 증감한 가족은 보상대상에 포함되거나 제외될 수 있습니다.

1256) ① 토지정책과-362 (2010. 1. 18) : 고시 등이 있기 전 3월 이상 거주한 가구의 경우 가구원이 출생,

인위적 가구원 수의 증가에 대해서는 반영하지 않아야 할 것으로 보인다.

또한 일시적으로 거주하지 못한 사유가 있는 경우[1257] 및 국내에 체류 중인 재외국민[1258] 또는 외국인의 경우에도[1259] 주거이전비 지급이 가능하다.

4) 무허가 건축물이 아닐 것

주거이전비를 지급받기 위하여 무허가 건축물이 아니어야 한다.[1260] 그러나 1989. 1. 24. 당시의 무허가건축물에 대해서는 적법한 건축물로 보고 있어 이 경우는 주거이전비 대상이 된다. 또한 2012. 1. 2. 이후 최초 보상계획공고하거나 토지소유자 및 관계인에게 보상계획을 통지하는 공익사업의 경우 불법용도변경 된 건축물의 세입자인 경우 주거이전비 지급이 불가하다.

다만, 무허가건축물등에 입주한 세입자로서 사업인정고시일등 당시 또는 공익사업을 위한 관계법령에 의한 고시 등이 있은 당시 그 공익사업지구 안에서 1년 이상 거주한 세입자에 대하여는 주거이전비를 보상한다(규칙 제54조 제2항 단서).

사망 등으로 가구원수의 변동이 있을 수 있으므로 보상액은 보상당시의 가구원수에 따라 산정하여야 한다고 보며, 개별적인 사례에 대하여는 사업시행자가 사실관계 등을 검토하여 판단하시기 바랍니다.
② 토지정책과-2153 (2008. 7. 24) : 3월이상 거주한 가구의 가구원이 주거이전, 결혼, 출산, 사망 등으로 가구원의 변동이 있을 수 있으므로 보상액은 보상당시의 가구원수에 따라 산정하여야 한다고 보며, 귀 질의 경우와 같이 보상협의 전에 출생한 자녀는 주거이전비 지급대상에 포함된다고 봅니다.
③ 토관 58342-117 (2000. 1. 20) : 특례법시행규칙 제30조의2 제1항의 규정에 의한 가족수는 관계법령에 의한 고시 등이 있는 날 현재 당해 지역안에 3월 이상 거주한 가족수를 의미한다고 보나, 출생·사망 등 자연적으로 증감한 가족은 보상대상에 포함되거나 제외될 수 있습니다.

1257) ① 토관 58342-285 (2003. 2. 25) : 자연재해로 인하여 일시적으로 거주하지 아니하나 실제로 거주하는 것으로 볼 수 있는 경우에는 보상대상에 해당된다고 보나, 당해 공익사업과 관계없이 실제 거주하지 않는 경우에는 보상대상에 해당되지 아니한다고 봅니다.
② 토관 58342-1940 (2001. 12. 18) : 입원 및 취학 등을 위하여 일시적으로 타지역에 거주한 경우에는 주거대책비 지급대상에 해당된다고 봅니다.

1258) 토정 58342-704 (1999. 4. 20) : 취학, 입원 등과 같이 일시적으로 사업지구외에 거주하는 경우에는 그 지급대상에서 배제함은 타당하지 않으므로 귀 질의의 경우 일시적으로 구속수감된 경우라면 주거대책비 및 이사비의 지급은 가능한 것으로 판단됩니다. 재외국민의 경우라도 고시일 3월전부터 세입자로 거주하여온 경우라면 주거대책비 및 이사비는 지급하여야 할 것으로 판단되나 불법체류의 경우에는 주거대책비의 지급은 어려울 것으로 봅니다.

1259) 토관 58342-652 (2001. 4. 27) : 특례법시행규칙 제30조의2 제1항의 규정에 의한 주거대책비는 주민등록 등재여부에 불구하고 관계법령에 의한 고시 등이 있은 날 현재 당해 지역안에서 3월이상 실제 거주하고 있는 주거용건물의 세입자에게 지급하는 것이므로 외국인인 경우에도 보상대상이 된다고 보나, 불법으로 체류하고 있는 외국인은 거주할 권리가 없는 자이므로 이에 해당되지 아니한다고 보며, 운반할 가재도구 등이 있는 경우에는 이사비의 지급은 가능하다고 봅니다.

1260) 토관 58342-1360 (2003. 10. 11) : 주거용건축물의 세입자에 해당되는 경우에는 보상대상에 해당된다고 보나 무허가건축물에 입주한 경우에는 그러하지 아니한다고 봅니다.

Ⅳ. 주거이전비 산정방법

1. 지급기준

질의회신

▣ 토지정책과-5444 (2010. 11. 22)

〈질의〉 2006년경에 주거용 건물에 대한 보상은 완료되었고 2008년경에 이주하였으나, 당시 주거이전비와 이사비를 보상하지 않은 경우 당해 보상금의 적용 기준시점

〈회신〉「공익사업을 위한 토지 등의 취득 및 보상에 관한 법률」 제2조 제6호의 규정에 의하면 '가격시점'이라 함은 제67조 제1항의 규정에 의한 보상액의 산정기준이 되는 시점을 말하며, 같은 법 제67조 제1항에 의하면, 보상액의 산정은 협의에 의한 경우에는 협의성립 당시의 가격을, 재결에 의한 경우에는 수용 또는 사용의 재결 당시의 가격을 기준으로 하도록 규정하고 있습니다. 따라서, 주거이전비 및 이사비는 공익사업의 시행으로 인하여 이주하게 되는 경우 주거용 건축물의 소유자와 세입자에게 지급하는 보상으로서, 이때, 가격시점은 이주하는 당시를 '협의성립 당시의 가격'으로 보아 보상액을 산정하여야 할 것으로 보나, 개별적인 사례가 이에 해당하는지 여부는 사업시행자가 관계규정 및 사실관계 등을 조사하여 판단하시기 바랍니다. 끝.

2. 산정방법

1) 도시근로자가구 가구원수별 월평균 가계지출비 검색 방법

〈도시근로자가구 가구원수별 월평균 가계지출비〉

① 통계청 국가통계포탈(http://www.kosis.kr) 접속
② 화면상단 국내통계→ 주제별통계→ 물가·가계→ 가계→ 가계소득지출
→ 가계동향조사(신분류)→ 명목(당해년가격)
③ 가구원수별 가구당 월평균 가계수지(1인이상) 클릭
④ '표측'에서 지역분류별→ 도시, 가구원수별→ 1인~5인이상, 가계수지 항목별
→ 가계지출(원), 항목→ 근로자가구, '표두'에서 분기→ 해당분기 선택클릭

3. 권리구제

세입자의 주거이전비 보상에 관하여 재결이 이루어진 다음 세입자가 보상금의 증감

부분을 다투는 경우에는 같은 법 제85조 제2항에 규정된 행정소송에 따라, 보상금의 증감 이외의 부분을 다투는 경우에는 같은 조 제1항에 규정된 행정소송에 따라 권리구제를 받을 수 있다.[1261]

V. 이 사 비

1. 근거조항

> ▣ **토지보상법 시행규칙**
>
> 제55조 (동산의 이전비 보상 등) ② 공익사업시행지구에 편입되는 주거용 건축물의 거주자에 대하여는 별표 4의 기준에 의하여 산정한 이사비(가재도구 등 동산의 운반에 필요한 비용을 말한다. 이하 이 조에서 같다)를 보상하여야 한다.
>
> ③ 이사비의 보상을 받은 자가 당해 공익사업시행지구안의 지역으로 이사하는 경우에는 이사비를 보상하지 아니한다.

2. 지급대상

이사비는 공익사업에 편입되어 다른 지역으로의 이주가 불가피한 경우 가재도구 등 동산의 운반에 소요되는 비용을 보상한다. 이 이사비는 운반실비를 지급하는 보상이므로 지급조건이 다른 보상요건에 비하여 제한이 없는 편이다.[1262] 다만 이미 이사비를 지급받은 자가 동일한 공익사업지구 안으로 이사하는 경우 이사비를 지급하지 아니하는 바, 이는 당해 공익사업지구내로 임시이주 등의 사유로 2회 이상 이사하는 경우 2회 이상 이사비 지급을 방지하기 위한 제도이다.

1261) 대법원 2008. 5. 29. 선고 2007다8129 판결

1262) 토관 58342-608 (2001. 4. 21) : 주거용건물이 멸실되거나 자진 철거하여 거주할 주거용건물이 없거나 주거용건물이 아닌 시설에서 거주하는 경우 또는 무허가건물 등에 거주하는 경우에는 이재대책대상 및 주거비·주거대책비의 지급대상에 해당되지 아니한다고 보나, 가재도구 등 동산의 운반이 필요한 경우 이사비는 지급하여야 한다고 봅니다.

판 례

□ **대법원 2010. 11. 11. 선고 2010두5332 판결**

공익사업을 위한 토지 등의 취득 및 보상에 관한 법률 제78조 제5항, 같은 법 시행규칙 제55조 제2항의 각 규정 및 공익사업의 추진을 원활하게 함과 아울러 주거를 이전하게 되는 거주자들을 보호하려는 이사비(가재도구 등 동산의 운반에 필요한 비용을 말한다) 제도의 취지에 비추어 보면, 이사비 보상대상자는 공익사업시행지구에 편입되는 주거용 건축물의 거주자로서 공익사업의 시행으로 인하여 이주하게 되는 자로 보는 것이 타당하다.

3. 이사비 산정기준

이사비는 가재도구 등의 동산을 실제 운반에 소요되는 실비를 보상하여야 하는 것이 원칙이나, 개개인의 가재도구를 일일이 파악하는 것이 현실적으로 곤란하기 때문에 이전할 동산의 유무 및 과다를 묻지 않고[1263] 건축물의 면적에 의하여 각각 구분하여 이주하는 당시의[1264] 이사비를 사업시행자가 산정하여 보상하도록 하고 있다.[1265] 따라서 도서지역의 경우와 같이 해상이나 항공운송이 불가피한 경우 이사비용이 다른 지역과는 상당히 소요되나 이에 대한 보상이 불가하다[1266]는 문제점이 있다.

1263) 대법원 2006. 4. 27. 선고 2006두2435 판결 : 이사비의 경우 실제 이전할 동산의 유무나 다과를 묻지 않고 규칙 제55조 제2항 [별표 4]에 규정된 금액을 지급받을 수 있다고 할 것이다.

1264) 토지정책과-5444 (2010. 11. 22) : 주거이전비 및 이사비는 공익사업의 시행으로 인하여 이주하게 되는 경우 주거용 건축물의 소유자와 세입자에게 지급하는 보상으로서, 이때, 가격시점은 이주하는 당시를 '협의성립 당시의 가격'으로 보아 보상액을 산정하여야 할 것으로 보나, 개별적인 사례가 이에 해당하는지 여부는 사업시행자가 관계규정 및 사실관계 등을 조사하여 판단하시기 바랍니다.

1265) 토지정책과-447 (2008. 4. 14) : 화물운임 자율화로 인해 명확한 운임기준이 없는 경우 차량운임비는 사업시행자가 해당 지역의 화물운임을 조사하여 적정가격으로 산정하여야 할 것으로 봅니다.

1266) 토지정책과-1391 (2008. 12. 15) 〈질의〉 도서지역 이주민들이 공익사업에 편입되어 사업지구 밖으로 이주시 해상화물운송이 불가피한 경우 이사비 이외에 해상화물운송 비용을 추가로 보상할 수 있는지 〈회신〉 공익사업을 위한 토지 등의 취득 및 보상에 관한 법률 시행규칙」 제55조 제2항의 규정에 의하면 공익사업시행지구에 편입되는 주거용건축물의 거주자에 대하여는 별표 4의 기준에 의하여 산정한 이사비(가재도구등 동산의 운반에 필요한 비용을 말한다)를 보상하여야 한다고 규정하고 있습니다. 따라서 이사비에 관한 사항은 위 규정에 의하여야 한다고 보며, 개별적인 사항은 사업시행자가 사실관계를 확인하여 판단·결정하시기 바랍니다.

제20절 어업권 보상

Ⅰ. 어업권 개념

1. 어업의 정의

수산업에 관한 기본 법률은 당연 수산업법이다. 수산업법 제2조 제1호에서 수산업이란 "어업·어획물운반업 및 수산물가공업을 말한다"고 규정하고 있으며, 어업이란 "수산동식물을 포획·채취하거나 양식하는 사업"이라고 정의하고 있다. 또한 "양식"이란 수산동식물을 인공적인 방법으로 길러서 거두어들이는 행위와 이를 목적으로 어선·어구를 사용하거나 시설물을 설치하는 행위를 말한다.

이러한 어업은 주로 바다를 근거지로 하고 있으나, 내수면어업법에 의하여 하천·댐·호소·저수지 기타 인공으로 조성된 담수나 기수의 수류 또는 수면 등의 내수면어업도 어업의 범주에 포함된다.

이러한 어업의 대하여는 다음과 같이 분류할 수 있다.

1) 장소에 따른 분류

어업이 이루어지는 장소에 따라 바다에 이루어지는 '수산어업(해양어업)'과 하천 등 내륙에서 이루어지는 '내수면어업'으로 분류된다.

구분	근거법	어업장소	비고
해양어업	수산업법	바다(연안, 근해, 원양어법)	함수어업
내수면어업	내수면어업법	하천어업, 호소어업	담수어업

한편, 수산업법이 적용되는 범위는 수산업법 제3조 (적용범위)에 의거 다음 각 호의 수면 등에 대하여 적용한다. ① 바다 ② 바닷가 ③ 어업을 목적으로 하여 인공적으로 조성된 육상의 해수면 ④「국토의 계획 및 이용에 관한 법률」 제40조에 따라 수산자원보호구역으로 지정된 공유수면이나 그에 인접된 토지 또한 내수면어업법이 적용되는 범위에 대해서는 "내수면"이라 함은 하천·댐·호소·저수지 기타 인공으로 조성된 담수나 기수의 수류 또는 수면을 말하며,[1267] 동법 제3조에서 그 적용범위에 대하여, ①이

법은 공공용수면에 대하여 이를 적용한다. 다만, 특별한 규정이 있는 경우에는 사유수면에 대하여도 이를 적용한다. ② 공공용수면과 연접하여 하나가 된 사유수면에 대하여는 이 법을 적용한다고 규정하고 있다.

2) 행정관리에 의한 분류

어업은 경제행위이므로 상호경쟁이 심하고, 또 대상물인 생물자원을 영속적으로 유지시키면서 잡도록 해야 하므로, 누구나 마음대로 어업행위를 할 수 없도록 행정적으로 제약을 가하고 있다. 이 목적을 위하여 행정관리상 어업을 ① 면허어업, ② 허가어업, ③ 신고어업으로 분류하고 있다.

3) 경영형태에 따른 분류[1268)]

어업은 경영형태에 따라 다음과 같이 분류될 수 있다.

① 비자본가적 어업 : 단독어업, 동족어업, 협동어업
② 자본가적 어업 : 개인어업, 조합어업, 회사어업, 합작어업

표 42. 수산업법과 내수면어업 종류(현행)

구 분		수산업법	내수면어업법
목 적		해수면 수산자원 보호육성	내수면 수산자원 보호육성
어업종류	면허어업	1. 정치망어업 2. 해조류양식어업 3. 패류양식어업 4. 어류등 양식어업 5. 복합양식어업 6. 협동양식어업 7. 마을어업 8. 외해양식어업	1. 양식어업 2. 정치망어업 3. 공동어업 4. 조류채취어업
	허가어업	1. 근해어업 2. 연안어업 3. 육상해수양식어업 4. 구획어업	1. 자망어업 2. 종묘채포어업 3. 연승어업 4. 패류채취어업 5. 낭장망어업 6. 각망어업
	신고어업	1. 맨손어업 2. 나잠어업 3. 투망어업	1. 투망어업 2. 어살어업 3. 통발어업 4. 외줄낚시어업 5. 육상양식어업

1267) 대법원 2009. 7. 9. 선고 2009두4739 그 조성에 사용된 물이 '해수'라면 수산업법이, '담수' 또는 '기수'라면 내수면어업법이 적용되어야 할 것이다. 일반적으로 염분 농도가 0.5‰ 이하면 담수, 0.5~25‰는 기수, 25‰ 이상이면 해수로 구분되는데, 이 사건 배양장의 염분농도는 20.1~25.6‰라는 것이므로, 이 사건 배양장의 조성에는 '기수'가 사용되었다 할 것이어서 수산업법이 아니라 내수면어업법이 적용된다고 봄이 상당하다.

1268) 강제석, 어업보상평가론, 연화기획, 2007, 5면.

2. 어업 면허 등의 법적 성질

1) 어업 행정제도의 비교

구 분	면 허	허 가	신 고
법적 성격	특 허	자연적 자유의 회복	수리를 요하는 신고
법적 의의	배타적, 독점적 사용권리	반사적 이익	-
유효기간	10년[1269] (10년 연장 의무적)	5년	5년
처분대상	일정한 구획(어장[1270])	일정한 수면의 어업행위	소규모 어업
공시방법	어업권원부 등록 (등기에 갈음)	어업허가증	어업신고증명서
재산권행사	담보권 설정가능 (어촌계, 지구별조합제외)	-	-
재산권제한	임대차 금지	임대차 금지	임대차 금지

2) 어업 행정제도의 개념[1271]

(1) 면허어업

어업 중에는 지형이나 해황 또는 어구·어법의 특성에 따라 일정한 수면을 한정하여 그 범위 안에서 어업 활동을 해야 하는 것이 있다. 이러한 어업에 있어서는 일정한 수면의 범위와 어업 활동을 할 수 있는 어업자를 지정해 두지 않으면 분쟁이 일어나 어업 질서가 문란해지기 쉽기 때문이다. 그러므로 행정관청이 일정한 수면을 구획 또는 전용하여 어업을 할 수 있는 자를 지정하고, 일정 기간 동안 그 수면을 독점적·배타적으로 이용할 수 있는 권리를 부여하는 행정행위를 어업권, 면허된 일정한 수면을 어장, 면허를 받아야만 영위할 수 있는 어업을 면허어업이라 한다.

① 어업권(면허 어업)의 의의

어업권이란 수산업법 제8조 또는 내수면어업법 제6조 의 규정에 의거 면허받은 법정 시설 및 방법에 의한 어업을 제3자를 배척하고 자기만이 독점적으로 어업을 경영할 수

1269) 내수면어업의 경우는 양식어업에 대한 면허는 10년이며, 그 외 면허어업은 5년임
1270) 수산업법 제2조 6. "어장(어장)"이란 제8조에 따라 면허를 받아 어업을 하는 일정한 수면을 말한다.
1271) 해설 토지보상법, 한국감정원, 2003. 발췌

있는 배타적 권리를 말한다. 즉 국가의 특허를 받아 일정한 수면에서 특정한 어업을 할 수 있는 권리를 말한다. 어업의 면허는 일정한 수면에서 배타적으로 특정어업을 할 수 있는 권리를 부여하는 행정관청의 행정처분이며 이러한 어업의 면허에 의하여 부여되는 권리가 바로 어업권이므로, 행정관청의 면허에 의하여 일정한 수면에서 독점적 배타적으로 특정어업을 할 수 있는 권리라고 할 수 있다.

② 어업권의 법적 성질

(가) 수면의 전용

수산업법 제2조 제9호에서 "어업권이라 함은 제8조의 규정에 의하여 면허를 받아 어업을 경영할 수 있는 권리를 말한다."고 규정하고 있으며 또한 면허받은 국한된 사람이 정해진 수면의 모든 권리를 갖는 것이 아니고 어업행위란 국한된 부분에 한해서만 물권적 권리가 인정된다고 보아야 하며 법에서 말하는 어업권이 그 장소를 보호 배척하는 권리를 부여한 것으로 보아서는 안된다는 해석이 가능한 것이다. 따라서 수면이나 수중의 자연물이나 그 속의 수산동식물이 어업권자의 점유의 대상이 아니고 오로지 그 수산동식물을 채취하는 어로행위 그 자체가 타의 침해와 방해를 받지 않도록 물권으로서 배타적 권리를 부여한 것으로 보아야 할 것이다.

(나) 행정관청의 특허

어업의 면허는 일정한 수면에서 배타적으로 특정어업을 할 수 있는 권리를 부여하는 행정관청의 행정처분으로서, 어업면허는 면허를 받은 사람에게 장기간에 걸쳐 권리를 설정하여 주는 이른바 특허로서[1272] 일반적 금지의 해제로 사람의 자유 또는 행사가 제한된 잠재적 권리를 회복함에 그치는 허가와는 달리 설권적 행정행위의 성질을 가진다. 즉 어업권은 행정관청의 면허라는 행정처분에 의해 발생하는 것이며 어업권의 면허는 일정한 구획된 수면에서 배타적으로 어업을 할 수 있는 특허이다.

(다) 사권·재산권으로서의 어업권

어업권이 공권인가 사권인가 하는 문제에 대하여는 다툼이 있지만 통설은 사권설을 취하고 있다. 그러나 어업권은 수면이용의 특수성으로 인해 타 사권에 비하여 공법제한이 강하고 그 의미에서 공권적 성격을 가진 경제적 이익이고, 어업권은 하나의 재산

1272) 대법원 1999. 5. 14. 선고 98다14030 판결【손실보상금】

권이다. 따라서 어업권은 재산권이므로 일반재산권에 있어서와 같이 양도성·담보성을 가지는 것이 원칙일 것이나, 수산업법은 수산업의 특수성으로 인하여 어업권의 이전에 일정한 제한을 가하고 마을어업권 등 공동어업권의 이전 및 담보와 어업권의 임대차를 금지하고 있다. 또한 수산업법 제16조 제2항에서 '어업권은 물권(物權)으로 하며, 「민법」 중 토지에 관한 규정을 준용한다'고 규정하였으므로 어업권을 일종의 재산권인 사권으로서 취급한데 대하여는 이론이 없다.

(라) 물권적 성질

어업권이 물권적 성질을 갖는가에 대해서 견해가 나뉜다. 어업권을 형성권의 일종인 물권취득권 또는 물권적기대권이라면서 본질적인 물권은 아니라는 견해가 있다. 어업권은 일정수면에서 특정자산을 독점적·배타적으로 영위하여 이익을 향수하는 법률상의 힘을 가진 절대권이라는 점에서 토지에 관한 물권과 그 권리의 성질을 같이하는 것이다.

어장은 그 자체 고도의 공공성을 가지고 있다. 따라서 이 한정된 어장을 가장 합리적으로 이용하기 위해서는 불가피하게 어업권에 공법적 제약을 가하지 않을 수 없다. 그러나 어업권은 특정개인이나 특정단체에게 부여되는 것이므로 그 근간은 사법이라고 할 수 있다. 즉 어업권의 면허는 행정법상 특허에 해당하나 그 내용은 특별법이 인정하는 특수한 물권적 권리가 인정된다. 어업권은 물권으로 간주되므로 민법의 규정상 물권과 같은 취급을 받게 되어 어업권의 권리목적인 어업금지의 실현이 방해되고 또는 방해받을 우려가 있는 경우에는 방해의 배제와 예방을 청구하는 권리, 즉 물권적 청구권이 발생된다.

수산업법 제17조 제1항 및 제2항에서 어업권은 어업권원부에 등록하여야 하며 이때 등록은 등기에 갈음한다고 하여 토지에 관한 권리와 그 성질을 같이하고 있다. 그러나 전적으로 토지에 관한 규정과 동일하게 취급되는 것은 아니며 원칙적으로 이전·분할·변경 또는 임대차의 금지 등[1273]이 규정되어 있으므로 차이가 있다.

1273) 대법원 1995. 11. 10. 선고 94도2458 판결 : 수산업법이 어업권의 임대차를 금지하고 있는 취지는, 적격성과 우선순위 등의 판단을 거쳐 자영할 의사가 있는 자에게 해당 수면을 구획·전용하여 어업을 경영케 하고 그 이익을 제3자로부터 보호함으로써 수산업의 발전을 도모할 목적 아래 마련된 어업면허제도의 근간을 유지함과 아울러 어업권자가 스스로 어업권을 행사하지 않으면서 이른바 부재지주적 지대를 징수하는 것을 금지하고 자영하는 어민에게 어장을 이용시키려는 데 있다.

> **□ 수산업법**
>
> **제16조 (어업권의 취득과 성질)** ① 제8조에 따라 어업면허를 받은 자와 제19조에 따라 어업권을 이전받거나 분할받은 자는 제17조의 어업권원부에 등록을 함으로써 어업권을 취득한다.
> ② 어업권은 물권(物權)으로 하며, 이 법에서 정한 것 외에는 「민법」 중 토지에 관한 규정을 준용한다.
> ③ 어업권과 이를 목적으로 하는 권리에 관하여는 「민법」 중 질권(質權)에 관한 규정을 적용하지 아니한다.
> ④ 법인이 아닌 어촌계가 취득한 어업권은 그 어촌계의 총유(總有)로 한다.
>
> **제17조 (어업권의 등록)** ① 어업권과 이를 목적으로 하는 권리의 설정·보존·이전·변경·소멸 및 처분의 제한, 지분(持分) 또는 입어(入漁)에 관한 사항은 어업권원부에 등록한다.
> ② 제1항에 따른 등록은 등기를 갈음한다.
> ③ 등록에 관한 사항은 대통령령으로 정한다.

(마) 한시적 권리

수산업법 제16조에 의하면 어업면허의 유효기간은 10년으로 하며, 특별한 사정이 없는 한 10년의 범위 안에서 유효기간의 연장을 허가하도록 하고 있다.[1274] 따라서 실제적으로는 20년간은 권리를 행사할 수 있게 되어 있다. 이와 같이 어업권은 그 존속기간이 법으로 정해져 있는 권리이며, 한 번의 취득에 의해 무한정 계속되는 권리가 아니다. 즉 유효기간이 경과하면 소멸하는 권리이다.

(2) 허가어업

① 법적 성질

허가란 법령에 의하여 일반적으로 금지되어 있는 행위를 특정한 경우에 해제하여 적법하게 일정한 행위를 할 수 있도록 하는 행정처분이므로 금지된 행위에 관한 본래의 자유를 회복하게 하는 것이다.

공유수면에서 수산동식물을 포획·채취 또는 양식을 하는 것은 본래 일반인의 자유이

1274) 수산업법 제16조(어업면허의 유효기간) ① 제8조에 따른 어업면허의 유효기간은 10년으로 한다. 다만, 제4조 제3항 및 「어장관리법」 제8조 제5항에 해당하는 경우와 수산자원보호와 어업조정에 관하여 필요한 사항을 대통령령으로 정하는 경우에는 각각 그 유효기간을 10년 이내로 할 수 있다.
② 시장·군수·구청장은 제1항 단서, 제15조 제7항 및 제36조 제1항 각 호의 어느 하나에 해당하는 사유가 있는 경우 외에는 어업권자의 신청에 따라 면허기간이 끝난 날부터 10년의 범위에서 유효기간의 연장을 허가하여야 한다. 이 경우 여러 차례에 걸쳐 연장허가를 한 경우에는 그 총 연장허가기간은 10년을 초과할 수 없다.
④ 어업권은 면허의 유효기간이나 제2항의 연장허가기간이 끝남과 동시에 소멸된다.

지만, 수산업법에서는 수산자원의 조성·보호 및 수면의 종합적 이용을 통하여 수산업의 발전을 도모하기 위한 어업조정 또는 공익상 필요에 따라 이러한 자유를 제한하고 있으면 어업허가제는 이러한 제한의 일종이라고 할 수 있다. 즉, 어업의 허가는 수산업법의 목적에 따라 종합적인 견지에서 금지된 어업행위를 특정할 자에게 해제하여 본래 자연적인 자유를 회복하게 하는 행정관청의 행정처분이라고 할 수 있다.

② 허가어업의 권리성

어업면허는 행정관청이 제3자에 대해 배타적인 권리를 부여하는 설권적 행정행위인데 반해 어업허가는 금지된 행위를 해제하고 자유의 회복으로 원칙적으로 일반적 금지에 대한 반사적 이익에 불과하다. 반사적 이익은, 법상 권리는 아닐지라도 보호할 가치가 있는 이익으로 사실상의 권리성이 인정되어야 한다는 주장이 있다. 그러나 정부에서는 수산자원의 보호·증식을 위하여 허가어선의 척수를 총량적으로 조절하고 있기 때문에 누구나 쉽게 어선어업의 허가를 얻을 수 있는 것은 아니다.

즉 어업허가의 경제적 본질은 자유경쟁의 제한에 있으므로 어업을 할 수 있는 자격이 초과이윤을 발생하게 하는 것은 당연하며, 그 어업의 수익성이 높을수록 권리화하고 물권처럼 거래의 대상이 되는 것은 당연하다.

허가어업은 일정한 종류의 어업을 일반적으로 금지한 후 일정한 경우 특정인에게 금지를 해제하여 어업을 할 수 있는 자유를 회복하여 준다는 점에서 어업권이 일정수면을 배타 독점적으로 어업경영을 할 수 있는 권리를 적극적으로 특정인에게 부여한 것과 다르다. 따라서 허가를 받음으로써 얻어지는 이익은 권리가 아니라 일종의 반사적 이익에 불과하다. 그러나 이러한 허가어업은 초과이윤을 가능케 하고 현실적으로 어업금융을 위한 담보력을 가진다는 점에서 실정법상 재산권은 아니지만 사실상의 재산권으로서 기능을 한다고 할 수 있다.

판례도 이와 같은 입장으로 “어업허가는 일정한 종류의 어업을 일반적으로 금지하였다가 일정한 경우 이를 해제하여 주는 것으로서 어업면허에 의하여 취득하게 되는 어업권과는 그 성질이 다른 것이기는 하나, 어업허가를 받은 자가 그 허가에 따라 해당 어업을 함으로써 재산적인 이익을 얻는 면에서 보면 어업허가를 받은 자의 해당 어업을 할 수 있는 지위는 재산권으로 보호받을 가치가 있고”라고 판시[1275]하고 있어 어업허가도 토지보상법에서 보호해야 되는 재산권으로 인정하고 있다.

1275) 대법원 1999. 11. 23. 선고 98다11529 판결.

(3) 신고어업

신고어업은 어업면허나 허가어업이 아닌 어업으로 신고대상 어업에 대한 신고가 있으면 수리하여야 하며 수리를 한 때에는 신고인에게 신고필증을 교부하여야 한다.

이 어업의 신고는 비록 그 자체로서는 아무런 효과를 발생시키지 않는다 하더라도, 행정청의 수리에 의하여 비로소 그 효과가 발생하는 이른바 '**수리를 요하는 신고**'라고 할 것이고, 따라서 설사 관할관청이 어업신고를 수리하지 않은 이상 조업구역에서 제외한 것이 위법하다고 하더라도, 적법한 어업신고가 있는 것으로 볼 수는 없다.1276)

① 수산업법상의 신고어업

신고어업이란 면허어업, 허가어업, 시험·교습어업 이외의 어업으로서 어업자가 관할관청에 신고하고 신고필증을 교부받아 하는 어업이며, 해상에서 행하는 대부분의 소규모 어업과 육상양식어업 등이다.

신고어업을 하고자 하는 자는 어선·어구 또는 시설마다 시장, 군수, 자치구의 구청장에게 신고하여야 한다. 신고어업은 대부분 정착성 수산동물을 포획하는 어업으로 그 어구·어법이 간단하고 소규모적인 것이 특징이라 할 수 있다.

수산업법 제44조 및 어업허가및신고등에관한규칙 제33조에 의하면 어업신고를 받은 경우 행정관청은 어업신고필증을 교부하도록 되어있다. 따라서 설권행위인 어업면허나 금지의 해제로 원래 자유의 회복인 어업허가와는 달리 신고어업의 경우에는 원래 어업의 자유를 그대로 지니고 있다고 볼 수 있다.

② 내수면어업상의 신고어업

내수면어업법은 원칙적으로 공유수면에만 적용되는 것이다. 그러나 법 제11조 제2항에서는 사유수면의 경우에도 신고를 할 수 있다고 규정하고 있는데, 이는 공유수면에서의 신고어업과 같이 보상의 대상이 된다는 의미가 아니고, 단지 자금융자 등을 할 수 있도록 조치한 것으로서 보상의 대상이 되지 않는다. 따라서 토지보상법 시행규칙 제44조 제4에서는 사유수면에서의 신고어업은 어업권 등의 손실보상이 되지 않음을 명시하고 있다. 다만 이는 영업보상 규정을 적용하여 평가한다.

1276) 대법원 2000. 5. 26. 선고 99다37382 판결【손해배상(기)】

판 례

□ **대법원 2009. 7. 9. 선고 2009두4739**

남해·하동개발촉진지구의 지정 및 개발계획에 따라 종묘배양장이 설치된 섬진강 하류 강변의 토지를 수용재결한 사안에서, 육상종묘생산어업은 허가어업이 아니라 신고어업에 속하고 위 배양장의 조성에는 내수면어업법이 적용되는 기수가 사용되었고 당초 신고에 따른 수산업법상 신고어업의 유효기간이 적법하게 연장되었다고 볼 수 없어, 위 배양장에서 육상종묘생산어업을 영위한 것이 수산업법상의 허가어업이 아니라 내수면어업법에 따른 신고어업을 한 것이라고 보아, 공익사업을 위한 토지 등의 취득 및 보상에 관한 법률 시행규칙 제44조 제4항에 의하여 공익사업을 위한 토지 등의 취득 및 보상에 관한 법률 제76조에 따른 어업권 등의 보상대상에 해당하지 않는다.

한편, 토지보상법에 의하면, **사유수면에서의 내수면 어업**에 대해서는 수산업법에 의한 보상이 아닌 영업손실보상을 하여야 하며,[1277] 또한 종전 내수면어업법상 허가어업이었던 "낚시업"은 2011. 3. 9. "낚시관리 및 육성법"이 제정되면서 어업보상이 아닌 영업보상을 하여야 하며, 다만 같은 법 부칙 제4조에 의거 종전의 허가를 받은 자는 그 유효기간 내인 경우 어업보상이 가능할 것으로 본다.[1278]

Ⅱ. 어업의 손실보상 이론

1. 어업보상의 법적 근거

손실보상의 일반법적인 근거는 우리 헌법 제23조 제1항에서 "모든 국민의 재산권은

1277) 토지관리과-4114(2004. 9. 8) : 내수면어업법에 의거 신고하고 양식장을 하는 경우, 토지보상법 제44조 4호에 의거 허가어업 및 신고어업의 경우 어업권의 평가에 관한 규정을 준용하도록 되어 있으나, 내수면어업법 제11조 제2항의 규정에 의한 신고어업은 제외하도록 하고 있어 어업보상대상에 해당하지 않는다.

1278) 국민권익위 신청번호1AA-1211-105418, 2012. 12. 6) : 내수면어업법 제9조 제1항 제5호에 따른 낚시업이 2011. 3. 9. 낚시 관리 및 육성법을 제정하면서 같은 법 부칙 제3조(일반적 경과조치) 경과규정에 '이 법 시행당시 낚시어선법, 종전의 내수면어업법에 따른 처분·절차와 그 밖의 행위로서 이 법에 그에 해당하는 규정이 있는 경우에는 이 법에 따라 한 것으로 본다' 라고 규정하였으며, 같은 법 부칙 제4조(낚시업 허가에 관한 경과조치)에 '내수면어업법에 따라 낚시업 허가를 받은자는 허가의 유효기간 내에서는 종전의 규정에 따라 낚시업을 할 수 있다' 라고 규정하고 있습니다. 따라서 낚시 관리 및 육성법의 부칙에 따라 종전에 허가를 받은 자는 「내수면어업법」에 따른 낚시업 허가를 받은 것으로 보고 있으므로, 보상 역시 그 유효기간 내에서는 어업보상의 대상이 된다고 판단됩니다. 그러므로 낚시업 보상에 관하여는 낚시업 갱신처분 당시(2012. 4. 4) 기준 법률을 적용함이 타당할 것으로 봅니다.

보장된다"고 하여 재산권보장을 천명하고 있고, 동조 제3항에서 "공공필요에 의한 재산권의 수용·사용 또는 제한 및 그에 대한 보상은 법률로서 하되, 정당한 보상을 지급하여야 한다"고 하여, 어업손실보상의 법적 근거는 당연히 헌법 및 보상관련 법령에서 찾을 수 있다. 이에 어업보상 관련 근거 법률을 정리하면 아래와 같다.

1) 토지보상법

▣ 토지보상법

제76조 (권리의 보상) ① 광업권·어업권 및 물(용수시설을 포함한다) 등의 사용에 관한 권리에 대하여는 투자비용, 예상 수익 및 거래가격 등을 고려하여 평가한 적정가격으로 보상하여야 한다.

② 제1항에 따른 보상액의 구체적인 산정 및 평가방법은 국토교통부령으로 정한다. 〈개정 2013. 3. 23.〉

▣ 토지보상법시행규칙

제44조 (어업권의 평가 등) ① 공익사업의 시행으로 인하여 어업권이 제한·정지 또는 취소되거나 「수산업법」 제14조 또는 「내수면어업법」 제13조에 따른 어업면허의 유효기간의 연장이 허가되지 아니하는 경우 해당 어업권 및 어선·어구 또는 시설물에 대한 손실의 평가는 「수산업법 시행령」 별표 4에 따른다. 〈개정 2005. 2. 5., 2008. 4. 18., 2012. 1. 2.〉

② 공익사업의 시행으로 인하여 어업권이 취소되거나 「수산업법」 제14조 또는 「내수면어업법」 제13조에 따른 어업면허의 유효기간의 연장이 허가되지 아니하는 경우로서 다른 어장에 시설을 이전하여 어업이 가능한 경우 해당 어업권에 대한 손실의 평가는 「수산업법 시행령」 별표 4 중 어업권이 정지된 경우의 손실액 산출방법 및 기준에 의한다. 〈개정 2005. 2. 5., 2012. 1. 2.〉

③ 법 제15조 제1항 본문의 규정에 의한 보상계획의 공고(동항 단서의 규정에 의하는 경우에는 토지소유자 및 관계인에 대한 보상계획의 통지를 말한다) 또는 법 제22조의 규정에 의한 사업인정의 고시가 있은 날(이하 "사업인정고시일등"이라 한다) 이후에 어업권의 면허를 받은 자에 대하여는 제1항 및 제2항의 규정을 적용하지 아니한다.

④ 제1항 내지 제3항의 규정은 허가어업 및 신고어업(「내수면어업법」 제11조 제2항의 규정에 의한 신고어업을 제외한다)에 대한 손실의 평가에 관하여 이를 준용한다. 〈개정 2005. 2. 5.〉

⑤ 제52조는 이 조의 어업에 대한 보상에 관하여 이를 준용한다. 〈개정 2007. 4. 12.〉

2) 수산업법

□ 수산업법

제79조 (보상) 제81조(보상) ① 다음 각 호의 어느 하나에 해당하는 처분으로 인하여 손실을 입은 자는 그 처분을 행한 행정관청에 보상을 청구할 수 있다.

1. 제34조 제1항 제1호부터 제6호까지 또는 제35조 제6호(제34조 제1항 제1호부터 제6호까지의 규정에 해당하는 경우를 말한다)에 해당하는 사유로 인하여 이 법에 따른 면허·허가를 받거나 신고한 어업에 대하여 제한 등의 처분을 받았거나 제14조에 따른 어업면허의 유효기간 연장이 허가되지 아니한 경우. 다만, 제34조 제1항 제1호부터 제3호까지의 규정(제49조 제1항과 제3항에서 준용하는 경우를 말한다)에 해당하는 사유로 허가를 받거나 신고한 어업이 제한되는 경우는 제외한다.
2. 제72조 제2항에 따른 측량·검사에 장애가 되는 물건에 대하여 이전명령이나 제거명령을 받은 경우

④ 제1항에 따른 보상의 기준, 지급방법, 그 밖에 보상에 필요한 사항은 대통령령으로 정한다.

□ 수산업법시행령

제66조 (보상의 청구) ① 법 제81조 제1항에 따라 보상을 받으려는 자는 그 보상의 원인이 되는 처분을 받은 날부터 3개월 이내에 다음 각 호의 사항을 적은 손실보상청구서에 손실에 관한 증명서류를 첨부하여 그 처분을 한 행정관청에 제출하여야 한다.

1. 면허·허가·신고 번호 또는 법 제72조 제2항에 따라 이전명령이나 제거명령을 받은 자의 성명(법인 또는 단체의 경우에는 그 명칭 및 대표자의 성명)·주소 및 생년월일
2. 처분사항과 그 날짜 3. 손실의 내용 4. 손실액과 그 명세 및 산출방법

② 행정관청은 제1항에 따라 청구서를 받으면 그 내용을 조사·검토한 후 그에 대한 의견서를 해당 보상신청인과 법 제81조 제2항에 따른 수익자(이하 "수익자"라 한다)에게 보내야 한다.

제68조(보상금의 지급 등) ① 제67조 제1항에 따라 결정된 보상금은 그 결정일부터 1년 이내에 해당 처분을 한 행정관청(다른 행정관청이 보상의 원인이 된 처분을 요청한 경우에는 그 처분을 요청한 행정관청을 말한다)이 지급한다.

② 제1항에 따른 보상금은 특별한 이유가 있는 경우 외에는 현금으로 지급하되, 보상을 받을 자가 편리하게 받을 수 있는 방법으로 지급하여야 한다.

③ 제1항에 따른 보상금은 보상을 신청한 개인별로 지급하여야 한다. 다만, 개인별로 보상금액을 산정할 수 없는 경우에는 그러하지 아니하다.

④ 시설물 등에 대한 보상을 신청받은 행정관청은 그 시설물 등의 인도 또는 이전이 끝날 때까지 제1항에 따른 보상금액의 100분의 30의 범위에서 보상금의 지급을 미룰 수 있다.

⑤ 시설물 등을 인도 또는 이전받은 수익자가 그 시설물 등을 해체하거나 폐기하려는 경우에는 행정관청에 그 해체 또는 폐기를 대행하여 줄 것을 의뢰할 수 있다. 이 경우 행정관청은 특별한 사정이 없으면 이를 대행하여야 한다.

⑥ 제5항에 따라 행정관청이 시설물 등의 해체 또는 폐기를 대행하는 경우 이에 필요한 경비는 그 시설물 등의 해체 또는 폐기를 의뢰한 자가 부담한다.

3) 내수면어업법

□ **내수면어업법**

제21조 (보상) ① 다음 각 호의 어느 하나에 해당하는 처분으로 손실을 입은 자는 그 처분을 한 행정관청에 보상을 청구할 수 있다.

1. 제16조 제1항 제1호(「수산업법」 제34조 제1항 제1호부터 제4호까지에 해당하는 경우로 한정한다) 및 제2호에 해당하는 사유로 면허·허가 또는 신고한 어업에 대한 제한·정지 또는 취소의 처분을 받은 경우. 다만, 제16조 제1항 제1호(「수산업법」 제34조 제1항 제1호부터 제3호까지에 해당하는 경우로 한정한다)에 해당하는 사유로 허가 또는 신고한 어업이 제한되는 경우는 제외한다.
2. 제16조 제1항 제1호(「수산업법」 제34조 제1항 제1호부터 제4호까지에 해당하는 경우로 한정한다) 및 「수산업법」 제34조 제1항 제6호에 해당하는 사유로 제13조에 따른 어업의 유효기간 연장이 허가되지 아니한 경우
3. 제22조에 따라 준용되는 「수산업법」 제72조 제2항에 따른 측량·검사에 장애가 되는 물건에 대한 이전명령 또는 제거명령을 받은 경우
4. 제22조에 따라 준용되는 「수산자원관리법」 제43조 제2항에 따른 소하성어류(遡河性魚類)의 통로에 방해가 되는 공작물에 대한 제거명령을 받은 경우

② 제1항에 따른 보상에 관하여는 「수산업법」 제81조 제2항부터 제4항까지의 규정을 적용한다.

4) 공유수면 관리 및 매립에 관한 법

□ **공유수면 관리 및 매립에 관한 법**

제32조 (매립으로 인한 손실방지와 보상 등) ① 제28조에 따라 매립면허를 받은 자(이하 "매립면허취득자"라 한다)는 대통령령으로 정하는 바에 따라 공유수면매립 관련 권리자의 손실을 보상하거나 그 손실을 방지하는 시설을 설치하여야 한다.

② 매립면허취득자는 제1항에 따른 보상에 관하여 공유수면매립 관련 권리자와 협의하여야 한다.

③ 매립면허취득자는 제2항에 따른 협의가 성립되지 아니하거나 협의할 수 없는 경우에는 대통령령으로 정하는 바에 따라 관할 토지수용위원회에 재결(裁決)을 신청할 수 있다.

④ 제3항에 따른 관할 토지수용위원회의 재결에 대한 이의신청 등에 관하여는 「공익사업을 위한 토지 등의 취득 및 보상에 관한 법률」 제83조부터 제86조까지의 규정을 준용한다.

⑤ 제3항과 제4항에 따른 재결과 관련된 수수료 등 비용에 관하여는 「공익사업을 위한 토지 등의 취득 및 보상에 관한 법률」 제20조 제2항, 제28조 제2항 및 제58조 제3항을 준용한다.

⑥ 제33조에 따른 매립면허의 고시일 이후에 제31조 각 호의 어느 하나에 해당하게 된 자 또는 그가 설치한 시설 등에 대하여는 제1항을 적용하지 아니한다.

2. 어업의 손실보상 원칙

1) 사업시행자 보상의 원칙

공익사업에 필요한 토지 등의 취득 또는 사용으로 인하여 토지소유자 또는 관계인이 입은 손실은 사업시행자가 이를 보상하도록 하고 있다(법 제61조).

한편 수산업법에서는 보상주체를 행정처분을 한 행정관청으로 하고 있으나, 보상의 원인이 된 처분의 이익을 받은 자를 "수익자"로 표현하여 수익자가 받은 이익의 범위에서 보상액의 전부 또는 일부를 부담하게 할 수 있다고 하여 사업시행자 보상의 원칙을 밝히고 있다(수산업법 제79조 제2항).

2) 사전보상의 원칙

토지보상법에서는 사전보상 원칙을 규정하여, 사업시행자는 당해 공익사업을 위한 공사에 착수하기 이전에 토지소유자 및 관계인에 대하여 보상액의 전액을 지급하여야 하며, 다만 천재·지변시의 토지의 사용과 시급을 요하는 토지의 사용 또는 토지소유자 및 관계인의 승낙이 있은 때에는 그러하지 아니하다고 하여 사전보상의 예외 규정을 두고 있다(법 제62조).

수산업법에서도 보상을 청구할 수 있는 자에게 사전에 보상을 하지 아니하면 손실에 영향을 미치는 행위나 공사에 착수할 수 없다고 하여 사전보상 원칙을 밝히면서도, 다만 보상을 청구할 수 있는 자의 동의를 받은 경우에는 그러하지 아니하다고 사전보상 원칙의 예외규정을 두고 있다(수산업법 제79조 제3항).

이와같이 사전보상 원칙에도 불구하고 일부 보상에 대하여는 사후보상의 원칙을 보이고 있다. 대표적인 보상이 사업지구 밖에서의 어업보상피해보상이 대표적인 그 예이다.[1279]

3) 개인별 보상원칙

손실보상금은 토지소유자 또는 관계인에게 개인별로 지급하는 것이 원칙이다. 다만,

1279) 종전 "공특법"에서는 사업지구 내와 밖의 보상에 대하여 모두 사전보상을 시행하도록 규정하고 있었다, 이를 2003년 현행 토지보상법에서는 공익사업지구 내의 경우는 사전보상하도록 규정하였고, 공익사업지구 밖의 경우는 "실제 피해액을 확인할 수 있을 때"로 사후보상을 하도록 개정하였다.

개인별로 보상액을 산정할 수 없는 때에는 그러하지 아니하다(법 제64조)고 규정하고 있는 데 이를 개인별 보상원칙이라 한다. 이에 대해서 개인별 지급 이외 다른 지급방법이 허용되거나 강조될 때 이를 대위주의(代位主義)라고 한다.

수산업법상으로도 보상금은 보상을 신청한 개인별로 지급하여야 한다. 다만, 개인별로 보상액을 산정할 수 없는 경우에는 그러하지 아니하다(수산업법시행령 제57조 3항)고 하여 개인별 보상원칙 및 예외조항을 두고 있다.

수산업법의 특성상 개인별 지급의 여러 예외가 인정될 수 있다. 왜냐하면 어업권의 취득주체를 일정부분 제한하고 있기 때문이다. 그 예로 수산업법에 의하면 마을어업권은 어촌계와 지구별조합에 한하여 면허할 수 있으며(수산업법 제9조 제1항), 협동양식어업은 어촌계, 지구별조합, 영어조합법인에 한하여 면허할 수 있어(법 제9조 제2항), 이러한 어업조합의 경우나 어촌계의 경우 일괄적으로 조합 및 어촌계에서 보상금을 일괄 수령 후 개인별로 지급하고 있다.

4) 시가보상의 원칙(적정보상의 원칙)

시가보상의 원칙은 적정보상의 원칙이라 하는데, 토지보상법에서는 보상액의 산정은 협의에 의한 경우에는 협의성립 당시의 가격을, 재결에 의한 경우에는 수용 또는 사용의 재결 당시의 가격을 기준으로 한다고 하여 적정보상의 원칙을 규정하고 있다(법 제67조).

한편 수산업법상에서 시가보상의 원칙이 반영되어 평균연간판매단가 산정시 보상액 산정을 위한 평가시점 현재를 기준으로 소급하여 1년간의 수산물별 평균판매단가로 보상하게 하는 것도 시가보상의 원칙을 따르는 것이라 할 수 있다.

3. 어업보상의 특성

어업보상은 토지 및 지장물과 달리 특정한 대상물을 취득 또는 사용함에 따른 보상을 하는 것이 아니라 권리침해에 대하여 보상이며 유동적인 수면을 대상으로 하는 것으로 아래와 같은 특성이 있다.

1) 어업에 대한 행정처분의 존재

토지보상법상 어업보상의 경우 어업권이 제한·정지 또는 취소되거나 어업면허의 유효기간의 연장이 허가되지 않는 경우 보상을 하도록 요구하고 있다. 따라서 이론적으로는 어업보상에 앞서 이러한 선행처분이 존재할 것을 요구하고 있다. 이는 수산업법에서도 처분이 선행되어야 하는 것과 동일하다.[1280]

따라서 어업보상에 있어 이러한 처분이 반드시 있어야 수용재결이 가능한 가에 대하여 유권해석은(법제처 및 국토부) 이러한 어업권에 대한 보상은 "물의 사용에 관한 권리와 같이 수용 또는 사용의 대상이 되는 권리 등에 대하여 별도로 행정처분의 취소나 제한 등을 할 필요는 없다"[1281]고 하여 **반드시 처분이 선행될 필요는 없다고 하여 선행처분이 없어도 수용재결 등이 가능하다**는 입장이며, 통상적으로도 선행 처분이 없이 내수면에서 보상을 하고 있다.

2) 피해범위 설정의 어려움

어업보상의 경우는 택지개발 사업과 달리 사업범위가 명확하지 않고 그 피해도 유속이나 하천환경 변경으로 인하여 주변지역까지 피해가 확산될 수 있어 그 피해의 범위 설정이 곤란하다. 따라서 이러한 피해범위에 대하여 전문조사기관에 의뢰하여 설정하는 것이 어업보상의 특징이라 할 수 있다.

이러한 어업보상의 특징을 반영하여 토지보상법에서는 공익사업 지구외의 어업피해에 대하여 실제 그 피해액을 확인할 수 있을 때 그 피해에 대하여 보상하도록 규정하고

1280) 수산업법 제79조(보상) ① 다음 각 호의 어느 하나에 해당하는 처분으로 인하여 손실을 입은 자는 그 처분을 행한 행정관청에 보상을 청구할 수 있다.

1. 제36조 제1항 제1호부터 제5호까지 및 제37조 제6호(제36조 제1항 제1호부터 제5호까지의 규정에 해당하는 경우를 말한다)에 해당하는 사유로 인하여 <u>면허·허가를 받거나 신고한 어업에 대하여 처분을 받았거나</u> 그 사유로 인하여 제16조에 따른 어업면허의 <u>유효 기간 연장이 허가되지 아니한 경우</u>. 다만, 제36조 제1항 제1호부터 제3호까지의 규정(제48조 제1항과 제2항을 준용하는 경우를 말한다)에 해당하는 사유로 허가를 받거나 신고한 어업이 제한되는 경우는 제외한다.

1281) 법제처 안건번호 09-0323(2009. 11. 13) : 토지수용위원회의 재결에 따라 기존의 권리자가 가지고 있던 내수면어업에 관한 권리는 공익사업법 제45조 제1항에 따라 재결로 정해진 수용 또는 사용의 개시일에 소멸하거나 그 행사가 제한되는바, 재결 신청 전에 내수면어업 허가의 취소나 제한과 같은 별도의 행정처분이 없어도 재결에 기초해 실시되는 공익사업의 지위가 불안정해지는 문제가 생긴다고 볼 수도 없으므로, 내수면어업의 허가권자가 반드시 재결 신청 전에 내수면어업 허가를 제한·정지·취소해야 한다고 볼 필요는 없습니다.

있다(시행규칙 제63조). 그러나 이러한 피해범위에 대하여 해당 어민들과의 사전보상 요구 등으로 어업보상에 어려움이 있다.

3) 사실확인의 곤란

어업보상의 경우 공부상 조사는 가능하나 현장조사가 어려울 뿐만아니라 어획생산량, 조업일수 등 사실확인 곤란한 경우가 많아 손실보상금 산정에 어려움이 많다는 것이 어업보상의 특징이라 할 것이다.

4) 어업피해보상 계약체결

우리나라 보상법률상 사전보상의 원칙을 채택하고 있음에도 불구하고 어업보상의 경우는 보상대상 확정과 보상액 산출을 위하여 최소 1년 이상 소요됨에 따라 이 기간 동안 공사를 할 수 없게 되어 사업추진에 지장을 초래할 수 있다.

따라서 일반적으로 피해대상 어민과 어업피해에 대하여 보상을 하겠다는 어업피해 약정을 하는 것이 일반적 절차이며, 이러한 어업피해 약정체결이 어업보상의 가장 큰 관건이며 어업보상의 가장 특징 중의 하나이다.[1282]

Ⅲ. 어업보상의 기본조사

기본조사의 목적을 효율적으로 달성하기 위하여 사업시행자와 어업피해 조사평가용역기관 간에 적정한 업무분담을 통하여 기본조사가 실시되어야 한다.

1. 면허어업

면허어업에 대한 기본조사는 공부상의 실태조사와 현장답사에 의한 실태조사로 구분할 수 있다. 해당 시·군·구로부터 어장기본도, 어업면허대장, 어업권원부 등의 공부

1282) 최임근, 한일보상 업무관련합동세미나 논문

발급 또는 열람을 한 후, 분류·정리하여 면허어업에 대한 기본조사서를 작성하고 이를 토대로 현지답사를 실시한다.

1) 공부 등의 발급 또는 열람

어장기본도를 발급 받아 면허어업의 개황을 파악한 후 어업면허대장, 어업권관리대장 및 어업권등록원부 등을 발급 받아 면허어업 종류별로 분류·정리한다.

표 43. 대상서류별 확인할 수 있는 내용

대 상 서 류	해당기관	확 인 내 용
어장기본도	시·군·구	면허어장의 구획, 어업의 종류, 시설방법, 면허번호, 어장면적, 어장의 위치
어업면허장(증)	시·군·구	면허 받은 자, 면허번호, 어업의 종류, 어업의 방법 및 양식시설량, 어장의 위치와 구역, 어장면적, 포획·채취물, 양식물의 종류 및 그 방법, 어업의 시기, 유효기간, 제한 또는 조건, 등록일자
어업권관리대장	시·군·구	어촌계원수, 관리선 사용 행사계약관리, 양식시설량, 시설규모 등 면허처분사항 및 기타
어업권등록원부	시·군·구	면허번호, 어업권의표시, 어장의 위치,어업권의 존속기간 채포물의 종류, 어업의 시기, 제한 및 조건, 어업권의 변동 제한물권 등 공유자 및 그 지분

2) 공부 등 내용 검토 확인

(1) 어장기본도 검토

어업면허장, 어업관리대장 및 어업권등록원부의 내용을 면허어업 유형별로 분류·정리 한 후 이를 토대로 어장기본도상에 표시된 면허어업과 상호 비교·검토한다.

(2) 어업권 표시 및 권리관계 등 조사

어업면허장의 어업권의 표시 및 소유권 등 권리사항과 어업권등록원부의 내용이 서로 상이한 내용이 없는지 여부를 조사 확인한다.

각 공부의 기재내용이 상이한 경우, 상이 내용이 어업권 표시 등 어업면허와 관련된 사항인 경우에는 어업면허장을 기준으로 정리하고, 소유권 등 권리에 관한 사항인 경우에는 어업권등록원부를 기준으로 정리하되, 행정관청에서 상이 내용을 확인하는 것이 필요하다.

어업권의 이전·분할·변경 등의 경우에는 공부상의 내용과 사실내용을 병행하여 조사한다, 그리고 어업권등록원부의 제한 및 조건사항도 같이 파악한다.

(3) 현장실태조사

어업의 방법, 어장의 위치 또는 시설물의 실물확인 및 현재의 어장 이용상태 등을 확인하기 위하여 현장조사를 실시한다, 현장조사는 공부상의 조사내용을 기초로 하여 일치 여부를 확인한다.

현장조사는 보상 담당 실무자와 합동 조사토록 하고, 반드시 현장실태조사 내용을 해당 어촌계장 또는 시설설치자가 입회 확인하도록 하여 향후 민원의 소지가 없도록 한다.

2. 허가·신고어업

허가 및 신고어업에 대한 기본조사는 어선을 이용하는 어선어업의 경우와 그 외의 경우로 구분할 수 있다.

1) 어선을 이용하는 어업

(1) 공부상의 조사

어선을 이용하는 어업에 대한 기본조사는 특별한 사유가 없는 한 연안어업으로 한정한다. 직접피해구역 내측의 선적항(포구)에 등록한 허가어업의 어선으로 공익 사업으로 인하여 어선의 입·출항이 불가능하게 되거나 직접피해구역 또는 인근 피해구역을 조업구역으로 하는 허가어업을 대상으로 하여 실시한다.

(2) 공부열람 및 목록작성

어업피해 예상구역을 관할하는 행정관청으로부터 어선등록원부 및 어선등록관리대장, 어업허가대장 등을 발급받아 이를 기초로 필요한 사항을 확인 정리한다. 보상기준일 이전에 어업허가를 받은 어업을 대상으로 하여 어업허가대장 및 어선 등록관리대장에 의거 어선어업 목록을 작성한다.

어선어업목록은 어선등록관리대장상의 어선의 선적항을 근거로 어촌계별로 구분하여 작성하며, 선적항, 피허가자, 기타 어선현황 및 소유자 등록사항 등을 어선 등록관리 대장과 어업허가대장에 의거 세목별로 확인하여 작성한다.

(3) 서류징구 및 검토

어업피해 예상구역을 조업구역으로 하는 어선을 대상으로 하여 어촌계별로 어업허가증 사본, 어선검사증 사본, 선적증서 또는 어선등록필증 사본, 어선원부등록 및 주민등록등본 등 관계서류를 어업허가자별로 어촌계 등을 통하여 징구한다. 어업자별로 어업허가증 사본, 어선원부등본, 어선검사증사본, 선적증서(또는 어선등록필증)사본, 주민등록등본 순으로 편철한 후 검토하여 조사대상어선을 확인한다.

○ 어업허가 사항 검토

- 허가어업 종류구분
- 보상기준일(사업인정고시일, 공유수면, 매립면허사업인 경우 면허고시일)기준 어업허가 확인
- 어업허가기간
- 어업허가에 제한·조건 등 부관이 부여된 경우 그 내용 조사확인

○ 어선등록사항 검토

- 보상 기준일을 기준으로 어선등록일자 확인
- 주민등록등본상 주소지 변동사항과 연계한 선적항·포구 확인
- 주소지 변동일자
- 기타 등록사항 변경내역

○ 어선소유 및 어업허가 관계 확인

- 어선원부상 소유자와 어업허가를 득한 어업자가 일치하는지 여부
- 어업허가증, 어선원부, 어선검사증, 선적증서 또는 어선등록필증과 대조확인

○ 기타

- 허가어업자중 어선의 폐선 또는 실종으로 어선이 없는 경우 허가등 유예여부조사
- 주소지가 어업피해 예상구역 내로 이동된 자의 경우 어선등록 절차 이행여부 조사
- 어선검사증의 유효기간

(4) 현장조사

공부상의 조사내용을 토대로 어선·어구의 실체 확인 및 현재의 이용 관리실태를 조사하고 실제 조업사실 유무도 병행 조사한다.

실제 어선어업의 허가자가 어업을 전업으로 조업을 하는지 여부를 해당 어촌계장 또는 이장 등으로부터 조사하여 보상 등을 목적으로 불법으로 위장등록 되었는지 여부 등도 확인한다.

2) 어선어업 이외의 허가 및 신고어업

어선어업 이외의 허가어업에는 육상해수양식어업, 종묘생산어업, 구획어업이 있고 신고어업에는 맨손어업, 나잠어업, 투망어업이 있다.

어선어업 이외의 허가어업 또는 신고어업의 기본조사도 "어선을 이용하는 허가어업의 기본조사"와 크게 차이가 없으며 그에 준하여 실시하면 되며 현장조사에서는 다음 사항이 포함되어야 한다.

- 어업자의 능력 및 성실도
- 시설물에 대한 면적, 시설물 설치비용, 내구성, 시설시기 및 현재 이용실태
- 어업시기 및 어업방법, 어업장소
- 사용어구
- 어획물의 종류, 수입내역 및 유통경로, 현재 조업상태
- 육상해수양식어업이나 종묘생산어업 시설이 사업구역 밖에 소재하고 있는 경우 당해 공익사업과의 인과관계 조사

3) 무면허·무허가·무신고어업

수산업법시행령 제62조 관련 별표4는 면허·허가·신고어업 만을 어업보상의 대상으로 하고 있으며, 또한 무면허·무허가·신고어업은 공익사업을위한토지의취득및보상에관한법률시행규칙 제45조 제2호의 규정에 의해서도 영업손실보상의 대상이 아니다.

그러나, 종전의 공공용지의취득및손실보상에관한특례법시행규칙 제25조의3은 공익사업의 고시·공고일 이전부터 무면허·무허가·무신고어업을 영위한 자에 대하여는 어업시설 등의 매각이나 이전에 따른 손실을 보상하고 동법 시행규칙 제30조의2는 주거

대책비 상당금액을 지급할 수 있도록 규정하고 있으나, 종전의 공특법과 토지수용법을 통합 제정된 공익사업을위한토지등의취득및보상에관한법률시행규칙은 종전의 공특법 시행규칙 제25조의3의 내용을 포함하고 있지 않다.

공익사업을위한토지등의취득및보상에관한법률은 사업인정고시가 있은 후에 허가 없이 건축물의 건축·대수선, 공작물의 설치 또는 물건의 부가·증치를 한 토지소유자 또는 관계인은 당해 건축물·공작물 또는 물건에 관한 손실의 보상을 청구할 수 없다고 규정하고 있다(법 제25조 제3항). 따라서 이 규정에 의하면, 사업인정고시 이전부터 무면허·무허가·신고어업을 하여온 경우에는 공익사업을위한토지등의취득및보상에관한법률시행규칙 제53조에 의하여 산정한 가계지출비와 어업시설등의 이전비를 보상하여야 한다.

무면허·무허가·신고어업은 적법어업이 아니므로 공부상 조사가 불가능하다. 따라서 어업피해보상조사 평가(용역)기관의 현장조사결과에 따라 피해대상 여부등을 판단할 수 밖에 없으며 사업시행구역내를 중심으로 조사하고 기본조사도 그 범위 내로 한정하여야 한다. 이들 어업에 대하여서도 기본조사가 완료되면 기본조사서를 작성하여야 한다.

(1) 무면허어업

① 무면허어업의 유형

- 면허어장내에서 법적사항을 위반한 경우(예 : 법정시설 책수를 초과하여 밀식)
- 면허어장구역을 벗어나 시설을 한 경우
- 종전부터 면허어업을 영위하였으나, 유효기간의 만료 등으로 소멸된 어장에서 종전의 어업을 계속하고 있는 경우
- 면허어장이 전혀 없는 상태에서 무면허어업을 영위하는 경우
- 공익사업 고시 이후 보상을 목적으로 무면허어업을 영위하는 경우
- 기타 무면허어업[1283)]

1283) 대법원 1986. 10. 14. 선고 86도1002 : 수산업법 및 동법시행령, 어업등록령, 어업면허 및 어장관리에관한규칙의 제 규정 등을 종합하면 양식어장의 시설이나 양식물의 수급사정등 행정목적을 위하여 양식면허는 반드시 양식물의 종류를 특정하여 받아야 하고 그 면허를 받은 양식물 이외의 양식물을 그 면허어장에서 양식하거나 채포하는 행위는 금지되는 것이어서 홍합양식면허를 받은 자가 홍합아닌 굴을 양식하는 것은 무면허양식어업에 해당한다.

② 조사사항

무면허어업에 대한 기본조사는 어업종류별 사례 유형별로 구분하여 조사하고, 어업자, 어장위치, 어획물의 종류, 시설면적 및 시설물 현황, 보상기준일 이전부터 계속 무면허어업을 하였는지 여부 등을 파악하고 보상액 산정에 대비하여 무면허 어업자로부터 주민등록등본을 징구한다.

(2) 무허가·무신고어업

① 어선을 이용하는 경우

선적항·포구가 공익사업구역 내에 위치하여 공익사업시행으로 인하여 계속 조업할 수 없다고 판단되는 어촌계를 조사대상으로 한다.

등록된 어선이 무허가어업에 종사하는 경우 선적증서 또는 어선등록필증, 어선원부 등에 의거 조사한다.

미등록 어선이 무허가어업에 종사하는 경우에는 사업시행자 단독조사가 어려우므로 어촌계 등의 협조를 받아 조사대상 어선을 파악하고 어선의 미등록 사유 및 주민등록번호 기타 서류 등에 의거 보상기준일 이전부터 당해 수면에서 계속 조업한 사실여부를 조사하고 당해 공익사업시행으로 인하여 계속 조업을 할 수 없는지의 여부를 조사한다. 기타 사항은 적법어선의 경우에 따른다.

② 어선을 이용하지 않는 경우

무허가어업의 경우는 어업시설물을 조사하고, 주민등록등본에 의거 보상기준일 이전부터 거주사실 여부 및 당해 어업의 조업사실 여부와 당해 공익사업 시행으로 인하여 계속조업이 불가능한 지의 여부를 조사한다.

무신고어업의 경우는 주로 간단한 어구로 조업하며 신고어업과 조업방법이 동일하다. 다만 신고를 하지 않고 어업행위를 할뿐이다.

해당 행정기관에서도 이들 무신고어업에 대한 공적인 관리장부가 없는 설정이며, 제도상 무신고 어업자의 조업사실 확인기준 등에 대한 명확한 지침이나 한계를 명시한 자료가 없어 무신고어업의 판단이 어렵다.

무신고어업은 주민등록등본에 의한 거주사실 여부만 확인이 가능할 뿐 다른 객관적 증빙서류가 없어 실제 조업사실 여부를 조사하기가 매우 어렵다. 이들에 대한 조업사실 여부는 객관성과 공정성을 기하기 위하여 지역주민의 인우보증과 어촌계나 관할 읍·면·동장의 조업사실확인에 의존하고 있는 실정이다.

또한, 무신고어업의 조업사실조사는 어구에 의한 판단보다는 거주한 사실과 실제조업할 능력여부 및 타 어업에 종사하는 지의 여부 등을 종합적으로 검토·조사가 되어야 한다.

표 44. 어업보상시 구비서류

어업구분	구비서류	비 고
면허어업	• 어업권원부 • 어업권 포기신청서(취소보상의 경우) • 인감증명서 • 위임장(대리인의 경우) • 각서 등 기타 필요서류	※ 어업권자가 어촌계인 경우 다음 서류 추가 - 어촌계 정관 또는 규약 - 어촌계 총회결의서(계약체결, 대금수령 및 대표자선정에 관한 사항) - 대표자의 인감증명 및 주민등록등본 - 행사자 동의서
허가어업	• 어업허가장 및 어선등록원부 • 어선검사증 사본 • 어업허가 취소신청서(취소보상의 경우) • 인감증명서(보상계약체결 및 보상금 수령용) • 위임장(대리인의 경우) • 각서 등 기타 필요서류	
신고어업	• 어업신고필증 사본 • 어선원부(어선을 이용하는 경우) • 어업신고 취소신청서(취소보상의 경우) • 인감증명서(보상계약체결 및 보상금 수령용) • 위임장(대리인의 경우) • 각서 등 기타 필요서류	

Ⅳ. 어업보상 손실보상제도

1. 어업보상제도 변천

1) 어업보상제도의 변화

수산업법에서는 1990. 8. 1. 개정(시행 1991. 2. 2)되기 이전까지는 수산업법에 의하여 필요한 경우에 한하여 어업면허에 대해서만 보상규정이 있어 어업허가나 신고 등에 대한 보상규정이 존재하지 아니하였다. 이후 수산업법 개정으로 1991. 2. 2 토지보상법상 공익사업을 위하여 필요한 경우에 어업면허 뿐만 아니라 허가나 신고에 대해서도 보상을 청구할 수 있도록 개정되어, 이때부터 어업허가 및 신고의 경우에도 손실보상의 대상되어 현행의 어업보상제도와 유사한 제도를 갖추었다.

한편 구 공특법상으로는 어업권의 면허 소멸에 대해서만 보상근거가 있어 수산업법에서와 같이 어업허가나 신고에 대해서는 보상근거가 없다가, 1988. 4. 25. 공특법 시행규칙이 개정되면서 그 제25조의2에 허가 및 신고어업의 폐지·휴업 또는 피해에 대하여는 영업보상의 손실 평가규정에 의거 보상하도록 하는 규정하였고, 이후 91. 10. 28 공특법 시행규칙 개정에서 현행과 같이 수산업법령에 의해서 손실보상하도록 규정하여 현재의 토지보상법과 유사하게 시행되어 오고 있다. 결국 어업권 보상에 대해서는 종전 어업면허에 대해서만 보상하였으나, 이후 어업허가나 신고에 대해서는 1991년 이후부터 수산업법상에 의한 어업권 보상이 가능하게 되었다.

□ **수산업법**

제34조 (공익의 필요에 의한 면허어업의 제한 등) ① 시장·군수·구청장은 다음 각 호의 어느 하나에 해당하면 면허한 어업을 제한 또는 정지하거나 어선의 계류(繫留) 또는 출항·입항을 제한할 수 있다. 〈개정 2013. 3. 23.〉

6. 「공익사업을 위한 토지 등의 취득 및 보상에 관한 법률」 제4조의 공익사업을 위하여 필요한 경우

제81조 (보상) ① 다음 각 호의 어느 하나에 해당하는 처분으로 인하여 손실을 입은 자는 그 처분을 행한 행정관청에 보상을 청구할 수 있다.

1. 제34조 제1항 제1호부터 제6호까지 또는 제35조 제6호(제34조 제1항 제1호부터 제6호까지의 규정에 해당하는 경우를 말한다)에 해당하는 사유로 인하여 이 법에 따른 <u>면허·허가를 받거나 신고한 어업에 대하여 제한 등의 처분</u>을 받았거나 제14조에 따른 어업면허의 유효기간 연장이 허가되지 아니한 경우. 다만, 제34조 제1항 제1호부터 제3호까지의 규정(제49조 제1항과 제3항에서 준용하는 경우를 말한다)에 해당하는 사유로 허가를 받거나 신고한 어업이 제한되는 경우는 제외한다.

③ 수익자는 제1항에 따라 보상을 청구할 수 있는 자에게 미리 보상을 하지 아니하면 손실에 영향을 미치는 행위나 공사에 착수할 수 없다. 다만, 보상을 청구할 수 있는 자의 동의를 받은 경우에는 그러하지 아니하다.

④ 제1항에 따른 보상의 기준, 지급방법, 그 밖에 보상에 필요한 사항은 대통령령으로 정한다.

2) 토지보상법 어업보상제도 변천

구분	개정내용	비고
'81.3.23 (공특법)	규칙 제23조 (어업권의 평가) * 어업권에 대한 손실의 범위는 상당인과관계의 범위에 한함 * 어업권의 소멸에 대한 손실의 평가는 수산업법에서 정함 * 어업권의 행사를 제한한 경우의 손실은 거래사례가 있는 경우에는 비준가액을 기준, 거래사례가 없는 경우에는 어업권의 종류에 따라 최근 3년간의 연평균 순수익을 자본 환원한 액을 기준 (환원이율 40%)	어업권 소멸에 대해서만 보상
88.4.25 (공특법)	규칙 제25조의2 (허가 또는 신고어업의 폐지·휴업 또는 피해에 대한 손실의 평가) * 어업허가, 신고를 하고 어업을 하는 자가 폐업 또는 휴업하는 경우 폐업에 있어서는 최근 3년간의 소득을 산술평균한 2년분의 순소득액(법인의 경우에는 순수익액)보상 * 휴업에 있어서는 실제 휴업기간에 해당하는 순소득액(법인의 경우에는 순수익액)을 기준으로 하여 평가한다. 다만, 휴업기간이 2년 이상인 경우에는 폐업으로 평가 * 공공사업의 시행으로 인하여 당해 공공사업시행지구 인근에 있는 어업권자의 어업에 피해가 발생하는 경우에는 피해정도에 따라 이를 보상	- 허가 및 신고 어업 보상근거 신설 - 인근지역 보상근거 신설
91.10.28 (공특법)	규칙 제23조 (어업권등의 평가) * 공공사업의 시행으로 인하여 어업권이 제한·정지 또는 취소되거나 수산업법 제14조의 규정에 의한 어업면허의 유효기간의 연장이 허가되지 아니하는 경우 당해어업권 및 어선·어구 또는 시설물에 대한 손실의 평가는 수산업법시행령 제62조의 규정에 의함	어업권 제한·정지 또는 취소시 보상
97.10.15 (공특법)	규칙 제23조 (어업권등의 평가) * 공공사업의 시행으로 인하여 당해공공사업시행지구 인근에 있는 어업권자의 어업에 피해가 발생하는 경우에는 피해정도에 따라 이를 보상	인근지역 보상근거 신설
08.4.18 (현행 토지보상법)	규칙 제44조(어업권의 평가 등) * 공익사업의 시행으로 인하여 어업권이 제한, 정지, 취소 또는 기간 연장이 되지 않는 경우 보상 규칙 제63조(공익사업시행지구 밖의 어업의 피해에 대한 보상) * 해당 공익사업시행지구 인근에 있는 어업에 피해가 발생한 경우 실제 피해액을 확인할 수 있는때에 피해를 보상	인근지역 어업피해 확인시만 보상가능

2. 어업손실액 산출방법 변천과정

수산업법시행령에서 규정하고 있는 어업손실액 산출방법의 변천과정을 요약하면 다음과 같다.

1) 면허어업

구 분	'93. 6. 19 개정이전	'93. 6. 19 개정이후	'93. 12. 31 개정이후
어업권이 취소, 어업권의 유효기간 연장이 허가되지 아니한 경우	평년수익액 ÷ 연리 × 0.8 + 시설물의 잔존가액 − 시설물의 매각수입액	평년수익액 ÷ 연리 × 0.8 + 어선·어구 또는 시설물의 잔존가액	평년수익액 ÷ 연리(12%) + 어선·어구 또는 시설물의 잔존가액
어업권이 정지된 경우	평년수익액 × 정지기간 + 시설물 또는 양식물의 이전·수거 등에 소요되는 손실액 + 어업의 정지기간 중에 발생하는 통상의 고정적 경비	평년수익액 × 정지기간 + 시설물 등 또는 양식물의 이전· 수거 등에 소요되는 손실액 + 어업의 정지기간중에 발생하는 통상의 고정적 경비	좌 동
어업권이 제한되는 경우	평년수익액과 제한기간이나 제한정도 등을 참작하여 산출한 손실액	좌 동	좌 동

2) 허가 또는 신고어업

구 분	'93. 6.19 개정 이전	'93. 6.19 개정이후	'96.12.31 개정이후
취소되는 경우	평년수익액의 3년분 + 어선·어구 또는 시설물의 잔존가액 − 어선·어구 또는 시설물의 매각수입액	평년수익액의 3년분 + 어선·어구 또는 시설물의 잔존가액	좌 동
정지된 경우	평년수익액 × 정지기간 또는 계류기간 + 어업의 정지기간 또는 계류기간 중에 발생하는 통상의 고정적 경비	좌 동	좌 동
제한되는 경우	어업의 제한기간·제한정도 등을 참작하여 산출한 손실액	좌 동	좌 동

3) 어업실적이 없어 평년수익액을 산출할 수 없는 경우

'96. 12. 31 개정 이전	'96. 12. 31 개정 이전
인근의 동종어업의 어업실적을 기준으로 하여 산출한 금액의 50%를 기준으로 하여 산출	어업의 면허·허가 또는 신고에 소요된 인지세·등록세 등 제반경비와 해당어업의 어선·어구 또는 시설물의 매각이나 이전에 따른 손실액(예외규정 두고 있음)

3. 어업보상의 대상

1) 어업보상의 대상

토지보상법에 의한 어업보상의 대상은 다음의 7가지로 구분된다.

① 어업권의 제한·정지·취소에 대한 보상
② 어업면허의 유효기간의 연장이 허가되지 아니하는 경우의 보상
③ 어선·어구 또는 시설물 보상
④ 공익사업시행지구 밖의 어업피해보상 (규칙 제63조)
⑤ 기존의 무허가 또는 무신고어업의 보상 (규칙 제52조)
⑥ 관행어업의 보상
⑦ 이어비[1284] (규칙 제56조)

2) 어업보상 제외대상

(1) 사유수면에서의 내수면어업

토지보상법 시행규칙 제44조 4항은 내수면어업법 제11조 제2항의 규정[1285]에 의하여 사유수면에서 행하는 신고어업에 대해서는 수산업법시행령에 의한 손실보상을 배제하고 있다. 따라서 사유수면에서 행하는 어업행위에 대하여 어업보상의 대상이 아니다.[1286]

1284) 공익사업의 시행으로 인하여 영위하던 농·어업을 계속할 수 없게 되어 다음 각 호의 어느 하나 외의 지역으로 이주하는 농민(농업인으로서 농작물의 경작 또는 다년생식물의 재배에 상시 종사하거나 농작업의 2분의 1 이상을 자기의 노동력에 의하여 경작 또는 재배하는 자를 말한다) 또는 어민(연간 200일 이상 어업에 종사하는 자를 말한다)에게 보상한다. 〈신설 2007. 4. 12.〉
1. 공익사업에 편입되는 농지의 소재지(어민인 경우에는 주소지를 말한다)와 동일한 시·군 또는 구
2. 제1호의 지역과 인접한 시·군 또는 구

1285) 내수면어업법 제11조 ②사 유수면에서 제6조 제1항 각호·제9조 제1항 각호 또는 제1항의 규정에 의한 어업을 하고자 하는 자는 시장·군수·구청장에게 신고할 수 있다.

1286) 토관 1390 (2004. 3. 26) : 내수면어업의 손실보상과 관련하여 종전의 내수면어업개발촉진법에서는 '공공용구면이 아닌 내수면에는 특별한 규정이 없는 한 이법을 적용하지 않는다'라고 규정하고 있어, 사유수면(양식장 등)에 대해서는 위 법 자체가 적용되지 않기 때문에 수산업법에 의한 손실보상대상에 해당하지 않는다.

판 례

□ 대법원 2002. 2. 5. 선고 2000다69361 판결

사유농지를 전용하여 인공적으로 조성한 내수면에서 하는 담수어 양식업은 그 어느 부분도 법령에 의한 신고를 필요로 하는 위 내수면어업개발촉진법 또는 위 수산업법이 정하는 신고어업에 해당한다고 할 수 없으므로 이에 대한 손실보상의무의 발생 여부는 그 신고 유무나 시기를 기준으로 판단하여서는 안 된다

(2) 무허가 어업

무면허·무허가·무신고어업("무허가 어업"이라 함)에 대하여는 원칙적으로 손실보상의 대상이 되지 못한다. 이러한 무허가 어업에 대하여 수산업법에서는 무면허 및 무허가 어업행위에 대하여 3년 이하 징역 또는 200만원 이상 2,000만원 이하 벌금(법 제94조 제1항), 무신고 어업을 한 경우 과태료 500만원(법 제99조 제9항)을 부과하도록 규정하고 있다.

반면에 토지보상법에서는 사업인정고시일등 전부터 허가 등을 받지 않고 영업을 행하여 온 자가 공익사업의 시행으로 인하여 당해 장소에서 영업을 계속할 수 없게 된 경우, 도시근로자가구 월평균 가계지출비를 기준으로 산정한 3인 가구 3개월분 가계지출비에 해당하는 금액을 영업손실에 대한 보상금으로 지급하도록 하고 있어(규칙 제52조), 무허가 어업도 이에 해당할 경우 3개월분 가계지출비 보상은 가능하다. 이점이 수산업법과는 차이가 있다 할 것이다.

판례에서는 어업권을 임차한 경우,[1287] 면허받은 양식물 이외의 양식물을 양식한 경우[1288] 등을 무허가 어업의 사례로 들고 있다.

1287) 대법원 1996. 6. 28. 선고 95도2604 판결 : 면허를 취득하지 아니하고 어업권자로부터 어업권을 임차하여 어업을 경영하였다고 하더라도 법 제94조 제1항 제1호의 무면허 어업행위에 의한 죄책을 면할 수 없다고 보아야 한다.

1288) 대법원 1986. 10. 14. 선고 86도1002 판결 : 홍합양식 면허를 받은 자가 홍합 아닌 굴을 양식하는 경우 무면허양식어업에 해당한다.

V. 어업권 손실평가 기준

1. 어업보상의 유형

면허어업의 취소의 평가는 감정평가 3방식 중 수익접근법에 의한 방법으로, 이러한 유형에는 광업법 평가가 있다. 그러나 면허어업의 취소에 대한 손실보상 평가는 평년수익액을 통상적 수익률(0.12%로 명시)로 나누는 방식으로, 이는 어업 면허의 수익이 영원히 발생한다는 전제로 하고 있으나, 면허의 유효기간이 20년으로 한정되어 있다는 점에 비추어 볼 때, 문제의 소지가 있다는 주장도 있다.

2. 어업유형별 손실보상 산출기준

1) 어업처분손실평가

공익사업의 시행으로 인하여 어업권이 제한·정지 또는 취소되거나 수산업법 제14조 또는 내수면어업법 제13조의 규정에 의한 어업면허의 유효기간의 연장이 허가되지 아니하는 경우 당해 어업권 및 어선·어구 또는 시설물에 대한 손실의 평가는 수산업법시행령 별표4의 규정에 의한다(규칙 제44조 제1항).

(1) 면허어업

① 어업권이 취소되거나 유효기간의 연장이 허가되지 아니한 경우

「평년수익액 ÷ 연리(12%) + 어선·어구 또는 시설물의 잔존가액」

② 어업권이 정지된 경우[1289]

「평년수익액 × 정지기간 + 시설물 등 또는 양식물의 이전·수거 등에 소요되는 손실액 + 어업의 정지기간 중에 발생하는 통상의 고정적 경비」

1289) 토지보상법에서는 공익사업의 시행으로 인하여 어업권이 취소되거나 수산업법 제14조 또는 내수면어업법 제13조의 규정에 의한 어업면허의 유효기간의 연장이 허가되지 아니하는 경우로서 다른 어장에 시설을 이전하여 어업이 가능한 경우 당해 어업권에 대한 손실의 평가는 수산업법시행령 별표 4중

다만, 어업권이 취소되거나 유효기간의 연장이 허가되지 아니한 경우에 산정된 보상액을 초과할 수 없다.

③ 어업권이 제한된 경우

평년수익액과 제한기간이나 제한정도 등을 참작하여 산출한 손실액에 의한다.

다만, 어업권이 취소되거나 유효기간의 연장이 허가되지 아니한 경우에 산정된 보상액을 초과할 수 없다.

(2) 허가 또는 신고어업

면허어업에 대한 평가규정은 허가어업 및 신고어업(내수면어업법 제11조 제2항의 규정에 의한 신고어업 제외)에 대한 손실의 평가에 관하여 이를 준용한다(규칙 제44조 제4항).

① 허가 또는 신고어업의 취소된 경우

「평년수익액의 3년분+어선·어구 또는 시설물의 잔존가액」

② 허가 및 신고어업이 정지된 경우(어선의 계류를 포함한다)

「평년수익액 × 정지기간 또는 어선의 계류기간+어업의 정지기간 또는 어선의 계류기간 중에 발생하는 통상의 고정적 경비」

다만, 허가 또는 신고어업의 취소된 경우의 금액을 초과할 수 없다.

③ 어업권이 제한된 경우

「평년수익액과 제한기간이나 제한정도 등을 참작하여 산출」

다만, 어업권이 취소되거나 유효기간의 연장이 허가되지 아니한 경우에 산정된 보상액을 초과할 수 없다. 어업의 허가 또는 신고어업의 정지 또는 제한되는 경우 정지 또는 제한에 따른 어업피해율의 누계가 300%가 초과하면 취소의 보상액을 초과하게 되므로 이 경우는 제한이나 정지보다 취소보상을 하여야 한다.

어업권이 정지된 경우의 손실액 산출방법 및 기준에 의하도록 규정(규칙 제44조 제2항)하고 있는 바, 이는 대체어장이 제공되는 등 계속적으로 어업이 가능한 경우에도 폐업보상에 준하는 보상을 하는 것은 불합리하므로, 이 경우에는 어업권이 정지된 경우의 손실액 산출방법 및 기준에 의하도록 한 것이다.

이와 같이 어업허가 또는 신고어업의 어업손실액은 "평년수익액의 3년분"으로 하고 있으나, 면허어업은 "평년수익액 ÷ 연리(12%)"로 하고 있는 것은 면허어업이 배타적인 권리인 물권이나 허가어업은 반사적 이익에 불가한 어업이므로 면허어업이 허가어업보다 법률적으로 권리성이 강하기 때문[1290]으로 보고 있다.

표 45. 어업보상 유형 및 평가방법

<table>
<tr><th>어업구분</th><th>보 상 유 형</th><th>손 실 평 가 방 법</th><th>비 고</th></tr>
<tr><td rowspan="3">면허어업</td><td>어업권 취소 또는 유효기간 연장 불허</td><td>[평년수익액÷연리(12%)]+어선·어구 또는 시설물의 잔존가액</td><td rowspan="6">※ 【평년수익액】
① 기준
- 사업인정고시일 전년도부터 3년소급 평균
② 어업실적이 없어 산출할 수 없는 경우
- 어업의 면허·허가 또는 신고에 소요된 인지세·등록세 등 제반경비와 해당어업의 어선·어구 또는 시설물의 매각이나 이전에 따른 손실액 (예외규정 두고 있음)</td></tr>
<tr><td>어업권 정지</td><td>[평년수익액×정지기간]+시설물 등 또는 양식물의 이전·수거 등에 소요되는 손실액+어업 정지기간 중에 발생하는 통상의 고정적 경비</td></tr>
<tr><td>〃 제한</td><td>평년수익액과 제한기간이나 제한정도 등을 참작하여 산출한 손실액</td></tr>
<tr><td rowspan="3">허가·신고 어업</td><td>〃 취소</td><td>평년수익액의 3년분+어선·어구 또는 시설물의 잔존가액</td></tr>
<tr><td>〃 정지</td><td>[평년수익액×정지기간 또는 계류기간]+어업의 정지기간 또는 계류기간 중에 발생하는 통상의 고정적 경비</td></tr>
<tr><td>〃 제한</td><td>어업의 제한기간·제한정도 등을 참작하여 산출한 손실액</td></tr>
</table>

2) 어업피해손실평가[1291]

토지보상법 제4조에 규정된 공익사업 등의 사업시행으로 인한 어업피해에 대한 손실로서 피해의 크기에 따라 소멸(폐지)손실과 부분손실로 구분된다. 다만 어업피해조사 결과와 관계없이 사업시행자가 어업처분을 결정하여 평가의뢰한 경우 각각의 어업처분 손실평가 규정을 준용한다.

(1) 어업권(면허어업)의 소멸손실평가

「평년수익액÷연리(12%)+어선·어구 또는 시설물의 잔존가액」

1290) 보상평가(하), 한국감정원, 2000, 912면.
1291) 어업권 등 보상평가지침 제3장 참조.

(2) 허가·신고어업 폐지손실평가

「평년수익액×3년분+어선·어구 또는 시설물의 잔존가액」

(3) 면허·허가·신고어업 부분손실평가

「평년수익액에 피해정도(피해율과 피해기간 참작) 감안 산정」

3. 어업권 손실보상금 산출

1) 평년수익액 등의 산출기준

면허어업·허가어업 및 신고어업의 손실액 산출방법에서 평년수익액이라 함은 평균연간어획량을 평균연간판매단가로 환산한 금액에서 평년어업경비를 공제한 금액을 말한다. 이 경우 평균연간어획량·평균연간판매단가 및 평년어업경비의 산출기준은 다음과 같다.

평년수익액 = (평균연간어획량 × 평균연간판매단가) − 평년어업경비

(1) 평균 연간어획량의 산출

평균연간어획량 산출은 평년수익을 산출하기 위한 기초단계로 평년수익액 산정에 결정적인 영향을 미친다. 이러한 평균연간어획량은 기후, 환경 변화 등에 의해 매년 어획량이 변동될 수 밖에 없다.

따라서 수산업법 시행령 제62조 별표 4에서는 평균연간어획산출량을 최근 3년간의 평균어획량을 의미하고 있으며, 변동 폭이 크거나 휴업 등 정당한 사유가 있는 경우에는 해당 년도만큼 소급 기산하도록 규정되어 있다.

① 3년 이상의 어획실적이 있는 경우

보고된 어획실적·양륙량 또는 판매실적(보상의 원인이 되는 처분을 받은 자가 보고된 실적이상의 어획실적 등이 있었음을 증빙서류로 입증한 경우에는 그 입증된 실적을 말한다)을 기준으로 산출한 최근 3년간의 평균 어획량(양식어업의 경우 생산량을 말한다)으로 하되, 최근 3년간의

어획량은 보상의 원인이 되는 처분일이 속하는 연도의 전년도를 기준연도로 하여 소급 기산한 3년 기간동안 일시적인 해양환경의 변화로 연평균어획실적의 변동폭이 전년도에 비하여 1.5배 이상이 되거나 휴업·어장정비 등으로 어획실적이 없어 당해 연도를 포함하여 3년간의 평균어획량을 산정하는 것이 불합리한 경우에는 해당 연도만큼 소급 기산한 3년간을 말한다)의 어획량을 연평균한 어획량으로 한다.

② 어획실적이 3년 미만인 경우

다음 각호의 산식에 따라 산출한 추정평균어획량에 의한다.

(가) 면허어업

'당해어장의 실적기간중의 어획량 × 인근동종어업의 어장(통상 2개소)의 3년 평균어획량 ÷ 인근 동종어업의 어장의 당해 실적기간중의 어획량'으로 산출한다.

1) 산식에서 실적기간은 실제 어획실적이 있는 기간으로 하되, 동일규모 또는 유사규모의 동종어업의 경우에는 손실을 입은 자의 실제 어획실적이 있는 기간과 동일한 기간의 실제 어획실적을 말한다.
2) 어획량의 기본단위는 킬로그램을 원칙으로 하고, 어획물의 특성에 따라 생물 중량 또는 건중량을 기준으로 한다. 다만, 김은 마른 김1속을 기준으로 하고, 어획물을 내용물 중량으로 환산할 필요가 있는 경우에는 해양수산부장관이 고시하는 수산물가공업에 관한 생산고 조사요령의 수산물 중량환산 및 수율표를 기준으로 한다.

(나) 허가어업 또는 신고어업

'당해어업의 실적기간중의 어획량 × 동일규모의 동종어업(통상 2건)의 3년 평균어획량 ÷ 동일규모의 동종어업의 당해 실적기간중의 어획량' 으로 산출하되, 다만 동일규모 동종어업의 어획량이 없는 경우에는 유사규모의 동종어업의 어획량을 기준으로 3년평균 어획량을 산출한다.

(2) 평균연간판매단가의 산출기준

평균연간판매단가는 보상액의 산정을 위한 평가싯점 현재를 기준으로 하여 소급기산한 1년간의 수산물별 평균판매단가(해당 수산물이 계통출하된 주된 위장판매단가를 말한다)로 한다. 계통출하된 판매실적이 없는 경우 등의 평균연간판매단가는 위의 평균연간판매단가에 불구하고 다음과 같이 산출한다.

▶ 계통출하된 판매실적이 없는 경우:
다음의 우선순위에 의한 가격을 기준으로 평균연간판매단가를 산출한다.
ⅰ) 당해지역 인근의 수산업협동조합의 위판가격
ⅱ) 당해지역 인근의 수산물도매시장의 경락가격

▶ 소급기산한 1년의 기간동안 일시적인 어획물의 흉·풍작 등으로 인하여 어가의 연평균 변동폭이 전년도에 비하여 1.5배이상이 되어 (1)의 평균연간판매단가를 적용하는 것이 불합리한 경우: 소급기산한 최초의 1년이 되는 날부터 다시 소급기산한 1년간의 평균판매단가에 소급기산한 최초의 1년간의 수산물계통출하판매가격의 전국평균변동율을 곱한 금액으로 한다.

(3) 평년어업경비의 산출기준

평년어업경비는 보상액산정을 위한 평가시점 현재를 기준으로 1년간 소급기산한 해당 어업의 연간 어업경영에 필요한 경비로 하되 경비항목 및 산출방법은 다음과 같다.

① 경비항목

구분	경비항목
1. 생산관리비	①어미고기 및 종묘구입비 ②미끼구입비 ③사료비 ④유지보수비 ⑤연료 및 유류비 ⑥전기료 ⑦약품비 ⑧소모품비 ⑨어장관리비(어장청소, 해적생물구제 및 표지시설 등) ⑩자원조성비 ⑪용선료
2. 인건비	①어업자 본인의 인건비 ②본인 외의 자에 대한 인건비
3. 감가상각비	①시설물 ②어선 또는 관리선(선체, 기관 및 의장품 등 포함) ③어구 ④그 밖의 장비 및 도구
4. 판매관리비	①가공비 ②보관비 ③용기대 ④판매수수료 ⑤판매잡비(운반·포장 등)
5. 기타 잡비	①제세공과금 ②어장행사료 ③주부식비 ④복리후생비 ⑤보험료 및 공제료 ⑥기타

② 산출방법

평년어업경비는 ①에 규정하고 있는 경비항목별로 산출하되 규정된 경비항목 이외의 경비가 있을 경우에는 기타경비항목에 포함시켜 전체평년어업경비가 산출되도록 하여야 한다.

경비항목별 경비산출은 어선의 입항 및 출항에 관한 신고사항, 포획·채취물의 판매실적, 유류사용량, 임금정산서, 보험 및 공제료, 세금납부실적, 건설교통부의 건설공사 표준품셈 등 수집 가능한 자료의 확보·분석 및 현지 실사를 통하여 객관적이고 공정하게 하여야 한다. 다만, 인건비, 감가상각비, 판매관리비중 판매수수료의 산출은 다음과 같이 한다.

i) 인건비중 어업자 본인의 인건비는 본인 이외의 자의 인건비의 평균단가를, 본인 이외의 자의 인건비는 현실단가를 적용하되 어업자가 직접 경영하여 본인 이외의 자의 인건비가 없는 경우에는 통계법 제8조의 규정에 의한 승인을 얻어 작성·공포한 제조부문 보통인부의 노임단가를 적용한다. 이 경우 제33조의 규정에 의한 신고어업 중 맨손어업·나잠어업 및 투망어업에 대한 인건비는 투입된 노동시간을 감안하여 산출하여야 한다.

ii) 감가상각비는 신규취득가격을 기준으로 하여 당해 자산의 내용연수에 따른 상각률을 적용하여 계산한 상각액이 매년 균등하게 되도록 산출하여야 한다. 이 경우 어선의 내용연수 및 잔존가치율을 다음과 같이 하되 어선의 유지관리상태를 참작하여 이를 단축·축소할 수 있다.

선질별	내용연수(년)	잔존가치율(%)
강선	25	20
F.R.P.선	20	10
목선	15	10

iii) 판매관리비중 판매수수료는 당해 어선의 주된 양육지 또는 어업장이 속한 지역에 소재하고 있는 수산업협동조합의 위판수수료율을 적용한다. 생산관리비중 소모품비와 감가상각비의 적용대상 구분은 내용연수를 기준으로 하여 내용연수가 1년 이상인 것은 감가상각비로, 1년 미만인 것은 소모품비로 한다.

수산관련법령에 규정하고 있는 종묘살포, 시설물의 철거 등 어업자의 의무상항은 어장면적 및 경영규모 등을 감안하여 적정하게 산출되어야 한다. 산출된 경비가 일시적인 요인으로 통상적인 경우보다 변동폭이 1.5배 이상이 되어 이를 적용하는 것이 불합리하다고 판단되는 경우에는 인근 유사한 규모의 동종어업(동종어업이 없는 경우에는 유사어업) 2개 이상을 조사하여 평균치를 적용할 수 있다.

어업생산주기가 1년이상 소요되는 경우 종묘구입비, 사료비, 어장관리비 및 판매관리비 등 생산주기와 연계되는 경비항목에 대하여서는 생산주기로 나누어 연간 평균어업경비를 산출하여야 한다. 이 경우 생산주기는 국립수산진흥원의 관할 연구소와 협의하여 정한다.

(4) 어선·어구 또는 시설물 잔존가액의 산출기준

면허어업·허가어업 및 신고어업의 손실액 산출방법에서 "어선·어구 또는 시설물의 잔존가액"이라 함은 보상액의 산정을 위한 평가시점현재를 기준으로 하여 지가공시법에 의한 평가방법 및 기준에 의하여 평가한 어선·어구 또는 시설물의 잔존가액을 말한다. 다만, 당해 잔존가액은 보상을 받고자 하는 자가 어선·어구 또는 시설물을 재사용하는 등의 사유로 보상을 신청하지 아니하는 경우에는 손실액 산출에서 이를 제외한다. 또한 시설물 및 양식물의 보상에 대해서는 아래 '굴 및 굴돌 판례'에서와 같이 보상 여부에 대해서 다소의 논의가 있다.

① 굴돌 보상부정 판례

굴돌에 대해서 어업권의 자본적 환원가치에 이미 평가되었기 때문에 별도의 보상이 필요없다는 견해이다(아래 판례).[1292)]

판 례

▣ 대법원 2001. 8. 24. 선고 99두8367 판결

투석식 굴양식어장에 있어 굴돌은 굴양식어장의 본질적인 고정시설이라 할 것인데, 이러한 고정자산에 대한 가치는 생산액에 포함되어 나타나고, 고정자산에 의한 장래의 부가가치는 보상액(순수익)에 반영되어 있는 한편 고정자산에 대한 비용(금융비용과 감가상각비)은 장래 발생할 수익과 비용에 배분되었기 때문에 굴돌은 어업권의 자본적 환원가치액 속에 이미 포함되어 평가되었다 할 것이어서 별도로 보상하여야 할 잔존시설물에 해당하지 아니한다.

② 굴 보상 판례

그러나 어업의 시설이전에 소요되는 비용은 별도의 보상을 하여야 한다는 입장이다.

1292) 대법원 1991. 6. 11. 선고 90다18333 판결 : "평년수익액/연리 × 0.8"의 산식은 자본에 대한 통상적인 수익률이 금리인 점에 착안하여 어업권의 평년수익액을 연리로 나누는 방식에 의하여 어업권의 자본적 환원가치액을 산정하는 것으로서 그 자본적 환원가치액속에는 어업권의 주된 구성요소인 양식생물에 대한 가치평가액도 포함되었다 할 것이고, 이와 같이 양식생물에 대한 가치평가액은 어업권의 자본적 환원가치속에 포함되는 것이기 때문에 위 평가산식 중 "시설물잔존가액 – 시설물 매각수입액"의 시설물은 위 "시설 후 수확이 있는 경우"의 "시설"이 양식생물을 의미하는 것과는 달리 철주, 표지목과 같은 어구시설물을 의미한다고 풀이함이 상식이다.

판 례

■ **대법원 2001. 12. 11. 선고 99다56697 판결**

공이 규정에 의하여 보상하여야 하는 손실은 반드시 당해 어장에 설치한 인공시설물 자체에 관하여 생긴 손실에 한정된다고 볼 수 없고, 굴 채묘시설에 부착된 굴 치패 등과 같이 그 시설에 의하여 생장되고 있는 것에 발생한 손실도 인공적인 살포에 의하여 양식되고 있거나 자연적으로 부착하여 생장되고 있거나 구별하지 않고 보상의 대상이 된다고 봄이 상당하다.

(5) 통상의 고정적 경비의 산출기준

면허어업·허가어업 및 신고어업의 손실액산출방법에서 "통상이 고정적 경비"라 함은 어업의 정지기간 중 또는 어선의 계류기간 중에 당해 시설물 또는 어선·어구의 유지관리를 위하여 통상 발생하는 경비를 말한다.

2) 어업제한 손실보상금 산출

평년수익액 × 어업피해율 × 피해기간

(1) 평년수익액

평년수익액이라 함은 평균연간어획량을 평균연간판매단가로 환산한 금액에서 평년어업경비를 공제한 금액을 말한다.

(2) 어업피해율

어업피해율은 공익사업의 시행으로 인해 발생하리라 예상되는 어업의 피해정도를 말한다. 어업의 피해정도는 어업피해로 인하여 해당어업의 생산량이나 순수익이 얼마나 감소하였는가 하는 두 가지 관점에서 정의될 수 있다.

(3) 피해기간

공익사업의 시행으로 인한 어업피해가 발생한 경우 피해기간에 대하여는 구체적인 기준이 규정되어 있지 않아, 결국 피해기간에 대하여는 전문연구기관의 객관적인 조사자료에 의거 결정될 수 밖에 없다.

3) 공익사업지구 밖의 어업피해보상

(1) 의 의

공익사업의 시행으로 인하여 공익사업시행지구 인근에 있는 어업에 피해가 발생한 경우 사업시행자는 실제 피해액을 확인할 수 있을 때 그 피해에 대하여 보상하여야 한다. 이 경우 실제 피해액은 감소된 어획량 및 수산업법 시행령 별표 3의 평년수익액 등을 참작하여 평가하도록 규정하고 있다(시행규칙 제63조 제1항).

종전 공특법시행규칙 제23조 제2항에서 "공공사업의 시행으로 인하여 당해 공공사업시행지구 인근에 있는 어업권자의 어업에 피해가 발생하는 경우에는 피해정도에 따라 이를 보상하여야 한다"고 하여 어업권 피해에 대해서도 간접보상을 인정하였다.

현행 토지보상법도 이러한 손실에 대하여 공익사업지구 밖의 어업피해보상 규정을 두어 "공익사업의 시행으로 인하여 당해 공익사업지구 인근에 있는 어업에 피해가 발생한 경우 사업시행자는 실제 피해액을 확인할 수 있을 때 그 피해액에 대하여 보상하여야 하다"고 규정하고 있다.

다만 현행 법은 종전과 달리 피해를 예측하여 보상하던 것을(사전보상 원칙), **실제 피해액을 확인할 수 있을 때로 개정**하여 사후보상하도록 하고 있다.

이는 아마도 기존 대법원의 판례에서 간접보상의 경우 공공사업의 시행으로 인하여 그러한 손실이 발생하리라는 것을 쉽게 예견할 수 있고, 그 손실의 범위도 구체적으로 이를 특정할 수 있는 경우[1293]에 간접보상을 할 수 있다는 취지를 반영한 것으로 보인다.

(2) 보상평가 방법

공익사업지구 밖의 어업피해에 대하여 법령에서는 실제 피해액을 보상하도록 규정하고 있다. 그러나 실제 피해액을 산정에 대하여 명호가한 기준 제시가 없어 혼선이 예상되고 있고 실무적으로는 결국 수산업법에 의한 평가를 따르고 있다.

다만, 어업권보상평가지침에 의하면 제3장에서 어업피해손실평가 규정을 마련하고 있다. 그 기준을 보면 아래와 같다(동 지침 제16조~18조).

1293) 대법원 2004. 9. 23. 선고 2004다25581 판결【손해배상(기)】

① 어업권(면허어업)의 소멸손실평가

「평년수익액 ÷ 연리(12%) + 어선·어구 또는 시설물의 잔존가액」

② 허가·신고어업 폐지손실평가

「평년수익액 × 3년분 + 어선·어구 또는 시설물의 잔존가액」

③ 면허·허가·신고어업 부분손실평가

「평년수익액에 피해정도(피해율과 피해기간 참작) 감안 산정」

(3) 권리구제 검토

공익사업지구 밖의 어업보상에 대해서도 수용재결의 신청 등 권리구제 절차가 인정되는 지에 대하여 논의가 있다.

① 수용재결 청구 불가설

이러한 공익사업지구 밖의 손실(간접손실)은 그 발생을 예견하기가 어렵고 그 손실의 범위도 쉽게 확정할 수 없으며 사업지구 밖에서 발생한 손실이므로 사업시행자를 상대로 민사소송으로 그 손실보상금을 청구하여야 하고 손실보상 재결신청을 한 경우에는 부적법한 신청으로 취하하거나 각하재결의 대상이라는 의견[1294]이 있다. 이는 판례에서 간접보상에 대해서는 손실발생을 예견하기 어렵고 범위도 확정하기 곤란하여 손실보상청구구권을 인정하기 어려우며, 이에 대한 다툼은 사업시행자를 상대로 민사소송으로 손실보상금을 청구할 수 있다는 취지[1295]를 반영한 것으로 보인다.

② 수용재결 청구 가능설

이에 반하여 현행 토지보상법은 2007.10.17 개정에서 제79조 제2항의 "공익사업이 시행되는 지역 밖에 있는 토지등이 공익사업의 시행으로 인하여 본래의 기능을 다할 수 없게 되는 경우 국토해양부령으로 정하는 바에 따라 그 손실을 보상하여야 한다"고 규정하고 있고, 동법 제80조 제1항에서는 "제79조2항에 따른 손실 또는 비용이나 토지의 취득에 대한 보상은 협의하도록 하고 있고 협의가 성립되지 않을 경우 사업시행자 또는 손실을 입은 자는 토지수용위원회에 재결을 신청할 수 있다"고 규정하고 있어 간

1294) 중앙토지수용위원회, 토지수용업무편람, 2009, 238면.
1295) 대법원 1998. 1, 20. 선고 95다29161 판결.

접보상에 대해서도 수용재결 청구가 가능하다고 보고 있다.

이와 같이 간접보상에 대해서 손실보상 청구가 가능한 지 여부에 대하여 논의가 있으나, 2007.10 법률개정에서 수용재결 청구가 가능하다고 개정되어 간접보상에 대해서도 보상법정주의에 의거 수용재결 청구가 가능할 것으로 보인다.

4. 무허가 등의 어업보상

1) 개 념

토지보상법은 원칙적으로 허가 등의 요건이 필요한 영업에 대해서는 허가 등을 받은 적법한 영업에 대하여 영업보상을 하도록 규정하고 있다. 그러나 사업인정고시일등 전부터 허가등을 받아야 행할 수 있는 영업을 허가등이 없이 행하여 온 자가 공익사업의 시행으로 인하여 적법한 장소에서 영업을 계속할 수 없게 된 경우에는 통계법」 제3조 제3호에 따른 통계작성기관이 조사·발표하는 가계조사통계의 도시근로자가구 월평균 가계지출비를 기준으로 산정한 3인 가구 3개월분 가계지출비에 해당하는 금액을 영업손실에 대한 보상금으로 지급하도록 규정하고 있다(규칙 제52조).

2) 무허가 어업등의 지급요건

이러한 무허가 보상요건은 당연히 어업보상에도 적용된다.[1296] 따라서 이 조항을 어업보상에 적용하여 보상금 지급요건을 나누어보면 아래와 같다.

① 사업인정 고시일 등 이전부터 수산업법에 의해 면허·허가 또는 신고를 득하고 하여야 할 어업을 면허 등이 없이 하는 자에 해당하여야 한다.

② 또한 바다나 하천 등이 공익사업에 편입되어 계속 어업행위를 할 수 없는 경우에 해당하여야 한다.[1297]

따라서 일시적으로 어업이 정지나 제한되어 추후 어업행위를 할 수 있다면 그 지급

1296) 토지보상법시행규칙 제44조 ⑤ 제52조(무허가 영업의 손실보상에 관한 특례)는 이 조의 어업에 대한 보상에 관하여 이를 준용한다.

1297) 종전 공특법에서는 무허가 보상의 요건이 '폐업'인 경우로 가능하였으나 현행 토지보상법은 "당해 장소에서 영업을 계속할 수 없게 된 경우"로 완화하였다.

요건이 될 수 없을 것으로 보여, 결국 공유수면매립 등으로 어업 장소가 영구히 상실되는 경우에만 적용될 것으로 보인다.

③ 면허·허가 또는 신고 없이 어업을 행하는 어업인이어야 한다. 어업인은 수산업법에서 정하는 어업자와 어업종사자[1298]를 말한다. 또한 수산업법 시행으로 관행어업으로 인정받지 못하는 자에 대해서도 무허가 영업 특례보상이 가능하다.

▣ 토행 30001-23777 (1989. 10. 16) 관행어업의 보상

《질의》 공공사업의 시행으로 관행어업이 폐업하게 되는 경우 공유수면매립지역 내 관행어업자에 대한 무면허 등 관행어업자에게 보상할 수 있는 지 여부

《회신》 1988. 4. 25 신설된 공특법시행규칙 제25조의 3에서는 무허가 등 관행어업자가 공공사업으로 폐업하게 되는 경우 동시행규칙 제30조의2 본문의 규정을 준용하여 가족수에 따라 3월분의 생계비를 지급할 수 있도록 하고 있음으로 동 규정에 따라 보상함이 타당할 것임

④ 어업을 행하는 본인 또는 생계를 같이 하는 동일 세대안의 직계존속·비속 및 배우자가 해당 공익사업으로 다른 영업에 대한 보상을 받지 않아야 한다. 여기서 “다른 영업에 대한 보상”의 범위에 대하여 그 의견이 분분하다. 특히 문제가 되는 것은 ‘농업손실보상’이 이 범위에 포함되는지에 대하여 논의가 되고 있다.

(농업손실보상금 포함설) 축산업, 잠업, 광업 등 일체의 영리적인 사업에 대한 보상은 물론 농업손실보상금 등 2중의 가능성이 있는 보상 전체를 포함[1299]한다는 의견이다. 이는 농업손실보상금도 일종의 영업이라 할 수 있고 이에 대해서 보상을 추가로 한다면 이는 이중보상이라는 입장이다.[1300]

(농업손실보상금 제외설) 농업손실보상금은 특별한 사유 없이 “다른 영업에 대한 보상”에서 제외된다는 의견이다. 이는 농업은 일반적으로 수익을 창출하는 영업과는 달리 보겠다는 입장으로, 국토부 질의회신도 이 입장으로 실무적으로는 이를 따르고 있다.

1298) 수산업법 제2조(정의) 11. “어업인”이란 어업자와 어업종사자를 말한다.
12. “어업자”란 어업을 경영하는 자를 말한다.
13. “어업종사자”란 어업자를 위하여 수산동식물을 포획·채취 또는 양식하는 일에 종사하는 자를 말한다

1299) 해설 토지보상법, 한국감정원, 2003, 767면

1300) 차태환, 「토지보상법론」, 부연사, 2009, 471면

질의회신

▣ **질의회신 (토관 58342-455, 2003. 3. 27)**

【회신내용】 토지보상법 시행규칙 제52조 제1항의 규정에 의하면 사업인정고시일등 전부터 허가등을 받아야 행할 수 있는 영업을 허가등이 없이 행하여 온 자가 공익사업의 시행으로 인하여 당해 장소에서 영업을 계속할 수 없게 된 경우에는 제45조 제2호의 규정에 불구하고 제54조 제2항 본문의 규정에 의하여 산정한 금액을 영업손실에 대한 보상금으로 지급하되, 본인 또는 생계를 같이 하는 동일 세대안의 직계존속·비속 및 배우자가 당해 공익사업으로 다른 영업에 대한 보상을 받은 경우에는 그러하지 아니하도록 되어 있으므로 당해 공익사업에 따라 본인이나 배우자 등이 다른 영업에 대한 보상을 받은 경우에는 보상대상에 해당되지 아니하며, 이 경우 다른 영업에는 같은법시행규칙 제48조의 규정에 의한 영농손실액의 보상은 해당되지 아니한다고 봅니다.

사견으로는 농업손실보상금은 일종의 생활보상의 성격을 가지고 있어, 이를 아무런 관련도 없는 무허가 영업과 연관지어 보상을 배제하는 것은 정당보상에 위배된다고 본다.

3) 무허가 어업등의 보상기준

(1) 보상금 지급

면허·허가 또는 신고없이 어업을 행한 자가 상기한 보상요건에 충족되면, 통계법 제3조 제3호에 따른 통계작성기관이 조사·발표하는 가계조사통계의 도시근로자가구 월평균 가계지출비를 기준으로 산정한 3인 가구 3개월분 가계지출비에 해당하는 금액을 영업손실에 대한 보상금으로 지급한다.

(2) 어업시설물 등의 보상

무허가 영업보상의 경우 영업시설·원재료·제품 및 상품의 이전에 소요되는 비용 및 그 이전에 따른 감손상당액은 별도로 보상하도록 규정하고 있어, 무허가 어업 등을 행한 자도 어업시설물 이전에 소요되는 비용을 보상받을 수 있다.

5. 이어비 보상

1) 개 념

공익사업의 시행으로 인하여 영위하던 농·어업을 계속할 수 없게 되어 다른 지역으로 이주하는 농·어민이 지급받을 보상금이 없거나 그 총액이 국토교통부령이 정하는 금액에 미달하는 경우에는 그 금액 또는 그 차액을 보상하여야 하도록 규정하고 있다(법 제78조 제6조).

농민에게 지급하는 것이 이농비이고, 어업인에게 지급하는 것이 이어비이다. 이농비에 대해서는 이미 설명하였다(560면 참조).

2) 보상금액 산정기준

"국토교통부령이 정하는 금액"이라 함은 「통계법」 제3조 제3호에 따른 통계작성기관이 조사·발표하는 농가경제조사통계의 연간 전국평균 가계지출비 및 농업기본통계조사의 가구당 전국평균 농가인구를 기준으로 다음 산식에 의하여 산정한 가구원수에 따른 1년분의 평균생계비를 말한다(규칙 제56조 제1항).

○ 가구원수에 따른 1년분의 평균생계비
= (연간 전국평균가계비 ÷ 가구당 전국평균농가인구) × 이주가구원수

6. 관행어업

1) 개 념

관행어업이란 "일정한 공유수면에서 계속적으로 수산동식물을 포획. 채취하여온 사실이 대다수 사람들에게 인정되는 경우에 인정하는 권리"로서 현행 수산업법상 어업의 법적 유형은 아니다.

이러한 관행어업은 수산업법 제정시기부터 인정되어 왔던 권리이다.[1301] 즉 舊 수산

1301) 구 수산업법 제40조 (입어의 관행) ①공동어업의 어업권자는 종래의 관행에 의하여 그 어업장에서 어업하는 자의 입어를 거절할 수 없다.

업법 제40조를 보면 입어의 관행이라고 해서 공동어장의 이용자를 어촌계원 뿐 아니라 관행에 의해 어업장에서 어업을 해 왔던 사람의 입어를 거부할 수 없음을 명시하고 있다. 이러한 관행에 의한 입어행위를 관행어업이라 한다.

이러한 관행어업은 1990.8.1 법 개정에서 아래와 같이 개정되었다.

▣ 수산업법

제2조 (정의) 제7. "입어"라 함은 입어자가 공동어업의 어장에서 수산동식물을 포획·채취하는 것을, "입어자"라 함은 제44조의 규정에 의하여 어업의 신고를 한 자로서 공동어업권이 설정되기 전부터 당해 수면에서 계속적으로 수산동식물을 포획·채취하여 온 사실이 대다수 사람들에게 인정되는 자중 대통령령이 정하는 바에 의하여 어업권원부에 등록된 자를 말한다.

부칙 〈제4252호 1990. 8. 1.〉

제11조 (입어자에 관한 경과조치) ① 이 법 시행당시 종전의 규정에 의하여 입어자로 등록되어 있는 자는 이 법에 의한 입어자로 본다.

② 이 법 시행당시 공동어업의 어장안에서 입어관행이 있는 것으로 인정되는 자로서 종전의 규정에 의하여 어업권원부에 입어자로 등록하지 아니한 자는 이 법 시행일부터 2년 이내에 제16조의 규정에 의하여 어업권원부에 등록을 한 경우에 한하여 입어자로 본다.

이를 근거로 당시 공동어장(현행 마을어장)에서 특정한 행위로 인한 보상은 어촌계원 뿐 아니라 기존의 입어를 관행적으로 했던 사람들까지 그 범위를 확대하여, 마을어장의 보상 등의 사유가 발생하였을 때 그 범위를 기존의 어촌계원과 관행어업자(어업권원부에 등록된 입어자)로 한정하였다.

2) 관행어업의 인정요건

(1) 수산업법 제46조의 규정에 의하여 어업의 신고를 한 자

(2) 마을어업권이 설정되기 전부터 당해 수면에서 계속적으로 수산동식물을 포획·채취하여 온 사실이 대다수 사람들에게 인정되는 자

따라서 수면에서 계속적으로 수산동식물을 포획, 채취하지 않고 "일정한 수면을 구획하여 그 수면의 바닥을 이용하거나 그 밖의 다른 시설을 하여 패류·해조류 등 수산동식물을 인위적으로 증식하는 양식어업에 대하여는 성립될 여지가 없고, 시설물에 붙어 있는 가시파래를 채취하는 어업에 관하여는 관행어업권이 성립할 여지가 없다"고 판

시[1302]하여 양식어업이나 시설물을 이용한 어업에 대하여는 관행어업을 부정[1303]하고 있다.

(3) 1993. 2. 1까지 어업권원부에 등록된 자

부칙에 의거 2년내에 등록하지 않을 경우 기존에 행해왔던 관행어업을 부정한다는 것이 소급입법에 의하여 재산권을 부정하는 것이 아닌가 하는 논의가 있어 왔으나 이에 대하여 헌법재판소에서 아래와 같이 판시하였다.

원칙적으로 소급입법에 의거 재산권을 부정하는 것은 인정되지 않으나 "일반적으로 국민이 소급입법을 예상할 수 있었거나 법적 상태가 불확실하고 혼란스러워 보호할 만한 신뢰이익이 적은 경우와 소급입법에 의한 당사자의 손실이 없거나 아주 경미한 경우 그리고 신뢰보호의 요청에 우선하는 심히 중대한 공익상의 사유가 소급입법을 정당화하는 경우 등에는 예외적으로 진정소급입법이 허용된다"고 보았고 "관행어업권을 등록함에 있어서 어떤 요건이 추가된 것도 아니며, 일단 등록을 마치면 종전부터 보유하고 있던 관행어업권자로서의 지위를 더욱 공고히 유지할 수 있게 되므로 관행어업권자들에게 일정 기간 내에 관행어업권의 등록을 요구하는 것이 불가능하거나 기대하기 어려운 무리한 행위 또는 무익한 행위를 요구하는 것으로 보기 힘들다. 이에 반하여 구 수산업법 시행 당시 이미 전국연안의 수면이 공동어업으로 정리되어 있었으므로 새로이 관행어업권이 발생할 여지는 없고, 종래에 존재하던 관행어업권자를 정리함으로써 관행어업권자의 지위를 공고히 하고 불법어업으로 인한 폐해를 방지하며 불법어업자의 무분별한 관행어업권 주장을 배제하여 어업질서를 확립하기 위하여 개정된 것이다. 따라서 이 사건 심판대상조항으로 인하여 관행어업권자들이 침해받은 신뢰이익이 이 사건 심판대상조항으로 달성하고자 하는 공익목적에 우선하여 보호되어야 할 정도로 중대한 것이라고 할 수 없으므로 이 사건 심판대상조항이 헌법상 신뢰보호의 원칙에 위배되는 것으로 볼 수 없다"고 판시[1304]하여 관행어업권의 한시적 등록을 인정하고 있다.

1302) 대법원 1999. 11. 12. 선고 98다25979 판결.

1303) 대법원 2001. 12. 11. 선고 99다56697 판결【손해배상(기)】 일정한 시설의 고정설치에 의한 굴 채묘어업은 그 어업형태로 보아 일정 수면을 구획하여 배타적으로 지배하며 어업시설을 장기간 정치하는 점에서 양식어업이나 정치어업과 다르지 아니하므로 관행어업권의 대상으로 될 수 없다.

1304) 헌법재판소 1999. 7. 22. 97헌바76, 98헌바50·51·52·54·55(병합) 결정.

판 례

□ 대법원 2002. 2. 26. 선고 99다35300 판결

관행어업권은 일정한 공유수면에 대한 공동어업권 설정 이전부터 어업의 면허 없이 그 공유수면에서 오랫동안 계속 수산동식물을 포획 또는 채취하여 옴으로써 그것이 대다수 사람들에게 일반적으로 시인될 정도에 이른 경우에 인정되는 권리로서 이는 어디까지나 수산동식물이 서식하는 공유수면에 대하여 성립하고, 허가어업에 필요한 어선의 정박 또는 어구의 수리·보관을 위한 육상의 장소에는 성립할 여지가 없으므로, 어선어업자들의 백사장 등에 대한 사용은 공공용물의 일반사용에 의한 것일 뿐 관행어업권에 기한 것으로 볼 수 없다.

3) 관행어업 인정범위

관행어업의 대상자로는 판례는 20~60세까지 인정하여 60세 이상인 어민의 관행어업을 부정[1305]하고 있고, 구 수산업법(1990. 8. 1. 법률 제4252호로 전문 개정되기 전의 것) 제40조 소정의 관행어업권은 원칙적으로 독립세대별로 인정되고 차남 이하 분가자나 외지로부터의 전입자에 대하여는 일정한 기간이 경과되어야 인정되며, 또한 원칙적으로 그러한 어업을 계속할 수 있는 노동능력과 의사를 가진 자로서 20세부터 60세가 될 때까지의 자에 대하여만 인정되고, 가동연한을 넘은 고령자의 경우는 그를 도와 관행어업에 종사할 가동연한 내의 세대원 등이 있는 경우에만 인정된다고 판시[1306]하고 있다.

4) 보상액 산정방법

신고어업의 형태와 유사한 것이라 볼 수 있으므로 신고어업을 유추적용하여 평가한다. 적법한 보상절차를 밟지 않은 공유수면매립사업의 시행에 의한 관행어업권의 상실로 인한 손해배상의 경우 그 손해액은 손실보상금 상당액이고, 이는 불법행위의 시점인 공유수면매립사업의 시행일을 기준으로 삼아 산정하여야 하며, 그 보상방법에 관하여는 구 수산업법 제8조, 제24조의 공동어업 등 면허에 의하여 인정되는 어업권이 취소되는 경우의 규정이 아니라 같은 법 제22조의 신고어업의 보상에 관한 규정을 유추 적용[1307]하여야 한다고 판시하고 있다.[1308]

1305) 대법원 2001. 4. 10. 선고 99다38705 판결 : 이 사건 매립사업 착공일인 1991. 11. 11. 당시 60세 이상이 된 원고들의 이 사건 어장에 대한 관행어업권을 인정하지 아니한 것은 정당하다.
1306) 대법원 2004. 5. 14. 선고 2003다32162 판결.
1307) 대법원 2001. 4. 10. 선고 99다38705 판결, 대법원 1998. 4. 14. 선고 95다15032, 15049 판결.

Ⅵ. 어업권 보상절차

1. 개별법상의 보상절차

어업보상은 손실보상의 일반법인 토지보상법에 의한 보상(법 제44조)와 각 개별법률인 수산업법 및 내수면어업법, 공유수면매립법 등에 의한 보상(일반적으로 처분보상)으로 크게 구분할 수 있다. 이러한 어업보상관련 법률은 각각의 보상기준 및 절차에 의거 보상을 하도록 하고 있어 적용 법률에 따라 손실보상금액이나 구제절차에 차이가 있다.

그러나 어업권이 공익사업에 편입되어 보상을 하는 경우에는 손실보상에 관한 일반법인 토지보상법이 적용되어야 할 것으로 보인다. 그 이유는 토지보상법 시행규칙 제44에 의거 어업권 등이 제한, 정지, 취소되거나 어업면허의 유효기간이 연장되지 아니한 경우 해당 어업권 및 어선, 어구 또는 시설물에 대한 손실보상을 하도록 하고 있도록 규정하고 있기 때문이다. 다만 어업권 등의 평가 방법 및 손실액의 산출기준에 대하여는 토지보상법에서 수산업법을 규정에 의하도록 규정하고 있다. 결국 공익사업에 의한 어업권 등의 손실보상 평가는 원칙적으로 토지보상법을 적용하고, 수산업법 및 내수면어업법, 공유수면매립법 등 각각의 법률에 의거 어업권 등이 제한, 정지, 취소되었을 경우에는 각각의 보상기준이나 절차에 따르도록 하고 있다.

표 46. 보상방법 및 절차

구분	토지보상법		수산업법	공유수면매립법
	제44조 보상	제63조 보상		
범위	사업지구내 보상	사업지구외 보상	처분범위	피해범위
보상원칙	사전보상 원칙	사후보상 원칙	사전보상 원칙	사전보상 원칙
보상요건	행정처분 선행	확인된 피해	행정처분 선행	-
용역여부	임의적 사항	필수적 사항	필수적 사항	-

1308) 따라서 ① 취소된 경우 : 평년수익액의 3년분+어선·어구 또는 시설물의 잔존가액, ② 정지된 경우 : 평년수익액 × 정지기간+정지기간의 통상의 고정적 비용(다만, 취소된 경우의 보상액을 초과할 수 없음), ③ 제한된 경우 : 어업의 제한기간·제한정도 등을 참작하여 산출한 손실액(다만, 취소된 경우의 보상액을 초과할 수 없음)

2. 토지보상법상 어업보상 절차

1) 보상절차 개관

〈토지보상법상 보상절차〉

사업인정	
⇩	
기본조사 및 보상계획공고	○ 보상 대상 물건조사, 범위, 보상대상 기준일 등 검토, 보상계획 공고열람, 통지 등
⇩	
주민협약 체결	○ 공사 사전착수 동의(민원 사전예방을 위하여 보상공고 전 체결이 관행적임)
⇩	
감정평가 의뢰 (사업시행자 → 감정평가사)	○ 공익사업법 제68조에 따른 업체 선정(2개이상)
⇩	
* 필요시 전문기관 용역 (감정평가사 ↔ 전문기관)	○ 고도의 기술을 필요로 하는 등 감정평가사가 직접 평가할 수 없는 대상에 대하여는 사업시행자의 승낙을 얻어 전문기관의 자문 또는 용역을 거쳐 평가할 수 있음 ○ 어업의 경우 농식품부장관이 지정하는 전문조사기관 중 1개 기관 선정
⇩	
감정평가 완료 및 보상금 산정	○ 전문기관 용역결과를 토대로 감정평가사에 의한 보상금 산정
⇩	
협의실시	○ 산정된 보상금 통지 및 협의계약 체결등에 관한 사항과 불복절차 안내
⇩	
보상금 지급 또는 수용재결	○ 보상계약 불성립시 수용재결 절차 진행

토지보상법은 사업시행자가 공익사업에 사용 또는 수용하기 위하여 필요한 경우 토지·물건 및 권리를 취득 또는 사용할 수 있다고 하면서, 동법 제2조 3호는 광업권·어업권 또는 물의 사용에 관한 권리를 규정하고 있다.

또한 동법 시행규칙 제44조 및 제63조에서 어업권에 대하여 보상하도록 규정하고 있다.

▣ **토지보상법**

제76조 (권리의 보상) ① 광업권·어업권 및 물(용수시설을 포함한다) 등의 사용에 관한 권리에 대하여는 투자비용·예상수익 및 거래가격 등을 참작하여 평가한 적정가격으로 보상하여야 한다.
② 제1항의 규정에 의한 보상액의 구체적인 산정 및 평가방법은 국토해양부령으로 정한다.

제44조 (어업권의 평가 등) ① 공익사업의 시행으로 인하여 어업권이 제한·정지 또는 취소되거나 「수산업법」 제16조 또는 「내수면어업법」 제13조에 따른 어업면허의 유효기간의 연장이 허가되지 아니하는 경우 해당 어업권 및 어선·어구 또는 시설물에 대한 손실의 평가는 「수산업법 시행령」 별표 3에 의한다.

제63조 (공익사업시행지구밖의 어업의 피해에 대한 보상) ① 공익사업의 시행으로 인하여 해당 공익사업시행지구 인근에 있는 어업에 피해가 발생한 경우 사업시행자는 실제 피해액을 확인할 수 있는 때에 그 피해에 대하여 보상하여야 한다. 이 경우 실제피해액은 감소된 어획량 및 「수산업법 시행령」 별표 3의 평년수익액 등을 참작하여 평가한다

2) 어업보상 특유의 절차

(1) 주민협약 체결

어업보상의 대표적인 특징은 어업인과 어업보상 약정서(협약서)를 체결하는 것이다. 이는 어업에 대한 손실보상도 사전보상이 원칙이지만 어업 피해범위나 피해율 등 전문기관에 의한 조사기간이 통상적으로 1년 이상 장기에 걸쳐 소요됨에 따라 사업시행자와 어업인과 사전에 보상합의를 하고 공사 선착공에 대한 동의를 얻는 것이다.

또한 조사기간이 장기화로 인한 사후보상 민원을 예방하고 어업보상의 기본조사 등에 주민들의 협조를 유도하는 한편, 보상업무를 효율적이고 원만하게 수행하기 위하여 어업인들과 협약체결이 요구된다.

(2) 협약서 작성

어업인과 어업보상 협약서 작성에 있어 검토할 사항은 아래와 같다.

① 협약 당사자

어업보상의 당사자는 보상의 주체인 사업시행자("갑")와 어업피해 어민("을")으로 "을"의 경우는 대체로 어촌계 또는 어업계(어촌계장), 어업보상대책위원회(위원장), 수산업협동조합(조합장) 등이 계약 상대방이 된다.

당사자는 정식명칭을 표시하여야 하며 "( )"를 이용하여 약칭을 표시하고 이후부터는 그 명칭이 되풀이 되는 번거로움을 피하는 것이 효율적이다.

② 보상기준일 설정

공익사업시행에 있어 어느 특정 시점을 기준으로 보상대상물건, 보상범위 등을 확정할 필요가 있다. 이는 공공사업의 계획의 고시 등이 있은 전·후 보상을 목적으로 하는 어업권 특히 신고어업, 허가어업 등이 급증하여 이러한 보상을 목적으로 한 위법·부당한 어업을 보상대상에서 제외하고 적법하고 정당한 어업을 기준으로 하여 보상대상을 명확히 확정하기 위하여 그 설정의 의의가 있다.

보상기준일에 대하여 토지보상법은 사업인정 고시일 또는 보상계획공고일로 규정하고 있고, 수산업법은 어업의 행정처분일을 기준으로 하고 있어 양자의 차이가 있다. 그러나 대부분의 사업은 토지보상법에 의한 절차에 의거 시행하고 있으므로 토지보상법의 규정에 의거 사업인정고시일 또는 보상계획공고일을 보상기준일로 설정하여야 할 것이다.

③ 보상대상 및 범위 설정

해면이나 내수면에서의 공익사업으로 인한 어업손실보상은 유동적인 수면을 대상으로 하고 있어, 위치가 고정되어 있는 토지의 보상과는 차이가 있다. 따라서 협약체결시 피해범위 및 피해율, 보상대상(면허, 허가, 신고 등) 등에 대해서 약정할 필요가 있다.

특히 일부 어민의 경우 무신고 어업 및 관행어업 등의 보상에 대해서 요구하는 경우가 있다. 이 경우 "관계법령에 의거 조사를 실시하고 그 결과에 따라 관계법령에 의거 보상한다" 정도로 협의하는 것이 타당할 것으로 보인다.

④ 주민설명회 등

일부 어업인의 경우 용역과정의 투명성제고 및 감시와 어업인들의 의사를 적기 반영하기 위하여, 사업착수 전 주민설명회 및 용역 중간 설명회 등을 요구하는 경우가 있고, 이 사항을 협약서에 반영하는 사례도 있다.

(예시)

제11조 (중간설명회 등) ① "갑"은 어업피해 조사기간 중 설명회를 2회 이상 개최하고 "을"의 정당한 요구가 있는 경우 이를 반영하여야 한다.

[주민협약서 예시]

약 정 서 (주민협약서)

제1조 (목적) 본 약정서는 ○○단지 개발사업의 매립토 확보를 위한 준설공사와 관련 ○○에서의 시설물설치, 준설선 운항(이하 "본 사업"이라 한다)에 따른 어업피해보상업무를 수행함에 있어 사업시행자인 지역본부장(이하 "갑"이라 한다)과 어업피해보상대책추진위원회(이하 "을"이라 한다)간 보상업무를 효율적이고 원만하게 수행하게 하는데 필요한 사항을 약정함을 목적으로 한다.

제2조 (용어의 정의) 본 약정서에서 사용하는 용어의 정의는 다음과 같다. 어업피해보상대책추진위원회라 함은 본 사업으로 인한 어업피해조사결과 피해를 입게 되는 어업인들의 약정체결 및 보상에 관한 모든 권한을 위임받은 대표자를 말한다.

제3조 (피해조사 대상수역) 본 사업으로 인하여 피해가 예상되는 당진군수역으로 한다.

제4조 (보상기준일) 본 사업의 어업피해보상기준일은 평택당진항 항로확장 준설공사 실시계획승인 고시일(평택지방해양항만청 고시 제2008-51호, 2008.09.02)로 한다.

제5조 (어업피해조사기관 및 감정평가업자 선정) ① 어업피해조사는 평택당진항 항로확장 및 유지준설공사와 관련된 시설물설치, 준설선 운항에 대하여 우선시행하고, ○○ 구역은 공사계약 체결 후 협의 시행한다.

② 어업피해조사 및 보상액산정은 다음 각호와 같이 한다.

1. 어업피해조사기관 및 감정평가업자 선정은 "갑"과 "을"이 협의선정한다.
2. "을"은 어업피해 범위 및 피해율 등에 대하여 조사기관의 조사결과에 따른다.
3. 보상액 산정의 경우 면허어업은 어업권별로, 허가어업과 신고어업은 개인별로 산정한다.
4. 어업피해조사 및 감정평가 기간은 용역착수일로부터 20개월간으로 하되, 부득이한 사 유가 있을 때에는 연장하거나 단축할 수 있다.

제6조 (어업피해범위 및 정도) ① 본 사업으로 인한 어업피해 범위 및 정도는 어업피해조사결과에 의한다.

② 어업피해 범위 및 정도를 조사할 때에는 다음 각호의 피해를 포함시켜야 한다.

1. 본 사업 시행으로 인한 어업피해
2. 본 사업 시행으로 인한 해양생태계 변화에 따른 어획량 감소 피해
3. 본 사업과 관련된 대형선박 운항에 따른 파고로 인한 조업시간 단축 및 어선운용에 소요되는 어업비용 지출 등의 피해
4. 본 사업 시행으로 어장터 상실에 따른 피해
5. 기타 본 사업으로 인하여 발생할 수 있는 어업의 모든 피해

제7조 (피해보상대상) 본 사업으로 인하여 피해를 입은 보상대상은 수산업법에 규정한 어업(면허, 허가, 신고어업)으로 보상기준일 이전부터 조업하여온 어업으로 한다.

제8조 (면허어업보상) 면허어업에 대하여는 조사기관의 조사결과에 따라 "갑"은 관련법에 의거 "을"에게 보상한다.

제9조 (허가어업보상) ① 허가어업은 적법하게 허가된 어선(낚시어선포함)에 대하여는 조사기관의 조사결과에 따라 "갑"은 관련법에 의거 "을"에게 보상한다.

② "갑"은 "을"에게 다음 각호의 사항에 대하여 조사기관의 조사결과에 따라 관련법에 의거 보상한다.

1. 허가기간 만료로 재 허가를 득한 어선어업
2. 자연재해로 침몰, 노후, 파손되어 대체된 어선으로 적법하게 허가를 득한 어선어업
3. 보상기준일 이전부터 허가를 득하여 적법하게 조업하여 오던 어선이 보상기준일 이후 수산업법 위반으로 어업허가가 유예된 후 적법하게 재허가를 득한 어선어업
4. 2척 이상의 어선소유자에 대하여는 어선별 평가
5. 어업허가 이외의 어업실적에 대하여는 관계 법령, 판례 및 유권해석에 따라 처리한다. 또한 적법한 전례 및 사례가 있을 경우에는 협의하여 처리한다.

제10조 (신고어업보상) ① 신고어업에 대하여는 조사기관의 조사결과에 따라 "갑"은 관련법에 의거 "을"에게 보상한다.

② 본 약정서 제4조에 규정된 보상기준일 당시 신고필증을 소유하였으나, 보상기준일 이후 기간만료되고 연속하여 재신고한 경우에도 적법한 신고어업자로 인정한다.

제11조 (공익사업시행지구 밖의 어업피해보상) 공익사업을 위한 토지 등의 취득 및 보상에 관한 법률 시행규칙 제63조에 의한다.

제12조 (공사 시행) ① "갑"과 "을"은 본 약정서를 성실히 이행하여야 하며, "을"은 "갑"시행하는 본 사업에 지장이 없도록 적극적으로 협조하여야 한다.

② "을"은 본 사업과 관련된 선박의 운항에 지장이 없도록 항로 개방에 적극 협조하여야 한다.

제13조 (보상금 지급) ① "갑"은 어업피해조사가 완료되어 감정평가서가 접수되면 보상금을 산정하여 "을"에게 보상금 협의 요청을 하여야 한다.

② "갑"은 "을"에게 협의 결정된 보상금을 60일이내에 지급하여야 한다. 단, "을"의 사유로 지급이 지연된 경우에는 지연손해금을 지급하지 않는다.

제14조 (기타사항) ① "갑"은 보상대상이 되는 적법한 어업중 조사기관의 조사 누락으로 보상대상에서 제외되는 사례가 발생할 경우에는 누락분에 대한 추가(보완)조사를 실시하여 적절한 보상이 이루어지도록 조치한다.

② "갑"과 "을"은 어업피해조사기관과 감정평가업자의 조사 및 감정결과에 승복하여야 하며, 조사 및 감정 결과에 이의가 있을 때에는 관련법에 의거 이의를 제기할 수 있다.

③ 본 약정과 관련하여 분쟁이 발생할 때에는 대전지방법원 서산지원을 관할법원으로 한다.
④ 본 약정서 내용에 있어 이견이 있거나 명시되지 않은 사항은 관련법령 및 관련 판례 등에 의거 "갑"과 "을"이 협의하여 결정한다.

제15조 (보 칙) 본 약정서 내용에 대하여 이견이 있거나 향후 조정할 필요가 있을 때에는 "갑"과 "을"이 상호 협의하여 이를 조정할 수 있다.

– 부 칙 –

제1조(효 력) 본 약정의 효력은 "갑"과 "을"이 약정서에 직인 날인한 날로부터 효력이 발생되며, 본 약정서를 작성하여 각1부씩 보관한다.

20 년 월 일

"갑" 본부장 ○○○

"을" ○○어촌계 대 표 어촌계장 ○○○
○○어촌계 대 표 어촌계장 ○○○

3) 감정평가 및 전문기관용역 의뢰

(1) 의 의

공익사업에 의한 어업권의 평가는 토지보상법 제68조 제1항에 의거 지가공시법에 의한 감정평가법인 2인 이상에게 감정평가를 의뢰하여야 하며, 이 경우 손실보상평가를 의뢰받은 감정평가업자는 직접 평가 할 수 없는 피해범위, 피해율 등에 대하여는 사업시행자의 승낙을 얻어 농림수산식품부장관이 지정하는 수산에 관한 전문조사연구기관 또는 교육기관[1309]에 용역을 발주한 후 용역결과를 토대로 평균연간어획량, 평년어업

1309) 「수산업법 시행령」 제69조 및 「어업면허의 관리 등에 관한 규칙」 제49조에 따라 「어업의 손실액 조사기관 지정」 (해양수산부고시 제2016-159호)

순번	기 관 명	소 재 지	지 정 기 간	비 고
1	부경대학교 해양과학공동연구소	부산광역시 남구 용소로 45 (대연동)	2016.12.1.~2021.11.30	
2	인하대학교 해양과학기술연구소	인천광역시 남구 인하로 100 (용현동)	2016.11.7~2021.11.6	
3	한국수산회 수산정책연구소	서울특별시 서초구 논현로 83 (양재동)	2016.11.7~2021.11.6	
4	경상대학교 해양산업연구소	경상남도 통영시 천대 국치길 38 (인평동)	2015.4.1~2020.3.31	
5	군산대학교 수산과학연구소	전라북도 군산시 대학로 558 (미룡동)	2015.4.1~2020.3.31	
6	군산대학교 해양개발연구소	전라북도 군산시 대학로 558 (미룡동)	2015.4.1~2020.3.31	

경비, 평균연간판매단가 등을 조사하여 보상평가를 하여야 한다.

(2) 검토사항

① 조사기간

조사전문기관의 경우는 어획량 조사 등을 사유로 대개 1년 이상 조사기간을 설정하려 하나, 이럴 경우 보상금 산정에 장기화되어 어민들의 불만이 있을 수 있어 적정한 용역수행 기간 검토가 요구된다.

실무적으로는 1년 이상 장기간 소요되는 경우도 있으나 일부 사례에서는 8개월 정도 수행한 사례도 있다.

② 조사용역비용 검토

전문용역 비용은 대부분 조사연구요원의 인건비가 상당한 비중을 차지하고 있다. 따라서 조사용역비용 검토시 연구원 등의 인력현황, 조사 참여율, 조사기간 등을 감안하여 적정한 용역비용인지 여부를 검토 후 용역기관을 승인하여야 한다.

4) 수용재결 등 권리구제

어업권은 일정한 수면을 대상으로 하는 권리로, 이에 대해서 수용재결이 가능한가에 대하여 논의가 있으나, 토지보상법 상으로 광업권, 물의 사용에 관한 권리와 함께 취득 또는 사용의 대상으로 하고 있어 당연히 수용재결의 대상이 된다할 것이다.

다만 토지보상법 시행규칙 제44조에 의거 공익사업으로 인한 경우 어업권의 제한·정지 또는 취소되는 등 행정처분이 선행되어야만 수용재결이 가능하다는 의견에 대하여

7	목포대학교 갯벌연구소	전라남도 무안군 청계면 영산로 1666	2015.4.1~2020.3.31	
8	부경대학교 수산과학연구소	부산광역시 기장군 일광면 일광로 474	2015.4.1~2020.3.31	
9	서울대학교 해양연구소	서울특별시 관악구 관악로 1 (신림동)	2015.4.1~2020.3.31	
10	전남대학교 수산과학연구소	전라남도 여수시 대학로 50 (둔덕동)	2015.4.1~2020.3.31	
11	제주대학교 해양과학연구소	제주특별자치도 제주시 조천읍 함덕5길 19-5	2015.4.1~2020.3.31	
12	한국해양과학기술원	경기도 안산시 상록구 해안로 787 (사동)	2015.4.1~2020.3.31	
13	한국해양대학교 해양과학기술연구소	부산광역시 영도구 태종로 727 (동삼동)	2015.4.1~2020.3.31	
14	(사)한국수산증·양식기술사 협회 부설 한국해양수산과학기술연구소	경기도 부천시 부일동 204, 901호	2019.1.8.~2024.1.7.	만 료 기간연장
15	한국해양대학교 국제해양문제연구소	부산광역시 영도구 태종로 727 (동삼동)	2019.1.8.~2024.1.7.	신 설

논의가 있어 왔다.

(선행처분 필요 의견) 토지보상법상 어업권의 보상을 위하여는 어업권에 대한 제한, 정지, 취소 등의 행정처분이 필요하다는 의견이다. 이는 어업권 평가시 감정평가사는 각 처분에 따라 평가기준이 달라지기 때문에 이러한 처분이 선행되지 않고는 평가를 할 수 없으며, 아울러 수용재결 신청 전에 이러한 처분이 있어야 수용재결이 가능하다는 의견이다. 이는 당초 중앙토지수용위원회의 의견이었다.

(선행처분 불필요 의견) 어업권의 수용재결 신청 전에 행정처분이 있어야 하는냐에 대하여, 법제처의 회신에서 어업권 손실보상은 "물의 사용에 관한 권리와 같이 수용 또는 사용의 대상이 되는 권리 등에 대하여 별도로 행정처분의 취소나 제한 등을 할 필요는 없으며, 내수면어업 허가에 대한 제한등이 토지수용위원회에 재결 신청을 하기 전에 이루어져야 한다고 본다면, 시장등이 내수면어업 허가에 대한 제한등을 하지 않는 경우 재결 신청을 할 수 없게 되는 문제가 있어"[1310] 수용재결 신청 전에 행정청의 어업권에 대한 처분이 있을 필요가 없다고 회신하고 있다.

3. 수산업법에 의한 어업보상 절차

수산업법은 공익상의 필요에 의하여 면허허업 등이 제한·정지 및 취소되었을 경우 손실보상액을 산정할 수 있는 근간이 되고 있는 법률이다. 또한 공익 등의 필요에 의해 어업권에 일정한 행정처분을 하였을 경우 그 손실을 받은 자가 그 행정처분을 한 처분청(수익자가 있는 경우 수익자)에 대해서 청구하도록 하고 있다. 그 절차를 살펴보면 아래와 같다.

1310) 국토해양부 토지정책과-4447 (2009. 9. 24)

표 47. 수산업법에 의한 어업손실보상 절차

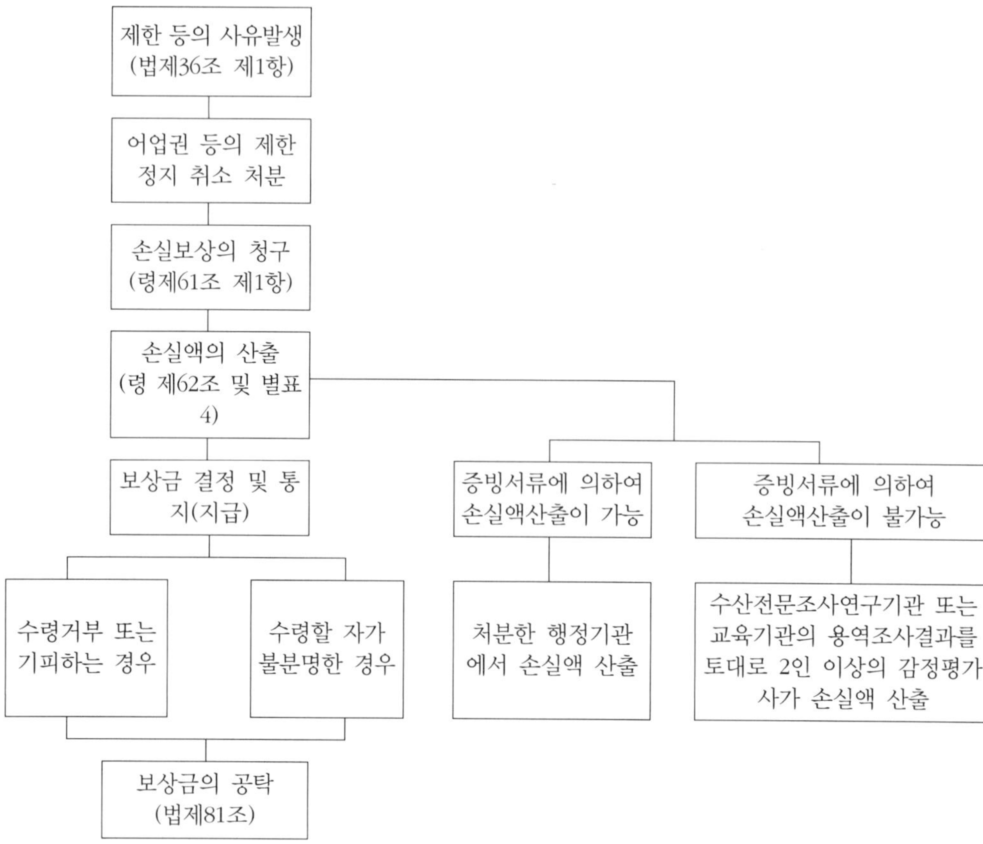

1) 보상의 청구

행정관청이 어업권 등에 대하여 일정한 행정처분을 한 경우 동 처분으로 인하여 손실을 입은 자는 그 처분을 받은 날부터, 또는 재해공사가 완료된 날로부터 각각 3개월 이내에 아래 사항을 기재한 청구서에 손실에 대한 증빙서류를 작성하여 처분청에 제출한다(시행령 제54조).

○ 면허·허가·신고번호 또는 법 제72조 제2항에 따라 공사의 명령을 받은 자의 성명(법인 또는 단체의 경우에는 명칭 및 대표자의 성명)·주소 및 생년월일
○ 처분사항과 그 날짜
○ 손실의 내용
○ 손실액과 그 명세 및 산출방법

이와 같이 수산업법상으로 손실보상과 관련하여 손실을 받은 자의 청구를 그 보상요건으로 하고 있다는 것이 특징이다. 즉 손실보상을 청구할 것인지 여부는 피해 당사자에게 맡기고 있어, 가령 행정청에서 이를 인지하더라도 피해 당사자가 청구하지 않는다면 손실보상 절차는 진행되지 않는다고 할 것이다.

2) 보상액의 산출

손실액의 산출에 대하여는 수산업법 시행령 제55조에 의한 [별표 3]에 상세하게 규정하고 있다.

(1) 증거서류에 의거 산출이 가능한 경우

보상을 받으려는 자가 제출한 증거서류에 따라 어업별 손실액을 계산할 수 있는 경우는 보상의 원인이 되는 처분을 한 행정기관이 손실액을 산출한다(시행령 제54조 제1항).

(2) 증거서류에 의거 산출이 불가한 경우

보상을 받으려는 자가 제출한 증거서류에 따라 어업별 손실액을 계산할 수 없는 경우는 수산의 전문기관이나 교육기관으로 하여금 손실액 산출을 위한 용역을 의뢰한 후 그 결과에 의거 지가공시법에 의한 2인 이상의 감정평가업자에게 손실액의 평가를 산정한다(시행령 제54조 제1항).

(3) 보상액의 결정 및 통지

행정관청은 보상청구서를 받으면 해당 수산조정위원회의 심의를 거쳐 그 신청을 받은 날부터 60일 이내에 보상금액과 부담금액(수익자가 있는 경우 한한다)을 결정하여야 하고(이 경우 수산에 관한 전문연구기관 또는 교육기관이 조사하는 기간은 포함하지 아니한다), 다음 각 호의 사항을 보상신청인, 수익자 및 어업권에 관하여 등록된 권리자 등의 이해관계인에게 알려야 한다(시행령 제56조).

○ 어업권에 관하여 등록된 권리자의 주소와 성명(법인 또는 단체의 경우에는 명칭 및 대표자의 성명)
○ 어업의 표시
○ 처분일자

○ 보상금액 또는 부담금액

(4) 보상금의 지급

결정된 보상금은 그 금액의 결정일부터 1년 이내에 해당 처분을 한 행정관청(다른 행정관청의 요청에 따라 처분을 한 경우에는 이를 요청한 행정관청)이 특별한 이유가 있는 경우 외에는 현금으로 지급하되, 보상을 받을 자가 편리하게 받을 수 있는 방법으로 개인별로 지급하여야 한다.

또한 시설물 등에 대한 보상을 신청받은 행정관청은 그 시설물 등의 인도 또는 이전이 끝날 때까지 보상액의 100분의 30의 범위에서 보상금의 지급을 유예할 수 있으며, 시설물 등을 인도 또는 이전받은 수익자가 그 시설물 등을 해체하거나 폐기하려면 행정관청에 이를 대행하여 줄 것을 의뢰할 수 있고, 이 경우 행정관청은 특별한 사정이 없으면 이를 대행하도록 규정하고 있다(시행령 제57조).

(5) 보상금의 공탁

다음 각 호의 어느 하나에 해당할 때에는 보상금을 공탁하여야 한다.

○ 보상을 받을 자가 보상금 받기를 거절하거나 기피할 때

○ 보상을 받을 자의 주소나 거소(居所)가 분명하지 아니할 때

○ 보상의 목적인 어업권·토지 또는 물건에 관하여 등록하거나 등기 한 권리자가 있을 때(다만, 그 권리자의 동의를 받은 경우에는 예외)

또한 보상금을 공탁한 경우 등록하거나 등기한 권리자 또는 소송 당사자는 공탁한 금액에 대하여 그 권리를 행사할 수 있다(법 제81조).

4. 내수면어업법에 의한 보상절차

1) 보상의 청구

구법인 내수면어업개발촉진법에서 공익을 위한 경우 당해 어업을 제한 또는 정지하거나 취소할 수 있도록 규정하고 있으나, 그에 대한 손실에 대하여 보상규정을 두고 있지 아니하고 단지 특별한 규정이 없는 사항은 수산업법이 정하는 바에 의한다고 규

정하고 있었다.

그러나 2000. 1. 28 개정된 내수면어업법에 의하면 시장·군수·구청장은 어업의 면허, 허가 또는 신고한 어업을 제한 또는 정지하거나 어업의 면허 또는 허가를 취소할 수 있다고 규정하고(동법 제16조), 이러한 처분에 의하여 손실을 입은 자는 그 처분을 행한 행정관청에 대하여 다음 각호의 사항을 기재한 청구서에 손실에 관한 증빙서류를 첨부하여 보상을 청구할 수 있다.

○ 면허·허가·신고번호 또는 법 제22조의 규정에 의하여 준용되는 「수산업법」 제72조 제2항에 따라 공사의 명령을 받은 자의 성명(법인 또는 단체의 경우에는 명칭 및 대표자의 성명)·주소 및 주민등록번호
○ 처분사항 및 그 일자
○ 손실의 내용
○ 손실액과 그 내역 및 산출방법

2) 보상기준 및 보상절차

보상에 관하여는 내수면어업법에서는 수산업법을 적용하도록 규정하고 있으며, 그외 「수산업법」 제81조 제2항부터 제4항[1311]까지의 규정을 적용한다고 규정하고 있다.

따라서 보상에 대해서는 보상조항인 내수면어업법 제21조(보상) 및 동법 시행령 제16조(보상의 청구)에는 보상청구 절차(시행령 제16조)나 사전보상 원칙(법 21조 제2항) 등에 대해서는 규정하고 있으나, 수산업법에서와 같이 공탁 등이 가능한 지는 규정이 명확하지 않다.

(1) 보상액 협의

공유수면매립법에 의한 보상은 토지보상법이나 수산업법이 정하는 보상절차와는 상

1311) 제81조 ② 제1항의 보상의 원인이 된 처분으로 이익을 받은 자(이하 "수익자"라 한다)가 있으면 그 처분을 한 행정관청은 수익자에게 그가 받은 이익의 범위에서 보상액의 전부 또는 일부를 부담하게 할 수 있다. 이 경우 수익자가 부담하도록 결정된 금액을 내지 아니하면 국세 체납처분의 예에 따라 징수한다.
③ 수익자는 제1항에 따라 보상을 청구할 수 있는 자에게 미리 보상을 하지 아니하면 손실에 영향을 미치는 행위나 공사에 착수할 수 없다. 다만, 보상을 청구할 수 있는 자의 동의를 받은 경우에는 그러하지 아니하다.
④ 제1항에 따른 보상의 기준, 지급방법, 그 밖에 보상에 필요한 사항은 대통령령으로 정한다.

당한 차이가 있다.

공유수면 매립허가를 받은 자는 미리 보상을 받을 자와 보상에 관하여 협의하여야 한다고 규정하고 있어[1312] 사전보상의 원칙을 취하고 있다. 그리고 특히 공유수면 매립으로 인하여 어업권 등의 손실보상을 하는 경우 그 구체적인 보상금의 지급방법 등 보상절차 및 손실보상 기준에 대하여 토지보상법 등을 준용한다고 규정하지 않고, 전적으로 당사자간의 합의에 의한다는 것에 그 특징이 있다.

(2) 보상액 구제절차

협의가 성립되지 아니하거나 협의할 수 없을 경우에는 관할토지수용위원회에 재결을 신청할 수 있고, 관할토지수용위원회의 재결에 대한 이의신청 등을 할 수 있도록 규정하고 있다.[1313] 이와같이 공유수면매립법은 권리구제가 가능하다는 점에서 별다른 권리구제 절차가 명시되어 있지 않은 수산업법과 내수면어업법 보다 더 권리보호에 충실한 것으로 보인다.

☞ 공유수면매립법에 의한 어업손실보상 절차

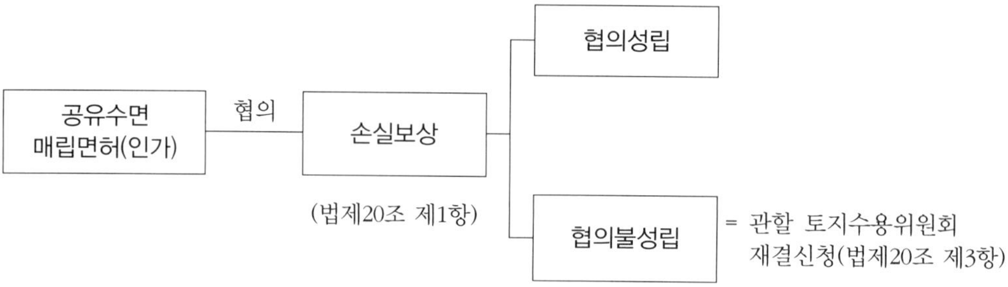

1312) 제20조 (손실방지와 보상) ①제12조의 규정에 의한 권리를 가진 자가 있는 공유수면에 대하여 매립면허를 받은 자는 대통령령이 정하는 바에 의하여 그 권리를 가진 자에게 끼친 손실을 보상하거나 그 손실을 방지하는 시설을 하여야 한다.
② 매립면허를 받은 자는 제1항의 규정에 의한 보상에 관하여 보상을 받을 자와 협의하여야 한다.

1313) ③ 매립면허를 받은 자 또는 제12조의 규정에 의한 권리를 가진 자는 제2항의 규정에 의한 협의가 성립되지 아니하거나 협의할 수 없을 경우에는 대통령령이 정하는 바에 의하여 관할토지수용위원회에 재결을 신청할 수 있다.
④ 「공익사업을 위한 토지 등의 취득 및 보상에 관한 법률」 제83조 내지 제86조의 규정은 제3항의 규정에 의한 관할토지수용위원회의 재결에 대한 이의신청 등에 관하여 이를 준용한다.

Ⅶ. 어업보상의 문제점 검토

1. 어업보상 절차의 이원화

1) 보상절차의 혼선

상기한 바와 같이 어업보상에 대하여는 크게 수산업법과 토지보상법에 의하여 보상절차가 이루어지고 있으나, 공익사업에 편입될 경우의 보상에 대하여는 수산업법과 토지보상법 어느 법에 의하여 보상이 진행되어야 하는 지 명확한 규정이 존재하지 않는다.

수산업법상의 어업손실보상 절차는 공공사업으로 인한 어업권 등의 보상을 위한 절차가 아니라 행정관청의 일방적 조치로서 어업권행사에 먼저 제한을 가한 후 수산업법 시행령에 명시된 기준에 따라 보상을 행하는 행정처분에 따른 보상절차이고, 구 공특법상의 어업손실 보상절차는 공공사업으로 인해 장래에 발생할 어업손실을 전제로 행하는 보상절차이다.

따라서 보상의 원인 및 절차가 근본적으로 차이가 있는 두 가지 보상의 산출기준을 일원화 시켜놓고 보니 평가기준은 일원화가 된 것처럼 보이나 보상의 성격이 달라 그 절차를 활용할 수 없는 등 심각한 절차상 문제점과 혼란이 야기 되고 있다. 일반적으로는 공익사업의 경우는 보상절차에 대해서는 토지보상법을 따르고 있으며, 보상액 산정에 있어서는 수산업법을 적용하고 있다. 이에 대해서 명확하게 규정하는 것이 타당할 것으로 보인다.

2) 법령상 적용의 문제점

수산업법상으로는 보상기준일이 행정처분 시점으로 규정되어 있으나, 토지보상법은 보상기준일이 사업인정 고시일 또는 보상공고일로 규정되어 있어 공익사업으로 인한 보상시 어떤 기준에 의거 보상하여야 할 지 명백하지 않아 법 적용에 혼선이 있다.

또한 무면허, 무허가 또는 무신고어업에 대하여 수산업법상으로는 처벌대상으로 하고 있으나,[1314] 토지보상법상으로는 보상대상이 될 수 있도록 규정하고 있는 등 어업보

1314) 수산업법 제94조 (벌칙) ①다음 각 호의 어느 하나에 해당하는 자는 3년 이하의 징역이나 200만원 이상 2천만원 이하의 벌금에 처한다.

상에서 이원화되어 운영되고 있다는 문제점이 있다.

표 48. 개별법상의 어업보상 절차

구분	토지보상법	수산업법	공유수면매립법
보상대상	○ 토지등의 취득 및 사용	○ 수면의 사용	○ 수면의 사용
보상방법	공용수용	공용사용	공용사용
보상절차	주민 협약 체결 ⇩ 보상계획 통지 및 열람공고 (14일) ⇩ 감정평가사 추천 보상협의회 구성 (열람공고 30일) ⇩ 감정평가 및 조사 용역 승인 (수산전문기관) ⇩ 협의 및 보상금 지급 ⇩ 수용재결 ⇩ 이의재결 행정소송	어업권 처분 (제한, 정지, 취소) ⇩ 손실보상 청구 ⇩ 손실액 등의 산출 ☞산출가능 : 행정청 ☞산출불능 : 전문기관 용역 의뢰 ⇩ 보상금 결정 및 통지 - 행정청, 감정평가사 - 수산조정위원회 심의 ⇩ 보상금 지급 및 공탁	행정처분 (매립허가) ⇩ 협 의 ⇩ 협의 또는 수용재결신청
특징	권리구제 등 있음	권리구제 절차 없음	권리구제 있음

1. 이 법에 따른 어업권을 취득하지 아니하고 어업을 경영한 자와 제43조 제1항부터 제3항까지 및 제49조 제1항에 따른 허가를 받지 아니하거나 등록을 하지 아니하고 수산업을 경영한 자.

2. 손실보상액 산정상의 문제점

1) 면허어업의 취소보상의 문제점

면허어업에서 어업권이 취소되는 경우의 손실액은 평년수익액 ÷ 0.12 = 약 8.3의 수익을 얻게 되어 결국 어업권 취소의 경우 평년수익액의 약 8.3배를 보상받게 된다. 이에 반하여 허가나 신고어업이 취소되는 경우에는 평년수익액의 3년치가 보상액이 되어 면허어업보다 훨씬 하회하게 된다. 이와 같은 어업피해 손실액에 대하여 일부에서는 다른 보상액보다 너무 높다고 지적[1315]하기도 한다.

또한 어업권 면허의 법정 최고유효기간이 20년으로 한정하고 있음에도 불구하고, ① 잔존 유효기간의 년수에 상관없이 일률적으로 동일하게 손실액을 산정하도록 하는 것은 피해자인 어업권자 상호간의 형평성을 상실할 뿐만 아니라, ② 국유인 국유재산을 특정인에게 전속적으로 사유화시킨다는 불합리한 측면이 있고, ③ 적정 보상액을 초과한 보상금의 지출로 공익사업의 재정적 압박의 요인이 되고 있어[1316] 현행 보상방식의 문제점을 지적하고 있다.

이에 대하여 과연 현행과 같은 방식이 타당한 지에 대해서 논의가 되고 있다. 즉, 어업권의 유효기간을 최대 20년으로 한정하고 있으므로 잔존기간과 관계없이 일률적으로 손실액을 산정한다는 것은 형평성에 문제가 발생하게 되므로 입법론적으로는 잔존기간을 고려한 손실액의 평가가 타당하다는 견해[1317]가 대부분이다.

그러나 어업권의 유효기간은 원칙적으로 10년이나 1차에 한하여 강행적으로 연장하도록 하고 있어 수산업법에서는 어업권의 존속기간에 대하여 20년을 보장하고 있으며, 또한 이와 같이 어업권의 연장허가기간이 만료된 경우에도 수산업법 제13조의 우선순위에 의거 그 어장에서의 종전의 어업권자가 계속적으로 면허를 받을 수 있도록 길을 열어두고 있어 어업권 보상 최소한 평년수익액의 10년 이상은 보장되어야 한다[1318]는 반대의견도 있다.

1315) 임호정, 김원보 어업보상논문 월간감정평가사 2001. 6월호
1316) 강제석, 어업보상평가론, 문창, 2000, 312~313면.
1317) 문경선, 대규모 국가공공사업으로 인한 어업피해에 대한 손실보상, 2006, 호남대학교 석사논문, 116면
1318) 황갑수, 현행 수산업법상의 어업권 피해산출의 문제점 및 개선방안 2004, 토지보상법연구 제4집 274면

2) 실제 피해액 확인 방법의 모호함

공익사업지구 밖의 어업피해에 대하여는 실제 피해액을 확인할 수 있는 경우 그 피해액에 대해서 보상할 수 있도록 규정하고 있다 (시행규칙 제63조) 그러나 '실제 피해액을 확인할 수 있을 때'라는 애매모호한 규정으로 인하여 어업보상 실무에서 과연 언제 보상하여야 하는지, 이 경우 보상은 누가하여야 하는지, 실제 피해액을 어떤 기준과 방법에 의하여야 하는지, 매년 보상하는 지 등에 대해서 많은 혼란이 야기될 수 있으며, 심심찮게 사업시행자와 어민간의 마찰이 생기고 있는 실정이다.

이에 대하여 공사완료 후 발생하는 영구적인 피해에 대한 보상은 공익사업 준공 후 별도로 보상하여야 한다는 견해도 있으나,[1319] 이럴 경우 손실보상의 기간이 상당기간 장기화될 수 있으므로 당초 용역기간내 발생을 예견하지 못한 부분은 손해배상의 영역에서 해결하여야 할 것으로 보인다.

3. 보상배제 부관에 대한 검토

1) 검토배경

부관이란 행정행위의 일반적인 효과를 제한하기 위하여 주된 의사표시에 부가된 종된 의사표시를 말한다. 그 종류로는 조건, 기한, 부담, 철회권 유보, 법률행위의 일부배제 등이 있다. 이러한 부관은 행정청의 자유재량이 인정되는 행정행위에는 당연히 부관을 붙일 수 있고, 또한 기속행위라 하더라도 부관을 붙일 수 있도록 수권규정이 있는 경우 가능하다.

수산업분야에서 어업의 면허, 허가, 신고(이하 "어업 허가 등"이라 함)를 신규로 또는 기간만료로 갱신하면서 공익사업을 시행하게 될 경우 동 허가 등을 취소할 수 있고 나아가 손실보상청구를 하지 못한다는 내용의 부관을 붙여 처분하고 있는바, 이러한 손실보상청구를 배제하는 부관이 과연 유효한 지에 대하여 의견이 나누어지고 있다.

또한 이러한 부관은 어업권 허가 등의 경우 관할 지자체에서 일률적으로 적용하고 있어, 이 부관의 효력 유무에 관하여 사업시행자와 어업인등의 사이에 갈등이 이어지고 있는 실정이다.

1319) 최임근, 한일보상 업무관련합동세미나 발표논문

2) 어업보상의 보상배제 부관 효력 검토

일반적으로 부관은 법령 등에 위배되지 않아야 할 뿐만 아니라, 행정법상의 일반원칙인 비례원칙, 부당결부금지원칙,[1320] 평등원칙에 적합하여야 하고 행정처분의 본질적인 효력을 해하지 않는 한도의 것이어야 한다.[1321]

따라서 어업 허가 등의 부관에 대해서도 이러한 행정법상의 일반원칙의 범위 내에서 붙여질 수 있음은 당연하다 할 것이다. 이에 대해 어업 허가 등의 경우 일반적으로 부관을 부가할 수 있다는 데에는 의견이 일치하고 있다. 다만, "일체 보상포기"라는 부관이 이러한 행정법상의 일반원칙을 위배했는지 여부 및 헌법상 기본권인 손실보상구권을 근거 없이 배제한 것이 아닌 지에 대해 검토가 요구되고 있다.

(1) 보상배제 부관 인정견해

수산업법은 시장·군수 또는 구청장은 어업의 면허[1322] 또는 허가[1323]를 하는 경우 어업의 조정, 수산자원의 번식, 공익사업을 위하여 필요한 경우 제한 또는 조건을 붙일 수 있다고 규정하고 있고, 내수면어업에서도 근본적으로는 수산업법을 준용하도록 하고 있어,[1324] ① 수산업법 및 내수면어업법상 공익사업의 경우 조건이나 제한을 붙일 수 있도록 명문화하고 있는 점,[1325] ② 어업권이나 하천점용과 같은 수익적 행정행위에 대하여 부관을 붙일 수 있다[1326]는 점을 들어 어업권에 붙은 "손실보상 포기" 등의

1320) 대법원 1997. 3. 11. 선고 96다49650 판결 : 주택사업과 관련없이 인근의 토지를 기부채납하도록 한 부관은 부당결부금지원칙에 위반되어 위법하다.

1321) 대법원 1997. 3. 14. 선고 91누16698 판결.

1322) 수산업법 제12조(면허의 제한 및 조건) 시장·군수·구청장은 어업면허를 하는 경우로서 어업조정을 위하여 필요하거나 제34조 제1항 제1호부터 제7호까지의 어느 하나에 해당되면 그 어업면허를 제한하거나 그 어업면허에 조건을 붙일 수 있다.

1323) 수산업법 제43조(허가어업의 제한 및 조건) ② 행정관청은 제1항에서 정한 제한 또는 조건 외에 제34조 제1항 제1호부터 제6호까지의 규정에 따른 공익의 보호, 어업조정 또는 수산자원의 번식·보호를 위하여 필요하다고 인정되는 경우에는 허가의 제한 또는 조건을 붙일 수 있다.

1324) 내수면어업법 제22조(「수산업법」 등의 준용) 이 법에 규정한 것을 제외하고는 「수산업법」 및 「수산자원관리법」의 관련 규정을 준용한다

1325) 수산업법 제36조 (공익의 필요에 의한 면허어업의 제한 등) ①시장·군수·구청장은 다음 각 호의 어느 하나에 해당하면 면허한 어업을 제한 또는 정지하거나 어선의 계류(繫留) 또는 출항·입항을 제한할 수 있다.

5. 「공익사업을 위한 토지 등의 취득 및 보상에 관한 법률」 제4조의 공익사업을 위하여 필요한 경우

1326) ① 대법원 2009. 2. 12. 선고 2008다56262 판결 "수익적 행정처분에 있어서는 법령에 특별한 근거규정이 없다고 하더라도 그 부관으로서 부담을 붙일 수 있다"

② 대법원 2008. 7. 24. 선고 2007두25930,25947,25954 판결 【보상금】

하천부지 점용허가 여부는 관리청의 재량에 속하고 재량행위에 있어서는 법령상의 근거가 없어도 부

부관은 유효하다는 견해이다. 또한 ③ 처분청 스스로 행정행위에 부(附)한 부관을 철회·변경하지 않는 한 그 효력을 부인할 수 없고, 그러한 부관은 손실보상청구권을 포기한 것으로도 볼 여지가 있으므로 허가조건에 따라야 한다는 입장이다.

이 견해에 의할 경우 어업권의 면허나 허가 등에 있어 부관으로 "손실보상 포기"의 부관이 붙은 경우 손실보상 청구가 불가하다.[1327]

(2) 보상배제 부관 부정견해

손실보상은 특별한 희생의 경우 헌법에서 도출되는 기본권이다. 따라서 법령에 근거 없이 우월적 지위에서 포기할 수 있는 권리는 아니다. 질의회신에서도 이를 반영하여 "손실보상청구권은 헌법이 보장하는 기본권으로서 피보상자의 권리의 포기가 없이는 행정청이 부관에 의하여 일방적으로 이를 제한할 수 없고, 또 일방적으로 부관을 붙인다 하더라도 그 효력이 인정될 수 없다[1328]"고 회신한 바 있으며, 그 외에도 하천점용에 대하여는 보상일체 포기에도 불구하고 손실보상금을 주어야 한다는 질의회신이 다수로서,[1329] 보상일체 포기에 대하여 부정적인 입장이다.

한편, 판례에 의하면 일반적으로 하천점용허가를 득할 때 허가조건으로 '원상회복'이 명시되어 있다면 개간비 지급은 곤란할 것으로 보고 있지만,[1330] 다만 비록 대법원 판결은 아니나 고등법원에서 "일체 보상을 할 수 없다"는 부관은 손실보상청구권이 공법상의 권리여서 포기하는 것이 허용될 수 없어 무효로 보고 있는 점[1331] 등을 감안할 경우 특별한 사유 없이 일반적 관행적으로 부가된 부관의 효력은 부정되어야 할 것으로 본다.

관을 붙일 것인가의 여부는 당해 행정청의 재량에 속하며, 또한 구 하천법(2004. 1. 20. 법률 제7101호로 개정되기 전의 것) 제33조 단서가 하천의 점용허가에는 하천의 오염으로 인한 공해 기타 보건위생상 위해를 방지함에 필요한 부관을 붙이도록 규정하고 있으므로, 하천부지 점용허가의 성질의 면으로 보나 법 규정으로 보나 부관을 붙일 수 있음은 명백하다.

1327) 토관 58342-1217 (2000. 8. 3) : 어업허가 조건으로 국가 또는 지자체가 공익상 필요에 의하여 어업면허를 제한·정지 또는 취소처분에 대하여 이의 및 보상청구를 하지 못한다라는 부관이 붙어 있을 경우에는 어업권보상대상에 해당하지 아니한다고 보나, 어업권 허가 당시에 부관을 붙이게 된 경위와 그 이유 등에 대하여 어업허가권자에게 문의해 본 후 그 결과에 따라 보상대상에 해당하는지 여부를 적의 판단하시기 바랍니다.

1328) 건설부 질의회신 토정 810-35247 (1977. 12. 7)

1329) ① 토정 58342-720 (1998. 5. 20), ② 토관 58342-1930 (2000. 12. 20)

1330) 대법원 2008. 7. 24. 선고 2007두25930, 25947, 25954 판결

1331) 서울고법 2007. 10. 23. 선고 2007누1943, 2007누1950(병합) 판결

질의회신

> **□ 토지정책과-1084 (2010. 2. 22)**
>
> 일반적으로 부관은 행정행위의 효과를 제한하거나, 특별한 의무부과, 요건 보충을 위한 주된 의사표시에 부가된 종된 의사표시로서 관계법령 등에서 보상에 관하여 제한을 둔 경우(대법원, 2008.7.24. 선고 2007두25930,25947,25954, 1993.6.22. 선고 93다17010)보상대상에서 제외된다고 판시하고 있음을 참고하시기 바라며, 귀 질의의 어업허가시 부여한 조건이 적법한 절차에 의하여 적정하게 부여되었는지 여부 등을 판단하여 결정하시기 바랍니다.

(3) 부관 한정 부정견해

원칙적으로 부관에 대해서 부정하는 견해이나, 다만 당해 공익사업을 예견하여 부관을 설정한 경우 또는 당해 특정인의 어업허가 등을 배제할 정당한 사유가 있는 경우에 한하여 부관의 효력을 인정하는 의견이다. 이 견해는 당해 면허권자 등이 부관을 붙인 사유 등을 고려하여 보상여부를 결정하자는 것으로 유권해석에서 보이고 있다.[1332]

이는 손실보상청구권은 근본적으로 특별한 희생인 경우 보상할 수 있어 향후의 공익사업을 예견하였다든지 또는 어떠한 정당한 사유가 있다면 이는 특별한 희생으로 볼 수 없음으로 이런 경우에 한하여 부관의 효력을 인정하는 견해이다.

3) 판례 및 질의회신 검토

(1) 판례 검토

일반적으로 법원의 입장은 어업면허 등에 부가된 부관에 대하여 인정하고 있는 추세이다.

판 례

> **□ 대법원 1999. 12. 24. 선고 98다57419·57426 판결**
>
> 구 수산업법 제45조 제1항에 의하여 준용되는 같은법 제12조에 의하여 공익상 필요하다고 인정할 때에는 어업의 허가에 제한 또는 조건을 붙일 수 있는 것인바, 위 부관은 그것이 법률에 위반되거

1332) 토관 58342-1895 (2002. 12. 31) : 면허시 "공익상 필요한 경우에는 어업권에 대한 보상을 제한한다"라는 조건이 붙은 경우 보상이 가능한지 여부
〈회신〉 어업에 대하여 조건을 붙여 면허한 경우에는 당해 면허권자가 그 조건의 의미 등을 종합적으로 판단하여 보상여부를 결정하여야 한다고 봅니다.

나 이행 불가능하거나 비례 또는 평등의 원칙에 크게 어긋나거나 또는 행정처분의 본질적인 효력을 해하는 등 그 한계를 일탈하였다고 볼 만한 특별한 사정이 없는 한 쉽게 효력을 부정하여서는 안 된다.

☞ 원심 : 부관의 불명확, 행정목적에 불부합, 형평성, 부관을 붙였다고 하여 기왕에 발생한 손실보상청구권까지 박탈하는 효과를 인정하는 것은 비례의 원칙, 부당결부금지의 원칙에도 반한다(부관의 효력을 불인정, 손실보상금 상당의 손해의 배상을 명함)

또한 최근의 개간비 부관 판례에서 "원상회복"과 "일체 보상포기"라는 부관의 효력에 대해서, 대법원에서는 "원상회복"이 하천법에서 그 근거가 있어 "원상회복"이라는 부관이 있는 경우 그 부관의 효력을 인정하고 있다. 다만 대법원에서는 "일체 보상포기"라는 부분에 대하여는 견해를 밝히지 않았다. 그러나 당해 사건의 고등법원에서는 "원상회복"에 대해서 그 효력을 인정하면서도 "일체 보상포기" 부관에 대해서는 손실보상청구권은 공법상 권리로 당해 부관이 무효라고 분명히 밝히고 있다. 동 사건에서 중요한 것은 대법원은 수권조항이 있는 경우 그 부관의 효력을 인정했다는 점이고,[1333] 고등법원은 손실보상청구권은 공법상 권리로 근거 없이 보상을 배제하는 부분은 무효라고 판시했다는 점이다.

판 례

□ 서울고등법원 2007. 10. 23. 선고 2007누1943, 2007누1950

부관 11조에 "자진 원상복구 및 일체 보상요구를 할 수 없음"라고 정하고 있는바, 그 중 "일체 보상요구를 할 수 없다"는 부분은 임의로 처분할 수 없는 공법상 권리인 손실보상청구권을 포기하는 것으로 허용될 수 없어 무효이다. 다만, "원상회복"은 손실보상청구권과 그 내용이 다른 점, 하천법 제73조가 일정한 경우에 원상회복을 인정하고 있는 점, 하천법 제33조 제1항에서 하천의 오염으로 인한 공해 기타 보건위생상 위해를 방지함에 필요한 부관을 붙일 수 있음을 규정하고 있는 점, 위 원고들이 하천점용허가를 받음으로 인하여 얻는 이익에 비추어 원상회복의무를 부담하더라도 형평성에 반한다고 볼 수 없는 점을 고려할 때 유효하다.

(2) 질의회신 검토

하천점용에 대하여는 보상일체 포기에도 불구하고 손실보상금을 주어야 한다는 질

1333) 대법원 2008. 7. 24. 선고 2007두25930, 25947, 25954 판결 : 하천부지 점용허가를 하면서 '점용기간 만료 또는 점용을 폐지하였을 때에는 즉시 원상복구할 것'이라는 부관을 붙인 사안에서, 위 부관의 의미는 하천부지에 대한 점용기간 만료시 그에 관한 개간비보상청구권을 포기하는 것을 조건으로 한 것이다.

의회신이 다수이며,[1334] 다만 어업권에 대하여는 부관에 대해서 의견이 갈리고 있다.[1335] 그러나 손실보상청구권은 헌법이 보장하는 기본권으로서 피보상자의 권리의 포기가 없이는 행정청이 부관에 의하여 일방적으로 이를 제한할 수 없고, 또 일방적으로 부관을 붙인다 하더라도 그 효력이 인정될 수 없다[1336]고 하여 질의회신 상으로 보상일체 포기에 대하여 부정적인 입장이다.

또한 어업권 등에 대하여 조건을 붙여 면허처분 등을 한 경우에는 당해 부관을 인정하면서도, 당해 면허권자가 그 조건의 의미 등을 종합적으로 판단하여 보상여부를 결정[1337]하여야 한다는 의견도 있다.

결국 질의회신은 이러한 "일체 보상포기" 부관에 대하여 부정적 견해이면서도, 어업권의 부관에 대해서는 인정하면서 부관의 경위나 사유 등을 종합적으로 판단하여야 한다는 견해이다.[1338]

질의회신

□ 토관 58342-1930 (2000. 12. 20)

점용허가 기간중에 관리청의 하천공사 시행을 위하여 하천법 제65조의 규정에 의하여 하천점용허가를 취소한 경우 허가신청시 "하천공사를 위하여 국가 등이 점용지에 대하여 공사를 시행할 경우 일체의 보상을 청구하지 아니한다"는 각서를 첨부하고 "국가나 지방자치단체가 필요로 할 때에는 일체의 보상을 청구하지 아니한다"라는 허가조건을 붙였다 하더라도 같은 법 제75조의 규정에 의하여 손실을 보상하여야 한다.

1334) ① 토정 58342-720 (1998. 5. 20), ② 토관 58342-1930 (2000. 12. 20)

1335) 법제처, '92. 4. 6, 수산업법 제81조(보상)관련 질의 : 공익상 필요에 의하여 그 어업면허에 제한 또는 조건을 붙일 수 있도록 하고 있는바, 부관은 그 한계로서 법령에 위배되어서는 아니된다는 점에서 볼 때 이 건 부관은 면허받은 어업에 대하여 취소 등의 처분을 받은 경우에 손실보상을 청구할 수 있도록 하고 있는 「법 제81조 제1항 제1호」의 적용을 배제하고 있으므로 법령에 위배된다고 할 것이고, 따라서 그 효력을 인정할 수 없다고 할 것입니다. 그러므로 어항건설이라는 공익사업을 위하여 어업면허를 취소한 이 건 질의의 경우 그로 인하여 손실을 입은 어업권자는 「법 제81조 제1항 제1호」의 규정에 의하여 시·도지사에게 보상을 청구할 수 있다고 생각됩니다.

1336) 건설부 질의회신 토정 810-35247 (1977. 12. 7)

1337) 토관 58342-1895호 (2002. 12. 31)

1338) 토관 58342-1217 (2000. 8. 3) : 어업허가 조건으로 국가 또는 지자체가 공익상 필요에 의하여 어업면허를 제한·정지 또는 취소처분에 대하여 이의 및 보상청구를 하지 못한다라는 부관이 붙어 있을 경우에는 어업권보상대상에 해당하지 아니한다고 보나, 어업권 허가 당시에 부관을 붙이게 된 경위와 그 이유 등에 대하여 어업허가권자에게 문의해 본 후 그 결과에 따라 보상대상에 해당하는지 여부를 적의 판단하시기 바랍니다.

사견으로 토지보상법 및 하천법 등에서도 특별한 희생의 경우 손실보상 의무는 강행규정으로 임의적으로 배제할 수 없는 점을 감안할 때, 부관이 ① 법률상 수권규정(授權規定)이 있거나 ② 그 부관이 일반적으로 수인할 수 있는 합리적 범위내가 아니라면 보상을 하여야 할 것으로 보인다.

제21절 광업권의 평가

Ⅰ. 광업권의 의의

광업권이란 광업권에 의하여 등록을 한 일정한 토지의 구역에서 등록을 한 광물과 동일 광상 중에 부존하는 다른 광물을 채굴 및 취득하는 권리[1339]를 말하는 것으로 그 존속기간은 25년을 초과할 수 없다.[1340] 광업의 손실이란 공익사업의 시행으로 인하여 광업권의 소멸 및 광구의 감소처분 또는 광산의 휴업으로 인한 손실과 기계장치·구축물·건물 등에 관한 손실을 말한다.

Ⅱ. 보상근거 및 평가기준

1. 손실보상 근거

광업권의 손실의 산정은 광업법 제34조(공익상 이유에 의한 취소처분 등), 광업법시행령 제30조(손실의 산정), 광업법시행규칙 제19조(광업권의 평가, ①항, ②항)의 규정에 따라 통상 발생하는 손실의 산정을 해야 하며, 광산의 구체적인 산정은 감정평가규칙에 의거 산정하도록 하고 있다.

▣ **토지보상법**

제76조 (권리의 보상) ① 광업권·어업권 및 물 (용수시설을 포함한다) 등의 사용에 관한 권리에 대하여는 투자비용·예상수익 및 거래가격 등을 참작하여 평가한 적정가격으로 보상하여야 한다.

② 제1항의 규정에 의한 보상액의 구체적인 산정 및 평가방법은 국토교통부령으로 정한다.

1339) 광업법 제3조 제3호 "광업권"이란 등록을 한 일정한 토지의 구역(이하 "광구"라 한다)에서 등록을 한 광물과 이와 같은 광상(鑛床)에 묻혀 있는 다른 광물을 채굴하고 취득하는 권리를 말한다.

1340) 광업법의 개정으로 2011. 1. 28. 부터는 채굴권은 20년을 초과할 수 없게 되었으며 지식경제부장관의 허가에 의하여 채굴권은 연장할 수 있도록 하고 있다.

⇨ 시행규칙 제43조 (광업권의 평가) ① 광업권에 대한 손실의 평가는 「광업법 시행규칙」 제19조에 따른다.
② 조업 중인 광산이 토지 등의 사용으로 인하여 휴업하는 경우의 손실은 휴업기간에 해당하는 영업이익을 기준으로 평가한다. 이 경우 영업이익은 최근 3년간의 연평균 영업이익을 기준으로 한다.
③ 광물매장량의 부재(채광으로 채산이 맞지 아니하는 정도로 매장량이 소량이거나 이에 준하는 상태를 포함한다)로 인하여 휴업중인 광산은 손실이 없는 것으로 본다.

▣ 광 업 법

제34조 (공익상 이유에 따른 취소처분 등) ① 산업통상자원부장관은 광업이 공익을 해친다고 인정할 때에는 광업권의 취소 또는 광구의 감소처분을 하여야 한다.
② 산업통상자원부장관은 국가중요건설사업지 또는 그 인접 지역의 광업권이나 광물의 채굴이 국가중요건설사업에 지장을 준다고 인정할 때에는 광업권의 취소 또는 그 지역에 있는 광구의 감소처분을 할 수 있다.
③ 국가는 제1항과 제2항에 따른 광업권의 취소처분 또는 광구의 감소처분으로 발생한 손실을 해당 광업권자(취소처분에 따른 광업권의 광구 부분 또는 감소처분에 따른 광구 부분에 조광권이 설정되어 있는 경우에는 그 조광권자를 포함한다)에게 보상하여야 한다.
④ 제3항에 따라 보상할 손실의 범위는 제1항과 제2항에 따른 광업권의 취소처분 또는 광구의 감소처분에 따라 통상 발생하는 손실로 한다. 이 경우 통상 발생하는 손실은 다음 각 호의 사항 등을 고려하여 산정한다. 〈개정 2016. 1. 6.〉
1. 산업통상자원부령으로 정하는 자가 광업권의 취소처분 또는 광구의 감소처분 당시를 기준으로 평가한 광산·광구·시설의 가치
2. 광업권의 취소처분 또는 광구의 감소처분 시까지 해당 광산개발에 투자된 비용
3. 광업권의 취소처분 또는 광구의 감소처분 당시의 탐사, 개발 및 채굴상황

⇨ 시행령 제30조(손실의 산정기준 등) ① 법 제34조 제4항에 따른 통상 발생하는 손실은 다음 각 호의 구분에 따라 산정한다.
1. 광업권자나 조광권자 조업 중이거나 정상적으로 생산 중에 휴업한 광산으로서 광물의 생산실적이 있는 경우: 법 제34조 제4항 제1호에 따라 산업통상자원부령으로 정하는 자가 광산의 장래 수익성을 고려하여 산정한 광산평가액에서 이전(移轉)이나 전용(轉用)이 가능한 시설의 잔존가치(殘存價値)를 뺀 금액에 이전비를 합산한 금액. 이 경우 평가된 지역 외의 지역에 해당 광산개발을 목적으로 취득한 토지·건물 등 부동산이 있는 경우에는 그 부동산에 대하여 「공익사업을 위한 토지 등의 취득 및 보상에 관한 법률」에서 정하는 보상기준을 준용하여 산정한 금액을 더한 금액으로 한다.
2. 탐사권자가 탐사를 시작하였거나 탐사실적을 인정받은 경우와 채굴권자가 채굴계획 인가를 받은 후 광물의 생산실적이 없는 광산인 경우: 해당 광산개발에 투자된 비용과 현재시설의 평가액에서 이전이나 전용이 가능한 시설의 잔존가치를 뺀 금액에 이전비를 합산한 금액
3. 탐사권자가 등록을 한 후 탐사를 시작하지 아니하였거나 채굴권자가 채굴계획 인가를 받지 아니한 경우: 등록에 든 비용

② 제1항 제1호의 광산평가액과 같은 항 제2호의 현재시설의 평가액은 법 제34조 제4항 제1호에 따라 산업통상자원부령으로 정하는 자 둘 이상이 산정한 평가액을 산술평균한다.
[전문개정 2016. 7. 6.]

⇨ 시행규칙 제19조(광업권의 평가) 제19조(손실의 산정) 법 제34조 제4항 제1호, 영 제30조 제1항 제1호 전단 및 같은 조 제2항에서 “산업통상자원부령으로 정하는 자”란 각각 다음 각

호의 어느 하나에 해당하는 자를 말한다.
1. 「부동산 가격공시 및 감정평가에 관한 법률」 제2조 제9호에 따른 감정평가업자
2. 영 제9조 제3항 제1호에 따른 기관
3. 「엔지니어링산업 진흥법」 제2조 제4호에 따른 엔지니어링사업자
4. 「기술사법」 제6조에 따라 기술사사무소를 개설한 기술사로서 같은 법 시행령 별표 2의 2에 따른 건설(직무 범위가 지질 및 지반인 경우만 해당한다) 또는 광업자원을 직무 분야로 하는 기술사 [전문개정 2016. 7. 7.]

토지보상법은 광업권에 대하여 보상대상임을 명시하고 있는 바, 당연히 보상협의가 성립되지 않는 경우 수용재결의 대상이 됨은 물론이며,[1341] 보상대상은 광업법에 의하여 등록이 된 광물에 한하여 보상의 대상이 된다.[1342]

광업권의 보상기준에 대해서는 광업법에 규정하고 있다.

2. 손실보상 평가기준

1) 일반적 평가기준

광업권에 대한 손실의 평가는 「광업법 시행규칙」 제19조에 의거, 통상 발생하는 손실의 산정은 아래와 같이 산정하도록 규정하고 있다.

① 광업권자나 조광권자가 조업 중이거나 정상적으로 생산 중에 휴업한 광산으로서 광물생산실적이 있는 경우

평가액 = 광산평가액 − 이전 또는 전용이 가능한 시설의 잔존가치 + 이전비

여기서 "광산평가액"은 아래와 같이 광상의 상태·광산의 입지조건 또는 광산물의 시장성 등을 참작하여 가장 적정한 규모의 생산시설을 전제로 한 생산규모 가행연수와 연수익을 정하고 이를 기초로 하여 산정한다.

1341) 토정 58307-65 (1996. 1. 16) : 당해 사업이 공익사업에 해당하고, 동 상버지구내 편입된 토지내에 설정된 광업권 보상대상에 해당하며, 사업기간이 경료되지 아니한 상태에서 손실보상 협의가 이루어지지 아니할 경우 토지수용법 제25조의 규정에 의하여 수용재결을 통하여 손실보상을 다툴 수 있을 것입니다.

1342) 토정 58307-595(1996. 5. 7) : 광업권에 대한 평가와 관련하여 법정광물에는 포함되나 당해 광물에 대한 광업권등록이 되어 있지 아니한 경우에는 보상대상에 포함되지 아니할 것으로 사료되는 바, 점토기와 원료에 대하여는 당해 사실관계가 위 내용에 부합되는지의 여부에 따라 그 보상여부를 판단하여야 할 사안임.

□ 광업권 보상평가지침

제6조 (광산의 평가방법) ① 제5조의 규정에 의한 "광산평가액"은 광상의 상태·광산의 입지조건 또는 광산물의 시장성 등을 참작하여 가장 적정한 규모의 생산시설을 전제로 한 생산규모 가행연수와 연수익을 정하고 이를 기초로 하여 다음 산식(이하 "산식"이라 한다)에 의하여 산정한다.

$$광산평가액 = a \times \frac{1}{S + \frac{r}{(1+r)^n - 1}} - E$$

a : 연수익
S : 배당이율(A : 환원이율)
r : 축적이율
n : 가행연수
E : 투자비(장래소요기업비)

② 광산평가액을 산정하는데 필요한 광산의 "매장량"은 한국공업규격매장량산출기준에서 정한 확정광량과 추정광량을 더한다.

1. KS E 2001(일반광량계산기준) 2. KS E 2801(석회석광량계산기준)
3. KS E 2002(탄량계산기준)

③ 제1항의 규정에 의한 산식의 "단위 요소별"은 다음 각호와 같이 산정한다.

1. "연수익"(a)은 장차 지속할 수 있는 월간생산량과 연간가행월수를 정하고 이를 기초로 한 사업수익에서 소요경비를 뺀 금액으로 한다.
2. "배당이율"(S)은 유사업종 상장법인의 배당률 및 세율(법인세·주민세)에 따라 다음과 같이 산정하되 은행 1년만기 정기예금이자율 이상으로 한다. 〈개정 2003. 7. 2.〉

$$배당이율(S) = \frac{S}{1-X}$$

s : 유사업종 상장법인의 배당률 〈개정 2003. 7. 2.〉
x : 세율(법인세·주민세)

3. "축적이율"(r)은 평가당시 1년만기 정기예금이자율에 준한다.
4. "가행연수"(n)는 제2항의 매장량에 가채율을 곱한 가채광량을 연간생산량으로 나누어 결정하며 가채율은 다음 각목과 같다.
   가. 석탄광 확정광량 : 70퍼센트 나. 석탄광 추정광량 : 42퍼센트
   다. 일반광 확정광량 : 90퍼센트 라. 일반광 추정광량 : 70퍼센트
5. "투자비"(E)는 적정생산량을 가행종말연도까지 유지하기 위하여 장차 소요될 다음 각목의 여러 광산설비에 대한 총투자소요액의 현가로 정하되 기존시설중 생산규모의 가행조건에 비추어 필요한 이미 투자한 시설내역(시설명, 규격, 수량, 구입연도 등)을 표시하여야 한다.
   가. 기계장치 나. 차량 및 운반구 다. 건물 및 구축물(갱도포함)

④ 광산의 연수익을 산정하는데 필요한 "월간생산량"은 광산물의 시장성·광산개발여건, 생산실적 및 투자시설의 생산능력 등을 참작하여 정한다.

⑤ 광산의 연수익을 산정하는 필요한 광물의 가격은 다음 각호의 1을 참작하여 정한다.

1. 물가안정및공정거래에관한법령에 의하여 정부가 지정한 고시가격. 다만, 석탄광의 경우 정부가 고시한 석탄가격안정지원금을 포함시킬 수 있다.

2. 국내제철소 및 제련소 공급광물은 매광약정에 의한 가격
3. 제1호 및 제2호에 의하지 않는 광물은 최근 1년간의 평균판매가격을 원칙으로 하고 계속적인 상승 또는 하락추세가 있는 때에는 최근 3개월간의 평균판매가격
4. 제1호 내지 제3호에서 규정한 가격을 적용할 수 없는 경우에는 당해 광산 평균품위광물과 유사한 광물을 판매하는 2개 이상 업체의 평균판매가격

⑥ 광산의 연수익을 산정하는데 필요한 "소요경비"는 다음 각호의 비용으로 하되 비용을 산정하기 위한 적용단가 등은 당해광산 최근 3월의 평균실적치를 적용함을 원칙으로하고 휴광 등으로 실적치의 적용이 곤란한 경우에는 생산규모·조건 등이 유사한 2개 이상 광산의 평균실적을 적용한다

1. 채광비 2. 선광제련비 3. 일반관리비, 경비 및 판매비 4. 운영자금이자

⑦ 제6항제4호에 규정된 운영자금이자는 제6항제1호 내지 제3호에 의한 각비목을 더하고, 운영자금의 1회전 기간은 3월로 하며 운영자금에 대한 이자계산에 적용할 이율은 은행의 1년만기 정기예금이자율로 한다.

또한 시설물의 잔존가치 및 이전비는 일반적인 지장물 평가방법에 의하여 평가하면 될 것이다. 다만 광산의 특수성으로 광산의 내용년수 및 잔존가치 등의 산정시에는 다음사항을 유의하면 될 것으로 보인다.

□ 광업권보상평가지침

제12조 (내용연수 및 잔존내용연수) ① 시설물중 건물의 장래보존연수는 광산의 가행연수가 장래보존연수보다 짧을 경우에는 가행연수를 기준으로 하여야 한다. 다만, 다음 각호의 경우에는 장래보존연수범위내에서 가행연수 이상으로 할 수 있다.

1. 추정광량의 연장이나 예상광량이 있다고 인정되는 경우
2. 다른 광산과 인접하여 다른 용도로 전용이 가능한 경우
3. 시가지 및 농경지와 인접한 건물인 경우

② 시설물중 구축물의 내용연수는 당해구축물의 내용연수 범위내에서 경과연수에 장래보존연수(가행연수)를 더하여 정할 수 있다.

② 광업권자가 탐사를 시작하였거나 탐사실적을 인정받은 경우와 채광계획인가를 받은 후 광물생산실적이 없는 광산인 경우

평가액 = 해당 광산개발에 투자된 비용과 현재시설의 평가액
－이전 또는 전용이 가능한 시설의 잔존가치＋이전비

③ 광업권자가 등록을 한 후 탐광을 시작하지 아니하였거나 채광계획인가를 받지 아니한 경우

평가액 = 등록에 소요된 비용

2) 휴업 중인 광산의 평가

(1) 조업 중인 광산이 휴업하는 경우

조업 중인 광산이 토지 등의 사용으로 인하여 휴업하는 경우의 손실은 휴업기간에 해당하는 영업이익을 기준으로 평가한다. 이 경우 영업이익은 최근 3년간의 연평균 영업이익을 기준으로 한다.

(2) 광물매장량이 부재인 경우

광물매장량의 부재(채광으로 채산이 맞지 아니하는 정도로 매장량이 소량이거나 이에 준하는 상태를 포함한다)로 인하여 휴업중인 광산은 손실이 없는 것으로 본다.[1343]

3) 용역의뢰

감정평가업자가 광업권을 감정평가할 때 토지보상법 시행규칙 제16조 제3항에 따라 전문기관의 자문 또는 용역을 의뢰하는 경우 아래의 지정기관에 의뢰하여야 한다(광업법 시행규칙 제19조 제2항).

① 「부동산 가격공시 및 감정평가에 관한 법률」 제2조 제9호에 따른 감정평가업자
② 광업법시행령 제9조 제3항 제1호에 따른 기관
③ 「엔지니어링산업 진흥법」 제2조 제4호에 따른 엔지니어링사업자
④ 「기술사법」 제6조에 따라 기술사사무소를 개설한 기술사로서 같은 법 시행령 별표 2의2에 따른 건설(직무 범위가 지질 및 지반인 경우만 해당한다) 또는 광업자원을 직무 분야로 하는 기술사

1343) ① 감정평가 실무기준 830-4.2.1.
④ 다음 각 호의 어느 하나에 해당하는 경우에는 광업손실이 없는 것으로 본다.
1. 휴업중인 광산으로서 광물의 매장량이 없는 경우
2. 채광으로 채산이 맞지 아니하는 정도로 매장량이 소량인 경우
3. 제1호 또는 제2호에 준하는 상태인 경우
② 2001. 7. 21 토관 58342-1120 : 광업권의 소멸에 대한 손실의 평가기준 및 방법은 광업관계법령에 의하되 휴업중인 광산으로서 휴업의 사유가 광물의 매장량의 부재(채광으로 채산이 맞지 아니하는 정도로 매장량이 소량이거나 이에 준하는 상태를 포함)로 인한 경우에는 손실이 없는 것으로 보도록 되어 있으므로 당해 공공사업으로 인하여 광업권이 취소되거나 광구에 대한 감소처분이 된 경우에는 보상대상에 해당된다고 보나, 매장량 부재 등으로 인한 휴업중인 광산은 이에 해당되지 아니한다고 봅니다.

전문기관의 용역보고서를 기준으로 보상평가를 하는 경우 용역보고서가 관련 법령에서 정하는 바에 의하여 적정하게 작성되었는지 여부를 검토하여야 한다. 특히 광업권의 용역보고서를 검토할 경우 사업시행자가 제시한 광업권 감소처분의 범위를 기준으로, ① 광물별로 한국산업규격으로 정하고 있는 관련 기준에 따라 반드시 필요한 기본적인 필수 성분에 대하여 분석·표기하였는지 여부 ② 관련 법령에 따라 시료채취가 이뤄지고 광량표시가 되었는지 여부 ③ 광상별, 광량종류별 산출 계산표를 작성하고 이에 적정한 축척의 정밀 지질도와 광상 분포도 및 지질단면도, 시료채취도, 광량산출 평면도와 단면도 등을 첨부하였는지 여부 등을 확인·검토한다.[1344]

Ⅲ. 조사방법 및 보상

1. 조사방법

1) 보상시 징구서류

㉮ 광업원부, 광업등기부, 위치도
㉯ 광구도, 지형도, 광산부근의 지질도, 갱내도
㉰ 종업원 수 및 평균임금
㉱ 인부 1인당 채굴량, 설비능력, 제련방법 등
㉲ 최근 판매실적표
㉳ 재무제표 등

2) 사전 조사사항

광산은 광업원부나 광업재단등기부등본에 의해서 사전조사를 하며, 광업재단에 의해 토지, 건물, 기계, 기구 등에 대한 조사를 실시하며 기타 지상권, 토지의 사용권, 임차권 여부 등을 조사한다. 또한 광업권에 의하여 소재지, 광종, 광구면적, 등록번호, 등록년

1344) 한국감정평가협회/한국감정원, 『감정평가 실무기준 해설서(Ⅱ)』, 2014, 279면.

월일, 존속기간, 기타 부대조건 등의 권리관계를 조사한다.

① 광업등록원부에 의한 "광업권"에 관한 다음 각목에 관한 사항

가. 소재지·광종·광구·면적

나. 등록번호, 등록연·월·일, 존속기간

다. 광업권의 권리관계, 부대조건

라. 연혁 등 기타 필요한 사항

② 광업등기부등본에 의거 "광업재단"에 관한 다음 각목에 관한 사항

가. 토지·건물

나. 시설의 종류·용도·용량·성능·규격

다. 토지사용권의 목적·기간·면적 등 기타 필요한 사항

3) 실지조사 사항

그 외 입지조건, 지질 및 광상, 설비시설, 광물의 시장성, 종업원수 등을 조사한다.[1345)]

2. 광업권 보상의 한계 및 유의사항

1) 검 토

공익사업의 시행으로 광업권자가 입은 손실의 범위와 한계는 매우 애매한 경우가 많아 보상에서 손실보상의 범위 결정에 어려움이 있다.

또한 광업법에서와 같이 광업권에 대한 선행처분(취소 또는 광구의 감소처분)이 있어야 보상이 가능한 지에 대해서도 의문이 있다.

1345) 이에는 입지조건(교통, 수송, 동력, 용수, 노동력 등), 지질 및 광상(암층, 구조, 노두, 광상의 형태, 품위, 성인, 매장량 등), 탐광(탐광상황, 장래방침, 탐광희망 등) 제련방법, 광물의 시장성(채광조건, 운임, 하역비, 품위, 수요관계, 가격추세 등), 설비(탐광, 채광, 선광, 배수, 동력에 대한 설비), 휴업 중인 광산 또는 채광 미착수광산은 그 사유 및 기간, 채광 미착수의 경우는 광산의 등록에 소요된 비용의 내역, 기술 및 기타 참고사항 등이 있다.

2) 보상대상 논의

광업권은 원칙적으로 광업법에 의한 행정처분이 있어야 보상이 가능하다. 그러나 공익사업에 편입이 되어 보상대상이 되는 경우는 선행처분(취소 또는 광구의 감소처분)이 없어도 토지보상법의 절차에 의해서 보상대상을 결정할 수 있을 것으로 보는 견해도 있으나,[1346] 유권해석은 선행처분이 필요한 것으로 보고 있다.[1347] 또한, 일단의 광구 중 일부 필지에만 채광계획인가 또는 생산실적이 있는 경우에는 광구 전체를 보상하지 않고 실제 채광계획인가 및 생산실적이 있는 면적만 보상하도록 한다.[1348]

1346) 한국감정평가협회/한국감정원, 『감정평가 실무기준 해설서(Ⅱ)』, 2014, 274면.

1347) ① 토관 58342-214 (2001. 2. 15) : 광업권에 대한 보상대상은 당해 공공사업으로 인하여 광업권에 대한 취소나 광구에 대한 감소처분이 결정된 부분으로 손실이 발생한 경우가 이에 해당된다고 봅니다.
② 토관 58342-1001 (2000. 7. 3) : 토지보상법에 의한 절차에 의하여 광업권이 설정되어 있는 토지가 공익사업에 편입되는 경우 광업권 보상대상은 공익사업에 편입되는 부분에 한정되지 않고, 광업법 제34조 제1항에 따라 산업통상자원부장관이 광업권의 취소 또는 광구의 감소처분을 한 범위로 한다.

1348) 토관 58342-965 (1998. 6. 19)

제22절 권리금 보상

Ⅰ. 의 의

최근 문제가 되고 있는 권리금에 대한 영업보상에 포함시킬 것인지에 대하여 사회적 문제가 되었다.[1349]

일반적으로 권리금이라 하면 임차권의 양도·임차물의 부속물·영업허가·상호 등의 대가로 차임과 보증금 이외에 따로 지급되는 금액으로 민법에서는 규정하지 않고 전적으로 관행에 의해 규율되고 있다.[1350] 이에 판례에서는 권리금의 지급은 임대차 계약의 내용을 이루는 것은 아니고 권리금 자체는 영업시설·비품 등 유형물이나 거래처·신용·영업상의 노하우, 상가 위치에 따른 영업상의 이점 등 무형적 재산가치의 양도 또는 일정기간의 이용대가라고 보고 있다.[1351]

이러한 권리금에 대하여는 현행 토지보상법상 보상규정이 없어 현실적으로 보상이 불가하며,[1352] 아울러 헌법재판소도 '헌법상 보장된 재산권은 원래 사적 유용성 및 그에 대한 원칙적인 처분권을 내포하는 재산가치 있는 구체적인 권리이므로 구체적인 권리가 아닌 영리획득의 단순한 기회나 기업활동의 사실적, 법적 여건은 기업에게는 중요한 의미를 갖는다고 하더라도 재산권보장의 대상이 아니다[1353]'고 하여 권리금과 같은 경우 재산권의 범주에 포함하지 않고 있다. 이에 많은 권리금을 주고 입주한 세입자가 단기간 밖에 영업하지 못한 경우 공익사업에 포함되지 않았다면 획득이 가능한 권리금에 대한 보상을 받지 못하고 있다.

한편, 현행법상 권리금에 대한 정의는 다음과 같다.

1349) 2009년 1월 다수의 사상자가 발생했던 '용산 참사' 사건에서 상가임차인이 요구사항 중 가장 핵심쟁점은 상가권리금에 대한 보상요구였다.

1350) 김준호, 민법강의 제5판, 법문사, 1999, 1021면.

1351) 대법원 2001. 4. 10 선고 2000다59050 판결. 권리금 반환청구소송

1352) 토관 58342-823 (2000. 6. 1) : 권리금은 위 법령에서 보상대상으로 규정하고 있지 아니하다.

1353) 헌법재판소 1996. 8. 29. 95헌바36 결정

□ **상가건물 임대차보호법**

제10조 3 【정의】 ① 권리금이란 임대차 목적물인 상가건물에서 영업을 하는 자 또는 영업을 하려는 자가 영업시설·비품, 거래처, 신용, 영업상의 노하우, 상가건물의 위치에 따른 영업상의 이점 등 유형·무형의 재산적 가치의 양도 또는 이용대가로서 임대인, 임차인에게 보증금과 차임 이외에 지급하는 금전 등의 대가를 말한다.
② 권리금 계약이란 신규임차인이 되려는 자가 임차인에게 권리금을 지급하기로 하는 계약을 말한다.

□ **감정평가실무기준 670-4. 4. 1 (정의)**

① 권리금이란 임대차 목적물인 상가건물에서 영업을 하는 자 또는 영업을 하려는 자가 영업시설·비품, 거래처, 신용, 영업상의 노하우, 상가건물의 위치에 따른 영업상의 이점 등 유형·무형의 재산적 가치의 양도 또는 이용대가로서 임대인, 임차인에게 보증금과 차임 이외에 지급하는 금전 등의 대가를 말한다.
② 유형재산이란 영업을 하는 자 또는 영업을 하려고 하는 자가 영업활동에 사용하는 영업시설, 비품, 재고자산 등 물리적·구체적 형태를 갖춘 재산을 말한다.
③ 무형재산이란 영업을 하는 자 또는 영업을 하려고 하는 자가 영업활동에 사용하는 거래처, 신용, 영업상의 노하우, 건물의 위치에 따른 영업상의 이점 등 물리적·구체적 형태를 갖추지 않은 재산을 말한다.

Ⅱ. 보상여부 검토

권리금은 보장기간 동안의 이용이 유효하게 이루어진 이상 임대인은 그 권리금을 반환의무를 지지 아니하도록 하고 있고, 상가 임대차보호법도 일정요건의 경우 5년의 임차기간을 보장하고 있어,[1354] 공공사업으로 인하여 일정기간 임차기간을 유지하지 못한 경우에는 보상이 필요할 것으로 보인다.

이를 반영하여 몇 차례의 토지보상법 개정을 시도하여 권리금 보상을 명문화하려는 시도가 있었다.[1355] 그러나, 권리금 제도가 현행 임차인 사이에서 관행적으로 수수된다

1354) 상가임대차보호법 제10조(계약갱신 요구 등) ② 임차인의 계약갱신요구권은 최초의 임대차기간을 포함한 전체 임대차기간이 5년을 초과하지 아니하는 범위에서만 행사할 수 있다.

1355) ① 법률 의안번호 4447호(2016. 12. 19) 원혜영 의원외 16인 발의 : 상가건물의 권리금에 대한 보상규정을 명문화하여 헌법상 보장되는 정당보상 원칙에 따라 공익사업으로 침해되는 상가임차인의 유·무형의 재산적 가치를 보상하려는 것임
② 법률 의안번호 8647호(2010. 6. 22) 유정현 의원외 14인 : 영업손실에 관한 보상에 실거래에서 관행

고 보기도 어렵고 그 금액을 객관화하여 산정하기도 어렵다는 이유로 아직 입법화되지 못하고 있다. 따라서 상가임차인에 대한 충분한 보상이 이루어지지 않고 있다는 견해가 우세한 입장이다.

Ⅲ. 보상방법

판례에 의하면 임대인의 사정에 의하여 임대차 계약이 중도해지 됨으로써 당초 보장된 기간 동안의 이용이 불가능 하였다는 등의 특별한 사정이 있을 경우 임대인이 임차인에 대하여 그 권리금의 반환의무를 진다고 하고 있고, 이 경우 임대인이 반환하는 권리금의 범위는 지급된 권리금의 경과기간과 잔존기간에 대응하는 것이라고 판시하고 있다. 즉 판결에 의하면, 임대차 기간을 모두 경과하였다면 권리금반환의무가 없으므로 보상이 필요 없다고 보이나 그 이하라면 잔존기간에 대한 권리금의 보상을 적극적으로 검토할 필요가 있다고 보인다.

한편, 감정평가실주기준에서는 보상평가는 아니지만, 권리금 평가에 대하여 규정하고 있다. 추후 권리금 보상이 입법화된다면 이를 준용하는 것이 타당할 것으로 보인다.

□ 감정평가실무기준 670-4. 3. 1 (감정평가원칙)

4.3.1 권리금의 감정평가 원칙

① 권리금을 감정평가할 때에는 유형·무형의 재산마다 개별로 감정평가하는 것을 원칙으로 한다.
② 제1항에도 불구하고 권리금을 개별로 감정평가하는 것이 곤란하거나 적절하지 아니한 경우에는 일괄하여 감정평가할 수 있다. 이 경우 감정평가액은 합리적인 배분기준에 따라 유형재산가액과 무형재산가액으로 구분하여 표시할 수 있다.

4.3.2 유형재산의 감정평가

① 유형재산을 감정평가할 때에는 원가법을 적용하여야 한다.
② 제1항에도 불구하고 원가법을 적용하는 것이 곤란하거나 부적절한 경우에는 거래사례비교법 등으로 감정평가할 수 있다.

4.3.3 무형재산의 감정평가

4.3.3.1 무형재산의 감정평가방법

① 무형재산을 감정평가할 때에는 수익환원법을 적용하여야 한다.

적으로 이용되고 있는 권리금과 관련된 사항을 추가하여 영업손실을 보다 폭 넓게 보상하도록 하고, 보상액의 산정에 관련된 자료를 관계인들이 열람할 수 있도록 하여 임차인을 보호하려는 것임.

② 제1항에도 불구하고 수익환원법을 적용하는 것이 곤란하거나 부적절한 경우에는 거래사례비교법이나 원가법 등으로 감정평가할 수 있다.

4.3.3.2 수익환원법의 적용

무형재산을 수익환원법으로 감정평가할 때에는 무형재산으로 인하여 발생할 것으로 예상되는 영업이익이나 현금흐름을 현재가치로 할인하거나 환원하는 방법으로 감정평가한다. 다만, 무형재산의 수익성에 근거하여 합리적으로 감정평가할 수 있는 다른 방법이 있는 경우에는 그에 따라 감정평가할 수 있다.

4.3.3.3 거래사례비교법의 적용

무형재산을 거래사례비교법으로 감정평가할 때에는 다음 각 호의 어느 하나에 해당하는 방법으로 감정평가한다. 다만, 무형재산의 거래사례에 근거하여 합리적으로 감정평가할 수 있는 다른 방법이 있는 경우에는 그에 따라 감정평가할 수 있다.

1. 동일 또는 유사 업종의 무형재산만의 거래사례와 대상의 무형재산을 비교하는 방법
2. 동일 또는 유사 업종의 권리금 일체 거래사례에서 유형의 재산적 가치를 차감한 가액을 대상의 무형재산과 비교하는 방법

4.3.3.4 원가법의 적용

무형재산을 원가법으로 감정평가할 때에는 대상 상가의 임대차 계약 당시 무형재산의 취득가액을 기준으로 취득 당시와 기준시점 당시의 수익 변화 등을 고려하여 감정평가한다. 다만, 무형재산의 원가에 근거하여 합리적으로 감정평가할 수 있는 다른 방법이 있는 경우에는 그에 따라 감정평가할 수 있다.

4.3.4 유형재산과 무형재산의 일괄감정평가

① 유형재산과 무형재산을 일괄하여 감정평가할 때에는 수익환원법을 적용하여야 한다.

② 제1항에도 불구하고 수익환원법을 적용하는 것이 곤란하거나 부적절한 경우에는 거래사례비교법 등으로 감정평가할 수 있다.

5 그 밖의 물건의 감정평가

이 기준에서 규정되지 아니한 대상물건을 감정평가할 때에는 이와 비슷한 물건이나 권리 등의 경우에 준하여 감정평가하여야 한다.

제23절 행정대집행

Ⅰ. 행정대집행 의의

수용의 목적물은 사업시행자가 수용의 개시일까지 보상금을 지급 또는 공탁하게 되면 모든 권리를 취득하게 된다. 그러나 권리의 취득과는 관계없이 토지소유자 또는 관계인은 사업의 원활한 추진을 위하여 수용의 목적물을 사업시행자에게 인도 및 이전하여야 한다. 토지보상법에서는 이와 같이 물건을 이전하거나 인도하여야 할 의무자가 그와 같은 의무를 이행하지 아니할 경우에는 사업시행자는 그러한 의무를 대행하거나 대집행하도록 규정하고 있다(법 제44조 및 제89조).

▣ **토지보상법**

제89조 (대집행) ① 이 법 또는 이 법에 따른 처분으로 인한 의무를 이행하여야 할 자가 그 정하여진 기간 이내에 의무를 이행하지 아니하거나 완료하기 어려운 경우 또는 그로 하여금 그 의무를 이행하게 하는 것이 현저히 공익을 해친다고 인정되는 사유가 있는 경우에는 사업시행자는 시·도지사나 시장·군수 또는 구청장에게 「행정대집행법」에서 정하는 바에 따라 대집행을 신청할 수 있다. 이 경우 신청을 받은 시·도지사나 시장·군수 또는 구청장은 정당한 사유가 없으면 이에 따라야 한다.

② 사업시행자가 국가나 지방자치단체인 경우에는 제1항에도 불구하고 「행정대집행법」에서 정하는 바에 따라 직접 대집행을 할 수 있다.

③ 사업시행자가 제1항에 따라 대집행을 신청하거나 제2항에 따라 직접 대집행을 하려는 경우에는 국가나 지방자치단체는 의무를 이행하여야 할 자를 보호하기 위하여 노력하여야 한다.

제44조 (인도 또는 이전의 대행) ① 특별자치도지사, 시장·군수 또는 구청장은 다음 각 호의 어느 하나에 해당할 때에는 사업시행자의 청구에 의하여 토지나 물건의 인도 또는 이전을 대행하여야 한다.

1. 토지나 물건을 인도하거나 이전하여야 할 자가 고의나 과실 없이 그 의무를 이행할 수 없을 때
2. 사업시행자가 과실 없이 토지나 물건을 인도하거나 이전하여야 할 의무가 있는 자를 알 수 없을 때

② 제1항에 따라 특별자치도지사, 시장·군수 또는 구청장이 토지나 물건의 인도 또는 이전을 대행하는 경우 그로 인한 비용은 그 의무자가 부담한다.

행정대집행은 대체적 작위의무(타인이 대신하여 이행할 수 있는 작위의무)의 불이행이 있는 경우 당해 행정청이 스스로 의무자가 행할 행위를 하거나 제3자로 하여금 이를 행하게

하고 그 비용을 의무자로부터 징수하는 것을 말한다(행정대집행법 제2조).

토지보상법은 동법 제89조에서 행정대집행이 가능함을 명문으로 규정하고 있다.

토지보상법은 이 행정대집행과는 별개로 '대행'제도를 규정하고 있다. 동법 44조에 의한 대행은 대부분 소유자를 알지 못하거나 소재불명, 의사무능력자 등 의무불이행에 대하여 의무자에게 고의나 과실이 없는 경우 가능하여 행정대집행과는 달리 별도의 계고 등의 절차 없이 실행될 수 있다. 그러나 의무자가 고의나 과실 등이 없는 경우에도 행정대집행이 가능하므로 실무적으로는 대행을 하는 경우는 드물며 행정대집행에 의해 인도, 이전의무를 강제하고 있다.

표 49. 대행과 대집행 비교

구분	요건	집행권자	비용징수
대행 (법 제44조)	1. 토지나 물건을 인도 또는 이전하여야 할 자가 고의나 과실없이 그 의무를 이행할 수 없는 때 2. 사업시행자가 과실없이 토지나 물건을 인도 또는 이전하여야 할 의무가 있는 자를 알 수 없는 때	특별자치도지사, 시장·군수 또는 구청장	의무자가 그 비용을 납부하지 아니하는 때에는 지방세체납처분의 예에 따라 징수(법 제90조)
대집행 (법 제89조)	1. 이 법 또는 이 법에 의한 처분으로 인한 의무를 이행하여야 할 자가 그 정하여진 기간 이내에 의무를 이행하지 아니하거나 완료하기 어려운 경우 2. 그 의무를 이행하게 하는 것이 현저히 공익을 해한다고 인정되는 사유가 있는 경우	시·도지사나 시장·군수 또는 구청장	대집행에 요한 비용은 국세징수법의 예에 의하여 징수할 수 있다. (행정대집행법 제6조)

Ⅱ. 행정대집행의 근거 및 요건

1. 법적 근거

토지보상법 제89조에는 "이법 또는 이 법에 의한 처분으로 인한 의무를 이행하여야 할 자가 그 정하여진 기간 이내에 의무를 이행하지 아니하거나 완료하기 어려운 경우 또는 그로 하여금 그 의무를 이행하기 하는 것이 현저히 공익을 해한다고 인정되는 사유가 있는 경우에는 사업시행자는 시·도지사나 시장·군수 또는 구청장에게 행정대집행이 정하는 바에 따라 대집행을 신청할 수 있다"고 규정하고 있어 손실보상에 있어 행정대집행의 일반적인 근거가 되고 있다.

2. 대집행 요건

1) 행정대집행법상 요건

행정대집행법에 의한 행정대집행 요건을 살펴보면, 법률이나 법령에 의하여 직접 명령되거나 법령에 근거한 행정청의 명령에 의한 대체적 작위의무 위반행위가 있어야 하며,[1356] 단순한 부작위의무의 위반행위를 대상으로 하는 대집행은 허용되지 아니하며,[1357] 다른 수단으로 그 이행을 확보하기 곤란하고 그 불이행의 방치로 공익을 침해하는 경우 행정대집행이 가능하다.

> □ **행정대집행법**
>
> **제2조 (대집행과 그 비용징수)** 법률(법률의 위임에 의한 명령, 지방자치단체의 조례를 포함한다. 이하 같다)에 의하여 직접명령되었거나 또는 법률에 의거한 행정청의 명령에 의한 행위로서 타인이 대신하여 행할 수 있는 행위를 의무자가 이행하지 아니하는 경우 다른 수단으로써 그 이행을 확보하기 곤란하고 또한 그 불이행을 방치함이 심히 공익을 해할 것으로 인정될 때에는 당해 행정청은 스스로 의무자가 하여야 할 행위를 하거나 또는 제삼자로 하여금 이를 하게 하여 그 비용을 의무자로부터 징수할 수 있다.

(1) 대체적 작위의무의 불이행이 있을 것

대집행의 대상이 될 수 있는 의무는 공법상 대체적 작위의무의 경우에 한한다.[1358]

1356) 대법원 2010. 6. 24. 선고 2010두1231 판결 : 대집행계고처분을 하기 위하여는 법령에 의하여 직접 명령되거나 법령에 근거한 행정청의 명령에 의한 의무자의 대체적 작위의무 위반행위가 있어야 한다. 따라서 피고가 이 사건 계고처분을 하기 위하여는 그 전제로서 원고들이 이 사건 지장물의 이전의무를 부담하여야 하고 원고들의 그러한 의무는 법령에 의하여 직접 부과된 것이거나 법령에 근거한 피고의 행정처분에 의하여 부과된 것이어야 한다.

1357) 부산지법 2009. 2. 18. 선고 2008고정3293 판결 : 대집행을 하기 위해서는 법령에 의하여 직접 명령되거나 법령에 근거한 행정청의 명령에 의한 대체적 작위의무 위반행위가 있어야 하며, 단순한 부작위의무의 위반행위를 대상으로 하는 대집행은 허용되지 아니한다.

1358) 대법원 2006. 10. 13. 선고 2006두7096 판결 : 협의취득시 건물소유자가 매매대상 건물에 대한 철거의무를 부담하겠다는 취지의 약정을 하였다고 하더라도 이러한 철거의무는 공법상의 의무가 될 수 없고, 이 경우에도 행정대집행법을 준용하여 대집행을 허용하는 별도의 규정이 없는 한 위와 같은 철거의무는 행정대집행법에 의한 대집행의 대상이 되지 않는다.

대체적 작위 의무란 그 의무의 이행을 타인이 대신할 수 있는 작위의무를 말하는 것으로 그 예로는 건물의 철거, 물건의 이전 등을 들 수 있다. 따라서 비대체적 작위의무,[1359] 부작위 의무,[1360] 수인의무의 불이행 내지 위반은 대집행의 대상이 될 수 없다. 따라서 의무자가 전문적인 지식이나 기술을 가지고 있어야 가능한 것은 대체성을 인정할 수 없고, 부작위의무는 하명을 통해 작위의무로 전환된 후에 대집행을 할 수 있음이 원칙이다.

한편 토지보상법상의 토지·가옥의 인도의무 내지 명도의무가 과연 대체적 작위의무에 해당하는 지 여부가 논의가 되고 있는 바, 이에 대하여는 대체성이 없다고 보는 것이 통설·판례의 입장이다.[1361]

(2) 타 수단으로는 이행확보가 곤란할 것

행정대집행은 대체적 작위의무가 있다고 하여 언제든지 인정되는 것은 아니다. 행정대집행법 제2조는 "다른 수단으로 이행을 확보하기 곤란한 경우"에 한하여 대집행이 가능하다고 하여 최소침해의 원칙을 규정하고 있다. 따라서 의무이행 확보를 위하여 다른 대체 수단이 있음에도 불구하고 행정대집행을 실행하는 것은 위법이라 할 수 있다.

(3) 의무불이행을 방치하는 것이 심히 공익을 해할 것

대집행은 의무의 불이행을 방치함이 심히 공익을 해할 것으로 인정될 때에 한하여

1359) 대법원 2005. 9. 28. 선고 2005두7464 판결 : 이 사건 처분에 따른 '장례식장 사용중지 의무'가 원고 이외의 '타인이 대신'할 수도 없고, 타인이 대신하여 '행할 수 있는 행위'라고도 할 수 없는 비대체적 부작위 의무에 대한 것이므로, 그 자체로 위법함이 명백하다고 할 것인데도, 원심은 그 판시와 같은 이유를 들어 이 사건 처분이 적법하다고 판단하고 말았으니, 거기에는 대집행계고처분의 요건에 관한 법리를 오해한 위법이 있다고 할 것이다.

1360) 대법원 1998. 10. 2. 선고 96누5445 판결 : 하천유수인용행위를 중단할 것과 이를 불이행할 경우 행정대집행법에 의하여 대집행하겠다는 내용의 계고처분은 대집행의 대상이 될 수 없는 부작위의무에 대한 것으로서 그 자체로 위법함이 명백한바, 이러한 경우 법원으로서는 마땅히 석명권을 행사하여 원고로 하여금 위 계고처분의 위법사유를 밝히게 하고, 나아가 위와 같은 법리에 따라 그 취소 여부를 가려 보아야 한다.

1361) 대법원 1998. 10. 23. 선고 97누157 판결 : 이 사건 계고처분의 목적이 된 의무는 그 주된 목적이 위 매점의 원형을 보전하기 위하여 원고가 설치한 불법시설물을 철거하고자 하는 것이 아니라, 위 매점에 대한 원고의 점유를 배제하고 그 점유이전을 받는 데 있다고 할 것인데, 이러한 의무는 그것을 강제적으로 실현함에 있어 직접적인 실력행사가 필요한 것이지 대체적 작위의무에 해당하는 것은 아니어서 직접강제의 방법에 의하는 것은 별론으로 하고 행정대집행법에 의한 대집행의 대상이 되는 것은 아니다.

인정되며, 이 요건이 행정법상의 원칙인 비례의 원칙의 표현이라 할 수 있다. 대집행 실행에 있어서 이 요건구비여부의 판단은 가장 어려운 문제라 할 수 있다. 이는 불확정 개념으로 사안별로 개별적으로 판단할 수 밖에 없다고 본다.[1362]

2) 토지보상법상 대집행 요건

토지보상법은 제89조에서 행정대집행의 요건을 규정하고 있다. 이 규정이 공익사업에 편입되는 토지나 물건의 인도 또는 이전에 관한 행정대집행에 대한 근거 규정이 되고 있다.

(1) 이법 또는 이 법에 의한 처분을 이행하지 아니한 경우

이법 또는 이 법에 의한 처분이 무엇을 의미하는 지에 대한 명확한 해석이 없는 실정이다. "이 법에 의한 처분"은 수용재결 등을 의미할 것으로 보이며, "이법"이라 함은 토지보상법에 근거한 행정청의 명령을 의미한다고 판단된다.

(2) 정하여진 기간 내에 이행을 완료하기 어려운 경우

'기간 내에 완료할 가망이 없는 경우'라고 함은 그 의무의 내용과 이미 이루어진 이행의 정도 및 이행의 의사 등에 비추어 해당 의무자가 그 기한 내에 의무이행을 완료하지 못할 것이 명백하다고 인정되는 경우를 말한다.[1363]

1362) ① 대법원 1987. 3. 10. 선고 86누860 판결 : 대수선 및 구조변경허가의 내용과 다르게 건물을 증·개축하여 그 위반결과가 현존하고 있다고 할지라도, 그 공사결과 건물모양이 산뜻하게 되었고, 건물의 안정감이 더하여진 반면 그 증평 부분을 철거함에는 많은 비용이 소요되고 이를 철거하여도 건물의 외관만을 손상시키고 쓰임새가 줄 뿐이라면 건축주의 철거의무불이행을 방치함이 심히 공익을 해하는 것으로 볼 수 없다.
② 대법원 1989. 3. 28. 선고 87누930 판결 : 무허가로 불법건축되어 철거할 의무가 있는 원판시건축물을 도시미관, 주거환경, 교통소통에 지장이 없다는 등의 사유만을 들어 이를 그대로 방치한다면 불법건축물을 단속하는 당국의 권능을 무력화하여 건축행정의 원활한 수행이 위태롭게 되고 건축허가 및 준공검사 시에 소방시설, 주차시설 기타 건축법 소정의 제한규정을 회피하는 것을 사전예방한다는 더 큰 공익을 해칠 우려가 있다.
③ 대법원 2000. 6. 23. 선고 98두3112 판결 : 개발제한구역 및 도시공원에 속하는 임야상에 건축된 위법건축물인 대형 교회건물의 합법화가 불가능한 경우, 교회건물의 건축으로 공원미관조성이나 공원관리 측면에서 유리하고 철거될 경우 막대한 금전적 손해를 입게 되며 신자들이 예배할 장소를 잃게 된다는 사정을 고려하더라도 위 교회건물의 철거의무의 불이행을 방치함은 심히 공익을 해한다고 보아야 한다.

1363) 대법원 2002. 11. 13. 선고 2002도4582 판결

(3) 의무자로 하여금 의무를 이행하는 것이 현저히 공익을 해한다고 인정되는 경우

현저히 공익을 해한다고 하는 부분도 불확정 개념으로 사업시행자의 재량이 상당부분 인정될 것으로 보이나, 전적으로 재량을 인정하기는 곤란할 것으로 보인다.

판 례

□ 서울행정법원 2010. 1. 7. 선고 2009구합32598

공익사업법 제89조는 "이 법 또는 이 법에 의한 처분으로 인한 의무를 이행하여야 할 자가 그 정하여진 기간 이내에 의무를 이행하지 아니하거나 완료하기 어려운 경우 또는 그로 하여금 그 의무를 이행하게 하는 것이 현저히 공익을 해한다고 인정되는 사유가 있는 경우에는 사업시행자는 시·도지사나 시장·군수 또는 구청장에게 행정대집행법이 정하는 바에 따라 대집행을 신청할 수 있다."라고 규정하고 있으나, 위 규정은 대집행에 관한 개별적인 근거 규정을 마련함과 동시에 행정대집행법상의 대집행 요건 및 절차에 관한 일부 규정만을 준용한다는 취지에 그치는 것이고, 그것이 대체적 작위의무에 속하지 아니하여 원칙적으로 대집행의 대상이 될 수 없는 다른 종류의 의무에 대하여서까지 강제집행을 허용하는 취지는 아니라고 할 것이다.

3. 대집행의 절차

대집행의 절차는 계고 → 통지 → 실행 → 비용징수의 순으로 행하여지는 것이 원칙이다.

1) 계고(戒告)

행정대집행법 제3조 제1항은 대집행을 하려면 상당한 이행기간을 정하여 그 기한까지 이행하지 아니할 때에는 대집행 한다는 뜻을 미리 문서로서 계고하여야 한다.

① 계고 시에 의무내용은 구체적으로 특정되어 있어야 하고,[1364] ② 상당한 기간여

1364) ① 대법원 1984. 8. 28. 84프11 : 「대집행을 하려면 상당한 기간을 정하여 의무자가 스스로 그 이행할 것을 명하고 그 이행기한까지 이를 이행하지 않을 때에는 대집행을 한다는 뜻을 미리 계고하여야 하므로 그 이행의무의 내용을 확정할 수 있도록 특정하여 이를 계고하여야 할 것이나 건물일부의 철거를 명하면서 어느 부위를 철거할 것인지가 명확하지 아니하여 대집행의 내용이 특정되지 아니한 계고처분은 위법하다 할 것이다.」

② 대법원 1990. 1. 25, 89누4543 : 대집행의 계고를 함에 있어서는 의무자가 이행하여야 할 행위와 그 의무불이행시 <u>대집행할 행위의 내용 및 범위가 구체적으로 특정되어야 할 것이지만, 그 행위의 내용과 범위는 반드시 철거명령서나 대집행계고서에 의하여서만 특정되어야 하는 것은 아니고, 그 처분 전후에 송달된 문서나 기타 사정을 종합하여 이를 특정할 수 있으면 족하다고 할 것이다</u>」.

부는 사회통념상 의무이행에 필요로 하는 기간이라고 할 수 있다. ③ 이러한 계고는 구두로 할 수 없고, 반드시 문서로 하여야 한다.[1365] ④ 계고할 당시 이미 실체적 요건을 구비하고 있어야지, 앞으로 의무불이행을 예상하여 미리 계고할 수는 없다. 이상의 요건을 못 갖춘 경우 계고는 무효라 할 수 있다.

2) 통지(通知)

의무자가 위에서 말한 계고에서 지정한 기한까지 그 의무를 이행하지 않는 경우, 대집행시기·대집행을 시키기 위하여 파견하는 대집행책임자의 성명·대집행에 요하는 비용의 概算에 의한 견적액을 기재한 대집행영장에 의한 통지를 하여야 한다. 한편 대집행할 시기와 대집행영장에 의한 통지와의 사이에 어느 정도의 시간적 간격을 두어야 하는가는 원칙적으로 행정청의 재량에 맡겨져 있는데, 구체적 사안에 따라서는 대집행 실행 직전에 통지를 하여도 무방할 것으로 보고 있다. 따라서 상당한 이행기간을 정하여 대집행 계고를 하였거나 대집행 계고와 대집행영장에 의한 통지와의 사이에 상당한 기간을 허여하여 대집행에 따른 충분한 시간적 여유를 주었을 때에는 대집행에 착수하기 직전에 대집행영장에 의한 통지가 송달되어도 무방하다.[1366]

3) 대집행의 실행

의무자가 지정기한까지 스스로 의무이행을 하지 않으면 행정청의 소속공무원이 직접 집행하거나, 제3자로 하여금 집행하게 할 수 있다. 대집행책임자는 그가 대집행책임자임을 나타내는 증표를 휴대하고, 이해관계인에게 제시하여야 한다. 이 집행은 권력적 사실행위에 해당한다는 것이 종래의 통설이다.

이 대집행 실행과 관련하여 의무자가 저항하는 경우 이를 실력을 행사하여 저지할 수 있는 지가 문제가 되고 있다. 이러한 문제는 우리 행정대집행법에는 이러한 실력행사를 인정하는 규정이 없기 때문에[1367] 발생하는 문제로, 이에 대하여는 실력행사를

1365) 행정대집행법 제3조(대집행의 절차) ① 전조의 규정에 의한 처분(이하 대집행이라 한다)을 하려함에 있어서는 상당한 이행기한을 정하여 그 기한까지 이행되지 아니할 때에는 대집행을 한다는 뜻을 미리 문서로써 계고하여야 한다. 이 경우 행정청은 상당한 이행기한을 정함에 있어 의무의 성질·내용 등을 고려하여 사회통념상 해당 의무를 이행하는 데 필요한 기간이 확보되도록 하여야 한다. 〈개정 2015. 5. 18.〉

1366) 유명건, 실무 행정소송법, 박영사, 2005, 532면.

부정하는 견해도 있으나, 대집행을 실행하기 위한 최소의 실력행사는 가능하다는 견해도 상존하고 있어[1368] 이에 대한 입법적 해결이 요구되고 있다.[1369]

또한 건물 등을 철거 후 자재 및 기타 동산 등의 물건에 대한 보관문제가 가끔 논란이 되고 있으나, 대집행 완료 후 소유자에게 동산 등의 내역 및 보관장소 등을 알려주어 소유자 자신이 동산 등의 물건을 점유, 관리하도록 함으로써 사업시행자는 보관의무를 면할 수 있다고 보며, 물건 소유자가 동산 등의 인수를 거부할 경우 그 동산 등을 법원에 공탁할 수 있으며, 공탁하기 곤란하거나 멸실, 훼손될 우려가 있을 경우 법원의 허가를 얻어 이를 공매 후 그 대가를 공탁할 수 있을 것이다.

4) 비용징수

대집행 실행에 실제 소요된 비용액은 납기일을 정하여 의무자에게 문서로써 그 납부를 명하고, 이 비용을 납부하지 않은 경우 국세징수법에 따라 강제징수할 수 있다. 따라서 행정대집행 주체가 그 실행비용을 민사소송에 의하여 손해배상을 청구하는 것은 부적합하다 할 것이다(아래 판례 참조).

판 례

□ 대법원 2011. 9. 8. 선고 2010다48240 판결

구 대한주택공사법(현 한국토지주택공사법) 제2조, 제5조에 의하여 정부가 자본금의 전액을 출자하여 설립한 법인이고, 대한주택공사가 택지개발촉진법에 따른 택지개발사업을 수행하는 경우 이러한 사업에 관하여는 법 제9조 제1항 제2호, 제9조 제2항 제7호, 구 대한주택공사법 시행령 제10조 제1항 제2호, 공익사업을 위한 토지 등의 취득 및 보상에 관한 법률 제89조 제2항에 따라 시·도지사나 시장·군수 또는 구청장의 업무에 속하는 대집행권한을 대한주택공사에 위탁하도록 되어 있다. 따라서 대한주택공사는 위 사업을 수행함에 있어 법령에 의하여 대집행권한을 위탁받은 자로서 공무인 대집행을 실시함에 따르는 권리·의무 및 책임이 귀속되는 행정주체의 지위에 있다고 볼 것이다.

이와 같은 대한주택공사의 법인격 및 대집행권한 수탁에 따른 지위, 행정대집행의 목적, 내용 및 비용징수 등에 관한 각 규정 취지 등을 종합하면, 대한주택공사가 법 및 시행령에 의하여 대집행권한을 위탁받아 공무인 대집행을 실시하기 위하여 지출한 비용은 행정대집행법의 절차에 따라 국세징수법의 예에 의하여 징수할 수 있다고 봄이 상당하다.

1367) 독일 행정집행법 제15조 제2항은 "의무자가 대집행 또는 직접강제에 대하여 저항하면 실력으로 이를 배제할 수 있다"고 하여 명문으로 실력행사를 인정하고 있다.

1368) 유지태, 감평행정법, 부연사, 2000, 273면 ; 필요한 한도 내에서 저항의 배제에 부득이한 최소한의 실력행사는 이를 대집행에 수반된 기능으로 인정할 수 있다.

1369) 우리나라도 독일 행정집행법과 같이 실력행사를 정면으로 인정하는 법적해결이 있어야 한다는 주장이 있다.

이 대집행 비용은 궁극적으로 의무자가 부담하고, 그것은 당해 대집행의 주체에게 귀속한다. 행정청이 의무자로부터 징수하는 비용은 대집행에 따른 수수료가 아니라 대집행에 소요된 실비를 말한다.

4. 집행부정지 원칙

1) 관련조항

□ **토지보상법**

제88조 (처분효력의 부정지) 제83조의 규정에 의한 이의의 신청이나 제85조의 규정에 의한 행정소송의 제기는 사업의 진행 및 토지의 수용 또는 사용을 정지시키지 아니한다.

2) 행정대집행 집행부정지 논의

토지보상법은 사업의 원활한 진행을 위하여 수용재결 이후 이 재결에 대하여 이의신청이나 행정소송을 제기한 것을 사유로 공익사업의 진행이나 수용 또는 사용을 정지할 수 없도록 재결 효력의 부정지 원칙을 규정하고 있다. 이는 특히 행정대집행에 있어 이의재결 또는 행정소송을 제기한 경우 그 대상물건을 보전하여야 한다는 사유로 당해 행정대집행 등의 집행을 정지할 수 있는가에 대하여 이 집행부정지 원칙이 적용될 수 있는가가 논의되고 있다. 물론 이 경우 당연 집행부정지 원칙에 적용되어 행정대집행을 실시할 수 있다 할 것이다.

질의회신

▣ **토관 58342-821 (2003. 3. 12)**

토지보상법 규정에 의하여 행정소송의 제기는 사업의 진행 및 토지의 사용 또는 수용을 정지시키지 아니한다고 되어 있다. 따라서 재결에 대하여 중앙토지수용위원회에 이의신청을 한 경우에도 대집행을 할 수 있다.

Ⅲ. 행정대집행의 쟁점사항

1. 대체적 작위의무 여부에 대한 논의

1) 의 의

행정대집행은 대체적 작위의무를 대상으로 한다. 즉 법령 및 법령에 근거한 행위로 타인이 대신할 수 있는 행위에 대해서만 행정대집행이 가능하다. 부작위의무에 대해서는 철거명령 등을 통해서 작위의무로 전환시킨 후 대집행대상이 될 수 있으나 반드시 법적근거가 있는 경우 가능하다. 법적 근거 없이 부작위의무를 작위의무로 전환 후 대집행을 행사하는 것은 무효이다. 물건의 인도의무는 대체적 작위의무이므로 대집행의 대상이 되는 것에는 의문이 없다.

다만 토지인도 거부시 실력으로 점유를 풀고 실력을 행사하여 대집행하는 것이 가능한 지에 대해서는 논쟁의 여지가 있다.

2) 학 설

(1) 부 정 설

물건의 인도는 타자로 하여금 대체물을 급부시키고 의무자로부터 그 대가에 상당하는 금액을 징수하는 방법으로 대집행을 할 수 있으나, 사람이 점유하고 있는 토지나 물건의 인도·이전의무는 원칙적으로 비대체적 작위의무이고, 또한 실력으로 점유를 풀어 점유이전을 행하지 않으면 목적을 달성할 수 없으므로 이는 직접강제의 영역으로 보아 행정대집행의 대상이 될 수 없다는 견해이다.

(2) 긍 정 설

대집행이 불가능하다면 토지보상법 제89조의 토지인도의무를 전적으로 무의미하게 하는 것으로 그 타당성을 인정하기 어렵다. 따라서 이 규정의 합리적 해석 또는 목적론적 해석이 필요하다는 견해이다. 결국 토지보상법은 행정대집행의 특례규정을 마련하여 토지 등의 인도의무를 가능하게 하였다고 보는 입장이다.[1370]

1370) 이 주장은 김동희, 박균성 교수의 종전 견해로 현재는 이 부분에 대해서 명확히 밝히지 않고 있다.

3) 판례의 경향

판례에서는 토지보상법에 의한 인도에는 '명도'도 포함되는 것으로 보아야 하고, 이러한 명도의무는 그것을 강제적으로 실현하면서 직접적인 실력행사가 필요한 것이지 대체적 작위의무라고 볼 수 없으므로 특별한 사정이 없는 한 행정대집행법에 의한 대집행의 대상이 될 수 있는 것이 아니며,[1371] 채무자들이 채권자에 대하여 각 부담하는 명도의무는 그 성질상 구 토지수용법 제77조와 행정대집행법이 정하는 바에 따라 대집행할 수 없는 이른바 비대체적 작위의무에 해당된다[1372]고 판단하고 있다. 그러나 최근 대법원은 건물을 철거 의무를 대체적 작위의무에 해당되는 것으로 판시(아래 판례 참조)하고 있어 실무에서는 혼선이 야기되고 있다. 동 판례에서는 건물의 철거는 행정대집행의 대상이 된다고 보았으나, 앞서 설명한 매점 이전 등 건물의 인도는 행정대집행의 대상이 되지 않는다는 것이다.[1373]

판 례

□ 대법원 2017. 4. 28. 선고 2016다213916 판결

관계 법령상 행정대집행의 절차가 인정되어 행정청이 행정대집행의 방법으로 건물의 철거 등 대체적 작위의무의 이행을 실현할 수 있는 경우에는 따로 민사소송의 방법으로 그 의무의 이행을 구할 수 없다(대법원 1990. 11. 13. 선고 90다카23448 판결, 대법원 2000. 5. 12. 선고 99다18909 판결 등 참조). 한편 건물의 점유자가 철거의무자일 때에는 건물철거의무에 퇴거의무도 포함되어 있는 것이어서 별도로 퇴거를 명하는 집행권원이 필요하지 않다.

1371) 대법원 1998. 10. 23. 선고 97누157 판결 : 대집행하겠다는 내용의 계고처분은 그 주된 목적이 매점의 원형을 보존하기 위하여 점유자가 설치한 불법 시설물을 철거하고자 하는 것이 아니라, 매점에 대한 점유자의 점유를 배제하고 그 점유이전을 받는 데 있다고 할 것인데, 이러한 의무는 그것을 강제적으로 실현함에 있어 직접적인 실력행사가 필요한 것이지 대체적 작위의무에 해당하는 것은 아니어서 직접강제의 방법에 의하는 것은 별론으로 하고 행정대집행법에 의한 대집행의 대상이 되는 것은 아니다.

1372) 대법원 2005. 8. 19. 선고 2004다2809 판결 : 명도의무는 그것을 강제적으로 실현하면서 직접적인 실력행사가 필요한 것이지 대체적 작위의무라고 볼 수 없으므로 특별한 사정이 없는 한 행정대집행법에 의한 대집행의 대상이 될 수 있는 것이 아니다. 그리고 구 토지수용법 제63조의 규정에 따라 피수용자 등이 기업자에 대하여 부담하는 수용대상토지의 인도 또는 그 지장물의 명도의무 등이 비록 공법상의 법률관계라고 하더라도, 그 권리를 피보전권리로 하는 명도단행가처분은 그 권리에 끼칠 현저한 손해를 피하거나 급박한 위험을 방지하기 위하여 또는 그 밖의 필요한 이유가 있을 경우에는 허용될 수 있다고 보아야 한다.

1373) 대법원 2017. 4. 28. 선고 2016다213916 판결 : 원고가 원용한 대법원 1998. 10. 23. 선고 97누157 판결은 불법건물 철거에 관한 것이 아니라, 적법한 건물에서 처분상대방의 점유를 배제하고 그 점유이전을 받기 위하여 행정대집행 계고처분을 한 사안에 관한 것으로서, 그 처분의 주된 목적이 건물의 인도라는 비대체적 작위의무의 이행을 실현하고자 하는 것이어서 행정대집행의 대상이 될 수 없다고 판단한 사례였으므로, 이 사건에 원용하기에는 적절하지 않음을 밝혀둔다.

> 피고들이 이 사건 건물을 철거하여 이 사건 공유수면을 원상회복하여야 할 의무는 대체적 작위의무에 해당하므로 행정대집행의 대상이 된다 할 것이며, 당진시장은 이 사건 건물 철거의무를 행정대집행의 방법으로 실현하는 과정에서 부수적으로 피고들과 그 가족들의 퇴거 조치를 실현할 수 있으므로, 행정대집행 외에 별도로 퇴거를 명하는 집행권원은 필요하지 않다.

그동안 판례 경향을 살펴보면 수목의 경우 그 이전의무가 대체적 작위의무인지에 대하여 부정하는 입장[1374]과 긍정하는 입장[1375]이 서로 대립하고 있다. 그러나 이와 같이 사람이 점유하지 않는 수목이나 비닐하우스[1376] 등과 같은 경우 행정대집행을 허용하지 않는다면, 결국 토지보상법 제89조를 무의미하게 하는 결과를 초래하는 것으로 이는 문제가 있다고 본다.

결국 판례를 종합해 보면, 가옥이나 공장 등과 같이 사람의 점유가 불가피한 경우는 행정대집행의 영역으로 보기는 곤란할 것 같으며, 수목이나 비닐하우스 등과 같이 사람의 점유가 필요치 않는 경우는 대체적 작위의무로 보아 행정대집행이 가능하도록 해석하고 있다.[1377]

판 례

> **□ 대전고법 2011. 1. 27. 선고 2010누2195 판결**
>
> 지장물은 이전비로 보상된 것으로서 공익사업법 제43조에 의하면 원고는 이 사건 지장물을 이전하여야 하는 의무를 부담하는 바, 이러한 원고의 의무는 제3자에 의하여 대체집행이 가능한 대체적 작위의무라 봄이 타당하다. ☞ 본 건의 이전대상은 비닐하우스와 수목이었음

1374) 대전지방법원 2010. 10. 20. 선고 2010구합2977 판결 : 수목을 이전하는 행위는 이식장소를 확보하고 고손율을 최소화하면서 이식작업을 하여야 하는 것이어서 제3자에 의하여 대체집행이 가능한 의무인지도 의문이다.

1375) 대전고등법원 2010. 4. 28. 선고 2010누1246 판결 : 수목의 강제집행에 있어 반드시 피수용자가 지정하는 장소에 수목을 이식할 필요는 없고 임시로 수목을 이식할 장소를 정하여 피수용자의 부담으로 수목의 유용성을 동일하게 유지하면서 이를 이식할 수 있다고 할 것이므로, 수목의 이전의무를 비대체적 작위의무라고 볼 수 없다.

1376) 서울행정법원 2010. 1. 7. 선고 2009구합32598 판결 : 주거용 비닐하우스 자체를 인도하여야 할 의무는 대체적 작위의무에 해당하지 않으므로 행정대집행법에 의한 대집행의 대상이 될 수 없고, 그 안에 존치된 물건의 이전의무는 주거용 비닐하우스의 인도의무 이행에 수반되는 필요적인 행위이며 그 자체가 독립적인 의무의 내용을 이루는 것이 아니므로 대집행의 대상이 될 수 없다.

1377) 대법원 2011. 7. 28. 선고 2011두6462 판결 : 채무자들이 공익사업법 제43조에 의하여 위 지장물을 이전·수거 및 철거하여야 하는 의무는 제3자에 의하여 대체집행이 가능한 대체적 작위의무이다.

그러나, 사견으로는 최근의 대법원 판례들(대법원 2017. 4. 28. 선고 2016다213916 판결 및 대법원 2017. 4. 13. 선고 2013다207941 판결[1378]) 토지보상법 제89조의 "이법 또는 이법에 의한 처분"의 위반시 행정대집행이 가능하도록 규정하고 있는 점을 감안하면, 가옥 등 모든 공익사업의 철거대상 지장물건에 대하여 행정대집행이 가능하도록 해석하는 것이 타당하다고 판단된다.

2. 대집행시 실력행사 가능여부

1) 의 의

대집행 실행함에 있어, 의무자 등이 저항하는 경우 그것을 배제할 수 있는가가 문제가 되고 있다. 독일의 경우는 명문으로 실력배제를 규정하고 있으나 우리나라는 이러한 규정이 없어 견해가 나누어지고 있다.

판례는 형법상 공무집행방해 등을 인정하여 실력행사가 가능하다는 입장이나,[1379] 학설은 행정대집행에 의한 최소한의 실력행사만 가능하다는 입장이 있는 등 의견이 다양하게 제시되고 있다.

2) 학설의 논의

토지보상법 제89조에 의한 수용목적물인 토지나 건물 등의 인도 또는 이전의무에 대집행을 실행하면서 실력행사가 가능한지에 대하여 학자들의 견해는 다양하다. 이에 대하여 ① 토지나 물건을 점유하는 사람의 신체에 실력을 가하여 그것을 인도하는 것은 직접강제에 속하고 대집행의 관념에는 포함되지 않으므로 실력행사가 불가하다는 견

1378) 대법원 2017. 4. 13. 선고 2013다207941 판결 : 공유재산 및 물품 관리법 제83조 제1항은 "지방자치단체의 장은 정당한 사유 없이 공유재산을 점유하거나 공유재산에 시설물을 설치한 경우에는 원상복구 또는 시설물의 철거 등을 명하거나 이에 필요한 조치를 할 수 있다."라고 규정하고, 제2항은 "제1항에 따른 명령을 받은 자가 그 명령을 이행하지 아니할 때에는 '행정대집행법'에 따라 원상복구 또는 시설물의 철거 등을 하고 그 비용을 징수할 수 있다."라고 규정하고 있다.

1379) 대법원 2017. 4. 28. 선고 2016다213916 판결 : 행정청이 행정대집행의 방법으로 건물철거의무의 이행을 실현할 수 있는 경우에는 건물철거 대집행 과정에서 부수적으로 그 건물의 점유자들에 대한 퇴거 조치를 할 수 있는 것이고, 그 점유자들이 적법한 행정대집행을 위력을 행사하여 방해하는 경우 형법상 공무집행방해죄가 성립하므로(대법원 2011. 4. 28. 선고 2007도7514 판결 참조), 필요한 경우에는 「경찰관 직무집행법」에 근거한 위험발생 방지조치 또는 형법상 공무집행방해죄의 범행방지 내지 현행범 체포의 차원에서 경찰의 도움을 받을 수도 있다.

해[1380] ② 위와 같이 해석하는 것은 토지보상법 제89조를 유명무실하게 만드는 것이므로, 토지나 물건의 인도·이전의무가 비대체적 작위의무이기는 하지만 예외적으로 대집행이 가능한 것으로 해석하여야 하며, 이 경우의 대집행은 실질적으로 직접강제에 해당한다는 견해[1381] ③ 필요한 한도내에서 저항의 배제에 부득이한 실력은 대집행에 수반되는 기능으로 인정되어야 한다는 견해[1382] ④ 저항을 배제하기 위한 최소한의 실력행사는 대집행 실행에 내재하는 당연한 권능이라는 견해[1383] 등이 있다.

3) 소 결

행정대집행에 있어 실력행사가 불가하다면 실질적으로 토지보상법 제89조의 대집행 규정은 의미를 상실하게 될 것으로, 행정대집행 수행을 위한 최소한의 실력행사는 당연히 수반되어야 한다고 본다. 또한 더 나아가 이러한 불명확성을 해소하기 위하여 토지보상법에 행정대집행 특례규정을 도입하여 일정한 한도의 실력 행사는 불가피한 방향으로 법령 정비가 필요할 것으로 보인다.

Ⅳ. 행정대집행에 의한 손해배상의 문제

1. 의 의

행정대집행은 보통 단기간에 종료되는 것이 보통이다. 따라서 대집행 완료 후 대집행의 기초가 된 행정처분이나 계고 또는 대집행 영장통지 등이 취소나 무효확인을 구할 소의 이익이 없다고 하는 것이 우리 법원의 입장이다.[1384] 이 경우 결국 행정대집행이 완료되었다면 대집행 절차에 따른 행정쟁송은 특별한 경우를 제외하고는 불가하다고 할 수 있다.

1380) 박윤흔, 행정법강의(상), 박영사, 2004, 603면.
1381) 박균성, 행정법론(하), 박영사, 2007, 421면
1382) 김남진·김연태, 행정법Ⅰ, 법문사, 2011, 481면; 홍정선, 행정법특강, 박영사, 2010, 442면.
1383) 김철용, 행정법Ⅰ, 박영사, 2010, 437~438면
1384) 대법원 1995. 7. 28. 선고 95누2623 판결 : 계고처분에 의한 대집행 실행이 이미 사실행위로서 완료되었다면, 계고처분이나 대집행의 실행행위 자체의 무효확인 또는 취소를 구할 법률상 이익은 없다.

한편, 대집행에 따른 손해배상은 대집행 절차에 대한 문제가 아니라 대집행의 실행 과정에서 우리공사가 관리의무를 해태한 경우 발생되는 손해에 대한 다툼을 민사소송으로 제기하는 것을 말한다.

이러한 손해배상은 누가 부담하여야 하는 가에 대하여 판례는 행정대집행을 시행한 국가 등의 사업시행자가 부담하여야 한다는 입장이다.[1385)]

판 례

□ **서울행정법원 2007. 6. 15. 선고 2007구합5141**

대집행의 실행이 이미 사실행위로서 완료된 이후에는 그 대집행이 위법한 것이라는 이유로 손해배상이나 원상회복 등을 구하는 것은 별론으로 하고, 그 기초가 된 의무를 과하는 행정처분이나 대집행 계고의 취소를 구할 법률상의 이익은 없다.

2. 대집행 실행의 주의의무

이 손해배상의 문제는 사업시행자가 행정대집행을 실행하게 되는 경우 어느 정도의 주의의무를 다하여 대집행을 실행할 것인지와 관련되는 문제로 이는 그 동안의 판례에 나타난 상황을 정하여 판단할 수 밖에 없는 문제로 추후 이에 대한 연구가 필요하다. 우선, 그동안 행정대집행의 손해배상 판례는 많지 않으나 대표적인 판례를 살펴보고자 한다.

판 례

□ **대법원 1973. 9. 25. 선고 73다725 판결**

국유지에 건축된 무허가 건물이라면 그 건물은 조만간 손해배상 없이 자진 철거하거나 강제철거당할 운명에 있음이 명백하므로 위 건물을 시 관계직원의 적법절차를 갖추지 못한 철거로 인하여

1385) 대법원 2006. 11. 23. 선고 2004다60447 판결 : 행정대집행에 있어서는 그 대집행을 실시한 자에 대하여 도급인의 손해배상책임에 관한 민법상 원칙을 적용하여 그 책임을 면제할 수는 없는 법리라 할 것이다. 기록에 의하면, 위 초월면장은 이 사건 대집행을 실시함에 있어 조각품 소유자인 원고에 대한 계고 및 대집행영장에 의한 통지절차를 밟지 아니하는 등 절차를 위반하였을 뿐만 아니라 그 이전작업과정에서 조각품이 손상되지 아니하도록 지시·감독할 대집행권자로서의 주의의무를 소홀히 함으로써 원고의 조각품이 파손되는 손해가 발생한 사실을 인정할 수 있는바, 이러한 사실관계에 비추어 피고 광주시에 대하여 조각품 훼손으로 인한 손해배상책임을 인정한 원심의 판단은 정당하고, 거기에 상고이유에서 주장하는 바와 같은 도급인의 손해배상책임에 관한 법리오해나 인과관계와 관련한 채증법칙 위반 등의 위법이 없다.

입은 손해는 상당기간(수개월) 대지를 불법점유한채 주택으로 사용할 수 있는 이익과 그 파괴된 건축물의 잔재의 회수 이익 정도의 근소한 금액에 불과하다.

상기 판례를 보면 대집행으로 철거당할 지장물에 대하여 손해는 크게 인정하지 않는 듯하다. 이를 반영하듯 최근 손해배상 소송에서 보듯이 사업시행자가 대집행을 할 경우 요구되는 관리의무는 민법상의 선량한 관리의무(일명 '선관주의의무'로 엄격한 관리의무가 요구됨)가 아니고, 일반적인 주의의무만 지키면 되는 것으로 보고 있고,[1386] 학자들의 견해도 동일하다.[1387]

따라서, 대집행시 대집행 대상물건의 관리는 자기 재산과 동일한 주의의무(선관주의 의무보다는 약한 개념의 의무)로 하면 될 것으로 보고 있다. 즉, 가옥이나 수목에 대하여 대집행으로 일반적인 주의의무만 다한다면 손해배상에서는 배제될 수 있을 것으로 보이고 보관의무에 특별한 관리의무는 없는 것으로 보인다.

3. 행정대집행 사후관리

이와 관련하여 대집행 후 사후관리 사례를 살펴보면,

1) 가옥 및 공장

가옥(공장 등 포함)의 경우는 대집행 후 가재도구가 소량일 경우에는 비나 눈을 막기 위하여 컨테이너에 보관하고, 그 대량인 경우 사업지구내 일부 공터를 조성한 임시 적치소를 조성하여 가재도구를 일정한 임치 적치장소에 보관하고 일정기간 (보통 최장 1달) 이후 공고나 통지 후 폐기처분 등의 절차를 밟고 있는 것이 좋을 것 같다.

2) 수 목

수목의 경우는 일정한 장소(대부분 사업지구내 공원부지)에 가이식한 후 약 15일간 식수,

1386) 의정부지원 2004가합2007 ; 원고들이 보관료를 납부할 것인지의 여부가 불확실한 상태에서 피고들이 이전한 각 물건의 특성에 맞게 그 물건을 보관할 주의의무가 없고, 적치장에서의 보관 잘못으로 인하여 확대된 손해에 대하여는 피고들(공사)에게 책임을 인정하기 어렵다.

1387) 김동희, 행정법Ⅰ, 박영사, 2002, 415면

뿌리 빛가림, 보온 등의 조치를 취하고, 이런 과정을 비디오 등으로 촬영하여 추후 관리소홀로 인한 손해배상에서 입증자료로 활용하는 것이 좋을 것 같다.

3) 분 묘

분묘는 우리나라 정서상 일반적인 방법에 의하여 대집행하기는 곤란하고 그 이장 장소에 충분한 검토가 있어야 할 것으로 보이며, 이장 과정에서도 단순 인부보다는 염사(분묘인부) 등을 고용하여 이장에 만전을 기하여야 할 것으로 보이는데, 최근 대집행 실행단계였던 일부 사업지구의 경우 이장장소를 인근의 사설 묘지공원으로 택한 것은 참조할 만한 사례이다.

질의회신

▣ 보건복지부 노인지원과-3286('04. 12. 10)

택지개발사업지구내 소재하는 유연분묘에 대하여 재결보상금 공탁후 연고자의 이장거부로 행정대집행을 실시하고자 하는 경우에는 "장사등에관한법률" 제23조 제1항 각호에 해당하지 않으므로 행정대집행법령등에 정한 바에 따라 대집행이 가능하다

4) 가 축

살아있는 가축의 경우는 두 가지가 검토될 수 있는데, ① 먼저는 가축을 보관하는 장소(축사)를 지정하여 일정 기간 보관하는 방안과, ② 경매를 통하여 경매 후 그 대금을 공탁하거나 지급하는 방안이 강구될 수 있다. 대체적으로 사례는 ②의 경매절차를 거쳐 사후관리하고 있다. 여기서 문제가 되었던 사안은 경매절차에 대한 법원의 허가를 득하여야 하나[1388] 현실적으로는 부패가능성이나 관리비용 등을 감안하여 법원의 허가 없이 공매 처분하여 행정대집행을 시행하고 있다.

1388) 민법 제490조(자조매각금의 공탁) 변제의 목적물이 공탁에 적당하지 아니하거나 멸실 또는 훼손될 염려가 있거나 공탁에 과다한 비용을 요하는 경우에는 변제자는 법원의 허가를 얻어 그 물건을 경매하거나 시가로 방매하여 대금을 공탁할 수 있다.

V. 행정대집행과 민사소송

1. 의 의

토지보상법에 의한 행정대집행이 대체적 작위의무에 한하여 가능함에 따라, 토지보상법상의 토지·물건의 인도 또는 이전의무에 대하여 행정대집행이 가능하다는 견해와 민사소송에 의한 방법에 의하여야 한다는 견해가 대립되고 있다.

2. 판례의 경향

1) 민사소송 불가설

종전의 판례는 토지보상법상의 토지·물건의 인도 또는 이전의무는 공법상의 의무로서 행정대집행이 가능하기 때문에 민사상의 수단에 의한 토지·물건의 인도 또는 이전은 불가하다는 것이 판례의 입장이었다.

판 례

□ 대법원 2000. 5. 12. 선고 99다18909 판결

구 토지수용법(1999. 2. 8. 법률 제5909호로 개정되기 전의 것) 제18조의2 제2항에 의하면 사업인정의 고시가 있은 후에는 고시된 토지에 공작물의 신축, 개축, 증축 또는 대수선을 하거나 물건을 부가 또는 증치하고자 하는 자는 미리 도지사의 허가를 받도록 되어 있고, 한편 구 도로법(1999. 2. 8. 법률 제5894호로 개정되기 전의 것) 제74조 제1항 제1호에 의하면 관리청은 같은 법 또는 이에 의한 명령 또는 처분에 위반한 자에 대하여는 공작물의 개축, 물건의 이전 기타 필요한 처분이나 조치를 명할 수 있다고 되어 있으므로 토지에 관한 도로구역 결정이 고시된 후 구 토지수용법(1999. 2. 8. 법률 제5909호로 개정되기 전의 것) 제18조의2 제2항에 위반하여 공작물을 축조하고 물건을 부가한 자에 대하여 관리청은 이러한 위반행위에 의하여 생긴 유형적 결과의 시정을 명하는 행정처분을 하여 이에 따르지 않는 경우에는 행정대집행의 방법으로 그 의무내용을 실현할 수 있는 것이고, 이러한 행정대집행의 절차가 인정되는 경우에는 따로 민사소송의 방법으로 공작물의 철거, 수거 등을 구할 수는 없다.

2) 민사소송 가능설

그러나 이후 대법원은 명도의무는 그 성질상 행정대집행법이 정하는 바에 따라 대집행할 수 없는 이른바 비대체적 작위의무에 해당된다고 판단하고, 여러 사정들에 비추어 가처분신청에는 그 보전의 필요성도 충분히 인정된다고 판단하여 채권자의 이 사건 명도단행가처분신청을 받아들여, 비록 공법상의 법률관계라고 하더라도, 현저한 손해를 피하거나 급박한 위험을 방지하기 위하여 또는 그 밖의 필요한 이유가 있을 경우에는 허용될 수 있다고 보고 있다(아래 판례 참조).

· 판 례 ·

□ **대법원 2005. 8. 19. 선고 2004다2809 판결**

채무자들은 이 사건 수용재결과 도시재개발법 제31조, 제32조, 구 토지수용법 제63조에 따라 채권자에게 이 사건 건물 중 그 각 점유 부분을 명도할 의무가 있다고 판단한 데 이어, 채무자들의 다음과 같은 주장, 즉 채권자에게는 행정대집행을 통하여 이러한 명도청구권을 실현할 수 있는 별도의 구제수단이 마련되어 있으므로 이 사건 가처분신청에는 신청의 이익이 없다는 취지의 주장에 대하여, 채무자들이 채권자에 대하여 각 부담하는 명도의무는 그 성질상 구 토지수용법 제77조와 행정대집행법이 정하는 바에 따라 대집행할 수 없는 이른바 비대체적 작위의무에 해당된다고 판단하여 이를 배척한 다음, 오히려 그 설시의 여러 사정들에 비추어 보면 이 사건 가처분신청에는 그 보전의 필요성도 충분히 인정된다고 판단하여 채권자의 이 사건 명도단행가처분신청을 받아들였는데, 기록에 비추어 살펴보면 원심의 이러한 조치는 위의 법리에 따른 것이어서 정당한 것으로 수긍되고, 거기에 상고이유의 주장과 같이 이러한 유형의 명도단행가처분 신청사건에서의 소송요건이나 그 보전의 필요성 또는 구 토지수용법 제63조, 제77조에 관한 법리오해 등의 위법이 없다. 한편, 구 토지수용법 제63조에 의하여 발생한 명도청구권을 피보전권리로 하는 명도단행가처분 신청사건은 그 성격상 행정사건임이 분명함에도 불구하고 이를 일반 민사사건으로 취급하여 처리한 원심의 조치에 관할위반의 위법이 있다는 취지의 상고이유의 주장 또한 독자적인 견해에 불과하여 받아들일 수 없다.

3) 병 행 설

법령에 행정대집행의 절차가 허용되는 경우에는 민사소송이 불가하지만, 행정대집행이 불가하여 다른 방법으로는 그 이행을 확보할 수 없는 경우 비록 공법관계라 하더라도 민사수단에 의한 철거 등이 가능하다는 견해이며(아래 판례), 이 견해가 타당할 것으로 보인다.

판 례

□ 대법원 2009. 6. 11. 선고 2009다1122 판결

이 사건 토지는 잡종재산인 국유재산으로서, 국유재산법 제52조는 "정당한 사유 없이 국유재산을 점유하거나 이에 시설물을 설치한 때에는 행정대집행법을 준용하여 철거 기타 필요한 조치를 할 수 있다."고 규정하고 있으므로, 관리권자인 보령시장으로서는 행정대집행의 방법으로 이 사건 시설물을 철거할 수 있고, 이러한 행정대집행의 절차가 인정되는 경우에는 따로 민사소송의 방법으로 피고들에 대하여 이 사건 시설물의 철거를 구하는 것은 허용되지 않는다고 할 것이다(대법원 2000. 5. 12. 선고 99다18909 판결 참조). 다만, 관리권자인 보령시장이 행정대집행을 실시하지 아니하는 경우 국가에 대하여 이 사건 토지 사용청구권을 가지는 원고로서는 위 청구권을 보전하기 위하여 국가를 대위하여 피고들을 상대로 민사소송의 방법으로 이 사건 시설물의 철거를 구하는 이외에는 이를 실현할 수 있는 다른 절차와 방법이 없어 그 보전의 필요성이 인정되므로, 원고는 국가를 대위하여 피고들을 상대로 민사소송의 방법으로 이 사건 시설물의 철거를 구할 수 있다고 보아야 할 것이고, 한편 이 사건 청구 중 이 사건 토지 인도청구 부분에 대하여는 관리권자인 보령시장으로서도 행정대집행의 방법으로 이를 실현할 수 없으므로, 원고는 당연히 국가를 대위하여 피고들을 상대로 민사소송의 방법으로 이 사건 토지의 인도를 구할 수 있다고 할 것이다.

제5장

공익사업지구 밖의 손실보상

제1절 공익사업지구 밖의 보상의 개념

Ⅰ. 공익사업지구 밖의 손실보상의 의의

1. 개 념

공익사업지구에는 직접 편입이 되지 않았으나 공익사업의 시행으로 인하여 토지 및 건축물 등이 본래의 기능을 다할 수 없는 경우 그 소유자 등이 입은 손실을 보상하는 것을 현행 토지보상법에서는 "공익사업지구 밖의 손실"이라 한다. 이를 학계에서는 간접손실, 사업손실보상,[1389] 제3자의 사업손실,[1390] 간접보상 등 다양한 용어로 사용되고 있으며, 이에 대한 개념도 다양하여 그 개념설정에 어려움이 있다.

2. 법적 근거 및 성격

1) 법적 근거

한편 현행 토지보상법은 간접보상이라는 용어를 채택하지 않고 토지보상법시행규칙 제7장에서 "공익사업지구 밖의 토지 등의 보상"으로 제59조에서 제63조까지 공익사업지구 밖에서의 손실에 대하여 보상하도록 규정하고 있다. 이와 같이 토지보상법에서 간접손실이라는 용어를 사용하지 않은 것은 간접손실에 대한 범위와 기준을 정하기가 어렵고 사업유형별로 간접손실의 발생사례가 다양하여 이를 유형화하기 어려울 뿐만 아니라 손실보상의 일반법적인 성격을 지닌 토지보상법에 구체적으로 간접보상을 규정하기에 한계가 따르기 때문[1391]으로 보인다.

1389) 공익사업의 시행 또는 완성 후의 시설이 간접적으로 사업지구 밖의 재산권에 가해지는 손실을 사업손실보상 (또는 간접손실보상)이라고 한다. 사업지 주변에 미치는 손실에는 물리적 내지 기술적 손실과 경제적 내지 사회적 손실로 구분할 수 있다(정하중, 행정법총론 제2판, 법문사, 2004, 561-562면).

1390) 공공사업의 시행으로 공익사업지 이외의 주변토지의 소유자에 미치는 손실을 간접손실(또는 제3자 보상)이라 하며, 이러한 간접손실도 공익사업이 원인이 되어 발생한 것이므로 특별한 희생의 경우에는 공적 부담 앞의 평등의 원칙상 손실보상의 개념에 포함되는 것으로 보고 있다(박균성, 행정법론(상), 박영사, 2004, 614면).

1391) 차태환, 토지보상법론, 부연사, 2010, 492면.

2) 법적 성격

이러한 사업지구 밖의 손실에 대한 보상의 법적 성질은 손해배상설과 손실보상설 그리고 결과책임설로 나누어져 있다.

(1) 손해배상설

사업지구 밖의 손실을 공익사업의 시행 중 또는 시행 완료 후 악취, 소음, 진동 등에 대한 피해는 수인한도를 넘는 경우 손해배상을 통하여 보상이 이루어지는 것이 합리적인 것으로 보며,[1392] 이는 판례에서 주로 나타나는 견해이다.

판 례

□ 대법원 2001. 2. 9. 선고 99다55434 판결

피고가 점유·관리하는 위 고속도로가 확장되고 공사완료 후 차량의 교통량과 차량의 속도가 증가함에 따라 원고들이 이미 하고 있던 위 양돈업을 폐업하여야 할 만큼의 소음·진동이 발생하였다는 것인바, 위 고속도로 확장공사시나 공사완료 후의 소음정도와 일반적으로 허용되는 소음기준치, 피고가 위 고속도로 확장공사 전에 원고들의 피해를 방지하기 위하여, 고속도로 개통 후 원고들의 피해 경감을 위하여 아무런 조치를 취한 바 없는 점, 위 양돈장이 소재한 곳의 위치와 도로 근접성 및 그 주변 일대의 일반적인 토지이용관계 등 여러 사정을 종합하여 볼 때, 위 고속도로 확장공사 및 차량통행에 따른 소음으로 인한 원고들의 양돈업에 대한 침해는 그 정도가 사회통념상 일반적으로 수인할 정도를 넘어선 것이라고 볼 것이고, 따라서 그 정도가 수인한도를 넘어 원고들에게 위와 같이 양돈업을 폐업하게 하는 손해를 입혔다면 피고는 원고들에 대하여 그로 인한 손해배상 책임을 면할 수 없다 할 것이다.

(2) 손실보상설

이 견해는 적법한 공권력의 행사에 기인하여 특별한 희생이 발생하였다면 이러한 간접손실은 손실보상으로 보아야 한다는 것이다. 이는 헌법 제23조 제3항 등을 근거로 하며, 간접손실 중에는 수용손실과 실질적으로 다르지 않은 경우가 있으며, 사업을 위한 희생이라는 점에서 간접손실도 수용손실과 동일한 선상에서 처리하여야 한다는 견해이다.[1393]

우리 판례가 간접보상을 손실보상설의 입장을 보이고 있다는 주장은 판례에서 사업

1392) 小高剛, 損失補償研究, 成文堂, 2000, 203頁.
1393) 강성준, 사업손실보상제도에 관한 법적 고찰, 국민대학교 박사학위 논문, 2006, 84면.

지구 밖의 손실에 대하여 토지보상법 등의 규정을 유추적용한 경우를 그 예로 들고 있다.[1394)]

(3) 결과책임설

결과책임설은 간접손실이 손해배상도 손실보상도 아닌 제3의 유형으로 보는 견해이다. 적법한 공익사업의 용지의 취득에 의하여 간접적으로 초래된 결과이고 공익을 위하여 희생에 제공된다는 사실에 변화가 없기 때문에 손실보상제도를 보완하는 일종의 결과책임으로서의 보상이 인정되는 것이 당연하다는 견해이다.[1395)]

(4) 구별불요설

이 견해는 간접손실에 관한 논의는 피해보상의 처리방식에 초점을 두고 해결방안을 찾아야 하는 것이 중요한 문제이지 실정법상의 체제에 맞추어 이를 손실보상으로 볼 것인지 손해배상의 문제로 볼 것인지 구별하는 것은 그다지 의미를 갖지 못한다는 입장이다.[1396)]

Ⅱ. 연 혁

공익사업시행지구 밖의 손실보상에 대하여 처음 도입하게 된 계기는 공공용지의 보상평가기준에 관한 규칙 제5장의 2에서 "수몰로 인한 간접보상"을 신설하면서 부터이다(건설부령 제268호, 1980. 8. 1). 동 규칙 제23조의2 내지 5호에서 수몰로 인한 농경지, 건물보상, 소수잔존자보상, 영업보상에 대해서 보상규정을 마련하였다.

1394) 대법원 2004. 9. 23. 선고 2004다25581 판결 : 공공사업의 시행 결과 공공사업시행지구 밖에서 발생한 간접손실에 관하여 그 피해자와 사업시행자 사이에 협의가 이루어지지 아니하고, 그 보상에 관한 명문의 근거 법령이 없는 경우라고 하더라도, 헌법 제23조 제3항 및 토지수용법 등의 개별 법률의 규정, 공특법 제3조 제1항 및 공특법시행규칙 제23조의2 내지 7 등의 규정 취지에 비추어 보면, 공공사업의 시행으로 인하여 그러한 손실이 발생하리라는 것을 쉽게 예견할 수 있고, 그 손실의 범위도 구체적으로 이를 특정할 수 있는 경우에는 그 손실의 보상에 관하여 공특법시행규칙의 관련 규정 등을 유추적용할 수 있다.

1395) 秋山義昭, 國家賠償法, ぎょうせい, 1985, 227頁.

1396) 강구철, "사업손실보상" 법학논총 제19집, 국민대학교 법학연구소, 2007, 161면.

이후 공특법으로 변경되면서 동 시행규칙에서는 수몰지에서만 한정하여 보상한 것을 주택지조성사업, 일단의 공업단지 조성사업 또는 신도시개발사업으로 인하여 대상물건이 그 본래의 기능을 다할 수 없게 된 경우 그 보상에 관하여 이를 준용하도록 하여 공익사업 전반에 걸쳐 간접보상을 확대하였다(건설부령 제294호, 1981. 3. 23).[1397]

이후 공특법과 토지수용법이 토지보상법으로 통합되면서 간접보상이라는 용어를 폐지하고 동법 제7절에서 "공익사업시행 지구 밖의 보상"이라는 용어 하에 공익사업지구 밖의 대지·건축물·공작물 등에 대한 보상, 소수잔존자에 대한 보상, 어업의 피해에 대한 보상, 영업손실에 대한 보상, 농업의 손실에 대한 보상을 규정하면서 보상기준을 체계화하였다.

Ⅲ. 공익사업지구 밖의 손실보상의 요건

1. 판례의 요건

적법한 공권력의 행사에 의하여 특별한 희생이 발생하였다면 공익사업지구 내·외를 불문하고 침해된 재산권에 대하여 보상되어야 하는 것은 당연하나, 공익사업지구 밖의 경우 그 보상범위와 보상기준에 대해서는 학설과 판례는 명확한 기준을 제시하지 못하고 있다.

이는 사업지구 밖에서 발생하는 모든 피해를 파악하기 곤란할 뿐만 아니라, 그 위법성, 인과관계도 명확하지 않아 모든 피해를 보상하는 것은 현실적으로 불가하기 때문이다. 그러나 사업지구 밖에서 발생되는 손실이라 하더라도 사회통념상 일반적으로 요구되는 수인한도를 넘어서는 특별한 수인한도를 넘는 피해에 대해서는 보상하는 것이 손실보상의 일반이론상 타당할 것으로 보인다.

판례는 사업지구 밖에서 발생하는 손실에 대하여, 그러한 손실이 발생하리라는 것을

1397) 간접보상을 토지수용법이 아닌 공특법에서만 규정하게 된 것은, 1970년대 이후 각종 대규모 사업이 진행되면서 각종 간접손실이 발생하게 되고 이에 대한 보상요구가 절실하게 되었으나, 그것을 토지수용법에 규정하기에는 아직 연구가 미진하였기 때문에, 잠정적으로 취득과 보상에 관하여 당사자 간에 협의가 이루어 진 경우에 보상기준과 방법만을 정하는 특례법에 규정하여 실험적으로 운영하려고 한 것이라 하겠다.

쉽게 예견할 수 있고 그 손실의 범위도 구체적으로 이를 특정할 수 있는 경우라면 토지보상법에 규정된 보상규정을 유추적용할 수 있다는 입장이다(아래 판례 참조). 따라서 대법원은 사업지구 밖의 손실에 대한 보상기준에 대하여 토지보상법을 유추적용을 위하여 "**예견가능성과 특정가능성**"의 요건을 법리로써 확립하고 있다.[1398]

판 례

□ 대법원 1999. 6. 11. 선고 97다56150 판결

국민의 재산권을 침해하는 행위 그 자체는 반드시 형식적 법률에 근거하여야 하며, 토지수용법 등의 개별 법률에서 공익사업에 필요한 재산권 침해의 근거와 아울러 그로 인한 손실보상 규정을 두고 있는 점, 공공용지의취득및손실보상에관한특례법 제3조 제1항은 "공공사업을 위한 토지 등의 취득 또는 사용으로 인하여 토지 등의 소유자가 입은 손실은 사업시행자가 이를 보상하여야 한다."고 규정하고, 같은법시행규칙 제23조의2 내지 7에서 공공사업시행지구 밖에 위치한 영업과 공작물 등에 대한 간접손실에 대하여도 일정한 조건하에서 이를 보상하도록 규정하고 있는 점에 비추어, 공공사업의 시행으로 인하여 그러한 손실이 발생하리라는 것을 쉽게 예견할 수 있고 그 손실의 범위도 구체적으로 이를 특정할 수 있는 경우라면 그 손실의 보상에 관하여 공공용지의취득및손실보상에관한특례법시행규칙의 관련 규정 등을 유추적용할 수 있다고 해석함이 상당하다.

2. 현행 토지보상법상 보상요건

현행 토지보상법에서는 동법 제73조 및 제74조에 의한 잔여지 보상과 동법 시행규칙 56조 내지 제60조에 의한 공익사업지구 밖의 토지 등에 대한 보상이 있다.

1) 공익사업시행지구 밖의 대지 등에 대한 보상

공익사업시행지구 밖의 대지(조성된 대지 포함)·건축물·분묘 또는 농지(계획적으로 조성된 유실수단지 및 죽림단지를 포함)가 공익사업의 시행으로 인하여 산지나 하천 등에 둘러싸여 교통이 두절되거나[1399] 경작이 불가능하게 된 경우에는 그 소유자의 청구에 의하여

1398) 이러한 판례의 입장은 이후에도 지속되고 있다. 대법원 2002. 11. 26. 선고 2001다44352 판결, 대법원 2004. 9. 23. 선고 2004다25581 판결 참조.

1399) 법제처 안건번호 07-0445(2007. 12. 28) : 교통이 두절된 경우라 함은 물리적으로 통행을 전혀 할 수 없는 경우뿐만 아니라, 이미 임도 등 기존의 연결되는 통로가 있어 통행이 전혀 불가능한 것은 아니라고 하더라도 지형적·위치적 형상 및 이용관계, 부근의 지리 상황 등 그 밖의 제반사정을 고려하여 그것이 사회통념상 도로로서의 기능을 다하지 못하여 당해 주민들이 그 도로를 이용하여 통행하도록 기대하는 것이 현저히 곤란한 사정이 인정된다면, 이 역시 교통이 두절되었다고 할 것입니다.

이를 공익사업시행지구에 편입되는 것으로 보아 보상하여야 한다.[1400] 다만, 그 보상비가 도로 또는 도선시설의 설치비용을 초과하는 경우에는 도로 또는 도선시설을 설치함으로써 보상에 갈음할 수 있다(시행규칙 제59조).

한편 여기서 '경작이 불가능하게 된 경우'에 대하여 판례는 그 농경지가 공공사업의 시행으로 인하여 산지나 하천 등에 둘러싸이는 등으로 경작 자체가 불가능한 경우를 의미하는 것으로, 단지 공공사업의 시행으로 인하여 소음과 진동의 발생, 일조량의 감소 등으로 기존에 재배하던 농작물의 부지로는 부적당하다고 하더라도 다른 농작물을 재배하는 데에는 별다른 지장이 없어 보이는 경우까지를 포함하는 것이 아니라고 하여[1401] 객관적 기준을 제시하고 있다.[1402]

또한 토지보상평가지침에서는 ① 공익사업지구 밖의 대지 또는 농경지가 공익사업으로 산지나 하천 등에 둘러싸여 교통이 두절되거나 경작이 불가능한 경우 ② 한 마을의 주거용 건축물이 대부분 공익사업에 편입되어 잔여 주거용 건축물 거주자의 생활환경이 뚜렷이 불편하여 이주가 부득이한 경우에도 공익사업에 편입되는 것으로 보고 보상할 수 있도록 규정하고 있다(토보침 제56조③).

질의회신

□ 토지정책과-5658 (2010. 12. 6)

(질의요지) 공익사업(도로) 시행으로 인해 지구밖 건물(주택) 앞으로 4m 높이 도로와 15m 높이 철도교량이 인접하게 되면서 건물 진·출입로가 없어진 경우 건물보상 여부

(회신내용) 「공익사업을 위한 토지 등의 취득 및 보상에 관한 법률 시행규칙」 제59조에 의하면, 공익사업시행지구밖의 대지(조성된 대지를 말함)·건축물·분묘 또는 농지(계획적으로 조성된 유실수단지 및 죽림단지를 포함)가 공익사업의 시행으로 인하여 산지나 하천 등에 둘러싸여 교통이 두절되거나 경작이 불가능하게 된 경우에는 그 소유자의 청구에 의하여 이를 공익사업시행지구에 편입되는 것으로 보아 보상하여야 하되, 다만, 그 보상비가 도로 또는 도선시설의 설치비용

1400) 국토부 토정 58342-534. (1997. 4. 21) : 공공사업지 인근에 소재한 농경지로서 동 사업의 공사를 시행하는 동안 농로로 사용 중이던 도로가 폐쇄되어 경작이 불가능하게 된 경우에는 그 소유자의 청구에 의하여 이를 공공사업지구안에 편입되는 것으로 보아 보상하도록 하고 있으므로 당해 농경지 소유자의 청구가 있으면 보상이 가능하다.

1401) 대법원 2004. 10. 27. 선고 2002다21967 판결 .

1402) 법제처 안건번호 07-0445(2007. 12. 28) : 「신항만건설촉진법」에 따른 신항만개발사업으로 인하여 공익사업시행지구 밖의 대지 등에 발생하는 손실의 보상 등에 대하여도 「공익사업을 위한 토지 등의 취득 및 보상에 관한 법률」이 준용되고, 이러한 공익사업시행으로 인하여 섬 주민들의 기존 도선항로가 폐쇄된 것이며, 이로 인하여 물리적으로 육지로 전혀 통행할 수 없을 뿐만 아니라 임도 등 다른 통로를 이용하면 통행할 수 있다고 하더라도 사회통념상 이를 이용하는 것이 현저히 곤란하다면, 「공익사업을 위한 토지 등의 취득 및 보상에 관한 법률 시행규칙」 제59조가 적용될 수 있습니다.

> 을 초과하는 경우에는 도로 또는 도선시설을 설치함으로써 보상에 갈음할 수 있도록 규정하고 있습니다. 따라서, 당해 공익사업의 시행으로 인하여 교통이 두절되는 경우에는 위 규정에 의한 공익사업시행지구 밖의 손실보상 대상에 해당된다고 보나, 귀 질의의 경우가 이에 해당되는지 여부에 대하여는 사업시행자가 현지여건 및 사실관계 등을 종합적으로 검토하여 판단할 사항으로 봅니다.

2) 공익사업시행지구 밖의 건축물에 대한 보상

소유농지의 대부분이 공익사업시행지구에 편입됨으로써 건축물(건축물의 대지 및 잔여 농지[1403]를 포함)만이 공익사업시행지구밖에 남게 되는 경우로서 그 건축물의 매매가 불가능하고 이주가 부득이한 경우에는 그 소유자의 청구에 의하여 이를 공익사업시행지구에 편입되는 것으로 보아 보상하여야 한다(시행규칙 제60조).

이와 관련하여 질의회신에서는 공장세입자가 공익사업지구 밖의 종업원 숙소, 식당 등을 운영하여 오다가 공장부지가 공익사업지구에 편입되었던 사안에서 공장부지가 공익사업지구에 편입되었다는 사유만으로 사업지구 밖의 기타 시설물이 본래의 기능을 다할 수 없게 되었다고 볼 수 없다고 보고 있으며, 다만 공익사업지구 밖의 시설물 자체의 향후 이용가능성, 매매가능성 등을 고려하여 결정하여야 한다고 회신[1404]한 바 있다.

3) 소수잔존자에 대한 보상

공익사업의 시행으로 인하여 1개 마을의 주거용 건축물이 대부분 공익사업시행지구에 편입됨으로써 잔여 주거용 건축물 거주자의 생활환경이 현저히 불편하게 되어 이주가 부득이한 경우에는 당해 건축물 소유자의 청구에 의하여 그 소유자의 토지 등을 공익사업시행지구에 편입되는 것으로 보아 보상하여야 한다.

유권해석은 공익사업의 시행으로 인하여 1개 부락의 대부분이 편입되고 가옥 6세대

1403) 토관 58342-527 (2001. 4. 9) : 공공사업시행지구밖의 대지·건물 또는 농경지가 공공사업의 시행으로 인하여 산지나 하천 등에 둘러싸여 교통이 두절되거나 경작이 불가능하게 된 경우에는 그 소유자의 청구에 의하여 이를 공공사업 시행지구안에 편입되는 것으로 보아 보상하되, 당해 토지의 매수비가 도로 또는 도선시설의 설치비용을 초과하는 경우에는 토지의 매수에 갈음하여 도로 또는 도선시설을 설치할 수 있도록 되어 있으므로 이에 해당되는 경우에는 당해 토지를 매수하거나 도로 등의 시설을 설치할 수 있다고 봅니다.

1404) 토관 58342-1103 (1999. 9. 13).

가 남았을 경우 잔여가옥의 생활환경이 불편하게 되어 이주가 불가피한 경우 그 소유자의 청구에 의하여 이를 공익사업에 편입된 것으로 보아 보상할 수 있다[1405]는 입장이다. 이 경우 소수잔존자 보상대상의 편입토지 등은 보상하여야 할 것으로 본다.[1406]

4) 공익사업시행지구 밖의 공작물 등에 대한 보상

공익사업시행지구밖에 있는 공작물 등이 공익사업의 시행으로 인하여 그 본래의 기능을 다할 수 없게 되는 경우에는 그 소유자의 청구에 의하여 이를 공익사업시행지구에 편입되는 것으로 보아 보상하여야 한다(시행규칙 제62조).

사업시행지구 밖의 공작물이 독립적인 기능을 할 수 없는 경우[1407]나 부속시설이 편입된 경우[1408]가 인정될 수 있으나, 사업지구 밖의 간접보상 건축물이 제3자에게 소유권이 이전되어 멸실된 경우에는 간접보상할 수 없다[1409]고 본다.

질의회신

□ 토정 58307-1329 (1995. 9. 7)

(질의요지) 도로확장사업으로 주유기 등 주유소 일부시설만 편입되고 건물 등은 편입되지 않았으나, 영업허가에 포함된 시설물이 편입되어 주유소 본래의 기능을 완전히 상실한 경우 모든 건축물을 완전 철거하고 현 위치 후방으로 이전하여야 하는 경우 이에 대한 보상이 가능한 지 여부

(회신내용) 공공사업에 편입되지는 아니하였으나, 그 본래의 가능을 다 할 수 없는 경우에는 보상대상에 해당하며, 이는 당해 시설물이 영업허가에 포함된 것인지에 의하여 결정되는 것이 아니고 현실적으로 용도나 기능상 당해 영업에 필요한 것이며 잔여시설이 그 본래의 기능을 다 할 수 있는가에 따라 보상여부를 판단하여야 할 사항이고, 일부 시설의 편입으로 잔여건물을 후방으로

1405) 국토부 토관 58342-235 (1998. 2. 11) : "소유농지 대부분이 공공사업지구에 편입되므로 건물만이 공공사업지구 밖에 존재 하여 매매가 불가능하고 이주가 부득이한 경우, 공공사업의 시행으로 1개 부락의 대부분이 편입되고 잔여가옥의 생활환경이 현저하게 불편하게 되어 이주가 불가피한 경우 소유자의 청구에 의하여 이를 보상하도록 규정하고 있으므로"라고 회신하고 있다.

1406) 토관 58342-1543 (2002. 10. 30) : 공공사업의 시행으로 인하여 1개 부락의 가옥이 대부분 공공사업시행지구에 편입되고 잔여가옥의 생활환경이 현저히 불편하게 되어 이주가 불가피한 경우에는 그 소유자의 청구에 의하여 이를 공공사업시행지구 안에 편입되는 것으로 보아 보상하도록 되어 있으므로 이에 해당되어 소수잔존자의 가옥을 보상하는 경우에는 그 가옥의 부지는 보상이 가능하다고 봅니다.

1407) 국토부 토관 58342-883 (2001. 6. 2) : "사업지구 밖의 공작물 등이 공공사업의 시행으로 인하여 독립적인 기능을 할 수 없는 경우에 보상대상에 해당한다고 보나, 당해 공작물 등이 독립적인 가능을 유지하는 경우 또는 당해 공작물이 관계법령에 위반되어 철거되는 경우 그러하지 아니하다"고 회신하고 있다.

1408) 국토부 토관 58342-849 (1999. 8. 5) : 폐수처리장과 돈분건조장이 공공사업지구에 편입됨으로서 본래의 기능을 다할 수 없을 때에는 공특법시행규칙 제23조의6 규정에 의거 간접보상이 된다.

1409) 국토부 토관 58342-4289 (2004. 9. 20)

재건축이 필요하면 그 비용도 보상대상이 된다.

5) 공익사업시행지구 밖의 어업보상

(1) 관련규정

■ **토지보상법 시행규칙**

제63조 (공익사업시행지구밖의 어업의 피해에 대한 보상) ① 공익사업의 시행으로 인하여 해당 공익사업시행지구 인근에 있는 어업에 피해가 발생한 경우 사업시행자는 실제 피해액을 확인할 수 있는 때에 그 피해에 대하여 보상하여야 한다. 이 경우 실제 피해액은 감소된 어획량 및 「수산업법 시행령」 별표 4의 평년수익액 등을 참작하여 평가한다.
② 제1항에 따른 보상액은 「수산업법 시행령」 별표 4에 따른 어업권·허가어업 또는 신고어업이 취소되거나 어업면허의 유효기간이 연장되지 아니하는 경우의 보상액을 초과하지 못한다.
③ 사업인정고시일등 이후에 어업권의 면허를 받은 자 또는 어업의 허가를 받거나 신고를 한 자에 대하여는 제1항 및 제2항을 적용하지 아니한다.

(2) 보상요건

① 어업권 보상대상

공익사업지구 밖의 어업피해에 대한 보상대상은 토지보상법 시행규칙에 의한 어업보상대상이어야 한다. 따라서 토지보상법상 어업권 보상대상이 아닌 내수면에서의 신고 어업의 경우는 그 보상대상이 아니다.[1410)]

② 사업인정 고시일 등 이전 어업

공익사업지구 밖의 어업피해에 대한 보상대상은 사업인정 고시일 등 이전에 어업면허, 허가어업, 신고어업 등을 받은 경우에 해당하여야 한다.

1410) 토지정책과-4629 (2009. 10. 6) : 어업권의 평가 등에 대하여 토지보상법 시행규칙 제44조 제4항 규정에 의하면, 「내수면어업법」 제11조 제2항의 규정에 의한 신고어업이 공익사업에 직접 편입되더라도 어업보상대상에서 제외하고 있으므로, 사업시행지구밖의 어업 피해 보상에 있어서도 「내수면어업법」 제11조 제2항의 규정에 의한 신고어업은 어업보상 대상에서 제외되어야 한다고 보며, 개별적인 사례에 대하여는 사업시행자가 관계법령 등을 검토하여 판단할 사항이라고 봅니다.

판 례

□ **대법원 2001. 3. 27. 선고 2000다55720 판결**

공공용지의취득및손실보상에관한특례법 시행규칙 제23조의5에서 공공사업시행지구 밖에 위치한 영업에 대한 간접손실에 대하여도 일정한 요건을 갖춘 경우 이를 보상하도록 규정하고 있는 점에 비추어, 공공사업의 시행으로 인하여 사업지구 밖의 신고어업자가 입은 간접손해에 대하여도 그러한 손실이 발생하리라는 것을 쉽게 예견할 수 있고 그 손실의 범위를 구체적으로 특정할 수 있는 경우라면, 그 손실의 보상에 관하여 같은 법 시행규칙의 간접보상 규정을 유추적용할 수 있다고 할 것인데, 이러한 경우 위 간접보상 규정을 유추적용하여 손실보상청구권을 인정하기 위하여는 공유수면 매립승인 고시일 이전에 적법한 어업신고가 이루어져야 하고, 종전부터 사실상 그 신고어업을 운영하고 있었다고 하여 달리 볼 것은 아니다.

③ 실제 피해액 확인가능

사업시행자는 실제 피해액을 확인할 수 있는 때에 그 피해에 대하여 보상하여야 한다. 이 경우 실제 피해액은 감소된 어획량 및 「수산업법 시행령」 별표 3의 평년수익액 등을 참작하여 평가한다. 따라서 피해액이 확인되기 전에는 보상할 수 없다. 이는 손실보상 원칙의 하나인 사전보상의 원칙의 예외이다.

이때 보상액은 「수산업법 시행령」 별표 3에 따른 어업권·허가어업 또는 신고어업이 취소되거나 어업면허의 유효기간이 연장되지 아니하는 경우의 보상액을 초과하지 못한다. 이 공익사업지구 밖의 어업보상의 특징 중의 하나는 바로 실제 피해액이 확인될 때에 보상이 가능하다는 점이다. 이는 사전보상의 원칙의 예외이기도 하다.

판 례

□ **대법원 2002. 11. 26. 선고 2001다44352 판결**

관계 법령에 따른 허가나 신고가 이루어지지 아니한 이상, 피고로서는 그 공공사업 시행 당시 원고들 영업의 존재나 규모, 생산능력 등을 쉽게 알 수 없을 뿐 아니라, 그 배후지에 해당하는 김양식장과 사이의 연관관계도 파악하기 어렵고 그 손실의 범위도 구체적으로 특정할 수 없었다고 보아야 할 것이며(대법원 1998. 1. 20. 선고 95다29161 판결, 1999. 12. 24. 선고 98다57419, 57426 판결 등 참조), 이처럼 사업시행 이후에 원고들이 어업 신고를 하고 영업을 한 경우에는 공공사업 시행에 따른 제한이 확정된 이후의 행위로서 손실보상의 대상이 되는 특별한 희생에 해당한다고 할 수 없다.

6) 공익사업시행지구 밖의 영업손실에 대한 보상

(1) 관련규정

> ▣ **토지보상법시행규칙**
>
> 제64조 (공익사업시행지구밖의 영업손실에 대한 보상) ① 공익사업시행지구밖에서 제45조에 따른 영업손실의 보상대상이 되는 영업을 하고 있는 자가 공익사업의 시행으로 인하여 다음 각 호의 어느 하나에 해당하는 경우에는 그 영업자의 청구에 의하여 당해 영업을 공익사업시행지구에 편입되는 것으로 보아 보상하여야 한다. 〈개정 2007. 4. 12.〉
>
> 1. 배후지의 3분의 2 이상이 상실되어 그 장소에서 영업을 계속할 수 없는 경우
> 2. 진출입로의 단절, 그 밖의 부득이한 사유로 인하여 일정한 기간 동안 휴업하는 것이 불가피한 경우
>
> ② 제1항에 불구하고 사업시행자는 영업자가 보상을 받은 이후에 그 영업장소에서 영업이익을 보상받은 기간 이내에 동일한 영업을 하는 경우에는 실제 휴업기간에 대한 보상금을 제외한 영업손실에 대한 보상금을 환수하여야 한다. 〈신설 2007. 4. 12.〉

공익사업시행지구 밖에서 제45조에 따른 영업손실의 보상대상이 되는 영업을 하고 있는 자가 공익사업의 시행으로 인하여 배후지의 3분의 2 이상이 상실되어 그 장소에서 영업을 계속할 수 없는 경우이거나 또는 진출입로의 단절, 그 밖의 부득이한 사유로 인하여 일정한 기간 동안 휴업하는 것이 불가피한 경우에는 그 영업자의 청구에 의하여 당해 영업을 공익사업시행지구에 편입되는 것으로 보아 보상하여야 한다. 다만, 사업시행자는 영업자가 보상을 받은 이후에 그 영업장소에서 영업이익을 보상받은 기간 이내에 동일한 영업을 하는 경우에는 실제 휴업기간에 대한 보상금을 제외한 영업손실에 대한 보상금을 환수하여야 한다(시행규칙 제64조).

(2) 보상요건

공익사업지구 밖의 영업보상에 대한 일반적 요건은 아래와 같다.

① 공익사업지구 밖의 영업

공익사업지구 밖에서 발생된 영업손실이어야 한다.[1411] 이 점에서 사업지구 안에 편

1411) 대법원 1999. 12. 24. 선고 98다57419, 57426 판결 : 공공사업시행지구 밖에서 관계 법령에 따라 신고를 하고 수산제조업을 하고 있는 사람에게 공공사업의 시행으로 인하여 그 배후지가 상실되어 영업을 할 수 없게 되었음을 이유로 손실보상을 하는 경우 그 보상액의 산정에 관하여는 공공용지의취득및손실보상에관한특례법시행규칙의 간접보상에 관한 규정을 유추적용할 수 있다.

입된 직접적인 영업보상과 차이가 있다고 할 수 있다.

② 토지보상법 시행규칙 제45조에 의한 적법한 영업

즉 ㉮ 사업인정고시일등 전부터 적법한 장소(무허가건축물 등, 불법형질변경토지, 그 밖에 다른 법령에서 물건을 쌓아놓는 행위가 금지되는 장소가 아닌 곳을 말한다)에서 ㉯ 인적·물적시설을 갖추고 계속적으로 행하고 있는 영업 ㉰ 다만, 무허가건축물 등에서 임차인이 영업하는 경우에는 그 임차인이 사업인정고시일등 1년 이전부터 「부가가치세법」 제5조에 따른 사업자등록을 하고 행하고 있는 영업을 말하며, ㉱ 영업을 행함에 있어서 관계법령에 의한 허가 등을 필요로 하는 경우에는 사업인정고시일등 전에 허가등을 받아 그 내용대로 행하고 있는 영업이어야 한다.

종전 공특법에서는 이러한 공익사업지구 밖의 자유영업에 대하여는 보상이 되지 않았으나[1412] 현재의 토지보상법에서는 시행규칙 제45조에 해당하는 영업에 대해서 보상하도록 하고 있어 **자유영업에 대해서도 보상이 가능**하다. 그러나 여전히 무허가영업과 적법하지 않은 장소에서의 영업은 공익사업지구 밖의 영업보상에서 제외된다 할 것이다.

③ 실제 휴업기간에 대한 보상

사업시행자는 영업자가 보상을 받은 이후에 그 영업장소에서 영업이익을 보상받은 기간 이내에 동일한 영업을 하는 경우에는 실제 휴업기간에 대한 보상금을 제외한 영업손실에 대한 보상금을 환수하여야 한다.

④ 영업자의 보상청구

공익사업의 시행으로 인하여 그 장소에서 영업을 장소가 없거나 일정기간을 휴업을 하여야 하는 경우 그 **영업자의 청구**에 의하여 당해 영업을 공익사업시행지구에 편입되는 것으로 보아 보상하여야 한다.

1412) 종전 구 공특법 시행규칙 제23조의 5는 "공공사업지구밖에서 관계법령에 의하여 면허 또는 허가를 받거나 신고를 하고 영업을 하고 있는 자가 공공사업의 시행으로 인하여 그 배후지의 3분의 2 이상이 상실되어 영업을 할 수 없는 경우에는 그 손실액을 평가하여 보상한다"고 하고 있어 간접보상의 대상이 되는 영업을 관계법령에 의하여 면허 또는 허가를 받거나 신고를 하고 영업에 한정하여 자유영업을 제외하고 있었다. 유권해석 또한 "면허·허가 또는 신고 등이 없이 영업할 수 있는 자유영업은 위 규정에 의한 간접영업보상 대상에 해당되지 아니한다고 봅니다. 토관 58342-1416 (2002. 10. 1)"고 하여 자유영업에 대하여 간접보상을 부정했었다. 그러나 자유영업을 제외하는 것에 대해서 문제가 있다는 의견도 있어왔다.

이외에 토지보상법은 공익사업지구 밖의 영업보상에 대한 구체적 요건을 제시하고 있다.

(가) 배후지의 2/3 이상 상실

공익사업의 시행으로 인하여 배후지[1413]의 2/3 이상이 상실되어야 한다. 여기서 배후지의 3분의 2 이상이라는 수치적 제한이 객관성이 있어 보이지만 보상현장에서 배후지의 범위 등을 정하기는 너무 막연하여 사실상 불확정 개념으로 정의될 수 밖에 없다. 그러나 유권해석상으로는 배후지 2/3 상실요건을 엄격하게 해석하고 있는 것으로 보이며[1414] 또한 판례도 문언해석에 충실한 것으로 판단하고 있다(아래 판례 참조).

판 례

□ 대법원 2004. 4. 27. 선고 2004다27020, 27037(병합) 판결

공특법시행규칙 제23조의5는 영업 배후지의 3분의 2 이상이 상실되어 영업을 할 수 없는 경우에 한하여 손실보상의 대상이 되도록 하고 있는바, 이 사건 간척사업으로 인한 영업 배후지 상실률은 원고들의 김가공 공장의 경우 35.32%에 불과하다는 것이므로, 그 영업손실은 위 시행규칙에 따른 손실보상의 대상이 되지 않고, 더 나아가 위 조항이 평등권을 규정한 헌법 제11조 제1항, 손실보상의 원칙을 규정한 헌법 제23조 제3항 및 구공공용지의취득및손실보상에관한특례법(2002. 2. 4. 법률 제6656호로 폐지되기 전의 것) 제3조 제1항에 위반된다고 할 수 없다.

즉, 대법원은 문언상 공공사업시행지구 밖의 영업이라 하더라도 배후지의 3분의 2 이상 상실되고 그 결과 영업을 계속할 수 없는 경우에 비로소 공공사업시행지구 안의 영업으로 보아 그와 동일하게 손실보상의 대상이 될 수 있다는 것으로 해석함이 타당

1413) 대법원 2013. 6. 14. 선고 2010다9658 판결 : 여기서 '배후지'라 함은 '당해 영업의 고객이 소재하는 지역'을 의미한다고 풀이되고, 공공사업 시행지구 밖에서 영업을 영위하여 오던 사업자에게 공공사업의 시행 후에도 당해 영업의 고객이 소재하는 지역이 그대로 남아 있는 상태에서 그 고객이 공공사업의 시행으로 설치된 시설 등을 이용하고 사업자가 제공하는 시설이나 용역 등은 이용하지 않게 되었다는 사정은 여기서 말하는 '배후지의 상실'에 해당한다고 볼 수 없다. 이 사건 연륙교(연륙교)가 2008. 5. 22.경 완공되어 도로가 개통된 이후 인근 주민 등이 이 사건 연륙교를 이용하고 원고가 해상운송수단으로 제공하는 선박들을 이용하지 아니함으로써 원고의 도선사업이 폐지되었다는 사정만으로 피고의 이 사건 연륙교 가설사업의 시행으로 인하여 원고의 도선사업 배후지가 3분의 2 이상 상실되어 영업을 할 수 없는 경우에 해당한다고 볼 수 없다.

1414) 국토부 토정 58307-276 (1993. 2. 23) : 영업의 축소보상은 주류제조업 등 관계 법령에 의하여 영업대상구역이 한정되어 있는 경우로서 그 영업대상구역이 공공사업의 시행으로 인하여 축소된 경우에는 가능하나, 김 가공업 등을 영업구역이 한정된 영업에 해당하지 아니하므로 영업축소 보상대상이 아니며, 또한 배후지의 2/3 이상이 상실되어 영업할 수 없는 경우가 아닌 경우에는 간접보상이 되지 않는다.

하다고 판단하였다. 그러나 이러한 대법원의 판단에 대하여, 단순히 영업배후지 상실률 2/3를 기준으로 그 이상은 특별한 희생이 되어 손실보상이 되고, 그 미만의 경우에는 특별한 희생이 되지 않아 손실보상이 되지 않는다는 견해는 수긍하기 어렵다는 의견[1415]이 제기되고 있다.

(나) 진출입로의 단절 등 부득이한 사유로 일정한 기간 휴업이 불가피한 경우

토지보상법은 공익사업지구 밖의 영업보상에 대하여 배후지 상실 이외에 진출입로 단절 등 부득이한 경우 보상할 수 있도록 2007. 4. 12. 보상요건을 완화하였다. 이는 공익사업의 시행으로 진출입로가 단절되어 일정기간 휴업이 불가함에도 불구하고 법령의 미비로 보상을 할 수 없었던 것에 대하여 보상이 가능하도록 개정하였다.[1416]

1415) ① 2006. 10. 12 법률신문 임종길 변호사 견해

가. 손실보상에 관한 기본정신에 비추어 볼 때 영업배후지 상실률 2/3를 기준으로 그 이상은 특별한 희생이 되어 손실보상이 되고, 그 미만의 경우에는 특별한 희생이 되지 않아 손실보상이 되지 않는다는 규칙은 어느 모로 보나 이해할 수 없는 규정이라 할 것이다. 즉, 공공사업의 시행으로 영업을 할 수 없거나 제한을 받는 것이 명확하고 그 손실의 범위도 구체적으로 특정할 수 있다면 영업배후지 상실률과 관계없이 이를 특별한 희생이라고 보아서 손실보상을 하여야 하는 것이고 그렇지 않고 영업배후지 상실률이 2/3이상이고 영업손실이 발생했을때만 특별한 희생이 되어 그 손실을 보상할 수 있다는 법리는 도저히 수긍할 수 없다할 것이다.

나. 만약에, 위 공특법 시행규칙 제23조의 5에서 말하는 영업배후지 3분의 2 요건을 예시적인 것이 아니고 반드시 충족되어야 할 요건이라고 보아야 한다면, 위 규칙은 평등권을 규정한 헌법 제11조 제1항, 손실보상의 원칙을 규정한 헌법 제23조 제3항 및 구공공용지의취득및손실보상에관한특례법(2002. 2. 4. 법률 제6656호로 폐지되기 전의 것) 제3조 제1항에 위반되는 무효인 규칙이라 할 것이다.

② 신봉기, "공특법상 간접영업보상 제도의 문제점" 공법연구(29집 제1호), 2000, 335면

배후지의 3분의 2 이상이 상실되었더라도 여전히 당해 영업을 계속할 수 있는 경우라면 영업을 계속할 수 없는 경우에 해당하지 않는 것으로 보아야 하고, 반대로 배후지의 3분의 2 이상이 상실되지 아니하였더라도 더 이상 영업을 할 수 없는 상황이라면 공익사업으로 인하여 영업을 계속할 수 없는 경우로 이해하여야 한다.

1416) 종전에는 배후지 2/3 요건에 해당하지 않으면 간접보상은 인정하지 않는 추세였다. 즉 2007. 4. 12 이전 국토부 질의회신은 "공공사업의 시행으로 인하여 그 배후지의 3분의 2 이상이 상실되어 영업을 할 수 없는 경우에는 제24조 및 제25조의 규정에 의하여 그 손실을 보상하도록 되어 있으므로 이에 해당하는 경우에는 위 규정에 의거 보상이 가능하나 그러하지 아니한 경우에는 위 규정에 의한 보상대상에 해당되지 아니한다고 보며, 사업지구밖에 있는 영업이 공공사업의 시행으로 피해를 입은 경우 피해배상여부는 당사자간에 협의하거나 민사소송 등에 의하여 해결할 사항이라고 봅니다"【토관 58342-882 (2001. 6. 5)】 고 하여 간접보상을 부정하였으나, 이후 질의회신에서는 "토지보상법 시행규칙 제64조의 규정은 공익사업시행지구밖에서 제45조에 따른 영업손실의 보상대상이 되는 영업을 하고 있는 자가 진출입로의 단절, 그 밖의 부득이한 사유로 인하여 일정한 기간 동안 휴업하는 것이 불가피한 경우에 그 영업자의 청구에 의하여 공익사업시행지구에 편입되는 것으로 보아 보상하는 것입니다. 귀 질의의 경우 진출입로의 단절로 일정한 기간 동안 휴업하는 것이 불가피한 경우에 해당하는지 여부 등 개별적인 사례에 대하여는 사업시행자가 사실관계 등을 조사, 검토하여 판단·결정할 사항이라고 봅니다"【토지정책과-4029 (2009. 8. 31)】 고 하여 진출입로 단절 등에 의한 간접보상을 인정하고

또한 이처럼 영업자가 공익사업지구 밖 보상을 받은 이후에 그 영업장소에서 동일한 영업을 하는 경우에는 실제 휴업기간에 대한 보상금을 제외한 영업손실에 대한 보상금을 환수하여야 하도록 규정하고 있다(동 시행규칙 제64조 제2항). 이는 영업의 폐업보상[1417]과 같이 실제 손실에 대해서 보상하겠다는 취지이다.

7) 공익사업시행지구 밖의 농업의 손실에 대한 보상

경작하고 있는 농지의 3분의 2 이상에 해당하는 면적이 공익사업시행지구에 편입됨으로 인하여 당해지역(영 제26조 제1항 각호의 1의 지역을 말한다)에서 영농을 계속할 수 없게 된 농민에 대하여는 공익사업시행지구 밖에서 그가 경작하고 있는 농지에 대하여도 제48조 제1항 내지 제3항 및 제4항 제2호의 규정에 의한 영농손실액을 보상하여야 한다. 따라서 당해 지역의 농지 3분의 2 이상이 편입되어 영농을 할 수 없는 경우 잔여 농지에 대해서도 농업손실보상금을 지급하여야 한다.

다만, 공익사업지구 밖의 영업보상에서 검토한 바와 같이 공익사업지구 밖의 농업에 대해서도 3분의 2 이상이 보상요건인지에 대해서는 부정적 의견도 있으나,[1418] 유권해석은 **3분의 2 이상 편입 요건과 영농을 계속할 수 없는 경우**의 두 가지 요건을 모두 요구하고 있다.[1419]

이밖에도 지구 밖의 농지만으로 영농행위를 계속할 수 있지만, 그 수입액이 상당히 감소하는 경우에도 손실보상을 해주어야 하는 것이 아닌가 하는 문제점이 남게 된다.[1420]

있다.

1417) 동 규칙 제46조(영업의 폐지에 대한 손실의 평가 등) ④제2항에 불구하고 사업시행자는 영업자가 영업의 폐지 후 2년 이내에 해당 영업소가 소재하고 있는 시·군·구 또는 인접하고 있는 시·군·구의 지역 안에서 동일한 영업을 하는 경우에는 영업의 폐지에 대한 보상금을 환수하고 제47조에 따른 영업의 휴업 등에 대한 손실을 보상하여야 한다.

1418) 3분의 2라는 규정은 예시규정으로 보아야 하며, 그 이하가 편입되더라도 농업을 계속할 수 없다면 공익사업지구 밖의 농지도 농업손실보상금을 지급하여야 한다고 주장하면서, 더욱이 농업등을 행하기 어려운 경우 매수보상과 지가가 하락된 경우 차액보상을 하여야 한다고 주장하고 있다. 조태제, "사업손실보상" 한국토지공법연구 제29집, 2005, 159면.

1419) 토지정책과-5766 (2010. 12. 9) : 공익사업을 위한 토지 등의 취득 및 보상에 관한 법률 시행규칙」 제65조에 의하면, 경작하고 있는 농지의 3분의 2 미만 면적이 공익사업에 편입되거나, 당해지역에서 영농을 계속할 수 있는 농민인 경우 공익사업시행지구 밖의 농지는 영농보상에 해당되지 아니한다고 보나, 개별적인 사례에 대하여는 사업시행자가 관계규정 및 사실관계 등을 조사·검토하여 판단하시기 바랍니다.

1420) 박균성, 행정법론(상), 박영사, 2014, 874면.

Ⅳ. 공익사업지구 밖의 손실보상 평가방법

1. 관련규정

▣ 토지보상법

제79조 (그 밖의 토지에 관한 비용보상 등) ① 사업시행자는 공익사업의 시행으로 인하여 취득하거나 사용하는 토지(잔여지를 포함한다) 외의 토지에 통로·도랑·담장 등의 신설이나 그 밖의 공사가 필요할 때에는 그 비용의 전부 또는 일부를 보상하여야 한다. 다만, 그 토지에 대한 공사의 비용이 그 토지의 가격보다 큰 경우에는 사업시행자는 그 토지를 매수할 수 있다.

② 공익사업이 시행되는 지역 밖에 있는 토지등이 공익사업의 시행으로 인하여 본래의 기능을 다할 수 없게 되는 경우에는 국토교통부령으로 정하는 바에 따라 그 손실을 보상하여야 한다. 〈개정 2013. 3. 23.〉

③ 사업시행자는 제2항에 따른 보상이 필요하다고 인정하는 경우에는 제15조에 따라 보상계획을 공고할 때에 보상을 청구할 수 있다는 내용을 포함하여 공고하거나 대통령령으로 정하는 바에 따라 제2항에 따른 보상에 관한 계획을 공고하여야 한다.

▣ 토지보상평가지침

제56조 (공익사업시행지구밖 대지 등의 평가) ① 법 제79조 제1항 단서에 따라 공익사업지구 밖 토지에 대한 협의에 따른 매수 또는 수용을 위한 평가의뢰가 있는 경우에 그 토지에 대한 평가는 협의 또는 재결 당시를 기준으로 하되 비교표준지의 선정, 적용공시지가의 선택, 지가변동률의 적용, 그 밖의 평가기준은 당해 공익사업에 편입되는 경우와 같이 한다. 〈개정 2009. 10. 28.〉

② 제1항에 따른 평가에서 당해 토지에 대한 공법상 제한이나 이용상황 등이 당해 공익사업의 시행 등으로 변경 또는 변동된 경우와 통로·도랑·담장 등의 신설 그 밖의 공사가 필요하여 당해 토지의 가격이 변동된 경우에는 고려하지 아니한다. 〈신설 2003. 2. 14., 개정 2009. 10. 28.〉

2. 비용보상

공익사업의 시행으로 공익사업지구 밖의 토지에 통로·도랑·담장 등의 신설이나 또는 공익사업 시행으로 교통이 두절되거나 경작이 불가능한 경우 도로 또는 도선시설의 설치비용을 설치함으로써 보상에 갈음할 수 있다.

3. 토지 등의 평가방법

공익사업지구에 편입되는 토지 등에 대한 보상기준은 공익사업에 편입되는 토지 등의 평가기준과 동일한 기준으로 보상하도록 하고 있다(아래 질의회신 참조). 이는 공익사업지구 밖의 토지 등에 대한 손실보상은 당초부터 공익사업에 편입된 것으로 간주하고 보상하겠다는 취지로 보아야 할 것이다. 따라서 공익사업지구 밖의 토지 등이 당해 공익사업의 시행으로 공법상 제한 등이 변경되었거나, 또는 통로, 담장 등의 설치로 토지가격이 변동되었더라도 이를 반영하지 않고 평가하게 된다.

질의회신

□ **토지정책과-3126 (2009. 7. 6)**

≪**질의**≫ 「공익사업을 위한 토지 등의 취득 및 보상에 관한 법률 시행규칙」 제59조 내지 제65조 규정에 의한 간접보상의 경우, 토지 등의 소유자의 청구에 의하여 공익사업시행지구에 직접 편입되는 것으로 보아 보상하도록 되어 있습니다. 간접보상에 해당하는 주거용 건축물 세입자에 대한 주거이전비 산정시 사업인정고시일 또는 간접보상 대상 확정일 등 기준시점 적용에 따라 시행규칙 개정(2007. 4. 12)에 따라 주거이전비(3개월분 또는 4개월분)가 달라질 수 있어 간접보상시 적용할 기준시점

≪**회신**≫ 공익사업시행지구 밖의 손실보상은 공익사업시행지구에 편입된 것으로 보아 보상하도록 한 관련규정의 취지에 따라 직접 편입지역에 대한 보상의 경우와 같이 동일한 시점을 기준으로 보상하는 것이 타당하다고 보며, 개별법령에서 별도로 규정하여 있는 경우 그에 의하여야 할 것입니다.

Ⅴ. 공익사업지구 밖의 보상에 대한 권리구제

1. 의 의

공익사업지구 밖의 손실에 대하여는 손실을 입은 자와 사업시행자가 협의가 되지 않은 경우 이에 대한 불복절차는 어떤지에 대하여 논의가 있다. 특히 이러한 공익사업지구 밖에서 발생되는 손실이 수용재결 등 행정심판 대상인지 논란이 있어 왔다.

2. 수용재결 등의 논의

공익사업지구 밖의 손실에 대해서 수용재결 등 행정소송이 가능한지 아니면 민사소송으로 그 불복여부를 다투어야 하는 지에 대하여 아직도 논의가 있다.

1) 민사소송 가능설

공익사업지구 밖에서 발생하는 손실(간접손실)은 그 발생을 예견하기가 어렵고 그 손실의 범위도 쉽게 확정할 수 없으며 사업지구 밖에서 발생한 손실이므로 사업시행자를 상대로 민사소송으로 그 손실보상금을 청구하여야 하고[1421] 손실보상 재결신청을 한 경우에는 부적법한 신청으로 취하하거나 각하재결의 대상이라는 의견[1422]이 있다. 이는 판례에서 간접보상에 대해서는 손실발생을 예견하기 어렵고 범위도 확정하기 곤란하여 손실보상청구구권을 인정하기 어려우며, 이에 대한 다툼은 사업시행자를 상대로 민사소송으로 손실보상금을 청구할 수 있다는 취지[1423]를 반영한 것으로 보인다.

2) 행정소송 가능설

그러나 현행 토지보상법은 2007. 10. 17 개정에서 동법 제79조 제2항의 "공익사업이 시행되는 지역 밖에 있는 토지 등이 공익사업의 시행으로 인하여 본래의 기능을 다할 수 없게 되는 경우 국토해양부령으로 정하는 바에 따라 그 손실을 보상하여야 한다"고 규정하고 있고, 동법 제80조 제1항에서는 "제79조2항에 따른 손실 또는 비용이나 토지의 취득에 대한 보상은 협의하도록 하고 있고 협의가 성립되지 않을 경우 사업시행자 또는 손실을 입은 자는 토지수용위원회에 재결을 신청할 수 있다"고 규정하고 있어 간접보상에 대해서도 수용재결 청구가 가능하도록 명시적으로 규정하고 있다.

따라서 현행법은 이와 같이 사업지구 밖에서 발생된 손실에 대한 권리구제에 대하여 토지보상법 개정으로 수용재결 청구를 거쳐 행정소송이 가능하다.

1421) 대법원 1999. 6. 11. 선고 97다56150 판결 : 간접손실은 사법상의 권리인 영업권 등에 대한 손실을 본질적 내용으로 하고 있는 것으로서 그 보상청구권은 공법상의 권리가 아니라 사법상의 권리이고, 그 보상금의 결정 방법, 불복절차 등에 관하여 아무런 규정도 마련되어 있지 아니하므로, 그 보상을 청구하려는 자는 사업시행자가 보상청구를 거부하거나 보상금액을 결정한 경우라도 이에 대하여 행정소송을 제기할 것이 아니라, 사업시행자를 상대로 민사소송으로 직접 손실보상금을 지급청구 하여야 한다.

1422) 중앙토지수용위원회, 토지수용업무편람, 2009, 238면.

1423) 대법원 1998. 1. 20. 선고 95다29161 판결.

제6장

기타 손실보상 제도

제1절 협의양도인택지 공급제도

Ⅰ. 개 념

1. 근거 규정

▣ **택지개발촉진법 시행령**

제13조의 2 (택지의 공급방법등) ⑤ 제2항에도 불구하고 다음 각 호의 어느 하나에 해당하는 경우에는 수의계약의 방법으로 공급할 수 있다. 다만, 제4호에 따라 택지를 공급할 때 택지의 공급신청량이 개발계획에서 계획된 수량을 초과하는 경우에는 추첨의 방법으로 공급하되, 「개발제한구역의 지정 및 관리에 관한 특별조치법」에 따른 개발제한구역(이하 "개발제한구역"이라 한다)에 지정된 택지개발지구에 개발제한구역 지정 이전부터 소유하거나 개발제한구역 지정 이후에 상속에 의하여 취득한 토지를 양도하는 자에게 공급하는 경우에는 우선공급할 수 있다. 〈개정 2017. 1. 17.〉

4. 「공익사업을 위한 토지 등의 취득 및 보상에 관한 법률」에 따른 협의에 응하여 그가 소유하는 택지개발지구의 토지의 전부(「수도권정비계획법」에 따른 수도권지역의 경우에는 해당 토지의 면적이 국토교통부령으로 정하는 면적 이상인 경우로 한정하며, 해당 토지에 「공익사업을 위한 토지 등의 취득 및 보상에 관한 법률」 제3조에 해당하는 물건이나 권리가 있는 경우에는 이를 포함한다. 이하 이 조에서 같다)를 시행자에게 양도한 자(제5조 제2항에 따른 공고일 이전부터 토지를 소유한 경우로 한정하되, 그 이후에 토지를 소유한 경우로서 택지개발지구 내 토지의 종전 소유자로부터 그 토지의 전부를 취득한 경우와 법원의 판결 또는 상속에 의하여 토지를 취득한 경우를 포함한다)에게 국토교통부령으로 정하는 규모의 택지를 공급하는 경우

☞ **택지개발촉진법 시행규칙**

제10조 (택지의 공급방법 등) ④ 영 제13조의 2 제5항 제4호에서 "국토교통부령이 정하는 면적"이라 함은 1천제곱미터를 말한다.

⑤ 시행자는 영 제13조의 2 제5항 제4호에 따라 택지를 수의계약으로 공급할 때에는 1세대당 1필지를 기준으로 하여 1필지당 140제곱미터 이상 265제곱미터 이하의 규모로 공급하여야 한다.

▣ **도시개발법 시행령**

제57조 (조성용지의 공급방법 등) ④ 시행자는 다음 각 호의 어느 하나에 해당하는 경우에는 제2항에도 불구하고 수의계약의 방법으로 조성토지등을 공급할 수 있다. 〈개정 2009. 6. 30., 2012. 3. 26., 2013. 3. 23., 2015. 11. 4.〉

3. 「공익사업을 위한 토지 등의 취득 및 보상에 관한 법률」에 따른 협의를 하여 그가 소유하는 도시개발구역 안의 조성토지등의 전부를 시행자에게 양도한 자에게 국토교통부령으로 정하는 기준에 따라 토지를 공급하는 경우

☞ **도시개발법 시행규칙**

제23조 (수의계약에 따른 토지공급기준) ② 영 제57조 제4항 제3호에 따라 수의계약의 방법으로 조성토지를 공급하는 경우의 기준 및 면적은 별표 3과 같다. 다만, 조성토지의 공급 신청량이 법 제26조에 따라 지정권자에게 제출한 조성 토지 등의 공급 계획에서 계획된 면적을 초과하는 경우에는 추첨의 방법에 따른다.

2. 특 징

1) 공익사업 협조에 따른 보상

택지개발촉진법에는 사업시행자가 택지개발사업 등의 원활한 사업시행을 위하여 당해 개발사업에 협조한 보상대상자에게 사업지구 내에 조성되는 단독주택지 등을 일반인에 우선하여 공급하는 협의양도인택지 분양신청권을 부여하고 있다. 여기서 협조라 함은 사업지구 내에 편입되는 토지 등을 협의보상으로 받은 경우를 말한다. 따라서 보상대상물 일부에 대해서 협의보상이 이루어지지 않은 경우 협의양도인택지 신청권은 부정된다.

2) 분양신청권

판례는 협의양도인 택지 공급신청권에 대하여 공공사업에 협력한 자에게 수의계약에 의한 택지공급의 기회를 요구할 수 있는 법적인 이익을 부여하고 있는 것으로, 법령에 근거하여 수의계약에 의한 택지공급신청권(택지공급을 받을 권리와는 다른 개념)으로 해석하여야 한다[1424]고 보고 있다. 따라서 협의양도인 택지는 택지를 공급받을 수 있는 법적 권리가 아니라, 공급을 받을 수 있는 기회를 요구할 수 있는 신청권의 개념이라 할 수 있다.

3) 사업시행자의 재량행위

택지개발사업의 시행자는 택지를 공급함에 있어 공급대상 토지의 위치 및 면적, 공급의 대상자 또는 대상자 선정방법, 공급의 시기·방법 및 조건, 공급가격 결정방법 등을 스스로 정할 수 있고, 자신의 필요나 정책적 판단에 의하여 택지공급 대상자의 자격을 제한하거나 택지공급가격을 달리 정하거나 수의계약에 의한 택지공급 여부를 결정할 수 있는 점 등을 고려하면, 협의양도인 택지공급은 택지개발사업 시행자의 재량행위에 해당한다.[1425] 따라서 단독주택지가 없거나 부족한 경우 협의양도인택지 신청권을 인정하지 않거나 추첨의 방식으로 대상자를 선정하고 있는 등 재량권이 부여되고 있다.

1424) 대법원 2007. 12. 13. 선고 2006두19068 판결.
1425) 대법원 2007. 12. 13. 선고 2006두19068 판결.

4) 임의적 보상

협의양도인 택지 공급은 모든 공익사업에서 시행하는 것이 아니라 택지개발촉진법 또는 도시개발사업 등 대규모 사업에서 시행하고 있다. 당연히 법적 근거가 있는 사업에서는 시행하여야 하지만, 설사 법적 근거가 없는 사업지구라 하더라도 사업시행자가 사업의 원활화를 위하여 여건이 되는 경우 그 외 사업에서도 준용하여 실시하고 있다.

3. 대상자 요건

1) 기준일 이전 취득

협의양도인택지 대상자 선정 기준일 이전부터 토지 등을 소유하고 있어야 한다.여기서 대상자 선정기준일은 사업시행자의 내부규정에 근거하여 시행하고 있다. 기준일은 사업시행자 마다 다소의 차이는 있지만, 대체적으로 이주대책의 기준일과 동일하다. 결국 공람공고일이 기준이 되는 경우가 대부분이다.

기준일 이후 당해 사업지구내의 토지를 취득하여 사업시행자에 협의양도한 자라도 그 기준일 이후의 토지취득이 다음에 해당하는 경우에는 이를 기준일 이전부터 그 토지를 소유하여온 자로 볼 수 있다. 다만, 이 경우 종전의 소유자가 공급대상자가 될 수 있었던 자인 경우에 한하고 있다.

① 법원의 판결 또는 상속에 의한 취득인 경우

② 종전의 소유자가 가진 토지, 건물 기타 보상대상 전부에 대한 취득인 경우. 다만, 그 취득한 토지가 지목과 이용상황 등에 비추어 도로, 구거, 하천 등 이용도가 현저히 낮은 토지인 경우를 제외한다.

2) 대 상 자

대부분의 사업시행자는 협의양도인택지는 보상대상 전부를 협의양도 한 토지의 소유자에 한하여 공급하고 있다. 따라서 원칙적으로 법인이나 단체는 제외되고 있다.[1426]

1426) 종중에 대해서 협의양도인택지 공급자격을 인정할 것인지에 대하여 사업시행자별로 차이가 있었으나, 최근 LH는 지침을 개정하여 협의양도인택지 공급대상에서 종중은 제외한 바 있다.

☞ 일반적인 법인이나 단체와 마찬가지로 종중도 협의양도인택지 공급대상자에서 제외됨을 지침에 명확히 반영하여 실무적인 혼선을 예방하였다. LH 협의양도인택지 공급지침 제5조 제6호(2017.

이처럼 협의양도인택지 대상자로 자연인에 한정한 것이 타당한가에 대한 논쟁이 있다. 협의양도인 택지 공급을 1세대 1필지 공급이 원칙이라는 점을 들어 자연인에게만 공급이 가능하다는 입장이 대부분이나,[1427] 협의양도인택지의 공급 근거를 마련하고 있는 택지개발촉진법 등 법령에는 자연인에 한한다는 규정이 없으며[1428] 그 취지가 사업의 원활한 시행을 전제로 한다는 점에서 대상자를 자연인으로 제한할 필요가 있는지 의문이다.

3) 보상대상 전부의 협의보상

협의양도인택지의 공급대상자는 기준일 이전부터 당해 사업지구 내 토지를 소유(공유지분인 경우를 포함)하여온 자로서 당해 사업지구내에 소유한 토지[1429](토지보상법 제3조의 규정에 해당하는 물건이나 권리가 있는 경우에는 이를 포함)의 전부를 협의에 의하여 사업시행자에 양도한 자로 한다(택지개발촉진법 시행령 제13조의 2 제5항 제4호). 따라서 보상대상 물건 중 일부라도 협의에 응하지 않고 수용재결 등에 의해 보상받은 경우에는 협의양도인택지 공급이 불가하다.

4) 보상대상 면적

협의양도한 토지의 면적이 다음에 해당하는 면적이상인 경우에 한하여 공급대상자로 선정한다(택지개발업무처리지침 제19조).

① 수도권정비계획법에 의한 수도권지역 : 1,000㎡이상

② 수도권 이외의 지역 : 400㎡이상. 다만, 광역시 이외의 지역에서는 건축법 규정에

---

12. 12 개정)

1427) ① 택지 125-21935 (1984. 11. 26) : 협의양도인 택지는 토지소유자에게 이주대책의 일환으로 1세대 1필지를 제공함으로써 토지소유자의 재산권을 보호하고 사업의 순조로운 추진을 도모코자 하는 것인바, 일정한 주거의 장소를 전제로 한 자연인에 한하여 1필지를 공급하여야 할 것이므로 법인 등은 동 대상에 포함되지 않음

② 택지 58507-630 (1994. 8. 17) : 협의양도인 택지의 공급대상자는 기준일 현재의 토지를 소유하고 있는 자연인으로 하고 있으므로 자연인이 아닌 법인이나 문중은 공급대상자에서 제외하고 있음.

1428) 도시재생과-2886 (2015. 11. 5) : 「도시개발법」시행규칙 별표3 제2호 가목에서 협의양도인 택지 공급시 1세대당 1필지를 기준으로 하는 취지는 자연인의 경우 동일세대 내에 2인 이상의 공급대상자가 있을 경우에 적용하기 위한 규정으로 법인(단체)은 포함되지 않는 것으로 보아야 할 것입니다.

1429) 택지 01254-20615 (1991. 7. 27) : 토지의 전부라 함은 당해 토지와 토지수용법 제2조 제2항의 규정에서 정하는 물건이나 권리가 있을 때에는 이를 모두 협의양도하는 경우를 말하는 것이므로 건물만을 협의양도한 경우에는 협의양도인 택지공급이 불가한 것으로 판단됨.

의한 대지분할제한면적 이상으로 할 수 있음[1430]

협의양도한 토지가 지구계로 분할된 경우로 토지소유자의 요구에 의하여 지구외 잔여지를 매입한 때에는 지구외 토지를 합한 면적을 기준으로 한다.[1431] 협의양도한 토지를 지분으로 공유하고 있는 경우에는 지분면적을 기준으로 산정한다. 다만, 협의양도한 공유지분 면적이 기준면적 미만인 경우에는 그 미만소유자 전원(다른 토지에 의하여 별도로 협의양도인 택지를 공급받는 자를 제외)의 지분면적의 합계가 기준면적 이상인 경우 그 나머지 전원을 1인의 공급대상자로 본다.[1432]

4. 공급신청권 내용

협의양도인 택지에 대한 공급기준을 법령에 규정하고 있지는 않고 대부분 사업시행자의 내부규정에 의하여 기준이 있다. 아래에서는 각 사업시행자의 공통적인 공급방법을 살펴보고자 한다.

1) 공급원칙

협의양도인택지의 공급은 공급대상자에게 1택지에 한하여 이를 공급한다. 다만 일부 사업시행자의 경우 공유자 전원을 대상으로 1필지를 공급하고 있다.

2) 협의양도인택지 공급규모

주로 단독주택용지로 공급하며, 1필지당 165㎡~265㎡를 기준으로 공급하고 있다.[1433] 다만, 도시개발사업의 경우 1필지당 165㎡~330㎡를 기준으로 한다.[1434]

1430) 용도지역별 대지분할제한면적은 기준일 현재에 있어서의 용도지역을 기준으로 적용하며, 2이상의 용도지역에 걸치는 토지의 경우에는 다음 산식에 의하여 산출되는 수가 1이상인 경우 이를 대지분할제한면적 이상인 토지로 본다(A용도지역에 편입된 면적/A용도지역의 대지분할제한면적)+ (B용도지역에 편입된 면적/B용도지역의 대지분할제한면적)+··

1431) 택지개발업무처리지침 제24조 제2항.

1432) 택지개발업무처리지침 제24조 제3항.

1433) 택지개발촉진법 시행규칙 제10조 제4항 개정('07. 7. 30) : 협의양도인택지 공급규모를 230㎡이하에서 265㎡이하로 확대하였다(개정규칙 시행후 최초로 실시계획의 승인을 신청하는 택지개발예정지구부터 적용).

1434) 도시개발법 시행규칙 별표 3 [수의계약에 따른 토지의 공급기준 및 면적]

3) 1세대 1필지 공급

협의양도인택지는 동일세대 내에 2인 이상의 공급대상자가 있는 경우에도 1세대 1택지에 한하여 공급하며, 동일세대 내에 협의양도인택지 공급대상자 외에 이주자택지, 존치건축물부지 또는 주택공급에관한규칙에 의한 특별공급주택의 공급대상자가 있는 경우에는 그 원하는 바에 따라 어느 하나만을 공급한다.

5. 시행절차

1) 대상자 선정

사업시행자는 각자 협의양도인 공급대상자 선정기준에 의거 신청을 받아 그 대상자 적격여부를 판단 후 대상자를 확정하게 된다. 이에 대한 세부내용은 법령에 규정이 없으므로 대부분 각 사업시행자의 별도 기준에 의한다.

2) 공급공고 등

협의양도인택지를 공급하고자 하는 경우 15일 이상의 매입신청기간을 정하여 그 공급대상자에게 서면으로 개별통지하고 일간신문에 1회 이상 이를 공고하여야 한다. 다만, 주소가 명확하여 서면통지만으로도 충분한 것으로 인정되는 경우에는 공고를 생략할 수 있다. 통지 또는 공고에는 매입신청기간 내에 그 매입을 신청하지 아니하는 경우 협의양도인택지의 매수를 포기한 것으로 본다는 뜻이 명시되어야 한다.

3) 위치선정

협의양도인택지의 공급위치는 추첨에 의하여 이를 결정한다. 다만 그 공급대상자를 보상금액 또는 보상계약 체결일자를 감안하거나 공급대상자 지위를 승계한 경우를 구분하여 군별로 순위에 따라 추첨을 실시할 수 있다.

손실보상업무의 원활한 수행을 위하여 특히 필요한 것으로 인정되는 경우에는 보상금액 또는 보상계약 체결일자를 감안한 우선순위에 따라 공급대상자가 직접 그 공급토지의 위치를 선택하게 하는 경우도 있다.

4) 계약체결

택지개발사업의 경우 협의양도인택지의 공급가격은 다음 각 호의 1의 기준으로 결정한다.

1. 수도권지역 : 감정가격
2. 수도권 이외의 지역 : 조성원가의 110%. 다만, 감정가격을 초과하는 경우에는 감정가격으로 결정한다.

다만, 도시개발사업을 시행하여 협의양도인 택지를 공급하는 경우에는 감정가격으로 공급하고 있다.[1435]

6. 권리구제

사업시행자가 협의양도인 택지의 대상자 신청을 거부하였을 경우 토지소유자는 어떠한 권리구제 절차를 거칠 수 있을까에 대한 논의가 있을 수 있다.

협의양도인 택지 공급이 법적 강제조항을 두지 않고 있고 사업시행자에게 많은 재량을 행사할 수 있지만, 법령에 근거하여 택지 공급신청권이 부여되어 있는 만큼 사업시행자가 협의양도인택지(협의양도사업자)의 공급을 거부한 행위는 항고소송의 대상이 되는 거부처분에 해당한다[1436]고 볼 수 있다.

따라서 사업시행자가 협의양도인택지 부적격 통지를 할 경우 이를 거부처분에 해당하여 행정심판 또는 행정소송을 제기할 수 있다는 고지를 하여야 할 것으로 본다. 그러나 대부분의 사업시행자는 내부규정에 이를 두지 않고 있는 실정이다.[1437]

1435) 도시개발법 시행규칙 별표 3 [수의계약에 따른 토지의 공급기준 및 면적]

1436) 대법원 2007. 12. 13. 선고 2006두19068 판결 : 피고가 구 시행령 제13조의2 제5항 제5호에 해당함을 이유로 수의계약에 의한 택지공급을 요구하는 원고에게 택지공급을 거부한 행위는 항고소송의 대상이 되는 거부처분에 해당한다. 원심은 그 판시와 같은 이유로 이 사건 소를 각하한 제1심판결을 유지하였으나, 이러한 원심의 판단에는 구 시행령 제13조의2 제5항 제5호의 해석 및 항고소송의 대상이 되는 행정처분에 관한 법리를 오해한 위법이 있다.

1437) 다만 한국토지주택공사는 이에 대한 고지제도를 마련하여 시행하고 있다.

제2절 건축물의 존치

Ⅰ. 근 거

■ **택지개발촉진법**

제12조의 2 (건축물의 존치 등) ① 시행자는 택지개발지구에 있는 기존의 건축물이나 그 밖의 시설을 이전하거나 철거하지 아니하여도 택지개발사업에 지장이 없다고 인정하여 대통령령으로 정하는 요건을 충족하는 경우에는 이를 존치하게 할 수 있다.

② 시행자는 제1항에 따라 존치하게 된 시설물의 소유자에게 도로, 공원, 상하수도, 그 밖에 대통령령으로 정하는 공공시설의 설치 등에 필요한 비용의 일부를 내게 할 수 있다.

③ 제2항에 따른 비용 부담의 기준·방법 등에 관하여 필요한 사항은 대통령령으로 정한다.

■ **택지개발촉진법시행령**

제9조의 3(건축물의 존치 등) ① 법 제12조의 2 제1항에서 "대통령령으로 정하는 요건을 충족하는 경우"란 다음 각 호의 어느 하나에 해당하는 경우를 말한다.

1. 다음 각 목의 요건을 모두 충족하는 경우
   가. 건축물 및 영업장 등이 관계 법령에 따라 인·허가 등을 받았을 것
   나. 해당 사업지구의 토지이용계획상 받아들일 수 있을 것
   다. 해당 건축물 등을 존치하는 것이 공익상 또는 경제적으로 현저히 유익할 것
   라. 해당 건축물 등이 해당 택지개발사업의 준공 이후까지 장기간 활용될 것으로 예상될 것
2. 지방자치단체 등 관계 행정기관의 장이 문화적·예술적 가치가 있다고 인정하여 존치를 요청하는 경우로서 「국토의 계획 및 이용에 관한 법률」에 따른 중앙도시계획위원회 또는 지방도시계획위원회의 심의를 거친 경우

② 법 제12조의 2 제2항에서 "대통령령으로 정하는 공공시설"이란 「국토의 계획 및 이용에 관한 법률」 제65조에 따라 관리청에 무상으로 귀속되는 공공시설을 말한다.

③ 시행자가 법 제12조의 2 제2항에 따라 공공시설의 설치 등에 필요한 비용의 일부(이하 "시설부담금"이라 한다)를 그 시설물의 소유자로 하여금 내도록 하는 경우에는 시설부담금 단가(「국토의 계획 및 이용에 관한 법률」 제68조에 따른 기반시설부담구역 내 기반시설 표준시설비용에 민간 개발사업자의 부담률, 용도별 가중치 등을 곱하여 산정한다)에 존치하는 부지 면적을 곱하여 시설부담금을 산출하되, 용도별 가중치 등 시설부담금 단가의 구체적 산정방식 및 존치하는 부지의 범위, 그 밖에 필요한 사항은 국토교통부장관이 정하여 고시한다.

Ⅱ. 의의 및 용어해설

1. 의 의

존치건축물이란 대규모 공익사업이 시행되는 지구 내에 우량한 건축물의 경우 이전 또는 철거하지 않더라도 해당 사업에 지장이 없는 경우 이를 존치하게 할 수 있다. 이는 우량한 건축물을 존치하여 보상비 낭비요인을 제거하고 개발사업의 원활을 기하기 위하여 택지개발촉진법 등에 도입된 제도이다.[1438)]

2. 존치건축물의 요건

현행 존치건축물에 대한 요건을 살펴보면 각 개별법률 마다 약간의 차이는 있지만, 일반적으로는 ① 당해 개발사업에 지장이 없어야 하며, ② 이용상태가 양호하여 공익상 경제적 유리할 것 ③ 당해 사업의 토지이용계획에 적합할 것 등의 요건이 제시되고 있다.

표 50. 존치건축물의 요건

구분	존치요건	비고
물류시설의 개발 및 운영에 관한 법	시행자는 물류단지 안에 있는 기존의 시설이나 그 밖의 공작물을 이전하거나 철거하지 아니하여도 물류단지개발사업에 지장이 없다고 인정하는 경우	제42조 (시설의 존치)
산업입지 및 개발에 관한 법률 및 시행령	사업시행자는 산업단지에 있는 기존의 공장 또는 건축물이나 그 밖의 공작물을 이전 또는 철거하지 아니하여도 산업단지개발사업에 지장이 없다고 인정할 때에는 이를 존치하게 할 수 있다	법 제30조 (기존공장의 존치 등)
	1. 기존의 이용상태가 양호하여 새로운 개발사업의 시행이 필요하지 아니하다고 인정되는 기존공장등 2. 산업단지개발계획에 의한 토지이용계획에 적합한 용도로 이용되는 기존공장등 3. 산업단지개발실시계획에 의한 개발사업의 시행에 지장이 없는 기존공장 등	령 제28조 (기존공장 등의 존치)
택지개발촉진법 및 시행령	택지개발지구에 있는 기존의 건축물이나 그 밖의 시설을 이전하거나 철거하지 아니하여도 택지개발사업에 지장이 없다고 인정하는 경우	법 제12조의2 (건축물의 존치 등) ①

1438) 현행 존치건축물에 대한 관련 규정은 '택지개발촉진법 외에 '도시개발법', 산업입지 및 개발에 관한 법령, '경제자유구역의 지정 및 운영에 관한 법률 시행령' 등 다수가 있다.

1. 다음 각 목의 요건을 모두 충족하는 경우 가. 건축물 및 영업장 등이 관계 법령에 따라 인·허가 등을 받았을 것 나. 해당 사업지구의 토지이용계획상 받아들일 수 있을 것 다. 해당 건축물 등을 존치하는 것이 공익상 또는 경제적으로 현저히 유익할 것 라. 해당 건축물 등이 해당 택지개발사업의 준공 이후까지 장기간 활용될 것으로 예상될 것	영 제9의3조 1항 1호
2. 지방자치단체 등 관계 행정기관의 장이 문화적·예술적 가치가 있다고 인정하여 존치를 요청하는 경우로서 「국토의 계획 및 이용에 관한 법률」에 따른 중앙도시계획위원회 또는 지방도시계획위원회의 심의를 거친 경우	영 제9의3조 1항 2호

3. 용어정리

건축물의 존치는 일반적인 사항이 아님으로 그 용어의 이해가 필요하다. 존치건축물에 대한 용어는 국토교통부의 "시설부담금 단가 산정방식 및 존치부지 범위 등 적용기준"을 참고하고자 한다.[1439]

① "기존부지"라 함은 존치 대상건축물 소유자가 소유하고 있는 토지를 말함

② "취득부지"라 함은 사업지구 토지이용계획 차원에서 획지정리를 한 결과 기존부지중 사업시행자가 취득하여야 할 부분의 토지를 말함

③ "존치부지"라 함은 기존부지에서 취득부지를 제외한 토지를 말함

④ "공급부지"라 함은 획지정리를 한 후 그 존치되는 존치부지 외에 추가로 공급하는 부지로서 기존부지 중 취득부지에 해당하는 면적의 "취득공급부지"(취득부지가 있는 경우에 한함)와 새로이 추가되는 면적의 "초과공급부지"를 합한 부지를 말함

⑤ "존치건축물부지"라 함은 존치부지와 공급부지를 합한 부지를 말함

1439) 국민에게 비용납부의무를 부과하는 존치시설물에 대한 시설부담금 산정 등에 관한 기준을 현행 현행 국토교통부 고시(「시설부담금 단가 산정방식 및 존치부지 범위 등 적용기준」)로 규정되어 있는바, 상위법령(택지개발촉진법 시행령)에 규정함으로써 법적 근거를 명확히 하고자 입법예고하였다. 국토교통부 공고 제2017-1030호(2017. 6. 30).

①기존부지(=②+③)
②취득부지
③존치부지
④공급부지
(④-1=②-1,2,3)
⑤존치건축물 부지
(=③+④)

Ⅲ. 존치의 결정 및 시설부담금 부과 등

1. 존치결정

사업시행자는 해당 사업지구 내에 존치대상건축물이 있는 경우 존치대상건축물 조서를 작성하여 실시계획승인 신청 전에 존치요건에 저촉되는지 여부를 검토하여야 하며, 소유자의 신청에 의하여 존치를 결정하는 경우 소유자로 부터 건축물 존치 신청서를 받아야 한다.

존치여부를 검토하여 존치요건에 적합할 경우 실시계획승인 신청 전까지 존치계획을 작성하여야 한다. 존치계획은 당해 사업의 실시계획신청서에 이를 명시하여 실시계획에 반영되도록 하여야 하며, 실시계획 승인으로 존치여부가 확정된다.

판 례

□ 대법원 1997. 2. 28. 선고 96누1467 판결

한국토지개발공사가 신축한 지 얼마 되지 아니한 이 사건 건물들을 존치시켜 달라는 원고들의 요청에 따라 그 '용지규정' 및 '존치건축물의처리에관한예규'에 의거 이 사건 주택을 현상대로 존치시키기로 결정하고 건설부장관으로부터 그러한 내용이 포함된 사업실시계획에 대한 승인을 받았

> 고 그 후 토지의 획지정리에 따른 지적정리를 원활히 하고 택지조성사업으로 인하여 원고들이 받게 되는 개발이익의 일부를 존치부담금으로 환수할 것을 담보하는 등의 목적으로 이 사건 주택의 부지에 관하여 원고들과 사이에 '환매특약부 존치대상 토지매매계약'을 체결하게 된 경위와 그 계약의 내용, 위 매매계약에 따른 이 사건 주택의 부지에 관한 소유권의 변동 상황 등에 관한 그 판시와 같은 사실을 인정한 다음, 이에 의하면 이 사건 주택의 부지가 성남분당지구택지개발사업지구에 편입되어 이 사건 주택의 부지를 포함한 택지개발사업지구가 전체적으로 택지개발촉진법에 의하여 사업목적에 부합되게 택지로 개발되어 위 법의 적용을 받게 된 것이므로, 이 사건 주택의 부지가 존치부지라 하여 건설부장관의 택지개발사업구역 지정고시 및 택지개발계획승인의 효력을 부인할 수 없다

2. 기존부지의 취득

1) 취득부지의 매입

기존부지 가운데 존치되는 부지를 제외한 취득부지는 해당 사업지구의 용지취득 계획에 따라 분할측량 및 지적정리 이후 매입하여야 한다. 취득부지 매입 대금은 공급부지 대금 및 시설부담금 정산 시까지 그 지급을 유예할 수 있으며, 추후 공급부지 대금 및 시설부담금과 상계할 수 있다.

2) 존치건축물의 소유자와 그 부지의 소유자가 다른 경우

만일 존치건축물의 소유자와 그 부지의 소유자가 다른 경우에는 일반 용지취득 절차에 의거하여 모두 취득한다.

3. 시설부담금 산정 및 부과

1) 시설부담금 단가

존치하게 된 시설물의 존치부지(취득부지 및 공급부지는 제외) 면적에 대하여는 시설부담금을 부과한다. 시설부담금의 단가는 국토교통부장관이 고시하는 「시설부담금 단가 산정방식 및 존치부지 범위 등 적용기준」(국토교통부고시 제2015-576호)에 의한다.

☞ **시설부담금·공급부지 단가 산정기준 (국토교통부고시 제2015-576호, 2015.8.7)**

구 분	산 정 방 법
1. 시설부담금 단가(원/㎡)	기반시설 표준시설비용×용도가중치×부담률(20%)×지역감면율(50%)
2. 공급부지 단가(원/㎡)	기존부지 취득단가+시설부담금 단가

주) 1. "기반시설 표준시설비용"이란 「국토의 계획 및 이용에 관한 법률 시행령」 제68조에 근거하여 국토교통부장관이 매년 고시하는 단위면적(㎡)당 가격을 말한다.
2. "용도가중치"란 「기반시설연동제 운영지침」상의 용도가중치를 말한다.
- 주거용도 1.0 - 상업·업무용도 2.6 - 공업용도 1.9 - 기타용도 2.1
3. "부담률"이란 「국토의 계획 및 이용에 관한 법률」 제68조 제5항의 민간 개발사업자의 부담률을 적용한다.
4. "지역감면율"이란 「수도권정비계획법」상 과밀억제권역 및 성장관리권역을 제외한 지역에만 적용한다. 단, 사업시행자는 택지개발예정지구 여건 등을 감안하여 상·하 10% 포인트 범위내에서 탄력적으로 적용할 수 있다.공복리에 적합하도록 하여야 한다.

2) 공급부지 단가

공급부지 면적에 대하여는 취득부지 내인 경우는 '기존부지 취득단가+시설부담금 단가'를 부과하고, 취득부지 면적을 초과하는 면적에 대하여는 택지개발촉진법 시행령 제13조의2에 따른 해당용도의 공급가격 산정방법[1440]에 따른다.

3) 시설부담금 부과 및 수납시기

사업시행자는 법 제9조에 따른 택지개발사업실시계획에 반영되어 존치대상 건축물을 결정한 때에는 6개월 이내에 소유자에 대하여 납부 기한을 정하여 시설부담금을 부과할 수 있다.

시설부담금의 납부 기한은 해당 택지개발사업의 사업준공일까지로 하며, 납부방법은 일시수납 또는 분할수납(연도별 수납 포함)의 방법 등에 의하되, 분할수납은 사업시행자가 해당 택지개발사업 시행으로 인한 보상금액, 공급부지의 공급금액, 존치시설물 소유자의 재무상태 등을 고려하여 개별적으로 정할 수 있다.

1440) 동 규정의 위임에 의하여 '택지개발업무처리지침' 별표3에서 택지의 공급가격기준을 정하고 있다. 동 표에 의하면 공동주택건설용지는 조성원가의 60~100%, 단독주택용지는 감정평가액, 상업용지는 경쟁입찰에 의한 낙찰가격 등 공급가격을 정하고 있다.

4) 시설부담금의 면제

다음 중 어느 하나에 해당하는 경우에는 시설부담금의 납부를 면제할 수 있다.

가. 공공청사, 학교, 「국토의 계획 및 이용에 관한 법률」에서 정하는 공공시설과 이와 유사한 시설을 존치하는 경우

판 례

□ **대법원 2014. 12. 11 선고 2014두11939 판결 (확정)**

가스공급시설은 국토계획법에 의거 공공시설로 분류되어 있지 않고 기반시설로 분류되어 있어 공공시설이 아니다. 그러나 동 시설물은 입주민들의 생활편익과 쾌적한 주거환경을 마련하기 위한 기반시설에 해당하여 주택건설에 필수불가결한 시설로서 공공의 이익을 위한 것으로 '공공시설물과 유사한 시설물'로 시설부담금을 면제가 가능하다.

나. 공원, 녹지 등 지방자치단체 등에 무상으로 귀속되는 지역으로서 현황이 보전되는 지역 내의 건축물을 존치하는 경우

다. 존치 건축물이 공동주택으로서 법 제3조의3에 따라 주민 등의 의견청취를 위한 공고일 전에 입주자 모집공고가 완료되어 존치협의가 어려운 경우

4. 공급부지의 공급

① 존치건축물부지중 존치부지를 제외한 공급부지에 대하여는 그 존치건축물의 소유자에게 이를 공급한다.

② 타인이 소유한 토지상의 건축물을 존치한 경우에는 획정한 존치건축물부지 전부가 공급부지가 되며 그 전부를 존치건축물 소유자에게 공급한다.

③ 부지의 공급은 부득이한 사유가 있는 경우를 제외하고는 공급승인후 지체 없이 공급부지 매매계약을 체결한다. 공급부지 단가는 「시설부담금 · 공급부지 단가 산정기준」에 의한다.

Ⅳ. 존치건축물 면적정산 및 소유권 이전

1. 면적정산

조성된 존치건축물부지는 공간정보관리법 제73조 및 동법 시행규칙 제71조에 의거 축척변경측량을 통해 정밀한 면적을 산출하며 면적증감이 있는 경우 공급부지에 속한 개별필지의 면적증감에 따라 계약체결 당시의 단가로써 정산한다.

2. 공급부지의 소유권 이전

① 공급부지는 시설부담금을 포함한 부지대금이 완납되고 지적공부 및 등기부 정리 절차가 완료되면 존치건축물 소유자에게 소유권을 이전하며 대금이 미납되었을 경우에도 미납잔대금에 대한 담보의 제공이 있을 경우에는 소유권을 이전할 수 있다.

② 공급부지에 대한 소유권 이전시 공급부지 내 개별필지를 해당용도에 따라 지목변경하고 최소필지로 합병하여 그 소유권을 이전한다.

질의회신

□ 국토해양부 지적기획과-2051 (2011. 8. 25)

(질의) 토지개발사업지구내 존치 또는 사용협의된 토지의 경우 사업시행자에게 소유권 이전되지 않거나 소유권 외 기타권리가 지속되는 토지로서 현행 지적공부정리 지침이나 등기예규에 따른 지적정리나 등기시행이 현실적으로 불가한 경우의 준공이후 지적정리 방식은?

(회신) 토지개발사업지구내 존치부지 및 사용협의된 토지는 「토지개발사업 등에 의한 토지 이동에 따른 등기업무처리지침」(대법원 등기예규 제1328호, 2011. 1. 6)에 따라 지적확정측량에 따른 등기정리가 불가하므로 지적확정측량에서 제외할 수 있으나 지적공부의 효율적 관리차원에서 축척변경이 될 수 있도록 지적소관청과 협의해야 함.

제3절 보상업무 등의 위탁

Ⅰ. 의 의

보상업무는 공익사업에 필요한 토지를 사업시행자가 보상권리자에 대한 보상의무를 직접 이행하고 취득 또는 사용하는 것이 원칙이다. 그러나 보상업무의 복잡성과 전문성 및 인력부족 등으로 사업시행자가 이를 수행하기 곤란한 경우도 있다. 이러한 경우 사업시행자 이외의 지방자치단체나 보상전문기관 등에서 보상업무를 위탁하는 것을 보상업무의 위탁이라고 한다.

> **□ 토지보상법**
>
> 제81조 (보상업무 등의 위탁) ① 사업시행자는 보상 또는 이주대책에 관한 업무를 다음 각 호의 기관에 위탁할 수 있다.
> 1. 지방자치단체
> 2. 보상실적이 있거나 보상업무에 관한 전문성이 있는 「공공기관의 운영에 관한 법률」 제4조에 따른 공공기관 또는 「지방공기업법」에 따른 지방공사로서 대통령령으로 정하는 기관
>
> ② 제1항에 따른 위탁 시 업무범위, 수수료 등에 관하여 필요한 사항은 대통령령으로 정한다.
> [전문개정 2011. 8. 4.]

보상업무 위탁은 종전 공특법에서는 이주자를 위한 토지 등의 매수 및 이주대책 수립 실시만을 위하여 지방자치단체에 한하여 보상업무를 위탁할 수 있도록 하였으나, 현행 토지보상법은 지방자치단체 외에 보상전문기관에 까지 위탁기관을 확대하였으며, 위탁업무도 당초 이주대책에 한정하였으나 이를 이주대책은 물론 보상의 일반적 업무까지로 그 범위를 확대하였다.

또한 공익사업의 손실보상과 이주대책에 관한 업무를 위탁함에 있어서 그 수탁기관을 당초에는 지방자치단체·「공공기관의 운영에 관한 법률」 제4조부터 제6조까지의 규정에 따라 지정·고시된 공공기관으로만 한정하여 지방공기업을 제외하고 있으나, 지방공기업 중에서도 보상업무에 전문성을 갖춘 지방공기업까지도 활용할 수 있는 길을 배제하는 것은 정부공기업과 지방공기업간의 형평성 차원에서 문제가 있을 뿐만 아니라 지방공기업의 활성화에 지장을 초래하고 있으므로 위탁 대상기관에 「지방공기업법」에

따른 지방공사를 포함하도록 개정하였다.[1441]

Ⅱ. 위탁기관

보상업무를 위탁하는 사업시행자를 보상업무 위탁기관이라 하고, 보상업무를 수탁하는 기관은 보상업무 수탁기관이라 하는데, 토지보상법에서는 보상업무 수탁기관을 보상전문기관이라 하여 아래와 같이 규정하고 있다.

> **□ 토지보상법 시행령**
>
> 제43조 (보상전문기관 등) ① 법 제81조 제1항 제2호에서 "대통령령으로 정하는 기관"이란 다음 각 호의 기관을 말한다.
> 1. 「한국토지주택공사법」에 따른 한국토지주택공사
> 2. 「한국수자원공사법」에 따른 한국수자원공사
> 3. 「한국도로공사법」에 따른 한국도로공사
> 4. 「한국농어촌공사 및 농지관리기금법」에 따른 한국농어촌공사
> 5. 「한국감정원법」에 따른 한국감정원
> 6. 「지방공기업법」 제49조에 따라 특별시, 광역시, 도 및 특별자치도가 택지개발 및 주택건설 등의 사업을 하기 위하여 설립한 지방공사

따라서 토지보상법 등 법규의 근거 없이 보상업무를 위탁할 수 없다.[1442]

1441) 대통령령 제25883호(2014. 12. 23) : 공익사업을 위한 보상업무와 관련하여 보상전문기관을 「지방공기업법」에 따른 지방공사 중 서울특별시, 인천광역시 및 경기도가 택지개발 및 주택건설 등의 사업을 하기 위하여 설립한 지방공사만으로 한정하던 것을, 그 외의 광역시, 도 및 특별자치도가 같은 사업을 하기 위하여 설립한 지방공사로 확대하여 사업시행자가 보상업무 등을 위탁할 수 있는 기관을 넓힘으로써 경쟁을 통하여 보상업무 등의 효율성과 서비스의 품질을 높일 수 있도록 하려는 것임.

1442) 대법원 2000. 8. 22. 선고 98다60422 판결 : 위와 같은 개별 법규의 근거가 있는 경우 및 이주대책의 경우 이외에는 같은 특례법에 기한 협의취득은 시장·군수 등에게 위탁할 수 없고 공공사업 시행자가 직접 행하여야 하는 것으로 보아야 할 것이고, 같은 특례법 제2조 제3호에 사업시행자의 위임에 의하여 취득 등의 업무를 행하는 자를 사업시행자에 포함시킨다고 규정한 것은 개별 법규 중에 구체적으로 위임의 근거를 둔 경우에 이에 기하여 위임한 경우를 의미한다고 보아야 한다.

Ⅲ. 보상전문기관의 법적 지위

종전 공특법에서는 이주대책에 한정되었지만 사업시행자의 위임에 의하여 토지 등의 취득 또는 사용에 관한 업무를 행하는 자도 사업시행자로 보았기 때문에[1443] 보상수탁기관 명의로 토지소유자 등과 협의 등 보상업무 수행이 가능했으나 현행 토지보상법은 보상수탁 기관을 사업시행자로 의제하는 규정이 없어 그 법적 지위가 문제가 되고 있다.

1. 위임관계로 보는 견해

보상업무 위탁을 위임관계의 설정으로 보는 견해이다. 이와 같이 위임관계로 본다면 보상 수탁기관은 사업시행자와 같은 지위를 갖게 되어 토지보상법에서의 당사자가 될 수 있고, 사업시행자 명의로 보상권리자에 대한 보상 통지, 협의 등 수용절차 진행이 가능할 것이다.

2. 대리관계로 보는 견해

보상업무 위탁을 대리관계의 설정으로 보는 견해이다. 이는 사업시행자의 수권행위에 의하여 대리권이 발생하고 사업시행자를 위하여 수탁기관 명의로 보상업무에 관한 의사표시를 할 수 있게 된다.

이 견해에 의하게 되면 보상업무에 있어 의사표시방법은 민법상 현명주의에 관한 규정을 준용하여 "사업시행자 甲의 대리인(보상업무 수탁기관) 乙"로 하여야 하며, 만약 현명주의에 의하지 않고 보상 수탁기관이 자신의 명의로 의사표시를 하였다면 그 효력상 문제가 제기될 수 있다.[1444]

1443) 종전 공특법 제2조 제3호 : 事業施行者"라 함은 公共事業을 수행하는 者(그 委任에 의하여 土地등의 取得 또는 사용에 관한 業務를 행하는 者를 포함한다)를 말한다.

1444) 이선영, 신토지수용과 보상법론, 리북스, 2005, 379면.

Ⅳ. 보상업무 위탁 범위

토지보상법은 민법의 대리와는 달리 보상업무의 위탁범위를 특별히 규정하고 있다(시행령 제43조②). 또한 위탁받은 보상전문기관이 다른 보상전문기관에 재위탁은 불가하다.[1445)]

1. 보상계획의 수립·공고 및 열람에 관한 업무
2. 토지대장 및 건축물대장 등 공부의 조사. 이 경우 토지대장 및 건축물대장은 부동산종합공부의 조사로 대신할 수 있다.
3. 토지등의 소유권 및 소유권 외의 권리 관련 사항의 조사
4. 분할측량 및 지적등록에 관한 업무
5. 토지조서 및 물건조서의 기재사항에 관한 조사
6. 잔여지 및 공익사업지구 밖의 토지등의 보상에 관한 조사
7. 영업·농업·어업 및 광업 손실에 관한 조사
8. 보상액의 산정(감정평가업무는 제외한다)
9. 보상협의, 계약체결 및 보상금의 지급
10. 보상 관련 민원처리 및 소송수행 관련 업무
11. 토지 등의 등기 관련 업무
12. 이주대책의 수립·실시 또는 이주정착금의 지급
13. 그 밖에 보상과 관련된 부대업무[1446)]

1445) 토관 58342-1277 (2003. 9. 20) : 사업시행자는 보상전문기관에 위의 보상업무의 전부를 위탁하거나 보상업무의 일부를 다른 보상전문기관에 각각 위탁할 수 있다고 보나, 보상업무를 위탁받은 보상전문기관은 다른 보상전문기관에 보상업무의 일부를 다시 위탁할 수 없다고 봅니다.

1446) 토지정책과-6214 (2009. 12. 23) : 「공익사업을위한토지등의취득및보상에관한법률(이하"토지보상법")」 제14조 제1항에 의하면 사업시행자는 공익사업의 수행을 위하여 제20조의 규정에 의한 사업인정전에 협의에 의한 토지등의 취득 또는 사용이 필요한 때에는 토지조서 및 물건조서를 작성하여 서명 또는 날인을 하고 토지소유자 및 관계인의 서명 또는 날인을 받도록 하고, 서명 또는 날인을 할 수 없는 경우에는 그 사유를 기재하도록 규정하고 있으므로, 공익사업에 편입되는 토지 및 물건 등에 대한 기본조사는 사업시행자가 행하여야 하며, 사업시행자를 대신하여 기본조사 업무를 대행하거나 보조하는 사항에 대하여는 토지보상법령에서는 별도로 규정한 바가 없음을 알려드립니다.

V. 보상업무 위탁 사례 및 협약서 등

보상수탁 업무절차도

업무절차	주체
① 공익사업 정보수집	수탁자
② 참여가능 사업선별	수탁자
③ 위 · 수탁 수주협의	위탁자↔수탁자
④ 협약서(안) 등 세부 업무협의	위탁자↔수탁자
⑤ 위 · 수탁 방침결정 / 위·수탁 협약체결	수탁자 / 위탁자↔수탁자
⑥ 수탁업무 수행	수탁자
⑦ 정산 및 서류인계	수탁자→위탁자

제4절 국공유지 재산의 취득

Ⅰ. 국유재산의 개념

1. 의 의

국·공유지의 취득은 국유재산법 및 공유재산 및 물품관리법에 의하여 매각, 양여, 교환 등의 방법으로 처리하는 것이 원칙이나 이는 절차가 번잡하여 사업의 원활한 시행에 지장을 주는 등 불합리한 점이 많으므로 성질에 따라 특별법령을 두어 규정하고 있으며, 특히 국·공유지를 신속히 처리해야 할 필요성이 있는 공공시설의 무상귀속에 대하여는 국토의 계획 및 이용에 관한 법률 제65조를 기본규정으로 하여 택지개발촉진법, 산업입지 및 개발에 관한 법률 등이 이를 준용하거나 유사한 형태로 규정하고 있다.

▣ **국토의 계획 및 이용에 관한 법률**

제65조 (개발행위에 따른 공공시설 등의 귀속) ① 개발행위허가를 받은 자가 행정청인 경우 개발행위허가를 받은 자가 새로이 공공시설을 설치하거나 기존의 공공시설에 대체되는 공공시설을 설치한 때에는 「국유재산법」 및 「공유재산 및 물품 관리법」의 규정에 불구하고 새로이 설치된 공공시설은 그 시설을 관리할 관리청에 무상으로 귀속되고, 종래의 공공시설은 개발행위허가를 받은 자에게 무상으로 귀속된다.

2. 용어의 개념

1) 국유재산

(1) 개 념

국유재산의 정의에 대해서는 국가의 부담이나 기부의 채납 또는 법령이나 조약의 규정에 의하여 국유로 된 재산으로 다음 각호를 말한다(국유재산법 제5조 제1항).

1. 부동산과 그 종물(從物)
2. 선박, 부표(浮標), 부잔교(浮棧橋), 부선거(浮船渠) 및 항공기와 그들의 종물

3. 「정부기업예산법」 제2조에 따른 정부기업(이하 "정부기업"이라 한다)이나 정부시설에서 사용하는 기계와 기구 중 대통령령으로 정하는 것
4. 지상권, 지역권, 전세권, 광업권, 그 밖에 이에 준하는 권리
5. 「자본시장과 금융투자업에 관한 법률」 제4조에 따른 증권
6. 다음 각 목의 어느 하나에 해당하는 권리(이하 "지식재산"이라 한다)
  가. 「특허법」·「실용신안법」·「디자인보호법」 및 「상표법」에 따라 등록된 특허권, 실용신안권, 디자인권 및 상표권
  나. 「저작권법」에 따른 저작권, 저작인접권 및 데이터베이스제작자의 권리 및 그 밖에 같은 법에서 보호되는 권리로서 같은 법 제53조 및 제112조 제1항에 따라 한국저작권위원회에 등록된 권리(이하 "저작권등"이라 한다)
  다. 「식물신품종 보호법」 제2조 제4호에 따른 품종보호권
  라. 가목부터 다목까지의 규정에 따른 지식재산 외에 「지식재산 기본법」 제3조 제3호에 따른 지식재산권. 다만, 「저작권법」에 따라 등록되지 아니한 권리는 제외한다.

(2) 용도에 따른 분류

국유재산은 용도에 따라 행정재산과 일반재산으로 분류한다.

① 행정재산(국유재산법 제6조 제2항)

(a) 공용재산 : 국가가 직접 사무용·사업용 또는 공무원의 주거용으로 사용하거나 5년 이내 사용하기로 결정한 재산
(b) 공공용재산 : 국가가 직접 공공용으로 사용하거나 5년 이내 사용하기로 결정한 재산
(c) 기업용재산 : 정부기업이 직접 사무용·사업용 또는 그 기업에 종사하는 직원의 주거용으로 사용하거나 5년 이내 사용하기로 결정한 재산
(d) 보존용재산 : 법령이나 그 밖의 필요에 따라 국가가 보존하는 재산

② 일반재산(국유재산법 제6조 제3항)

일반재산이란 행정재산 외의 모든 국유재산을 말한다.

2) 공유재산

지방자치단체의 부담이나 기부의 채납 또는 법령이나 조례의 규정에 의하여 지방자치단체의 소유로 된 재산을 말한다(공유재산 및 물품 관리법 제2조 제1항).

판 례

□ 대법원 2007. 6. 1. 선고 2005도7523 판결

국유 하천부지는 자연의 상태 그대로 공공용에 제공될 수 있는 실체를 갖추고 있는 이른바 자연공물로서 별도의 공용개시행위가 없더라도 행정재산이 되고 그 후 본래의 용도에 공여되지 않는 상태에 놓여 있더라도 국유재산법령에 의한 용도폐지를 하지 않은 이상 당연히 잡종재산으로 된다고는 할 수 없으며, 농로나 구거와 같은 이른바 인공적 공공용 재산은 법령에 의하여 지정되거나 행정처분으로 공공용으로 사용하기로 결정한 경우, 또는 행정재산으로 실제 사용하는 경우의 어느 하나에 해당하면 행정재산이 된다. 위 하천부지는 자연공물로서, 위 농로와 구거는 실제 공공용으로 사용됨으로써 각 행정재산이 되었다고 볼 수 있다.

3) 공공시설용지

도로, 공원 등 국토의 계획 및 이용에 관한 법률 제2조 제6호에서 정하는 기반시설 및 택지개발촉진법 시행령 제2조에서 정하는 시설을 설치하기 위한 토지

4) 무상귀속

국토의 계획 및 이용에 관한 법률, 택지개발촉진법 등에 의한 각종 사업구역 내에 국유지가 포함되어 있는 경우 사업시행자가 새로이 공공시설을 설치하거나 기존의 공공시설에 대체되는 공공시설을 설치할 경우 새로이 설치한 공공시설은 그 시설을 관리할 국가 또는 지방자치단체에 귀속시키고 종래의 공공시설은 사업시행자에게 무상으로 귀속시키는 행위를 말한다.

5) 용도폐지

행정재산으로 관리하는 재산이 공용 또는 공공용으로 직접 이용되지 아니할 때 해당 관리부서의 용도폐지절차를 거쳐 일반재산으로 관리하는 것으로 행정재산이 일반재산이 되기 위해서는 반드시 용도폐지 절차가 선행되어야 한다.

6) 관 리 환

일반회계와 특별회계·기금 간 또는 서로 다른 특별회계·기금 간에 국유재산의 관리권을 넘기는 것을 말한다(국유재산법 제2조 제5호). 상이한 회계간 관리환을 하거나 그 사용을 승인하는 때에는 유상으로 하여야 하나, 공용·공공용으로 사용하기 위하여 필요한 경우에는 무상관리환이 가능하다.

3. 국공유지 취득절차 개관

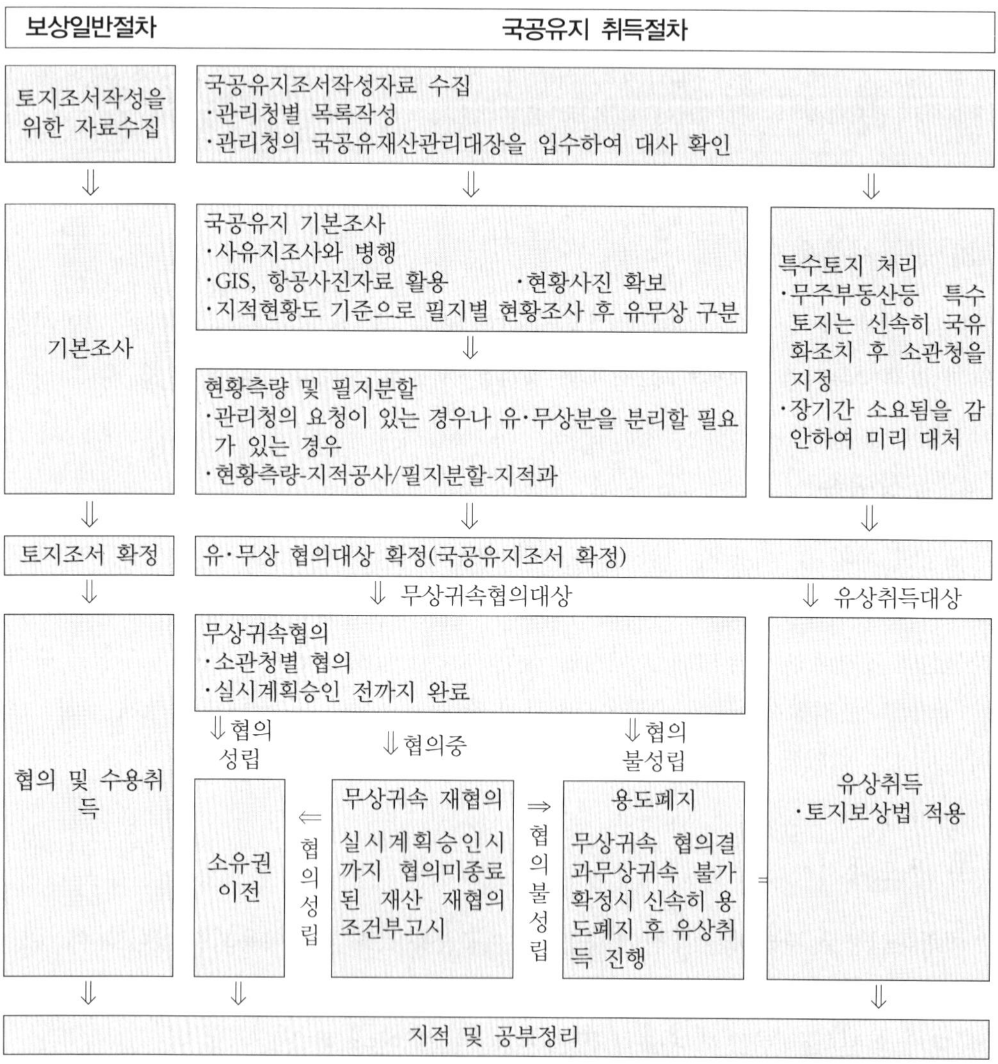

Ⅱ. 국·공유지 무상귀속

1. 무상귀속의 의의

국토의 계획 및 이용에 관한 법률, 택지개발촉진법 등에 의한 각종 사업구역 내에 국유지가 포함되어 있는 경우 사업시행자가 새로이 공공시설을 설치하거나 기존의 공공시설에 대체되는 공공시설을 설치할 경우 새로이 설치한 공공시설은 그 시설을 관리할 국가 또는 지방자치단체에 귀속시키고 종래의 공공시설은 사업시행자에게 무상으로 귀속시키는 행위를 말한다.

이러한 무상귀속은 외견상 무상귀속에 대한 대가의 공공시설의 원활한 확보를 통해 공공복리를 증진하고자 하는 도시계획의 실현수단이면서, 외견상 무상귀속에 대한 대가의 지불이 없기 때문에 재산권의 본질적 내용을 침해하는 것처럼 보이나, 그 실질에 있어서 사업시행자는 공공시설의 설치에 의해 새로운 수요를 창출할 뿐만 아니라, 그 사업을 통하여 개발이익이라는 반대급부를 제공받는다고 할 수 있으므로 재산권의 본질적 내용을 침해하는 것이 아니다.[1447]

2. 무상귀속의 근거

1) 국토의 계획 및 이용에 관한 법률

▣ **국토의계획 및 이용에 관한 법률**

제65조 (개발행위에 따른 공공시설 등의 귀속) ① 개발행위허가(다른 법률에 따라 개발행위허가가 의제되는 협의를 거친 인가·허가·승인 등을 포함한다. 이하 이 조에서 같다)를 받은 자가 행정청인 경우 개발행위허가를 받은 자가 새로 공공시설을 설치하거나 기존의 공공시설에 대체되는 공공시설을 설치한 경우에는 「국유재산법」과 「공유재산 및 물품 관리법」에도 불구하고 새로 설치된 공공시설은 그 시설을 관리할 관리청에 무상으로 귀속되고, 종래의 공공시설은 개발행위허가를 받은 자에게 무상으로 귀속된다. 〈개정 2013. 7. 16.〉
② 개발행위허가를 받은 자가 행정청이 아닌 경우 개발행위허가를 받은 자가 새로 설치한 공공시설은 그 시설을 관리할 관리청에 무상으로 귀속되고, 개발행위로 용도가 폐지되는 공공시설은 「국유재산법」과 「공유재산 및 물품 관리법」에도 불구하고 새로 설치한 공공시설의 설치비

1447) 2003. 8. 21. 2000헌가11, 2001헌가29(병합) 전원재판부

용에 상당하는 범위에서 개발행위허가를 받은 자에게 무상으로 양도할 수 있다.
③ 특별시장·광역시장·특별자치시장·특별자치도지사·시장 또는 군수는 제1항과 제2항에 따른 공공시설의 귀속에 관한 사항이 포함된 개발행위허가를 하려면 미리 해당 공공시설이 속한 관리청의 의견을 들어야 한다. 다만, 관리청이 지정되지 아니한 경우에는 관리청이 지정된 후 준공되기 전에 관리청의 의견을 들어야 하며, 관리청이 불분명한 경우에는 도로·하천 등에 대하여는 국토교통부장관을 관리청으로 보고, 그 외의 재산에 대하여는 기획재정부장관을 관리청으로 본다. 〈개정 2011. 4. 14., 2013. 3. 23.〉
④ 특별시장·광역시장·특별자치시장·특별자치도지사·시장 또는 군수가 제3항에 따라 관리청의 의견을 듣고 개발행위허가를 한 경우 개발행위허가를 받은 자는 그 허가에 포함된 공공시설의 점용 및 사용에 관하여 관계 법률에 따른 승인·허가 등을 받은 것으로 보아 개발행위를 할 수 있다. 이 경우 해당 공공시설의 점용 또는 사용에 따른 점용료 또는 사용료는 면제된 것으로 본다. 〈개정 2011. 4. 14.〉
⑤ 개발행위허가를 받은 자가 행정청인 경우 개발행위허가를 받은 자는 개발행위가 끝나 준공검사를 마친 때에는 해당 시설의 관리청에 공공시설의 종류와 토지의 세목(細目)을 통지하여야 한다. 이 경우 공공시설은 그 통지한 날에 해당 시설을 관리할 관리청과 개발행위허가를 받은 자에게 각각 귀속된 것으로 본다.
⑥ 개발행위허가를 받은 자가 행정청이 아닌 경우 개발행위허가를 받은 자는 제2항에 따라 관리청에 귀속되거나 그에게 양도될 공공시설에 관하여 개발행위가 끝나기 전에 그 시설의 관리청에 그 종류와 토지의 세목을 통지하여야 하고, 준공검사를 한 특별시장·광역시장·특별자치시장·특별자치도지사·시장 또는 군수는 그 내용을 해당 시설의 관리청에 통보하여야 한다. 이 경우 공공시설은 준공검사를 받음으로써 그 시설을 관리할 관리청과 개발행위허가를 받은 자에게 각각 귀속되거나 양도된 것으로 본다. 〈개정 2011. 4. 14.〉
⑦ 제1항부터 제3항까지, 제5항 또는 제6항에 따른 공공시설을 등기할 때에 「부동산등기법」에 따른 등기원인을 증명하는 서면은 제62조 제1항에 따른 준공검사를 받았음을 증명하는 서면으로 갈음한다. 〈개정 2011. 4. 12.〉

2) 기타 법률

□ **택지개발촉진법**

제25조 (공공시설등의 귀속) ① 시행자가 택지개발사업의 시행으로 새로이 공공시설(주차장, 운동장등 대통령령이 정하는 시설은 제외한다.)을 설치하거나 기존의 공공시설에 대체되는 시설을 설치한 경우 그 귀속에 관하여는 국토의계획및이용에관한법률 제65조 및 제99조의 규정을 준용한다. 이 경우 "행정청인 시행자"는 이를 이 법에 의한 "시행자"로 본다. 〈개정 1999. 1. 25., 2002. 2. 4.〉
② 제1항에 따른 공공시설과 재산의 등기에 있어서는 실시계획서 또는 그 승인서와 준공검사서로써 「부동산등기법」상의 등기원인을 증명하는 서면에 갈음할 수 있다. 〈개정 2009. 12. 29.〉
③ 제1항의 규정에 의하여 국토의계획및이용에관한법률을 준용함에 있어서 관리청이 불분명한 재산중 도로·하천·구거등에 대하여는 국토해양부장관을, 그 이외의 재산에 대하여는 기획재정부장관을 관리청으로 본다. 〈개정 1997. 12. 13., 1999. 1. 25., 2002. 2. 4., 2008. 2. 29.〉

□ **산업입지 및 개발에 관한 법률**

제26조 (공공시설 및 토지등의 귀속) ① 제16조 제1항 제1호의 규정에 의한 사업시행자가 산업단지개발사업의 시행으로 새로이 공공시설을 설치하거나 기존의 공공시설에 대체되는 공공시설을 설치한 경우에는 「국유재산법」 및 「공유재산 및 물품 관리법」의 규정에 불구하고 종래의 공공시설은 사업시행자에게 무상으로 귀속되고 새로이 설치된 공공시설은 그 시설을 관리할 국가 또는 지방자치단체에 무상으로 귀속된다. 〈개정 1995. 12. 29., 2007. 4. 6.〉

② 제16조 제1항 제2호 내지 제6호의 규정에 의한 사업시행자가 산업단지개발사업의 시행으로 새로이 설치한 공공시설은 그 시설을 관리할 국가 또는 지방자치단체에 무상으로 귀속되고, 산업단지개발사업의 시행으로 인하여 용도가 폐지되는 국가 또는 지방자치단체 소유의 재산은 「국유재산법」 및 「공유재산 및 물품 관리법」의 규정에 불구하고 그가 새로이 설치한 공공시설의 설치비용에 상당하는 범위안에서 그 사업시행자에게 이를 무상으로 양도할 수 있다. 〈개정 1995. 12. 29., 2001. 1. 29., 2007. 4. 6.〉

④ 제1항 및 제2항의 규정에 의하여 관리청에 귀속될 공공시설과 사업시행자에게 귀속 또는 양도될 재산에 관하여 사업시행자는 그 산업단지개발사업의 준공전에 그 종류와 세목을 관리청에 통지하여야 하며, 당해 공공시설과 재산은 그 사업이 준공되어 관리청에 준공인가 통지를 한 때에 국가 또는 지방자치단체에 귀속하거나 사업시행자에게 귀속 또는 양도된 것으로 본다. 〈개정 1995. 12. 29.〉

⑤ 제4항의 규정에 의한 귀속 또는 양도에 있어서 「국유재산법」 제44조 및 「공유재산 및 물품 관리법」 제30조의 규정에 불구하고 국가 또는 지방자치단체에 귀속될 공공시설의 가액은 실시계획승인당시 당해 공공시설의 설치에 소요되는 예상비용으로 하고, 사업시행자에게 귀속 또는 양도될 재산에 대한 가액은 실시계획승인당시를 기준으로 「공익사업을 위한 토지 등의 취득 및 보상에 관한 법률」의 규정을 준용하여 평가한 금액으로 한다. 〈개정 2009. 1. 30.〉

⑦ 제4항의 규정에 의한 공공시설과 재산의 등기에 있어서는 산업단지개발사업의 실시계획승인서와 산업단지개발사업의 준공인가서로서 「부동산등기법」에 의한 등기원인을 증명하는 서면에 갈음할 수 있다. 〈개정 1995. 12. 29., 2007. 4. 6.〉

3. 무상귀속의 성질

1) 강행규정

국토계획법은 행정청의 경우 "새로 설치된 공공시설은 그 시설을 관리할 관리청에 무상으로 귀속되고, 종래의 공공시설은 개발행위허가를 받은 자에게 무상으로 귀속된다"고 하여 무상귀속이 강행규정이나, 비행정청의 경우는 "새로 설치한 공공시설의 설치비용에 상당하는 범위에서 개발행위허가를 받은 자에게 무상으로 양도할 수 있다"고 하여 무상귀속을 재량행위로 규정하고 있다. 따라서 **사업시행자가 행정청**(의제되는 경우 포함)**이라면 공공시설의 설치비용 등에 관계없이 무상귀속이 되어야 한다. 만약 무상귀속을 하지 않고 유상 등으로 취득한다면 이는 부당이득이 성립한다는 것이 판례의 입장이다.**

판 례

□ **대법원 2009. 6. 11. 선고 2007다36209 판결**

산업단지개발사업의 실시계획승인 당시의 종래의 공공시설에 해당하는 도로, 구거 등은 사업시행자에게 무상귀속되고, 이는 그 사업준공시점에서의 법률의 규정에 의한 물권변동으로서 사업시행자는 종래의 공공시설을 원시취득하게 되는바, 원심 판시와 같이 피고가 사업시행자인 원고의 무상귀속협의절차에 응하지 않음으로써 부득이 그 사업일정을 맞추고자 원고가 유상매수협의취득 및 토지수용절차를 거쳐 그 보상금을 지급하고 종래의 공공시설을 취득하였다면, 가사 매매계약과 토지수용절차에서의 재결에 무효나 취소사유가 존재하지 아니한다고 하더라도 이는 피고가 정당한 원인 없이 보상금액 상당의 이득을 얻은 셈이 된다고 볼 것이다. 그럼에도 불구하고, 앞서 본 바와 같은 이유로 원고가 피고에게 제1, 2토지에 대한 보상금으로 지급한 금원을 부당이득으로 인정하지 아니한 원심은 부당이득에 관한 법리를 오해하여 판결에 영향을 미친 위법이 있다.

따라서 무상귀속 협의가 거부되어 사업시행자가 부득이 유상취득하는 사례가 많으며 이에 대한 부당이득 소송도 이어지고 있는 실정이다. 다만 사업시행자가 무상귀속이 거부되어 유상으로 취득하는 경우 손실보상의 의무가 없음에도 불구하고 손실보상금을 임의로 지급한 경우 민법 제742조의 비채변제에 해당하게 되어 후에 반환을 받기 어려울 수 있다.

2) 법률의 규정에 의한 원시취득

사업시행자는 종전의 공공시설에 해당하는 토지를 사업준공의 시점에 무상귀속하도록 하는 있는 바, 이는 민법 제186조에 의한 법률의 의한 물권변동 규정으로 보아야 한다. 따라서 이와 같은 무상귀속 규정에 의하여 원시취득하게 된다.[1448)]

1448) ① 대법원 2009. 6. 11. 선고 2007다36209 판결 : 산업단지개발사업의 실시계획승인 당시의 종래의 공공시설에 해당하는 도로, 구거 등은 사업시행자에게 무상귀속되고, 이는 그 사업준공시점에서의 법률의 규정에 의한 물권변동으로서 사업시행자는 종래의 공공시설을 원시취득하게 된다.
② 대법원 2000. 8. 22. 선고 98다55161 판결 : 구 도시계획법 제83조 제2항 전단은 행정청이 아닌 시행자가 도시계획사업을 시행하여 새로이 설치한 공공시설은 그 시설을 관리할 국가 또는 지방자치단체에 무상으로 귀속된다고 규정하고 있으므로, 도시계획사업의 시행으로 공공시설이 설치되면 사업완료와 동시에 당해 공공도시계획사업을 시행하여 새로이 설치한 공공시설은 그 시설을 관리할 국가 또는 지방자치단체에 무상으로 귀속된다고 규정하고 있으므로, 도시계획사업의 시행으로 공공시설이 설치되면 사업완료와 동시에 당해 공공시설을 구성하는 토지와 시설물의 소유권은 그 시설을 관리할 국가 또는 지방자치단체에 직접 원시적으로 귀속된다.

질의회신

□ **택지 30260-55 (1993. 1. 11)**

택지개발촉진법 제25조의 공공시설 등의 귀속에 관하여는 도시계획법 제83조의 규정을 준용하도록 규정하고 있는 바, 도시계획법 제83조의 규정에 의하여 기존의 공공시설에 대체되는 공공시설을 설치한 경우 사업시행자에게 무상으로 귀속되는 공공시설은 당해 재산의 소관관리청에 관계없이 무상귀속된다 할 것이나, 동조 제3항의 규정에 의하여 공공시설관리청의 의견을 들어야 함

법령해석

□ **법제처 기획 11011-21 (1995. 8. 2)**

도시계획법 제83조 제1항의 규정에 의하면 시행자가 기존의 공공시설에 대체되는 공공시설을 설치한 경우 종래의 공공시설은 시행자에게 무상으로 귀속되고 새로이 설치한 공공시설은 그 시설을 관리할 행정청에 무상으로 귀속되는 바, 종래의 공공시설이 무상귀속의 대상이 되는지 여부는 그 기능이 새로이 설치되는 공공시설에 의하여 대체되는지 여부에 의하여 객관적으로 정하여지는 것이므로 실시계획승인권자는 종래의 공공시설의 관리청이 당해 공공시설은 무상귀속대상이 아니라는 의견을 제시한 경우에도 실시계획을 승인할 때에는 그 공공시설을 무상귀속대상에 포함시킬 수 있다 할 것임

4. 무상귀속의 시점

1) 행 정 청

국토계획법에 의하면 개발행위허가를 받은 자는 개발행위가 끝나 준공검사를 마친 때에는 해당 시설의 관리청에 공공시설의 종류와 토지의 세목(細目)을 통지하여야 한다. 이 경우 **공공시설은 그 통지한 날**에 해당 시설을 관리할 관리청과 개발행위허가를 받은 자에게 각각 귀속된 것으로 본다.

2) 비행정청

개발행위허가를 받은 자가 행정청이 아닌 경우 개발행위허가를 받은 자는 관리청에 귀속되거나 그에게 양도될 공공시설에 관하여 개발행위가 끝나기 전에 그 시설의 관리청에 그 종류와 토지의 세목을 통지하여야 하고, 준공검사를 한 특별시장·광역시장·시장 또는 군수는 그 내용을 해당 시설의 관리청에 통보하여야 한다. 이 경우 공공시설은

준공검사를 받음으로써 그 시설을 관리할 관리청과 개발행위허가를 받은 자에게 각각 귀속되거나 양도된 것으로 본다.

5. 무상귀속 대상 공공시설의 범위

1) 무상귀속 대상

일반적으로 공공시설은 어떤 특정인이나 특정단체 등이 특수한 목적을 위하여 사용하는 것이 아닌, 도로·하천·제방 등과 같이 일반대중들이 직접 자유로이 사용 또는 이용할 수 있는 시설을 의미하나,[1449] 택지개발촉진법 등 특별법상으로 공공시설의 범위는 다소 다르게 규정되어 있으며, 또한 공공시설인지 여부에 대하여도 다소의 논쟁이 되고 있는 실정이다.[1450]

1449) ① 대법원 2000. 8. 22. 선고 98다55161 판결 : 구 도시계획법(1991. 12. 14. 법률 제4427호로 개정되기 전의 것) 제83조 제2항의 규정은 사업시행자가 그 공공시설에 필요한 토지를 사법상의 계약이나 공법상의 절차에 따르는 방법 등으로 취득하여 여기에 공공시설을 설치하고 사업을 완료한 경우에 한하여 적용되는 것이지, 사업시행자가 공공의 시설에 필요한 토지를 적법하게 취득하지 아니한 채 여기에 공공시설을 설치하여 국가 또는 지방자치단체가 이를 점유사용하고 있는 경우에까지 적용되는 것은 아니며, 이와 같은 해석은 그 공공시설의 설치에 필요한 토지가 국유지라고 하여 달리할 것도 아니다.
② 대법원 1987. 7. 7. 선고 87다카372 판결 : 도시계획법 제83조 제2항 전단은 행정청이 아닌 시행자가 도시계획사업을 시행하여 새로이 설치한 공공시설은 그 시설을 관리할 국가 또는 지방자치단체에 무상으로 귀속된다고 규정하고 있는데 이는 사업시행자가 그 공공시설에 필요한 토지를 사법상의 계약에 의하여 매수하거나 토지수용법에 따른 공공수용등의 절차 등의 방법에 의하여 취득하여 여기에 공공시설을 설치하고 사업을 완료한 경우에 한하여 그 공공시설이 국가 또는 지방자치단체에 귀속된다는 뜻으로 풀이하여야 할 것이다. 따라서 사업시행자가 공공의 시설에 필요한 토지를 적법하게 취득하지 아니한 채 여기에 공공시설을 설치하여 국가 또는 지방자치단체가 이를 점유사용하고 있다면, 이는 법률상 원인 없이 이득을 얻고 토지소유자에게 손해를 가한 셈이 되므로 국가 또는 지방자치단체는 그 이득을 토지소유자에게 반환할 의무가 있다 할 것이다.

1450) ① 대법원 1992. 7. 28. 선고 92다3861 판결 : 택지개발촉진법 제1조, 제2조 제1, 2호, 같은 법 시행령 제2조 제1, 2호의 규정을 종합해 보면, 공공시설용지라 함은 원칙적으로 당해 사업을 위하여 새로이 설치하기 위한 시설용지를 말하고 당해 사업지구 외에 이미 설치되어 있는 도시계획시설을 위한 토지는 그 도시계획시설이 사업지구의 주거생활의 편익을 위하여 이용되는 경우 또는 거주자의 생활복리를 위해 직접적으로 필요한 경우에만 이에 포함된다고본다.
② 대법원 1990. 7. 10. 선고 90다카7460 판결 : 행정청이 아닌 도시계획사업시행자가 도시계획사업을 시행하여 새로이 설치한 공공시설로서 도시계획법 제83조 제2항에 의하여 그 시설을 관리할 국가 또는 지방자치단체에 무상으로 귀속하게 되는 것은 도시계획사업으로 설치된 도로, 공공용물인 도로지하에 설치된 지하통로와 이에 부수된 상가, 하수도, 하천, 제방 등의 공공시설을 의미하고, 공원시설 중의 휴게소부지나 휴게소시설은 위 법조 소정의 공공시설에 포함되지 아니한다.
③ 도시정책팀-474(2005. 9. 22) : 무상귀속 대상 공공시설은 누구나가 타인의 제한 없이 자유롭게 이용할 수 있는 시설임과 아울러 유지·관리를 시장·군수 등 행정청이 하여야 할 필요가 있는 시설에 한하도록 하고 특정인이 이용하고 사인이 관리하는 개인소유시설은 무상귀속대상 공공시설에 포함하

표 51. 공공시설의 개념

구분	국토의 계획 및 이용에 관한 법률	산업입지 및 개발에 관한 법률	국유재산법
근거	법 제3조 제15항, 령 제4조	령 제24조의4[1451)]	법 제23조, 령 제32조
종류	☞법: 도로, 공원, 철도, 수도 ☞령: 항만, 공항, 운하, 광장, 녹지, 녹지, 운동장(행정청설치), 공공공지, 하수도, 공동구, 공동묘지(행정청설치), 화장장(행정청설치),저수지(행정청설치), 유수지, 방풍설비, 방수설비, 방화설비, 사방설비, 방조설비	도로, 공원, 광장, 하천, 녹지, 수도(수자원공사가 설치한 수도의 경우에는 관로에 한정), 하수도, 유수지시설, 구거(총 9종)	☞법: 도로, 하천, 항만, 공항, 공유수면, 기타 공용으로 사용하는 재산 ☞령: 도로, 하천, 제방 구거 등

무상귀속 대상인지 여부와 관련하여 논의가 되고 있는 사항 중의 하나는, 관리청에서는 무상귀속 대상 공공시설에 해당하더라도 그 현실이용상황이 공공시설에 해당하지 아니하면 무상귀속협의를 거부하고 있는 경우가 대부분이며, 결국 사업시행자는 우선 유상취득 후 부당이득반환청구소송을 통해 대금을 환수하는 사례가 있다.

관리청이 용도폐지를 하지 않았다면 공공시설임이 당연하므로[1452)] 무상귀속되어야 할 것으로 관리청이 현실이용상황을 근거로 무상귀속 협의를 거부하는 것은 부당하다고 할 수 있다.

2) 공공시설 판단시점

종래의 공공시설인지 여부를 판단하는 시기는 택지개발사업의 경우 실시계획승인 시점이며, 공부상 지목이 도로, 구거, 하천 등일 경우 현황이 공부상 지목과 다르다고 하더라도 실시계획승인 전까지 용도폐지를 하지 않는 한 무상귀속대상임에 유의하여야 한다.

지 않아야 할 것입니다. 귀 질의의 경우에도 공공시설을 새로이 설치할 경우에만 무상귀속 되는 것이지 도시계획도로에 편입된 사실만으로 무상귀속 되는 것은 아닙니다.

1451) 당초 '철도'가 포함되어 있었으나, 1993. 11. 6 개정에서 국가 및 지자체의 과다한 무상귀속 방지를 위하여 삭제하였다. 따라서 산업입지 및 개발에 관한 법률에서는 다른 법률과 달리 '철도'는 무상귀속 대상이 되지 않는다.

1452) 대법원 2006. 6. 15. 선고 2006다16055 판결 : 행정재산에 대한 공용폐지의 의사표시는 명시적이든 묵시적이든 상관이 없으나 적법한 의사표시가 있어야 하고, 행정재산이 사실상 본래의 용도에 사용되지 않고 있다는 사실만으로 공용폐지의 의사표시가 있었다고 볼 수는 없으므로 행정청이 행정재산에 속하는 1필지 토지 중 일부를 그 필지에 속하는 토지인 줄 모르고 본래의 용도에 사용하지 않는다는 사실만으로 묵시적으로나마 그 부분에 대한 공용폐지의 의사표시가 있었다고 할 수 없다.

판례 또한 이 입장으로, 택지개발사업실시계획의 승인을 받은 자에게 무상으로 귀속되는 종래의 공공시설인지 여부는 택지개발사업실시계획의 승인 시점을 기준으로 판단하되, 그 승인 당시 종래 공공시설의 현실적인 이용상황이 지적공부상 지목과는 달라졌다고 하더라도 관리청이 공용폐지를 하지 아니하고 종래의 공공시설을 국유재산법이나 지방재정법에 따른 공공용 재산으로 관리하여 왔다면 특별한 사정이 없는 한 종래의 공공시설은 여전히 사업시행자에게 무상으로 귀속된다고[1453] 보고 있으며 유석해석 또한 같은 입장이다.[1454] 다만, 인가시점에 공공용재산(행정재산)이라 하더라도 종래에 실제 공공시설로 이용된 경우에 한하여 무상귀속이 된다.[1455] 이는 관리기관에서 공공용재산으로 관리되고 있지만 종전에 공공용재산으로 사용하지 않은 경우 무상귀속이 되지 않는다는 것이다.[1456]

Ⅲ. 국·공유지별 업무처리내역

1. 국·공유지 기초자료 수집 및 토지조서 작성

1) 의 의

사업지구 내 국·공유지의 현황을 파악하기 위한 사전절차로서 이에 의해 작성된 토지조서는 국·공유지 기본조사 및 취득협의를 위한 기초자료로서 활용되며, 사업지구 내 국·공유재산에 대하여 각 관리청에 비치하고 있는 "재산관리대장" 등을 조회한 후

1453) 대법원 2004. 5. 28. 선고 2002다59863 판결 : 무상귀속의 대상이 되는지 여부는 택지개발실시계획의 승인시점을 기준으로 하여야 한다. 택지개발실시계획 승인 이전에 적법하게 행정재산이 된 택지개발사업지구내 토지라야 위 규정에 따라 사업시행자에게 무상으로 귀속된다.

1454) 도시정책과-8894 (2018. 1. 15) : 현실적인 이용상황이 당초 목적과 달라진 경우에도 관리청이 용도폐지를 하지 아니하고 공공용재산(행정재산)으로 계속 관리하였다면 무상귀속 대상인 기존 공공시설에 해당한다.

1455) 도시정책과-3438(2019. 5. 17) : 허가(인가)시점에 공공용재산(행정재산)으로 관리되고 있는 재산이라 하더라도, 당해 공공용재산(행정재산)이 종래에 실제 공공시설로 이용(제공 · 관리)된 경우에 한하여 무상귀속이 될 수 있음.

1456) 대법원 2016. 10. 13. 선고 2013다63967 판결 : 도로나 구거와 같이 인공적 공공용재산의 경우 법령에 의하여 지정되거나 행정처분으로써 공공용으로 사용하기로 결정한 경우(공용개시)에 한하여 무상귀속이 가능한 것이다.

유·무상 대상토지로 구분한다.

2) 세부내용

(1) 지적·등기전산자료 및 관리대장 등 제반자료 수집

지적전산자료의 경우 공간정보법 제76조[1457]에 의거 소관 지자체에, 등기전산자료의 경우 부동산등기법 제109조에 의거 법원행정처에 자료를 요청하고, 관리청의 "국·공유재산관리대장"을 입수하여 참고자료로 활용한다.

(2) 국·공유지에 대한 조서 확정

전산지적도, GIS자료, 항공사진(국토지리정보원 자료 외에 항공촬영용역자료를 활용할 수 있음)등을 활용하여 지적현황도를 제작한 후 대조를 통하여 국·공유지조서를 확정하고 관리청을 파악한다.

2. 국·공유지 기본조사

1) 의 의

확정된 국·공유지조서를 기초자료로 하여 국·공유지의 현황조사를 수행하는 단계로서, 현황조사를 토대로 국·공유지 관리청과 협의하게 되므로 철저한 준비가 필요하며, 특히 지목에도 불구하고 현재 이용상황이 공공시설용지인 경우 무상귀속대상이므로 세밀하게 현황조사를 하여야 한다.

감사사례

ㅇㅇ지구에 편입되는 국·공유지 중 구거, 제방으로 이용되고 있는 부지는 불특정 다수인이 아무런 대가없이 사용할 수 있는 부지로 공부상의 지목 또는 국유재산법상의 기업용 재산 여부에 불구하

1457) 공간정보의 구축 및 관리 등에 관한 법률 제76조(지적전산자료의 이용 등) ① 지적공부에 관한 전산자료(연속지적도를 포함하며, 이하 "지적전산자료"라 한다)를 이용하거나 활용하려는 자는 다음 각 호의 구분에 따라 국토교통부장관, 시·도지사 또는 지적소관청에 지적전산자료를 신청하여야 한다.
1. 전국 단위의 지적전산자료: 국토교통부장관, 시·도지사 또는 지적소관청
2. 시·도 단위의 지적전산자료: 시·도지사 또는 지적소관청
3. 시·군·구(자치구가 아닌 구를 포함한다) 단위의 지적전산자료: 지적소관청

고 사실상의 공공용재산이므로 택지개발촉진법 제25조에 의한 무상귀속대상이나 동 부지는 철도사업특별회계 기업용재산으로 무상귀속협의대상이 아니라는 철도청에 의견에 따라 유상취득을 결정하여 감사지적(00년).

사업지구내의 국·공유지로서 실제이용상황이 도로, 구거, 하천 등 공공용에 공하는 토지는 지목여하에 불구하고 택지개발촉진법 제25조의 규정 및 도시계획법 제52조의 규정, 재정경제원 45501-1098호('94.11.14)에 의거 무상귀속대상토지임에도 ○○사업단에서는 위 국·공유지 중 실제이용현황이 도로부분인 615㎡를 포함하여 감정평가를 한 후 도로부분의 보상가격을 13,908,500원으로 사정한 사실에 대하여 감사지적(02년).

2) 세부내용

(1) 현황조사

확정된 조서를 기초로 국·공유지를 필지별로 조사하고, 공공시설용지(도로, 공원, 하천, 제방 등)와 유상취득대상 토지로 구분하여 조사하여야 하고 동일 필지내 상이한 용도로 사용되고 있는 경우 각각 현황조사한다.

판 례

□ 대법원 1997. 3. 14. 선고 96다43508 판결

1필지 전부가 군유재산대장에 교육청사 부지로 등재되어 있고, 또한 실제로 그 중 일부분이 교육청사의 부지로 제공되어 오고 있는 것이라면 특별한 사정이 없는 한 1필지 전부가 행정재산에 해당하는 것이다. 행정재산에 대한 공용폐지의 의사표시는 명시적이든 묵시적이든 상관이 없으나 적법한 의사표시가 있어야 하고, 행정재산이 사실상 본래의 용도에 사용되지 않고 있다는 사실만으로 용도폐지의 의사표시가 있었다고 볼 수는 없으므로 행정청이 행정재산에 속하는 1필지 토지 중 일부를 그 필지에 속하는 토지인줄 모르고 본래의 용도에 사용하지 않는다는 사실만으로 묵시적으로나마 그 부분에 대한 용도폐지의 의사표시가 있었다고 할 수 없다.

(2) 현황입증자료 관리

① 관리청과의 협의자료 작성 및 소송에 대비하여 현황을 잘 나타낼 수 있도록 사진을 촬영하여 관리

② 현황사진을 확보하지 않은 채 공사에 착수하게 되면 당시 현황의 입증이 어려워 향후 관리청과 협의시 불리하게 작용

③ 기타 현황을 객관적으로 입증할 수 있도록 필지별 자료관리

3. 현황측량 및 필지분할

1) 의 의

토지현황조사결과를 바탕으로 국토정보공사에 현황측량을 의뢰하여야 하며 동일 필지의 이용현황이 상이한 경우 유·무상귀속부분을 명확히 구분하기 위하여 분할측량을 하여야 한다.

2) 세부내용

(1) 현황측량(국토정보공사)

공부상 지목과 현황이 상이한 경우 등 향후 협의에 대비하여 관리청별로 대상토지를 구분하여 측량결과를 정리한다.

(2) 분할측량

토지 일부의 현황이 공공시설용지가 아닌 경우 유무상 귀속분을 명확히 하기 위하여 분할측량을 수행하며, 분할 측량 후 지자체의 지적과에 토지분할신청 및 분할등기 촉탁하며 유상취득분에 대하여는 용도폐지 신청한다.

4. 무상귀속 협의

1) 의 의

공공사업지구에 편입되는 국·공유지의 무상귀속의 경우 일반적으로 실시계획 승인과정에서 그 귀속여부가 결정되나, 관리청이 일단 공식적인 입장을 표명하면 명백한 반대증거가 제시되기 전에는 그 입장의 번복이 어려우므로 무상귀속과 관련한 공식적인 의사표명이 있기 이전에 비공식적으로 충분히 공사의 의견을 개진하여야 한다.

특히 실시계획승인 고시의 국·공유지 세목이 고시된 이후에는 내용변경이 사실상 불가능하므로 보상초기단계에서 바로 무상귀속협의에 착수하여 단기간 내에(통상 1개월) 협의를 완료하는 것이 바람직하다.

2) 인가권자 의견조회

특별법상 공공시설의 귀속에 관한 사항이 포함된 경우 사업인가권자는 사업인가 전에 미리 무상귀속에 관하여 재산관리청의 의견을 듣도록 규정하고 있는바(예 : 국토의계획및이용에관한법률 제65조 제3항, 산업입지및개발에관한법률 제26조 제3항 등), 준비된 협의자료를 첨부하여 각 사업의 인가권자(통상적으로는 실시계획승인기관)에게 의견조회를 하며, 인허가기관의 주무부서에 의견조회문서를 시행하면, 주무부서에서 국·공유지 소관부서별로 의견을 재조회하고, 각 소관부서는 무상귀속 여부를 판별하여 인허가기관의 주무부서로 통보한다. 또한 관리청의 의견조회·협의절차를 거치지 아니한 경우에는 공공시설의 귀속부분이 무효 또는 취소의 원인이 될 수 있으므로[1458] 당해 재산의 관리청에 의견조회·협의절차를 밟아야 한다.

3) 국·공유토지 세목 작성 및 실시계획승인시 고시

각 관리청의 동의로 무상귀속협의가 완료되면 세목을 작성하여 실시계획승인시 고시한다. 다만, 실시계획승인시까지 무상귀속협의가 성립되지 않았음에도 불구하고 재협의의 여지가 있는 경우 추후 실시계획 인허가 등에서 재협상하여야 한다.

4) 무상귀속 재협의

사업인가 전에 재산의 현황파악이 되지 않아 누락되거나 인가 당시 관리청의 미지정 기타 부득이한 사유로 인가권자의 의견을 듣지 못한 경우 등에는 실시계획 변경시마다 재협의를 한 후 그 협의결과에 따라 추가고시를 한다.

감사사례

택지개발사업지구 내에 편입되는 국·공유지의 무상귀속협의는 토지현황에 대한 조사결과 그 용도가 공공시설인지의 여부가 가장 중요한 요소이므로 최초 실시계획승인시점 또는 대상토지의 현황이 보존되는 시점에서 무상귀속협의가 종결되도록 노력하고 미협의, 협의불응 또는 누락 등의 경우에는 조기에 재협의 등의 필요한 조치를 취하여야 하나, '00. 8. 9 실시계획승인을 득하여

1458) 물론 판례에서는 무상귀속의 요건이 갖추어져 있다면 당연무효는 아니라는 입장이다.
☞ 서울고등법원 2004. 12. 15. 선고 2004나39636 판결 : ... 이미 종래의 공공시설이 무상취득의 요건을 갖추고 있는 한 해당 관리청의 의견을 듣지 아니하였다고 하여 무상귀속 여부에 영향이 있는 것은 아니다.

'01. 04. 10 공사착공한 ○○지구 택지개발사업에 편입된 국·공유지 중 당초 무상귀속협의를 하였으나 지자체 협의문서에 누락되었는데도 이에 대한 별도의 무상귀속협의를 진행하지 않고 있는 등의 사실이 있어 감사지적.(01년)

Ⅳ. 국·공유지 유상취득

1. 의 의

용도폐지된 국·공유지 및 일반재산 등에 대하여는 유상매수를 하여야 하며 관리계획 반영여부에[1459] 따라 국유재산법 또는 공유재산 및 물품 관리법에 의한 취득방식과 토지보상법에 의한 취득방식으로 나뉜다.

일반재산의 경우 별도의 용도폐지절차는 필요하지 않으나, 공부상 공공시설임에도 현황이 공공시설이 아닌 경우와 같이 일반재산으로 전환되어야만 매각이 가능한 경우에는 취득 전에 용도폐지가 이루어지도록 관리청과 협의하여야 하며 특히 무상귀속협의가 되지 않아 유상취득이 문제되는 경우 장기간이 소요됨에 주의하여야 한다.

2. 유상취득 세부내용

1) 국유재산법에 의한 취득

국유재산법·공유재산 및 물품 관리법에 의거하여 취득하는 경우 사업지구에 편입되는 국·공유재산은 매년 수립되는 당해 연도의 관리계획에 반영되어야 그 처분이 가능하다.

1459) 무상귀속 대상재산의 관리·처분은 "국유재산관리계획"에 계상할 필요가 없다(국유재산관리계획 제2조 제3항 제1호).

□ 국유재산법

제9조 (국유재산종합계획) ① 총괄청은 다음 연도의 국유재산의 관리·처분에 관한 계획의 작성을 위한 지침을 매년 4월 30일까지 중앙관서의 장에게 통보하여야 한다.
② 중앙관서의 장은 제1항의 지침에 따라 국유재산의 관리·처분에 관한 다음 연도의 계획을 작성하여 매년 6월 30일까지 총괄청에 제출하여야 한다.
③ 총괄청은 제2항에 따라 제출된 계획을 종합조정하여 수립한 국유재산종합계획을 국무회의의 심의를 거쳐 대통령의 승인을 받아 확정하고, 회계연도 개시 90일 전까지 국회에 제출하여야 한다.
④ 국유재산종합계획에는 다음 각 호의 사항이 포함되어야 한다.
1. 국유재산을 효율적으로 관리·처분하기 위한 중장기적인 국유재산 정책방향
2. 대통령령으로 정하는 국유재산 관리·처분의 총괄 계획
3. 국유재산 처분의 기준에 관한 사항
4. 「국유재산특례제한법」 제8조에 따른 국유재산특례 종합계획에 관한 사항
5. 제1호부터 제4호까지의 규정에 따른 사항 외에 국유재산의 관리·처분에 관한 중요한 사항

⑤ 국유재산종합계획을 변경하는 경우에는 제3항을 준용한다.
⑥ 총괄청은 제3항 및 제5항에 따라 국유재산종합계획을 확정하거나 변경한 경우에는 중앙관서의 장에게 알리고, 제5항에 따라 변경한 경우에는 지체 없이 국회에 제출하여야 한다.
⑦ 중앙관서의 장은 제3항에 따라 확정된 국유재산종합계획의 반기별 집행계획을 수립하여 해당 연도 1월 31일까지 총괄청에 제출하여야 한다.
⑧ 총괄청이 제3항에 따라 국유재산종합계획을 수립하는 경우에는 「국가재정법」 제6조 제1항에 따른 독립기관의 장(이하 "독립기관의 장"이라 한다)의 의견을 최대한 존중하여야 하며, 국유재산 정책운용 등에 따라 불가피하게 조정이 필요한 때에는 해당 독립기관의 장과 미리 협의하여야 한다.
⑨ 총괄청은 제8항에 따른 협의에도 불구하고 제2항에 따른 독립기관의 계획을 조정하려는 때에는 국무회의에서 해당 독립기관의 장의 의견을 들어야 하며, 총괄청이 그 계획을 조정한 때에는 그 규모 및 이유, 조정에 대한 독립기관의 장의 의견을 국유재산종합계획과 함께 국회에 제출하여야 한다. [전문개정 2011. 3. 30]

2) 토지보상법에 의한 취득

용도폐지된 자산에 대하여는 감정평가기관에 감정평가를 의뢰하여 보상가격 산정한다. 국유재산 또한 협의에 의하여 취득하며, 협의가 성립되지 않을 경우 다소의 논쟁은 있으나 수용재결에 의한 취득도 가능할 것으로 보인다.[1460]

1460) 대법원 1981. 6. 9. 선고 80다316 판결 : 토지수용법에 의하여 수용의 대상이 되는 토지에 대하여는 동 법 제5조의 규정에 의한 제한 외에는 아무런 제한이 없으므로 국유의 토지도 이를 수용할 수 있다.

Ⅴ. 무주부동산 국유화 조치 등

1. 의 의

기본조사단단계에서 국유화대상 부동산이 발견된 경우 국유화절차가 6개월 이상 소요되는 점을 감안, 기본조사단계에서부터 신속히 절차를 진행하여 관리청을 지정한 후 취득절차를 밟아야 한다.

한편 국유화 대상 부동산으로는 다음과 같은 경우를 들 수 있다.

① 무주부동산(민법 제252조 제2항)[1461]

② 상속인 또는 승계할 자가 없는 재산(민법 제1053조)

③ 일본인명의 귀속재산(귀속재산처리법)

④ 청산법인의 국고귀속(민법 제80조 제3항)

⑤ 점유취득시효와 등기취득시효(민법 제245호)

⑥ 국가하천, 지방1급하천구역내 편입토지(하천법 제3조)

⑦ 공익사업 등으로 설치한 공공시설의 무상양여(택촉법등)

판 례

□ 대법원 2005. 5. 26. 선고 2002다43417 판결

구 토지조사령(1912. 8. 13. 제령 제2호)에 의한 토지의 사정명의인은 당해 토지를 원시취득하므로 적어도 구 토지조사령에 따라 토지조사부가 작성되어 누군가에게 사정되었다면 그 사정명의인 또는 그의 상속인이 토지의 소유자가 되고, 따라서 설령 국가가 이를 무주부동산으로 취급하여 국유재산법령의 절차를 거쳐 국유재산으로 등기를 마치더라도 국가에게 소유권이 귀속되지 않는다.

1461) 서울지법 동부지원 1988. 7. 8. 선고 87가단368 판결(확정) : 촌락공동체인 경기도 광주군 대왕면 자곡리가 1911.7.31. 일정한 임야에 대하여 토지사정을 받았다 하더라도 1963. 1. 1. 위 자곡리가 서울특별시로 편입된 이후 도시화가 진행되면서 위 자연부락인 촌락공동체의 실질이 해체되고 도시화 이전부터 위 부락에 거주하던 주민들 사이에서 친목회만이 남아 있다면 위 부동산은 위 촌락공동체의 해체.소멸과 동시에 무주부동산이 되어 민법 제252조 제2항에 의하여 국유로 되었다 할 것이다.

2. 무주부동산 처리절차

1) 무주부동산의 공고 및 정리절차

소유자가 없는 부동산은 국유재산으로 취득한다. 총괄청이나 중앙관서의 장은 소유자 없는 부동산을 국유재산으로 취득할 경우에는 6개월 이상의 기간을 정하여 그 기간에 정당한 권리자나 그 밖의 이해관계인이 이의를 제기할 수 있다는 뜻을 공고하여야 하여야 한다. 이 공고는 관보와 일간신문에 게재하고 해당 부동산의 소재지를 관할하는 시(「제주특별자치도 설치 및 국제자유도시 조성을 위한 특별법」 제15조 제2항에 따른 행정시를 포함한다)·군·자치구의 인터넷 홈페이지에 14일 이상 게재하여야 하며, 이 기간 내에 이의가 없는 경우에 공고를 하였음을 입증하는 서류를 첨부하여 「공간정보의 구축 및 관리 등에 관한 법률」에 따른 지적소관청에 소유자 등록을 신청할 수 있다.

〈무주부동산 처리 절차〉

공고대상의 확정	· 조서작성 및 기본조사단계에서 국유화조치가 필요한 무주재산을 파악
⇩	
관보 및 일간신문에 공고	· 총괄청이나 관리청에 공고 신청 · 공고기간(6월) 동안 정당한 권리자 기타 이해관계인의 신고 및 이의 가능
⇩	
재산소재지 관할 시·군·구·읍·면·동의 사무소에 게시	· 14일 이상·읍·면·동장의 공고재산조사 및 확인에 대한 의견서 징구 · 각 관리청에 공고된 재산의 소관여부 조회
⇩	
이해관계인의 이의 조사	· 신고 및 이의제기자에 대하여 정당성을 입증하는 서류(판결문, 등기권리증 등)를 확인하고 회신
⇩	
관리청 지정신청 및 지정서 교부	· 무주부동산의 공고내용(소재지, 지번, 지목, 지적 등)과 상이한 경우 국유재산관리청 지정이 불가하므로 사전에 신중히 검토
⇩	
국유화등기	· 공고입증서류를 첨부하여 지적법에 의한 소관청에 소유자등록을 신청 · 등록된 지적공부를 발급받아 관할 등기소에 등기촉탁(국유재산법 제8조) · 등기 후 관리청에서 국유재산으로 적정관리

3. 기타 특수유형 토지의 처리절차

1) 토지대장에 '국'으로 표기된 미등기토지

총괄청에 관리청지정신청 및 국유지로 권리보전조치 후 취득

2) 토지대장에 '미복구'로 표기된 미등기토지

무주부동산 처리절차에 따라 처리

3) 미등록토지

지적도상 경계는 표시되어 있으나 지번이 기재되지 않고 토지대장도 없는 토지의 경우 지적도를 기초로 측량한 후 신규등록하고 관리청 지정 및 권리보전조치 후 취득한다.

4) 일본인 명의 토지

토지 및 임야대장의 소유자란에 "조선총독부",[1462] "일본인 명의", "일본법인 명의", "육군성",[1463] "이왕직", "창덕궁", "이왕직 장관"[1464] 등으로 되어 있는 경우 국유재산처

1462) 조선총독부로 되어 있는 부동산은 대한민국 정부수립(1948. 8. 15)과 동시에 당연히 대한민국의 국유로 되는 것인 바, 관리청지정서를 첨부하여 "1948. 8. 15 명칭변경"을 원인으로 "국, 관리청 ○○부"로이 등기명의인 표시변경등기를 촉탁한다.

1463) "일본인", "일본법인", "육군성" 소유명의로 등기된 부동산의 경우 1948. 9. 11 권리귀속을 원인으로 "국, 관리청 ○○부"로 소유권이전등기 촉탁한다.
☞ 1945. 8. 9 현재 등기부상 일본인 소유명의로 되어 있는 재산은 당연히 군정법령 제33호에 의하여 1945. 9. 25 부로 정부에 귀속되고, 다만 그 재산에 관하여 일본인으로부터 그 이전에 매수 기타 원인으로 그 소유권을 취득하였음을 주장하는 자는 소정기간 내에 소정의 절채에 따라 귀속해제의 재결 등을 받아 그 소유권을 주장할 수 있으나, 이와 같은 귀속해제조치를 받지 아니한 자는 그 소유권을 주장할 수 없고 그 소유권은 완전히 국가에 귀속된다(1989. 7. 11. 88다카24912).

1464) "이왕직", "창덕궁", "이왕직 장관" 소유명의로 등기된 부동산의 경우 1963. 2. 9 승계를 원인으로 "국, 관리청 ○○부"로 소유권이전등기 촉탁한다.
☞ 구 황실재산으로서 일정시 이왕직장관의 관리하에 있던 재산은 구 황실재산법에 의하여 국유화되었고, 1963. 2. 9 문화재관리법의 개정으로 그 재산에 관하여는 국유재산법의 규정에 의한 권리보전절차를 취하게 되었으므로, 등기부상 소유자명의가 "창덕궁" 또는 "이왕직장관"으로 되어 있던 구 황실재산에 관하여는 "1963. 2. 9 승계"를 원인으로 하여 국 명의로 이전등기를 한 다음 관리청명칭을 첨기하여야 할 것이다(1986. 4. 16. 등기 182)

리법에 의거 "국" 명의로 소유권보존등기 및 관리청 명칭도 첨기등기한다.

질의회답

□ 1994. 9. 6 등기 3402-1106

1945. 8. 9 현재 일본인(법인 및 기관포함) 소유재산은 군정법령 제33호에 의하여 당연히 군정청에 귀속되고, 다시 그 재산은 한미협정에 의하여 1948. 9. 11 대한민국정부에 이양되었으므로, 미등기이나 1945. 8. 9일 현재 지적공부상 소유자가 일본인 명의로 등록되어 있는 부동산으로서 귀속해제조치가 되지 아니한 것은 국유부동산으로서 국가가 위 대장등본을 첨부하여 소유권보존등기를 할 수 있다.

제5절 토지수용보상금 공탁

Ⅰ. 보상금 공탁

1. 보상금 공탁의 의의

토지보상법은 사업시행자가 손실보상금을 수용의 개시일까지 지급하도록 하고 있으며, 지급할 수 없거나 보상금에 대하여 불복하는 경우 공탁의 제도를 규정하고 있다.

이러한 공탁제도는 ① 손실보상의 사전원칙을 이행하고, ② 공탁을 통해 채무의 소멸과 함께 공익사업을 신속하게 진행하며, ③ 담보물권자의 권익보호를 위해서 인정되는 제도이다.[1465]

2. 토지수용보상금 공탁의 특수성

토지수용의 보상금공탁은 민법상의 변제공탁의 성질을 가지지만,[1466] 민법상의 일반 변제공탁과는 여러 가지 다른 성질을 띠고 있다.

첫째, 민법상의 변제공탁은 당사자 사이의 자유로운 계약에 기인 한 것이지만 토지보상법상의 수용에 따른 공탁은 국가 등의 공권력에 기한 강제적인 것이다.

둘째, 토지수용 공탁은 채권자가 누구인지 전혀 알 수 없을 때에 하는 절대적 불확지 공탁이 가능하다는 점에서 일반 변제공탁과 차이가 있다.

셋째, 사업시행자가 수용재결 금액 등의 불만이 있을 때 하는 토지보상법 제40조 2항 제3호 공탁[1467]은 법률상의 특유한 공탁사유이며, 토지소유자 등의 출급청구권 행사는 토지수용위원회의 재결을 확정·정지조건으로 한다는 점에서 민법상의 변제공탁과 다

1465) 토지수용업무편람, 중앙토지수용위원회, 2009, 28면

1466) 민법상의 변제공탁은 채권자가 ① 변제를 받지 아니하거나(수령거절) ② 받을 수 없는 때(수령불능)에는 변제자는 채권자를 위하여 변제의 목적물을 공탁하여 그 채무를 면할 수 있다. 변제자가 과실없이 채권자를 알 수 없는 경우에(채권자 불확지)도 같다(민법 제487조).

1467) 토지보상법 제40조 제2항 사업시행자는 다음 각 호의 어느 하나에 해당할 때에는 수용 또는 사용의 개시일까지 수용하거나 사용하려는 토지등의 소재지의 공탁소에 보상금을 공탁(供託)할 수 있다.
3. 관할 토지수용위원회가 재결한 보상금에 대하여 사업시행자가 불복할 때

르며, 이 경우 사업시행자는 보상금을 받을 자에게 자기의 예정금액을 지급하고 재결에 의한 보상금액과의 차액을 공탁하여야 한다.[1468]

Ⅱ. 수용보상금 공탁 공탁절차

1. 관할 공탁소

1) 토지 등의 소재지 공탁소

사업시행자는 토지보상법 제40조 제2항 각호의 1에 해당하는 사유가 있는 경우 수용 또는 사용 하고자 하는 토지 등의 소재지의 공탁소에 보상금을 공탁할 수 있다(동 법 제40조 제2항). 실무상 대부분 수용 또는 사용하고자 하는 토지 등의 소재지 공탁소에 공탁이 이루어지고 있다.

2) 피보상자 주소지 공탁소

수용보상금 공탁도 기본적으로는 변제공탁의 성질을 가지므로 민법 제488조 제1항 규정에 의하여 채무이행지의 관할공탁소에 공탁할 수 있다. 따라서 피보상자가 특정된 경우에는 그의 주소지 관할공탁소에 공탁할 수 있고, 피보상자가 특정되지 아니한 상대적불확지공탁의 경우에는 그 중 1인의 주소지 관할공탁소에 공탁할 수 있다. 다만, 채권자가 누구인지 전혀 알 수 없는 경우의 절대적불확지공탁의 경우에는 성질상 피보상자의 주소지에 공탁할 수 없으므로 수용 또는 사용하고자 하는 토지 등의 소재지 공탁소에 공탁하여야 한다.

1468) 김용현, 토지수용보상금 공탁, 진원사, 2005, 354~355면 참조.

2. 공탁당사자

1) 공 탁 자

수용보상금 공탁의 공탁자는 사업시행자이다. 토지보상법상의 사업시행자는 토지수용을 할 수 있는 공익사업의 시행자로서 동 법 제20조에 의하여 국토교통부장관의 사업인정을 받은 자를 의미하며, 국가·지방자치단체·사인 등 모두가 사업시행자로 될 수 있다.

2) 피공탁자

수용보상금 공탁의 피공탁자는 원칙적으로 토지수용으로 인한 손실보상금의 채권자, 즉 수용 또는 사용할 토지 등의 소유자이다. 사업시행자는 자기의 책임 하에 보상금을 받을 자를 특정하여 피공탁자로 기재하여야 한다.[1469] 그러나 사업인정 고시 후부터 보상금을 지급 또는 공탁할 때까지 사이에 소유권을 상속[1470]·양도 등 승계한 자가 있을 경우에는 그 자가 피공탁자가 된다.

(1) 확지공탁의 경우

① 관계인의 포함 여부

토지보상법상 토지의 소유자 아닌 관계인이라 함은 사업시행자가 취득 또는 사용할 토지에 관하여 지상권·지역권·전세권·저당권·사용대차 또는 임대차에 의한 권리 기타 토지에 관한 소유권 외에 권리를 가진 자, 또는 그 토지에 있는 물건에 관하여 소유권 그 밖의 권리를 가진 자를 말한다. 다만, 사업 인정고시가 있은 후에 권리를 취득한 자는 기존의 권리를 승계한 자를 제외하고는 관계인에 포함되지 아니 한다(법 제2조 제5호). 수용대상토지에 대하여 관계인의 지상권·전세권·저당권·가등기·압류·가압류 등

1469) 대법원 1997. 10. 16. 선고 96다11747 전원합의체 판결 : 공탁제도는 공탁공무원의 형식적 심사권, 공탁 사무의 기계적, 형식적인 처리를 전제로 하여 운영되는 것이어서 피공탁자가 특정되어야 함이 원칙이고, 또한 피공탁자가 특정되었다고 하려면 피공탁자의 동일성에 대하여 공탁공무원의 판단이 개입할 여지가 없고 그 공탁통지서의 송달에 지장이 없는 정도에 이르러야 한다.

1470) 법원행정처 1991. 5. 23. 법정 제893호 질의회답 ; 피공탁자가 사망한 경우(공탁 전에 사망하였어도 등기부상 상속등기를 하지 않은 경우 포함)에는 상속을 증명하는 서면인 호적등본·제적등본을 첨부하여 상속인이 직접 공탁금의 지급을 청구할 수 있으나, 이 경우에도 각 상속인은 자기의 지분만을 청구할 수 있을 뿐이고 장자 등이 대표로 모든 것을 청구할 수는 없다.

의 등기가 경료 되어 있다고 하더라도 피공탁자는 여전히 토지소유자로 하여야 한다. 이는 사업시행자가 보상금을 지급(또는 공탁)하면 수용개시일에 소유권을 원시취득하게 되고 그 토지에 관한 권리는 토지수용위원회의 재결로써 인정한 권리 외에는 모두 소멸되므로(법 제45조 제1항, 제3항), 담보물권자, 압류·가압류채권자 등은 별도로 수용보상금채권에 압류 등을 하지 않는 한 무시되기 때문이다. 따라서 공탁서의 피공탁자란에는 토지소유자만 기재하고 토지등기부상의 담보물권자·압류·가압류채권자 등은 공탁서의 어느 난에도 기재하지 않는다. 이는 대법원이 부동산 자체에 대한 (가)압류등과 보상금채권에 대한 (가)압류 등을 각각 별개로 보고 있기 때문이다.

② 수용보상금채권에 대하여 (가)압류가 있는 경우

수용보상금채권의 일부에 대한 압류가 있는 경우 압류된 채권만을 공탁하거나, 보상금채권 전부에 대한 압류 또는 압류경합을 원인으로 공탁하는 경우에는 집행공탁이므로 압류채무자를 피공탁자로 기재하지 않는다. 다만, 수용보상금채권의 일부에 대한 압류를 원인으로 압류에 관련된 수용보상금 채권 전액을 공탁하는 경우 또는 수용보상금채권에 대하여 가압류를 원인으로 공탁하는 경우에는 피공탁자 란에 압류 또는 가압류채무자를 기재하고 공탁통지서도 발송한다(행정예규 제528호). 이러한 공탁은 변제공탁의 성질을 가지고 가압류상태로는 아직 확정된 채권도 아니며, 우선변제권이 인정 되는 채권이 아니기 때문이다.

③ 수용개시일 이전까지 소유권이전등기를 경료하지 못한 경우

민법상 법률행위에 의한 물권변동의 효력은 등기하여야 효력이 생기므로 수용개시일 이전에 매매 등으로 소유권이전등기청구권을 취득하였거나 소유권이전등기절차이행 확정판결을 받았다 하더라도 실제로 수용의 개시일까지 소유권이전등기를 경료하지 않았다면 피공탁자가 될 수 없고, 등기부상의 토지소유자가 피공탁자가 된다.[1471]

1471) 법원행정처 1992. 4. 9. 법정 제643호 : 매수인이 매도인인 등기부상 소유명의인을 상대로 매매를 이유로 한 토지소유권이전등기절차이행청구의 승소판결을 받았으나, 그에 따른 소유권이전등기를 마치지 않고 있던 중 사업시행자가 그 토지를 수용하고 보상금을 공탁하여 수용의 효력이 발생하였다면, 사업시행자의 수용에 따른 이전등기 이전에 매수인이 먼저 이전등기를 했더라도 이는 무효이며 직접 공탁금출급청구를 할 수 없다.

☞ 이러한 이행판결은 채권의 성질을 가지고 있어 등기없이는 소유권변동이 발생하지 않아, 민법 제187조(등기를 요하지 아니하는 부동산물권취득)에 포함되지 아니하며, 등기없이도 물권변동이 발생하는 판결은 권리의무를 발생, 변경, 소멸케 하는 형성판결을 의미한다.

④ 사업인정고시 후 소유권에 변동이 있는 경우

사업인정고시 후 수용의 개시일까지는 상당한 시간간격이 있게 되므로 그 사이에 수용 대상토지의 소유권에 변동이 생기면 사업인정고시, 재결, 수용의 개시일 중 어느 시점을 기준으로 수용대상토지의 소유자, 즉 토지수용보상금 공탁의 피공탁자가 되는가가 문제된다.

통상 보상금은 관할 토지수용위원회가 재결하면서 재결서에 기재된 목적물의 소유자 또는 소유권 이외의 권리자에게 지급하거나 공탁하게 되는데, 재결서에 기재된 목적물의 소유자 또는 소유권 이외의 권리자가 진실한 소유자 또는 소유권 이외의 권리자이어야 하나, 수용의 목적물에 대한 소유권 또는 소유권 이외의 권리자가 변동될 때마다 그 변동된 사람을 찾아서 재결서에 기재하여 재결한다는 것은 사실상 어렵다. 이런 문제 때문에 토지보상법 제40조 제3항은 "사업인정고시가 있은 후 권리의 변동이 있은 때에는 그 권리를 승계한 자가 공탁금을 수령하고", 동 법 시행령 제21조에서는 "이 경우 공탁금을 받는 자는 공탁금을 받을 권리를 승계한 사실을 증명하는 서류를 공탁관에게 제출하여야 한다"라고 규정하고 있다. 따라서, 재결이후에 소유권의 변동이 있거나, 소유권의 변동 없이 보상금청구권의 주체가 변동된 경우(채권양도·전부 등)에는 그 승계인을 각 피공탁자로 하여야 한다. 또한 사업인정 고시 후 재결이전에 소유권이 변동된 경우는 판례[1472] 및 공탁선례[1473]는 경정재결을 하거나 승계한 현 토지소유자를 피공탁자로 한다고 보고 있다.

(2) 상대적 불확지공탁의 경우

공탁자인 사업시행자가 과실 없이 ① 수인 중 누가 보상금을 수령할 진정한 권리자인지 알 수 없는 "상대적 불확지공탁"과 ② 피수용자가 누구인지를 처음부터 전혀 알

1472) 대법원 1986. 3. 25. 선고 84다카2431 판결 : 수용대상토지에 대하여 토지보상법 소정의 사업인정고시가 있은 후 소유권의 변동이 있었으나 토지수용위원회가 소유권변동사실을 알지 못한 채 사업인정고시 당시의 소유명의자로 수용재결한 경우에는 토지보상법 제36조 소정의 절차에 따라 그 소유자 표시를 진실에 맞도록 변경하는 경정재결을 할 수 있고, 또한 같은 법 제40조 제3항은 사업인정고시 후 소유권 변동이 있는 경우에는 그 승계인에게 손실보상을 하여야 하고, 공탁할 경우에도 또한 그와 같으며, 이 경우 소유권 등을 승계한 자가 공탁금을 수령한다고 규정하고 있으므로 토지소유권을 승계한 수용 당시의 소유자가 토지수용의 손실보상금이나 공탁한 경우 공탁금의 수령권자가 된다고 하고 있다.

1473) 2004. 10. 8. 공탁법인 3302-217, 공탁선례 200410-1. : 사업인정고시 후 재결 전에 소유권변동이 있었음에도 종전 소유자를 상대로 재결이 이루어진 경우, 손실보상금의 수령권자는 소유권을 승계한 수용당시의 현재 등기부상 소유자가 되므로 현 소유자에게 지급하거나, 공탁할 경우 현 소유자를 피공탁자로 하여 공탁하여야 한다.

수 없는 "절대적 불확지공탁"이 모두 인정된다.

상대적 불확지공탁의 경우와 절대적 불확지공탁의 경우 피공탁자 기재방법은 대법원 행정예규 제1061호 "토지수용보상금의 공탁에 관한 사무처리지침"에 따른다.

동 예규에서 상대적 불확지 공탁이 가능한 경우는 다음과 같다.

① 수용대상토지에 대하여 소유권등기말소청구권을 피보전권리로 하는 처분금지가처분등기가 경료된 경우, 피공탁자는 "토지소유자 또는 가처분채권자"이다.[1474)]

② 수용대상토지에 대하여 예고등기가 경료되어 있는 경우, 피공탁자는 "토지소유자 또는 소 제기자"이다.

③ 수용대상토지에 대하여 등기부가 2개 개설되어 있고 소유명의자가 각각 다른 경우, 피공탁자는 "각 소유명의자인 갑 또는 을"이다.[1475)]

④ 등기부상 공유지분의 합계가 1을 초과하거나 1에 미달되어 공유자들의 정당한 공유지분을 알 수 없는 경우, 피공탁자는 "등기된 공유자 전원"이다.

그러나 동 예규에서는 다음과 같은 경우에는 상대적 불확지공탁을 할 수 없다고 규정하고 있다.

1474) ① 대법원 1996. 3. 22. 선고 95누 5509 판결 : 수용대상토지에 대하여 처분금지가처분의 등기가 경료되어 있는 경우에 그 사유만으로 피보상자를 알 수 없다는 이유로 공탁할 수 없고, 다만 소유권등기말소청구권을 피보전권리로 하는 처분금지가처분등기가 경료되어 있는 등 수용대상토지에 대한 소유권의 귀속에 관하여 다툼이 있는 경우에는 기업자가 피보상자를 알 수 없다는 이유로 공탁할 수 있다 할 것이다.
② 이 경우 소유권등기말소청구권을 피보전권리로 하는 경우에는 그 친소관계가 거의 직접적이므로 상대적 불확지공탁을 하도록 하고 있는 것이다. 이에 반해 소유권이전등기청구권 보전을 위한 가처분 또는 가등기의 경우는 소유권과의 친소관계가 간접적이므로 피공탁자가 되지 않는다고 보아야 할 것이다.
③ 종전에는 수용대상 토지에 가처분등기가 경료되어 있는 경우 그 가처분의 피보전권리가 소유권말소등기청구권인지 아니면 소유권이전등기청구권인지가 등기부상 공시되어 있지 아니하므로 일단은 그 토지소유권 귀속에 관하여 다툼이 있는 것으로 보아 피보상자의 상대적불확지를 이유로 공탁할 수 있었으나, 이후 피보전권리가 소유권이전등기의 말소등기청구권인 경우에는 "피보전권리 소유권말소등기청구권"이라고 당해 가처분의 피보전권리를 기재하여 공시하도록 하여(대법원등기예규 1997. 9.11 제881호), 1997. 9. 11 후에 등기한 것 중 소유권이전등기청구권을 피보전권리로 한 가처분등기가 경료되어 있는 경우에는 피보상자의 상대적불확지를 이유로 공탁할 수 없다.

1475) 대법원 1992. 10. 13. 선고 92누3212 판결 : 수용대상토지인 부천시 작동 43 전 803㎡에 관하여 원고 명의로 소유권이전등기가 되어 있었고, 한편 또 다른 등기부에 위 토지와 지번, 지목이 같고 지적만이 다른 부천시 작동 43 전 430평에 관하여 소외 ○○○ 명의 소유권이전등기가 되어 있었다는 것인바, 이러한 경우 그 사실을 알게 된 기업자가 과실없이 진정한 토지소유자를 알수 없는 때에는 수용재결에서 정한 보상금을 적법하게 공탁하려면, 공탁원인을 그와 같은 취지로 기재하고 공탁물을 수령할 자는 원고 또는 위 ○○○로 표시하여야 한다.

① 수용대상토지에 대하여 담보물권·소유권이전등기청구권보전을 위한 가처분등기 또는 가등기가 경료 되어 있는 경우

② 수용대상토지에 대하여 가압류, 압류, 경매개시, 공매공고(납세담보물의 공매공고 포함) 등의 기입등기가 마쳐져 있는 경우

(3) 절대적 불확지공탁의 경우

① 수용대상토지가 미등기이고 대장상 소유자란이 공란으로 되어 있어 소유자를 확정할 수 없는 경우 및 대장상 성명은 기재되어 있으나 주소의 기재(동·리의 기재만 있고 번지의 기재가 없는 경우도 해당됨)가 없는 경우 또는 주소는 기재되어 있으나 성명의 기재가 없는 경우(피공탁자: 피수용자 불명)

② 수용대상토지가 등기는 되어 있으나 등기기록상 소유자를 특정할 수 없는 경우(피공탁자 : 피수용자 불명)

③ 피수용자가 사망하였으나 그 상속인 전부 또는 일부를 알 수 없는 경우(피공탁자: 망○○○〈주소병기〉의 상속인, 망○○○의 상속인 주소□□의 ◇◇◇ 외 상속인)

3. 공 탁 물

수용보상금 공탁도 기본적으로는 변제공탁의 성질을 가지고, 변제공탁에 있어서의 공탁물은 채무내용에 따른 목적물이어야 하므로, 사업시행자가 보상금을 공탁함에 있어서의 공탁물은 공익사업 법에 규정되어 있는 금전 또는 채권이다.

1) 금 전

토지를 수용 또는 사용함으로 인하여 토지소유자 또는 관계인이 입은 손실에 대한 보상은 다른 법률에 특별한 규정이 있는 경우를 제외하고는 현금으로 지급하여야 한다(법 제63조 제1항). 이를 "금전보상의 원칙"이라고 한다. 따라서 현금으로 보상금을 지급하도록 되어 있을 때에는 현금으로 지급하거나 공탁을 하여야지 현금 대신 채권으로 지급하거나 공탁을 할 수 없다.[1476]

또한 수용의 효과를 발생시키는 보상금의 공탁은 일반 민법상의 변제공탁의 경우와

1476) 법정 1862(1992. 10. 24)

마찬가지로 보상금 전액을 공탁하여야 한다. 따라서, 수용의 효과를 발생시키는 보상금의 공탁은 특별한 사정(사업시행자가 재결보상액에 불복 하여 자기의 예정금액을 지급하고 재결에서 정한 보상액과의 차액만을 공탁하는 경우)이 없는 한 재결에서 정해진 보상금 전액을 공탁하여야 하고, 수용대상토지에 대한 등록세, 제반 비용 등을 공제한 나머지 금액만을 공탁하는 것은 유효한 공탁이 될 수 없다.

2) 채권공탁

사업시행자가 국가·지방자치단체 그 밖에 대통령령이 정하는 「공공기관의 운영에 관한 법률」에 따라 지정·고시된 공공기관 및 공공단체인 경우로서 토지소유자 또는 관계인이 원하는 경우와 사업인정을 받은 사업에 있어서 대통령령이 정하는 부재 부동산 소유자의 토지에 대한 보상금이 대통령령이 정하는 일정금액(현재 동법 시행령상 1억원)을 초과하는 경우로서 그 초과하는 금액에 대하여 보상하는 경우에는 당해 사업시행자가 발행하는 채권으로 지급할 수 있다(법 제63조 제6항).

토지소유자의 채권자가 손실보상이 현금으로 지급될 것을 예상하여 수용보상금에 대하여 압류를 한 경우에도 수용보상금에 대한 압류(압류의 경합여부를 불문한다)가 있는 경우에는 현금으로 지급하여야 한다는 규정이 없으므로, 위와 같은 토지수용의 채권보상요건을 충족하고 공탁사유가 있으면 채권으로 공탁할 수 있다.

다만, 전부명령의 대상인 채권은 금전채권에 한정되므로 사업시행자가 법령에 근거하여 채권공탁을 할 경우 전부명령의 실체적 효력은 소급하여 실효된다.[1477]

1477) 대법원 2004. 8. 20. 선고 2004다24168 판결 : 전부명령은 압류된 채권을 지급에 갈음하여 압류채권자에게 이전시키고 그것으로 채무자가 채무를 변제한 것으로 간주하는 것이어서 전부명령의 대상인 채권은 금전채권으로 한정되는 것이므로, 토지수용에 대한 보상으로서 채권지급이 가능하고, 기업자가 현금 또는 채권(채권) 중 어느 것으로 지급할 것인지 여부를 선택하지 아니한 상태에 있는 경우, 손실보상금채권에 대한 압류 및 전부명령은 기업자가 장래에 보상을 현금으로 지급하기로 선택하는 것을 정지조건으로 하여 발생하는 손실보상금채권을 그 대상으로 하는 것이라고 할 것이고, 위와 같은 장래의 조건부채권에 대한 전부명령이 확정된 후에 그 피압류채권의 전부 또는 일부가 존재하지 아니한 것으로 밝혀졌다면 민사집행법 제231조 단서에 의하여 그 부분에 대한 전부명령의 실체적 효력은 소급하여 실효된다. ☞ 민사집행법 제231조(전부명령의 효과) 전부명령이 확정된 경우에는 전부명령이 제3채무자에게 송달된 때에 채무자가 채무를 변제한 것으로 본다. 다만, 이전된 채권이 존재하지 아니한 때에는 그러하지 아니하다.

유권해석

□ 사법등기심의관-880 (2010. 4. 5)

압류나 가압류가 있는 수용보상금을 사업시행자가 채권과 현금으로 지급하고자 할 경우에는 압류나 가압류의 피압류채권이 금전채권인 수용보상금채권이라면 현금으로 지급하는 수용보상금은 토지보상법 제40조 제2항 제4호 및 민사집행법 제248조 제1항에 의하여 집행공탁할 수 있습니다. 그러나 채권으로 지급하는 수용보상금은 토지보상법 제40조 제2항 제4호 및 민사집행법 제248조 제1항에 의한 집행공탁으로 할 수 없다.

4. 공탁서 작성시 유의사항

1) 공탁원인사실의 기재

① 피보상자 불확지를 사유로 공탁하는 경우에는 그 불확지 사유를 공탁원인사실에 구체적으로 명시하여야 한다.

② 보상금지급청구권에 대한 압류 또는 가압류 등을 사유로 공탁하는 경우에는 공탁원인사실에 그 압류 또는 가압류의 내용을 구체적으로 명시하여야 한다. 실무상 압류법원, 사건번호, 채권자, 채무자, 제3채무자, 압류금액, 송달일자를 기재하는 방법으로 압류 또는 가압류의 내용을 특정하고 있다.

③ 수용대상토지에 대하여 담보물권, 가압류, 경매개시 등의 등기가 되어 있다고 하더라도 그것만으로는 토지소유자가 피보상자 임에는 변동이 없으므로, 보상금을 공탁하는 경우 피공탁자는 토지소유자가 되고, 담보물권자, 가압류채권자, 경매신청인등은 공탁서상의 어느 난에도 기재할 필요가 없다.

2) 법령조항의 기재

법령의 기재는 공탁할 수 있는 법적근거의 명시, 공탁원인사실의 근거법령과의 적합여부, 출급청구를 어떻게 할 것인가에 대한 방향을 제시하게 되고, 법령조항을 특정함으로써 공탁관의 수리 여부를 위한 심사 및 공탁물의 지급을 적정하게 할 수 있도록 하기 위한 것이다. 따라서 다른 종류의 공탁과 구별할 수 있을 정도로 구체적으로 기재하여야 한다.

사업시행자가 수용보상금을 공탁하는 경우에는 특별법인 토지보상법에 근거조항이 있으므로 변제 공탁의 성질을 갖는 공탁의 경우에도 민법 제487조를 별도로 기재하지 않으나, 토지보상법 제40조 제2항 각호의 사유별로 공탁원인사실 및 출급청구권 입증서면 등이 다르므로, 토지보상법 제40조 제2항 몇 호까지 구체적으로 기재하여야 한다. 보상금지급청구권에 대하여 압류 또는 압류 경합이 있는 때에는 토지보상법 제40조 제2항 제4호 및 민사집행법 제248조 제1항」으로, 보상금지급청구권에 대하여 가압류가 있는 때에는 토지보상법 제40조 제2항 제4호, 민사집행법 제291조 및 제248조 제1항」으로 각 기재한다(행정예규 제526호).[1478)]

3) 공탁으로 인하여 소멸하는 저당권 등의 표시 여부

일반 변제공탁의 경우 공탁으로 인하여 질권, 전세권, 저당권이 소멸하는 경우에는 그 질권, 전세권, 저당권을 표시하여야 한다(공탁규칙 제20조 제2항). 그러나 **수용보상금 공탁의 경우에는 공탁으로 인하여 소멸하는 권리를 기재해야 할 경우는 없다.** 즉, 수용보상금 공탁으로 인하여 수용대상토지에 설정된 저당권 등이 소멸된다 하더라도 이는 수용의 효과, 즉 원시취득으로 인하여 소멸하는 것이지 피담보채무의 변제로 인한 소멸이 아니므로, 피공탁자가 아닌 관계인명의로 수용대상토지에 등기된 지상권, 전세권, 저당권, 지역권, 임차권 등은 "공탁으로 인하여 소멸하는 질권, 전세권, 저당권란"에 기재할 사항은 아니며, 그 권리자도 "피공탁자란"에 기재하여서는 아니 된다.

1478) 민사집행법
☞ 제248조(제3채무자의 채무액의 공탁) ① 제3채무자는 압류에 관련된 금전채권의 전액을 공탁할 수 있다.
② 금전채권에 관하여 배당요구서를 송달받은 제3채무자는 배당에 참가한 채권자의 청구가 있으면 압류된 부분에 해당하는 금액을 공탁하여야 한다.
③ 금전채권중 압류되지 아니한 부분을 초과하여 거듭 압류명령 또는 가압류명령이 내려진 경우에 그 명령을 송달받은 제3채무자는 압류 또는 가압류채권자의 청구가 있으면 그 채권의 전액에 해당하는 금액을 공탁하여야 한다.
④ 제3채무자가 채무액을 공탁한 때에는 그 사유를 법원에 신고하여야 한다. 다만, 상당한 기간 이내에 신고가 없는 때에는 압류채권자, 가압류채권자, 배당에 참가한 채권자, 채무자, 그 밖의 이해관계인이 그 사유를 법원에 신고할 수 있다.
☞ 제291조(가압류집행에 대한 본집행의 준용) 가압류의 집행에 대하여는 강제집행에 관한 규정을 준용한다. 다만, 아래의 여러 조문과 같이 차이가 나는 경우에는 그러하지 아니하다.

4) 반대급부의 기재 여부

수용보상금 공탁의 경우, 수용보상금의 지급과 수용으로 인한 소유권이전등기는 동시이행관계에 있는 것이 아니므로, 수용보상금의 공탁서에 소유권이전등기서류의 교부를 반대급부로 기재할 수 없고, 또한 수용대상토지에 대하여 제한물권이나 처분제한 등의 등기가 되어 있는 경우에도 그러한 등기의 말소를 반대급부로 기재할 수는 없다(행정예규 제526호).

5) 첨부서류

일반의 변제공탁과 마찬가지로 피공탁자의 주소를 소명하는 서면이 아닌 토지대장, 등기부등본, 재결서 등은 필요적 첨부서면은 아니지만, 실무상 재결서, 토지대장, 등기부등본 등을 첨부하고 있다.

사업시행자인 공탁자는 자기 책임 하에 적법한 수용보상금 공탁을 신청하여야 하므로, 만약, 토지보상금 공탁을 하였으나 그 유효요건을 갖추지 못하여 무효인 경우에는 그 공탁의 원인이 된 재결 자체가 무효가 되게 되므로, 사업시행자나 토지소유자, 관계인 등의 이해관계에 중대한 영향을 줄 수 있다. 따라서 수용보상금 공탁의 경우에는 보다 더 신중한 심사가 요구된다. 이와 같은 사정들로 인하여 공탁신청시 법정 첨부서면이 아닌 재결서, 토지대장, 등기부등본 등을 첨부하는 것이 바람직한 업무처리라 할 것이다.

Ⅲ. 수용보상금 공탁 사유

1. 개 설

사업시행자는 수용 또는 사용의 개시일 까지 보상금을 토지소유자등에게 지급하는 것이 원칙이나 다음 사유가 있을 때는 공탁할 수 있다. 즉, ① 보상금을 받을 자가 그 수령을 거부하거나 보상금을 수령할 수 없는 때, ② 사업시행자의 과실없이 보상금을 받을 자를 알 수 없는 때, ③ 관할 토지수용 위원회가 재결한 보상금에 대하여 사업시행자의 불복이 있는 때, ④ 압류 또는 가압류에 의하여 보상 금의 지급이 금지된 때에 공탁할 수 있다(법 제40조 제2항).

이의신청에 대한 중앙토지수용위원회의 재결에서 원재결의 취소 또는 변경으로 보상액이 증액된 때에는 사업시행자는 원재결의 취소 또는 변경의 재결서 정본을 송달받은 날로부터 30일 이내에 보상금을 받은 자에게 그 증액된 보상금을 지급하여야 한다. 이 경우도 공익사업법 제40조 제2항 제1호, 제2호, 또는 제4호의 사유가 있으면 공탁할 수 있다(법 제84조 제2항).

또한, 이의신청에 대한 재결에 대하여 사업시행자가 행정소송을 제기할 경우에는 재결로 증액된 보상금을 공탁하여야 한다(법 제85조 제1항). 이때 증액된 보상금을 행정소송 제기 전에 공탁하여야 할 것이지만 제소당시 그와 같은 요건을 구비하지 못하였다 하여도 사실심 변론종결당시까지 그 요건을 갖추었다면 그 흠결의 하자는 치유되었다고 본다.[1479)]

판 례

□ 대판 1996. 9. 20. 선고 95다17373 판결

기업자가 일단 수용재결에 따른 보상금을 공탁하였다고 하더라도 그 공탁이 무효라면 토지수용법 제65조 소정의 '기업자가 수용의 시기까지 보상금을 지불 또는 공탁하지 아니하였을 때'에 해당하므로 그 수용재결은 효력을 상실하고, 따라서 기업자는 해당 토지의 소유권을 취득할 수 없다.

☞ 舊 토지수용법 제61조 제2항 ⇒ 현행 토지보상법 제40조 제2항

1479) 대법원 2008. 2. 15. 선고 2006두9832 판결 : 공익사업을 위한 토지 등의 취득 및 보상에 관한 법률 제85조 제1항은 "사업시행자·토지소유자 또는 관계인은 제34조의 규정에 의한 재결에 대하여 불복이 있는 때에는 재결서를 받은 날부터 60일 이내에, 이의신청을 거친 때에는 이의신청에 대한 재결서를 받은 날부터 30일 이내에 각각 행정소송을 제기할 수 있다. 이 경우 사업시행자는 행정소송을 제기하기 전에 제84조의 규정에 따라 증액된 보상금을 공탁하여야 하며, 보상금을 받을 자는 공탁된 보상금을 소송종결시까지 수령할 수 없다"고 규정하고 있는바, 위 규정 및 관련 규정들의 내용과 사업시행자가 행정소송 제기시 증액된 보상금을 공탁하도록 한 위 제85조 제1항 단서 규정의 입법 취지 및 그 규정에 의해 보호되는 보상금을 받을 자의 이익과 그로 인해 제한받게 되는 사업시행자의 재판청구권과의 균형 등을 종합적으로 고려하여 보면, 사업시행자가 재결에 불복하여 이의신청을 거쳐 행정소송을 제기하는 경우에는 원칙적으로 행정소송 제기 전에 이의재결에서 증액된 보상금을 공탁하여야 할 것이지만, 제소 당시 그와 같은 요건을 구비하지 못하였다 하여도 사실심 변론종결 당시까지 그 요건을 갖추었다면 그 흠결의 하자는 치유되었다고 볼 것이다.

2. 법 제40조 제2항 제1호 사유(수령거부, 수령불능)

토지보상법 제40조 제2항 제1호에 의한 공탁 사유인 채권자의 수령거절 및 수령불능과 그 요건이 같다.

1) 수령거절

채권자의 수령거절이란 채무자인 사업시행자가 채무의 내용에 따른 변제의 제공을 하였음에도 불구하고 채권자가 그 수령을 거절하는 경우를 말한다. 채무의 내용에 따른 변제제공이라 함은 채무자가 채권자에게 본래 채무의 목적물을 변제기에 변제장소에서 제공하는 것을 말한다.

보상금을 받을 자가 그 보상금의 수령을 거절할 것이 명백하다고 인정되는 경우에는 보상금을 현실로 제공하지 않고 바로 보상금을 공탁할 수 있다.[1480]

2) 수령불능

수령불능이란 변제자가 채무이행을 하려고 해도 채권자 측의 사유로 채권자가 수령할 수 없는 경우를 말한다. 채권자가 부재중이거나 채권자의 주소가 불명인 사실상의 수령불능과 채권자가 무능력자이나 법정대리인이 없는 경우 등을 들 수 있다. 채권자가 무능력자일지라도 피공탁자는 될 수 있으므로 채무자는 채권자의 수령불능을 원인으로 무능력자를 피공탁자로 하여 변제공탁 할 수 있다.

피보상자에게 지급할 보상금을 공탁하고자 하나 피보상자의 주민등록상의 현주소와 등기부상 주소가 다른 경우에는 피공탁자의 주소란에는 주민등록상의 현주소를 기재하여야 할 것이고, 피보상자의 주민등록상의 현주소를 알 수 없다면 피보상자의 수령불능을 사유로 공탁할 수 있으며, 이 경우 피공탁자의 주소란에는 등기부상 주소를 기재하여야 할 것이다.[1481] 그러나 <u>수용재결 전에 수령불능의 상태가 해소되었음에도 불구하</u>

1480) 대법원 1998. 10. 20. 선고 98다30537 판결 : 토지수용법 제61조 제2항 제1호는 보상금을 받을 자가 그 수령을 거부하는 때에는 기업자는 수용의 시기까지 보상금을 공탁할 수 있다고 규정하고 있으므로, 보상금을 받을 자가 보상금의 수령을 거절할 것이 명백하다고 인정되는 경우에는 기업자는 보상금을 현실제공하지 아니하고 바로 보상금을 공탁할 수 있다고 할 것이다(대법원 1995. 6. 13. 선고 94누9085 판결 참조).

1481) 법정 1826(1992. 10. 21)

고 이를 간과하고 재결 및 공탁되었다면 이는 공탁요건의 중대한 흠결이라 할 것이다.[1482]

3. 법 제40조 제2항 제2호 사유(채권자 불확지)

민법상의 변제공탁 사유 중 하나인 채권자 불확지와 같은 의미이다. 사업시행자의 과실없이 보상금을 받을 자를 알 수 없는 때라 함은 객관적으로 채권자가 존재하기는 하나, 변제자가 선량한 관리자의 주의를 다하여도 채권자가 누구인지 알 수 없는 때를 말한다.[1483] 이러한 채권자 불확지의 원인은 사실상의 이유(채권자가 사망하였으나 그 상속인을 알 수 없는 경우 등)나 법률상의 이유(채권양도의 효력에 대해 양도인과 양수인이 다투는 경우 등) 모두를 포함한다.

수용보상금의 공탁은 일반 변제공탁의 경우와는 달리 수용대상토지의 소유권에 대한 다툼이 있거나 소유자가 불명확한 경우에 불확지공탁이 인정되는 경우가 많고, 특히 사업시행자가 과실 없이 여러 사람 중 누가 보상금을 수령할 진정한 권리자인지 알 수 없는 상대적불확지공탁 이외에도 보상금을 받을 자가 누구인지 전혀 알 수 없는 절대적불확지공탁도 예외적으로 허용된다.

1) 상대적 불확지공탁

수용보상금 공탁의 피공탁자는 수용당시의 수용대상토지의 소유자이다. 그러나 수용대상토지의 소유권에 대하여 다툼이 있어 누가 진정한 토지소유자인지 모르는 경우에는 상대적 불확지공탁을 할 수 있다. 이 경우 상대적 불확지의 기준을 구체적으로

1482) 대판 1996. 9. 20. 선고 95다17373 판결 : 피고는 그 소유의 이 사건 토지에 대한 수용재결이 있기 전인 1990. 12. 24. 피고의 등기부상 주소를 '서울 동대문구 답십리동 184'로부터 피고가 실제로 거주하는 '서울 동대문구 제기동 1158의 45'로 변경등기하였는데, 그럼에도 불구하고 서울특별시장은 피고의 주소가 불명하다 하여 1991. 12. 24. 수용재결에서 정한 수용보상금을 피고 앞으로 공탁하였다는 것인바, 사실관계가 이와 같다면 위 공탁은 그 요건이 흠결된 것이어서 무효라고 할 것이고, 피고의 주소를 변경등기 전의 '서울 동대문구 답십리동 184'로 하여 수용절차가 진행되어 왔다고 하여 결론을 달리할 것은 아니라고 할 것이다.

1483) 대법원 1996. 4. 26. 선고 96다2583 판결 : 민법 제487조 후단의 '변제자가 과실없이 채권자를 알 수 없는 경우'라 함은 객관적으로 채권자 또는 변제수령권자가 존재하고 있으나 채무자가 선량한 관리자의 주의를 다하여도 채권자가 누구인지를 알 수 없는 경우를 말하는 것이다(당원 1988. 12. 20. 선고 87다카3118 판결 참조).

검토할 필요가 있는데, 수용당시 토지소유자의 소유권에 대하여 물권적 분쟁이 있을 때만 보상금 채권자가 누구인지 모른다고 할 수 있어 상대적 불확지공탁을 할 수 있고, 단지 채권적 분쟁이 있을 때는 토지소유권에 대하여는 변동이 없으므로 토지소유자를 피공탁자로 하는 확지공탁을 하여야 한다.

여기서 물권적 분쟁이라 함은 현 토지소유자의 소유권을 인정하지 아니하고 토지소유권 귀속자체에 대하여 다투는 것을 의미하며, 채권적 분쟁이라 함은 현 토지소유자의 소유권자체는 인정하되 그 전제하에서 자기에게 소유권을 이전해 달라는 등의 채권적 다툼이 있는 것을 의미한다.

(1) 상대적 불확지공탁이 인정되는 경우

① 수용대상토지에 대하여 소유권등기말소청구권을 피보전권리로 하는 처분금지가처분 등기가 경료되어 있는 경우[1484)]

이 경우는 원인무효의 사유로 현재 등기되어 있는 토지소유자의 소유권 자체를 부정하고 있으므로 물권적 분쟁에 해당하고, 따라서 "토지소유자 또는 가처분 채권자"를 피공탁자로 하는 상대적 불확지공탁이 인정된다.

그러나 수용대상토지에 대하여 소유권이전등기청구권을 피보전권리로 하는 처분금지가처분 등기가 경료되어 있는 경우에는, 현재 등기되어 있는 토지소유자의 소유권 자체를 부정하는 것이 아니라 소유권을 인정하는 전제하에서 매매 등을 원인으로 소유권이전등기를 해달라는 채권적 분쟁이므로, 토지소유자를 피공탁자로 하는 확지공탁만 할 수 있고, 가처분채권자를 피공탁자에 포함하는 상대적 불확지 공탁은 할 수 없다.

이는 우리 민법상 법률행위에 의한 소유권의 취득은 등기를 하여야만 가능하므로 소유권이전등기 청구권만을 가진 상태에서는 소유권을 인정할 수 없어 그를 소유자로 볼 수 없기 때문이다. 판례도 수용대상토지에 대하여 처분금지가처분의 등기가 경료 되어 있는 경우에 그 사유만으로는 피보상자를 알 수 없다는 이유로 공탁할 수 없고, 다만 소유권등기말소청구권을 피보전권리로 하는 처분금지 가처분등기가 경료되어 있는 등 수용대상토지에 대한 소유권의 귀속에 관하여 다툼이 있는 경우에는 사업시행자가 피

1484) 다만, 사해행위취소에 따른 소유권등기말소청구권을 피보전권리로 한 가처분이 있는 경우 그 가처분권자는 종전 소유자에 대한 채권자로서의 지위에 있을 뿐 직접 그 소유권이 가처분권자 자신에게 속한다고 다투는 경우에 해당되지 않으므로, 토지소유자 또는 가처분권자를 피공탁자로 하여 한 상대적 불확지 공탁은 부적법하여 무효이다(대법원 2009. 11. 12. 선고 2007다53785).

보상자를 알 수 없다는 이유로 공탁을 할 수 있으나, 그 피보전권리가 소유권이전 등기청구권인 때에는 피공탁자의 상대적 불확지를 이유로 하는 공탁을 할 수는 없다고 한다.[1485] 다만, 부동산처분금지가처분 기입등기시 피보전권리를 기재하는 것은 1997. 9. 11. 등기예규 제881호가 제정, 시행된 이후부터이므로 본 예규시행 이전에 이루어진 가처분의 경우 피보전권리가 등기부상 공시되어 있지 않다. 따라서, 가처분의 피보전권리가 소유권말소등기청구권인지 아니면 소유권이전등기청구권 인지가 공시되어 있지 않다면 일단 그 토지의 소유권 귀속에 관하여 다툼이 있는 것으로 보아 피공탁자의 상대적 불확지를 이유로 공탁할 수 있다.[1486]

② 수용대상토지에 예고등기가 경료되어 있는 경우

수용대상토지에 소유권이전등기말소청구소송으로 인한 예고등기가 경료되어 있는 경우에는 원인무효 등의 사유로 현재 등기되어 있는 토지소유자의 소유권 자체를 부정하는 물권적 분쟁이 있는 것으로 볼 수 있으므로"토지소유자 또는 소 제기자"를 피공탁자로 하는 상대적 불확지공탁이 인정된다.[1487]

③ 수용대상토지에 대하여 등기부가 2개 개설되어 있고 그 소유명의인이 각각 다른 경우

수용대상토지에 대하여 "갑" 명의로 소유권이전등기가 되어 있고, 또 다른 등기부에 위 토지와 지번, 지목이 같고 지적만이 다른 "을" 명의의 소유권이전등기가 되어 있어 사업시행자가 과실 없이 진정한 토지소유자를 알 수 없는 때에는 수용재결에서 정한 보상금을 적법하게 공탁하려면, 공탁원인을 그와 같은 취지로 기재하고 공탁물을 수령할 자를 "갑 또는 을"로 표시하여야 한다.

판 례

□ 대법원 1992. 10. 13. 선고 92누3212 판결

가. 수용대상토지인 부천시 작동 43 전 803㎡에 관하여 갑 명의로 소유권이전등기가 되어 있고, 또 다른 등기부에 위 토지와 지번, 지목이 같고 지적만이 다른 부천시 작동 43 전 430평에 관하여 을 명의의 소유권이전등기가 되어 있어, 기업자가 과실 없이 진정한 토지소유자를 알 수 없는 때에 수용재결에서 정한 보상금을 적법하게 공탁하려면, 공탁원인을 그와 같은 취지로 기재하고 공탁물을 수령한 자는 갑 또는 을로 표시하여야 할 것이다.

1485) 대법원 1996. 3. 22. 95누5509, 대법원 2002. 10. 11. 2002다35461
1486) 1993. 5. 22. 법정 973
1487) 1994. 10. 10. 법정 3302-378

나. 위 "가"항의 경우, 토지수용절차에서 기업자가 수용재결에서 정한 보상금을 공탁하면서 공탁물을 수령한 자를 갑과 을 2인으로 하고, 공탁원인사실을 피공탁자들에게 손실보상금을 현실제공코자 하였으나 수령을 거절하므로 공탁한다고 기재하였다면 이는 갑과 을을 공동수령자로 하여 공탁한 것에 지나지 아니하여 적법한 공탁이라고 할 수 없고, 그 후 갑이 위 공탁금 중 2분의 1을 이의를 남기지 않고 수령하였다고 하여도 위 공탁은 공탁금 중 갑에 대한 몫인 2분의 1의 범위 안에서 효력이 있는 것이지, 전액을 적법하게 공탁한 것이라고 할 수 없다.

④ 등기부상 공유지분의 합계가 1을 초과하거나 미달되어 피수용자들의 정당한 공유지분을 알 수 없는 경우

토지공유자는 자신의 공유지분에 대하여 보통의 소유권과 실질적으로 같은 것이어서 보상금은 공유자의 공유지분별로 지급하여야 하고, 공탁을 할 경우에는 각 공유자를 피공탁자로 하는 확지공탁을 공유자별로 하여야 한다.

그러나 토지등기부상 공동소유자들의 공유지분 합계가 1을 초과하거나 미달되어 사업시행자로서는 보상금을 받을 자인 공동소유자들의 정당한 공유지분을 알 수 없어 개인별 보상금액을 구체적으로 산정할 수 없다면 피보상자 불확지를 사유로 공탁할 수 있으며, 그 경우 피공탁자는 공동소유자 전부를 기재하고 공탁원인사실에 위 공탁사유를 구체적으로 기재하여야 한다.[1488]

⑤ 분할 전과 후의 토지대장의 소유명의인이 다른 경우 등

수용대상토지가 미등기토지로 분할 전 토지의 토지대장에 갑이 사정받은 것으로 되어 있으나 분할된 이후의 토지대장에는 을 명의로 소유권이전등록이 되어 있다면 갑과 을 중 누가 진정한 소유자인지 알 수 없으므로 "갑 또는 을"을 피공탁자로 하여 상대적 불확지공탁을 할 수 있다.[1489]

또한, 사업시행자가 미등기 건물의 수용보상금을 공탁할 때 그 소유권에 대한 다툼이 있어 과실 없이 누가 진정한 수용대상 건물의 소유자인지 알지 못하는 경우에는 피공탁자를 "건축물대장상 소유자 또는 실제소유자라고 주장하는 자"로 하여 상대적 불확지공탁을 할 수 있다.[1490]

1488) 1992. 10. 21. 법정 1826
1489) 공탁상업등기과-804(2008. 6. 9)
1490) 공탁상업등기과-595(2008. 6. 9)

⑥ 수용보상금에 대하여 보상금 지급금지가처분이 있는 경우

사업시행자를 상대로 수용보상금 지급금지가처분이 있는 경우 사업시행자는 이를 이유로 집행공탁을 할 수 없고, 채권자불확지에 의한 변제공탁을 할 수 있다.

판 례

□ 대법원 2008. 5. 15. 선고 2006다74693 판결

집행공탁은 공탁 이후 행해질 배당 등 절차의 진행을 전제로 한 것인데, 처분금지가처분은 그것이 설령 금전채권을 목적으로 하더라도 이러한 배당 등 절차와는 관계가 없으므로 제3채무자로서는 이를 이유로 집행공탁을 할 수는 없고, 다만 채권자불확지에 의한 변제공탁을 할 수 있다.

(2) 상대적 불확지공탁이 인정되지 않는 경우

(가) 앞에서 설명한 바와 같이, 수용대상토지에 대하여 소유권이전등기청구권을 피보전권리로 하는 처분금지가처분의 등기가 경료되어 있는 경우에는 그 사유만으로는 피보상자를 알 수 없다는 이유로 상대적 불확지공탁을 할 수 없다.

(나) 수용대상 "토지"가 일반채권자에 의하여 압류 또는 가압류가 되어 있거나 수용대상토지에 근저당권설정등기가 마쳐져 있더라도 그 토지의 수용에 따른 "보상금청구권"자체가 압류 또는 가압류되어 있지 아니한 이상 보상금의 지급이 금지되는 것은 아니므로, 이러한 사유만으로 공익사업법 제40조 제2항 제2호 소정의"사업시행자가 과실 없이 보상금을 지급받을 자를 알 수 없는 때"의 공탁사유에 해당되지 않는다.[1491]

2) 절대적 불확지공탁

절대적 불확지공탁이란 변제공탁에 있어서 공탁물수령자인 피공탁자가 누구인가를 공탁자가 전혀 알 수 없는 경우에 하는 공탁을 말한다.

우리 공탁제도상 채권자가 특정되거나 적어도 채권자가 상대적으로나마 특정되는 상대적 불확지 공탁만이 허용될 수 있는 것이고 채권자가 누구인지 전혀 알 수 없는 절대적 불확지공탁은 허용되지 아니하는 것이 원칙이지만, 토지보상법 제40조 제2항 제2호는 토지수용의 주체인 사업시행자가 과실 없이 보상금을 받을 자를 알 수 없을 때에는 절대적 불확지의 공탁이 허용됨을 규정하여 사업시행자는 그 공탁에 의하여 보

1491) 대법원 2000. 5. 26. 98다22062

상금지급의무를 면하고 그 토지에 대한 소유권을 취득할 수 있도록 하고 있다. 이와 같이 절대적 불확지공탁을 예외적으로 허용하는 것은 공익을 위하여 신속한 토지수용이 불가피함에도 사업시행자가 당시로서는 과실없이 채권자를 알 수 없다는 부득이한 사정으로 인한 임시적 조치로서 편의상 방편일 뿐, 사업시행자는 공탁으로 수용보상금 지급의무는 면하게 되지만 이로써 위에 본 공탁제도상 요구되는 채권자지정 의무를 다 하였거나 그 의무가 면제 또는 그러한 사실이 추정되는 것은 아니다.[1492]

수용보상금 공탁에 있어 절대적 불확지공탁을 인정하는 경우는 다음과 같다.

(1) 수용대상토지가 미등기이고 대장상 소유자란이 공란으로 되어 있어 소유자를 확정할 수 없는 경우

등기부와 토지대장 등 지적공부가 6.25사변 등으로 모두 멸실되고 그 후 토지대장이 새로 복구 되었으나 소유권란은 복구되지 않은 채 미등기로 남아 있어 피수용자를 불확지로 하는 수용재결이 있었다면, 사업시행자로서는 과실 없이 보상금을 받을 자를 알 수 없었다고 봄이 상당하므로 공익 사업법 제40조 제2항 제2호에 의하여 그 보상금을 공탁할 수 있다.[1493]

(2) 대장상 성명은 기재되어 있으나 주소의 기재(동·리의 기재만 있고 번지의 기재가 없는 경우도 해당됨)가 없는 경우

미등기인 수용대상토지가 토지대장상에 주소는 기재됨이 없이 소유자의 성명만 기재되어 있는 경우 에는 사업시행자가 토지소유자 즉 피보상자를 과실 없이 알 수 없는 경우에 해당하므로 절대적 불확지공탁을 할 수 있다.[1494]

(3) 대장상 주소는 기재되어 있으나 성명의 기재가 없는 경우

(4) 수용대상토지가 등기는 되어 있으나 등기부상 소유자를 특정할 수 없는 경우

수용대상토지의 등기부상 소유자의 주소 표시 중 번지가 누락된 경우(이러한 등기는 원래 불가능함)에는 소유자를 특정할 수 없으므로 절대적 불확지공탁을 할 수 있고, 이 경우 소유자 표시를 등기부상 표시와 같이 정정하더라도 소유자를 특정한 것으로 볼

1492) 대법원(전) 1997. 10. 16. 96다11747
1493) 대법원 1995. 6. 30. 95다13159
1494) 1992. 10. 21. 법정-1826

수는 없어 정정의 효력은 없다.[1495]

(5) 등기부의 일부인 공동인명부와 토지대상상의 공유자연명부가 멸실한 경우

등기부의 일부인 공동인명부와 토지대장상의 공유자연명부가 멸실된 토지에 대하여 사업시행자가 토지소유자를 알 수 없어 협의를 할 수 없음을 이유로 관할 토지수용위원회에 재결을 신청하고 그에 따라 피수용자를 불확지로 한 수용재결을 얻은 경우에는 절대적 불확지공탁을 할 수 있다.[1496]

(6) 피수용자가 사망하였으나 그 상속인 전부 또는 일부를 알 수 없는 경우

토지수용재결 후 보상금을 지급하기 전에 토지소유자가 사망하여 그 상속인에게 보상금을 지급하고자 하나 사업시행자로서는 상속인의 범위 또는 상속지분을 구체적으로 알 수 없는 경우에는 피공탁자 불확지공탁을 할 수 있다(1992. 10. 21. 법정 1826 참조). 수용재결 전에 보상금을 받을 자가 사망하고 그 상속이 완료되지 않아 사업시행자로서는 그 상속인의 범위나 상속지분을 알 수 없는 경우 또는 상속인 부존재로서 상속재산관리인이 없는 경우에도 보상금을 받을 자의 전부 또는 일부를 알 수 없다는 이유로 보상금을 공탁할 수 있다.

(7) 피수용자의 등기부상 주소지가 미수복지구인 경우

피수용자의 등기부상 주소지가 미수복지구로 되어 있고, 그와 다른 주소지를 사업시행자가 별도로 알 수 없는 경우에는 보상금을 받을 자를 알 수 없다는 이유로 보상금을 공탁할 수 있다. 판례는 사업시행자가 피공탁자의 주소를 미수복지구로 기재하고 공탁관계법령을 보상금을 받을 자가 그 수령을 거부하거나 보상금을 수령할 수 없는 때에 해당하는 법령의 조문을 기재한 경우 피공탁자의 주소표시가 제대로 되지 아니하고 공탁통지서도 송달할 수 없으므로 피공탁자가 특정되지 않았다고 할 것이어서 공탁을 하게 된 관계법령의 기재가 사실에 합치되지 아니하지만 그렇다고 그 공탁이 바로 무효가 되는 것이 아니고, 그 공탁을 "사업시행자가 과실 없이 보상금을 받을 자를 알 수 없는 때"에 허용되는 절대적 불확지의 공탁으로 보아 유효하다고 해석하고 있다.[1497]

1495) 1993. 3. 17. 법정-528
1496) 1993. 3. 27. 등기-725
1497) 대법원(전) 1997. 10. 16. 판결 96다11747

(8) 사업시행자가 과실 없이 영업보상금을 받을 자를 알 수 없는 경우

사업시행자가 토지조서 및 물건조서의 작성을 위하여 영업시설에 출입하여 영업의 현황 및 영업주의 현황을 방문조사 하였으나, 영업주, 종업원 등이 고의적으로 조사를 회피하는 등의 사정으로 과실 없이 영업주를 전혀 알 수 없는 경우에는 이러한 내용이 기재된 물건조서 또는 조사를 담당한 자의 진술서 등 소명자료를 첨부하여 영업손실보상금을 절대적 불확지공탁할 수 있다.[1498]

4. 법 제40조 제2항 제3호 사유(사업시행자 불복)

관할 토지수용위원회가 재결한 보상금에 대하여 사업시행자의 불복이 있는 때에도 공탁할 수 있다. 이 경우 사업시행자는 보상금을 받을 자에게 자기가 산정한 보상금을 지급하고 그 금액과 토지수용 위원회가 재결한 보상금과의 차액을 공탁하여야 한다. 예를 들면, 재결이 있기 전에 사업시행자가 3천만 원을 협의보상금액으로 제시하였으나 협의가 성립되지 않아 재결을 신청하였더니 보상금액이 5천만 원으로 재결되어 사업시행자가 보상금이 너무 많다는 이유로 이의신청을 제기하는 경우 5천만 원 중 3천만 원에 대하여서는 다툼이 없이 당초부터 보상금액으로 제시하였던 금액이기 때문에 이를 지급하고, 2천만 원에 대하여만 다툼이 있는 금액이기 때문에 동법 제40조 제2항 제3호의 규정에 의하여 공탁할 수 있도록 한 것이다. 이러한 공탁은 토지보상법상의 특유한 공탁사유이다.

이러한 공탁도 사업시행자의 보상금지급채무를 면하게 하는 점에서는 변제공탁의 성질을 가지나, 토지소유자 등의 출급청구권행사는 원 재결의 확정을 조건으로 하는 점에서 통상의 변제공탁과는 다른 특수한 성질을 갖는 변제공탁의 일종이라 볼 수 있다. 보상금을 받을 자는 그 불복의 절차가 종결될 때까지 공탁된 보상금을 수령할 수 없다(동법 제40조 제4항).

물론 사업시행자가 산정한 보상금(위 예에서 3천만 원)의 지급도 토지보상법 제40조 제2항 1호, 2호, 4호의 사유가 있으면 공탁 할 수 있다.

1498) 공탁사업등기과-1150 (2006. 10. 17)

5. 법 제40조 제2항 제4호 사유(압류 및 가압류)

압류 또는 가압류에 의하여 보상금의 지급이 금지된 때에는 공탁할 수 있다. 일반채권에 기한 압류 외에 담보권리자의 물상대위권 행사에 의한 압류도 포함된다. 그러나 체납처분 압류가 있는 경우에는 이 공탁사유에 해당하지 않는다.[1499)]

민사집행법 시행 전에는 보상금지급청구권에 대한 압류가 경합된 경우(압류와 가압류의 경합도 포함)에는"구 토지수용법 제61조 제2항 제4호 및 구 민사소송법 제581조 제1항"에 의하여, 압류의 경합이 없는 단일의 압류 또는 단일의 가압류의 경우에는 "구 토지수용법 제61조 제2항 제4호"에 의하여 공탁할 수 있었다.

그러나 금전채권에 대하여 압류경합 등의 경우에만 허용되었던 집행공탁이 민사 집행법 시행 이후에는 단일압류(압류경합이 아닌 복수의 압류도 포함)의 경우에는 민사집행법 제248조 제1항에 의하여, 가압류의 경우에는 민사집행법 제291조 및 제248조 제1항에 의하여 허용되게 되었으므로, 토지수용보상금 공탁에서도 보상금 채권에 대하여 압류경합은 물론 단일의 압류, 압류의 경합이 없는 복수의 압류, 단일 또는 복수의 가압류의 경우에도 토지보상법 제40조 제2항 제4호 및 민사집행법 제248조 제1항에 의하여(가압류는 민사집행법 제291조 및 제248조 제1항) 집행공탁할 수 있게 되었다.[1500)]

담보물권의 변형물인 보상금에 대하여 이미 제3자가 압류하여 특정된 이상 담보물권자는 스스로 이를 압류하지 않고서도 물상대위권을 행사할 수 있다 할 것이나, 그 권리실행은 민사집행법 제273조에 의하여 채권에 대한 강제집행절차를 준용하여 채권압류 및 전부명령을 받거나 배당요구를 하는 등 의 방법으로 하여야 할 것이므로, 근저당권등기가 되어 있는 토지에 대한 수용재결이 있은 후 제3자 가 보상금채권을 압류하였으나 근저당권자가 물상대위권을 행사하지 아니한 경우에, 사업시행자는 압류에 의하여 보상금의 지급이 금지되었음을 이유로 보상금을 공탁하여야 할 것 이며, 압류하지 않은 근저당권자도 압류한 것으로 취급하여 공탁할 것은 아니다.[1501)]

1499) 공탁법인과-45 (2005. 4. 14)
1500) 정예규 제526호, 제528호.
1501) 법정 3302-357 (1997. 11. 12). 공탁선례 1-30)

6. 법 제84조 제2항에 의한 공탁

중앙토지수용위원회는 토지보상법 제83조의 규정에 의한 이의신청이 있는 경우 동법 제34조의 규정에 의한 재결이 위법 또는 부당하다고 인정하는 때에는 그 재결의 전부 또는 일부를 취소하거나 보상액을 변경할 수 있고, 보상금이 증액된 경우 사업 시행자는 그 재결의 취소 또는 변경의 재결서 정본을 받은 날로부터 30일 이내에 보상금을 받을 자에게 그 증액된 보상금을 지급하여야 한다. 다만, 동법 제40조 제2항 제1호 및 제2호, 제4호의 사유에 해당하는 때에는 이를 공탁할 수 있다(법 제84조 제2항). 그러나 이의신청에 의한 재결절차는 수용재결에 대한 불복절차이면서 수용재결과는 확정의 효력 등을 달리하는 별개의 절차이므로, 증액된 보상금의 지급 또는 공탁이 없는 경우에 관할 토지수용 위원회의 재결에 대한 보상금의 지급 또는 공탁이 없는 경우와는 달리 그 이의신청에 대한 재결이 당연히 실효되는 것은 아니다.[1502]

7. 법 제85조 제1항에 의한 공탁

사업시행자와 토지소유자 또는 관계인은 공익사업법 제34조의 규정에 의한 재결에 대하여 불복이 있는 때에는 재결서를 받은 날부터 60일 이내에, 이의신청을 거친 때에는 이의신청에 대한 재결서를 받은 날로부터 30일 이내에 각각 행정소송을 제기할 수 있다. 이 경우 사업시행자는 행정소송을 제기 하기 전에 동법 제84조(이의신청에 대한 재결)에 따라 증액된 보상금을 공탁하여야 하고, 보상금을 받을 자는 공탁된 보상금을 소송종결시까지 수령할 수 없다(동법 제85조 제1항).

이 공탁의무규정은 사업시행자가 행정소송을 제기한 경우에 한한다. 따라서 토지소유자 또는 이해관계인만이 이의재결에 대하여 행정소송을 제기한 경우에는 이의유보의 의사표시를 하여 공탁된 보상금을 지급받을 수 있다.[1503]

8. 법 제39조 제1항(담보공탁)

사업시행자의 재결신청을 받은 토지수용위원회는 그 재결을 기다려서는 재해를 방

1502) 대법원 1992. 3. 10. 선고 91누8081 판결

1503) 2003. 5. 26. 공탁법인 3302-122

지하기 곤란 하거나 그 밖에 공공의 이익에 현저한 지장을 줄 우려가 있다고 인정하는 때에는 사업시행자의 신청에 의하여 담보로써 토지수용위원회가 상당하다고 인정하는 금전 또는 유가증권을 공탁하게 하고 즉시 해당 토지의 사용을 허가할 수 있다(동법 제39조 제1항, 령 제19조 제1항). 그 경우의 공탁은 사업시행자의 보상금지급채무를 담보한다는 점에서 담보공탁의 성질을 갖는다. 사업시행자가 토지수용위원회의 재결에 의한 보상금의 지급시기까지 이를 지급하지 아니하는 때에는 토지소유자 등은 관할 토지수용위원회의 확인을 받아 담보공탁의 전부 또는 일부를 취득한다(동법 제41조 제2항, 령 제22조 제1항).

Ⅳ. 수용보상금 공탁의 효과

1. 사업시행자의 소유권취득

사업시행자가 수용의 개시일까지 관할 토지수용위원회가 재결한 보상금을 공탁한 때에는 수용의 개시일에 토지나 물건의 소유권을 취득한다(법 제45조 제1항).[1504] 이 경우 소유권의 취득은 원시취득이다.[1505]

판 례

□ 대법원 2000. 7. 4. 선고 98다62961 판결

[1] 토지수용법 제67조 제1항에 의하면, 기업자는 토지를 수용한 날에 그 소유권을 취득하며 그 토지에 관한 다른 권리는 소멸하는 것인바, 수용되는 토지에 대하여 가압류가 집행되어 있어도 토지의 수용으로 기업자가 그 소유권을 원시취득함으로써 가압류의 효력은 소멸되는 것이고, 토지에 대한 가압류가 그 수용 보상금 청구권에 당연히 전이되어 그 효력이 미치게 된다고는

1504) 헌법재판소 2011. 10. 25. 2009헌바281 : 공탁을 조건으로 소유권을 취득할 수 있도록 한 것은 공익사업의 신속하고 원활한 시행을 위한 것으로 토지수용제도의 본질에 비추어 불가피하며, 보상금 공탁은 수용의 효력발생 조건인 보상금의 지급에 갈음하기 위한 제도일 뿐 정당한 보상액 여부와는 직접적인 관련이 없으므로 위 법률조항은 헌법 제23조 제3항의 정당보상의 원칙에 반한다고 볼 수 없다.

1505) 대법원 1995. 12. 22. 94다40765 : 기업자가 과실 없이 진정한 토지소유자를 알지 못하여 형식상의 권리자인 등기부상 소유명의자를 그 피수용자로 확정하더라도 적법하고, 그 수용의 효과로서 수용목적물의 소유자가 누구임을 막론하고 이미 가졌던 소유권이 소멸함과 동시에 기업자는 완전하고 확실하게 그 권리를 원시취득한다.

> 볼 수 없다.
> [2] 공공필요에 의한 토지수용에 있어서 수용자가 취득하는 소유권이 담보물권 기타 모든 법적인 제한이 소멸된 완전한 소유권이어야 하는 것은 공익목적을 달성하기 위하여 불가피한 것으로 합리적인 조치라고 할 것이고, 토지수용법 제67조 제1항에 의하여 토지수용으로 인하여 그 토지에 대한 가압류집행의 효력이 상실된다고 하더라도 토지수용 후 그 보상금에 대하여 다시 보전절차를 취할 수 있으므로, 그러한 보전절차를 취하지 아니한 사람과 보전절차를 취한 사람을 동일하게 취급하지 아니한다고 하여 위 규정이 헌법상의 평등권을 침해하는 것이라고 할 수는 없다.

사업시행자는 토지를 수용한 날에 그 소유권을 취득하며 그 토지에 관한 다른 권리는 소멸하는 것인바, 수용되는 토지에 대하여 가압류가 집행되어 있어도 토지의 수용으로 인하여 사업시행자가 그 소유권을 원시취득함으로써 가압류의 효력은 소멸되고, 토지에 대한 가압류가 그 수용보상금청구권에 당연히 이전되어 그 효력이 미치게 된다고는 볼 수 없다.

2. 토지소유자의 공탁금출급청구권 취득

보상금의 공탁으로 사업시행자에 대한 손실보상금 채권은 소멸하고 토지소유자는 공탁소에 대한 공탁금출급청구권을 취득한다. 양 권리는 형식상 별개이나 실질상 공탁금출급청구권은 보상금지급 청구권을 갈음하는 것이므로 양 권리의 성질과 범위는 동일하다.

3. 공탁의 하자와 수용재결의 실효

1) 수용보상금을 지급 또는 공탁하지 아니한 때

토지보상법 제42조는 사업시행자가 수용 또는 사용의 개시일까지 관할 토지수용위원회가 재결한 보상금을 지급 또는 공탁하지 아니한 때에는 당해 토지수용위원회의 재결은 그 효력을 상실한다고 규정하고 있으므로 사업시행자가 수용개시일까지 보상금 전액을 지급 또는 공탁하지 아니하였다면 당해 재결은 실효되어 무효가 된다.

위와 같이 재결의 효력이 상실된 경우 재결의 전제가 되는 재결신청의 효력까지 상실되느냐에 관하여는, 보상금을 지급하거나 공탁하지 않으면 톱지보상법 제42조의 규정에서 재결의 효력만을 상실시킬 뿐이고 재결 신청의 효력까지를 상실하도록 한 것은 아니므로 재결신청은 그대로 유효 하다는 견해도 있으나, 판례는 토지수용의 내용이 공익사업을 위해서 사업시행자에게 타인의 재산권을 강제적으로 취득시키는 효과를 나타내는 데 있다고 하더라도 이는 그 보상금의 지급을 조건으로 하고 있는 것인 만큼 동법 제42조의 규정내용 역시 사업시행자가 그 재결된 보상금을 그 수용개시일까지 지급 또는 공탁하지 않은 이상 위 수용위원회의 재결은 물론 재결의 전제가 되는 재결신청도 아울러 그 효력을 상실하는 것이라고 해석함이 상당하고, 재결의 효력이 상실되면 재결신청 역시 그 효력을 상실하게 되는 것이므로, 그로 인하여 동법 제28조 소정의 사업인정의 고시가 있은 날로부터 1년 이내에 재결신청을 하지 않은 것으로 되었다면 사업인정도 역시 효력을 상실하여 결국 그 수용절차 일체가 백지상태로 환원된다고 하였다.[1506)]

그러나 이의신청에 의한 재결절차는 수용재결에 대한 불복절차이면서 수용재결과는 확정의 효력 등을 달리하는 별개의 절차이므로 사업시행자가 이의신청에 대한 재결에서 증액된 보상금을 일정한 기한 내에 지급 또는 공탁하지 아니하였다 하더라도 그 때문에 이의신청에 대한 재결자체가 당연히 실효되는 것은 아니다.[1507)]

2) 수용보상금 공탁이 무효인 경우

사업시행자가 일단 수용보상금을 공탁하였다 하더라도 그 공탁이 무효라면 토지보상법 제42조 소정의 사업시행자가 수용개시일까지 보상금을 지급 또는 공탁하지 아니하였을 때에 해당하므로 그 수용재결은 효력을 상실하게 되고,[1508)] 이와 같이 실효된 수용재결을 유효한 것으로 보고서 한 이의재결도 위법하여 당연무효가 된다.[1509)]

한편, 토지보상법에 의한 수용재결에 따른 수용보상금의 공탁이 유효한 것인지의 여부는 동법 제40조 제2항 및 공탁법이 정한 요건을 갖추었는지 여부에 의하여 결정되고 공탁의 전제가 되는 수용재결이 유효하다고 하여 공탁도 당연히 유효한 것은 아니다.[1510)]

1506) 대법원 1987. 3. 10. 선고 84누158 판결
1507) 대법원 1992. 3. 10. 선고 91누8081 판결
1508) 대법원 1996. 9. 20. 선고 95다17373 판결
1509) 대법원 1986. 8. 19. 선고 95누280 판결

(1) 공탁요건에 해당하지 아니하는 공탁

수용보상금은 수용의 개시일까지 사업시행자가 피수용자에게 직접 지급하여야 하나, 토지보상법 제40조 제2항의 규정에 의한 공탁요건(공탁원인)에 해당하는 경우에 한하여 공탁할 수 있다. 따라서 동법 제40조 제2항 각호 중의 하나에 해당하지 아니하는 경우에 한 공탁은 보상금의 지급으로써의 효력을 발생하지 못한다.

따라서 수용대상 "토지"가 지방자치단체에 의하여 압류되어 있다고 하더라도 그 토지의 수용에 따른 "보상금청구권"이 압류되어 있지 아니한 이상 보상금을 받을 자는 여전히 토지소유자라 할 것이고, 사업시행자가 수용대상 토지가 지방자치단체에 의하여 압류되어 있어 보상금을 수령할 자를 알 수 없다는 이유로 공탁하였다면 동 법 제40조 제2항 각호에 열거된 공탁요건에 해당되지 않아 보상금지급의 효력이 발생할 수 없다.[1511]

(2) 일부공탁의 경우

수용의 효과를 발생시키는 보상금의 공탁은 일반 민법상의 변제공탁의 경우와 마찬가지로 보상금 전액을 공탁함이 원칙이다. 수용보상금을 공탁함에 있어 일부 공탁에 해당하는지의 여부가 문제되는 경우를 보면,

① 수용의 효과를 발생시키는 보상금의 공탁은 특별한 사정(사업시행자가 토지 수용위원회가 재결 한 보상액에 불복하여 자기의 예정금액을 지급하고 재결에서 정한 보상액과의 차액만을 공탁하는 경우)이 없는 한 보상금 전액을 공탁하여야 하므로 사업시행자가 피수용자의 전기요금 등을 대납하였다 하더라도 그 만큼을 공제한 차액만을 공탁할 수는 없다.[1512]

② 수용의 효과를 발생시키는 보상금의 공탁은 재결에서 정해진 보상금 전액의 공탁을 의미하므 로, 수용대상토지에 대한 **상속등기를 대위 신청할 때 소요될 등록세액 기타 비용**을 공제한 나머지 금액만을 공탁한다면 이는 유효한 공탁이 될 수 없고, 이 경우 사업시행자는 대신 지출한 상속등기 비용은 별도로 수용보상금 채권자들에게 구상하여야 한다.[1513]

③ 그러나 토지소유자에게 지급할 보상금이 소득세법 제156조 또는 법인세법 제98

1510) 대법원 1996. 9. 20. 선고 95다17373 판결
1511) 대법원 1993. 8. 24. 선고 92누9548 판결
1512) 법정 3302-458 (2001. 11. 19)
1513) 법정 3302-197 (2002. 5. 29)

조에 의하여 원천징수의 대상이 되는 경우에는 사업시행자는 토지소유자에게 지급할 보상금에서 그 원천징수세액을 공제한 나머지 금액을 공탁할 수 있다. 이 경우 공탁서상의 공탁원인사실란에 원천징수세액을 공제한 사실을 기재하여야 하나 원천징수세액의 공제를 소명하는 자료는 제출할 필요는 없다.[1514)]

감사지적 사례

비거주자 또는 외국인의 경우 토지수용보상금의 지급 및 공탁시 소득세법 및 법인세법 상 그 지급금액의 10% 또는 앵도차익의 20%에 해당하는 금액 중 적음 금액을 원천징수하고 지급 또는 공탁하여야 하나, 공탁의 경우 원천징수세액의 공제없이 토지 수용보상금액 전액을 공탁한 사실은 적절치 못함(감사원 감사).

☞ **소득세법**

제156조 (비거주자의 국내원천소득에 대한 원천징수의 특례) 4. 제119조 제9호의 소득에 대해서는 그 지급액의 100분의 10. 다만, 양도한 자산의 취득가액 및 양도비용이 확인되는 경우에는 그 지급액의 100분의 10에 해당하는 금액과 그 자산의 양도차익의 100분의 20에 해당하는 금액 중 적은 금액으로 한다.

(3) 조건부공탁의 경우

채권에 부착하고 있지 아니한 조건을 붙여서 한 공탁은 그 조건뿐만 아니라, 공탁자체까지도 전체가 무효로 된다. 피수용자가 반대급부 또는 기타 조건의 이행을 할 의무가 없음에도 불구하고 사업시행 자가 이를 조건으로 공탁을 한 때에는 피수용자가 그 조건을 수락하지 아니하는 한 그 공탁은 효력이 없다.[1515)]

다만, 이행의무가 없는 반대조건을 붙여 무효가 된 공탁을 수용의 개시일 이전에 반대급부가 없는 공탁으로 정정하면 그 공탁이 유효하게 되나, 수용의 개시일이 지난 후에는 반대급부 없는 공탁으로 정정하였다 하더라도 그 효력이 수용의 개시일까지 소급되지 아니하므로 재결의 효력이 상실된다.[1516)]

(4) 공탁흠결의 치유

보상금의 일부만을 공탁하거나 조건을 붙여서 한 공탁은 무효이지만 그 공탁금을 피공탁자가 수령하면 보상금의 일부공탁이나 조건부공탁의 무효원인인 하자가 치유되어

1514) 공탁법인 3302-106 (2004. 5. 11)
1515) 대법원 1979. 10. 30. 선고 78누378 판결
1516) 대법원 1993. 8. 24. 선고 92누9548 판결

공탁일에 소급하여 그 공탁은 보상금을 지급한 것과 같은 효력을 발생하게 된다.

이러한 하자치유를 인정한 사례로는, 토지보상법상의 보상금채권에 관하여 이루어진 집행공탁이 요건을 갖추지 못한 경우라 하더라도 수용 부동산의 소유자 또는 토지보상법 제2조 제5호 소정의 관계인 등 보상금채권에 관한 채권자가 집행 공탁의 하자를 추인하며 그 집행공탁에 기초하여 진행된 배당절차에 참여하여 배당요구를 함에 따라 보상금채권에 관계된 채권자들에게 우선순위에 따라 배당이 이루어졌다면 집행공탁의 하자는 치유 되고 보상금채무 변제의 효력이 발생한다.[1517)]

그러나 공탁요건에 해당하지 아니한 공탁이거나, 일부공탁, 조건부 공탁등 하자 있는 공탁에 대하여 피공탁자가 이의를 유보하고 그 공탁된 보상금을 수령한 경우에는 공탁의 취지에 따라 공탁금을 수령 한 것으로 볼 수 없기 때문에 무효가 된 공탁의 하자가 치유될 수 없을 것이다.

또한, 수용개시일이 지난 후에 사업시행자가 공탁서의 공탁원인사실과 피공탁자의 주소와 성명을 정정하고 토지소유자가 이의를 유보한 채 공탁금을 수령하더라도 이미 무효로 실효된 수용재결이 다시 효력이 생기는 것은 아니다.[1518)]

Ⅴ. 공탁서의 정정

1. 개 설

공탁신청이 수리된 후에 공탁서의 착오기재를 발견한 공탁자는 공탁의 동일성을 해하지 아니하는 범위 내에서 공탁서의 정정을 신청할 수 있다(공탁규칙 제30조 제1항).

이와 같이 공탁서정정이란 공탁서에 공탁수리 전부터 존재하는 명백한 표현상의 착오가 있음을 공탁 수리 후에 발견한 경우에 정정 전·후의 공탁의 동일성을 해하지 아니하는 한도에서 공탁자의 신청에 의하여 그 오류를 시정하는 것을 말한다.

일단 성립된 공탁상의 법률관계는 이를 기초로 누적적으로 발생·변경·소멸될 수 있으므로 공탁수리 후에 발견된 잘못이라 하더라도 공탁을 기초로 하여 발생한 다른 법

1517) 대법원 2008. 4. 10. 선고 2006다60557 판결
1518) 대법원 1993. 8. 24. 선고 92누9548 판결

률관계에 영향을 미치므로 함부로 정정할 수 없음은 당연하지만, 일정한 경우에 공탁서 정정을 허용하고 있다.

다만, 공탁자·공탁금액·공탁물수령자에 관한 사항은 공탁의 요건에 관한 것이므로 원칙적으로 정정이 불가능하다. 따라서 공탁서정정은 공탁의 동일성을 해치지 아니하는 범위 내에서 종전 공탁에 의하여 형성된 실체관계의 변경을 가져오지 않는 경우에 한하여 허용될 수 있는 것이다.

2. 공탁자의 공탁서정정의무(절대적 불확지공탁)

변제공탁은 채권자가 특정되거나 적어도 채권자가 상대적으로나마 특정되는 상대적 불확지의 공탁만이 허용될 수 있는 것이고 채권자가 누구인지 전혀 알 수 없는 절대적 불확지의 공탁은 허용 되지 아니하는 것이 원칙이나, 예외적으로 토지수용보상금공탁에서는 절대적 불확지공탁이 인정된다. 이는 공익을 위하여 신속한 수용이 불가피하기 때문이지만 이를 허용하는 것은 사업시행자가 당시로서는 과실 없이 채권자를 알 수 없다는 부득이한 사정으로 인한 임시적 조치로서 편의상 방편일 뿐 이므로 사업시행자는 공탁으로 수용보상금 지급의무를 면하게 되지만, 이로써 위에 본 공탁제도상 요구되는 채권자 지정의무를 다하였다거나 그 의무가 면제되는 것은 아니다.[1519]

따라서 절대적 불확지공탁을 한 경우에 공탁자가 후에 피공탁자를 알게 된 때에는 그를 피공탁자로 지정하는 공탁서정정을 신청할 수 있다. 공탁자가 임의로 정정하지 않을 경우에는 공탁자를 상대로 공탁물출급청구권이 자신에게 있다는 확인판결을 받아 공탁물을 출급청구할 수 있다.

1519) 대법원 1997. 10. 16. 선고 96다11747 전원합의체 판결 : 우리 공탁제도상 채권자가 특정되거나 적어도 채권자가 상대적으로나마 특정되는 상대적 불확지의 공탁만이 허용될 수 있는 것이고 채권자가 누구인지 전혀 알 수 없는 절대적 불확지의 공탁은 허용되지 아니하는 것이 원칙이지만, 토지수용법 제61조 제2항 제2호는 토지수용의 주체인 기업자가 과실 없이 보상금을 받을 자를 알 수 없을 때에는 절대적 불확지의 공탁이 허용됨을 규정하여, 기업자는 그 공탁에 의하여 보상금 지급의무를 면하고 그 토지에 대한 소유권을 취득하도록 하고 있는바, 이와 같이 절대적 불확지의 공탁을 예외적으로 허용하는 것은 공익을 위하여 신속한 수용이 불가피함에도 기업자가 당시로서는 과실 없이 채권자를 알 수 없다는 부득이한 사정으로 인한 임시적 조치로서 편의상 방편일 뿐이므로, 기업자는 공탁으로 수용보상금 지급의무는 면하게 되지만, 이로써 위에 본 공탁제도상 요구되는 채권자 지정의무를 다하였다거나 그 의무가 면제된 것은 아니다.

질의회신

■ **공탁상업등기과-1406 (2006. 12. 19)**

등기관이 등기부를 이기하는 과정에서 등기부상 종전 소유자 "갑"을, "을"로 잘못이기한 결과, 사업시행자가 피공탁자를 "을"로 기재하여 공탁한 경우, 위 "갑"의 상속인은 공탁자인 사업시행자에게 피공탁자 표시를 정정하는 공탁서 정정신청을 해줄 것을 요구할 수 있다. 공탁자가 공탁서 정정절차를 취하지 않는 경우에는 공탁자를 상대로 공탁금출급확인판결을 받아 공탁금 출급청구를 할 수 있다.

질의회신

■ **법정 3302-290 (1995. 6. 14)**

공탁금을 수령할 자가 누구인지 전혀 몰라 피공탁자를 불명 또는 미지정 등으로 절대적 불확지공탁 을 한 경우에 공탁자가 후에 피공탁자를 알게 된 때에는 먼저 공탁물을 수령할 자를 지정하여 공탁서를 정정한 후에 피공탁자로 하여금 공탁금을 출급청구하게 할 수 있고, 또한 그 공탁서정정이 적법하게 수리된 경우에 정정의 효력은 조건부 공탁을 조건 없는 공탁으로 정정하는 경우와는 달리 당초 공탁시로 소급하여 발생할 것이며, 따라서 수용재결이 있은 후 수용의 개시일까지 보상금을 공탁하였다면 그 수용재결이 당연무효이거나 소송 등에 의하여 취소되지 아니하는 한 사업시행자는 수용한 날에 소유권을 취득한다.

3. 공탁서정정이 허용되는 경우

1) 공탁서 기재사항 자체로 보아 착오임이 명백한 경우

사업시행자가 수용보상금채권에 대한 처분금지가처분이 있음을 이유로 토지수용 보상금을 공탁하는 경우에는 "사업시행자의 과실 없이 보상금을 받을 자를 알 수 없는 때"(법 제40조 제2항 제2호)에 해당하여 피공탁자를 상대적 불확지로 하여 "갑 또는 병"으로 기재하여야 하는데, 공탁 당시 사업시행자가 착오로 "병"으로 기재하였고 공탁관도 이를 간과한 채 공탁 수리한 것이 공탁서 기재자체로 보아 명백한 것이라면, 비록 피공탁자가 "병"으로 기재되어 있다고 하더라도 위 공탁은 피공탁자를 "갑 또는 병"으로 하는 상대적 불확지공탁으로 해석하여야 하므로, 공탁자가 착오기재를 이유로 피공탁자를 "병"에서"갑 또는 병"으로 정정하는 공탁서정정신청을 한다면 그러한 공탁서 정정은 공탁의 실체에 합치되는 것으로서 공탁관은 이를 공탁의 동일성을 해하지 않는 것으로 보아 공탁서정정이 허용된다.[1520)]

2) 피공탁자의 표시가 잘못된 경우

사업시행자가 토지수용에 따른 보상금을 받을 자를 등기부상 소유명의인인 전교림으로 확정하여 그를 피공탁자로 하여 공탁하였으나, 그 전교림은 재단법인 전라북도향교재단 소속 전주향교 유림의 약칭에 불과하므로 토지수용에 따른 보상금을 받을 자는 수용토지의 실소유자인 재단법인 전라북도 향교재단임이 밝혀졌다면, 공탁자(사업시행자)로 하여금 피공탁자를 전교림에서 재단법인 전라북도 향교재단으로 정정하는 공탁서정정을 신청하도록 하여야 하고(이 경우 정정사유를 소명하는 서면으로서 시장의 토지소유자 사실확인서, 도지사의 향교재산처분허가서 등의 서류를 제출할 수 있을 것임), 위와 같은 정정사유에 의한 피공탁자 정정은 공탁의 동일성을 해하지 않는 것이므로 공탁관은 그러한 공탁서 정정신청을 수리하지 않을 수 없다.[1521)]

3) 동명이인의 주민등록표등본을 첨부한 경우

등기부상 소유명의인의 주소와 성명을 기재하여 피공탁자를 특정하고, 다만 그 주소를 소명하는 서면으로서 착오로 피공탁자와 동명이인의 주민등록표등본을 첨부한 경우 피공탁자의 위 등기부상 주소와 현재주소가 연결되는 주민등록표등본 등을 첨부하여 그 주소를 현재 주소로 정정하는 공탁서 정정은 허용된다.[1522)]

4) 반대급부를 철회하는 경우

사업시행자가 보상금을 공탁함에 있어 소유권이전에 필요한 일체의 서류를 반대급부로 제공할 것을 조건으로 공탁한 경우 반대급부 조건을 철회하는 공탁서정정은 허용된다. 다만, 공탁의 효력은 공탁일자로 소급하여 효력이 발생하는 것이 아니라 공탁서 정정시 효력이 발생한다.

1520) 법정-783(1992. 5. 4)
1521) 법정-1843(1993. 9. 17)
1522) 법정-1645(1993. 8. 23)

판 례

□ **대법원 1986. 8. 19. 선고 85누280 판결**

변제공탁의 경우 채권자가 반대급부 또는 기타조건의 이행을 할 의무가 없음에도 불구하고 채무자가 이를 조건으로 공탁한 때에는 채권자가 이를 수락하지 않는 한 그 변제공탁은 효력이 없으며 그 뒤 채무자의 공탁에 붙인 조건의 철회정정청구에 따라 공탁공무원으로부터 위 정정청구의 인가결정이 있었다 하더라도 그 변제공탁은 인가결정시부터 반대급부 조건이 없는 변제공탁으로서의 효력을 갖는 것으로서 그 효력이 당초의 변제공탁시로 소급하는 것은 아니라 할 것이고 토지수용법상 보상금지급과 동일시되는 보상금의 공탁에 있어서도 위 법리를 달리할 이유가 없다 할 것이므로(당원 1971. 6. 30. 선고 71다874 판결 및 1979. 10. 30. 선고 78누378 판결 참조)

4. 공탁서정정이 허용되지 않는 경우

1) 확지공탁을 불확지공탁으로 정정

"갑" 1인으로 되어 있는 피공탁자를 "갑 및 을"로 하는 경우와 같이 피공탁자를 추가하는 공탁서정정은 공탁의 동일성을 해하는 것으로서 허용될 수 없다.[1523] 따라서 토지수용의 재결이 있은 후 보상금의 공탁 및 토지수용에 의한 등기를 경료한 토지에 대하여 당해 부동산에 관하여 수용보상금의 공탁 이전에 경료된 소유권이전 등기말소의 예고등기를 발견한 경우라도, 피공탁자를 그 후에 불확지로 정정하는 것은 공탁의 동일성을 해하기 때문에 허용될 수 없다.[1524]

2) 상대적불확지공탁을 확지공탁으로 정정

"갑 또는 을" 2인으로 되어 있는 피공탁자를 "갑"으로 정정하는 경우와 같이 기존의 상대적 불확지 변제공탁을 확지변제공탁으로 정정하는 것도 허용될 수 없다. 수용대상 토지에 대하여 가처분등기가 경료되어 있으나 그 가처분의 피보전권리가 소유권이전등기청구권임이 확인된 경우라 하더라도 기존 의 불확지공탁에서 토지소유자를 피공탁자로 하는 확지공탁으로 바꾸는 공탁서정정은 공탁의 동일성을 해하므로 허용될 수 없다.[1525]

1523) 대법원 1998. 9. 22. 선고 98다12812 판결
1524) 법정-987 (1991. 6. 18)
1525) 공탁법인 302-313 (2003. 12. 26)

5. 공탁서정정의 효력발생시기

공탁서정정이 적법하게 수리된 경우에 정정의 효력은 당초 공탁시로 소급하여 발생한다.[1526] 다만, 변제공탁의 경우 채권자가 반대급부 또는 기타 조건을 이행할 의무가 없음에도 불구하고 채무자가 이를 조건으로 공탁한 때에는 채권자가 이를 수락하지 않는 한 그 변제공탁은 효력이 없으며, 그 뒤 채무자의 공탁에 붙인 조건의 철회정정청구에 따라 공탁공무원으로부터 위 정정청구의 인가결정이 있었다 하더라도 그 변제공탁은 인가결정시부터 반대급부나 조건이 없는 변제 공탁으로서의 효력을 갖는 것으로서 그 효력이 당초의 변제공탁시로 소급하는 것은 아니다.

Ⅵ. 수용보상금의 출급

공탁물의 출급이라 함은 출급청구권자인 피공탁자 등의 청구에 의하여 공탁 본래의 목적에 따라 피공탁자 등에게 공탁물을 지급하는 것을 말한다. 공탁물의 출급에 있어서 수용보상금 공탁의 경우 에는 일반 변제공탁의 경우와는 다른 점이 많다.

1. 일반적인 출급청구권 행사

1) 확지공탁의 경우

(1) 의 의

사업시행자가 수용보상금을 공탁하면서 피공탁자를 특정하여 공탁하였다면 일반변제 공탁의 경우와 마찬가지로 출급청구권자는 피공탁자 또는 그 승계인이다.

공탁물출급청구시 공탁서나 공탁통지서의 기재 자체에 의하여 출급청구권자와 출급청구권의 발생 및 범위를 알 수 있으므로 원칙적으로 별도의 출급청구권 증명서면을 제출할 필요가 없다.

피공탁자는 공탁서의 기재에 의하여 형식적으로 결정되므로 실체법상의 채권자라고

1526) 법정 3002-290 (1995. 6. 14)

하더라도 피공탁자로 지정되어 있지 않다면 공탁물출급청구권을 직접 행사할 수 없다. 따라서 피공탁자 아닌 제3자가 피공탁자를 상대로 하여 공탁물출급청구권 확인판결을 받았다 하더라도 그 확인판결을 받은 제3자가 직접 공탁물출급청구를 할 수는 없다.[1527] 이 경우 실체법상의 채권자는 피공탁자로부터 공탁물출급청구권의 양도를 받거나, 자발적으로 양도하지 않으면 양도의 의사표시를 하고 채무자인 국가(소관 공탁관)에게 통지하라는 내용의 판결을 받아 출급청구 할 수 있다.

피공탁자로부터 출급청구권을 상속, 채권양도, 전부명령 그 밖의 원인으로 승계받은 자는 그 승계사실을 증명하는 서면을 첨부하여 출급청구할 수 있다.

(2) 구체적인 사례

① 수용대상물인 지장물건에 대하여 소유권 분쟁이 있어 그 수용보상금이 공탁된 경우, 공탁서상 피공탁자로 기재된 자는 직접 공탁공무원에 대하여 공탁금의 출급청구권을 행사하여 이를 수령하면 되는 것이고, 구태여 피공탁자가 아닌 위 소유권 분쟁당사자를 상대로 공탁금의 출급청구권이 자신에게 있다는 확인을 구할 필요는 없고, 피공탁자로 기재된 특정인의 다른 사람에 대한 출급청구권 확인의 소는 그 권리보호의 이익이 없어 부적법하다.[1528]

② 사업시행자가 토지를 수용하고 수용보상금을 그 토지의 공유자 전원을 피공탁자로 하여 공탁한 경우에 공유토지에 대한 수용보상 공탁금을 가분채권으로 보아 공유자 각자가 자기의 등기부상 지분에 해당하는 공탁금을 출급청구할 수 있다. 비록 수용된 토지부분에 대한 공유자 내부의 실질적인 지분비율이 등기부상 지분비율과 다르다고 하더라도 이는 공유자 내부간에 별도로 해결하여야 할 문제이다.[1529]

③ 토지수용시 사업시행자가 토지등기부상 공유자들의 공유지분 합계가 1을 초과하여 각 공유자의 정당한 지분을 알 수 없어 개인별 보상금액을 산정할 수 없다는 사유로 보상금을 공탁하였다면 이는 일종의 불확지공탁이라고 볼 수 있고, 이러한 경우 공유자인 피공탁자 전원이 합의하기에 이르렀다면 전원의 합의에 의한 개인별 또는 전원의 공탁금출급청구가 가능하다 할 것이나, 공유자 전원의 합의가 이루어지지 않는다면 재판에 의하여 각 공유자의 지분을 확정한 후 출급청구하여야 할 것이고, 공유자들 전원

1527) 대법원 1993. 12. 15. 선고 93마1470 판결
1528) 대법원 2001. 6. 26. 선고 2001다19776 판결
1529) 법정-1048 (1993. 6. 1)

의 정당한 지분을 알 수 없어 공탁한 것이므로 공유자 중 일부가 자기 지분에서 일정 부분 차감함으로써 공유지분 합계를 1로 하여 산정된 개인별 공탁금을 출급청구할 수는 없다.[1530]

④ 불가분채권의 목적물이 공탁된 경우에는 수인의 피공탁자 전원이 함께 공탁금을 출급하여야 한다. 조합재산을 수용하고 그 보상금을 합유자 전체 명의로 공탁하면서 합유자의 지분을 특정한 경우라 하더라도 그 보상금은 조합원 전체의 합유에 속하므로, 위 공탁금을 출급하려면 합유자 전원의 청구에 의하여야 한다.[1531] 그 합유자 중 1인이 사망하면 특약이 없는 한 사망한 사람의 상속인들에게 공탁금 출급청구권이 승계되지 않으므로 잔존 합유자들은 합유자 간의 특약유무에 대한 소명 없이 공탁금 출급청구를 할 수 있다.[1532]

⑤ 공탁물을 수령할 자가 수용대상토지의 소유자로 표시된 "갑과 을"의 2인으로 기재되어 있다면 수용대상토지가 갑의 단독 소유임을 증명하는 서류를 첨부하였다 하더라도 "갑"이 단독으로 공탁금 출급청구를 할 수는 없다.[1533]

⑥ 수용보상금을 받을 자가 주소불명으로 인하여 그 보상금을 수령할 수 없어 공탁한 경우, 변제 공탁제도가 본질적으로는 사인 간의 법률관계를 조정하기 위한 것이며 공탁관은 형식적 심사권을 가질 뿐이므로 피공탁자와 정당한 보상금수령권자라고 주장하는 자 사이의 동일성 등에 관하여 종국 적인 판단을 할 수 없다. 이는 공탁관의 처분에 대한 이의나 그에 대한 불복을 통해서도 해결될 수 없는 점, 누가 정당한 공탁금수령권자인지는 공탁자가 가장 잘 알고 있는 것으로 볼 것인 점, 피공탁자 또는 정당한 공탁금수령권자라고 하더라도 직접 국가를 상대로 민사소송으로써 그 공탁금의 지급을 구하는 것은 원칙적으로 허용되지 아니하는 점 등에 비추어 볼 때 정당한 공탁금수령권자이면서도 공탁관으로부터 공탁금의 출급을 거부당한 자는 그 법률상 지위의 불안·위험을 제거하기 위하여 공탁자인 사업시행자를 상대방으로 하여 그 공탁금출급권의 확인을 구하는 소송을 제기할 이익이 있다.[1534]

⑦ 등기부상 소유명의가 예명으로 기재되어 있어 수용보상금의 피공탁자를 예명으로 하여 공탁한 경우 그 상속인이 공탁금을 출급하기 위해서는 공탁자를 상대로 하여

1530) 법정 3302-131 (1997. 4. 18)
1531) 법정-1158 (1991. 7. 19)
1532) 공탁상업등기과-362 (2008. 3. 26)
1533) 대법원 1989. 12. 1. 선고 89마821 판결
1534) 대법원 2007. 2. 9. 선고 2006다68650 판결

공탁금 출급청구권이 자신에게 있다는 확인판결(조정, 화해조서 포함)을 받아 공탁금 출급청구를 할 수 있다.[1535]

(3) 보상금이 승계 전의 소유자에게 공탁된 경우

① 개 설

보상금은 관할 토지수용위원회가 재결하면서 재결서에 기재된 토지의 소유자에게 지급하거나 공탁하게 된다. 그런데 재결서에 기재된 토지의 소유자가 진실한 보상금채권자라야 하나 진실한 보상금채권자는 수용 당시를 기준으로 한 수용대상토지의 소유자이므로 재결서에 기재된 수용대상 토지의 소유자와는 차이가 생길 수 있는 여지가 많다. 따라서 재결서에 기재된 수용대상토지의 소유자를 피공탁자로 하여 수용보상금을 공탁하였으나 수용개시일 전에 수용대상토지의 소유권이 변동된 경우에는 피공탁자의 정정은 불가능하므로 원칙적으로 사업시행자는 피수용자를 경정하는 재결을 받아서 착오를 이유로 공탁물을 회수한 후 정당한 보상금 수령권자에게 보상금을 지급하거나 공탁하는 것이 타당하다.

그러나 공탁물을 회수하게 되면 소급적으로 공탁이 실효되므로 그 공탁을 전제로 한 재결의 효력도 무효가 되는 문제가 발생한다. 따라서 토지보상법은 사업시행자는 사업인정의 고시가 있은 후 소유권 등의 변동이 있는 경우에는 그 소유권 등을 승계한 자에게 보상금을 지급하거나 공탁된 보상금을 수령할 수 있도록 하고(법 제40조 제3항), 그 경우에 공탁금을 받을 권리를 승계한 사실을 증명하는 서면을 공탁관에게 제출하도록 규정하고 있다(령 제21조).

문제는 승계인의 범위를 어떻게 정하느냐에 따라서 승계인으로서 공탁물을 직접 출급할 수 있는 경우와 승계인으로 볼 수 없어 공탁물을 직접 출급할 수 없고 피공탁자의 공탁물출급청구권을 양도 받아서 출급할 수 있는 경우가 나누어지게 되므로 구체적인 공탁물 출급절차가 달라진다.

② 승계인의 인정기준

사업인정의 고시가 있은 후 소유권이 변동되었는지 여부는 결국 수용개시일 당시를 기준으로 토지의 소유권이 누구에게 있는지가 기준이 된다.

매매 등 법률행위에 의하여 소유권이 변동되었으면 그 소유권이전등기가 수용개시

1535) 공탁상업 등기과-1194 (2008. 11. 5)

일 이전에 경료 되어야 할 것이고, 상속 등 법률행위에 의하지 아니한 소유권의 변동은 그 원인이 수용개시일 전에 이루어졌을 때만 정당한 승계인이다(수용개시일 이후에 사망한 피공탁자의 상속인들이 상속인의 지위에서 공탁물을 수령하는 것은 별론으로 한다).

따라서 사실상 매매를 하였다 하더라도 수용개시일 이전까지 소유권이전등기를 하지 않았다면 민법 제186조에 의하여 소유권은 여전히 변동되지 않았으므로 피공탁자의 공탁물출급청구권을 양도받아야만 공탁물을 출급할 수 있고, 공탁자가 임의로 양도해 주지 않으면 "공탁물출급청구권 양도의 의사 를 표시하고 채무자인 국가(소관 공탁관)에게 이를 통지하라"라는 내용의 확정판결을 받아 공탁물 출급청구를 할 수 있다.

③ 구체적인 사례

(가) 판 결

ⓐ 매수인이 매도인인 등기부상 소유명의인을 상대로 매매를 원인으로 한 토지소유권이전등기절차 이행의 승소판결을 받았으나 그에 따른 소유권이전등기를 경료하지 않고 있던 중 사업시행자가 위 토지를 수용하고 그 보상금을 매도인 앞으로 공탁함으로써 수용개시일에 수용의 효력이 발생하였다면, 그 이후 매수인이 자기 명의로의 소유권이전등기를 경료하였다 하더라도 그 매수인은 피공탁자인 매도인으로부터 공탁금 출급청구권을 양도받지 않는 한 직접 공탁금의 출급청구를 할 수 없다.[1536]

ⓑ 토지를 수용할 당시에 그 토지가 갑의 소유로 등기되어 있어 수용개시일에 갑에 대하여 보상금을 공탁하고 토지수용에 따른 소유권이전등기까지 마친 경우에는, 을이 수용개시일 이전에 그 토지에 대하여 처분금지가처분을 하고 수용개시일이 지난 후에 소유권이전등기청구소송의 승소확정판결을 얻었다고 하더라도, 을은 위 판결을 집행하여 자기 명의로의 소유권이전등기를 경료할 수도 없고 수용보상 공탁금의 수령권자로 될 수도 없다.[1537] 이 경우 을은 갑으로부터 공탁금출급청구권을 양도 받거나 자발적으로 양도해 주지 않으면 공탁금출급청구권 의 양도의 의사표시를 하고 채무자인 국가(소관 공탁관)에게 통지하라는 내용의 판결을 받아 권리를 행사할 수 있다.

ⓒ 사업시행자가 미등기 토지를 수용하면서 토지대장에 등록된 사망한 소유자를 피공탁자로 지정하여 수용보상금을 공탁하였다면, 사망한 토지대장상의 소유자와 매매계약을 체결한 매수인이 토지대장에 등록된 소유자의 상속인들을 상대로 소유권이전등기

1536) 질의회답 1992. 4. 9. 법정 제643호

1537) 질의회답 1989. 6. 15. 법정 제862호

절차이행의 소를 제기하여 승소확정판결을 받아 수용개시일 이후에 대위로 상속인들 명의로 소유권보존등기를 하고 이어 매수인 앞으로의 소유권이전등기를 경료한 경우라 하더라도, 그 수용토지는 이미 수용개시일에 사업시행자의 소유로 된 것이므로 매수인이 대위로 한 소유권보존등기와 소유권이전등기는 실체관계에 부합하지 않는 무효의 등기로 볼 수밖에 없다. 따라서 매수인은 그 판결에 기하여 자기 앞으로의 소유권이전등기를 경료하였다는 사실만으로는 위 공탁된 수용보상금을 출급청구할 수 없으며, 상속인들에게 공탁금 출급청구권의 양도를 청구하여 양도받은 후(상속인들이 자발적으로 양도하지 않으면 공탁금출급청구권의 양도의사를 표시하고 채무자인 국가에게 이를 통지하라는 내용의 판결을 구할 수 있을 것임) 공탁금 출급청구를 할 수 있다.[1538)]

ⓓ 사업시행자가 과실없이 진정한 토지소유자를 알지 못하여 등기부상 소유명의인을 토지소유자로 보고 그를 피수용자로 하여 손실보상금을 공탁하여 수용절차를 마쳤다면, 그 수용의 효과는 수용대상 토지의 진정한 소유자가 누구임을 막론하고 이를 부인할 수 없으며 그가 가지고 있던 소유권은 수용으로 인하여 소멸함과 동시에 사업시행자가 그 권리를 완전히 취득하게 되는 것이므로, 수용대상토지의 진정한 소유자가 수용대상토지에 대한 소유권의 귀속에 관하여 수용개시일 전에 등기부상 소유권 보존등기명의인을 상대로 하여 소유권보존등기말소등기절차 이행의 소를, 국가를 상대로 하여 소유권 확인의 소를 각 제기하여 수용개시일 이후에 각 승소확정판결을 받아 그 수용대상토지의 소유자로 확인되었다 하더라도 그 판결을 근거로 하여 수용의 효과를 다툴 수는 없다. 다만, 판결문상에 수용 대상토지의 진정한 소유자가 누구임이 명시되어 있는 경우 그 진정한 소유자는 보상금(공탁금)을 수령할 지위에 있는 자이므로, 그 판결문을 소유권의 승계사실을 증명하는 서면의 제출절차에 준하여 공탁금의 출급청구권을 증명하는 서면의 하나로 제출하여 공탁서의 정정 없이도 직접 공탁금의 출급 청구를 할 수 있다.[1539)]

(나) 명의신탁

종중이 수용대상토지에 대한 명의신탁을 해지하였다고 하더라도 수용 개시일 전에 소유권등기를 회복하지 못하였다면 수용보상금의 출급청구권은 수용 당시의 소유자인 명의수탁자가 취득하는 것이고 종중은 명의수탁자로부터 공탁금출급청구권을 양도받

1538) 질의회답 1993. 8. 10. 법정 제1565호

1539) 대판 1971. 6. 22. 71다873, 질의회답 1993. 5. 26. 법정 제993 참조

지 않는 한 공탁금출급청구권을 취득할 수는 없다. 비록 종중이 명의수탁자를 피고로 하여 명의신탁의 해지를 이유로 공탁금출급청구권 확인 판결(공탁금출급청구권을 증명하는 서면이 될 수는 없음)을 받았다고 하더라도 종중은 그 판결에 기하여 직접 공탁금출급청구를 할 수는 없다.[1540]

(다) 낙 찰

경매절차의 낙찰인은 낙찰대금 납부시에 매각부동산의 소유권을 취득하므로, 매각부동산이 낙찰대금 납부 전에 수용완료 되었다면 낙찰인이 수용완료 후에 낙찰대금을 납부하였다고 하더라도 매각부동산의 소유권을 취득할 수 없다. 따라서 매각부동산에 대한 수용보상금인 공탁금에 대하여도 직접적인 권리행사는 할 수 없다. 또한, 수용완료 당시의 소유자를 피공탁자로 하여 수용보상금이 공탁된 이상 그 피공탁자 명의를 정정할 수는 없을 것이며, 낙찰대금을 납부한 낙찰인으로서는 낙찰의 하자에 따르는 청구권에 기하여 권리를 확보할 수밖에 없을 것이다.[1541]

(라) 사자(死者)의 상속인

사업시행자의 과실없이 토지소유자 및 관계인을 알 수 없는 때에는 그들과 협의를 하지 아니하고, 그들의 성명 및 주소를 재결신청서에 기재하지 아니하여 그들로 하여금 수용절차에 참가하게 아니한 채 재결에 이르렀다 하여 위법이라고 할 수 없다, 설령 사업시행자의 과실로 인하여 토지소유자나 관계인을 알지 못하여 그들로 하여금 참가하게 하지 아니하고 수용재결을 하여 그 절차가 위법이라 하여도 그 사유만 가지고는 그 재결이 당연무효라고 할 수 없으므로, 수용재결의 상대방인 토지 소유자가 사망자라는 이유만으로는 그 수용재결이 당연무효라고 할 수 없다.[1542]

따라서 그 효력은 상속인에게 미치므로 사자(死者)를 피공탁자로 한 공탁의 경우 그 상속인은 상속인임을 증명하는 서면을 첨부하여 출급청구 할 수 있다. 수용보상금을 사망한 등기부상 소유명의인(또는 미등기인 경우 토지대장상 소유명의인)을 피공탁자로 하여 공탁하였다면 피공탁자의 상속인들은 상속을 증명하면 서면(사망자의 기본증명서, 가족관계증명서 등)을 첨부하여 직접 공탁금을 출급청구할 수 있다. 이 경우 각 상속인은 자기의 지분에 해당 하는 공탁금을 출급청구할 수 있다.[1543]

1540) 질의회답 1992. 9. 19. 법정 제1622호
1541) 질의회답 1990. 12. 10. 법정 제1942호
1542) 대법원 1971. 5. 24. 선고 70다1459 판결

(4) 피공탁자 아닌 자로서 출급청구권을 갖지 못하는 경우

① 매매 등을 원인으로 소유권이전등기절차 이행의 승소확정을 받았으나 수용의 개시일 전에 그 등기를 경료하지 못한 자도 출급청구권을 행사할 수 없다. 비록 공탁 이전에 가등기나 처분금지 가처분등기를 경료하였다 하여도 마찬가지다. 이 경우에도 피공탁자로부터 공탁물출급청구권의 양도 를 받아야 출급청구할 수 있고, 피공탁자가 임의로 공탁물출급청구권을 양도하지 않으면"공탁물 출급청구권 양도의 의사를 표시하고 채무자인 국가(소관 공탁관)에게 이를 통지하라."라는 내용의 확정판결을 받아 공탁금을 출급청구할 수 있다.

② 실제 1인의 소유인 토지가 주택조합의 구성으로 조합원 50명의 소유명의로 등기가 경료되어 있어 사업시행자가 그 토지를 수용하면서 등기부상 소유명의인 50명을 공탁물을 받을 자로 지정하여 위 토지에 대한 손실보상금을 공탁하였다면 위 공탁물을 수령할 자는 공탁자가 지정한 등기부상 소유 명의인 50명 각자가 되는 것이다. 위 토지의 전부에 대한 실제 소유자가 다른 피공탁자들(공탁물을 수령할 자)을 상대로 하여 공탁물출급청구권존재 확인판결을 받는다 하더라도 그 판결은 공탁규칙 제33조 제2호의 공탁물출급청구권을 증명하는 서면으로 볼 수 없으므로, 실제소유자가 그러한 확인 판결에 기하여 직접 공탁물출급청구를 할 수는 없다. 다만, 실제소유자는 피공탁자인 다른 공유자들에 대하여 대상(代償)으로 취득한 공탁물출급청구권의 양도를 청구하여 양도받은 후(위 다른 공유자들이 자발적으로 양도하지 않으면 공탁물출급청구권의 양도의사를 표시하고 채무자인 국가에게 이를 통지하라는 내용의 판결을 구할 수 있다)공탁물의 출급청구를 할 수 있다.[1544]

③ 소유권이전등기의무의 목적 부동산이 수용되어 그 소유권이전등기의무가 이행불능이 된 경우, 등기청구권자는 등기의무자에게 대상청구권의 행사로서 등기의무자가 지급받은 수용보상금의 반환을 구하거나 또는 등기의무자가 취득한 수용보상금청구권의 양도를 구할 수 있을 뿐 그 수용보상금청구권 자체가 등기청구권자에게 귀속되는 것은 아니다.[1545]

④ 공익사업법 제18조의 규정에 의하여 발급된 소유사실확인서(2007.10.17. 삭제됨)는 협의에 의한 취득 또는 사용의 경우에 보상금의 수령권한을 증명하는 서면에 불과하므

1543) 질의회답 1998. 12. 11. 법정 제3302-456호
1544) 질의회답 1993. 6. 17. 법정 제1148호
1545) 대법원 1996. 10. 29. 선고 95다56910 판결.

로 수용에 의한 취득 또는 사용의 경우 위 소유사실 확인서를 첨부하여 공탁금을 출급청구할 수는 없다(2004.11.26. 공탁법인 3302-264).

⑤ 손실보상이 채권(債券)으로 공탁된 경우의 공탁유가증권출급청구권은 유체물인도를 목적으로 하는 채권의 성질을 갖는다. 따라서 공탁유가증권출급청구권에 대한 강제집행은 유체동산 인도청구권 에 대한 강제집행절차에 의하게 된다(민사집행법 제242조, 제243조). 유체물의 인도나 권리이전의 청구권에 대하여는 전부명령을 하지 못하므로(민사집행법 제245조), 손실보상이 현금으로 지급될 것을 예상하여 토지소유자의 채권자가 채권압류 및 전부명령을 받았는데 이후 손실보상이 채권(債券)으로 공탁되었다면 전부명령은 무효이므로 공탁된 채권에 대하여 전부채권자는 출급청구를 할 수 없다.[1546]

⑥ 사업시행자가 미등기토지에 대하여 피공탁자를 "망 갑의 상속인"으로 하여 수용보상금을 공탁한 경우, 수용개시일 이후에 『부동산소유권이전등기 등에 관한 특별조치법』에 의하여 토지대장상 소유자로 이전등록을 마친 토지대장등본을 첨부하여 위 공탁금을 출급청구할 수 없고, 피공탁자인 망 갑의 상속인으로부터 공탁금출급청구권을 양도받아야 공탁금을 출급청구할 수 있다.[1547]

⑦ 또한, 사업시행자가 토지수용보상금을 공탁하고 수용개시일 이후에 『부동산소유권 이전등기 등에 관한 특별조치법』에 의하여 이전등기를 마친 경우라도 공탁된 수용보상금을 직접 출급청구할 수 없다.[1548]

2) 상대적 불확지공탁

① 피공탁자 사이에 권리의 귀속에 관하여 분쟁이 없는 경우에는 다른 피공탁자의 승낙서 또는 협의성립서(모두 인감증명서 첨부)를 첨부하여 출급할 수 있고, 피공탁자 사이에 권리의 귀속에 관하여 분쟁이 있는 경우에는 피공탁자 사이에 어느 일방에게 출급청구권이 있음을 증명하는 내용의 확정판결(조정조서, 화해조서 포함)을 첨부하여 출급청구할 수 있다.

② 또한 피공탁자 전원이 공동으로 출급청구하는 경우에는 출급청구서 기재에 의하여 상호 승낙이 있는 것으로 볼 수 있으므로 별도의 서면을 제출하지 않아도 된다. 그

1546) 질의회답 2000. 5. 15. 법정 3302-171
1547) 질의회답 2006. 9. 13. 공탁상업등기과-1001
1548) 질의회답 2006. 12. 6. 공탁상업등기과-1370

러나 공탁자의 승낙서나 공탁자 또는 국가를 상대로 한 판결 등은 출급청구권이 있음을 증명하는 서면으로 볼 수 없다.

③ 그런데 예고등기를 이유로 "소제기자 또는 토지소유자"를 피공탁자로 하는 상대적 불확지공탁 이 이루어지고 그 후 예고등기의 원인이 된 소유권등기말소소송에서 토지소유자가 승소확정되었다면, 토지소유자는 그 판결을 공탁규칙 제33조 제2호의 출급청구권을 갖는 것을 증명하는 서면으로 하여 공탁금출급청구를 할 수 있고, 별도로 다른 피공탁자의 승낙서나 그에 대한 공탁금출급청구권 확인 판결을 받을 필요는 없다(2002. 12. 31. 법정 3302-485).

④ 또한 수용대상토지에 소유권등기말소청구권을 피보전권리로 한 처분금지가처분등기가 되어 있어 사업시행자가 피공탁자를"가처분채권자 또는 토지소유자"로 하는 상대적 불확지공탁을 한 경우, 가처분채권자가 토지소유자를 상대로 제기한 소유권이전등기말소청구의 소에서 패소확정의 본안판결 을 받았거나 상속회복청구권의 제척기간도과를 이유로 소각하 판결이 확정되었다면 토지소유자는 그 확정판결을 공탁금출급청구권 증명서면으로 하여 공탁금출급청구를 할 수 있다(2003. 8. 30. 공탁법인 3302-206).

⑤ 다만, 위 (3), (4)의 선례의 의미는 예고등기의 소제기자나 가처분채권자의 토지소유권말소 청구 소송에 있어 원고들의 청구는 사업시행자가 수용을 원인으로 원시취득하였으므로 말소할 대상이 없다 할 것이고, 따라서 원고(예고등기의 소제기자 또는 가처분채권자)가 청구취지를 변경하여 소유권의 변형물인 수용보상 공탁금에 대한 권리(공탁물출급청구권)가 자신에게 있다고 주장하여 공탁금의 귀속주체에 관한 실체적인 판단이 이루어져 원고 청구기각 확정판결이 있었다면 토지소유자는 그 판결을 첨부하여 공탁금을 출급 청구할 수 있을 것이지만, 청구취지 변경등을 하지 않은 상태에서 수용된 토지의 소유권의 귀속주체에 관한 실체적인 판단 없이 단지 말소할 대상이 없다는 이유로 형식적인 판단으로 청구기각 판결을 받았을 경우에는 그 판결을 첨부하여 토지소유자가 공탁금을 출급할 수는 없는 것으로 해석된다.

⑥ 공탁자가 토지를 수용하면서 가처분권자가 있어서 그 토지의 합유자들과 위 가처분권자를 피 공탁자로 한 상대적 불확지공탁을 한 경우에 합유자들이 공탁금을 출급하기 위하여는 공탁 이후에 가처분권자의 가처분취하로 인한 가처분취하증명원은 공탁금 출급청구권이 있음을 증명하는 서면이 될 수 없고, 가처분권자의 승낙서(인감증명서 첨부)등이 필요하다(2008. 3. 26. 공탁상업등기과 362)

⑦ 상대적불확지 변제공탁의 경우 공탁자를 상대로 한 판결문은 공탁물출급청구권 입증서면이 아니다.

⑧ 상대적불확지 변제공탁의 경우 피공탁자 중의 1인이 공탁물을 출급청구하기 위하여는 다른 피공탁자들의 승낙서나 그들을 상대로 받은 공탁물출급청구권확인 승소확정판결문이 있으면 되므로, 피공탁자가 아닌 제3자를 상대로 공탁물 출급청구권의 확인을 구하는 것은 확인의 이익이 없다.[1549]

3) 절대적 불확지공탁

(1) 공탁금 출급청구권의 확인의 이익(적극)

사업시행자가 보상금 수령권자의 절대적 불확지를 이유로 수용보상금을 공탁한 경우 자기가 진정한 보상금 수령권자라고 주장하는 자의 입장에서 보면 사업시행자가 적극적으로 그에게 공탁금출급 청구권이 없다고 부인(否認)하지는 않고 단순히 부지(不知)라고 주장하더라도 이는 보상금 수령권자의 지위를 다툰 것이고 언제 다른 사람이 진정한 권리자라고 주장함에 대하여 사업시행자가 이를 긍정 할지 알 수 없으므로 그 법률상의 지위에 불안·위험이 현존하는 것으로 보아야 한다. 또한 공탁제도상으로도 수용토지의 원 소유자가 사업시행자를 상대로 절대적 불확지의 공탁이 된 공탁금에 대한 출급 청구권이 자신에게 귀속되었다는 확인판결을 받아 그 판결이 확정되면 그 확정판결 정본을 공탁규칙 제33조 제2호에 정한 '출급청구권을 갖는것을 증명하는 서면'에 해당하여 수용 토지의 원소유자는 위 판결정본을 공탁금출급청구서에 첨부하여 공탁소에 제출함으로써 공탁금을 출급받을 수 있으므로, 수용 토지의 원소유자가 사업시행자를 상대로 하는 공탁금출급청구권확인 소는 절대적 불확지공탁의 공탁금출급을 둘러싼 법적 분쟁을 해결하는 유효적절한 수단이어서 그 확인의 이익이 있다.[1550]

(2) 출급청구권 행사방법

사업시행자인 공탁자가 후에 피공탁자를 알게 된 때에는 그를 피공탁자로 지정하는 공탁서정정을 하여 피공탁자가 직접 출급할 수 있다. 사업시행자인 공탁자가 공탁서정정절차를 취하지 않는 경우 에는 사업시행자인 공탁자를 상대로 하여 공탁금에 대한

1549) 대법원 2008. 10. 23. 선고 2007다35596 판결.
1550) 대법원 1997. 10. 16. 선고 96다11747 판결

출급청구권이 자신에게 있다는 확정판결(조정, 화해조서 포함)을 첨부하여 직접 출급청구할 수 있다.

사업시행자인 국가를 상대로 하여 '공탁금출급청구권 확인판결'이 아닌 '토지소유권 확인판결'을 받은 경우에도 판결에 의하여 수용 당시의 소유자임이 확인되는 경우에는 그 판결을 출급청구권 입증 서면으로 볼 수 있다.[1551]

그러나 사업시행자가 발행한 출급청구권을 갖는다는 확인증명서는 출급청구권 입증 서면으로 볼 수 없다(1998.2.7. 법정 3302-47).

(3) 사망한 등기부상 소유명의인을 피공탁자로 한 경우

(가) 등기부상 소유자가 사망하였음을 간과하고 사망자를 피수용자로 재결한 후 사망한 등기부상 소유명의인을 피공탁자로 하여 보상금이 공탁된 경우에도 그 공탁은 상속인들에 대한 공탁으로 유효 하다. 상속인은 상속을 증명하는 서면을 첨부하여 공탁금을 출급청구할 수 있다. 상속을 증명하는 서면은 일반적으로 망인의 기본증명서, 가족관계증명서, 입양관계증명서, 또는 제적등본이 될 것이다.

상속인들이 상속토지를 상속인 중의 1인의 단독 소유로 하기로 상속재산을 협의분할 한 후 상속등기를 하기 전에 사업시행자가 그 상속토지를 수용하고 보상금을"망OOO의 상속인"앞으로 공탁한 경우, 위 협의분할에 의하여 상속토지는 상속이 개시된 때에 소급하여 상속인 중의 1인의 단독소유로 되었다고 할 것이므로, 상속인 중의 1인은 상속을 증명하는 서면(제적등본, 가족관계증명서 등)과 협의분할을 증명하는 서면(그 후 협의분할에 의한 상속등기가 경료된 경우에는 그 등기가 수용등기로 인하여 직권말소되었는가에 관계없이 등기부등본 및 등기필증, 협의분할에 의한 상속등기가 되어 있지 아니한 경우에는 상속인 전원의 인감증명서가 첨부된 상속재산분할 협의서)을 첨부하여 단독 으로 공탁금출급청구를 할 수 있다(1995.4.12. 법정 3302-1191). 또한, 공탁자가 공탁 이후에 상속인들을 알게 된 때에는 그들을 피공탁자로 지정하는 공탁서 정정신청을 하여 상속인들이 직접 출급청구할 수 있을 것이며, 공탁자가 공탁서 정정신청을 하지 않을 경우 상속인들은 공탁자를 상대 로 하여 공탁금에 대한 출급청구권이 자신에게 있다는 확인판결(조정, 화해조서 등)을 받아 출급청구 할 수도 있다.[1552] 그러나 상속인들이 공탁금 수령의 권한을 위임하지 않는 한 상속인들 중 일부가 공탁금 전부를 출급 청구할 수는 없다(1997. 4. 29. 법정 3302-138).

1551) 질의회답 1993. 5. 7. 법정 제893호

1552) 2004. 11. 26. 공탁법인 3302-264.

(나) 매수인이 매도인인 등기부상 소유명의인의 상속인들을 상대로 매매를 원인으로 한 소유권이전 등기절차이행의 승소판결을 받아 그 판결이 확정되었으나 그에 따른 소유권이전등기를 경료하지 않고 있던 중 사업 시행자가 위 토지를 수용하고 피공탁자를 「망 OOO의 상속인」으로 하여 수용보상금 을 공탁한경우, 수용개시일 이전에 소유권이전등기를 경료하지 아니한 이상 공탁된 수용보상금의 출급청구권은 수용당시의 등기부상 소유자가 취득하는 것이므로, 위 소유권이전등기 확정판결은 공탁 금출급청구권을 증명하는 서면이 될 수 없고, 또한 공탁당사자가 아닌 제3자에 불과한 매수인이 피 공탁자를 상대로 하여 받은 공탁금출급청구권 확인판결(화해·조정조서포함) 역시 공탁금의 출급청구권 을 증명하는 서면이 될 수 없기 때문에, 매수인은 피공탁자로부터 공탁금출급청구권을 양도받거나 피 공탁자가 임의로 양도하지 아니하면 "공탁금출급청구권 양도의 의사를 표시하고 채무자인 국가(소관 공탁관)에게 이를 통지하라"라는 내용의 판결을 받아공탁금을 출급할 수 있다(2004.3.25. 공탁법인 3302-73 참조).

2. 담보물권자의 물상대위권 행사

1) 의 의

저당목적물의 멸실·훼손 또는 공용징수로 저당권을 사실상, 법률상 행사할 수 없게 된 경우에 그로 인하여 저당권설정자가 받을 금전 기타 물건이 있으면 그 금전 기타 물건(저당목적물의 가치 변형물)에 대하여 저당권의 효력이 미치는 것을 저당권의 물상대위라 한다. 이는 담보물권이 목적물의 실체를 목적으로 하는 권리가 아니라 주로 그 교환가치를 취득하는 것을 목적으로 하는 권리이므로, 비록 그 목적물이 멸실 또는 훼손되더라도 그 교환가치를 대표하는 것이 그대로 존재하는 때에는 담보물권은 다시 이 가치의 대표물 위에 존속하는 것으로 하는 것이 담보물권의 본질에 적합하기 때문이다. 물상대위권의 행사에 관하여 민법은 질권에 관하여 이를 규정하고 있고,[1553] 저당권의 경우도 이를 준용하도록 규정하고 있다.[1554]

토지보상법의 경우에도 담보물권에 대하여 물상대위가 가능하도록 규정하고 있다(법

1553) 민법 제342조(물상대위) 질권은 질물의 멸실, 훼손 또는 공용징수로 인하여 질권설정자가 받을 금전 기타 물건에 대하여도 이를 행사할 수 있다. 이 경우에는 그 지급 또는 인도전에 압류하여야 한다.

1554) 제370조(준용규정) 제214조, 제321조, 제333조, 제340조, 제341조 및 제342조의 규정은 저당권에 준용한다.

제47조). 따라서 사업시행자가 근저당권이 설정된 토지를 수용하고 토지소유자를 공탁물을 수령할 자로하여 보상금을 공탁한 경우 근저당권자는 토지의 변형물인 공탁금이 특정성을 유지하는 한 물상대위권을 행사하여 우선변제를 받을 수가 있다.

> ▣ **토지보상법**
>
> **제47조 (담보물권과 보상금)** 담보물권의 목적물이 수용되거나 사용된 경우 그 담보물권은 그 목적물의 수용 또는 사용으로 인하여 채무자가 받을 보상금에 대하여 행사할 수 있다. 다만, 그 보상금이 채무자에게 지급되기 전에 압류하여야 한다

2) 물상대위권 행사방법

물상대위권의 행사방법은 민사집행법 제273조에 의하여 담보권의 존재를 증명하는 서류를 제출하여 채권압류 및 전부명령을 신청하거나[1555] 민사집행법 제247조 제1항에 의하여 배당요구를 하는 것이다.[1556] 따라서 일반채권자로서 강제집행을 하는 것이 아니므로 집행권원을 필요하지 않는다. 다만 물상대위권을 행사하기 위해서는 보상금 지급 전에 압류를 요한다(아래 판례 참조).

1555) 담보물권으로서 다른 채권에 대하여 우선변제를 받으려면, 이 경우 담보물권의 물상대위권에 기한 채권압류 및 전부명령을 받아야 한다. 따라서 근저당권자가 물상대위권 행사를 위한 압류를 하지 아니하고 일반 채권에 기하여 가압류만 하고 있던 중에 다른 채권자가 압류를 하게 되면 공탁관은 압류와 가압류의 경합을 사유로 하여 압류법원 에 사유신고를 하게 되므로, 그 이후에는 근저당권자는 물상대위권 행사를 위한 압류나 배당요구를 할 수 없으므로("배당가입차단효"로 인하여) 근저당권자는 위 배당절차에서 근저당권자 가 아닌 단순한 가압류채권자로서 다른 채권자들과 안분배분을 받을 수 있을 뿐이다(1992. 11. 19. 법정 2002).

1556) 대법원 1998. 9. 22. 선고 98다12812 판결 : 민법 제370조, 제342조 단서가 저당권자는 물상대위권을 행사하기 위하여 저당권설정자가 받을 금전 기타 물건의 지급 또는 인도 전에 압류하여야 한다고 규정한 것은 물상대위의 목적인 채권의 특정성을 유지하여 그 효력을 보전함과 동시에 제3자에게 불측의 손해를 입히지 않으려는 데 있는 것이므로, 저당목적물의 변형물인 금전 기타 물건에 대하여 이미 제3자가 압류하여 그 금전 또는 물건이 특정된 이상 저당권자가 스스로 이를 압류하지 않고서도 물상대위권을 행사하여 일반 채권자보다 우선변제를 받을 수 있으나, 그 행사방법으로는 민사소송법 제733조에 의하여 담보권의 존재를 증명하는 서류를 집행법원에 제출하여 채권압류 및 전부명령을 신청하는 것이거나 민사소송법 제580조 제1항에 의하여 배당요구를 하는 것이므로, 이러한 물상대위권의 행사에 나아가지 아니한 채 단지 수용대상토지에 대하여 담보물권의 등기가 된 것만으로는 그 보상금으로부터 우선변제를 받을 수 없다

판 례

□ 대법원 2002. 10. 11. 선고 2002다33137 판결

민법 제370조, 제342조 단서가 저당권자는 물상대위권을 행사하기 위하여 저당권설정자가 받을 금전 기타 물건의 지급 또는 인도 전에 압류하여야 한다고 규정한 것은 물상대위의 목적인 채권의 특정성을 유지하여 그 효력을 보전함과 동시에 제3자에게 불측의 손해를 입히지 않으려는 데 있는 것이므로, 저당목적물의 변형물인 금전 기타 물건에 대하여 이미 제3자가 압류하여 그 금전 또는 물건이 특정된 이상 저당권자가 스스로 이를 압류하지 않고서도 물상대위권을 행사하여 일반 채권자보다 우선변제를 받을 수 있으나, 그 행사방법으로는 민사집행법 제273조(구 민사소송법(2002. 1. 26. 법률 제6626호로 전문 개정되기 전의 것) 제733조)에 의하여 담보권의 존재를 증명하는 서류를 집행법원에 제출하여 채권압류 및 전부명령을 신청하는 것이거나 민사집행법 제247조 제1항(구 민사소송법(2002. 1. 26. 법률 제6626호로 전문 개정되기 전의 것) 제580조 제1항)에 의하여 배당요구를 하는 것이므로, 이러한 물상대위권의 행사에 나아가지 아니한 채 단지 수용대상토지에 대하여 담보물권의 등기가 된 것만으로는 그 보상금으로부터 우선변제를 받을 수 없고, 저당권자가 물상대위권의 행사에 나아가지 아니하여 우선변제권을 상실한 이상 다른 채권자가 그 보상금 또는 이에 관한 변제공탁금으로부터 이득을 얻었다고 하더라도 저당권자는 이를 부당이득으로서 반환청구할 수 없다.

3) 물상대위권 행사의 시기 및 종기

사업인정의 고시가 있으면 수용대상토지에 대한 손실보상금의 지급이 확실시되므로 토지수용의 재결 이전 단계에서도 물상대위권을 행사할 수 있다. 수용보상금이 공탁되기 이전에는 보상금지급청구권에 대하여 제3채무자를 사업시행자로, 공탁한 이후에는 공탁금 출급청구권에 대하여 제3채무자를 국가(소관 공탁관)로 하여 압류하여야 할 것이다.

또한 담보물권의 목적물이 수용되었을 경우에 보상금에 대하여 당해 담보물권을 행사하기 위한 요건으로서 그 지급 전에 압류하여야 한다. 사업시행자가 보상금을 변제공탁하였다고 하더라도 이 공탁금이 출급되기 까지는 공익사업법 제47조 단서가 규정하는 지불이 있었다고 할 수 없고, 이는 보상금의 변제의 효과와는 별개의 문제이며,[1557] 설사 그 압류 전에 양도 또는 전부명령 등에 의하여 보상금 채권이 타인에게 이전된 경우라도 보상금이 직접 지급 되거나 보상금지급청구권에 관한 강제집행절차에 있어서 배당요구의 종기에 이르기 전에는 여전히 그 청구권에 대한 추급이 가능하다.[1558]

1557) 대법원 1992. 7. 10. 선고 92마980,381 판결.

판 례

□ 대법원 1998. 9. 22. 선고 98다12812 판결

담보권자는 토지수용법 제14조, 제16조 소정의 사업인정의 고시가 있으면 수용대상토지에 대한 손실보상금의 지급이 확실시되므로 토지수용의 재결 이전 단계에서도 물상대위권의 행사로서 피수용자의 기업자에 대한 손실보상금 채권을 압류 및 전부받을 수 있어, 설사 그 압류 전에 양도 또는 전부명령 등에 의하여 보상금 채권이 타인에게 이전된 경우라도 보상금이 직접 지급되거나 보상금지급청구권에 관한 강제집행절차에 있어서 배당요구의 종기에 이르기 전에는 여전히 그 청구권에 대한 추급이 가능하다.

기업자가 보상금지급에 관한 사무처리지침을 정하고 그 내용을 담보권자에게 통지함으로써 그에 대한 담보권자의 신뢰가 형성되었음에도 후에 기업자 소속 담당공무원이 고의 또는 과실로 그 통지된 사무처리지침과 달리 보상금지급업무를 처리하여 담보권자로부터 물상대위권을 행사할 수 있는 기회를 박탈하여 결과적으로 담보권자로 하여금 우선변제권을 상실하게 하였다면 이는 공무원의 직무상 불법행위로 국가배상책임이 성립할 수 있다.

3. 수용보상공탁금의 출급제한

1) 토지보상법 제40조 제2항 제3호에 따른 공탁

토지보상법 제40조 제2항 제3호는 관할 토지수용위원회가 재결한 보상금액에 대하여 사업시행자가 불복이 있는 부분에 대하여 피수용자에게 지급하지 않고 그 차액을 공탁하도록 한 이유는 사업시행자의 불복이 받아들여졌을 경우 공탁금을 회수하게 하여 종결된 보상금액의 정산을 쉽게 하고자 하는데 있다. 이 경우 피공탁자는 그 불복의 절차가 종결될 때까지는 공탁된 보상금을 수령할 수 없다.

제40조(보상금의 지급 또는 공탁) ② 사업시행자는 다음 각 호의 어느 하나에 해당할 때에는 수용 또는 사용의 개시일까지 수용하거나 사용하려는 토지등의 소재지의 공탁소에 보상금을 공탁(供託)할 수 있다.

3. 관할 토지수용위원회가 재결한 보상금에 대하여 사업시행자가 불복할 때

④ 사업시행자는 제2항 제3호의 경우 보상금을 받을 자에게 자기가 산정한 보상금을 지급하고 그 금액과 토지수용위원회가 재결한 보상금과의 차액(差額)을 공탁하여야 한다. 이 경우 보상금을 받을 자는 그 불복의 절차가 종결될 때까지 공탁된 보상금을 수령할 수 없다.

1558) 대법원 1998. 9. 22 선고 98다12812 판결.

2) 토지보상법 제85조 제1항의 규정에 의한 공탁

사업시행자, 토지소유자 또는 관계인은 재결에 대하여 불복이 있는 때에는 재결서를 받은 날부터 60일 이내에, 이의신청을 거친 때에는 이의신청에 대한 재결서를 받은 날부터 30일 이내에 각각 행정소송을 제기할 수 있으며, 이 경우 사업 시행자가 행정소송을 제기하기 전에 동법 제84조의 규정에 따라 증액된 보상금을 공탁하여야 하며, 보상금을 받을 자는 소송종결시 까지 공탁된 보상금을 수령할 수 없다. 그러나 사업시행자가 아닌 토지소유자 또는 이해관계인만이 이의재결에 대하여 행정소송을 제기한 경우에는 이의유보의 의사표시를 하고 공탁된 보상금을 지급받을 수 있다.[1559]

▣ **토지보상법**

제85조 (행정소송의 제기) ① 사업시행자, 토지소유자 또는 관계인은 제34조에 따른 재결에 불복할 때에는 재결서를 받은 날부터 60일 이내에, 이의신청을 거쳤을 때에는 이의신청에 대한 재결서를 받은 날부터 30일 이내에 각각 행정소송을 제기할 수 있다. 이 경우 사업시행자는 행정소송을 제기하기 전에 제84조에 따라 늘어난 보상금을 공탁하여야 하며, 보상금을 받을 자는 공탁된 보상금을 소송이 종결될 때까지 수령할 수 없다.

4. 수용보상 공탁금 출급의 효과

1) 이의유보 없이 출급한 경우

피수용자가 사업시행자에게 아무런 이의도 유보함이 없이 사업시행자가 지급하는 보상금을 수령한 경우에는 그 후 비록 그 재결에 대하여 이의신청을 한 바 있더라도 관할 토지수용위원회가 행한 재결에 대하여 피수용자가 승복한 것으로 본다.[1560] 이로써 사업시행자의 보상금 지급의무는 확정적으로 소멸한다.[1561]

1559) 대법원 1987. 2. 24. 선고 86누759 판결 : 토지소유자가 토지수용법 제61조 제2항 제1호, 제3호의 규정에 의하여 기업자로부터 공탁된 수용토지의 보상금을 수령함에 있어 일부 수령이라는 등의 이의유보의 의사표시를 하였다면 관할 토지수용위원회의 재결에 승복하는 것이 되지 아니한다 할 것이고, 동법 제75조의 2 제1항 단서의 규정은 기업자가 이의재결에 불복하여 행정소송을 제기하는 경우에 적용되는 것이고 토지소유자가 행정소송을 제기하는 경우에는 적용될 수 없다.

1560) 대법원 1983. 2. 22. 선고 81누311 판결 : 토지수용을 하는 기업자가 관할 토지수용위원회가 재결한 보상금을 토지소유자에게 제공하고 토지소유자가 이를 아무런 이의를 유보함이 없이 수령하였다면 그 토지의 소유자는 그 재결에 승복한 것이라고 보아야 할 것이므로 그 재결에 대한 이의는 부적법한 것이다.

또한 토지소유자가 그 공탁에 대하여 아무런 이의를 유보하지 아니한 채 이를 수령한 때에는 비록, 공탁금 수령 당시 단순히 그 공탁의 취지에 반하는 소송이나 이의신청을 하고 있다는 사실만으로는 그 공탁물수령에 관한 이의를 유보한 것과 같이 볼 수 없으며,[1562] 이로써 사업시행자의 보상금 지급의무는 확정적으로 소멸한다.

판 례

□ 대법원 1993. 9. 14. 선고 92누18573 판결

토지소유자가 수용재결에서 정한 손실보상금을 수령할 당시 이의유보의 뜻을 표시하였다 하더라도 이의재결에서 증액된 손실보상금을 수령하면서 이의유보의 뜻을 표시하지 아니한 이상 이는 이의재결의 결과에 승복하여 수령한 것으로 보아야 하고 위 추가보상금을 수령할 당시 이의재결을 다투는 행정소송이 계속 중이라는 사실만으로는 추가보상금의 수령에 관하여 이의유보의 의사표시가 있는 것과 같이 볼 수 없으므로 결국 이의재결의 효력을 다투는 위 소는 소의 이익이 없는 부적법한 소이다.

2) 이의를 유보하고 출급한 경우

(1) 의 의

공탁물의 수령에 관한 이의유보의 의사표시는 변제공탁의 피공탁자가 공탁물 출급 당시 공탁원인에 승복하여 공탁물을 수령하는 것이 아님을 분명히 함으로써 공탁한 취지대로 채무소멸의 효과가 발생함을 방지하고자 하는 의사표시를 말한다.

1561) 대법원 1982. 11. 9. 선고 82누197 전원합의체 판결 : 기업자가 토지수용법 제61조 제2항 제1호에 의하여 토지수용위원회가 재결한 토지수용보상금을 공탁한 경우에 그 공탁은 기업자가 토지소유자에 대하여 부담하는 토지수용에 따른 보상금 지급의무의 이행을 위한 것으로서 민법상 변제공탁과 다를 바 없으므로 토지소유자가 아무런 이의를 유보함이 없이 공탁금을 수령하였다면 토지소유자는 토지수용위원회의 재결에 승복하여 그 공탁의 취지에 따라 보상금을 수령한 것이라고 봄이 상당하므로 이로써 기업자의 보상금 지급의무가 확정적으로 소멸하는 것이고, 토지소유자가 위 재결에 대하여 이의신청을 제기하거나 소송을 제기하고 있는 중이라고 할지라도 그 쟁송중에 보상금 일부의 수령이라는등 유보의 의사표시를 함이 없이 공탁금을 수령한 이상, 이는 종전의 수령거절 의사를 철회하고 재결에 승복하여 공탁한 취지대로 보상금 전액을 수령한 것이라고 볼 수 밖에 없음은 마찬가지이며, 공탁금 수령당시 이의신청이나 소송이 계속중이라는 사실만으로 공탁금 수령에 관한 이의유보의 의사표시가 있는 것과 같이 볼 수는 없다

1562) 대법원 1990. 10. 23. 선고 90누6125 판결 : 기업자가 토지수용위원회가 재결한 토지수용보상금을 공탁한 경우에 토지소유자가 그 공탁에 대하여 아무런 이의를 유보하지 아니한 채 이를 수령한 때에는 종전의 수령거절의사를 철회하고 재결에 승복하여 공탁의 취지에 따라 보상금 전액을 수령한 것으로 볼 것이고 공탁금 수령당시 단순히 그 공탁의 취지에 반하는 소송이나 이의신청을 하고 있다는 사실만으로는 그 공탁물수령에 관한 이의를 유보한 것과 같이 볼 수 없다.

채무액의 범위에 관하여 다툼이 있어 채무자가 수령을 거부함을 이유로 변제공탁을 하는 경우에 채무자는 채무액의 범위에 대하여 이의를 유보한 채 그 공탁금을 수령할 수 있다. 이러한 법리는 토지보상법에도 적용된다 할 것이다.[1563]

(2) 당 사 자

이의유보의 의사표시를 할 수 있는 자는 원칙적으로 변제공탁의 피공탁자이지만, 공탁물 출급청구권에 대한 양수인, 전부채권자, 추심채권자, 채권자대위권을 행사하는 일반 채권자도 이의유보의 의사표시[1564]를 할 수 있다. 그러나 공탁물 출급청구권의 압류만을 한 압류채권자나 가압류채권자는 해당 공탁물 출급청구권의 처분권한을 갖지 못하므로 채권자대위에 의하지 않는 한 이의유보의 의사표시를 할 수는 없다.

이의유보 의사표시의 상대방은 반드시 공탁관에 국한할 필요가 없고 보상금 지급의무자인 사업시행자에 대하여도 할 수 있다.[1565]

판 례

□ 대법원 1982. 11. 9. 선고 82누197 전원합의체 판결

공탁된 토지수용보상금의 수령에 관한 이의유보의 의사표시는 그 공탁원인에 승복하여 공탁금을 수령하는 것임이 아님을 분명히 함으로써 공탁한 취지대로 채권소멸의 효과가 발생함을 방지하고

1563) 대법원 2002. 10. 11. 선고 2002다35461 판결 : 채무액의 범위에 관하여 다툼이 있어 채무자가 수령을 거부함을 이유로 변제공탁을 하는 경우에 채무자는 채무액의 범위에 대하여 이의를 유보한 채 그 공탁금을 수령할 수 있는 것이고, 이러한 법리는 토지수용법 제61조 제2항 제1호에 의하여 토지수용위원회가 재결한 토지수용보상금 액수에 대하여 이의를 제기함에 따라 기업자가 공탁한 경우에도 전혀 다를 것이 없다.

1564) 법정-1107(1991. 7. 10) : 이의유보 의사표시는 피공탁자가 공탁자에 대하여 보상금 채권의 일부에 충당한다는 등의 이의유보 의사표시를 통지하거나 공탁물 출급청구서의 청구 및 이의유보 사유란에 이의유보 의사를 기재하는 등의 방법으로 한다.

1565) ① 대법원 1993. 9. 14. 선고 93누4618 판결 : 공탁된 토지수용보상금의 수령에 관한 이의유보의 의사표시의 상대방은 반드시 공탁공무원에 국한할 필요가 없고, 보상금 지급의무자인 기업자에 대하여도 된다 할 것이므로(당원 1982. 11. 9. 선고 82누197 판결 참조)원심이 그 증거에 의하여, 원고는 공탁된 수용재결보상금을 수령하기 이전인 1990. 4. 17. 기업자인 피고 부산직할시에 재결금액에 불복하고 이를 보상금의 일부로서 수령한다는 취지의 이의유보의 통지를 하여 그 통지가 그 다음날 같은 피고에게 도달된 사실을 인정한 다음 위와 같은 취지에서 원고가 이의유보 없이 이를 수령하였음을 이유로 하여 원고의 이의신청을 각하한 피고 중앙토지수용위원회의 이 사건 이의재결은 위법하다고 판단하였는바, 기록에 비추어 원심의 판단은 정당하고 거기에 지적하는 바와 같은 법리의 오해나 채증법칙을 어긴 위법이 없다. 주장은 이유 없다.

② 대법원 1992. 9. 22. 선고 92누3229 판결 : 대한주택공사의 대리인은 공사의 업무에 관한 재판상 또는 재판 외의 모든 행위를 할 수 있는 권한을 가지므로, 위 공사의 대리인인 지사장은 위 공사를 위하여 공탁금수령에 관한 의사표시를 수령할 권한이 있는 자이다

> 자 하는 것이므로, 그 의사표시의 상대방은 반드시 공탁공무원에 국한할 필요가 없고 보상금 지급의무자인 기업자에 대하여 이의유보의 의사표시를 하는 것도 가하다고 할 것이나, 이 사건에서 국립원호병원의 토지수용담당 주무과장이 기업자인 원호처장을 위하여 공탁금 수령에 관한 의사표시를 수령할 권한 있는 자라고 인정할 만한 자료가 없으니 원고가 공탁금 수령전에 위 주무과장에게 보상금의 일부 수령이라는 뜻을 밝힌 사실만으로는 기업자에 대한 이의유보의 의사표시가 있었던 것이라고 단정하기는 어렵다고 할 것이다.

Ⅶ. 수용보상 공탁금의 회수

공탁자는 ① 민법 제489조 제1항에 의한 경우, ② 착오로 공탁을 한 때, ③ 공탁의 원인이 소멸한 때는 그 사실을 증명하여 공탁물을 회수할 수 있다(공탁법 제9조 제2항). 공탁물의 회수사유는 이 3가지가 있는바, 민법 제489조 제1항에 의한 회수는 변제공탁의 특유한 회수사유이고, 착오나 공탁원인 소멸을 원인으로 한 회수는 공탁법상의 회수사유로서 모든 공탁의 회수사유라고 할 수 있다. 토지수용보상금 공탁의 공탁물 회수사유 등에 관하여는 아래와 같다.

1. 민법 제489조에 의한 회수불가

변제공탁은 채권자가 공탁을 승인하거나 공탁소에 대하여 공탁물을 받기를 통고하거나 공탁유효의 판결이 확정되기까지는 언제든지 변제자는 공탁물을 회수할 수 있다. 이 경우에는 공탁하지 아니한 것으로 본다(민법 제489조 제1항). 따라서 일반 변제공탁은 회수제한사유가 존재하지 않는 한 공탁자는 아무런 제한 없이 공탁물을 회수할 수 있다. 공탁물을 회수하면 공탁의 효력은 소급하여 실효된다.

그렇지만, 수용보상금 공탁의 경우 공탁자의 회수를 인정하면 공탁이 없었던 것으로 처리되어 재결이 실효되므로 토지수용절차 및 이해관계인의 법률관계에 중대한 영향을 미친다. 판례는, 수용보상금의 공탁은 토지보상법 제42조에 의하여 간접적으로 강제되는 것으로서 자발적으로 이루어지는 것이 아니므로, 민법 제489조의 규정은 배제되어 어느 경우이든 사업시행자인 공탁자의 민법 제489조에 의한 공탁금 회수청구를 인정하지 않고 있다.[1566]

2. 착오 또는 공탁원인 소멸에 의한 회수

사업시행자는 착오로 공탁을 한 때 또는 재결이 당연무효이거나 취소된 경우와 같이 공탁의 원인이 소멸한 때는 공탁법에 의하여 공탁금을 회수할 수 있다.[1567)]

유권해석

□ 법정-1565 (1992. 9. 8)

사업시행자가 중앙토지수용위원회가 재결한 손실보상금액의 전부를 공탁하면서 그 보상금에 관한 재결부분에 대하여 이의신청을 토지소유자와 함께 각각 제기하였는바, 중앙토지수용위원회가 이의신청에 대한 재결을 하면서 손실보상금액을 처음 중앙토지위원회가 재결한 손실보상상금액보다 감액하는 재결을 하고 그 재결이 확정됨으로써 이의신청에 대한 재결상의 손실보상금액이 확정되었다면, 사업시행자는 이의신청에 대한 중앙토지수용위원회 재결에서 확정된 손실보상금액보다 초과하여 공탁한 부분에 관하여 착오를 이유로 하여 공탁법상의 회수절차에 따라 회수할 수 있다

따라서 공탁자(사업시행자)가 착오로 공탁을 하였거나 공탁사유가 소멸(수용재결의 당연무효나 취소)한 경우 공탁물을 회수할 수 있으며, 만일 공탁자가 공탁물을 회수하기 전에 피공탁자가 공탁물을 수령했다면 이는 부당이득이 성립된다[1568)]고 할 수 있다. 다만, 단순히 종전의 소유자를 피수용자로 수용재결을 한 후 보상금을 공탁하였는데, 이후 진실한 소유자를 알게 되었다 하더라도 종전 소유자를 대상으로 한 수용재결이 당연무효의 재결이 아니기 때문에 이를 착오를 원인으로 공탁금을 회수할 수는 없다.[1569)]

1566) 대법원 1988. 4. 8. 자 88마201 결정 : 기업자의 토지수용법 제61조 제2항에 의한 손실보상금의 공탁은 같은 법 제65조에 의하여 간접적으로 강제되는 것인바 이와 같이 그 공탁이 자발적이 아닌 경우에는 민법 제489조의 적용은 배제되어 피공탁자가 공탁자에게 공탁금을 수령하지 아니한다는 의사를 표시하였다 할지라도 기업자는 그 공탁금을 회수할 수 없으므로 공탁공무원은 기업자 자신의 공탁금회수청구 및 위 공탁금회수청구채권에 대하여 전부명령을 받은 자의 공탁금회수청구에 대하여도 그 공탁금을 출급할 수는 없다.

1567) 법정 3302-422(1999. 11. 29)

1568) 대법원 2008. 9. 25. 선고 2008다34668 판결 : 공탁자가 착오로 공탁한 때 또는 공탁의 원인이 소멸한 때에는 공탁자가 공탁물을 회수할 수 있을 뿐 피공탁자의 공탁물 출급청구권은 존재하지 않으므로, 이러한 경우 공탁자가 공탁물을 회수하기 전에 위 공탁물 출급청구권에 대한 전부명령을 받아 공탁물을 수령한 자는 법률상 원인 없이 공탁물을 수령한 것이 되어 공탁자에 대하여 부당이득반환의무를 부담한다.

1569) 이 경우 현 소유자는 소유권의 승계사실을 증명하는 서면을 첨부하여 공탁금을 출급할 수 있고, 이 경우 수용은 유효하게 종결된다(법정 제1502호, 1993. 7. 26).

제6절 소유유형별 보상 계약체결

Ⅰ. 공동소유 개념

1. 의 의

하나의 물건을 2인 이상이 공동으로 소유하는 것으로 하나의 소유권이 수인에게 귀속되는 것을 말하는데, 손실보상협의 계약체결시 공동소유 재산에 대한 개념에 대한 명확한 이해가 있어야 할 것으로 보인다.

민법에서는 공유, 합유, 총유의 3가지 유형을 규정하고 있다.

2. 공동소유의 유형

1) 공 유

(1) 개 념

공유란 물건이 지분에 의하여 수인의 소유로 된 것을 말한다(민법 제262조 제1항) 즉, 공동소유자 사이에 아무런 인적 결합관계 내지는 단체적 통제가 없고 각 공유자의 지배권한은 상호 독립적인 이른바 지분적 조합의 소유형태이나, 단지 목적물을 공동으로 소유하기 때문에 그 행사에 제약을 받고 있는데 불과한 소유형태이다. 따라서 지분권자 각자는 자기의 지분 처분이 자유롭고 언제든 공동소유 관계를 해소하여 단독소유로 전환 가능하다.

(2) 공유의 성립

수인이 하나의 물건을 공동으로 소유하기로 하는 합의에 의한 법률행위에 의하여 공유는 성립하는 것이 전형적인 형태이다. 또한 법률의 규정에 의하여 공유가 성립할 수도 있는데 이에는 매장물 발견(민법 제254조), 주종을 구별할 수 없는 동산의 부합 또는 혼화(민법 제257조,제258조) 등이 그예이다. 이와 같이 법률행위에 의하여 부동산에 관한 공유를 성립하기 위하여는 공유의 등기와 지분의 등기를 하여야 한다.

한편, 지분의 비율은 당사자의 약정에 의하여 설정되며, 그것이 불분명한 경우에는 균등한 것으로 추정한다(민법 제262조 제2항).

(3) 공유재산 처분 및 사용, 수익

각 공유자는 자기의 지분을 자유롭게 처분할 수 있다. 지분을 처분함에 있어 다른 공유자의 동의나 승인을 요하지 않는다. 또한 공유물 전부를 지분의 비율로 사용·수익할 수 있다.

공유물 관리에 관한 사항은 지분의 과반수로 결정한다. 여기서 관리란 공유물을 이용·개량하는 행위를 말하며, 공유물의 처분이나 변경에 이르지 않는 것이어야 한다. 다만 공유물의 보존행위는 공유자 각자가 할 수 있다.

2) 합 유

(1) 개 념

수인이 조합체를 만들어 물건을 소유하는 공동소유의 형태를 합유라 한다. 이는 조합의 소유형태에서 일반적으로 나타나며, 조합은 공동의 사업을 경영하기 위하여 결성된다. 이 합유는 소유권이 양적으로 다수인에게 분속한다는 점에서 공유와 공통되지만, 합유자의 지분은 공동사업을 위하여 구속되며, 따라서 이를 자유롭게 처분하지 못한다는 점에서 다르다.[1570]

(2) 합유의 성립

합유의 주체인 조합체의 성립원인으로 법률의 규정 또는 계약을 들고 있다(민법 제271조). 계약으로 조합체가 성립하는 경우 조합계약이 있으며, 부동산등기시에는 합유의 취지를 등기하여야 한다.

(3) 합유재산 처분 및 사용, 수익

합유물의 보존행위는 단독으로 할 수 있으나, 합유물을 처분 또는 변경함에는 합유자 전원의 동의가 있어야 한다. 따라서 합유인 토지 등을 사업시행자가 취득 또는 사용

1570) 지원림, 민법강의 제5판, 홍문사, 2007, 554면.

하기 위하여 합유자 전원의 동의를 받아야 한다.

3) 총 유

다수인이 권리능력 없는 사단을 이루어 물건을 소유하는 형태를 총유라고 한다. 단체로서 결합하여 목적물의 관리처분은 단체자체의 권한에 속하지만 구성원은 일정 범위 내에서 각자의 사용수익이 가능하고 지분이 없고 수익권도 단체의 성원자격으로 인정되는 것으로 양도나 상속대상이 되지 못한다. 법인은 그 자체가 구성원과 독립된 존재로서 권리주체가 되고 단독소유인데 반하여, 총유의 단체는 구성원으로부터 독립되지 않은 그 자체로서 별도의 인격을 갖지 못한다. 권리능력 없는 사단이나 종중이 그 예이며, 부동산 등기는 그 단체 명의로 대표자나 관리인이 하여야 한다.

3. 공동소유 재산의 계약체결

1) 공 유

공유의 경우 공유지분에 따라 보상금을 지급하므로 단독소유 취득과 동일하고 지분등기가 없으면 균등한 것으로 처리한다. 다만 부동산의 특정부분을 당사자간의 합의에 의하여 지분이전등기를 하였다면 특별한 사정이 없는 한 그 특정부분에 관한 등기는 상호 명의신탁행위로서 유효하나[1571] 이런 경우에도 그 지분은 토지 전체에 공유관계가 성립하기 때문에 보상계약에 있어서는 특정부분에 대한 합의계약서 등을 첨부하고 지분권자 모두의 합의에 의하여 취득하여야 한다.

2) 합 유

원칙적으로 분할이 불가한 재산이므로 합유자 전원의 동의를 구하기 전에는 보상계약을 체결할 수 없다.

1571) 대법원 1979. 6. 26. 선고 79다741 판결 : 1필지 토지 일부를 특정하여 취득하고 등기는 편의상 전체에 관하여 공유지분등기를 경료한 경우 그 특정부분이외 부분에 관한 등기는 상호 명의신탁에 의한 수탁자의 등기로서 유효하고 적어도 외부관계에 있어서는 1필지 전체에 관하여 적법한 공유관계가 성립되어 그 공유지분 이전등기는 내부관계에 있어 소유권을 취득한 특정부분에 한하지 않고, 그 전부에 대하여 유효하게 이전될 수 있다.

부동산의 합유자 중 일부가 사망한 경우 합유자 사이에 특별한 약정이 없는 한 사망한 합유자의 상속인은 합유자로서의 지위를 승계하지 못하므로, 해당 부동산은 잔존 합유자가 2인 이상일 경우에는 잔존 합유자의 합유로 귀속되고 잔존 합유자가 1인인 경우에는 잔존 합유자의 단독소유로 귀속된다.[1572] 따라서 합유자 중 일부가 사망하는 경우에는 잔존 합유자가 합유자의 사망을 증명하는 서면을 첨부하여 잔존 합유자의 합유로 하는 합유명의인 변경등기를 신청하고 계약체결 하여야 한다.

3) 총 유

(1) 종중재산

① 의 의

종중[1573]은 공동선조의 분묘수호와 제사 및 종원 상호간의 친목 등을 목적으로 하여 구성되는 자연발생적인 종족집단으로[1574] 그 공동선조와 성과 본을 같이하는 후손은 그 의사와 관계없이 성년이 되면 당연히 그 구성원(종원)이 된다.[1575] 이러한 종중이 그의 본래의 목적인 선조의 제사와 분묘의 관리 등을 위하여 소유하는 재산을 통틀어서 종중재산이라 하며 매장과 제사에 제공되는 토지 건물과 제비를 마련하기 위한 전·답 또는 임야를 말한다. 이 종중의 토지는 종중원의 총유에 속하는 것으로, 계약체결시 종중의 처분의사를 확인할 수 있는 관련 서류의 구비에 있어 신중을 기할 필요가 있다.

1572) 대법원 1996. 12. 10. 선고 96다23238 판결 : 부동산의 합유자 중 일부가 사망한 경우 합유자 사이에 특별한 약정이 없는 한 사망한 합유자의 상속인은 합유자로서의 지위를 승계하지 못하므로, 해당 부동산은 잔존 합유자가 2인 이상일 경우에는 잔존 합유자의 합유로 귀속되고 잔존 합유자가 1인인 경우에는 잔존 합유자의 단독소유로 귀속된다.

1573) 종중이라 함은 원래 공동선조의 후손 중 성년 이상의 남자를 종원으로 하여 구성되는 종족의 자연발생적 집단으로서 선조의 사망과 동시에 자손에 의하여 성립하는 것이고 성립을 위하여 특별한 조직행위를 필요로 하는 것이 아니며, 다만 목적인 공동선조의 분묘수호, 제사봉행, 종원 상호간의 친목을 위한 활동을 규율하기 위하여 규약을 정하는 경우가 있고, 또 대외적인 행위를 할 때에는 대표자를 정할 필요가 있는 것에 지나지 아니하며, 반드시 특정한 명칭의 사용 및 서면화된 종중규약이 있어야 하거나 종중의 대표자가 계속하여 선임되어 있는 등 조직을 갖추어야 하는 것도 아니다(대법원 1998. 7. 10. 선고 96다488 판결).

1574) 대법원 2010. 9. 30. 선고 2007다74775 판결

1575) 대법원 2005. 7. 21. 선고 2002다13850 전원합의체 판결 : 따라서 종중재산을 분배함에 있어 단순히 남녀 성별의 구분에 따라 그 분배 비율, 방법, 내용에 차이를 두는 것은 개인의 존엄과 양성의 평등을 기초로 한 가족생활을 보장하고, 가족 내의 실질적인 권리와 의무에 있어서 남녀의 차별을 두지 아니하며, 정치·경제·사회·문화 등 모든 영역에서 여성에 대한 차별을 철폐하고 남녀평등을 실현할 것을 요구하는 우리의 전체 법질서에 부합하지 아니한 것으로 정당성과 합리성이 없어 무효라고 할 것이다(대법원 2010. 9. 30. 선고 2007다74775 판결).

② 계약체결 방법

(가) 중종재산의 처분과 총회 결의

종중재산은 총유에 속하는 것으로 그 관리 및 처분에 관하여 먼저 종중규약에 정하는 바가 있으면 그에 따라야 하고 그에 관한 규정이 없으면 종중총회 결의에 의하여야 하므로, 이러한 절차없이 종중 대표자에 의한 처분은 무효이다.[1576] 다만, 종중규약에서 종중재산의 처분취득에 관한 사항은 이사회 등에 결정에 따르도록 규정한 경우, 그 종중 이사회 결정에 따라 처분한 행위는 유효하다고 보고 있다.[1577]

(나) 계약체결시 계약서류 등

종중재산의 처분과 관련하여 위와 같이 일정한 제약이 있으므로 종중재산을 처분하려는 상대방이 종중대표자로서의 권한이 있는지, 재산처분을 결의한 회의록 등이 정관 기타 규약에 위배되지 않는지, 즉 자격 있는 모든 종원에 대한 회의소집통지,[1578] 의사정족수와 의결정족수 성립, 종중원 확인을 위한 족보,[1579] 대표자에게 재산처분행위의

1576) 대법원 2007. 6. 29. 선고 2005다69908 판결 : 종중 소유의 재산은 종중원의 총유에 속하는 것이므로 그 관리 및 처분에 관하여 먼저 종중 규약에 정하는 바가 있으면 이에 따라야 하고, 그 점에 관한 종중 규약이 없으면 종중 총회의 결의에 의하여야 하므로 비록 종중 대표자에 의한 종중 재산의 처분이라고 하더라도 그러한 절차를 거치지 아니한 채 한 행위는 무효이다(대법원 2000. 10. 27. 선고 2000다22881 판결 등 참조).

1577) 대법원 1994. 9. 30. 선고 93다27703 판결 : 종중소유의 재산은 종중원의 총유에 속하는 것이므로 그 관리 및 처분은 먼저 종중규약에 정한 바가 있으면 이에 따라야 하고, 그 점에 관한 종중규약이 없으면 종중총회의 결의에 의하여야 하는 것이다(당원 1992. 10. 13. 선고 92다27034 판결 참조). 이 사건 기록에 의하면, 소외 종중의 규약 제12조에는 '종중재산의 취득처분 및 유지관리방법'에 관한 사항은 이사회의 결정에 따르도록 규정하고 있는데, 소외 종중의 이사회는 1992. 1. 8. 소외 종중이 독립당사자참가를 한 이 사건에 대하여 대표자인 위 윤영대에게 일체의 소송행위를 수행할 권한과 재판상 및 재판외의 화해를 할 권한 등을 위 윤영대에게 위임하는 결의를 하였으며, 위 권한의 위임에 따라 윤영대는 1992. 2. 21. 원고 종중과, 이 사건 토지를 원고 종중에게 양도하고, 피고들에 대한 명의신탁해지의 권한을 원고 종중에게 부여하며 원고 종중 명의로 소유권이전등기가 경료된 이후 별도로 합의한 금원을 원고 종중으로부터 지급받기로 하는 내용의 합의를 한 사실을 알 수 있으므로 종중소유 재산의 처분에 관하여 결정을 할 권한이 있는 소외 종중 이사회의 위 결정에 따라 위 윤영대는 이 사건 토지를 원고 종중에게 양도하고 또 피고들에 대한 명의신탁 해지권한을 원고 종중에게 수여할 권한을 부여받았다고 할 것이다.

1578) 대법원 2011. 9. 8. 선고 2011다34743 ; 종중의 규약이나 관행에 의하여 매년 일정한 날에 일정한 장소에서 정기적으로 종중원들이 집합하여 종중의 대소사를 처리하기로 되어 있는 경우에는 별도로 종중총회의 소집절차가 필요하지 않고, 종중이 매년 정해진 날짜의 시제에 특별한 소집절차 없이 정기적으로 총회를 열어 종중재산관리에 관하여 결의를 하여 왔다면 위 결의는 종중의 관례에 따른 것으로서 유효한 것으로 보아야 할 것이다.

1579) 대법원 2000. 7. 4. 자 2000스2 결정 : 족보는 종중 또는 문중이 종원의 범위를 명백히 하기 위하여 일족의 시조를 기초로 하여 그 자손 전체의 혈통, 배우자, 관력(관력) 등을 기재하여 제작·반포하는 것으로서, 족보가 조작된 것이라고 인정할 만한 특별한 사정이 없는 한 혈통에 관한 족보의 기재 내용

위임, 기타 의결내용 등을 면밀히 검토하고 계약체결하여야 한다.

종중재산의 계약체결은 종중의 대표자와 아래의 구비서류를 징구 후 계약체결한다.

① 정관 또는 종회규약, ② 재산처분을 결의한 회의록(공증), ③ 총회참석자 명단 및 인감증명, ④ 부동산등기용등록번호가 나타나는 등록서류(시·군·구에 등록), ⑤ 종회의 결의에 의해 선임된 자(대표자)의 인감증명(부동산 매도용 인감증명 첨부) 및 주민등록등본

판 례

□ 대법원 2000. 7. 4. 자 2000스2 결정

족보는 종중 또는 문중이 종원의 범위를 명백히 하기 위하여 일족의 시조를 기초로 하여 그 자손 전체의 혈통, 배우자, 관력(관력) 등을 기재하여 제작·반포하는 것으로서, 족보가 조작된 것이라고 인정할 만한 특별한 사정이 없는 한 혈통에 관한 족보의 기재 내용은 이를 믿는 것이 경험칙에 맞는다.

③ 협의성립 사례

종중의 재산은 총유에 해당하기 때문에 그 취득에 있어 신중을 기하여야 한다. 앞서 본바와 같이, 적법한 절차에 의하여[1580] 정당한 소집권자에 의하여 소집되었는지 여부,[1581] 소집통지 방법의 정당성 여부[1582] 및 회의록 등 의결서류를 면밀히 검토 후 계

은 이를 믿는 것이 경험칙에 맞는다.

1580) 대법원 2009. 2. 26. 선고 2008다8898 판결 : 종중 총회를 개최함에 있어서는 특별한 사정이 없는 한 족보 등에 의하여 소집통지 대상이 되는 종중원의 범위를 확정한 후 국내에 거주하고 소재가 분명하여 통지가 가능한 모든 종중원에게 개별적으로 소집통지를 함으로써 각자가 회의와 토의 및 의결에 참가할 수 있는 기회를 주어야 하므로, 일부 종중원에 대한 소집통지 없이 개최된 종중 총회에서의 결의는 그 효력이 없다

1581) 대법원 2010. 7. 22. 선고 2009다92739 판결 : [1] 종중 총회가 갑의 후손들로 구성된 을 종중뿐만 아니라 병의 다른 아들들의 후손들도 모두 포함한 대종중의 종중 총회로서 소집된 것으로 보아야 하고, 비록 위 총회가 을 종중의 연고항존자인 정에 의하여 소집되었고 을 종중의 종중원들만 참석하였다고 하여도 이를 을 종중의 종중 총회라고 할 수는 없으므로, 위 총회에서 정을 을 종중의 대표자로 선출한 결의는 효력이 없으며, 또한 종중의 연고항존자라고 하더라도 그것만으로 당연히 종중재산에 대한 대표권을 갖는 것은 아니므로, 정에 의하여 제기된 소는 후에 적법하게 소집된 종중 총회에서 이를 추인하였다는 등의 특별한 사정이 없는 한 대표권 없는 자에 의하여 제기된 것으로서 부적법하다고 한 사례

[2] 소재파악 및 연락 가능한 성년의 여성 종중원들에게 소집통지를 하지 않고 개최한 종중 총회에서의 결의 무효

1582) 대법원 2010. 12. 9. 선고 2010다77583 판결 : 종중총회는 특별한 사정이 없는 한 족보에 의하여 소집통지 대상이 되는 종원의 범위를 확정한 후 국내에 거주하고 소재가 분명하여 통지가 가능한 종원에게 개별적으로 소집통지를 하되, 그 소집통지의 방법은 반드시 서면으로 하여야만 하는 것은 아니고 구두 또는 전화로 하거나 다른 종원이나 세대주를 통하여 하여도 무방하며(대법원 2007. 9. 6. 선고 2007다

약체결하여야 하지만, 이를 보상계약 담당자가 확인하기에는 상당한 어려움이 있다. 이로 인해 계약무효 소송이 제기되는 경우가 종종 발생하고 있다. 따라서 실무적으로는 종중토지에 대하여는 협의성립 신청을 하여 협의성립을 받아 토지취득을 원시취득하여 추후의 불필요한 분쟁을 예방하고 있다(협의성립 확인 참조).

(2) 교회재산

유지재단 명의의 재산은 법인 등기부등본, 인감증명서, 재산처분인가서, 정관, 이사회의사록 등을 징구하여 대표자와 계약 체결하며, 개별 교회재산은 정관, 총회의사록(공증),인감증명을 징구하여 대표자와 계약 체결한다.

※ 유지재단 : 교단의 재산을 유지·보전할 목적으로 운영하는 재단. 예) ○○교회 유지재단, 천주교 ○○교구 유지재단, 한국불교 ○○종 유지재단 등

판 례

□ 대법원 2010. 5. 27. 선고 2009다67665, 67672 판결

교인들은 교회 재산을 총유의 형태로 소유하면서 사용·수익할 것인데, 일부 교인들이 교회를 탈퇴하여 그 교회 교인으로서의 지위를 상실하게 되면 탈퇴가 개별적인 것이든 집단적인 것이든 이와 더불어 종전 교회의 총유 재산의 관리처분에 관한 의결에 참가할 수 있는 지위나 그 재산에 대한 사용·수익권을 상실하고, 종전 교회는 잔존 교인들을 구성원으로 하여 실체의 동일성을 유지하면서 존속하며 종전 교회의 재산은 그 교회에 소속된 잔존 교인들의 총유로 귀속됨이 원칙이다.

(3) 마을의 재산

리·동은 하나의 행정구역에 지나지 않으며 그 자체가 법률상 독립한 인격을 갖는 것은 아니며 그 재산은 주민총유에 속한다는 것이 판례의[1583] 견해이다.

따라서 마을재산으로 등기된 토지 등의 계약체결에 있어서는 마을재산의 처분에 관

34982 판결 등 참조), 소집통지를 받지 아니한 종원이 다른 방법에 의하여 이를 알게 된 경우에는 그 종원이 종중 총회에 참석하지 않았다고 하더라도 그 종중 총회의 결의를 무효라고 할 수 없다(대법원 2006. 10. 27. 선고 2006다23695 판결 참조).

1583) 대법원 1995. 9. 29. 선고 95다32051 판결 : 리의 행정구역 내에 거주하는 주민들이 주민의 공동편익과 공동복지를 위하여 주민 전부를 구성원으로 한 공동체를 구성하고 행정구역인 리의 명칭을 사용하면서 일정한 재산을 공부상 그 이름으로 소유해 온 경우에, 이러한 공동체는 이른바 비법인 사단으로서 그 재산은 리 주민의 총유에 속하고, 행정구역인 리가 지방자치법이나 지방자치에관한임시조치법 등의 시행으로 지방자치단체인 읍·면 또는 군의 소속기관이 되었다고 하여 리 주민의 총유인 재산이 읍·면 또는 군의 소유가 되는 것이 아니다.

한 사항이 결의된 리·동 마을 총회록(공증), 총회의 결의에 의하여 선임된 자(대표자)와 계약체결(인감증명 첨부)한다.

질의회신

□ 토정 58342-300 (1999. 2. 25)

국고보조금 및 마을주민 공동으로 부담하여 건립·축조되고, 마을주민이 공공으로 사용·관리하는 마을회관 및 공동우물 등 현존하는 마을시설물로서 공부상 그 소유자가 명시되어 있지 않은 경우에는 마을주민 전체의 소유로 보아야 할 것이므로, 그 보상대상은 그 시설물의 건립·축조시 건축비용 부담 여부와 관계없이 **그 마을에 거주하는 전체주민(공유)에게 보상함이** 타당할 것으로 판단됩니다.

(4) 어촌계가 취득한 어업권

어업보상에 있어 어촌계에 보상하는 보상금은 어촌계의 총유로 보고 있다.

판 례

□ 대법원 2003. 6. 27. 선고 2002다68034 판결

법인 아닌 어촌계가 취득한 어업권은 어촌계의 총유이고, 그 어업권의 소멸로 인한 보상금도 어촌계의 총유에 속하므로 총유물인 손실보상금의 처분은 원칙적으로 계원총회의 결의에 의하여 결정되어야 할 것이지만, 어업권의 소멸로 인한 손실보상금은 어업권의 소멸로 손실을 입은 어촌계원들에게 공평하고 적정하게 분배되어야 할 것이므로, 어업권의 소멸로 인한 손실보상금의 분배에 관한 어촌계 총회의 결의 내용이 각 계원의 어업권 행사 내용, 어업 의존도, 계원이 보유하고 있는 어업 장비나 멸실된 어업 시설 등의 제반 사정을 참작한 손실의 정도에 비추어 볼 때 현저하게 불공정한 경우에는 그 결의는 무효이다.

어업권의 소멸로 인한 손실보상금을 어업권 행사자와 비행사자 사이에 균등하게 분배하기로 하는 어촌계의 총회결의가 있는 경우, 그 결의가 현저하게 불공정하여 무효인지 여부를 판단함에 있어서는 그 어촌계 내부의 어업권 행사의 관행과 실태가 가장 중요한 기준이 된다고 할 것이고, 그 밖에 어업권 행사자가 되기 위한 경쟁의 정도, 어촌계원 중에서 어업권 행사자들이 차지하는 비율, 어업권 비행사자들이 어업권 행사자가 되지 못한 이유, 분배방법에 대한 행사자와 비행사자들의 태도, 그 어촌계에서의 과거의 보상금 분배의 선례 등도 판단자료로서 참작되어야 한다

Ⅱ. 법인 등 재산의 취득

1. 법인소유토지

1) 법인의 종류

법률의 규정에 의해 설립하고 등기함으로써 법상 인격체로 인정되며 공법인과 사법인으로 구분하며 사법인은 영리법인, 비영리법인(사단법인), 재단법인으로 분류한다.

2) 법인소유 부동산의 취득 시 유의사항

(1) 계약당사자와 수임자의 확인

법인등기부 등본을 통해 공시된 법인의 대표자 또는 지배인임을 확인하고 아울러 처분권이 있는지 유무를 확인한다. 거래계약서 작성 시에는 이들의 이름을 명기하도록 한다. 수임자가 계약체결업무를 위임받은 경우에는 법인의 위임장과 수임자의 일치여부를 확인하고 당해 법인의 재산처분 부서에 전화로 확인한다. 또한 재단법인의 기본재산을 처분하는 경우에는 처분행위가 정관의 변경사항이 되고 주무관청의 허가를 받아야 효력이 발생하므로 허가증을 징구한다.

(2) 법인확인

법인이 부동산에 관한 등기를 신청하는 경우에는 그 법인의 대표자 등의 권한을 증명하는 서면을 첨부하도록 하고 있어, 이에 해당하는 서면으로 법인등기부 등본, 회사등기부등본 및 부동산등기용등록번호를 통해 등기부상 소유자와 동일 법인임을 확인한다.

▣ **부동산등기법**

제49조 (등록번호의 부여절차) ① 제48조 제2항에 따른 부동산등기용등록번호(이하 "등록번호"라 한다)는 다음 각 호의 방법에 따라 부여한다. 〈개정 2015. 7. 24.〉

1. 국가·지방자치단체·국제기관 및 외국정부의 등록번호는 국토교통부장관이 지정·고시한다.
2. 주민등록번호가 없는 재외국민의 등록번호는 대법원 소재지 관할 등기소의 등기관이 부여하고, 법인의 등록번호는 주된 사무소(회사의 경우에는 본점, 외국법인의 경우에는 국내에 최

초로 설치 등기를 한 영업소나 사무소를 말한다) 소재지 관할 등기소의 등기관이 부여한다.
3. 법인 아닌 사단이나 재단 및 국내에 영업소나 사무소의 설치 등기를 하지 아니한 외국법인의 등록번호는 시장(「제주특별자치도 설치 및 국제자유도시 조성을 위한 특별법」 제10조 제2항에 따른 행정시의 시장을 포함하며, 「지방자치법」 제3조 제3항에 따라 자치구가 아닌 구를 두는 시의 시장은 제외한다), 군수 또는 구청장(자치구가 아닌 구의 구청장을 포함한다)이 부여한다.
4. 외국인의 등록번호는 체류지(국내에 체류지가 없는 경우에는 대법원 소재지에 체류지가 있는 것으로 본다)를 관할하는 지방출입국·외국인관서의 장이 부여한다.

② 제1항 제2호에 따른 등록번호의 부여절차는 대법원규칙으로 정하고, 제1항 제3호와 제4호에 따른 등록번호의 부여절차는 대통령령으로 정한다.

(3) 징구서류

법인등기부 등초본과 법인인감증명서, 처분결의 확인서류(정관, 이사회 의결서, 필요시 제3자의 허가서), 계약체결업무를 위임한 위임장을 징구한다. 위임장에는 부동산의 표시, 위임한 권리의 내역, 수임자의 표시, 위임취지 및 연월일을 기재하고 법인의 대표자가 기명날인한다.

(4) 설립중인 법인재산의 취득

단체의 실질을 갖추었음에도 법률의 규정이 없거나 등기하지 않음으로써 인격 없는 사단이 생기게 되는 바 총유재산의 취득방법에 의한다.

2. 재외국민, 외국인 등 소유 부동산

외국인 또는 재외국민이 국내부동산을 처분, 취득 또는 상속하는 경우의 등기신청은 다음과 같다.

1) 계약당사자와 수임자의 확인

주민등록증(또는 주소를 증명하는 서면), 주민등록번호(또는 등기용등록번호), 등기필증 보유여부를 통해 계약상대방을 확인한다. 또한 위임장을 통해 계약체결업무를 위임받아 온 수임자의 신분을 확인하고 당해 계약상대방과 전화 또는 e-메일 등으로 위임여부를 확인하도록 한다.

2) 징구서류

(1) 처분위임장

처분대상의 부동산과 수임인이 구체적으로 특정되도록 기재하고, 위임하고자 라는 법률행위의 종류와 위임취지(처분권한의 일체를 수여한다는 등)가 기재되어야 한다.

(2) 인감증명

본국에 인감증명제도가 없는 외국인은 위임장에 한 서명에 관하여 본인이 직접 작성하였다는 취지의 본국 관공서의 증명이나 이에 관한 공증증서가 있어야 하며, 본국 에 인감증명의 날인제도가 있는 외국인(일본인, 대만인)은 위임장에 날인한 인감과 동일한 인감에 관하여 그 관공서가 발행한 인감증명이 있어야 한다.

한편 외국인이 아닌 재외국민은 국내에 주소가 없는 경우 국내 최종 주소지나 본적지를 관할하는 증명청에 인감신고하고 인감증명 발급[1584]받아야 한다.

▣ **인감증명법**

제3조 (인감 신고 등) ① 인감증명을 받으려는 사람은 미리 그 주소 또는 「주민등록법」 제19조 제3항에 따른 행정상 관리주소(이하 "행정상 관리주소"라 한다)를 관할하는 증명청에 인감을 신고하여야 한다. 다만, 미성년자는 법정대리인의 동의를 받아 신고하여야 하고, 피한정후견인은 한정후견인의 동의를 받아 신고하여야 하며, 피성년후견인은 성년후견인이 신고하여야 한다.

② 대한민국 내에 살고 있지 아니하는 국민으로서 대한민국 내에 주소 또는 행정상 관리주소를 가지지 아니한 사람이 인감증명을 받으려는 경우에는 대한민국 내에 주소 또는 행정상 관리주소가 없는 것이 분명한 경우에 한정하여 다음 각 호의 구분에 따라 인감을 신고할 수 있다.

1. 본인이 대한민국에 주소를 가진 일이 있는 경우: 최종 주소를 관할한 증명청에 인감을 신고
2. 본인의 최종 주소를 관할한 증명청이 분명하지 아니한 경우: 등록기준지를 관할하는 증명청에 인감을 신고

③ 「출입국관리법」에 따라 외국인등록을 한 사람이 인감증명을 받으려는 경우에는 미리 체류지를 관할하는 증명청에 인감을 신고하여야 한다.

④ 「재외동포의 출입국과 법적 지위에 관한 법률」 제6조 제1항에 따라 국내거소신고를 한 외국국적동포가 인감증명을 받으려는 경우에는 미리 그 국내거소를 관할하는 증명청에 인감을 신고

1584) 부동산권리이전에 관한 인감증명을 신청할 경우 증명청의 소재지를 관할하는 세무서장을 경유하여야 한다.

☞ 인감증명법 시행령 제13조③ 부동산매도용으로 인감증명을 발급받고자 하는 때에는 부동산매수자란에 매수자의 성명·주소(법인인 경우에는 법인명과 주된 사무소의 소재지) 및 주민등록번호를 기재하여야 한다. 다만, 재외국민의 경우에는 별지 제13호서식의 세무서장 확인란에 이전할 부동산의 종류와 소재지를 기재하고, 소관증명청의 소재지 또는 부동산소재지를 관할하는 세무서장의 확인을 받아야 한다.

> 하여야 한다. 〈개정 2015. 1. 20.〉
> ⑤ 제1항에 따라 인감을 신고한 사람이 「주민등록법」 제19조 제1항 전단에 따른 국외이주신고를 하는 등 대통령령으로 정하는 경우에는 주소 또는 행정상 관리주소를 관할하는 증명청에 그 인감을 신고한 것으로 본다. 〈개정 2015. 1. 20.〉
> ⑥ 제1항부터 제4항까지의 규정에 따라 인감을 신고할 때에는 대통령령으로 정하는 바에 따라 성명, 생년월일, 주소 등을 함께 신고하여야 한다.

(3) 주민등록 등초본 또는 주소를 증명하는 서면

외국인은 본국의 관공서의 주소증명서 또는 거주사실증명서(일본, 독일, 프랑스, 대만 등)나 주소증명서 발급기관이 없는 경우(미국, 영국 등)에는 주소를 공증한 서면을 첨부하여야 한다. 주소증명서 발급기관이 없는 경우라도 이를 대신할 수 있는 본국 관공서에서 발급하고 있는 다른 증명서(예컨대, 운전면허증 또는 신분증) 재외국민은 대사관(영사관) 발행하는 재외국민거주증명서 또는 주소공증서면을 이에 갈음할 수 있다.

한편, 재외국민의 경우는 외국주재 한국대사관 또는 영사관에서 발행하는 재외국민거주사실증명 또는 재외국민등록부등본을 첨부하여야 하며, 다만 주재국에 대사관 등이 없어 그와 같은 증명을 받을 수 없는 경우에는 주소를 공증한 서면으로 갈음할 수 있다.

(4) 번 역 문

신청서에 첨부된 서류가 외국어로 되어 있는 경우 번역문을 첨부하여야 한다.[1585)]

3. 미성년자 소유 부동산

1) 미성년자의 행위무능력

미성년자란 만 19세 미만인 사람을 말한다. 단, 혼인한 미성년자는 부부생활을 영위할 정신적, 생활적 능력이 있는 것으로 보아 성년으로 간주한다. 미성년자는 의사능력

1585) 등기 제3402-842호 (1997. 11. 5) 질의회답 ; 등기신청서에 첨부된 서류가 외국어로 된 경우에 첨부하는 번역문에는 그 번역의 정확성을 보장하기 위하여 번역인의 성명 및 주소를 기재하고 번역인이 서명 또는 기명날인하면 된다. 그러나 등기신청인의 서명 또는 기명날인은 필요없으며, 또한 번역인의 자격에는 그 제한이 없다.

은 있으나 행위능력은 없다고 본다.

등기권리자는 법률상 이익을 얻을 뿐으로 행위무능력자라도 의사능력만 있으면 충분하므로 행위무능력자라도 부동산표시의 변경등기, 등기명의인 표시 변경등기, 상속등기, 보존등기 등은 할 수 있다. 그러나 부동산을 처분하는 경우와 같이 등기법상 권리를 상실하게 되는 행위는 행위능력이 있어야 한다.

등기신청 시 당사자가 이들 능력을 갖고 있지 않으면 당사자가 출석하지 않은 때로 보아 신청을 각하한다. 그러나 등기가 된 후에는 그 등기가 실체 관계와 부합하는 한 유효한 것으로 본다.

2) 부동산 매매에 있어서 미성년자와 법정대리인

(1) 법정대리인

미성년자에 대한 친권은 부모가 공동으로 행사하여야 하므로, 친권자가 미성년자 명의의 토지 등을 계약체결할 경우에는 부모가 공동으로 신청하여야 한다. 다만 부모의 의견이 일치하지 아니한 경우에는 당사자의 청구에 의하여 가정법원이 정하게 되며, 부모의 일방이 친권을 행사할 수 없을 때에는 다른 일방이 이를 행사하게 된다.[1586]

(2) 계약시 징구하는 서류

법정대리인인 부모와 공동으로 직접 계약토록 하고 부모 성명(미성년자 성명이 아님)으로 공동 날인한다. 따라서 원칙적으로 일인 표기는 무효이나, 부모 중에 다른 일방의 의사에 반하여 일방이 공동명의로 대리한 경우에 사업시행자가 선의인 한 유효하다. 다른 일방에 대한 확인(전화 등)이 필요하다.

부모 성명 위에 '미성년자인 자 ㅇㅇㅇ을 대리한다.'는 내용을 추가 기재하고 징구서류로는 법정대리인의 호적등본 또는 초본을 징구하며, 미성년자가 직접 계약할 수도 있으나 법정대리인 등의 동의가 필요하고, 이 경우에는 미성년자 성명으로 서명 날인한다. 법정대리인의 동의서와 이를 확인하는 법정대리인의 인감증명을 첨부하고, 법정대

1586) 등기 3402-764(1998. 8. 12) 질의회답 ; 공동친권자 중 일방인 모가 국외이주자로 출국하여 주민등록이 말소되어 있는 경우에는 그 친권을 행사할 수 없는 때에 해당되어, 이 경우 미성년인 자의 소유 부동산에 대한 매매로 인한 소유권이전등기 신청을 다른 일방인 부가 말소된 주민등록등본 외에 그와 같은 사실을 확인하는데 상당하다고 인정되는 자의 보증서면을 첨부하여 미성년의 자를 대리할 수 있을 것입니다.

리인임을 입증할 수 있는 호적등본 또는 초본(후견인인 경우에 친족의 결의서가 없으면 부동산 매매는 무효임)을 첨부한다.

Ⅲ. 주무부장관의 허가

민법상 법인의 기본재산의 처분에 대하여 당사자의 의사표시 이외에 제3자의 허가 등을 요하는 경우가 있어 계약체결시 허가관련 증빙자료가 있어야 한다.

1. 재단법인 명의의 부동산 처분

사단법인의 재산처분에는 주무부장관의 허가서가 필요없으나, 재단법인의 경우는 재단법인의 기본재산은 법인의 실체인 동시에 재단법인의 목적달성을 위한 기본적 수단으로서 정관의 기재사항이다. 따라서 재단법인의 기본재산을 처분하기 위하여는 정관의 변경이 선행되어야 하고, 이를 위하여 주무관청의 허가를 얻지 않으면 그 효력이 없다.

2. 학교법인의 기본재산 처분

학교법인이 부동산을 취득하는 경우에는 감독관청의 허가를 증명하는 서면을 첨부할 필요가 없으나, 학교법인이 그 소유명의의 부동산을 매매, 증여, 교환 등 처분이나 제한물건 설정 등의 의무를 부담하는 행위를 할 경우에는 그 등기신청서에 감독관청의 허가를 증명하는 서면을 첨부하여야 한다.

유권해석

□ 등기 3402-96 질의회답 (1997. 2. 6)

자기소유의 토지 및 건물에 사립학교법에 의하여 유치원을 설립·경영하고 있는 자는 사립학교법 제2조 제3항의 소정의 사립학교 경영자이므로 그 유치원을 폐원하지 않는 한 유치원으로 사용하고 있는 건물 및 토지를 타인에게 매도하거나 담보제공할 수 없다.

3. 의료법인의 재산처분의 대한 허가

의료법인은 그 재산을 처분하거나 정관을 변경하고자 할 때에는 도지사의 허가를 받아야 한다.

유권해석

> **□ 등기 3402-392 질의회답 (1999. 4. 12)**
> 의료법상의 의료법인이 의료법이 의료법 제42조의 부대사업의 범위를 벗어나는 사업을 목적으로 부동산을 취득하였다가 기본재산으로의 편입에 대한 도지사의 허가를 받지 못한 상태에서 이를 처분하여 소유권이전등기를 신청하는 경우, 도지사의 처분허가서를 첨부할 필요는 없을 것이나 그 부동산이 당해 법인의 기본재산이 되지 아니하였음을 증명하는 서면을 첨부하여야 할 것이다.

4. 전통사찰의 부동산처분에 대한 허가

전통사찰이란 불상 등 불교 신앙의 대상으로서의 형상(形象)을 봉안(奉安)하고 승려가 수행(修行)하며 신도를 교화하기 위하여 건립·축조된 건조물(경내지·동산 및 부동산을 포함)로서 전통사찰보존법에 의거 문화체육관광부장관이 지정 및 등록한 사찰을 말한다.

이 전통사찰의 주지는 동산이나 부동산(해당 전통사찰의 경내지에 있는 그 사찰 소유 또는 사찰 소속 대표단체 소유의 부동산을 말함)을 양도하려면 소속 대표단체 대표자의 승인서를 첨부하여 문화체육관광부장관의 허가를 받아야 하며, 그러하지 않은 경우 무효이다(전통사찰보존법 제9조 제1항 및 3항).

유권해석

> **□ 등기 3402-146 질의회답 (1999. 2. 10)**
> 전통사찰보존법의 규정에 의하여 사찰에 속하는 부동산 등의 사찰재산에 대하여 강제경매를 하는 경우에는 관할청인 문화체육관광부장관의 허가를 얻어야 하는 것이므로 그 허가없이 진행된 강제경매절차에 의하여 경락받은 것을 원인으로 하여 경료된 소유권이전등기는 적법한 원인을 결여한 무효등기이다.

판 례

□ 대법원 2000. 10. 13. 선고 99두653 판결

구 전통사찰보존법(1997. 4. 10. 법률 제5320호로 개정되기 전의 것) 제6조 제1항 제2호, 제5항, 같은법시행령(1997. 10. 2. 대통령령 제15493호로 개정되기 전의 것) 제3조 제1항, 제7조 제2항 등의 관련 규정에 의하면, 전통사찰의 경내지 안에 있는 당해 사찰 소유의 부동산을 대여, 양도 또는 담보로 제공하는 처분행위를 함에 있어서는 반드시 주무부장관인 문화체육부장관의 허가를 받도록 하고 이러한 허가를 받지 아니하고 한 처분행위는 무효인 것으로 규정하고 있는바, 위 관련 규정의 문언에 비추어 볼 때 그 주된 취지는 경내지 등 전통사찰 재산의 소유권이 변동되는 모든 경우에 언제나 문화체육부장관의 허가를 받도록 하겠다는 데에 있는 것이 아니라 전통사찰의 주지가 함부로 경내지 등의 사찰재산을 처분하는 행위에 의하여 사찰재산이 산일(산일)되는 것을 방지하겠다는 데에 있다 할 것이어서, 공용수용은 국가 또는 지방자치단체 등이 공공사업의 시행을 위하여 관련 법령에 의하여 사인의 재산권을 강제로 취득하고 그에 대하여 손실보상을 하는 것이므로 공용수용으로 인한 경내지 등 사찰재산의 소유권 변동은 전통사찰 주지의 처분행위에 의한 것이 아님이 명백하므로, 같은 법 제6조 제1항에 규정된 문화체육부장관의 허가를 요하는 주지의 처분행위에 공용수용으로 인한 경내지 등 사찰재산의 소유권이전은 포함되지 않는다.

5. 향교재산의 처분에 대한 허가

향교재산이란 향교(향교)를 유지하고 운영하기 위하여 조성된 동산(동산)과 부동산, 그 밖의 재산을 말하는 것으로, 이 향교재산 또한 향교재산 중 동산이나 부동산을 처분하거나 담보로 제공하려는 때 특별시장·광역시장·도지사 또는 특별자치도지사의 허가를 받아야 한다(향교재산법 제8조 제1항).

제7절 생활대책용지 수분양권

Ⅰ. 의 의

1. 근 거

생활대책용지 수분양권에 대하여 현행 토지보상법은 법적 근거를 마련하지 않고 있다. 다만, '기업도시개발특별법'과 '주한미군기지 이전에 따른 평택시 등의 지원 등에 관한 특별법'(이라"평택지원법"이라 함) 등에서 이 생활대책용지 수분양권의 근거를 마련하고 있으나 대부분 사업시행자가 시행하고 있는 택지개발이나 도시개발에서는 그 법적 근거가 없다는 것이 일반적 견해이다. 따라서 법적 근거가 없다는 점에서 생활대책용지 수분양권에 대한 성격에 대하여 아직은 '권리성'을 획득하지 못하고 있다는 견해[1587]가 제시되고 있다.

2. 법적 성격

생활대책용지 수분양권은 대부분 법적 근거 없이 사업시행자의 내부규정에 의하여 시행되고 있다. 과연 이렇게 근거 법령 없이 시행되고 있는 생활대책 수분양권이 과연 헌법에서 규정하고 있는 정당한 보상의 범위에 포함하는지 논의가 있어왔다.

대법원의 견해는 공익사업 시행 이전과 같은 경제수준을 유지할 수 있도록 하는 내용의 생활대책에 관한 분명한 근거 규정을 두고 있지는 않으나, 사업시행자 스스로 공익사업의 원활한 시행을 위하여 필요하다고 인정함으로써 생활대책을 수립·실시할 수 있도록 하는 내부규정을 두고 있고 내부규정에 따라 생활대책대상자 선정기준을 마련하여 생활대책을 수립·실시하는 경우에는, 이러한 생활대책 역시 "공공필요에 의한 재산권의 수용·사용 또는 제한 및 그에 대한 보상은 법률로써 하되, 정당한 보상을 지급하여야 한다."고 규정하고 있는 헌법 제23조 제3항에 따른 정당한 보상에 포함되는 것으로 보아,[1588] 비록 법적 근거 없이 시행되는 생활대책용지 공급이라 하더라도 정당한

1587) 김광수, "생활보상의 이론과 실제", 『행정법연구』 제24호(2009. 8), 한국행정법연구소, 125면.

보상에 포함시켜야 한다는 입장이다.

그러나 이에 대하여 헌법재판소는 생활대책용지 수분양권은 법적 근거 없이 시혜적으로 내부규정을 정하여 청구인들에게 상가부지 등을 일정한 공급조건하에 수의계약으로 공급한다는 것을 통보하는 것이므로 이러한 사실관계는 사법상의 권리이전에 대한 반대급부의 조건 내지 내용에 관련된 사항에 불과[1589]하다고 하여 대법원과 상반된 견해를 보이고 있다.

이처럼 대법원과 헌법재판소가 상반된 견해를 보이고 있어, 과연 생활대책용지 수분양권이 헌법에 규정된 정당보상인지는 명확하지 않다. 이에 대한 학계의 논의는 대법원의 견해와는 달리 부정적인 입장[1590]이다.

Ⅱ. 내 용

생활대책용지 수분양권에 대한 세부적인 시행방법, 절차 등에 대하여는 법적 근거 없이 각 사업시행자의 내부규정 등에 의하여 시행되고 있다. 따라서 이하에서는 가장 많은 공익사업을 수행하고 있는 한국토지주택공사의 내부규정인 "이주 및 생활대책 수립지침"에 따른 생활대책용지 기준을 중심으로 살펴보고자 한다.

1. 생활대책 수립기준일

생활대책 수립기준일은 각 사업시행자가 내부규정에 의하여 결정하고 있으나, 대체적으로는 이주대책 수립대상자 선정기준일과 동일하다.[1591]

1588) 대법원 2011. 10. 13. 선고 2008두17905 판결.

1589) 헌법재판소 1996. 10. 4. 95헌마34 전원재판부 결정.

1590) 생활대책은 사업의 원활한 시행을 위해서 제공하는 시혜적인 성격이 큰 보상대책이므로 이를 재산권에 대한 정당보상의 영역에서 파악하는 것은 법제도상, 실무상 아직은 무리라고 보겠다. 김광수, "생활보상의 이론과 실제", 『행정법연구』 제24호(2009. 8), 126면.

1591) 한국토지주택공사의 내부규정인 "이주 및 생활대책 수립지침" 제27조(생활대책 수립대상자 선정기준일).

2. 생활대책 수립대상자

생활대책 수립대상자는 공익사업 시행으로 인하여 생업의 근거를 상실한 자가 된다고 할 수 있다. 그러나 실정법상 생업의 근거를 상실한 자에 대한 근거 규정이 없어 일반적으로는 각 사업시행자의 내부규정에 의하여 규정되어 있다고 할 수 있다. 대부분의 사업시행자들이 내부규정에 마련하여 시행하고 있는 생활대책대상자는 공익사업에 편입된 이주대책대상자, 일정한 요건을 갖춘 영업·영농·축산 등의 보상자로 되어 있다.

다만, 기업도시개발특별법은 “기업도시 개발에 따른 이주대책 등에 관한 기준”[1592]을 마련하여 이주대상 주민 가운데 영업·영농 등의 보상자와 종교시설, 학교, 유치원, 의료기관 등 운영자가 대상자로 규정되어 있고,[1593] 평택지원법에서도 공여구역에서 일정 기간 영업 또는 영농에 종사하는 자로서 시설사업 시행으로 인하여 영농보상 또는 축산보상의 대상인 자, 일정 규모 이상의 농업종사자 등이 그 대상으로 규정되어 있다.[1594]

3. 생활대책 수립내용

생활대책용지 수분양권의 세부적인 공급내용은 각 사업시행자의 내부지침에 의거 시행되고 있다. 따라서 그 기준이나 공급내역이 다소 간 차이를 보이고 있다. 이는 아래 표 3-2에서 한국토지주택공사의 생활대책용지 수분양권 대상자 및 공급내역 등에서 알 수 있다.[1595]

1592) 이는 국토교통부 고시로서 법령보충적 행정규칙에 해당한다. 전광식, “공익사업의 시행에 따른 이주대책 및 생활대책”, 『사법논집』 제49집(2009. 12), 법원도서관, 434면.

1593) 기업도시 개발에 따른 이주대책 등에 관한 기준 32조(생활대책대상자 선정기준)

1594) 동법 시행령 제19조 제2항 제3호, 제3항, 제4항 및 [별표 2] 참조.

1595) 한국토지주택공사 “이주 및 생활대책 수립지침” 제40조.

1) 생활대책용지 수분양권 내역(예시)[1596]

구 분		공급유형	공급가격	공급면적
이주대책 수립대상자		상가부지	감정가격	27㎡ 이하
영 업 자	점포용 건물소유 및 영업자(상가점포 또는 상가부지 중 택일)	상가점포	동일상가, 동일층 평균낙찰가격	1 동
		상가부지	감정가격	허가업 : 27㎡이하 자유업 : 20㎡이하
	허가 등 업종	상가부지	감정가격	27㎡ 이하
	자유업종	상가부지	감정가격	20㎡ 이하
영 농 자	자경농(4,000천㎡)	상가부지	감정가격	27㎡ 이하
	임차농	상가부지	감정가격	20㎡ 이하
시설채소 또는 화훼업자	자경농	상가부지	감정가격	27㎡ 이하
	임차농	상가부지	감정가격	20㎡ 이하
축산업자	등록업자	상가부지	감정가격	27㎡ 이하
	미등록업자(시설 200㎡ 이상 구비)	상가부지	감정가격	20㎡ 이하

2) 생활대책 대상자 수립통지

사업시행자가 생활대책을 수립하고자 하는 때에는 생활대책 대상자에게 그 내용을 통지하여야 한다. 이 경우 통지방법에 대한 명문적 규정은 없으나 특별한 방법이 없는 한 개별통지를 하여야 하며, 일정한 경우는 공고의 방식을 병행하여 시행하고 있다. 특히 생활대책대상자가 개별통지를 받은 후 상당한 기간 내에 사업시행자가 수립한 생활대책 등의 공급신청을 하지 않는 경우는 특별한 사정이 없는 한 수분양권을 포기한 것으로 보고 있으므로,[1597] 이러한 개별통지는 그 의의가 크다 할 것이다.

1596) 한국토지주택공사, "2016 토지보상편람", 한국토지주택공사, 2016, 371면.

1597) 한국토지주택공사의 "이주 및 생활대책 수립지침"의 제37조(이주 및 생활대책 등의 수립통지 등)에 의하면 그 통지방법으로 서면통보와 공고방법을 살펴보면 다음과 같다.
1. 생활대책 등 수립대상자에게 생활대책 등의 내용을 개별적으로 서면 통보
2. 해당 지방에서 발간되는 일간신문에 생활대책 등의 내용을 1회 이상 공고(생활대책 등 수립대상자가 100명 미만인 경우 생략 가능)

이 통보 또는 공고에는 다음 각 호의 사항을 포함하여야 하며, 생활대책 등 수립대상자가 신청기간내에 신청을 하지 않은 경우에는 생활대책 등의 신청을 포기한 것으로 본다는 내용이 포함되어야 한다.
1. 생활대책 등 수립대상자 선정기준일　2. 유형별 생활대책 등　3. 신청대상자
4. 신청기간(1개월 이상) 및 장소　5. 신청구비서류

3) 생활대책대상자 확정

사업시행자는 생활대책 대상자의 신청에 의거 그 대상자 적격여부를 판단 후 대상자를 확정하게 된다. 이에 대한 세부내용은 법령에 규정이 없으므로 한국토지주택공사의 지침을 살펴보면 다음과 같다.

사업시행자는 생활대책대상자를 확정하기 위하여 일정한 서식에 의거 생활대책대상자 신청서를 받아야 한다. 생활대책대상자 신청접수를 완료한 후 그 대상자임을 심사하고 확정한 뒤 그 결과를 대상자 확정일로부터 1개월 이내에 생활대책 등의 수립대상자에게 각각 통보하여야 한다. 이 경우 통보의 방식은 토지보상법 시행령 제4조의 송달규정에 따르고, 대상자로 선정된 자에 대하여는 생활대책 등에 따른 해당 물건의 공급예정일을, 선정되지 아니한 자에 대하여는 통보받은 날부터 30일 이내에 서면으로 이의신청 및 90일 이내 행정심판 또는 행정소송을 할 수 있다는 뜻을 포함하여야 한다.[1598]

4) 공급계약체결

계약체결 또한 법령에 세부규정이 없으므로 한국토지주택공사의 지침을 살펴보면 다음과 같다.

생활대책용 상가부지[1599]는 필지별로 신청을 받아 수의계약 방식으로 공급한다. 다

1598) 한국토지주택공사 "이주 및 생활대책 수립지침" 제39조(이주 및 생활대책 등의 확정 등)
① 지역본부장은 제38조에 따른 이주 및 생활대책 등의 신청접수를 완료한 후 별지 제3호의 서식을 이용하여 이주 및 생활대책 등의 대상자를 심사하고 확정한 뒤 그 결과를 별지 제4호의 서식을 이용하여 대상자 확정일로부터 1개월 이내에 이주 및 생활대책 등의 수립대상자에게 각각 통보하여야 한다. 이 경우 통보의 방식은 토지보상법 시행령 제4조의 송달규정에 따르고, 대상자로 선정된 자에 대하여는 이주 및 생활대책 등에 따른 해당 물건의 공급예정일을, 선정되지 아니한 자에 대하여는 <u>통보받은 날부터 30일 이내에 서면으로 이의신청</u>을 할 수 있다는 뜻을 포함하여야 한다. 〈개정 2012. 1. 1., 2012. 4. 15., 2013. 12. 19., 2015. 1. 19., 2015. 8. 1., 2018. 7. 18.〉
② 지역본부장은 이주 및 생활대책 등의 대상자로 선정되지 아니한 자에 대해서 제1항에 따른 통보를 하는 경우 행정심판법 또는 행정소송법에 따라 해당 <u>통보를 받은 날부터 90일 이내에 행정심판 또는 행정소송을 제기할 수 있음을 병기</u>하여야 한다. 〈신설 2012. 4. 15., 2013. 12. 19.〉
③ 지역본부장은 이주 및 생활대책 등의 대상자로 선정되지 아니한 자의 이의신청이 이유가 있는 것으로 확인되는 때에는 이의신청이 있은 날부터 30일 이내에 이에 대한 시정조치를 취하고 이를 개별통지하여야 하며, 그러하지 아니한 경우에도 동 기간 내에 그 사유를 알려주어야 한다. 〈개정 2012. 1. 1., 2012. 4. 15., 2013. 12. 19., 2018. 7. 18.〉

1599) 한국토지주택공사 "이주 및 생활대책 수립지침" 제29조(생활대책용 상가부지 공급대상 용지) ① 생활대책으로 공급하는 용지는 다음 각 호의 순서에 따라 결정한다. 다만, 대토보상을 시행하는 지구로서

만, 동일필지에 대해 경합이 있는 경우에는 추첨의 방법으로 대상자를 결정한다.[1600)]

생활대책용 상가부지는 공급공고 또는 개별통지 결과 공급신청 기한 내에 조합을 구성하여 공급을 신청한 자에게 우선 공급한다. 이 경우 조합원 개인별 공급면적의 합계가 공급신청 필지면적의 100분의 90 이상이어야 한다.[1601)]

불가피한 사유로 공급신청기한 내에 조합을 구성하지 못한 자에게도 1회에 한하여 일정기간을 정하여 수인이 공동명의로 공급신청 하도록 기회를 부여할 수 있다. 이 경우에도 수인의 개인별 공급면적의 합계가 공급신청 필지면적의 100분의 90 이상이어야 한다.[1602)]

특이한 점은 이주대책의 대상자와 사업시행자가 확정된 이주자택지(주택)를 직접 분양계약을 체결하는데 비해, 생활대책용지 공급은 생활대책용지 대상자들이 조합을 결성한 후 그 조합 명의로 희망필지에 대한 공급신청을 하고 수분양조합을 확정한 후 분양계약을 체결하도록 하고 있다[1603)]는 점이다. 즉 생활대책용지 공급대상자는 개인이 분양계약이 당사자가 아니라 대상자들이 결성한 조합이 분양계약의 당사자가 되는 것이다.

Ⅲ. 권리구제

1. 행정심판

현행 토지보상법상으로는 생활대책용지 특별공급권에 대한 규정이 없으므로 당연 그에 대한 불복절차도 규정하지 않고 있다. 중앙행정심판위원회는 당초 생활대책용지

시장용지, 근린생활시설용지 또는 준주거용지의 생활대책 공급면적이 대토보상과 기타 상업용지 우선 공급분을 포함하여 동일용도별 조성면적의 60%를 초과하는 경우에는 그 초과분에 대해서 제3호와 제4호의 순서에 따라 공급대상용지를 결정한다.

1. 시장용지(국가·지방자치단체·한국농수산식품유통공사 등과 선 공급협약이 체결된 경우는 제외한다) 또는 근린생활시설용지
2. 준주거용지　　3. 근린상업용지　　4. 일반상업용지

1600) 한국토지주택공사 "이주 및 생활대책 수립지침" 제33조(공급방법) 제1항.
1601) 한국토지주택공사 "이주 및 생활대책 수립지침" 제33조(공급방법) 제2항.
1602) 한국토지주택공사 "이주 및 생활대책 수립지침" 제33조(공급방법) 제3항.
1603) 김은유/임승택, 『실무 토지보상』, 도서출판 채움, 2014, 680면.

의 공급의 거부처분에 대해서 법적 근거 없이 시행되는 제도임을 감안하여 행정심판의 대상이 아니라는 입장이었으나,[1604] 최근 생활대책 행정심판 제기에 대하여 광주지법의 판례[1605]를 인용하면서 생활대책 대상자로 제외 또는 거부한 경우를 의무이행 심판의 대상으로 된다고[1606] 그 견해를 바꾸었다.

1604) ① 중앙행정심판위원회 재결 200714750(2007. 12. 24) : 생활대책용지의 공급은 이주자택지공급 등의 이주대책과는 달리 법적 근거 없이 사업을 원활히 추진할 목적으로 생계활동이 일시 중단된 이주민에게 시혜적·임의적으로 제공하는 것임을 고려할 때 ○○○에게 이러한 생활대책용지의 공급을 신청할 법령상·조리상의 권리는 없다고 할 것이므로 ○○○에게 생활대책용지를 공급하라는 이 사건 심판청구는 이행심판의 대상이 되는 거부처분이나 부작위에 대하여 심판을 청구한 것이 아니어서 부적법한 청구이다.

② 중앙행정심판위원회 재결 사건번호 200407050 (2004. 9. 6) : 법적 근거 없이 시혜적으로 "용지규정"이라는 내부 규정을 정하여 청구인에게 생활대책용지 6평을 일정한 공급조건 하에 수의계약으로 공급한다는 내용의 통보를 하였으나, 이러한 사실관계는 사법상의 권리이전에 대한 반대급부의 조건 내지 내용에 관련된 사항에 불과하여 이를 행정심판의 대상이 되는 공권력의 행사로 보기는 어렵다고 할 것이므로, 청구인의 이 건 청구는 행정심판의 대상이 아닌 사항을 대상으로 하여 제기된 부적법한 심판청구라 할 것이다.

1605) 광주지방법원 2007. 1. 25. 선고 2006구합1159 판결 : 택지개발사업의 시행자인 한국토지공사가 그 용지규정 및 용지규정시행세칙 등의 규정에 따라 사업시행을 위해 이주자들 중 일정 요건을 갖춘 자들에게 상업용지 등을 공급하는 내용의 생활대책을 수립하여 시행하는 경우, 이는 법령에 의하여 공공목적의 수행을 위한 택지개발사업을 시행하는 사업시행자가 위임받은 행정권한의 범위 내에서 이주자들을 종전의 생활상태로 원상회복시켜 주기 위하여 마련한 제도로서 헌법 제23조 제3항이 규정하는 손실보상의 한 형태라고 보아야 하지, 이주자에 대한 시혜적인 배려나 계약자유의 원칙 내에서의 사법(사법)적 조치라고 할 수는 없다. 따라서 위 생활대책의 대상자에 해당하는지 여부는 사법상의 권리이전(협의양도)에 대한 반대급부의 조건 내지 이행에 관련된 사항이 아니라 손실보상으로서의 생활대책을 받을 정당한 대상자로서 상업용지 등의 특별공급신청권이 있는지 여부를 확정하는 공법상의 법률관계에 속하는 것이므로, 사업시행자가 생활대책의 대상자임을 부정하는 경우 공법상 당사자 소송으로 생활대책대상자의 지위의 확인을 구할 수 있다. ☞ 본 판결은 생활대책 거부 및 부정의 경우 당사자소송을 주장하고 있으나 다음 대법원 판례(대법원 2011. 10. 13. 선고 2008두17905 판결)는 거부처분의 항고소송이 가능하다고 밝히고 있다.

1606) 중앙행정심판위원회 재결 200926812 (2010. 5. 25) : 청구인이 공법상의 법률관계의 주체인 사업시행자로서 이주자에 대하여 종전의 생활상태로 원상회복시켜 주기 위한 생활보상의 일환으로서 헌법 제23조 제3항이 규정하는 손실보상의 한 형태이지 이주자에 대한 시혜적인 배려나 계약자유의 원칙 내에서의 사법적 조치라고 할 수는 없다(광주지법 2007. 1. 25. 선고 2006구합1159 판결 참조). 또한 피청구인이 손실보상의 한 유형인 생활대책에 관한 구체적인 계획을 수립하여 이를 해당자에게 통지 또는 공고하고, 통지 또는 공고한 구체적인 선정기준에 따라 보상을 받을 대상자들을 확인, 결정하였다면 이러한 결정은 곧 생활대책상의 상업용지 등을 받을 권리를 취득하기 위한 요건이 되는 행정작용으로서의 처분이지 결코 단순히 절차상의 필요에 따른 사실행위에 불과하다고 볼 수 없다(대법원 1994. 4. 24. 선고 92다35783 참조). 그러므로 사업시행자가 생활대책대상자가 아니라고 보아 대상자에게 확인 결정 등의 처분을 하지 않고 제외하였거나, 거부한 행위는 행정심판법 제2조 및 제4조에서 규정하고 있는 의무이행심판의 대상이 되는 처분으로 볼 수 있다.

2. 민사소송의 검토

생활대책용지 수분양권에 대한 불복에 대하여 이 입장은 헌법재판소의 견해로서, 이 견해에 의하면 공익사업시행과 관련하여 철거이주민에 대한 생활대책의 일환으로 이루어진 상업용지공급공고행위는 법적근거 없이 시혜적으로 내부규정을 정하여 청구인들에게 상가부지를 일정한 공급조건하에 수의계약으로 공급한다는 것을 통보하는 것이므로 이러한 사실관계는 사법상의 권리이전에 대한 반대급부의 조건 내지 내용에 관련된 사항에 불과하다[1607]는 입장이다.

따라서 헌법재판소의 견해에 따르면 생활대책용지 수분양권에 대한 불복의 경우 민사소송으로 확인소송 등이 가능하다고 보아야 할 것이다.

3. 행정소송

이러한 생활보상은 사업의 원활한 추진을 위하여 사업시행자가 내부규정에 의거 시행하고 있는 것으로 일정한 요건을 갖춘 자에게 공급하는 것으로, 사업시행자가 생활대책대상자임을 거부할 경우 어떻게 구제받을 수 있는 지 검토가 요구된다.

생활보상은 이주대책과 달리 그 법적 근거 없이 사업시행자의 내부규정에 의하여 시행된 것으로 당초 이는 행정소송의 대상이 아니라는 견해가 있었다. 그러나 헌법재판소와는 달리 대법원은 생활대책의 폭 넓은 시행으로 그 견해를 바꾸었다.

1) 헌법재판소의 견해

헌법재판소는 생활대책과 같은 조치가 반드시 이주대책의 형식으로 수립 실시되어야 한다는 법적 근거가 없는 한 그렇게 하지 아니하였다 하여, 생활대책의수립 시행 내지 그 공급조건의 공고를 공특법상의 이주대책에 대한 처분의 하자로 다룰 수는 없다[1608]고 하여 행정소송을 부정하고 있다.

1607) 헌법재판소 1996. 10. 4. 선고 95헌마34 결정
1608) 헌법재판소 1996. 10. 4. 선고 95헌마34 결정

2) 대법원의 견해

사업시행자 스스로 공익사업의 원활한 시행을 위하여 필요하다고 인정함으로써 생활대책을 수립, 실시할 수 있는 내부규정을 두고 있고 내부규정에 따라 생활대책대상자 선정기준을 마련하여 생활대책을 수립실시하는 경우 이러한 생활대책 역시 "공공필요에 의한 재산권의 수용, 사용 또는 제한 및 그에 대한 보상을 법률로써 하되, 정당한 보상을 지급하여야 한다."고 규정하고 있는 헌법 제23조 제3항에 따른 정당한 보상에 포함되는 것으로 보아야 한다고 판시하면서 생활대책대상자에서 제외하거나 선정을 거부하면, 이러한 생활대책대상자 선정기준에 해당하는 자는 사업시행자를 상대로 항고소송을 제기할 수 있다고 판시하고 있다.[1609)]

4. 검 토

대법원의 견해가 타당하다고 본다. 다만, 생활대책용지의 법적 근거를 토지보상법에 마련하는 것이 보상법정주의에 부합하는 것이라 본다.

1609) 대법원 2011. 10. 13. 선고 2008두17905 판결.

부록 1

○○지구 보상안내문

2020. ○

직원들의 이해를 돕기 위해 개정된 사항은 진한 글자로 표시하였으니 참고하시기 바라며, 각 지구별 보상안내문 제작시 지구별 여건을 고려하여 본 표준안내문과 달리 적용할 수 있음을 알려드립니다.

한국토지주택공사 ○○지역본부

| 인 사 말 씀 |

안녕하십니까?

저희 한국토지주택공사에서 시행하는 ○○○○ ○○사업과 관련하여 그동안 베풀어 주신 주민 여러분들의 많은 관심과 협조에 깊은 감사를 드립니다.

본 안내서는 그간 지역주민 여러분이 궁금해 하신 사항을 중심으로 토지 및 지장물 등의 손실보상과 관련한 보상금 결정방법, 보상내용 및 절차, 구비서류, 이주·생활대책 등에 관한 전반적인 사항을 안내하여 드리고자 하며 이와 관련하여 궁금하신 점은 우리 지역본부 ○○사업단으로 문의하여 주시면 성심성의껏 답변하여 드리겠습니다.

끝으로 본 사업이 원활히 추진될 수 있도록 다시 한번 주민 여러분의 지속적인 관심과 협조를 부탁드리며, 여러분의 댁내에 항상 행운과 행복이 충만하시고 뜻하시는 일 모두 성취하시기를 진심으로 기원합니다. 감사합니다.

2020. ○

○○지역본부장

| 목 차 |

I 사업추진 현황

1. 사업 개요

- 사 업 명 : ○○○○지구 ○○사업
- 사업목적
  - ○○○○지역의 안정적인 주택건설용지 확보
  - ○○○○지역의 광역생활권 중심도시로 조성
  - 도농복합시로서의 도시특성을 반영한 도농복합형 전원도시 조성
- 위　　치 : ○○시 ○○면 ○○리, ○○리, ○○리 일원
- 사업기간 : 2○○○.○○.○○ ~ 2○○○.○○.○○
- 사업면적 : ○,○○○천㎡(○○○천평)

2. 사업추진 계획

- '○○.○○.○○ ○○ 지구지정 공람공고
- '○○.○○.○○ ○○ 지구지정 고시(○○도(시)고시 제0000-000호)
- '○○.○○.○○ 보상계획 및 열람 공고(예정)
- '○○.○○.○○ 감정평가 의뢰(예정)
- '○○.○○.○○ 손실보상협의요청 및 토지보상착수(예정)
- '○○.○○.○○ 지구계획 승인(예정)
- '○○.○○.○○ 공사착공(예정)
- '○○.○○.○○ 사업준공(예정)

※ 상기 일정은 관계기관 협의, 기본조사 기간 등에 따라 변경될 수 있음

3. 사업지구 위치도

II 손실 보상 안내

1. 보상 절차

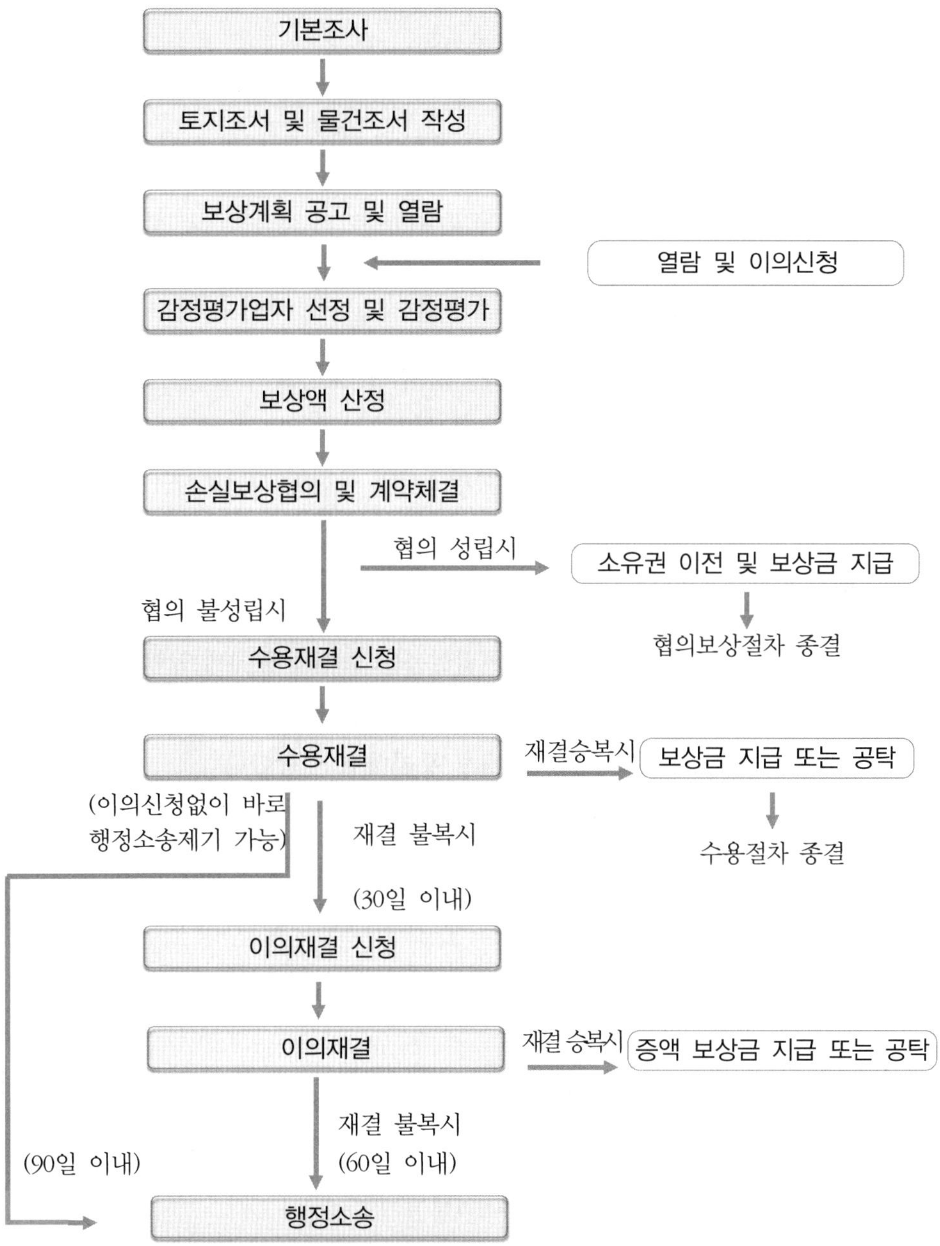

2. 알기 쉬운 보상절차와 용어

가. 공람공고와 사업인정

1) 공람공고는 공익사업이 시행된다는 사실을 토지소유자 및 관계인 등 불특정 다수인들이 알 수 있도록 알리는 행위로서 이주대책, 생활대책 및 협의양도인택지의 기준일이 되는 사업인정 전 행정절차입니다.
2) 사업인정은 해당 사업이 공익사업임을 인정하여 사업시행자에게 사업지구안에 있는 토지 및 건축물 등을 사용 또는 수용할 수 있도록 권한을 부여하는 행정행위입니다.

나. 기본조사 및 토지·물건조사

1) 기본조사(토지·물건조사)란 보상계획의 수립, 보상액의 산정, 보상협의 및 수용재결신청, 용지의 취득 전반에 기초자료로 활용하기 위하여 조사하는 업무로 보상목적물에 대한 정확한 조사를 위한 현황조사와 물건별 개별조사를 원칙으로 합니다.

다. 보상계획의 공고

1) 보상계획의 공고는 보상의 준비가 되었음을 소유자 등에게 알리는 것으로 토지조서 및 물건조서의 내용과 보상의 시기·방법·절차 등을 기재한 보상계획을 신문에 공고하며 토지소유자 및 관계인에게 통지하고 열람합니다.
   * 토지소유자 및 관계인이 20인 이하인 경우에는 일간 신문 공고 생략 가능
2) 열람은 14일 동안 이루어지며 토지조서 및 물건조서의 내용에 이의가 있는 경우 사업시행자에게 서면으로 이의신청이 가능하고 사실 확인 후 해당 내용을 반영합니다.

라. 협의와 수용

1) 보상액 산정 및 지급을 하기 위한 기초자료로서 토지조서와 물건조서 작성 후 해당 토지 및 물건 등에 대한 감정평가를 거쳐 보상협의요청서를 통지하고 소유자 및 관계인에게 협의 후 보상금을 지급합니다.

2) 협의가 원만하게 이루어지지 않으면 특정한 공익사업의 추진을 위하여 법률이 정한 절차에 따라 강제적으로 토지의 소유권을 취득하는 수용이 이루어지며 수용이 확정되면 토지소유자 및 관계인은 사업시행자에게 해당 토지를 인도해야 할 의무가 발생합니다.

마. 수용재결과 이의재결

1) 손실보상협의요청 후 보상금액 및 보상대상에 대한 협의가 이루어지지 않으면 토지소유자와 관계인은 사업시행자에게 재결 신청을 청구할 수 있으며 사업시행자는 청구를 받은 날부터 60일 이내에 토지수용위원회에 재결을 신청합니다.
2) 수용재결 후에도 보상금액 및 보상대상 여부에 대해 이의가 있는 경우 재결서 정본을 받은 날부터 30일 이내에 중앙토지수용위원회에 이의를 신청할 수 있습니다.

바. 보상금의 공탁

1) 재결에 따른 수용개시일까지 보상금을 지급하지 않으면 재결의 효력이 소멸되므로 토지보상법에서는 보상금을 지급할 수 없거나 수령하지 않는 경우에 법원에 보상금을 공탁하고 있습니다.
2) 또한 사업시행자가 과실 없이 보상금을 받을 자를 알 수 없을 때, 압류 또는 가압류에 의해 보상금의 지급이 금지된 때에도 사업시행자는 관할 법원에 보상금을 공탁합니다.

사. 행정소송

1) 토지소유자 또는 관계인은 제34조에 따른 재결에 불복할 때에는 재결서를 받은 날부터 90일 이내에, 이의신청을 거쳤을 때에는 이의신청에 대한 재결서를 받은 날부터 60일 이내에 행정소송을 제기할 수 있습니다.
2) 이 때 제기하려는 행정소송이 보상금 증감에 관한 소송인 경우 토지소유자 또는 관계인은 중앙토지수용위원회가 아닌 사업시행자를 대상으로 소송을 제기해야 합니다.

3. 손실보상의 종류 및 방법

【손실보상금 산정관련 일반원칙】

공익사업에 편입된 토지 등에 대한 손실보상액은 『감정평가 및 감정평가사에 관한 법률』에 의거 공인된 감정평가업자(3인)가 평가한 금액을 산술평균한 금액으로 결정됩니다(『공익사업을 위한 토지 등의 취득 및 보상에 관한 법률 시행규칙』 제16조 제6항)
다만, 주거이전비, 이사비, 농업손실보상 등은 관계법령에 따라 사업시행자가 산정하여 지급합니다.

가. 토지 보상

1) 토지보상액은 3인의 감정평가업자(토지소유자 또는 시·도지사의 추천이 없는 경우 2인)가 표준지 공시지가를 기준으로 그 공시 기준일로부터 가격시점까지의 지가변동률, 생산자물가 상승률, 당해 토지의 이용계획, 위치·형상·환경·이용상황 등을 종합적으로 고려하여 평가한 금액을 산술평균하여 결정됩니다.

【평가대상 토지의 보상액 산정방법】

토지보상액 = 비교표준지공시지가 × 지가변동률(또는 생산자물가 상승률) × 지역요인비교치 × 개별요인비교치 × 기타요인비교치

2) 토지평가는 현실적인 이용상황과 일반적인 이용방법에 의한 객관적 상황을 기준으로 평가하며, 일시적인 이용상황과 토지소유자 또는 관계인이 갖는 주관적 가치 및 특별한 용도로 사용할 것을 전제로 한 경우 등은 고려하지 않습니다.
3) 관계법령 등에 의하여 허가를 받거나 신고를 하고 형질변경을 해야 하는 토지를 허가나 신고 없이 형질변경한 토지 및 허가를 받거나 신고를 하고 건축 또는 용도변경을 해야 하는 건축물을 허가나 신고 없이 건축 또는 용도변경한 건축물의 부지는 건축당시의 이용상황 또는 형질변경 전 상황을 상정하여 평가합니다.
4) 당해 공익사업으로 인하여 토지 등의 가격에 변동이 있는 때에는 이를 고려하지 아니하며, 당해 공익사업 시행을 직접 목적으로 용도지역 등이 변경된 토지에 대하여도 변경되기 전 용도지역 등을 기준으로 평가합니다.

【주요 질의 및 응답】

토지 보상가격과 개별공시지가가 차이가 날 수 있는지?

☞ 개별공시지가는 과세 등의 목적으로 대량의 토지가격을 용이하게 산정하기 위하여 토지가격비준표(비준표)라는 일률적인 산식에 의해 산정하지만, 보상가격은 감정 평가사가 보상대상토지의 개별특성을 정밀하게 조사하여 이를 표준지 공시지가와 비교하여 평가하는 등 가격산정방식이 서로 다르기 때문에 차이가 날 수 있습니다.

나. 건축물 등의 보상

1) 건축물 등은 그 구조·이용상태·면적·내구연한·유용성·이전가능성 및 이전의 난이도 기타 가격 형성상의 제요인등을 종합적으로 고려하여 평가한 금액으로 보상액이 결정됩니다.

2) 사업인정고시일 이후 허가권자(시장·군수 또는 구청장)의 허가 없이 건축, 대수선 및 공작물의 설치 등을 할 수 없습니다. 이를 위반한 경우 보상대상이 되지 않으며 해당 건축물 등을 원상으로 회복해야 합니다.

3) 공작물 등은 이전하는 비용으로 평가하며, 공작물의 용도가 폐지되었거나 기능이 상실 되어 경제적 가치가 없는 경우, 공작물 등의 가치가 다른 토지 등의 가치에 충분히 반영되었을 경우 등에는 보상대상이 되지 않습니다.

【주요 질의 및 응답】

1. 건축물을 이전비로 보상할 때 현실적으로 가옥 등은 건축물 이전이 불가능하므로 취득 보상을 해야 하지 않나?
   ☞ 건축물은 해체비·운반비 및 건축비등 이전에 소요되는 비용으로 평가하나, 사실상 이전이 어렵거나 이전하여서는 종래의 목적대로 사용하는 것이 불가능할 경우에는 취득가격으로 평가합니다.
2. 무허가건축물 등에 대한 보상은?
   ☞ '89. 1. 24 이전에 지어진 무허가(무신고) 주거용 건축물은 적법한 건축물로 평가하여 보상하고(최소보상액 6백만원) 이주대책을 수립하며, '89. 1. 25 이후의 불법 건축물은 평가금액대로 보상하되 이주대책 수립대상에서 제외됩니다.

다. 과수 및 수익수 , 관상수 등의 이식 보상

1) 과수 그 밖의 수익수 또는 관상수는 수종·규격·수령·수량·식수면적·관리상태·수익성·이식가능성 및 난이도, 그밖에 가격형성에 관련되는 제요인을 종합적으로 고려하여 평가한 금액으로 보상합니다.
2) 임야상의 조림되지 아니한 소나무 및 잡목 등 자연수목은 토지보상액에 화체(포함)되어 토지보상 금액에 반영되므로 따로 보상하지 않습니다.

라. 분묘에 대한 보상

1) 사업지구내 분묘에 대하여『장사 등에 관한 법률』에 따라 분묘개장 신고 후 분묘를 개장하고 개장신고증명서 등 필요서류를 제출하시면 분묘이장비를 지급해 드립니다.

* 원활한 보상금 지급 절차를 위하여 지자체에 분묘개장 신고를 하기 전에 공사에 연고자 신고를 먼저 해주시기 바랍니다.

- 분묘이전비 : ① 4분판 1매 ② 마포 24m ③ 전지 5권 ④ 제례비
⑤ 인부 5인분의 임금 ⑥ 운구차량비 합계액
(합장인 경우 1구당 ①~⑤ 해당비용의 50% 가산 지급)
- 석물이전비 : 상석 및 비석 등의 이전실비
- 잡 비 : 분묘이전비 및 석물이전비에 의하여 산정한 금액의 30%에 해당하는 금액
- 이전보조비 : 연고자가 있는 분묘는 100만원의 이전보조비를 지급
(화장의 경우도 지급)

☞ **분묘보상금 예시(2020년 1월 기준)**
단장은 약 346만원, 합장은 약 442만원(석물 및 수목이전비는 별도 평가·보상)

2) 연고자 없는 무연분묘는『장사 등에 관한 법률』에 따라 우리공사가 임의 개장하여 공원묘지 등에 안치합니다.

마. 영업 손실의 보상

1) 영업손실보상 대상은 다음 조건을 모두 충족하는 영업입니다.

① 사업인정고시일등 전부터 적법한 장소(무허가건축물등, 불법형질변경토지, 그 밖에 다른 법령에서 물건을 쌓아놓는 행위가 금지되는 장소가 아닌 곳)에서 인

적·물적시설을 갖추고 계속적으로 행하고 있는 영업

② 영업을 행함에 있어서 관계법령에 의한 허가·면허·신고 등을 필요로 하는 경우에는 사업인정고시일등 전에 허가·면허·신고 등을 받아 그 내용대로 행하고 있는 영업

※ 예외적으로 영업보상을 받을 수 있는 경우

(무허가건축물 임차영업특례) 무허가건축물등에서 임차인이 영업하는 경우 그 임차인이 사업인정고시일등 1년 이전부터 「부가가치세법」 제8조에 따른 사업자 등록을 하고 행하고 있는 영업은 1천만원 한도내에서 영업손실을 보상합니다.

* 무허가건축물등 : 허가 또는 신고대상이나 허가나 신고 없이 건축 또는 용도변경한 건축물(무허가영업 보상특례) 사업인정고시일 이전부터 허가·면허·신고 등을 필요로 하는 영업을 허가 등 없이 행하여 온 경우에는 도시근로자 3인 가구 3개월분 가계지출비에 해당하는 금액을 영업손실에 대한 보상금으로 지급하되, 본인 또는 생계를 같이 하는 동일 세대안의 직계 존비속 및 배우자가 해당 공익사업으로 다른 영업에 대한 보상을 받은 경우는 영업시설등의 이전비용만을 지급합니다(영업장소의 적법성 등 다른 기준은 모두 충족해야 함).

2) 본 사업의 시행으로 인하여 휴업하는 경우 휴업기간(4개월내)에 해당하는 영업이익과 영업장소 이전 후 발생하는 영업이익감소액(휴업기간에 해당하는 영업이익의 100분의 20, 1천만원 한도)에 휴업기간 중의 영업용 자산에 대한 감가상각비, 유지관리비 등 고정비용, 영업시설·원재료·제품 및 상품 이전비용 및 개업비 등 영업장소 이전으로 인하여 소요되는 부대비용을 합한 금액을 보상합니다.

3) 본 사업 시행으로 인하여 폐업하는 경우 최근 3년간의 평균영업이익을 기준으로 평가한 2년간의 영업이익과 고정자산, 원재료, 제품 등 매각손실액을 더한 금액으로 보상합니다.

【폐업에 해당하는 경우】

- 영업장소 또는 배후지의 특수성으로 영업소가 소재한 시·군·구 또는 인접 시·군·구로 이전하여서는 영업을 할 수 없는 경우
- 영업소가 소재한 당해 시·군·구 또는 인접 시·군·구의 다른 장소에서는 당해 영업의 허가 등을 받을 수 없는 경우
- 도축장 등 악취 등이 심하여 인근주민에게 혐오감을 주는 영업시설로서 영업소가 소재한 당해 시·군·구 또는 인접 시·군·구의 다른 장소로 이전하는 것이 현저히 곤란하다고 시·군·구청장이 객관적 사실에 근거하여 인정하는 경우

바. 농업 손실의 보상

1) (일반기준) 사업지구에 편입되는 농지의 면적에 통계청이 매년 조사·발표하는 농가경제조사통계에 의하여 산출한 도별 연간 농가평균 단위경작면적당 농작물 총수입의 직전 3년간 평균액의 2년분을 곱하여 산정한 금액으로 보상합니다(재배작물과 무관하게 동일한 단가로 보상).

- 농지 : 농지법 제2조 제1호 가목 및 같은 법 시행령 제2조 제3항 제2호 가목에 해당하는 토지
- 보상대상자 : 사업인정고시일 등 당시부터 적법하게 경작하고 있는 농민*
  - * 농지법 제2조 제3호의 규정에 의한 농업법인 또는 같은 법 시행령 제3조1호[1천제곱미터 이상의 농지에서 농작물 또는 다년생식물을 경작·재배하거나 1년 중 90일 이상 농업에 종사하는자(90일 이상 농업에 종사하는 자란 농업경영주와 1년 중 90일 이상 농업경영이나 농지 경작활동의 피고용인으로 종사한다는 계약을 체결하고 노동력을 제공하고 있는 자를 의미)] 및 동조 제2호의 규정에 의한 농업인(농지에 330제곱미터 이상의 온실·버섯재배사·비닐하우스를 설치하여 농작물 또는 다년생식물을 경작·재배하는자)

2) (실제소득 입증시) 「농작물 실제소득인정 기준」(국토부고시)에 의한 농작물 총수입의 거래 실적 입증자료를 제출하는 경우 연간 단위경작면적당 실제소득(농산물 총수입 ÷ 경작농지 전체 면적 × 소득률)의 2년분을 곱하여 산정한 금액으로 보상하되, 다음의 경우는 아래 별도기준을 적용합니다.

① 실제소득이 통계자료집의 작목별 평균소득의 2배를 초과하는 경우 통계자료상 평균생산량의 2배를 판매한 금액을 기준으로 보상합니다. 다만, 생산량을 확인할 수 없는 경우에는 평균소득의 2배를 기준으로 보상합니다.

② 「농작물 실제소득인정 기준」에서 직접 해당 농지의 지력(地力)을 이용하지 아니하고 재배 중인 작물을 이전하여 해당 영농을 계속하는 것이 가능하다고 인정하는 경우에는 단위경작면적당 실제소득의 4개월분을 곱하여 산정한 금액으로 보상합니다.

3) 자경농지가 아닌 농지에 대한 농업손실 보상액(임차농)

농지의 소유자가 해당지역(해당 농경지 소재지와 동일한 시·구·읍·면과 연접한 시·구·읍·면 및 직선거리 30km 이내 지역)에 거주하는 농민인 경우, 농지 소유자와 실제 경작자간의 협의가 성립된 경우 협의내용에 따라 보상하고, 협의가 성립하지 않을 경우

각각 50% 에 해당하는 금액을 보상합니다.(실제소득으로 보상할 경우 토지소유자에게는 농지면적에 도별 농작물평균단가를 적용한 금액의 50%만 보상하고 나머지는 실제 경작자에게 보상)

* 농지 소유자가 당해지역 거주농민이 아닌 경우는 실제 경작자에게 보상합니다.

4) 다음의 경우에는 농업손실보상을 하지 않습니다.

- 사업인정고시일등 이후부터 농지로 이용되고 있는 토지
- 토지이용계획, 주위환경 등으로 보아 일시적으로 농지로 이용되고 있는 토지
- 타인소유의 토지를 불법으로 점유하여 경작하고 있는 토지
- 농민이 아닌 자가 경작하고 있는 토지
- 토지의 취득에 대한 보상 이후에 사업시행자가 2년 이상 계속하여 경작하도록 허용하는 토지
- '16. 1. 21. 이후 임야를 불법으로 형질변경하여 농지로 이용하고 있는 토지

5) 폐농시 농기구보상

당해지역에서 경작하고 있는 농지의 2/3이상이 본 사업지구에 편입되어 당해지역에서 영농을 계속할 수 없게 된 경우(과수 등 특정한 작목의 영농에만 사용되는 특정한 농기구의 경우에는 편입면적에 관계없이 해당 지역에서 해당 영농을 계속할 수 없게 된 경우)에는 농기구의 매각손실액(60% 이내)을 평가하여 보상합니다. 단, 호미, 낫, 괭이 등 소모성 단순농기구 또는 인력을 사용하는 소농기구는 보상에서 제외되며, 농경지의 2/3이상이 본 사업 지구에 편입되지 아니하거나 농업을 폐지하지 않을 경우(대체농지 구입시 폐농의사가 없는 것으로 봄)에는 손실이 없는 것으로 보아 농기구를 보상하지 않습니다.

농업의 손실에 대한 보상 및 농기구보상 등은 경작면적 및 폐농·대체농지 구입 여부 등을 개별적으로 확인하여 보상할 계획이며 추후 별도 안내하여 드리겠습니다.

사. 축산업 손실의 보상

1) 축산업에 대한 손실액은 영업손실의 보상 방법을 준용하여 평가한 금액으로 보상하며 축산업 보상의 대상은 다음과 같습니다.

- 「축산법」 제22조에 따라 허가 또는 등록한 부화업·정액등처리업·종축업·가축사육업
- 가축사육업의 경우 다음의 기준마리수 이상의 가축을 기르는 경우

닭 200마리, 토끼·오리 150마리, 양·돼지·염소 20마리, 소 5마리, 사슴 15마리, 꿀벌 20군

- 위의 기준마리수 미만의 가축을 기르는 경우로서 그 가축의 기준 마리수에 대한 실제 사육마리수의 비율의 합계가 1이상인 경우
  (ex. 소 4마리와 양 10마리를 기르는 경우 : 4/5+10/20가 1보다 크기 때문에 보상 대상임)
- 다만, 허가 또는 등록대상 축산업임에도 무허가(미등록) 상태로 기준마리수 이상 사육한 경우 또는 무허가 축사 등에서 축산업을 영위한 경우 축산보상에서 제외됨.
- 양봉에 대한 축산보상은 보상법 시행령 제26조에 따른 부재부동산 소유자가 아닌 자로, 사업지구 인근에 밀원이 존재하여 고정식 양봉으로 실제 판매 실적이 있는 경우

2) 상기 축산업의 손실보상 대상이 되지 아니하는 가축에 대하여는 이전비로 평가하여 보상합니다.

아. 휴직 등의 보상

1) 사업인정고시일 당시 사업시행지구안의 사업장에서 3월이상 근무한 근로자(소득세법에 의한 소득세가 원천징수 된 자에 한함)로서 근로 장소의 이전으로 일정기간 휴직하게 된 경우

- 휴직일수(휴직일수가 120일을 넘는 경우에는 120일로 봄)에 『근로기준법』에 의한 평균 임금의 70퍼센트에 해당하는 금액을 곱한 금액을 보상
- 평균 임금의 70%에 해당하는 금액이 『근로기준법』에 의한 통상임금을 초과하는 경우에는 통상임금을 기준으로 함

2) 근로 장소의 폐지 등으로 인하여 직업을 상실하게 된 경우에는 『근로기준법』에 의한 평균임금의 120일분에 해당하는 금액을 지급하나(실직보상), 사업주의 사정에 따라 자의적으로 폐업한 경우는 해당되지 않습니다.

자. 개간비 보상

국유지 또는 공유지를 관계법령에 의하여 적법하게 개간(매립·간척을 포함)을 한 자가 개간 당시부터 보상 당시까지 계속하여 적법하게 당해 토지를 점유하고 있는 경우(개간자가 사망한 경우 상속인이 개간자 사망시부터 계속하여 적법하게 점유한 경우 포함)에 개간비를 평가하여 보상합니다.

차. 잔여지 보상 등

일단의 토지의 일부가 협의에 의하여 매수되거나 수용됨으로 인하여 잔여지를 종래의 목적에 사용하는 것이 현저히 곤란한 때 등에는 토지소유자는 잔여지를 매수하여 줄 것 등을 청구할 수 있으며, 협의가 성립하지 아니한 경우 관할 토지수용위원회에 그 사업의 공사완료일까지 직접 수용을 청구할 수 있습니다.

【잔여지의 판단】
- 대지로서 면적의 과소 또는 부정형 등의 사유로 인하여 건축물을 건축할 수 없거나 건축물의 건축이 현저히 곤란한 경우
- 농지로서 농기계의 진입과 회전이 곤란할 정도로 폭이 좁고 길게 남거나 부정형 등의 사유로 인하여 영농이 현저히 곤란한 경우
- 공익사업의 시행으로 인하여 교통이 두절되어 사용 또는 경작이 불가능하게 된 경우
- 위 외에 이와 유사한 정도로 종래의 목적대로 사용하는 것이 곤란한 경우

4. 이주 대책

- 공익사업의 시행으로 인하여 주거용 건축물을 제공함에 따라 생활의 근거를 상실하게 되는 분에 대하여 다음과 같이 이주대책을 수립·시행합니다.
- 이주대책의 시행방법으로는 ①이주자 택지의 공급, ②이주자 주택의 공급, ③이주정착금 지급의 방법이 있습니다.

가. 가옥소유자 대책

1) 이주자 택지의 공급

구 분	내 용
대 상 자	**기준일(공람공고일) 이전부터 보상계약체결일 또는 수용재결일까지** 당해 사업지구내에 허가 가옥을 소유하면서 계속 거주한 분으로서 손실보상을 받고 본 사업시행으로 이주하는 분 중 이주자 택지의 공급을 원하는 분(단, 수도권지역 등은 기준일 1년 전부터 가옥을 소유하고 거주한 분에 한함) ※ **'89. 1. 25 이후 건축된 무허가건물 소유자 및 법인, 단체는 제외**
공급기준	**1세대 1필지** (생계를 같이 하는 동일세대가 2이상의 가옥을 소유한 때에도 1필지 공급)
공급규모	• **점포겸용 단독주택용지** : 1필지당 265제곱미터 이하 • **주거전용 단독주택용지** : 1필지당 330제곱미터 이하 (**블록형 단독주택용지**로 공급하는 경우에는 당해 단위 블록내 개별 필지의 평균면적을 기준으로 한다.) • **공동주택용지** : 실시계획승인서상 이주대책으로 공급하는 공동주택용지의 대지면적을 건설호수로 나눈 값의 1.2배 이하의 면적 ※ **블록형 단독주택용지와 공동주택용지는 이주자택지 공급대상자가 결성한 조합에 공급함**
공급가격	택지조성원가에서 「공익사업을 위한 토지 등의 취득 및 보상에 관한 법률 시행령」 제41조의2에 따른 생활기본시설 설치비를 제외한 금액 기준 (다만, 상기 기준면적을 초과하는 면적에 대해서는 감정평가한 금액으로 공급)
공급시기	추후 결정
공급위치	토지이용계획상 단독주택용지, 공동주택용지
순위결정 (예시)	- **1순위** : 보상금 수령후 공사가 제시한 기한까지 지구 밖으로 이전한 분 - **2순위** : 보상금 수령후 공사가 제시한 기한까지 지구 밖으로 이전하지 아니한 분

〈주의〉 공사가 시행하는 매립폐기물 조사를 거부하는 분 또는 공사가 제시한 기한내에 지장물 조사 또는 감정평가를 받지 아니한 분(이주 및 생활대책 수립지침 제4조 제6항)은 지구 여건에 따라 안내여부 결정

2) 이주자 주택의 공급

구 분	내 용
대 상 자	• 이주자택지 공급대상자 중 이주자택지 공급받을 권리를 포기하고 이주자 주택의 공급을 원하는 분 또는 이주자택지 대상은 되지 않지만 이주자주택 대상이 되는 분 • **기준일(공람공고일) 이전부터 보상계약체결일 또는 수용재결일까지** 당해 사업지구 내에 허가가옥을 소유하면서 계속 거주한 분으로서 손실보상을 받고 본 사업시행으로 이주하는 분 ※ '89. 1. 25 **이후 건축된 무허가건물 소유자 및 법인, 단체는 제외**
공급기준	전용면적 85㎡이하 분양주택
공급가격	**일반분양가격**에서 이주자 주택의 대지면적에 해당하는 생활기본시설 설치비를 차감한 금액 기준
공급시기	추후 결정

※ 주택의 공급은 「주택공급에 관한 규칙」 제3조 제2항 제8호를 적용

3) 이주정착금 지급

구 분	내 용
대 상 자	• 이주대책대상자 중 이주자 택지 또는 주택을 공급받을 권리를 포기하고 이주정착금의 지급을 요청한 분 • 이주대책 수립대상자이나 해당 사업지구의 여건상 이주자 택지 또는 이주자 주택의 공급을 받지 못한 분
지급금액	보상대상인 주거용 건축물에 대한 평가액의 30%에 해당하는 금액으로 하되, 그 금액이 6백만원 미만인 경우에는 6백만원으로 하고, 1천2백만원을 초과하는 경우에는 1천2백만원으로 함
지급시기	사업지구 밖으로 이주하고 주민등록이전 확인 후 지급

4) 주거이전비

구 분	내 용
대 상 자	공람공고일부터 보상계약체결일 또는 수용재결일까지 주거용 건축물을 소유하고 거주하다 본 사업시행으로 이주하는 분. 다만, 건물소유자가 실제 거주하고 있지 아니하거나, '89.1.25 이후 건축된 무허가건축물에 거주한 분은 제외
지급금액	통계청이 조사·발표하는 가계조사통계의 도시근로자가구의 가구원수별 월평균 가계지출비 × **2월분**(동일 주민등록상에 등록된 가족수를 기준으로 산정)

구분	내용
	※ 지급금액 예시(2020. 1월기준) (단위 : 원)

가구원수	주거이전비	가구원수	주거이전비	가구원수	주거이전비
1인	4,373,330	4인	10,479,960	7인	13,955,230
2인	6,723,530	5인	11,062,550	8인	15,401,570
3인	8,855,260	6인	12,508,890	9인	16,847,910

지급시기	사업지구 밖으로 이주하고 주민등록이전 확인 후 지급

5) 이사비

구 분	내 용
대 상 자	보상계획공고일 현재 주거용 건축물에 거주하는 분으로서 공익사업 시행으로 인하여 사업지구 밖으로 이주하게 되는 분
지급금액	가재도구 등 동산의 운반에 필요한 비용을 말하며 주거용 건물 점유면적 기준에 의하여 지급 [2016.1.6. 이전에 보상계획공고지구는 별도 확인 필요] ※ 지급금액 예시(2020. 1월 기준) (단위 : 원)

주택건평기준	이 사 비	주택건평기준	이 사 비
33㎡ 미만	701,260	66~99㎡ 미만	1,654,370
33~49.5㎡ 미만	1,102,910	99㎡ 이상	2,205,820
49.5~66㎡ 미만	1,378,640		

※ 가옥 소유자와 세입자 이사비는 동일

지급시기	사업지구 밖으로 이주하고 주민등록이전 확인 후 지급

- '89. 1. 25 이후 건축된 무허가건물의 소유자는 「공익사업을 위한 토지 등의 취득 및 보상에 관한 법률 시행령」 부칙 제6조 및 동법 시행규칙 부칙 제5조의 규정에 따라 이주자 택지, 이주자 주택, 이주정착금, 주거이전비지급 등의 대상자에서 제외됩니다.
- 동일 세대내에 이주자 택지 또는 주택, 협의양도인 택지, 주택의 특별공급 대상자가 있는 경우에는 그 원하는 바에 따라 한 가지만 공급받을 수 있습니다.

나. 세입자 대책

1) 주거 이전비

<table>
<tr><th>구 분</th><th>내 용</th></tr>
<tr><td>대 상 자</td><td>기준일(공람공고일) 3개월 이전부터 사업지구내 주거용 건축물('89.1.25이후 무허가 건축물 등은 제외)에 계속 거주한 세입자로서 본 사업시행으로 이주하게 되는 분(다만, '89.1.25이후 건축된 무허가건축물 등 세입자로서 기준일 당시 그 사업지구 안에서 1년 이상 거주한 세입자 포함)</td></tr>
<tr><td>지급금액</td><td>통계청이 조사·발표하는 가계조사통계의 도시근로자가구의 가구원수별 월평균 가계지출비 × 4월분(동일 주민등록상에 등록된 가족수를 기준으로 산정)

※ 지급금액 예시(2020. 1월 기준)
(단위 : 원)
<table>
<tr><th>가구원수</th><th>주거이전비</th><th>가구원수</th><th>주거이전비</th><th>가구원수</th><th>주거이전비</th></tr>
<tr><td>1인</td><td>8,746,660</td><td>4인</td><td>20,959,930</td><td>7인</td><td>27,910,470</td></tr>
<tr><td>2인</td><td>13,447,060</td><td>5인</td><td>22,125,100</td><td>8인</td><td>30,803,150</td></tr>
<tr><td>3인</td><td>17,710,530</td><td>6인</td><td>25,017,780</td><td>9인</td><td>33,695,830</td></tr>
</table></td></tr>
<tr><td>지급시기</td><td>사업지구밖으로 이주하고 주민등록이전 확인 후 지급</td></tr>
<tr><td colspan="2">※ 건물의 소유자와 세입자가 직계존비속의 관계이고 동일한 주거공간을 향유하고 있는 경우에는 주민등록상 독립세대를 이루고 있더라도 별도 세대가 아닌 가족의 일원으로 보아 소유자의 주거이전비에 포함하여 지급</td></tr>
</table>

2) 이사비 : 가옥소유자와 동일

※ **주거이전비 보상대상자는 수용재결 신청청구가 가능하며**, 분기별 주거이전비, 이사비, 농업손실보상금, 분묘이장비 단가는 우리공사 택지 보상정보 홈페이지(http://bosang.lh.or.kr) 상단의 보상정보-법정보상비 메뉴에서 확인하실수 있습니다.

다. 주택의 특별공급 등

1) 국민주택 등의 특별공급(소유자)

구 분	내 용
대 상 자	기준일(공람공고일,0000.00.00) 이전부터 보상계약체결일 또는 수용재결일까지 사업지구 안에 가옥('89. 3.30 이후 건축된 **무허가 가옥 등의 소유자 제외**)을 소유하고 있는 분으로서 당해 사업으로 그 주택이 철거되는 분(「주택공급에 관한 규칙」 제35조 제1항 제12호) ※ **입주자모집공고일 현재 무주택세대구성원에 한함**
공급규모	전용면적 00㎡이하(이주대책대상자와 차등적용 가능)
공급가격	일반 분양가격

※ 분양주택의 공급기준은 「주택공급에 관한 규칙」에 따라 적용되므로 공급기준이 추후 변경될 수도 있음

2) 공공임대주택의 특별공급(세입자)

구 분	내 용
대 상 자	**기준일(공람공고일,0000.00.00) 3개월 이전부터 해당 사업지구내에 철거되는 가옥에 계속하여 거주한 세입자로서 당해 공익사업 시행으로 인하여 이주하게 되는 분('89. 3.30 이후 건축된 무허가 가옥 등의 세입자 제외)** (「주택공급에 관한 규칙」 제35조 제1항 제12호, 제13호, 제35조 제2항) ※ **임대아파트 입주자모집공고일 현재 무주택세대구성원에 한함**
공급규모	전용면적 00㎡이하
공급시기	추후 지정

※ **토지이용계획상 공공임대주택이 건설되지 않을 경우 특별공급하지 못할 수도 있음**

3) 국민임대주택 등의 **우선공급**(소유자 및 세입자)

구 분	내 용
대 상 자	**기준일(공람공고일,0000.00.00) 3개월 이전부터 해당 사업지구내에 철거되는 주택(무허가 가옥 등을 포함)에 계속하여 거주한 소유자 또는 세입자** (「공공주택 특별법 시행규칙」 별표4 제2호) ※ **임대아파트 입주자모집공고일 현재 무주택세대구성원에 한함**
공급시기	국민임대주택 최초 입주자 모집시(소득요건 제외)

4) 국민임대, 매입임대, 전세임대주택 등 공급(소유자 및 세입자)

구 분	내 용
대 상 자	기준일(공람공고일,0000.00.00.) 3개월 이전부터 해당 사업지구내에 철거되는 비닐하우스 등 비주택에 계속하여 거주한 소유자 또는 세입자 (「주거취약계층 주거지원 업무처리지침」 제3조) ※ 임대아파트 입주자모집공고일 현재 무주택세대구성원에 한함
공급시기	추후 지정(주거취약계층 주거지원 업무처리지침에 따른 입주요건 만족해야 함)
※ 국민임대 등 예비입주자가 있는 경우 기존 예비입주자의 후순위 부여	

※ 주택의 특별공급과 우선공급 등은 이주대책의 수립과는 무관하며, 주택의 공급 조건·방법 및 절차 등에 관한 사항은 「주택공급에 관한 규칙」, 「공공주택 특별법」 및 「주거취약계층 주거지원 업무처리지침」에 따르므로 공급기준 등이 추후 변경될 수 있습니다.

5. 생활 대책

구 분	내 용
대 상 자	생활대책 수립대상자는 다음의 어느 하나에 해당하는 분 1. **이주자택지 공급대상자(이주자택지를 포기하고 이주자주택이나 이주 정착금을 신청한 분 포함)** **- 다만, 이주자택지 중 점포겸용 단독주택용지를 공급받는 분은 제외** 2. **기준일(공람공고일) 이전부터 보상계약체결일 또는 수용재결일까지** 당해 사업지구 안에서 **영업(농업, 축산업 등을 포함)을 한 분으로서 영업보상 등을 받은 분** (다만, 축산업의 경우 꿀벌은 50군 이상의 고정양봉을 한 분에 한하며, 농업·축산·화훼업을 영위한 분은 기준일 이전부터 해당 시·구·읍·면 또는 연접 시·구·읍·면에 거주한 분에 한함) **〈생활대책 수립제외 대상자〉** **1. 상기 수립대상자중 공사가 지정한 기한 내에 자진 철거 및 이전하지 않아 행정대집행을 받거나 토지 및 물건인도소송, 인도단행가처분이 제기된 분** **2. 법인과 단체** **3. 토지조사와 관련하여 매립폐기물 조사 거부자** **4. 공사로부터 조성용지를 공급받는 공장 이주대책 수립대상자로서 해당 공장영업 이외에 별도의 영업보상 등을 받지 않은 분**
공급기준	• 상가부지 20㎡~27㎡ 이하(영업,영농,축산보상을 받은 분) • 상가점포(적법한 점포를 소유하고 직접 사업자등록 및 영업행위를 한 분) *** 구체적인 상가부지 용도는 생활대책의 구체적 내용 안내 시 추후 공지** *** 상가부지는 근린생활시설용지를 우선적으로 공급**
공급가격	• 상가부지 : 감정가격 • 상가점포 : 동일상가 동일층 제곱미터당 평균 낙찰가격
공급방법	공급대상자들로 구성된 조합에 공급, 생활대책용지 공급신청 조합을 대상으로 위치 추첨
공급시기	공사에서 추후 결정 통보

※ 수도권의 경우 기준일이 공람공고일 1년전임

※ 1인이 2개 이상의 요건에 해당하거나 세대원이 각각 대상자 요건에 해당하는 경우에도 1세대당 1건에 한하여 공급

생활대책 대상자 세분 및 공급면적

구 분	대 상 자	공급규모
이주자택지 공급대상자	점포겸용 단독주택용지를 공급받지 않는 이주자택지 공급대상자	27㎡ 이하
영업자	기준일(공람공고일) 이전부터 보상계약체결일 또는 수용재결일까지 관계법령에 의한 허가 등을 받고 「건축법」 제22조에 의한 사용승인을 받은 점포용 건물을 소유하여 「부가가치세법」에 의한 사업자등록을 하고, 직접 영업행위를 하는 분으로서 당해사업에 따라 그 건물이 철거되는 분	상가점포
	기준일(공람공고일) 이전부터 보상계약체결일 또는 수용재결일까지 허가 등을 받고 사업자등록을 필하여 영업을 행한 분으로서 영업보상을 받은 분	27㎡ 이하
	- 기준일(공람공고일) 이전부터 보상계약체결일 또는 수용재결일까지 허가 등이 필요하지 않은 자유업을 행한 분으로서 영업보상을 받은 분 - 기준일(공람공고일) 이전부터 영업한 분 중 토지보상법 시행규칙 제45조 제1호 단서 및 제52조에 따라 무허가건축물에서 영업한 임차인으로 영업보상을 받거나 무허가영업 특례로 보상받은 분	20㎡ 이하
영농자	기준일(공람공고일) 이전부터 보상계약체결일일 또는 수용재결일까지 당해지역에 거주하고 사업지구내 농지 2,000㎡이상을 경작하여 농업손실보상을 받은 자경농(자경+임차면적 합계가 2,000㎡이상일 때는 소유농지면적이 1,000㎡ 이상인 경우)	27㎡ 이하
	기준일(공람공고일) 이전부터 보상계약체결일 또는 수용재결일까지 당해지역에 거주하고 사업지구내 농지 2,000㎡이상을 경작하여 농업손실보상을 받은 임차농(자경농지를 합하여 2,000㎡ 이상인 경우 포함)	20㎡ 이하
시설채소농 및 화훼농	기준일(공람공고일) 이전부터 보상계약체결일 또는 수용재결일까지 당해지역에 거주하고 본인소유 토지에 시설채소 또는 화훼를 660㎡이상 경작하여 농업손실보상을 받은 분	27㎡ 이하
	기준일(공람공고일) 이전부터 보상계약체결일 또는 수용재결일까지 당해지역에 거주하고 토지를 임차하여 시설채소 또는 화훼를 660㎡이상 경작하여 농업손실보상을 받은 분	20㎡ 이하
축산업자	기준일(공람공고일) 이전부터 보상계약체결일 또는 수용재결일까지 축산법에 따라 등록하고 축산업을 영위하여 축산보상을 받은 분	27㎡ 이하
	기준일(공람공고일) 이전부터 보상계약체결일 또는 수용재결일까지 축사 등 200㎡ 이상의 시설(울타리를 기준으로 하여 가축사육시설 및 운동장을 포함)을 갖추고 축산업을 영위하여 축산보상을 받은 분(양봉은 50군 이상의 고정식 양봉업에 한함)	20㎡ 이하

※ 수도권의 경우 기준일이 공람공고일 1년전임

※ 영업의 "허가 등" 이란 해당 영업을 위한 허가 또는 면허를 받거나 신고를 한 경우를 의미함

6. 협의 양도인 택지

<table>
<tr><th>구 분</th><th>내 용</th></tr>
<tr><td>대 상 자</td><td>기준일(공람공고일) 이전부터 사업지구내 토지를 소유(공유지분인 경우를 포함)하여온 분으로서 당해 사업지구 내에 소유한 토지(『공익사업을 위한 토지 등의 취득 및 보상에 관한 법률』제3조의 규정에 해당하는 물건이나 권리가 있는 경우에는 이를 포함)의 전부를 협의에 의하여(토지, 물건, 영업권 등 어느 하나라도 수용재결 신청하면 대상자 부적격) 공사에 양도한 분 중 협의양도한 토지의 면적이 다음 각호의 기준면적에 해당하는 분
1. 수도권지역 : 1,000㎡ 이상
2. 수도권 이외의 지역 : 400㎡ 이상
※ 협의양도한 토지를 지분으로 공유하고 있는 경우에는 개인별 지분면적을 기준으로 산정. 다만, 협의양도한 1필지내 공유지분 면적이 기준면적 미만인 경우에는 그 미만소유자 전원(다른 토지에 의하여 별도로 협의양도인택지를 공급받는 분을 제외)의 지분 면적의 합계가 기준면적 이상이면 그 전원을 1인의 공급대상자로 함
* 수도권 면적을 기준으로 한 예시
예) 2,200㎡를 2명이 공유하고 있는 경우 → 2명 모두에게 협의양도인 택지 공급 가능
예) 1,200㎡를 3명이 공유하고 있는 경우 → 3명에게 협의양도인 택지 1필지 공급 가능
※ 법인이나 단체(종중 포함)는 제외</td></tr>
<tr><td>공급용지</td><td>주택건설용지(140㎡~265㎡ 기준)</td></tr>
<tr><td>공급가격</td><td>• 수도권지역 : 감정가격
• 수도권 이외의 지역 : 조성원가의 110%
(다만, 감정가격을 초과하는 경우 감정가격)</td></tr>
<tr><td>공급위치</td><td>공급대상 토지들을 대상으로 추첨으로 결정</td></tr>
<tr><td>공급시기</td><td>공사에서 추후 결정</td></tr>
</table>

※ 공유 공급토지 포함하여 1세대 1필지에 한하여 공급

※ 협의양도인택지공급이 이주자 택지공급, 주택공급 등의 공급과 중복될 경우 그 원하는 바에 따라 어느 하나만을 공급(중복공급 불가)

※ **단독주택용지로 대토공급을 받은 자는 협의양도인택지 공급대상에서 제외**

※ **종교용지, 유치원용지 등을 대토공급을 받은 자는 협의양도종교용지 등에서 제외**

※ 보상대상 일부라도 수용재결 등에 의해 보상받은 경우에는 협의양도인택지 공급 불가

※ 협의보상현황 및 실시계획승인 결과에 따라 협의양도인택지 공급가능 필지수가 대상자에 비해 부족할 경우 추첨으로 대상자를 결정하며 이주자택지 및 협의보상 현황에 따라 추첨에서 탈락한 자는 협의양도인택지 공급 불가능할 수 있음

※ 「택지개발촉진법」에 의한 택지개발사업 또는 「도시개발법」에 의한 도시개발사업을 위하여 「개발제한구역의 지정 및 관리에 관한 특별조치법」에 따라 개발제한구역을 해제하고 공공사업을 시행하는 경우 협의양도인택지를 공급받지 못한 자에게 무주택세대구성원에 한하여 85제곱미터 이하의 분양주택 공급 할 수 있음

7. 보상금 지급 방법

가. 보상금 지급시기

토지보상금은 계약체결 및 소유권이전등기 완료 후에 개인 은행계좌로 지급하므로 소유권이전 일정을 감안시, 접수에서 보상금 지급까지는 약 7~15일정도 소요되며, 제3자의 권리(근저당권, 압류, 가압류, 지상권 등)가 설정된 경우에는 계약체결 전 반드시 말소하거나 또는 **제3의 권리자가 말소에 필요한 서류를 계약체결 시 함께 제출한 경우에는 계약 체결이 가능**합니다.

또한, 등기필증(등기권리증)을 분실한 경우의 확인서면 작성비용, 소유권 이외의 권리 등 말소비용, 상속등기비용, 주소정정등기 등에 소요되는 비용 등은 소유자께서 부담하여야 합니다.

나. 보상금 지급방법

1) 현금·채권보상

구 분	현 지 인	부재부동산 소유자	비 고
보상 착수후 1개월 이상	- 현금 보상 - 토지소유자 또는 관계인이 원하는 경우 채권보상 가능	- 토지투기가 우려되는 지역*안에서 공익사업**을 시행하는 경우 1억원을 초과하는 부분은 채권으로 보상 (토지보상법 제63조 제8항, 동법 시행령 제27조의2)	

* 「부동산 거래신고 등에 관한 법률」 제11조의 토지거래허가구역이 속한 시·군 또는 구 및 위 지역과 연접한 시·군 또는 구

** 「택지개발촉진법」, 「산업입지 및 개발에 관한 법률」, 「도시개발법」, 「물류시설의 개발 및 운영에 관한 법률」, 「관광진흥법」, 「공공주택건설 등에 관한 특별법」, 「신행정수도 후속대책을 위한 연기·공주지역 행정중심복합도시 건설을 위한 특별법」에 근거한 공익사업

※ 채권보상시 양도소득세 상당금액을 현금으로 지급받기 위해서는 세무사의 확인을 받은 양도소득세 계산내역을 제출해야 하며, 추후 실납부액과 사전 계산금액의 차이를 확인할 수 있으니 양도소득세 사전계산시 유의하시기 바랍니다.

2) 대토보상 ☞ p.26 참조

다. 부재부동산소유자의 토지

사업인정고시일 1년 전부터 당해지역에 계속하여 주민등록을 하지 않은 분 또는 주민등록을 하더라도 당해지역에 사실상 거주하고 있지 아니한 분(요양, 입영, 공무, 취학 등의 경우는 제외)이 소유하는 토지를 부재부동산 소유자의 토지로 합니다.

【부재부동산 소유자의 토지로 보지 아니하는 경우】

- 상속에 의하여 취득한 경우로써 상속받은 날로부터 1년이 경과(기준일은 사업인정고시일)되지 아니한 토지
- 사실상 거주하고 있음을 객관성이 있는 자료에 의해서 입증하는 자가 소유한 토지
- 사업인정고시일 1년 전부터 사실상 영업하고 있음을 입증하는 사람이 해당 영업을 하기 위하여 소유하는 토지
- 사업지구가 속한 시·구·읍·면 또는 연접 시·구·읍·면에 거주하고 있지 않는 자의 소유토지 중 토지소유자의 주민등록 주소지로부터 직선거리 30킬로미터 이내의 토지

□ 당해지역의 범위

구 분	지 역
동일 시·구·읍·면	○○시 ○○면 지역
연접 시·구·읍·면	○○시 ○○읍 ○○면 ○○시 ○○면 ○○읍

라. 용지보상용 채권의 내용

<table>
<tr><th>구 분</th><th colspan="2">내 용</th><th>비 고</th></tr>
<tr><td>발행 방법</td><td colspan="2">무기명식 액면 발행
(3년만기/5년만기 채권 중 선택하실 수 있습니다)</td><td>채권계좌에 입고</td></tr>
<tr><td rowspan="3">이율</td><td>3년만기</td><td>• 현지인 : 3년 만기 국고채 금리와 3년 만기 정기예금금리 중 높은 금리 적용
• 부재부동산 소유자 : 3년 만기 정기예금 금리 수준</td><td rowspan="3">'19. 12월 현재
·3년만기 채권
-부재지주 : 1.48%
-현 지 인 : 1.49%
·5년만기 채권 : 1.59%</td></tr>
<tr><td>5년만기</td><td>• 현지인 및 부재부동산 소유자 : 5년 만기 국고채 금리</td></tr>
<tr><td colspan="2">※ 이율은 매월 변동되며, 보상금 지급일이 속하는 월의 이율 적용(토지보상법 제63조 제9항에 따라 산정)</td></tr>
<tr><td>원금 상환</td><td colspan="2">만기 일시상환</td><td rowspan="2">상환일로부터 원금은 5년, 이자는 3년 이내 수령하지 않는 경우 지급의무가 소멸함을 유의</td></tr>
<tr><td>이자 지급</td><td colspan="2">1년 단위 복리계산, 만기 일시 지급</td></tr>
</table>

마. 용지보상용 채권관련 유의사항

1) 「주식·사채 등의 전자등록에 관한 법률」에 따라 채권실물을 발행하지 않고 전자등록기관(한국예탁결제원)의 전자등록계좌부에 채권 및 소유관계사항을 등록하는 방식으로 채권을 발행합니다.
2) 피보상자는 우리공사가 지정한 채권지급대행 금융기관에 계좌를 개설하여 증권계좌(카드)사본을 제출하여야 합니다.

※ 공사가 지정한 채권지급 대행 금융기관(22개)

교보증권, 신한금융투자, 한국투자증권, 대신증권, 미래에셋대우, 신영증권, 유진투자증권, 메리츠종금증권, NH투자증권, KB증권, 한화투자증권, 유안타증권, SK증권, 삼성증권, DB금융투자, 하이투자증권, 하나금융투자, 현대차증권, 케이프투자증권, IBK투자증권, BNK투자증권, 키움증권

(참고사항) 채권계좌 개실시 온라인약정을 체결할 경우 해당 금융기관에 내방하지 않고 타 증권계좌로의 채권 이체가 자유로우니 참고하시기 바랍니다.

※ 양도소득세를 추가감면 받고자 우리공사와 채권 만기보유특약을 체결시에는 우리공사 명의 예탁계좌를 통해 등록발행합니다.

3) 채권은 무기명식으로 발행되므로 금융시장에 유통이 자유롭고 금융기관의 담보취득이나 질권 설정이 가능하여 현금 대용으로 사용할 수 있습니다.

※ 조세특례제한법 제77조에 따라 채권을 만기까지 보유하기로 우리공사와 특약을 체결하는 경우에는 양도소득에 대하여 30/100(3년만기) 혹은 40/100(5년만기)에 상당하는 세액을 감면받을 수 있으나 금융기관의 담보취득이나 질권설정은 불가함

4) 채권 보상시 채권의 매출일(보상금 지급일)과 발행일(보상금 지급일이 속한 달의 말일)이 달라 보상금 지급시 그 차이기간에 대한 선이자를 현금으로 추가지급하고 있습니다. 이 경우 「소득세법」 제130조에 따라 이자소득에 대한 소득세를 원천징수 후 지급하고 있으므로 다음해 5월 종합소득세 신고시 동 이자소득이 누락되지 않도록 유의하시기 바랍니다.
5) 채권 만기보유특약 체결시 만기시점에 원리금이 지급되며, 해당이자금액에 따라 금융소득 종합과세 대상이 될 수 있으니 유의하시기 바랍니다.

8. 대토보상

가. 대토보상제란?

토지소유자가 원하는 경우 토지보상금을 현금으로 지급하는 대신 당해 사업의 시행으로 조성한 토지로 보상하는 것을 말합니다.

※ 신청기간 : 보상협의를 시작한 날로부터 15일째 되는 날까지

나. 대토보상 대상자 및 우선순위

1) 대 상 자

건축법상 대지의 분할제한 면적(주거지역 60㎡, 상업·공업지역 150㎡, 녹지지역 200㎡, 그 밖의 지역은 60㎡ 이상으로서 해당 지방자치단체의 조례로 정하는 면적) 이상의 토지를 우리공사에 양도한 분

2) 우선순위

- 1순위 : 현지인 중 공람공고일(이주대책 수립대상자 선정기준일) 1년 이전부터 해당사업지구 거주자. 1순위자가 경합하면 전체 토지 보상금 중 보상채권과 대토보상의 합계금액 비율이 높은 자를 우선 선정
- 2순위 : 현지인 중 1순위자가 아닌 자. 2순위자가 경합하면 전체 토지 보상금 중 보상채권과 대토보상의 합계금액 비율이 높은 자를 우선 선정
- 부재부동산 소유자는 현지인에 대한 신청접수 결과 남은 물량이 있을 경우 현금보상분(1억원 한도)에 대해서만 대토보상신청이 가능합니다.
- 상기의 우선순위 적용에 있어 보상채권과 대토보상의 합계금액이 30억원 이상인 경우는 토지보상금 전부를 보상채권과 대토보상으로 받은 것으로 보며, 채권 등의 금액비율 및 대토보상 비율이 동일하여 경쟁이 있는 경우에는 추첨으로 대상자를 선정합니다.
- **수용재결에 의해 보상대상 토지를 양도**할 경우 대토보상 물량이 있는 경우에 한해 대토 보상 가능합니다.

다. 대토보상 대상토지 및 공급기준

구분	주택용지	상업용지	기타용지
대상토지	- 단독주택용지(주거전용, 점포겸용 블록형) - 공동주택용지	- 근린생활시설용지 - 준주거용지 - 근린상업용지 - 일반상업용지 - 중심상업용지	업무시설용지·시장용지·종교용지·주차장용지·유치원용지·자족시설용지 등
1인당 한도	990㎡ 이하 (주거전용, 점포겸용 단독 주택지는 1세대 1필지)	33㎡~1,100㎡ 이하	특별한 제한없이 토지이용계획을 고려(1인 1필지 신청 원칙)
공급가격	일반분양가격	당해필지 감정가격에 공급용도별 평균낙찰률을 곱하여 결정	- 당해필지 감정가격에 공급용도별 평균낙찰률을 곱하여 결정 - 협의양도자에 수의계약으로 공급하는 토지는 「택지개발업무 처리지침」등 관련 법령상 기타 실수요자에 대한 공급가격 적용
기타사항	● 대토보상액의 130%까지 대토보상용 조성용지 공급계약 가능 ● 대토보상 계약자가 대토보상권을 「부동산투자회사법」 제26조의3에 따라 현물출자한 경우 해당 개발전문 부동산회사(대토개발리츠)와 공급계약체결 ● 대토보상은 주택용지와 상업용지, 기타용지 중 1필지만 신청 ● 법인과 종중은 각각 단독주택용지와 공동주택용지에 대하여는 대토보상을 신청할 수 없음 ● 건축법 시행령 별표1 근린생활시설의 토지 및 건축물 소유자가 전부 협의에 응하고 근린생활시설용지를 신청하여, 대토보상으로 근린생활시설용지를 우선공급 받은 경우에는 생활대책대상자에서 제외 ● 주거전용, 점포겸용 단독주택용지는 1세대 1필지에 한하여 신청 ● 필지별 계약 대상자가 다수인으로 1필지가 1인당 대토보상 면적을 초과할 경우 계약대상자가 원하는 바에 따라 계약대상자별 지분을 공급하는 방식으로 공급계약을 체결하거나 필지별 계약대상자가 결성한 조합과 공급계약을 체결할 수 있습니다.		

라. 보상금 처리방법

- 토지로 보상하는 금액에 대해서는 보상금 지급을 유예하고 조성토지 공급시 보상금을 조성토지 공급대금으로 상계처리합니다.
- 지급유예 보상금에 대해서는 해당 토지의 소유권이전등기 접수일부터 공급계약 체결일 또는 현금보상 전환일 전일까지 3년 만기 국고채 금리와 3년 만기 정기예금금리 중 높은 금리를 적용한 이자를 지급합니다(이자소득세는 원천징수함).

마. 전매 제한

대토로 보상받기로 결정된 권리(토지보상법 제63조 제4항에 따라 현금으로 전환하여 보상받을 권리 포함)는 소유권이전등기시까지 전매를 금지하며(상속 및 「부동산투자회사법」에 따른 개발전문 부동산투자회사에 현물출자하는 경우 제외), 이를 위반 시 3년 만기 정기예금이자율의 1/2을 적용하여 현금으로 보상합니다.

바. 현금보상 전환

아래의 경우에는 현금보상으로 전환하며, 지급유예한 보상금에 **해당 토지의 소유권 이전등기 접수일부터** 조성토지 계약체결일 또는 현금보상 전환일까지 보상금 지급일 당시의 다음 이자율을 적용한 이자를 가산하여 드리며, 이자는 현금보상 전환시에 원천징수분을 제외하고 일괄 지급하여 드립니다.

현금보상 전환 사유	적용이자율
1. 토지소유자가 보상계약 체결일부터 1년이 경과하여 이를 현금으로 전환하여 보상하여 줄 것을 요청하는 경우 2. 당해 사업계획의 변경 등의 사유로 대토보상 할 수 없을 때 3. 토지소유자가 다음 어느 하나에 해당 되어 현금보상을 요청하는 경우 ① 국세 및 지방세의 체납처분 또는 강제집행을 받는 경우 ② 세대원 전원이 해외로 이주하거나 2년 이상 해외에 체류하는 경우 ③ 토지소유자의 채무변제를 위하여 현금보상이 부득이한 경우 ④ 그 밖에 부상이나 질병의 치료 등을 위하여 현금보상 부득이 하다고 명백히 인정되는 경우 4. 토지소유자들이 조합구성에 실패하여 토지로 보상할 수 없는 경우	토지보상법 제63조 제9항 제2호 가목에 따른 이자율(3년 만기 국고채 금리와 3년 만기 정기예금 이자율 중 높은 이율)

사. 대토보상 토지의 양도소득세 관련 안내

1) 과세이연

- 대토보상금에 대해서는 대토로 보상받는 토지를 처분하는 시점까지 양도소득세 과세를 이연받을 수 있습니다(조세특례제한법 제77조의2).
  단, 과세이연 받은 거주자가 의무사항을 위반하는 경우, 과세이연 받은 세액 및 이자 상당 가산액을 양도소득세로 납부하여야 합니다.
- 과세이연 신청방법 : 양도한 날이 속하는 과세연도의 과세표준신고시 제출

■ **피보상자 의무사항 위반의 경우**

양도소득세와 이자상당가산액이 부과되는 경우	양도소득세만 부과되는 경우
• 전매금지를 위반함에 따라 대토보상이 현금 보상으로 전환된 경우 • 해당 대토에 대한 소유권 이전등기를 완료한 후 3년 이내에 해당 대토를 양도한 경우 ※ 이자상당가산액은 납부세액에 1일 1만분의 3(년 10.95%)씩 감면받은 과세연도의 종료일 다음 날부터 상기 해당사유가 발생한 날의 과세연도 종료일까지의 기간동안 부과	• 해당 대토의 소유권 이전등기의 등기원인이 대토보상으로 기재되지 아니한 경우 • 전매금지 위반 외의 사유로 대토보상이 현금 보상으로 전환된 경우 • 해당 대토를 증여하거나 상속이 이루어지는 경우

2) 양도소득세 감면

- 대토보상자가 과세이연을 신청하지 않을 경우, 공익사업용 토지에 대한 양도소득세의 40% **감면이 가능**합니다.
- 다만, 양도소득세를 감면받은 경우에도 의무사항을 위반하는 경우 감면받은 세액 및 이자상당 가산액을 양도소득세로 납부해야 합니다.

○ **대토보상자의 공동사업 시행시 과세이연혜택 종료**

국세청 질의회신에 따르면, 지분소유자들이 약정을 체결하여 공동사업을 하는 경우 그 **약정체결**은 「소득세법」 제88조에 따른 양도에 해당되어 약정체결 시점에 양도소득세 등 부과요건이 성립됨

> 소득세법 제88조(양도의 정의)
> ① 제4조 제1항 제3호 및 이 장에서 "양도"란 자산에 대한 등기 또는 등록과 관계없이 매도, 교환, 법인에 대한 현물출자 등으로 인하여 그 자산이 유상으로 사실상 이전되는 것을 말한다.

※ 공동사업 약정내용에 이익배분에 관한 내용이 있고, 이를 출자에 따른 자산의 유상이전으로 보는 것이며, 조합을 구성하든 안하든 **공동사업 약정체결을 대부분 자산의 유상이전으로 간주**

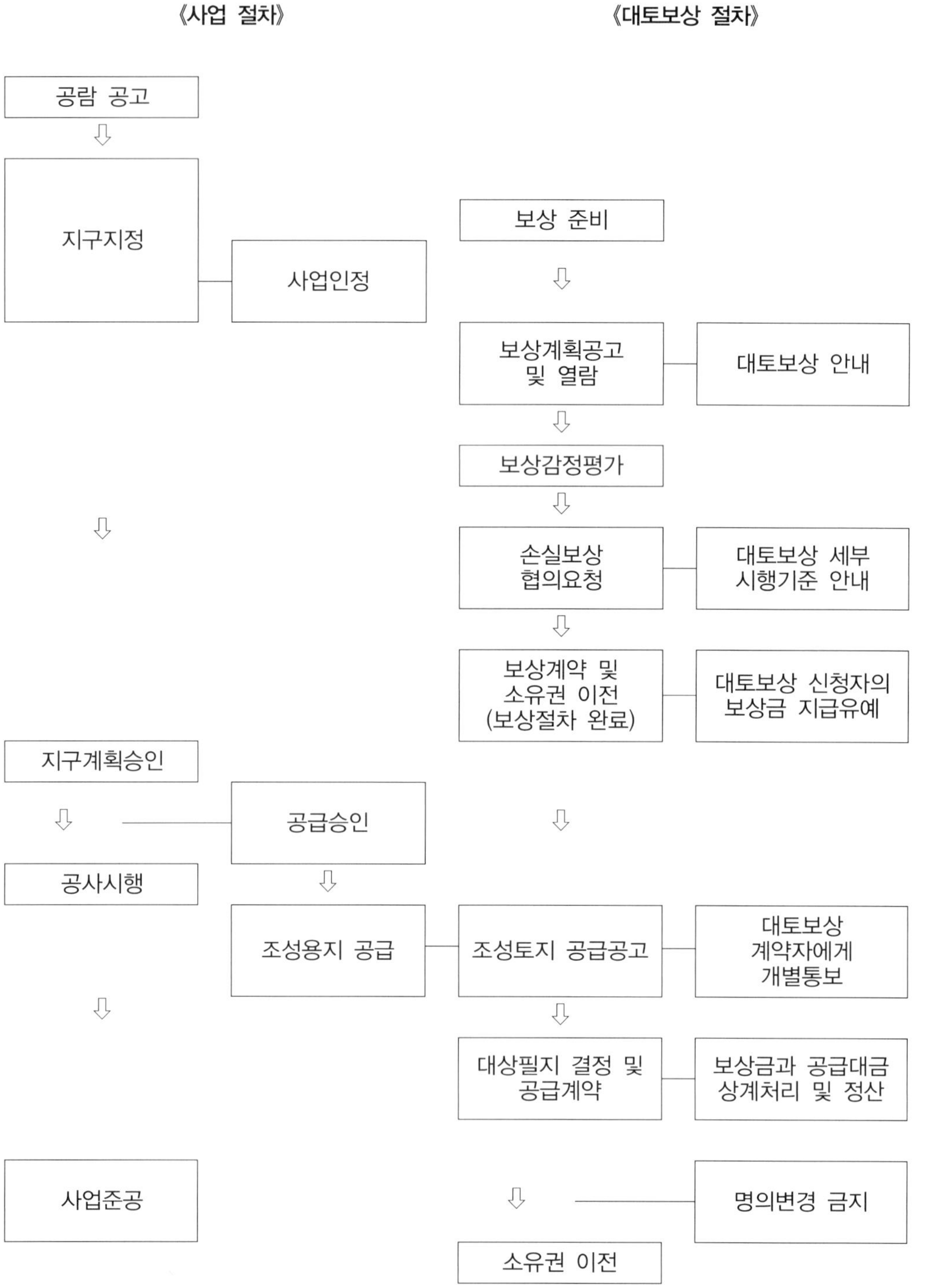
《사업 절차》
《대토보상 절차》
공람 공고
지구지정
사업인정
보상 준비
보상계획공고 및 열람
대토보상 안내
보상감정평가
손실보상 협의요청
대토보상 세부 시행기준 안내
보상계약 및 소유권 이전 (보상절차 완료)
대토보상 신청자의 보상금 지급유예
지구계획승인
공급승인
공사시행
조성용지 공급
조성토지 공급공고
대토보상 계약자에게 개별통보
대상필지 결정 및 공급계약
보상금과 공급대금 상계처리 및 정산
사업준공
명의변경 금지
소유권 이전

III 보상관련 세제 안내

아래에서 안내하는 「세금관련 사항」은 관계법령을 발췌한 내용으로 관련 규정의 개정 등으로 내용이 변경될 수 있으니 양도소득세 감면한도 등 구체적인 내용은 반드시 주소지 관할 세무서(국세), 관할 지자체 세무과(지방세) 또는 세무사에게 문의하시기 바라며, 우리공사는 협의보상기간 중 부동산 전문 세무사로 하여금 세무 상담 서비스를 제공토록 할 예정입니다.

1. 양도소득세

구 분	내 용	관련법규
자경농지에 대한 양도소득세 감면	농지소재지에 거주하는 대통령령이 정하는 거주자가 8년 이상 직접 경작한 토지로서 농업소득세의 과세 대상이 되는 토지중 대통령령이 정하는 토지의 양도로 인하여 발생하는 소득에 대하여는 양도소득세의 100분의 100에 상당하는 세액을 감면	조세특례 제한법 제69조
농지대토에 대한 양도소득세 감면	농지소재지에 거주하는 대통령령이 정하는 거주자가 직접 경작한 토지로서 농업소득세의 과세대상이 되는 토지를 경작상의 필요에 의하여 대통령령이 정하는 경우에 해당하는 농지의 대토로 인하여 발생하는 소득에 대하여는 양도소득세의 100분의 100에 상당하는 세액을 감면	조세특례 제한법 제70조
공익사업 토지 등 양도소득세 감면	사업인정고시일부터 소급하여 2년 이전에 취득한 토지등을 2021년 12월 31일 이전에 양도함으로써 발생하는 소득에 대해서는 양도소득세의 100분의 10[보상금을 채권으로 받을경우 100분의 15로 하되, 해당 채권을 3년 이상의 만기까지 보유하기로 특약을 체결하는 경우에는 100분의 30(만기가 5년 이상인 경우에는 100분의 40)] 상당하는 세액을 감면함. 다만, 채권을 만기까지 보유하기로 특약을 체결하고 양도소득세의 100분의 30에 상당하는 세액을 감면받은 자가 그 특약을 위반하게 된 경우에는 즉시 감면받은 세액 중 양도소득세의 100분의 15(만기가 5년이상인 경우에는 100분의 25)에 상당하는 금액을 징수	조세특례 제한법 제77조
대토보상에 대한 양도소득세	사업인정고시일부터 소급하여 2년 이전에 취득한 토지등을 2021년 12월 31일 이전에 양도함으로써 발생하는 양도차익으로서 토지 등의 양도대금을 해당 공익사업의 시행으로 조	조세특례 제한법 제77조의2

구 분	내 용	관련법규
감면 등	성한 토지로 보상(대토보상)받는 부분에 대해서는 100분의 40에 상당하는 세액을 감면받거나 양도소득세의 과세를 이연 받을 수 있음	
1세대 1주택과 그 부속토지의 비과세	1세대가 1주택(미등기 양도자산 또는 고급주택은 제외)을 소유하고 당해 주택의 보유기간이 2년 이상인 경우. 단, 토지보상법에 의한 협의매수 또는 수용의 경우 보유기간에 대한 제한 없음	소득세법 제89조 및 시행령 제154조
공익사업을 위한 공장 이전에 대한 과세 특례	공익사업을 위한 수용으로 2년 이상 가동한 공장을 이전함에 따라 발생하는 양도차익에 대하여 법인의 경우 3년이 지난뒤 3년간 분할하여 이익금에 산입하도록 하고 개인의 경우 양도소득세를 3년이 지난 뒤 3년간 분할납부 할 수 있게 함	조세특례 제한법 제85조의7
양도소득세 감면의 종합 한도	개인의 조세특례제한법 제69조, 제70조, 제77조, 제77조의2 등에 따라 감면받을 양도소득세액의 합계액이 과세기간 별로 1억원을 초과하는 경우에는 1억원에 상당하는 금액 5개 과세기간의 제70조에 따라 감면받을 양도소득세액의 합계액이 1억원을 초과하는 경우에는 1억원에 상당하는 금액 5개 과세기간의 제69조까지, 제70조와 제77조 또는 제77조의2에 따라 감면받을 양도소득세액의 합계액이 2억원을 초과하는 경우에는 2억원에 상당하는 금액	조세특례 제한법 제133조

2. 부동산 양도 예정신고(확정신고)

가. 양도소득세 예정신고는 대금청산일 또는 등기접수일 중 빠른 날이 속한 달의 말일부터 2개월 이내에 신고하여야 하고(소득세법 제105조), 확정신고는 양도일의 다음해 5월31일까지 신고하여야 합니다(소득세법 제110조).

나. 예정신고를 한 경우에는 합산신고 대상이 아니라면 확정신고는 하지 않아도 됩니다.

다. 토지 등을 사업시행자에게 양도하여 발생하는 소득에 대해서 양도한 달의 말일부터 2월 이내 예정신고를 하지 않은 경우 양도소득세액의 20%에 해당하는 가산세가 부과됩니다(국세기본법 제47조의2).

3. 취득세 비과세(토지수용 등으로 인한 대체취득시)

※ 지방세특례제한법 제73조 및 동법 시행령 제34조

1) 현지인으로서 보상금을 마지막으로 받은 날로부터 1년 이내(직접 경작할 목적으로 취득하는 농지의 경우 2년 이내)에 이를 대체할 다음 각 호의 구분에 따른 지역에서 부동산 등(이주자택지 포함)을 취득한 때에는 지방세특례제한법 제73조에 의거 보상금의 범위 이내에서 새로이 취득하는 부동산 등의 취득세는 부과되지 않습니다.

> **※ 보상금을 마지막으로 받은 날**
> - 현금수령시 : 보상금을 마지막으로 받은 날
> - 재결공탁시 : 공탁일
> - 대토보상시 : 보상받는 토지의 취득이 가능한 날
> - 채권수령시 : 채권상환기간만료일
> - 사업시행자의 사정으로 대체취득이 불가능한 경우 : 취득이 가능한 날
>   (이주자 택지 등을 공급받은 경우)

가) 농지 외의 부동산 등 대체 취득

① 수용된 부동산 등이 소재하는 특별시·광역시·도 내의 지역

② ①이외의 지역으로서 연접한 시·군·구 내의 지역

③ 소득세법 제104조의2 제1항에 따른 지정지역(이하 지정지역)을 제외한 연접한 특별시·광역시·도 내의 지역

나) 농지의 대체취득(자경농민이 농지경작을 위하여 총 보상금액이 100분의 50미만의 가액으로 취득하는 주택 포함)

① 가)의 규정에 따른 지역

② ①이외의 지역으로서 지정지역을 제외한 지역

2) 새로 취득한 부동산 가액의 합계액이 종전의 부동산 가액의 합계액을 초과하는 경우 그 초과액에 대하여는 취득세가 부과되며, 부재부동산 소유자 등의 경우에도 취득세가 부과됩니다.

※ 세법상 부재부동산 소유자의 범위는 토지보상법과 다르므로, 세부기준은 지방세특례제한법 시행령 제34조 2항을 참고하시기 바랍니다.

3) 대체취득 비과세 적용은 수용된 분과 대체취득한 분이 동일해야 적용 받을 수 있

으며 대체취득에 대한 취득세를 비과세 받으려 하는 경우에는 과세기관에 토지등의 수용확인서를 제출하여야 합니다.

4. 농어촌특별세

1) 양도소득세 세액감면을 적용 받는 경우 감면받은 세액의 20%를 농어촌특별세로 납부하셔야 합니다(농어촌특별세법 제5조). 단, 대통령령이 정하는 자경농지에 대한 양도소득세 감면을 적용받는 경우에는 농어촌특별세가 비과세 됩니다(농어촌특별세법 시행령 제4조 제1항 제1호).
2) 대체취득에 대한 취득세가 비과세되는 경우, 농어촌특별세도 비과세 됩니다(농어촌특별세법 시행령 제4조 제6항 제5호).

토지수용확인서 발급 안내

(대체취득에 따른 취득세 감면신청용)

□ 지방세특례제한법상 부재부동산 소유자가 아닌자로서 보상금을 마지막으로 받은 날로부터 1년 이내에 수용 또는 보상받은 부동산을 대체할 부동산(대토보상, 공사에서 공급하는 이주자택지 등 포함)을 취득한 경우 대체 부동산에 대한 취득세를 감면받기 위하여 공사로부터 수용확인서를 발급받아 취득세 납부신고시 이를 함께 제출하셔야 합니다.

□ 대체취득 부동산등의 취득세 감면신청 절차

매매계약체결 (대체취득 부동산) ⇨ 토지수용확인서 발급신청 (해당사업소 보상부) ⇨ 취득세 감면신청 (관할 지지체 ○○과)

※ 구비서류

수용확인서 발급신청시	취득세·감면신청시
1. 대체취득 부동산 등의 계약서 ※ 대체취득한 부동산이 우리 공사로부터 공급받은 이주자택지인 경우 계약서 및 대금납부영수증 2. 신분증 및 도장	1. 토지수용확인서 2. 대체취득 부동산 등의 계약서 3. 주민등록초본 4. 신분증 및 도장

* 수용확인서 발급신청은 LH홈페이지-고객서비스-민원/정보공개-증명원신청 메뉴를 통해 온라인신청도 가능합니다.
(홈페이지 회원가입 및 공인인증서가 필요하며, 계약서 스캔파일을 첨부하셔야 합니다)

□ 토지수용확인서는 대체취득시 보상금액 범위내에서 금액을 분할하여 발급 받으실 수 있습니다. **단, 수용확인서를 분실한 경우 재발급이 불가**하오니 보관에 유의하시기 바랍니다.

Ⅳ 손실보상 관련 권리구제 절차

공익사업의 시행으로 인한 손실보상과 관련하여 이의가 있을 경우 아래와 같은 권리구제 절차가 법적으로 보장되어 있습니다.

재결신청의 청구

사업인정고시가 있은 후 협의가 성립되지 아니한 때에는 토지소유자 및 관계인은 협의기간이 경과한 후 서면으로 사업시행자에게 재결을 신청할 것을 청구할 수 있습니다(토지보상법 제30조).

수용재결(행정적 구제절차)

손실보상에 관하여 협의가 이루어지지 아니한 경우 중앙토지수용 위원회의 수용재결절차를 통해 당초 사업시행자가 제시한 손실보상액의 적정성·적법성을 다시 심사할 수 있습니다(토지보상법 제31조 부터 제34조).

이의재결(행정적 구제절차)

중앙토지수용위원회의 수용재결에 대하여 이의가 있는 경우 재결서 정본을 받은 날로부터 30일 이내에 중앙토지수용위원회에 이의를 신청할 수 있고, 적법한 이의신청이 있는 경우 동 위원회에서는 수용재결보상금의 적정성·적법성을 다시 심사하여 재결(이의신청재결)을 내리게 됩니다(토지보상법 제83조 부터 제84조).

행정소송(사법적 구제절차)

수용재결에 대하여 불복이 있는 때에는 재결서를 받은 날부터 90일 이내에, 이의신청을 거친 때에는 이의신청에 대한 재결서를 받은 날부터 60일 이내에 각각 행정소송을 제기할 수 있습니다(토지보상법 제85조 및 행정소송법).

V 계약 체결시 구비서류

1. 토지 및 건물, 영업보상 등

구분	구 비 서 류	발 급 기 관	비 고
공통	-주민등록증 또는 운전면허증 -소유자명의 예금통장 증권계좌(채권보상대상자) -인감도장(법인은 법인인감) -인감증명서(일반용) 1통	본인소지 본인소지 본인소지 본인소지 전국 읍, 면, 동사무소 전국 읍, 면, 동사무소	·예금통장은 CMA, MMF 등 계좌도 가능하며, 입금한도가 없을 것 ·토지와 물건을 동시 계약 체결 할 경우 중복서류는 각 1통씩만 구비
	-국세완납(미과세)증명서 1통 -지방세완납(미과세)증명서 1통	관할 세무서 관할 읍, 면, 동사무소	·공사의 증명서 대리발급에 동의하는 경우 지참 불필요
토지	-등기필증(등기권리증) -필지별 토지(임야)대장 1통 -인감증명서(부동산 매도용) 1통 (법인: 법인인감증명서) (종중: 대표자 인감증명서) -인감증명서(일반용) 1통 -토지등기사항전부증명서 (토지등기부등본)	본인소지 전국 시, 군, 구청 전국 읍, 면, 동사무소 (법인은 본점소재지를 관할하는 등기소) 전국 읍, 면, 동사무소	·등기필증 분실시 계약장소에서 '확인서면' 작성 (단, 비용은 본인부담) **·부동산매도용 인감증명서** *** 매수자 인적사항** -성명 : 한국토지주택공사 -주소 : 경남 진주시 충의로19 (충무공동) -법인등록번호 : 135671-0033355
등기 건물	-등기필증(등기권리증) -건축물관리대장 1통 -인감증명서(부동산매도용) 1통 -인감증명서(일반용) 1통 -건축물등기사항전부증명서 (건축물등기부등본)	본인소지 전국 시, 군, 구청 전국 읍, 면, 동사무소 전국 읍, 면, 동사무소	
토지 및 등기 건물 소유자 유형에 따라 추가할 서류	**[개인]** 주민등록초본 1통	전국 읍, 면, 동사무소	등기부등본상 주소와 반드시 일치하여야 함
	[법인] 법인등기부등본 1통 정관 및 이사회회의록 각 1부	관할등기소 법인소지	**이사회회의록**은 매도부동산처분결의, 계약체결, 보상금수령내용 포함, 이사 인감증명서 첨부
	[종중] 정관 또는 규약 1부 총회의사록(결의서)1부 종중 등록증(등록대장) 1부 대표자 주민등록초본 1통	종중소지 종중소지 종중사무실 시, 군, 구청 전국 읍, 면, 동사무소	**총회의사록(결의서)**은 매도부동산 처분결의, 계약체결, 보상금 수령 및 대표자 선임에 관한 사항을 결의, 결의자 전원의 인감증명서 첨부하고 공증필해야 함
	[해외거주자] ○ 재외국민(국외이주자 포함) - 처분위임장 1부 - 인감증명서 1통 - 재외국민 거주사실증명서 또는 주소지 공증서면 1부 - 말소 주민등록초본(해당자) 1통 ○ 외국국적취득자(외국인) - 처분위임장 1부 - 인감증명서 또는 서명인증서 (공증필) 1통 - 거주사실증명서 또는 주소지 공증서면 1부	 본인소지 최종 주소지 동사무소 대사관 또는 영사관 최종 주소지동사무소 국적 취득국 공증필요 국적 취득국 공증필요 국적 취득국 공증필요	·**처분 위임장**에는 "부동산 처분 권한 일체를 수여한다"고 표시하고 인감으로 날인 후 처분대상 부동산의 표시를 정확히 기재할 것 ·**수임자**는 자신의 인감증명서 및 주민등록초본 각1통, 인감도장 지참 ·**인감증명서**는 반드시 국세청 또는 관할세무서를 경유하고 매도용/일반용 각1통 제출

구 분	구 비 서 류	발 급 기 관	비 고
미등기 건물	**[미등기건물]** - 건축물관리대장(허가건물) 1통 - 재산세과세증명서(건물분) 1통 -소유사실 확인서(토지소유자 및 인우보증 2인의 확인) 1부	시청민원실 시청세무과 공사 소정 양식	·건축물관리대장에 등재되어 등기가 가능한 건물
	[기타 무허가건축물] ① 무허가건물과세대장 또는 무허가건물관리대장이 있는 경우 - 위 대장 1부 - 소유사실확인서(인우보증1인) 1부 ② 무허가건물과세대장 또는 무허가건물관리대장이 없는 경우 - 소유사실확인서(토지소유자 및 인우보증 2인의 확인) 1부 ※ 토지소유자의 확인이 불가할 경우에는 전기, 전화요금 납부확인서 등 객관적으로 확인이 가능한 서류로 대체가능(이경우 2인의 인우보증인 확인요함)	시청민원실 공사 소정양식 공사 소정양식 한전, KT 등	·건축물관리대장에 등재되어 있지 않은 기타 무허가 건축물 ·인우보증인은 물건소재지 거주자여야 함(이하 같음)
기타 지장물	-소유사실확인서 (토지소유자 확인이 원칙)	공사 소정 양식	·비닐하우스, 수목 등 등기대상이 아닌 지장물에 한함
영업권, 축산 보상	-영업허가,등록,신고등을 필한 증서 사본 1부 -사업자등록증 1부	해당 관서 세무서	·신분증, 인감증명서 등 공통 구비서류는 별도 지참
농업 손실 보상 (자경/ 임차농 공통)	- 농업손실보상신청서 - 경작사실확인서 (임차농은 농지 임대차계약서와 토지소유자의 인감증명서 제출시 경작사실확인서 제출 불필요) - 실제소득 입증서류(해당자에 한함) - 농지원부	공사 양식 공사 양식 실적자료 발급기관	·신분증, 인감증명서 등 공통 구비서류는 별도 지참 ·사업지구내 경작면적이 1,000㎡ 미만인 경우 지구밖 경작토지의 농지원부나 임대차계약서 제출 필요(농민 여부 확인용)
	· 농업손실보상합의서	공사 양식	·농지소유자가 당해지역 거주 농민으로서 협의가 성립된 경우
	· 농지점유에 대한 객관적인 자료	농지 임대차계약서 등	·농지점유에 대한 객관적인 자료가 없을 경우, 농지소유자와의 사실 확인(공사 ↔ 농지소유자) 이후 처리함

※ 농업손실보상시 농지원부 제출은 해당사업지구 여건에 따라 선택적으로 안내할 것

2. 기타 보상

구 분	구 비 서 류	발 급 기 관	비 고
공 통	인감도장 예금통장 주민등록증 등 신분증	본인소지 본인소지 본인소지	
	국세완납(미과세)증명서 1통 지방세완납(미과세)증명서 1통	관할 세무서 관할 읍, 면, 동사무소	공사의 증명서 대리 발급에 동의하는 경우 지참 불필요
주거이전비, 이사비	주민등록등본 1통 인감증명서 1통 전기요금완납(폐전)증명서 1부 단수증명원 1부 분뇨처리영수증 1부	전국 읍, 면, 동사무소 전국 읍, 면, 동사무소 관할 한전 상수도사업소	주민등록등본은 이사 전후 주소이동 사항 포함되게 발급 요망
분묘이전비	분묘 개장신고증명서 또는 화장확인서1부(화장시 개장신고증명서 사본도 함께 제출) 개장확인 사진 (개장 전·중·후 사진 각 1장)	전국 읍, 면, 동사무소 화장확인서는 연화장 등 화장시설에서 발급	사진은 해당분묘의 팻말 번호가 보이도록 촬영
휴직보상	【사업주】 - 근로소득세원천징수이행상황 신고서 및 사업이력사실증명서 각 1부 -인감(법인인감)증명서 1통 -법인등기부등본 1통 -사업자등록증사본 1부 -휴업 또는 폐업한 경우 휴업(폐업) 사실 증명서 1부 【종업원】 -갑종근로소득원천징수확인서 1부 -개인별근로소득원천징수부1부 -국민연금가입자 가입증명서 또는 고용보험 자격이력 내역서 1부 -소득금액증명원 1부 -주민등록초본 1통 -인감증명서 1통 -예금통장 사본 1부 -신분증 사본 1부 -휴직보상비청구서 1부 -휴직기간확인서 1부	세무서 발행 관할 동사무소 세무서 발행 세무서 발행 사업주 세무서 발행 전국 읍, 면, 동사무소 전국 읍, 면, 동사무소 공사소정양식	

■ 유의사항

○ **인감증명서 대신 본인서명사실확인서**(동사무소 등 발급) **제출도 가능**

○ **계약체결시 제출하는 인감증명서, 법인등기사항증명서, 주민등록표등본·초본, 가족관계등록사항별증명서 및 건축물대장·토지대장·임야대장** 등은 **발행일부터 3개월 이내**의 것이어야 합니다.

○ 등기상 소유권 이외의 제한물권(가압류, 가등기, 근저당권, 지상권 등)이 설정된 토지 및 건물은 이를 말소한 후 말소사실을 확인할 수 있는 등기사항전부증명서(구 등기부등본)를 구비하거나 말소에 필요한 서류를 제출하시기 바랍니다.
  단, 우리공사가 보상금 중 일부를 소유자의 채권자에게 직접 지급하는 조건으로 합의서를 체결한 경우 제한물권 말소 및 소유권이전등기 동시이행 가능
○ 건축물의 전부 또는 일부를 임대한 소유자가 보상계약을 체결하기 위해서는 임대인(소유자)과 임차인(세입자등)간에 자진이전 등에 관한 합의서(공사소정양식)를 제출하여야 합니다.
  ※ **자진이전 등에 관한 합의서가 보상계약 시 필수사항은 아니므로 사업지구여건 등에 따라 해당 부분은 삭제 가능**
○ 주민등록초본상에 등기부상 주소가 등기신청서상의 주소로 변경된 사실이 명백히 나타나는 경우에는 주소변경에 따른 등기수수료 부담이 없습니다.
○ 상속등기 미필자는 상속등기 완료 후 신청하시고, 미등기·총유·합유재산 등은 별도 문의하여 주시기 바랍니다.

(상속등기 절차)
상속인 간 상속재산분할협의서 작성 → 취득세 납부(지자체에서 발급후 금융기관 납부)
→ 상속등기신청서 및 관련서류 제출(관할 등기소) → 등기 완료후 등기권리증 수령
* 상속등기에 관한 자세한 절차 등은 인근 법무사에게 문의하시기 바랍니다.

○ 미등기건축물등의 경우 정당한 소유자 앞으로 소유권보존등기를 경료 후 양도하셔야 하며, 불가피한 경우 물건소재지 토지소유자 확인과 해당지역 거주자 2인의 인우보증서로 보상계약 체결이 가능합니다.

3. 보상 계약 체결

가. 보상금을 수령할 본인이 직접 해당 구비서류를 지참하시고 계약체결
나. 대리인이 보상계약 체결하는 경우
  본인(보상금 수령자)이 **직접 발급받은 인감증명서**(용도 : 보상계약체결 위임용)가 첨부된 위임장, 보상대상별 해당 구비서류, 대리인의 주민등록증 및 인장을 지참하셔야 합니다.

VI 기타안내

1. 영농행위 등 종료기한 안내

○ 철거 및 착공일정을 감안하여 영농행위는 20○○.○○.○○까지 완료하여 주시기 바라며

○ 손실보상 협의개시 전에 이사, 분묘이전 등을 하실 경우에는 사전에 저희 지역본부에 통보하여 주시기 바랍니다.

2. 기타사항

1) 토지 등의 보상금수령 후에는 우리공사에서 소유권을 가지게 되므로 토지 및 지상건축물에 새로운 사용임대차관계·기타의 권리를 설정하거나 연장하실 수 없으며, 이러한 계약은 무효로 간주됨을 양지하시기 바랍니다.

2) 보상금수령 후 지구외 이주 또는 지상물건 이전 시에는 전기시설, 상수도, 도시가스 등 각종 기반시설에 대한 폐전, 폐수전신청(전월요금 납부영수증 지참 및 검침수확인 후 신청)을 관계기관에 직접 하셔야 합니다.

3) 보상금 수령 후 지구 외로 이주하실 경우 전출지 주소와 연락처를 반드시 우리공사에 알려 주시기 바랍니다. 변경된 주소지를 통지하지 않음으로써 향후 이주 및 생활대책 신청안내문, 주거이전비 지급안내문 등이 송달되지 못하여 발생하는 손해는 공사에서 책임지지 않습니다(주소신고시 새로운 주민등록등본 1통을 제출).

4) 기타 문의사항은 ○○지역본부 ○○부(☎)으로 문의하시거나, LH **택지보상정보 홈페이지**(http://bosang.lh.or.kr/)를 참고하시기 바랍니다.
또한, 소유자나 보증인의 확인이 필요한 서류 또는 우편제출 가능 서류는 동 홈페이지에 관련 양식이 등재되어 있사오니, 양식을 가지러 공사에 나오실 필요 없이 직접 출력하여, 소유자나 보증인의 확인을 받으신 후, 제출하시면 됩니다.

※ **홈페이지 등재서류**
소유사실확인서, 소유자 및 세입자간 합의서, 경작사실확인서, 농업손실보상합의서, 이주 및 생활대책 신청서, 협의양도인택지 공급신청서

국토교통부고시 제2015-576호

시설부담금 단가 산정방식 및 존치부지 범위 등 적용기준

1. 용어 정의

가. "예정지구"라 함은 「택지개발촉진법」(이하 "법"이라 한다) 제2조 제3호에 따른 택지개발예정지구를 말한다.

나. "기존부지"라 함은 존치 대상건축물 소유자가 소유하고 있는 토지를 말한다.

다. "취득부지"라 함은 예정지구 토지이용계획 차원에서 획지정리를 한 결과 기존부지중 사업시행자가 취득하여야 할 부분의 토지를 말한다.

라. "존치부지"라 함은 기존부지에서 취득부지를 제외한 토지를 말한다.

마. "공급부지"라 함은 획지정리를 한 후 그 존치되는 존치부지 외에 추가로 공급하는 부지로서 기존부지 중 취득부지에 해당하는 면적의 "취득공급부지"(취득부지가 있는 경우에 한함)와 새로이 추가되는 면적의 "초과공급부지"를 합한 부지를 말한다.

바. "존치건축물부지"라 함은 존치부지와 공급부지를 합한 부지를 말한다.

2. 산정 원칙

가. 시설부담금의 단가와 공급부지의 단가는 「별표」 「시설부담금·공급부지 단가 산정기준」에 의하여 산출한다.

나. 시설부담금은 시설부담금 단가에 존치부지 면적을 곱하여 산출한다.

다. 공급부지의 면적이 취득부지의 면적을 초과하여 공급하는 경우 초과 공급부지 면적에 택지개발업무처리지침 [별표 4] 택지공급방법 및 공급가격 중 해당용도의 공급가격을 적용하여 공급가격을 산출한다.

라. 존치건축물이 그 부지 대부분을 나지상태로 사용하는 주차장시설 등인 경우에는 당해 건축물의 면적에 해당 건폐율 및 용적률을 적용하여 역산한 면적만을 그 존치건축물에 대한 기존부지로 본다.

마. 존치건축물과 존치건축물부지의 소유권이 다른 경우 그 존치건축물부지 전부를

공급부지로 보며, 그 공급단가는 해당용도에 따른 공급가격 결정방법에 따른다.

3. 시설부담금 부과 대상

법 제12조의2 관련규정에 따라 존치 하게 된 시설물의 존치부지(취득부지 및 공급부지는 제외)

4. 시설부담금 부과 및 납부 시기

가. 사업시행자는 법 제9조에 따른 택지개발사업실시계획에 반영되어 존치대상 건축물을 결정한 때에는 6개월 이내에 소유자에 대하여 납부 기한을 정하여 시설부담금을 부과할 수 있다.

나. 시설부담금의 납부 기한은 해당 택지개발사업의 사업준공일까지로 하며, 납부방법은 일시수납 또는 분할수납(연도별 수납 포함)의 방법 등에 의하되, 분할수납은 사업시행자가 해당 택지개발사업 시행으로 인한 보상금액, 공급부지의 공급금액, 존치시설물 소유자의 재무상태 등을 고려하여 개별적으로 정할 수 있다.

5. 시설부담금의 면제

다음 중 어느 하나에 해당하는 경우에는 시설부담금의 납부를 면제할 수 있다.

가. 공공청사, 학교, 국토의 계획 및 이용에 관한 법률에서 정하는 공공시설과 이와 유사한 시설을 존치하는 경우

나. 공원, 녹지 등 자자체등에 무상으로 귀속되는 지역으로서 현황이 보전되는 지역내의 건축물을 존치하는 경우

다. 존치 건축물이 공동주택으로서 법 제3조의3에 따라 주민 등의 의견청취를 위한 공고일 전에 입주자 모집공고가 완료되어 존치협의가 어려운 경우

6. 재검토기한

국토교통부장관은 「훈령·예규 등의 발령 및 관리에 관한 규정」에 따라 이 고시에 대하여 2016년 1월 1일 기준으로 매3년이 되는 시점(매 3년째의 12월 31일까지를 말한다)

마다 그 타당성을 검토하여 개선 등의 조치를 하여야 한다.

부칙 〈제2010-399호, 2010. 6. 30.〉

① (시행일) 이 고시는 2010. 6. 30일부터 시행한다.
② (적용례) 이 고시 개정규정은 시행일 이후 시설부담금 약정 체결 분부터 적용한다.

부칙 〈제2012-517호, 2012. 8. 10.〉

제1조(시행일) 이 고시는 발령한 날부터 시행한다.

부칙 〈제2013-172호, 2013. 4. 23.〉

(시행일) 이 고시는 발령한 날부터 시행한다.

부칙 〈제2015-576호, 2015. 8. 7.〉

(시행일) 이 고시는 발령한 날부터 시행한다.

부록 2

토지보상평가지침

제 정	1993. 2. 16
개 정	1995. 6. 26
	1998. 2. 17
	1998. 5. 7
	2000. 2. 17
	2002. 2. 1
	2003. 2. 14
	2007. 2. 14
	2007. 11. 8
	2007. 12. 26
	2008. 2. 12
	2008. 8. 12
전면개정	2009. 10. 28
	2010. 4. 29
	2010. 6. 29
전면개정	2018. 2. 28

제1장 총 칙

제1조 (목적) 이 지침은 「공익사업을 위한 토지 등의 취득 및 보상에 관한 법률」(이하 "법"이라 한다), 같은 법 시행령(이하 "법 시행령"이라 한다) 및 시행규칙(이하 "법 시행규칙"이라 한다), 그 밖에 다른 법령에 따라 공익사업을 목적으로 취득 또는 사용하는 토지에 대한 손실보상을 위한 감정평가(이하 "토지 보상평가"라 한다)에 관하여 세부적인 기준과 절차 등을 정함으로써 감정평가의 적정성과 공정성을 확보하는 것을 목적으로 한다.

제2조 (적용) 토지 보상평가는 관계법령 및 「감정평가 실무기준」에서 따로 정한 것 외에는 이 지침이 정하는 바에 따르고, 이 지침에서 정하지 아니한 사항은 감정평가의 일반이론에 따른다.

제3조 (정의) 이 지침에서 사용하는 용어의 정의는 다음과 같다.

1. "비교표준지"란 「부동산 가격공시에 관한 법률 」(이하 "부동산공시법"이라 한다) 제3조 제1항에 따른 표준지 중에서 대상토지와 가치형성요인이 같거나 비슷하여 유사한 이용가치를 지닌다고 인정되는 표준지를 말한다.
2. "토지의 형질변경"이란 절토·성토 또는 정지 등으로 토지의 형상을 변경하는 행위(조성이 완료된 기존 대지 안에서 건축물과 그 밖에 공작물 설치를 위한 토지의 굴착행위는 제외한다)와 공유수면

의 매립을 말한다.

3. "최유효이용"이란 객관적으로 보아 양식과 통상의 이용능력을 가진 사람이 대상토지를 합법적이고 합리적이며 최고·최선의 방법으로 이용하는 것을 말한다.
4. "인근지역"이란 대상토지가 속한 지역으로서 부동산의 이용이 동질적이고 가치형성요인 중 지역요인을 공유하는 지역을 말한다.
5. "유사지역"이란 대상토지가 속하지 아니하는 지역으로서 인근지역과 비슷한 특성을 갖는 지역을 말한다.
6. "동일수급권"이란 일반적으로 대상토지와 대체·경쟁관계가 성립하고 가치형성에 서로 영향을 미치는 관계에 있는 다른 부동산이 존재하는 권역을 말하며, 인근지역과 유사지역을 포함한다.
7. "표준적인 이용상황"이란 대상토지의 인근지역에 있는 주된 용도의 토지로서 표준적인 획지의 최유효이용에 따른 이용상황을 말한다.

제2장 감정평가기준 및 감정평가방법

제4조 (객관적 기준 감정평가) 토지 보상평가는 가격시점에서의 일반적인 이용방법에 따른 객관적 상황을 기준으로 감정평가하며, 토지소유자가 갖는 주관적 가치나 특별한 용도에 사용할 것을 전제로 한 것은 고려하지 아니한다.

제5조 (현실적인 이용상황 기준 감정평가) ① 토지 보상평가는 가격시점에서의 현실적인 이용상황을 기준으로 한다. 다만, 다음 각 호의 어느 하나에 해당하는 경우에는 그러하지 아니하다.

1. 법 시행령 제38조에서 규정한 "일시적인 이용상황"으로 인정되는 경우
2. 법 시행규칙 제24조(무허가건축물 등의 부지 또는 불법형질변경된 토지의 평가)와 제25조(미지급용지의 평가)에 따른 감정평가의 경우
3. 그 밖에 관계법령 등에서 달리 규정하는 경우

② 제1항에서 "현실적인 이용상황"이란 지적공부 상의 지목에 불구하고 가격시점에서의 실제 이용상황으로서, 주위환경이나 대상토지의 공법상 규제 정도 등으로 보아 인정 가능한 범위의 이용상황을 말한다.

제5조의2 (개별 감정평가) ① 토지 보상평가는 대상토지 및 소유권 외의 권리마다 개별로 하는 것을 원칙으로 한다. 다만, 개별로 보상가액을 산정할 수 없는 등 특별한 사정이 있는 경우에는 소유권 외의 권리를 대상토지에 포함하여 감정평가할 수 있다.

② 제1항에도 불구하고 제20조부터 제22조의 어느 하나에 해당하는 경우에는 그에 따른다.

제6조 (건축물등이 없는 상태를 상정한 감정평가) ① 토지 보상평가는 그 토지에 있는 건축물·입목·공작물, 그 밖에 토지에 정착한 물건(이하 "건축물등"이라 한다)이 있는 경우에도 그 건축물등이 없는 상태를 상정하여 감정평가한다.

② 제1항에도 불구하고 다음 각 호의 어느 하나에 해당하는 경우에는 그에 따른다.

1. 「집합건물의 소유 및 관리에 관한 법률」에 따른 구분소유권의 대상이 되는 건물부분과 그 대지사용권이 일체로 거래되는 경우 또는 건축물등이 토지와 함께 거래되는 사례나 관행이 있는 경우에는 그 건축물등과 토지를 일괄하여 감정평가한다.
2. 개발제한구역 안의 건축물이 있는 토지의 경우 등과 같이 관계법령에 따른 가치의 증가요인이 있는 경우에는 그 건축물등이 있는 상태를 기준으로 감정평가한다.

③ 제2항에 따라 감정평가할 경우에는 그 이유를 감정평가서에 기재한다.

제7조 (해당 공익사업에 따른 가치의 변동분 배제 감정평가) ① 토지 보상평가는 다음 각 호에 따른 가치의 변동분을 배제한 가액으로 감정평가한다.

1. 해당 공익사업의 계획 또는 시행이 공고 또는 고시된 것에 따른 가치의 변동분
2. 해당 공익사업의 시행에 따른 절차로서 행한 토지이용계획의 설정·변경 등에 따른 가치의 변동분
3. 그 밖에 해당 공익사업의 착수에서 준공까지 그 시행에 따른 가치의 변동분

② 제1항에 따른 가치의 변동분의 배제는 제10조 및 제11조 등에 따르되, 제9조에 따라 선정된 비교표준지의 적용공시지가에 제1항 제1호 및 제2호에서 규정한 가치의 변동분이 포함되어 있는 경우에는 이를 배제한 가액으로 감정평가한다.

제8조 (공시지가기준 감정평가) 토지 보상평가는 부동산공시법에 따른 표준지공시지가를 기준으로 하되, 그 공시기준일부터 가격시점까지의 관계법령에 따른 해당 토지의 이용계획, 해당 공익사업으로 인한 지가의 영향을 받지 아니하는 지역의 법 시행령 제37조에서 정하는 지가변동률, 생산자물가상승률(「한국은행법」 제86조에 따라 한국은행이 조사·발표하는 생산자물가지수에 따라 산정된 비율을 말한다. 이하 같다), 그 밖에 해당 토지의 위치·형상·환경·이용상황 등을 고려한 적정가격으로 감정평가한다.

제9조 (비교표준지의 선정) ① 비교표준지는 다음 각 호의 선정기준에 맞는 표준지 중에서 대상토지의 감정평가에 가장 적절하다고 인정되는 표준지를 선정한다. 다만, 한 필지의 토지가 둘 이상의 용도로 이용되고 있거나 적절한 감정평가액의 산정을 위하여 필요하다고 인정되는 경우에는 둘 이상의 비교표준지를 선정할 수 있다.

1. 「국토의 계획 및 이용에 관한 법률」상의 용도지역·지구·구역 등(이하 "용도지역등"이라 한다) 공법상 제한이 같거나 비슷할 것
2. 이용상황이 같거나 비슷할 것
3. 주변환경 등이 같거나 비슷할 것
4. 인근지역에 위치하여 지리적으로 가능한 한 가까이 있을 것

② 제1항 각 호의 선정기준에 맞는 표준지가 없는 경우에는 인근지역과 비슷한 지역적 특성을 갖는 동일수급권 안의 유사지역에 위치하고 제1항 제1호부터 제3호까지의 기준에 맞는 표준지 중 가장 적절하다고 인정되는 표준지를 비교표준지로 선정할 수 있다.
③ 택지개발사업·산업단지개발사업 등 공익사업시행지구 안에 있는 토지를 감정평가할 때에는 그 공익사업시행지구 안에 있는 표준지를 선정한다.
④ 제3항에도 불구하고 특별한 이유가 있는 경우에는 해당 공익사업시행지구 안에 있는 표준지의 일부를 선정대상에서 제외하거나, 해당 공익사업시행지구 밖에 있는 표준지를 선정할 수 있다. 이 경우에는 그 이유를 감정평가서에 기재하여야 한다.
⑤ 도로·구거 등 특수용도의 토지에 관한 감정평가로서 제1항의 선정기준에 적합한 표준지가 인근지역에 없는 경우에는 인근지역의 표준적인 이용상황과 비슷한 표준지를 비교표준지로 선정할 수 있다.
⑥ 삭 제 (2009. 10. 28)
⑦ 비교표준지를 선정한 때에는 그 선정이유를 감정평가서에 기재한다.

제10조 (적용공시지가의 선택) ① 토지 보상평가 시 적용할 공시지가는 다음 각 호에서 정하는 기준에 따른다.

1. 법 제20조에 따른 사업인정(다른 법률에 따라 사업인정으로 보는 경우를 포함한다. 이하 "사업인정"이라 한다) 전의 협의에 따른 취득의 경우에는 법 제70조 제3항에 따라 해당 토지의 가격시점 당시에 공시된 공시지가 중에서 가격시점에 가장 가까운 시점의 것으로 한다. 다만, 감정평가시점이 공시지가 공고일 이후이고 가격시점이 공시기준일과 공시지가 공고일 사이인 경우에는 가격시점 해당 연도의 공시지가를 기준으로 한다.
2. 사업인정 후의 취득의 경우에는 법 제70조 제4항에 따라 사업인정고시일 전의 시점을 공시기준일

로 하는 공시지가로서, 해당 토지에 관한 협의 또는 재결 당시 공시된 공시지가 중에서 해당 사업인정고시일에 가장 가까운 시점의 것으로 한다.

3. 제1호와 제2호에도 불구하고 해당 공익사업의 계획 또는 시행이 공고 또는 고시됨에 따라 취득하여야 할 토지의 가치가 변동되었다고 인정되는 경우에는 법 제70조 제5항에 따라 해당 공고일 또는 고시일 전의 시점을 공시기준일로 하는 공시지가로서 해당 토지의 가격시점 당시 공시된 공시지가 중에서 해당 공익사업의 공고일 또는 고시일에 가장 가까운 시점의 것으로 한다.

② 제1항 제3호에서 "해당 공익사업의 계획 또는 시행이 공고 또는 고시"란 해당 공익사업의 사업인정고시일 전에 국가·지방자치단체 또는 사업시행자 등이 관계법령 등에 따라 해당 공익사업에 관한 계획 또는 시행을 일반 국민에게 공고 또는 고시한 것을 말한다.

③ 제1항 제3호에서 "취득하여야 할 토지의 가치가 변동되었다고 인정되는 경우"란 도로, 철도 또는 하천 관련 사업을 제외한 사업으로서 다음 각 호의 요건을 모두 갖춘 경우를 말한다.

1. 해당 공익사업의 면적이 20만 제곱미터 이상일 것
2. 해당 공익사업시행지구 안에 있는 부동산공시법 제3조 제1항에 따른 표준지공시지가(해당 공익사업시행지구 안에 표준지가 없는 경우에는 비교표준지의 공시지가를 말하며, 이하 이 조에서 "표준지공시지가"라 한다)의 평균변동률과 대상토지가 소재하는 시(행정시를 포함한다. 이하 같다)·군 또는 구(자치구가 아닌 구를 포함한다. 이하 같다) 전체의 표준지공시지가 평균변동률과의 차이가 3퍼센트포인트 이상일 것
3. 해당 공익사업시행지구 안에 있는 표준지공시지가의 평균변동률이 대상토지가 소재하는 시·군 또는 구 전체의 표준지공시지가 평균변동률보다 30퍼센트 이상 높거나 낮을 것

④ 제3항 제2호 및 제3호에 따른 평균변동률은 해당 표준지별 변동률의 합을 표준지의 수로 나누어 산정하며, 공익사업시행지구가 둘 이상의 시·군 또는 구에 걸쳐 있는 경우에서 대상토지가 소재하는 시·군 또는 구 전체의 표준지공시지가 평균변동률은 시·군 또는 구별로 평균변동률을 산정한 후 이를 해당 시·군 또는 구에 속한 공익사업시행지구 면적 비율로 가중평균(加重平均)하여 산정한다. 이 경우 평균변동률의 산정기간은 해당 공익사업의 계획 또는 시행이 공고되거나 고시된 당시에 공시된 표준지공시지가 중 그 공고일 또는 고시일에 가장 가까운 시점에 공시된 표준지공시지가의 공시기준일부터 법 제70조 제3항 또는 제4항에 따른 표준지공시지가의 공시기준일까지의 기간으로 한다.

⑤ 사업인정의 고시가 있은 이후에 공익사업시행지구의 확장이나 변경 등으로 토지의 세목 등이 추가로 고시됨에 따라 그 추가로 고시된 토지를 감정평가하는 경우에는 그 토지의 세목 등이 추가로 고시된 날짜를 사업인정고시일로 본다. 다만, 공익사업시행지구의 확장이나 변경 등이 없이 지적 분할 등에 따라 토지의 세목 등이 변경고시된 경우에는 그러하지 아니하다.

제10조의2 (가격시점의 결정) 토지 보상평가 시 가격시점은 협의에 따른 경우에는 협의성립 당시를, 재결에 따른 경우에는 수용 또는 사용의 재결(이하 "재결"이라 한다) 당시를 기준으로 한다. 이 경우 감정평가 의뢰자(이하"의뢰자"라 한다)가 가격시점을 정하여 의뢰한 경우에는 그 날짜로 하고, 가격시점을 정하지 아니하여 감정평가 의뢰한 경우에는 의뢰자와 협의하여 정하되, 대상토지에 대한 보상계약의 체결 또는 재결의 예정일자로 한다.

제11조 (지가변동률의 적용) ① 시점수정을 위한 지가변동률의 적용은 「부동산 거래신고 등에 관한 법률」 제19조에 따라 국토교통부장관이 월별로 조사·발표한 지가변동률로서 비교표준지가 있는 시·군 또는 구의 같은 용도지역의 지가변동률로 한다.

② 제1항에도 불구하고 다음 각 호의 경우에는 그 기준에 따른다.

1. 비교표준지와 같은 용도지역의 지가변동률이 조사 · 발표되지 아니한 경우에는 공법상 제한이 비슷한 용도지역의 지가변동률, 이용상황별 지가변동률(지가변동률 조사 · 평가기준일이 1998년1월 1일 이전인 경우에는 지목별 지가변동률을 말한다. 이하 같다) 또는 해당 시·군 또는 구의 평균지가변동률 중 어느 하나를 적용할 수 있다.

2. 비교표준지가 도시지역의 개발제한구역 안에 있는 경우 또는 용도지역이 미지정된 경우에는 녹지지역의 지가변동률을 적용한다. 다만, 비교표준지가 도시지역의 개발제한구역 안에 있는 경우로서 2013년 5월28일 자 법 시행령 제37조 제1항 개정 전에 공익사업의 시행에 따른 보상계획을 공고하고 토지 소유자 및 관계인에게 이를 통지한 경우에는 이용상황별 지가변동률을 우선 적용한다.
3. 표준지공시지가의 공시기준일이 1997년 1월 1일 이전인 경우로서 비교표준지가 도시지역 밖에 있는 경우와 도시지역의 개발제한구역 안에 있는 경우 또는 용도지역이 미지정된 경우에는 이용상황별 지가변동률을 적용한다. 다만, 비교표준지와 같은 이용상황의 지가변동률이 조사、발표되지 아니한 경우에는 비교표준지와 비슷한 이용상황의 지가변동률 또는 해당 시·군 또는 구의 평균 지가변동률을 적용할 수 있다.
4. 비교표준지의 용도지역은 세분화된 관리지역(계획관리지역·생산관리지역 또는 보전관리지역을 말한다. 이하 이 조에서 같다)이나 비교표준지가 있는 시·군 또는 구의 지가변동률이 세분화 되지 아니한 관리지역으로 조사、발표되어 있는 경우와 비교표준지의 용도지역은 세분화되지 아니한 관리지역이나 비교표준지가 있는 시·군 또는 구의 지가변동률이 세분화된 관리지역으로 조사·발표되어 있는 경우에는 비교표준지와 같은 용도지역의 지가변동률이 조사·발표되지 아니한 것으로 본다. 이 경우에는 비교표준지와 비슷한 용도지역(세분화되거나 세분화되지 아니한 관리지역을 말한다)의 지가변동률, 이용상황별 지가변동률 또는 해당 시·군 또는 구의 평균 지가변동률 중 어느 하나를 적용할 수 있다.

③ 제1항 및 제2항을 적용할 때 비교표준지가 소재하는 시·군 또는 구의 지가가 해딩 공익사업으로 변동된 경우에는 해당 공익사업과 관계없는 인근 시·군 또는 구의 용도지역별 지가변동률을 적용한다. 다만, 비교표준지가 소재하는 시·군 또는 구의 평균 지가변동률이 인근 시·군 또는 구의 평균 지가변동률보다 작은 경우에는 그러하지 아니하다.

④ 제3항에서 "비교표준지가 소재하는 시·군 또는 구의 지가가 해당 공익사업으로 변동된 경우"란 도로, 철도 또는 하천 관련 사업을 제외한 사업으로서 다음 각 호의 요건을 모두 갖춘 경우를 말한다.
1. 해당 공익사업의 면적이 20만 제곱미터 이상일 것
2. 비교표준지가 소재하는 시·군 또는 구의 사업인정고시일부터 가격시점까지의 평균 지가변동률이 3퍼센트 이상일 것. 다만, 해당 공익사업의 계획 또는 시행이 공고되거나 고시됨에 따라 비교표준지의 가격이 변동되었다고 인정되는 경우에는 그 계획 또는 시행이 공고되거나 고시된 날부터 가격시점까지의 평균 지가변동률이 5퍼센트 이상인 경우로 한다.
3. 사업인정고시일부터 가격시점까지 비교표준지가 소재하는 시·군 또는 구의 평균 지가변동률이 비교표준지가 소재하는 특별시, 광역시, 특별자치시, 도 또는 특별자치도(이하 "시·도"라 한다)의 평균 지가변동률보다 30퍼센트 이상 높거나 낮을 것

⑤ 제2항 및 제3항에 따라 지가변동률을 적용하는 경우에는 그 내용을 감정평가서에 기재한다.

제12조 (지가변동률의 추정) ① 가격시점 당시에 조사·발표되지 아니한 월의 지가변동률 추정은 조사·발표된 월별 지가변동률 중 가격시점에 가장 가까운 월의 지가변동률을 기준으로 하되, 월 단위로 구분하지 아니하고 일괄추정방식에 따른다. 다만, 지가변동추이로 보아 조사·발표된 월별 지가변동률 중 가격시점에 가장 가까운 월의 지가변동률로 추정하는 것이 적정하지 못하다고 인정되는 경우에는 조사·발표된 최근 3개월의 지가변동률을 기준으로 추정하거나 조사·발표되지 아니한 월의 지가변동추이를 분석·검토한 후 지가변동률을 따로 추정할 수 있다.

② 가격시점 당시에는 해당 월의 지가변동률이 조사·발표되지 아니하였으나 감정평가시점 당시에 조사·발표된 경우에는 해당 월의 지가변동률을 적용한다.

제13조 (지가변동률의 산정) ① 지가변동률의 산정은 가격시점 직전 월까지의 지가변동률 누계에 해당 월의 경과일수 상당의 지가변동률을 곱하는 방법으로 구하며, 그 율은 백분율로서 소수점 이하 셋째 자리까지 표시하되 반올림한다.

② 해당 월의 경과일수 상당의 지가변동률 산정은 해당 월의 총일수를 기준으로 하고, 해당 월의 지가변동률이 조사·발표되지 아니하여 지가변동률을 추정할 때에는 그 추정기준이 되는 월의 총일수를 기준으로 한다.
③ 지가변동률의 산정을 위한 경과일수는 해당 월의 첫날과 가격시점일을 넣어 계산한 것으로 한다.

제14조 (생산자물가상승률의 적용) ① 다음 각 호의 어느 하나에 해당하는 경우에는 생산자물가상승률을 적용하여 시점수정을 할 수 있다.
1. 조성비용 등을 기준으로 감정평가하는 경우
2. 그 밖에 특별한 이유가 있다고 인정되는 경우
② 제1항의 생산자물가상승률은 공시기준일과 가격시점의 각 직전 월의 생산자물가지수를 비교하여 산정한다. 다만, 가격시점이 그 월의 15일 이후이고, 감정평가시점 당시에 가격시점이 속한 월의 생산자물가지수가 조사·발표된 경우에는 가격시점이 속하는 월의 지수로 비교한다.
③ 토지 보상평가에서 생산자물가상승률을 시점수정 자료로 활용하지 아니한 경우에도 이를 지가변동률과 비교하여 감정평가서에 그 내용을 기재한다.

제15조 (지역요인 및 개별요인의 비교) ① 인근지역에 적정한 비교표준지가 없어서 동일수급권 안의 유사지역에서 비교표준지를 선정한 경우에는 대상토지와 지역요인 및 개별요인을 비교하고, 인근지역에서 비교표준지를 선정한 경우에는 개별요인만을 비교하되, 이 경우에도 지역요인이 같다는 것을 감정평가서에 기재한다.
② 지역요인 및 개별요인의 비교는 대상토지의 용도지역등과 현실적인 이용상황 등을 기준으로 그 용도적 특성에 따라 다음 각 호와 같이 용도지대를 분류하고 가로조건·접근조건·환경조건·획지조건·행정적조건·기타조건 등에 관한 사항을 비교한다.
1. 상업지대 : 고밀도상업지대·중밀도상업지대·저밀도상업지대
2. 주택지대 : 고급주택지대·보통주택지대·농어촌주택지대
3. 공업지대 : 전용공업지대·일반공업지대
4. 농경지대 : 전작농경지대·답작농경지대
5. 임야지대 : 도시근교임야지대·농촌임야지대·산간임야지대
6. 후보지지대 : 택지후보지지대·농경지후보지지대
③ 각 용도지대별 지역요인 및 개별요인의 비교항목(조건·항목·세항목)의 내용은 별표1부터 별표7까지에서 정하는 바에 따른다.
④ 지역요인 및 개별요인의 비교에서 지역요인의 비교는 비교표준지가 있는 지역의 표준적인 획지의 최유효이용과 대상토지가 있는 지역의 표준적인 획지의 최유효이용을 판정하여 비교하고, 개별요인의 비교는 비교표준지의 최유효이용과 대상토지의 최유효이용을 판정하여 비교한다. 이 경우 지역요인의 비교는 비교표준지가 있는 지역과 대상토지가 있는 지역 모두 가격시점을 기준으로 하고, 개별요인의 비교는 비교표준지는 공시기준일을 기준으로 하고 대상토지는 가격시점을 기준으로 한다.
⑤ 지역요인 및 개별요인의 비교를 위한 인근지역의 판단은 토지의 용도적 관점에서의 동질성을 기준으로 하되, 일반적으로 지형·지물 등 다음 각 호의 사항을 확인하여 인근지역의 범위를 정한다.
1. 지반·지세·지질
2. 하천·수로·철도·공원·도로·광장·구릉 등
3. 토지의 이용상황
4. 용도지역등 공법상 제한
5. 역세권·통학권·통작권역

제15조의2 (격차율의 산정) ① 비교표준지와 대상토지의 지역요인 및 개별요인의 비교치 결정을 위한 격차율은 별표1부터 별표7까지에서 정한 용도지대별 비교항목(조건·항목·세항목)을 기준으로 지역요인과 개별요인별로 구분하여 다음 각 호와 같이 산정하되, 소수점 이하 셋째 자리까지 표시하고 반올림

한다.

1. 지역요인 및 개별요인별 격차율은 제2호에 따라 산정된 각 "조건"단위의 격차율을 곱한 것으로 한다.
2. 각 "조건"단위의 격차율은 비교가 필요한 "항목·세항목"만을 추출하여 산정하되 각 "항목·세항목" 단위의 우세·열세 등 격차율을 더한 것으로 한다.

② 제1항에도 불구하고 "조건"단위의 격차율을 "항목·세항목"단위로 세분하여 산정하는 것이 곤란하거나 합리적이고 능률적인 감정평가를 위하여 필요하다고 인정되는 경우에는 "조건"단위로 종합적으로 비교하여 산정할 수 있으며, 대상토지가 속한 지역의 여건 등에 맞게 용도지대별 비교항목(조건·항목·세항목)을 증감 설정하여 산정할 수 있다.

③ 제1항 및 제2항의 격차율은 개별필지별로 산정함을 원칙으로 하되, 산정된 격차율의 내용을 감정평가서에 기재한다.

제16조 (그 밖의 요인 보정) ① 토지 보상평가에 있어서 시점수정·지역요인 및 개별요인의 비교 외에 대상토지의 가치에 영향을 미치는 사항이 있는 경우에는 그 밖의 요인 보정을 할 수 있다.

② 그 밖의 요인 보정을 하는 경우에는 해당 공익사업의 시행에 따른 가치의 변동은 고려하지 아니한다.

③ 그 밖의 요인 보정을 하는 경우에는 대상토지의 인근지역 또는 동일수급권 안의 유사지역(이하 "인근지역등"이라 한다)의 정상적인 거래사례나 보상사례(이하 "거래사례등"이라 한다)를 참작할 수 있다.

④ 그 밖의 요인 보정은 다음 각 호의 순서에 따라 행한다.

1. 그 밖의 요인 보정의 필요성 및 근거
2. 거래사례등 기준 격차율 산정
3. 실거래가 분석 등을 통한 검증
4. 그 밖의 요인 보정치의 결정

⑤ 제4항 제4호의 그 밖의 요인 보정치는 거래사례등을 기준으로 산정한 격차율과 실거래가 분석 등을 통한 검증 결과 등을 종합적으로 고려하여 적정한 수치로 결정하되, 소수점 이하 둘째 자리까지 표시함을 원칙으로 한다.

⑥ 그 밖의 요인 보정을 한 경우에는 그 산출근거를 감정평가서에 구체적이고 명확하게 기재한다.

제17조 (거래사례등의 요건) ① 제16조 제3항의 거래사례등(보상사례의 경우 해당 공익사업에 관한 것을 제외한다. 이하 같다)은 다음 각 호의 요건을 갖추어야 한다. 다만, 해당 공익사업의 시행에 따른 가치의 변동이 반영되어 있지 아니하다고 인정되는 사례의 경우에는 제4호는 적용하지 아니한다.

1. 용도지역등 공법상 제한이 같거나 비슷할 것
2. 현실적인 이용상황 등이 같거나 비슷할 것
3. 주위환경 등이 같거나 비슷할 것
4. 제10조 제1항에 따른 적용공시지가의 선택기준에 적합할 것
5. 거래사례는「부동산 거래신고 등에 관한 법률」에 따라 신고된 것으로서 정상적인 거래로 인정되거나 사정보정이 가능한 것일 것

② 제1항의 규정에 의하여 보상사례를 참작하는 경우에는 그 감정평가기준 등의 적정성을 검토하여야 한다.

제17조의2 (거래사례등 기준 격차율 산정방법) ① 그 밖의 요인의 보정치의 결정을 위한 제16조 제4항 제2호에 따른 거래사례등 기준 격차율 산정은 대상토지 기준 산정방식 또는 표준지 기준 산정방식 중 어느 하나로 할 수 있다.

② 제1항의 격차율 산정방식 중 대상토지 기준 산정방식은 다음과 같다.

$$\frac{\text{거래사례등 토지단가} \times \text{사정보정} \times \text{시점수정} \times \text{지역요인의 비교} \times \text{개별요인의 비교}}{\text{표준지공시지가} \times \text{시점수정} \times \text{지역요인의 비교} \times \text{개별요인의 비교}}$$

③ 제1항의 격차율 산정방식 중 표준지 기준 산정방식은 다음과 같다.

$$\frac{\text{거래사례등 토지단가} \times \text{사정보정} \times \text{시점수정} \times \text{지역요인의 비교} \times \text{개별요인의 비교}}{\text{표준지공시지가} \times \text{시점수정}}$$

④ 제2항과 제3항에 따른 시점수정에서 거래사례등 또는 비교표준지와 대상토지의 시·군 또는 구가 다른 경우에는 거래사례등 또는 비교표준지가 소재하는 시·군 또는 구의 지가변동률을 적용하되, 지가변동률 산정의 기산일은 거래사례의 경우 계약일자로 하고 보상사례의 경우 그 보상평가의 가격시점으로 한다.

제18조 (현실적인 이용상황의 판단 및 면적사정) 대상토지의 현실적인 이용상황의 판단 및 면적사정은 의뢰자가 제시한 기준에 따르되, 다음 각 호의 어느 하나에 해당하는 경우에는 의뢰자에게 그 내용을 조회한 후 목록을 다시 받아 감정평가하는 것을 원칙으로 한다. 다만, 수정된 목록의 제시가 없을 때에는 당초 제시된 목록을 기준으로 감정평가하되, 감정평가서의 토지평가조서 비고란에 현실적인 이용상황을 기준으로 한 단가 또는 면적을 따로 기재한다.

1. 실지조사 결과 제시된 목록상의 이용상황과 현실적인 이용상황이 다른 것으로 인정되는 경우
2. 한 필지 토지의 현실적인 이용상황이 둘 이상인 경우로서 이용상황별로 면적을 구분하지 아니하고 감정평가 의뢰된 경우(다른 이용상황인 부분이 주된 이용상황과 비슷하거나 면적비율이 뚜렷하게 낮아 주된 이용상황의 가치를 기준으로 거래될 것으로 추정되는 경우는 제외한다)
3. 지적공부상 지목이 "대(공장용지 등 비슷한 지목을 포함한다. 이하 이 조에서 같다)"가 아닌 토지가 현실적인 이용상황에 따라 "대"로 감정평가 의뢰된 경우로서 다음 각 목의 어느 하나에 해당하는 경우(토지형질변경허가 관계 서류 등 신빙성 있는 자료가 있거나 주위환경의 사정 등으로 보아 "대"로 인정될 수 있는 경우는 제외한다)
   가. 제시된 면적이 인근지역에 있는 "대"의 표준적인 획지의 면적 기준을 뚜렷이 초과하거나 미달되는 경우
   나. 지상 건축물의 용도·규모 및 부속건축물의 상황과 관계법령에 따른 건폐율·용적률, 그 밖에 공법상 제한 등으로 보아 제시된 면적이 뚜렷이 과다하거나 과소한 것으로 인정되는 경우

제19조(토지단가의 표시) 다음 산식에 따라 산정된 대상토지의 단위면적 당 적정가격(이하 "토지단가"라 한다)은 제곱미터(m^2) 당 100,000원 미만인 경우에는 유효숫자 둘째 자리까지 표시하고, 100,000원 이상인 경우에는 유효숫자 셋째 자리까지 표시하는 것을 원칙으로 하되 반올림한다. 다만, 의뢰자로부터 다른 요청이 있거나 적정한 보상가액의 산정을 위하여 필요하다고 인정하는 경우에는 유효숫자를 늘릴 수 있다.

토지단가 = 표준지공시지가 × 지가변동률(생산자물가상승률) × 지역요인의 비교 × 개별요인의 비교 × 그 밖의 요인 보정

제20조 (일괄감정평가) ① 두 필지 이상의 토지가 일단지를 이루어 용도상 불가분의 관계에 있는 경우에는 일괄감정평가하는 것을 원칙으로 하되 감정평가서에 그 내용을 기재한다. 다만, 지목·용도지역등을 달리하여 가치가 명확히 구분되거나 소유자 등이 달라 이를 필지별로 감정평가할 사유나 조건이 있는 경우에는 그러하지 아니하다.

② 제1항에서 "용도상 불가분의 관계에 있는 경우"란 일단지로 이용되고 있는 상황이 사회적·경제적·행정적 측면에서 합리적이고 해당 토지의 가치형성 측면에서도 타당하여 서로 불가분성이 인정되는 관계에 있는 경우를 말한다.

③ 두 필지 이상 토지의 소유자가 서로 다른 경우에는 일단지로 보지 아니한다. 다만, 하나의 건축물(부속건축물을 포함한다)의 부지로 이용되고 있거나 건축 중에 있는 토지 등과 같이 사실상 공유관계가 성립되어 있는 경우에는 이를 일단지로 보고 일괄감정평가할 수 있다.

제21조 (부분감정평가) 한 필지 토지의 일부만이 공익사업시행지구에 편입되는 경우에는 편입 당시 토지 전체의 상황을 기준으로 감정평가한다. 다만, 그 편입부분과 잔여부분의 가치가 다른 경우에는 편입부분의 가치를 기준으로 감정평가할 수 있다. 이 경우에는 그 내용을 감정평가서에 기재한다.

제22조 (구분감정평가) ① 한 필지의 토지가 둘 이상의 용도로 이용되는 경우에는 실제용도별로 구분하여 감정평가하는 것을 원칙으로 한다. 다만, 의뢰자가 실제용도별로 면적을 구분하여 제시하지 아니한 경우에는 주된 용도의 가치를 기준으로 감정평가하고 다른 용도의 지목 및 단가를 토지평가조서의 비고란에 표시할 수 있다.

② 제1항에도 불구하고 다른 용도로 이용되는 부분이 주된 용도와 가치가 비슷하거나 면적비율이 뚜렷하게 낮아 주된 용도의 가치를 기준으로 거래되는 관행이 있는 경우에는 주된 용도의 가치를 기준으로 감정평가할 수 있다. 이 경우에는 그 내용을 감정평가서에 기재한다.

제3장 공법상 제한을 받는 토지의 감정평가

제23조 (공법상 제한의 구분 및 감정평가 기준) ① "공법상 제한을 받는 토지"라 함은 관계법령의 규정에 따라 토지의 이용규제나 제한을 받는 토지를 말하며, 그 제한은 일반적인 계획제한과 개별적인 계획제한으로 구분한다.

② 다음 각 호의 어느 하나에 해당하는 공법상 제한은 제한 그 자체로 목적이 완성되고 구체적인 사업의 시행이 필요하지 아니한 일반적인 계획제한으로서 그 제한을 받는 상태를 기준으로 감정평가한다. 다만, 제1호의 경우로서 해당 공익사업의 시행을 직접 목적으로 하여 용도지역등이 지정 및 변경(이하 "지정·변경"이라 한다)된 토지에 대한 감정평가는 그 지정·변경이 되기 전의 용도지역등을 기준으로 하며, 제2호부터 제5호의 경우로서 해당 법령에서 정한 공익사업의 시행을 직접 목적으로 하여 해당 구역 등 안 토지를 취득 또는 사용하는 경우에는 이를 개별적인 계획제한으로 본다.

1. 용도지역등의 지정·변경
2. 「군사기지 및 군사시설보호법」에 따른 군사시설보호구역의 지정·변경
3. 「수도법」에 따른 상수원보호구역의 지정·변경
4. 「자연공원법」에 따른 자연공원 및 공원보호구역의 지정·변경
5. 그 밖에 관계법령에 따른 위 제2호부터 제4호와 비슷한 토지이용계획의 제한

③ 다음 각 호의 어느 하나에 해당하는 공법상 제한은 그 제한이 구체적인 사업의 시행이 필요한 개별적인 계획제한으로서 그 공법상 제한이 해당 공익사업의 시행을 직접목적으로 하여 가하여진 경우에는 그 제한을 받지 아니한 상태를 기준으로 감정평가한다.

1. 「국토의 계획 및 이용에 관한 법률」 제2조 제7호에서 정한 도시·군계획시설 및 제2조 제11호에서 정한 도시·군계획사업에 관한 같은 법 제30조 제6항에 따른 도시·군관리계획의 결정고시
2. 법 제4조에 따른 공익사업을 위한 사업인정의 고시
3. 그 밖에 관계법령에 따른 공익사업의 계획 또는 시행의 공고 또는 고시 및 공익사업의 시행을 목적으로 한 사업구역·지구·단지 등의 지정고시

④ 제3항에서 "해당 공익사업의 시행을 직접목적으로 하여 가하여진 경우"에는 당초의 목적사업과 다른 목적의 공익사업에 취득 또는 사용되는 경우를 포함한다.

제24조 (공원구역 등 안 토지의 감정평가) ① 「자연공원법」 제4조에 따른 자연공원으로 지정된 구역 안에 있는 토지에 대한 감정평가는 그 공원 등의 지정에 따른 제한과 같은 법 제18조에 따른 공원구역의

용도지구 결정에 따른 제한이 일반적인 계획제한으로서 그 제한을 받는 상태를 기준으로 한다. 다만, 같은 법 시행령 제2조에서 정한 공원시설의 설치를 위한 공원사업시행계획의 결정고시 등에 따른 제한은 그 제한이 구체적인 사업의 시행이 필요한 개별적인 계획제한으로서 그 제한을 받지 아니한 상태를 기준으로 감정평가한다.

② 「도시공원 및 녹지 등에 관한 법률」 제2조 제3호에 따른 도시공원(도시자연공원구역을 제외한다. 이 경우에도 제1항 단서를 준용한다)과 같은 법 제2조 제5호에 따른 녹지로 결정된 지역 안에 있는 토지에 대한 감정평가는 그 도시공원 및 녹지 등의 결정이 「국토의 계획 및 이용에 관한 법률」 제2조 제7호에서 정한 도시·군계획시설의 설치를 목적으로 하는 개별적인 계획제한으로서 그 공법상 제한을 받지 아니한 상태를 기준으로 한다.

제25조 (용도지역 사이에 있는 토지의 감정평가) ① 양측 용도지역의 사이에 있는 토지가 용도지역이 지정되지 아니한 경우에 그 토지에 대한 감정평가는 그 위치·면적·이용상황 등을 고려하여 양측 용도지역의 평균적인 제한상태를 기준으로 한다.

② 양측 용도지역의 경계에 있는 도로(도시·군계획시설(도로)를 포함한다. 이하 이 조에서 같다)에 대한 용도지역 지정 여부의 확인이 사실상 곤란한 경우에는「도시·군관리계획수립지침」에서 정하는 기준에 따라 다음 각 호와 같이 대상토지의 용도지역을 확인할 수 있다.

1. 주거·상업·공업지역 중 2개 지역을 경계하고 있는 도로는 도로의 중심선을 용도지역의 경계로 본다.
2. 주거·상업·공업지역과 녹지지역의 경계에 있는 도로가 지역 간 통과도로인 경우에는 중심선을 용도지역 경계로 보며, 일반도로인 경우에는 녹지지역이 아닌 지역으로 본다.

제26조 (둘 이상의 용도지역에 속한 토지의 감정평가) ① 둘 이상의 용도지역에 걸쳐 있는 토지에 대한 감정평가는 각 용도지역 부분의 위치·형상·이용상황, 그 밖에 다른 용도지역 부분에 미치는 영향 등을 고려하여 면적비율에 따른 평균가액으로 한다.

② 제1항에도 불구하고 다음 각 호의 어느 하나에 해당하는 경우에는 주된 용도지역의 가격을 기준으로 감정평가할 수 있다. 이 경우에는 감정평가서에 그 내용을 기재한다.

1. 용도지역을 달리하는 부분의 면적이 과소하여 가격형성에 미치는 영향이 별로 없는 경우
2. 관계법령의 규정에 따라 주된 용도지역을 기준으로 이용할 수 있어 주된 용도지역의 가격으로 거래되는 관행이 있는 경우

제27조 (용도지역등이 변경된 토지의 감정평가) 용도지역등이 지정·변경된 토지에 대한 감정평가는 가격시점 당시의 용도지역등을 기준으로 한다. 다만, 다음 각 호의 어느 하나에 해당하는 경우에는 지정·변경 전 용도지역등을 기준으로 한다.

1. 용도지역등의 지정·변경이 해당 공익사업의 시행을 직접 목적으로 하는 경우
2. 용도지역등의 지정·변경이 해당 공익사업의 시행에 따른 절차로서 이루어진 경우

제28조 (도시 · 군계획시설(도로)에 접한 토지의 감정평가) 해당 공익사업과 직접 관계없이 「국토의 계획 및 이용에 관한 법률」 제32조에 따른 도시·군관리계획에 관한 지형도면(이하 "지형도면"이라 한다)이 고시된 도시·군계획시설(도로)에 접한 토지에 대한 감정평가는 그 도시·군계획시설(도로)의 폭·기능·개설시기 등과 대상토지의 위치·형상·이용상황·환경·용도지역등을 고려한 가액으로 한다.

제29조 (도시 · 군계획시설(도로)에 저촉된 토지의 감정평가) ① 도시·군계획시설(도로)에 저촉된 토지에 대한 감정평가는 저촉되지 아니한 상태를 기준으로 한다.

② 제1항에도 불구하고 해당 공익사업과 직접 관계없이 지형도면이 고시된 도시·군계획시설(도로)에 저촉된 부분과 저촉되지 아니한 부분이 함께 감정평가 의뢰된 경우에는 저촉되지 아니한 부분에 대하여는 제28조를 준용할 수 있다. 이 경우에는 면적비율에 따른 평균가액으로 토지단가를 결정하되 감정

평가서에 그 내용을 기재한다.

제30조 (정비구역 안 토지의 감정평가) ① 「도시 및 주거환경정비법」 제4조에 따라 지정된 정비구역 안의 토지에 대한 감정평가는 정비구역의 지정이 해당 구역의 개발·정비를 직접목적으로 하여 가하여진 개별적인 계획제한으로서 그 공법상 제한을 받지 아니한 상태를 기준으로 한다.

② 삭제 〈2007. 2. 14.〉

③ 삭제 〈2007. 2. 14.〉

제30조의2 (「문화재보호법」에 따른 보호구역 안 토지의 감정평가) 「문화재보호법」 제27조에 따른 보호구역 안에 있는 토지를 문화재보호법 제83조 제1항에 따라 취득 또는 사용하는 경우에 그 보호구역 안 토지에 대한 감정평가는 그 보호구역의 지정이 해당 문화재의 보존·관리를 직접목적으로 하여 가하여진 개별적인 계획제한으로서 그 공법상 제한을 받지 아니한 상태를 기준으로 한다.

제31조 (개발제한구역 안 토지의 감정평가) ① 개발제한구역 안의 토지에 대한 감정평가는 개발제한구역의 지정이 일반적인 계획제한으로서 그 공법상 제한을 받는 상태를 기준으로 한다.

② 개발제한구역 지정 당시부터 공부상 지목이 "대"인 토지(이축된 건축물이 있었던 토지의 경우에는 개발제한구역 지정 당시부터 해당 토지의 소유자와 이축된 건축물의 소유자가 다른 경우에 한한다)로서 「개발제한구역의 지정 및 관리에 관한 특별조치법 시행령」 제24조에 따른 개발제한구역 건축물관리대장에 등재된 건축물(이하 이 조에서 "건축물"이라 한다)이 없는 토지(이하 이 조에서 "건축물이 없는 토지"라 한다)에 대한 감정평가는 다음 각 호와 같이 한다.

1. 토지의 형질변경허가 절차 등의 이행이 필요하지 아니하는 건축물이 없는 토지는 인근지역에 있는 건축물이 없는 토지의 표준지공시지가를 기준으로 감정평가한다. 다만, 건축물이 없는 토지의 표준지공시지가가 인근지역에 없는 경우에는 인근지역에 있는 건축물이 있는 토지의 표준지공시지가를 기준으로 하거나, 동일수급권 안의 유사지역에 있는 건축물이 없는 토지의 표준지공시지가를 기준으로 감정평가할 수 있다.
2. 농경지 등 다른 용도로 이용되고 있어 토지의 형질변경절차 등의 이행이 필요한 토지는 제1호의 기준에 따른 감정평가액에 형질변경 등 대지조성에 통상 필요한 비용 상당액 등을 고려한 가액으로 감정평가한다. 다만, 주위환경이나 해당 토지의 상황 등에 비추어 "대"로 이용되는 것이 사실상 곤란하다고 인정되는 경우에는 현실적인 이용상황을 기준으로 감정평가하되, 인근지역 또는 동일수급권 안의 유사지역에 있는 현실적인 이용상황이 비슷한 토지의 표준지공시지가를 기준으로 한다.

③ 개발제한구역 안에 있는 건축물이 있는 토지에 대한 감정평가는 인근지역에 있는 건축물이 있는 토지의 표준지공시지가를 기준으로 하고, 건축물이 있는 토지의 표준지공시지가가 인근지역에 없는 경우에는 동일수급권 안의 유사지역에 있는 건축물이 있는 토지의 표준지공시지가를 기준으로 하거나 인근지역에 있는 건축물이 없는 토지의 표준지공시지가를 기준으로 감정평가한다. 다만, 대상토지의 면적이 인근지역에 있는 '대'의 표준적인 획지면적을 뚜렷이 초과하거나 지상 건축물의 용도·규모 및 부속건축물의 상황과 관계법령에 따른 용도지역별 건폐율·용적률, 그 밖에 공법상 제한 등으로 보아 그 면적이 뚜렷이 과다한 것으로 인정되는 경우에는 그 초과부분에 대하여는 제2항을 준용할 수 있다.

④ 제2항 제1호 단서에 따라 건축물이 없는 토지를 인근지역에 있는 건축물이 있는 토지의 표준지공시지가를 기준으로 감정평가하거나, 제3항 단서에 따라 건축물이 있는 토지를 인근지역에 있는 건축물이 없는 토지의 표준지공시지가를 기준으로 감정평가하는 경우에는 개발제한구역 안에서의 건축물의 규모·높이·건폐율·용적률·용도변경 등의 제한과 토지의 분할 및 형질변경 등의 제한, 그 밖에 인근지역의 유통·공급시설(수도·전기·가스공급설비·통신시설·공동구 등)등 기반시설(도시·군계획시설)의 미비 등에 따른 건축물이 있는 토지와 건축물이 없는 토지의 가격격차율 수준을 조사하고 이를 개별요인의 비교 시에 고려하여야 한다. 다만, 주위환경이나 해당 토지의 상황 등에 비추어 인근지역의 건축물이 있는 토지와 건축물이 없는 토지의 가치격차율 수준이 차이가 없다고 인정되는 경우에는 그러하

지 아니하다.

⑤「개발제한구역의 지정 및 관리에 관한 특별조치법」 제17조 제3항에 따른 매수대상토지에 대한 감정평가는 같은 법 시행령 제30조에 따르되 다음 각 호의 기준에 따른다.

1. 매수청구일 당시에 공시되어 있는 표준지공시지가 중 매수청구일에 가장 근접한 시점의 표준지공시지가를 기준으로 하되, 그 공시기준일부터 가격시점까지의 지가변동률·생산자물가상승률, 그 밖에 해당 토지의 위치·형상·환경·이용상황 등을 고려한 적정가격으로 감정평가한다.
2. 이용상황의 판단은 개발제한구역의 지정으로 해당 토지의 효용이 뚜렷하게 감소되기 전 또는 사용·수익이 사실상 불가능하게 되기 전의 토지의 상황(이하 이 조에서 "종전토지의 상황"이라 한다)을 기준으로 하되, 의뢰자가 제시한 기준에 따른다. 다만, 그 제시가 없는 때에는 개발제한구역 지정 이전의 공부상 지목을 기준으로 한다.
3. 비교표준지의 선정은 인근지역에 있는 종전토지의 상황과 비슷한 이용상황의 것으로 하되, 공부상 지목이 "대"인 토지(의뢰자가 개발제한구역 지정 이전의 실제용도를 "대"로 본 다른 지목의 토지를 포함한다)는 인근지역에 있는 건축물이 없는 토지로서 실제용도가 "대"인 공시지가 표준지를 선정한다.

제31조의2 (개발제한구역이 해제된 토지의 감정평가) 개발제한구역 안의 토지가 「개발제한구역의 조정을 위한 도시관리계획 변경안 수립지침」(국토교통부훈령 제840호, 2017. 4. 28) 제4절 3-4-1 각 호의 사업으로서 관계법령에 따른 공익사업 목적의 개발수요를 충족하기 위하여 이 수립지침에 따른 도시·군관리계획의 변경 절차 등을 거쳐 개발제한구역에서 해제된 것임을 명시하여 감정평가 의뢰된 경우 해당 토지에 대한 감정평가는 법 시행규칙 제23조 제1항에 따라 개발제한구역이 해제되기 전의 공법상 제한을 기준으로 한다.

제31조의3 (개발제한구역의 우선해제대상지역 안 토지의 감정평가) ① 개발제한구역 안에 있는 토지가 종전에 시행된「집단취락등의 개발제한구역 해제를 위한 도시관리계획 변경(안) 수립지침」(건설교통부 관리 51400-1365, 2003. 10. 9. 이하 이 조에서"우선해제지침"이라 한다)에 따른 조정대상에 해당하는 지역(이하 "우선해제대상지역 이라 한다) 중 집단취락·경계선관통취락·산업단지·개발제한구역지정의 고유목적 외의 특수한 목적이 소멸된 지역, 그 밖에 개발제한구역의 지정 이후에 개발제한구역 안에서 공익사업의 시행 등으로 인한 소규모 단절토지에 해당하는 경우로서 다음 각 호의 어느 하나에 해당하는 경우에는 개발제한구역의 우선해제가 예정된 것에 따른 정상적인 지가의 상승요인을 고려하여 감정평가하되, 개발제한구역이 해제된 것에 준한 가격으로 감정평가가액을 결정할 수 있다. 이 경우에는 그 내용을 감정평가서에 기재한다.

1. 특별시장·광역시장·시장 또는 군수(이하 이 조에서 "시장등"이라 한다)가 우선해제지침에서 정하는 절차에 따라 도시관리계획안(이하 이 조에서 "도시관리계획안"이라 한다)의 주요내용을 공고한 경우
2. 우선해제지침에서 정하는 절차에 따라 도시관리계획안의 주요내용이 수립되었으나 해당 공익사업의 시행을 직접 목적으로 하여 개발제한구역이 해제됨으로써 그 주요내용이 공고되지 아니한 경우
3. 해당 공익사업의 시행을 직접 목적으로 하여 개발제한구역이 해제되지 아니하였을 경우에 시장등이 우선해제지침에서 정하는 절차에 따라 도시관리계획안의 주요내용을 수립·공고하였을 것으로 예상되는 경우로서 시장등이 그 내용을 확인하는 경우

② 제1항에 따라 감정평가하는 경우에서 우선해제지침에서 정하는 기준에 따라 개발제한구역의 해제에 따른 동시조치사항으로 용도지역·지구의 변경이 이루어졌을 것으로 예상되는 경우로서 시장등이 그 내용을 확인하는 경우에는 이를 고려한 가액으로 감정평가할 수 있다.

③ 제1항과 제2항에 따라 감정평가하는 경우에서 비교표준지의 선정은 대상토지의 인근지역 또는 동일수급권 안의 유사지역에 있는 것으로서 우선해제대상지역 안에 있는 표준지로 함을 원칙으로 하되, 개발제한구역의 해제가 예정된 것 등에 따른 정상적인 지가상승요인은 제16조에 따른 그 밖의 요인으

로 보정한다. 다만, 그 상승요인이 비교표준지의 공시지가에 이미 반영되어 있거나, 비교표준지의 공시지가가 개발제한구역이 해제된 상태로 공시된 경우에는 그러하지 아니하다.
④ 제1항 본문에서 적시한 우선해제대상지역 외의 토지가 국민임대주택단지조성사업, 경부고속철도운영활성화를 위한 광명역세권 개발사업 및 시급한 지역현안사업의 부지로서 우선해제대상지역으로 된 경우에서 해당 토지가 종전의 「광역도시계획수립지침(건설교통부, 제정 2002. 12. 30)」의 "제3장제5절 3-5-2. 조정가능지역의 설정"에서 정하는 조정가능지역에 해당하는 것으로 인정되는 경우에는 개발제한구역의 해제 가능성에 따른 정상적인 지가의 상승요인을 고려하여 감정평가할 수 있다. 다만, 의뢰자가 시장등으로부터 해당 토지가 위 조정가능지역의 ⑤(국가정책사업 및 지역현안사업에 필요한 지역)에 해당하는 것으로 확인받아 감정평가 의뢰하는 경우에는 그러하지 아니하다.

제4장 특수토지에 대한 감정평가

제32조 (미지급용지의 감정평가) ① 종전에 시행된 공익사업의 부지로서 보상금이 지급되지 아니한 토지(이하 "미지급용지"라 한다)에 대한 감정평가는 법 시행규칙 제25조에 따라 종전의 공익사업에 편입될 당시의 이용상황을 기준으로 한다. 다만, 종전의 공익사업에 편입될 당시의 이용상황을 알 수 없는 경우에는 편입될 당시의 지목과 가격시점 당시의 인근토지의 이용상황 등을 고려하여 감정평가한다.
② 제1항에서 "종전의 공익사업에 편입될 당시의 이용상황"을 상정하는 때에는 편입당시의 지목·실제용도·지형·지세·면적 등의 개별요인을 고려하여야 하며, 가격시점은 계약체결당시를 기준으로 하고 공법상 제한이나 주위환경, 그 밖에 공공시설 등과의 접근성 등은 종전의 공익사업(그 미지급용지가 새로운 공익사업에 편입되는 경우에는 그 사업을 포함한다)의 시행을 직접 목적으로 하거나 해당 공익사업의 시행에 따른 절차 등으로 변경 또는 변동이 된 경우를 제외하고는 가격시점 당시를 기준으로 한다.
③ 미지급용지의 비교표준지는 종전 및 해당 공익사업의 시행에 따른 가치의 변동이 포함되지 아니한 표준지를 선정한다.
④ 주위환경 변동이나 형질변경 등으로 대상토지의 종전의 공익사업에 편입될 당시의 이용상황과 비슷한 표준지가 인근지역에 없어서 제9조 제5항에 따라 인근지역의 표준적인 이용상황과 비슷한 표준지를 비교표준지로 선정한 경우에는 그 형질변경 등에 소요되는 비용(환지방식에 따른 사업시행지구 안에 있는 경우에는 환지비율) 등을 고려하여야 한다.
⑤ 제36조 제1항에서 규정한 공도 안에 있는 사유토지가 미지급용지로 감정평가 의뢰된 경우에는 의뢰자에게 그 토지가 도로로 편입당시 이전부터 법 시행규칙 제26조 제2항에서 규정한 '사실상의 사도' 등으로 이용되었는지 여부 등을 조회한 후 그 제시된 의견에 따라 감정평가한다. 이 경우 의견의 제시가 없는 때에는 객관적인 판단기준에 따라 감정평가하고 그 내용을 감정평가서에 기재한다.
⑥ 법 제4조에서 규정한 공익사업의 기존 시설 안에 있는 사유토지에 대하여 그 공익시설의 관리청 등으로부터 보상금의 지급을 목적으로 감정평가 의뢰가 있는 경우에는 그 공익사업의 종류, 사업시행기간, 편입시점, 그 밖에 공익사업의 시행을 목적으로 한 사업인정의 고시 등 절차 이행 여부의 확인이 곤란한 경우에도 이를 제1항에서 규정한 미지급용지로 보고 감정평가할 수 있다.

제33조 (무허가건축물 등 부지의 감정평가) ① 의뢰자가 공익사업을 목적으로 취득 또는 사용하는 토지 위에 있는 건축물이 「건축법」 등 관계법령에 따라 허가를 받거나 신고를 하고 건축 또는 용도변경을 하여야 하는 건축물을 허가를 받지 아니하거나 신고를 하지 아니하고 건축 또는 용도변경한 건축물(이하 "무허가건축물 등"이라 한다)의 부지에 대한 감정평가는 법 시행규칙 제24조에 따라 그 무허가건축물 등이 건축 또는 용도변경될 당시의 이용상황을 기준으로 한다. 다만, 1989년 1월 24일 당시의 무허가건축물 등의 부지에 대한 감정평가는 법 시행규칙(건설교통부령 제344호, 2002. 12. 31) 부칙 제5조에 따라 가격시점 당시의 현실적인 이용상황을 기준으로 한다.

② 제1항 단서는「건축법」 제20조 제2항의 가설건축물, 그 밖에 이와 비슷한 건축물이 있는 토지의 경우에는 적용하지 아니하며, 무허가건축물 등의 건축시점 및 무허가건축물 등에 해당하는지 여부는 의뢰자가 제시한 기준에 따른다.
③ 제1항 단서에 따라 무허가건축물 등의 부지를 가격시점 당시의 현실적인 이용상황을 기준으로 감정평가하는 경우에는 「농지법」 제38조에 따른 농지보전부담금이나 「산지관리법」 제19조에 따른 대체산림자원조성비 상당액은 따로 고려하지 아니한다.

제34조 (불법형질변경토지의 감정평가) ①「국토의 계획 및 이용에 관한 법률」 등 관계법령에 따라 허가를 받거나 신고를 하고 형질변경을 하여야 하는 토지를 허가를 받지 아니하거나 신고를 하지 아니하고 형질변경한 토지(이하 "불법형질변경토지"라 한다)에 대한 감정평가는 법 시행규칙 제24조에 따라 그 토지의 형질변경이 될 당시의 이용상황을 기준으로 한다. 다만, 1995년 1월 7일 당시에 공익사업시행지구(공익사업의 계획 또는 시행이 공고 또는 고시된 지역을 말한다) 안에 있는 토지에 대한 감정평가는 법 시행규칙(건설교통부령 제344호, 2002. 12. 31) 부칙 제6조에 따라 불법형질변경 여부에 불구하고 가격시점 당시의 현실적인 이용상황을 기준으로 한다.
② 제1항 단서는 다음 각 호의 어느 하나에 해당하는 경우에는 이를 일시적인 이용상황으로 보아 적용하지 아니하며, 형질변경이 된 시점 및 불법형질변경 여부 등은 의뢰자가 제시한 기준에 따른다.

1. 해당 토지의 형질변경이 된 상태가 일시적인 이용상황으로 인정되는 경우
2. 해당 공익사업의 계획 또는 시행이 공고 또는 고시되거나 공익사업의 시행을 목적으로 한 사업구역·지구·단지 등이 관계법령에 따라 지정·고시된 이후에 해당 법령에서 금지된 형질변경을 하거나 허가를 받아야 할 것을 허가없이 형질변경한 경우

③ 제1항 단서에 따라 불법형질변경토지를 현실적인 이용상황을 기준으로 하는 경우에서 그 현실적인 이용상황이 건축물등이 없는 상태의 토지(농경지로 된 토지는 제외한다)인 때에는 공부상 지목을 기준으로 하되, 토지의 형질변경으로 성토 등이 된 상황을 고려하여 감정평가한다.
④ 전·답·과수원 등의 농경지 지목 외의 토지(「산지관리법」 제2조 제1호 각 목의 어느 하나에 해당하는 산지를 제외한다. 이하 이 조에서 같다)가 「농지법」 제2조 및 같은 법 시행령 제2조의 규정 등에 따라 농지로 감정평가 의뢰된 경우에는 이를 제1항에서 규정한 불법형질변경토지로 보지 아니한다. 다만, 대상토지가 개발제한구역 안에 있는 경우로서 영농을 위한 토지의 형질변경 등이 허가 또는 신고없이 이루어진 경우에는 그러하지 아니하다.
⑤ 지적공부상 지목이 임야인 토지 등 「산지관리법」 제2조 제1호 각 목의 어느 하나에 해당하는 산지가 「산지관리법」 제14조에 따른 산지전용허가를 받지 아니하고 농지로 이용되는 경우에는 제1항에서 규정한 불법형질변경토지로 본다. 다만, 대상토지가 다음 각 호의 어느 하나에 해당하는 경우에는 그러하지 아니하다.

1. 「산지관리법」(제10331호, 2010. 5. 31. 및 제14361호, 2016. 12. 2) 부칙의 불법전용산지에 관한 임시특례(이하 이 조에서 "임시특례"라 한다)에서 정한 절차에 따라 불법전용산지 신고 및 심사를 거쳐 농지로 지목이 변경된 경우
2. 임시특례에서 정한 절차에 따른 적용대상 토지임에도 해당 공익사업을 위한 관계법령에 따른 산지전용허가 의제협의(「택지개발촉진법」 제11조 제1항 제10호, 「도시개발법」 제19조 제1항 제9호 등) 사유로 임시특례의 적용에서 배제된 경우로서 해당 시장·군수·구청장이 임시특례 적용대상 토지임을 확인한 경우

제34조의2 (폐기물이 매립된 토지의 감정평가) ①「폐기물관리법」 제2조 제1호에서 규정한 "폐기물"이 매립된 토지가 「폐기물관리법」 제48조에 따른 폐기물 처리에 대한 조치명령이 있거나 예상되는 경우 등으로서 의뢰자가 해당 토지의 이용을 저해하는 정도를 고려하는 조건으로 감정평가 의뢰한 경우에는 그 폐기물이 매립될 당시의 이용상황과 비슷한 토지의 표준지공시지가를 기준으로 감정평가하되, 다음 각 호의 기준에 따른다. 이 경우에는 그 내용을 감정평가서에 기재한다.

1. 폐기물의 종류, 성질 및 그 양 등에 비추어 해당 토지의 토사와 물리적으로 분리할 수 없을 정도로 혼합되어 토지의 일부를 구성하는 등 그 폐기물이 매립된 것에 따른 토지이용의 저해정도가 경미한 것으로 의뢰자가 인정하는 경우에는 비교표준지와 해당 토지의 개별요인의 비교 시에 기타조건(장래 동향 등) 등 항목에서 그 불리한 정도 등을 고려한 가액으로 감정평가한다.
2. 폐기물 매립이 된 것에 따른 토지이용의 저해정도가 심한 것으로 의뢰자가 인정하는 경우에는 의뢰자의 승인을 얻어 폐기물 처리업체 등의 자문 또는 용역절차를 거친 후 그 용역보고서 등에서 제시한 폐기물처리비용 상당액을 근거로 한 해당 토지의 가치 감가요인을 비교표준지와 해당 토지의 개별요인의 비교 시에 기타조건(장래 동향 등) 등 항목에서 고려한 가액으로 감정평가한다.

② 제1항 제2호에 따른 폐기물 처리업체 등의 자문 또는 용역결과 폐기물처리비용 상당액이 해당 토지가 폐기물이 매립되지 아니한 상태를 기준으로 한 가액 상당액을 뚜렷이 초과하는 것으로 인정되는 경우에는 감정평가액란에 실질적 가치가 없는 것으로 표시하되, 이 경우에는 감정평가서에 추후 사업시행자가 실제로 지출한 폐기물 처리비용 상당액이 용역보고서 등에서 제시된 폐기물 처리비용 상당액과 비교하여 뚜렷이 낮아지게 되는 경우에는 감정평가액이 변동될 수 있다는 내용을 기재한다.
③ 해당 토지에 매립된 폐기물이 환경오염물질과 섞인 상태 등으로서 「토양환경보전법 」 제2조 제2호에서 규정한 "토양오염물질"에 해당하는 경우에는 제34조의3에 따르되, 이 경우에는 폐기물처리비용과 오염토양 정화비용 등 상당액을 함께 고려한다.
④ 제1항에도 불구하고 해당 토지의 소유자 및 관계인이 「폐기물관리법」 제48조 각 호의 어느 하나에 해당하는 자가 아닌 것으로 명시하여 감정평기 의뢰되었거나 감정평가 진행과정에서 그 사실이 밝혀진 경우에는 의뢰자와 협의를 한 후 그 폐기물이 매립될 당시의 이용상황을 기준으로 감정평가할 수 있다. 이 경우에는 감정평가서에 그 내용을 기재한다.

제34조의3 (토양오염물질에 토양오염이 된 토지의 감정평가) ① 「토양환경보전법」 제2조 제2호에서 규정한 "토양오염물질"에 토양오염된 토지가 「토양환경보전법」 제15조에 따른 토양오염방지 조치명령 등이 있거나 예상되는 경우로서 의뢰자가 해당 토지의 이용을 저해하는 정도를 고려하는 조건으로 감정평가 의뢰한 경우에는 그 토양오염이 될 당시의 이용상황과 비슷한 토지의 표준지공시지가를 기준으로 감정평가하되, 다음 각 호의 기준에 따른다. 이 경우에는 감정평가서에 그 내용을 기재한다.
1. 「토양환경보전법」 제10조의2에 따른 토양환경평가 등 결과 그 오염의 정도가 허용기준 이내인 것으로 의뢰자가 인정하는 경우에는 비교표준지와 해당 토지의 개별요인의 비교 시에 기타조건(장래 동향 등) 등 항목에서 그 불리한 정도 등을 고려한 가액으로 감정평가한다.
2. 「토양환경보전법」 제2조 제6호에 따른 토양정밀조사 등 결과 토양정화의 대상이 되었거나 예상이 되는 것으로 의뢰자가 인정하는 경우에는 의뢰자의 승인을 얻어 토양오염 정화업체 등의 자문 또는 용역절차를 거친 후 그 용역보고서 등에서 제시한 오염토양 정화비용(사업시행자가 지출한 토양정밀조사비용을 포함한다. 이하 이 조에서 같다)상당액을 근거로 한 해당 토지의 가치 감가요인을 비교표준지와 해당 토지의 개별요인의 비교 시에 기타조건(장래 동향 등) 등 항목에서 고려한 가액으로 감정평가한다.

② 제1항 제2호에 따른 토양오염 정화업체 등의 자문 또는 용역결과 오염토양 정화비용 상당액이 해당 토지가 오염 등이 되지 아니한 상태를 기준으로 한 가액 상당액을 뚜렷이 초과하는 것으로 인정되는 경우에는 감정평가액란에 실질적 가치가 없는 것으로 표시하되, 이 경우에는 감정평가서에 추후 사업시행자가 실제로 지출한 오염토양 정화비용 상당액이 당초 용역보고서 등에서 제시된 오염토양 정화비용 상당액과 비교하여 뚜렷이 낮아지게 되는 경우에는 감정평가액이 변동될 수 있다는 내용을 기재한다.
③ 제34조의2 제3항은 이 조에서 준용한다.
④ 제1항에도 불구하고 해당 토지의 소유자 및 관계인이 「토양환경보전법」 제10조의4에 따른 오염토양의 정화책임자가 아닌 것으로 명시하여 감정평가 의뢰되었거나 감정평가 진행과정에서 그 사실이 밝혀진 경우에는 의뢰자와 협의를 한 후 그 토양오염이 될 당시의 이용상황을 기준으로 감정평

가할 수 있다. 이 경우에는 감정평가서에 그 내용을 기재한다.

제35조 (사도부지의 감정평가) ① 「사도법」에 따른 사도의 부지(이하 "사도부지"라 한다)에 대한 감정평가는 법 시행규칙 제26조 제1항 제1호에 따라 인근토지에 대한 감정평가액의 5분의1 이내로 한다.
② 제1항에서 "인근토지"란 그 사도부지가 도로로 이용되지 아니하였을 경우에 예상되는 표준적인 이용상황과 비슷한 토지로서 해당 토지와 위치상 가까운 것을 말한다.

제35조의2 (사실상의 사도부지의 감정평가) ① 제35조에 따른 사도 외의 도로로서 사도와 비슷한 용도적 기능을 갖는 다음 각 호의 어느 하나에 해당하는 도로의 부지(「국토의 계획 및 이용에 관한 법률」에 따른 도시·군관리계획에 따라 도로로 결정된 후부터 도로로 사용되고 있는 것은 제외한다. 이하 "사실상의 사도부지"라 한다)에 대한 감정평가는 법 시행규칙 제26조 제1항 제2호에 따라 인근토지에 대한 감정평가액의 3분의 1 이내로 한다.
1. 도로개설 당시의 토지소유자가 자기토지의 편익을 위하여 스스로 설치한 도로
2. 토지소유자가 그 의사에 따라 타인의 통행을 제한할 수 없는 도로
3. 「건축법」 제45조에 따라 건축허가권자가 그 위치를 지정·공고한 도로
4. 도로개설당시의 토지소유자가 대지 또는 공장용지 등을 조성하기 위하여 설치한 도로

② 다음 각 호의 어느 하나에 해당하는 것은 사실상의 사도부지로 보지 아니한다. 다만, 「국토의 계획 및 이용에 관한 법률」 제56조 제1항 등 관계법령에 따른 토지의 개발행위허가 등을 받지 아니하고 지적공부상으로만 택지부분과 도로부분(지목이 변경되지 아니한 경우를 포함한다. 이하 이 조에서 같다)으로 구분된 경우에서 그 택지부분을 일반거래관행에 따라 대지예정지로 보고 개별필지별로 감정평가하는 경우에는 그 도로부분에 대한 감정평가는 제1항을 준용한다.
1. 지적공부상으로 도로로 구분되어 있으나 가격시점 현재 도로로 이용되고 있지 아니하거나 사실상 용도폐지된 상태에 있는 것
2. 지적공부상으로 도로로 구분되어 있지 아니한 상태에서 가격시점 현재 사실상 통행에 이용되고 있으나 소유자의 의사에 따라 법률적·사실적으로 통행을 제한 할 수 있는 것

③ 제1항에서 "인근토지"란 그 사실상의 사도부지가 도로로 이용되지 아니하였을 경우에 예상되는 표준적인 이용상황과 비슷한 토지로서 해당 토지와 위치상 가까운 것을 말한다.

제36조 (공도 등 부지의 감정평가) ① 「도로법」 제2조에 따른 도로, 「국토의 계획 및 이용에 관한 법률」에 따른 도시·군관리계획사업으로 설치된 도로, 그 밖에 「농어촌도로정비법」 제2조에 따른 농어촌도로(이하 "공도"라 한다)의 부지에 대한 감정평가는 법 시행규칙 제26조 제1항 제3호에 따르되, 그 공도의 부지가 도로로 이용되지 아니하였을 경우에 예상되는 인근지역에 있는 표준적인 이용상황과 비슷한 토지의 표준지공시지가를 기준으로 한다. 이 경우에 인근지역에 있는 표준적인 이용상황과 비슷한 토지의 표준지공시지가에 해당 도로의 개설에 따른 가치변동이 포함되어 있는 경우에는 이를 배제한 가액으로 감정평가한다. 다만, 그 공도의 부지가 미지급용지인 경우에는 제32조에 따른다.
② 제1항에 따라 공도의 부지를 인근지역에 있는 표준적인 이용상황과 비슷한 토지의 표준지공시지가를 기준으로 감정평가하는 경우에는 해당 도로의 위치·면적·형상·지세, 도로의 폭·구조·기능·계통 및 연속성, 편입당시의 지목 및 이용상황, 용도지역등 공법상 제한, 인근토지의 이용상황, 그 밖의 가격형성에 영향을 미치는 요인을 고려하되, 다음 각 호와 같이 감정평가액을 결정할 수 있다. 이 경우 공작물 등 도로시설물의 가액은 그 공도부지의 감정평가액에 포함하지 아니하며, 해당 토지가 도로부지인 것에 따른 용도적 제한은 고려하지 아니한다.
1. 인근지역의 표준적인 이용상황이 전, 답 등 농경지 또는 산지인 경우에는 그 표준적인 이용상황과 비슷한 토지의 표준지공시지가를 기준으로 한 적정가격에 도로의 지반조성 등에 통상 필요한 비용 상당액과 위치조건 등을 고려한 가격수준으로 결정한다. 다만, 인근지역의 표준적인 이용상황과 비슷한 토지가 경지정리사업지구 안에 있는 전·답 등 농경지인 경우에는 도로의 지반조성 등에

통상 필요한 비용 상당액은 고려하지 아니한다.

2. 인근지역의 표준적인 이용상황이 "대" 및 이와 비슷한 농경지 또는 산지인 경우에는 그 표준적인 이용상황과 비슷한 토지의 표준지공시지가를 기준으로 한 적정가격에 도로의 지반조성 등에 통상 필요한 비용 상당액과 위치조건 등을 고려한 가격수준으로 결정한다. 다만, 인근지역의 표준적인 이용상황이 경지정리사업지구 안에 있는 전·답 등 농경지인 경우에는 도로의 지반조성 등에 통상 필요한 비용 상당액은 고려하지 아니한다.

③ 도시·군계획시설(도로)로 결정된 이후에 해당 도시·군계획시설사업이 시행되지 아니한 상태에서 사실상 불특정 다수인의 통행에 이용되고 있는 토지(이를 "예정공도"라 한다)에 대한 감정평가는 제1항을 준용한다.

④ 토지소유자가 자기 토지의 편익을 위하여 스스로 설치한 이후에 도시·군 관리계획에 따른 도시·군계획시설(도로)로 결정된 경우 등과 같이 공도부지가 도시·군계획시설(도로)로 결정될 당시에 법 시행규칙 제26조 제2항에서 규정한 "사실상의 사도"에 해당하는 경우로서 그 공도부지가 제32조의 미지급용지에 해당하는 경우에는 제1항에도 불구하고 제35조의2를 준용한다.

⑤ 제2항에서 "인근토지"란 그 공도의 부지가 도로로 이용되지 아니하였을 경우에 예상되는 표준적인 이용상황과 비슷한 토지로서 해당 토지와 위치상 가까운 것을 말한다.

제37조 (그 밖의 도로부지의 감정평가) 다음 각 호의 어느 하나에 해당하는 사업 등 관계법령에 따른 공익사업의 시행으로 설치된 도로(제36조 제1항에서 규정한 도로로 지정된 것은 제외한다)의 부지에 대한 감정평가는 제36조를 준용한다.

1. 「택지개발촉진법」에 따른 택지개발사업
2. 종전의 「농촌근대화촉진법」에 따른 농지개량사업
3. 종전의 「농어촌발전 특별조치법」에 따른 정주생활권개발사업
4. 「농어촌정비법」에 따른 농어촌정비사업

제37조의2 (도수로부지의 감정평가) ① 관행용수권과 관련하여 용수·배수를 목적으로 설치된 것으로서 일정한 형태를 갖춘 인공적인 수로·둑 및 그 부속시설물의 부지(개설 당시의 토지소유자가 자기토지의 편익을 위하여 스스로 설치한 것은 제외한다. 이하 이 조에서 "도수로부지"라 한다)에 대한 감정평가는 법 시행규칙 제26조 제3항 단서에 따르되, 그 도수로부지가 도수로로 이용되지 아니하였을 경우에 예상되는 인근지역에 있는 표준적인 이용상황과 비슷한 토지의 표준지공시지가를 기준으로 한다. 다만, 그 도수로부지가 미지급용지인 경우에는 제32조에 따른다.

② 제1항에 따라 도수로부지를 인근지역에 있는 표준적인 이용상황과 비슷한 토지의 표준지공시지가를 기준으로 감정평가하는 경우에는 해당 도수로의 위치·면적·형상·지세, 도수로의 폭·구조·기능·계통 및 연속성, 편입당시의 지목 및 이용상황, 용도지역등 공법상 제한, 인근토지의 이용상황, 그 밖의 가격형성에 영향을 미치는 요인을 고려하되, 다음 각 호와 같이 감정평가액을 결정할 수 있다. 다만, 공작물 등 도수로 시설물의 가액은 도수로부지의 감정평가액에 포함하지 아니하며, 해당 토지가 도수로부지인 것에 따른 용도적 제한은 고려하지 아니한다.

1. 인근지역의 표준적인 이용상황이 전, 답 등 농경지인 경우에는 그 표준적인 이용상황과 비슷한 토지의 표준지공시지가를 기준으로 한 적정가격에 도수로의 지반조성 등에 통상 필요한 비용 상당액과 위치조건 등을 고려한 가격수준으로 결정한다. 다만, 인근지역의 표준적인 이용상황의 토지가 경지정리사업지구 안에 있는 전·답 등 농경지인 경우에는 도수로의 지반조성 등에 통상 필요한 비용 상당액은 고려하지 아니한다.
2. 인근지역의 표준적인 이용상황이 "대" 및 이와 비슷한 용도의 것인 경우에는 그 표준적인 이용상황과 비슷한 토지의 표준지공시지가를 기준으로 한 적정가격에 환지비율과 위치조건 등을 고려한 가격수준으로 결정한다. 이 경우 도수로의 지반조성 등에 통상 필요한 비용 상당액은 고려하지 아니한다.

③ 제1항과 제2항에도 불구하고 도수로로서의 기능이 사실상 상실되었거나 용도폐지된 도수로부지의 경우에는 그 도수로부지의 다른 용도로의 전환가능성, 전환후의 용도, 용도전환에 통상 필요한 비용 상당액 등을 고려한 가격수준으로 결정할 수 있다. 이 경우에는 인근지역에 있는 것으로서 일반적으로 전환 가능한 용도와 비슷한 토지의 표준지공시지가를 기준으로 감정평가한다.
④ 종전의 「농촌근대화촉진법」에 따른 농지개량사업, 「농어촌정비법」에 따른 농어촌정비사업 등 관계법령에 따른 공익사업의 시행으로 설치된 도수로의 부지에 대한 감정평가는 제1항 및 제2항에 따른다.
⑤ 수도용지의 감정평가 시에는 제1항부터 제3항까지를 준용할 수 있다.
⑥ 제2항에서 "인근토지"란 그 도수로부지가 도수로로 이용되지 아니하였을 경우에 예상되는 표준적인 이용상황과 비슷한 토지로서 위치상 가까운 것을 말한다.

제38조 (구거부지의 감정평가) ① 구거부지(제37조의2에서 규정한 도수로부지는 제외한다. 이하 같다)에 대한 감정평가는 법 시행규칙 제26조 제3항 본문에 따라 인근토지에 대한 감정평가액의 3분의1 이내로 한다.
② 제1항에서 "인근토지"란 그 구거부지가 구거로 이용되지 아니하였을 경우에 예상되는 표준적인 이용상황과 비슷한 토지로서 위치상 가까운 것을 말한다.
③ 제35조의2 제2항 제1호 및 제2호의 규정은 이 조에서 준용한다.

제39조 (특별조치법에 따른 하천편입토지의 감정평가) ① 「하천편입 토지보상 등에 관한 특별조치법」(법률 제9543호 2009.3.25.이하 이 조 및 제39조의2에서 '특별조치법'이라 한다) 제2조 각 호의 어느 하나에 해당하는 토지에 대한 감정평가는 그 하천구역(특별조치법 제2조 각 호의 어느 하나에 해당하는 경우를 말한다. 이하 이 조에서 같다) 편입당시의 지목 및 토지이용상황, 해당 토지에 대한 공법상 제한, 현재의 토지이용상황 및 비슷한 인근토지의 적정가격 등을 고려하여 감정평가하되, 다음 각 호에서 정하는 기준에 따른다.

1. 가격시점은 특별조치법 제5조에 따라 보상청구절차를 통지 또는 공고한 날짜로 하되, 의뢰자가 제시한 바에 따른다.
2. 편입당시의 지목 및 토지이용상황의 판단은 의뢰자가 제시한 내용에 따르되, 하천구역으로 된 시점 당시를 기준으로 하며, 하천구역으로 된 시점 당시의 해당 토지에 대한 공부상 지목과 현실적인 이용상황이 다른 경우에는 현실적인 이용상황을 기준으로 한다. 다만, 하천관리청의 하천공사에 따라 하천구역으로 된 경우에는 그 하천공사 시행 직전의 이용상황을 기준으로 한다.
3. 하천구역으로 된 시점 당시의 이용상황의 판단을 위한 편입시점의 확인은 하천관리청이 제시한 기준에 따르되, 법률 제2292호 「하천법」 시행일(1971년 7월 19일) 전에는 당시의 「하천법」 제2조 제1항 제2호가목 및 다목에 해당되는 시점이 아니고 당시의 「하천법」의 규정에 따라 하천구역으로 공고된 시점을 편입시점으로 보며, 하천구역으로 공고 되지 아니하였거나 공고시점이 불분명한 경우에는 법률 제2292호 「하천법」 시행일 (1971년 7월 19일)을 편입시점으로 본다.
4. 해당 토지에 대한 공법상 제한은 편입당시를 기준(편입당시의 공법상 제한을 알 수 없을 경우에는 가격시점 당시를 기준으로 할 수 있다)으로 하되, 해당 토지가 하천구역으로 된 것에 따른 「하천법」에서 정한 공법상 제한은 하천의 정비·보전 등을 직접 목적으로 가하여진 경우로서 그 제한을 받지 아니한 상태를 기준으로 감정평가한다.
5. 현재의 토지이용상황은 가격시점 당시의 현실적인 이용상황을 뜻하는 것으로서 원칙적으로 고려하지 아니하나, 편입당시의 이용상황을 알 수 없거나 하천관리청으로부터 편입당시의 이용상황의 제시가 없는 경우에 편입당시의 이용상황을 확인할 때 기초자료로 활용한다.
6. 비슷한 인근토지의 적정가격은 하천구역으로 된 당시의 토지이용상황(하천관리청의 하천공사에 따라 하천구역으로 된 토지의 경우에는 공사시행 직전의 이용상황)과 비슷한 것으로서 대상토지의 인근지역에 있는 토지에 대한 표준지공시지가를 기준으로 한 감정평가액을 말하며, 인근지역

또는 동일수급권 안의 유사지역에 이용상황이 비슷한 토지의 표준지공시지가가 없을 경우에는 인근지역 또는 동일수급권 안의 유사지역에 있는 표준적인 이용상황과 비슷한 토지의 표준지공시지가를 기준으로 하여 구한다.

<table>
<tr><th colspan="2" rowspan="2">구분
이용상황별</th><th colspan="2">일 정 비 율</th></tr>
<tr><th>도시지역 안</th><th>도시지역 밖</th></tr>
<tr><td colspan="2">농경지(전, 답 등)</td><td>인근토지에 대한 적정가격의 2분의 1 이내</td><td>인근토지에 대한 적정가격의 10분의 7 이내</td></tr>
<tr><td rowspan="2">제방</td><td>제외지 측과 접한 부분이 농경지인 경우</td><td>인근토지에 대한 적정가격의 2분의 1 이내</td><td>인근토지에 대한 적정가격의 10분의 7 이내</td></tr>
<tr><td>제외지 측과 접한 부분이 농경지가 아닌 경우</td><td>인근토지에 대한 적정가격의 4분의 1 이내</td><td>인근토지에 대한 적정가격의 3분의 1 이내</td></tr>
<tr><td colspan="2">둔치</td><td>인근토지에 대한 적정가격의 4분의 1 이내</td><td>인근토지에 대한 적정가격의 3분의 1 이내</td></tr>
<tr><td colspan="2">모래밭·개펄</td><td>인근토지에 대한 적정가격의 7분의 1 이내</td><td>인근토지에 대한 적정가격의 5분의 1 이내</td></tr>
<tr><td colspan="2">물이 계속 흐르는 토지</td><td>인근토지에 대한 적정가격의 10분의 1 이내</td><td>인근토지에 대한 적정가격의 7분의 1 이내</td></tr>
</table>

② 특별조치법 제2조에 따른 대상토지에 대한 편입당시의 지목 및 토지이용상황(하천관리청의 하천공사에 따라 하천구역으로 된 경우에는 하천공사 직전의 이용상황) 또는 비슷한 인근토지의 적정가격을 알 수 없거나, 인근지역 또는 동일수급권 안의 유사지역에 있는 표준적인 이용상황과 비슷한 토지의 표준지공시지가를 기준으로 감정평가하는 경우에서 그 용도가 다른 것에 따른 개별요인의 비교 등이 사실상 곤란한 경우 등에는 가격시점 당시의 현실적인 이용상황을 기준으로 다음 표에서 정하는 기준에 따라 감정평가할 수 있다. 다만, 하천구역으로 된 이후에 하천관리청의 하천공사나 하천점용허가에 따라 현상변경이 이루어져 가격시점 당시의 현실적인 이용상황이 하천구역으로 된 당시보다 뚜렷하게 변동된 것으로 인정되는 경우에는 이용상황의 판단이나 일정비율을 적용할 때 고려할 수 있으며, 대상토지가 도시지역 안에 있는 경우로서 인근토지가 순수농경지로 인정되는 경우에는 도시지역 밖의 일정비율을 적용할 수 있다.

③ 제1항 및 제2항에서 "인근토지"란 해당 토지가 하천구역으로 되지 아니하였을 경우에 예상되는 하천구역 밖 주변지역에 있는 표준적인 이용상황과 비슷한 것으로서 용도지역등이 같은 토지를 말한다. 다만, 대상토지가 도시지역 안에 있는 경우로서 하천구역 밖 주변지역에 있는 표준적인 이용상황과 비슷한 토지가 용도지역등을 달리하거나 용도지역등이 같은 경우에도 주위환경 사정 등에 비추어 인근지역으로 볼 수 없는 경우에는 동일수계권역 등 동일수급권안의 유사지역에 있는 표준적인 이용상황과 비슷한 토지를 인근토지로 본다. 이 때에는 인근토지의 적정가격 결정 시에 지역요인의 비교를 통하여 지역격차를 고려하여야 한다.

④ 대상토지가 하천구역으로 되었으나 하천관리청의 하천공사 또는 홍수 그 밖의 자연현상으로 하천의 유로가 변경되어 하천구역에서 제외된 토지로서 보상이 되지 아니한 등기부상 사유토지는 제1항에 따른 감정평가 대상에서 제외한다. 다만, 해당 토지와 관련된 보상금 청구소송이 법원에 계속 중인 사유 등으로 의뢰자로부터 감정평가 요청이 있는 경우에는 그러하지 아니하다. 이 경우 농경지 등으로 매립·조성 등 하천관리청의 개발행위 등에 따른 가치변동의 배제 등 특별한 조건의 제시가 있는 경우를 제외하고는 제1항부터 제3항까지의 규정을 준용하여 감정평가할 수 있다.

⑤ 삭제 〈2008. 2. 12.〉

⑥ 삭제 〈2008. 2. 12.〉

⑦ 삭제 〈2008. 2. 12.〉

⑧ 삭제 〈2008. 2. 12.〉

제39조의2 (하천구역으로 된 토지 중 미보상토지의 감정평가) ① 특별조치법 제2조에 따른 대상토지 외의 것으로서 구「하천법」(법률 제5893호, 1999.2.2) 제74조 제1항에 따라 보상대상이 된 하천구역(국가하천 및 지방1급 하천의 하천구역을 말한다)안 토지 중 보상이 되지 아니한 토지에 대한 감정평가는 제39조를 준용한다. 다만, 구「하천법」 제2조 제1항 제2호라목에 따라 하천구역으로 지정된 토지의 경우에는 그 지정시점 당시를 하천구역으로 된 당시로 보며, 가격시점은 제10조의2에 따른다.

② 제1항에도 불구하고 하천의 신설, 그 밖에 하천공사로 하천구역 밖에 있는 토지가 하천구역으로 된 경우로서 보상이 되지 아니한 토지에 대한 감정평가는 제32조에 따른다.

③ 구 「하천법」 제3조에 따라 하천구역으로 되었으나 하천관리청의 하천공사 또는 홍수 그 밖에 자연현상으로 하천의 유로가 변경되어 하천구역에서 제외된 토지로서 보상이 되지 아니한 등기부상 사유토지의 경우에는 제39조 제4항을 준용한다.

제39조의3 (하천구역 안의 매수대상토지의 감정평가) ① 법률 제8338호(2007년 4월 6일)「하천법」시행일 이후에 이 법에 따른 하천구역(지방하천의 하천구역을 제외한다)으로 결정 또는 변경된 토지 중「하천법」 제79조에 따른 매수대상 토지에 대한 감정평가는 법 시행규칙 제22조에 따라 가격시점 당시의 현실적인 이용상황을 기준으로 하며, 하천구역으로 결정 또는 변경에 따른「하천법」에서 정한 공법상 제한은 고려하지 아니한다. 다만, 하천관리청의 하천공사로 현상변경이 이루어진 경우에는 그 하천공사 시행 직전의 이용상황을 기준으로 감정평가하되, 이 경우에는 제32조를 준용한다.

② 제39조 제2항 및 제3항은 「하천법」 제79조에 따른 매수대상 토지의 감정평가 시에 준용할 수 있다.

제39조의4 (지방하천의 하천구역 등 안 토지의 감정평가) ① 「하천법」에 따른 지방하천의 하천구역 및「소하천정비법」에 따른 소하천구역 안에 있는 사유토지가 하천정비공사 등 공익사업시행지구에 편입되어 감정평가 의뢰가 있는 경우에 그 토지에 대한 감정평가는 제39조의3을 준용한다.

② 「소하천정비법」에 따른 소하천 외의 것으로서 자연의 유수 등이 있는 소규모 하천의 부지에 대한 감정평가는 제39조의3을 준용한다. 다만, 지적공부상 지목이 하천으로 되어 있으나 그 규모·기능 등이 구거와 사실상 비슷한 것은 제38조를 준용할 수 있으며, 소규모 하천으로서의 기능이 사실상 상실되거나 용도폐지된 경우에는 그 하천부지의 다른 용도로의 전환가능성, 전환후의 용도, 용도전환에 통상 필요한 비용 상당액 등을 고려한 가액으로 감정평가할 수 있다. 이 경우에는 인근지역에 있는 것으로서 일반적으로 전환 가능한 용도와 비슷한 토지의 표준지공시지가를 기준으로 감정평가한다.

③ 삭제 〈2009. 10. 28.〉

④ 제39조 제2항 및 제3항은 이 조의 규정에 따른 지방하천과 소하천구역안에 있는 토지, 그 밖에 소규모 하천의 부지에 대한 감정평가 시에 준용할 수 있다.

제39조의5(홍수관리구역 안 토지의 감정평가) 「하천법」 제12조 제3항에 따라 고시된 홍수관리구역 안의 토지에 대한 감정평가는 법 시행규칙 제22조에 따라 가격시점 당시의 현실적인 이용상황을 기준으로 하며, 홍수관리구역으로 고시된 것에 따른 「하천법」에서 정한 공법상 제한은 고려하지 아니한다.

제40조 (저수지부지의 감정평가) ① 「농어촌정비법」에 따른 농업생산기반시설인 저수지(제방 등 부대시설을 포함한다. 이하 이 조에서 같다)의 부지에 대한 감정평가는 법 시행규칙 제22조에 따르되, 다음 각 호의 사항을 고려하여 감정평가한다. 다만, 저수지부지의 일부가 공익사업시행지구에 편입되는 경우에는 그 편입부분의 가치를 기준으로 감정평가할 수 있으며, 그 저수지부지가 미지급용지인 경우에는 제32조에 따른다.

1. 위치·면적·지형·지세
2. 저수지의 규모·기능·유용성
3. 용도지역등 공법상 제한

4. 저수지 조성 당시 편입토지의 주된 이용상항
5. 전, 답 등 인근토지의 이용상황
6. 그 밖에 가치형성에 영향을 미치는 요인

② 대상토지와 이용상황이 비슷한 토지의 표준지공시지가가 인근지역에 없을 경우에는 인근지역의 전, 답 등 표준적인 이용상황과 비슷한 토지의 표준지공시지가를 기준으로 감정평가할 수 있으며, 용도가 다른 것에 따른 개별요인의 비교 등이 사실상 곤란한 경우에는 다음 각 호와 같이 감정평가액을 결정할 수 있다. 이 경우 공작물 등 저수지 시설물의 가액은 저수지부지의 감정평가액에 포함하지 아니한다.

1. 인근지역의 표준적인 이용상황이 전, 답 등 농경지 또는 산지인 경우에는 그 표준적인 이용상황과 비슷한 토지의 표준지공시지가를 기준으로 한 적정가격에 저수지의 지반조성에 통상 필요한 비용 상당액과 위치, 규모, 지형·지세, 용도지역등을 고려한 가격수준으로 결정한다. 다만, 인근지역의 표준적인 이용상황이 경지정리사업지구 안에 있는 전·답 등 농경지이거나 인근지역의 지형·지세 등으로 보아 저수지의 지반조성이 따로 필요하지 아니하다고 인정되는 경우에는 저수지의 지반조성에 통상 필요한 비용 상당액은 고려하지 아니한다.
2. 인근지역의 표준적인 이용상황이 "대" 및 이와 비슷한 용도의 것인 경우에는 그 표준적인 이용상황과 비슷한 토지의 표준지공시지가를 기준으로 한 적정가격에 환지비율과 위치, 규모, 지형·지세, 용도지역등을 고려한 가격수준으로 결정한다.

③ 제1항과 제2항에도 불구하고 농업생산기반시설로서의 기능이 사실상 상실되었거나 용노폐지된 서수지부지의 경우에는 그 저수지부지의 다른 용도의 전환 가능성, 전환후의 용도, 용도전환에 통상 필요한 비용 상당액 등을 고려한 가액으로 감정평가할 수 있다. 이 경우에는 인근지역에 있는 것으로서 일반적으로 전환 가능한 용도와 비슷한 토지의 표준지공시지가를 기준으로 감정평가한다.

④ 농업기반시설이 아닌 것으로서 소류지, 호수, 연못 등 (이하 이 조에서 "소류지 등" 이라한다)의 부지에 대한 감정평가는 제1항부터 제3항까지를 준용하는 것 외에 그 소류지 등의 용도·수익성 등을 고려한 가액으로 감정평가한다.

第40조의2 (양어장시설 부지의 감정평가) ① 농경지 등을 「농지법」등 관계법령에 따라 전용하여 양어장으로 조성한 것으로서 그 수익성 등에 비추어 양어장으로서의 기능이 계속 유지될 것으로 일반적으로 예상되는 경우에는 가격시점을 기준으로 한 조성 전 토지의 적정가격에 양어장으로 조성하는데 통상 필요한 비용 상당액(공작물 등 시설물의 가액은 제외한다. 이하 이 조에서 같다)등을 고려한 가액으로 감정평가할 수 있다. 이 경우에는 양어장으로 조성되기 전의 이용상황과 비슷한 토지의 표준지공시지가를 기준으로 감정평가하되, 양어장으로 조성하는데 통상 필요한 비용 상당액 및 성숙도 등을 개별요인의 비교 시에 고려한다.

② 제1항에도 불구하고 양어장시설로서의 기능이 사실상 상실되었거나 용도폐지된 양어장시설 부지의 경우에는 그 양어장시설 부지의 다른 용도의 전환 가능성, 전환후의 용도, 용도전환에 통상 필요한 비용 상당액 등을 고려한 가액으로 감정평가할 수 있다. 이 경우에는 인근지역에 있는 것으로서 일반적으로 전환 가능한 용도와 비슷한 토지의 표준지공시지가를 기준으로 감정평가한다.

第41조 (염전부지의 감정평가) ① 「소금산업 진흥법」에 따른 염전시설의 부지(이하 "염전부지"라 한다)에 대한 감정평가는 법 시행규칙 제22조에 따라 대상토지와 이용상황 이 비슷한 토지의 표준지공시지가를 기준으로 감정평가하되, 다음 각 호의 사항을 개별요인의 비교 시에 고려한다.

1. 위치·면적·형상·지세
2. 염 생산 가능면적과 부대시설 면적
3. 용도지역등 공법상 제한
4. 주위환경과 인근토지의 이용상황
5. 그 밖에 가치형성에 영향을 미치는 요인

② 제1항에 따른 염전부지의 감정평가 시에는 이용상황이 비슷한 토지의 표준지공시지가가 염 생산에 있어서 용도상 불가분의 관계에 있는 염전·유지·잡종지·구거 등(염 생산용도로 이용되지 아니하여 방치되고 있는 부분은 제외한다)을 일단지의 개념으로 보고 조사·평가된 것을 고려하여 일괄감정평가하는 것을 원칙으로 한다. 다만, 염생산용도로 이용되지 아니하여 방치된 부분과 염전시설을 외곽에서 보호하고 있는 제방시설의 부지, 그 밖에 염전시설의 용도로 전용적으로 이용되지 아니하고 불특정 다수인의 통행에 이용되고 있는 도로 등의 부지는 일괄감정평가의 대상에서 제외하며, 의뢰자가 염전시설 안에 있는 도로·구거 등의 부지를 주된 용도와 구분하여 감정평가 의뢰한 경우 또는 대상물건의 상황 등으로 보아 용도별로 구분하여 감정평가하는 것이 적정가격의 결정에 있어서 타당하다고 인정되는 경우 등에는 용도별로 구분하여 감정평가할 수 있으며, 염전부지의 일부가 공익사업시행지구에 편입되는 경우에는 그 편입부분의 이용상황을 기준으로 감정평가액을 결정할 수 있다.

③ 대상토지의 인근지역 또는 동일수급권 안의 유사지역에 이용상황이 비슷한 토지의 표준지공시지가가 없는 경우 또는 염전으로서의 기능이 사실상 상실되거나 용도 폐지된 경우로서 인근지역 또는 동일수급권 안의 유사지역에 있는 이용상황이 비슷한 토지의 표준지공시지가를 적용하는 것이 적정하지 아니하다고 인정되는 경우에는 인근지역에 있는 표준적인 이용상황 또는 전환 후의 용도와 비슷한 토지의 표준지공시지가를 기준으로 감정평가할 수 있다. 이 경우에는 다른 용도로의 전환가능성, 전환후의 용도, 용도전환에 통상 필요한 비용 상당액 등을 개별요인의 비교 시에 고려한다.

제42조 (목장용지의 감정평가) ①「초지법」 제5조에 따른 허가를 받아 조성된 목장용지에 대한 감정평가는 법 시행규칙 제22조에 따르되, 대상토지와 이용상황이 비슷한 토지의 표준지공시지가가 인근지역에 없는 경우에는 다음 각 호와 같이 감정평가할 수 있다.

1. 초지는 조성 전 토지와 이용상황이 비슷한 토지의 표준지공시지가를 기준으로 한 적정가격에 해당 초지의 조성에 통상 소요되는 비용(개량비를 포함한다) 상당액을 더한 가액으로 감정평가한다.
2. 주거용건물의 부지는 "대"를 기준으로 감정평가하되, 면적의 사정은 제18조에 따른다.
3. 축사 및 부대시설의 부지는 조성 전 토지의 적정가격에 조성비용 상당액을 더한 가액으로 감정평가한다. 다만, 그 가액이 적정하지 아니한 경우에는 제43조를 준용할 수 있다.

②「초지법」에 따라 조성된 초지가 아닌 기존 전·답에 사료작물을 재배하는 경우에는 농경지로 감정평가한다.

제43조 (잡종지의 감정평가) ① 잡종지에 대한 감정평가는 법 시행규칙 제22조에 따르되, 대상토지와 이용상황이 비슷한 토지의 표준지공시지가가 인근지역에 없는 경우에는 인근지역에 있는 표준적인 이용상황과 비슷한 토지의 표준지공시지가를 기준으로 감정평가할 수 있다.

② 제1항 후단에 따라 인근지역에 있는 표준적인 이용상황과 비슷한 토지의 표준지공시지가를 기준으로 감정평가하는 경우에는 용도전환의 가능성, 전환 후의 용도, 용도전환에 통상 필요한 비용 상당액 등을 개별요인의 비교 시에 고려한다.

제44조 (종교용지등의 감정평가) ① 종교용지 또는 사적지(이하 이 조에서 "종교용지등" 이라 한다)에 대한 감정평가는 제43조를 준용하되, 관계법령에 따라 용도적 제한이나 거래제한 등이 있는 경우에는 개별요인의 비교 시에 고려한다. 다만, 그 제한이 해당 공익사업의 시행을 직접목적으로 한 개별적인 계획제한에 해당하는 경우에는 그러하지 아니하다.

② 종교용지등을 인근지역에 있는 표준적인 이용상황과 비슷한 토지의 표준지공시지가를 기준으로 감정평가하는 경우에서 그 종교용지등이 농경지대 또는 임야지대 등에 소재하여 해당 토지의 가치가 인근지역에 있는 표준적인 이용상황과 비슷한 토지의 가치에 비하여 일반적으로 높은 것으로 인정되는 경우에는 조성 전 토지의 적정가격에 그 종교용지등의 조성에 통상 필요한 비용 상당액(공작물 등 시설물의 가격은 제외한다. 이하 이 조에서 같다) 등을 고려한 가액으로 감정평가할 수 있다. 이 경우에는 종교용지등으로 조성되기 전의 토지와 이용상황이 비슷한 토지의 표준지공시지가를 기준으로 감정평가하되, 종교용지등으로 조성하는데 통상 필요한 비용 상당액 및 성숙도 등을 개별요인의 비교

시에 고려한다.

③ 「전통사찰의 보존 및 지원에 관한 법률」 제2조 제3호에 따른 전통사찰보존지(「개발제한구역의 지정 및 관리에 관한 특별조치법 시행령」 제14조 제9의2호 등에 따라 설치된 진입로를 포함한다) 등 관계법령에 따라 지정·관리 등을 하는 종교용지가 임야지대 또는 농경지대 등에 소재하여 해당 토지의 가치가 인근지역에 있는 표준적인 이용상황과 비슷한 토지의 가치에 비하여 일반적으로 높은 것으로 인정되는 경우에는 현실적인 이용상황을 기준으로 감정평가한다.

제45조 (묘지의 감정평가) ① 묘지로 이용되고 있는 토지에 대한 감정평가는 인근지역에 있는 표준적인 이용상황과 비슷한 토지의 적정가격을 기준으로 하되, 해당 분묘가 없는 상태를 상정하여 감정평가한다.

② 다음 각 호의 어느 하나에 해당하는 묘지를 인근지역에 있는 표준적인 이용상황과 비슷한 토지의 표준지공시지가를 기준으로 감정평가하는 경우에는 조성전 토지의 적정가격에 묘지의 조성에 통상 필요한 비용 상당액(석물 등 분묘시설의 설치비용은 제외한다)등을 개별요인의 비교 시에 고려한 가액으로 감정평가한다.

1. 지적공부상 묘지로 등재되어 있는 소규모의 토지(다른 지목의 자기 소유 토지 일부분에 묘지가 설치된 경우로서 그 묘지부분의 면적을 구분하여 감정평가 의뢰한 것을 포함한다)
2. 「장사 등에 관한 법률」 제14조에 따라 설치된 묘지

제46조 (전주·철탑 등의 설치를 위한 토지의 감정평가) ① 전주·철탑 등의 설치를 위하여 소규모로 분할하여 취득·수용하는 토지에 대한 감정평가는 그 설치부분(선하지 부분은 제외한다. 이하 같다)의 위치·지형·지세·면적·이용상황 등을 고려하여 한다.

② 제1항은 전주·철탑 등의 설치를 위하여 토지를 사용하는 경우에서 해당 토지의 적정가격의 감정평가 시에 준용한다.

제46조의2 (선하지 등의 감정평가) ① 토지의 지상공간에 고압선이 통과하고 있는 토지(이하 “선하지”라 한다)에 대한 감정평가는 그 제한을 받지 아니한 상태를 기준으로 한다.

② 제1항에도 불구하고 선하지에 해당 고압선의 설치를 목적으로 「민법」 제289조의2에 따른 구분지상권이 설정되어 있는 경우에는 제47조(제5항은 제외한다)를 준용한다.

③ 제2항은 토지의 지하공간에 「도시철도법」 제2조 제2호에 따른 도시철도와 「송유관안전관리법」 제2조 제2호에 따른 송유관 등 공익시설의 설치를 목적으로 「민법」 제289조의2에 따른 구분지상권이 설정되어 있는 토지에 대한 감정평가의 경우에 준용한다.

제47조 (소유권 외의 권리의 목적이 되고 있는 토지의 감정평가) ① 소유권 외의 권리의 목적이 되고 있는 토지에 대한 감정평가는 다음 각 호와 같이 한다.

1. 의뢰자가 토지에 관한 소유권 외의 권리를 따로 감정평가할 것을 요청한 경우에는 다음과 같이 하되, 그 내용을 감정평가서에 기재한다.

감정평가액 = 해당 토지의 소유권 외의 권리가 없는 상태의 감정평가액 − 해당 토지의 소유권 외의 권리에 대한 감정평가액

2. 의뢰자가 토지에 관한 소유권 외의 권리를 따로 감정평가할 것을 요청하지 아니한 경우에는 토지의 소유권 외의 권리가 없는 상태를 기준으로 한다. 다만, 제46조의2제2항과 제3항에 따른 감정평가의 경우에는 제1호에 따른다.

② 제1항의 해당 토지의 소유권 외의 권리는 해당 권리의 종류, 존속기간 및 기대이익 등을 종합적으로 고려하여 감정평가한다. 이 경우 점유는 권리로 보지 아니한다.

③ 토지의 소유권 외의 권리는 거래사례비교법에 따라 감정평가하는 것을 원칙으로 하되, 일반적으로 양도성이 없는 경우에는 다음 각 호의 방법에 따를 수 있다.

1. 해당 권리의 유무에 따른 토지가액의 차이로 감정평가하는 방법

2. 권리설정계약을 기준으로 감정평가하는 방법
3. 해당 권리를 통하여 획득할 수 있는 장래기대이익의 현재가치로 감정평가하는 방법

④ 토지의 소유권 외의 권리가 「민법」 제289조의2에 따른 구분지상권인 경우에는 제3항에 따른 방법 외에도 제50조와 제51조를 준용하여 감정평가할 수 있다.

⑤ 지하 또는 지상 공간에 송유관 또는 송전선로 등이 시설되어 있으나 보상이 이루어지지 아니한 토지에 대한 감정평가는 그 시설물이 없는 상태를 기준으로 한다.

제48조 (토지소유자와 지상건축물의 소유자가 다른 경우의 토지평가) 삭제 〈2018. 2. 28.〉

제5장 그 밖에 토지에 관한 감정평가

제49조 (토지사용료의 감정평가) ① 공익사업의 시행에 따라 토지를 사용하는 경우에 그 사용료의 감정평가는 임대사례비교법에 따른다. 다만, 적정한 임대사례가 없거나 대상토지의 특성으로 보아 임대사례비교법으로 감정평가하는 것이 적정하지 아니한 경우에는 적산법으로 감정평가할 수 있다.

② 임대사례비교법에 따라 사용료를 감정평가하는 경우에 임대보증금 등 일시금에 대한 운용이율은 일시금의 성격 및 그 비중과 유형별 특성 및 지역시장의 특성 등을 고려한 적정이자율로 정한다. 다만, 적정이자율의 조사가 곤란한 경우에는 연 5퍼센트 이내로 한다.

③ 미지급용지에 대한 사용료의 감정평가는 적산법에 따른다. 이 경우에 기초가액은 제32조를 준용하여 구한다.

④ 적산법에 따른 적산임료를 구하는 경우에 적용할 기대이율은 해당 지역 및 대상토지의 특성을 반영하는 이율로 정하되, 이의 산정이 사실상 곤란한 경우에는 별표7의2(기대이율 적용기준율표)에서 정하는 율과 「국유재산법 시행령」 및 「공유재산 및 물품관리법 시행령」에 따른 국유재산 또는 공유재산의 사용료율(대부료율) 등을 참고하여 실현 가능한 율로 정할 수 있다.

⑤ 토지의 지하부분 또는 지상공간을 한시적으로 사용하는 경우에 그 사용료의 감정평가는 제1항부터 제4항까지에 따른 사용료의 감정평가액에 토지의 이용이 저해되는 정도에 따른 적정한 비율(이하 "입체이용저해율"이라 한다)을 곱하여 구한 금액으로 한다.

⑥ 토지의 지하부분 또는 지상공간을 「민법」 제289조의2에 따른 구분지상권을 설정하여 사실상 영구적으로 사용하는 경우에 사용료의 감정평가는 표준지공시지가를 기준으로 한 해당 토지의 적정가격에 입체이용저해율을 곱한 금액으로 한다. 다만, 「전기사업법」 제89조에 따른 전기사업자 또는 「전원개발촉진법」 제6조의2에 따른 전원개발사업자가 토지의 지상공간 또는 지하부분을 사실상 영구적으로 사용하는 것에 따른 손실보상을 위한 사용료의 감정평가는 따로 정하는 기준에 따르고, 「도시철도법」 제9조 및 「철도건설법」 제12조의2에 따른 토지의 지하부분 보상을 위한 지하사용료의 감정평가는 제50조와 제51조에 따르며, 그 밖에 다른 법령 등에 따라 토지의 지하부분 또는 지상공간의 사용료를 감정평가하는 경우에도 제50조와 제51조의 관련 규정을 준용할 수 있다.

제50조 (「도시철도법」등에 따른 지하사용료의 감정평가) ① 「도시철도법」에 따른 도시철도 및 「철도건설법」에 따른 철도의 건설을 위하여 토지의 지하부분 또는 지상부분을 「민법」 제289조의2에 따른 구분지상권을 설정하여 사실상 영구적으로 사용하는 경우에 그 사용료의 감정평가는 「도시철도법」 제9조와 같은 법 시행령 제10조 및 별표1 에 따라 해당 토지가 속한 시·도에서 조례로 정한 도시철도 건설을 위한 지하부분 토지사용에 관한 보상기준 (이하 이 조에서 "조례"라 한다) 또는 「철도건설법」 제12조의2 및 같은 법 시행령 제14조의2에 따라 국토교통부장관이 정한「철도건설을 위한 지하부분 토지사용 보상기준」등에서 정한 기준에 따르되, 해당 토지가 속한 시·도의 조례에서 정한 것을 우선 적용하여 다음 각 호에서 정한 기준에 따른다.

1. 토지의 한계심도 이내의 지하부분을 사용하는 경우에는 토지의 단위면적당 적정가격에 입체이용

저해율과 구분지상권 설정면적을 곱하여 산정한다.

지하사용료 = 토지의 단위면적당 적정가격×입체이용저해율×구분지상권 설정면적

2. 토지의 한계심도를 초과하는 지하부분을 사용하는 경우에는 토지의 단위면적당 적정가격에 다음 율을 적용하여 산정한다. 다만, 해당 토지의 여건상 지하의 광천수를 이용하는 등 특별한 사유가 인정되는 경우에는 따로 지하사용료를 산정할 수 있다.

토 피	한계심도초과		
	20미터 이내	20미터~40미터	40미터 이상
적용률(퍼센트)	1.0~0.5	0.5~0.2	0.2 이하

② 제1항에서 "한계심도"란 토지소유자의 통상적인 이용행위가 예상되지 아니하고 지하시설물을 따로 설치하는 경우에도 일반적인 토지이용에 지장이 없을 것으로 판단되는 깊이를 말하며, 고층시가지는 40미터, 중층시가지는 35미터, 저층시가지 및 주택지는 30미터, 농지·임지는 20미터로 한다.

③ 제1항에 따른 지하사용료의 감정평가를 위한 토지의 단위면적당 적정가격은 인근지역에 있는 이용상황이 비슷한 토지의 표준지공시지가를 기준으로 한 해당 토지의 단위면적당 감정평가액으로 한다.

④ 토지의 지하사용료의 감정평가를 위한 대상토지의 용도지역은 현황여건·개발잠재력 등 객관적인 상황을 고려하여 다음 각 호와 같이 분류한다.

1. 고층시가지
   16층 이상의 고층건물이 최유효이용으로 판단되는 지역으로서 중심상업지역과 일반상업지역 등을 말한다.
2. 중층시가지
   11~15층 건물이 최유효이용으로 판단되는 지역으로서 고층시가지로 변화되고 있는 일반상업지역·근린상업지역·준주거지역 등을 말한다.
3. 저층시가지
   4~10층 건물이 최유효이용으로 판단되는 지역으로서 주택·공장·상가 등이 혼재된 일반상업지역·근린상업지역·준주거지역·일반주거지역 등을 말한다. 〈개정 2003. 2. 14.〉
4. 주택지
   3층 이하 건물이 최유효이용으로 판단되는 지역으로서 일반주거지역·녹지지역·공업지역 등을 말하며, 가까운 장래에 택지화가 예상되는 지역을 포함한다.
5. 농지·임지
   농지·임지가 최유효이용으로 판단되는 지역으로서 사회, 경제 및 행정적 측면에서 가까운 장래에 택지화가 예상되지 아니하는 녹지지역 등을 말한다.

제51조(입체이용저해율의 산정) ① 제50조 제1항 제1호에서 규정한 입체이용저해율은 별표 7의3에서 정한 기준에 따르되, 다음과 같이 산정한다.

입체이용저해율 = 건물의 이용저해율 + 지하부분의 이용저해율 + 그 밖의 이용저해율

② 제1항에서 규정한 건물의 이용저해율은 건물의 지상층 및 지하층의 이용가치가 저해되는 정도를 나타내는 율로서 다음 각 호에서 정하는 기준에 따라 산정한다.

1. 건물의 이용저해율 ≒ 건물의 이용률(α) × $\dfrac{\text{저해층수의 층별효용비율}(B)\text{합계}}{\text{최유효건물층수의 층별효용비율}(A)\text{합계}}$
2. 건물의 이용률(α)은 별표8의 "입체이용률배분표"에서 정하는 기준에 따른다.
3. 저해층수의 층별효용비율(B) 및 최유효건물층수의 층별효용비율(A) 합계의 산정은 별표9의 "층별효용비율표"에 따른다.
4. 저해층수는 최유효건물층수에서 건축가능한 층수를 뺀 것으로 한다.

5. 최유효건물층수는 해당 토지에 건물을 건축하여 가장 효율적으로 이용할 경우의 층수로서 다음 각 호의 사항을 고려하여 결정한다.
   가. 인근토지의 이용상황·지가수준·성숙도·잠재력 등을 고려한 경제적인 층수
   나. 토지의 입지조건·형태·지질 등을 고려한 건축가능한 층수
   다. 「건축법」 또는 「국토의 계획 및 이용에 관한 법률」 등 관계법령에서 규제하고 있는 범위내의 층수 〈개정 2003. 2. 14., 2007. 2. 14.〉
6. 건축가능층수는 토지의 지하부분 사용시에 해당 토지의 지반상태·건축시설물의 구조·형식, 그 밖에 공법상으로 건축이 가능한 층수를 말하며, 이의 판정은 별표10의 "건축가능층수기준표"에 따른다.
7. 지질 및 토피는 의뢰자가 제시한 기준에 따르되, 지질은 토사 또는 암석으로 분류되며, 토피는 지하시설물의 최상단에서 지표까지의 수직거리로 한다.

③ 제1항에서 규정한 지하부분의 이용저해율은 건물의 지하층을 제외한 지하부분의 이용가치가 저해되는 정도를 나타내는 율로서 다음 각 호에서 정하는 기준에 따라 산정한다.
1. 지하부분의 이용저해율 = 지하이용률(β) × 심도별지하이용효율(P)
2. 지하이용률은 별표8의 "입체이용률배분표"에서 정한 기준에 따른다.
3. 심도별지하이용효율(P)은 별표11의 "심도별지하이용저해율표"의 기준에 따른다.

④ 제1항에서 규정한 그 밖의 이용저해율은 지상부분의 통신시설·광고탑 또는 굴뚝 등 이용가치와 지하부분의 지하수 사용시설 또는 특수물 매설 등 이용가치가 저해되는 정도를 나타내는 율로서 다음 각 호에서 정하는 기준에 따라 산정한다.
1. 지상 및 지하부분 모두의 그 밖의 이용을 저해하는 경우에는 별표8의 "입체이용률배분표"에서의 "γ "로 한다.
2. 지상 또는 지하 어느 한쪽의 그 밖의 이용을 저해하는 경우에는 별표8의 "입체이용률배분표"의 "γ "에서 지상 또는 지하의 배분비율을 곱하여 산정한다.

⑤ 최유효건물층수 및 규모로 이용(이하 이 조에서 "최유효이용"이라 한다)하거나 이와 비슷한 이용상태의 기존 건물이 있는 경우에는 입체이용저해율을 다음과 같이 산정한다. 다만, 기존건물이 최유효이용에 뚜렷하게 미달되거나 노후정도와 관리상태 등으로 보아 관행상 토지부분의 가격만으로 거래가 예상되는 경우에는 제1항에 따른다.
1. 입체이용저해율 = [최유효이용의 토지로 본 건물의 이용저해율 + 지하부분의 이용저해율]×노후율+그 밖의 이용저해율
2. $\text{노후율} = \dfrac{\text{해당건물의유효경과연수}}{\text{해당건물의경제적내용연수}}$

⑥ 해당 건물의 경제적내용연수는 별표12 의 "건물내용연수표"를 기준으로 산정하고 유효경과연수는 실제경과연수·이용 및 관리상태, 그 밖에 수리 및 보수정도 등을 고려하여 산정한다.

제52조(개간비의 감정평가 등) ① 국유지 또는 공유지를 관계법령에 따라 적법하게 개간(매립·간척을 포함한다. 이하 이 조에서 같다) 한 자가 개간 당시부터 보상 당시까지 계속하여 적법하게 해당 토지를 점유하고 있는 경우(개간한 자가 사망한 경우에는 그 상속인이 개간한 자가 사망한 때부터 계속하여 적법하게 해당 토지를 점유하고 있는 경우를 포함한다)로서 의뢰자로부터 개간에 소요된 비용 (이하 "개간비"라 한다)의 감정평가 의뢰가 있는 경우에 그 개간비의 감정평가는 법 시행규칙 제27조에 따라 가격시점 당시를 기준으로 한 개간에 통상 필요한 비용 상당액(개량비를 포함한다. 이하 이 조에서 같다)으로 한다. 이 때에는 그 감정평가액이 개간후의 토지에 대한 감정평가액에서 개간 전의 토지에 대한 감정평가액을 뺀 금액을 초과하지 못하며, 개간 후의 토지에 대한 감정평가액의 결정에서 일시적인 이용상황은 고려하지 아니한다. 다만, 그 개간에 통상 필요한 비용 상당액을 산정하기 곤란한 경우에는 인근지역에 있는 이용상황이 비슷한 토지의 표준지공시지가를 기준으로 한 개간후의 토지에 대한 감정평가액의 3분의1(도시지역의 녹지지역 안에 있는 경우에는 5분의 1, 도시지역의 그 밖의 용도지역

안에 있는 경우에는 10분의 1) 이내로 한다.
② 제1항에 따른 개간비의 감정평가 시에는 개간 전·후 토지의 위치·지형·지세·지질·비옥도 및 이용상태와 개간의 난이도 등을 고려하여야 한다.
③ 의뢰자로부터 1995년 1월 7일 당시에 공익사업시행지구에 편입된 무허가개간토지(관계법령에 따라 허가·인가 등을 받고 개간하여야 하는 토지를 허가·인가 등을 받지 아니하고 개간한 토지를 말한다)에 대한 개간비의 감정평가 의뢰가 있는 경우에는 법 시행규칙(건설교통부령 제344호, 2002. 12. 31) 부칙 제6조에 따라 제1항 전단의 규정에도 불구하고 이를 감정평가할 수 있다.
④ 제1항에 따른 개간비의 감정평가를 한 국유지 또는 공유지에 대하여 협의 또는 수용을 위한 감정평가 의뢰가 있는 경우에 해당 토지에 대한 감정평가는 법 시행규칙 제27조 제3항에 따라 개간 후 토지의 적정가격에서 개간비 상당액을 뺀 금액으로 감정평가액을 결정한다. 이 경우에는 감정평가서에 그 내용을 기재한다.

제53조 (잔여지의 감정평가) ① 법 제73조 제1항 단서 또는 법 제74조에 따라 잔여지의 협의 또는 수용을 위한 감정평가 의뢰가 있는 경우에 그 잔여지에 대한 감정평가는 법 시행규칙 제32조 제3항에 따라 다음과 같이 한다.

잔여지의 감정평가액 ≒ (일단의 토지 전체면적 - 공익사업편입면적) × 단위면적당 적정가격

② 제1항에서 잔여지의 단위면적당 적정가격의 결정은 공익사업시행지구에 편입된 부분을 포함한 일단의 토지 전체의 적정가격을 기준으로 한다. 다만, 공익사업시행시구에 편입된 부분과 잔여부분이 용도지역등을 달리하여 가치가 다른 경우(해당 공익사업과 관련되어 용도지역등이 변경된 경우는 제외한다)에는 잔여지부분의 적정가격을 기준으로 결정할 수 있다.
③ 제1항에 따른 잔여지의 감정평가 시에 가격시점은 그 잔여지를 협의 또는 수용하는 시점으로 하되, 비교표준지의 선정, 적용공시지가의 선택, 지가변동률의 적용, 그 밖의 감정평가기준은 해당 공익사업시행지구에 편입된 경우와 같이 하며, 잔여지의 공법상 제한 및 이용상황 등은 공익사업시행지구에 편입되는 토지(이하 이 조에서 "편입토지"라 한다)의 협의취득 또는 재결 당시를 기준으로 한다.
④ 가격시점 당시의 일단의 토지 전체 및 편입토지의 단위면적 당 적정가격을 결정할 때 해당 공익사업의 시행에 따른 가치의 변동은 고려하지 아니한다.

제54조 (잔여지의 가치하락 등에 따른 손실액의 감정평가) ① 법 제73조 제1항에 따라 잔여지의 가치하락에 따른 손실액의 결정을 위한 감정평가 의뢰가 있는 경우에 그 손실액의 감정평가는 법 시행규칙 제32조 제1항에 따라 제53조에 따른 잔여지의 감정평가액에서 해당 공익사업의 시행으로 가치가 하락된 잔여지의 감정평가액을 뺀 금액으로 한다.
② 제1항에 따라 가치가 하락된 잔여지의 감정평가액을 결정할 때에는 다음 각 호의 사항을 조사하여 개별요인의 비교 시에 반영한다.
1. 잔여지의 위치·면적·형상 및 지세·이용상황
2. 잔여지 용도지역등 공법상 제한
3. 잔여지와 인접한 동일인 소유토지의 유·무 및 이용상황
4. 잔여지의 용도변경 등이 필요한 경우에는 주위토지의 상황
5. 해당 공익사업으로 설치되는 시설의 형태·구조·사용 등
6. 잔여지에 도로·구거·담장·울 등 시설의 설치 또는 성토·절토 등 공사의 필요성 유·무 및 공사가 필요한 경우에 그 공사방법 등

③ 제1항의 잔여지 가치하락에 따른 손실액의 감정평가 시에 해당 공익사업의 시행으로 발생한 소음·진동·악취·일조침해 또는 환경오염 등(이하 이 조에서 "소음등"이라 한다)에 따른 손실은 관계법령에 따른 소음등의 허용기준, 원상회복비용 및 스티그마(STIGMA) 등을 개별요인의 비교 시에 환경조건 등에서 고려한다. 다만, 해당 공익사업이 완료되기 전으로 소음등에 따른 가치하락 여부의 확인이 사실상 곤란한 경우에는 그 사유를 감정평가서에 기재하고 가치하락에 따른 손실액의 감정평가 시에 소

음등을 제외할 수 있다.

④ 제1항의 잔여지 가치하락에 따른 손실액의 감정평가 시에 가격시점은 그 손실액의 협의 또는 재결하는 시점으로 하되, 잔여지의 공법상 제한 및 이용상황 등은 공익사업시행지구에 편입되는 토지의 협의취득 또는 재결 당시를 기준으로 한다.

⑤ 제1항의 잔여지 가치하락에 따른 손실액의 감정평가 시에는 가격시점 당시의 현실적인 이용상황 등의 변경에 따른 것 외에도 장래 이용 가능성이나 거래의 용이성 등에 따른 이용가치 및 교환가치 등의 하락요인(제2항에 따른 사업손실을 환경조건 등에서 따로 고려한 경우에는 그 부분은 제외한다)을 개별요인의 비교 시에 기타조건(장래 동향 등) 등에서 고려할 수 있으나, 해당 공익사업의 시행에 따른 잔여지의 이용가치 및 교환가치 등의 증가요인은 고려하지 아니한다.

⑥ 법 제73조에 따라 잔여지에 대한 시설의 설치 또는 공사에 따른 손실액의 결정을 위하여 감정평가 의뢰가 있는 경우에 그 손실액의 감정평가는 법 시행규칙 제32조 제2항에 따라 그 시설의 설치나 공사에 통상 필요한 비용 상당액으로 한다.

제55조 (환매토지에 관한 감정평가) ① 법 제91조에 따른 환매권의 행사와 관련하여 의뢰자로부터 환매토지에 관한 감정평가 의뢰가 있는 경우에서 환매 당시의 적정가격 결정은 다음 각 호의 기준에 따른다.

1. 환매 당시에 공시되어 있는 표준지공시지가 중 환매 당시에 가장 근접한 시점의 표준지공시지가를 기준으로 하되, 그 공시기준일부터 가격시점까지의 해당 시·군·구의 지가변동률, 생산자물가상승률, 그 밖에 해당 토지의 위치·형상·환경·이용상황 등을 고려한 가액으로 결정한다. 이 경우 해당 공익사업에 따른 공법상 제한이나 가치의 변동(이하 이 조에서 "공법상 제한등"이라 한다)이 있는 경우에는 이를 고려한 가액으로 결정한다. 다만, 그 공법상 제한등이 해당 공익사업의 폐지·변경 또는 그 밖의 사유에 따른 환매권의 행사로 그 공법상 제한등이 없어지게 되는 경우에는 그러하지 아니하다.
2. 환매토지가 다른 공익사업시행지구에 편입되는 경우에는 제1호에도 불구하고 비교표준지의 선정, 적용공시지가의 선택, 지가변동률의 적용, 그 밖의 감정평가 기준은 그 다른 공익사업시행지구에 편입되는 경우와 같이 한다.
3. 비교표준지의 선정은 환매토지의 인근지역에 있는 것으로서 그 공부상 지목 및 이용상황 등이 비슷한 것으로 하되, 제1호 단서에 따라 그 공법상 제한등이 없는 상태를 기준으로 감정평가하는 경우에는 인근지역에 있는 것으로서 그 공법상 제한등이 없는 상태로 공시된 표준지를 선정한다. 다만, 인근지역에 그 공법상 제한등이 없는 상태로 공시된 표준지가 없는 경우에는 인근지역에 있는 그 공법상 제한등이 있는 상태로 공시된 표준지를 선정하거나 동일수급권 안의 유사지역에 있는 그 공법상 제한등이 없는 상태로 공시된 표준지를 선정할 수 있다.
4. 이용상황 등의 판단은 환매 당시를 기준으로 하되, 해당 공익사업의 시행 등으로 토지의 형질변경 등이 이루어진 경우에는 그 형질변경 등이 된 상태를 기준으로 한다. 다만, 원상회복을 전제로 하는 등 의뢰자로부터 다른 조건의 제시가 있는 경우에는 그에 따른다.

② 환매금액의 결정에 따른 법 시행령 제48조에 따른 "인근 유사토지의 지가변동률"의 산정은 환매토지의 인근지역에 있는 것으로서 그 공부상 지목 및 이용상황 등이 비슷한 토지(이하 이 조에서 "표본지"라 한다)의 취득 당시부터 환매 당시까지의 가격변동률로 하되 다음 각 호의 기준에 따른다.

1. 인근 유사토지의 지가변동률 산정을 위한 표본지의 선정은 해당 공익사업과 직접 관계가 없는 것으로서 인근지역에 있는 공시지가 표준지로 함을 원칙으로 한다. 다만, 해당 공익사업과 직접 관계가 없는 것으로서 환매토지와 그 공부상 지목 및 이용상황 등이 비슷한 공시지가 표준지가 인근지역에 없는 경우에는 인근지역에 있는 공시지가 표준지가 아닌 것으로서 그 공부상 지목 및 이용상황 등이 비슷한 토지를 표본지로 선정할 수 있다.
2. 제1호에 따른 표본지를 선정하는 경우에서 그 환매토지가 취득 이후 환매 당시까지 해당 공익사업과 직접 관계없이 용도지역등이 변경된 경우에는 그 환매토지와 용도지역등의 변경과정이 같거나 비슷한 인근지역에 있는 공시지가 표준지 등을 표본지로 선정하는 것을 원칙으로 한다.

3. 취득 당시와 환매 당시의 표본지의 단위면적당 적정가격 결정은 해당 표본지의 표준지공시지가를 기준으로 하되 다음 산식에 따른다. 다만, 다음 연도의 표준지공시지가가 공시되어 있지 아니한 경우에는 해당 표본지의 취득 당시 또는 환매 당시 연도의 표준지공시지가에 그 공시기준일부터 가격시점까지의 해당 시·군 또는 구의 용도지역별 지가변동률을 고려한 가액으로 결정하며, 취득 당시의 시점이 1989년 12월 31일 이전인 경우에서 취득 당시 표본지의 단위면적당 적정가격 결정은 해당 표본지의 1990년 1월 1일자 표준지공시지가에 취득 당시부터 1989년 12월 31일까지의 해당 시·군 또는 구의 이용상황별 지가변동률을 고려한 가액으로 한다.

취득(환매)당시의 표본지 단위면적당 적정가격 ≒ 취득(환매) 당시 연도의 표준지공시지가+[(다음연도의 표준지공시지가−취득(환매)당시 연도의 표준지공시지가) ×경과일수/해당 연도 총일수]

4. 제2호에 따른 취득 당시와 환매 당시의 표본지의 단위면적당 적정가격을 결정하는 경우에서 제1호에 따라 선정된 표본지가 공시지가 표준지가 아니거나 취득 당시 또는 환매 당시 중 어느 한 시점에만 공시지가 표준지인 경우에는 인근지역 또는 동일수급권 안의 유사지역에 있는 것으로서 그 공부상 지목 및 이용상황 등이 비슷한 다른 공시지가 표준지와 해당 표본지의 지역요인 및 개별요인 등을 비교하여 환매 당시 연도 또는 다음 연도의 1월 1일자를 기준으로 하여 각각 산정된 지가를 해당 표본지의 취득 당시 또는 환매 당시 연도의 표준지공시지가로 본다.

③ 의뢰자로부터 적정한 환매금액의 제시요청이 있는 경우에는 다음 각 호의 기준에 따른다.

1. 환매 당시의 감정평가액이 지급한 보상금액에 제2항에 따라 산정된 인근 유사토지의 지가변동률을 고려한 가격보다 적거나 같을 경우에는 지급한 보상금액으로 결정한다.
2. 환매 당시의 감정평가액이 지급한 보상금액에 제2항에 따라 산정된 인근 유사토지의 지가변동률을 고려한 금액보다 많을 경우에는 다음 산식에 따라 산정된 금액으로 한다.

환매금액 = 보상금액+[환매 당시의 감정평가액−(보상금액 × (1+인근 유사토지의 지가변동률))]

第56조 (공익사업시행지구 밖 대지 등의 감정평가) ① 법 제79조 제1항 단서에 따라 공익사업시행지구 밖 토지에 대한 협의 또는 수용을 위한 감정평가 의뢰가 있는 경우에 그 토지에 대한 감정평가는 협의 또는 재결 당시를 기준으로 하되 비교표준지의 선정, 적용공시지가의 선택, 지가변동률의 적용, 그 밖의 감정평가 기준은 해당 공익사업시행지구에 편입되는 경우와 같이 한다.

② 제1항에 따른 감정평가에서 해당 토지에 대한 공법상 제한이나 이용상황 등이 해당 공익사업의 시행 등으로 변경 또는 변동된 경우와 통로·도랑·담장 등의 신설, 그 밖의 공사가 필요하여 해당 토지의 가치가 변동된 경우에는 고려하지 아니한다.

③ 법 제79조 제2항에 따라 공익사업시행지구 밖 대지 등이 공익사업의 시행으로 본래의 기능을 다할 수 없게 되어 법 시행규칙 제59조 또는 제61조에 따라 감정평가 의뢰가 있는 경우에 그 토지에 대한 감정평가는 협의 또는 재결 당시를 기준으로 하되, 다음 각 호와 같이 한다.

1. 공익사업시행지구 밖의 대지(조성된 대지를 말한다) 또는 농경지(계획적으로 조성된 유실수 단지 및 죽림 단지를 포함한다)가 공익사업의 시행으로 산지나 하천 등에 둘러싸여 교통이 두절되거나 경작이 불가능하게 된 경우에는 해당 토지가 공익사업시행지구에 편입되는 것으로 보고 감정평가하되, 비교표준지의 선정, 적용공시지가의 선택, 지가변동률의 적용, 그 밖의 감정평가 기준 등은 해당 공익사업시행지구에 편입되는 경우와 같이 한다.
2. 한 마을의 주거용 건축물이 대부분 공익사업시행지구에 편입되어 잔여 주거용 건축물 거주자의 생활환경이 뚜렷이 불편하여 이주가 부득이한 경우에 해당 토지의 감정평가는 제1호에 따른다.

④ 제3항에 따른 감정평가에서 해당 토지에 대한 공법상 제한이나 이용상황 등이 해당 공익사업의 시행으로 변경 또는 변동된 경우에는 고려하지 아니한다.

부 칙 〈93. 2. 16.〉

제1조 (시행일) 이 지침은 1993년 3월 1일부터 시행한다.

제2조 (경과조치) 이 지침의 시행일 이전에 접수된 것으로서 평가가 완료되지 아니한 것은 이 지침에 의한다.

부 칙 〈95. 6. 26.〉

제1조 (시행일) 이 지침은 1995년 6월 26일부터 시행한다.

제2조 (경과조치) 1995년 1월 7일 개정 공특법시행규칙(건설교통부령 제3호) 시행당시에 협의 또는 재결 절차 중에 있는 토지에 대한 이 지침에 의한 평가가격이 종전의 규정에 의한 평가가격보다 적은 경우에는 종전의 규정에 의한다.

부 칙 〈98. 2. 17.〉

제1조 (시행일) 이 지침은 1998년 3년 1일부터 시행한다.

제2조 (적용특례) 이 지침 제11조 제1항의 개정규정은 1998년도 1/4분기의 지가변동률이 조사·발표된 날로부터 적용한다.

부 칙 〈98. 5. 7.〉

이 규정은 1998년 5월 7일부터 시행한다.

부 칙 〈2000. 2. 17.〉

이 지침은 2000년 2월 17일부터 시행하되, 제39조 제1항의 개정규정은 2000년 3월 29일부터 적용한다.

부 칙 〈2002. 2. 1.〉

이 지침은 2002년 2월 1일부터 시행한다.

부 칙〈2003. 2. 14.〉

이 지침은 2003년 3월 1일부터 시행한다.

부 칙〈2007. 2. 14.〉

이 지침은 2007년 2월 14일부터 시행한다.

부 칙〈2007. 11. 8.〉

이 지침은 2007년 11월 8일부터 시행한다.

부 칙〈2007. 12. 26.〉

이 지침은 2007년 12월 26일부터 시행한다.

부 칙〈2008. 2. 12.〉

제1조 (시행일) 이 지침은 2008년 4월 7일부터 시행한다.

제2조 (폐천부지에 대한 경과조치) 이 지침 시행 당시 보상 절차(소송을 포함한다)가 진행중인 폐천부지 및 등기부상 사유가 아닌 토지로서 보상금이 지급되지 아니한 폐천부지에 대하여는 종전의 지침 제39조 제6항 및 제7항의 규정에 따른다.

부 칙〈2008. 8. 12.〉

이 지침은 2008년 8월 12일부터 시행한다.

부 칙〈2009. 10. 28.〉

이 지침은 2010년 1월 1일부터 시행한다.

부 칙〈2010. 4. 29.〉

이 지침은 2010년 4월 29일부터 시행한다.

부 칙〈2010. 6. 29.〉

이 지침은 2010년 6월 29일부터 시행한다.

부 칙 〈2018. 2. 28.〉

제1조 (시행일) 이 지침은 2018년 3월 1일부터 시행한다.

제2조 (공시지가의 기준에 관한 적용례) 제10조의 개정규정은 법 시행령 제38조의2의 개정규정 시행(2013년 5월 28일)이후 공익사업의 계획 또는 시행이 공고되거나 고시되는 경우부터 적용한다.

제3조 (지가변동률의 기준에 관한 적용례) 제11조의 개정규정은 법 시행령 제37조의 개정규정 시행(2013년 5월 28일)이후 법 제15조 제1항(법 제26조 제1항에 따라 준용되는 경우를 포함한다)에 따라 보상계획을 공고하고, 토지소유자 및 관계인에게 보상계획을 통지하는 경우부터 적용한다.

〈별표 1〉

상업지대의 지역요인 및 개별요인

지역요인

조건	항목	세항목
가로조건	가로의 폭, 구조 등의 상태	폭
		포장
		보도
		계통 및 연속성
	가구(block)의 상태	가구의 정연성
		가구시설의 상태
접근조건	교통수단 및 공공시설과의 접근성	인근교통시설의 편의성
		인근교통시설의 이용 승객수
		주차시설의 정비
		교통규제의 정도(일방통행, 주정차 금지 등)
		관공서 등 공공시설과의 접근성
환경조건	상업 및 업무시설의 배치상태	백화점, 대형상가의 수와 연면적
		전국규모의 상가 및 사무소의 수와 연면적
		관람집회시설의 상태
		부적합한 시설의 상태(공장, 창고, 주택 등)
		기타 고객유인시설 등
		배후지의 인구
		배후지의 범위
		고객의 구매력 등
	경쟁의 정도 및 경영자의 능력	상가의 전문화와 집단화
		고층화 이용정도

개별요인

조건	항목	세항목
가로조건	가로의 폭, 구조 등의 상태	폭
		포장
		보도
		계통 및 연속성
접근조건	상업지역중심 및 교통시설과의 편의성	상업지역중심과의 접근성
		인근교통시설과의 거리 및 편의성
환경조건	고객의 유동성과의 적합성	고객의 유동성과의 적합성
	인근환경	인근토지의 이용상황
		인근토지의 이용상황과의 적합성
	자연환경	지반, 지질 등
획지조건	면적, 접면너비, 너비, 깊이, 형상 등	면적
		접면너비
		깊이
		부정형지
		삼각지
		자루형 획지
		〈 삭 제 〉
	방위, 고저 등	방 위

지역요인			개별요인		
조건	항목	세항목	조건	항목	세항목
	번화성 정도	고객의 통행량			고 저
		상가의 연립성			경사지
		영업시간의 장단		접면도로 상태	각 지
		범죄의 발생정도			2면획지
	자연환경	지반, 지질 등			3면획지
행정적 조건	행정상의 규제정도	용도지역, 지구, 구역 등	행정적 조건	행정상의 규제정도	용도지역, 지구, 구역 등
		용적제한			용적제한
		고도제한			고도제한
		기타규제			기타규제(입체이용제한 등)
기타 조건	기타	장래의 동향	기티 조건	기타	장래의 동향
		기타			기타

〈별표 2〉

주택지대의 지역요인 및 개별요인

지역요인			개별요인		
조건	항목	세항목	조건	항목	세항목
가로조건	가로의 폭, 구조 등의 상태	폭	가로조건	가로의 폭, 구조등의 상태	폭
		포장			포장
		보도			보도
		계통 및 연속성			계통 및 연속성
접근조건	도심과의 거리 및 교통시설의 상태	인근교통시설의 편익성	접근조건	교통시설과의 접근성	인근대중교통시설과의 거리 및 편의성
		인근교통시설의 도시중심 접근성		상가와의 접근성	인근상가와의 거리 및 편의성
	상가의 배치상태	인근상가의 편익성		공공 및 편익시설과의 접근성	유치원, 초등학교, 공원, 병원, 관공서 등과의 거리 및 편익성
		인근상가의 품격			
	공공 및 편익시설의 배치상태	관공서 등 공공시설과의 접근성			
환경조건	기상조건	일조, 습도, 온도, 통풍 등	환경조건	일조 등	일조, 통풍 등
	자연환경	조망, 경관, 지반, 지질 등		자연환경	조망, 경관, 지반, 지질 등
	사회환경	거주자의 직업, 연령 등		인근환경	인근토지의 이용상황
		학군 등			인근토지의 이용상황과의 적합성
	획지의 상태	획지의 표준적인 면적		공급 및 처리시설의 상태	상수도
		획지의 정연성			하수도
		건물의 소밀도			도시가스 등
		주변의 이용상태		위험 및 혐오시설 등	변전소, 가스탱크, 오수처리장 등의 유무
	공급 및 처리시설의 상태	상수도			특별고압선 등과의 거리
		하수도			
		도시가스 등			

<table>
<tr><th colspan="3">지역요인</th><th colspan="3">개별요인</th></tr>
<tr><th>조건</th><th>항목</th><th>세항목</th><th>조건</th><th>항목</th><th>세항목</th></tr>
<tr><td rowspan="13">환경조건</td><td rowspan="4">위험 및 혐오시설</td><td rowspan="2">변전소, 가스탱크, 오수처리장 등의 유무</td><td rowspan="13">획지조건</td><td rowspan="7">면적, 접면너비, 깊이, 형상 등</td><td>면적</td></tr>
<tr><td>접면너비</td></tr>
<tr><td rowspan="2">특별고압선 등의 통과여부</td><td>깊이</td></tr>
<tr><td>부정형지</td></tr>
<tr><td rowspan="4">재해발생의 위험성</td><td rowspan="4">홍수, 사태, 절벽붕괴 등</td><td>삼각지</td></tr>
<tr><td>자루형획지</td></tr>
<tr><td>〈 삭 제 〉</td></tr>
<tr><td rowspan="3">방위, 고저 등</td><td>방위</td></tr>
<tr><td rowspan="5">공해발생의 정도</td><td rowspan="5">소음, 진동, 대기오염 등</td><td>고저</td></tr>
<tr><td>경사지</td></tr>
<tr><td rowspan="3">접면도로 상태</td><td>각지</td></tr>
<tr><td>2면획지</td></tr>
<tr><td>3면획지</td></tr>
<tr><td rowspan="2">행정적 조건</td><td rowspan="2">행정상의 규제정도</td><td>용도지역, 지구, 구역</td><td rowspan="2">행정적 조건</td><td rowspan="2">행정상의 규제정도</td><td>용도지역, 지구, 구역</td></tr>
<tr><td>기타규제</td><td>기타규제(입체이용제한 등)</td></tr>
<tr><td rowspan="2">기타 조건</td><td rowspan="2">기타</td><td>장래의 동향</td><td rowspan="2">기타 조건</td><td rowspan="2">기타</td><td>장래의 동향</td></tr>
<tr><td>기타</td><td>기타</td></tr>
</table>

〈별표 3〉

공업지대의 지역요인 및 개별요인

지역요인		
조건	항목	세항목
가로조건	가로의 폭, 구조 등의 상태	폭
		포장
		계통 및 연속성
접근조건	판매 및 원료 구입 시장과의 위치관계	도심과의 접근성
		항만, 공항, 철도, 고속도로, 산업도로 등과의 접근성
	노동력확보의 난이	인근교통시설과의 접근성
	관련산업과의 관계	관련산업 및 협력업체간의 위치관계
환경조건	공급 및 처리시설의 상태	동력자원
		공업용수
		공장배수
	공해발생의 위험성	수질, 대기오염 등
	자연환경	지반, 지질 등
행정적 조건	행정상의 조장 및 규제정도	조장의 정도
		규제의 정도
		기타규제
기타조건	기타	공장진출의 동향
		장래의 동향
		기타

개별요인		
조건	항목	세항목
가로조건	가로의 폭, 구조 등의 상태	폭
		포장
		계통 및 연속성
접근조건	교통시설과의 거리	인근교통시설과의 거리 및 편의성
		철도전용인입선
		전용부두
환경조건	공급 및 처리시설의 상태	동력자원
		공업용수
		공장배수
	자연환경	지반, 지질 등
획지조건	면적, 형상 등	면적
		형상
		고저
행정적 조건	행정상의 조장 및 규제정도	조장의 정도
		규제의 정도
		기타규제
기타조건	기타	장래의 동향
		기타

〈별표 4〉

농경지대(전지대)의 지역요인 및 개별요인

지역요인

조건	항목	세항목
접근조건	교통의 편부	취락과의 접근성
		출하집적지와의 접근성
		농로의 상태
자연조건	기상조건	일조, 습도, 온도, 통풍, 강우량 등
	지세	경사의 방향
		경사도
	토양, 토질	토양, 토질의 양부
	관개, 배수	관개의 양부
		배수의 양부
	재해의 위험성	수해의 위험성
		기타 재해의 위험성
행정적조건	행정상의 조장 및 규제정도	보조금, 융자금 등 조장의 정도
		규제의 정도
기타조건	기타	장래의 동향
		기타

개별요인

조건	항목	세항목
접근조건	교통의 편부	취락과의 접근성
		농로의 상태
자연조건	일조 등	일조, 통풍 등
	토양, 토질	토양, 토질의 양부
	관개, 배부	관개의 양부
		배수의 양부
획지조건	면적, 경사 등	면적
		경사도
		경사의 방향
	경작의 편부	형상부정 및 장애물에 의한 장애의 정도
행정적조건	행정상의 조장 및 규제정도	보조금, 융자금 등 조장의 정도
		규제의 정도
기타조건	기타	장래의 동향
		기타

〈별표 5〉

농경지대(답지대)의 지역요인 및 개별요인

지역요인

조건	항목	세항목
접근 조건	교통의 편부	취락과의 접근성
		출하집적지와의 접근성
		농로의 상태
자연 조건	기상조건	일조, 습도, 온도, 통풍, 강우량 등
	지세	경사의 방향
		경사도
	토양, 토질	토양, 토질의 양부
	관개, 배수	관개의 양부
		배수의 양부
	재해의 위험성	수해의 위험성
		기타 재해의 위험성
행정적 조건	행정상의 조장 및 규제정도	보조금, 융자금 등 조장의 정도
		규제의 정도
기타 조건	기타	장래의 동향
		기타

개별요인

조건	항목	세항목
접근 조건	교통의 편부	취락과의 접근성
		농로의 상태
자연 조건	일조 등	일조, 통풍 등
	토양, 토질	토양, 토질의 양부
	관개, 배수	관개의 양부
		배수의 양부
	재해의 위험성	수해의 위험성
		기타 재해의 위험성
획지 조건	면적, 경사 등	면적
		경사
	경작의 편부	형상부정 및 장애물에 의한 장애의 정도
행정적 조건	행정상의 조장 및 규제정도	보조금, 융자금 등 조장의 정도
		규제의 정도
기타 조건	기타	장래의 동향
		기타

〈별표 6〉

임야지대의 지역요인 및 개별요인

지역요인

조건	항목	세항목
접근조건	교통의 편부등	인근역과의 접근성
		인근취락과의 접근성
		임도의 배치, 폭, 구조등
		인근시장과의 접근성
자연조건	기상조건	일조, 기온, 강우량, 안개, 적설량 등
	지세 등	표고
		경사도
		경사의 굴곡
	토양, 토질	토양, 토질의 양부
행정적조건	행정상의 조장 및 규제정도	행정상의 조장의 정도
		국·도립공원, 보안림 사방지 지정 등의 규제
		기타규제
기타조건	기타	장래의 동향
		기타

개별요인

조건	항목	세항목
접근조건	교통의 편부 등	인근역과의 접근성
		인근취락과의 접근성
		임도의 배치, 폭, 구조등
		반출지점까지의 거리
		반출지점에서 시장까지의 거리
자연조건	일조 등	일조, 통풍 등
	지세, 방위 등	표고
		방위
		경사
		경사면의 위치
		경사의 굴곡
	토양, 토질	토양, 토질의 양부
행정적조건	행정상의 조장 및 규제정도	조장의 정도
		국·도립공원, 보안림 사방지 지정 등의 규제
		기타규제
기타조건	기타	장래의 동향
		기타

〈별표 7〉

택지후보지지대의 지역요인 및 개별요인

<table>
<tr><th colspan="3">지역요인</th><th colspan="3">개별요인</th></tr>
<tr><th>조건</th><th>항목</th><th>세항목</th><th>조건</th><th>항목</th><th>세항목</th></tr>
<tr><td rowspan="8">접근조건</td><td rowspan="4">도심과의 거리 및 교통시설의 상태</td><td>인근교통시설과의 접근성</td><td rowspan="8">접근조건</td><td rowspan="3">교통시설과의 접근성</td><td>인근상가와의 거리 및 편의성</td></tr>
<tr><td>인근교통시설의 성격</td><td rowspan="2">인근교통시설과의 거리 및 편의성</td></tr>
<tr><td rowspan="2">인근교통시설의 도시중심 접근성</td></tr>
<tr><td rowspan="3">공공 및 편의시설과의 접근성</td><td rowspan="3">유치원, 초등학교, 공원, 병원, 관공서 등과의 거리 및 편의성</td></tr>
<tr><td rowspan="2">상가의 배치상태</td><td>인근시장과의 접근성</td></tr>
<tr><td>인근상가의 품격</td></tr>
<tr><td>공공 및 편익시설의 배치상태</td><td>유치원, 초등학교, 공원, 병원, 관공서 등</td><td rowspan="2">주변가로의 상태</td><td rowspan="2">주변간선도로와의 거리 및 가로의 종류 등</td></tr>
<tr><td>주변가로의 상태</td><td>주변간선도로와의 접근성 및 가로의 종류 등</td></tr>
<tr><td rowspan="7">환경조건</td><td>기상조건</td><td>일조, 습도, 온도, 통풍 등</td><td rowspan="5">환경조건</td><td>일조 등</td><td>일조, 통풍 등</td></tr>
<tr><td>자연환경</td><td>조망, 경관, 지반, 지질 등</td><td>자연환경</td><td>조망, 경관, 지반, 지질 등</td></tr>
<tr><td>공급 및 처리시설의 상태</td><td>상하수도, 가스, 전기 등 설치의 난이</td><td>공급 및 처리시설의 상태</td><td>상하수도, 가스, 전기 등 설치의 난이</td></tr>
<tr><td>인근환경</td><td>주변기존지역의 성격 및 규모</td><td rowspan="2">위험 및 혐오시설</td><td>변전소, 가스탱크, 오수처리장 등의 유무</td></tr>
<tr><td>시가화 정도</td><td>시가화 진행의 정도</td><td>특별고압선 등과의 거리</td></tr>
<tr><td rowspan="2">도시의 규모 및 성격 등</td><td rowspan="2">도시의 인구, 재정, 사회, 복지, 문화, 교육시설 등</td><td rowspan="2">획지조건</td><td rowspan="2">면적, 형상 등</td><td>면적</td></tr>
<tr><td>형상</td></tr>
</table>

<table>
<tr><th colspan="3">지역요인</th><th colspan="3">개별요인</th></tr>
<tr><th>조건</th><th>항목</th><th>세항목</th><th>조건</th><th>항목</th><th>세항목</th></tr>
<tr><td rowspan="4">환경 조건</td><td rowspan="2">위험 및 혐오시설</td><td>변전소, 가스탱크, 오수처리장 등의 유무</td><td rowspan="4">획지 조건</td><td>면적, 형상 등</td><td>접면도로상태</td></tr>
<tr><td>특별고압선 등의 통과유무</td><td rowspan="3">방위, 고저 등</td><td>방위</td></tr>
<tr><td>재해발생의 위험성</td><td>홍수, 사태, 절벽붕괴 등</td><td>경사</td></tr>
<tr><td>공해발생의 정도</td><td>소음, 진동, 대기오염 등</td><td>고저</td></tr>
<tr><td rowspan="2">택지 조성 조건</td><td rowspan="2">택지조성의 난이 및 유용성</td><td>택지조성의 난이 및 필요정도</td><td rowspan="2">택지 조성 조건</td><td rowspan="2">택지조성의 난이 및 유용성</td><td>택지조성의 난이도 및 필요정도</td></tr>
<tr><td>택지로서의 유효 이용도</td><td>택지로서의 유효 이용도</td></tr>
<tr><td rowspan="3">행정적 조건</td><td rowspan="3">행정상의 조장 및 규제정도</td><td>조장의 정도</td><td rowspan="3">행정적 조건</td><td rowspan="3">행정상의 조장 및 규제정도</td><td>조장의 정도</td></tr>
<tr><td>용도지역, 지구, 구역 등</td><td>용도지역, 지구, 구역 등</td></tr>
<tr><td>기타규제</td><td>기타규제</td></tr>
<tr><td rowspan="2">기타 조건</td><td rowspan="2">기타</td><td>장래의 동향</td><td rowspan="2">기타 조건</td><td rowspan="2">기타</td><td>장래의 동향</td></tr>
<tr><td>기타</td><td>기타</td></tr>
</table>

〈별표 7의2〉

기대이율 적용기준율표〈제49조 제4항 관련〉

대분류		소분류		실제 이용상황	
				표준적 이용	임시적 이용
Ⅰ	주거용	아파트	수도권 및 광역시	1.5~3.5%	0.5~2.5%
			기타 시도	2.0~5.0%	1.0~3.0%
		연립·다세대	수도권 및 광역시	1.5~5.0%	0.5~3.0%
			기타 시도	2.5~6.5%	1.0~4.0%
		다가구	수도권 및 광역시	2.0~6.0%	1.0~3.0%
			기타 시도	3.0~7.0%	1.0~4.0%
		단독주택	수도권 및 광역시	1.0~4.0%	0.5~2.0%
			기타 시도	1.0~5.0%	0.5~3.0%
	상업용	업무용		1.5~5.0%	0.5~3.0%
		매장용		3.0~6.0%	1.0~4.0%
	공업용	산업단지		2.5~5.5%	1.0~3.0%
		기타 공업용		1.5~4.5%	0.5~2.5%
Ⅱ	농지	도시근교농지		1.0% 이내	
		기타농지		1.0~3.0%	
	임지	유실수 단지 등 수익성이 있는 임지		1.5% 이내	
		자연임지		1.0% 이내	

주) 1. 이 표의 기대이율은 부동산 유형별 및 실제 이용상황에 따른 일반적인 기대이율의 범위를 정한 것이므로 실제 적용 시에는 지역여건이나 해당 토지의 상황 등을 고려하여 그 율을 증감 조정할 수 있다.

2. "표준적 이용"은 인근지역 내 일반적이고 평균적인 이용을 의미하고, "임시적 이용"은 인근지역 내 표준적인 이용에 비해 그 이용이 임시적인 것을 의미하며, 해당 토지에 모델하우스, 가설건축물 등 일시적 이용, 상업용지의 주차장이용 또는 주거용지의 텃밭이용 및 건축물이 없는 상태의 이용(주거용, 상업용, 공업용에 한정)을 포함하는 이용이다.

〈별표 7의3〉

입체이용저해율의 산정기준〈제51조 제1항 관련〉

1. 입체이용저해율은 건물의 이용저해율, 지하부분의 이용저해율, 건물 및 지하부분을 제외한 그 밖의 이용저해율을 합산하여 산정한다.
2. 제1호에 따른 건물의 이용저해율, 지하부분의 이용저해율, 건물 및 지하부분을 제외한 그 밖의 이용저해율은 다음 각 목의 산식에 따라 산정한다.
   가. 건물의 이용저해율 = α ×이용이 저해되는 지상층 및 지하층의 이용률
   나. 지하부분의 이용저해율 = β ×이용이 저해되는 지하 심도(深度)의 이용률
   다. 그 밖의 이용저해율
      1) 지상·지하부분 양쪽의 그 밖의 이용을 저해하는 경우 = γ
      2) 지상·지하부분 어느 한쪽의 그 밖의 이용을 저해하는 경우

$$= \gamma \times \frac{V_{12}}{V_{12}+V_{22}} \quad \text{또는} \quad \gamma \times \frac{V_{22}}{V_{12}+V_{22}}$$

3. 제2호 각 목의 α , β , γ 는 각각 다음 산식에 따라 산정한다.

〈토지의 입체이용 분포도〉

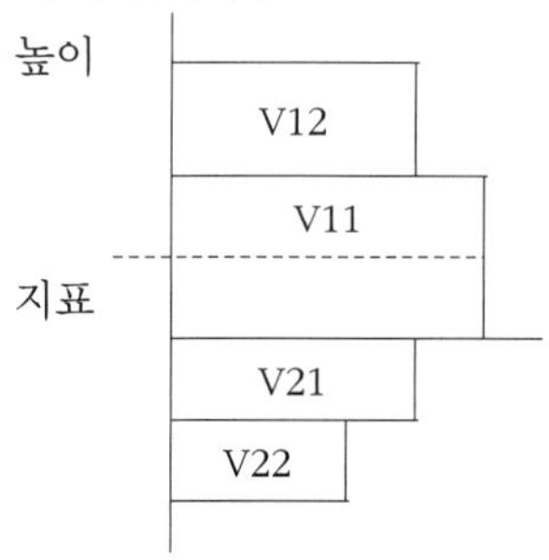

V_{11}: 건물 지상층 및 지하층의 이용가치 (건물의 이용가치)
V_{12}: 통신시설·광고탑 또는 굴뚝 등 이용가치 (그 밖의 이용가치)
V_{21}: 건물 지하층을 제외한 지하부분의 이용가치 (지하부분의 이용가치)
V_{22}: 지하수 사용시설 또는 특수물의 매설 등 이용가치 (그 밖의 이용가치)

   가. 입체이용가치(A) = 건물의 이용가치(V_{11}) + 지하 부분의 이용가치(V_{21}) + 그 밖의 이용가치($V_{12}+V_{22}$)
   나. 건물의 이용에 따른 이용률(α)= $\frac{V_{11}}{A}$
   다. 지하부분의 이용에 따른 이용률(β)= $\frac{V_{21}}{A}$
   라. 그 밖의 이용에 따른 이용률 (γ)= $\frac{V_{12}+V_{22}}{A}$
   마. 토지의 입체이용률: $\alpha + \beta + \gamma = 1$

4. 제3호 각 목의 입체이용가치 및 입체이용률 등의 구체적인 산정기준은 이 지침 제50조 및 제51조의 규정에 따른다.

〈별표 8〉

입체이용률배분표

해당지역	고층시가지	중층시가지	저층시가지	주택지	농지·임지
용적률 / 이용률구분	800%이상	550~750%	200~500%	100%내외	100%이하
건물의 이용률 (α)	0.8	0.75	0.75	0.7	0.8
지하부분의 이용률 (β)	0.15	0.10	0.10	0.15	0.10
그 밖의 이용률 (γ)	0.05	0.15	0.15	0.15	0.10
(γ)의 상하 배분비율	1 : 1 -2 : 1	1 : 1 -3 : 1	1 : 1 -3 : 1	1 : 1 -3 : 1	1 : 1 -4 : 1

주 : 1. 이 표의 이용률 및 배분비율은 통상적인 기준을 표시한 것이므로 여건에 따라 약간의 보정을 할 수 있다.

2. 이용저해심도가 높은 터널 토피 20m이하의 경우에는(γ)의 상하배분비율을 최고치를 적용한다.

〈별표 9〉

층별효용비율표

층별	고층 및 중층 시가지		저층시가지				주택지
	A형	B형	A형	B형	A형	B형	
20	35	43					
19	35	43					
18	35	43					
17	35	43					
16	35	43					
15	35	43					
14	35	43					
13	35	43					
12	35	43					
11	35	43					
10	35	43					
9	35	43	42	51			
8	35	43	42	51			
7	35	43	42	51			
6	35	43	42	51			
5	35	43	42	51	36	100	
4	40	43	45	51	38	100	
3	46	43	50	51	42	100	
2	58	43	60	51	54	100	100
지상1	100	100	100	100	100	100	100
지하1	44	43	44	44	46	48	-
2	35	35	-	-	-	-	-

주 : 1. 이 표의 지수는 건물가격의 입체분포와 토지가격의 입체분포가 같은 것을 전제로 한 것이다.
2. 이 표에 없는 층의 지수는 이 표의 경향과 주위환경 등을 고려하여 결정한다.
3. 이 표의 지수는 각 용도지역별 유형의 개략적인 표준을 표시한 것이므로 여건에 따라 보정할 수 있다.
4. A형은 상층부 일정층까지 임료수준에 차이를 보이는 유형이며, B형은 2층 이상이 동일한 임료수준을 나타내는 유형이다.

〈별표 10〉

건축가능층수기준표

1. 터널 : 패턴별 구분 판단

가. 풍화토(PD-2) 패턴

(단위 : 층)

건축구분＼토피(m)	10	15	20	25
지 상	12	15	18	22
지 하	1	2	2	3

나. 풍화토(PD-3) 패턴

(단위 : 층)

건축구분＼토피(m)	10	15	20	25
지 상	17	19	21	23
지 하	1	2	2	3

다. 연암(PD-4)

(단위 : 층)

건축구분＼토피(m)	10	15	20	25	30	35
지 상	19	24	28	30	30	30
지 하	1	2	3	3	4	4

라. 경암(PD-5) 패턴

(단위 : 층)

건축구분＼토피(m)	10	15	20	25	30	35	40
지 상	30	30	30	30	30	30	30
지 하	1	2	3	4	5	6	7

2. 개착

(단위 : 층)

건축구분＼토피(m)	5	10	15	20
지 상	7	12	19	19
지 하	1	2	2	2

〈별표 11〉

심도별 지하이용저해율표

한계심도(M)	40m		35m		30m			20m	
체감율(%) / 토피심도(m)	P	β ×P	P	β ×P	P	β ×P		P	β ×P
		0.15×P		0.10×P		0.10×P	0.15×P		0.10×P
0~5미만	1.000	0.150	1.000	0.100	1.000	0.100	0.150	1.000	0.100
5~10미만	0.875	0.131	0.857	0.086	0.833	0.083	0.125	0.750	0.075
10~15미만	0.750	0.113	0.714	0.071	0.667	0.067	0.100	0.500	0.050
15~20미만	0.625	0.094	0571	0.057	0.500	0.050	0.075	0.250	0.025
20~25미만	0.500	0.075	0.429	0.043	0.333	0.033	0.050		
25~30미만	0.375	0.056	0.286	0.029	0.167	0.017	0.025		
30~35미만	0.250	0.038	0.143	0.014					
35~40미만	0.125	0.019							

주 : 1. 지가형성에 잠재적 영향을 미치는 토지이용의 한계심도는 토지이용의 상황, 지질, 지표면하중의 영향 등을 고려하여 40m, 35m, 30m, 20m로 구분한다.

2. 토피심도의 구분은 5m로 하고, 심도별지하이용효율은 일정한 것으로 본다.

3. 지하이용저해율 = 지하이용율(β) × 심도별지하이용효율(P)

〈별표 12〉

건물내용연수표

용도 ＼ 구조	철근 및 철골콘크리트	벽돌조석조	철골조
■ 사무실, 청사, 은행, 학교, 유치원, 교회, 공회당, 사찰, 도서관, 미술관, 박물관, 과학관, 방송국, 역사, 연구소, 실험실, 슈퍼마켓, 공항터미널, 체육관, 경기장, 기타 이와 유사한 건물			
(1) 지붕이 철근콘크리트인 것	60	55	
(2) 지붕틀이 목재 또는 철재인 것	60/55	55/50	
(3) 벽이 콘크리트, 벽돌, 블록, 돌 등으로 된 것			50
(4) 벽이 기타인 것			50/45
■ 주택, 별장, 아파트, 점포, 여관, 호텔, 목욕탕, 요리점, 극장, 연주장, 무도장, 카바레, 오락장, 구락부, 영화제작소, 병원, 진료소, 기숙사, 요양소, 변전소, 발전소, 정유장, 차고, 송수신소, 실내스케이트장, 시장, 기타 이와 유사한 건물			
(1) 지붕이 철근콘크리트인 것	55	50	
(2) 지붕틀이 목재 또는 철재인 것	55/50	50/45	
(3) 벽이 콘크리트, 벽돌, 블록, 돌 등으로 된 것			45
(4) 벽이 기타인 것			45/40
■ 공중목욕탕 이와 유사한 건물			
(1) 지붕이 철근콘크리트인 것	50	45	
(2) 지붕틀이 목재 또는 철재인 것	50/45	45/40	
(3) 벽이 콘크리트, 벽돌, 블록, 돌 등으로 된 것			40
(4) 벽이 기타인 것			40/35
■ 간이주택, 간이점포, 기타 이와 유사한 건물			
(1) 지붕이 철근콘크리트인 것		40	
(2) 지붕틀이 목재 또는 철재인 것		40/35	
(3) 지붕이 기타인 것		35/30	

저 자 약 력

신 경 직

- 충북대학교 경영학과 졸업
- 충북대학교 대학원 법학과 졸업(법학박사, 공법전공)
- 한국토지주택공사 근무(1990년 입사)
- 한국토지주택공사 사내대학 법학 강사
- 한양대, 한국감정원, 공무원교육원, 각 지방공사 및 지자체 등 특강
- 현) 충북대학교 법학전문대학원 강사
  단국대학교 행정법무대학원 강사(부동산법학과)
  한국토지주택공사 사내대학 겸임교수

〈저서 및 논문〉
- 손실보상법의 실무와 이해 (예원사, 2011)
- 하천보상법 실무해설 (공저, 한국토지주택공사, 2013)
- 손실보상법 실무해설 (애드마루, 2017)
- 손실보상제도의 한·중·일 비교법적 연구 (공저, 아시아연구, 2012)
- 정당보상으로서 공법상 생활보상에 관한 재인식 (충북대학교 대학원 박사학위)

손실보상법 해설

저　　자 **신 경 직**　　2020년 3월 19일 초판 인쇄
발 행 인 **양 진 수**　　2020년 3월 31일 초판 발행
발 행 처 **진 원 사**

서울시 송파구 법원로 9길 26, C동 1107호 (문정동, H비즈니스파크)
전화 : 02) 916-1850 / 팩스 : 02) 916-3442
신고번호 제 2018 - 000026호
http://www.jinwonsa.co.kr
http://www.lawbookstore.co.kr
e-mail : hhansin@hanmail.net

저자와의 협의하에 인지생략

ISBN : 978-89-6346-568-5　93360　　**정가 62,000원**